suhrkamp taschenbuch
wissenschaft 1533

Was vernünftig ist, zeigt sich im befreiten öffentlichen Austausch von Argumenten über Erfahrenes und Gedachtes. Vernunft ist anders als heimlich kalkulierende Klugheit öffentlich. Für diese Thesen steht Jürgen Habermas, der wirkungsmächtigste deutschsprachige Philosoph der Gegenwart. Dieser Band greift Habermas' Grundideen auf und verfolgt sie konstruktiv in ihren Voraussetzungen, Problemen und Potentialen quer durch die Disziplinen – von der Erkenntnistheorie über die Ethik bis hin zur Demokratie- und Rechtstheorie. Die Aufsatzsammlung zu Ehren von Jürgen Habermas versammelt durchweg Originalbeiträge von namhaften Philosophen wie Charles Taylor, Hilary Putnam und Robert Brandom sowie von bekannten Rechts- und Sozialwissenschaftlern wie Claus Offe, Gertrud Nunner-Winkler und Dieter Grimm.

Klaus Günther ist Professor für Rechtstheorie und Strafrecht an der Johann Wolfgang Goethe-Universität Frankfurt/Main, Lutz Wingert lehrt dort Philosophie als Privatdozent.

Die Öffentlichkeit der Vernunft und die Vernunft der Öffentlichkeit

Festschrift für
Jürgen Habermas

Herausgegeben
von Lutz Wingert und
Klaus Günther

Suhrkamp

Die Deutsche Bibliothek – CIP-Einheitsaufnahme
Ein Titeldatensatz für diese Publikation
ist bei Der Deutschen Bibliothek erhältlich.

suhrkamp taschenbuch wissenschaft 1533
Erste Auflage 2001
© Suhrkamp Verlag Frankfurt am Main 2001
Alle Rechte vorbehalten, insbesondere das der Übersetzung,
des öffentlichen Vortrags sowie der Übertragung durch Rundfunk
und Fernsehen, auch einzelner Teile.
Kein Teil des Werkes darf in irgendeiner Form (durch Fotografie,
Mikrofilm oder andere Verfahren) ohne schriftliche Genehmigung des
Verlages reproduziert oder unter Verwendung elektronischer
Systeme verarbeitet, vervielfältigt oder verbreitet werden.
Satz: TypoForum GmbH, Nassau
Druck: Nomos Verlagsgesellschaft, Baden-Baden
Printed in Germany
Umschlag nach Entwürfen von
Willy Fleckhaus und Rolf Staudt

1 2 3 4 5 6 – 06 05 04 03 02 01

Inhalt

Vorwort 7

I. Erkenntnistheorie und Sprachphilosophie: Grundlagen der Objektivität

Albrecht Wellmer, Gibt es eine Wahrheit jenseits der
   Aussagenwahrheit? 13
Charles Taylor, Abschied von einer Theorie der
   indirekten Erkenntnis 53
Lutz Wingert, Epistemisch nützliche Konfrontationen
   mit der Welt? 77
Charles Larmore, Der Zwang des besseren Arguments 106
Robert Brandom, Objektivität und die normative
   Feinstruktur der Rationalität 126
Hans-Julius Schneider, Universale Sprachstrukturen?
   Zu R. Brandoms »expressiver Deduktion«
   der Gegenstand-Begriff-Struktur 151
Cristina Lafont, Ist Objektivität perspektivisch?
   Ein Vergleich zwischen Brandoms und Habermas'
   Konzeption von Objektivität 192
Manfred Frank, Selbstbewußtsein und Selbsterkenntnis
   oder über einige Schwierigkeiten bei der Reduktion
   von Subjektivität 217
Herbert Schnädelbach, Phänomenologie und
   Sprachanalyse 243

II. Ethik: Vernunftmoral zwischen transzendierenden Prinzipien und lokalem Kontext

Ursula Wolf, Worin sich die Platonische und
   die Aristotelische Ethik unterscheiden 271
Hilary Putnam, Werte und Normen 280
Gertrud Nunner-Winkler, Moralische Bildung 314
Rainer Forst, Ethik und Moral 344
Axel Honneth, Zwischen Hermeneutik und
   Hegelianismus. John McDowell und die Heraus-
   forderung des moralischen Realismus 372

Stefan Gosepath, Über den Zusammenhang von
  Gerechtigkeit und Gleichheit 403
Georg Lohmann, Unparteilichkeit in der Moral 434

III. Rechts- und Demokratietheorie:
Die Demokratie, die Öffentlichkeit und ihre Probleme

Claus Offe, Wessen Wohl ist das Gemeinwohl? 459
Dieter Grimm, Bedingungen demokratischer
  Rechtssetzung 489
Günter Frankenberg, Die Rückkehr des Vertrages. Über-
  legungen zur Verfassung der Europäischen Union 507
Klaus Günther, Rechtspluralismus und
  universaler Code der Legalität: Globalisierung
  als rechtstheoretisches Problem 539
Peter Niesen, Volk-von-Teufeln-Republikanismus. Zur
  Frage nach den moralischen Ressourcen der liberalen
  Demokratie 568
Hauke Brunkhorst, Globale Solidarität: Inklusions-
  probleme der modernen Gesellschaft 605
Thomas McCarthy, Die politische Philosophie und das
  Problem der Rasse 627
Bernhard Peters, Deliberative Öffentlichkeit 655
Cass Sunstein, Das Fernsehen und die Öffentlichkeit 678

Über die Autoren und Autorinnen 702

Vorwort

Der Begriff der Öffentlichkeit und seine kontrastierenden Gegenstücke: das Geheime und das Private gehörten ursprünglich und vornehmlich in den Bereich der Politik und des Rechts. Jürgen Habermas, dem die hier versammelten Aufsätze von Kollegen und Kolleginnen gewidmet sind, hat maßgeblich dazu beigetragen, dem Begriff der Öffentlichkeit auch in der philosophischen und sozialwissenschaftlichen Grundlagenforschung eine zentrale Rolle zu verschaffen. Sein Werk wird oft mit dem Etikett »Diskursphilosophie« oder »Diskurstheorie« (des Rechts, der Wahrheit, der Ethik usw.) versehen. Das ist auch berechtigt, vorausgesetzt man behält den Zusammenhang von Diskurs und Öffentlichkeit im Auge.

»Diskurs« meint hier so viel wie eine argumentgeleitete Kommunikation oder Wechselrede unter bestimmten Bedingungen mit dem Ziel, herauszufinden, ob eine bestimmte Aussage wahr bzw. ob ein bestimmtes Tun richtig ist. Der Weg zu diesem Ziel ist diskursiv, nicht intuitiv. Man muß eine Kette von Gründen und Gegengründen durchlaufen, um erkennen zu können, welche Aussage wahr und welches Tun richtig ist. Dahinter steckt bei Habermas eine Überzeugung, die er mit Kant teilt: Die informativen theoretischen und praktischen Wahrheiten offenbaren sich uns Menschen nicht intuitiv. Wir können uns letztlich nur mit Hilfe von Gründen die Wahrheit zutrauen. Nun ist die Wahrheit, sei es die Wahrheit von Aussagen, sei es die Richtigkeit eines Tuns (die praktische Wahrheit) nichts, was sich in jemandes Privatbesitz befindet – wenn sie denn überhaupt erkannt werden kann. Deshalb sind die Gründe, die jeweils mich erkennen lassen können, daß etwas wahr bzw. richtig ist, Gründe, die auch andere Personen das erkennen lassen können. Der diskursive Weg zu Einsichten, der von Gründen markiert wird, ist ein öffentlicher Weg. Vernunft, verstanden als Fähigkeit, Gründe in Ansehung der Frage zu geben, ob diese Aussage oder jene wahr, ob dieses Tun oder jenes richtig ist – Vernunft ist wesentlich öffentlich. Was vernünftig ist, über die Welt zu glauben und in der Welt zu tun, zeigt sich im befreiten und befreienden öffentlichen Austausch von Argumenten über Erfahrenes und Gedachtes.

Habermas hat den politischen und demokratietheoretischen Impuls nicht geleugnet, den sein Nachdenken über das gegenseitige Gründe-Geben und Gründe-Prüfen in einer diskursförmigen Kommunikation als Kriterium für das Vernünftige trägt. Dieser Impuls erklärt zum Teil, warum nicht nur Philosophen, sondern auch Sozialwissenschaftler – u. a. Soziologen, Politologen, Rechtswissenschaftler und Psychologen – mit den Ideen, Argumenten und Problemen von Habermas etwas anzufangen wissen. Der dritte Teil dieser Aufsatzsammlung (*Rechts- und Demokratietheorie: Die Demokratie, die Öffentlichkeit und ihre Probleme*) zeigt das einmal mehr. Die politische Willensbildung, so der Gedanke von Habermas, darf nicht nur in einen von Macht diktierten, kleinsten gemeinsamen Nenner gegensätzlicher Interessen münden, wenn sie befriedete, demokratische und lernfähige Lebensverhältnisse bewahren soll. Der politische Wille einer Bürgerschaft muß zumindest auch mit dem objektiven (das heißt nicht-parteiischen) Urteil verbunden sein, daß die praktizierten Formen der Willensbildung zu Ergebnissen führen, die für alle gleichermaßen gut sind. Ohne einen öffentlichen Vernunftgebrauch im Diskurs sind solche Ergebnisse nicht zu haben.

Allerdings hat Habermas dem Begriff des öffentlichen Vernunftgebrauchs im Diskurs nicht bloß eine demokratietheoretische und politische Aufgabe zugewiesen, was ihm ja auch anhaltende Kritik eingebracht hat. Mit diesem Begriff soll nicht nur eine Objektivität der politischen Willensbildung, also eine Gleichberechtigung aller betroffenen Parteiungen erläutert und spezifiziert werden. Es sollen auch philosophisch grundsätzlich mit dem Begriff des öffentlichen Diskurses Kriterien angegeben werden für eine objektive Beurteilung von Überzeugungen darüber, was der Fall ist und was im moralischen Sinn zu tun geboten ist.

»Objektivität« bezeichnet hier eine prüfende Einstellung beim Urteilen, die objektive Urteilsgründe formuliert und geltend macht. Sie ermächtigt zumindest zu dem Anspruch, daß diese Urteile – Urteile darüber, was in der Welt draußen der Fall ist und was getan werden soll – wahr bzw. richtig sind.

Der öffentliche Diskurs mit seinen Regeln schlägt eine Brücke zwischen dem, was wahr und richtig ist und dem, was wir für wahr und richtig halten, indem er Kriterien für das objektive Urteilen liefert. Ob dieser Brückenschlag gelingt, ist eine nach wie vor offene Frage. Sie steht bei einem Großteil der in den ersten beiden Teilen dieses Bandes versammelten Texten im Mittelpunkt (*I. Erkenntnistheorie und Sprachphilosophie: Grundlagen der Objektivität Ethik; II. Vernunftmoral zwischen transzendierenden Prinzipien und lokalem Kontext*).

In einigen Beiträgen wird direkt auf Habermas' erkenntnistheoretische, sprachphilosophische und ethische Arbeiten eingegangen. Andere Autoren behandeln die von Habermas erörterten Fragen unter anderem nach dem Verhältnis von Wahrheit und Rechtfertigung, nach der Möglichkeit und Form moralischer Objektivität sowie die Fragen nach den Entwicklungsbedingungen und der Reichweite moralischer Einsichten unter Anhörung anderer gewichtiger philosophischer Stimmen. Auch das bestätigt die geistesgegenwärtige Zeitgenossenschaft von Habermas.

Der vorliegende Band vereinigt Beiträge, die zum überwiegenden Teil auf einem Symposion im Juli 1999 an der Johann Wolfgang Goethe-Universität in Frankfurt am Main anläßlich des 70. Geburtstages von Jürgen Habermas vorgetragen wurden. Sie sind für die Veröffentlichung gründlich diskutiert und überarbeitet und um einige weitere Beiträge ergänzt worden, welche die gesamte Breite des wissenschaftlichen und intellektuellen Wirkens von Habermas widerspiegeln. Mit einer Ausnahme sind alle Aufsätze Originalbeiträge. Die Ausnahme stellt die Arbeit von Herbert Schnädelbach dar, die sich auch in dessen jüngster Aufsatzsammlung *Philosophie in der modernen Kultur* findet. Schnädelbach konnte wie leider auch Richard Rorty lediglich aus äußerlichen Gründen nicht an der Konferenz teilnehmen. Er hatte aber seinerzeit bereits einen Habermas gewidmeten, noch unveröffentlichten und zur Sache gehörigen Text geschrieben.

Ohne eine vielfältige Unterstützung hätte das Symposion nicht stattfinden und der Band nicht erscheinen können. Wir danken allen voran der Fritz-Thyssen-Stiftung für die großzügige, schnelle finanzielle Unterstützung, ebenso dem Max-Planck-Institut für europäische Rechtsgeschichte mit seinen Direktoren Dieter Simon und Michael Stolleis, der akademischen Auslandsstelle der Johann Wolfgang Goethe-Universität mit Herrn Dr. Bierwirth, der Vereinigung der Freunde und Förderer der Johann Wolfgang Goethe-Universität sowie der Oberbürgermeisterin der Stadt Frankfurt am Main, Frau Petra Roth, und dem Kulturdezernenten, Herrn Dr. Nordhoff. Der Thyssen-Stiftung sei auch dafür gedankt, daß sie einen Großteil der Übersetzungskosten getragen hat. Am Zustandekommen des Symposions sowie an der Fertigstellung des Bandes haben vor allem Jochen Bung, Werner Hasselbacher und Brita von Schenck mitgewirkt.

Ein besonderer Dank gebührt denjenigen, die die fremdsprachigen Beiträge übersetzt haben: Karin Wördemann hat die Aufsätze von Thomas McCarthy, Hilary Putnam, Cass Sunstein, Charles Taylor ins Deutsche übertragen. Michael Adrian und Bettina Engels haben den Text von Cristina Lafont, Eva Gilmer den Beitrag von Robert Brandom übersetzt. Schließlich möchten wir ganz besonders Wolf Lepenies und Joachim Nettelbeck vom Wissenschaftskolleg zu Berlin danken. Ohne ihre geistesgegenwärtige, unbürokratische Unterstützung wäre das Ganze nicht möglich gewesen.

Klaus Günther
Lutz Wingert

I. Erkenntnistheorie und Sprachphilosophie: Grundlagen der Objektivität

Albrecht Wellmer
Gibt es eine Wahrheit jenseits der Aussagenwahrheit?

1. In den folgenden Überlegungen habe ich versucht, einige bekannte, obwohl untereinander zum Teil durchaus heterogene Motive, wie sie sich beim frühen Heidegger, bei Gadamer, Apel und Habermas finden, in einen mir verständlichen Zusammenhang zu bringen. Alle diese Motive betreffen das Verständnis des Wahrheitsbegriffs. Heidegger hat bekanntlich die »Abkünftigkeit« der Aussagenwahrheit behauptet und die These vertreten, »erst mit der *Erschlossenheit* des Daseins (sei) das *ursprünglichste* Phänomen der Wahrheit erreicht«.[1] Habermas hat dann versucht, Heideggers Begriff der »Erschlossenheit« gleichsam diskurstheoretisch zu domestizieren und die »welterschließenden« Leistungen der Sprache als den Hintergrund unserer gewöhnlichen Wahrheitsdiskurse in einen internen Zusammenhang mit diesen zu bringen; die welterschließenden Leistungen der Sprache, so Habermas, müssen sich als wahrheits*ermöglichend* immer erst »im Lichte des Umgangs mit Innerweltlichem«[2] *bewähren*. In einem Aufsatz von 1972[3] hatte Habermas das Verhältnis von Sprachhintergrund und Wahrheitsdiskursen noch etwas anders beschrieben; er argumentiert dort, daß die Möglichkeit wahrer Aussagen die »Angemessenheit« der Sprache voraussetzt, in der sie formuliert sind, *und* daß die Frage nach der Angemessenheit der Sprache ebenso wie die nach der Wahrheit von Aussagen ein möglicher Gegenstand rationaler Diskurse sei.[4] Genauer gesagt: Habermas postuliert dort, daß ein argumentativ geführter Streit über die Wahrheit von Aussagen nur dann rational genannt werden kann, wenn er jederzeit offen ist für die Möglichkeit eines Übergangs zur Metaebene eines Diskurses über die Angemessenheit der Sprache – eine »Angemessenheit«, die bei der Argumen-

---

1 Martin Heidegger, *Sein und Zeit*, Tübingen 1957, S. 220f.
2 Jürgen Habermas, *Der philosophische Diskurs der Moderne*, Frankfurt am Main 1985, S. 373. Siehe auch ders., *Wahrheit und Rechtfertigung*, Frankfurt am Main 1999, S. 84f. und S. 97f.
3 Jürgen Habermas, »Wahrheitstheorien«, in: *Vorstudien und Ergänzungen zur Theorie des kommunikativen Handelns*, Frankfurt am Main 1984.
4 a.a.O., S. 170ff.

tation über strittige Geltungsansprüche in der Regel zunächst einfach unterstellt wird. In beiden von Habermas ausprobierten Versionen einer Neubeschreibung des Verhältnisses von Sprachhintergrund und Wahrheitsdiskursen geht es Habermas darum, die Wahrheitsfrage gewissermaßen auf den Sprachhintergrund auszuweiten, aber nicht im Sinne eines Heideggerschen »Wahrheitsgeschehens«, sondern so, daß auch die Sprache selbst noch in einen möglichen diskursiven Klärungsprozeß einbezogen wird. – Bei Apel könnte man schließlich von einer Radikalisierung dieses Gedankens sprechen. Indem nämlich Apel »Wahrheit« als den Inhalt eines ultimativen Konsenses einer idealen Kommunikationsgemeinschaft interpretiert, nimmt er nicht nur Habermas' Gedanken auf, daß die Angemessenheit der Sprache letztlich eine Bedingung der Möglichkeit wahrer Aussagen ist, vielmehr zieht er zugleich die naheliegende Konsequenz, daß der Konsens der idealen Kommunikationsgemeinschaft – als das »Definiens« der Aussagenwahrheit – dann auch die Angemessenheit der Sprache mitbetreffen muß.[5] Im Konsens der idealen Kommunikationsgemeinschaft – die Apel freilich nur als eine im Wahrheitsbegriff implizierte regulative Idee verstanden wissen will – wäre der Streit um die Angemessenheit der Sprache zugleich mit dem über die Wahrheit von Aussagen zur Ruhe gekommen; und das heißt eben: daß dieser Konsens mit der Wahrheit von Aussagen zugleich die Angemessenheit der Sprache verbürgen würde, in der diese Aussagen formuliert sind. – Ich habe Apels und Habermas' Idealisierungsstrategien an anderer Stelle kritisiert[6]; jetzt dagegen geht es mir darum, ihr – und damit indirekt auch Heideggers – Motiv einer Rückbeziehung des Wahrheitsbegriffs auf einen wahrheitsermöglichenden »Hintergrund« der Aussagenwahrheit aufzunehmen und zu variieren.[7] In ganz anderer Weise als Apel und Habermas hat auch Gadamer Heideggers Begriff der Erschlossenheit aufgenommen. Dem will ich hier nicht im einzel-

---

5 So bereits in Karl-Otto Apel, »Der transzendentalhermeneutische Begriff der Sprache«, in: ders., *Transformation der Philosophie*. Band II, Frankfurt am Main 1973, insbes. 348ff.

6 Albrecht Wellmer, *Ethik und Dialog*, Frankfurt am Main 1986, Abschn. VII und VIII.

7 Meine Überlegungen berühren sich in mancher Hinsicht stärker, als mir dies beim Schreiben dieses Aufsatzes bewußt war, mit Überlegungen von Martin Seel (in: »Über Richtigkeit und Wahrheit. Erläuterungen zum Begriff der Welterschließung«, *Deutsche Zeitschrift für Philosophie* 41 (1993). Siehe auch Anm. 20.

nen nachgehen; mir scheint aber klar, daß auch Gadamers unbefangener Rede von einer *textuellen* Wahrheit[8], das heißt einer Wahrheit von Texten, ein entsprechender Heidegger-Bezug zugrunde liegt. Eigentümlicherweise hat Gadamer, soweit ich sehen kann, niemals versucht, seinen Begriff einer Wahrheit von Texten mit dem der (gewöhnlichen) Aussagenwahrheit in einen einleuchtenden Zusammenhang zu bringen. Was ich im folgenden versuche, ist, Apels, Habermas' und Gadamers auf Heidegger zumindest *beziehbare* Ausweitungen des Wahrheitsproblems aufzunehmen und in einen Zusammenhang miteinander zu bringen. Allerdings werde ich dieses Ziel nicht auf einem direkten Weg verfolgen; ich werde mich also insbesondere nicht direkt auf die Thesen und Argumente der genannten Autoren beziehen. Vielmehr werde ich eine speziellere Frage diskutieren, nämlich die nach der Wahrheit in der Philosophie. Ich hoffe, am Schluß zeigen zu können, daß von dieser Frage her ein Licht fällt auch auf die eben genannten Probleme.

2. Fürs Folgende unterstelle ich – sicherlich mit einer gewissen Kühnheit –, daß der Begriff der Aussagenwahrheit für die Zwecke meiner Überlegungen zureichend geklärt ist; ich gehe also so vor, als gäbe es eine Art von Minimalkonsens über die semantischen und pragmatischen Züge unserer – wie ich es nennen möchte – aussagebezogenen »Wahrheitspraktiken« oder »Wahrheitsspiele«. Da ich aber natürlich weiß, daß dieser Minimalkonsens, selbst soweit es ihn gibt, sehr schnell an seine Grenzen stoßen wird, möchte ich auf einen möglicherweise kontroversen Aspekt des aussagebezogenen Wahrheitsbegriffs, so wie ich ihn hier voraussetze, explizit hinweisen. Dieser Aspekt betrifft den internen Zusammenhang zwischen Wahrheit und Rechtfertigung: Unser *Gebrauch* des Wahrheitsbegriffs läßt sich nur verständlich machen unter Rekurs auf die Rechtfertigungspraktiken, in die er eingebettet ist; ich gehe davon aus, daß diese These in ihrer Allgemeinheit – das heißt, solange es noch nicht um die verschiedenen möglichen Verständnisse des internen Zusammenhangs von Wahrheit

---

8 Hans-Georg Gadamer, *Wahrheit und Methode*, Tübingen 1990. Der Begriff einer textuellen Wahrheit liegt meines Erachtens Gadamers Gesamtkonzeption in *Wahrheit und Methode* zugrunde, so auch schon der Verknüpfung von Kunstphilosophie und allgemeiner Hermeneutik. Für eine besonders prägnante Formulierung siehe a. a. O., S. 299.

und Rechtfertigung geht – weitgehend unkontrovers ist. Kontrovers ist aber sicherlich eine weitere Voraussetzung, die ich mache: Ich unterstelle nämlich, daß wir von Wahrheit überall dort sprechen können, wo wir auch von gerechtfertigten Überzeugungen sprechen können, so daß ich also nicht nur mit Bezug auf empirische oder Tatsachenüberzeugungen, sondern auch mit Bezug auf moralische, evaluative oder hermeneutische Geltungsansprüche von »wahr« und »falsch« sprechen werde – wobei natürlich die jeweils zugehörigen Ausweisungspraktiken, je nach dem Sinn der betreffenden Wahrheitsansprüche, als ganz unterschiedlich vorausgesetzt werden müssen. An dieser Stelle knüpfe ich an eigene frühere Überlegungen[9] sowie an einen Gedanken von Robert Brandom[10] an, der die Unterscheidung zwischen »gerechtfertigt« und »wahr« aus dem Perspektivenunterschied von erster und zweiter (Sprecher-)Person erklärt hat: Aus der Perspektive der ersten Person sind die (eigenen) gerechtfertigten Überzeugungen zugleich die wahren Überzeugungen; dagegen sind aus der gleichen Perspektive die begründeten Überzeugungen anderer nicht notwendig auch wahre Überzeugungen. Die Differenz zwischen »wahr« und »gerechtfertigt« wird somit auf einer basalen Ebene aus der für die Sprache konstitutiven Perspektivendifferenz von erster und zweiter Person erklärt. Diese *allgemeine* Erläuterung der Differenz zwischen gerechtfertigten und wahren Überzeugungen bedürfte freilich ausführlicher Kommentare; es müßte insbesondere gezeigt werden, daß jene Erläuterung die Idee einer *transsubjektiven* Wahrheit bzw. die eines kontexttranszendierenen Charakters von Wahrheitsansprüchen nicht, wie man vermuten könnte, blockiert, sondern sie gerade erst verständlich macht.[11] Ich weiß, daß es sich hierbei um hochkontroverse Fragen handelt, ich glaube aber nicht, daß meine nachfolgenden Überle-

---

9 Albrecht Wellmer, »Der Streit um die Wahrheit. Pragmatismus ohne regulative Ideen«, in: Mike Sandbothe (Hg.), *Die Renaissance des Pragmatismus*, Weilerswist 2000.
10 Vgl. Robert Brandom, *Expressive Vernunft*, Frankfurt am Main 2000, insbes. S. 828f.
11 Das habe ich an anderer Stelle zu zeigen versucht. Vgl. Albrecht Wellmer, »The Debate about Truth. Pragmatism without Regulative Ideas«, in: William Egginton und Mike Sandbothe (Hg.), *The Pragmatic Turn in Philosophy*, New York 2001. Es handelt sich hierbei um die stark revidierte Neufassung eines ursprünglich unter dem Titel »Der Streit um die Wahrheit. Pragmatismus ohne regulative Ideen« auf deutsch publizierten Aufsatzes, in: Mike Sandbothe (Hg.), *Die Renaissance des Pragmatismus*, a. a. O.

gungen notwendigerweise eine Klärung dieser Fragen voraussetzen; bis zu einem gewissen Grade lassen sie sich überdies selbst als Versuch eines Beitrags zu einer solchen Klärung verstehen.

3. Da es mir im folgenden um die Wahrheit in der Philosophie geht, muß ich versuchen, den »Gegenstandsbereich« dieser Frage etwas genauer einzukreisen. Die Frage, was wir unter dem Sammelbegriff »Philosophie« verstehen wollen, scheint auf den ersten Blick hoffnungslos, zumal wenn man sich das außerordentlich breite Spektrum von Textsorten vor Augen führt, bei denen man im einen oder anderen Sinne von »philosophischen« Texten spricht. Dies Spektrum reicht von den Fragmenten der Vorsokratiker, den Platonischen Dialogen, den Essais von Montaigne und den Abhandlungen Kierkegaards bis zu den Systementwürfen des Deutschen Idealismus, den Philosophischen Untersuchungen Wittgensteins und den labyrinthischen Arbeiten Adornos und Derridas und schließt auch noch den selbst wieder breitgefächerten Standardfall heutiger philosophischer Aufsätze ein. Die Versuchung liegt nahe, die Bezeichnung aller dieser Texte als »philosophisch« in wittgensteinscher Manier zu erklären, indem man in einer berühmten Formulierung Wittgensteins das Wort »Sprache« durch das Wort »Philosophie« ersetzt: »Statt etwas anzugeben, was allem, was wir Philosophie nennen, gemeinsam ist, sage ich, es ist diesen Erscheinungen nicht eines gemeinsam, weswegen wir für alle das gleiche Wort verwenden, – sondern sie sind miteinander in vielen verschiedenen Weisen *verwandt*. Und dieser Verwandtschaft, oder dieser Verwandtschaften wegen nennen wir sie alle ›Philosophien‹.«[12] Eine solche Auskunft wäre sicherlich nicht ganz falsch, und doch wäre sie irreführend. Denn die »Verwandtschaft« zwischen verschiedenartigen philosophischen Texten ist ja nicht zuletzt darin begründet, daß solche Texte immer auch auf andere philosophische Texte sich beziehen, ihre Fragen aufnehmen, umformulieren und weitertreiben, ihre Thesen kritisieren oder in einen neuen Zusammenhang stellen, wobei häufig genug zwischen den verschiedenartigen Text-»Strategien« und Argumentationsweisen einerseits und den philosophischen Positionen andererseits, die mit Hilfe solcher Textstrategien und

---

[12] Vgl. Ludwig Wittgenstein, *Philosophische Untersuchungen. Schriften 1*, Frankfurt am Main 1960, §65.

Argumentationsweisen formuliert werden und die ihrerseits auf andere philosophische Positionen bezogen sind, ein interner Zusammenhang besteht. Mit anderen Worten: Die partiellen »Verwandtschaften« der philosophischen Texte untereinander sind dem Umstand geschuldet, daß es eine *Geschichte* philosophischer Fragestellungen und Antworten gibt, in der jeder philosophische Text eine Position nicht zuletzt mit Bezug auf andere Texte und deren Thesen und Argumente bezieht, eine Geschichte, in welcher sich zwar auch die leitenden Fragestellungen fortwährend verändern, aber doch so, daß wir in den großen philosophischen Texten der Vergangenheit immer wieder auch unsere eigenen Fragen und bestimmte Antworten auf sie wiedererkennen können. Darüber hinaus könnte man sagen, daß die Philosophie ein wesentlich dialogisches und argumentatives Unternehmen ist, als dessen Urbild man die Platonischen Dialoge ansehen könnte. Faszinierend an Platos Dialogen ist nicht zuletzt, daß sich in ihnen die philosophische Wahrheitssuche schon in ihrer textuellen Gestalt als ein Dialog, als Streitgespräch darstellt, als ein mehrstimmiges argumentatives Prüfen von Überzeugungen, ihren Voraussetzungen und Konsequenzen, als ein Ausprobieren von Antworten, ein Hervortreiben latenter Widersprüche und als unablässiges Weitertreiben von Fragen. Selbst wo philosophische Texte das dialogische *logon didonai* nicht in dem Maß explizit als strukturierendes Prinzip in sich aufgenommen haben, wie es bei Plato oder auch beim späten Wittgenstein der Fall ist, sind sie doch implizit immer dialogisch verfaßt; und zwar nicht nur deshalb, weil sie Beiträge sind im realen Dialog der Philosophen, der auch die Philosophen der Vergangenheit mit umfaßt, sondern auch deshalb, weil das Philosophieren selbst dialogisch verfaßt ist: gleichsam als ein internalisierter Dialog, in dem mehrere Stimmen mit- und gegeneinander reden, aufeinander antworten usw. – Es gibt aber noch einen weiteren Grund, sich nicht mit dem Hinweis auf verschiedenartige »Familienähnlichkeiten« zwischen philosophischen Texten zufriedenzugeben. Denn wenn wir als Philosophen fragen, was das Gemeinsame all dessen ist, was wir »Philosophie« nennen, so fragen wir damit zugleich nach unserem Selbstverständnis als Philosophen; wo aber das Selbstverständnis einer Disziplin – hier der Philosophie – in Frage steht, handelt es sich bereits um eine genuin philosophische Frage. Diese Frage können wir nicht beantworten, ohne philosophisch im Streit der Philosophen Stellung zu beziehen. Wir können gewissermaßen aus dem Philosophieren nicht heraustreten, um jene Frage zu beantworten – als wären wir ethnologische Beobachter einer fremden Kultur. Daher werde ich jetzt eine etwas stärkere These zu den »Familienähnlichkeiten« zwischen den Philosophien vertreten.

4. In der Philosophie, so meine versuchsweise These, geht es letztlich immer um die Klärung von Begriffen, die für unser Welt- und Selbstverständnis von konstitutiver Bedeutung sind und die genau hierin zugleich immer wieder eine Quelle von Konfusionen, Widersprüchen, Unklarheiten und existentiellen Beunruhigungen sind: Gut und Böse, Gerechtigkeit, Erkenntnis, Sprache, Schönheit, Geist und Natur, Verstehen, Freiheit, Vernunft, Zeit, Kausalität, Geschichte usw. – und: Wahrheit. Das Wort »Klärung« ist hierbei in einem mehrfachen Sinn zu verstehen: »Klärung« kann einerseits heißen: ein Explizitmachen von konstitutiven Aspekten der unsere Praxis orientierenden Welt-, Selbst- und Sachverständnisse; wobei das Wort »konstitutiv« darauf hindeutet, daß philosophische Fragen hier dazu tendieren, im weitesten Sinne Fragen nach den »Bedingungen der Möglichkeit« von Aspekten unserer sprachvermittelten Praktiken zu werden. Und »Klärung« kann andererseits bedeuten eine Kritik, Unterminierung und einen Neuentwurf (von Aspekten) unseres Welt- und Selbstverständnisses. Mir scheint, daß in der Philosophie diese verschiedenen Aspekte von »Begriffsklärung« – der explikative, der subversive oder auch »dekonstruktive« und der »begriffsschaffend konstruktive« in der Regel auf eine komplexe Weise ineinandergreifen. (Die Frage nach dem »Wie« dieses Ineinandergreifens würde eine eigene Untersuchung erfordern.)

Ich möchte meine – natürlich unvollständige – Liste von philosophisch relevanten Begriffsstichworten (Freiheit, Erkenntnis, Wahrheit usw.) in einem Punkt vervollständigen: Es geht in der Philosophie nicht zuletzt um das richtige Verständnis jenes »Wir«, das wir als sprachfähige Tiere sind und das sich mit Bezug auf die genannten Begriffe immer wieder in Konfusionen, Unklarheiten und Widersprüche verwickelt. (Man denke hier an die verschiedenen philosophischen Chiffren für dieses »Wir« in der Geschichte der europäischen Philosophie: *zoon logon echon*, *animal rationale*, *Subjekt*, *Dasein* oder auch die *infinite Kommuni-*

kations- und Argumentationsgemeinschaft.) Ich möchte sogar behaupten, daß die Frage, wer »wir« – als endliche, geschichtliche und sprachfähige Wesen – sind, *wie* wir »in der Welt« sind und daher auch die Frage nach dem *richtigen* oder *guten* Leben, wenngleich oft nur implizit und unausgesprochen, im Hintergrund aller philosophischen Fragen steht[13]: In diesem Sinne hat Platon im *Phaidros* die Fragen und Überlegungen des Sokrates unter das Motto des »Erkenne dich selbst« gestellt; und dies Sokratische Motto scheint in der einen oder anderen Weise für alle bedeutenden philosophischen Texte der europäischen Tradition leitend zu sein: von Plato und Aristoteles über Descartes, Hume, Kant, Hegel und Nietzsche bis zu Heidegger, Dewey und Wittgenstein. Sicherlich berühren philosophische Spezialuntersuchungen diese Hintergrundfrage oft nur am Rande oder setzen eine Antwort auf diese Frage stillschweigend voraus, oder sie verselbständigen sich gegenüber diesen Fragen durch die Ausbildung von Fragestellungen und Begrifflichkeiten, denen kein direkter Zusammenhang mehr anzumerken ist mit jenen Hintergrundfragen; aber es scheint mir kein Zufall zu sein, daß heute in den – nach meiner Einschätzung – avanciertesten Texten in der Tradition der analytischen Philosophie diese Hintergrundfrage – und zwar aus einer internen Nötigung heraus – in der einen oder anderen Weise wieder explizit zum Thema geworden ist.

Auch wenn es in der Philosophie oft nur um spezielle Aspekte unseres Welt- und Selbstverständnisses geht, berühren philosophische Fragen tendenziell doch immer das *Ganze* unseres Welt- und Selbstverständnisses.[14] Und genau hierin ist die Philosophie – in ihren explikativen, subversiven und begriffschaffend-konstruktiven Leistungen – immer schon auf ein in Sprache, in Praktiken und Lebensformen gleichsam »naturwüchsig« verkörpertes Welt- und Selbstverständnis bezogen. Dies »naturwüchsige« Welt- und Selbstverständnis hat für gewöhnlich nicht die Form einer expliziten Welt- oder Selbstdeutung; es manifestiert sich vielmehr in unserer Praxis, unseren Wertschätzungen, unseren Relevanzmaßstäben, unseren moralischen Urteilen, unserem

---

13 Dies ist auch die Grundthese von Ursula Wolf in *Die Philosophie und die Frage nach dem guten Leben*, Reinbek bei Hamburg 1999.
14 Vgl. Ernst Tugendhat, »Überlegungen zur Methode der Philosophie aus analytischer Sicht«, in: Ernst Tugendhat, *Philosophische Aufsätze*, Frankfurt am Main 1992, S. 261.

Verständnis der wissenschaftlichen Erkenntnis, unserem Verhältnis zu anderen Menschen und zu uns selbst, in unseren Lebensentwürfen, unseren politischen Überzeugungen, unserem Verhältnis zu Liebe und Tod usw. usw. – und das Beispiel des Platonischen Sokrates zeigt m.E., daß die Philosophie dort beginnt, wo in dem Netzwerk grundlegender Begriffe, durch das die Menschen sich und ihre Welt oder – bescheidener – bestimmte Sachzusammenhänge auslegen, Risse, Inkohärenzen, Aporien und Widersprüche sich zeigen und daher eine Nötigung sich fühlbar macht, ein problematisch gewordenes Welt-, Sach- oder Selbstverständnis zu hinterfragen. Freilich ist es oft genug die philosophische Reflexion selbst, die überhaupt erst das Bewußtsein einer solchen Nötigung erzeugt: Das Geschäft der Philosophie ist nicht zuletzt, die *latenten* Risse, Inkohärenzen, Aporien und Widersprüche in »unserem« Welt- und Selbstverständnis *manifest* zu machen. Das philosophische Hinterfragen von Welt-, Sach- und Selbstverständnissen mag allerdings zu neuen Konfusionen führen; die Philosophie ist voll davon und ein wesentlicher Teil des Philosophierens besteht im Versuch einer Auflösung *solcher* (selbsterzeugter) Konfusionen. Will man aber die möglichen produktiven Leistungen der Philosophie in ihren subversiven und konstruktiven Zügen charakterisieren, so muß man diese Leistungen, wie mir scheint, als die einer Klärung und Veränderung von Welt- und Selbstverständnissen beschreiben. Indem die Philosophie an Begriffen arbeitet, bringt sie tendenziell Begriffe in Bewegung und in neue Konstellationen, und versucht so einem neuen, besseren Welt- und Selbstverständnis vorzuarbeiten.

Natürlich ließe sich gegen meine Charakterisierung der Rolle der Philosophie sofort einwenden, daß sie eine lächerliche Überschätzung dessen bedeutet, was die Philosophie praktisch ausrichten kann. Und in der Tat sind die praktischen Wirkungen der Philosophie in der Regel allenfalls indirekter Art, schwer zu greifen und gelegentlich, wo philosophische Thesen in unverstandene Parolen umgemünzt werden, sogar abträglich. Denkt man aber an die großen Philosophien der europäisch-amerikanischen Tradition – etwa an diejenigen Platos, Kants und Wittgensteins –, so läßt sich wohl kaum bestreiten, daß sie in ihren subversiven und konstruktiven Zügen, wenngleich in der Regel auf höchst vermittelte Weise, mehr oder weniger weitreichende geschichtliche Wirkungen mit Bezug auf die Aufklärung und kritische Veränderung von Welt- und Selbstverständnissen gehabt haben. Obwohl wir allen Grund haben, die Bedeutung dessen, was wir als »gewöhnliche«, professionelle akademische Philosophen tun, nicht zu überschätzen, läßt sich doch das, was wir tun, nicht verstehen ohne seinen Bezug auf die – bis heute immer wieder möglichen – produktiven, geschichtlich durchaus wirksamen Hervorbringungen der »großen« Philosophien, die wir ja oft genug nur mühsam nachzubuchstabieren oder auch nachzubessern versuchen. Wenn ich oben von den produktiven Leistungen der Philosophie mit Bezug auf die Kritik und Veränderung von Welt- und Selbstverständnissen gesprochen habe, so wollte ich auf *Möglichkeiten* der Philosophie hinweisen, die in der Philosophie immer auch als Antrieb wirksam sind, und wollte zugleich hiermit das philosophische Diskursuniversum von den ihm eigenen äußersten Horizonten her umgrenzen. Die Philosophie ist wie ein Maulwurf, indem sie wie die Maulwürfe im Untergrund arbeitet, weitgehend unsichtbar und doch nicht ohne Folgen.

Nicht de facto, wohl aber seiner inneren Logik nach, geht es im Philosophieren letztlich immer um das Ganze unseres Welt- und Selbstverständnisses – in genau diesem Sinne konnte Wittgenstein sagen, jeder seiner Sätze ziele eigentlich immer schon auf das »Ganze«. Wenn es sich aber so verhält, dann kann es in der Philosophie nicht um *Erkenntnis* im neuzeitlichen Sinne des Wortes gehen – auch dies bereits eine Einsicht Wittgensteins. Das *gnothi se auton*, das ich weiter oben als Motto der Sokratischen Wahrheitssuche angeführt habe, wäre zu übersetzen nicht mit »*Erkenne* dich selbst«, sondern mit »Verstehe dich selbst richtig«. Und angesprochen ist hier nicht primär das individuelle Subjekt *in* seiner Individualität, wie es etwa in einer psychoanalytischen Behandlung dazu kommen mag, sich selbst in seiner individuellen Geschichte besser zu verstehen, sondern das individuelle Subjekt als einer – eine – von »uns«, also ein »wir« in seinen konstitutiven Zügen, seiner Sozialität, Geschichtlichkeit und Existentialität. Philosophische Klärungen sind Klärungen einer überindividuellen Art – daher die gelegentliche Enttäuschung von Studierenden, die erwartet hatten, die Philosophie würde ihre privaten Lebensprobleme lösen. Gleichwohl sind sie insofern auch in einem existentiellen Sinn bedeutsam, als sie die richtige Form *unseres* Lebens betreffen; wo es aber um die richtige Form »unseres« Lebens geht, geht es erstens niemals nur um das

»wir« der sprachfähigen Tiere als solcher, sondern immer zugleich um ein konkretes »wir« geschichtlich und gesellschaftlich situierter Menschen, und es geht zweitens immer auch um die richtige Form je meines Lebens. Insofern könnte man sehr wohl mit Ursula Wolf von einem »existentiellen Hintergrund«[15] des Philosophierens sprechen, seinem »Ursprung... in praktischen Kontexten«[16]. Wenn ich das »Erkenne dich selbst« als ein »Verstehe dich selbst richtig« übersetze, so deshalb, weil Erkenntnis im neuzeitlichen Sinne von »wissenschaftlicher Erkenntnis« ein Netz von Begriffen *voraussetzt*, während die Philosophie – und sei es in unscheinbaren Formen – erst dort beginnt, wo das Netz als solches in Frage steht, wo wir uns in ihm verfangen haben, »uns nicht mehr auskennen« (Wittgenstein), wo also die kritische und klärende Arbeit an einem Netz von Begriffen beginnt, wie es die Wissenschaften immer schon mehr oder weniger voraussetzen – mag dieses Begriffsnetz unser Verständnis der liberalen Demokratie, unser moralisches Selbstverständnis, die Grundlagen der Physik, Medizin oder Ökonomie oder unser Verständnis der sprachlichen Kommunikation betreffen.

5. Wenn man nun fragt, in welchem Sinne es in der Philosophie um Wahrheit geht, so wäre zunächst zu sagen, daß es in ihr zumindest *auch* immer um die Wahrheit von Aussagen – von »Thesen« – bzw. die Triftigkeit von Argumenten geht. Jedoch haben philosophische Sätze das an sich, daß sie aus ihrem textuellen Zusammenhang gerissen mehr oder weniger witzlos sind. Charakteristischerweise muß man sie *in ihrem* und *zusammen mit ihrem* Kontext und ihrem Problembezug verstehen, wenn man sie überhaupt verstehen will. Das heißt aber zugleich, sie müssen immer wieder in einen gegenwärtigen Dialog der Philosophierenden hereingeholt und hierdurch »verlebendigt« werden. Dies ist das Wahrheitsmoment an Platos Schriftkritik im *Phaidros*. Die These von der »Kontextbezogenheit« philosophischer Sätze dürfte kaum kontrovers sein. Die Versuchung liegt nahe, diese These nach zwei Richtungen hin aufzuschlüsseln und sie hierdurch zugleich »wahrheitstheoretisch« zu entschärfen: Man könnte nämlich *erstens* sagen, daß man philosophische Sätze nur versteht,

---

15 Ursula Wolf, *Die Philosophie und die Frage nach dem guten Leben*, a. a. O., S. 184.
16 a. a. O., S. 179

wenn man sie zusammen mit ihrer Begründung versteht; von einer philosophischen Einsicht können wir ja nur sprechen, wenn es sich um eine begründete Einsicht handelt. Man könnte *zweitens* sagen, daß sich der Sinn philosophischer Sätze nur aus ihrem Kontext erschließen läßt – das heißt jetzt aus der begrifflichen Umgebung, in der sie stehen. So läßt sich der folgende Satz Kants: »Verstand und Urteilskraft haben demnach ihren Kanon, des objektiv gültigen, mithin wahren Gebrauches, in der transzendentalen Logik, und gehören demnach also in ihren analytischen Teil«[17] nur verstehen, wenn man zunächst schon mit Kants fundamentalen begrifflichen Unterscheidungen (z. B. transzendental-empirisch, transzendentale Logik vs. transzendentale Dialektik, Verstand vs. Urteilskraft vs. Vernunft usw.) vertraut ist.

Um eine wahrheitstheoretische »Entschärfung« der These von der Kontextgebundenheit philosophischer Sätze handelt es sich dann, wenn man ihre beiden oben erwähnten Erläuterungen nicht in ihrer Zusammengehörigkeit begreift. Charakteristisch für die Philosophie ist nämlich, daß Begriffsexplikationen, Thesen und Begründungen nur in ihrem Zusammenhang verstanden werden können. Philosophie, als Arbeit an Begriffs*netzen*, kann nicht in irgendeinem strengen Sinne linear verfahren (wie etwa die Mathematik); Explikation, These und Begründung gehen ineinander über und erst vom Ganzen eines Textzusammenhangs her gewinnen sie ihre klaren Konturen (wenn sie sie denn haben). Starke philosophische Texte muß man daher öfters, unter Umständen immer wieder lesen, sie auch kreuz- und querlesen, um sie in ihrer explikativen und argumentativen Substanz zu »überblicken«. Und oft verstehen wir sie erst nach Jahren, wenn überhaupt. Sofern sie verschiedene Aspekte oder Dimensionen unseres Welt- und Selbstverständnisses in einen neuen Zusammenhang rücken, von diesem Zusammenhang ein neues »Bild« entwerfen und hierin zugleich ein Netz von Begriffen verändern oder neue Begriffsnetze entwerfen, ist das, was sie sagen, auch nur vom textuellen Zusammenhang her verstehbar und sowohl in seinem explikativen als auch in seinem argumentativen Gehalt *beurteilbar*. Wir müssen hier gewissermaßen eine neue Sprache zugleich mit den *für* diese neue Sprache gegebenen und den *in* ihr formulierten Begründungen zu verstehen und zu beurteilen ler-

---

17 Immanuel Kant, *Kritik der reinen Vernunft. Werke in sechs Bänden* (Hg. Wilhelm Weischedel), Bd II, S. 183 (B 171).

nen. Ich denke, etwas Ähnliches hat Adorno im Auge gehabt, wenn er sagt: »Was in ihr (der Philosophie, A.W.) sich zuträgt, entscheidet, nicht These oder Position; das Gewebe, nicht der deduktive oder induktive, eingleisige Gedankengang.«[18] Das heißt aber, daß es (1) in der Philosophie – außer im Grenzfall einer in einem wohldefinierten Begriffsfeld sich abspielenden Argumentation – immer Text*zusammenhänge* und nicht Einzelaussagen sind, die verstanden und beurteilt werden wollen, und daß daher (2) begriffliche Explikationen, Thesen und Begründungen nur als in diesem textuellen Zusammenhang miteinander verwoben verstanden und auf ihre Triftigkeit hin beurteilt werden können.

6. Wir können jetzt vorläufig die Philosophie als ein kritisches, explikatives, innovatives, argumentatives und holistisches Arbeiten an Begriffsnetzen verstehen – womit zwar wesentliche Aspekte des Philosophierens noch gar nicht benannt sind (etwa ihr konstitutives Nicht-zu-Ende-kommen-Können), was uns aber gleichwohl erlaubt, die Frage genauer zu stellen, in welcher Weise die Philosophie auf Wahrheit bezogen ist. Hierbei sollten wir uns daran erinnern, daß die Philosophie wesentlich in einem intersubjektiven, dialogischen Raum angesiedelt ist. Philosophische Thesen, Explikationen, Überlegungen und Argumente wollen als triftig anerkannt oder »eingesehen« werden und sind zumindest in diesem Sinn immer schon einbezogen in den Prozeß eines Streits um die Wahrheit. Wenn aber meine These richtig ist, daß es in der Philosophie immer um die Angemessenheit unseres Verständnisses von Sach- oder Begriffs*zusammenhängen*, letztlich um die Angemessenheit unseres Welt- und Selbstverständnisses bzw. unserer praktischen Orientierungen geht, dann muß es im philosophischen Streit um die Wahrheit um mehr und anderes gehen als nur um die Wahrheit einzelner Aussagen. »Streit um die Wahrheit« heißt hier letztlich: Streit um die Angemessenheit unseres Welt-, Problem-, Sach- oder Selbstverständnisses bzw. der für diese Verständnisse grundlegenden Begriffe und Begriffszusammenhänge: Intentionalität, Verstehen, Bedeutung, Wahrheit, Moralität, Erkenntnis, Gerechtigkeit, Begründung usw. Wie läßt sich dieses »Andere« jenseits der Wahrheit einzelner Aussa-

---

18 Theodor W. Adorno, *Negative Dialektik. Gesammelte Schriften. Band 6*, Frankfurt am Main 1973, S. 44.

gen verstehen? Man könnte versuchsweise von einer Wahrheit »zweiter Stufe« sprechen. Bei dieser Wahrheit zweiter Stufe geht es nicht (jedenfalls nicht direkt) um irgendwelche Tatsachenerkenntnisse, sondern um richtige Orientierungen, ein richtiges Verständnis jener Praktiken und »Bewandtniszusammenhänge«, in denen die obengenannten Begriffe eine konstitutive Rolle spielen und in die wir immer schon in einem vorläufigen Sinne »verstehend« verwickelt sind.

Die Frage ist natürlich: Was heißt hier ein *richtiges* Verständnis? Welches sind die Kriterien oder Standards solcher Richtigkeit? Normalerweise sind ja Standards und Kriterien der Richtigkeit in unsere sprachlichen Praktiken so eingebaut, daß wir uns zumindest in vielen Fällen darüber einigen können, ob ein Satz wahr oder eine Handlung richtig ist. Freilich können in vielen anderen Fällen die Standards und Kriterien der Richtigkeit selbst strittig oder aufgrund von Inkohärenzen und Widersprüchen problematisch werden; in solchen Fällen sind wir genötigt, über die Begriffe, die Sprache, das »Vokabular«, in denen wir *über* etwas in der Welt reden, zu streiten bzw. eine neue Einigung herbeizuführen. Hierbei kann es sich durchaus noch um Fälle handeln, in denen gleichsam gemeinsame »Metastandards« eine Einigung ermöglichen; im Falle der Physik sind solche »Metastandards«, wie mir scheint, durch die Postulate einer möglichst großen Erklärungskraft, eines hohen Grads experimenteller Bewährung und der Erweiterung des Spielraums technisch-konstruktiven Handelns gegeben. Wie dem auch sei: In der Philosophie, so scheint es, kann es solche Metastandards der Richtigkeit jedenfalls *nicht* geben, weil solche Metastandards genau das voraussetzen müßten, was erst hergestellt werden soll: nämlich ein einleuchtender und kohärenter Zusammenhang zwischen unseren verschiedenen Standards und Kriterien, zwischen verschiedenen Aspekten unseres Welt- und Selbstverständnisses. So bleibt am Ende nur ein so formales »Metakriterium« wie das der Kohärenz, wobei aber auch noch die Frage, welche *Art* von Kohärenz von der Philosophie gefordert werden darf, eine (meta-)philosophisch höchst strittige Frage ist. Am Ende muß die Philosophie für sich selber sorgen; und sie kann das, weil ihre produktiven und erhellenden Potentiale wesentlich an ihre kritischen und subversiven Leistungen geknüpft sind. In ihren konstruktiven und explikativen Zügen bewährt sich die Philosophie in erster Linie vermöge ihres *kritischen* Potentials, nämlich dadurch, wie sie die Destruktion falscher Welt- und Selbstverständnisse – oder allgemeiner: falscher Sachverständnisse – aus einer neuen Perspektive heraus zu organisieren erlaubt. Und das Wort »falsch« hat hier einen durchaus sinnvollen Gebrauch: falsch sind Welt- und Selbstverständnisse, sofern sie zu unauflösbaren Inkohärenzen und Widersprüchen, zu unproduktiven Sackgassen oder schlechten Alternativen oder schließlich zu systematischen Selbsttäuschungen führen.

Wenn ich hier von Inkohärenzen und Widersprüchen spreche, so geht es in der Regel nicht um einfache logische Widersprüche, sondern um praktisch bedeutsame, aber miteinander im Widerstreit liegende Verständnisse und praktische Orientierungen. Oft ist es die Philosophie, die entsprechende Widersprüche und Inkohärenzen erst hervortreibt, sie *als* Widersprüche und Inkohärenzen gewissermaßen »produziert«, etwa in Form von miteinander konkurrierenden, aber miteinander unvereinbaren Beschreibungen oder Argumentationen; und die Stärke einer Philosophie erweist sich nicht zuletzt in ihrem produktiven Umgang mit solchen Widersprüchen und Inkohärenzen, in ihrer Fähigkeit, über sie hinauszukommen, indem sie sie zugleich als »motivierte« Widersprüche und Inkohärenzen verständlich macht. *Ein* klassisches Beispiel ist das Antinomienkapitel der transzendentalen Dialektik Kants; bei der dritten Antinomie etwa geht es – so interpretiere ich sie – um einen transzendental begründeten Widerstreit zwischen einer »objektivierenden« (naturalistischen) und einer »performativen« (normativen) Perspektive auf die geschichtliche Welt und auf uns selbst als Handelnde, einen Widerstreit, der sich zwar als ein Wider*spruch* auflösen, aber als ein praktisch und existentiell bedeutsamer und unvermeidlicher, sowohl in der Lebenswelt als auch in der Praxis der Sozialwissenschaften und des Rechts immer wieder sich meldender Wider*streit* deshalb nicht beseitigen läßt, weil beide Perspektiven immer wieder ihr Recht *gegeneinander* geltend machen, ohne daß sie sich – so scheint es – ohne weiteres in einer umfassenden Perspektive friedlich miteinander vereinigen ließen. Natürlich ist dies ein spezielles Beispiel, von dem ich keineswegs behaupten möchte, daß es paradigmatisch für die Philosophie insgesamt ist. Ein Beispiel ganz anderer Art, bei dem es sich um einen »Widerstreit« nicht-antinomischer Art handelt, ist der Beginn von Platos

Phaidros: Er enthält drei Reden über die Liebe, von denen die dritte in scharfem Widerspruch steht zu den ersten beiden (von Lysias und Sokrates). Nach den ersten beiden – abwertenden – Reden über die Liebe, denen Phaidros begeistert zustimmt, folgt Sokrates' lange und poetische, den positiven existentiellen Sinn der Liebe artikulierende Lobrede auf den »göttlichen« Eros (und andere Spielarten eines göttlichen »Wahnsinns«). Diese Rede präsentiert sich, mit Sokratischer Ironie, als »Widerruf« von Sokrates' erster Rede. Wie der Kontext klarmacht, wird durch sie jedoch keineswegs das Wahrheitsmoment an den beiden ersten Reden annulliert, es wird vielmehr neu kontextuiert, indem die »schlechte« Liebe als das der Möglichkeit einer »guten« Liebe intern zugehörige Negativbild erscheint. Der Widerstreit der verschiedenen Reden miteinander verweist somit zunächst einmal auf einen in der »Sache« – dem verhandelten Phänomen – angelegten praktischen Widerstreit. Daß aber Phaidros auch der zweiten Rede des Sokrates begeistert zustimmt, deutet auf einen zuvor unaufgelösten, wenngleich bloß latenten »existentiellen« Widerstreit im Verständnis des Phaidros hin: Indem Phaidros sich nämlich auf das erotische Setting des Dialogs einläßt, wird er zunehmend in einen »performativen« Widerspruch zu seiner Begeisterung über die – die Liebe verächtlich machende – Rede des Lysias hineingetrieben, die der Anstoß des Dialogs ist; der existentielle Widerstreit, von dem ich sprach, wird gewissermaßen durch den Dialog erst – man weiß nicht, ob man sagen soll – *manifest gemacht* oder *produziert*. Nur auf dem Hintergrund dieses Widerstreits wird die starke Wirkung von Sokrates' zweiter Rede auf Phaidros verständlich. Aber nicht nur zeigt sich, daß dieser existentielle Widerstreit in der Sache – der Ambivalenz des Eros – fundiert ist, es zeigt sich vielmehr auch, daß er sich nur auf dem Wege einer Begriffsklärung und -veränderung, die an das Medium einer textuellen Artikulation gebunden ist, explizit machen und – in diesem Fall – auflösen läßt. Ich will auch dies spezielle Beispiel nicht überstrapazieren. Was es aber meines Erachtens zeigt, ist, daß sich die Inkohärenzen und Widersprüche, von denen ich oben gesprochen habe, in der Regel nur mit Hilfe von miteinander konkurrierenden und miteinander unvereinbaren Beschreibungen oder Argumentationen explizieren und als *motivierte* Widersprüche und Inkohärenzen faßbar und verständlich machen lassen. Dies ist aber die Voraussetzung jedes Versuchs, mit Hilfe begrifflicher

Klärungen gleichsam »konstruktiv« über sie hinauszukommen. Natürlich könnte man, wie schon angedeutet, Inkohärenzen oder Widersprüche in unserem Welt- und Selbstverständnis immer auch auf einen logischen Widerspruch zwischen Sätzen bringen; aber als solche werden sie unverständlich in ihrem Sachgehalt und ihrer Bedeutsamkeit und daher zugleich unzugänglich für eine konstruktive begriffliche Klärung. Der Wahrheitsanspruch der Philosophie hängt an solchen, textuell sich artikulierenden begrifflichen Klärungen, die abzielen auf ein neues und besseres Welt- und Selbstverständnis.

Am Beispiel des *Phaidros* ließe sich noch mehr verdeutlichen. *Erstens* wird an diesem Dialog der *Zeitkern* der Philosophie deutlich: Es geht ja etwa im ersten Teil des Dialogs um eine bestimmte, asymmetrische Form der homosexuellen Liebe im klassischen Athen, und auch in der poetisch-mythologischen Rhetorik des Sokrates wird dieser Zeitkern deutlich. Daß der Dialog gleichwohl bis heute nicht seine Aktualität verloren hat, auch in seinem Rhetorikteil, liegt sicherlich nicht zuletzt daran, daß Platos Philosophie zu den Gründungsdokumenten der europäischen Philosophietradition gehört und, neben der Philosophie des Aristoteles, deren grundlegende Parameter weitgehend bestimmt hat. Daß dies aber möglich war, hängt m.E. auch mit dem Zeitkern von Platos Philosophie zusammen. Ich glaube, daß für die Philosophie gilt, was Adorno einmal für die Kunst behauptet hat: Daß nämlich nur die Philosophie, die sich den spezifischen praktisch-moralischen und kognitiven Orientierungsproblemen *ihrer* Zeit stellt, eine Chance hat, über diese Zeit hinaus aktuell zu bleiben. *Zweitens* ist der *Phaidros* – genauer gesagt: ist die zweite Rede des Sokrates – das Beispiel eines Textes, der noch in seinen internen Spannungen interessant bleibt. Die poetisch-mythologische Rhetorik des Sokrates korrespondiert einerseits der Einsicht, die sie vermitteln will (es geht ja um das Produktive eines »göttlichen Wahnsinns«), andererseits verhält sie sich auch subversiv zu ihr: Sie ist durchzogen von sexuellen Metaphern, die beständig Sokrates' These zu unterminieren drohen, die »beste« Liebe müsse sich von der Sexualität emanzipieren. Wenn man wollte, könnte man sagen, daß der Text (dieser Teil des Textes) sich selbst dekonstruiert. Das heißt aber, daß in Platos Text ein Widerspruch gegen dessen These sich meldet, durch welchen zugleich grundlegende Oppositionen der Platonischen Philosophie, das heißt seiner

Onto-Theologie in Frage gestellt werden.[19] Was Texte dieser Art gerade heute interessant macht, ist ihr Potential, Fragen zu provozieren, die sie selbst nicht mehr beantworten.

7. Ich habe versucht, so etwas wie einen Wahrheitsanspruch der Philosophie, der nicht auf einen Wahrheitsanspruch für einzelne Aussagen reduziert werden kann, zumindest plausibel zu machen. Weiterhin habe ich zu zeigen versucht, daß solch ein Wahrheitsanspruch – wenn denn davon die Rede sein kann – an die textuelle Gestalt der Philosophie gebunden ist – bzw., als die hier mögliche Gestalt des »Wissens« oder der »Einsicht«, an das Welt-, Sach- oder Selbstverständnis derer, die philosophieren (oder auch derer, die *nicht* philosophieren). Jedoch könnte an dieser Stelle eingewandt werden, daß die Rede von einer »textuellen« Wahrheit jenseits der Aussagenwahrheit bzw. von einer »Wahrheit«, die nichts anderes meint als ein angemessenes Verständnis von Aspekten unseres In-der-Welt-Seins, eine bloße *façon de parler* ist. Meine Absicht ist es jedoch, die Motive aufzudecken, die hinter dieser *façon de parler* stecken. Und mein Ziel ist es, zu zeigen, daß – und in welchem Sinn – sie auf die Notwendigkeit eines die Aussagenwahrheit übergreifenden Verständnisses des Wahrheitsbegriffs hinweist.

Zunächst will ich noch einmal einige verschiedene Arten der Kontextabhängigkeit des Sinns und der Wahrheit von Sätzen voneinander unterscheiden. »Einen Satz verstehen, heißt, eine Sprache verstehen«, sagt Wittgenstein. Hiermit ist der gewöhnliche semantische Holismus natürlicher Sprachen angesprochen, der sich in verschiedener Weise ausbuchstabieren läßt, etwa in der Form einer Interpretationstheorie à la Davidson oder in der Form einer inferentiellen Semantik wie bei Brandom. Der semantische Holismus natürlicher Sprachen läßt sich durch die These resümieren, daß die Bedeutung eines Satzes durch seine inferentiellen Relationen mit anderen Sätzen (mit)bestimmt ist, letztlich daher durch das Netzwerk inferentieller Relationen, das die einzelnen Sätze einer Sprache untereinander verbindet. – Die Kenntnis von Satzbedeutungen ist jedoch nur eine notwendige, aber keine hinreichende Bedingung für ein Verständnis der Äußerungen ande-

---

19 Vgl. auch Jacques Derridas Diskussion von Platos Schriftkritik, ebenfalls mit Bezug auf den *Phaidros*, in »Platons Pharmazie«, in: ders., *Disseminationen*, Wien 1995.

rer Sprecher; denn der Sinn von Äußerungen, also dasjenige, um dessen Verständnis es in der gewöhnlichen sprachlichen Kommunikation geht, ist bestimmt sowohl durch den »externen« Kontext der jeweiligen Kommunikation als auch durch den jeweiligen »internen« Redekontext.[20] Dasselbe gilt dann auch für komplexe schriftliche Äußerungen: Briefe, Berichte, Reportagen usw. In all diesen Fällen scheint nun der Umstand, daß der Sinn der satzförmigen Teiläußerungen sich mehr oder weniger erst aus ihrem – realen oder internen – Kontext erschließen läßt, noch nichts daran zu ändern, daß es satzförmige Teilaussagen sind, durch welche Wahrheitsansprüche erhoben werden, die dann als gerechtfertigt oder ungerechtfertigt beurteilt – also akzeptiert oder zurückgewiesen – werden können. Bis zu diesem Punkt könnte man also immer noch sagen, daß die Bewertung komplexer Äußerungen (oder Texte), wie sie etwa vorliegt, wenn wir Beschreibungen als genau oder ungenau, Berichte als umfassend oder lückenhaft, Darstellungen als erhellend oder irreführend bewerten, zur Bewertung von Teiläußerungen als wahr oder falsch *hinzukommt*. Und man könnte dies auch ausdrücken, indem man sagt, daß das, worauf es uns bei komplexen – mündlichen oder schriftlichen – Äußerungen ankommt, nicht nur die *Wahrheit* der Einzeläußerungen, sondern *interessante* oder *relevante* Wahrheit ist, und nicht nur die Wahrheit der *Einzeläußerungen*, sondern das »Gesamtbild«, wie es sich aus dem Zusammenhang der Einzeläußerungen zusammenfügt. Wahrheit, so verstanden, wäre eine – in gewissen Grenzen – *notwendige*, aber keine *hinreichende* Bedingung für eine positive Bewertung textueller Gebilde als erhellend, informativ, genau, gut, wichtig usw. (im Falle von naturwissenschaftlichen Theorien: hoher explanatorischer Gehalt). Dementsprechend hat Nelson Goodman die These vertreten, die Wichtigkeit der Wahrheit werde für gewöhnlich überschätzt, wo es um den kognitiven Gehalt von zeichenhaften Gebilden geht. Goodman schlägt vor, einen allgemeinen Begriff der »Richtigkeit« oder des »Passens« an die Stelle des Wahrheitsbegriffs zu setzen; Wahrheit wäre dann bloß ein Spezialfall von »Richtigkeit«.

Demgegenüber habe ich bisher eher eine umgekehrte Strategie verfolgt, in der Hoffnung, das Verständnis des Wahrheitsbegriffs

20 Vgl. Albrecht Wellmer, »Verstehen und Interpretieren«, in: *Deutsche Zeitschrift für Philosophie*, Band 45 (1997), Nr. 3.

so zu erweitern, daß ein interner Zusammenhang zwischen der Aussagenwahrheit und bestimmten Formen von »Richtigkeit« (»richtigen« oder »angemessenen« Verständnissen bzw. ihrer textuellen Artikulation) sichtbar wird. Hierbei geht es mir *erstens* um ein besseres Verständnis jenes begrifflichen »Hintergrundes«, der die Möglichkeitsbedingung einer begründeten Wahr-falsch-Unterscheidung mit Bezug auf Aussagen ist. *Zweitens* geht es mir darum zu zeigen, in welchem Sinne die gewöhnliche Wahr-falsch-Unterscheidung auf eine normative Unterscheidung anderer Art zurückverweist, die eben jenen »Hintergrund« der Wahr-falsch-Unterscheidung betrifft. Mit Bezug auf diese tieferliegende normative Unterscheidung habe ich bisher von einem »erweiterten« Wahrheitsbegriff gesprochen, wobei freilich noch zu klären ist, ob »Wahrheit« hier das richtige Wort ist. Was ich bisher »Wahrheit« in einem weiteren Sinne des Wortes genannt habe, soll in jedem Fall die Voraussetzung oder den »Ort« einer *angemessenen* Wahr-falsch-Unterscheidung mit Bezug auf Aussagen bezeichnen.

Normalerweise werden »Sprachen« oder auch »Vokabulare« (Rorty) als wahrheitsermöglichender Hintergrund der Aussagenwahrheit verstanden. Es scheint dann zwei Möglichkeiten zu geben: Entweder wird bestritten, daß sich mit Bezug auf den jeweils vorausgesetzten sprachlichen oder begrifflichen »Bezugsrahmen« eine Wahrheitsfrage, oder doch eine wahrheitsbezogene Angemessenheitsfrage, überhaupt sinnvoll stellen läßt (Rorty[21]), oder es wird angenommen, daß sich der Bezugsrahmen *in* seinem und *durch* seinen Gebrauch (»im Umgang mit Innerweltlichem«) als wahrheitsermöglichend bewähren muß (Habermas).[22] Ob-

---

21 Siehe etwa Richard Rorty, *Kontingenz, Ironie und Solidarität*, Frankfurt am Main 1989, S. 26 ff.
22 Ähnlich wie Habermas charakterisiert auch Martin Seel die Beziehung zwischen der »Angemessenheit« oder »Richtigkeit« eines wahrheitsermöglichenden Hintergrundes und den wahren Aussagen, die durch ihn ermöglicht werden. Vgl. Martin Seel, »Über Richtigkeit und Wahrheit«. Erläuterungen zum Begriff der Welterschließung, a. a. O. Allerdings spricht Seel nicht von »begrifflichen Bezugsrahmen«, sondern von »bereichseröffnenden« oder »welterschließenden« Verständnissen, Einstellungen oder »Zugängen« (a. a. O., S. 512 ff.). Seels These ist, »daß von einer strikten Interdependenz, d. h. einer irreduziblen wechselseitigen Abhängigkeit der Begriffe des Richtigen und des Wahren auszugehen ist. Jeder dieser Begriffe läßt sich nur unter Rekurs auf den anderen erläutern, ohne daß sich der eine mit Hilfe des anderen definieren ließe. ›Wahrheit‹ und ›Richtigkeit‹ verweisen aufeinander, ohne aufeinander rückführbar zu sein.« (a. a. O.,

wohl ich natürlich eher der Auffassung von Habermas zuneige, ist mein Einwand gegen *beide* Alternativen, daß sie in mehr oder minder starkem Maße einem »Mythos des Bezugsrahmens« verhaftet bleiben und daher keinen einleuchtenden Zusammenhang zwischen den »welterschließenden« Leistungen der Sprache und dem »innerweltlichen« Lernen und Argumentieren herstellen können. Das möchte ich genauer erläutern.

Zunächst scheint mir klar, daß der »wahrheitseröffnende« Charakter von begrifflichen Bezugsrahmen – Sprachen, Vokabularen – in zwei verschiedenen Hinsichten spezifiziert werden muß. Auf der einen Seite kann es solche Bezugsrahmen nicht *unabhängig* von einem – für sie konstitutiven – Zusammenhang von Überzeugungen geben; auf der anderen Seite werden durch sie jeweils spezifische Standards der Unterscheidung zwischen »wahr« und »falsch« etabliert. Wenn es sich aber so verhält, dann ist nicht ohne weiteres klar (außer vielleicht im Fall der Naturwissenschaft), was »Bewährung« eines Begriffsrahmens – einer Sprache, eines Vokabulars – im »Umgang mit Innerweltlichem« heißen könnte. Solange man sich nämlich an den in einen solchen begrifflichen Rahmen eingebauten Kriterien der Wahr-falsch-Unterscheidung orientiert, können zwar einzelne Überzeugungen »im Umgang mit Innerweltlichem« sich bewähren oder nicht bewähren, kann sich aber der begriffliche Rahmen nicht als solcher bewähren (oder nicht bewähren). Das *Fragwürdige* eines »Rahmens« kann sich nur daran zeigen, daß er zu einem inkohärenten *Zusammenhang* von Überzeugungen und Orientierungen, zu unauflösbaren Widersprüchen und zu theoretischen und/oder praktischen Blockierungen verschiedener Art führt. Will man daher Rortys Auffassung in Frage stellen, wonach mit jedem Wechsel des Vokabulars das »Wahrheitsspiel« gewissermaßen bloß umgepolt wird (zu einer neuen Wahr-falsch-Unterscheidung), so kann man das m.E. nur so tun, daß man die »Risse«, Inkohärenzen und Widersprüche in einem Netzwerk von Überzeugungen und Orientierungen als Index der Unwahrheit ver-

S. 518) Weiter unten werde ich mir diese These in einer modifizierten Form zu eigen machen. Seels Überlegungen stehen überhaupt meinen eigenen ziemlich nahe, nur daß ich die Interdependenz von Wahrheit und Richtigkeit etwas anders beschreibe, als Seel dies tut. Obwohl meine Einwände gegen Habermas prima facie Seel nicht zu treffen scheinen, treffen sie meines Erachtens in einer Hinsicht – nämlich was die mögliche »Bewährung« von »Verständnissen« angeht – auch Seel.

steht; das heißt als einen Hinweis darauf, daß *etwas* an diesen Überzeugungen falsch und daher an dem vorausgesetzten begrifflichen Rahmen fragwürdig sein muß. Es sind die Inkohärenzen und Widersprüche, die mit dem Gebrauch eines bestimmten »Vokabulars« – eines begrifflichen Rahmens – verbunden sind, die als Index der *Unwahrheit* – nicht dieser oder jener bestimmten Aussage, sondern im Sinne eines »Nicht-Zusammenpassens« unserer Überzeugungen und Orientierungen – und *daher* auch der Unangemessenheit des begrifflichen Rahmens selbst fungieren können. Freilich wird dies in der Regel darauf hinauslaufen, daß sich »der« begriffliche Bezugsrahmen selbst schon als ein Amalgam verschiedener »Vokabulare« erweist, die in latentem Widerspruch zueinander stehen – ein Umstand, den interessanterweise Rorty und nicht Habermas explizit diskutiert hat.[23]

An dieser Stelle nun scheint mir die Unterscheidung zwischen einem begrifflichen Rahmen (einem Vokabular) und dem, was innerhalb dieses Rahmens (dieses Vokabulars) geschieht, und daher auch die Disjunktion von welterschließenden Leistungen der Sprache und »innerweltlicher« Argumentation, wie Rorty *und* Habermas sie voraussetzen, als solche fragwürdig zu werden. Gewiß: Es gibt mehr oder weniger revolutionäre Fälle von sprachlicher Innovation, und es gibt die »vokabularinternen« Argumentationen der alltäglichen Praxis und der Wissenschaft. Da man sich auch über Vokabulare streiten kann, hat Rorty mit Bezug auf die eben genannten beiden Fälle zwischen »inferentiellen« – das heißt vokabularinternen – und »dialektischen« Formen

---

23 S. Richard Rorty, *Kontingenz, Ironie und Solidarität*, a. a. O., S. 35. Rorty spricht in diesem Zuammenhang auch von »Dialektik«: »Ich habe Dialektik als den Versuch definiert, Vokabulare gegeneinander auszuspielen, statt bloß Sätze voneinander abzuleiten, somit als den teilweisen Ersatz von Inferenz durch Neubeschreibung.« (ebd., S. 135) Und von der »Ironikerin« sagt er, sie ziehe »Argumente vor, die dialektisch in dem Sinne sind, daß als Einheit der Überzeugung ein Vokabular, nicht eine Aussage gilt« (ebd.). Geht man von solchen Formulierungen Rortys aus und sieht man ab von Rortys problematischer Trennung zwischen »öffentlich« und »privat« sowie von seiner gelegentlichen Neigung zu einem kruden Naturalismus und zu einer »instrumentalistischen« Deutung dessen, was ein »gutes Argument« ist, so scheinen die Differenzen zwischen der hier vertretenen Position und der Position Rortys weniger schwerwiegend zu sein als es zunächst den Anschein haben mag. In mancher Hinsicht kommen Rorty und ich von entgegengesetzten Ausgangspunkten her zu Schlußfolgerungen, die nicht gar so verschieden sind. Ich könnte meine Überlegungen auch charakterisieren als einen Versuch, Rorty besser zu verstehen als er sich selbst versteht.

der Argumentation gesprochen.[24] Von den letzteren sagt er, daß bei ihnen die »Einheit der Überzeugung« nicht ein Satz, sondern ein Vokabular sei. Mir scheint nun, daß es sich hier um zwei Extrempole des Argumentierens handelt, die in allen *interessanten* Argumentationen immer schon miteinander verknüpft sind. Denn der Streit über Überzeugungen kann an jeder Stelle zu einem Streit über die Sprache werden, in der diese Überzeugungen formuliert werden. Es gibt nicht nur die *tiefen* Widersprüche und Inkohärenzen in unserem Welt- und Selbstverständnis, vielmehr können Widersprüche und Inkohärenzen der angegebenen Art und kann daher die Angemessenheit der Sprache auch in einem mehr oder weniger lokalen Maßstab in alltäglichen, politischen oder wissenschaftlichen Kontexten zum Problem werden. Mir scheint deshalb, daß zu einem richtig verstandenen Begriff der Argumentation ein Moment der »Welterschließung« – der sprachlichen Innovation, der Neubeschreibung von Problemen, des In-Bewegung-Setzens von Begriffen – immer schon als möglich hinzugedacht werden muß, und das heißt, daß die von Habermas und Rorty unterschiedenen Ebenen – diejenigen der »Welterschließung« (und einer entsprechenden »dialektischen« Argumentation) einerseits und derjenigen der »innerweltlichen« (inferentiellen) Argumentation andererseits – als potentiell immer schon in den realen Argumentationsprozessen miteinander verzahnt gedacht werden müssen. Im übrigen steckt bereits in der Rede von »dem« begrifflichen Bezugsrahmen »unserer« Wahrheitspraktiken ein Stück Mystifikation: Jede Sprache ist zugleich ein Schauplatz sprachlicher Differenzen und einer beständigen sprachlichen Innovation; darüber hinaus sind die zentralen Begriffe, in denen sich unser praktisches Weltverständnis artikuliert, notorisch umstritten: Die Sprache – »unsere« Sprache – ist kein gemeinsames Gehäuse mit festen Grenzen, sondern immer auch schon der Ort eines – potentiellen – *Streits über* die Sprache. Und dieser Streit, wo er produktiv wird, läßt sich von einem Moment der »Welterschließung«, einer produktiven Sprachveränderung, und daher auch von einem Moment »dialektischen« Argumentierens, gar nicht trennen. Ich werde am Schluß noch einmal auf diese Probleme zurückkommen (siehe unten Abschnitt 10).

---

24 Ebd., S. 135.

8. Mit den Überlegungen des letzten Abschnitts habe ich bereits deutlich gemacht, daß es mir nicht nur um das Problem der *philosophischen* Wahrheit, sondern um ein erweitertes Verständnis des Wahrheitsbegriffs ganz allgemein geht. Ich werde jedoch weiterhin das Problem der philosophischen Wahrheit als Schlüssel für eine Behandlung der gerade genannten allgemeineren Frage nehmen. Was ich bisher zur Wahrheit in der Philosophie gesagt habe, legt zunächst einmal die Vermutung nahe, daß ein richtiges Verständnis unserer sprachlichen oder sprachlich vermittelten Praktiken und ihres Zusammenhangs miteinander auch ein besseres Verständnis der »Wahrheitsspiele« impliziert, mit denen diese Praktiken immer schon verflochten sind. Und ein besseres Verständnis dieser Wahrheitsspiele zu haben, heißt, sich in ihnen besser orientieren und sie kritischer und undogmatischer spielen zu können, heißt zum Beispiel auch, falsche Fragen, falsche Alternativen und falsche Wahrheits- und Wissenschaftlichkeitsansprüche abwehren zu können. Umgekehrt hat ein richtiges Verständnis unserer Wahrheitspraktiken eine unmittelbare Bedeutung für unsere grundlegenden praktischen Orientierungen, und daher für die Art und Weise, in der wir uns selbst und die Welt verstehen. Vielleicht können wir Kants Philosophie als ein Paradigma nehmen: Durch die genauere Eingrenzung des legitimen Erkenntnisanspruchs der mathematischen Naturwissenschaft schaffte Kant Raum nicht nur – wie er selbst sagt – für den »Glauben«, sondern vor allem für die moralische Freiheit der Subjekte; und hierdurch brachte er zwei konstitutive Dimensionen unseres Welt- und Selbstverständnisses: den Kausalzusammenhang der objektiven Welt und die moralische Verantwortlichkeit der handelnden Subjekte, in einen verständlichen Zusammenhang, wodurch er zu einer tiefgreifenden Veränderung im Welt- und Selbstverständnis moderner Subjekte und hierin zugleich zu einem neuen Verständnis der »Wahrheitsspiele« von Wissenschaft und Moral beitrug. Und nicht nur das: Kant hat zugleich gezeigt, daß unser Moralbewußtsein nicht der Krücke einer übernatürlichen Autorität bedarf und hat hiermit – wie auch immer vorläufig – zugleich ein Problem gelöst, wie es sich zwangsläufig für Gesellschaften im Zeitalter der Aufklärung stellen mußte; das Problem nämlich, wie eine »weltliche« Moral ohne religiöse Fundierung möglich sei. Nicht, daß ich die Resultate der Kantischen Philosophie hier im einzelnen verteidigen möchte; paradigma-

tisch scheint mir diese Philosophie aber mit Bezug auf jene Begriffsklärungen und Grenzziehungen und jene innovativen, perspektivenöffnenden Potentiale, wie sie für Kants Philosophie und für alle bedeutenden Philosophien charakteristisch gewesen sind: diejenige Platos nicht weniger als diejenigen Wittgensteins oder Heideggers.

Ein möglicher Untertitel der großen Philosophien seit Plato könnte lauten: »Die Wahrheit über die Wahrheit«, oder auch: »Wie steht es *in Wahrheit* mit der Wahrheit?« – eine Frage, die, unter anderen, auch Hegel, Nietzsche und Heidegger mit der analytischen Sprachphilosophie verbindet, und das Eigentümliche dieser Wahrheit über die Wahrheit scheint zu sein, daß sie ebensosehr *ge*funden wie *er*funden, ebensosehr *entdeckt* wie hervorgebracht oder »produziert« werden will. Freilich bleibt die Frage: wieso *Wahrheit*? – nämlich mit Bezug auf ein besseres Welt- und Selbstverständnis –, wo doch das Wort, wie ja wohl auch Kant meinte, nur mit Bezug auf Aussagen klar definiert ist? Ich möchte die Frage in mehreren Schritten zu beantworten versuchen, indem ich den internen Zusammenhang zwischen der explikativen »Wahrheit« der Philosophie und der gewöhnlichen Aussagenwahrheit genauer erläutere.

(1) Ich hatte oben gesagt, daß die Philosophie in ihrer subversiven und konstruktiven Arbeit an Begriffen zu einem besseren Verständnis unserer gewöhnlichen, wahrheitsorientierten Praktiken führen könne. Diese These könnte man zunächst so verstehen, daß die Philosophie, was unsere gewöhnlichen oder wissenschaftlichen Überzeugungen und die mit ihnen verbundenen Ausweisungspraktiken betrifft, alles läßt, wie es ist: sie mischt sich gewissermaßen nicht in unsere »Wahrheitspraktiken« ein – weder in die der Wissenschaft noch in die des moralischen, politischen oder ästhetischen Diskurses –, sondern verhilft uns nur zu einem besseren *Verständnis* dieser Praktiken und ihres Zusammenhangs miteinander. (Wittgenstein hat sich ja gelegentlich explizit etwa in diesem Sinne geäußert.) Mir scheint jedoch, daß dies ein falsches Bild ist. Gewiß, es ist nicht die Aufgabe der Philosophie, konkrete praktische oder wissenschaftliche Probleme zu lösen. Gleichwohl läßt sie, wie ich glaube, auch mit Bezug auf die Wahrheit von nicht-philosophischen Aussagen nicht alles, wie es ist. Die philosophische Maulwurfsarbeit an den zentralen Begriffen unseres Welt- und Selbstverständnisses hat nämlich

Konsequenzen auch mit Bezug auf das, *was* wir für wahr (im Sinne der Aussagenwahrheit) halten können. Dies scheint besonders klar im Fall der philosophischen Ethik: Die Versuche, die Ethik im Sinne einer ethisch neutralen Metaethik auszuarbeiten, sind meines Erachtens gescheitert; das bedeutet aber, daß jeder Versuch, den Sinn unserer ethischen Begriffe und Praktiken zu klären, immer auch schon eine Einmischung in die ethischen Probleme selbst implizieren wird, so daß in diesem Fall die philosophische Klärung von Begriffen durchaus zu neuen ethischen Überzeugungen führen kann; oder, vielleicht besser gesagt: indem sie zumindest zu einem neuen *Verständnis* ethischer Überzeugungen führt, greift sie zugleich den *Gehalt* dieser Überzeugungen an. Wo aber der Gehalt, der Sinn von Überzeugungen sich ändert – etwa dadurch, daß Begriffe sich verändern oder in eine neue Konstellation treten –, verändern sich die Überzeugungen selbst (wie man wiederum am Beispiel des Platonischen Sokrates sehen kann). Ich glaube, daß der Fall der Ethik deshalb besonders instruktiv ist, weil es in ihr *direkt* um unser Welt- und Selbstverständnis geht, also um die Art von praktischen Orientierungen, um die es in der Philosophie letztlich immer geht, auch wenn ihr Thema Erkenntnis, Sprache, Logik oder Wissenschaft ist. Es steht daher zu vermuten, daß, was für die Ethik gilt, mutatis mutandis für die begrifflichen Klärungen der Philosophie generell gilt; und zwar in dem Sinne, daß die philosophische Klärung von Begriffen immer auch auf das Netz unserer gewöhnlichen Überzeugungen zumindest in dem Sinne durchschlagen kann und wird, daß viele oder manche dieser Überzeugungen in einem neuen Licht erscheinen werden und hierdurch in einem gewissen Sinne auch zu neuen Überzeugungen werden – zu neuen Überzeugungen, weil sie in der Gesamtheit unserer Überzeugungen und Ausweisungspraktiken gewissermaßen einen neuen »Ort« erhalten –, nicht zu sprechen von jenen Fällen, in denen begriffliche Klärungen zu einer Destruktion oder Kritik von wissenschaftlichen oder nichtwissenschaftlichen Wahrheitsansprüchen und Ausweisungspraktiken führen können. Eine solche Kritik aber und die begrifflichen Klärungen, in die sie eingebettet ist, werden sich wesentlich in einer textuellen Form artikulieren; es gäbe daher einen *internen* Zusammenhang zwischen dem, was ich versuchsweise die »Wahrheit« philosophischer Texte bzw. des in ihnen sich artikulierenden Verständnisses gemeint habe, und der Wahrheit von gewöhnlichen – empirischen, moralischen, bewertenden usw. – *Aussagen*. Dieser Zusammenhang stellt sich jetzt so dar, daß die Wahrheit der Philosophie eine Klärungs- und Korrekturfunktion auch für das Netzwerk unserer gewöhnlichen Überzeugungen und in diesem Sinne Folgen hat auch mit Bezug auf die Wahrheit von (nicht-philosophischen) Aussagen.

(2) Noch wichtiger scheint mir der Umstand, daß die philosophischen Fragen gleichsam aus dem Binnenraum unserer wahrheitsorientierten Praktiken und der in ihnen sedimentierten Welt- und Selbstverständnisse aufsteigen. Inkohärenzen und Widersprüche, wo sie nicht verdrängt oder unterdrückt werden, weisen darauf hin, daß am Netz unserer Überzeugungen und daher auch am Netz der Begriffe, in denen wir die Welt und unser In-der-Welt-Sein auslegen, etwas falsch ist; und daß etwas daran falsch ist, heißt auch, daß an unseren satzförmigen Überzeugungen etwas falsch ist. Und das heißt natürlich, daß die subversive und konstruktive, die begriffsklärende und begriffsschaffende Arbeit der Philosophie nicht zuletzt darauf abzielt, das Netz unserer gewöhnlichen Überzeugungen in Bewegung zu bringen, unsere Praktiken zusammen mit dem Verständnis dieser Praktiken, unsere praktischen Orientierungen zusammen mit unserem Welt- und Selbstverständnis zu *verändern*. Wenn wir entdecken, daß an unserer Sprache etwas falsch ist – und das *zeigt* sich an unauflösbaren Inkohärenzen und Widersprüchen zwischen unseren (gewöhnlichen) Überzeugungen, dann nötigt uns schon die Orientierung an der Wahrheit von Aussagen dazu, das Netz der grundlegenden Begriffe, in denen wir die Welt, bestimmte Sachzusammenhänge oder unser In-der-Welt-Sein auslegen, zu revidieren. Es ist also die unhintergehbare, in Aussagen sich artikulierende Wahrheitsorientierung unserer sprachlichen und sprachlich vermittelten Praktiken selbst, die uns – nicht nur als Philosophen – immer wieder dazu nötigen kann, die in diesen Praktiken »verkörperten« Wahrheitskriterien zu hinterfragen und hierdurch zugleich die Wahrheitsfrage auf eine Ebene jenseits der Frage nach der Wahrheit einzelner Aussagen voranzutreiben.

(3) Wenn man nun unterstellt, daß es in der Philosophie überhaupt um die Wahrheit geht, dann – so scheint es – kann es hierbei nur um das gehen, was ich bisher »philosophische Wahrheit« genannt habe, *letztlich* also um die Artikulation eines »richtigen«

Welt- und Selbstverständnisses. Dieses wäre nämlich die Voraussetzung dafür, daß unsere kognitiven und praktischen Überzeugungen auch im gewöhnlichen Sinne *wahr* sein können. Man könnte auch – in loser Anknüpfung an Heidegger – von einer *ontologischen* Wahrheit sprechen, die in unseren gewöhnlichen Wahrheitspraktiken immer schon vorausgesetzt ist; freilich handelt es sich um eine Voraussetzung, die immer wieder in die Krise geraten und fraglich werden kann. Die Rede von einer »ontologischen« Wahrheit könnte allerdings leicht in die Irre führen. Denn in der philosophischen Tradition ist das Wort »Ontologie« belastet durch die Vorstellung einer Erkenntnis von Grundzügen des Seienden im Ganzen, und das heißt durch die Vorstellung einer »Anmessung« unserer Begriffe an eine vorgegebene Struktur der Welt. Durch diese Vorstellung wird aber das, was ich versuchsweise »ontologische« Wahrheit genannt habe, nach dem Muster einer – gleichsam ontologisch erweiterten – Korrespondenzwahrheit gedacht, wie sie heute selbst im Bereich der gewöhnlichen Aussagenwahrheit allenfalls noch in einer semantisch entschärften Form ernst genommen werden kann. Jedoch ist die Rede von »Erkenntnis«, wie bereits oben erläutert, in diesem Fall schon als solche verfehlt: Denn in der Philosophie – und sie wäre der Ort einer Explikation von »ontologischer« Wahrheit – geht es überhaupt nicht um Erkenntnis im Sinne der Wissenschaft. Vielmehr geht es in der Philosophie um ein richtiges Welt- und Selbstverständnis, und das »Maß« der Richtigkeit ist hier nicht eine an-sich-seiende Struktur der Welt, sondern eine im Innern unserer sprachlichen Praktiken angesiedelte Idee des richtigen Lebens.[25] Diese Idee kann aber als ein »Maß« der ontologischen Wahrheit in der Philosophie nur auf dem Wege der oben beschriebenen Verknüpfung ihrer subversiven und konstruktiven Aspekte wirksam werden; sie ist, so könnte man auch sagen, immer nur auf dem Wege einer bestimmten Negation greifbar. Und das bedeutet zugleich, wie schon oben bemerkt, daß sie ebensosehr *gefunden* wie *erfunden*, ebensosehr *entdeckt* wie *hervorgebracht* oder »ge-

---

25 Dies scheint dem zu widersprechen, was ich oben (Abschnitt 6) gesagt habe: daß es nämlich in der Philosophie keine »Metastandards« der Richtigkeit geben kann. Jedoch ist eine Idee des richtigen Lebens natürlich kein »Metastandard« der philosophischen Argumentation. Sie ist ein »Maß« der Richtigkeit nur insofern, als sie bezeichnet, worum es bei der Frage nach einem richtigen Selbst- und Weltverständnis eigentlich geht: nämlich um das Ganze unserer praktischen Orientierungen.

schaffen« werden will. Und insofern diese Wahrheit nicht ein Gegenstand wissenschaftlicher Erkenntnis ist, ist sie in einem noch tieferen Sinne streitig als es die Wahrheit überhaupt ist. Dies ist einer der Gründe dafür, daß die Philosophie und der Streit der Philosophen niemals an ein Ende kommen kann; und es ist einer der Gründe dafür, daß Philosophen wie Rorty überhaupt nicht von »Wahrheit« sprechen wollen, wo es um die Schaffung neuer »Vokabulare« geht. Und sicherlich können Vokabulare nicht wahr sein *wie Aussagen*. Ich habe jedoch zu zeigen versucht, daß die – subversive und konstruktive – Arbeit der Philosophie an »Vokabularen« in einem internen, begrifflichen Zusammenhang steht mit gewöhnlichen, aussagebezogenen Wahrheitsfragen. Und wenn man darüber hinaus noch bedenkt, daß die Philosophie wesentlich argumentativ verfährt und hierin zugleich kritisch an die Begründungs- und Rechtfertigungspraktiken der »Lebenswelt« und zugleich an die Begründungen und Argumente anderer Philosophen anknüpft, so scheint mir dies ein hinreichender Grund für die These zu sein, daß es in der Philosophie um Wahrheit in einem spezifischen Sinne geht – nämlich immer auch um den begrifflichen Hintergrund, auf dem wahre Aussagen erst möglich werden.

Weiter oben habe ich gesagt, *ein* Untertitel der großen Philosophien seit Plato könne lauten »Die Wahrheit über die Wahrheit«. Insgesamt habe ich aber über die »Wahrheit« der Philosophie in einem viel allgemeineren Sinne gesprochen, nämlich im Sinne einer philosophischen Klärung von Welt- und Selbstverständnissen. Wie oben (Abschnitt 8) bereits angedeutet, scheint es mir nun wichtig zu sehen, daß in der Philosophie die beiden Fragestellungen unlösbar miteinander zusammenhängen. Vielleicht ist es sogar dieser Zusammenhang, der philosophische Begriffsklärungen von anderen Arten der Begriffsklärung unterscheidet: Wenn es nämlich in der Philosophie immer um die für unser Welt- und Selbstverständnis zentralen Begriffe und Begriffszusammenhänge geht, wenn es bei der philosophischen Begriffsklärung zugleich um die Wahrheit unserer Überzeugungen geht und wenn schließlich die Philosophie notwendigerweise selbst einen Wahrheitsanspruch erheben muß, so heißt dies auch, daß die Frage nach einem richtigen Verständnis unserer Wahrheitspraktiken immer schon gewissermaßen einen notwendigen Fluchtpunkt philosophischer Begriffsklärungen darstellt. Eine indirekte Bestätigung für diese These sehe ich in der Philosophie Rortys: Rorty hat einmal gesagt, es gehe der »pragmatistischen Richtung« darum, »zu einem weltgeschichtlichen Wandel im Selbstbild der Menschheit beizutragen«[26] – eine erstaunliche Formulierung bei einem Autor, den man als philosophischen Nihilisten verdächtigt hat –; zugleich – und nicht zufällig – sind es hierbei immer wieder die Begriffe der Wahrheit und der Rechtfertigung, bei denen Rorty den Hebel anzusetzen versucht.

(4) Ich möchte schließlich noch auf einen anderen Aspekt des Zusammenhangs zwischen philosophischer und Aussagenwahrheit hinweisen. Diesmal handelt es sich nicht um das Verhältnis einer Wahrheit »zweiter Stufe« zur gewöhnlichen Aussagenwahrheit, sondern um das philosophische Aussagen selbst. Philosophische Texte selbst sind ja nicht nur satzförmig organisiert, sondern sie verdichten sich auch immer wieder zu philosophischen Thesen (das gilt selbst für den philosophischen Thesen*feind* Wittgenstein). Weiter oben habe ich gesagt, daß sich philosophische Thesen nur *in ihrem* und *mit ihrem* Kontext zusammen verstehen lassen. Gleichwohl bleiben es Thesen – also aussageförmige Wahrheitsansprüche. Die Philosophie selbst kann sich somit von der Aussagenwahrheit nicht emanzipieren. Es hat jedoch eine besondere Bewandtnis mit den philosophischen Aussagen. Es gibt nämlich für sie gewissermaßen keine *starken* Explikations- und Ausweisungskontexte. Gewiß: sie können nur *in* einem solchen Kontext artikuliert und verstanden werden. Aber *kein* solcher Explikations- und Ausweisungskontext kann sie ein für allemal erschöpfend einkreisen. *Verstanden* sind sie daher, strenggenommen, erst dann, wenn ein Leser oder Hörer ihren Kontext gleichsam aus eigener Kraft neu hervorbringen kann, also sie in eigenen Worten zu explizieren und ihre Wahrheit – und was an ihnen falsch ist – in eigenen Worten auszuweisen vermag. Statt dessen könnte man auch sagen, daß die schriftlich fixierten philosophischen Thesen und Argumente immer wieder erst in die Gegenwart eines philosophischen Dialogs hereingeholt, in die eigene Sprache »übersetzt« und gleichsam verlebendigt werden müssen. Sie sind niemals als ein professioneller Wissensbestand greifbar. Zugleich verändern sich die philosophischen Fragestellungen mit den geschichtlichen Kontexten, in denen sie jeweils

---

26 Richard Rorty, »Robert Brandom über soziale Praktiken und Repräsentationen«, in: ders., *Wahrheit und Fortschritt*, Frankfurt am Main 2000, S. 193.

auftauchen, und auch die alten Fragen – soweit sie noch als fragenswert erscheinen – müssen immer wieder neu gefragt, neu formuliert und neu beantwortet werden. Insofern gibt es auf philosophische Fragen keine *letzten* Antworten. Hierin ist *eine* Dimension der konstitutiven Unendlichkeit der Philosophie begründet: Das Philosophieren muß gewissermaßen immer wieder von vorn anfangen. Eine *zweite* Dimension der konstitutiven Unendlichkeit der Philosophie habe ich schon genannt: sie liegt darin, daß die Wahrheit der Philosophie in einem noch grundlegenderen Sinne als die Wahrheit überhaupt *streitig* ist. Dies ist oft – auch von Philosophen – als ein Skandal der Philosophie angesehen worden. In Wirklichkeit ist es die Bedingung ihrer Produktivität. Die Philosophie braucht den Streit als ihr Lebenselement, weil nur aus dem Widerstreit der Argumente, Beschreibungen und Sichtweisen immer wieder neue Gedanken und Einsichten hervorgehen können. Das Philosophieren selbst bedeutet eine Anzettelung ebensowohl als eine Internalisierung dieses Streits – vornehmer gesagt: des Dialogs –, und hieran zeigt sich etwas von seiner spezifischen Prozessualität. Nur so kann die Philosophie auch, wo sie gut ist, das Fragen selbst gegenüber den falschen Selbstverständlichkeiten unserer Lebenspraxis ebenso wie gegenüber den zur falschen Selbstverständlichkeit heruntergekommenen Einsichten früherer Philosophen in Gang halten. Hiermit ist noch eine *dritte* Dimension der konstitutiven Unendlichkeit der Philosophie bezeichnet: Sie ist darin begründet, daß *jede* Begrifflichkeit, und sei es diejenige Kants oder Wittgensteins, in sich die Tendenz trägt, zum unverstandenen Klischee zu werden, mit Heidegger könnte man sagen: die Tendenz, in das Gerede des »Man« herabzusinken. Am Ende betrifft das Subversive am Philosophieren nicht nur die in »falschen« Begrifflichkeiten« sich artikulierenden Welt-, Sach- und Selbstverständnisse einer geschichtlichen Gegenwart, sondern ebensosehr die solchen Verständnissen inhärente Tendenz, sich in einer undurchschauten Selbstverständlichkeit dogmatisch zu verfestigen und *dadurch* falsch zu werden. Subversiv ist die Philosophie somit in einem »materialen« und einem »formalen« Sinn: Sie ist subversiv gegenüber den Begrifflichkeiten, in denen problematische Aspekte unseres Welt- und Selbstverständnisses sich sedimentiert haben, und sie ist subversiv gegenüber der Art unseres »Habens« von Welt- und Selbstverständnissen. In diesem doppelten Sinn ist ihre eigentliche Kraft am Ende die einer Subversion im Dienst der Wahrheit. Die Philosophie ist ein Maulwurf, der immer wieder die erstarrte Kruste am Boden unserer Welt- und Selbstverständnisse unterwühlt, und ebenso nützlich wie diese kleinen Tiere.

Mit all dem will ich keineswegs behaupten, daß es keinen Fortschritt in der Philosophie gibt. Ich wollte nur sagen, daß das, was man – mit Bezug auf die »großen« Texte der Philosophie – als philosophischen Fortschritt bezeichnen kann, nicht als ein verfügbarer Wissensbestand greifbar ist, sondern nur im Medium einer aus jeweils konkreten geschichtlichen Kontexten und *ihren* Fragen, Unklarheiten und Orientierungsproblemen hervorgehenden philosophischen Reflexion *als* Fortschritt artikuliert, gedeutet und angeeignet werden kann. Und das heißt natürlich, daß auch die Frage, *was* als philosophischer Fortschritt gelten kann, notorisch umstritten ist. Aber nur für einen externen Beobachter oder einen philosophischen Anfänger muß dies irritierend sein. Sobald wir dagegen beginnen, uns philosophierend in den Streit um die Wahrheit einzumischen, können wir gar nicht anders als argumentierend eine Position zu beziehen und uns ein Stück Wahrheit, auch mit Bezug auf den Fortschritt in der Philosophie, zuzutrauen. Was von außen gesehen als unproduktiver Streit der Philosophen erscheinen mag, ist das belebende Element der Philosophie und auch das Medium ihres Verständnis*fortschritts*.

9. Es dürfte bereits deutlich geworden sein, daß ich, wenn ich von einem erweiterten Wahrheitsbegriff gesprochen habe, eigentlich ein erweitertes *Verständnis* des Wahrheitsbegriffs meine. Dieses habe ich bisher vor allem mit Bezug auf die Philosophie geltend zu machen versucht. Jedoch hat sich schon gezeigt, daß die Art von Wahrheitsfragen, um die es hier geht, kein Privileg professioneller Philosophen ist. Fragen nach einem richtigen Welt- und Selbstverständnis, Zweifel an der Angemessenheit der Sprache und der mit ihr verbundenen Ausweisungspraktiken können in spektakulären wie in unscheinbaren Formen – im Alltag ebenso wie in den Wissenschaften, der Politik, der Praxis der Künste oder der Medizin – nicht nur auftauchen, sondern unter Umständen auch diskursiv verhandelt werden. Überall, wo dies geschieht, wird die Grenze zwischen »gewöhnlichen«, das heißt den auf einzelne Aussagen bezogenen Wahrheitsfragen, und den für die Philosophie typischen in einer unauffälligen Weise überschritten.

Das bedeutet aber nichts anderes, als daß die Nötigung, immer wieder diese Grenze zu überschreiten, in der Tat in unsere gewöhnlichen wahrheitsorientierten Praktiken eingebaut ist, und zwar so, daß wir sie schon um der gewöhnlichen (Aussagen-) Wahrheit willen immer wieder überschreiten müssen. Ich glaube, daß in jeder interessanten und substantiellen Argumentation etwas derartiges geschieht, insofern in ihr Begriffe und Verständnisse sub specie einer Wahrheitsfrage in Bewegung geraten. Das soll nicht heißen, daß jede solche Argumentation auch schon eine philosophische Argumentation ist. Jedoch ist die *Möglichkeit* der Philosophie in jenen schon für unsere gewöhnlichen Wahrheitspraktiken kennzeichnenden Grenzüberschreitungen angelegt. Und natürlich können und müssen die (professionellen) Philosophen immer wieder von dem lernen, was Nicht-Philosophen, etwa Experten in dem einen oder anderen Feld, an begrifflichen Klärungs- und Innovationsprozessen zustande bringen. Das Privileg der professionellen Philosophen besteht lediglich darin, daß sie den größeren Teil ihrer Arbeitskraft auf solche begrifflichen Klärungsprozesse – auch unabhängig von den jeweils unmittelbar zu lösenden Problemen des Lebens, der Wissenschaft oder der Politik – verwenden können. Und manchmal sind sie auch geschickter oder phantasievoller in dieser Arbeit als die Nicht-Philosophen; eben: *professionelle* Maulwürfe.

10. In den vorangehenden Überlegungen ging es mir darum, zu zeigen, daß der Begriff der Aussagenwahrheit unverständlich bleibt, wenn man ihn nicht in einen weiteren normativen Horizont einrückt, auf den er – so meine These – von sich aus verweist; hiermit wollte ich zugleich die anfangs genannten und untereinander zum Teil ganz heterogenen Motive von Apel, Habermas, Heidegger und Gadamer in einen verständlichen Zusammenhang bringen. Was Gadamer betrifft, so habe ich die »Wahrheit« von Texten als die Artikulation eines »richtigen« Verständnisses von Aspekten unseres In-der-Welt-Seins gedeutet, eines Verständnisses, das sich seinerseits in der Regel nur in textueller Form artikulieren läßt[27] – daher der interne Zusammenhang zwischen »Ver-

---

27 In der Alltagskommunikation reicht dazu manchmal auch schon der Gebrauch einer neuen und treffenden Metapher, die man insofern als die Minimalform eines Textes ansehen könnte. Andererseits liegt in der wichtigen Rolle des metaphorischen Sprachgebrauchs in philosophischen Texten ein Hinweis auf die

ständnissen« und »Texten«. Was Apel und Habermas betrifft, so habe ich bereits an anderer Stelle die Apelsche Idee einer auch nur denkbaren – und sei es im Sinn einer notwendigen regulativen Idee denkbaren – endgültigen Koinzidenz von Aussagenwahrheit und Sprachangemessenheit zurückgewiesen[28]; in meinen jetzigen Überlegungen habe ich dagegen Apels und Habermas' Idee einer Ausweitung des Wahrheitsproblems auf einen wahrheitsermöglichenden Hintergrund einer »richtigen« Sprache positiv aufzunehmen versucht.

Es bleibt der von Habermas formulierte – und später, mit ganz anderer Intention, von Rorty radikalisierte – Einwand, daß man mit Bezug auf »Sprachen« oder »Vokabulare« – bzw. den in einer Sprache oder einem Vokabular sich artikulierenden Verständnissen – nicht von *Wahrheit* sprechen kann. Habermas' Einwand habe ich bereits Rechnung getragen, indem ich durchweg zwischen »angemessenen« (»richtigen«) Begrifflichkeiten, Verständnissen oder praktischen Orientierungen einerseits und wahren Aussagen andererseits unterschieden habe, um dann zu zeigen, in welcher Weise diese beiden Formen der »Bewertung« intern aufeinander verweisen.[29] Ich werde am Schluß noch einmal erläutern, wieso eine entsprechende Unterscheidung in der Tat naheliegt... An dieser Stelle möchte ich aber noch einmal deutlich machen, was ich an den Voraussetzungen, unter denen Habermas und Rorty den oben genannten Einwand formuliert haben, problematisch finde. Was Rorty betrifft, so habe ich bereits angedeutet, daß ich es nicht einleuchtend finde, wenn Rorty die Schaffung neuer Vokabulare und die »dialektische« Form des Argumentierens gewissermaßen vom Wahrheitsdiskurs abkoppelt, für den bei ihm nur die »inferentielle« (vokabularinterne) Form des Argumentierens steht. Meines Erachtens enthält jede substantielle und interessante Argumentation über Wahrheitsfragen Momente eines »dialektischen« Argumentierens und setzt daher tendenziell auch die Begriffe in Bewegung, in deren Rahmen sie sich abspielt: »Welterschließung« und »innerweltliches« Argumentieren

---

Bedeutung des rhetorischen Moments für das, was Rorty »dialektische« Formen des Argumentierens nennt. Siehe auch Richard Rorty, »Robert Brandom über soziale Praktiken und Repräsentationen«, a.a. O., S. 193.

28 Albrecht Wellmer, *Ethik und Dialog*, Frankfurt am Main 1986, S. 81ff.
29 Dies ist auch der Punkt, an dem sich meine Überlegungen besonders deutlich mit denen von Martin Seel, »Über Richtigkeit und Wahrheit«, a.a.O., berühren.

lassen sich in diesem Sinne nicht voneinander trennen, auch wenn das Moment der Welterschließung in mehr oder weniger dramatischen ebenso wie in mehr oder weniger unauffälligen Formen zur Geltung kommen mag. Demgegenüber geht es Habermas ja gerade darum, die welterschließenden Leistungen der Sprache an den argumentativen Diskurs zurückzubinden, also den von Rorty behaupteten Hiatus in Frage zu stellen. Eben aus diesem Grunde postuliert Habermas einen internen Zusammenhang zwischen dem aussagebezogenen Wahrheitsdiskurs und der immer möglichen Kritik eines »welterschließenden« Sprachhintergrundes. Sprachen und Vokabulare stellen sich dann dar als mehr oder weniger wahrheit*ermöglichend* und in diesem Sinne als mehr oder weniger angemessen – aber eben nicht als mehr oder weniger *wahr*.

Weiter oben habe ich bereits einige Gründe dafür angegeben, weshalb ich diese – durchaus einleuchtende – Unterscheidung in ihrer Habermasschen Version gleichwohl noch für irreführend halte. Meine These war, daß Habermas in seiner Unterscheidung der beiden normativen Bewertungsebenen noch einem »Mythos des Bezugsrahmens« bzw. einer falschen Disjunktion von Welterschließung und argumentativem Diskurs verhaftet bleibt. Sprachen oder Vokabulare »gibt« es ja nur als Netzwerke inferentieller Beziehungen, so daß sie also immer schon mit Überzeugungen, das heißt mit Wahrheitsansprüchen verbunden sind. Dies scheint ganz klar im Fall der Physik, deren theoretisches Vokabular sich kaum von den Theorien absondern läßt, die in diesem Vokabular formuliert werden; und es scheint kaum weniger klar mit Bezug auf das Vokabular der liberalen Demokratie, dessen Gebrauch – wo es »unser« Vokabular ist – nicht unabhängig ist von grundlegenden Überzeugungen über die »richtige« politische Organisationsform moderner Gesellschaften. Wenn aber Vokabulare in diesem Sinne intern mit Überzeugungen verknüpft sind, dann heißt, über ihre »Angemessenheit« zu urteilen, zugleich über die in ihnen sich artikulierenden oder sedimentierten Verständnisse von etwas zu urteilen, das heißt: über ein Netzwerk von Begriffen *und* Überzeugungen. Das heißt aber, daß nicht nur ein Streit über Wahrheitsansprüche zumindest potentiell immer auch schon ein Streit über Begrifflichkeiten und Ausweisungsstandards ist, sondern daß umgekehrt ein Streit über die Angemessenheit von Vokabularen immer auch schon ein Streit um die

Wahrheit von Aussagen oder Überzeugungen ist, und zwar dergestalt, daß dieser Streit sich im Normalfall nicht durch Berufung auf die unkontroverse Wahrheit (oder Falschheit) der in dem umstrittenen Vokabular formulierten einzelnen Sätze schlichten läßt. Hiermit habe ich eine allzu simplifizierende Rede von sprachlichen Bezugsrahmen oder »Vokabularen« in Frage gestellt: »Welterschließende« Leistungen der Sprache – neue Vokabulare – »gibt« es nur in Verbindung mit neuen Beschreibungen, Überzeugungen und Verständnissen von etwas. Diese sind es, die zugleich mit dem betreffenden Vokabular jeweils gewissermaßen auf dem Prüfstand stehen. Deshalb habe ich versucht, dasjenige, was man die »Bewährung« – oder Nicht-Bewährung – von Begrifflichkeiten oder Vokabularen nennen könnte, anders zu beschreiben als Habermas dies tut. Meine These war, daß es die Widersprüche und Inkohärenzen – in dem früher erläuterten weiten Sinne – sind, zu denen eine bestimmte Begrifflichkeit bzw. ein begrifflich artikuliertes Verständnis von etwas, letztlich also unser Welt- und Selbstverständnis, führt, die darauf hinweisen, daß an unserer Begrifflichkeit *und* an unseren Überzeugungen etwas falsch ist. Damit ist noch nicht notwendigerweise entschieden (soviel kann man von Quine lernen), *was* es ist, das an unseren Überzeugungen, oder auch *welche* Überzeugungen falsch sind. Eine geklärte, veränderte oder neue (»welterschließende«) Begrifflichkeit aber müßte sich vor allem darin bewähren, daß sie Widersprüche, Inkohärenzen oder vermeidbare Blockierungen, die mit einem etablierten Vokabular verknüpft sind, sowohl explizit und verständlich macht als auch sie auflöst; daß sie uns eine neue Sicht auf alte Probleme verschafft, uns Sachzusammenhänge neu sehen läßt oder auch neue Formen der Solidarität möglich macht, und daß sie hierdurch zugleich zu neuen und besseren praktischen Orientierungen, zu einem neuen und besseren Sach-, Welt- und Selbstverständnis führt. Eine solche Bewährung aber wird in der Regel nicht etwas der Erfindung neuer Vokabulare bloß *Nachträgliches* sein; vielmehr läßt sie sich kaum abkoppeln vom Prozeß der Erfindung selbst, von »dialektischen« (ebenso wie »inferentiellen«) Formen des Argumentierens, vom Rekurs auf neue Erfahrungen und – häufig auch – dem Austrag und der Auflösung tiefgreifender sozialer Konflikte. Genau in diesem Sinne kann man die Frage nach der Angemessenheit einer Sprache – eines Begriffssystems – als Frage nach der *Wahrheit* in einem erweiterten Sinne des Wortes deuten. Wenn im übrigen richtig ist, was ich eben über Vokabulare gesagt habe, dann wäre ein »angemessenes« Vokabular der Index eines richtigen Verständnisses von etwas; und da ein solches »richtiges« Verständnis von etwas sich nicht zuletzt in »richtigen«, das heißt wahren Überzeugungen manifestieren muß, wäre eine »richtige« Sprache, ein »richtiges« Verständnis von etwas nicht nur eine notwendige *Voraussetzung* der Wahrheit von Aussagen und Überzeugungen, sondern bereits der *Ort* einer solchen Wahrheit. Und doch wäre es nicht *dasselbe* wie die Wahrheit einer Überzeugung, weil ein richtiges Verständnis von etwas nicht *dasselbe* ist wie eine einzelne Überzeugung oder eine Reihe oder Summe einzelner Überzeugungen, sondern darüber hinaus der Ort, von dem aus jeweils im Einzelfall in der richtigen Weise über »wahr« und »falsch« entschieden werden kann.

So verstanden ließe sich, wie mir scheint, auch Heideggers These von der »Abkünftigkeit« der Aussagenwahrheit ein akzeptabler Sinn geben: »Abkünftig« sind nicht unsere aussagebezogenen Wahrheitspraktiken, nämlich abkünftig gegenüber dem, was Heidegger »Erschlossenheit« nennt; vielmehr müssen wir die aussagebezogene Wahr-falsch-Unterscheidung als mit der Erschlossenheit gleichursprünglich denken. Jedoch ist die Aussagenwahrheit *insofern* »abkünftig«, als die aussagenbezogene Praxis der Wahr-falsch-Unterscheidung immer schon ein begrifflich artikuliertes Hintergrundverständnis eines »Wahrheitsbereichs« als die jene Unterscheidungspraxis organisierende Perspektive voraussetzt. Im Gegensatz zu Heidegger – und mit Habermas – unterstelle ich jedoch, daß diese Hintergrundverständnisse im gewöhnlichen Wahrheitsdiskurs immer schon latent mit auf dem Prüfstand stehen und unter Wahrheitgesichtspunkten einer Kritik zugänglich sind. Das heißt aber zugleich – dies mein Einwand gegen Habermas –, daß Welterschließung einerseits und sprachliche Kommunikation und Argumentation nicht zwei verschiedene Dinge sind, sondern daß ein »welterschließendes« Moment, zumindest virtuell, immer schon in die gewöhnliche sprachliche Kommunikation und Argumentation einbeschlossen ist. Das Movens der Welterschließung unter Gesichtspunkten der Argumentation sind aber nicht die – unabhängig von dem jeweils in Frage stehenden begrifflichen Rahmen feststellbaren – »falschen Konsequenzen«, zu denen dieser begriffliche Rahmen führt, sondern die Widersprüche, Inkohärenzen, Aporien und Sackgassen, in die er uns verwickelt.

Wenn ich von einem »Mythos des Bezugsrahmens« gesprochen habe, so wollte ich natürlich nicht die Unterscheidung zwischen einem unsere Wahr-falsch-Unterscheidungen ermöglichenden und »organisierenden« begrifflichen Hintergrund bzw. begrifflich artikulierten Hintergrundverständnis einerseits und den auf diesem Hintergrund gerechtfertigten Überzeugungen andererseits in Frage stellen – die Unterscheidung als solche ist es ja, die meinen Überlegungen zu einem erweiterten Verständnis des Wahrheitsbegriffs zugrunde liegt –, vielmehr wollte ich darauf hinweisen, *erstens*, daß der Streit über Begriffe sich vom Streit um die Wahrheit nicht abtrennen läßt, daß also »Welterschließung« einerseits und innerweltliches Lernen bzw. innerweltliche Argumentation andererseits sub specie der Wahrheit immer schon – potentiell – miteinander verknüpft sind. Das heißt aber zugleich, daß in der Rede von *dem* begrifflichen Bezugsrahmen *unserer* Wahrheitspraktiken insofern ein Stück Mystifikation steckt, als sie eine bruchlose Gemeinsamkeit der Sprache ebenso wie einen fraglos kohärenten Zusammenhang unserer Begriffe suggeriert, die es in Wirklichkeit niemals gibt; und das heißt, daß der Streit um die Wahrheit als ein Streit auch über die Begrifflichkeit (die Sprache, das »Bezugssystem«) immer schon als im *Innern* einer Sprache (eines »Bezugssystems«) angesiedelt zu verstehen ist. *Zweitens* wollte ich darauf hinweisen, daß ein Bezugsrahmen – eine Begrifflichkeit, ein einen Wahrheitsbereich eröffnendes Verständnis – für uns immer nur *als solche* greifbar und thematisierbar werden, wo sie als Quelle von Widersprüchen, Inkohärenzen, Aporien und Sackgassen in Erscheinung treten. Es ist somit die durch Widersprüche, Inkohärenzen usw. induzierte *Problematisierung* eines begrifflichen Bezugsrahmens, durch die er als solcher überhaupt erst identifizierbar und thematisierbar wird. Anders gesagt: Es sind die durch Widersprüche und Inkohärenzen sich meldenden kleinen und großen Krisen in unseren Wahrheitspraktiken, die uns zu einem kritischen Blick auf den begrifflichen Hintergrund dieser Wahrheitspraktiken nötigen und ihn hierdurch erst als einen kontingenten und in bestimmter Hinsicht problematischen Hintergrund unserer Wahrheitspraktiken sichtbar werden lassen.

11. Auch wenn eine – wörtlich verstandene – »Erweiterung« des Wahrheitsbegriffs sich auf manche alltäglichen Redeweisen stützen könnte, ging es mir im Vorangehenden nicht um eine erweiterte Verwendung des *Wortes* »Wahrheit«, sondern lediglich um ein richtiges Verständnis unserer aussagebezogenen Wahrheitspraktiken als solcher. Gegen eine erweiterte Verwendung des Wortes »wahr« spricht in der Tat schon, daß mit Bezug auf die normative Beurteilung von »Verständnissen« bzw. auf die solche Verständnisse artikulierenden Texte (oder auch von Theorien) eine *binäre* Unterscheidung wie die zwischen »wahr« und »falsch« unangebracht erscheint. Der erweiterte »Wahrheits«-Begriff müßte, anders als der Begriff der Aussagenwahrheit, einen *komparativen* Gebrauch zulassen: Mehr oder weniger richtig, angemessen oder – mit Bezug auf Texte – erhellend, triftig, überzeugend usw. Ein komparativ verwendbarer Bewertungsbegriff scheint auch der Rede von »Fortschritten« in der Philosophie oder in unserem Welt- und Selbstverständnis zugrunde zu liegen. Hierbei ist die komparative Unterscheidung zwischen »richtig« und »falsch« – mit Bezug auf Verständnisse, Vokabulare usw. – so zu verstehen, daß sie keinen »absoluten«, das heißt gleichsam externen Zielpunkt zuläßt, sei es den einer vollkommenen Anmessung unserer Überzeugungen an eine an-sich-seiende Struktur der Welt oder denjenigen einer herbeizuführenden idealen Kommunikationsgemeinschaft. Auch aus diesem Grunde führt eine binäre Wahr-falsch-Unterscheidung hier in die Irre; soweit ist Rorty (und Habermas) zuzustimmen. Indes kam es mir darauf an, den internen *Zusammenhang* zwischen »richtigen« Verständnissen und »wahren« Überzeugungen so zu rekonstruieren, daß deutlich wird, daß im Übergang von der Thematisierung des einen zur Thematisierung des anderen kein wirklicher Themenwechsel stattfindet; daß wir vielmehr den Begriff der Aussagenwahrheit nicht richtig verstehen, wenn wir nicht verstehen, daß mit jeder nichttrivialen Wahrheitsfrage potentiell immer auch der vorausgesetzte begriffliche »Rahmen« bzw. die Frage nach dem richtigen Verständnis eines Wahrheits*bereichs* zum Thema werden kann.[30]

30 Meine Kritik an Rorty und Habermas ist zugleich ein Versuch, den Gegensatz zwischen beiden »dialektisch« aufzulösen. Wenn Rorty im übrigen mit Bezug auf Vokabulare von mehr oder weniger »brauchbaren« oder »attraktiven« (und nicht von mehr oder weniger »angemessenen«) spricht (a.a.O., S. 31), so sind es doch auch für Rorty immer wieder unsere Wahrheitspraktiken, die er als Be-

Was nun den Begriff eines »richtigen Verständnisses« von etwas betrifft, so hat er – anders als der Begriff der Sprache – unzweifelhaft eine Affinität zu Begriffen wie »Wissen« oder »Einsicht« – und daher auch zur Idee der Wahrheit. Da aber das Verständnis von so etwas wie einem »Wahrheitsbereich«, das heißt einem Problem- oder Sachzusammenhang, sich nicht in der Form einer einzelnen Aussage, sondern nur in der Form von Satz*zusammenhängen* – das heißt aber: von Texten – artikulieren und mitteilen läßt, besteht zwischen der Art von »Einsicht«, um die es hier geht – nämlich dem Verständnis eines Sachzusammenhangs –, und der textuellen Form ihrer möglichen Artikulation ein interner Zusammenhang. Wenn jedoch über Verständnisse, Sichtweisen, Vokabulare oder Begriffe unter Wahrheitsgesichtspunkten ein Streit mit Argumenten möglich ist, so heißt dies eben, daß der Wahrheitsbegriff von sich aus auf einen normativen Horizont verweist, der denjenigen eines argumentativen Streits über die Wahrheit einzelner Aussagen immer schon übergreift. Nichts anderes meint die Idee einer Wahrheit jenseits der Aussagenwahrheit.

zugspunkt für ein Urteil über die »Brauchbarkeit« oder »Attraktivität« von Vokabularen ansetzen muß.

Charles Taylor
Abschied von einer Theorie der indirekten Erkenntnis

Heute scheint so gut wie jeder Anti-Cartesianer zu sein. Die klassische Erkenntnislehre, die Descartes ins Leben rief, wird von allen Seiten angegriffen und zurückgewiesen. Von Quine bis Heidegger über die unterschiedlichsten Postmodernisten hinweg schließt sich offenbar jeder bereitwillig dieser Verurteilung an. Und doch überdeckt diese beinahe vollständige Einmütigkeit große Unterschiede zwischen grundlegenden philosophischen Überzeugungen.

Für einige Denker liegt der grundlegende Fehler Descartes' anscheinend in seinem Fundamentalismus. Das große Unterfangen, sicheres Wissen aus unleugbaren Bausteinen zu errichten, ist falsch. Auch das dürfte auf nahezu einhelliges Einverständnis stoßen. Es ist aber nicht klar, ob wir hier wirklich den Fehler an der Wurzel ausgemacht oder nicht bloß eine falsche Schlußfolgerung identifiziert haben, die auf einen größeren und schwerwiegenderen Fehler zurückgeht. Ich neige zu der letzteren Sicht. Ich denke, das Problem mit der modernen erkenntnistheoretischen Tradition besteht darin, daß uns ein recht tiefsitzendes Bild »gefangenhält«, wie Wittgenstein sich ausdrückt.

So riecht die Rede von Gehirnen im Tank für mich nach dunklen cartesischen Zeiten, und ich entgegne dann auf diesen Teil der Position von John Searle, daß er noch immer unzureichend von dem befreit ist, was wir beide übereinstimmend als Fehler festgestellt haben.[1] Ich bin sicher, er hat ebenso schmeichelhafte Dinge über meine Position zu sagen.

Rorty und ich führen eine ähnliche Debatte, in der jeder den anderen der fortgesetzten Ergebenheit gegenüber dem Cartesianismus bezichtigt.[2]

In diesem Aufsatz möchte ich einige Fragen untersuchen, um die es in dieser fachinternen Debatte der Gegenwartsphilosophie

---

[1] John Searle, *Intentionality*, Cambridge 1983, S. 230; dt. *Intentionalität*, übs. von Harvey Gavagai, Frankfurt am Main 1987, S. 286f.
[2] Siehe meinen Aufsatz »Overcoming Epistemology«, in: Charles Taylor, *Philosophical Arguments*, Cambridge, Mass. 1995.

geht, wobei ich mir bewußt bin, daß Jürgen Habermas für die Infragestellung der alten monologischen, Subjekt/Objekt-Epistemologien eine wichtige Rolle gespielt hat. Ich werde damit anfangen, einige der anti-fundamentalistischen Argumente zu prüfen, die mir richtig erscheinen, ohne daß ich Habermas' Arbeiten hier unmittelbar dazu einsetze. Dann werde ich mich einigen anderen größeren Problemen nähern.

I.

Der Fundamentalismus Cartesisch-Lockescher Provenienz bricht zusammen, weil das Gewißheit erzeugende Argument von fundierenden Elementen (was auch immer sonst wahr sein mag, ich bin SICHER, daß: rot, hier, jetzt) zu begründenden Gesamtheiten fortschreiten muß. Aber man kann Elemente nicht auf die Weise isolieren, wie man es tun müßte, damit das funktioniert. Anders gesagt, ein bestimmter Holismus steht dem im Weg. Doch Käufer des Holismus, sei wachsam! Den Holismus gibt es in ungefähr der gleichen Vielzahl von Geschmacksrichtungen wie Langnese-Eiskrem, und hierbei handelt es sich *nicht* um den Quine-Davidson Holismus. Das ist zunächst einmal ein Holismus der Verifikation; er gibt den Gedanken wieder, daß Aussagen oder Behauptungen nicht einzeln für sich verifiziert werden können. Er ist nur im abgeleiteten Sinne ein Holismus in bezug auf die Bedeutung, insofern die Zuschreibungen von Bedeutungen bei Ausdrücken, die in der Rede des beobachteten Handelnden vorkommen, auf Behauptungen hinauslaufen, die wie die meisten anderen nicht einzeln, sondern nur im Paket mit anderen Behauptungen verifiziert werden können. Mit anderen Worten, der Quinesche Holismus ist eine These, die sogar dann zutrifft, wenn man die klassische cartesisch-empiristische Lehre vom Atomismus des Inputs akzeptiert hat, wie die Quinesche Rede von »Oberflächenreizungen« und »Gelegenheitssätzen« deutlich macht. Der Holismus, den ich anführe, ist viel radikaler. Der Atomismus des Inputs wird von ihm vollkommen untergraben. Erstens deshalb, weil die Natur eines jeden gegebenen Elements von seiner Bedeutung (*sens, Sinn* [im Orig. dt.]) festgelegt wird, die nur definiert werden kann, indem man sie in ein größeres Ganzes einordnet. Und zweitens noch gravierender deshalb, weil das größere Ganze nicht bloß eine Ansammlung derartiger Elemente ist.

Um diesen zweiten Punkt noch ein bißchen klarer zu machen: Die »Elemente«, die für eine fundamentalistische Rekonstruktion des Wissens eine Rolle spielen könnten, sind Stücke ausdrücklicher Information (rot, hier, jetzt z. B. oder »da ist ein Kaninchen« bzw. »Gavagai«). Aber das Ganze, das ihnen gestattet, den Sinn zu haben, den sie haben, ist eine »Welt«, ein Ort des über die soziale Praxis organisierten gemeinsamen Verständnisses. Ich bemerke das Kaninchen, weil ich es gegen den gleichbleibenden Hintergrund jener Bäume und den offenen Raum davor ausmache. Würde ich mich an dem Ort nicht zurechtfinden, könnte es kein Erblicken des Kaninchens für mich geben. Wenn der gesamte Schauplatz, auf dem das Kaninchen vorüberflitzt, unsicher wäre, sich beispielsweise kreisend drehen würde, so wie wenn ich gerade ohnmächtig werde, könnte dieses ausdrückliche Informationsstück nicht registriert werden. Daß ich mich an dieser Stelle zurechtfinde, ist jedoch keine Angelegenheit von zusätzlichen Stücken ausdrücklicher Information – das heißt, es kann niemals bloß darin bestehen, obwohl möglicherweise andere Stücke eine Rolle dabei spielen. Es ist eine Ausübung meiner Fähigkeit zurechtzukommen, etwas, was ich als dieses körperliche Wesen, das in dieser Kultur aufgewachsen ist, erworben habe.

Der »Holismus« in der einen oder anderen Form ist also unter Anti-Fundamentalisten eine einhellig bejahte These. Die Schwierigkeiten treten in dem Moment auf, wenn jeder für sich ausspricht, was offenkundig daraus zu folgern ist, oder wenn jeder deutlicher umschreibt, wie dieser holistische Hintergrund doch offensichtlich beschaffen ist. Was dem einen völlig offensichtlich zu sein scheint, ist anderen vollkommen unplausibel.

Was ich im einzelnen aus dem Holismus folgere, sieht ungefähr so aus. Unsere Fähigkeit zurechtzukommen läßt sich als Verkörperung eines umfassenden Sinnes für uns und unsere Welt ansehen; wobei dieser Sinn ein Spektrum recht verschiedenartiger Fähigkeiten umfaßt und davon getragen wird: Von den Überzeugungen, die wir hegen und die uns augenblicklich »gegenwärtig« sein mögen oder nicht, an dem einen Ende bis hin zu den Fähigkeiten, sich zu orientieren und mit den Dingen intelligent umzugehen, an dem anderen Ende. Der Intellektualismus hat dazu geführt, daß wir diese beiden Enden als sehr unterschiedliche Bereiche ansehen. Unsere heutige Philosophie hat uns aber gezeigt, wie eng verwandt und wie stark verknüpft sie sind.

Heidegger hat uns beigebracht, von unserer Fähigkeit, sich zurechtzufinden, als einer Art von »Verständnis« unserer Welt zu sprechen. Und es ist in der Tat unmöglich, zwischen diesem impliziten Zugriff auf die Dinge und unserem formulierten, expliziten Verständnis eine scharfe Linie zu ziehen. Es ist nicht nur so, daß jede Grenze dazwischen durchlässig ist, daß Dinge, die explizit formuliert und verstanden wurden, zu einem unartikulierten Know-how »absinken« können, so wie es uns Hubert und Stuart Dreyfus anhand des Lernens gezeigt haben[3]; und daß unser Zugriff auf die Dinge genausogut in die andere Richtung gehen kann, wenn wir nämlich artikulieren, was zuvor bloß vollzogen wurde. Es ist auch so, daß jedes besondere Verständnis unserer Situation ausdrückliches Wissen und unartikuliertes Know-how vermischt.

Ich bin zum Beispiel darüber informiert, daß ein Tiger aus dem örtlichen Zoo ausgebrochen ist, und während ich nun durch den Wald hinter meinem Haus spaziere, wirken die dunklen Winkel des Waldes ganz andersartig auf mich, sie bekommen eine neue Wertigkeit. Meine Umgebung wird jetzt von neuen Kraftlinien durchschnitten, unter denen die Vektoren eines möglichen Angriffs einen wichtigen Platz einnehmen. Dank des neuen Informationsstückes nimmt mein Gefühl für diese Umgebung eine andere Gestalt an.

Das Ganze, in dem einzelne Dinge verstanden werden und in das Informationsteile eingefügt werden, ist also ein Sinn für meine Welt, der von einer Vielfalt von Medien getragen wird: von den in den verschiedenen Fähigkeiten des Zurechtkommens enthaltenen Kenntnissen, von den formulierten Gedanken, von den Dingen, die niemals in Frage gestellt werden, sondern zu dem Rahmen gehören, in dem die formulierten Gedanken ihren bekannten Sinn haben (z. B. die nie bezweifelte Gesamtgestalt der Dinge, die mich daran hindert, verrückte Mutmaßungen, wie die, daß die Welt vor fünf Minuten entstanden ist oder daß sie plötzlich vor meiner Haustür haltmacht, überhaupt anzustellen). Wie

---

[3] Hubert Dreyfus/Stuart Dreyfus, *Mind over Machine*, New York 1986; dt. *Künstliche Intelligenz. Von den Grenzen der Denkmaschine und dem Wert der Intuition*, Reinbek bei Hamburg 1991.

in der Multimedia-Welt unserer Kultur sind die Grenzen zwischen den Medien sehr diffus, auch wenn manche Teile unseres Erfassens der Dinge zu einem Medium besser passen als zu anderen (meine Kenntnis der Weberschen Kapitalismustheorie einerseits, meine Fähigkeit, ein Fahrrad zu fahren andererseits). Und viele der wichtigsten Verständnisweisen sind Multimedia-Ereignisse, so wenn ich durch den möglicherweise von einem Tiger unsicher gemachten Wald streife. Darüber hinaus stützt sich kraft des hier herrschenden Holismus jedes Stück meines Verständnisses auf das Ganze und ist somit indirekt multimedial.

Mag sein, daß ich damit noch Dinge sage, denen alle Antifundamentalisten zustimmen. Ich komme aber sehr bald zu weitreichenden Schlußfolgerungen, bei denen sich unsere Wege trennen werden. Mir scheint zum Beispiel, daß dieses Bild des Hintergrunds das ausschließt, was man ein repräsentationales oder vermitteltes Bild unseres Erfassens der Welt nennen könnte. Es gibt viele verschiedene Versionen davon, aber die wesentliche Idee bei diesem Bild ist, daß all unsere Kenntnisse der Welt letztlich ein indirektes, vermitteltes Wissen sind. Es ist ein Wissen, das aus etwas »Innerlichem« in uns selbst kommt oder vom Geist hervorgebracht wird. Das bedeutet, daß wir unser Erfassen der Welt als etwas verstehen können, das von dem, wovon es ein Erfassen ist, grundsätzlich getrennt werden kann.

Diese Trennung hatte für den ursprünglichen Cartesischen Vorstoß, den wir alle ungeschehen machen und dekonstruieren wollen, offenkundig einen zentralen Stellenwert. Auf der einen Seite waren da die Bruchstücke mutmaßlicher Information im Geist – Ideen, Eindrücke, Sinnesdaten. Auf der anderen Seite gab es die »Außenwelt«, über die diese uns angeblich unterrichten. Später kann der Dualismus auch noch andere, verfeinertere Formen annehmen. Die Repräsentationen brauchen nicht mehr als »Ideen«, sondern können in Übereinstimmung mit der linguistischen Wende als Sätze aufgefaßt werden, wie man bei Quine sehen kann. Oder der Dualismus selbst kann begrifflich ganz neu gefaßt werden, wie bei Kant. Anstatt ihn nach der Maßgabe von Original und Kopie zu definieren, wird er unter dem Aspekt von Form und Inhalt oder Umhüllung und Füllung gesehen.

Ich möchte die gesamte Klasse der Theorien, die Dualismen dieses Typs akzeptieren, »indirekte oder vermittelte Erkenntnistheorien« nennen. Meiner Ansicht nach wäre es von unschätzbarem Wert für die Gelehrtenrepublik, wenn wir diese Erkenntnistheorien ein für allemal begraben könnten.

Indirekte Theorien postulieren etwas, das – in welcher Form auch immer – als innerlich, als unsere Zutat zum Wissen definiert werden kann und das sich von dem, was dort draußen ist, unterscheiden läßt. Diese Theorien lassen sich demzufolge als »Innen/Außen«-Konzeptionen (kurz I/A) bezeichnen. Daher erklärt sich auch die Beständigkeit skeptischer Fragen oder ihrer Umformungen: Könnte es sein, daß die Welt mit ihrer Repräsentation nicht wirklich übereinstimmt? Oder: Könnten wir auf andere Wesen stoßen, deren Formen für die Erfassung von Inhalten von unseren so grundverschieden sind, daß wir nie in der Lage sein werden, irgendwelche gemeinsamen Maßstäbe für Wahrheit aufzustellen? Solche Überlegungen liegen vielen Arten eines leichtfertigen Relativismus unserer Tage zugrunde.

Aber eine Reflexion über unser gesamtes multimediales Erfassen der Dinge sollte mit diesem Dualismus ein für allemal kurzen Prozeß machen. Wenn wir auf das Medium ausdrücklicher Überzeugung starren, dann kann die Trennung plausibel erscheinen. Ich kann Überzeugungen über den Mond in meinem derzeitigen Denken selbst dann unterhalten und sogar vergegenwärtigen, wenn der Mond gerade nicht sichtbar ist, und vielleicht sogar, obwohl er nicht existiert – dann nämlich, wenn er sich als Fiktion erweisen sollte. Aber das Erfassen von Dingen, das an meiner Fähigkeit beteiligt ist, mich umherzubewegen und Gegenstände zu handhaben, entzieht sich einer derartigen Aufteilung. Denn anders als Überzeugungen über den Mond kann diese Fähigkeit in der Abwesenheit der Gegenstände, an denen sie betätigt wird, nicht aktualisiert werden. Meine Fähigkeit, den Baseball zu werfen, kann ohne Baseball nicht ausgeübt werden. Meine Fähigkeit, mich in dieser Stadt, in diesem Haus zurechtzufinden, zeigt sich nur, indem ich mich in dieser Stadt und diesem Haus bewege.

Wir könnten nun versucht sein, zu sagen: Sie existiert zwar nicht in meinem Verstand, wie meine theoretischen Überzeugungen in meinem »Kopf« sind, sie ist aber in der Bewegungsfähigkeit, die mein ganzer Körper hat. Doch das untertreibt die Einbettung. Der Ort hier ist die Fähigkeit, mich in-dieser-Umgebung-zu-bewegen. Sie existiert nicht bloß in meinem Körper, sondern in meinem durch-die-Straßen-gehenden-Körper. Ebenso existiert meine Fähigkeit, charmant oder verführerisch zu sein, nicht in meiner Stimme oder meinem Körper, sondern in der körperlich-stimmlichen-Konversation-mit-einem-Gesprächspartner.

Eine starke Versuchung, diese Fähigkeiten bloß im Körper anzusiedeln, rührt von der Annahme her, daß eine richtige neurophysiologische Darstellung der Fähigkeiten gegeben werden kann, die sie dort ansiedeln würde. Sobald man aber dem Cartesischen Dualismus wirklich einmal entkommt, hört dies auf, so selbstverständlich zu sein, wie ich gleich an dem Fall der Gehirne im Tank zeigen werde.

Das Leben mit Dingen beinhaltet eine bestimmte Art von Verständnis (das wir auch »Vorverständnis« nennen könnten). Das heißt, die Dinge zählen für uns in ihrer Bedeutung oder Relevanz für unsere Absichten, Wünsche und Tätigkeiten. Während ich meinen Weg den Pfad zum Hügel hinauf nehme und mein Kopf vollständig von einer schwierigen Unterredung in Anspruch genommen ist, die ich an meinem Zielort haben werde, behandele ich die Eigenschaften des Geländes als Hindernisse, Hilfen, Möglichkeiten oder Aufforderungen, vorsichtiger aufzutreten, freier auszuschreiten usw. Selbst wenn ich nicht an sie denke, haben diese Dinge Relevanz für mich; ich weiß zwischen ihnen meinen Weg zu nehmen.

Dies geschieht nicht begrifflich, oder anders gesagt, die Sprache spielt keine direkte Rolle dabei. Durch die Sprache haben wir (Menschen) die Fähigkeit, uns auf Dinge zu konzentrieren, ein X *als* ein X herauszugreifen. Wir greifen es als etwas heraus, das (korrekterweise) eine Beschreibung ›X‹ trägt, und dies bringt unsere Identifikation in den Bereich möglicher Kritik. (Ist das wirklich ein X? Ist das Vokabular, zu dem X gehört, für dieses Gebiet/diesen Zweck das richtige?) An irgendeinem Punkt, wegen einer Panne vielleicht oder einfach aus intrinsischem Interesse, werde ich auf einige Aspekte des terrainsondierenden Know-how aufmerksam. Ich beginne vielleicht damit, Dinge als ›Hindernisse‹ oder ›Erleichterungen‹ zu klassifizieren, und das wird die Art, wie ich in der Welt lebe, verändern. Doch normalerweise lebe ich auf jede erdenkliche Art in der Welt und gehe mit ihr um, ohne dies getan zu haben.

Das gewöhnliche Zurechtkommen ist nicht begrifflich. Doch gleichzeitig kann es auch nicht mit Hilfe bloß unbelebt-kausaler Begriffe verstanden werden. Diese Absage läßt zwei Lesarten zu. Im stärkeren Sinn stellt sie sich beispielsweise quer zu dem verbreiteten Ehrgeiz eines Großteils der Kognitionspsychologie, die eben genau darauf abzielt, eines Tages eine reduktive Darstellung des gewöhnlichen Zurechtkommens in der Welt als etwas Maschinenmäßigem geben zu können. Ich würde mein Geld darauf verwetten, daß sich die Absage in diesem starken Sinne als richtig erweisen wird und das ehrgeizige Vorhaben einer Reduktion letztlich eine Phantasie ist. Für unsere Zwecke brauchen wir aber lediglich einen schwachen Sinn ins Auge zu fassen: Daß nämlich in Ermangelung der in Aussicht gestellten, aber noch weit entfernten mechanistischen Darstellung unsere einzige Möglichkeit, aus Tieren schlau zu werden und unsere eigenen vorbegrifflichen Vorgänge zu verstehen, in so etwas wie einem Vorverständnis liegt. Das heißt, wir müssen sehen, daß sich die Welt bei diesen Wesen in Relevanzfaktoren bemerkbar macht, oder anders ausgedrückt, wir sehen sie als Handelnde.

Wie ich gerade angedeutet habe, können wir nicht umhin, auch den Tieren diesen Gefallen zu tun. Im Fall unserer eigenen Gattung sind die Gründe jedoch stärker. Wenn wir uns auf irgendeinen charakteristischen Zug unseres Umgangs mit der Welt konzentrieren und ihn zur Sprache bringen, kommt das für uns keiner Entdeckung einer unvermuteten Tatsache gleich – wie etwa beim überraschenden Wechsel eines Landschaftsbildes nach dem Passieren einer Kurve oder bei der Neuigkeit, daß das, was wir tun, eine ausgefallene technische Bezeichnung trägt, wie beispielsweise daß Monsieur Jourdain »Prosa« spricht. Wenn ich mir schließlich eingestehe, daß das, was mir in diesem Gespräch Unbehagen bereitet hat, mein Eifersuchtsgefühl ist, spüre ich, daß mir dies vorher nicht vollständig entgangen ist. Ich wußte davon, ohne es zu wissen. Es hatte einen intermediären Status zwischen bekannt und völlig unbekannt. Es handelte sich um eine Art von Proto-Wissen, eine Umgebung, die der Verwandlung günstig ist, die die begriffliche Fokussierung mit sich bringt, auch wenn es dagegen Widerstände gegeben haben mag.

Ich habe mich oben schon auf Heidegger und auf das Werk von Merleau-Ponty bezogen. Bei beiden finden wir die Idee, daß unser begriffliches Denken in das Zurechtkommen im Alltag »eingebettet« ist. Der Kerngedanke dieses Bildes kann sozusagen in zwei Hälften zerlegt und geschluckt werden. Der erste Bissen besagt, das Zurechtkommen liege zeitlich voraus und sei allgegenwärtig (»zunächst und zumeist«). Wir fangen als Kleinkinder, die zurechtkommen müssen, an und werden erst später in die Sprache eingeführt. Selbst als Erwachsene besteht unser Leben weitgehend in diesem Zurechtkommen. Das könnte auch gar nicht anders sein. Um uns auf irgend etwas konzentrieren zu können, müssen wir in Gang bleiben – wie ich es auf dem Pfad war, während ich an die schwierige Unterredung dachte; oder wie es die Person im Labor ist, die herumgeht und die Retorte aufnimmt, während sie intensiv über knifflige theoretische Fragen nachdenkt (oder vielleicht darüber, was es zum Mittag gibt).

Der zweite Bissen ist schwerer zu schlucken. Es ist der Gedanke, der üblicherweise mit dem Begriff des Hintergrundes ausgedrückt wird. Das andauernde Zurechtkommen ist eine wesentliche Unterstützung für die Episoden begrifflicher Fokussierung in unserem Leben, und zwar nicht bloß in dem infrastrukturellen Sinne, daß unser Verstand durch irgend etwas vom Labor zur Bibliothek und zurück gebracht werden muß. Grundsätzlicher gesehen, liegt das Hintergrundverständnis, das wir benötigen, um unseren aktuellen Denkvorgängen den Sinn zu geben, den wir ihnen geben, in unserem ganz gewöhnlichen Zurechtkommen.

Ich gehe den Pfad entlang, gelange auf die Wiese und bemerke: die Goldrute blüht. Eine partikulare Aufnahme der Welt, von der Art, wie Grenzereignisse nach dem I/A-Schema erwartungsgemäß sein sollen; außer daß diese Ereignisse unter dem Druck des Fundamentalismus manchmal elementarer ausfallen müssen – jetzt hier gelb – und sich erst später durch Folgerungen zur Goldrute zusammenfügen. Ein Fehler der klassischen Erkenntnistheorie bestand unter anderem darin, in dieser Art von Kenntnisnahme die Bausteine unseres Wissens über die Welt zu sehen. Wir setzen es Stück für Stück aus solchen Teilen zusammen. Jedenfalls mußte der Fundamentalismus das glauben.

Einer der Gründe dafür, weshalb Kant eine entscheidende Figur in der (ach so mühevollen) Überwindung des I/A-Schemas ist – obwohl er auch eine eigene Version davon anfertigte – ist der, daß er mit diesem Bild kurzen Prozeß machte. Wir können unsere Weltsicht nicht aus Wahrnehmungen wie »die Goldrute blüht« oder gar »jetzt hier gelb« zusammenbauen, weil nichts, was nicht schon einen Platz in der Welt hätte, als eine solche Wahrnehmung gelten könnte. Zumindest könnte es das *Wahrgenommene* [*percept*] nicht geben ohne den umgebenden Sinn meiner selbst als wahrnehmender Akteur, der sich in irgendwelchen Umgebungen bewegt, von denen dieses bißchen Gelb ein Merkmal ist. Wenn wir versuchen, uns alle diese Orientierungen wegzudenken, dann erhalten wir etwas, was dem Undenkbaren als Erfahrung nahekommt, die »sogar weniger als ein Traum ist«, wie Kant sagt.[4] Wie wäre es denn, bloß ein Gelb zu erfahren, gleichgültig ob sich dies nun in der Welt da draußen oder nur in meinem Kopf befindet? Es wäre eine sehr abgelöste Erfahrung, kein sehr vielversprechender Baustein für eine Weltsicht.

Demnach ist unser Verständnis der Welt von Anfang an holistisch, und zwar in einem anderen Sinne als bei Quine. So etwas wie das einzelne, unabhängige Wahrgenommene gibt es nicht. Diesen Status hat irgend etwas nur in einem umfassenderen Kontext, der verstanden wird, für selbstverständlich gehalten wird, der aber meistenteils nicht in den Mittelpunkt der Aufmerksamkeit gestellt wird. Darüber hinaus ließe sich das alles gar nicht in den Mittelpunkt rücken, und zwar nicht bloß deshalb, weil er sich sehr weit verzweigt, sondern weil er nicht aus einer endlichen Zahl von Teilen besteht. Wir können uns dies klarmachen, wenn wir überlegen, daß die Zahl der Möglichkeiten, in denen der für selbstverständlich gehaltene Hintergrund unter bestimmten Umständen versagen könnte, nicht begrenzbar ist.

In den *Philosophischen Untersuchungen* und in *Über Gewißheit* war es ein bevorzugter argumentativer Schachzug von Wittgenstein, diesen unbegrenzbaren Hintergrund anzuführen. Er zeigt zum Beispiel, daß das Verstehen einer angeblichen Definition nicht bloß eine Angelegenheit der Fixierung eines Einzeldings ist. Vielmehr gehört dazu ein ganzes umgebendes Verstehen dessen, welche Art von Ding überhaupt erörtert wird (die Form oder die Farbe), daß dies eine Methode ist, Bedeutungen zu lehren, usw. Bei unseren gewöhnlichen Untersuchungen halten wir eine beständige Welt für selbstverständlich, so daß unsere gesamten Verfahren durch die »Entdeckung«, daß das Universum vor fünf Minuten begonnen hat – sofern man sie machen könnte –, komplett untergraben werden würden. Aber das kann nicht so aufgefaßt werden, als gäbe es eine feststehende Liste von Dingen, die wir ausgeschlossen haben, darunter auch den Beginn des Universums vor fünf Minuten.

Dieses Hintergrundverständnis unbestimmter Ausdehnung

---

[4] Immanuel Kant, *Kritik der reinen Vernunft*, nach der ersten und zweiten Originalausgabe hg. von Jens Timmermann, Hamburg (Meiner) 1998, A 112.

wird durch unser gewöhnliches Zurechtkommen aufrechterhalten und weiterentwickelt. Meine Erkenntnis, daß die Goldrute blüht, wird von einem angebrachten Kontext gestützt: daß ich gerade auf eine Wiese gelange und daß es August ist zum Beispiel. Auf all das konzentriere ich mich aber nicht. Ich weiß, wo ich bin, weil ich hierherging, und ich weiß, wann ich hier bin, weil ich den Sommer erlebt habe. Doch das sind keine überlegten Folgerungen. Es sind einfach Dinge, die zu dem Verständnis gehören, mit dem ich den Alltag bestreite. Ich könnte in der Tat eine überlegtere Haltung einnehmen und die Existenz der Goldrute an bestimmten geographischen Standorten auf der Erde zu einer bestimmten Jahreszeit theoretisch behandeln; so wie ich die Umgebung, in der ich spazierengehe, übersichtlich abbilden könnte, indem ich eine Landkarte zeichne. Aber damit würde die Einbettung des reflexiven Wissens in das gewöhnliche Zurechtkommen nicht beendet sein. Wenn ich die Landkarte nicht benutzen kann, um mich zurechtzufinden, wird sie nutzlos, ja sie hört sogar auf, eine Landkarte zu sein, die für mich in irgendeinem Sinne von Bedeutung ist. Das theoretische Wissen muß in irgendeine Beziehung zum alltäglichen Zurechtkommen gebracht werden, um das Wissen zu sein, das es ist.

Auf diese Weise ist die Einbettung unausweichlich und das in dem stärkeren Sinne: Alle Betätigungen des reflexiven, begrifflichen Denkens haben nur dann den Gehalt, den sie haben, wenn sie in einen Kontext des Hintergrundverständnisses eingelassen sind, der dem Zurechtkommen im Alltag zugrunde liegt und darin erzeugt wird.

An dieser Stelle verbindet sich die Beschreibung unserer Existenzweise bei Heidegger und Merleau-Ponty, die Analysen des In-der-Welt-Seins und des *être au monde*, mit der überzeugenden Kritik der dualistischen Erkenntnistheorie, die von John McDowell aufgestellt wird.[5] Der Dualismus, den McDowell im Anschluß an Sellars angreift, ist die scharfe Abgrenzung zwischen dem Raum der Gründe und dem Raum der Ursachen. Die Darstellungen des In-der-Welt-Seins und des *être au monde* haben ebenfalls keinen Platz für diese Grenze. Sie sollen ebenso wie McDowells Argumentation erklären, wie es sein kann, daß die Orte, an denen unsere Sicht durch die Welt geformt wird, nicht

---

5 John McDowell, *Mind and World*, Cambridge, Mass., 1. Aufl. 1994; Dt. *Geist und Welt* (= 2. Aufl. von *Mind and World*, 1996), Frankfurt am Main 2001.

bloß Orte kausaler Einflüsse sind, sondern Orte des Erwerbs von Überzeugungen im Medium von Überzeugungen. Sie vertreten den Standpunkt, daß man dafür nie eine angemessene Darstellung geben können wird, wenn man der Bildung von Überzeugungen stets auf der begrifflichen Ebene nachgeht.

Wir sind deshalb in der Lage, begrifflich artikulierte Überzeugungen zu bilden, die von unseren Umgebungen orientiert werden, weil wir ein vorbegriffliches Verhältnis zu unseren Umgebungen unterhalten, das bereits ein Verständnis beinhaltet. Transaktionen in diesem Raum sind keine kausalen Prozesse zwischen neutralen Elementen, sondern das Erspüren von Relevanz und das Reagieren darauf. Schon die Idee einer inneren Zone mit einer Außengrenze kann hier nicht greifen, weil wir die Dinge mit einer bestimmten Relevanz erleben und dies nicht »in« den Akteur hineinverlegt werden kann, sondern in der Interaktion selbst zu suchen ist. Das Verständnis und Know-how, mit dem ich den ansteigenden Pfad erklimme und weiterhin weiß, wo ich bin, ist nicht nach Art eines Bildes »in« mir. Dieses Schicksal wird ihm erst zuteil, sofern und sobald ich dazu übergehe, eine Landkarte zu zeichnen. Aber jetzt befindet es sich in meiner Bewältigung des Wegs. Das Verständnis steckt in der Interaktion; außerhalb davon, ohne die entsprechenden Umgebungen, kann dieses Verständnis nicht abgerufen werden. Wenn man glaubt, es könne von den Umgebungen abgelöst werden, heißt das, man legt es nach dem Modell des ausdrücklichen, begrifflichen, sprach- oder landkartengestützten Wissens aus, was natürlich genau das ist, was die gesamte I/A-Tradition von Descartes über Locke bis zu den zeitgenössischen Verfechtern von Modellen künstlicher Intelligenz beabsichtigt hat. Doch gerade dieser Schritt stellt die Grenze wieder her und läßt den Bildungsprozeß von Wissen kraft Wahrnehmung unverständlich werden.

II.

Eigentlich müßte das die repräsentationale Auslegung insgesamt zunichte machen. Denn unser Erfassen der Dinge ist nichts, was in uns wäre, der Welt gegenüber; es ist in der Art, wie wir mit der Welt in Kontakt treten, in unserem In-der-Welt-Sein (Heidegger) oder dem Zur-Welt-Sein (Merleau-Ponty). Das ist der Grund, weshalb sich ein genereller Zweifel an der Existenz der Dinge (existiert die Welt tatsächlich?), der nach der repräsentationalen Auslegung ganz vernünftig wirken kann, als inkohärent herausstellt, sobald man die antifundamentalistische Wende wirklich vollzogen hat. Ich kann mich fragen, ob nicht manche meiner Umgangsweisen mit der Welt die Dinge für mich verzerren: Meine Distanzwahrnehmung ist nicht einwandfrei, mein allzu großes Engagement für diese Frage oder jene Gruppe macht mich blind für das größere Bild, die Besessenheit mit meinem Image hält mich davon ab zu sehen, was wirklich wichtig ist. Doch all diese Zweifel können nur vor dem Hintergrund der Welt als dem allumfassenden Ort meines Beteiligtseins aufkommen. Ich kann das nicht ernsthaft bezweifeln, ohne die Definition meiner ursprünglichen Sorge aufzulösen, die allein vor diesem Hintergrund einen Sinn ergab.[6]

Hier gehen unsere Wege endgültig auseinander. Manche Leute glauben, unsere Ablehnung gelte lediglich dem Fundamentalismus, das heißt dem Versuch, einen überzeugenden Aufbau des Wissens »von Grund auf« vorzulegen. Sie denken, man könne zeigen, daß dies aus den Quineschen holistischen Gründen unmöglich sei oder auch aus Gründen, die alten skeptischen Argumenten näherstehen. Sie wollen aber das, was ich Repräsentationalismus nenne, das heißt eine Darstellung des Akteurswissens, welches sich von der Welt unterscheidet, nicht antasten. So hat Richard Rorty einmal gesagt, man könne die Weltanschauung einer Person als eine Menge von Sätzen darstellen, die zusammen für wahr gehalten werden.

Für andere (und hier schließe ich mich ein) ist das Aufregende an der Dekonstruktion des Cartesianismus die Verbannung dieses Bildes vom »Subjekt«. Die Idee, daß man eine statische Beschreibung des handelnden Menschen anfertigen kann, ohne irgendwelche Bezüge zu seiner/ihrer Welt herzustellen (oder eine Beschreibung der Welt als Welt, ohne viel über den Handelnden zu sagen), ist grundfalsch.

Deshalb finde ich die Spekulation über Gehirne-im-Tank so wenig überzeugend. Mir scheint, sie beruht auf der alten Cartesi-

---

6 »Se demander si le monde est réel, ce n'est pas entendre ce que l'on dit«, Merleau-Ponty, *La Phénomenologie de la Perception*, Paris 1945, S. 396; Dt. *Phänomenologie der Wahrnehmung*, übs. von Rudolf Boehm, Berlin 1966, S. 396: »Sich fragen, ob die Welt wirklich ist, heißt selber nicht verstehen, was man sagt.«

schen Trennung von Geist/Welt und überträgt lediglich den ersten Term in ein materielles Register. Berücksichtigt man aber erst einmal die Einbettung der Praxis in die Körper-Welt, verliert die ganze Idee an Plausibilität. Hierzu wäre noch sehr viel mehr zu sagen, doch ich denke, es ist sinnvoller, wenn ich jetzt auf eine andere, dringlichere Frage eingehe.

Man könnte einwenden, daß der Unterschied zwischen einem Antifundamentalismus, der mit der Auffassung einer vermittelten, indirekten Erkenntnis bricht, und einem Antifundamentalismus, der das nicht tut, als verhältnismäßig gering erscheint. Schließlich stimmen sie beide darin überein, das ursprüngliche Cartesische Unternehmen aufzugeben. Tatsächlich überlebt aber ein Großteil der cartesianischen Philosophieauffassung, wenn man nicht mit der repräsentationalistischen Erkenntnistheorie bricht.

Wir können das sehen, wenn wir uns den ganzen Fragenkomplex zum Thema »Realismus« und »Antirealismus« anschauen. Der Standpunkt des indirekten, vermittelten Wissens liefert den Kontext, in dem diese Fragen erst Sinn machen. Sie verlieren ihren Sinn, wenn man dieser Auslegung nicht mehr folgt, wie es Heidegger und Merleau-Ponty getan haben. Oder besser ausgedrückt, man erwacht zu einem unproblematischen Realismus, der keine gewagte philosophische »These« mehr ist.

Schon öfter ist festgestellt worden, daß der Repräsentationalismus in einer Schleife zur Skepsis, zum Relativismus und zu unterschiedlichen Formen des Nicht-Realismus führt. Sobald die fundamentalistischen Argumente zur Begründung der Wahrheit als gescheitert betrachtet werden, bleibt uns nur das Bild des auf sich zurückgeworfenen Subjekts ohne Kontakt mit der transzendenten Welt. Und das erzeugt sehr leicht die These von einem Nichtwißbaren (z. B. *den Dingen an sich*, im Orig. dt.), von der Unzugänglichkeit des Denkens (das Privatsprachen-Argument) oder des Relativismus. Besonders im letzten Fall, dem Bild, in dem jeder Geist hinter dem Schirm seiner eigenen Wahrnehmungen [percepts] in die Welt tritt oder sie in Formen aus eigener Herstellung erfaßt, bietet sich offenbar keine Möglichkeit einer rationalen Schlichtung von Disputen. Wie können die Protagonisten ihre Argumente auf gemeinsam verfügbare Elemente stützen, wenn jede Partei in ihrem eigenen Bild befangen ist?

Von der Skepsis oder dem Relativismus aus ist der Schritt,

irgendeine Ausprägung des Antirealismus zu übernehmen, naheliegend und verführerisch. Denn wenn diese Fragen nicht rational geschlichtet werden können, warum sollte man dann akzeptieren, daß es reale Fragen sind? Warum sollte man zustimmen, daß es da eine Tatsache gibt, in bezug auf die sich die Frage von richtig oder falsch überhaupt stellt? Wenn wir nie wissen können, ob unsere Sprache, unsere Ideen oder Kategorien der Realität da draußen, den Dingen an sich, entsprechen, was verbürgt denn dann, daß wir überhaupt über diese transzendente Realität sprechen? Wir müssen ihr den Status des »Realen« absprechen. Daher der »Antirealismus«.

Der entscheidende Schritt eines solchen Nicht-Realismus besteht darin, einige wichtige Unterscheidungen des Alltagsverstandes zwischen der Wirklichkeit und unserem Bild von ihr abzustreiten: die Welt, wie sie ist, versus die Welt, wie wir sie sehen; was moralisch richtig ist, versus was wir denken, was richtig ist, und so weiter. Die Ironie ist, daß damit Unterscheidungen geleugnet werden, die erst von der repräsentationalen Auslegung als dichotomische Unterscheidungen errichtet wurden.

Die Vorstellung von einem wissenden Handlungsträger, der mit der Welt zurechtkommen muß, eröffnet ganz verschiedene Möglichkeiten. Es kann Unterschiede geben (und gibt offensichtlich welche), alternative Aufnahmen und Deutungen der Wirklichkeit, die sogar systematisch und weitreichend sein können. Davon werden einige falsch sein und kann jede falsch sein. Aber jede dieser Aufnahmeweisen oder Deutungen steht im Kontext eines Verstehens bzw. einer elementaren Befassung mit der Welt, einem Kontakt mit der Welt, der außer im Tode nicht durchbrochen werden kann. Es ist unmöglich, völlig falsch zu liegen. Selbst wenn ich, nachdem ich den Pfad erklommen habe, glaube, daß ich mich auf der falschen Wiese befinde, kann ich immer noch den richtigen Bezirk angeben, kenne meinen Weg nach Hause usw. Die Realität des Kontakts mit der wirklichen Welt ist die unvermeidliche Tatsache menschlichen (oder tierischen) Lebens, und kann nur von einem irrigen philosophischen Argument weggedacht werden. Oder wie Merleau-Ponty sich ausdrückte: »Sich fragen, ob die Welt wirklich ist, heißt selber nicht verstehen, was man sagt.« Und kraft dieses Kontakts mit einer gemeinsamen Welt haben wir einander stets etwas zu sagen, etwas, auf das wir in Zwistigkeiten über die Wirklichkeit hinweisen können.

Die Auffassung, die den Handelnden als in der Welt seiend sieht, hat also Raum genug für eine Unterscheidung zwischen der Realität und unserem Erfassen der Realität. Wir kommen immer dann auf diese Unterscheidung zu sprechen, wenn wir unsere Sicht der Dinge wissentlich korrigieren. Und sie kann zwischen verschiedenen, wechselseitig nicht übersetzbaren kulturellen »Aufnahmeweisen« der Realität unterscheiden. Sie kann aber nicht zulassen, daß diese »Aufnahmeweisen« unüberwindlich oder unumstößlich sind. Das geht zum Beispiel aus Gadamers Darstellung des interkulturellen Verstehens hervor. »Verstehen [ist] immer der Vorgang der Verschmelzung [...] vermeintlich für sich seiender Horizonte.«[7]

Gadamers Begriff des »Horizonts« weist eine innere Komplexität auf, die wesentlich für ihn ist. Auf der einen Seite können Horizonte bestimmt und unterschieden werden. Über solche Unterscheidungen können wir erfassen, was das Verständnis beeinträchtigt und die Kommunikation verhindert. Auf der anderen Seite entwickeln sich die Horizonte, verändern sich. So etwas wie einen starr feststehenden Horizont gibt es nicht. »Der Horizont ist vielmehr etwas, in das wir hineinwandern und das mit uns mitwandert. Dem Beweglichen verschieben sich die Horizonte.« (S. 288) Ein Horizont mit unwandelbaren Konturen ist eine Abstraktion. Horizonte, die sich nach den Handelnden bestimmen, deren Welt sie umschreiben, sind stets in Bewegung. Die Horizonte von A und B können daher zu einem Zeitpunkt t verschieden und ihr gegenseitiges Verständnis sehr unvollkommen sein. A und B können aber dadurch, daß sie beisammen leben, zu einem Zeitpunkt t+n einen einzigen gemeinsamen Horizont ausbilden.

Auf diese Weise fungiert »Horizont« ein wenig wie »Sprache«. Wir können über die »Sprache des modernen Liberalismus« oder die »Sprache des Nationalismus« reden und können aufzeigen, was sie nicht erfassen können. Doch dabei handelt es sich um Abstraktionen, Standbilder aus einem weiterlaufenden Film. Wenn wir von der Sprache der Amerikaner oder der Franzosen sprechen, läßt sich deren Grenze nicht mehr a priori ziehen; denn eine Sprache bestimmt sich nach den handlungsfähigen Individuen, die sich fortentwickeln können.

---

[7] Hans-Georg Gadamer, *Wahrheit und Methode*, Tübingen 1975, S. 289.

Wir können sehen, daß dieses Bild der Horizonte und ihrer potentiellen Verschmelzung so etwas wie ein »Prinzip der Nachsicht« abwirft: Mein Gesprächspartner kann ebensowenig wie ich völlig falsch liegen, weil wir mit der Realität unausweichlich in Kontakt stehen und unsere »Einstellung« dazu deshalb ändern können. Das erinnert an den Versuch, die Möglichkeit einer universellen Kommunikation zu etablieren, indem man die Idee des Begriffsschemas rundweg verwirft, wie er bekanntermaßen von Donald Davidson vorgeschlagen wurde.[8] Davidson möchte sein Argument als eine Ablehnung der gesamten repräsentationalistischen Erkenntnistheorie verstanden wissen: »Indem wir den Dualismus von Schema und Welt fallenlassen, verzichten wir nicht auf die Welt, sondern stellen die unmittelbare Beziehung zu den Gegenständen wieder her, deren Possen unsere Sätze und unsere Meinungen wahr oder falsch machen.« (S. 282)

Doch trotz aller oberflächlicher Ähnlichkeiten sind die Argumente sehr verschieden. Gadamers Argumentation ist ontologisch gestützt: Die Menschen stehen mit dem Realen in Kontakt. Davidson argumentiert erkenntnistheoretisch: Die Bedingung dafür, daß ich dich verstehe, ist, daß ich dich so deute, als würden deine Äußerungen die meiste Zeit Sinn ergeben. Das hat in der Tat die klassische Form einer antirealistischen These: Angesichts einer allgemeinverständlichen Unterscheidung, die uns anscheinend eine nicht behebbare Unwissenheit in bezug auf irgendeine wichtige Angelegenheit androht, machen wir den kühnen Schritt, die Unterscheidung zu leugnen.

Nun könnte man denken, die Grundlage ist nicht wichtig, was zählt, ist die Schlußfolgerung. Tatsächlich haben die zwei Prinzipien jedoch schicksalsschwer unterschiedliche Auswirkungen auf die wichtigen Fragen interkultureller Verschiedenheit.

Davidsons Argument gegen die Idee, daß wir in vollkommen unvereinbaren Schemata gefangen sein könnten, ist offenkundig überzeugend. Davidsons Prinzip der Nachsicht verlangt, daß ich, der Beobachter/Theoretiker, aus ihm, dem untersuchten Subjekt, Sinn herausholen muß, indem ich das meiste von dem, was er tut, denkt und sagt, verständlich finde. Sonst kann ich ihn nicht als

---

[8] »Was ist eigentlich ein Begriffsschema?«, in: Donald Davidson, *Wahrheit und Interpretation*, übs. von J. Schulte, Frankfurt am Main 1990. Seitenzahlen im Text beziehen sich auf diese Ausgabe.

einen rational Handelnden behandeln und es gibt in dem fraglichen Sinne überhaupt nichts zu verstehen.

Was dieses Argument zeigt, ist, daß die totale Unverständlichkeit einer anderen Kultur gar keine Option ist. Um eine fremde Gruppe in einem bestimmten Umfang ihrer Praktiken als unverständlich zu erleben, müssen wir sie in anderen (sehr substantiellen) Bereichen als verstehbar empfinden. Wir müssen in der Lage sein zu verstehen, wie sie Absichten formulieren, Handlungen ausführen, wie sie versuchen, Anweisungen zu geben, Wahrheiten zu vermitteln usw. Wenn wir uns auch das wegdenken, haben wir keinerlei Grundlage mehr, die es uns erlaubt, sie als handlungsfähige Individuen anzuerkennen. Dann ist allerdings nichts mehr übrig, über das wir uns wundern könnten. Bei nicht-handlungsfähigen Individuen entfällt die Frage, worauf sie hinaus wollen, und folglich die Möglichkeit, aus diesem Grund ratlos zu sein.

Das Problem mit diesem Argument ist, daß es in einem gewissen Sinne *zu* überzeugend ist. Es erschlägt das furchteinflößende mythische Ungeheuer der vollkommenen und unaufhebbaren Unverständlichkeit. Worunter wir in unseren wirklichen Begegnungen zwischen den Völkern leiden, sind aber die Geier und Schakale teilweiser und (wie wir hoffen) überwindbarer Kommunikationslosigkeit.

In dieser realitätsnahen Situation ist Davidsons Theorie weniger nützlich. Hauptsächlich deswegen, weil sie die Idee des »Begriffsschemas« insgesamt unglaubwürdig werden läßt – ungeachtet der Tatsache, daß sein Argument nur ausschließt, daß wir auf eine total unverständliche Kultur treffen. Aber wenn wir mit den realen, teilweisen Schranken für das Verstehen zu tun haben, müssen wir identifizieren können, was uns blockiert. Und dafür brauchen wir irgendeine Methode, mit der wir die systematischen Deutungsunterschiede zwischen zwei verschiedenen Kulturen herausfinden, ohne sie zu verdinglichen oder sie als unwiderruflich zu brandmarken. Genau das leistet Gadamer mit seinem Bild des Horizonts. Horizonte können verschieden sein, doch gleichzeitig können sie sich verschieben, verändern, erweitern – wie wenn man einen Berg besteigt zum Beispiel. Es ist das, was Davidsons Position bislang vermissen läßt.

Ohne eine solche Methode steht Davidsons Prinzip der Nachsicht dem Mißbrauch zu ethnozentrischen Zwecken offen. Das

Prinzip sagt mir, ich solle aus den Worten und Taten des Anderen den bestmöglichen Sinn herauslesen. Wenn ich seine Worte in meine Sprache übersetze, soll ich ihn so wiedergeben, daß seine Äußerungen so weit wie möglich der Wahrheit entsprechen, valide Schlußfolgerungen enthalten usw. Die Frage ist allerdings, was hier als »meine Sprache« gelten soll. Damit kann die Sprache gemeint sein, die ich zum Zeitpunkt der Begegnung spreche. Oder es kann die erweiterte Sprache gemeint sein, die aus meinen Versuchen hervorgeht, den Anderen zu verstehen, die Horizonte zu verschmelzen. Wenn wir die erste Interpretation für richtig halten, dann ist schon fast sicher, daß wir den Anderen ethnozentrisch verzerrt wiedergeben werden.

Denn das Problem besteht in der ständigen ethnozentrischen Versuchung, dem Fremden allzu schnell Sinn zu unterstellen, das heißt Sinn in der eigenen Begrifflichkeit. Die weniger komplizierten Kulturen leben ohne Recht, weil sie nichts haben, was wir als Recht erkennen. Der Schritt, sie als recht- und gesetzlos abzustempeln, ist ebenso einfach wie unzulässig und verhängnisvoll. So fiel es den Konquistadoren leicht, die seltsamen und verstörenden Praktiken der Azteken einschließlich ihrer Menschenopfer zu verstehen: Während wir Gott verehren, verehren diese Menschen eben den Teufel.

Das geht natürlich völlig gegen die Absicht Davidsons. Dennoch haben wir das Problem, daß wir wissen müssen, wie wir von unserer Sprache zum Zeitpunkt der Begegnung, die nur verzerrend wirken kann, zu einer umfänglicheren Sprache kommen, die Platz für die anderen hat; oder wie wir vom »bestmöglichen Sinn« in unserer Ausgangsbegrifflichkeit, der meistens dem zu Verstehenden äußerlich übergestülpt sein wird, dahin gelangen, den bestmöglichen Sinn in einem verschmolzenen Horizont zu finden. Ich sehe nicht, wie wir uns diesen Prozeß vorstellen oder ihn durchführen können, ohne so etwas wie alternative Horizonte oder Begriffsschemata in unserer Ontologie zuzulassen. Ich denke, das macht die Überlegenheit von Gadamers Auffassung gegenüber der von Davidson aus.

Davidsons Argument ist trotzdem sehr wertvoll, weil es die Gefahren und sogar Paradoxien aufzeigt, die mit der Verwendung solcher Begriffe verbunden sind. Das wird einsichtig, wenn wir uns die Frage stellen, welcher Komplementärbegriff zu dem Begriff »Schema« gehört. Der Ausdruck »Gehalt« eignet sich gewiß sehr schlecht. Er würde suggerieren, irgendwo läge ein Stoff bereit, der nur noch mit verschiedenen Schemata erfaßt zu werden bräuchte. Hier liegt zweifellos ein echtes Problem.

Es gehört zur ureigensten Idee eines Schemas – jedenfalls in dem Sinne, wie man es in interkulturellen Forschungen zu verwenden geneigt ist –, daß es irgendeine systematische Methode andeutet, wie Menschen ihre Welt verstehen oder interpretieren. Verschiedene Schemata sind nicht-kombinierbare Methoden, die gleichen Dinge zu verstehen.

Aber welche Dinge?, lautet der Einwand. Wie kann man auf die fraglichen Dinge verweisen? Wenn man die Sprache der Zielgesellschaft benutzt, um an diese Dinge heranzukommen, dann verschwindet jeder Unterschied zwischen Schema und Gehalt. Was sonst können wir verwenden? Gut, nehmen wir unsere eigene Sprache, die der Beobachter/Wissenschaftler, bezogen auf diesen Zielbereich. Dann sind wir aber immer noch nicht beim »Gehalt«, der uns gemeinsam ist, der also unabhängig von beiden Schemata irgendwie identifizierbar sein müßte.

Der problematische Punkt ist gut erfaßt und muß im Gedächtnis behalten werden, damit wir bestimmte, naheliegende Fallgruben vermeiden; beispielsweise die Vorstellung, man verfüge über eine neutrale, universelle Kategorisierung der Strukturen oder Funktionen aller Gesellschaften: das »politische System«, die »Familie«, die »Religion« zum Beispiel, die die endgültig richtige Beschreibung für das liefern, worauf all die unterschiedlichen, tastenden Kultursprachen abzielen; sozusagen das Noumenon zu ihren Zungen, die lediglich Phänomene sind. Die Vorstellung, zwei Schemata, ein Zielbereich, bleibt allerdings gültig und tatsächlich sogar unverzichtbar.

Kommen wir noch einmal auf den Fall der Konquistadoren und Azteken zurück. Wir können sagen, daß die Konquistadoren eine Sache richtig begriffen hatten, weil sie erkannten, daß dieses Herausreißen von Herzen in gewisser Hinsicht der Kirche und Messe und dergleichen in der spanischen Gesellschaft entsprach. Das heißt, die richtige Einsicht, die einen guten Ausgangspunkt für eine schließliche Verschmelzung der Horizonte abgibt, beinhaltet eine Bestimmung von etwas im rätselhaften Leben eines fremden Volkes, das sinnvollerweise mit etwas aus unserem Leben verglichen werden kann. In der Ausdrucksweise von Gadamer identifizieren wir damit diejenige Facette unseres Lebens, für die ihre fremdartigen Sitten eine Anrufung, Anfechtung und hypothetische Alternative darstellen.

Ein Beispiel wird zeigen, worum es hier geht. Vor ein paar Jahren hat ein amerikanischer Sozialwissenschaftler eine wild reduktionistische Theorie des aztekischen Opferritus produziert, in der die Opferung unter dem Aspekt des Proteinbedarfs »materialistisch« erklärt wurde. Aus dieser Sicht hätte der richtige Vergleichsgesichtspunkt für die spanische Gesellschaft nicht deren Kirchen, sondern deren Schlachthäuser betreffen müssen. Die Feststellung, daß man mit einem solchen Ansatz nicht weiterkommt, erübrigt sich.

Die fruchtbare Annahme ist, daß das, was auf der Spitze jener Pyramiden vor sich ging, eine sehr verschiedene Auslegung eines X ist, das sich mit dem überschneidet, wovon der christliche Glaube und Ritus eine Auslegung in Spanien ist. Das ist der Punkt, von dem das Denken, die Untersuchung sinnvoller ausgehen kann. Er hat eine sehr überzeugende – und im Prinzip anfechtbare – Voraussetzung: daß wir das gleiche Menschsein teilen und daß wir die aztekische Opferung letztlich deshalb einordnen können, weil es eine Form ist, mit einer menschlichen Bedingtheit umzugehen, die wir teilen. Sobald wir das akzeptiert haben, ist die Vorstellung: zwei Schemata, dasselbe X, unausweichlich. Wir müssen allerdings Vorsicht walten lassen, was wir an die Stelle des ›X‹ setzen.

In einer allgemeinen Diktion könnten wir sagen: An die Stelle des ›X‹ tritt eine Dimension oder ein Aspekt der Condition humaine. In dem besonderen Fall ist es sehr viel gefährlicher, genauer zu werden. ›Religion‹ wäre offensichtlich ein Wort mit Kandidatenstatus. Eben damit entsteht jedoch die Gefahr, daß wir fröhlich alles an Bord nehmen, was dieses Wort in unserer Welt bedeutet, und daß wir in die ethnozentrischen Lesarten der Konquistadoren zurückfallen. Vielleicht ziehen wir uns besser auf etwas Vageres, wie ›numinos‹ zurück. Aber selbst das birgt seine Gefahren.

Wir müssen uns also vor Etikettierungen hüten. Diese Lektion läßt sich aus den Angriffen auf die Schema/Gehalt-Unterscheidung lernen. Daß aber die christliche Messe und die aztekische Opferung zu konkurrierenden Auslegungen einer Dimension menschlicher Bedingtheit gehören, für die wir keine feste, kulturtranszendierende Bezeichnung haben, ist ein Gedanke, den wir nicht aufgeben können, wenn wir diese Menschen nicht zu der Art von Unverständlichkeit herabstufen wollen, die Mitglieder einer anderen Gattung für uns haben würden. Wenn die Ablehnung der Unterscheidung bedeutet, diesen Gedanken fallenzulassen, ist das wohl kaum ein unschuldiger Schritt.

III.

Aus diesem Gadamer-Davidson-Vergleich wird ersichtlich, daß Gadamer auf dem Boden eines, wie ich es nenne, unproblematischen Realismus steht. Unsere Darstellungen der Realität können blinde Flecken und Verzerrungen enthalten. Wir können beispielsweise das Leben eines anderen Volkes gravierend fehlinterpretieren. Aber unser Zugriff auf die Realität erschöpft sich nicht in diesen Darstellungen. Wir stehen auch dadurch mit unserer Welt in Kontakt, daß wir in ihr leben, und mit den anderen dadurch, daß wir vor ihnen stehen; in der Welt sind wir aktiv und mit den anderen müssen wir umgehen oder uns verständigen. Auf diese Weise können wir durch die Realität oder durch den Anderen in Frage gestellt werden; es kann uns dämmern, daß irgend etwas nicht zusammenpaßt, daß wir irgend etwas Wichtiges nicht mitbekommen. Und das kann der Beginn eines Überprüfungsprozesses sein. Im interkulturellen Fall kann dies zu einer Verschmelzung der Horizonte führen – obwohl dieses Gefühl der Infragestellung auch von ungleichen Machtverhältnissen blokkiert werden kann, wie die lange, tragische Geschichte der Kolonialreiche deutlich macht.

Der unproblematische Realismus erlaubt, daß sich unsere Repräsentationen verändern können (aber leider nicht müssen), um sich der Realität anzupassen, das heißt in Richtung der Wahrheit. Auf einer anderen Ebene bedeutet das, daß sich unsere gesamte Lebensweise, unsere Repräsentationen und Praktiken, als Antwort auf wahrgenommene Güter wandeln kann und daß sich dies kraß von einer gegenwärtig weitverbreiteten Anschauung des ethischen Nicht-Realismus unterscheidet, die von einer Hermeneutik des Verdachts genährt wird und durch die »Postmoderne« modisch aufgewertet wurde. Ich möchte die Diskussion jetzt noch ein wenig weitertreiben, indem ich untersuche, was diese realistische Konzeption des handlungsfähigen Individuums in der Welt für unser moralisches, soziales und politisches Leben bedeutet.

Die multimediale Beschaffenheit unserer Welterfassung bedeutet, daß wir den Beitrag unserer Praktiken nicht aus sich heraus verstehen können. Bourdieus »Habitus« klingt wie ein Beispiel für eine Ebene der Praxis, die eigenständig, frei von ausdrücklicheren »theoretischen« Formulierungen funktioniert. Wir lehren zum Beispiel unsere Jugend, sich vor Älteren respektvoll zu benehmen, sich bei passenden Anlässen zu verbeugen, nicht herumzuschreien, bestimmte Formen der Anrede zu benutzen. Dabei lernen die jungen Menschen, ihre Eltern und andere Erwachsene zu respektieren oder sogar zu ehren. Oder ein anderes Beispiel – Frauen werden angehalten, in der Begleitung von Männern immer auf den Boden zu schauen, ihnen nie direkt ins Gesicht zu sehen usw., demgemäß eine untergeordnete Stellung zu beziehen und sie nicht herauszufordern.

Aber das Erlernen eines derartigen Habitus ist ja nicht bloß eine Angelegenheit des Erlernens bestimmter Bewegungen. Es ist das Erlernen bestimmter sozialer Bedeutungen durch solche Übung. So hätten die Kinder überhaupt nichts gelernt, wenn sie nicht begriffen hätten, daß bestimmte angemessene Gefühle und Haltungen mit diesem Betragen einhergehen, daß gewisse Werturteile mit ihrer Verhaltensweise im Einklang stehen und andere nicht. Wenn ich als junger Mensch für meine Erzieher Verachtung hege, obgleich ich mich konform verhalte, erkenne ich deshalb sofort, daß das etwas ist, was ich verbergen muß, daß ich bei der Verbeugung eigentlich heuchle, daß es in mir einen Konflikt gibt, während ich mich weiterhin normgerecht verhalte; daß ich innerlich rebelliere.

Man kann diesen Sachverhalt auch so sehen, daß ich mich nicht normgerecht verhalte, indem ich ein paar Bewegungen mache, die einer gewissen neutralen Beschreibung entsprechen. Die Bewegungen sollen immerhin Respekt verkörpern. Deswegen gibt es Formen ihrer Ausführung, die so flüchtig oder so übertrieben sind, daß ich tatsächlich frech bin und folglich die Norm verletze.

Der Habitus ist hier also ein Medium des Zugangs zu einer sozialen Welt mit ihren konstitutiven Bedeutungen. Und es gibt weitere Zugangsweisen, darunter »theoretische« Erklärungen über alte Leute – daß sie Respekt verdienen und warum; des weiteren Symbole und erkannte symbolische Verbindungen, Kopfbedeckungen von Ältesten, Rituale, an denen sie teilnehmen usw.; außerdem die Geschichten, Legenden, warnenden Überlieferungen, die landläufig erzählt werden. All diese Dinge durchdringen einander und beeinflussen sich gegenseitig. Der Respekt, den ich als gut erzogener Junge verspüre, erhält seine Färbung von jener Geschichte über einen vorbildlichen alten Menschen und der Liebe und Bewunderung, die ihm seine Kinder bezeugten, einer Geschichte, die mich als Kind stark beeindruckt hat; von einigen bemerkenswerten Formulierungen der Idee, daß Menschen mit dem Alter weiser werden; und von einer frommen Person, der ich begegnete, als ich noch ganz klein war.

Hier kommt eine weitreichende Frage auf, die ich stelle, ohne daß ich sie beantworten könnte. Die Frage ergibt sich vor dem Hintergrund einer weiteren wichtigen These, die ich ebenfalls vorgebe, ohne sie argumentativ auszuführen. Sie besagt, daß es die Sprache in einem ausreichend umfassenden Sinne ist, die es uns ermöglicht, die menschlichen Bedeutungen zu unterhalten, die wir haben – moralisch, politisch, ästhetisch und religiös. Doch natürlich muß die Sprache dabei weit genug gefaßt werden, so daß sie die leibliche Praxis mit einschließt, die, wie die Verbeugung des jungen Menschen, diese Bedeutungen widerspiegelt und verkörpert. Bedeutungen sind in der gesamten Skala der Medien, in der deklarativen Rede, der Geschichte, den Symbolen, in Regeln und im Habitus, verankert. Die Frage lautet, ob diese Pluralität der Medien für die Bedeutungen, über die wir verfügen, wesentlich ist; oder ob es ein habituiertes Handeln ohne die entsprechenden Geschichten, Regeln, Symbole, Philosophien und Theologien geben könnte. Ich denke, die Antwort hierauf wird nein heißen müssen. Der Habitus verlangt Symbole und Formulierungen in der deklarativen Rede.

Es würde zu weit führen, wollten wir dieser Frage hier auch noch nachgehen. Ich wollte in diesem Aufsatz zeigen, daß der Grundfehler der Tradition, die von Descartes ausgeht, nicht so sehr der Fundamentalismus ist, so falsch dieser sein mag, sondern vielmehr das gesamte Bild einer Theorie der indirekten Erkenntnis mit ihren naheliegenden Versuchungen, dem Antirealismus zu erliegen. Wenn ich auch nur ein paar Dinge gesagt habe, um diese Auffassung plausibler zu machen, hätte ich mein Ziel bereits erreicht.

(Aus dem Englischen von Karin Wördemann)

Lutz Wingert
Epistemisch nützliche Konfrontationen mit der Welt?*

Auf seinen Fahrer war eigentlich immer Verlaß gewesen. Er glaubte deshalb auch, daß die fünf georderten Billig-PCs beim Supermarkt ordnungsgemäß ausgeliefert worden waren. Doch er, der stets auf seinen Ruf als seriöser Lieferant bedacht gewesen war, mußte sich von der resoluten Filialleiterin eines Besseren belehren lassen. Sie konfrontierte ihn mit fünf gähnend leeren Kartons auf der Palette; drei davon hatte sie erst unter seinen Augen öffnen lassen. So unangenehm diese Konfrontation war, sie hatte auch ihr Gutes. Er wußte jetzt, was er von seinem Fahrer und seiner bisherigen Meinung über ihn zu halten hatte.

Im Alltag reden wir beständig davon, daß unsere Überzeugungen über die Welt mit der Welt konfrontiert werden. Ebenso begreifen Naturwissenschaftler ihre tägliche Laborarbeit ganz selbstverständlich auch als einen fortwährenden »Realitätstest«[1], dem ihre Hypothesen durch die experimentell herbeigeführte Konfrontation mit der Welt ausgesetzt werden. Und auch bei Philosophen findet sich die Rede von der Konfrontation, so früher bei Alfred Ayer[2] und gegenwärtig bei John McDowell: »When we are not misled by experience, we are directly confronted by a worldly state of affairs.«[3] Es liegt nahe, die Üblichkeit dieser Redeweise mit ihrer Unverzichtbarkeit zu erklären.

Gleichwohl hat der Gedanke, daß wir bisweilen sinnvollerweise unsere empirischen Überzeugungen über die Welt mit der Welt konfrontieren, in der antifundamentalistisch gesonnenen

---

* Für wertvolle Bemerkungen habe ich, wie so oft, Jürgen Habermas und Thomas Schäfer zu danken. Ebenso möchte ich mich für hilfreiche Kommentare bei Rüdiger Bittner, Martina Herrmann, Andrea Kern und Charles Larmore bedanken.
1 »So kulturabhängig und technikverpflichtet unsere Hypothesen auch sein mögen, sie müssen permanent den Realitätstest bestehen. (...) Wenn ich das anders sehen würde, könnte ich kaum weiterhin als experimentierender Wissenschaftler arbeiten.« (Steven Rose, *Darwins gefährliche Erben. Biologie jenseits der egoistischen Gene*, München 2000, S. 87, 88.)
2 »(We) can be directly confronted with the given facts«, Ayer, Verification and Experience (1936-37), wieder in: ders. (ed.), *Logical Positivism*, New York 1959, S. 229.
3 *Mind and World*, Cambridge, Mass. 1994, S. 143.

Gegenwartsphilosophie keine sonderlich gute Presse. Man hat in der zeitgenössischen Erkenntnistheorie die Welt als epistemisch relevante Instanz verloren gegeben, und zwar mit augenscheinlich guten Argumenten. Aber muß man wirklich den Gedanken einer Konfrontation zwischen Überzeugungen und der Welt preisgeben? Genauer: Ist der Gedanke nicht doch haltbar, daß wir unsere Überzeugungen *über* die Welt *mit* der Welt konfrontieren können und durch diese Konfrontation etwas in die Hand bekommen, das uns bei der Frage nach dem epistemischen Status dieser Überzeugungen nützt?

Um Mißverständnissen vorzubeugen: Es drückt sich in diesen Fragen kein unglückliches Bewußtsein darüber aus, daß gegen die Skepsis gegenüber unseren Gewißheiten kein Kraut gewachsen ist. Die Frage ist vielmehr davon motiviert, daß eine weitverbreitete façon de parler – ich meine die Rede von der Konfrontation mit der Welt oder auch mit den Realitäten – unverzichtbar und ungereimt zugleich erscheint. Im kritischen Teil meiner Überlegungen werde ich erstens kurz ein zentrales Argument dafür resümieren, daß diese Redeweise und der ihr zugrundeliegende Gedanke einer epistemisch nützlichen Konfrontation mit der Welt unsinnig sind. Und zweitens werde ich drei Argumente für die Unverzichtbarkeit dieses Gedankens skizzieren. Im konstruktiven Teil werde ich dann einige argumentative Schritte gehen, um aus der intellektuellen Verlegenheit herauszukommen, auf etwas nicht verzichten zu können, was unsinnig zu sein scheint.

I. Kritischer Teil

Ist die Idee einer Konfrontation absurd?

Donald Davidson spricht für viele, wenn er den Gedanken einer Konfrontation von Überzeugungen über die Welt mit der Welt eine absurde Idee nennt.[4] Denn, so Davidson zur Begründung, es

---

4 »The idea of such a confrontation (between what we believe and reality) is absurd.« D. Davidson, »A Coherence Theory of Truth and Knowledge« in: Alan Malachowski (ed.), *Reading Rorty*, Oxford 1990, S. 120; vgl. a. ders., »Empirical Content« in: Ernest LePore (ed.), *Truth and Interpretation. Perspectives on the Philosophy of Donald Davidson*, Oxford 1986, S. 324 sowie seine »Reply to John McDowell«, in: Lewis E. Hahn (Ed.), *The Philosophy of Donald Davidson* (=The Library of Living Philosophers Vol. 27), Chicago und La Salle/Ill. 1999, insbesondere S. 106f.

ist eine Bedingung dafür nicht erfüllt, daß eine solche Konfrontation von Überzeugungen mit der Welt aussagekräftig ist in Hinsicht auf den epistemischen Status dieser Überzeugungen. Das (=x), was aussagekräftig sein kann, muß ja ein Grund oder wenigstens ein Bestandteil einer Begründung dafür sein, daß ein begründungsbedürftiger Satz, der eine Überzeugung ausdrückt, wahr, falsch, zweifelhaft, gerechtfertigt usw. ist. Wenn nun x ein rechtfertigender Grund sein soll, dann muß x trivialerweise überhaupt etwas aussagen können. Etwas aussagen kann aber nur ein x, das eine Aussage ist oder das in die Form einer Aussage gebracht werden kann. Die Aussage*förmigkeit* von x ist eine Bedingung für seine Aussage*kräftigkeit*. Dasjenige x, womit Überzeugungen konfrontiert werden können, kann deshalb nicht die Welt sein. Es sei denn, man denkt sich die Welt als bevölkert mit aussageförmigen Gebilden.

Eine solche Propositionalisierung der Welt, so kann man Davidsons Argumentation ergänzen, birgt aber ihrerseits Schwierigkeiten, unter denen eine erkenntnistheoretische hier besonders schwerwiegt. Die Propositionalisierung der Welt bedeutet, daß man die Welt nicht nur mit raumzeitlichen Objekten wie Metalloxyd und Flüssen, mit Zuständen wie Blutkreisläufen und gefrorenen Pfützen sowie mit Ereignissen wie der Rauferei zwischen Katern oder dem Zerbrechen von Eis ausgestattet sieht. Auch Tatsachen, die in Behauptungen zufälligerweise treffend konstatiert werden, gehören dann zur Welt.

Die epistemologische Schwierigkeit mit dieser Propositionalisierung der Welt liegt darin, daß man eine Tatsache nicht unabhängig von dem Gebrauch eines Aussagesatzes angeben kann, und zwar nicht unabhängig von genau demjenigen Aussagesatz, dessen behauptender Gebrauch diese Tatsache konstatieren kann. Wenn aber die Konfrontation mit der Welt epistemisch nützlich sein soll und wenn ferner die Welt aus Tatsachen bestehen soll, dann müssen gewisse Aussagesätze als wahr für die Konfrontation vorausgesetzt werden. Es muß vorausgesetzt werden, daß zumindest Teile der Welt genau so sind, wie mit Hilfe dieser Aussagesätze behauptet wird, sie seien es. Der Gedanke einer nützlichen Konfrontation ist aber gerade davon motiviert, daß die Welt sich nicht einfach nach den von uns für wahr gehaltenen Sätzen richtet.

Im Lichte des kritischen Arguments von Davidson erscheint

die Rede von einer Konfrontation unserer Überzeugungen über die Welt mit der Welt als eine irreführende Analogie. Man stellt sich vor, daß man sich der Wahrheit einer Überzeugung auf dem Wege einer Konfrontation dieser Überzeugung mit der Welt vergewissern kann, so wie man die zweifelhafte Aussage einer verdächtigen Person mit den Aussagen eines zuverlässigen Zeugens konfrontieren kann. Diese Analogie zwischen einem Zeugen und der Welt führt aber in die Irre. Denn die Welt äußert im Unterschied zu einem Zeugen keine Sätze in behauptender Einstellung. Die Welt widerspricht uns nicht. Deshalb muß man den Gedanken fallenlassen, die gelegentliche Konfrontation unserer Überzeugungen mit der Welt sei ein Gebot der Vernunft. Denn wir können das nicht. Und was wir nicht können, kann auch nicht geboten sein.

Die Antwort auf die leitende Frage, ob es erkenntnisbezogen nützliche Konfrontationen mit der Welt geben kann, muß also mit einem Nein beantwortet werden. Die Preisgabe der Konfrontationsidee wiegt aber nicht schwer. Mit ihr muß keineswegs der hohe Stellenwert geleugnet werden, den Wahrnehmungsurteile wie »Ich sehe, daß die fünf PC-Kartons auf der Palette leer sind« bei der Festigung unserer Überzeugungen über die Welt einnehmen. Nichts spricht ja gegen den Rat, daß bestimmte schwankende Überzeugungen über die Welt mit anderen, unzweifelhaften Überzeugungen konfrontiert werden sollten. Genau besehen wird ja auch die Überzeugung des Lieferanten, sein Fahrer habe die fünf PCs ordnungsgemäß geliefert, nicht mit der Welt, sondern nur mit einer anderen Überzeugung konfrontiert: mit der Überzeugung nämlich, daß man und auch er klar sieht, daß die Kartons auf der Palette leer sind.

Drei Argumente gegen eine vorschnelle Preisgabe der Konfrontationsidee

Das Nein auf die Leitfrage ist also unproblematisch. – So scheint es zumindest. Aber der Schein trügt. Es gibt zumindest drei Argumente, die die Ablehnung der Konfrontationsidee doch als problematisch erweisen. Die Argumente zeigen allerdings noch nicht, daß die Konfrontationsidee ein haltbarer Gedanke ist. Sie machen nur deutlich, was mit ihrer Preisgabe auf dem Spiel steht. Das erste Argument hat mit dem Gewicht von Wahrnehmungsurteilen bei der Bildung und Wahrung von Überzeugungen über die Welt zu tun. Das zweite Argument macht eine Konsequenz geltend, die darin liegt, daß man Überzeugungen über die Welt hat. Das dritte Argument schließlich hängt mit dem Begriff des empirischen Weltwissens zusammen.

Das erste Argument

Das erste Argument setzt intern bei der skizzierten Kritik der Konfrontationsidee an. Die Kritikerin dieser Idee muß, so wurde behauptet, den hohen Rang von Wahrnehmungsurteilen in unserer kognitiven Ökonomie nicht leugnen. Diesen Rang hatte beispielsweise der Mathematiker Hans Hahn vor Augen, als er im Wiener Kreis mehr rhetorisch die Frage stellte: »Warum experimentieren Physiker?«[5] Aber kann die Kritikerin der Konfrontationsidee auch erklären, warum Wahrnehmungsurteile diesen hohen Rang bei der vernünftigen Festigung unseres Für-wahr-Haltens genießen? – Eine Erklärung liegt nahe: Wahrnehmungsurteile sind die sprachliche Form, in der sinnliche Wahrnehmungen wiedergegeben werden. Ihr prominenter Stellenwert ergibt sich daraus, daß sinnliche Wahrnehmungen ein wichtiger Weg sind, auf dem wir Zugang zur erfahrbaren Welt haben. Indem wir unsere Überzeugungen über die Welt mit den Wahrnehmungen konfrontieren, wie sie in Wahrnehmungsurteilen sprachlich präsentiert werden, konfrontieren wir uns mit der erfahrbaren Welt.

Diese Erklärung ist natürlich ausgeschlossen, wenn man die vorgetragene Kritik an dem Gedanken einer epistemisch nützlichen Konfrontation als letztes Wort hinnimmt. Eine dazu alternative Erklärung verweist auf den, wie Lawrence BonJour sagt, »kognitiv spontanen« Charakter von solchen Überzeugungen, die sich in Wahrnehmungsurteilen artikulieren. Diese Erklärung findet sich auch bei Bas van Fraassen.[6] Wahrnehmungsurteile sind

---

5 Vgl. das Protokoll einer Diskussion zwischen Carnap, Hahn, Neurath und Weismann in Friedrich Stadler, *Studien zum Wiener Kreis*, Frankfurt am Main 1997, S. 307.

6 Van Fraassen spricht davon, daß »experience in the sense of what happens to us ›yields‹ or ›issues‹ a cumulative stream of propositions (...) welling up in myself.« (»Against Naturalized Epistemology« in: P. Leonardi/M. Santambrogio (eds.), *On Quine. New Essays*, Cambridge 1995, S. 69.) BonJours Argument für die wichtige Rolle von Wahrnehmungsurteilen in einer Kohärenztheorie des Wissens

etwas, dessen ich mich als Wahrnehmender oft gar nicht erwehren kann. Aber warum ist dieses Merkmal der spontanen Unvermeidlichkeit ein erklärender Grund für die wichtige Rolle von Wahrnehmungsurteilen bei der Vergewisserung von bestimmten Überzeugungen über die Welt? – Wie im konstruktiven Teil dieser Überlegungen noch deutlich werden wird, führt die Antwort auf diese Frage wieder den Konfrontationsgedanken ein.

Dieses erste Argument macht auf eine Erklärungslücke aufmerksam, die mit der Preisgabe des Konfrontationsgedankens gerissen wird. Es ist aber bedingt von der Voraussetzung, daß Wahrnehmungsurteile eine erklärungsbedürftige, prominente Rolle bei der vernünftigen Festigung unserer Überzeugungen über die Welt spielen. Wenn man diese Voraussetzung ablehnt und wie Michael Williams durch einen starken Kontextualismus der Methoden für die Überzeugungsbildung ersetzt[7], büßt das Argument erheblich an Stoßkraft ein.

Das zweite Argument

Das gilt jedoch nicht für das zweite Argument gegen eine vorschnelle Preisgabe des Konfrontationsgedankens. Denn es macht auf etwas aufmerksam, was im Begriff von einer Überzeugung über die Welt enthalten ist. Und auf diesen Begriff kann ersichtlich nicht verzichtet werden.[8] Zunächst will ich kurz angeben, was ich unter dem Begriffswort »Welt« verstehe.

---

findet sich in dessen *The Structure of Empirical Knowledge*, Cambridge, Mass. 1985, S. 117. BonJour trägt es erneut vor in einem Aufsatz, mit dem er von einer Kohärenztheorie des Wissens abrückt: »The Dialectic between Foundationalism and Coherentism«, in: John Greco/Ernest Sosa (eds.), *The Blackwell Guide to Epistemology*, Oxford 1999, S. 138.

7 *Unnatural Doubts*, Oxford 1991, S. 117-121; ders., *Problems of Knowledge*, erscheint bei Oxford University Press 2001. Ich danke Michael Williams und Andrea Kern dafür, daß sie mir mehrere Kapitel von *Problems of Knowledge* bereits im Manuskript zugänglich gemacht haben.

8 Das Argument ähnelt im Ergebnis einem Einwand, den McDowell gegen Davidson und Rorty immer wieder vorgetragen hat. Vgl. John McDowell, »Scheme-Content Dualism and Empiricism«, in: Lewis E. Hahn (ed.), *The Philosophy of Donald Davidson*, a. a. O., S. 95. Der Unterschied liegt darin, daß McDowell die Konsequenzen aus dem Begriff des Inhalts (»content«) von Überzeugungen über die Welt geltend macht, während ich die Konsequenzen aus dem Begriff von Behauptungen anführe, in denen sich solche Überzeugungen ausdrücken.

Spezifikation des Weltbegriffs

In der philosophischen Realismusdiskussion versteht man unter dem Wort »Welt« gemeinhin alles, was geistunabhängig ist, und ich will mich auch an dieses Verständnis hier halten. Das Begriffswort »Welt« sei als eine Art Sammelbezeichnung genommen für solche Entitäten, die in ihrem Dasein, Sosein oder Fortbestehen unabhängig sind von *jedwedem* Bezug auf geistige Tätigkeiten in Form des Gebrauchs von Begriffen und des Fällens von Urteilen. Gemäß diesem Weltbegriff zählen felsige Küsten und weiße Blutkörperchen zur Welt, nicht aber anmutig geschwungene Küsten, Euromünzen oder gekränkte Kollegen. Denn anmutig geschwungene Küsten oder gekränkte Kollegen sind etwas, zu dem wesensmäßig urteilende Einstellungen gehören, sei es das ästhetische Urteil eines kompetent Urteilenden, daß ein Objekt in einer gewissen räumlichen Form anmutig geschwungen ist; sei es das moralische Urteil einer Gemeinschaft geistig autonomer und praktisch voneinander abhängiger Personen, daß eine bestimmte Behandlung einer Person eine Mißachtung dieser Person ausdrückt, die zu Recht mit dem Gefühl der Kränkung erlebt wird.

Mit »Welt« ist so viel wie eine nicht-kulturelle Wirklichkeit gemeint, eine nicht-perspektivische Welt, wie man in Absetzung von Nietzsche sagen könnte. In diesem Weltbegriff ist die Geistunabhängigkeit so weit radikalisiert, daß nicht mehr bloß der Bezug auf bestimmte urteilende Subjekte, sondern auf jedwedes Subjekt mit urteilenden Einstellungen getilgt ist.

Ich habe zwar Vorbehalte gegen diesen eingeschränkten Weltbegriff, vernachlässige aber diese Bedenken. Ebensowenig berücksichtige ich den Umstand, daß das Wort »Welt« auch einen kausal oder nomologisch gegliederten Ordnungszusammenhang von geistunabhängigen Gebilden bezeichnet. Im Begriff des Kosmos wird diese Bedeutungskomponente von »Welt« ausdrücklich. Schließlich vernachlässige ich Unterschiede zwischen den Begriffswörtern »Welt«, »Wirklichkeit« bzw. »wirklich«, »Realität« und »real«. In der hier beibehaltenen Spezifikation bildet das Begriffswort »Welt« eine Familie mit Wörtern wie »wirklich« bzw. »Wirklichkeit«, »Realität« und »real«. Das ist auch zulässig.

Gewiß, wir sprechen zwar auch von Traumwelten und Scheinwelten im Unterschied zur Wirklichkeit oder Realität. Aber diese Redeweise kontrastiert mit »wirklicher Welt«. Das Wort »wirklich« nimmt dabei den Status eines synkategorematischen Adjektivs ein. An diesem Status wird die enge Verbindung der Wörter »Welt« und »Wirklichkeit« bzw. »wirklich« deutlich. Die Wörter »Welt«, Wirklichkeit und Realität haben oft die gleiche Pointe ihrer Verwendung, und das rechtfertigt es, sie für meine Zwecke in einen Topf zu werfen. – Diese Verwendungspointe liegt in einem warnenden Gebrauch, auf den ich im zweiten, konstruktiveren Teil meiner Überlegungen noch zu sprechen komme.

Nach dieser Spezifikation des Weltbegriffs soll jetzt das Argument vorgestellt werden, dem zufolge der Begriff von einer Überzeugung über die Welt nicht ohne den Gedanken einer Konfrontation von Überzeugungen über die Welt mit der Welt erläutert werden kann.

Die Stücke einer nicht-perspektivischen Welt weisen keinen Bezug auf urteilende Einstellungen irgendeines Urteilssubjekts auf. Deshalb sind auch die Wahrheitsbedingungen für diejenigen Behauptungen einstellungstranszendent, in denen sich Überzeugungen über eine solche Welt ausdrücken. (Also die Wahrheitsbedingungen für Sätze wie »Die Küste bei Dover ist felsig« oder »Die weißen Blutkörperchen haben sich vermehrt«.)

Diese Einstellungstranszendenz der Wahrheitsbedingungen stellt eine Anforderung an die rechtfertigenden Gründe. Das wird einsichtig, wenn man den Zusammenhang von Wahrheitsbedingungen und tatsächlich rechtfertigenden Gründen beachtet. Diese Gründe zeigen die Berechtigung von Behauptungen auf. Sie tun das, indem sie zeigen, daß man die Wahrheitsbedingungen für die behauptend gebrauchten Sätze als erfüllt ansehen darf. Rechtfertigende Gründe autorisieren zu Geltungsansprüchen, wie Habermas sagt.

Im Falle einstellungstranszendenter Wahrheitsbedingungen lautet nun die Anforderung für solche Gründe: Die Autorisierung durch rechtfertigende Gründe muß eine Entrelativierung dieser Behauptungen sicherstellen. Das, was die Autorin einer Behauptung legitimerweise zu ihrer Behauptung über eine nicht-perspektivische Welt bringt, darf nicht bloß gebunden sein an ein letztes, faktisches »So urteile ich eben« oder an ein »So urteilen wir eben« im Rahmen eines irrealistischen, epistemologischen Kommunitarismus. Die Berechtigung der Autorin zu solchen Behauptungen muß sich an etwas bemessen lassen, das nicht mehr in diesem Sinn relativ ist. Die Behauptungen müssen einer subjekt-irrelativen, einstellungstranszendenten Instanz ausgesetzt werden können. Und nun ist der naheliegende, nächste Zug, zu sagen: Die Behauptungen werden einer solchen Instanz ausgesetzt, indem sie der Konfrontation mit der Welt ausgesetzt werden.

Soweit das Argument. Es besagt, daß wir uns in eine epistemisch lehrreiche Verbindung zur Welt – in eine Konfrontationsrelation – bringen können müssen, wenn wir Überzeugungen über eine nicht-perspektivische Welt haben, die sich in Behauptungen über die Welt ausdrücken. Das Muß ist die Folge eines Zusammenhanges von *Behauptungen* mit repräsentationalem, einstellungstranszendentem Gehalt und rechtfertigenden *Gründen*, die uns zu dem Anspruch autorisieren, mit unseren Sätzen über die Welt etwas von dieser Welt wiederzugeben.

In diesem Argument stecken zwei Voraussetzungen. Es wird erstens der Fall vorausgesetzt, daß sich Überzeugungen über die Welt in behauptend gebrauchten Sätzen ausdrücken lassen. Denn es ist ja der Begriff von einer Behauptung mit einem einstellungstranszendenten, repräsentationalen Gehalt, der die Brücke zum Konfrontationsgedanken bildet. Das Argument gilt nur für die Annahme, daß sich unsere Überzeugungen über die Welt zur Sprache bringen lassen. Diese einschränkende Annahme ist aber unproblematisch. Viele unserer Überzeugungen lassen sich artikulieren, wenn auch vielleicht nur in einem mühevollen Prozeß der Artikulation. Wie noch deutlich werden wird, liegt ein epistemischer Nutzen der Konfrontation mit der Welt darin, zu einer solchen Artikulation beizutragen.

Darüber hinaus wird zweitens vorausgesetzt, daß die Autorin einer Behauptung implizit auf den Anspruch festgelegt ist, rechtfertigende Gründe zu haben. Diese Voraussetzung scheint problematischer zu sein als die erste Voraussetzung der Artikulierbarkeit von Überzeugungen. Aber es handelt sich um eine legitime Voraussetzung. Wer eine Behauptung ohne Wenn und Aber aufstellt, ist auf den Anspruch festgelegt, auf gewisse Begründungsfragen mit der Angabe von rechtfertigenden Gründen für seine Behauptung antworten zu können.[9] Dieser implizite Anspruch unterscheidet Behauptungen von nachdenklichen Fra-

---

9 Vgl. ausführlicher L. Wingert, »Genealogie der Objektivität. Bemerkungen zu Robert Brandoms *Making It Explicit*«, in: *Deutsche Zeitschrift f. Philosophie*, 48 (2000), S. 738-761.

gen, Vermutungen oder heuristischen Setzungen. Er erklärt auch, warum man oft nicht mit der Sprache herausrückt. Denn man ist sich im klaren darüber, daß man Rede und Antwort stehen können muß, wenn man unumwunden sagt, was man wirklich denkt. Man weiß, daß man einen risikobehafteten Eröffnungszug in einer erkenntnisbezogenen Sprachpraxis macht. Das Risiko liegt darin, daß man den Begründungsanspruch nicht einzulösen vermag.

Das dritte Argument

Das dritte Argument hat mit dem Begriff des empirischen Wissens über die Welt zu tun. Hier werde ich besonders thesenartig vorgehen.[10] Ich muß das, weil sicher viele Elemente des Arguments einen Widerspruch herausfordern können, dessen eingehende Behandlung zu einem anderen Thema führen würde. Allerdings darf ich auch ziemlich thesenartig vorgehen. Denn das Argument folgt einer gemäßigt internalistischen Wissenskonzeption, die ja auch ihre zahlreichen Argumente hinter sich hat. Zumindest für die Anhänger einer solchen Wissenskonzeption ist das dritte Argument gegen eine vorschnelle Preisgabe der Konfrontationsidee relevant. (Mit einer gemäßigt internalistischen Wissenskonzeption meine ich, daß man durchaus Wissen haben kann, ohne selbst rechtfertigende Gründe geben zu können; daß aber dieser Fall in der Wissensanalyse nachgeordnet sein muß demjenigen Fall, in dem das Gerechtfertigt-Sein zugleich ein Rechtfertigen-Können einschließt. Solche internalistischen Wissenskonzeptionen werden zum Beispiel von William Alston oder von Robert Brandom vertreten.[11]) Nun kurz zu dem eigentlichen argumentativen Punkt:

Eine Überzeugung über die Welt, die Wissen ausdrückt, weist eine gewisse Stabilität auf. Wissen ist ein irrtumssensibles und irritationsfestes Überzeugtsein von der Wahrheit. Wer Wissen hat, läßt sich nicht durch solche Umstände von seiner Überzeu-

---

10 Für das folgende vgl. ausführlicher meine Arbeit *Mit realistischem Sinn. Ein Beitrag zur Erklärung empirischer Rechtfertigung*, Kap. 9.
11 Alston spricht von einem access-internalism-constraint für Wissenszuschreibungen, vgl. Internalism and Externalism in Epistemology, in: ders., *Epistemic Justification. Essays in the Theory of Knowledge*, Ithaca/London 1989, p. 226. Brandom, *Articulating Reasons*, Cambridge, Ma. 2000, Kap. 3.

gung abbringen, mit denen er zwar konfrontiert ist, unter denen aber seine Überzeugung gleichwohl wahr ist. Die Kovarianz von Wahrsein der Überzeugung und Überzeugtsein einerseits, von Falschsein und Nicht-Überzeugtsein wird zu Recht in vielen zeitgenössischen Theorien des Wissens (z. B. Edward Craig, Fred Dretske, Alvin Goldman, Robert Nozick) als eine Bedingung für Wissen angeführt.[12] In dem Gedanken einer solchen Kovarianz steckt auch der Konfrontationsgedanke. Denn man kann diese Kovarianz nicht rein extensionalistisch beschreiben. Das liegt daran, daß man für eine Beschreibung der Kovarianz den Begriff einer nächsten möglichen Welt benötigt. Pace Nozick zufolge läßt sich dieser Begriff aber nicht ohne den intensionalistischen Begriff eines sinnvollen Zweifels erläutern. Denn die für ein Wissenssubjekt bloß mögliche, wohl aber nächste Welt ist Bestandteil der Welt, so wie diese sich einem sinnvollerweise Zweifelnden darstellt. Sie ist Bestandteil seiner epistemischen Situation und wird von Umständen gebildet, mit denen sich das Wissenssubjekt als sinnvollerweise Zweifelnder konfrontiert sieht. – Der Konfrontationsgedanke kommt also ins Spiel, wenn wir erklären, was wir damit meinen, jemand habe empirisches Wissen über die Welt. Läßt man ihn fallen, droht dieser Erklärung eine Lücke.

Soweit das letzte von drei Argumenten. Sie sollten zeigen, daß die Preisgabe des Gedankens, wir könnten unsere Überzeugungen mit der Welt in einer epistemisch informativen Weise konfrontieren, nicht ohne Folgeprobleme ist.

Resümée der Schwierigkeit mit der Konfrontationsidee

Die Zwischenbilanz fällt also gemischt aus. Einerseits erscheint die Konfrontationsidee als ein unhaltbarer Gedanke; andererseits ist ihre unbeschwerte Preisgabe nicht so folgenlos, wie es vielleicht scheint. Wir befinden uns somit in einer gewissen intellektuellen Verlegenheit. Eine solche Verlegenheit läßt sich meines

---

12 E. Craig, *Knowledge and the State of Nature. An Essay in Conceptual Synthesis*, Oxford 1990; ders., *Was wir wissen können. Pragmatische Untersuchungen zum Wissensbegriff*, Frankfurt am Main 1993; F. Dretske, *Knowledge and the Flow of Information*, Oxford 1981; A. Goldman, *Epistemology and Cognition*, Cambridge, Mass. 1986; ders., *Liaisions. Philosophy Meets the Cognitive Science*, Cambridge, Mass., 1992; ders., »Naturalistic Epistemology and Reliabilism«, in: *Midwest Studies* 19 (1994), S. 301 – 320; Robert Nozick, *Philosophical Explanations*, Oxford 1981.

Erachtens an so unterschiedlichen Autoren wie Alvin Goldman und Habermas bemerken. Beide möchten nach wie vor von einer epistemisch informativen Relation zwischen uns und der Welt reden: Goldman spricht von der Welt, die antwortet oder nicht antwortet auf die Bedingungen der Wahrheit unserer Sätze über sie. Habermas spricht von dem innerweltlichen Umgang, in dem sich unsere Überzeugungen über die Welt bewähren müßten. Aber beide, Habermas ebenso wie Goldman, distanzieren sich auch von dieser Redeweise, indem sie von der Bewährung in der Welt und vom Antworten und Nicht-Antworten der Welt in Anführungszeichen reden.[13] Dieser halbherzig distanzierte Sprachgebrauch verrät eine Verlegenheit.

II. Konstruktiver Teil

Um aus dieser Verlegenheit herauszukommen und der Konfrontationsidee eine haltbare Fassung zu geben, muß eine Schwierigkeit mit dieser Idee gelöst werden. Es müssen zwei Erfordernisse zugleich erfüllt werden. Erstens muß dasjenige, womit unsere Überzeugungen über die Welt konfrontiert werden – nennen wir es vorsichtig ein x –, mit dem Begriff der Welt beschrieben werden können. Zweitens muß es die Form eines Aussagesatzes haben. Denn nur wenn das x die Form eines Aussagesatzes hat, kann die Konfrontation mit ihm etwas Aufschlußreiches über den epistemischen Status unserer Überzeugungen sagen und einen rechtfertigenden Grund für oder gegen diese Überzeugungen liefern. Das ist ja, wie schon gesagt, Davidsons Punkt.

---

13 »Truth and falsity (...) consists in the world's ›answering‹ or ›not-answering‹ to whatever truth-conditions are in question. This kind of answering is what I think of correspondence.« (A. Goldman, *Epistemology and Cognition*, a. a. O., S. 153). Goldman hat im mündlichen Gespräch eingeräumt, daß diese Rede von »answering« einer weiteren Klärung bedarf. – »Weil handelnde Subjekte mit ›der‹ Welt zurechtkommen müssen, können sie im Kontext ihrer Lebenswelt nicht umhin, Realisten zu sein. Und sie dürfen es auch, weil sich ihre Sprachspiele und Praktiken, solange sie enttäuschungsfest funktionieren, im Vollzug selbst ›bewähren‹. (J. Habermas, »Wahrheit und Rechtfertigung. Zu Richard Rortys pragmatischer Wende« in: ders., *Wahrheit und Rechtfertigung*, Frankfurt am Main 1999, S. 262.) Vgl. a. ders., *Nachmetaphysisches Denken*, Frankfurt am Main 1988, S. 103, wo von der Bewährung der Sprachspiele und Praktiken im »innerweltlichen Umgang« die Rede ist.

Das x der Konfrontationsbeziehung
muß keine Überzeugung sein

Man kommt hier einen ersten Schritt weiter, wenn man sich klarmacht, daß aus der Aussageförmigkeit des x, also dessen, womit Überzeugungen über die Welt konfrontiert werden sollen, nicht schon folgt, daß es nur Überzeugungen sind, mit denen Überzeugungen konfrontiert werden können. Es können auch Erfahrungen sein. Man muß dann natürlich fragen, wie der Übergang von der Konfrontation mit *Erfahrungen* zur Konfrontation mit der *Welt* bewerkstelligt werden kann. Die Antwort wird nicht in einer Wiederbelebung des fundamentalistischen Gedankens von Erfahrungen als einem Medium liegen, in dem sich die Welt, so wie sie ist, unzweifelhaft selber zeigt. Die Kritik an Davidson zwingt nicht zu einem substantiellen, erkenntnistheoretischen Fundamentalismus.

Davidson zieht aus dem Erfordernis, daß das x der Konfrontationsrelation die Form einer Aussage hat, den voreiligen Schluß, daß Überzeugungen nur mit anderen Überzeugungen in epistemisch nützlicher Weise konfrontiert werden können. Gegen diese Konsequenz möchte ich eine Differenzierung geltend machen – die Form-Inhalt-Unterscheidung in bezug auf rechtfertigende Gründe. Man muß unterscheiden, *wie* man etwas als Grund anführt – das ist die Form – und *was* man als Grund anführt – das ist der Inhalt. Man führt einen Grund an, *indem* man einen Satz äußert. Aber das heißt nicht, daß man nur die Äußerung eines Satzes als Grund, als Inhalt eines Grundes anführt.

Angenommen, es wurde während meiner Abwesenheit in meine Wohnung eingebrochen. Die Polizei befragt mich, und ich verneine die Frage, ob es der verreiste Nachbar gewesen sein könnte. Eine mögliche Begründung könnte sein:

(1) »Der Nachbar hat mir noch vor seiner Abreise *gesagt*, ich könnte für meinen Besuch seine Wohnung benutzen und mir den Schlüssel zu seiner Wohnung gegeben.«

Eine weitere Begründung wäre:

(2) »Ich bin davon *überzeugt*, daß der Nachbar so etwas nie machen würde.«

Eine dritte Begründung schließlich könnte lauten:

(3) »Ich habe den Nachbarn noch zur Tatzeit im fernab gelegenen Bahnhof *gesehen*.«

In allen Fällen gebe ich eine Begründung, indem ich Sätze äußere. Dennoch gebe ich Gründe, die von ihrem Inhalt her unterschiedliche Arten von Gründen sind. Im ersten Fall führe ich als Grund, also als Inhalt eines Grundes, einen geäußerten Satz an; im zweiten Fall eine Überzeugung. Aber im dritten Fall tue ich das nicht. Der Inhalt des Grundes ist hier eine sinnliche Wahrnehmung, auch wenn der Grund die Form eines Beobachtungssatzes hat.

Natürlich muß ich von der Wahrheit dieses Beobachtungssatzes überzeugt sein, wenn ich aufrichtig einen rechtfertigenden Grund gebe, statt bloß einen Grund vorzuschieben. Das ist eine pragmatische Bedingung des Gründe-Gebens. Aber aus dieser Bedingung folgt ebensowenig, daß nur eine Überzeugung der Inhalt eines Grundes sein kann, wie die Satzform von Gründen den Inhalt der Gründe präjudiziert.

Das Argument gegen Davidsons These, daß das x der Konfrontationsrelation immer eine Überzeugung ist, lautet also: Das x der Konfrontation muß zwar in die Form eines für wahr gehaltenen Aussagesatzes gebracht werden können, wenn es als ein rechtfertigender Grund taugen soll. Aber deshalb muß es – als Inhalt eines solchen Grundes betrachtet – nicht immer eine Überzeugung sein. Es kann auch eine Erfahrung sein, zu der sinnliche Wahrnehmungen gehören und die in die Form eines Beobachtungssatzes gebracht und so wiedergegeben werden kann. Man muß zwischen dem propositionalen Gehalt von etwas, z. B. einer Erfahrung, und dem doxantischen Status von etwas Propositionalem unterscheiden.

Dieses Argument setzt voraus, daß die satzförmige Darstellung von etwas das Dargestellte nicht schon zu etwas Sprachlichem macht. So habe ich in dem kleinen Beispiel vorausgesetzt, daß der Beobachtungssatz (3) »Ich habe den Nachbarn noch zur Tatzeit im fernab gelegenen Bahnhof gesehen« nur die sprachliche Darstellung von etwas Nicht-Sprachlichem – von einer sinnlichen Wahrnehmung ist. Die Darstellung einer sinnlichen Wahrnehmung durch einen Beobachtungssatz verwandelt diese Wahrnehmung nicht schon in eine Überzeugung über eine Wahrnehmung. Der darstellende Satz ist präsupponiert als eine Hülle, die dem Dargestellten äußerlich ist.

Es ist wichtig zu beachten, daß diese Voraussetzung nicht einfach von mir als Theoretiker getroffen wird. Sie wird aus der Innenperspektive desjenigen getroffen, der von Sätzen einen begründenden Gebrauch macht. Wir wollen ja mit Sätzen nicht bloß geäußerte Sätze wiedergeben, sondern beanspruchen oftmals auch, mit ihnen Zustände, Ereignisse, Dinge, Charaktereigenschaften usw. – beschädigte Türen, Wohnungseinbrüche, Bahnhöfe, freundliche Nachbarn – darzustellen. Wir müssen das insbesondere dann reklamieren, wenn wir beanspruchen, Gründe für Überzeugungen mit einstellungstranszendentem Gehalt zu haben, die sich in Behauptungen über eine geistunabhängige Welt ausdrücken lassen. Die begründend gebrauchten Sätze müssen etwas von der Welt draußen einfangen können, das mit denjenigen Umständen zusammenhängt, unter denen diese Überzeugungen wahr sind. Die Voraussetzung, daß die sprachliche Darstellung das Dargestellte nicht schon zu etwas Sprachlichem macht, hängt als ein Korollar mit dem Anspruch zusammen, eine bestimmte Sorte von Gründen für Überzeugungen mit einem einstellungstranszendenten Gehalt zu haben.

Diese Voraussetzung darf aber nicht mißverstanden werden. Ich habe von einer unvermeidlichen Abgrenzung gesprochen zwischen etwas Nicht-Sprachlichem, das dargestellt wird, und seiner satzförmigen Darstellung. Plakativ wurde diese Abgrenzung so ausgedrückt, daß die begründend gebrauchten Sätze wie eine Hülle dem Dargestellten äußerlich seien. Aber das soll nicht so verstanden werden, als seien die darstellenden Sätze erkennbar wahre Protokolle, die wie zuverlässige Registriermaschinen etwas Nicht-Sprachliches einfach aufzeichnen. Das wäre ein Mißverständnis. Mit der genannten Abgrenzung soll nicht die Annahme selbst-evident wahrer Sätze eingeführt werden.

Die vorausgesetzte Abgrenzung zwischen sprachlicher Darstellung und Dargestelltem hat lediglich den Status einer Präsupposition in der Rechtfertigung von Überzeugungen mit einstellungstranszendentem Gehalt. Anders als epistemologische Fundamentalisten glauben, kann sie im argumentativen Streit *lokal* bei jedem spezifischen, begründend gebrauchten Satz angegriffen werden. Ein solcher Angriff kann dazu zwingen, daß man nicht mehr sagt: »Ich sehe, daß ...«, sondern nur noch: »Ich glaube zu sehen, daß ...«. Der Rückgriff auf die Sprache eines phänomenalen Bewußtseins zum Ausdruck sinnlicher Wahrnehmungen ist eine Reaktion auf solche Angriffe. Diese Sprache ist aber weder phänomenologisch noch epistemologisch die originäre Sprache zum Ausdruck von sinnlichen Wahrnehmungen. Sätze der Art »Ich habe jetzt eine Rotempfindung« sind entweder Kunstprodukte von Philosophen und verdanken sich schlechten Abstraktionen von tatsächlichen Wahrnehmungen. Oder sie sind geltungsorientierte Reaktionen auf eine extreme Verunsicherung darüber, welche Sätze eine zutreffende Darstellung der eigenen Wahrnehmung sind. Der wesentliche Punkt ist: Mit einem solchen Angriff auf den Anspruch, daß der Beobachtungssatz nur die unschuldige sprachliche Wiedergabeform der Wahrnehmung ist, wird die fragliche Präsupposition zwar lokal verschoben, aber global verschwindet sie deshalb nicht.

Ich habe bislang nur versucht zu zeigen, daß die eine der beiden Anforderungen an eine positive Antwort auf meine titelgebende Frage, nämlich die Aussageförmigkeit des x der Konfrontationsrelation nicht geradewegs ausschließt, daß für x Erfahrungen eingesetzt werden dürfen. Die Erfahrungen können den Inhalt von rechtfertigenden Gründen bilden, die die Form von Aussagesätzen haben. Die Frage ist jetzt: Wie kann zugleich die andere Anforderung erfüllt werden; die Anforderung, daß das x der Konfrontationsrelation auch mit dem Begriff der Welt beschrieben werden darf? Wie hängen der Erfahrungsbegriff und der Weltbegriff miteinander zusammen?

Die grobe und keineswegs neue Idee ist nun, daß wir in handlungsvermittelten Erfahrungen der Widerständigkeit in einem epistemischen Kontakt mit der Welt oder Realität stehen. Man ist mit der Welt bzw. der Realität konfrontiert, indem man die Erfahrung macht, daß etwas unverfügbar ist. Ich mag zum Beispiel der Überzeugung sein, daß der Zug nach Starnberg auf Gleis 8 bereitsteht. Ich hege deshalb die kognitive Erwartung, daß ich sehen werde, daß der Zug nach Starnberg auf Gleis 8 bereitsteht. In dieser Erwartung bewege ich mich zum Gleis 8. Aber dann bin ich gezwungen, abzuwarten. Ich muß warten, ob sich meine Erwartung erfüllt. Ob sich meine Erwartung, daß ich sehen werde, daß der Zug auf Gleis 8 bereitsteht, erfüllt oder nicht, ist nichts, was ich gänzlich in der Hand habe. Die Umstände, unter denen diese kognitive Erwartung erfüllt wird, sind nichts, was allein von mir abhängt. Natürlich nicht: Zu ihnen zählen auch solche Umstände, deren Vorliegen wir in assertorischen Sätzen mit einstellungstranszendenten Wahrheitsbedingungen konstatieren. Es hängt – auch – von dem Zustand der Welt ab, genauer: es hängt von der Beschaffenheit des kleinen Realitätsausschnitts ab, den der achte Gleisabschnitt auf dem Frankfurter Hauptbahnhof ausmacht, ob sich meine kognitive Erwartung, daß ich sehe werde, daß der Zug nach Starnberg auf Gleis 8 bereitsteht, erfüllt oder nicht.

Die Erfahrungen, die an die Stelle des x der Konfrontationsrelation eingesetzt werden, sind Erfahrungen, daß etwas unverfügbar ist, nämlich daß die Erfüllung oder Nicht-Erfüllung einer kognitiven Erwartung nichts ist, was der Erwartende gänzlich in der Hand hat. Solche Erfahrungen sind Widerfahrnisse. In Widerfahrnissen ist etwas Welthaftes, Reales, also etwas, das geistunabhängig *von uns* existiert, als unverfügbar *für uns* gegeben. Die Verbindung zwischen dem Erfahrungsbegriff und dem Weltbegriff wird vom Begriff des Unverfügbaren hergestellt. Das x der Konfrontationsrelation steht für Erfahrungen im Sinne von Widerfahrnissen, und der Begriff von diesen Erfahrungen ist ein »world-involving concept«, wie Putnam sagt[14]. Denn im Begriff der Erfahrung als Widerfahrnis steckt der Begriff des Unverfügbaren, und der Begriff des Unverfügbaren verweist – unter einer anzugebenden Zusatzbedingung – auf den Weltbegriff.

Um diesen Gedanken zu präzisieren, muß ich zunächst etwas zum Erfahrungsbegriff und dann noch etwas zum Weltbegriff sagen.

Erfahrungen als Widerfahrnisse

Ich hatte im kritischen Teil meiner Überlegungen ein Argument gegen die vorschnelle Preisgabe der Konfrontationsidee geltend gemacht, in dem auf die prominente Rolle von Erfahrungen als Inhalt rechtfertigender Gründe für Überzeugungen über die Welt hingewiesen wird. Diese prominente Rolle wurde mit dem Merkmal der spontanen Unvermeidlichkeit von Erfahrungen erklärt. Wenn man dieses Merkmal richtig auffaßt, wird einsichtig, daß es sinnvoll ist, im epistemologischen Kontext Erfahrungen als Widerfahrnisse aufzufassen. Sinnliche Erfahrungen (= sinnliche Wahrnehmungen) sind dann Bestandteil von Widerfahrnissen.

Mit dem Hinweis auf das Merkmal der Unvermeidlichkeit von sinnlichen Erfahrungen kann nicht gemeint sein, daß sich sinn-

---

14 Putnam, McDowells Mind and McDowells World. Afterword, MS 1996, S. 4.

liche Wahrnehmungen als sinnliche Eindrücke mit einer propositionalen Struktur uns aufzwingen, so wie sich ein Siegel mit seinen Schriftzeichen in den Wachsblock einprägt. In dieser Lesart der Passivität des Erfahrungssubjekts würde der Anteil des aktiven Gebrauchs von Begriffen durch das Erfahrungssubjekt beim Zustandekommen der Erfahrung verkannt werden. Es ist einsichtiger, das passive Ausgesetztsein des Erfahrungssubjekts als eine Unverfügbarkeit darüber zu verstehen, ob sich gewisse kognitive Erwartungen des Erfahrungssubjekts erfüllen. Erfahrungen sind Widerfahrnisse. In ihnen widerfährt mir, daß sich meine kognitive Erwartung darüber, was der Fall ist, erfüllt oder auch nicht erfüllt.[15] Der Gedanke, daß ich nicht darüber verfüge, ob der Sachverhalt besteht, der meine Erwartung erfüllt sein läßt (ob die Erwartung erfüllt wird oder nicht), kann alle meine Erfahrungen im Sinne von Widerfahrnissen begleiten.

Dieser Begriff von Erfahrungen als Widerfahrnisse ist weiter als der Begriff von Erfahrung als sinnliche Wahrnehmung.[16] Visuelle, auditive, olfaktorische, gustatorische, taktile und propriozeptive Wahrnehmungen sind eine Komponente von Erfahrungen, verstanden als Widerfahrnis. Der Unterschied liegt darin, daß Widerfahrnisse stets auf handlungsleitende, kognitive Erwartungen bezogen sind, während sinnliche Wahrnehmungen das nicht sind. Es kann einem nichts widerfahren ohne solche Erwartungen. (Das heißt allerdings nicht, daß die Erwartungen zeitlich vor der Erfahrung artikuliert sein müssen.) Deshalb ist das bloße Gefühl, daß man ohnmächtig ist, etwas zu tun bzw. zu unterlassen, das einen zum Beispiel beim Kniereflex begleitet, nicht schon ein Widerfahrnis. Es kann aber Bestandteil einer Widerfahrniserfahrung sein.

---

15 Unter einer kognitiven im Unterschied zu einer normativen Erwartung ist hier das gemeint, was Russell »expectation belief« genannt hat. Vgl. sein *The Analysis of Mind* (1921), London 3. Aufl. 1995, S. 269. Kognitive Erwartungen sind auf Hintergrundüberzeugungen bezogen und haben unter anderem sinnliche Wahrnehmungen zum Gegenstand.

16 Alvin Plantinga spricht von »nonsensuos experience« und hat damit etwas im Sinn, das unter den hier verwendeten Begriff von Erfahrung als Widerfahrnis fällt; vgl. A. Plantinga, *Warrant and Proper Function*, Oxford 1993, S. 92.

Die Verbindung zwischen Erfahrungsbegriff und Weltbegriff

Diese Bemerkungen zum Begriff von Erfahrungen als Widerfahrnisse dienen nur dazu, das gesuchte Bindeglied zwischen dem Erfahrungsbegriff und dem Weltbegriff zu schmieden.

Der Erfahrungsbegriff schließt den Begriff des Unverfügbaren ein, weil das, was eine kognitive Erwartung erfüllt sein läßt, unverfügbar ist für denjenigen, der diese Erwartung hat. (Und Erfahrungen als Widerfahrnisse sind wesensmäßig auf solche Erwartungen bezogen.) Die erlebte Passivität des Ausgesetztseins in Erfahrungen läßt sich als Bewußtsein dieser Unverfügbarkeit beschreiben.

Der Weltbegriff hängt nun ebenfalls mit dem Begriff des Unverfügbaren zusammen. Dieser Zusammenhang tritt hervor, wenn man die übereinstimmende Verwendungspointe der Begriffswörter »Welt«, »wirklich«, »real« beachtet, von der ich bereits andeutend gesprochen habe. Diese Begriffswörter werden zumindest auch kontrastiv eingesetzt. Ihre übereinstimmende Verwendungspointe liegt in dem Effekt einer Warnung.

Durch die Kontrastierungen »wirklich – scheinbar«, »real – fiktiv«, »wirkliche Welt – Scheinwelt« wird davor gewarnt, daß man lokale Grenzen der theoretischen und praktischen Unverfügbarkeit nicht beachtet und somit in die Irre geht. Die Dinge, Zustände, Ereignisse in der Welt fügen sich nicht immer einfach den Mitteln, mit denen wir sie uns darstellen. Das erleben wir in Sinnestäuschungen und drücken es zum Beispiel mit dem Gegensatz »scheinbar – wirklich« aus. Ebenso verfügen wir nicht einfach über die Erfüllung kognitiver Erwartungen. Das erfahren wir in Überraschungen und Enttäuschungen. Und in Irrtümern über die Welt ist uns bewußt, daß das Erfülltsein der Wahrheitsbedingungen behauptend gebrauchter Sätze nichts ist, was wir durch eine Festsetzung oder Einhaltung von Regeln verfügen. Der warnende Gebrauch dieser Wörter erinnert an Grenzen der Verfügbarkeit über die Erfüllung der Bedingungen für die Angemessenheit unserer symbolischen Darstellungs- und Ausdrucksmittel für die geistunabhängige Welt; über das Vorliegen der Bedingungen für die Erfüllung kognitiver Erwartungen dessen, was in dieser Welt der Fall ist, und über die Erfüllung der Wahrheitsbedingungen von behauptend gebrauchten Sätzen über die Welt.

Der Begriff des für uns Unverfügbaren ist also im kontrastierenden Gebrauch des Weltbegriffs enthalten. Wenn wir das beachten, dann läßt sich der Weltbegriff genauer bestimmen: Mit dem Begriffswort »Welt« ist der Inbegriff all dessen gemeint, das unabhängig von uns als Autoren von Behauptungen ist und das sich in seiner Unabhängigkeit als Unverfügbarkeit bemerkbar machen kann. Die Geistunabhängigkeit der Welt *von uns* zeigt sich in ihrer Unverfügbarkeit *für uns*. Die Welt ist für uns an sich.

Erfahrungen im Sinne von Widerfahrnissen sind die Art und Weise, in der sich uns die Unabhängigkeit der Welt zeigt. – Warum? Weil die Unverfügbarkeit der Erfüllung meiner kognitiven Erwartung besagt, daß ich meine kognitive Erwartung nicht souverän einfach durch das, was ich denke und tue, erfüllen kann. Ich kann nicht durch das, was ich denke und tue die Erwartung erfüllt sein lassen, daß ich sehen werde, daß der Zug nach Starnberg auf Gleis 8 bereitsteht. Dieser Satz ist aber nur die *negative* Beschreibung des Sachverhalts, daß ein Zustand *der Welt* eine nicht eliminierbare Ursache für die Erfüllung der Erwartung ist: nämlich der Zustand, daß der Zug nach Starnberg auf Gleis 8 bereitsteht. Die Unverfügbarkeit der Erfüllung von kognitiven Erwartungen hat zur Kehrseite, daß ein Stück einer nicht-perspektivischen Welt in der vollständigen Beschreibung derjenigen Umstände angeführt werden muß, unter denen eine solche Erwartung erfüllt ist. Deshalb ist uns etwas Reales als Ursache für die Erfüllung einer kognitiven Erwartung in Widerfahrnissen gegeben oder zumindest zugänglich.

Das Argument ist also: Der Begriff des Unverfügbaren im Begriff des Widerfahrnis ist mit dem Begriff der Welt oder des Realen verbunden, weil die Unverfügbarkeit der Erfüllung einer kognitiven Erwartung durch das Erfahrungssubjekt nur die Kehrseite des Sachverhalts ist, daß etwas in der Welt an der Erfüllung dieser Erwartung ursächlich beteiligt ist.

Das Argument verlangt allerdings eine Ergänzung. Anderenfalls ist es zu schwach, um den Schritt von der Konfrontation mit Widerfahrnissen zur Konfrontation mit etwas Welthaftem zu stützen. Ein Gegenbeispiel zeigt seine Schwäche auf.

Angenommen, ich bin davon überzeugt, daß ich glücklich wäre, wenn alles nach meinem Willen zuginge, und daß alles nach meinem Willen zuginge, wenn ich reich wäre. Nun werde ich über Nacht märchenhaft reich, aber die erwarteten Glücksgefühle stellen sich nicht ein, auch nicht nachdem ich die Überraschung verdaut habe. Ich kann es drehen und wenden, wie ich will: meine Erwartung erfüllt sich nicht. (Die Prämisse im Beispiel ist, daß das Glücklich-Sein etwas ist, was glückt – was also in diesem Sinne einem zustößt.) Gleichwohl bedeutet der Umstand, daß ich nicht darüber verfügen kann, ob sich meine Glückserwartung erfüllt, keineswegs, daß etwas Reales eine Ursache für die Enttäuschung der Erwartung ist; genauer: er besagt keineswegs, daß etwas nicht-perspektivisch Reales die Ursache ist, also etwas, das ohne Angabe einer wertenden Reaktion des Erfahrungssubjekts vollständig beschrieben werden kann.

Darin unterscheidet sich dieser Beispielsfall von dem Fall der Erfüllung oder Nicht-Erfüllung der Erwartung, daß ich sehen werde, daß der Zug nach Starnberg bereitsteht. Dieser Unterschied spiegelt sich in verschiedenartigen Reaktionen anderer auf das, was mir widerfährt. Im Fall der unerfüllten Glückserwartung ist das Faktum der Nicht-Erfüllung prima facie kein Grund für andere, eine Hintergrundüberzeugung für falsch zu halten. Im Fall der unerfüllten Erwartung, daß ich – unter epistemisch normalen Bedingungen – den Zug nach Starnberg sehen werde, ist dieses Faktum sehr wohl ein Grund auch für andere. Hier ist das Faktum intersubjektiv relevant, d. h. es liefert einen prima facie intersubjektiven Grund, etwas für falsch zu halten.

Der Schritt von der Erfahrung der unverfügbaren Erfüllung oder Nicht-Erfüllung einer Erwartung zu der Behauptung, daß etwas nicht-perspektivisch Reales ursächlich beteiligt ist, muß deshalb an eine Bedingung gebunden werden: nämlich an die Bedingung, daß die Erfahrung einen prima facie intersubjektiven Grund liefert. Die Bindung an diese Bedingung drückt sich auf der pragmatischen Ebene darin aus, daß derjenige, dem etwas widerfährt, auf den Anspruch festgelegt ist, daß seine Erfahrung auch ein Grund für andere ist, etwas für wahr bzw. für falsch zu halten. Dieser Festlegung wird entsprochen, indem das Erfahrungssubjekt andere dazu auffordert, seine Erfahrung als den Inhalt eines solchen Grundes zu behandeln. Mit der Festlegung auf diesen Anspruch ist das Subiectum der Widerfahrnis präsumtiv als repräsentatives oder substituierbares Erfahrungssubjekt qualifiziert.

In der Austauschbarkeit des Erfahrungssubjekts zeigt sich die Identität und Externalität der Welt bzw. Realität für die Erfahrungssubjekte. Das Kriterium der Austauschbarkeit ist, daß je meine Widerfahrnis-Erfahrung den Inhalt eines Grundes liefert, der auch für andere ein Grund ist, etwas für wahr bzw. für falsch zu halten. Ein solcher Grund erklärt eine Konvergenz im Urteil von mir und anderen so, daß er zugleich das Urteil rechtfertigt. Die Gleichheit der ursächlichen Einwirkung einer objektiven, identischen Welt auf die Erfahrungssubjekte zeigt sich in den Widerfahrnissen als Folge dieser Einwirkung, die Inhalt intersubjektiver Urteilsgründe sind.

Um das Argument zusammenzufassen: Der Begriff der Erfahrung und der Begriff der Welt hängen über den Begriff des Unverfügbaren zusammen. Auf Grund dieses Zusammenhangs darf man das x der Konfrontationsrelation einerseits mit Erfahrungen im Sinne von Widerfahrnissen identifizieren und andererseits unter Einsatz des angegebenen Weltbegriffs beschreiben. Daß Überzeugungen über die Welt mit der Welt konfrontiert werden können, besagt, daß sie mit Erfahrungen im Sinne von Widerfahrnissen konfrontiert werden. Der epistemisch informative Kontakt zur Welt kommt unter anderem durch solche Widerfahrnisse zustande. Die Zusatzbedingung ist, daß diese Widerfahrnisse den Inhalt von intersubjektiven Urteilsgründen bilden. Für das Verständnis der Konfrontationsidee bedeutet diese Zusatzbedingung: Das Konfrontiertsein mit der Welt kann nicht von einer Bezogenheit auf andere Urteilssubjekte getrennt werden. Der epistemisch fruchtbare Kontakt zur Welt als Umwelt schließt den Bezug zur Mitwelt ein. Die epistemisch fruchtbare Konfrontation mit der Welt läßt sich nicht als eine kausale Relation verstehen, die konzeptuell isoliert ist von einer diskursiven Relation zwischen urteilsfähigen Personen.

Der epistemische Nutzen der Konfrontation

In einem vorletzten Schritt meiner konstruktiven Überlegungen möchte ich wenigstens noch etwas skizzieren, worin der epistemische Nutzen einer Konfrontation unserer Überzeugungen über die Welt mit der Welt im einzelnen besteht. Für eine Antwort auf diese Frage ist es nochmals wichtig, an die Kehrseite zu erinnern, die die Unverfügbarkeit der Erfüllung kognitiver Erwartungen hat. Die Kehrseite ist, daß etwas Weltartiges in der Beschreibung derjenigen Umstände angeführt werden muß, die die

Erwartung erfüllt sein lassen oder die sie enttäuschen. Es gibt etwas in der Welt: raumzeitliche Objekte mit bestimmten Eigenschaften, Zustände oder Vorkommnisse, die zu diesen Umständen gehören. Es sind im wesentlichen drei nützliche Effekte, die die Konfrontation erzeugen kann.

Prima facie Gründe, etwas zu glauben oder zu bezweifeln

Der erste und primäre epistemische Nutzen der Konfrontation besteht darin, daß sie Erfahrungen produzieren kann, die den Inhalt von prima facie Gründen dafür liefern, bestimmte Überzeugungen über die Welt für wahr bzw. für falsch zu halten. Die Erfahrungen bestehen darin, daß man die Erfüllung oder Nicht-Erfüllung kognitiver Erwartungen erlebt, indem man erwarteter- oder unerwarteterweise gewisse sinnliche Wahrnehmungen hat. Die prima facie Gründe sind Gründe, an der Wahrheit solcher Hintergrundüberzeugungen zu glauben bzw. zu zweifeln, die zu diesen kognitiven Erwartungen geführt haben.

Die Geologin ist beispielsweise davon überzeugt, daß im Erzgebirge in weit zurückliegender erdgeschichtlicher Vergangenheit gewisse Druck- und Temperaturverhältnisse geherrscht haben. Das läßt sie erwarten, daß sie im Erzgebirge Felsbrocken einer speziellen Formation zu Gesicht bekommen wird. Daß sich ihre Erwartung nicht erfüllt, daß sie das Erwartete nicht sieht, ist prima facie ein Grund, an ihrer Meinung über die urzeitlichen Druck- und Temperaturverhältnisse in diesem Gebiet zu zweifeln. – Oder ich mag zum Beispiel davon überzeugt sein, daß die weißen Körner in dem Glasfäßchen auf dem Restauranttisch Salzkörner sind. Ich habe deshalb die Erwartung, daß sie mir salzig schmecken werden. Und die Erfüllung dieser Erwartung durch die erwartete Wahrnehmung eines salzigen Geschmacks ist ein prima facie Grund, zu glauben, daß es sich um Salz handelt. Mir würde das nicht salzig schmecken, wenn es nicht salzig wäre; denn das, was mir diesen erwarteten Geschmack verursacht, ist nichts, was von meinen urteilenden Einstellungen abhängt – so wie beispielsweise mein Gefühl der Kränkung davon abhängt, daß ich ein Verhalten mir gegenüber als respektlos beurteile.

Prima facie Gründe berechtigen oder autorisieren zu weiteren

Behauptungen – allerdings mit dem Risiko, daß sie ihre autorisierende Wirkung wieder einbüßen, und zwar durch anfechtende Gründe – »defeater reasons«, wie John Pollock sagt.[17] So könnte ein solcher anfechtender Grund im fraglichen Restaurantbeispiel darin bestehen, daß mein Gegenüber mich an die scharfe mexikanische Mahlzeit erinnert, die ich zuvor eingenommen habe, so daß mir auch etwas, das kein Salz ist, jetzt salzig schmecken würde. Soweit ein erster Nutzen.

Der Umstand, daß dieser Nutzen in der Lieferung anfechtbarer Rechtfertigungsgründe liegt, schmälert diesen Nutzen nicht. Denn prima facie Gründe sind ja nicht nichts. Sie sind zwar keine zwingenden Gründe und können durch andere Gründe entkräftet werden. Aber sie verschieben immerhin die Rechtfertigungslasten. Wer einen prima facie Grund für die Wahrheit einer Überzeugung hat, ist in seiner Überzeugung solange gerechtfertigt, solange ein effektiv anfechtender Grund nicht gegeben werden kann. Vorausgesetzt ist hier allerdings, daß Rechtfertigungen zweifelbezogene Begründungen sind.

Das Aufspüren von anfechtenden Gründen

Die widerfahrnisvermittelte Konfrontation von Überzeugungen über die Welt mit der Welt kann auch zum Aufspüren effektiv anfechtender Gründe beitragen. Das ist ein zweiter Nutzen. Die Konfrontation trägt so dazu bei, daß man nicht mit augenscheinlich guten Gründen in die Irre geht.

Der Beitrag der Konfrontation zum Aufspüren anfechtender Gründe hat ebenfalls mit der Erfahrung zu tun, daß kognitive Erwartungen erfüllt bzw. enttäuscht werden. Diese Erfahrung, so hatte ich gesagt, bildet den Inhalt eines prima facie Grundes für mich als denjenigen, der diese Erfahrung macht und der gewisse Erwartungen hat. Aber dieser Grund ist so beschaffen, daß ich ihn nicht haben kann, ohne den Anspruch zu haben, daß er auch für andere ein Grund ist. Denn zu der Kette der Ursachen, die die Nicht-Erfüllung oder Erfüllung der Erwartung verursacht, gehört auch etwas, das Bestandteil der nicht-perspektivischen Welt ist. Daß diese Welt dieselbe Welt für mich und andere ist, schließt ein, daß sie dieselben Wirkungen auf mich wie auf andere hat.

---

17 Vgl. J. Pollock, *Knowledge and Justification*, Princeton 1974, S. 41f.; ders., *Contemporary Theories of Knowledge*, Rowman & Littlefield: Savage 1986, S. 38.

Deshalb ist der prima facie Grund für mich auch präsumtiv ein Grund für andere, bestimmte Dinge zu glauben oder zu bezweifeln.

Mit einem konfrontativ gewonnenen prima facie Grund ist eine Aufforderung an andere verbunden. Und diese Aufforderung kann von anderen mit Hilfe effektiv anfechtender Gründe zurückgewiesen werden. Dieser zweite Nutzeffekt der Konfrontation ist heuristischer Art. Das gilt auch für den dritten Effekt.

Artikulation von Überzeugungen

Er besteht darin, daß die Konfrontation mit der Welt zu einer Artikulation von Erwartungen und Hintergrundüberzeugungen in Form von Behauptungssätzen beiträgt, so daß allererst eine planmäßige Überprüfung von Überzeugungen möglich ist, wie sie im experimentellen Test von Hypothesen erfolgt. In Widerfahrnissen macht sich die Welt in Form von Widerständen bemerkbar. Weil Widerfahrnisse im Einzugsbereich von propositional strukturierten Erwartungen liegen, können wir diese Widerstände zum Sprechen bringen. Aber das setzt voraus, daß uns klar ist, was für Erwartungen wir haben und was für Überzeugungen diesen Erwartungen zugrunde liegen.

Diese Klarheit läßt sich oftmals erst im Lichte der Erfahrung gewinnen, daß eine kognitive Erwartung erfüllt bzw. enttäuscht worden ist. Wenn ich im Zuge einer routinemäßigen *path-finder*-Mission als galaktischer Tourist den Mars besuche, mag ich verblüfft feststellen, daß Felsen rosten können. Der unerwartete Anblick rostender Felsen kann mir allererst klarmachen, was ich bislang geglaubt hatte und was diesen Anblick so unerwartet sein läßt – eben daß nur Artefakte wie Autos oder eingebaute Eisenstangen in Kletterfelsen rosten können. Experimente und planmäßige Beobachtungen sind gesuchte Konfrontationen unserer Überzeugungen mit der Welt, indem Widerfahrniserfahrungen gezielt herbeigeführt werden. – Man hat in der neueren Wissenschaftsphilosophie zu Recht die eigenständige Rolle von Experimenten im wissenschaftlichen Erwerb von Überzeugungen über die bloße Hyothesenüberprüfung hinaus betont. Diese Rolle läßt sich auch mit dem Beitrag zur sprachlichen Artikulation von Erwartungen und Hintergrundüberzeugungen in Verbindung bringen, den Experimente als Formen der Konfrontation mit der

Welt liefern können. Denn mit dieser Artikulation werden allererst bestimmte Aussagen formuliert, die dann als Hypothesen einem Test unterzogen werden.

Schlußbemerkung: Konfrontationen mit der Welt ohne Spiegelung der Welt

Die skizzierte Nutzenbestimmung der Konfrontation rückt den angedeuteten Versuch, die unglücklicherweise in der Erkenntnistheorie verlorengegangene Welt wiederzugewinnen, in eine Distanz zum Fundamentalismus. Denn der Nutzen liegt bestenfalls in prima facie Gründen und anfechtenden Gründen, nicht aber in zwingenden Gründen.

Dementsprechend wurde die Konfrontationsrelation auch nicht fundamentalistisch als eine Relation zwischen unseren weltbezogenen Überzeugungen und einer Instanz gedacht, die die Wahrheit der Überzeugungen verbürgt. In der fundamentalistischen Erkenntnistheorie hat man sich gedacht, diese Instanz werde von Erfahrungen gebildet, die man nicht haben kann, ohne daß die Sätze wahr sind, die den propositionalen Gehalt dieser Erfahrungen wiedergeben. Solche Erfahrungen wären ein Spiegel der Welt.

Ich habe demgegenüber in den vorgestellten Überlegungen Erfahrungen nicht als Spiegel, sondern als Detektoren dargestellt, die zum Aufspüren der Wahrheit oder Falschheit unserer Überzeugungen über die Welt beitragen. Allerdings habe ich mit dem epistemologischen Fundamentalisten die Überzeugung unterschwellig geteilt, daß die Welt uns kognitiv zugänglich ist. Aber diese Überzeugung muß keineswegs zu der fundamentalistischen Auffassung zurückführen, daß wir in der Konfrontation mit der Welt in eine Verbindung zur Welt gelangen, in der sich uns die Welt unzweifelhaft so zeigt, wie sie ist. Diese Auffassung verträgt sich nicht gut mit dem realistischen Sinn, der den theoretischen Versuch motiviert, der Konfrontationsidee eine haltbare Fassung zu geben – mit der Einsicht nämlich, daß sich die Welt nicht nach unseren Überzeugungen über sie richtet, und daß wir deshalb unsere Überzeugungen über sie der Konfrontation mit ihr aussetzen müssen.

Abschließend sei deshalb noch ein Argument dafür vorgetragen, daß die Wiedergewinnung der unglücklich für die Erkenntnistheorie verlorenen Welt keine Rückkehr zum epistemologischen Fundamentalismus einschließt. Das Argument greift auf eine Differenzierung im Weltbegriff zurück. Diese Differenzierung steckt bereits in dem sogenannten warnenden Gebrauch der Begriffswörter »Welt«, »real«, »wirklich«.

Ich hatte im konstruktiven Teil meiner Überlegungen vorausgesetzt, daß die Dinge der Welt nicht ihrer korrekten Darstellung in unserer Sprache entzogen sein müssen. Die präsupponierte Unterscheidung zwischen einer satzförmigen Darstellung und der Nicht-Sprachlichkeit des Dargestellten war mit dieser Voraussetzung verbunden. Die Geistunabhängigkeit der Welt schließt gemäß dieser Voraussetzung nicht ihre kognitive Zugänglichkeit und Darstellbarkeit aus. Seien wir realistisch und geben zu: Elektronen sind subatomare Bestandteile der Welt! Elektronen werden beispielsweise durch die Lichtstrahlung an Wassermolekülen in einer Nebelkammer sichtbar, in der ein Magnetfeld herrscht. Aber daraus, daß Elektronen in einer solchen Nebelkammer sichtbar und das heißt auch: darstellbar werden[18], folgt nicht, daß Elektronen nur in einer solchen Nebelkammer existieren. Die Geistunabhängigkeit der Welt läßt sich zugleich mit der Zugänglichkeit der Welt behaupten. Allerdings muß man dabei eine Differenzierung im Weltbegriff beachten.

Die Unabhängigkeit der Welt von einem urteilenden Geist kann nicht so radikal aufgefaßt werden, daß Begriffe keinerlei Anwendung auf weltartige Gebilde finden können – mit dem Effekt, daß der prädikative Gebrauch dieser Begriffe im Urteilen zu wahrheits*unfähigen* Behauptungen führt. Denn die kognitive Zugänglichkeit der Welt besagt ja zum mindesten, daß wir Behauptungen über sie aufstellen können, die wahr bzw. falsch sind; und daß wir Erfahrungen mit dieser Welt machen können, so daß wir prima facie Gründe gewinnen, bestimmte Behauptungen als wahr bzw. als falsch anzusehen.

Man kann den hier vorausgesetzten Weltbegriff den Begriff von einer Erfahrungswelt$_1$ nennen im Unterschied zu einem agnostischen Weltbegriff$_2$. In diesem agnostischen Weltbegriff$_2$ wird die Welt als Sammelbezeichnung für solche Entitäten verstanden, über die wir gar keine Sätze aufstellen können. Der agnostische Begriff$_2$ von einer unzugänglichen Welt an sich ist der Gedanke

---

18 So daß wir beispielsweise einen behauptend gebrauchten Satz formulieren können wie: »Elektronen bewegen sich in einem Magnetfeld in Form bestimmter Bahnkurven.« (Vgl. Paul A. Tipler, *Physik*, Heidelberg/Oxford 1994, S. 819.)

von einer Welt, die wir nicht erfassen können, weil die Möglichkeit fehlender Erfahrungen realisiert ist.

Ich weiß, daß dieser agnostische Weltbegriff umstritten ist. Auch Habermas hegt Vorbehalte gegenüber diesem Weltbegriff, der zu kognitiver Demut einzuladen scheint. Intuitiv ist er aber nicht unsinnig. Mit seiner Verwendung läßt sich der Gedanke ausdrücken, daß die Grenze des Erfahrungsraums, in dem wir uns als Angehörige der menschlichen Gattung erlebend, urteilend und argumentierend bewegen, nicht die Grenze der Welt ist. Und dieser Gedanke ist nichts Unsinniges. Wir können ihn durch eine Objektivierung des ersten Weltbegriffs fassen.[19] Diese Objektivierung mündet in den agnostischen Weltbegriff$_2$. Sie ist eine fortschreitende Entrelativierung von Gegebenheiten auf einen Bezug zu uns als urteilende, Begriffe gebrauchende Wesen:

So werden zuerst bestimmte Entitäten wie fallende Steine, zugefrorene Seen oder PC-Kartons als etwas gedacht, daß in seiner (Fort)Existenz relativ zu uns Autoren von Behauptungen unabhängig ist. Dann werden sie als irrelativ zu einigen Begriffen gedacht, die wir bei unseren Behauptungen über sie verwenden. Schließlich wird der Gedanke der Unangemessenheit bestimmter Begriffe, die wir in Erfahrungen der Unverständlichkeit von Wahrgenommenem und Erlebtem bemerken, extrapoliert. Es kann sein, daß wir nicht einmal die Unangemessenheit unserer Begrifflichkeit bemerken können, ganz einfach weil die Welt nichts ist, was notwendigerweise erfahren wird.

Für das Ziel, dem Gedanken epistemisch nützlicher Konfrontationen mit der Welt eine haltbare Fassung zu geben, ist es aber nicht nötig, im Verein mit dem epistemologischen Fundamentalisten gegen den Skeptiker zu bestreiten, daß sich die Verbindung zwischen Unabhängigkeit und Zugänglichkeit der Welt auflösen kann. Es genügt zu zeigen, daß der erste Weltbegriff einen Vorrang genießt gegenüber dem zweiten Begriff.

Dieser Vorrang ergibt sich daraus, daß der zweite Weltbegriff am *Ende* einer Reihe von warnenden Erinnerungen daran steht, daß die geistunabhängige Welt sich nicht einfach immer unseren symbolischen Mitteln fügt, mit denen wir sie uns darzustellen versuchen. An diesem Endpunkt hat sich die Verbindung zwischen der Geistunabhängigkeit und der geistigen Zugänglichkeit

---

19 Vgl. ausführlicher meine Arbeit *Mit realistischem Sinn. Ein Beitrag zur Erklärung empirischer Rechtfertigung*, Kap. 8.

der Welt aufgelöst. Aber dieser Endpunkt wird nur erreicht unter Verwendung eines landläufigen Begriffs der Erfahrungswelt, bei dem diese Verbindung besteht. Denn es ist dieser Weltbegriff₁, dessen Gebrauch eine warnende, korrektive Pointe hat. Die fortschreitende gedankliche Entrelativierung der Welt von uns Urteilssubjekten orientiert sich an diesem Witz der Verwendung, den die Begriffswörter »Welt«, »Realität«, »Wirklichkeit«, »real« und »wirklich« haben. Der sogenannte semantische Aufstieg von der Rede über die Welt zur Analyse der Verwendungsweise des Weltbegriffs macht den Vorrang des ersten gegenüber dem zweiten Weltbegriff deutlich.[20]

Der skizzierte Versuch, dem Gedanken einer Konfrontation von Überzeugungen mit der Welt eine haltbare Fassung zu geben, hat von diesem ersten Weltbegriff Gebrauch gemacht. Es gehört zu der Pointe dieses ersten Weltbegriffs, daß die Konfrontation mit der Welt, wie sie sich in Widerfahrnissen bemerkbar macht, nicht fundierend, sondern korrigierend ist. Die Welt widerspricht uns nicht; das können nur andere urteilsfähige Wesen. Aber sie widersteht uns. Indem wir die Erfahrungen mit ihr *und* den Einspruch anderer gegen die Auswertung der Erfahrungen ernst nehmen, können wir diesen Widerstand zum Sprechen bringen. Die Welt zeigt sich nicht einfach; wir müssen sie »zum Auftauchen zwingen, genau wie wir irgend etwas in ein Gebüsch werfen, in dem sich etwas Undeutliches regt«.[21]

---

20 Daß man den agnostischen Begriff einer Welt von Dingen an sich als leer ansieht, besagt genauer, daß der Einsatz dieses Begriff keine warnende Pointe mehr hat.
21 Witold Gombrowicz, *Kosmos*, München 1985, S. 108.

Charles Larmore
Der Zwang des besseren Arguments

I.

Alle großen Philosophien, so sagt man gemeinhin, lassen sich auf einen einzigen Gedanken oder eine Grundthese über die Stellung des Menschen in der Welt bringen. Ich bezweifle, daß das stimmt, oder zumindest, daß es auf die größten Denker zutrifft. Philosophischer Tiefsinn ist in meinen Augen eher an der Beharrlichkeit zu messen, mit der man Problemen nachgeht, die sich endgültigen Lösungen widersetzen und die sogar in entgegengesetzte Lösungsrichtungen weisen. In diesem Fall ist zu erwarten, daß die Begriffe und Argumente eines Denkers Spannungen verraten, die er nicht überwunden oder völlig beherrscht hat.

Die Philosophie von Jürgen Habermas ist keine Ausnahme. Natürlich kann niemand, trotz des Reichtums seines Oeuvres, den konstanten Mittelpunkt des Habermasschen Denkens übersehen. Die Konstitution der menschlichen Welt durch das Interesse an Verständigung, durch kommunikatives Handeln, ist von Anfang an das Thema, um das sein Lebenswerk kreist. Dennoch gehorcht sein Bemühen, die Rolle der Verständigung im Handeln wie im Diskurs herauszuarbeiten, zwei Forderungen, die nur schwierig miteinander in Einklang zu bringen sind. Die Verständigung ist ein normativer Begriff und bezieht sich auf Übereinstimmungen, die sich nicht zufällig, gedankenlos oder erzwungenermaßen ergeben, sondern die durch gute Gründe erreicht werden. Folglich hängt alles davon ab, wie diese Normativität zu begreifen ist. Nun rührt das Schwanken, das ich bei Habermas wahrnehme, davon her, daß er diese Frage auf zwei verschiedene Weisen angeht.

Einerseits will er den normativen Gehalt der Verständigung als unsere eigene Leistung erklären, und zwar als das Resultat der *Idealisierungen*, die wir im Handeln unterstellen oder im Gespräch miteinander einführen. »Die Idee der Einlösbarkeit kritisierbarer Geltungsansprüche«, schreibt er zum Beispiel, »erfordert Idealisierungen, die von den kommunikativ Handelnden selber vorgenommen und damit vom transzendentalen Himmel auf den Boden der Lebenswelt herabgeholt werden«.[1] Diese Gesinnung macht das *konstruktivistische* Moment seines Denkens aus.

Andererseits ist er aber auch bereit, in der Verständigung den Ausdruck unserer Fähigkeit zu erblicken, die Autorität von Normen anzuerkennen. In dieser Beziehung spricht er von dem eigentümlichen *Zwang* (vom »zwanglosen Zwang«) des besseren Arguments. Die Einlösung eines Geltungsanspruchs scheint dann eher an ein rezeptives als an ein aktives Vermögen zu appellieren: nicht die Idealisierungen, die wir selber angeblich einführen, sondern die Gründe, die uns bewegen, rücken in den Vordergrund. Das können wir das *rationalistische* Moment seines Denkens nennen. Wie läßt sich also, als Ganzes betrachtet, unser Verhältnis zur normativen Ordnung verstehen? Sind Normen schließlich etwas, was wir stiften, wenn nicht individuell, dann wenigstens als Mitglieder einer Gemeinschaft? Oder müssen Normen ganz im Gegenteil unabhängig von unserem Tun existieren, weil es sonst unverständlich wird, wie sie etwas sein könnten, das wir respektieren müssen? In solchen Fragen geht es letzten Endes um die Natur von Gründen selber. Wie ist das eigentlich zu verstehen, daß wir uns von Gründen leiten lassen können? Auf diesen Fragenkomplex scheint mir Habermas keine stabile Antwort gegeben zu haben.

II.

Durch das neueste Buch von Habermas, *Wahrheit und Rechtfertigung*[2], sehe ich mich in meiner Meinung vollkommen bestätigt. Es gibt in der Tat keine bessere Art und Weise, die problematische Stellung der Normativität in seiner Philosophie zum Vorschein zu bringen, als die zentralen Argumente dieses Buches zu analysieren. Die entscheidenden Schritte und Bemerkungen treten oft in Debatten zutage, die Habermas mit anderen Autoren wie Richard Rorty und Robert Brandom führt. Ich werde aber die theoretischen Positionen dieser letzteren größtenteils im Hintergrund lassen. Die Spannungen, die ich im Kern der Habermas-

---

[1] J. Habermas, *Faktizität und Geltung*, Frankfurt am Main 1992, S. 34.
[2] J. Habermas, *Wahrheit und Rechtfertigung*, Frankfurt am Main 1999. Dieses Buch wird fortlaufend im Text zitiert.

schen Philosophie feststelle, sind nicht das Ergebnis äußerer Anlässe. Sie bringen eine Schwierigkeit zum Ausdruck, mit der sich das moderne Denken zwangsläufig konfrontiert sieht, und in seiner ungewöhnlichen Offenheit für die gegensätzlichen Denkimpulse, die dieses Problem ausmachen, scheint mir Habermas durchaus ein Vorbild zu sein.

Die Hauptthese seines neuen Buches, auf die der Titel anspielt, lautet folgendermaßen: empirische und moralische Urteile unterscheiden sich durch die Art von Geltungsansprüchen, die sie enthalten. Wenn wir etwas über die Erfahrungswelt behaupten, erheben wir den Anspruch, etwas Wahres zu sagen, das sich rechtfertigen läßt. Im Gegensatz dazu dürfen moralische Urteile nur beanspruchen, »richtig«, nicht aber auch wahr zu sein. Sie sollen ebenfalls begründbar sein, doch Begründbarkeit oder Richtigkeit ist alles, was ihnen zukommt, denn es gibt nichts in der Welt, worauf sie sich deskriptiv beziehen könnten (56, 284-285). Eine solche Unterscheidung ist an sich keineswegs unbekannt, obwohl Habermas sie auf seine eigene Weise entwickelt. Trotz ihrer scheinbaren Evidenz ist diese Unterscheidung aber höchst fragwürdig, und – was ich bemerkenswert finde – Habermas zeigt sich selber empfänglich für die Einsichten, die sie zweifelhaft werden lassen.

Beginnen wir mit der Auffassung von empirischer Wahrheit, wie Habermas sie darlegt! Wenn wir etwas über die Erfahrungswelt behaupten, gehen wir davon aus, daß sich unser Urteil rechtfertigen läßt. Nicht, daß wir unsere Behauptung schon gerechtfertigt haben müssen; es kann sogar sein, daß wir nicht glauben, selbst im Besitz ihrer Rechtfertigung zu sein. Das, was wir annehmen, ist, daß eine Rechtfertigung zur Verfügung steht, vielleicht bei Leuten, die sachverständiger sind. Habermas zufolge meinen wir aber mit der »Wahrheit«, die wir unserer Behauptung zuschreiben, nicht die Existenz einer solchen Rechtfertigung. Auch besagt unser Anspruch auf Wahrheit nicht bloß, daß wir uns bereit erklären, das Urteil nicht nur im gegenwärtigen, sondern auch noch in einem anderen, wie auch immer wichtigen Kontext zu verteidigen (48, 258, 267) – das ist der »Kontextualismus«, den Habermas Richard Rorty vorwirft.

Schließlich kommt man auch nicht weiter, wenn man unter »wahr« das verstehen will, was unter idealen Umständen als rational akzeptiert werden darf. In einem solchen »epistemischen« Wahrheitsbegriff, den Habermas im Anschluß an C.S. Peirce selbst zeitweilig (unter dem Titel einer »Konsensus«- oder »Diskurs«-Theorie der Wahrheit) vertrat, sieht er jetzt, und zwar zu Recht, einen doppelten Mangel (51, 231, 256, 289). (1) Entweder werden die idealen Umstände inhaltlich präzisiert, und dann ist es denkbar, daß ein unter solchen Bedingungen gerechtfertigtes Urteil doch falsch sein könnte. Auch wenn bestimmbare Idealbedingungen nicht als ein Grenzwert oder Endzustand der Argumentation, sondern als Umstände verstanden werden, die wir immer weiter idealisieren können (auf diese Weise will Habermas, wenn nicht Wahrheit, so doch Rechtfertigung definieren), ist eine Aussage nicht schon dadurch wahr, daß sie allen solchen Entkräftungsversuchen nacheinander standhalten würde; denn es ist vorstellbar, daß eine Aussage, obschon wahr, an einigen Zwischenstufen dieser Reihe von Entkräftungsversuchen nicht bestätigt sein könnte.[3] (2) Oder die Umstände werden so weit idealisiert, daß jede derartige Möglichkeit *per definitionem* ausgeschlossen ist, dann aber unterscheidet sich der Begriff »ideal gerechtfertigter Akzeptabilität« zuwenig von der Wahrheit selbst, um eine Erläuterung derselben bieten zu können.

Wahrheit ist folglich ein rechtfertigungstranszendenter Begriff, »ohne epistemischen Index« (52), wie Habermas sagt, obwohl sie natürlich auch eine innere Beziehung zur Rechtfertigung hat. Wahre Sätze sind unbedingt wahr: Sie beziehen sich nicht auf die Gründe, die wir eventuell für sie haben, sondern auf etwas in der objektiven, d. h. unabhängig existierenden und für alle identischen Welt. Mit diesem Schluß bin ich einverstanden, aber nicht mit der Art und Weise, wie Habermas die Rechtfertigung selbst verstehen will. Denn die »ideale Behauptbarkeit«, so wie er sie definiert, scheint mir kein intelligibler Begriff zu sein. Wenn wir unterstellen, daß unsere Aussage gerechtfertigt ist, setzen wir voraus, so versichert Habermas, daß sie sich mit überzeugenden Gründen nicht nur in diesem, und nicht nur in einem anderen Kontext, sondern »in allen möglichen Kontexten, also jederzeit gegen jedermann« (259) verteidigen läßt. Diese Idee möchte ich

---

[3] Das scheint mir die Schwäche der von Crispin Wright vorgeschlagenen Definition von Wahrheit durch »superassertibility« zu sein (*Wahrheit und Objektivität*, Frankfurt am Main 2001). Habermas lehnt diese Definition auch ab, obwohl er das aus allgemeineren Überlegungen heraus tut (*Wahrheit und Rechtfertigung*, S. 289f.).

kurz kritisch erörtern, ehe ich mit der Darstellung seines Wahrheitsbegriffs und des angeblichen Unterschieds zwischen empirischen und moralischen Urteilen fortfahre. Ich schweife von unserem Thema nur scheinbar ab, denn für ein richtiges Verständnis der Normativität ist dieser Punkt im Grunde genommen unentbehrlich.

III.

Ist es nun wirklich so, daß wir uns mit der Unterstellung der Begründbarkeit einer Aussage darauf festlegen, daß diese Aussage unter allen möglichen Umständen gerechtfertigt sein könnte? Zu beachten ist, daß Habermas keineswegs (oder besser: keineswegs mehr) einen Endzustand der Argumentation, d.h. eine Situation maximal idealisierter epistemischer Bedingungen, als das Kriterium der Rechtfertigung beschwört. In dieser Hinsicht hat sich seine Position geändert, worauf er in *Wahrheit und Rechtfertigung* aufmerksam macht (256f.). Seiner aktuellen Ansicht nach besteht das unterstellte Begründetsein einer Aussage darin, daß sie rational behauptbar bleibt, wie sehr man auch immer die Bedingungen idealisieren mag, unter denen sie zu bewerten ist (259, 289). Jedoch scheint mir auch diese prozedurale Fassung keine Präsupposition unserer Praxis auszumachen. So viel Transzendenz beanspruchen wir nicht. In der Tat läßt sich schwer verdeutlichen, was es heißen könnte, daß sich unsere Aussage »in allen möglichen Kontexten« begründen ließe. Natürlich können wir uns verschiedene Idealisierungen der Bedingungen ausdenken, unter denen eine Aussage gerechtfertigt werden könnte. Aber dabei extrapolieren wir von der Perspektive, die wir schon innehaben. Wir gehen von gewissen Überzeugungen und Maßstäben aus, die wir schon akzeptieren und als besonders solide ansehen, und wir stellen uns noch bessere Umstände vor, in denen diese Ressourcen verwendet werden könnten. Welches Schicksal der Aussage beschieden wäre, wenn sich unsere Perspektive als gründlich falsch herausstellen sollte (was durchaus möglich ist), können wir nicht im geringsten wissen, und wir brauchen keine Stellung dazu nehmen.

Der Begriff der Begründbarkeit, auf den wir uns berufen, ist also begrenzter als Habermas ihn gerne darstellt. Natürlich verneint Habermas nicht, daß wir uns »faktisch« immer auf Argumente stützen, die innerhalb des Horizonts »bisher unproblematisch gebliebener Hintergrundannahmen« zustande kommen.[4] Die Frage betrifft aber nicht die Rechtfertigung, die wir für eine Aussage tatsächlich aufbieten, sondern die ideale Rechtfertigung, deren Möglichkeit wir unterstellen, wenn wir die Aussage behaupten. Habermas ist der Ansicht, daß die ideale Rechtfertigung mehr sein muß als bloß die idealisierte Anwendung unserer gegenwärtigen Hintergrundannahmen. Warum wir uns aber in unseren Ansprüchen so viel anmaßen sollen, ist ein Rätsel. Ich glaube, man verschafft sich Klarheit über diesen Zusammenhang, sobald man in der Rechtfertigung eine wesentlich problembezogene Tätigkeit sieht. Überzeugungen, die wir schon haben, bedürfen als solche nicht unbedingt einer Rechtfertigung: Genauso wie wir eine Berechtigung dafür benötigen, eine neue Überzeugung anzunehmen, brauchen wir auch Gründe dafür, eine gegebene Überzeugung in Frage zu stellen und nach ihrer Rechtfertigung zu suchen. Ob sich eine Meinung als problematisch erweist, hängt folglich von den anderen Elementen unseres Gesichtspunktes ab, welche die Natur des Problems und die Bedingungen einer adäquaten Lösung bestimmen. Nichts in der Idee der Begründbarkeit einer Aussage drängt uns dazu, über diesen Rahmen hinauszublicken, denn nur innerhalb desselben entsteht das Bedürfnis nach Rechtfertigung. In dieser Hinsicht legen unsere epistemischen Festlegungen ihren lokalen Charakter nie ab.

Bisher habe ich von der Rechtfertigung gesprochen, soweit ihr Gegenstand die Zuverlässigkeit unserer Aussagen ist. Rechtfertigung kann aber auch etwas anderes bedeuten. Es kann darum gehen, nicht die Akzeptabilität einer Aussage zu überprüfen, sondern jemandem zu zeigen, daß er Gründe hat, die Aussage gutzuheißen. Wenn wir eine Rechtfertigung dieser Art suchen, müssen wir uns gewissermaßen vom eigenen Gesichtspunkt entfernen, denn unser Ziel ist, die Vorzüge einer Überzeugung vom Gesichtspunkt des anderen her aufzuzeigen. Aber eine derartige Begründbarkeit, die wohl auch begrenzt ist (was für Argumente könnten wir vorbringen, um den Einwohnern des Amazonas-Dschungels zu zeigen, daß die Gesetze der Quantenphysik gültig

---

4 J. Habermas, *Faktizität und Geltung*, a. a. O., S. 278.

sind?), gehört nicht zu dem, was wir unterstellen, wenn wir etwas als wahr behaupten.

Solange Habermas das Wesen der Wahrheit über die ideale Akzeptabilität definieren wollte, hatte es einen gewissen Sinn, den Anspruch auf Begründbarkeit mit derselben Kontextunabhängigkeit auszustatten, die zur Wahrheit gehört. (Was wahr ist, ist wahr schlechthin, nicht wahr unter diesen Umständen und falsch unter anderen.) Jetzt, da Habermas solche Definitionsversuche aufgegeben hat, sollte er sich vom Rechtfertigungsbegriff nichts mehr versprechen, was so weit über dessen gewöhnliche Bedeutung hinausgeht. Die Auffassung, für die ich eintrete, fällt also nicht mit dem »Kontextualismus« zusammen, den Habermas (sei es zu Recht oder nicht) bei Rorty findet. Der Wahrheitsanspruch, den wir in einer Behauptung erheben, läßt sich nicht auf die Annahme reduzieren, daß unser Urteil im gegenwärtigen sowie in ähnlichen vorstellbaren Kontexten begründbar ist. Mit dem Anspruch auf Begründbarkeit meinen wir zwar nichts weiter als das. Aber mit dem Prädikat »wahr« wollen wir darüber hinaus sagen, daß sich das Urteil auf eine objektive Welt bezieht – das ist die »realistische Intuition« (249, 284), von der Habermas spricht und mit der ich ganz einverstanden bin. Mithin ist die Verbindung zwischen Wahrheit und Rechtfertigung sogar noch lockerer als Habermas vermutet, so daß der richtige Standpunkt ein Kontextualismus der Rechtfertigung, wenn nicht auch einer der Wahrheit ist.[5]

In diesem Exkurs habe ich mit Habermas nicht nur über Fragen in der Rechtfertigungstheorie streiten wollen. Mir ging es auch darum, zu zeigen, wie wenig der Begriff der Idealisierung die Natur der normativen Ansprüche erklären kann, die wir auf der Suche nach Erkenntnis erheben. Wäre es möglich, die unterstellte Begründbarkeit einer Aussage als ihre Begründbarkeit »in allen möglichen Kontexten« zu begreifen, ließe sich unser Verständnis derselben ohne Berufung auf jeweils gegebene Erkenntnisnormen erläutern. Der Weg wäre dann frei, den Anspruch auf Begründung als den Verweis auf eine Idealisierung zu verstehen, als den Verweis auf eine unbegrenzte Ausdehnung der aktuellen Umstände, die wir auf eigene Faust vornehmen. Daher kommt,

---

[5] So habe ich das Wort »Kontextualismus« in meinem Buch *The Morals of Modernity* (Cambridge 1996) gebraucht, wo ich diese Kritik an Habermas auch entwickelt habe.

wenn ich mich nicht irre, der besondere Reiz, den diese Idee der Rechtfertigung auf Habermas ausübt. Sie stimmt mit dem überein, was ich seine »konstruktivistische« Seite genannt habe. Wenn sich im Gegenteil herausstellt, daß unser Denken immer auf gegebene Normen angewiesen bleibt, können Idealisierungen nur eine untergeordnete Rolle spielen. Sie werden immer in einem bestimmten Kontext und in bezug auf bestimmte Ziele vorgenommen. Sinnvoll sind sie nur, wenn man nach den Gründen fragen darf, die ihre Einführung rechtfertigen. In Idealisierungen kann man folglich keine Erklärung der Normativität im allgemeinen suchen. Wie wir aber sehen werden, ist dieser Schluß Habermas selbst in anderen Hinsichten nicht so fremd.

IV.

Um zu diesem Punkt zu gelangen, müssen wir seine Unterscheidung zwischen Wahrheit und Richtigkeit weiterverfolgen. Mit Blick auf die positive Analyse, die Habermas dem Wahrheitsbegriff widmet[6], wird es für unsere Zwecke genügen, nur auf seine Auslegung der diesem Begriff zugrundeliegenden »realistischen Intuition« einzugehen. Wenn wir etwas als »wahr« behaupten, unterstellen wir, sagt Habermas, daß sich unsere Behauptung auf eine objektive Welt bezieht, die für alle *identisch* und von unseren Behauptungen *unabhängig* ist (25, 249). »Unabhängig« aber in welchem Sinne? Wir setzen nicht voraus, das unterstreicht Habermas ganz eindeutig, daß sich die Behauptung einer Wirklichkeit gegenüberstellen ließe, die wir unabhängig von unseren anderen Überzeugungen erfassen könnten. Das ist unmöglich. Rechtfertigungsprozesse vollziehen sich immer innerhalb einer schon konzeptualisierten Welt, und die Tatsachen, denen unsere Aussagen gerecht werden sollen, sind nichts anderes als das, was wir schon bereit sind, über Gegenstände in der Welt zu behaupten. Mit dem Wort »Unabhängigkeit« will Habermas die Beziehung dieser Gegenstände selbst zu unseren Aussagen bezeichnen, und was er offensichtlich meint, ist, daß die Gegenstände, aus denen die objektive Welt besteht, *kausal* unabhängig sind von

---

[6] Anderen Aspekten seines Wahrheitsbegriffs bin ich im Aufsatz »Habermas und der Pragmatismus« (in: Stefan Müller-Doohm (Hg.), *Das Interesse der Vernunft*, Frankfurt am Main 2000) nachgegangen.

unseren Behauptungen. Damit der Satz »das Glas steht auf dem Tisch« als »wahr« gilt, müssen wir unterstellen, daß das Glas sich dort nicht auf Grund unserer Behauptung befindet. Im Gegenteil, und darauf besteht Habermas an vielen Stellen, die objektive Welt erweist sich als unabhängig von uns, gerade soweit sich Gegenstände unseren Aussagen widersetzen können (37, 56, 164). Indem wir uns ihrem Widerstand aussetzen, machen wir uns also unsererseits kausal abhängig von der Welt.

Diesem Argument liegt laut Habermas die Ansicht zugrunde, daß die Welt nicht aus Tatsachen, sondern aus Gegenständen besteht (37, 42, 44, 169). Tatsachen, die begrifflich strukturiert sind, gehören nicht zur Welt selbst. Sie sind – so Habermas – das, was wir von den Gegenständen aussagen, die die Welt ausmachen. Diese Gegenstände seien nicht selber begrifflich strukturiert, sondern konstituieren den Widerstand, mit dem wir zurechtkommen müssen. Verstehe man im Gegenteil die Welt als die Gesamtheit der Tatsachen, wie es Habermas zufolge Robert Brandom tut, dann verfalle man in einen bedauerlichen »Begriffsrealismus« oder »objektiven Idealismus«. Dieser Grundsatz, dem Habermas selbst den auf Heidegger zurückgehenden Namen der *ontologischen Differenz* gibt (167), scheint mir aber nicht sehr einleuchtend zu sein.[7] Nur weil die Welt begrifflich strukturiert ist, kann sie unseren Behauptungen über sie Widerstand leisten. Wir stolpern nicht einfach über Gegenstände, sondern darüber, daß die Gegenstände so und nicht anders beschaffen sind – d. h., gerade über das, was in Tatsachen zum Ausdruck kommt. Mir scheint es in der Tat gleichgültig, ob man die Welt als die Totalität von Gegenständen oder als die Totalität von dem begreift, was der Fall ist. Oder besser gesagt: das Wesentliche ist, die Welt so zu verstehen, daß beide Sprechweisen zutreffen. Eben das erreichen wir mit der Vorstellung des eventuellen Widerstands der Welt.

Eingedenk dieser Einsicht wenden wir uns jetzt dem Unterschied zu, den Habermas zwischen empirischen und moralischen Urteilen bezüglich der von diesen Urteilen erhobenen Geltungsansprüche sieht.

Wenn wir etwas als moralisch gut oder schlecht beurteilen, unterstellen wir, daß sich unser Urteil rechtfertigen läßt. In dieser

---

7 Schon in *Erkenntnis und Interesse* (Frankfurt am Main 1968, S. 169) hat sich Habermas die Heideggersche These der »ontologischen Differenz« zu eigen machen wollen.

Hinsicht besteht, sagt Habermas, kein Kontrast zu dem, was wir in unseren empirischen Behauptungen voraussetzen. Nicht nur bedeutet Rechtfertigung dasselbe, nämlich das argumentative Anführen von Gründen, sondern es soll darüber hinaus in beiden Fällen unsere Präsupposition sein, daß sich eine Aussage nicht nur im gegenwärtigen, sondern auch in »allen möglichen Kontexten« begründen läßt. Die Einwände, die ich bereits gegen diesen letzten Punkt geltend gemacht habe, werde ich nicht wiederholen. Die Hauptsache ist jetzt die These, der zufolge moralische und empirische Urteile einen ähnlichen Anspruch auf Begründbarkeit erheben, und darin (abgesehen von den Einzelheiten, die uns trennen) stimme ich Habermas völlig zu.

Ein Unterschied tritt Habermas zufolge erst dann zutage, wenn man bemerkt, daß moralische Urteile nichts weiter als bloß rationale Behauptbarkeit anstreben. Ihnen fehle – so Habermas – der Weltbezug, das heißt der Bezug zu den Gegenständen, von denen wir Tatsachen aussagen, jener Bezug, der die Wahrheitsansprüche empirischer Urteile charakterisiert (56, 284). Darum zielen sie darauf ab, einfach »richtig« zu sein. Jeder moralische Realismus ist fehl am Platz (178), insofern es keine unabhängige Welt normativer Gegenstände gibt, an deren Resistenz unsere moralischen Überzeugungen scheitern können. Die »realistische Intuition«, die unsere empirischen Urteile nährt, verstummt, wenn es auf die Moral ankommt. Natürlich stoßen unsere Urteile in diesem Bereich gelegentlich auf den Widerspruch anderer, die abweichende Wertorientierungen oder Einschätzungen äußern. Aber, beteuert Habermas, »die ›Objektivität‹ eines fremden Geistes ist aus einem anderen Stoff gemacht als die Objektivität der überraschenden Realität« (56, 295). In solchen Kollisionen kommt nur das Fehlen einer Übereinstimmung zum Ausdruck, und aller Widerstand löst sich auf, sobald es den streitenden Parteien gelingt, sich über jene Meinung zu einigen, die am besten begründet sei. »Die Geltung einer Norm«, so lautet die Habermassche These, »*besteht* in ihrer diskursiv nachweisbaren Anerkennungswürdigkeit« (56; s. auch 297).

Gerade diese Worte sollten uns aber zu denken geben. Was kann »Anerkennungswürdigkeit« genau heißen? Wodurch soll sich eine Norm unserer Anerkennung *würdig* erweisen? Muß nicht eine solche Basis selbst etwas Normatives sein? Wenn das so ist, liegt der Schluß nahe, daß es doch eine objektive moralische

Ordnung gibt, der unsere Urteile entsprechen sollen. Die Resistenz, an der meine moralischen Überzeugungen scheitern können, würde dann nicht bloß eine Frage der Opposition anderer Personen sein. Die Einsprüche, die andere eventuell erheben, wären von Belang, weil so etwas wie moralische Tatsachen existieren, bei denen unsere Vorschläge, diese oder jene Norm anzuerkennen, auf Widerstand stoßen können. Das, worüber wir vielleicht endlich einig werden, wäre, daß wir diesen Widerstand gebührend beachtet haben.

Unmittelbar nach dem zitierten Satz erklärt Habermas selbst, was er unter Anerkennungswürdigkeit verstehen will. »Eine gültige Norm verdient Anerkennung«, fügt er hinzu, »weil und soweit sie auch unter (annähernd) idealen Rechtfertigungsbedingungen akzeptiert, d.h. als gültig anerkannt würde« (56). Diese Erläuterung ist ein gutes Beispiel für die von mir bereits kommentierte Forderung, den Begriff der Begründung durch den Gebrauch von Idealisierungen zu analysieren. Damit will Habermas der vermeintlichen Gefahr entgehen, eine unabhängige Welt normativer Gegenstände postulieren zu müssen, um dem Phänomen der Normanerkennung gerecht zu werden. Wenn es sich aber herausstellt, daß entgegen diesem konstruktivistischen Ansatz die Gültigkeit einer Norm nur unter Berufung auf andere Normen anerkannt werden kann, zu denen man sich schon bekennt – wenn wir also zugeben müssen, daß sich die Normativität, im moralischen wie im empirischen Bereich, nie vollständig durch die Einführung von Idealisierungen, sondern letztlich nur durch die Existenz von Gründen erklären läßt, scheinen die Bedingungen gegeben zu sein, um von der Wahrheit, und nicht bloß von der Richtigkeit, normativer Aussagen reden zu können. Wenn wir behaupten: »Diese Handlungsweise ist gerecht«, meinen wir dann nicht, daß es Gründe gibt, sich so zu verhalten – Gründe, in denen die Anerkennungswürdigkeit der darin geäußerten Norm eigentlich besteht?

V.

Ehe ich diese letzten Reflexionen weitertreibe, möchte ich die Aufmerksamkeit auf eine Konsequenz lenken, die aus der Ansicht folgt, nach der moralische Aussagen nicht als »wahr«, sondern nur als »richtig« gelten dürfen. Damit will Habermas ihnen offensichtlich die Art von Weltbezug versagen, die der Existenz von moralischen Gegenständen Raum lassen würde. Moralische Aussagen besagen, »wie Personen sich verhalten sollen, und nicht, wie es sich mit den Dingen verhält« (273). Aber mit derselben Argumentation müßte man auch schließen, daß normative Aussagen im allgemeinen keine Wahrheitsansprüche erheben können. Die Moral ist nur ein Bereich unter anderen, in dem wir zu dem Stellung nehmen, was der Fall sein sollte. Nicht nur in praktischen Fragen, sondern auch wenn es darum geht, wie wir empirische Fragen behandeln sollten – wenn wir über die Erkenntnisziele nachdenken, die wir uns setzen sollten, und über die Bedingungen, unter denen eine Theorie als bestätigt zu gelten hätte –, bilden wir uns normative Urteile. Daher müßte ihnen gleicherweise die Fähigkeit fehlen, wahr oder falsch zu sein. Wenn man keine Gegenstände zulassen will, auf die sich moralische Aussagen deskriptiv beziehen, muß man den Prinzipien des richtigen Gebrauchs des Verstandes eine derartige Objektivität ebenfalls absprechen.

Habermas selbst scheint sich dieser weitreichenden Folgen seiner Unterscheidung zwischen den Geltungsansprüchen empirischer und moralischer Urteile nicht bewußt zu sein. Ihm geht es hauptsächlich darum, den moralischen Realismus abzuweisen, und die Kosten der dazu gewählten Mittel läßt er außer Betracht. Aber die Argumente, auf die er sich stützt, haben keinen besonderen Bezug zur Moral. Sie verweisen auf keinerlei Eigentümlichkeiten moralischer Aussagen, die nicht auch bei den anderen Formen des normativen Denkens vorkommen. Dabei beschreitet Habermas einen ausgetretenen Pfad der modernen Philosophie. Sehr viele Philosophen haben den Begriff des moralischen Wissens auf eine Weise zurückgewiesen, die es auch verbietet, in den Prinzipien des Denkens und des Handelns im ganzen einen Gegenstand der Erkenntnis zu sehen.

Diese Argumentationsweise ist so weit verbreitet, weil sie von einem Weltbild zehrt, das, ausdrücklich oder nicht und selten durchdacht, zu einer Selbstverständlichkeit unserer Epoche geworden ist. Ich meine den Naturalismus oder die Ansicht, der zufolge nur das existiert, was von einer physischen oder psychischen Wesensart ist und darum zum Bereich der empirischen Wissenschaften gehört. In einer solchen Welt kann es natürlich keine »moralischen Gegenstände« geben, und auf diese Auffassung beruft man sich, oft implizit, wenn man glaubt, klar erkannt zu haben, daß moralische Aussagen nicht im strikten Sinne wahr oder falsch sein können. Was man dabei häufig nicht bemerkt, ist, daß dieses Weltbild auch die Möglichkeit einer Erkenntnis ausschließt, die davon handelt, wie wir denken sollten. Die meisten Philosophen, die seit David Hume einen Anti-Kognitivismus in der Moral vertreten haben, haben nicht die letzten Konsequenzen aus ihrem Standpunkt gezogen. Besonders in der angelsächsischen Philosophie, wo ein moralischer Subjektivismus oft Hand in Hand mit einem gutgläubigen Szientismus geht, herrscht die Doktrin in dieser begrenzten, eher gemütlichen Form. Wenige stellen sich vor, wieviel sie eigentlich verneinen. Eine Ahnung von den Kosten des Naturalismus bekommt man erst dann, wenn man sich die Frage stellt, inwiefern die Philosophie selbst eine Art von Erkenntnis konstituieren kann. Denn die Philosophie ist, was immer sie auch sonst noch bedeuten mag, ein normatives Unternehmen, das in der Reflexion über die Gültigkeit der Prinzipien besteht, auf die wir uns im Denken und Handeln berufen.[8]

In *Wahrheit und Rechtfertigung* bekennt sich Habermas zu einem »schwachen Naturalismus« (32ff.). Es gebe keinen Bereich des Intelligiblen außerhalb der Welt unserer Erfahrung, aber diese naturalistische Einstellung sollte nicht zur Preisgabe unseres normativen Selbstverständnisses führen. Die Praktiken, in denen wir Gründe angeben und fordern, sollten nicht (wie gemäß einem »strengen« Naturalismus) auf kausal erklärbare Prozesse reduziert werden, sondern ihren kognitiven Gehalt behalten. Auf den ersten Blick kann diese Position verlockend erscheinen. Es bleibt jedoch die Frage, wie Habermas das Wesen normativer Erkenntnis genau zu erklären vermag, und d. h., was für Gegenstände er derselben zuordnen kann. Mit einem »intelligiblen Bereich« will er anscheinend nichts zu tun haben. Kann aber ein solcher Bereich nur jenseits unserer Erfahrung liegen? Das setzt der Naturalismus voraus, der in seiner Entschlossenheit, innerhalb der Grenzen der Erfahrung zu bleiben, keine normativen, sondern nur physische und psychische Phänomene zu konstatieren glaubt. Gerade diese Annahme gilt es aber zu überdenken.

Prinzipien sind in der Tat nur *eine* Art von Gründen, denn

---

8 Dieses Thema habe ich in meinem Artikel »Warum nicht Philosophie?« (*Deutsche Zeitschrift für Philosophie* 47 (3), 1999, S. 505-509) entwickelt.

Gründe suchen wir auch, wenn es um die richtige Anwendung von Prinzipien geht, und es fordert eine gewisse Geschicklichkeit, Gründe in Situationen zu erfassen, wo Prinzipien stumm bleiben müssen. Es steht ebenfalls fest, daß sich nicht nur unser Handeln, sondern auch unser Denken nach Gründen richtet. Gründe erwägen wir ausdrücklich, wenn unsere Aussagen oder Handlungen in Frage gestellt sind, aber Gründe zu haben unterstellen wir, wann immer wir auch nur etwas behaupten oder eine Handlung absichtlich vollziehen. Wie Habermas selber zugeben würde, erfüllt die Berufung auf Gründe unsere Erfahrung in solchem Maße, daß die Erfahrung ohne sie unvorstellbar ist. Doch was sind Gründe eigentlich? Offenkundig haben sie einen normativen Charakter, und weil es sich leicht beweisen läßt, daß sie darum weder physischer noch psychischer Natur sind, liegt die Folgerung nahe, daß der Bereich des Intelligiblen kein platonischer Himmel, sondern Teil unserer diesseitigen Welt ist.

Warum sind Gründe keine physischen oder psychischen Phänomene? Oft sagen wir z. B., daß die Kälte Grund für uns ist, einen Mantel zu tragen. In Wirklichkeit ist das aber eine abgekürzte Redeweise. Die Kälte *ist* nicht unser Grund, sie *gibt* uns einen Grund oder sie *zählt als* ein Grund. Daß wir einen Grund haben, einen Mantel zu tragen, ist nicht die (physische) Tatsache, daß es kalt ist, sondern die (normative) Tatsache, daß jene Tatsache *für* das Tragen eines Mantels *spricht*. Der Grund besteht in der Relevanz des physischen Sachverhalts für unsere Handlungsmöglichkeiten.[9] Das wird ersichtlich, sobald man feststellt, daß jemand die Existenz eines solchen Grundes verneinen könnte, ohne zu bestreiten, daß es kalt ist. Die Kälte, könnte er sagen, gibt uns im Gegenteil einen Grund, ohne Mantel zu gehen, damit wir unsere Härte auf die Probe stellen. Gründe sind also selbst kein Bestandteil der physischen Welt, obwohl ihr Inhalt, wie unser Beispiel zeigt, davon abhängen kann.

Die Normativität von Gründen läßt sich auch psychologisch nicht plausibel erklären. Offensichtlich ist der Grund, einen Mantel zu tragen, weder mit dem Geisteszustand identisch, in dem ich mich befinde, wenn ich glaube, daß ich einen Grund dazu habe. Noch ist der Grund dem Geisteszustand gleichzusetzen,

---

9 Siehe die Diskussion in meinem Buch *The Morals of Modernity*, Kap. V, sowie auch bei T.M. Scanlon, *What We Owe to Each Other*, Cambridge, Mass. 1998, S. 55-64.

der darin besteht, daß ich Meinungen habe, deren Inhalte das Tragen eines Mantels rechtfertigen. Nicht in meiner Meinung, daß es kalt ist, sondern darin, daß es kalt ist, sehe ich einen Grund, das Haus nur mit einem Mantel zu verlassen. Freilich ist damit noch nicht erwiesen, daß Gründe etwas sind, was nicht psychologisch ist. Obwohl sich Gründe nicht mit seelischen Zuständen identifizieren lassen, könnte man versuchen, die Rede von Gründen rein psychologisch zu interpretieren, indem man die Voraussetzung fallenließe, daß Gründe irgend etwas objektiv Existierendes sind. Man könnte nämlich davon ausgehen, daß Aussagen über Gründe eher einen expressiven als einen deskriptiven Gehalt haben: Sie dienten nur dazu, unsere Einstellungen zum Ausdruck zu bringen. Den Satz »X ist ein Grund für Y« will man dann so verstehen, als ob er einfach bedeutete, daß wir X als einen Grund für Y *nehmen*, und nicht, daß wir zu *wissen* glauben, daß X ein Grund dafür ist.[10]

Gegen diese Position, die gerade zur Lieblingstheorie des zeitgenössischen Naturalismus geworden ist, habe ich kein schlagendes Argument. Ich kann nicht zeigen, daß sie inkohärent ist. Ihr Preis ist aber hoch. Die Idee, daß wir Gründe »entdecken« können oder daß es eine richtige Weise zu denken oder zu handeln gibt – all das muß dieser Standpunkt zu einer Illusion oder zu einer bloßen *façon de parler* erklären. Ich vermute, daß Habermas selbst solche Konsequenzen mit Bestürzung betrachten würde. In dieser Vermutung sehe ich mich vor allem durch eine Passage in *Wahrheit und Rechtfertigung* bestärkt, in der er derjenigen Tendenz freien Lauf läßt, die ich die »rationalistische« Seite seines Denkens genannt habe.

VI.

In seiner Auseinandersetzung mit Brandoms Sprachpragmatik bemängelt Habermas die Eilfertigkeit, mit der sich Brandom der kantischen Vorstellung der Selbstgesetzgebung bedient. Moral- und Rechtsnormen mögen ihre Grundlage in der »Autonomie« der Bürger haben – das ist natürlich der Gesichtspunkt, den er selbst in seinem Buch *Faktizität und Geltung* vertritt. Die Nor-

---

10 Das ist im wesentlichen die Analyse bei Allan Gibbard, *Wise Choices, Apt Feelings*, Cambridge, Mass. 1990, S. 163.

men der Rationalität könne man aber nicht auf vergleichbare Weise verstehen; ihre Autorität lasse sich nicht auf eine Geltung zurückführen, die wir selber stiften. »Eine ›vernünftige‹ Normsetzung muß nach *Vernunft*normen vorgenommen werden und kann deshalb«, schreibt Habermas, »nicht ihrerseits das Modell für eine Erklärung der Normativität von Vernunft selbst abgeben« (148). Die Prinzipien der Rationalität liegen zu tief in unserem normativen Selbstverständnis, um das Ergebnis unserer Autonomie sein zu können.

Daß Brandom eine derartige Verallgemeinerung des Autonomiebegriffs vorhat, ist aber unbestreitbar. Die Moralphilosophie Kants hält er für eine erste Formulierung der allgemeinen Einsicht, daß »unsere eigene Anerkennung oder Billigung einer Regel der Ursprung ihrer Autorität über uns ist«.[11] Brandom ist ein entschlossener Konstruktivist, der in allen Normen nur »Menschenwerk« sieht, ein Netz normativer Bedeutungen, das wir wie eine Art von Überbau auf einer normlosen, »entzauberten« Natur errichten. Sicher, Brandom ist bereit, normativen Aussagen, nicht weniger als empirischen Aussagen, die Fähigkeit zuzuschreiben, Tatsachen anzugeben, aber dadurch wird er keineswegs zu einem moralischen Realisten. Die beiden Aussagearten sollen in dieser Hinsicht einfach deshalb ähnlich sein, weil wir in beiden Fällen Stellung nehmen und uns nötigenfalls rechtfertigen müssen.[12] Letzten Endes ist aber für Brandom die Normativität als solche eine menschliche Institution. Was ich nun bemerkenswert finde, ist, daß Habermas, trotz seiner eigenen Neigung für konstruktivistische Ansätze, eben diese Denkweise ausdrücklich zurückweist, wenn es um das Wesen der Vernunft geht. Seiner Ansicht nach ist das moralische Universum immerhin »ein Konstruiertes« (304), und die Argumente, durch die er zu diesem Schluß kommt, sollten ihn, wie ich hervorgehoben habe, zu einer ähnlichen Auffassung in bezug auf alle normativen Urteile gebracht haben. Er weigert sich jedoch, diese Richtung einzuschlagen. Darin möchte ich weniger eine Inkonsequenz als eine gewin-

---

11 Robert Brandom, *Expressive Vernunft*, Frankfurt am Main 2000, S. 101 (deutsche Übersetzung geändert).
12 Siehe Brandom, *Expressive Vernunft*, S. 864-866. Mir scheint, daß sich Habermas irrt und seine eigene, völlig überzeugende Kritik an Brandom verrät, wenn er ihm vorwirft, ein moralischer Realist zu sein (*Wahrheit und Rechtfertigung*, S. 178).

nende Aufgeschlossenheit sehen, die ihn auf den richtigen Weg bringt.

Denn mit seinem Einwand gegen Brandoms Pauschalerklärung der Normativität hat Habermas in meinen Augen durchaus recht. Die Grundprinzipien der Rationalität entspringen nicht unserer Selbstgesetzgebung, weil jede Ausübung der Autonomie, jede Stiftung einer Norm, inkohärent wird, falls sie sich nicht an solchen Prinzipien orientiert. Wir können uns weder den Zweck noch den Vollzug einer Normsetzung vergegenwärtigen, wir können nicht einmal begreifen, was es heißt, uns einer Norm gemäß zu verhalten, wenn wir uns nicht schon innerhalb des Rahmens der Vernunft bewegen. Vermutlich entgeht Brandom in der eigenen Darstellung seines Systems, wenn auch wider Willen, dieser Voraussetzung letztlich nicht. Ob die Prinzipien der Moral ihrerseits wirklich unter das Ideal der Autonomie fallen, wie Habermas beteuert, habe ich meine Bedenken.[13]

In unserem Zusammenhang sind aber eher die Erläuterungen von Belang, mit denen er seine Kritik an Brandoms Konstruktivismus weiterführt.

»Während Handlungsnormen den Willen von Aktoren *binden*«, schreibt Habermas, »*lenken* Rationalitätsnormen ihren Geist« (149). Die Pointe des Kontrasts ist vielleicht nicht augenfällig. Habermas will hier allem Anschein nach darauf hinweisen, daß Handlungsnormen Regeln darstellen, durch die wir uns selber binden, während Rationalitätsnormen keine selbstauferlegten Verpflichtungen sind, sondern uns sozusagen »von außen« leiten. Ob alle Handlungsnormen von uns selber eingeführt sind, werde ich noch einmal beiseite lassen. Die Unterscheidung zwischen den zwei Klassen von Normen mag an sich nicht stichhaltig sein, aber das, was Habermas mit dem Wort »lenken« meint, wird in den nächsten Sätzen deutlich. Die Gründe, auf die wir uns berufen, wenn wir etwas behaupten oder in einem Diskurs besprechen, haben »eine rational motivierende Kraft«. Sie »affizieren« unseren Geist, wie Habermas in dieser Passage sagt, so daß man ein falsches Bild von unserem Verhältnis zu Gründen hätte, wollte man in ihnen irgendwie unsere eigene Schöpfung sehen. Für Gründe müssen wir empfänglich sein. Gerade diese »Affek-

---

[13] Siehe meinen Aufsatz »L'autonomie de la morale« (*Philosophiques* 24 (2), 1997, S. 313-327) und meine Kritik an Habermas in »The Moral Basis of Political Liberalism« (*Journal of Philosophy* 96 (12) 1999, S. 599-625).

tion durch Gründe« (149) führt Habermas dann an, um zu erklären, warum es angebracht ist, von dem eigentümlich zwanglosen *Zwang* des besseren Arguments zu sprechen. Wie läßt sich ein Zwang dieses Typs sonst begreifen? Gründe sind zwanglos, weil sie nicht durch Gewalt, sondern durch ihre Intelligibilität auf uns einwirken. Sie üben trotzdem einen besonderen Zwang aus, indem sie uns unsere Zustimmung abverlangen. Nur weil wir durch Gründe bewegt werden können, sind wir argumentfähige, vernünftige Wesen.[14]

Für die rationalistische Auffassung von Normativität, die in diesen Bemerkungen zum Ausdruck kommt, hege ich die größte Sympathie. Allerdings erweisen sich unter einem solchen Gesichtspunkt einige andere Thesen als unhaltbar, die Habermas ebenfalls vertreten hat. Wo man zum Beispiel von »Affektion« reden kann, läßt sich auch von Widerstand sprechen. Wenn der Geist durch Gründe affiziert werden kann, muß es auch wahr sein, daß wir in unserem Denken auf ihren Widerstand stoßen können. Und das geschieht gerade dann, wenn wir uns wie vernünftige Wesen verhalten und dem Zwang des besseren Arguments gehorchen. An die Stelle des Widerstands von Objekten, behauptet Habermas (56, 295), tritt im normativen Bereich der Widerspruch sozialer Gegenspieler. Aber das ist ein zu kurz greifender Vergleich. Denn bedenken wir einmal, in welcher Hinsicht die Einsprüche anderer uns wichtig sind, wenn es darum geht, die richtige Lösung eines Problems zu finden! Wir hätten nämlich keinerlei Veranlassung, unsere eigene Meinung zu überdenken, wenn die Resistenz anderer nicht gelegentlich auch den Widerstand von Gründen zum Vorschein brächte, dem wir alle ausgesetzt sind. Gleichgültig, ob das Gespräch um eine empirische oder eine normative Frage kreist, es entwickelt sich in beiden Fällen unter der Autorität einer unabhängigen Ordnung von Gründen, jedenfalls soweit Argumente darin eine Rolle spielen sollen.

Wie Habermas selber (9) gern betont, wollen wir uns in einem Gespräch *mit* anderen *über* etwas verständigen. Das ist nicht anders, wenn es um die Gründe geht, die wir angeblich dafür haben, etwas zu denken oder zu tun. Um glauben zu können, daß

---

14 Vgl. die letzten Worte in Thomas Nagels *Das letzte Wort* (Stuttgart 1999, S. 210): »Sofern wir überhaupt denken, müssen wir uns selbst – individuell wie kollektiv – als Wesen begreifen, die die Ordnung der Vernunftgründe nicht erschaffen, sondern ihr unterworfen sind.«

meine Gründe triftig sind, muß ich selbstverständlich unterstellen, daß andere sich mit mir unter gewissen Umständen auf ihre Gültigkeit einigen würden. Aber das bedeutet nicht, daß die Triftigkeit der Gründe in dieser Einigung selbst, im Fehlen abweichender Äußerungen, besteht. Indem ich mir ein solches Gespräch vorstelle, dessen Ziel die Verständigung mit anderen wäre, kann ich nicht umhin, davon auszugehen, daß dieses Gespräch einen Gegenstand hätte, der unabhängig vom Gesprächsverlauf existiert. Nicht das Geteiltsein, sondern die Teilbarkeit meiner Gründe ist das Zeichen ihrer Qualität, und gerade dieser Unterschied weist darauf hin, daß die Gründe selber eine Instanz bilden, der wir uns zu unterwerfen haben.[15]

Die Hartnäckigkeit des Normativen ist übrigens ein allgemeines Phänomen, das sich nicht nur in praktischen Fragen zeigt, sondern auch dann, wenn wir bemüht sind, empirische Aussagen zu beurteilen, und überdies auch dann, wenn es überhaupt darum geht, richtig zu denken. Gerade dann, wenn wir das Wesen der Normativität in seiner ganzen Breite angehen – wie Habermas es selbst tut, wenn er nicht mehr nur an die Moral denkt, sondern sich dem Ideal des besseren Arguments zuwendet –, gelangen wir zu der Erkenntnis, daß Gründe ebenso »objektiv« sind wie die Gegenstände der physischen und psychischen Welt, deren Objektivität paradigmatisch zu sein scheint. Indem Gründe unseren normativen Meinungen Widerstand leisten können, erweisen sie sich als kausal unabhängig von uns; und indem wir versuchen, uns nach Gründen zu richten, machen wir uns selber von ihnen kausal abhängig. Wenn man diesen Punkt einmal beherzigt hat, dann dürfte man normativen Urteilen nicht mehr die Fähigkeit absprechen, im »realistischen« Sinne wahr oder falsch zu sein – wozu Habermas sich gezwungen fühlt.

Damit haben wir den Naturalismus weit hinter uns gelassen, aber das ist keine unwillkommene Konsequenz. Viele Philosophen sehen in diesem modernen Weltbild eine Vorbedingung für jede verantwortungsvolle Philosophie. Die Vernunft sei selbstverständlich nicht in der Welt, sondern etwas, was der Welt aufer-

---

15 Darum halte ich es im Gegensatz zu Rainer Forst (»Praktische Vernunft und rechtfertigende Gründe«, in: S. Gosepath, *Motive, Gründe, Zwecke*, Frankfurt am Main 1999, S. 168-205 [292]) nicht für möglich, die intersubjektive Teilbarkeit von Gründen ohne Bezug auf eine realistische Konzeption derselben zu verstehen.

legt sein müsse, so daß der Ursprung der Normativität nur unsere Autonomie sein könne.[16] So evident eine solche Auffassung erscheinen mag, sie verträgt sich schlecht mit der eigentlichen Erfahrung des Denkens. Man kann also den Mut nur billigen, mit dem sich Habermas über diese Voreingenommenheit hinauswagt. Sein Thema ist immer die Natur der Verständigung gewesen, die durch den Zwang des besseren Arguments zustande gebracht wird. Teilweise gegen seine Neigung, aber – wenn ich so sagen darf – gerade durch den Zwang der entsprechenden Gründe ist er zu der Einsicht gekommen, daß es einen Bereich des Normativen gibt, der unabhängig von uns existiert.

Wer sich wie Habermas bereit erklärt, von der »Affektion durch Gründe« zu sprechen, darf nicht mehr von sich denken, er stünde jenseits der Metaphysik. Das ist an sich keine Katastrophe. Die Behauptung, keine Metaphysik zu treiben, ist eine philosophische Aussage, hinter der sich normalerweise nur eine uneingestandene Metaphysik verbirgt. Vielleicht ist es an der Zeit, das Pathos einer »Überwindung der Metaphysik« zu überwinden. Habermas selbst hat das Paradigma eines »nachmetaphysischen Denkens« gepriesen. Aber die vier Merkmale, die diese Perspektive auszeichnen sollen – die Verfahrensrationalität, die geschichtliche Situierung der Vernunft, die linguistische Wende, und die Auffassung von der Lebenswelt als Grundlage unserer Erfahrung[17] – lassen sich alle mit der Einsicht versöhnen, daß es eine objektive Ordnung von Gründen gibt, der wir unterworfen sind.

Andererseits ist diese Einsicht sicher nicht unproblematisch. Wie haben wir die Art von kausaler Abhängigkeit, in der die Affektion durch Gründe besteht, genau zu verstehen? Wie können Gründe (die an sich nichts Psychisches sind) auch Ursachen sein und auf den Geist einwirken? Die Schwierigkeiten, die hier bekanntlich lauern, sind ein beständiges Motiv, in einem naturalistischen Weltbild Zuflucht zu suchen. Aber in diesem Weltbild können wir auch nicht leicht heimisch werden. Jürgen Habermas hat sich für diese philosophische Spannung beispielhaft aufgeschlossen gezeigt, und darin liegt unter vielen anderen Gründen noch ein weiterer, ihm dankbar zu sein.

---

16 So mit aller wünschenswerten Direktheit Christine Korsgaard, *The Sources of Normativity,* Cambridge 1996, S. 5.
17 Siehe Habermas, *Nachmetaphysisches Denken,* Frankfurt am Main 1988, S. 41.

Robert B. Brandom
Objektivität und die normative Feinstruktur der Rationalität

Im Zentrum von Habermas' Theorie des kommunikativen Handelns steht die Idee, daß das Sprechen wesentlich im Erheben von Geltungsansprüchen besteht. Für Habermas stellt dieser Ausdruck das entscheidende Bindeglied zwischen seiner *Sprachphilosophie* und seiner *Handlungstheorie* dar. Weil Geltungsansprüche von Haus aus *Rechtfertigungs*forderungen ausgesetzt sind, erbt jede soziale Praxis, die zu Koordinationszwecken auf Sprache angewiesen ist, die Verantwortlichkeitsstruktur der Sprache, und ist daher prinzipiell ein Gegenstand von diskursiver Kritik und Revision. Dieser Vorgang verkörpert eine *prozessuale* Art von Rationalität, und er ist darüber hinaus in *jeder* diskursiven Praxis implizit enthalten. Ich möchte darlegen, daß sein Status als eine Art von *Rationalität* auf der grundlegenden Ebene durch die wesentlich *inferentielle* Gliederung sichergestellt wird, die für den Gebrauch von Begriffen charakteristisch ist. Und daß dieser Status auf der nächsthöheren Ebene durch die Bereitstellung jenes unverzichtbaren Gerüstes abgestützt wird, durch das kritische Überlegungen mit Blick auf die Glaubwürdigkeit jeder Festlegung oder jedes Geltungsanspruches getragen werden (einschließlich derjenigen, denen die Züge und Relationen zwischen diesen unterworfen sind).

Die nachfolgenden Bemerkungen beschäftigen sich mit der paradigmatischen Form von Geltungsansprüchen, nämlich mit denjenigen, die in *behauptenden Äußerungen* zum Ausdruck kommen. Ich bediene mich dabei einer leicht abgewandelten Redeweise und möchte damit den Versuch unternehmen, sowohl etwas von der normativen Struktur freizulegen, die in dieser Art von Geltungsanspruch implizit enthalten ist, als auch das zu untersuchen, was aus ihr folgt. Insbesondere hoffe ich, die engen Beziehungen erhellen zu können, die zwischen einerseits der Dimension der *Autorität*, kraft derer diese normativ signifikanten Performanzen zu Recht als Geltungsansprüche aufgefaßt werden dürfen, und andererseits der Dimension der *Verantwortung* bestehen, kraft derer es angemessen ist, sich diese Performanzen als welche zu denken, die wesentlich, wenn auch implizit, zu *Rechtfertigungs*forderungen berechtigen. Da dieser Zusammenhang für Habermas' grundlegendsten Zugang zur Sprache von erstrangiger Bedeutung ist, lohnt es sich, ihn etwas genauer unter die Lupe zu nehmen.

I.

Eine pragmatistische methodologische Grundthese lautet, daß das Ziel, *Bedeutungen* mit sprachlichen Ausdrücken theoretisch zu korrelieren, darin besteht, den *Gebrauch* dieser Ausdrücke zu erklären. (Die Semantik muß sich an der Pragmatik orientieren.) Unter den Theoretikern, die diesem methodologischen Pragmatismus beipflichten, verläuft jedoch eine fundamentale Trennlinie, die damit zu tun hat, auf welche Weise der Gebrauch sprachlicher Ausdrücke jeweils verstanden wird. Das eine Lager will die *Richtigkeiten* des Gebrauchs erklären. Bedeutungen werden herangezogen, um zu erklären, wie es *richtig* oder *angemessen* ist, Worte und Sätze zu gebrauchen, wie man sie also verwenden *sollte*. Das andere Lager (dem zum Beispiel Behaviouristen quinescher Provenienz zugerechnet werden können) beharrt darauf, daß die Spezifizierung des Gebrauchs in sparsameren Begriffen zu erklären sei. Die semantische Theorie solle sich das Ziel auf die Fahnen schreiben, zu Äußerungen und Äußerungsdispositionen zu gelangen, die in einem Vokabular beschrieben werden, das strikt auf nichtnormative Begriffe beschränkt ist.[1] Ich werde weiter unten ausführen, warum ich denke, daß das zweite Lager auf

---

[1] Nebenbei bemerkt: Es ist *nicht* harmlos, diese Wahl als eine darzustellen, die zwischen einerseits dem Reden darüber, wie sprachliche Ausdrücke gebraucht werden *sollten*, und andererseits darüber, wie sie *tatsächlich* oder *faktisch* gebraucht werden, oder wie Praxisteilnehmer *disponiert* sind, sie zu gebrauchen, getroffen wird. Einen Ausdruck richtig oder falsch zu verwenden ist etwas, was Praxisteilnehmer tatsächlich oder faktisch tun können, etwas, zu dem sie disponiert sein können. Der Unterschied sollte vielmehr am Vokabular festgemacht werden, das der Theoretiker heranziehen darf, um zu erläutern, was Sprecher und Zuhörer tatsächlich tun und zu tun disponiert sind. Wenn man diesen Unterschied darlegt als einen zwischen dem Angeben, wie die Sprache gebraucht *wird*, und wie sie (ausschließlich) gebraucht werden *sollte*, so vollführt man den entscheidenden Zug jenes Zaubertricks, der einen bei Paradoxien stranden läßt, die mit Blick auf begriffliche Normativität schwer zu lösen sind, Paradoxien, mit denen uns Kripkes Wittgenstein bekannt gemacht hat.

dem falschen Pfad ist. Im Moment möchte ich jedoch diese mögliche Strategie einfach zur Seite legen und feststellen, daß dieses Vorgehen noch nicht automatisch zur Folge hat, Festlegungen den naturalistischen Semantiken überlassen zu müssen. Denn man könnte sehr wohl eine normative Charakterisierung des Erklärungsziels akzeptieren – also den Sprachgebrauch mit Hilfe von Begriffen spezifizieren, die es etwa erlauben, richtige Repräsentationen von Sachverhalten von falschen zu unterscheiden – und zugleich daran festhalten, daß am Ende eine reduktive Analyse des Ursprungs und des Wesens wiederum dieser Richtigkeiten anzubieten sei, die im Stile jener modal reichen, jedoch nicht explizit normativen Vokabulare angelegt ist, seien es physikalische, biologische oder sozialwissenschaftliche, welche routinemäßig in den Spezialwissenschaften angewandt werden.[2]

Hinter Behauptbarkeitstheorien über propositionale Gehalte, die von Aussagesätzen ausgedrückt werden, steht die Idee, mit einer Vorstellung von der sprachlichen Richtigkeit anzufangen, die in Begriffen von zulässigen Zügen in einem Spiel verstanden werden könnte. Die Umstände genau anzugeben, unter denen ein Satz behauptbar ist, heißt zu sagen, wann sein behauptender Gebrauch angemessen oder zulässig ist, wann ein Sprecher dazu ermächtigt oder berechtigt ist, diesen Sprechakt auszuführen, wann seine behauptende Äußerung eine bestimmte Art von normativer Signifikanz oder normativem Status besitzen würde. Gründet man seine Semantik auf die Verknüpfung von Sätzen mit Behauptbarkeitsbedingungen, so läuft das nicht nur darauf hinaus, die Bedeutung so zu fassen, daß sie potentiell in der Lage ist, den Gebrauch zu erklären. Man identifiziert darüber hinaus die Bedeutung mit einem zentralen Merkmal des Gebrauchs – einem Merkmal, so die Vermutung, anhand dessen sich dann andere wichtige Dimensionen des Gebrauchs erklären lassen. Die ziemlich enge Verbindung, die zwischen der so konstruierten Bedeutung und den Richtigkeiten des Gebrauchs ins Auge gefaßt wird, ist meiner Ansicht nach eine der Quellen, aus denen sich die Attraktivität mehr oder weniger behauptbarkeitsorientierter Zugänge zur Bedeutung speist.

---

[2] Ich denke hier an die Theorien von Dretske, Millikan und Fodor, die meines Erachtens diese allgemeine Struktur aufweisen. Vielleicht gehört auch Gibbards' ganz anders gelagerter Zugang zu moralischen Normen dazu, wenn man ihn auf den Fall der sprachlichen Normen hin verallgemeinert und zuschneidet.

Eine andere Quelle ist die Aussicht, mit relativ übersichtlichem Rohmaterial für die Erklärung anfangen zu können. Der Behauptbarkeitstheoretiker hat natürlich zuallererst die Verpflichtung, den Begriff der Behauptbarkeit zu erklären. Dafür ist es zunächst erforderlich, etwas über behauptende Kraft zu sagen: darüber, was es für einen Sprechakt heißt, die Signifikanz einer Behauptung zu besitzen. Als nächstes muß ein diesem Sprechakt angemessener Sinn von Richtigkeit spezifiziert werden: es muß gesagt werden, was es für eine Behauptung heißt, angemessen oder richtig zu sein, was es für den Sprecher bedeutet, die Berechtigung oder die Erlaubnis zu besitzen, sie hervorzubringen. Keine dieser Aufgaben ist leicht oder umstandslos lösbar. Allerdings verfügen wir über einen vergleichsweise vertrauten und gar nicht geheimnisvollen Rahmen, innerhalb dessen wir diese Dinge angehen können. Denn die erste Aufgabe läßt sich als ein Beispiel für das einordnen, was wir tun, wenn wir verschiedene Arten von Zügen in einem Spiel unterscheiden; wir sind eingeladen, uns das Behaupten als eine Spezies zu denken, die derselben Gattung angehört wie das Abschlagen, Reizen, Rochieren, Setzen, usw. Und die zweite Aufgabe kann als ein Beispiel für den Fall gelten, in dem wir sagen, wann Züge der angegebenen Art erlaubt sind. Wir sollten uns in der Tat glücklich schätzen, wenn wir, wie es der Behauptbarkeitstheoretiker erhofft und verspricht, aus solchen Rohmaterialien einen funktionierenden Begriff der Bedeutung oder des Gehalts basteln könnten, der mit Aussagesätzen (und daher auch mit den von ihnen ausgedrückten Überzeugungen und Urteilen) verbunden ist.

Die größte Herausforderung für diese frohgemute Aussicht rührt von der Tatsache her, daß behauptende Äußerungen Gegenstand von zwei wesentlichen, aber grundlegend verschiedenen normativen Beurteilungen sind. Wir können fragen, ob eine Behauptung richtig in dem Sinne ist, daß ein Sprecher zu ihr berechtigt war, vielleicht weil er über Gründe, Belege oder irgendeine andere Art von Rechtfertigung für sie verfügte. Dies ließe sich als die Frage auffassen, ob der Sprecher für den Vollzug des Sprechaktes getadelt werden kann, ob er den Verpflichtungen nachgekommen ist, die von den Regeln des Spiels als Vorbedingungen für das Ausführen eines derartigen Spielzuges angegeben werden. Hierbei handelt es sich um den normativen Aspekt des Gebrauchs, von dem der Behauptbarkeitstheoretiker ausgeht.

Aber wir können auch fragen, ob die Behauptung korrekt im Sinne von *wahr* ist, ob also die Dinge tatsächlich so sind, wie die Behauptung beansprucht, daß sie es sind. Es gehört zu den elementaren Adäquatheitsbedingungen einer semantischen Theorie, daß sie diese Dimension normativer Beurteilung, diesen normativ beschriebenen Aspekt des Gebrauchs erklärt. Der semantische Ansatz, den ich ›behauptbarkeitsorientiert‹ genannt habe, sieht sich also mit der Herausforderung konfrontiert, zeigen zu müssen, wie die begrifflichen Rohmaterialien, die sich dieser Ansatz selbst zugesteht, auf eine Weise eingesetzt werden können, um Zuweisungen solcher propositionaler Gehalte zu stützen, bezogen auf die diese Sorte *objektiver* normativer Beurteilung sinnvoll ist.

Der von Behauptbarkeitstheoretikern unternommene Versuch, dieser zentralen Adäquatheitsbedingung für semantische Theorien gerecht zu werden, hat typischerweise die Form von Rückgriffen auf irgendeine Sorte von *Idealität*sbedingung angenommen. Beurteilungen der Wahrheit werden als Beurteilungen der Behauptbarkeit unter idealen Bedingungen verstanden (was Sellars ›semantische Behauptbarkeit‹ nennt) – man stellt also die Frage, zu welchen Behauptungen man berechtigt wäre oder welche aufzustellen man gerechtfertigt wäre, wenn man ein idealer Wissensinhaber wäre oder Zugang zu allen Informationen hätte, wenn man über sämtliche Belege verfügte oder sich am Ende des Forschungsprozesses befände etc. Ich werde diesen Punkt jetzt nicht erörtern, aber aus meiner Sicht handelt es sich hierbei um eine hoffnungslose Strategie.[3] Wenn sie die beste der verfügbaren Strategien wäre, dann sollten wir das ganze Behauptbarkeitsprojekt schlichtweg aufgeben. In diesem Fall bestünde die auf der Hand liegende Alternative darin, mit einem Konzept der Bedeutung anzufangen, das normative Beurteilungen der objektiven Korrektheit von Repräsentationen direkt abstützt: mit Wahrheitsbedingungen. Wir werden dann allerdings nicht in der Lage

---

3 Nach meinem Eindruck gibt es keinen Weg, die fragliche Idealität zu spezifizieren, der nicht entweder von problematischen Voraussetzungen ausgeht (insofern er implizit auf einen Wahrheitsbegriff zurückgreift) oder trivial ist, und zwar im Lichte dessen, daß die praktischen Auswirkungen eines idealeren Status einer Überzeugung sowohl für die Falschheit der Begleitüberzeugungen und sogar für die Unkenntnis hinsichtlich dieser Begleitüberzeugungen sensibel sind. Ich präsentiere ein in diese Richtung gehendes Argument in »Unsuccessful Semantics«, *Analysis*, Vol. 54, Nr. 3 (Juli 1994), S. 175-8.

sein, die Korrelation von so verstandenen semantischen Gehalten mit sprachlichen Ausdrücken anhand einer direkten Angleichung an das Ausführen von Zügen zu erklären, die gemäß der ein Spiel definierenden Regeln gestattet sind, wie es die alternative und im großen und ganzen behauptbarkeitstheoretische Erklärungsstrategie in Aussicht stellt. Versuche von wahrheitskonditional orientierten Semantikern, die andere Dimension der normativen Beurteilung von Behauptungen zu konstruieren – also die Behauptbarkeit im Sinne von Berechtigung, Rechtfertigung, des Besitzens von Gründen oder Belegen –, haben typischerweise die Form von Verläßlichkeitstheorien angenommen.[4] Beurteilungen der Behauptbarkeit, verstanden als kognitive Berechtigung oder Rechtfertigung, werden dort als Beurteilungen der objektiven oder subjektiven Wahrheits-Wahrscheinlichkeit verstanden.

Ich möchte statt dessen einer anderen Strategie folgen, die es uns erlaubt, diejenigen normativen Status[*] als explanatorischen Ausgangspunkt zu wählen, auf die der Behauptbarkeitstheoretiker abhebt und die sich in Begriffen von Zügen in einem regelgeleiteten Spiel verstehen lassen. Sodann können auf dieser Grundlage mit deklarativen Sätzen propositionale Gehalte verbunden werden, die in dem Sinne objektiv sind, daß sie sich von den Einstellungen der Sprachpraktiker ablösen, von denen sie in Behauptungen verwendet werden. Die Idee besteht grob gesprochen darin, den Begriff der Behauptbarkeit in zwei Teile zu spalten, die den beiden Dimensionen der Habermasschen Geltungsansprüche entsprechen. Insbesondere schaue ich mir dort, wo Behauptbarkeitstheoretiker lediglich auf *eine* Art des normativen Status rekurrieren und sich demzufolge lediglich fragen, ob ein Satz behauptbar ist oder ob ein Sprecher darin gerechtfertigt ist oder über hinreichende Gründe verfügt, ihn zu behaupten, *zwei* Arten des normativen Status an: Festlegung und Berechtigung. Dadurch daß diese zusätzliche normative Struktur in der sprachlichen Praxis kenntlich gemacht wird, und vor allem die Relationen und Interaktionen zwischen diesen beiden normativen Status fruchtbar gemacht werden, welche die *Kraft* oder Signifikanz sprachlicher Performanzen gliedern, ergibt sich die Möglichkeit, pro-

---

[4] Einige der damit zusammenhängenden Themen diskutiere ich in »Insights and Blindspots of Reliabilism«, *Monist* 81, Nr. 3 (Juli 1998), S. 371-392.

[*] Die mit langem *u* zu sprechende lateinische Pluralbildung Stat*u*s dient hierbei als Übersetzung des englischen Ausdrucks »statuses«. (A.d.Ü.)

positionale *Gehalte* mit bestimmten wünschenswerten Eigenschaften zu spezifizieren. Unter diesen Eigenschaften spielt die *Objektivität* – verstanden als eine genauer bestimmbare Art von Einstellungs-Transzendenz – die Hauptrolle, und zwar die Objektivität derjenigen propositionalen Gehalte, die anhand der Rollen geeignet definiert werden, die die Träger dieser Gehalte in sprachlichen Praktiken spielen, wobei diese Praktiken wiederum in Begriffen der Veränderungen und der Vererbung von Festlegungen und von Berechtigungen charakterisiert werden. Dieses Ergebnis erweist sich als stabil, selbst wenn die normativen Status der Festlegung und Berechtigung ihrerseits als *soziale* Status verstanden werden, d. h. als Geschöpfe individueller und gemeinschaftlicher Einstellungen.

II.

Semantische Behauptbarkeitstheorien sind implizit darauf festgelegt, spezifisch *sprachliche* Praktiken abzugrenzen, indem sie diese Bezeichnung für Praktiken reservieren, die einigen Performanzen die Signifikanz von *Ansprüchen* oder *Behauptungen* verleihen. Was in einem Akt des Behaupt*ens* behauptet wird, was behaupt*bar* ist, ist ein propositionaler Gehalt. Ein behauptbarer Gehalt, etwas Behauptbares, ist auch etwas, das geglaubt und geurteilt werden kann; Überzeugungszustände und Urteilsakte können dementsprechend durch Behauptungen ausgedrückt werden. Sprachliche Ausdrücke, deren freistehende Äußerungen die vorläufige Signifikanz von Behauptungen besitzen, sind (deklarative) Sätze. Unser Ziel ist es, die propositionalen Gehalte zu untersuchen, die mit sprachlichen Ausdrücken aufgrund der zentralen Rolle verknüpft werden, die diese Ausdrücke in Behauptungspraktiken spielen.

Die erste Schlüsselidee lautet, daß eine Performanz nur im Kontext einer Menge sozialer Praktiken mit der Struktur eines *Spiels des Gebens und Verlangens von Gründen* (wie Sellars es nennt) als eine gelten darf, die die Signifikanz einer Behauptung hat. Behauptungen stellen wesentlich Performanzen dar, die sowohl als Gründe dienen, als auch selbst der Gründe bedürfen können. Propositionale Gehalte zeichnen sich ebenfalls wesentlich durch zweierlei aus: sie können sowohl Prämissen als auch

Konklusionen von Folgerungen, von Inferenzen sein. Diese inferentialistische Idee könnte man als »linguistischen Rationalismus« bezeichnen.[5] Auch wenn ein linguistischer Rationalismus nicht zum Standardrüstzeug semantischer Behauptbarkeitstheorien gehört, so glaube ich dennoch, daß wir ihn brauchen, um diese Erklärungsstrategie funktionstüchtig zu machen. Ich habe an anderer Stelle[6] Gründe vorgetragen, die aus meiner Sicht sehr deutlich dafür sprechen, das Spiel des Gebens und Verlangens von Gründen als das definierende Herzstück der diskursiven (mit Begriffen hantierenden) Praxis zu betrachten; ich habe aber nicht die Absicht, diese Gründe hier noch einmal vorzuführen, sondern möchte statt dessen den linguistischen Rationalismus als eine Hypothese behandeln und die sich daraus ergebenden Konsequenzen ausloten.

Zwei Argumente liegen mir in den verbleibenden zwei Teilen dieses Aufsatzes am Herzen. Erstens möchte ich, in diesem Abschnitt, dafür argumentieren, daß sich keine Menge von Praktiken als ein Spiel des Gebens und Verlangens von Gründen für

---

5 In *Making It Explicit*, Cambridge, Mass. 1994 [dt. *Expressive Vernunft*, Frankfurt am Main 2000] unterscheide ich drei Arten inferentialistischer Behauptungen: den schwachen Inferentialismus, den starken Inferentialismus und den Hyperinferentialismus. Der schwache Inferentialismus behauptet, daß die inferentielle Gliederung einen *notwendigen* Aspekt des begrifflichen Gehalts darstellt. Der starke Inferentialismus geht davon aus, daß eine *weit* verstandene inferentielle Gliederung *hinreichend* ist, um den begrifflichen Gehalt zu bestimmen (einschließlich seiner repräsentationalen Dimension). Mit Hyperinferentialismus ist gemeint, daß eine *eng* verstandene inferentielle Gliederung *hinreicht*, um den begrifflichen Gehalt zu bestimmen. Eine weit verstandene inferentielle Gliederung schließt sogar jene Relationen als inferentielle ein, die zwischen den Umständen und Folgen der Anwendung bestehen, auch wenn die eine oder andere davon *nicht*inferentiell sein sollte (wie es bei beobachtbaren und unvermittelt praktischen Begriffen der Fall ist). Denn mit der Anwendung eines jeden Begriffes billigt man implizit die Richtigkeit der Inferenz von seinen Anwendungsumständen auf seine Anwendungsfolgen. Die eng verstandene inferentielle Gliederung ist auf das beschränkt, was Sellars »Sprache-Sprache«-Züge nennt, also auf die Relation zwischen propositionalen Gehalten. Der schwache Inferentialismus ist zunächst am plausibelsten. Beim starken Inferentialismus handelt es sich um die Auffassung, die hier und in *Making It Explicit* bekräftigt und verteidigt wird. Der Hyperinferentialismus macht höchstens für einige abstrakte mathematische Begriffe Sinn. Der linguistische Rationalismus stellt eine Version des schwachen Inferentialismus dar, der, wenn er auf geeignete Weise ausgearbeitet wird, einige stark-inferentialistische Folgen mit sich bringt, wie die Ausführungen hier zu zeigen versuchen.
6 Insbesondere in Kapitel 2 von *Making It Explicit*.

Behauptungen erkennen läßt, die nicht das Anerkennen zumindest zweierlei normativer Status – *Festlegungen* und *Berechtigungen* – einschließt, sowie einige allgemeine Strukturen, die diese beiden Status miteinander in Beziehung setzen. Ich werde zeigen, wie wir Praktiken, die diese Status in dieser Struktur enthalten, als welche verstehen können, die den auf geeignete Weise in ihnen eingebundenen sprachlichen Ausdrücken propositionale Gehalte verleihen. Im nächsten Abschnitt werde ich dann geltend machen, daß propositionale Gehalte, die anhand ihres Beitrags zu den Festlegungen und Berechtigungen spezifiziert werden, welche wiederum die normative Signifikanz von Sprechakten mit diesen Gehalten gliedern, eine besondere Art von *Objektivität* aufweisen: Sie handeln nicht von irgendeiner Konstellation von Einstellungen seitens der Teilnehmer an der sprachlichen Praxis, von denen sie als Gründe hervorgebracht und entgegengenommen werden.

Angenommen, wir verfügten über eine Menge von Jetons oder Täfelchen derart, daß das Hervorziehen oder Ausspielen eines von diesen die soziale Signifikanz des Vollführens eines Behauptungszuges in dem Spiel besitzen würde. Wir können solche Spielsteine ›Sätze‹ nennen. Es muß dann für jeden Spieler zu jeder Zeit einen Weg geben, Sätze in zwei Klassen einzuteilen, indem er irgendwie diejenigen auszeichnet, die er geneigt ist oder sonstwie bereit ist zu behaupten (vielleicht nach geeigneter Veranlassung). Diese Spielsteine, die dadurch auseinandergehalten werden, daß sie das Erkennungszeichen des Spielers tragen, auf seiner Liste stehen oder sich in seiner Schachtel befinden, konstituieren seinen Spielstand, sein Punktekonto. Indem man einen neuen Spielstein ausspielt, indem man also eine Behauptung aufstellt, ändert man sein eigenes Punktekonto – und vielleicht auch das von anderen.

Hier nun meine erste Behauptung: Damit solch ein Spiel oder eine solche Menge von Spielpraktiken als eine Menge von Praktiken zu erkennen ist, zu der Behauptungen gehören, muß gelten, daß das Ausspielen eines Spielsteins oder das ihn anderweitig seinem Punktekonto Hinzufügen einen Spieler darauf *festlegen* kann, andere Spielsteine auszuspielen oder sie seinem Konto hinzuzufügen. Wenn man behauptet »Das Stoffmuster ist rot«, so *sollte* man seinem Konto ebenfalls die Behauptung »Das Stoffmuster ist farbig« gutschreiben. Indem man den einen Zug macht, verpflichtet man sich auf die Bereitschaft, den anderen gleichfalls zu machen. Damit soll nicht gesagt werden, daß alle Spieler *tatsächlich* die Dispositionen *haben*, die sie *haben sollten*. Es kann schon sein, daß man nicht so handelt, wie man eigentlich festgelegt oder verpflichtet ist zu handeln; man kann, zumindest in besonderen Fällen, diese Art von Spielregel brechen oder an ihrer Befolgung scheitern, ohne dadurch aus der Gemeinschaft der Spieler des Behauptungsspiels ausgeschlossen zu werden. Dennoch, so behaupte ich, müssen Behauptungsspiele solche Regeln besitzen: Regeln der *konsequentiellen Festlegung*.

Warum muß das so sein? Weil ein Zug, der ein behauptender sein will, nicht leer sein darf. Er muß einen Unterschied machen und Konsequenzen dahingehend nach sich ziehen, was sonst noch – den Spielregeln zufolge – zu tun angebracht ist. Behauptungen drücken Urteile oder Überzeugungen aus. Wenn man einen Satz auf seine Urteilsliste setzt oder ihn in seine Überzeugungsschachtel legt, so hat das Konsequenzen mit Blick darauf, wie man, vernünftigerweise, handeln, urteilen oder glauben sollte. Wir mögen in der Lage sein, Fälle zu konstruieren, in denen es verständlich ist, Überzeugungen zu unterstellen, die konsequentiell träge und isoliert von ihresgleichen sind: »Ich glaube einfach, daß Kühe bescheuert aussehen, das ist alles. Nichts folgt daraus, und ich bin nicht verpflichtet, aufgrund dieser Überzeugung in irgendeiner speziellen Weise zu handeln.« Es wäre aber nicht intelligibel, würden wir davon ausgehen, *alle* unsere Überzeugungen seien so beschaffen. Wenn ich Sätze auf meine Liste setze oder in meine Schachtel lege und dies *niemals* Folgen mit Blick darauf hat, was sonst noch dorthin gehört, dann sollten wir die Liste nicht als eine verstehen, die aus allen meinen Urteilen besteht, bzw. die Schachtel nicht als die Schachtel aller meiner Überzeugungen betrachten. Denn in diesem Fall würde uns das Wissen darüber, zu welchen Zügen jemand bereit war, nichts weiter über diese Person sagen.

Um einen Anspruch – die Signifikanz eines Behauptungszuges – zu verstehen, muß man zumindest einige seiner Konsequenzen verstehen. Man muß wissen, auf was (auf welche weiteren Züge) man sich durch das Erheben dieses Anspruches festlegen würde. Ein Papagei, so können wir uns vorstellen, kann eine Äußerung hervorbringen, die sich aufgrund ihrer wahrnehmbaren Aspekte nicht von einer behauptenden Äußerung von »Das Stoffmuster ist rot« unterscheiden läßt. Daß wir dennoch nicht davon ausgehen, daß der Papagei diesen Satz behauptend geäußert hat, also einen Zug in diesem Spiel gemacht hat, *heißt* davon auszugehen, daß es ihm nicht gelang, sich auf irgend etwas festzulegen – weil er eben ein Wesen ist, das sich der inferentiellen Beziehungen des Anspruchs, der dadurch zum Ausdruck gebracht würde, nicht bewußt ist, und auch keine Vorstellung von den Festlegungen hat, die die Artikulation dieses Anspruchs nach sich ziehen würde. Indem man diese Behauptung aufstellt, legt man sich zugleich auf solche Konsequenzen fest wie, daß das Stoffmuster farbig ist, daß es nicht grün ist, usw.

Aus diesem Grund können wir das Vorbringen eines Anspruchs als das Einnehmen einer bestimmten normativen Einstellung gegenüber einem inferentiell gegliederten Gehalt verstehen. Es bedeutet, diesen Gehalt zu *billigen*, *Verantwortung* für ihn zu übernehmen, sich selbst darauf *festzulegen*. Ob man etwas als das Erheben eines Anspruches oder als das primitive Absondern von Geräuschen behandelt, als das Ausführen eines Zuges im Behauptungsspiel oder als eine leere Performanz, hängt davon ab, ob man es als das Eingehen einer Festlegung behandelt, die durch ihre konsequentiellen Relationen zu anderen Festlegungen auf geeignete Weise gegliedert wird. Bei diesen Relationen handelt es sich um *rationale* Relationen, wobei einen das Eingehen einer Festlegung *rational* dazu verpflichtet, andere einzugehen, die mit ihr als ihre inferentiellen Konsequenzen verbunden sind. Diese Relationen gliedern den *Gehalt* der Festlegung oder Verantwortung, die man durch das behauptende Äußern eines Satzes eingeht. Unabhängig von solchen Relationen gibt es keinen solchen Gehalt und damit auch keine Behauptung.

Ich habe mich an einem Punkt festgebissen, der womöglich auf der Hand liegt. Nicht jede Form, bestimmte Sätze gegenüber anderen auszuzeichnen, läßt sich als das Kennzeichnen derjenigen Sätze verstehen, die behauptet werden, die, anders als die anderen, Urteile oder Überzeugungen ausdrücken. Denn damit das Setzen eines Satzes auf eine Liste oder das ihn in eine Schachtel Legen als ein Behaupten oder Glauben verstehbar wird, muß ein solches Tun zumindest die Signifikanz einer Festlegung oder Verpflichtung darauf haben, andere Züge ähnlicher Art zu machen, und zwar mit Sätzen, die (damit) als inferentiell mit dem Original verbunden gelten. Ohne solche konsequentiellen Festlegungen fehlt dem Spiel die rationale Struktur, die notwendig ist, damit wir die in ihm gemachten Züge als das Aufstellen gehaltvoller Behauptungen verstehen können.

Meine nächste Behauptung lautet, daß Praktiken, die ein Spiel des Gebens und Verlangens von Gründen enthalten, also *rationale* Praktiken, die aus Sicht des linguistischen Rationalismus die einzigen sind, die es verdienen, als *sprachliche* Praktiken aufgefaßt zu werden, die Anerkennung einer *zweiten* Art von normativem Status einschließen müssen. Wir haben gesagt, daß das Ausführen eines Zuges im Behauptungsspiel als das Anerkennen einer bestimmten Art von Festlegung verstanden werden sollte, die durch konsequentielle inferentielle Relationen gegliedert wird, welche den behaupteten Satz mit anderen Sätzen verknüpfen. Aber die Teilnehmer am Spiel des Gebens und Verlangens von Gründen müssen bei den Festlegungen einer Sprecherin eine besondere Unterklasse auszeichnen, die aus den Festlegungen besteht, zu denen sie *berechtigt* ist. Der linguistische Rationalismus versteht Behauptungen – die fundamentale Art des Sprechakts – wesentlich als Dinge, die sowohl als Gründe dienen, als auch selbst der Gründe bedürfen können. Gründe für eine Behauptung zu liefern heißt, andere Behauptungen auf den Tisch zu legen, die einen dazu *ermächtigen* oder *berechtigen*, die sie *rechtfertigen*. Gründe für eine Behauptung zu fordern heißt, nach ihrer Rechtfertigung zu fragen, danach, was einen zu dieser Festlegung berechtigt. Eine solche Praxis setzt eine Unterscheidung zwischen behauptenden Festlegungen, zu denen man berechtigt ist, und behauptenden Festlegungen, zu denen man nicht berechtigt ist, voraus. Praktiken des Lieferns von Gründen läßt sich nur ein Sinn abgewinnen, wenn es fraglich sein kann, ob die Praxisteilnehmer zu ihren Festlegungen berechtigt sind oder nicht.

Tatsächlich gehe ich, wie Habermas, davon aus, daß das Unterworfensein unter Rechtfertigungsforderungen, d. h. die Verpflichtung, gegebenenfalls den Berechtigungsnachweis zu erbringen, eine weitere sehr bedeutsame Dimension der Verantwortung darstellt, die man mit einer Behauptung eingeht, also der Festlegung, die man auf diese Weise trifft. Wenn man eine Behauptung aufstellt, anerkennt man implizit, daß das Verlangen von Gründen, die Bitte um Rechtfertigung des Anspruchs, den man bekräftigt hat, bzw. der Festlegung, die man eingegangen ist, wenigstens unter gewissen Umständen angemessen ist. Neben der *festlegenden* Dimension der Behauptungspraxis gibt es auch noch die *kritische* Dimension, nämlich jenen Aspekt der Praxis, bei dem es um die Beurteilung der Richtigkeit jener Festlegungen geht. Abseits dieser kritischen Dimension findet das Konzept der *Gründe* keinen Halt.

Die Behauptung lautet also im ganzen, daß der Sinn von Billigung, der die Kraft eines behauptenden Sprechaktes bestimmt, wenigstens eine Art von *Festlegung* einschließt, wobei die *Berechtigung* zu dieser Festlegung seitens des Sprechers jederzeit zur Debatte stehen kann. Die behauptbaren Gehalte, die von Aussagesätzen ausgedrückt werden, deren Äußerung diese Art von Kraft besitzen kann, müssen dementsprechend in beiden normativen Dimensionen inferentiell gegliedert sein. Sie müssen, sozusagen stromabwärts, inferentielle *Konsequenzen* haben, wobei sich die Festlegung auf diese Konsequenzen infolge der Festlegung auf den ursprünglichen Gehalt ergibt. Und sie müssen, stromaufwärts betrachtet, inferentielle *Vorgänger* haben, also Beziehungen zu Gehalten, die als Prämissen fungieren können, von denen die Berechtigung zum ursprünglichen Gehalt geerbt werden kann.

Diese beiden Sorten des normativen Status treten jedoch nicht einfach unabhängig voneinander auf, sondern sie interagieren. Denn bei den zur Debatte stehenden Berechtigungen handelt es sich um Berechtigungen zu Festlegungen. Wir können sagen, daß zwei behauptbare Gehalte dann *unvereinbar* sind, wenn die *Festlegung* auf den einen die *Berechtigung* zum anderen ausschließt. Daher hebelt die Festlegung auf den Gehalt, der durch den Satz »Das Stoffmuster ist rot« ausgedrückt wird, die Berechtigung zu der Festlegung aus, die durch das Behaupten des Satzes »Das Stoffmuster ist grün« eingegangen würde. Inkompatibilitäten unter den von Sätzen ausgedrückten *Gehalten*, die sich aus der Interaktion der beiden normativen Dimensionen herleiten, welche ja die *Kraft* von Behauptungen dieser Sätze gliedern, führen ihre eigene Variante einer inferentiellen Relation herbei. Denn wir können mit jedem Satz die Menge aller Sätze in Verbindung bringen, die mit ihm inkompatibel sind, und zwar gemäß den Regeln des jeweiligen Behauptungsspiels des Gebens und Verlangens von Gründen, in dem der Satz eine Rolle spielt. Inklusionsbeziehungen unter diesen Mengen entsprechen dann inferentiellen Beziehungen unter den Sätzen. Das bedeutet: Der Gehalt des Anspruchs, der durch die behauptende Äußerung »Das Stoffmuster ist zinnoberrot« ausgedrückt wird, hat den Gehalt des behauptend geäußerten Anspruchs »Dieses Stoffmuster ist rot« im Schlepptau, weil alles, was mit Rotsein inkompatibel ist, auch mit Zinnoberrotsein inkompatibel ist.[7]

Die beiden normativen Status, Festlegung und Berechtigung, die in den Praktiken, zu denen ein Spiel des Gebens und Verlangens von Gründen gehört, im Spiel sein müssen, führen zu *drei* Varianten inferentieller Relationen, und zwar bei den behauptbaren Gehalten, die durch Sätze ausgedrückt werden, die in jenen Praktiken geeignet eingebunden sind. Wir haben es zu tun mit
- festlegenden (d. h. festlegungserhaltenden) Inferenzen, eine Kategorie, die die deduktive Inferenz verallgemeinert;
- ermächtigenden (d. h. berechtigungserhaltenden) Inferenzen, eine Kategorie, die die induktive Inferenz verallgemeinert; und mit
- Inkompatibilitätsfolgen, eine Kategorie, die die modale (das Kontrafaktische abstützende) Inferenz verallgemeinert.

Auch wenn ich es an dieser Stelle unterlassen werde, läßt sich doch auf ziemlich allgemeiner Grundlage zeigen, daß diese drei Sorten inferentieller Folgerelationen entsprechend ihrer Stärke in eine präzise feststehende Reihenfolge gebracht werden können: Alle Inkompatibilitätsfolgen sind festlegungserhaltend (wenngleich das umgekehrte nicht gilt) und alle festlegungserhaltenden Inferenzen sind berechtigungserhaltend (wenn auch nicht umgekehrt).

Nun sind wir bei dem angelangt, was ich im Titel des Aufsatzes »die normative Feinstruktur der Rationalität« nenne. Rationale Praktiken, also Praktiken, zu denen die Produktion und Konsumption von Gründen gehören – mit Sellars' Slogan das »Geben und Verlangen von Gründen«, von dem wir ja ausgegangen sind –, müssen zweierlei normative Status auseinanderhalten können: eine Art von *Festlegung*, die man mit Behauptungssprechakten

---

[7] Es sollte angemerkt werden, daß die Anerkennung von Inkompatibilitäten bedeutet, die Beurteilung von Berechtigungen als einen zweistufigen Prozeß zu behandeln. Zunächst beurteilt man *Prima-facie*-Ansprüche auf Berechtigungen, und sondert dann aus dieser Menge jene Festlegungen aus, die mit anderen Festlegungen inkompatibel sind, und somit von der Berechtigung ausgeschlossen sind. Was ich (hier und weiter unten) als »berechtigungserhaltenden Inferenzen« bezeichne, strukturiert die Vererbung von *Prima-facie*-Festlegungen.

eingeht, durch die allein irgend etwas *als* ein Grund vorgetragen werden kann, und eine Art von *Berechtigung*, die genau das ist, was zur Debatte steht, wenn eine Begründung nachgefragt oder gefordert wird. Diese normative Feinstruktur ist entlang dreier Achsen *inferentiell gegliedert*, die durch die Vererbung von Festlegungen, die Vererbung von Berechtigungen und durch die Folgen definiert werden, die sich aus den Inkompatibilitäten ergeben, welche ihrerseits durch die Interaktionen von Festlegungen und Berechtigungen definiert werden.

Die zentrale Idee hinter Behauptbarkeitstheorien war eine pragmatistische. Sie lautet, daß mit etwas anzufangen sei, was wir *tun* – konkret, mit dem fundamentalen Sprechakt der *Behauptung*, mit dem Begriff der behauptenden *Kraft* –, und daß ein Begriff des *Gehalts* (das, was wir sagen oder denken) direkt von den Richtigkeiten, denen diese Art von Sprechakt unterworfen ist, abzulesen sei. Daher war der Gehalt, der durch Aussagesätze ausgedrückt wird, anhand von Behauptbarkeitsbedingungen zu identifizieren und zu gliedern. Damit sind jene Bedingungen gemeint, unter denen es *angemessen* wäre, den Satz behauptend zu äußern. Ich habe geltend gemacht, daß sich dieser unscharfe normative Begriff der Richtigkeit einer Behauptung im Kontext einer Festlegung auf den linguistischen Rationalismus, also auf die Vorstellung, daß das Spiel des Gebens und Verlangens von Gründen das eigentliche Sprachspiel der Behauptung darstellt, durch eine feiner gegliederte normative Struktur ersetzen läßt. Denn das Spiel des Gebens und Verlangens von Gründen hat sich selbst als eines herausgestellt, in das zwei unterschiedliche normative Status (und somit normative Beurteilungen) verwickelt sind. Das Konto, das wir über diejenigen führen müssen, die sich an solchen Begründungspraktiken beteiligen, besteht aus zwei Unterkonten: wir müssen darüber auf dem laufenden sein, worauf sie sich *festgelegt* haben, und auch darüber, zu welchen dieser Festlegungen sie *berechtigt* sind.

Diese Verfeinerung auf der Ebene der *pragmatischen* Theorie, der Theorie der behauptenden *Kraft*, zieht entsprechende Verfeinerungen auf der Ebene der *semantischen* Theorie, der Theorie des behauptbaren *Gehalts*, nach sich. Denn nun müssen wir anstelle der recht schwammigen Frage »Unter welchen Umständen wäre es angemessen, den Satz zu behaupten?« die folgenden Fragen stellen: »Unter welchen Umständen (etwa, im Kontext von welchen anderen Behauptungen) würde man als *festgelegt* auf die durch den Satz ausgedrückte Behauptung gelten?«, und: »Unter welchen Umständen (etwa, im Kontext von welchen anderen Behauptungen) würde man als *berechtigt* zu der Behauptung gelten?« Es sieht in der Tat so aus, als sollten wir nicht bloß stromaufwärts schauen, indem wir fragen, welche Behauptungen oder Umstände uns auf die fragliche Behauptung festlegen oder zu ihr berechtigen, sondern ebenfalls stromabwärts, indem wir fragen, auf was uns die fragliche Behauptung sonst noch, als *Konsequenzen*, festlegt bzw. zu was sie uns sonst noch berechtigt. Des weiteren sollten wir der Interaktion dieser beiden normativen Dimensionen Rechnung tragen, in die wir den vagen Begriff der Behauptbarkeit bzw. der angemessenen Behauptung unterteilt haben, indem wir außerdem fragen, mit welchen anderen Behauptungen die fragliche Behauptung *inkompatibel* ist. Diese Struktur stellt den mehr oder weniger behauptbarkeitszentrierten semantischen Theorien – also denjenigen Theorien, die einen Begriff des semantischen Gehalts direkt aus den Richtigkeiten des Gebrauchs gewinnen wollen, die ja zunächst einmal in den Gegenstandsbereich der Pragmatik fallen – eine ganze Menge mehr zur Verfügung, mit dem sich arbeiten läßt.

III.

In diesem letzten Abschnitt möchte ich einen Teil des bedeutungstheoretischen Ertrages auf den Tisch legen, den diese reichere pragmatische Struktur abwirft.

Semantische Theorien, die sich am Begriff der Behauptbarkeit orientieren, möchten den propositionalen Gehalt von Sätzen dadurch verständlich machen, daß sie die *Behauptbarkeitsbedingungen* als semantische Interpretanten von Sätzen mit diesen Sätzen korrelieren: Umstände, unter denen der zur Debatte stehende Satz auf angemessene Weise behauptbar ist. Die Anziehungskraft solcher Theorien verdankt sich der sehr engen Verbindung, die sie zwischen Bedeutung und Gebrauch herstellen. Sie warten mit dem Versprechen auf, *semantische* Normen direkt von *pragmatischen* Normen ablesen zu können, also von den Regeln, die für das Behauptungsspiel gelten, oder den Normen, die implizit von denjenigen anerkannt werden, die an der Behauptungspraxis teilnehmen. Sie kämpfen allerdings mit der Schwierigkeit, am anderen Ende ihres theoretischen Apparats einen Sinn von ›richtig‹ herauszubekommen, der hinreichend objektiv ist, um als ein Begriff des propositionalen Gehalts erkennbar zu sein. Oberflächlich betrachtet, unterliegen Behauptungssprechakte zwei zentralen Arten der normativen Bewertung. Man fragt, ob der Sprechakt im Lichte der Einstellungen der Praxisteilnehmer angemessen war: Wurden alle verfügbaren Belege berücksichtigt? Wurden die Schlußfolgerungen nach allem, was den Praxisteilnehmern bekannt ist, ordnungsgemäß gezogen? Allgemein formuliert: Hat der Sprecher die Regeln des Spiels befolgt, so daß er nicht für das Hervorbringen der Behauptung getadelt werden kann? Die andere Art der Bewertung entfernt sich von den Einstellungen der Praxisteilnehmer und konzentriert sich bei der Suche nach den passenden Normen statt dessen auf den Gegenstand, von dem oder über den etwas behauptet wird. Hierbei lautet die zentrale Frage: Ist die Behauptung korrekt in dem Sinne, daß die Dinge wirklich so sind, wie in ihr behauptet? Nur ein allwissendes Wesen könnte einer Regel folgen, die Praxisteilnehmern vorschreibt, ausschließlich solche Behauptungen aufzustellen, die wahr sind. Das bedeutet, daß das Verhalten derjenigen, die, ohne selbst schuld daran zu sein, falsche Behauptungen machen, nicht getadelt werden kann. Nichtsdestotrotz ist diese weitere Art der Bewertung möglich.

Wir haben es also hier mit Theorien zu tun, die vor einem strukturellen Dilemma stehen. Um ihr Rohmaterial so verständlich wie möglich zu machen, möchte man die Behauptbarkeit sehr eng an die Einstellungen der Sprecher binden, an das, was sie für behauptbar *halten* oder *als* behauptbar *behandeln*. Das muß keineswegs auf die extreme Variante hinauslaufen, die in der Gleichsetzung der Behauptbarkeitsbedingungen von Sätzen mit nichtnormativ spezifizierten Bedingungen besteht, unter denen die Praxisteilnehmer bereit sind, diese Sätze zu behaupten. Aber es wird schon darauf gedrängt, die herangezogenen Normen, welche auch immer das sein mögen, zu solchen zu machen, die sich von den Einstellungen der Praxisteilnehmer ablesen lassen, die die Normen ja anwenden und die ihre Anwendbarkeit anerkennen. Auf der anderen Seite gilt aber auch: Je genauer die Behauptbarkeitsnormen, die die mit den Sätzen assoziierten Gehalte gliedern, die Einstellungen derjenigen widerspiegeln, die die Sätze verwenden, desto weiter entfernen sie sich von jenen objektiven Normen, auf die es bei Beurteilungen der repräsentationalen Korrektheit ankommt, wenn es also darum geht, die Dinge richtig darzustellen, und zwar gemäß einem Standard, der durch die Dinge, über die wir sprechen, gesetzt wird. Liest man ›behauptbar‹ so, daß damit eine Forderung nach Korrektheit in diesem objektiveren Sinne gemeint ist, dann werden aus Behauptbarkeitsbedingungen schlicht und ergreifend Wahrheitsbedingungen, und die Verbindung zu den Einstellungen und Praktiken derer, die die Sätze für Behauptungen verwenden, welche ja eigentlich die Verknüpfung von Sätzen mit semantischem Gehalt verständlich zu machen versprach, rückt dementsprechend ins Dunkel. Behauptbarkeitstheorien müssen sich also der Herausforderung stellen, mit einem Begriff der Richtigkeit einer Behauptung anzufangen, der in der Praxis von Sprechern und Zuhörern gründet und anhand dieser Praxis verstehbar wird, der aber dennoch reich genug ist, um normativen Beurteilungen eine Grundlage zu verschaffen, die in dem Sinne objektiv sind, daß sie über die Einstellungen der Praxisteilnehmer hinausgehen.

Nun zu einem Beispiel, das Behauptbarkeitstheorien normalerweise Schwierigkeiten bereitet.

Wann immer

(1) »Das Stoffmuster ist rot«

angemessen behauptbar ist, ist es auch angemessen,

(2) »Die Behauptung, daß das Stoffmuster rot ist, ist jetzt durch mich angemessen behauptbar«

zu behaupten.

Denn (2) macht einfach nur das explizit, und zwar als Teil des Gehalts, der behauptet wird, was implizit in dem enthalten ist, was man mit dem Behaupten von (1) tut. Und dennoch möchten wir gerne sagen, daß es sich hier um verschiedene Gehalte handelt. Obgleich die beiden Behauptungen die gleichen *Behauptbarkeits*bedingungen haben, haben sie unterschiedliche *Wahrheits*bedingungen. Denn das Stoffmuster könnte rot *sein*, ohne daß ich in der Lage bin, zu *sagen*, daß es sich so verhält. Und sicherlich können wir Umstände beschreiben, in denen ich über ausgesprochen gute Belege verfügen würde, die dafür sprächen, daß das Stoffmuster rot ist, so daß (1) für mich behauptbar wäre, obwohl das Stoffmuster tatsächlich nicht rot ist – vielleicht auch dann, wenn das Stoffmuster gar nicht existiert. Es sieht also so aus, als ob Behauptbarkeitstheorien etwas Wichtiges auslassen würden.

Die Dinge sehen allerdings anders aus, wenn wir das feiner strukturierte normative Vokabular der Festlegungen und Berechtigungen, und damit auch der Inkompatibilitäten, zu Hilfe nehmen. (1) und (2) wären inkompatibilitäts-äquivalent (in dem Sinne, daß sie sich unter Inkompatibilitätsgesichtspunkten wechselseitig zur Folge haben) genau dann, wenn alles, was mit (1) inkompatibel ist, auch mit (2) inkompatibel wäre, und umgekehrt. Aber in den gerade beschriebenen Situationen ist eben das gerade nicht der Fall. Zu sagen, daß das Stoffmuster rot sein könnte, ohne daß ich mich in der Lage sehe zu sagen, daß es sich so verhält, heißt zu sagen, daß einige Behauptungen mit (1), wenn es durch mich jetzt behauptbar ist, inkompatibel sind, die nicht mit (1) inkompatibel sind. So sind zum Beispiel sowohl

(3) »Ich existiere nicht« als auch

(4) »Es haben sich niemals rationale Wesen entwickelt«

mit (2) inkompatibel, aber nicht mit (1).

Und zu sagen, daß es Umstände gibt, unter denen ich sehr gute Belege für die Wahrheit von (1) haben könnte, so daß (1) angemessenerweise von mir behauptbar ist, obwohl (1) tatsächlich nicht wahr ist, heißt zu sagen: Es gibt Behauptungen, die mit (1) inkompatibel sind, aber nicht damit, daß (1) durch mich behauptbar ist.

Dagegen könnte

(5) »Mein Sehnerv wird auf eine Weise gereizt, so daß es für mich so aussieht, als befände sich ein rotes Stoffmuster vor mir, obwohl tatsächlich kein Stoffmuster vorhanden ist, die Wahrnehmungsumstände ansonsten aber den üblichen entsprechen«

durchgehen. Die zusätzlichen, normativ-expressiven Ressourcen, die dadurch erschlossen werden, daß der Status, behauptend *festgelegt* zu sein, von dem Status unterschieden wird, zu einer solchen Festlegung *berechtigt* zu sein, genügen, um die Gehalte gewöhnlicher Behauptungen und die Gehalte von Behauptungen darüber, was behauptbar ist, auseinanderzuhalten.

Es könnte die Befürchtung aufkommen, daß dieses Ergebnis nicht robust ist, sondern auf die Tatsache zurückgeht, daß sich die Beschreibung des Testfalls an der undifferenzierten Vorstellung von der angemessenen Behauptbarkeit orientiert, wohingegen zur Beurteilung des Testfalls die genaueren normativen Konzepte der Festlegung und Berechtigung (und damit auch der Inkompatibilität) herangezogen werden. Diese Überlegung legt nahe, daß

(2′) »Ich bin jetzt auf die Behauptung festgelegt, daß das Stoffmuster rot ist« und
(2″) »Ich bin jetzt zu der Behauptung berechtigt, daß das Stoffmuster rot ist«

bessere Testfälle darstellen würden.

Tatsächlich aber macht dieses zusätzliche Maß an Bestimmtheit keinen Unterschied. (3) und (4) sind sowohl mit (2′) als auch mit (2″) inkompatibel, genau wie sie es mit (2) wären, obwohl sie nicht mit (1) inkompatibel sind. Und (5), oder eine Variante davon, ist immer noch inkompatibel mit (1), aber nicht mit (2′) oder (2″).

Genaugenommen eröffnet der Blick auf (2′) und (2″) einige Einsichten darüber, *warum* das Auszeichnen der normativen Status der Festlegung und Berechtigung verglichen mit dem schwammigeren Konzept der Behauptbarkeit den mehr oder weniger behauptbarkeitsorientierten semantischen Theorien einen wichtigen expressiven Vorteil verschafft. Denn obwohl man immer auf (2′) *festgelegt* ist, wenn man auf (1) festgelegt ist, ist man zu diesen Behauptungen nicht unter allen gleichbleibenden Umständen berechtigt. Insbesondere kann ich zu (2′) einfach aufgrund einer Aufzählung meiner bisherigen Festlegungen, bei der ich vielleicht feststelle, daß ich gerade (1) behauptend geäußert habe, berechtigt sein, ohne überhaupt die Farben von Stoffmustern erforschen zu müssen. Zu (1) allerdings kann ich nur durch ein solches Erforschen berechtigt werden. Was den anderen Fall angeht, so ist es keineswegs klar, daß man überhaupt zu (2″) berechtigt ist, wann immer man zu (1) berechtigt ist. Soweit Verläßlichkeitstheorien richtigliegen, kann ich zu Behauptungen berechtigt *sein*, ohne mit guten Gründen zu *glauben*, daß ich in dieser Weise berechtigt bin. Aber selbst wenn das nicht zutrifft, und Berechtigungen zu Behauptungen wie (2″) Hand in Hand mit Berechtigungen zu elementaren Behauptungen wie etwa (1) gehen, so sind die beiden

Arten von Behauptungen immer noch anhand der in ihnen steckenden *Festlegungen* unterscheidbar. Denn sicherlich könnte man auf die Behauptung *festgelegt* sein, daß das Stoffmuster rot ist, also auf (1), ohne damit auf die Behauptung festgelegt zu sein, daß man zu ihr *berechtigt* ist. Im allgemeinen *sollte* man zwar zu seinen Festlegungen berechtigt sein, aber ein entscheidender Punkt im Spiel des Gebens und Verlangens von Gründen besteht ja gerade darin, daß wir zwischen Festlegungen, zu denen man berechtigt ist, und solchen, zu denen man nicht berechtigt ist, unterscheiden müssen. Daher muß man zumindest die *Möglichkeit* zulassen, sich in jedem einzelnen Fall in einer solchen Situation zu befinden. Noch einmal: (2″) und (1) haben augenscheinlich nicht die gleichen festlegungs-inferentiellen *Konsequenzen*. Das Konditional:

(6) »Wenn das Stoffmuster rot ist, dann ist das Stoffmuster rot«

ist offensichtlich korrekt dahingehend, daß es eine festlegungserhaltende Inferenz kodifiziert. (Diese Stotterinferenz ist so sicher, wie überhaupt nur eine Inferenz sein kann.) Im Gegensatz dazu ist

(7) »Wenn ich zu der Behauptung berechtigt bin, daß das Stoffmuster rot ist, dann ist das Stoffmuster rot«

kein Konditional, das als richtig im Sinne von festlegungserhaltend gebilligt werden sollte, zumindest in Anbetracht eines jeden Begriffs der Berechtigung, den wir mit Blick auf empirische Sachverhalte vertreten können. Tatsächlich handelt es sich hierbei um einen Einsetzungsfall des sehr unplausiblen Schemas:

(8) »Wenn S zu der Behauptung berechtigt ist, daß das Stoffmuster rot ist, dann ist das Stoffmuster rot.«

Was die Spezifika der in der Diskussion dieser Beispiele verwendeten theoretischen Begriffe ›Festlegung‹ und ›Berechtigung‹ (und damit auch ›Inkompatibilität‹) angeht, war ich bislang darauf bedacht, mich so wenig wie möglich festzulegen. Aus diesem Grund werden einige meiner speziellen Behauptungen darüber, was in jeder der drei fundamentalen Hinsichten, also der ermächtigenden oder festlegenden Inferenzen oder der Inkompatibilitätsfolgen, gute Inferenzen sind und was nicht, für diejenigen strittig sein, die einige besondere Strategien im Kopf haben, wie man über Festlegung und (besonders) über Berechtigung nachdenken soll. Mögliche Einwände, die mit diesen Details zu tun haben, werden allerdings den generellen Punkt, um den es mir geht, nicht tangieren. Denn dieser besteht ja gerade darin, daß die Begriffe der Festlegung und der Berechtigung (und somit auch der Inkompatibilität) ins Spiel gebracht werden können, um auf strikte und systematische Weise zwischen den Gehalten gewöhnlicher empirischer Behauptungen und den Gehalten irgendwelcher Behauptungen darüber, wer auf was festgelegt oder zu was berechtigt ist, zu unterscheiden. Die Tatsache, daß andere Verwendungsweisen der theoretischen Begriffe ›Festlegung‹ und ›Berechtigung‹ *nicht* alle jene Unterscheidungen gestatten würden, besagt nichts, sondern würde lediglich einen guten Grund liefern, von *genau diesen* Verwendungsweisen Abstand zu nehmen.

Fest steht, daß die Unterscheidung zwischen Sätzen, die *Behauptbarkeits*bedingungen teilen, und Sätzen, die *Wahrheits*bedingungen teilen, anhand von Festlegungen und Berechtigungen getroffen werden kann, ohne auf den Begriff der Wahrheit zurückgreifen zu müssen. Dies wird in Anbetracht von Sätzen wie

(9) »Ich werde ein Buch über Hegel schreiben« und
(10) »Ich prophezeie, daß ich ein Buch über Hegel schreiben werde«

deutlich, die in der ersten Hinsicht gleich sind, nicht aber in der zweiten. Ich kann auf (9) und (10) in den gleichen Umständen *festgelegt* sein, und mag sogar zu ihnen in den gleichen Umständen *berechtigt* sein. Zwar können wir den Gebrauch von ›prophezeien‹ reglementieren, um dies sicherzustellen, aber

(11) »Ich werde in den nächsten zehn Minuten sterben«

wird immer noch mit (9), nicht aber mit (10) inkompatibel sein, und zwar aufgrund eines jeden Begriffs von Prophezeiung, der nicht auf Allwissenheit hinausläuft.[8] Und wir sollten ob dieses

---

[8] Crispin Wright hat darauf hingewiesen, daß – gemäß der hier vorgelegten Definitionen – folgendes gilt: Wenn zwei Behauptungen hinsichtlich ihrer Inkompatibilitäten differieren, dann können sie sich höchstens mit Blick auf die Umstände gleichen, in denen man *prima facie* zu ihnen berechtigt ist, nicht aber mit Blick auf die Umstände, in denen man *unwiderruflich* zu ihnen berechtigt ist. Die Behauptbarkeitstradition hat diese Unterscheidung nicht getroffen, denn sie hat den schwammigen Status der Behauptbarkeit nicht von Anfang an in den Status der Festlegung und den der Berechtigung differenziert (und war somit nicht in der Lage, Inkompatibilitäten zu diskutieren). Meines Erachtens spricht einiges dafür, diejenigen Aspekte der Überlegungen dieser Tradition, die (implizit) mit dem Sta-

Ergebnisses nicht überrascht sein. Denn die Konsequenzen von
(9) und (10) sind völlig verschieden. Bei

(12) »Wenn ich ein Buch über Hegel schreiben werde, dann werde ich ein Buch über Hegel schreiben«

handelt es sich erneut um eine Inferenz, die an Sicherheit nichts zu wünschen übrigläßt. Dagegen ist

(13) »Wenn ich prophezeie, daß ich ein Buch über Hegel schreiben werde, dann werde ich ein Buch über Hegel schreiben«

ein Konditional, dessen Plausibilität davon abhängt, wie gut ich im Prophezeien bin. (Und in der Tat ist die Zahl der herumliegenden, verwaisten »Ersten Bände« ja doch beträchtlich.) Auch wenn die Festlegung, die im Vordersatz von (13) explizit gemacht wird, die Festlegung *ist*, die im Nachsatz ausgedrückt wird, gibt es Behauptungen, wie etwa (11), die mit dem Nachsatz von (13) inkompatibel sind, nicht aber mit seinem Vordersatz. Der Unterschied im Gehalt zwischen (9) und (10), den wir uns normalerweise als einen Unterschied seitens der Wahrheitsbedingungen denken, ist einfach der Unterschied hinsichtlich ihrer Konsequenzen, der in den verschiedenen Status der Konditionale (12) und (13) eingekapselt ist. Und dieser Unterschied manifestiert sich wiederum in einem Unterschied seitens der Behauptungen, die mit (9) und (10) inkompatibel sind. Diese Inkompatibilität wiederum können wir vollständig mit Hilfe der normativen Status der Festlegung und der Berechtigung verstehen. Um es anders zu sagen: Betrachtet man den propositionalen Gehalt durch die Brille der Inkompatibilitäten, die ihrerseits in Begriffen der fundamentalen normativen Status der Festlegung und Berechtigung definiert sind, so bekommt man die expressiven Ressourcen an die Hand, um die Unterscheidung zwischen dem Sinn von ›behauptbar‹, der zu kurz greift, um Wahrheit zu garantieren (wie es bei ›prophezeien‹ der Fall ist), und dem Sinn treffen zu können, der eben Wahrheit garantieren würde (und von dem man immerwährend dachte, ihn anhand irgendeiner Art von ›idealer‹ Berechtigung fassen zu müssen, wobei ›ideal‹ in einer Weise verstanden wird, die für einen beträchtlichen Abstand zu den tatsächlichen Praktiken des Gebens und Verlangens von Gründen

tus Berechtigung zu tun haben, so zu behandeln, daß sie *prima facie* Berechtigungen betreffen.

sorgt). Dies ist genau der Sinn von »Es ist behauptbar, daß ...«, der redundant wäre, insofern die mit »Es ist behauptbar, daß *p*« assoziierten Inkompatibilitäten genau diejenigen wären, die mit *p* assoziiert sind – Inkompatibilitäten, die bei »Es ist *wahr*, daß *p*« im Spiel sind.

Der springende Punkt von all dem besteht darin, daß die *Objektivität* des propositionalen Gehalts – die Tatsache, daß wir, wenn wir behaupten, daß das Stoffmuster rot ist, nichts darüber sagen, wer irgend etwas angemessen behaupten könnte, oder darüber, wer auf was festgelegt oder wozu berechtigt ist, sondern statt dessen etwas sagen, was wahr sein könnte, selbst wenn es niemals rationale Wesen gegeben hätte –, daß diese Objektivität ein Merkmal ist, das wir als eine Struktur der Festlegungen und Berechtigungen verständlich machen können, die den Gebrauch von Sätzen gliedern: als eine Struktur von weitgefaßten Normen, denen die Behauptungspraxis, das Spiel des Gebens und Verlangens von Gründen, unterworfen ist. Und wir können Praktiken selbst dann als solche verstehen, die diese Struktur haben, wenn wir Festlegungen und Berechtigungen ihrerseits als *soziale* Status auffassen, die durch die Einstellungen der Teilnehmer an der sprachlichen Praxis instituiert werden. Es ist *nichts weiter* nötig, als daß die Festlegungen und Berechtigungen, die die Praxisteilnehmer mit gewöhnlichen empirischen Behauptungen, etwa »Das Stoffmuster ist rot« in Verbindung bringen, Inkompatibilitäten für diese Behauptungen erzeugen, die sich von denen entsprechend unterscheiden, die mit Behauptungen darüber zu tun haben, wer auf irgend etwas festgelegt oder dazu berechtigt oder in der Lage ist, etwas zu behaupten. Jeder Gemeinschaft, deren inferentiell gegliederte Praktiken die unterschiedlichen normativen Status der Festlegung und Berechtigung anerkennen, steht es offen, propositionale Gehalte zu erkennen, die in diesem Sinne objektiv sind. Ich habe im vorangegangenen Abschnitt argumentiert, daß das alle *rationalen* Gemeinschaften einschließt – alle, in deren Praktiken das Spiel des Gebens und Verlangens von Gründen eingelassen ist. Der These des linguistischen Rationalismus zufolge sind damit überhaupt alle Sprachgemeinschaften gemeint. Ich habe hier den Versuch unternommen, zu erklären, wie wir damit anfangen können, die Objektivität unseres Denkens – die Art und Weise, in der die Gehalte unseres Denkens über die Einstellungen der Billigung oder Berechtigung hinausgehen, die wir gegenüber diesen Gehalten hegen – als einen besonderen Aspekt der normativen Feinstruktur der Rationalität zu verstehen.⁹

(Aus dem Amerikanischen von Eva Gilmer*)

---

9 Eine vollständigere Darstellung dieser Geschichte (die in *Making It Explicit* geliefert wird) würde *drei* theoretische Züge jenseits der klassischen Behauptbarkeitstheorien unterscheiden, um einen geeigneten Begriff des objektiven repräsentationalen Gehalts für deklarative Sätze zu konsolidieren: a) Den Zug von der Behandlung der Behauptbarkeit als dem fundamentalen normativ-pragmatischen oder Kraft-bezogenen Begriff hin zu Festlegungen und Berechtigungen (durch die es dann möglich wird, die Inkompatibilität zu definieren); b) den Zug von den *Umständen*, unter denen der fragliche normative Status erworben wird (=Behauptbarkeitsbedingungen) hin zur Einbeziehung der *Folgen*, die der Erwerb des fraglichen normativen Status nach sich zieht. Damit bewegt man sich auf einen Begriff des Gehalts als inferentieller Rolle zu, demzufolge die Eigenschaft, über einen propositionalen Gehalt zu verfügen, als Eignung identifiziert wird, die Rolle sowohl der Konklusion als auch der Prämisse in unterschiedlichsten Inferenzen zu spielen. Die Interaktion dieses Zuges mit dem vorangegangenen erzeugt die drei Begriffe der Inferenz (festlegungserhaltende und berechtigungserhaltende Inferenzen, sowie Inkompatibilitätsfolgen), von denen im Text die Rede war. Schließlich würde die Darstellung c) den Zug unterscheiden, mit dem man von der Betrachtung eines normativen *Status* (Behauptbarkeit, Festlegung, Berechtigung) zu der Betrachtung der normativen *sozialen Einstellungen* übergeht. Das bedeutet, sich auf das *Zuweisen* (an andere) und *Anerkennen* (durch einen selbst) von Festlegungen etc. als das primäre Phänomen zu konzentrieren. In Kapitel 8 von *Making It Explicit* habe ich argumentiert, daß es diese Unterscheidung hinsichtlich der *sozialen Perspektive* ist, durch die die spezifisch *repräsentationale* Dimension propositionaler Gehalte verständlich wird. Man mag sich, am Ende dieser Geschichte, gefragt haben, wie es möglich sei (wie man es anstellt), gewissermaßen eine Perspektive der dritten Person gegenüber *seinen eigenen* Einstellungen einzunehmen, diese Einstellungen damit als Einstellungen zu betrachten, die prinzipiell Gegenstand der gleichen Art von Beurteilung sind, der man die Einstellungen der anderen unterwirft, indem man *de re*-Spezifikationen der Gehalte dieser Einstellungen vorbringt. Das hier vorgetragene Argument liefert die Antwort auf diese Frage.

* Die sich ganz herzlich bei Lutz Wingert für die kritische und konstruktive Durchsicht der Übersetzung bedankt.

Hans Julius Schneider
Universale Sprachformen?
Zu Robert Brandoms
»expressiver Deduktion«
der Gegenstand-Begriff-Struktur

I. Fragestellung

Ist die Philosophie in der Lage, Sprachstrukturen zu benennen, die in allen Sprachen auffindbar sind?[1] Kann sie im positiven Fall darüber hinausgehend ihre Notwendigkeit zeigen, sei es im ›vertikalen‹ Sinne, indem sie sie als ›Tiefenstrukturen‹ ausweist, die aller Komplexbildung[2] (gleichgültig in welcher Sprache) zugrunde liegen, sei es in einem ›horizontalen‹ Sinne durch den Nachweis, daß kein Signalsystem eine Sprache zu heißen verdient, das die fraglichen Strukturen nicht (und sei es: neben anderen) enthält? Falls sich Sprachstrukturen aufweisen lassen, die auffällig verbreitet sind, wie ist die Tatsache ihrer Allgemeinheit zu interpretieren? Ist diese (begrenzte) Universalität von uns erzeugt und dem, worüber wir sprechen, auferlegt (und wie ist das möglich), oder verdankt sie sich Gegebenheiten, von denen sie erzwungen wird?

Eine Gegenthese, die selbst der schwächsten Variante der genannten Universalitätsbehauptungen widerspräche, würde lauten, es gebe so viele Strukturen wie Sprachen bzw. Sprachfamilien, d. h. es würden sich keine Sprachstrukturen aufweisen lassen, deren eventuell feststellbare große Verbreitung mehr als bloß zufällig wäre. Eine weniger weitgehende Gegenposition würde nur der These von der *einen* universalen Tiefenstruktur unter allem Sprachgebrauch widersprechen und behaupten, selbst im begrenzten Bereich des assertorischen Sprechens gebe es eine echte Vielfalt von Strukturen. Sie könnte dabei durchaus die schwächere Universalitätsthese anerkennen, daß sich Strukturen namhaft machen lassen, die in keinem Signalsystem, das wir als eine Sprache bezeichnen, fehlen dürfen.

---

[1] Ich danke Jim Conant, Andrea Kern, Christoph Menke und Pirmin Stekeler-Weithofer für intensive Diskussionen über frühere Fassungen dieser Abhandlung.
[2] Die Betrachtung wird hier auf assertorische Komplexbildung eingeschränkt.

Wenn ich im folgenden die Überlegungen Robert Brandoms[3] zu diesem Themenbereich einer genaueren Betrachtung unterziehe, möchte ich erstens zeigen, daß sie keinen Beweis für die starke Universalitätsthese darstellen: Die Gegenstand-Begriff-Struktur wird nicht als manchmal verborgene, aber stets notwendige Tiefenstruktur aller assertorischen Komplexbildung erwiesen. Ich bin nicht sicher, ob er selbst sie in diesem hier zurückgewiesenen Sinne verstanden wissen möchte, aber durch seine Anspielungen auf Kant legt er diese Lesart zumindest immer wieder nahe. Zweitens möchte ich deutlich machen, daß Brandoms formales und synchronisches[4] Verständnis von Pragmatik (dem ich ein an Wittgenstein orientiertes konkret-inhaltliches und diachronisches entgegensetzen werde) zu einem Blick auf die Sprache führt, der durch systematisch folgenreiche Erklärungslücken zu einer Fehleinschätzung des Stellenwerts auch der schwachen Universalitätsthese geradezu einlädt. Er erzeugt ein falsches Bild von der Sprache, weil er den sekundären Charakter der Allgemeinheit der erörterten Struktur, ihre Herkunft aus Projektionsprozessen, unsichtbar macht.

Eine Aufklärung der damit zusammenhängenden Fragen scheint mir über eine Auseinandersetzung mit Brandom hinaus von Interesse, weil viele sprachphilosophische Ansätze und Programme deutliche Affinitäten zur Universalitätsthese in der einen oder anderen Form zeigen. Das gilt bereits von der sehr einheitlichen Weise, in der Frege alle semantischen Verhältnisse auf das Argument-Funktion-Schema bringt, es gilt auch von der logischen Semantik Davidsons, sogar von der Sprechhandlungstheorie Searles, die über andere Teilhandlungen als die des Referierens und Prädizierens nicht spricht und daher den Eindruck erweckt,

---

3 Ich beziehe mich auf: Robert B. Brandom, *Making It Explicit. Reasoning, Representing, and Discursive Commitment*, Cambridge 1994, Kap. 6. – Deutsch: *Expressive Vernunft. Begründung, Repräsentation und diskursive Festlegung*, Frankfurt am Main 2000. – Ferner war für mich hilfreich: R.B. Brandom, *Articulating Reasons: An Introduction to Inferentialism*, dt. *Begründen und Begreifen. Eine Einführung in den Inferentialismus*, Frankfurt am Main 2001, Kap. 4. Ich möchte Bob an dieser Stelle dafür danken, daß er mir dieses zusammenfassende neuere Buch schon im Manuskript zugänglich gemacht hat.
4 Vgl. die Antwort Brandoms auf die Frage Susanna Schellenbergs, ob die Untersuchung einer Praxis nicht ein Verständnis ihrer *Entwicklung* erfordere, daß er diesen Aspekt erst in seinem in Arbeit befindlichen Hegel-Buch berücksichtige. R. B. Brandom, »Von der Begriffsanalyse zu einer systematischen Metaphysik«, in: *Deutsche Zeitschrift für Philosophie* 47 (1999) S. 1005-1020; hier: 1020.

als seien sie für alles assertorische Sprechen verbindlich.[5] Und schließlich gibt es diese Affinität auch im Programm einer ›Transzendental-‹ bzw. ›Universalpragmatik‹ von Apel und Habermas.[6]

Bevor ich die Bedeutung und die Reichweite von Brandoms Argumentation genauer beurteile, möchte ich vorausschicken, daß ich in einigen wichtigen Punkten mit seiner Grundorientierung übereinstimme, etwa mit seinem Antirepräsentationalismus und seinem Ziel, das Semantische auf die pragmatischen Füße zu stellen: Auch nach meiner Auffassung muß das sprachliche Handeln erklären, was es für eine Äußerung heißt, bedeutungsvoll zu sein, statt daß umgekehrt ein vorgängig bestimmbarer, vom Handeln unabhängiger Zeichen- oder Darstellungscharakter die dann als sekundär betrachtete ›Anwendbarkeit‹ eines Wortes oder Satzes verständlich macht. Insofern geht es mir hier nicht um eine grundsätzliche Kritik des pragmatischen Ansatzes von Brandom, sondern eher um Klärungen unter zwei Verteidigern von miteinander verwandten Zugängen. Das genaue Ausmaß der Übereinstimmungen und Differenzen muß die weitere Diskussion allerdings erst noch erweisen.

Ich möchte also zeigen, daß wir in Brandoms Vorschlägen keine moderne Form einer ›transzendentalen Deduktion‹ vor uns haben, mit der plausibel gemacht würde, daß alles assertorische Sprechen sich notwendig der Gegenstand-Begriff-Struktur und nur dieser zu bedienen habe. Was Brandom vielmehr nachweist, ist das Folgende: *Wenn* eine Sprache ein minimales Repertoire an

---

5 Für eine Auseinandersetzung mit Searles Begriff der Prädikation vgl. H.J. Schneider, »Ist die Prädikation eine Sprechhandlung? Zum Zusammenhang zwischen pragmatischen und syntaktischen Funktionsbestimmungen«, in: K. Lorenz (ed.), *Konstruktionen versus Positionen. Beiträge zur Diskussion um die Konstruktive Wissenschaftstheorie*, Bd. 2, Berlin 1979, S. 23-36, und: ders., »Die sprachphilosophischen Annahmen der Sprechakttheorie« in: M. Dascal, D. Gerhardus, K. Lorenz, G. Meggle (Hg.), *Sprachphilosophie. Ein internationales Handbuch zeitgenössischer Forschung*, 1. Halbband, Berlin 1992, S. 761-775.

6 Zur Brandom-Lektüre von Habermas vergleiche: J. Habermas, »Von Kant zu Hegel. Zu Robert Brandoms Sprachpragmatik«, in: Habermas, *Wahrheit und Rechtfertigung. Philosophische Aufsätze*, Frankfurt am Main 1999. Zu meiner Bemühung um die Universalpragmatik vgl. H.J. Schneider, »Gibt es eine ›Transzendental-‹ bzw. ›Universalpragmatik‹?«, in: *Zeitschrift für philosophische Forschung* 36 (1982), S. 208-226, sowie Schneider, »Kommunikation ohne Basis. Grundprobleme interkultureller Verständigung«, in: Wolfgang Luutz (Hg.), *Das »Andere« der Kommunikation,* Leipzig 1997 (= Leipziger Schriften zur Philosophie, 8) S. 17-32.

logischen Junktoren enthält und diese zur Bildung komplexer Begriffsausdrücke zuläßt, und *wenn* sie es erlauben soll, ihre Sätze so als aus Teilen zusammengesetzt aufzufassen, daß ein bestimmter, z. B. am Sortieren von Dingen orientierter Typus von Substitutionsschlüssen zwischen ihnen möglich ist, *dann* darf in den dafür einschlägigen Sätzen derjenige sprachliche Ausdruck, mit dem zusammen der Begriffsausdruck einen komplexen Satz bildet und bei dessen Ersetzung die genannten Substitutionsschlüsse gültig sein sollen, im Folgerungsverhalten nicht asymmetrisch wie der Begriffsausdruck sein, sondern er muß symmetrisch sein. Es versteht sich, daß diese Kurzfassung erläuterungsbedürftig ist. Ich möchte sie gleichwohl zum Ausgangspunkt nehmen, um mit einigen groben Strichen vorweg die Richtung zu markieren, in die meine Kritik an den Ausführungen Brandoms zielt, in der Hoffnung, daß dadurch die dann folgende Argumentation leichter verständlich wird.

Das Verhalten von Ausdrücken in Substitutionsschlüssen (zu denken ist an Zusammenhänge, wie sie zwischen Sätzen der Art ›Peter holt Säulen‹, ›Peter holt Material‹, ›der neue Gehilfe holt Material‹ bestehen) ist nach meiner an Wittgenstein orientierten Auffassung von Pragmatik nur verständlich zu machen, wenn auf der untersten Ebene auf Sprachspiele rekurriert wird, in denen auch nichtsprachlich gehandelt wird (Platten werden geholt, ein Haus wird gebaut, eine Person wird zu einer Handlung aufgefordert, etc.[7]). Das Erfassen der praktisch-leiblichen Seite der einfachsten Sprachspiele ermöglicht erst ein Erfassen des Witzes ihrer verbalen Seite und ein Verständnis der Möglichkeit des Entstehens von Strukturen. Es geht daher dem Verständnis der höherstufigen Handlungen der Substitution von Ausdrücken und der Beurteilung der Resultate solcher Substitutionen auf ihre Rechtmäßigkeit systematisch voraus. Die Frage ist nun, welche Bedeutung die Einbeziehung oder Ausklammerung solcher Vorstufen (und das heißt: die Entscheidung für ein diachronisches und konkret inhaltliches oder für ein synchronisches und von der Verschiedenheit der Inhalte weitgehend absehendes Vorgehen) für das Gesamtbild hat, zu dem ein handlungsbezogener, pragmatischer Zugang zur Sprache führt. Ist die bei Wittgenstein stets eingeforderte Verankerung im unmittelbar als sinnvoll erfahrba-

---

7 Ludwig Wittgenstein, *Philosophische Untersuchungen / Philosophical Investigations*, New York 1953, I § 2ff.

ren Handeln (mit seinen nicht-verbalen Anteilen) und die ausdrückliche Thematisierung der schrittweise als nachvollziehbar auszuweisenden Erweiterungen ein eigentlich überflüssiger Teil der Geschichte, den man je nach Interesse erzählen oder auch weglassen kann? Oder führt die Vernachlässigung dieser Verankerung zugunsten einer synchronischen und formalen Beschreibung des voll entwickelten Zustands zu einem auf gravierende Weise verzerrten Bild? Ich selbst werde die zuletzt genannte These vertreten, es ergibt sich hier aber ein Dilemma, das verständlich macht, wie Brandom zu seiner Art des Vorgehens kommt. Indem ich seinen Ausweg kritisiere, möchte ich zugleich eine Alternative aufzeigen.

Wenn man direkt an die *Philosophischen Untersuchungen* Wittgensteins anknüpft, wird man die Teilhandlungen des Prädizierens und Referierens durch einen Bezug auf einfache Beispielhandlungen bestimmen, in denen auf leibliche Weise mit ›mittelgroßen trockenen Gütern‹, mit materiellen ›Dingen‹ operiert wird. Hierher gehört die bekannte Hausbausituation, aber auch Sortierhandlungen wie die von Aschenputtel verlangte, aus einem gemischten Haufen die Linsen von den Aschekörnern zu trennen und auf zwei Gefäße zu verteilen. Die schon vorsprachlich verfügbaren leiblichen Handlungen des ›In-die-Hand-Nehmens‹ und ›Im-Gefäß-Ablegens‹ können dann Ansatzpunkte für Peirces ›pragmatische Maxime‹ bilden, nach der die Bedeutung eines Wortes die Weise ist, in der seine Äußerung uns zum Handeln anleiten kann. So könnte man auf der untersten Stufe das Prädizieren im Zusammenhang mit einer Handlung des Typus ›im Gefäß G ablegen‹ einführen und entsprechend das Referieren mit einer Handlung des Typus ›eine Linse (bzw. ein Aschekorn) bei einer Sortierhandlung ergreifen‹. Die sprachlichen Handlungen erscheinen so als unmittelbar nützliche Erweiterungen der nichtsprachlichen Handlungen.

Nun erhebt sich die Frage, ob dieser enge und am Ausgangspunkt streng inhaltlich orientierte Zugang in der Lage ist, den sehr viel weiteren und abstrakteren Gebrauch des Wortes ›Gegenstand‹ zu erreichen, der für die Logik charakteristisch ist und der benötigt wird, wenn die Universalität der Gegenstand-Begriff-Struktur aufgezeigt werden soll. Wie gelangt man von Platten, Linsen und angesprochenen Personen zu den Orten und Zeitpunkten, von denen schon Frege sagt, sie seien unter logischen Gesichtspunkten als ›Gegenstände‹ zu betrachten?[8] Und wie würde Brandom seine eher beiläufige Aussage begründen, auch auf Ereignisse und Prozesse würde man sich mit singulären Termini beziehen, nicht nur auf materielle Dinge?[9] Sind Ereignisse und Prozesse ähnlich vorsprachlich ›gegeben‹ wie Platten und Linsen? Sind sie nur Gattungen innerhalb einer uns wohlbekannten Art, so daß ihre Einbeziehung in die Gegenstand-Begriff-Struktur nur eine unproblematische Bereichserweiterung darstellt?

Für den Logiker drückt das genannte Verständnis der singulären Termini einen Gemeinplatz aus; er entspricht der Auskunft älterer Grammatiken, ein Gegenstand sei alles, was die Sprache als Gegenstand behandle. Im Kontext einer pragmatischen Neugewinnung traditioneller logischer Unterscheidungen geht es aber gerade um die Frage, *was es denn heiße*, daß die Sprache ›etwas als Gegenstand behandle‹. Daher fällt es auf, daß Brandom von den singulären Termini (im Anschluß an Quine) sagt, sie würden ein Referieren auf Gegenstände *vorgeben*,[10] ohne die Frage nach der Differenz zwischen ›ein Gegenstand sein‹ und ›als Gegenstand behandelt werden‹ zu thematisieren. Worin besteht für Brandom der Unterschied zwischen der ›vorgeblichen‹ und der ›echten‹ Referenz; ist die echte Referenz die primäre, und wie gelangt man von ihr zu ihrer mit dem Ausdruck ›vorgeblich‹

---

8 Gottlob Frege, »Über Sinn und Bedeutung«, in: Frege, *Kleine Schriften*, hg. v. I. Angelelli, Darmstadt 1967, S. 143-162, hier: S. 155 (Originalpaginierung S. 42).

9 »Genaugenommen bezieht sich ein singulärer Terminus auf Einzelnes (*particular*). Das ist nicht immer ein *Gegenstand* (*object*), es kann auch ein Ereignis, ein Prozeß usw. sein. Das augenblickliche Argument hängt aber nicht von diesen Unterschieden ab, und es ist oft bequemer, einfach von Gegenständen zu sprechen, auch wenn faktisch jede Art von Einzelnem involviert ist.« Brandom, *Expressive Vernunft*, a.a.O., S. 941 (Anm. 14 zu Kap. 6).

10 Der Kontext bei Quine (*Word and Object*, Cambridge, Mass. 1960, S. 90, 96) macht klar, daß als deutsche Übersetzung für »*to purport*« hier weder »beinhalten« (wie in der deutschen Quine-Ausgabe) noch »beabsichtigen« (wie in der Übersetzung von *Making It Explicit*) in Frage kommt, sondern »vorgeben«. – Quine sagt (S. 90), daß er hier einen bildlichen Ausdruck gewählt habe, um auszudrücken, daß es die grammatische Rolle sei, die singuläre von generellen Termini unterscheide. »Vorgeblich referieren« heißt demnach: Einen sprachlichen Ausdruck grammatisch so benutzen als referiere er auf Dinge, ohne daß diese Dinge in einem sprachunabhängigen Sinn vorhanden sind. Die Frage ist nun: Wie ist das möglich? Der Unterscheidung zwischen »*to refer*« und »*to purport to refer*« läuft die Unterscheidung zwischen »Gegenstand im Sinne von Ding« und »Gegenstand im logischen Sinne« (»Einzelnes«) parallel.

kenntlich gemachten Variante? Ebenso und parallel dazu muß man die von Brandom benutzte Unterscheidung zwischen ›*Particulars*‹ (d. h. Gegenständen im logischen Sinne, verschiedene Sorten von ›Einzelnem‹) und ›*Objects*‹ (d. h. Gegenständen im Sinne von Dingen)[11], als Hinweis auf ein Problem lesen, nicht schon als dessen Lösung, denn wir wollen, wenn wir traditionelle logische Kategorien pragmatisch untermauern und die Universalität der Gegenstand-Begriff-Struktur erörtern, ja gerade wissen, was hier mit ›Gegenstand‹ in einem allgemein-logischen Sinn gemeint ist, der über den Bereich der materiellen Dinge hinausgehen soll. Die Ausdrücke ›Einzelnes‹ und ›Gegenstand‹ (im Sinne von ›Ding‹) sind nur Etiketten, die noch nichts erklären. Dies bedeutet für das Universalitätsproblem: Erst wenn wir wüßten, was ›Gegenstände im Sinne der Logik‹ sind, und wie die Funktion der singulären Termini zu verstehen ist, ›vorgeblich zu referieren‹, könnten wir beurteilen, ob die von der Logik als verbindlich angesehene Struktur diese Verbindlichkeit durch eine Festsetzung erlangt, die auch anders getroffen werden könnte, oder ob sie sich aus Umständen ergibt, an denen die Logik sich orientieren muß, und die diese und nur diese Struktur erzwingen. Ist die Gegenstand-Begriff-Struktur nichts anderes als das Resultat der Festlegung einer bestimmten Norm der Darstellung, dann ergibt sich auch die Universalität dieser Struktur (so weit sie reicht) zumindest teilweise aus eben dieser Festlegung; außerhalb ihrer Reichweite könnte es viele andere assertorische Strukturen geben. Falls es aber Umstände gibt, die für alles, was als Darstellung in Frage kommt, eine bestimmte Form erzwingen, dann wäre mit dem Aufweis dieser Umstände die starke Universalitätsthese bewiesen.

Und hier ergibt sich das Dilemma: Der inhaltlich und diachronisch orientierte pragmatische Weg Wittgensteins scheint auf den ersten Blick nicht weit genug zu führen. Wenn wir ihm folgen, scheinen wir in die Gefahr zu geraten, auf den ›mittelgroßen trockenen Gütern‹ sitzenzubleiben und nicht bis zu den ›Gegenständen im Sinne der Logik‹ vorzudringen. Es wird sich zeigen, daß diese Sorge unbegründet ist. Auf der anderen Seite stehen aber die traditionellen Antworten dem pragmatisch orientierten Sprachphilosophen nicht zur Verfügung: Eine ausschließlich syntakti-

---

[11] Vgl. oben, Anm. 9.

sche Bestimmung (wie sie ein Linguist vorschlagen könnte) ist auch nach Brandoms Auffassung unmöglich (sie liefert allenfalls notwendige, nicht aber hinreichende Bedingungen für die Klassifikation eines Ausdrucks als singulärer Terminus im geforderten allgemeinen Sinn), während der repräsentationssemantische Weg (der Gegenstände der verschiedensten Sorte und die Möglichkeit, sie zu benennen, unhinterfragt voraussetzt) für einen pragmatischen Ansatz von vornherein nicht in Frage kommt, weil er die Richtung der Erklärung gerade andersherum festgelegt hat: Das sprachliche Handeln soll die Darstellungsfunktion erklären, nicht umgekehrt.

In der zugleich formalen und synchronischen Vorgehensweise Brandoms sehe ich einen Versuch, aus diesem Dilemma einen Ausweg zu finden, d. h. die traditionellen nicht-pragmatischen Antworten zu vermeiden und doch über die konkreten ›Dinge‹ hinauszugelangen. Seine Strategie besteht darin, das oben erwähnte symmetrische Folgerungsverhalten als Definition dafür zu benutzen, was wir unter einem singulären Terminus oder Gegenstandsnamen verstehen sollen, und den so bestimmten Ausdruckstyp wiederum als Mittel zur Definition dessen, was ein ›Gegenstand im logischen Sinne‹ (*particular*) ist. Dieser Ausweg kann einerseits beanspruchen, pragmatisch zu sein, insofern er die Bedeutungsseite der Sprache nicht auf einer als bereits verständlich unterstellten Relation der Darstellung fußen läßt, sondern sie als durch Handlungsregeln (für die Korrektheit von Folgerungshandlungen) konstituiert denkt. Insofern er pragmatisch ist, ist er auch nicht ›rein syntaktisch‹. Gleichzeitig aber vermeidet der formale Charakter dieser Art der Bestimmung der Wortarten und ihres Zusammenspiels, daß als Gegenstände nur die konkreten materiellen Dinge erfaßt werden, wie sie z. B. in Handlungen von der Art des Sortierens vorkommen. Die formale Orientierung führt vielmehr zu dem für die Universalitätsthese erwünschten Resultat, daß ein Gegenstand im logischen Sinne alles ist, was einem Ausdruck zugeordnet ist, der in der von Brandom ins Auge gefaßten einfachen prädikatenlogischen Sprache als singulärer Terminus fungiert, alles also, was diese Sprache als Gegenstand behandelt (*to purport to refer*). Ob dieser Ausweg aus dem Dilemma überzeugt und was er für das Verständnis der Universalitätsthese schließlich bedeutet, soll nun im einzelnen erörtert werden.

II. Der Ort der Formen und die beiden Bedeutungen von »Syntax«

Wenn hier zur Beurteilung der Universalitätsthese von den *Strukturen* von Sprachen gesprochen wird, dann sind es sprachliche *Formen*, die diese Strukturen bilden. Zu fragen ist daher, was dasjenige ist, was die fraglichen Formen ›zeigt‹ oder ›hat‹, und dafür wird es nützlich sein, zwei Bedeutungen des Ausdrucks ›Syntax‹ zu unterscheiden.

So alt wie die Logik ist die Einsicht, daß sich an manchen gültigen Argumenten eine Übereinstimmung in ihren sprachlichen Formen dergestalt feststellen läßt, daß beliebige weitere Argumente derselben Form ebenfalls gültig sind. Von einer deutschen Satzfolge wie »alle Menschen sind sterblich; Sokrates ist ein Mensch; Sokrates ist sterblich« geht man über zu der Folge von Satz*formen* »alle A sind B; x_1 ist ein A; x_1 ist B«. Zur Beurteilung der Frage, ob zwei Sätze im hier relevanten Sinne *dieselbe Form* haben, muß man ein inhaltliches Verständnis der grammatischen Ausdrucksmittel der jeweils benutzten Sprache haben. Insbesondere muß man die Satzbildungsmittel verstehen, d. h. man muß erkennen, wie die Bezüge der Teilausdrücke zueinander so aufzufassen sind, daß daraus und aus dem Verständnis der Teile die Bedeutung des Satzes verstanden werden kann.[12] Hier geht es um die Syntax im traditionellen Sinne (im folgenden ›Syntax$_1$‹), d. h. um die Lehre von der Bildung von Sätzen einer bestimmten natürlichen Sprache nach inhaltlich verstandenen Mustern oder Paradigmen.

Seit Carnap und Morris heißt in der Logik aber auch eine rein figurenbezogene Beurteilung von Zeichenketten ›syntaktisch‹, etwa dort, wo Ausdrücke mit Bezug auf einen bestimmten Logikkalkül daraufhin beurteilt werden, ob sie den Status einer ›*well formed formula*‹ haben (im folgenden ›Syntax$_2$‹). Eine in diesem Sinne syntaktische$_2$ Sicht reicht für die Feststellung einer formbezogenen Übereinstimmung *natürlichsprachlicher* Sätze offensichtlich nicht aus. Ist außerhalb des Kontextes von Logikkalkülen von Formen von Argumenten die Rede, dann muß es sich um

---

12 Was auf diese Weise zu verstehen ist, ist allerdings nur der von mir so genannte »grammatische Sinn«. Vgl. Schneider, *Phantasie und Kalkül*, Frankfurt am Main 1992, Kap. 5, §§ 4 und 5. – Vgl. auch James Conant, Stanley Cavells Wittgenstein, in: *Deutsche Zeitschrift für Philosophie* 46 (1998), S. 237-250.

inhaltlich verstandene grammatische Formen im Sinne der Syntax$_1$ handeln.

Schließlich gibt es neben der grammatischen und der kalkülbezogenen noch eine dritte, eher problematische Weise, von Formen zu reden. Hierbei handelt es sich um eine metaphorische Redeweise, mit der sich der Sprecher direkt auf angebliche Formen von Inhalten, z.B. von ›Gedanken‹ oder ›Sachverhalten‹ zu beziehen meint, die diesen, wie er unterstellt, auch unabhängig von (und teils in Widerspruch zu) den jeweils nachweisbar auftretenden sprachlichen Formen zugeschrieben werden können. Wie ist im Lichte dieser Unterscheidung die Rede von den ›logischen Formen‹ zu verstehen, zu denen auch die Gegenstand-Begriff-Struktur gehört, deren Universalität hier zur Debatte steht? *Was zeigt die Form, um deren Universalität es gehen soll?*

Sowohl Freges Projekt einer Begriffsschrift als auch seine Bestimmung des logischen Aspekts mancher deutscher Satzverbindungswörter als Wahrheitswertfunktionen hat ihn (wie ihm sehr wohl bewußt war) von den Formen des Deutschen (Syntax$_{1a}$) weggeführt, ohne ihn aber mit diesem Schritt auch bereits von den inhaltlichen Verhältnissen wegzuführen, d.h. ohne daß er damit bereits in formale Überlegungen im Sinne der Syntax$_2$ eingetreten wäre. Die *Ausarbeitung* und Festlegung der Formen der Begriffsschrift ist bei Frege noch keine Einschränkung auf die in ihr vorkommenden Zeichengestalten; dies ist für ihn erst der zweite Schritt. Er hat die Begriffsschrift als ein in seinen Formen *inhaltlich* begründetes Ausdrucksmittel konzipiert (Syntax$_{1b}$), dessen Beziehung zu einer natürlichen Sprache für ihn darin bestand, daß es bestimmte ihrer Leistungen erbringen sollte, und zwar (auf die speziellen Zwecke Freges bezogen) besser als diese. Da die Begriffsschrift in diesem Sinne ein *neben* der natürlichen Sprache stehendes Ausdrucksmittel ist, eine Sprache mit ihren eigenen Formen, sind die begriffsschriftlichen Formen mit den natürlichsprachlichen Formen nicht gleichzusetzen, auch dort nicht, wo Ausdrücke beider Sprachen ineinander übersetzbar sind, also dasselbe leisten. Da Freges epochemachender Schritt zur Kalkülisierung bei ihm ein zweiter Schritt ist, der nach der Erarbeitung der Begriffsschrift erfolgt, läßt sich sagen, daß seine (figurenbezogene, formale) Syntax$_2$ auf einer inhaltlich verstandenen Satzlehre (der Syntax$_{1b}$ der Begriffsschrift) aufruht, deren Formen er philosophisch durchsichtig zu machen und zu rechtfertigen sucht. Dabei meinte er, sich an einer vorgegebenen Gedankenstruktur orientieren zu können, die von ihm selbst und von seinen logisch denkenden Lesern bei gutem Willen durch die jeweils benutzte natürliche Sprache hindurch (und oft an ihren Formen vorbei) zu erkennen sei. Eine pragmatisch orientierte Sprachphilosophie wird diesem angeblich vorgegebenen Bereich der Gedanken skeptisch gegenüberstehen, aber auch sie muß ein Verständnis der Satzbildung im Sinne der Syntax₁ anbieten. Sie muß die Satzstrukturen als aus sprachlichen Handlungen entstanden erweisen.

Die damit angesprochene Differenz zwischen natürlichsprachlicher und begriffsschriftlich-logischer Struktur ist an der Junktorenlogik leicht zu sehen: Nicht nur wird hier von der internen grammatischen Struktur der nur mit einzelnen Buchstaben schematisch angedeuteten Sätze abgesehen, sondern die Bestimmung des logischen Gehalts der Verbindungswörter allein durch ihre wahrheitsfunktionale Rolle bedeutet auch, daß die logischen Junktoren vielfach andere Bedeutungen haben als die ihnen verwandten natürlichsprachlichen Ausdrücke. Die vertrauten Schwierigkeiten, die Teilnehmer von Logikkursen z. B. immer wieder beim Verständnis der Subjunktion, dem logischen ›wenn-dann‹, haben, ist dafür ein beredtes Zeichen. Dies bestätigt, daß Freges Begriffsschrift eine zusätzliche Sprache ist, sie ist ohne weitere Argumente nicht als eine ›Darstellung einer natürlichen Sprache‹ zu bezeichnen, auch und gerade nicht als eine Darstellung der *Formen* einer natürlichen Sprache. Denn die Formen sind gerade das, was beide unterscheidet, teils auch dort, wo die gleichen Leistungen erbracht werden.

Dies wird hier hervorgehoben, weil der erste Anschein leicht ein anderes Bild nahelegt. Wenn man die Frage stellt, ob es universale Sprachstrukturen gibt, dann scheint nämlich ein oberflächlicher Blick auf den junktorenlogischen Teil von Freges Begriffsschrift eine positive Antwort zu rechtfertigen. Muß nicht jede Sprache, die überhaupt Satzverbindungswörter kennt, auch die wahrheitsfunktionalen Verknüpfungen ausdrücken können, die Frege in der Begriffsschrift isoliert hat? Ist die Junktorenlogik nicht folglich in einem gewissen Sinn ›in‹ jeder Sprache enthalten, die diesen Namen verdient, gleichgültig, wie ›rein‹ oder mit anderen kommunikativen Funktionen vermischt der wahrheitsfunktionale Aspekt in ihren Ausdrücken vorkommt?

Ein präzises Verständnis dieser Metaphorik des Enthaltenseins verlangt die Beantwortung der Frage, was es denn genau besehen ist, von dem wir sagen, es zeige diejenigen (hier zunächst: junktorenlogischen) Formen und Strukturen, um deren mögliche Universalität es geht. Unbestreitbar zeigt *die Begriffsschrift selbst* logische Strukturen, genau dies ist ihre Aufgabe. In welchem Sinne aber zeigt eine natürliche Sprache wie das Deutsche sie? Das Deutsche war in Freges Fall zwar das Erläuterungsmedium und (in einem Teilbereich seiner Leistungen) das Orientierungsfeld für seine Neuentwicklung. Die Begriffsschrift als das Resultat seiner Arbeit weicht aber bewußt und ausdrücklich in ihren Formen vom Deutschen ab, wie kann sie also die Struktur des Deutschen (oder gar aller Sprachen überhaupt) zeigen oder ›enthalten‹?

Angesichts der offensichtlichen Verschiedenheit zwischen den beiden Medien könnte man die Festlegung treffen wollen, daß die Behauptung einer Strukturgleichheit zwischen zwei Sprachen L_1 und L_2 nicht mehr bedeuten solle als die These, die Sprache L_1 (z. B. das Deutsche) könne insgesamt dieselben Leistungen erbringen wie die Sprache L_2 (die Begriffsschrift). Wenn aber auf diese Weise eine im ganzen feststellbare funktionale Gleichwertigkeit als hinreichende Bedingung für die Strukturgleichheit gelten sollte, dann würde der Nachweis der Erreichbarkeit bestimmter Ergebnisse bereits ausreichen als Aufweis einer identischen Struktur in all denjenigen Sprachen, die diese Leistungen erbringen. Auf das genannte Beispiel bezogen heißt das: Wenn es keine Sprache gibt, die nicht die Leistungen der Junktorenlogik erbringt, auf welche Weise auch immer, sind die junktorenlogischen Strukturen im gekennzeichneten Sinne universal.

Diese Bestimmung der Strukturgleichheit wäre philosophisch uninteressant, weil sie es erlauben würde, alle nur halbwegs entwickelten Sprachen *ohne weitere Untersuchungen* als strukturgleich zu bezeichnen. Es ist aber nicht die universelle Eignung der Sprachen für diese Leistungen, die mit der These von den universalen Sprachstrukturen behauptet werden soll. Kaum ein Sprachwissenschaftler wird heute bezweifeln, daß man alle Behauptungen in allen existierenden Sprachen ausdrücken kann. Vielmehr geht es um die stärkere Aussage, daß die wesentlichen Einzelschritte, mit denen diese Leistungen erbracht werden, angemessen so charakterisiert werden können, daß ein Schritt im

Medium L_1 zu einem Schritt oder einer Schrittfolge im Medium L_2 so in Beziehung gesetzt werden kann, daß sich sagen läßt, nicht nur das Resultat sei in beiden Medien erreichbar, sondern auch der schrittweise Weg zu diesem Resultat zeige Entsprechungen, auch wenn die oberflächlichen Ausdrucksformen so verschieden sind wie deutsche und englische Sätze oder logische Formeln in der Schreibweise der *Principia Mathematica* einerseits und der polnischen Notation andererseits. Der damit nur angedeutete Begriff der Strukturgleichheit ließe sich genauer ausarbeiten, und auf dieser Basis könnte dann die in die Pragmatik hineinführende Frage erörtert werden, ob sich eine Struktur sprachlicher *Handlungen*, eine Weise ihres Bestehens aus Teilhandlungen, als das erweisen läßt, was über die genannte Leistungsäquivalenz hinaus die Rede von universalen Sprachstrukturen rechtfertigen kann.

Ich werde darauf zurückkommen. Zunächst ist aber auf das historische Faktum zu verweisen, daß die leitende Metapher, die im Bereich von Sprache und Logik hinter der Universalitätsthese steht, eine auf Aristoteles zurückgehende und sich mindestens bis Frege deutlich durchziehende problematische Analogie ist: So wie verschiedene Schriften dazu dienen können, dieselben Lautfolgen auszudrücken, so würden auch die verschiedenen Sprachen dazu dienen, dieselben Gedanken auszudrücken. Was die Sprachgemeinschaften voneinander unterscheidet, sind nach dieser Auffassung die äußerlichen, akustischen Merkmale ihrer Äußerungen, ihre Gedanken aber sind dieselben. Diese werden als von sich aus, d. h. unabhängig von ihrer sprachlichen Erscheinungsform, strukturiert verstanden; sie sind der Ort, an dem die unterstellten universalen Strukturen eigentlich und ursprünglich beheimatet sind. Nach dieser Auffassung verdankt sich die Möglichkeit der Übersetzung von einer Sprache in eine andere der Gleichheit der Gedanken und es wird nicht umgekehrt von einer Gleichheit von Gedanken nur insoweit gesprochen, als ein bestimmter Übersetzungsversuch als im jeweils vorliegenden Kontext hinreichend erfolgreich angesehen werden kann.

Eine suggestiv vorgetragene Universalitätsthese dieses Typus, die sich dadurch auszeichnet, daß sie die ›Struktur der Gedanken‹ mit der ›Struktur der Welt‹ zusammenfallen läßt, findet sich im *Tractatus*, in dem Wittgenstein den Eindruck vermittelt, es gehe in der Logik um so etwas wie den Kern, die grundlegende Struktur von allem Denk- und Sagbaren.[13] Die von ihm benutzte Methode der Wahrheitstafeln zur Bestimmung der Bedeutung der logischen Junktoren trägt nicht unwesentlich dazu bei, daß man als Leser den Eindruck erhält, es mit einem völlig überschaubaren Bereich zu tun zu haben, der sich kristallklar darstellen läßt und zu dem es keine Alternative gibt. Es scheint, daß sich ihm nichts hinzufügen läßt, und daß seine Struktur überall dort auffindbar sein muß, wo Einzelsätze irgendeiner Sprache zu Satzkomplexen so verbunden werden können, daß die Wahrheit des komplexen Satzes von der Wahrheit seiner Teile abhängt.

Aus den schon im Wiener Kreis bestehenden Zweifeln an Wittgensteins ›Absolutismus‹ hat sich später Carnaps ›Toleranzprinzip‹ entwickelt,[14] und Wittgenstein selbst hat sich von seiner ›Sublimierung‹ der Logik, die ihn dazu verführt hat, es für möglich zu halten, unabhängig von jeder bestimmten Sprache die ›allgemeine Form des Satzes‹ aufzudecken, radikaler als irgend jemand sonst distanziert. Der Universalismus des *Tractatus* wurde von ihm für die internen Satzstrukturen also aufgegeben; was aber ist die Quelle seiner Plausibilität im Bereich der Junktorenlogik? Ist der Ort der Formen und Strukturen tatsächlich ›die Welt‹ oder ein von allen Einzelsprachen unabhängiges Denken?

Es ist die Begrenztheit und damit die völlige Überschaubarkeit der Wahrheitstafelmethode, die den Eindruck erzeugt, in der Logik gehe es um etwas ›hinter‹ oder ›über‹ allen Sprachen, auf das der Logiker einen direkten, von allen Medieneigenschaften unabhängigen Zugriff habe und das die natürlichen Sprachen in unterschiedlichen ›Oberflächenformen‹ verschieden gut verwirklichen, obwohl es sich im Kern dabei stets um dasselbe handelt. Es scheint uns, als hätten wir das reine Wesen der Sprache selbst vor uns, die Sprache hinter allen Sprachen, unbefleckt von allen Einflüssen ihrer materiellen Verwirklichung. Tatsächlich sind es hier aber die Isolierung eines einzigen semantischen Aspekts (Wahrheitsfunktionalität) und der Verzicht auf die Darstellung interner Satzstrukturen, die für diesen Eindruck verantwortlich sind. Im Sinne des konkret handlungsorientierten Zugangs zur Sprache könnte man sogar sagen, es sei die aus Einzelschritten bestehende

---

13 Ludwig Wittgenstein, *Logisch-philosophische Abhandlung. Tractatus logico-philosophicus*, hg. v. B. McGuiness u. J. Schulte, Frankfurt am Main 1989.
14 Rudolf Carnap, »Empiricism, Semantics, and Ontology« in: Carnap, *Meaning and Necessity*, Chicago 1958, S. 205-221.

manuelle Tätigkeit der sukzessiven Ausfüllung der jeweiligen Wahrheitstafel, die jene Struktur bilde, die in allen einschlägig leistungsfähigen Sprachen Entsprechungen haben müsse, was immer sie den relevanten Wörtern sonst noch für Aufgaben zuwiesen. So gewönne die Aussage, die Junktorenlogik sei ›in‹ allen Sprachen mit den entsprechenden Leistungen enthalten, einen geradezu leiblich greifbaren handlungsbezogenen Sinn, der nicht allein an der Leistung im Sinne eines Endresultats orientiert wäre.

III. Wittgensteins und Freges Behandlung von Satzstrukturen

Läßt sich dieser Eindruck vom Bereich der Junktoren auf Freges Logik der Quantoren und damit auf die Gegenstand-Begriff-Struktur als interne Struktur von Sätzen übertragen? Offenbart die am mathematischen Funktionsbegriff orientierte Art und Weise, in der Frege in seiner Begriffsschrift die Teilausdrücke von Sätzen und ihr Zusammenspiel darstellt, eine universale Struktur, von der wir zeigen können, daß sie sich in allen hinreichend ausdrucksfähigen Sprachen muß auffinden lassen? Gibt es hier eine dem Fall der Junktorenlogik vergleichbare Ausgangsplausibilität zumindest für die schwache Universalitätsthese (keine Sprache komme ohne diese Struktur aus), oder läßt sich sogar die darüber hinausgehende stärkere These verteidigen, Frege habe mit seinen begriffsschriftlichen Formen (wie er wohl selbst meinte) das Wesen allen Urteilens getroffen, das versteckt auch dort am Werke ist, wo es sich unter einer anderen Oberfläche verbirgt? Wittgenstein hat dieser zuletzt genannten Behauptung in seinem Spätwerk entschieden widersprochen, und es ist dieser Umstand, der den Leser aufmerken läßt, wenn heute ein Autor wie Brandom, der sich ausdrücklich in die Tradition einer pragmatischen Sprachauffassung stellt, eine Art ›transzendentaler Deduktion‹ anbietet für die Kategorien ›singulärer Terminus‹ und ›Prädikatausdruck‹ (und die aus ihrem Zusammenspiel entstehende Struktur). Kann Brandoms Form eines pragmatischen Zugangs zur Sprache auf der Ebene unterhalb des Satzes Ausdruckskategorien und Verknüpfungsweisen aufweisen, die jede Sprache zeigen muß, vorausgesetzt nur, sie habe eine anzugebende minimale Ausdrucksstärke? Und ist damit zugleich (gegen Wittgenstein) die Gegenstand-Begriff-Struktur als diejenige logische Form erwiesen, die unabhängig von den grammatischen Gestalten der Einzelsprachen das universale ›Wesen des Satzes‹, die pragmatisch notwendige Tiefenstruktur allen assertorischen Sprachgebrauchs zeigt? Mir erscheint die Universalitätsvermutung im Fall der Quantorenlogik weit weniger naheliegend, und ich will ihr das schon oben angedeutete Gegenbild gegenüberstellen, bevor ich die Argumentation Brandoms zu dieser Frage einer genaueren Beurteilung unterziehe.

Methodologisch optiert Wittgenstein als der Autor dieses Gegenbildes dafür, die komplexe Lage in unserer hochentwickelten Sprache dadurch übersichtlich und verständlich zu machen, daß er an ausgewählten Beispielen zeigt, wie einfache zu komplexeren Sprachspielen werden können. Nach dieser diachronischen Sicht ist die Art, auf die mehrere Ausdrücke zu einem als Einheit fungierenden ›Zug im Sprachspiel‹ zusammenspielen, als in ihrer Bedeutung zunächst konkret zu denken, als bezogen auf ein jeweils bestimmtes, mit angebbaren praktischen Verrichtungen fest verbundenes Sprachspiel. Paradigmatisch dafür ist die Weise, auf die er in den *Philosophischen Untersuchungen* vorführt, wie man das enge Bild der Sprache, das Augustinus zeichnet, in mehreren Schritten so anreichern kann, daß das Resultat dem wirklichen Charakter unserer Sprache ein wenig näherkommt. Wenn dort Beispiele für primitive zweigliedrige Komplexe auftauchen, dann sollen diese nicht die ›allgemeine Form des Satzes‹ darstellen, sondern eine jeweils besondere, auf einen eng begrenzten Kontext bezogene Komplexbildungsweise, die zwar systematische Variationen durch Substitution erlaubt (›drei Äpfel‹, ›vier Äpfel‹,…), von denen es aber durchaus eine Vielzahl geben kann (die hinzugefügte Sprechhandlung ›drei‹ modifiziert das ursprüngliche ›Äpfel‹ nicht nur inhaltlich, sondern auch in der *Art* der Komplexbildung anders als ein hinzugefügtes ›rot‹). Wie Komplexbildungsweisen sich über ihr ursprüngliches Anwendungsfeld ausdehnen und allgemein werden, ist aus der Sicht eines solchen Typus von pragmatischem Vorgehen ebenso aufklärungsbedürftig wie die vom Repräsentationalismus unterschlagene Frage, auf welcher Stufe wir aufgrund welcher Handlungsmöglichkeiten der Sprecher und Hörer sagen können, ein Wort

›stehe für‹ eine Sorte von Gegenständen, ganz unabhängig von seinen *konkreten* Verwendungen.[15]

Die Tatsache, daß in den entwickelten natürlichen Sprachen wenige Verknüpfungsarten (Syntax$_1$) zur Artikulation vieler verschiedener inhaltlicher Verhältnisse benutzt werden, deutet Wittgenstein nicht als ein Symptom für eine zugrundeliegende strukturelle Gleichförmigkeit der Inhalte oder ›Gedanken‹. Und diese Weigerung, die Gleichheit in den Sprachformen als Zeichen einer Gleichheit zu interpretieren, die schon vor unserem Sprechen vorhanden ist und der diese bloß folgt, dehnt er auf Freges Begriffsschrift aus. Er liest sie nicht als Beleg für die Existenz universaler gedanklicher Strukturen hinter der Sprache, denen ihr Schöpfer möglichst getreu gerecht zu werden versuchte. Vielmehr versteht er die Einförmigkeit der sprachlichen Strukturen im natürlichsprachlichen *und* im begriffsschriftlichen Fall als das Resultat von Tätigkeiten der ›Projektion‹ auf der Seite der Sprachbenutzer im folgenden Sinn: Sie verwenden *ein* syntaktisches$_1$ Schema dazu, *verschiedene* inhaltliche Verhältnisse auszudrücken. Statt für neue Anwendungsarten stets neue Verknüpfungsmittel zu erfinden, benutzt die Sprachspielgemeinschaft der These zufolge z. B. das Täter-Tätigkeit- oder das Gegenstand-Begriff-Schema als gleichbleibende ›Norm der Darstellung‹, um verschiedene inhaltliche Beziehungen auszudrücken. Der große Anwendungsbereich weniger Formen verdankt sich demzufolge nicht einer vorgängig vorhandenen Struktur der ›Gedanken‹, vielmehr ist sie von uns erzeugt. *Wir* sind es, die unterschiedlich geartete Fälle gleich *behandeln*, und es gibt keinen ›in der Sache‹ liegenden Umstand, der uns zu dieser Gleichbehandlung veranlassen würde. Was in der Sache zu liegen schien, liegt in der Norm der Darstellung.

Wenn Wittgenstein im Spätwerk zeigt, wie schwierig es ist, sich in dem zurechtzufinden, was er dort irreführend ›die Grammatik‹ nennt, dann ist damit die jeweils von Fall zu Fall spezifische Verbindung einer ›Norm der Darstellung‹ mit einem ›Gebrauch im Sprachspiel‹ gemeint, wobei sich in den philosophisch relevanten

---

15 Vgl. H.J. Schneider, »Lorenz lesen. Oder: Was heißt ›ein Zeichen steht für etwas‹?«, in: M. Astroh, D. Gerhardus, G. Heinzmann (Hg.), *Dialogisches Handeln. Eine Festschrift für Kuno Lorenz*, Heidelberg 1997, S. 281-294, und: ders., »From Actions to Symbols: Wittgenstein's Method and the Pragmatic Turn«, in: *Philosophia Scientiae*, 2 (2), 1997, S. 213-229.

Fällen bei gründlichem Hinsehen herausstellt, daß der Gebrauch von dem, was die ›Norm der Darstellung‹ nach dem Prinzip der Analogie erwarten läßt, abweicht.[16] In dieser Diskrepanzerfahrung kann man den systematischen Ausgangspunkt der gesamten sprachanalytischen Philosophie sehen. Statt nun aber (wie noch Ryle 1932[17]) nach *der* (einen, angemessenen, wirklichen) logischen Form des betreffenden ›Gedankens‹ oder ›Sachverhalts‹ zu suchen, statt den Ort der ›wahren Formen‹ also im Dargestellten oder im ›Gemeinten‹ zu vermuten, deutet der späte Wittgenstein die Diskrepanzerfahrung genau umgekehrt: Der Ort der Formen ist nicht der vorgegebene Sachverhalt oder der zu erfassende ›Gedanke‹, sondern *unser Ausdruck*. Die Diskrepanz entsteht nicht dadurch, daß wir eine ›draußen‹ vorhandene Form mit der Sprache schlecht treffen, sondern dadurch, daß wir den Gebrauch unserer Formen im Verlauf der Sprachgeschichte ausdehnen. Dem beunruhigenden Charakter der Diskrepanz wird nicht mit dem Versuch ihrer Beseitigung begegnet, nicht mit dem Bemühen, die Sprache an eine zu suchende vorgängige Form anzupassen. Was wir im Interesse einer Überwindung der Beunruhigung durchschauen müssen, ist vielmehr das Vorliegen und die Art des Funktionierens unserer Projektionen. Wenn dies gelingt, ist die Diskrepanz nicht beseitigt, sondern verstanden. Dadurch hat die Suche nach einer ›zugrundeliegenden logischen Form‹ kein Motiv mehr, sie ist als das Resultat einer falschen Deutung der Diskrepanzerfahrung durchschaut. Wer die Projektionen erkennt, teilt zwar die Erfahrung einer Diskrepanz zwischen der ›Norm der Darstellung‹ und dem, was zur Sprache gebracht werden soll. Er schließt daraus aber nicht mehr, es müsse sich eine ›richtige‹, dem entsprechenden Sachverhalt oder Gedanken ›angemessene‹ Form finden lassen, bei deren Benutzung sie verschwindet.

Für die Frage nach der Universalität der Gegenstand-Begriff-Struktur bedeutet dies, daß diese Struktur dort, wo sie bevorzugt wird (wenn z. B. Adverbien zu Ausdrücken umgeformt werden, die Ereignisse klassifizieren), nicht tieferliegende Verhältnisse widerspiegelt, sondern daß sie ihre Allgemeinheit einer Fülle von

---

16 Vgl. H.J. Schneider, »Wittgenstein und die Grammatik«, in: H. J. Schneider, M. Kroß (Hg.), *Mit Sprache spielen. Die Ordnungen und das Offene nach Wittgenstein*, Berlin 1999, S. 11-29.

17 Ryle, »Systematisch irreführende Ausdrücke« in: R. Bubner (Hg.), *Sprache und Analysis*, Göttingen 1968, S. 31-62.

Projektionsschritten verdankt, d.h. der Entscheidung der Sprachspielgemeinschaft für eine bestimmte ›Norm der Darstellung‹. Daß wir komplexe sprachliche Ausdrücke wie ›heute keine Eier‹ oder ›Peter läuft schnell‹ so umformen können, daß z.B. ›der heutige Tag‹ oder ›das Ereignis von Peters Laufen‹ als ›logische Gegenstände‹ (›*particulars*‹) erscheinen, ihre Ausdrücke also als singuläre Termini, mit der Folge, daß ›eierlos‹ und ›schnell‹ als Begriffsausdrücke fungieren können, unter die diese Gegenstände fallen (›ein eierloser Tag‹, ›ein schnelles Lauf-Ereignis‹), beweist dann nicht, daß die Gegenstand-Begriff-Struktur in diesen komplexen Ausdrücken auch vor der Umformung bereits ›implizit‹ vorhanden war. Was fälschlich als Universalität *in der Tiefenstruktur der Ausdrücke* (alternativ: in den Gedanken, in der Struktur der Sachverhalte, in der Struktur der unvermeidlichen Teilhandlungen) gedeutet wird, ist nach dieser Sicht nur die Tatsache, daß wir die fraglichen Ausdrücke so umformen können, daß die Resultate in ihren Formen (pragmatisch: in ihren wegen der Optionalität der Umformung fakultativen Teilhandlungen) übereinstimmen. Daß wir Aussagen $A_1 - A_n$ so in zugeordnete Aussagen $A^*_1 - A^*_n$ übersetzen können, daß $A^*_1 - A^*_n$ übereinstimmend eine Struktur S aufweisen, zeigt nach den oben angestellten Überlegungen zum Ort der Form aber nicht, daß bereits $A_1 - A_n$ (oder diesen zugeordnete ›Gedanken‹ oder ›Sachverhalte‹) die Struktur S hatten.

Die Frage ist nun, ob und in welchem Sinne es Brandom gelingt, die Gegenstand-Begriff-Struktur auf *pragmatischem* Wege als universal zu erweisen, unter Verzicht auf einen Rekurs auf bereits strukturierte Bereiche in der Welt der Sachverhalte oder in einem Reich der Gedanken, d.h. ohne Rekurs auf etwas, nach dem sich die Sprache richten könnte. Die zu beantwortenden Fragen lauten daher: Zeigt das komplexe sprachliche Handeln selbst die Gegenstand-Begriff-Struktur? Falls dies positiv entschieden ist, in welchem Sinne ist diese Struktur unvermeidlich? Und schließlich: Kann sie als *die* Form assertorischer Komplexbildung überhaupt ausgewiesen werden, als der harte Kern unter den verschiedenen einzelsprachlichen Oberflächen?

IV. Die Priorität des Urteils und der Versuch, die Satz-Teile durch syntaktische Zerlegung zu gewinnen

Brandom folgt Kant und Frege, wenn er das Urteil als primär gegenüber den in ihm enthaltenen Teilen (oder traditionell gesprochen: den enthaltenen ›Begriffen‹) betrachtet und in diesem Sinne die Einheit des Satzes nicht durch ein Zusammentreten zweier je für sich auf spezifische Weise bedeutungsvoller Ausdrücke erklärt, von denen dem ersten unabhängig vom zweiten eine Referenzfunktion, und dem zweiten unabhängig vom ersten eine prädikative Funktion zugeschrieben werden könnte.

Wie die Tradition betrachtete Frege den Eigennamen als das Paradigma des bedeutungsvollen Ausdrucks und sah die philosophisch verständlich zu machende sprachliche Besonderheit im Charakter der prädikativen oder Begriffs-Ausdrücke, nicht in den singulären Termini. Diese Besonderheit bezeichnete er als ihre ›Ungesättigtheit‹. Ferner sprach er davon, daß auf dem oben angedeuteten traditionellen Weg, auf dem der Urteilslehre, eine vom Urteilen trennbare ›Begriffslehre‹ vorherzugehen hatte, die Einzelausdrücke des das Urteil artikulierenden Satzes nicht ›aneinanderhaften‹ würden. Ohne zu berücksichtigen, daß die prädikativen Ausdrücke im Unterschied zu den singulären Termini ›eine leere Stelle mit sich führen‹, wäre es nicht möglich, den besonderen Zusammenhang zwischen den Ausdrücken eines Satzes zu unterscheiden vom ganz anders gearteten Zusammenhang zwischen den Wörtern auf einer Liste, etwa auf einem Mitgliederverzeichnis oder auf einem Einkaufszettel, gleichgültig, ob manche Ausdrücke ›für Einzeldinge‹ stehen (d. h. für ›Gegenstände im logischen Sinne‹) und andere ›für Begriffe‹.

Diese Unselbständigkeit der prädikativen Ausdrücke führte Frege zu dem Versuch, sie durch Zerlegung zu gewinnen, statt sie (wie die Tradition) zunächst als unabhängig verfügbar zu denken, so daß sie erst in einem zweiten Schritt mit den Gegenstandsnamen zusammenzubringen wären. Dabei waren es für ihn nicht primär die Ausdrücke, die diese metaphorisch beschriebenen Eigenschaften aufweisen würden, sondern die ihnen entsprechenden Verhältnisse im Reich der Gedanken. Wie zeigt sich nun für Brandom, dem als Pragmatiker ein Rekurs auf ›Gedankenteile‹ methodisch nicht zur Verfügung steht, der Unterschied zwischen ›gesättigten‹ und ›ungesättigten‹ Ausdrücken in der Art und Weise unseres sprachlichen Handelns?

Sein Argumentationsgang verläuft im großen so, daß er zunächst, vor der Erörterung der Satz-Teile (*subsentential expressions*)[18], diejenigen Festlegungen und Berechtigungen erörtert, die jemand mit der behauptenden Äußerung eines einfachen prädikativen Ausdrucks (eines Einwortsatzes) übernimmt bzw. erhält. Seine Rekonstruktion ähnelt in dieser Hinsicht also Wittgensteins Gedankenführung in den *Philosophischen Untersuchungen*, in der ebenfalls prädikative Ausdrücke wie ›Platte‹ am Anfang stehen. Wittgenstein und Brandom lassen damit die traditionelle repräsentationalistische These hinter sich, nach der die Funktion des Nennens (z. B. einer Person oder einer Stadt) das Paradigma des Bedeutungsvollseins darstellt, mit der Folge, daß in dieser älteren Sicht die Art, wie die sogenannten ›Allgemeinnamen‹ (d. h. die prädikativen oder Begriffsausdrücke) bedeutungsvoll sind, das sprachphilosophische Problem darstellt. Für Wittgenstein und Brandom verhält es sich umgekehrt: Die Verwendung prädikativer Ausdrücke als Einwortsätze gilt ihnen als unproblematisch, das Thema der philosophischen Erörterung ist der logische Eigenname oder singuläre Terminus. Die Frage, die Brandom dann zur These von der Universalität der Gegenstand-Begriff-Struktur führt, besteht bei ihm entsprechend aus den beiden Teilfragen: Was sind singuläre Termini und warum gibt es sie überhaupt? Der ersten Frage nähert er sich in zwei Schritten, deren erster eine syntaktische Zerlegung ist. Ich möchte zunächst zeigen, warum dieser Weg problematisch ist und wie eine Alternative zu ihm aussehen könnte.

Brandom illustriert seine anfänglichen Überlegungen durch Beispiele, in denen die äußerbaren Einwortsätze aus (Vorläufern von) prädikativen Ausdrücken bestehen und die sich, wie manche der von Wittgenstein fingierten Sprachspiele, als Frühstadien unserer eigenen Sprache auffassen lassen, an denen man über ihre Funktionen etwas lernen kann. Diese Beispiele sind von der Art: die regelgemäße Äußerung von ›Birke‹ legitimiert den Übergang zu ›Baum‹, aber nicht umgekehrt. Es wird mit Einwortsätzen, die

---

18 Die deutsche Übersetzung spricht hier von »subsentientialen Ausdrücken«. Ich ziehe es vor, von Satzteilen zu sprechen; um eine Verwechslung mit dem grammatischen Begriff zu vermeiden, füge ich gelegentlich einen Bindestrich ein.

aus prädikativen Ausdrücken bestehen, etwas klassifiziert, wobei der materiale Zusammenhang solcher Ausdrücke (wie er traditionell in sogenannten ›Begriffspyramiden‹ dargestellt wird) im Sinne eines *Know-how* bekannt ist, von dem Brandom (wie von anderen Bereichen des sprachlichen Könnens) im Laufe seiner Untersuchung zeigen will, wie es explizit werden kann, zu einem Wissen-daß.

Anders als Wittgenstein wirft er nun aber nicht die Frage auf, wie solche (etwa im Kontext des Sortierens benutzbaren) Einwortsätze durch andere Ausdrücke von derselben Art so erweitert oder modifiziert werden können, daß die zur Erweiterung benutzten Ausdrücke als Vorläufer von singulären Termini fungieren, so daß der ursprüngliche Ausdruck, in seiner neuen Eigenschaft als Satz-Teil in einem zweigliedrigen Satz, zu einem prädikativen Ausdruck im engeren Sinne würde. Vielleicht ist Brandom der Meinung, daß eine solche Erklärung der Satz-Teile durch einen Schritt der Erweiterung von Einwortsätzen, d. h. durch eine Hinzufügung eines zweiten Ausdrucks, nur dann denkbar ist, wenn man hinter Kants These von der Priorität des Urteilens zurückfällt und auch Freges Hinweis auf die Notwendigkeit des ›Haftens‹ der Teile des Satzes aneinander nicht ernst nimmt. Dies wäre nach meinem Verständnis aber eine Fehleinschätzung, weil man das Einwortsatz-Stadium durchaus als eines sehen kann, in dem bereits geurteilt wird, so daß die Priorität des Urteils gewahrt bleibt, obwohl der Gegenstand des Urteils (dasjenige, was z. B. sortiert wird) noch nicht zur Sprache kommt. In der leiblichen Handlung des Sortierens kommt der sortierte Gegenstand auch auf der Stufe der Verwendung von Einwortsätzen schon vor, z. B. wird ein Apfel in die Hand genommen und in die Kiste mit den anderen Äpfeln gelegt. Daher ist es unmittelbar verständlich, daß ein Ausdruck, mit dem der Gegenstand ›zur Sprache kommt‹ (etwa ›diese Frucht‹), am vorher schon verfügbaren Ausdruck (etwa ›Apfel‹) in Freges Sinn ›haftet‹ (›diese Frucht ist ein Apfel‹). Oder andersherum gesagt: Als Einwortsätze benutzte prädikative Ausdrücke sind, wenn man den nichtverbalen Teil des Sprachspiels in die Betrachtung einbezieht, in Freges Sinn ›ungesättigt‹. Diese Sicht scheint mir mit Brandoms Grundanliegen gut verträglich zu sein.

Ich möchte hervorheben, daß der hier als Alternative zur Zerlegung vorgestellte Weg zu zweigliedrigen Sätzen nicht im Sinne des Repräsentationalismus verlangt, daß man die Referenzfunktion als bereits vorhanden und von der prädikativen Funktion isolierbar denkt. Die Möglichkeit eines Erweiterungsschritts ist nicht daran gebunden, daß es bei seinem Auftreten schon zwei Zeichensorten gibt, die bei der Formulierung des Satzes miteinander in Verbindung treten. Vielmehr können zwei Ausdrücke für Einwortsätze der auf der ersten Stufe beherrschten Art so zusammentreten, daß sich erst mit dieser Verbindung die Funktion des hinzutretenden Ausdrucks gegenüber seinen möglichen früheren Funktionen so verändert, daß er zum singulären Terminus wird. Die Art, wie im Deutschen Kennzeichnungen gebildet werden, legt diese Sicht unmittelbar nahe. Eine Erweiterung eines eingliedrigen Zeichens zu einem funktional differenzierten zweigliedrigen Zeichen kann daher auch dann stattfinden, wenn vor dieser Erweiterung noch keine Zeichen einer zusätzlichen Kategorie existiert haben, zusätzlich zu den Zeichen der Kategorie ›Platte‹, ›Würfel‹ etc.

Ich bin mit Brandom der Meinung, daß eine Erklärungsstrategie zu wählen ist, die nicht versucht, ein vom prädikativen Sprachspiel isolierbares reines ›Nennen‹, einen unmittelbaren ›Bezug auf einen Gegenstand‹ zu entwerfen, wie es vielfach in der Tradition geschah, um erst dann zu sehen, wie das Nennen mit dem Prädizieren (das dann als ein ›Nennen des Allgemeinen‹ erscheint) zusammentreten kann. Daraus folgt aber nicht, daß der Weg zum Verständnis der Möglichkeit und der Funktion von Satzteilen der sein müßte, Behauptungssätze so in Satzteile zu zerlegen, daß die dadurch entstehenden Teilausdrücke nicht zur Ausführung eines selbständigen ›Zugs im Sprachspiel‹ dienen können.

Brandom macht aber genau diesen Schritt: Er geht davon aus, daß die Äußerungen, auf die er sich für den Nachweis der Unvermeidbarkeit der Gegenstand-Begriff-Struktur bezieht, *bereits strukturiert sind*, und er behandelt den Zugang zu den Satz-Teilen, den Prozeß, der zu ihrer Feststellung (und zur Universalitätsthese) führen soll, als einen Vorgang der Zerlegung. Wie Frege, der die Gedanken für zeitlose und sprachunabhängige Gebilde hielt, optiert Brandom also für eine synchronische Perspektive und gerät dadurch (wie Quine) in die Nähe der Fragestellung der empirischen Linguistik. Er unterstellt, daß strukturierte Zeichenketten schon vorliegen und fragt nicht nach der Möglichkeit ihrer sinnvoll motivierten Erzeugung, sondern nur danach, wie sich deren Teile (wenn sie vorliegen) im Argumentationsspiel verhalten.

Mir scheint nun, daß *jeder* Verweis auf eine vorhandene Struktur (gleichgültig ob es Gedanken oder Verhaltensweisen sind, die sie zeigen) an dieser Stelle illegitim ist, weil er eine Erklärungslücke schafft. Denn bei einem solchen Vorgehen wird das Verhalten in seiner Komplexität zwar formalpragmatisch beschrieben, es wird in den Bedingungen seiner Möglichkeit, seiner schrittweisen Erreichbarkeit aber nicht verständlich gemacht. Wie bei Frege die ›Zerfällung‹ rätselhaft bleiben mußte[19] (dort aber immerhin durch den Verweis auf die Verhältnisse im ›Reich der Gedanken‹ gedeckt zu sein schien), bleibt bei Brandom die Möglichkeit der Gewinnung von Satzteilen durch Zerlegung unverständlich, solange nicht geklärt ist, worin die Fähigkeit des Sprechers besteht, komplexe Sätze zu *bilden*. Bei einer sprachphilosophischen Zielsetzung scheint es mir aber unabdingbar, die Perspektive des handelnden Subjekts einzunehmen und die schrittweise Erweiterung seiner immer komplexer werdenden Kompetenz als Handlungsmöglichkeit aufzuweisen, unter Einbeziehung der nichtverbalen Anteile der erörterten Sprachspiele und des Handlungsgewinns, den sie für die Mitspieler haben. Da Brandom nicht erörtert, wie man zu ihnen gelangt und welchen Nutzen die Erweiterung von Einwortsätzen zu mehrgliedrigen strukturierten Äußerungen bringt, bleibt seine Strukturbeschreibung auf dieser Stufe inhaltlich leer und in diesem Sinne formal.

Dies zeigt sich auch daran, daß es unklar bleibt, wieviel eine syntaktische Betrachtung erbringen kann und welcher Begriff von Syntax dabei zugrunde gelegt werden soll. Ist bei der Tätigkeit der Zerlegung oder Dekomposition der als komplex vorausgesetzten Ausdrücke an eine rein figurenbezogene Betrachtung im Sinne der Syntax$_2$ gedacht, die *irgendwelche* Ausdrucksteile als ersetzbar betrachtet? Der Text scheint mir für diese Lesart zu sprechen. Ist dies aber der Fall, dann wäre Brandoms Unterscheidung zwischen dem ›Rahmen‹ und dem ›als veränderlich betrachteten Ausdruck‹, die er als syntaktischen ersten Schritt zur Unterscheidung von prädikativen Ausdrücken und singulären Termini einführt, auf dieser Stufe ganz vom Belieben des Betrachters ab-

---

19 Vgl. Schneider, *Phantasie und Kalkül*, a. a. O., Kap. III.

hängig: Unabhängig von allen Vorkenntnissen über Wortarten und Satzteile wäre der ›willkürlich‹ gerade als veränderlich *betrachtete* Ausdruck dieser Kategorie ›veränderlich‹ zuzuordnen, der jeweilige Rest wäre Rahmen. Sollten die zu zerlegenden Ausdrücke also von der Form ›Peter schläft‹ sein, dann könnte sowohl ›Peter‹ veränderlich und ›schläft‹ Rahmen sein, als auch umgekehrt. Die Unterscheidung wäre allein eine Sache der Betrachtungsweise. Dies würde aber bedeuten, daß Satzteile oder Wortarten damit im inhaltsbezogenen Sinn nicht unterschieden sind, mit der Folge, daß die Zweigliedrigkeit durch die Art der ins Auge gefaßten syntaktischen$_2$ Zerlegung nicht weiter aufgehellt wird.

Sollte Brandom aber doch mehr intendieren als eine solche figurenbezogene und in diesem Sinne inhaltlich gesehen willkürliche Zerlegung im Sinne einer Syntax$_2$, dann sehe ich nicht, worin sein Vorschlag hier besteht. Das traditionelle linguistische Vorgehen, bei Vermeidung willkürlicher Trennungen eine ausdrückliche inhaltliche Erörterung doch dadurch zu vermeiden, daß man die Sprecher der untersuchten Sprache die syntaktische Wohlgeformtheit beurteilen läßt und dies Urteil als empirisches Faktum verbucht, ist im philosophischen Kontext nicht verfügbar. Es muß nämlich als Verfahren angesehen werden, bei dem die Sprecher auf ihre syntaktische$_1$ Kompetenz zurückgreifen. Und diese Fähigkeit zur Satzbildung ist ein Teil dessen, was die Sprachphilosophie verstehen muß; für sie reicht es daher nicht, die als Verhaltensdaten aufgefaßten Resultate dieser Fähigkeit als empirisches Material strukturell zu beschreiben. Abermals wäre also zu monieren, daß die Satzbildung als Handlungsmöglichkeit unverstanden bleibt. Genau jene inhaltlichen Gesichtspunkte, die eine Satzbildungslehre (Syntax$_1$) von einer nur formalen Lehre von den Kombinationsmöglichkeiten von Figuren (Syntax$_2$) unterscheidet, bleiben außerhalb der Betrachtung.

Das Resultat, zu dem Brandom gelangt, ist die folgende Bestimmung: Ein singulärer Terminus ist syntaktisch gesehen ein Ausdruck, für den substituiert wird; der Restausdruck heißt ›Rahmen‹. Nun ist ein Sprecher des Deutschen zweifellos in der Lage, diese Bestimmung durch die Erläuterung zu ergänzen, es sei charakteristisch für diese Art von Substitutionen, daß die substituierten Ausdrücke (wie ›diese Birne‹) für Gegenstände stehen, während der jeweilige Restausdruck, der Rahmen (wie ›ist verfault‹), über diese Gegenstände etwas aussage. Dabei würde er aber seine Kenntnisse der Syntax₁ stillschweigend benutzen, ohne sie sprachphilosophisch reflektiert zu finden. Dies bedeutet insbesondere, daß ihm die Unterscheidung zwischen dem, was alles ›Satzgegenstand‹ oder ›Subjekt‹ sein kann (der Bereich der *particulars*) auf der einen Seite und den materiellen Dingen auf der anderen nicht zum Thema wird. Die für die Universalitätsthese zentrale Frage nach ihrer Differenz und ihrem Zusammenhang bleibt durch den nur indirekten Appell an die Satzbildungskompetenz unerörtert. Die Sätze ›der Minister Müller ist kein Minister‹ und ›der Begriff ›Pferd‹ ist kein Begriff‹ sind für ihn von derselben Form; die Probleme, die Frege z. B. mit Sätzen der zweiten Art hatte, sind aus dieser Perspektive gar nicht wahrnehmbar.[20]

Frege hatte hier als Orientierungspunkt noch den sprachunabhängigen Gedanken zur Verfügung, von dem er meinte, er sei bereits gegliedert, er könne aber auf mehr als eine Weise als aus Teilen zusammengesetzt aufgefaßt werden. Durch die Sprache hindurch wollte er die Aufmerksamkeit des Lesers auf die Gedanken lenken. Brandom aber verfügt als pragmatisch verfahrender Anti-Repräsentationalist über keinen solchen Bezugspunkt hinter der Sprache. Er hat nur die Äußerungen und die damit vollzogenen sprachlichen Handlungen, und er muß sagen können, worin sich eine sachgemäße Dekomposition von einem willkürlichen ›Zerbrechen‹ eines Zeichens unterscheidet und warum das Substituieren von substituierbaren Ausdrücken etwas anderes sein soll als das Ersetzen von deren Rahmen. Als Weg zu einer Antwort auf diese Frage sehe ich nur das von Wittgenstein benutzte Verfahren, eine mögliche Entwicklungsgeschichte zu entwerfen. Wie hätte es zur Ausbildung komplexen sprachlichen Handelns kommen können? Wie entstehen Strukturen aus Handlungen? Hier könnte das Sprachspiel des Sortierens der erste Schritt sein. Um das oben dargestellte Dilemma zwischen der Gefahr des Steckenbleibens bei den materiellen Dingen und der pragmatischen Unzulässigkeit rein syntaktischer₂ und repräsentationssemantischer Ansätze zu vermeiden, müßte dann aber auch verständlich gemacht werden, wie die Ausdehnung des Sprachspiels von den materiellen Dingen zu den ›Gegenständen

---

20 Der zweite Satz soll daran erinnern, daß hier ein Wespennest sprachphilosophischer Probleme verborgen ist. Vgl. unten, Anm. 25.

im logischen Sinne‹ als möglich zu denken ist. Was sind die ›*particulars*‹ und wie lernen wir sie kennen? Eine pragmatische Sprachphilosophie des hier in Anschluß an Wittgenstein vertretenen Typus muß sprachliches Handeln in seiner Erreichbarkeit *verständlich machen*. Dies bedeutet für komplexe Handlungen, daß ihre Teile als zugängliche Handlungen ausgewiesen werden müssen, was durch eine formale Beschreibung von Handlungsmomenten oder von als Teilhandlungen unverständlichen Merkmalen noch nicht geleistet ist.

Brandom selbst räumt ein, mit den erörterten ›syntaktischen‹ Betrachtungen nur notwendige, nicht aber hinreichende Bedingungen für die Zugehörigkeit eines Ausdrucks zu den singulären Termini angegeben zu haben. Wenn meine Einwände triftig sind, sind diese notwendigen Bedingungen allerdings leer (und daher nicht einmal als notwendige Bedingungen tauglich), weil die Kriterien sich als eine Sache der willkürlich zu wählenden Auffassung erwiesen haben. Sollte Brandom hier gegen den Augenschein doch mehr intendieren als eine Zerlegung, die eine Sache der Betrachtung ist, dann bleiben die Gesichtspunkte, die darüber hinausgehen, unklar, weil der dafür nötige inhaltliche Begriff einer Syntax$_1$ nicht explizit erörtert, sondern allenfalls indirekt, in Gestalt eines Appells präsent gemacht wird. Ich verfolge die angesprochenen syntaktischen Probleme hier nicht weiter, sondern wende mich nun Brandoms Behandlung der Semantik zu.

V. Substitutionsschlußsemantik und der formale Charakter von Brandoms Pragmatik

Trotz der dargelegten Einwände muß für die weiteren Erörterungen unterstellt werden, wir hätten (im Minimalfall) zweigliedrige sprachliche Ausdrücke vor uns, die wir nach ›ersetzbarer Ausdruck‹ und ›Rahmen‹ syntaktisch voneinander trennen können, wobei nun die semantischen Eigenschaften der ersetzbaren Ausdrücke so bestimmt werden sollen, daß sie sich von den semantischen Eigenschaften der Rahmenausdrücke unterscheiden. Diesen semantischen Unterschied zwischen singulären Termini und Prädikatausdrücken bestimmt Brandom als einen Unterschied in den schlußbezogenen Eigenschaften der zusammengesetzten Ausdrücke, die er wiederum als Unterschiede in den Festlegungen und Berechtigungen deutet, die der Sprecher mit ihnen eingeht bzw. erhält.

Dieser Zugang ist zwar nicht syntaktisch$_2$ im Carnap-Morris-Sinn, weil er über die Betrachtung von Figuren- oder Lauteigenschaften hinausführt und einen bestimmten Bereich des sprachlichen Handelns thematisiert, nämlich das Schließen unter Benutzung mehrgliedriger Sätze. In diesem Sinne ist die von Brandom vorgeschlagene Art der Bestimmung ›pragmatisch‹, am sprachlichen Handeln orientiert. Wie wir gerade gesehen haben, vermeidet er aber Überlegungen zur Syntax$_1$, die die Entstehung der Mehrgliedrigkeit verständlich machen könnten. Die nichtverbale Seite der Sprachspiele, der praktische Nutzen der Komplexbildung und der Unterschied zwischen ›Dingen‹ und ›Gegenständen im logischen Sinne‹ bleiben außerhalb der Betrachtung. Obwohl es ihm um die Semantik der Satz-Teile geht, bleibt seine Untersuchung daher in dem Sinne formal, daß sie die Gegenstand-Begriff-Struktur als eine allgemeine Norm der Darstellung für einen nicht weiter gekennzeichneten Bereich von Inhalten voraussetzt. Statt die Frage zu stellen, in welcher Situation jemand darauf verfallen könnte, Sprachspiele zu erfinden, die aus Teilausdrücken bestehen und in Abhängigkeit davon mit bestimmten schlußbezogenen Berechtigungen und Festlegungen verbunden sind, statt also die Entstehung der Gegenstand-Begriff-Struktur inhaltlich zu rekonstruieren, fragt Brandom: Welchen Schaden würde es bringen, wenn wir komplexe sprachliche Handlungen mit diesem Struktur-Typus *nicht* zur Verfügung hätten? Die Frage nach dem Nutzen der singulären Termini trennt er also von seinen semantischen Überlegungen, in denen er nur eine formale Kennzeichnung des Zusammenhangs bestimmter Substitutionsschluß-Möglichkeiten gibt. Dadurch bleibt die Frage danach, wie syntaktisch und semantisch komplexes sprachliches Handeln überhaupt möglich ist, weiterhin ausgeklammert, mit dem (allerdings problematischen) Gewinn, daß die angebotenen semantischen Bestimmungen sehr allgemein ausfallen und dadurch die Universalitätsthese zu stärken scheinen.

Die schlußbezogenen Eigenschaften, die zur semantischen Unterscheidung zwischen singulären Termini und Begriffsausdrücken führen, charakterisiert Brandom in Anschluß an Strawson unter Bezug auf als vorhanden und in Benutzung unterstellte, einstweilig nur syntaktisch charakterisierte ersetzbare Ausdrücke (A, A*) und Rahmenausdrücke (B, B*) so: Wenn zwei Sätze ›AB‹ und ›A* B‹ in einer Folgerungsbeziehung stehen, die sich der Tatsache verdankt, daß sie Substitutionsvarianten voneinander sind (A wird durch A* substituiert), dann autorisiert die Substitution des als ersetzbar betrachteten Ausdrucks (d. h. des später so zu nennenden singulären Terminus) mit dem Übergang von ›AB‹ zu ›A* B‹ stets auch den umgekehrten Übergang von ›A* B‹ zu ›AB‹. Setzen wir für ›AB‹ den Satz

(1) Helmut Kohl führte schwarze Konten

und wählen als ›A*‹ die Kennzeichnung ›der Kanzler der Einheit‹, dann ist mit der material zu verstehenden Legitimität des Übergangs von (1) zu

(2) Der Kanzler der Einheit führte schwarze Konten

auch der umgekehrte Übergang von (2) zu (1) legitim. Mit der materialen Legitimität der Substitution des Ausdrucks ›Helmut Kohl‹ durch ›der Kanzler der Einheit‹ ist ihr inhaltliches Verhältnis gemeint, das der naive Leser durch die Aussage charakterisieren würde, sie stünden im unterstellten Kontext ›für denselben Gegenstand‹, d. h. hier ›für dieselbe Person‹. Brandom will aber umgekehrt durch eine Charakterisierung bestimmter Sprachspiel-Regelungen bestimmen, was es heißt, ein ›Gegenstand‹ zu sein, und was es bedeuten soll, von einem Ausdruck eines bestimmten Typus zu sagen, er ›stehe für‹ einen Gegenstand.

Anders als bei den singulären Termini verhält es sich bei den (später so zu nennenden) prädikativen Ausdrücken, den Rahmen. Ersetzen wir den prädikativen Ausdruck ›B‹ durch einen anderen prädikativen Ausdruck ›B*‹ so, daß der Übergang von ›AB‹ zu ›AB*‹ material legitimiert ist, wie z. B. in der Ersetzung, durch die der Satz (3) in den Satz (4) übergeht:

(3) Helmut Kohl führte schwarze Konten

(4) Helmut Kohl verhielt sich ungesetzlich,

dann ist der umgekehrte Schluß von (4) auf (3) in diesem Fall nicht legitimiert, weil man sich auch auf verschiedene andere Weisen ungesetzlich verhalten kann, nicht nur durch das Führen schwarzer Konten.

Dies bedeutet allgemein: Substitutionsschlüsse, in denen singuläre Termini materiell involviert sind, verhalten sich anders als Substitutionsschlüsse, in denen prädikative Ausdrücke materiell involviert sind. Bei den singulären Termini zeigt sich eine Symmetrie, die im Fall der prädikativen Ausdrücke nicht vorhanden ist. Dieses unterschiedliche Verhalten in Substitutionsschlüssen kann Brandom durch unterschiedliche kommunikative Festlegungen und Berechtigungen ausdrücken und auf diese Weise seiner Form eines pragmatischen Aufbaus einpassen. Und damit ist seine Behandlung des Unterschieds zwischen singulären Termini und prädikativen Ausdrücken abgeschlossen. Was dann in der Argumentation folgt, ist eine Begründung der schwachen Universalitätsthese. Die Art allerdings, wie diese Begründung von Brandom durchgeführt wird, wirft, wie wir sehen werden, auch ein Licht auf die stärkeren Versionen.

Zunächst kann er zeigen, daß von den vier kombinatorischen Möglichkeiten der Verteilung von symmetrischen und asymmetrischen Schlußeigenschaften diejenigen als pragmatisch sinnlos herausfallen, bei denen der Rahmen symmetrisch funktioniert. Der Grund ist, intuitiv gesprochen, der, daß in diesem Falle die Ordnung prädikativer Ausdrücke in Ober- und Unterbegriffe zerstört werden würde, die resultierende ›Sprache‹ würde sich von unserer Sprache also radikal unterscheiden, sie würde nicht über Begriffe in unserem Sinne verfügen.

So bleibt zu zeigen, daß eine semantische Füllung des syntaktischen Schemas AB (mit A für den als ersetzbar betrachteten Ausdruck und B für den Rahmen), bei der für A ein asymmetrisch funktionierender Teilausdruck eingesetzt wird, als sinnvolle Möglichkeit ebenfalls nicht in Frage kommt. Wenn dieser Nachweis gelingt, bleibt bei vorgegebenem Schema von Rahmen und substituierbarem Ausdruck nur noch diejenige Verteilung übrig, die wir als die Gegenstand-Begriff-Struktur kennen: Ein symmetrisches A (ein singulärer Terminus) ist mit einem asymmetrischen B (einem prädikativen Ausdruck oder Begriffsausdruck) verbunden.

Brandom führt diesen Nachweis, indem er zeigt, daß eine Sprache, die ausdrucksstark genug ist, um logische Junktoren zu enthalten, und die diese logischen Junktoren zur Bildung komplexer Rahmenausdrücke zuläßt, die erwogene Kombination mit asymmetrischem A und asymmetrischem B nicht zuläßt, ohne daß der Substitutionsschlußzusammenhang zusammenbricht, der den Anlaß bildete, überhaupt Teilausdrücke so zu unterscheiden, daß ihre Bedeutung systematisch mit der Bedeutung der aus ihnen gebildeten Komplexe verbunden ist.

Ohne damit den Einzelheiten von Brandoms Argumentation

gerecht werden zu können, läßt sich sein Grundgedanke wie folgt verständlich machen. Betrachten wir noch einmal die oben an den Sätzen (1) bis (4) erörterten Symmetrieverhältnisse. Wir hatten gesehen, daß das Substituierbarkeitsverhältnis zwischen den singulären Termini ›Helmut Kohl‹ und ›der Kanzler der Einheit‹ material so festgelegt sein soll, daß mit der Korrektheit des Übergangs in der Richtung (5) auch die Korrektheit des Übergangs in der umgekehrten Richtung (6) festgelegt ist:

(5) ›Helmut Kohl führte schwarze Konten‹ zu ›Der Kanzler der Einheit führte schwarze Konten‹
(6) ›Der Kanzler der Einheit führte schwarze Konten‹ zu ›Helmut Kohl führte schwarze Konten‹.

Dagegen gehört es zum materialen Verständnis der Substituierbarkeitsverhältnisse zwischen prädikativen Ausdrücken, daß mit der Korrektheit des Übergangs in der Richtung (7) die Korrektheit in Richtung (8) gerade nicht festliegt:

(7) ›Helmut Kohl führte schwarze Konten‹ zu ›Helmut Kohl verhielt sich ungesetzlich‹
(8) ›Helmut Kohl verhielt sich ungesetzlich‹ zu ›Helmut Kohl führte schwarze Konten‹.

Singuläre Termini bilden Äquivalenzklassen, Begriffe sind in Strukturen von Ober- und Unterbegriff organisiert.

Der von Brandom fingierte Fall, den er mit seiner Argumentation ausschließen will, weil er mit den Minimalanforderungen, die wir an eine Sprache stellen, unverträglich ist, ließe sich nun wie folgt ein Stück weit anschaulich machen. Angenommen wir hätten eine Sprache vor uns, die keine Eigennamen enthielte und statt der Kennzeichnungen (der ›*definite descriptions*‹ im Sinne Russells) Ausdrücke hätte, die man als ›unbestimmte Kennzeichnungen‹ bezeichnen könnte und in einem intuitiven Zugang (unter Mißachtung der logischen Tradition) mit deutschen Wendungen wie ›ein Kanzler‹, ›ein Politiker‹, etc. wiedergibt. Eine Annäherung an die Frage, was wir verlören, wenn wir statt der symmetrischen als ersetzbar betrachteten Ausdrücke solche einsetzen würden, die sich in ihrer Ersetzbarkeit asymmetrisch verhalten, bekommen wir dann durch die Betrachtung des folgenden Übergangs. Wir schließen zunächst die singulären Termini aus und benutzen die (laut Voraussetzung einzig verfügbaren) ›unbestimmten Kennzeichnungen‹. Auf diese Weise erhalten wir zum Beispiel den Übergang (9) als einen legitimen Substitutionsschluß, bei dem (ähnlich wie bei einem Schritt von einem Unterbegriff zu einem Oberbegriff) aufgrund eines inhaltlichen Verständnisses des Verhältnisses der beiden Ausdrücke zueinander von der unbestimmten Kennzeichnung ›ist ein Mitglied des Parlaments‹ zu ›ist ein Politiker‹ übergegangen wird:

(9) ›Ein Parlamentsmitglied führte schwarze Konten‹ zu ›Ein Politiker führte schwarze Konten‹.

Wie es intendiert war, ist der Übergang (9) legitim, der umgekehrte Übergang (10) aber nicht, weil es noch andere Politiker als Parlamentsmitglieder gibt (dies ist die angenommene asymmetrische Verhaltensweise der als substituierbar betrachteten Ausdrücke):

(10) ›Ein Politiker führte schwarze Konten‹ zu ›Ein Parlamentsmitglied führte schwarze Konten‹.

Brandom zeigt nun, daß das geordnete Substitutionsschlußverhalten solcher asymmetrischen substituierten Ausdrücke unvorhersehbar wird, wenn wir logische Partikel zur Bildung komplexer Prädikate zulassen. Selbst wenn wir keine symmetrische Ersetzbarkeit fordern, sondern, wie im hier fingierten Fall, nur eine asymmetrische, selbst dann müßte der Begriff der Substitution so bestimmt sein, daß die Ersetzbarkeit von ›ein Parlamentsmitglied‹ durch ›ein Politiker‹, wenn sie aus Gründen des inhaltlichen Verständnisses der beiden Ausdrücke überhaupt vorliegt, von opaken Kontexten mit Wendungen wie ›glaubt, daß ...‹ einmal abgesehen, auch *stets* gegeben ist, d. h. unabhängig vom gerade gewählten prädikativen Ausdruck, der den Rahmen des einschlägigen Satzes bildet. Nun läßt sich aber z. B. an (9) zeigen, daß sich mit Hilfe des Negators ein zum prädikativen Ausdruck ›führte schwarze Konten‹ konverses Prädikat so definieren läßt, daß bei seiner Einsetzung nicht der Übergang in Richtung (9) legitim und in (10) illegitim ist, sondern genau umgekehrt: (9*) ist illegitim, (10*) dagegen legitim:[21]

(9*) ›Ein *Parlamentsmitglied* führte *keine* schwarzen Konten‹ zu ›Ein *Politiker* führte *keine* schwarzen Konten‹

(10*) ›Ein *Politiker* führte *keine* schwarze Konten‹ zu ›Ein *Parlamentsmitglied* führte *keine* schwarzen Konten‹.

---

21 Die kursiv gedruckten Ausdrücke sind zu betonen, um den Charakter der hier kontrafaktisch angenommenen »unbestimmten Kennzeichnungen« halbwegs plausibel zu machen. Man könnte (9*) auch paraphrasieren durch den Satz »wer ein Parlamentsmitglied ist, führte keine schwarzen Konten«.

Damit gibt es aber für die fingierten asymmetrischen substituierbaren Ausdrücke gar kein geregeltes Substitutionsschlußverhalten mehr, womit der Witz der Unterscheidung von ›Rahmen‹ und ›als substituierbar betrachteter Ausdruck‹ verlorengeht. Abkürzend könnte man auch sagen, durch einen solchen Schritt würden *alle* Kontexte opak, die Bedeutung von Sätzen, die aus bekannten Teilen neu zusammengesetzt sind, könnte nicht mehr aus der Bedeutung der Teile und der Art ihrer Zusammensetzung erschlossen werden.[22] Wenn wir das nicht wollen und auch auf die logischen Junktoren nicht verzichten wollen, müssen wir also asymmetrische substituierbare Ausdrücke zurückweisen und haben als einzig verbleibende zweigliedrige Struktur auf der Basis des gegebenen Vorrats von Zeichenarten und Kombinationsmöglichkeiten diejenige aus singulärem Terminus und Begriffsausdruck. Und damit ist die schwache Universalitätsthese bewiesen.

VI. Schlußfolgerungen: Die Reichweite der Universalitätsthese, Gegenstände im logischen Sinne und die Notwendigkeit von ›grammatischen‹ Untersuchungen im Sinne Wittgensteins

Die Ausgangsfrage dieser Abhandlung lautete, ob die Philosophie in der Lage sei, Sprachstrukturen zu benennen, die in allen Sprachen mit Notwendigkeit auffindbar sind. Ich beziehe Brandoms Überlegungen (gegen seine Intention) zunächst auf das Sprachspiel des Sortierens materieller Dinge, weil sie sich in diesem Bereich im Verlauf der Erörterungen als lückenlos und überzeugend erwiesen haben. So eingeschränkt, haben sie das Folgende gezeigt:

Wenn die folgenden Bedingungen (1) bis (5) gegeben sind
1. es gibt das Sprachspiel des Sortierens mit Hilfe prädikativer Ausdrücke (Äußerung von Einwortsätzen wie ›Platte‹),
2. die prädikativen Ausdrücke sind wie üblich in Systemen von Oberbegriff-Unterbegriff-Beziehungen geordnet,
3. mit der Beurteilung einer Sortierhandlung als unzulässig steht

---

22 Vgl. einschränkend oben, Anm. 12.

auch das Absprechen (›keine Platte‹) zur Verfügung und auf diesem Weg die Negation,
4. mit der Oberbegriff-Unterbegriff-Beziehung steht (auf dem Weg über Bedeutungspostulate, d.h. über Prädikatorenregeln) auch die Subjunktion zur Verfügung (›wenn Birke, dann Baum‹),
5. es wird ein Erweiterungsschritt zu zweigliedrigen Äußerungen so eingeführt, daß ein (zunächst durch den Verweis auf das Sortieren plausibler) Typus von Substitutionsschlüssen möglich ist, der die Oberbegriff-Unterbegriff-Ordnungen nicht zerstören soll – dann gilt (bewiesene These):
6. Derjenige sprachliche Ausdruck, mit dem zusammen der (vorher als Einwortsatz fungierende) prädikative Ausdruck einen komplexen Satz bildet und bei dessen Ersetzung die genannten, auf das Sortieren bezogenen Substitutionsschlüsse gültig sein sollen, darf im Folgerungsverhalten nicht asymmetrisch wie der Begriffsausdruck sein, sondern er muß symmetrisch sein.

Dieses symmetrische Verhalten in Substitutionsschlüssen ist uns im Kontext von Sortierhandlungen von den Eigennamen und den Kennzeichnungen für materielle Dinge vertraut, d. h. von der Handlung des Referierens auf solche Dinge: Wenn gilt ›die Lampe meines Großvaters hat einen Wackelkontakt‹, dann gilt auch ›die Lampe auf meinem Schreibtisch hat einen Wackelkontakt‹, und umgekehrt, wenn die beiden Kennzeichnungen auf denselben Gegenstand referieren, oder bildlich gesprochen, wenn wir mit der Sortierhandlung ›hat einen Wackelkontakt‹ dieselben Dinge ›in die Hand nehmen‹ oder ›auf sie zeigen‹. Was dabei als ›dasselbe Ding‹ gilt, zeigt sich im Fall des Sortierens auf unproblematische Weise an der nichtverbalen Seite des Sprachspiels.

Die Universalitätsthese sagt nun zunächst nur: Von den formal möglichen Kombinationen von symmetrisch oder asymmetrisch sich verhaltenden Ausdrücken ist für das Sortierspiel nur die Verbindung ›symmetrisch-asymmetrisch‹ pragmatisch sinnvoll. Darüber hinausgehend läßt sich aber auch das Folgende sagen: Wenn wir kein Kommunikations- oder Signalsystem eine Sprache nennen wollen, das solche Sortierhandlungen für materielle Dinge und die zugeordneten Substitutionsschlüsse nicht kennt, dann sind die genannten Sprachformen universal verbreitet. Damit ist die folgende schwache Universalitätsthese begründet: Die Gegenstand-Begriff-Struktur als Struktur von Sortierhandlungen ist in allen Sprachen vorhanden, weil wir Signalsysteme, die diese Handlungen nicht kennen (wie die sogenannte ›Sprache der Bienen‹), nicht zu den Sprachen im eigentlichen Sinne rechnen.

Wie steht es nun mit den beiden Varianten einer weitergehenden Universalitätsthese: Ist mit diesem Resultat auch gezeigt, daß die Gegenstand-Begriff-Struktur über das auf materielle Dinge bezogene Sprachspiel des Sortierens hinaus als eine ›Tiefenstruktur‹ in dem Sinne angesehen werden kann, daß sie *aller* assertorischen Komplexbildung zugrunde liegt, trotz der sehr unterschiedlichen grammatischen ›Oberflächen‹, die wir in den natürlichen Sprachen vorfinden (und auch schon in einer von ihnen)? Und ferner: Ist gezeigt, daß die Gegenstand-Begriff-Struktur dort, wo sie z. B. im Deutschen außerhalb des auf materielle Dinge bezogenen Sortierspiels vorkommt (wo es um ›Gegenstände im logischen Sinne‹ geht), dieselbe Art von Unvermeidbarkeit hat, wie sie Brandom für das Sortierspiel gezeigt hat? Oder muß sie an diesen Stellen als von uns erzeugt angesehen werden in einem Sinne, der die Möglichkeit offenläßt, daß es für sie Alternativen gibt?

Zunächst zur ersten Frage: Erlaubt Brandoms Argumentation die Folgerung, daß die Gegenstand-Begriff-Struktur auf einer verborgenen Ebene auch dort vorhanden ist, wo sie ›oberflächlich‹ zunächst nicht erkennbar ist? Mir scheint, daß diese Frage mit den hier vorgetragenen Überlegungen eindeutig negativ beantwortet ist. Daß derjenige Ausdruck, der beim Sortieren materieller Dinge dem leiblichen ›In-die-Hand-Nehmen‹ zugeordnet wird, in seinem Substitutionsverhalten symmetrisch sein muß, bedeutet nicht, daß es keine assertorischen Komplexbildungen geben könnte, die anders aus Teilhandlungen zusammengesetzt sind als gemäß der Gegenstand-Begriff-Struktur. Auch haben wir in Brandoms Überlegungen keinen Grund dafür, von einer solchen abweichenden Struktur zu sagen, ihr liege ›eigentlich‹, auf einer ›tieferen Ebene‹, die Gegenstand-Begriff-Struktur zugrunde. Adverbien wie ›schnell‹ in Sätzen der Art ›Peter läuft schnell‹ sind ein ins Auge fallendes Beispiel: Mit ihnen erhebt der Sprecher einen (zu ›Peter läuft‹) zusätzlichen Geltungsanspruch, und die mit ›schnell‹ vollzogene modifizierende Erweiterungshandlung läßt sich verständlich machen, ohne daß dafür die Gegenstand-Begriff-Struktur ins Spiel kommen muß. Dasselbe gilt für Erweiterungen durch Zahlwörter (›fünf Platten‹). Nichts in Brandoms Gedankengang steht dieser Möglichkeit zusätzlicher, von der Gegenstand-Begriff-Struktur abweichender assertorischer Sprachformen entgegen. Die universelle Verbreitung des Sortierens im Sinne der schwachen Universalitätsthese ist mit der Existenz weiterer assertorischer Sprachstrukturen mühelos vereinbar.

Wie verhält sich dazu die Tatsache, daß sich Sätze wie ›Peter läuft schnell‹ (wie Davidson gezeigt hat[23]) in die Sprache der Prädikatenlogik so *übersetzen* lassen, daß der dem deutschen Wort ›schnell‹ entsprechende Ausdruck als für einen Begriff stehend erscheint, unter den der Gegenstand ›das Ereignis von Peters Laufen‹ fällt, so daß der prädikatenlogische Satz eine Gegenstand-Begriff-Struktur an einer Stelle enthält, an der dies für den deutschen Satz nicht gilt? Die dem prädikatenlogischen Satz entsprechende komplexe Sprechhandlung enthält dann Teilhandlungen, die in der entsprechenden natürlichsprachlichen Sprechhandlung keine Korrelate haben.

Nach den oben vorgetragenen Überlegungen zum ›Ort der Struktur‹ darf eine pragmatische Sprachphilosophie, die ein objektives ›Reich der Gedanken‹ nicht mehr voraussetzt, nicht ohne zusätzliche Begründung behaupten, die Struktur im Medium der Prädikatenlogik sei die ›eigentliche‹, sie zeige die ›wahre Struktur‹ des natürlichsprachlichen Satzes, die ihm auch dann zugeschrieben werden müsse, wenn auf seiner ›Oberfläche‹ davon nichts zu sehen ist. Der pragmatische Zugang muß sich auf Handlungsstrukturen beziehen, nicht auf ein Reich der Gedanken. Angemessen wäre es, zu sagen, in der von Davidson vorgeschlagenen prädikatenlogischen Übersetzung werde ›das Ereignis von Peters Laufen‹ *als Gegenstand behandelt*; dieser Ausdruck *gebe vor*, auf einen Gegenstand zu referieren. Eine entsprechende Behauptung läßt sich aber nicht über den Satz ›Peter läuft schnell‹ machen, der den Ausgangspunkt der Übersetzung bildete. Hier ist auch darauf hinzuweisen, daß die Möglichkeit der Umformung bereits im Deutschen gegeben ist. Im Fall eines Mißverständnisses könnte der Sprecher sich leicht mit den Worten paraphrasieren ›ich wollte sagen, Peters Laufen sei schnell‹. Diese Paraphrasierungsmöglichkeit rechtfertigt aber nicht die Aussage, der Sprecher

[23] Donald Davidson, »The Logical Form of Action Sentences«, in: Davidson, *Essays on Actions and Events*, Oxford 1980, S. 105-122.

habe auch im ursprünglichen Satz einen Referenzakt auf ein Ereignis vollzogen (oder innerlich ›gemeint‹), der nur an der Oberfläche des Geäußerten nicht sichtbar geworden sei. In beiden Fällen zeigt das Resultat der Umformung nicht, daß schon der ursprüngliche Satz die durch die Umformung erzeugte Struktur hatte. Die Pragmatik der Teilhandlungen im Medium der Prädikatenlogik bleibt insofern ›formal‹, als sie die Entscheidung für eine bestimmte Form der Darstellung widerspiegelt, keine sich aus den niederstufigen Handlungen selbst ergebende (oder von ihnen her entwickelte) Struktur. Die Begriffe ›Referieren‹ und ›Prädizieren‹ bekommen zwar einen pragmatischen Sinn, dieser ist aber abhängig vom gewählten Medium.[24]

Damit soll nicht bestritten werden, daß sich Gesichtspunkte benennen lassen (z. B. das Interesse an einer Bedeutungstheorie, deren Form am Ziel automatischer Sprachverarbeitung orientiert ist), unter denen eine Logik-Sprache L als ein auszuzeichnendes Medium erscheint, in das alle zu betrachtenden Aussagen vor ihrer Verarbeitung zu übersetzen sind. Vollzieht man eine solche Auszeichnung, dann kann man in einem zweiten Schritt die definitorische Vereinbarung treffen, daß im entsprechenden Kontext Aussagen der Form ›der natürlichsprachliche Satz S zeigt die Form F‹ als Abkürzungen verstanden werden sollen für ›das Äquivalent für S in L zeigt die Form F‹. Aber es ist offensichtlich, daß Feststellungen der Art, daß in der Sprache L Ereignisse, Orte oder Zeitpunkte ›als Gegenstände behandelt werden‹ nicht als Argument für die starke Universalitätsthese benutzt werden können, die Gegenstand-Begriff-Struktur liege aller assertorischen Komplexbildung zugrunde. Wenn sich die Tatsache, daß man die Gegenstand-Begriff-Struktur häufig antrifft, dem Umstand verdankt, daß man sich im Bereich solcher Umformungsresultate umsieht, die sich einer Sprache bedienen, die diese Struktur obligatorisch macht, dann ist die Feststellung der Allgemeinheit dieser Struktur für den Bereich der nicht umgeformten Ausdrücke dann belanglos, wenn das Medium, in das umgeformt wurde, nicht überzeugend als eines ausgezeichnet wurde, dessen Strukturen besonderen philosophischen Aufschluß geben.

Wir sind damit bei der Frage, welche Bedeutung es hat, wenn wir im Medium einer Sprache etwas ›als Gegenstand behandeln‹,

---

24 Für den Begriff der Prädikation habe ich das mit Bezug auf Searle zu zeigen versucht in den oben in Anm. 5 genannten Arbeiten.

wenn wir in einem bestimmten Bereich ›zu referieren vorgeben‹. Um die Argumentation durchsichtiger zu machen, hatte ich Brandoms Rekurs auf Substitutionsschlüsse einer einschränkenden Interpretation unterworfen und sie auf Sprachspiele wie das Sortieren materieller Dinge bezogen. Diese Beschränkung muß nun aufgehoben werden, und es ist die Frage zu beantworten, ob die Gegenstand-Begriff-Struktur dort, wo es um ›Gegenstände im logischen Sinne‹ geht, dieselbe Art von Unvermeidbarkeit hat, wie sie für das Sortierspiel festgestellt werden konnte.

Die gerade vorgetragenen Überlegungen zur Relevanz von Umformungsmöglichkeiten erlauben den folgenden Schluß: Was wir sprachlich als Gegenstand behandeln, fassen wir in Ausdrücken, die auf die von Brandom herausgearbeitete Weise als Satzteile ein symmetrisches Verhalten in Substitutionsschlüssen zeigen, im Unterschied zum asymmetrischen Verhalten der Begriffsausdrücke. Negativ gesagt: Unabhängig davon, ob es um materielle Dinge oder um Gegenstände im logischen Sinne geht, die Kombination zweier asymmetrisch sich verhaltender Ausdrücke zu einem Satz wäre für die Zwecke der Kommunikation katastrophal. Dies bedeutet aber, daß die These, auch im Bereich der ›Gegenstände im logischen Sinne‹ sei die Gegenstand-Begriff-Struktur unvermeidbar, den Geltungsbereich der Universalitätsthese entgegen dem ersten Anschein nicht in einem substantiellen Sinne ausweitet. Die Aufhebung der Beschränkung auf das Sprachspiel des Sortierens besteht nur in der Anerkennung der Tatsache, daß der Bereich dessen, was wir sprachlich *als Gegenstand behandeln*, weit über den Bereich der materiellen Dinge hinausgeht. Hat man den Schritt der Vergegenständlichung aber vollzogen (was, wie der erörterte Fall bestimmter Adverbien zeigt, aber nicht immer alternativenlos ist) und hält sich in diesem erweiterten Bereich auf, dann gilt tautologisch: Was wir sprachlich als Gegenstand behandeln, behandeln wir als Gegenstand, und das heißt nach der hier vorgetragenen Interpretation: Wir behandeln es nach dem Muster des Sortierens materieller Dinge. Die über den Bereich dieser Dinge hinausgehende Allgemeinheit der Gegenstand-Begriff-Struktur zeigt nichts anderes als unsere Ausweitung dieses Musters, sie verdankt sich nicht einer außerhalb der ›Norm der Darstellung‹ liegenden Ordnung, die wieder und wieder diese Struktur erzwingen würde. In diesem Sinne ist die oben benutzte Formulierung gemeint, die Gegenstand-Begriff-Struktur sei ›sekundär allgemein‹, wir erzeugen ihre Allgemeinheit, indem wir sie auch dort zur Norm der Darstellung machen, wo es inhaltlich nicht nötig ist, dem Fall vergleichbar, wo die Sprache ein ›grammatisches Subjekt‹ erzwingt (›*es* regnet‹). Und mit diesem Schritt werden die Kategorien ›Gegenstand‹ und ›Begriff‹ zu formal-pragmatischen Kategorien: Sie beziehen sich zwar auf Handlungen, aber so, daß deren Charakter bereits das Resultat der Entscheidung für eine Form ist.

Dieser sekundäre Charakter sowohl der Allgemeinheit als auch der Bedeutung der formalpragmatischen Kategorien wird aber in der von Brandom gewählten synchronisch-abstrakten Darstellung unsichtbar. Dadurch wird das Bild von der Sprache, das er zeichnet, nicht nur lückenhaft, weil es die Entstehungsgeschichte ausklammert, sondern es wird insofern zu einem schiefen Bild, als nur der Entwurf einer solchen Geschichte es gestatten würde, den Stellenwert des resultierenden Zustands richtig einzuschätzen. Ohne sie muß dem Leser die Allgemeinheit der Gegenstand-Begriff-Struktur größer erscheinen, als sie ist. Weil die formale Charakterisierung der Struktur neutral ist gegenüber der Differenz von ›Ding‹ und ›Gegenstand im logischen Sinne‹, läßt sie nicht erkennen, ob sich die Allgemeinheit der fraglichen Struktur ›der Sache‹ verdankt oder der ›Norm der Darstellung‹, und wie im zweiten Fall die Herausbildung einer solchen Norm zu verstehen wäre. Um diese sprachphilosophisch zentrale Frage ins Blickfeld zu bekommen, müssen die Satzbildung im Sinne der Syntax$_1$, die durch sie stufenweise entstehenden Strukturen und insbesondere auch die Projektion der Strukturen über ihre Entstehungsbereiche hinaus in einer diachronischen Perspektive als Handlungen bzw. Handlungsresultate verständlich gemacht werden.

Der philosophisch zentrale Punkt scheint mir daher nach wie vor die Frage zu sein, was es heißt, ›etwas als Gegenstand zu behandeln‹. Diese Frage hatte Brandom formal beantwortet durch seinen Hinweis auf das Verhalten der singulären Termini in Substitutionsschlüssen. Seine Auskunft scheint mir zwar korrekt: Im Deutschen werden Zeitpunkte, Zahlen, Begriffe, Wünsche, seelische Zustände und vieles andere in der Tat ›als Gegenstände behandelt‹, und das heißt auch, daß den zugehörigen Ausdrücken das erörterte Substitutionsschlußverhalten abverlangt wird. Was aber bei Brandom nicht ins Blickfeld gerät, ist die Frage, wie der

Vorgang der Vergegenständlichung zu verstehen ist. Da er das ›Zu-Referieren-Vorgeben‹ und die Rede von den ›Gegenständen im logischen Sinne‹ (›Einzelnes‹) nicht eigens in einer Satzbildungslehre erörtert, bleibt unverstanden, wie der Zusammenhang zwischen dem Referieren auf materielle Dinge (*objects*) und dem ›vorgeblichen Referieren‹ auf ›Gegenstände im logischen Sinne‹ (*particulars*) zu denken ist. In diachronischer Perspektive gefragt: Wie kann es z. B. dazu kommen, daß Zahlen, Begriffe oder seelische Zustände ›als Gegenstände behandelt‹ werden, was ist der Gewinn einer solchen Behandlung, wo zeigen sich Nachteile (Stichworte ›Verdinglichung‹, ›Vergegenständlichung‹), gibt es Alternativen? Mir scheint, daß Brandom mit seiner unauffälligen und nur scheinbar harmlosen Weichenstellung, es seien selbstverständlich nicht nur materielle Dinge, sondern Gegenstände im logischen Sinne, auf die man sich mit singulären Termini beziehe, eine Norm der Darstellung aus der logischen Tradition und die natürlichsprachliche Möglichkeit der Nominalisierung einfach übernimmt, die beide im sprachphilosophischen Kontext gründlich erörtert werden müßten.

Aus der schon mehrfach angesprochenen Wittgensteinischen Perspektive lautet die Auskunft, es sei das Paradigma des Sortierens materieller Dinge auf einen neuen Anwendungsbereich projiziert worden und es sei die Aufgabe der Philosophie, das Vorliegen dieses Projektionsschritts und die darin liegenden Täuschungsmöglichkeiten offenzulegen. Zwar ist mit dem vollzogenen Projektionsschritt z. B. ein seelischer Zustand ein ›Gegenstand im logischen Sinne‹; welche Arten von Aussagen über Gegenstände dieser Sorte sinnvoll sind, ist aber erst durch einen genauen Blick auf das herauszufinden, was Wittgenstein die ›Grammatik‹ eines Ausdrucks nannte. Ihm ging es darum, Unterschiede herauszuarbeiten, an denen gemessen die Universalität der Gegenstand-Begriff-Struktur nicht viel besagt, weder in ihrer schwachen Lesart (nach der wir kein Signalsystem eine Sprache nennen wollen, das für das Sprachspiel des Sortierens ungeeignet ist) noch in der etwas stärkeren Version, die feststellt, daß sich das Paradigma des Sortierens als Norm der Darstellung auf sehr weite Bereiche ausgedehnt hat, so daß wir auf diesen entwickelten Zustand bezogen feststellen können: was sich überhaupt assertorisch sagen läßt, läßt sich in unserer Sprache auch in die Gegenstand-Begriff-Form bringen.

Mit Wittgenstein ist daran zu erinnern, wie wenig damit behauptet ist und wie leicht gerade diese Form die Philosophen in die Irre führt. Was Wittgenstein über die nichtssagende Allgemeinheit des Wortes ›bezeichnen‹ sagt, gilt auch für die Gegenstand-Begriff-Struktur: Wir können zwar sagen, das Wort ›Platte‹ bezeichne eine Bausteinart, das Wort ›vier‹ bezeichne eine Zahl, der Ausdruck, der Begriff ›Pferd‹ bezeichne einen Begriff.[25] »Aber dadurch, daß man so die Beschreibungen des Gebrauchs der Wörter einander anähnelt, kann doch dieser Gebrauch nicht ähnlicher werden! Denn, wie wir sehen, ist er ganz und gar ungleichartig.«[26] Das heißt für unser Thema: Solange wir die Gegenstand-Begriff-Struktur ohne eine Erörterung des Unterschieds zwischen ›Dingen‹ und ›Gegenständen im logischen Sinne‹ diskutieren, zwischen solchen Sprechhandlungen, die sich leiblichen Vollzügen wie Sortierhandlungen zuordnen lassen und solchen, die durch Projektion entstehen, solange befinden wir uns in einem Bereich, in dem die ›Norm der Darstellung‹ das Unähnliche einander anähnelt. Ein pragmatischer Ansatz, der die angesprochenen Unterschiede durch ein solches ›Anähneln‹ unsichtbar macht, zeichnet ein signifikant verfälschtes Bild von der Sprache.

---

25 Vgl. dazu Schneider, »Begriffe als Gegenstände der Rede«, in: I. Max, W. Stelzner (Hg.), *Logik und Mathematik. Frege-Kolloquium Jena 1993*, Berlin 1995, S. 165-179.
26 Wittgenstein, *Philosophische Untersuchungen* I. Teil, § 10, a. a. O.

Cristina Lafont
Ist Objektivität perspektivisch?
Ein Vergleich zwischen Brandoms und Habermas' Konzeption von Objektivität

Von allen Gemeinsamkeiten und Unterschieden, die einem Leser der beiden Theorien kommunikativer Praktiken von Robert Brandom und Jürgen Habermas unmittelbar auffallen, sind wahrscheinlich diejenigen am kompliziertesten und schwierigsten aufzuklären, die im Zusammenhang mit ihrer jeweiligen Konzeption von Objektivität stehen. Die Objektivitätskonzeptionen beider Autoren zu vergleichen fällt deshalb so schwer, weil sie in manchen Hinsichten zum Verwechseln ähnlich, in anderen jedoch fast unversöhnlich entgegengesetzt scheinen. Es läßt sich deswegen nicht von vornherein erkennen, ob die Unterschiede lediglich stilistischer oder doch substantieller Art sind. In Anbetracht der zentralen Rolle, die die Konzeption der Objektivität für beide theoretische Projekte spielt, scheint es geboten, sich zunächst eine genaue Übersicht über Differenzen und Überschneidungen zwischen beiden Theorien zu verschaffen, bevor man diese Frage näher beleuchtet. Da ich aber eine solche Übersicht im folgenden nicht zu geben beabsichtige, kann mein Versuch, etwaige substantielle Meinungsverschiedenheiten zwischen beiden Konzeptionen von Objektivität auszuloten, nur als eine erste Annäherung betrachtet werden, die keine erschöpfende Antwort zu geben beansprucht.

Für einen ersten Vergleich zwischen Brandoms und Habermas' Konzeption von Objektivität ist es vielleicht hilfreich, sich vor Augen zu führen, wie Brandom in *Expressive Vernunft*[1] die Eigenschaft beschreibt, die eine solche Konzeption im Rahmen einer allgemeinen pragmatistischen Strategie mindestens aufweisen sollte:

---

[1] R. Brandom, *Making It Explicit*, Cambridge, MA: Harvard University Press 1994. Dt. Übers.: *Expressive Vernunft*, Frankfurt am Main 2000; übersetzt von Eva Gilmer und Hermann Vetter (im folgenden zitiert als EV).

»Welche wohlbestimmten Praktiken eine Gemeinschaft hat, hängt davon ab, wie die Tatsachen sind und mit welchen Gegenständen diese Praktiken tatsächlich in erster Linie über das Wahrnehmen und Handeln praktisch verstrickt sind. Wie die Welt beschaffen ist, schränkt die Richtigkeiten inferentieller, doxastischer und praktischer Festlegungen geradewegs von *innerhalb* dieser Praktiken her ein.« (EV, 476)

Es ist offenkundig, daß innerhalb des allgemeinen Rahmens einer pragmatistischen Strategie alle Bedingungen, von denen man annimmt, sie seien mit dem Begriff der Objektivität verbunden, als interne und nicht als externe verstanden werden müssen. Solche Bedingungen müssen sich als Folge normativer Voraussetzungen ergeben, die in den zu erklärenden Praktiken verankert und somit aus der Perspektive der Teilnehmer selbst operativ sind. In dieser Hinsicht verfolgen die Theorien von Brandom und Habermas bei ihren jeweiligen Analysen der Objektivität die gleiche allgemeine Strategie. Darüber hinaus läßt sich eine starke Ähnlichkeit der beiden Ansätze nicht nur bezüglich ihrer Strategie, also der Art von *Frage*, die sie beantworten möchten, aufzeigen, sondern auch bezüglich ihrer spezifischen *Antworten*. Brandom charakterisiert seine Antwort in einer Weise, in der man auch die von Habermas scheinbar angemessen beschreiben könnte. In *Expressive Vernunft* kennzeichnet Brandom seinen Ansatz als den Versuch, Objektivität

»als eine Art perspektivische *Form* anstatt als einen nichtperspektivischen oder perspektivenübergreifenden *Inhalt* zu rekonstruieren. Das Gemeinsame aller diskursiven Perspektiven liegt darin, *daß* es einen Unterschied gibt zwischen dem, (...) was objektiv richtig ist, und dem, was bloß dafür gehalten wird, und nicht, *worin* er besteht – also in der Struktur und nicht im Inhalt.« (EV, 832f.)

Im Lichte anderer philosophischer Grundannahmen mag es zweifelhaft erscheinen, ob ein solcher Versuch – selbst wenn er erfolgreich wäre – irgend etwas liefern könnte, was sich als Begriff von Objektivität verstehen ließe. Ich möchte zwar diesen Weg hier nicht beschreiben; doch nötigt die Plausibilität solcher Zweifel jede derartige nicht-traditionelle Konzeption von Objektivität, zu zeigen, welche traditionell mit dem Begriff von Objektivität verbundenen Eigenschaften sie zu bewahren meint, so daß klar wird, inwiefern es sich dabei überhaupt noch um eine Konzeption von Objektivität und nicht vielmehr um etwas anderes handelt.

Diese Frage ist an und für sich schon interessant, um so mehr aber im Hinblick auf einen Vergleich der beiden Ansätze von Brandom und Habermas. Denn beide beschreiben genau dieselben Eigenschaften kommunikativer Praktiken als das Produkt des Objektivitätssinns der Teilnehmer, d. h. als eine Konsequenz dessen, daß diese gemeinsam über die obengenannte Differenz verfügen. Beiden Theorien kommunikativer Praktiken gemäß hat das Teilen dieser Differenz zur Folge, daß die Behauptungspraxis der Teilnehmer, die sich über etwas in der Welt zu verständigen versuchen, durch das bestimmt ist, was Brandom die »Erblichkeitsunterstellung« in Hinsicht auf Festlegungen und Berechtigungen und was Habermas die Voraussetzung »einer einzigen richtigen Antwort« nennt.[2] Nach Ansicht beider Autoren teilen Sprecher demnach die folgende Annahme: »Wenn zwei überzeugte Personen nicht übereinstimmen, so ist es durchaus angebracht zu denken, daß zumindest eine von beiden falschliegt oder etwas übersehen hat.« (EV, 352) Diese Eigenschaft der Behauptungspraxis rechtfertigt wiederum die ebenfalls von beiden Autoren geteilte Ansicht, daß eine interne Verknüpfung zwischen dieser Praxis und dem Spiel des Gebens und Forderns von Gründen – bzw. zwischen Kommunikation und Diskurs – besteht. Denn nur wenn die Sprecher davon ausgehen, daß ihre Behauptungen unabhängig von ihren subjektiven Einstellungen objektiv richtig oder falsch sein können, können sie einsehen, weshalb überhaupt nach Gründen gefragt wird, mittels deren festzustellen ist, welche Behauptungen richtig sind. Erst dann werden sie sich verpflichtet fühlen, den Behauptungen, die sich als richtig herausgestellt haben, unabhängig von ihren zuvor bestehenden Einstellungen zuzustimmen. In dieser Hinsicht geben uns beide Theorien eine im normativen Sinn sehr starke Rekonstruktion der Praxis des Behauptens: Nach einer Formulierung Brandoms sind Behauptungen *Wissens*ansprüche (vgl. EV, 302). Sollten die Vorhaben beider Autoren erfolgreich sein, so ließen sich ihre Analysen wenigstens insofern klar als Erläuterungen von Objektivität erkennen, als ihre Rekonstruktionen unserer kommunikativen Praktiken mit einer relativistischen Konzeption eindeutig unvereinbar wären.

---

2 Habermas' Formulierung dieser Annahme ist mehrdeutig. Für eine detailliertere Erklärung ihres Sinns siehe mein »Is Objectivity Perspectival?« in: M. Aboulafia (ed.): *Habermas and Pragmatism*, Routledge, im Erscheinen.

Wenngleich beide Ansätze also einen in diesem Sinne starken Objektivitätsbegriff mittels einer allgemeinen pragmatistischen Strategie bei der Erklärung kommunikativer Praktiken zu rekonstruieren versuchen, betrachten sie diese Praktiken doch nicht aus der gleichen Perspektive. Während Habermas die »Teilnehmerperspektive«, die er in seiner *Theorie des kommunikativen Handelns*[3] rekonstruieren möchte, explizit in Gegensatz zu jeder Beobachter- oder Dritte-Person-Perspektive stellt, kennzeichnet Brandom die »Perspektive des Kontoführers«, mit deren Hilfe er Kommunikation erklärt, als Dritte-Person-Perspektive. Zudem wird auch die Perspektive, aus der *Expressive Vernunft* selbst geschrieben ist, von Brandom als »methodologischer Phänomenalismus« – und in diesem Sinne als Dritte-Person-Perspektive – gekennzeichnet. Zwar wird nicht ganz klar, wie genau dieser Phänomenalismus zu verstehen ist, doch deutet der Begriff zumindest auf eine gewisse Diskrepanz zwischen dem phänomenalistischen Interpreten und denen hin, die er interpretiert. Eine solche phänomenalistische Perspektive findet sich in Habermas' Ansatz nicht. Die entscheidenden Unterschiede zwischen beiden Theorien lassen sich möglicherweise auf diese methodologische Differenz zurückführen.

I. Habermas' Konzeption von Objektivität

Vor dem Hintergrund dieser einleitenden Überlegungen können wir jetzt die obenerwähnten Gemeinsamkeiten zum Ausgangspunkt nehmen, um die Habermassche Konzeption von Objektivität zu umreißen. Sie kann tatsächlich als ein Erklärungsversuch verstanden werden, in welchem Sinn kommunikative Praktiken dadurch bestimmt sind, »wie die Welt beschaffen ist«. Dabei geht Habermas davon aus, daß alle Diskursperspektiven die Unterstellung teilen, *daß* es einen Unterschied gibt zwischen dem, was objektiv korrekt ist, und dem, was nur dafür gehalten wird, nicht aber, *worin* er besteht. Was sie teilen ist formal, es ist kein perspektivenübergreifender *Inhalt*.

Diese Beschreibung paßt sehr gut zu Habermas' Darstellung der Bedingungen der Möglichkeit des Diskurses, d. h. der reflexi-

---

[3] J. Habermas, *Theorie des kommunikativen Handelns*, Frankfurt am Main 1981 (im folgenden zitiert als TKH).

ven Form von Kommunikation, in der Sprecher mit der Absicht, ein Einverständnis zu erzielen, über strittige Geltungsansprüche diskutieren. Natürlich erfordert diese reflexive Form der Kommunikation, daß die Teilnehmer über einen gemeinsamen Objektivitätssinn verfügen, da sie sonst nicht einsehen könnten, daß die strittigen Geltungsansprüche auf die eine oder andere Weise zu entscheiden sind. In diesem Sinn ist die Explikation der Bedingungen der Möglichkeit des Diskurses gleichzeitig eine Explikation dessen, worin dieser Objektivitätssinn innerhalb des Habermasschen Ansatzes besteht.

In der *Theorie des kommunikativen Handelns* führt Habermas die Untersuchung der Bedingungen der Möglichkeit des Diskurses im Zusammenhang mit einem Vergleich zwischen dem mythischen und dem modernen Weltbild ein. Er beschränkt sich auf eine Eigenschaft mythischer Weltbilder, die er als hilfreichen Kontrast zum Verständnis der Bedingungen der Möglichkeit des Diskurses betrachtet, nämlich die mangelnde Differenzierung zwischen Kultur und Natur, zwischen Sprache und Welt. Nach Habermas' Ansicht hat diese Eigenart mythischer Weltbilder zur Folge, daß

»das sprachlich konstituierte Weltbild so weitgehend mit der Weltordnung selbst identifiziert werden [kann], daß es nicht als Weltdeutung, *als eine Interpretation*, die dem Irrtum unterliegt und der Kritik zugänglich ist, durchschaut werden kann« (TKH, 81f.).

Auf der Folie dieser Beschreibung zeichnet sich zugleich deutlich ab, welche Minimalbedingung erfüllt sein muß, damit eine reflexive kommunikative Praxis wie der Diskurs überhaupt möglich ist. Habermas weist darauf hin, daß »Aktoren, die Geltungsansprüche erheben, […] darauf verzichten [müssen], das Verhältnis von Sprache und Wirklichkeit, von Kommunikationsmedien und dem, worüber kommuniziert wird, *inhaltlich zu präjudizieren*«. Nur dann ist es möglich, daß »die Inhalte des sprachlichen Weltbildes *von der supponierten Weltordnung selbst abgelöst werden*« (TKH, 82; meine Hervorhebungen). Wenn Kommunikationsteilnehmer bewerten müssen, ob sich die Dinge so verhalten, wie sie glauben, oder vielmehr so, wie ein anderer denkt, dann dürfen sie offensichtlich ihre eigenen Überzeugungen nicht zugleich dogmatisch damit identifizieren, wie die Welt beschaffen ist. Voraussetzung hierfür ist aber, daß die Teilnehmer intuitiv (und kontrafaktisch) zwischen den (inkompatiblen) Überzeugungen aller und der unterstellten Weltordnung selbst unterscheiden. Sie müssen, in Habermas' Terminologie, »ein reflexives Weltkonzept« entwickeln. Diese Idee erlaubt es Habermas, die Bedingungen der Möglichkeit des Diskurses folgendermaßen zu explizieren:

»Geltungsansprüche können grundsätzlich kritisiert werden, weil sie sich auf *formale Weltkonzepte* stützen. Sie präsupponieren eine für *alle möglichen Beobachter* identische bzw. eine *von den Angehörigen* intersubjektiv geteilte Welt *in abstrakter, d. h. von allen bestimmten Inhalten losgelöster Form.*« (TKH, 82; z. T. meine Hervorhebungen)

Die Voraussetzungen einer einzigen objektiven Welt, einer von allen geteilten sozialen Welt und der vielzähligen subjektiven Welten der verschiedenen Teilnehmer fügen sich zu einem formalen Koordinatensystem, das den »Zugang zur Welt durch das Medium gemeinsamer Interpretationsanstrengungen im Sinne eines kooperativen Aushandelns von Situationsdefinitionen« (TKH, 106) ermöglicht. In diesem Sinne haben »die formalen Weltkonzepte gerade die Funktion, zu verhindern, daß sich die Bestände an Gemeinsamkeiten in der Flucht iterativ aneinander gespiegelter Subjektivitäten auflösen ... Jeder Akt der Verständigung läßt sich als Teil eines kooperativen Deutungsvorgangs begreifen, der auf intersubjektiv anerkannte Situationsdefinitionen abzielt. Dabei dienen die Konzepte der drei Welten als *das gemeinsam unterstellte Koordinatensystem*, in dem die Situationskontexte so geordnet werden können, daß Einverständnis darüber erzielt wird, was die Beteiligten jeweils als Faktum oder als gültige Norm oder als subjektives Erlebnis behandeln dürfen.« (TKH, 106f.; meine Hervorhebung)

Das Koordinatensystem der drei Weltkonzepte sollte also in keiner Weise als spezifische Überzeugung mißverstanden werden, die Sprecher zufälligerweise teilen. Es handelt sich hierbei nicht um eine Überzeugung bestimmten Inhalts, sondern um ein strukturelles Merkmal der kommunikativen Praxis, die sich den Teilnehmern durch die Bedingungen der unterschiedlichen Diskursformen aufdrängt. Die Voraussetzung einer einzigen objektiven Welt ist ein in die Praxis des Behauptens eingelassenes strukturelles Merkmal, das der binären Unterscheidung »wahr/falsch« zugrunde liegt. Wenn mit Behauptungen beansprucht wird, etwas darüber auszusagen, wie die Welt beschaffen ist, und wenn die Welt für uns alle ein und dieselbe ist, dann können unsere diesbezüglichen Überzeugungen nur entweder wahr oder falsch sein. Deshalb sollte man die Überzeugungen eines anderen selbst übernehmen, wenn sie wahr sind. Auf diese Weise macht die Voraussetzung einer einzigen objektiven Welt innerhalb des Habermasschen Ansatzes die »Erblichkeitsunterstellung« von Festlegungen und Berechtigungen verständlich, die Brandom zufolge die Praxis des Behauptens *spezifisch* auszeichnet. Sie macht auch verständlich, warum diese Unterstellung nur im Falle doxastischer, nicht aber im Falle praktischer Festlegungen im allgemeinen operativ ist, wie Brandom ebenfalls betont.[4]

Mit Hilfe dieser kurzen Darstellung des Verhältnisses von formalen Weltkonzepten und Diskurs können wir einige Gemeinsamkeiten und Unterschiede zwischen Habermas' und Brandoms Konzeptionen von Objektivität festhalten. Einerseits scheint Habermas' Ansatz sehr gut zu Brandoms Darstellung von Objektivität zu passen: Er zeigt uns genau, in welchem Sinn Sprecher die Annahme teilen, *daß* es einen Unterschied gibt zwischen dem

---

[4] Brandoms eigene, offizielle Analyse dieser Differenz ist nicht sehr zufriedenstellend. Seine Erklärung, warum es im praktischen Fall keine »Erblichkeitsunterstellung« von Festlegungen und Berechtigungen gibt, lautet folgendermaßen: »Daß es keine implizite normative Festlegung gibt, die die gleiche Rolle im Hinblick auf Wünsche (und damit auf Absichten und Handlungen überhaupt) spielt wie die Wahrheit im Hinblick auf die Überzeugungen, liegt einfach daran, daß es (in der Struktur, nach der Berechtigungen zu praktischen Festlegungen geerbt werden) nichts gibt, was der interpersonalen Dimension des Zeugnisses und der Vindikation durch Berufung auf andere entspräche.« (EV, 353) Dies kann aber solange kaum als Erklärung zählen, wie die Abwesenheit der »Vindikation durch Berufung auf andere« im praktischen Fall selbst nicht erklärt wird. Die Möglichkeit der Vindikation durch Berufung auf andere ist eine Konsequenz der »Erblichkeitsunterstellung« und damit Teil dessen, was erklärt werden muß, wenn man den Grund für die Asymmetrien zwischen beiden Fällen verstehen will. Im selben Kontext gibt Brandom dem Leser aber eine ›inoffizielle‹ Erklärung, die auf die gleiche Unterscheidung zu verweisen scheint, die wir in Habermas' Ansatz vorfinden. Während doxastische Festlegungen durch eine »implizite Norm der Gemeinschaftlichkeit« (EV, 353) so eingeschränkt werden, daß gilt: »Wenn zwei überzeugte Personen nicht übereinstimmen, so ist es durchaus angebracht zu denken, daß zumindest eine von beiden falschliegt oder etwas übersehen hat« (EV, 352), stellt dagegen im Falle praktischer Festlegungen die bloße Tatsache, daß: »wir verschiedene Körper [haben]« sicher, daß wir »schon deshalb verschiedene Bedürfnisse« (EV, 352f.) und damit Absichten usw. haben werden. In Habermas' Begriffen unterstellen die Sprecher im ersten Fall eine einzige objektive Welt, während sie im zweiten Fall (trivialerweise) plurale und unterschiedliche subjektive Welten unterstellen.

objektiv Richtigen und dem nur für richtig Gehaltenen, ohne dabei übereinzustimmen, *worin* er besteht: Sie teilen formale Voraussetzungen und keinen überperspektivischen *Inhalt*. Andererseits sind aber die im Koordinatensystem der drei Weltkonzepte verankerten Voraussetzungen gerade deshalb *perspektivenübergreifend*, weil sie *formal* sind. Habermas' Ansatz bietet somit eine Erklärung für die wesentlich perspektivische Natur unserer Überzeugungssysteme, weil er sich auf ein *perspektivenübergreifendes* System geteilter formaler Präsuppositionen stützt. Zumindest in diesem Sinne scheint es nicht angebracht, Habermas' Ansatz als »perspektivische Konzeption von Objektivität« zu charakterisieren. Die entscheidende Frage bleibt natürlich, ob aus dieser terminologischen Differenz auch eine substantielle folgt.

Es ist schwierig, diesbezüglich eine direkte Antwort in *Expressive Vernunft* selbst zu finden, da dort leider ein Punkt überhaupt nicht zum Ausdruck kommt, nämlich welchen Begriff von Realität (wenn überhaupt einen) Brandomsche Sprecher teilen. Es ist zudem alles andere als klar, ob Brandom – wie Habermas dies tut – einem solchen Realitätsbegriff, sollte er von den Sprechern geteilt werden, irgendeine Rolle bei der Erklärung dafür zubilligen möchte, daß die in Begriffen der Kontoführung beschriebenen kommunikativen Praktiken so aussehen, wie sie aussehen.

Einerseits legt Brandoms erklärtes Ziel, die dem traditionellen Repräsentationalismus eigene Erklärungsrichtung umzukehren, das Gegenteil nahe. Andererseits aber findet die von Brandom abgelehnte Berufung des traditionellen Repräsentationalismus auf die Realität (das heißt auf »nichtperspektivische Tatsachen«) auch keine direkte Entsprechung in Habermas' Bezugnahme auf ein in Form normativer Voraussetzungen in den kommunikativen Praktiken der Sprecher verankertes System formaler Welten. Natürlich bildet eine Theorie Habermasschen Zuschnitts nicht den Hauptangriffspunkt für Brandoms revisionäres Projekt. Weder Brandoms noch Habermas' Theorie nehmen irgend etwas in Anspruch, was den von ihnen beschriebenen kommunikativen Praktiken extern wäre (und, a fortiori, auch keine »nichtperspektivischen Tatsachen«). Damit ist aber noch keineswegs die Frage beantwortet, ob realistische Voraussetzungen *der Sprecher selbst* eine solche unersetzbare Rolle bei der Konfiguration der spezifischen Eigenschaften ihrer kommunikativen Praktiken spielen, wie dies im Habermasschen Modell der Fall ist.

Um diese Frage auf indirektem Weg zu beantworten, könnte man überprüfen, ob die spezifischen Eigenschaften, die Brandom als strukturelle Eigenarten der Behauptungspraxis hervorgehoben hat, insbesondere die »Erblichkeitsunterstellung« von Festlegungen und Berechtigungen (die den Kern des Objektivitätssinns der Sprecher bildet), seiner Theorie zufolge ohne jede Inanspruchnahme realistischer Voraussetzungen seitens der Teilnehmer zu erklären sind. Die Antwort auf diese spezifische Frage hilft möglicherweise auch bei der Beantwortung der allgemeineren Frage danach, was Brandoms und Habermas' Konzeptionen von Objektivität verbindet und was sie trennt.

II. Brandoms Konzeption von Objektivität

Bekanntlich fußt Brandoms Behandlung diskursiver Praktiken auf den Begriffen *commitment* (Festlegung) und *entitlement* (Berechtigung); beide werden als nicht weiter analysierbar angesetzt. Aus dem Verhältnis dieser beiden Grundbegriffe gewinnt Brandom einen Begriff von *Inkompatibilität*, den er folgendermaßen definiert: *Zwei Behauptungen sind miteinander inkompatibel, wenn die Festlegung auf eine der beiden eine Berechtigung zu der anderen ausschließt.* Auf dieser Grundlage entwickelt Brandom sein *scorekeeping*-Modell (Kontoführungs-Modell) zur Beschreibung kommunikativer Praktiken, dem zufolge die Teilnehmer wechselseitig über ihren »Punktestand« Konto führen. Nach diesem Modell wird das Sprachspiel des Aufstellens von Behauptungen als Austausch von Wissensansprüchen analysiert. Brandom kann so die These aufstellen, daß ein interner Zusammenhang zwischen dem Behauptungsspiel und dem Spiel des Gebens und Forderns von Gründen besteht.

Es scheint offenkundig, daß den von Brandom eingeführten Grundbegriffen für sich gesehen kein *realistischer* Gehalt innewohnt. Es handelt sich bei ihnen nämlich um wesentlich *soziale* Kategorien, die Kontoführer gebrauchen, um die Einstellungen anderer Kontoführer zu bewerten. Der Begriff der Inkompatibilität ist in Brandoms Theorie allerdings etwas vieldeutiger. Versteht man ihn im Sinne der Inkompatibilität-zwischen-Festlegungen-und-Berechtigungen, so scheint auch er keinerlei Bezug zu einer realistischen Voraussetzung zu erfordern. Betrachtet man allerdings den Inhalt solcher Inkompatibilitäten, dann ergibt sich ein anderes Bild. Brandom selbst weist darauf hin, daß sich Inkompatibilitätsbeziehungen innerhalb doxastischer oder innerhalb praktischer Festlegungen und Berechtigungen aus Sicht der Teilnehmer voneinander *unterscheiden*. Mithin wird *dieser* Unterschied wohl kaum durch die Begriffe von Festlegung und Berechtigung selbst erklärt werden können.

Damit stellt sich die Frage, ob die Unterschiede hinsichtlich der materialen Inkompatibilitäten, die die Teilnehmer jeweils als solche verzeichnen, vielleicht eine Konsequenz ihrer eigenen *realistischen* Voraussetzungen sind. Habermas zufolge unterstellen alle Sprecher doxastische Behauptungen der Voraussetzung, daß sie sich auf *ein und dieselbe* objektive Welt beziehen – eine Welt, die somit logisch unabhängig von jedweden Einstellungen ist. Dadurch leuchtet es unmittelbar ein, daß die Sprecher bezüglich dieser Behauptungen in Brandoms Sinn eine »Erblichkeitsunterstellung« von Festlegungen und Berechtigungen machen, daß sie es also als sinnvoll erachten, von doxastischen Festlegungen und Berechtigungen eines anderen auf die eigenen zu schließen. Hingegen reicht die Tatsache, daß es eine *Vielzahl* von Sprechern gibt, die praktische Behauptungen auf die *je eigenen* Intentionen, Wünsche, Festlegungen usw. beziehen, schon dafür hin, daß Sprecher diese Unterstellung hier trivialerweise *nicht* machen. Dies erklärt, warum alle Kontoführer eine Festlegung auf die Behauptung »Schnee ist weiß« für inkompatibel mit der Berechtigung jedes anderen Kontoführers zu der Behauptung »Schnee ist nicht weiß« halten, wohingegen sie eine Festlegung auf die Behauptung »Ich gehe ins Theater« nicht als inkompatibel mit der Berechtigung jedes anderen Kontoführers zu der Behauptung »Ich gehe nicht ins Theater« ansehen. Genau dieselbe Überlegung gilt natürlich auch für den besonderen Fall praktischer Behauptungen darüber, wer worauf festgelegt oder wozu berechtigt ist.

Ohne Zweifel erkennt Brandom die Unterschiede hinsichtlich materialer Inkompatibilitäten zwischen diesen verschiedenen Arten von Behauptungen an. Zudem betrachtet er es als ein Adäquatheitskriterium für jede Darstellung von Objektivität, daß sie in der Lage ist, diesen Unterschieden Rechnung zu tragen (insbesondere jenen zwischen gewöhnlichen empirischen Behauptungen und Behauptungen darüber, wer worauf festgelegt oder wozu berechtigt ist).⁵ Selbst wenn Brandom diese Unterschiede jedoch tatsächlich bewahrt, ist nicht recht deutlich, ob sie in seiner Konzeption auch *erklärt* werden. Folgt man Brandoms »offizieller« Konzeption, so bleibt völlig unklar, *kraft wessen* es die Teilnehmer sinnvoll finden, diese Unterschiede zwischen Inkompatibilitätsbeziehungen einzuführen.

Man kann dieser Frage nachgehen, indem man prüft, ob die erwähnten Strukturmerkmale im Rahmen von Brandoms Kontoführungsmodell kommunikativer Praktiken unabhängig von jeglicher Inanspruchnahme realistischer Voraussetzungen seitens der Teilnehmer motiviert werden können. Wäre dies möglich, so sollten wir vielleicht wie Brandom die realistischen Voraussetzungen, die Teilnehmer möglicherweise teilen, als ein Nebenprodukt der unabhängig motivierten Merkmale ihrer Praktiken und nicht als eine notwendige Bedingung für diese betrachten.

Eine Passage in *Expressive Vernunft* legt diese Interpretation nahe. Im Kontext der überaus interessanten Diskussion der Vereinbarkeit seines Ansatzes mit einem »methodologischen Phänomenalismus« zeigt Brandom, wie sich Präsuppositionen der Teilnehmer aus der internen in die externe, phänomenalistische Perspektive übersetzen lassen. Er beginnt mit der Unterscheidung zwischen Einstellungen und Status aus der Teilnehmerperspektive:

»Aus Sicht jedes einzelnen Kontoführers ist das, worauf jemand durch eine Anerkennung (insbesondere durch das behauptende Äußern eines Satzes) *wirklich* festgelegt ist, was *wirklich* aus der Behauptung folgt (und damit ihr objektiver Gehalt ist), dadurch zu ermitteln, daß sie mit Wahrheiten verbunden wird – das heißt mit Tatsachenfeststellungen.« (EV, 827; meine Hervorhebung)

Hier verweist Brandom auf einen Typ von Situation in den Kontoführungspraktiken, bei dem Unterschiede zwischen materialen Inkompatibilitäten durch die Unterscheidung zwischen Einstellungen und Status erzeugt werden. Laut Brandom verdankt sich diese Unterscheidung aus der Binnenperspektive der Teilnehmer *realistischen* Voraussetzungen. Wenn Sprecher anderen Sprechern Inkompatibilitäten zwischen Festlegungen und Berechtigungen zuweisen, die die faktisch in den unmittelbaren Einstel-

---

5 Vgl. EV, S. 841; vgl. auch R. Brandom, *Articulating Reasons*, Cambridge, MA: Harvard University Press 2000, S. 199-211 (im folgenden zitiert als AR).

lungen der beurteilten Sprecher anerkannten übersteigen, dann setzen sie eine Unterscheidung zwischen Einstellungen und Status voraus, der zufolge die Status *vom Bestehen bestimmter Sachverhalte abhängen, die über die faktisch eingenommenen Einstellungen* der beurteilten Sprecher hinausgehen. Brandom fügt nun hinzu:

»Diese Rolle aber [die der Tatsachenbehauptungen, C. L.] wird für den Kontoführer durch die Menge jener Sätze übernommen, durch deren Äußerung er eine doxastische Festlegung *anzuerkennen* und somit einzugehen bereit ist.« (EV, 827)

Ob die hier von Brandom vorgeschlagene Übersetzung aus der internen in die externe Perspektive zulässig ist, hängt natürlich davon ab, was man unter dem »Übernehmen dieser Rolle« zu verstehen hat. Klarerweise kann es nicht bedeuten, daß die Unterscheidung zwischen dem, was andere Sprecher glauben, und dem, was ich glaube, ohne weiteres die Rolle übernehmen könnte, die die Unterscheidung zwischen dem, was ein Sprecher glaubt, und dem, was tatsächlich der Fall ist, spielt. Zumindest kann es dies *nicht für die Teilnehmer selbst* bedeuten. Es handelt sich dabei nämlich um zwei logisch unabhängige Unterscheidungen. Verfügten die Teilnehmer nur über die erste Unterscheidung, könnten sie daraus niemals einen Begriff der zweiten ableiten. Brandom kann maximal folgendes behaupten: Aus einer externen Perspektive und hinsichtlich ihres Inhalts wird dasjenige, was ein Sprecher für die wahren Sachverhalte hält, notwendigerweise mit dem zusammenfallen, worauf er sich festlegen läßt. Solange diese notwendige Koinzidenz jedoch durch keine alternative Erklärung erhellt wird, scheint sie gerade als eine Folge davon anzusehen zu sein, daß die Sprecher den realistischen Sinn erfaßt haben, der in der Unterscheidung zwischen Status und Einstellungen implizit enthalten ist – und nicht umgekehrt. Brandom führt diese intrikate Übersetzung folgendermaßen aus:

»... was aus der Perspektive eines Kontoführers objektiv richtig ist – worauf aus dieser Perspektive ein anderer Gesprächspartner durch eine bestimmte Anerkennung tatsächlich festgelegt ist –, können wir als Interpreten der Kontoführungsaktivität vollständig in Begriffen der unmittelbaren *Einstellungen*, der Anerkennungen und Zuweisungen, des Kontoführers verstehen. Was dem Kontoführer als der Unterschied zwischen dem objektiv Richtigen und dem nur als richtig Betrachteten ... erscheint, ist für uns der Unterschied zwischen dem, was der eine Festlegung zuweisende Kontoführer anerkennt, und dem, was derjenige, dem sie zugewiesen wird, anerkennt. Der Unterschied zwischen objektivem normativem Status und subjektiver normativer Einstellung wird als eine sozialpraktische Unterscheidung zwischen normativen Einstellungen aufgefaßt. Auf diese Weise wird die innerhalb jeder Perspektive aufrechterhaltene Unterscheidung zwischen Status und Einstellung mit dem methodologischen Phänomenalismus versöhnt, der darauf beharrt, daß ausschließlich Einstellungen berücksichtigt werden müssen.« (EV, 828)

Betrachten wir die verschiedenen Übersetzungen genauer, die Brandom in dieser Passage vorschlägt, so drängen sich Zweifel auf, ob sie alle gleichermaßen zulässig sind. Die für die erste Unterscheidung vorgeschlagene Übersetzung scheint unproblematisch. Sie ist lediglich ein Ausdruck des »wesentlich perspektivischen« (EV, 899) Charakters der Einstellungen der Kontoführer. Denn was die Diskrepanzen bezüglich der *Inhalte* angeht, die zwei Kontoführer im Falle einer Meinungsverschiedenheit für richtig erachten, scheint Brandoms Übersetzung aus einer Dritte-Person-Perspektive genau mit der übereinzustimmen, die die Teilnehmer selbst aus einer Dritte-Person-Perspektive vornehmen würden. Was jeder Kontoführer im Falle einer Meinungsverschiedenheit für richtig erachtet, ist (trivialerweise) genau das, von dem er glaubt, es sei richtig. Die nächste Unterscheidung jedoch, die Brandom in dieser Passage anführt, hat nichts mit den *Inhalten* zu tun, auf die sich die Kontoführer jeweils festlegen. Es handelt sich um »den Unterschied zwischen dem objektiv Richtigen und dem nur als richtig Betrachteten«. In diesem Fall holt Brandoms Übersetzung den Sinn der ursprünglichen Unterscheidung nicht mehr ein. Wenn die Kontoführer überhaupt den Sinn einer solchen Unterscheidung erfaßt haben, dann wissen sie auch, daß sie nichts mit der Unterscheidung zu tun hat, die Brandom im Austausch dafür anbietet, nämlich der Unterscheidung zwischen dem, wozu sich der eine, und dem, wozu sich der andere Kontoführer bekennt. Gewiß: Wenn wir diese Übersetzung erst einmal zulassen, und dadurch allein mit den verschiedenen Überzeugungen befaßt sind, zu denen sich verschiedene Kontoführer bekennen, dann kann man behaupten, daß sich der Unterschied zwischen objektivem Status und subjektiver Einstellung als sozial-perspektivische Unterscheidung zwischen Einstellungen begreifen läßt. Dann ist es nur folgerichtig, daß »ausschließlich Einstellungen berücksichtigt werden müssen«. Aus der Perspektive der dritten Person und hinsichtlich ihres Inhaltes sehen natürlich alle Überzeugungen gleich aus, denn sie alle werden ja von der einen oder anderen Person geglaubt. Aber das bloße Faktum des Bestehens unterschiedlicher Überzeugungen kann für einen Kontoführer nicht hinreichen, um den Unterschied zwischen dem objektiv Richtigen und dem nur für richtig Gehaltenen zu treffen. Dies gilt um so mehr, wenn wir uns vor Augen führen, daß Kontoführer es *nur in bestimmten Fällen* sinnvoll finden, Überzeugungsdifferenzen, die sich aus der Perspektive der dritten Person als *Inkompatibilitäten* darstellen, auch als *Meinungsverschiedenheit bezüglich dessen* aufzufassen, *was richtig ist*.

Vielleicht können wir das Problem besser in den Griff bekommen, wenn wir uns auf Brandoms Erklärung dieses besonderen Falles von Meinungsverschiedenheiten konzentrieren, nämlich der assertorischen Praxis, in deren Rahmen Sprecher *Wissens*ansprüche erheben. Im Rahmen dieser Praxis finden es die Sprecher zweifellos sinnvoll, zwischen dem Richtigen und dem für richtig Gehaltenen zu unterscheiden. Das Kernstück von Brandoms diesbezüglicher Erklärung besteht in einer, wie er es nennt, »phänomenalistischen Rekonstruktion der klassischen Analyse des Wissens als gerechtfertigte wahre Überzeugung« (EV, 430). Wie diese Bezeichnung schon verrät, fußt Brandoms Rekonstruktion auf genau derselben Art von Übersetzung der Binnenperspektive der Teilnehmer in die Außenperspektive des Phänomenalisten, die wir bereits kennengelernt haben. In diesem besonderen Fall jedoch läßt sich vielleicht besser sehen, was genau im Prozeß der Übersetzung verlorengeht.

Ich werde im folgenden zu zeigen versuchen, daß das besondere *sozial-perspektivische* Merkmal, das der Phänomenalist in diesem Kontext aus seiner Dritte-Person-Perspektive beschreibt, die unmittelbare Folge einer *realistischen* Voraussetzung der Teilnehmer ist, die *ihrerseits nicht mit sozial-perspektivischen Kategorien erläutert werden kann*. Sollte das zutreffen, dann trüge dies auch dazu bei, unsere frühere Frage zu beantworten, in welchem Verhältnis der Objektivitätssinn der Sprecher und ihre realistischen Voraussetzungen innerhalb von Brandoms Ansatz zueinander stehen. Die Antwort nähme dann die Form einer Alternative an. Wenn die externe, phänomenalistische Perspektive nicht mit der internen zusammenfällt (das heißt, wenn sie die realistischen Voraussetzungen der Teilnehmer nicht wiederzugeben in der Lage ist), dann bleibt Brandoms Analyse *idiosynkratisch*. *Sie beschreibt dann ein Merkmal, ohne es in irgendeiner Weise aufhellen zu können.* Wenn andererseits die Außenperspektive tatsächlich mit der Innenperspektive zusammenfallen sollte (wie Brandom das am Ende von *Expressive Vernunft* ausdrücklich beansprucht), dann müßte die Darstellung jene realistischen Voraussetzungen der Sprecher explizit machen können, denen die sozial-perspektivischen Merkmale der beschriebenen Praktiken ihre Intelligibilität verdanken.

III. Brandoms Analyse des Wissensbegriffs

In seinem Aufsatz »Knowledge and the Social Articulation of the Space of Reasons«[6] umreißt Brandom seine Analyse des Wissensbegriffs folgendermaßen: Sein Ansatz konstruiere Wissen »als eine Position im Raum der Gründe« (S. 907). Er soll die allgemeine Frage beantworten, »was ich tun *muß*, um von dir zu sagen, daß du in dieser Position bist«. Die entscheidende These, die hinter Brandoms spezifischer Antwort auf diese Frage steht, lautet:

»Was mit Redeweisen wie ›(er oder sie) weiß‹ ausgedrückt wird, kann vollständig im Sinne von Positionen in einem sozial artikulierten Raum von Gründen verstanden werden, und zwar Positionen, die das, was für die individuellen Wissenden interne und externe epistemische Überlegungen sind, in der Form der unterschiedlichen sozialen Perspektiven des Zuweisens und Eingehens von Festlegungen in sich vereinigen.« (ebd.)

Der allgemeinen Frage zufolge zielt Brandoms Analyse auf eine Erklärung dessen, was eine Sprecherin tut, wenn sie zu dem Urteil kommt, daß eine andere Sprecherin etwas weiß. Methodologisch betrachtet, wird diese Erklärung aus der Perspektive der dritten Person, der Kontoführer-Perspektive dargeboten. Der allgemeinen These zufolge jedoch soll sie zugleich all das einschließen, was Sprecher darunter verstehen, wenn sie Ausdrücke wie ›er oder sie weiß‹ gebrauchen. Folglich besteht ein wichtiges Kriterium zur Beurteilung von Brandoms Erklärung in der Be-

---

6 In: *Philosophy and Phenomenological Research* 55/4 (1995), S. 895-908 (im folgenden zitiert als KSSR).

antwortung der Frage, ob die Dritte-Person-Analyse der von ihm so genannten »unterschiedlichen sozialen Perspektiven des Zuweisens und Eingehens von Festlegungen« zugleich eine zutreffende Darstellung dessen abgibt, was mit Redeweisen wie ›er oder sie weiß‹ von den Teilnehmern selbst ausgedrückt wird. In *Expressive Vernunft* charakterisiert Brandom seine phänomenalistische Analyse von Wissensurteilen wie folgt:

»Nach einer phänomenalistischen Rekonstruktion der klassischen Analyse des Wissens als gerechtfertigte wahre Überzeugung (…) wird damit (wenn man annimmt, daß jemand etwas weiß, C. L.) zunächst einmal eine *Festlegung zugewiesen*, man geht also davon aus, daß jemand überzeugt ist. Ferner wird die *Berechtigung* zu der Festlegung *zugewiesen*, man geht also davon aus, daß der Festgelegte darin gerechtfertigt ist.

Worin besteht dann die Funktion der Wahrheitsbedingung für Wissen? Man betrachtet die Behauptung, auf die das Subjekt als festgelegt gilt, als wahr, und dies wird üblicherweise als das Zuweisen einer Eigenschaft verstanden, die die Behauptung charakterisiert oder beschreibt. Doch es wurde bereits darauf hingewiesen, daß in der pragmatistischen Darstellung das Für-wahr-Halten einer Behauptung als das *Anerkennen* oder *Eingehen* einer Festlegung auf sie verstanden wird. Daß die Überzeugung wahr sein soll, qualifiziert die zugewiesene berechtigte Festlegung nicht, sondern zeigt einfach an, daß derjenige, der Wissen zuerkennt, sie billigen muß. Das Spezifikum dieser deontischen Einstellung liegt in ihrer *sozialen* Perspektive. Wissenszuweisungen haben ihren zentralen sprachlichen Status, weil in ihnen die Festlegung auf eine Behauptung zugewiesen *und* eingegangen wird. Diese phänomenalistische Unterscheidung der sozialen Perspektive, zwischen dem Akt des Zuweisens und dem Akt des Eingehens einer Festlegung, wird als Zuweisen einer deskriptiven Eigenschaft *miß*verstanden (so daß dann eine überflüssige Metaphysik nötig erscheint).« (EV, 429f.)

Brandoms Explikation von Wissensurteilen scheint also, um eines seiner eigenen Beispiele zu verwenden, zu folgender Darstellung zu führen:

S_1 sollte zu dem Schluß kommen, daß S_2 *weiß*, daß das Farbmuster rot ist, genau dann wenn (gdw)

(1) S_1 S_2 eine *Festlegung* auf die Behauptung *zuweist*, daß das Farbmuster rot ist,

(2) S_1 S_2 eine *Berechtigung* zu der Behauptung *zuweist*, daß das Farbmuster rot ist,

(3) S_1 selbst eine *Festlegung* auf die Behauptung *eingeht*, daß das Farbmuster rot ist.

Diese Explikation wirft verschiedene Fragen auf. Gibt sie wieder, was ein Sprecher meint, wenn er jemandem Wissen zuweist? Liefert diese Erklärung die Umstände und Folgerungen der Anwendung des Ausdrucks ›er oder sie weiß‹, wie ihn Sprecher gebrauchen? Würde diese Erklärung einen Sprecher, der nicht weiß, was ›er oder sie weiß‹ bedeutet, in die Lage versetzen, diesen Ausdruck so zu verwenden, wie wir es tun? Im Grunde sind diese Fragen natürlich nichts weiter als spezifische Versionen der oben angesprochenen methodologischen Kernfrage, inwieweit die Dritte-Person-Beschreibung mit der Perspektive der ersten Person vereinbar ist.

Wenn wir den Inhalt der Brandomschen Analyse aus der Perspektive der dritten Person in die der ersten umsetzen, indem wir ›ich‹ für S_1 einsetzen, scheint das, was ein Sprecher verstehen muß, um den Ausdruck ›er oder sie weiß‹ korrekt zu gebrauchen, in folgendem zu bestehen:

Ich sollte zu dem Schluß kommen, daß S_2 *weiß*, daß das Farbmuster rot ist, gdw

(1) S_2 auf die Behauptung *festgelegt* ist, daß das Farbmuster rot ist,
(2) S_2 zu der Behauptung *berechtigt* ist, daß das Farbmuster rot ist,
(3) ich selbst auf die Behauptung *festgelegt* bin, daß das Farbmuster rot ist.

Diese Erklärung scheint jedoch in zweierlei Hinsicht kontraintuitiv. Auf der einen Seite impliziert die Hinzunahme von Bedingung (3), daß die Frage, *ob ein Sprecher etwas weiß, irgendwie von den deontischen Einstellungen einer anderen Person abhängen könnte*. Wie kann aber, ob S_2 etwas weiß oder nicht, davon abhängen, womit ich (oder wer auch immer) übereinstimme? Dies meinen wir offensichtlich nicht, wenn wir zu dem Schluß kommen, daß jemand etwas weiß[7]. Auf der anderen Seite scheint – un-

---

[7] Diese Idee eines hybriden deontischen Status scheint in diesem Zusammenhang für die Erklärung von Zuverlässigkeitszuschreibungen fruchtbar zu sein. Denn obwohl eine solche Zuschreibung (wie jede andere) von den Festlegungen dessen abhängt, der sie vornimmt, wird nichtsdestoweniger 1.) demselben Sprecher Zuverlässigkeit zugeschrieben, dem auch Wissen zugewiesen wird, und gründet sich die Zuschreibung 2.) auf eine Hypothese über die *Eigenschaften und Umstände* des beurteilten Sprechers und nicht auf irgend jemandes deontische Einstellungen (insbesondere nicht auf die des beurteilten Sprechers; das ist der interessante Zug an Brandoms Erklärung). Für den Fall der Wissenszuweisung ist aber diese Form eines hybriden deontischen Status unplausibel. Denn sie sugge-

abhängig von der Frage, ob die drei Bedingungen zusammen hinreichend sind oder nicht – Bedingung (3) noch nicht einmal eine notwendige zu sein. Allenfalls könnte es sich bei (3) um eine *Folgerung* aus der Zuweisung von Wissen handeln, nicht um eine *Bedingung*. Brandom nimmt Bedingung (3) aus folgendem Grund hinzu: Wenn S_1 zu dem Urteil kommt, daß S_2 weiß, daß p, dann ist sie dadurch selbst auf diese Behauptung festgelegt und folglich darauf, selbst p zu glauben (also auf den intersubjektiv inhaltserhaltenden Schluß von der S_2 zugewiesenen Festlegung auf die, die sie selbst eingeht). Dies kann sie aber schwerlich als eine *Bedingung* für die Korrektheit ihres Urteils verstehen. Es kann sich nur um eine aus ihm sich ergebende *Konsequenz* handeln. Allerdings ist (3) auch keine Folgerung aus den Bedingungen (1) und (2) allein. Denn so, wie Brandom die Begriffe Festlegung und Berechtigung anlegt, ist es klar, daß die Erfüllung der Bedingungen (1) und (2) keinesfalls ausschließt, daß das Farbmuster nicht rot ist. Wenn dies aber aus S_1 eigener Perspektive nicht ausgeschlossen ist, dann ist nicht zu sehen, warum aus ihrem Urteil folgen sollte, was Bedingung (3) formuliert. Es hilft schließlich auch nicht weiter, Bedingung (3) als eine Anforderung an Wissensurteile zu interpretieren, statt als eine Konsequenz aus ihnen. Denn auch alle drei Bedingungen zusammengenommen (und Gettier-Probleme einmal außen vor gelassen) *schließen in keiner Weise aus, daß jemand weiß, daß das Farbmuster rot ist, es aber nicht rot ist.*

Wenn dies zutrifft, dann scheint eine solche Analyse nicht wiedergeben zu können, »was mit Redeweisen wie ›(er oder sie) weiß‹ ausgedrückt wird«. Denn sie wahrt die Gültigkeit des folgenden Konditionals nicht:

»Wenn S weiß, daß das Farbmuster rot ist, dann ist das Farbmuster rot.«

Sprecher verstehen »Wissen« gemäß dem in diesem Konditionalsatz zum Ausdruck kommenden Sinn als einen sehr starken deontischen Status (nämlich als einen, der Wahrheit einschließt).

---

riert, daß die Frage, ob ein Sprecher etwas weiß oder nicht, 1.) eine Funktion dessen sein könne, was anderen Sprechern widerfährt, und 2.) eine Funktion der Festlegungen eines anderen Sprechers, also seiner deontischen *Einstellungen* sei (und nicht der Ereignisse in der Welt, wie im Fall der Zuverlässigkeit). Während Brandoms Erklärung von Zuverlässigkeitszuschreibungen das externalistische Element als solches bewahrt, transformiert seine Erklärung für Wissenszuweisungen ein externalistisches Element in ein internalistisches. Dadurch entstehen die Schwierigkeiten, die ich im folgenden aufzeigen möchte.

Natürlich könnte man zu einer revisionistischen Strategie übergehen und sich mit einem »bescheideneren« Begriff von Wissen begnügen, als ihn Sprecher natürlicher Sprachen verwenden. Nichtsdestotrotz ginge es dabei, ganz gleich, wie ein solcher bescheidener Begriff im allgemeinen aussehen könnte, um eine Alles-oder-nichts-Entscheidung: Entweder ein solcher Begriff wahrt die Gültigkeit des genannten Konditionals oder nicht. Wahrt er sie nicht, dann käme der neue Begriff dem der Berechtigung gleich, wie ihn Brandom benutzt. Die folgende Möglichkeit wäre dann stets gegeben:

»S ist zu der Behauptung berechtigt, daß das Farbmuster rot ist, aber das Farbmuster ist nicht rot.«

Es ist jedoch offensichtlich, daß ich unmöglich zu diesem (auf meinen kollateralen Festlegungen basierenden) Urteil gelangen und mich zugleich auf eben die Behauptung festlegen könnte, auf die S festgelegt ist, nämlich daß das Farbmuster rot ist. Gerade aus diesem Grund schließt in Brandoms eigenem Ansatz die Zuweisung, daß jemand zu einer Behauptung berechtigt ist, nicht ein, daß der Zuweisende sich selbst auf eben diese Behauptung festlegt. Egal, wie Brandom im allgemeinen zur Möglichkeit einer revisionistischen Strategie bezüglich des Wissensbegriffs steht, scheint doch klar zu sein, daß er die Gültigkeit des oben erwähnten Konditionals nicht ausschließen möchte. Denn genau dieses Konditional rechtfertigt Brandoms eigene Erklärung der Bedingungen von Wissenszuweisungen gegenüber Zuweisungen anderer deontischer Status. Ihr zufolge ist es nämlich inkompatibel, zu urteilen, daß jemand weiß, daß p, und nicht selbst auf die Behauptung festgelegt zu sein, daß p. Angesichts dieser Sachlage scheint die einzige Möglichkeit, Brandoms Erklärung des Wissensbegriffs korrekt in die Perspektive der Sprecher zu übertragen, wie folgt auszusehen:

Ich sollte zu dem Schluß kommen, daß S *weiß*, daß das Farbmuster rot ist, gdw[8]

---

[8] Zum Zweck der Diskussion des Brandomschen Ansatzes übergehe ich hier Überlegungen, die in Zusammenhang mit dem Gettier-Problem stehen, weil sie für mein Argument nicht unmittelbar relevant sind. In einer Fußnote in KSSR (S. 904 f.) weist Brandom darauf hin, daß es eine Möglichkeit gibt, das Gettier-Problem im Rahmen seines sozial-perspektivischen Ansatzes zu behandeln. Dies erscheint sehr plausibel. Denn sobald auch derjenige, der Wissen zuweist (und nicht nur der, dem Wissen zugewiesen wird) dem Erfülltsein der Rechtfertigungs-

(1) S auf die Behauptung *festgelegt* ist, daß das Farbmuster rot ist,
(2) S zu der Behauptung *berechtigt* ist, daß das Farbmuster rot ist,
(3) das Farbmuster rot ist.

Allein *dieses* Verständnis von Bedingung (3)[9] erklärt, warum aus der Perspektive der Sprecher trivialerweise gilt,

»Wenn S weiß, daß das Farbmuster rot ist, dann ist das Farbmuster rot«, und folglich auch,

»Wenn S weiß, daß das Farbmuster rot ist, sollte ich mich selbst auf die Behauptung festlegen, daß das Farbmuster rot ist«.

Es scheint allerdings ausgeschlossen, die Stärke dieser neuen Bedingung (3) aus sozial-perspektivischen Begriffen zu gewinnen, wie das in den früheren Versionen der Fall war. Denn wie Brandom explizit anerkennt, sollte man aus der Perspektive der Sprecher dem folgenden Konditional nicht beipflichten:[10]

»Wenn ich auf die Behauptung festgelegt bin, daß das Farbmuster rot ist, dann ist das Farbmuster rot.«

Sprecher können die Falschheit dieses Konditionals jedoch nur erfassen, wenn sie verstehen, daß Bedingung (3) keine Angelegen-

---

bedingung zustimmen sollte, kommt das Gettier-Problem gar nicht erst in Gang. Gettier-Beispiele sind nämlich aus Situationen konstruiert, in denen wir festsetzen, daß wir eine kollaterale Festlegung bezüglich der richtigen Rechtfertigung der in Frage stehenden Überzeugung (p) haben, die inkompatibel mit der Festlegung des Sprechers ist, dessen Wissen wir bewerten sollen. Solange diese Festlegung besteht (für richtig gehalten wird), kann nicht eingeräumt werden, daß der Sprecher weiß, daß p. Wenn Brandom das Rätsel der Gettier-Beispiele allerdings auf diesem Weg zu lösen versuchte, würde sich ein ähnliches Problem hinsichtlich der Rechtfertigungsbedingung ergeben wie dasjenige, das ich gerade hinsichtlich der Wahrheitsbedingung diskutiere. Denn was die Wissen Zuschreibende in diesen Fällen vermißt, ist nicht die epistemische Verantwortung von S_2 (im Sinne des schwachen, nicht wahrheitsbeinhaltenden Begriffs von Berechtigung), sondern die Richtigkeit der Rechtfertigung von S_2, d.h. ihre Wahrheit. Diejenige, die Wissen zuweist, setzt also den starken Begriff von Berechtigung (als wahrheitsbeinhaltend) voraus, den Brandom nicht in seine Theorie aufnehmen möchte (vgl. KSSR, S. 899; AR, S. 201). Weil S_2 ihre eigene Berechtigung zu p als *die richtige* begreift (inkompatibel mit der von S_1), kann sie *trotz der epistemischen Verantwortlichkeit von S_1* (d.h. trotz des schwachen Begriffs von Berechtigung) nicht akzeptieren, daß die Festlegung von S_2 auf p als Wissen gilt. Ich werde diese Problematik später behandeln (siehe Fußnote 12).

9 Es ist vielleicht nicht uninteressant, daß dieses Verständnis der Bedingung (3) einfach aus Brandoms prosentientialer Theorie der Wahrheit und ganz allgemein aus den verschiedenen Versionen des Deflationismus folgt, demzufolge »P« ist wahr ≡ p.

10 S. AR, S. 199.

heit sozialer Perspektiven oder von irgend jemandes Einstellungen und deren deontischen Status ist. Die Sprecher müssen verstehen, daß nichts perspektivisch, sozial, oder, allgemeiner gesprochen, epistemisch ist an dem, was in der Welt einmal gerade der Fall ist. Wenn Sprecher in der Lage sein sollen, die tatsächlich für Wissensurteile bindenden Bedingungen zu erfassen, dann *kann Bedingung (3) folglich nicht in sozial-perspektivischen Begriffen ausgedrückt werden*. Dies anzuerkennen, heißt im übrigen nicht mehr, als das Adäquatheitskriterium anzuerkennen, das Brandom selbst für jede Rekonstruktion von Objektivität aufstellt, nämlich daß »der Gehalt gewöhnlicher Behauptungen wie ›Schnee ist weiß‹... nicht äquivalent ist mit dem Gehalt irgendwelcher Behauptungen darüber, wer worauf festgelegt ist.« (EV, 841)

Wenn unsere bisherige Analyse zutrifft, dann sollte die zentrale These von Brandoms Ansatz in folgender Weise modifiziert werden: Auf der einen Seite ist es sicher richtig, daß »was mit Redeweisen wie ›(er oder sie) weiß‹ ausgedrückt wird, vollständig im Sinne von Positionen in einem sozial artikulierten Raum von Gründen verstanden werden [kann]«. Allerdings verfügen die unsere assertorischen Praktiken kennzeichnenden »unterschiedlichen sozialen Perspektiven des Zuweisens und Eingehens von Festlegungen« *nur deswegen* über jene besonderen Merkmale, die Brandom ihnen zuschreibt, weil solche »Positionen (...) interne *und externe* epistemische Überlegungen ... in sich vereinigen« (meine Hervorhebung) – und nicht umgekehrt. Anders gesagt: Damit diese Praktiken die in Brandoms Analyse zutreffend wiedergegebenen spezifischen Merkmale aufweisen können, muß der in sie eingebaute Wissensbegriff externalistische (d. h. realistische) Elemente beinhalten, die *nicht durch sozial-perspektivische ersetzt werden können*. Allein kraft dieser externalistischen Elemente kann ein solcher Begriff von Wissen die Rolle spielen, die Brandom ihm zuweist, wenn er behauptet: »Der... deontische Status des Wissens *definiert* den *Erfolg* einer Behauptung.« (EV, 302)

IV. Ist Objektivität perspektivisch?

Brandoms sozial-perspektivische Darstellung von Wissen macht uns auf eine interessante Eigenschaft des Sprachspiels der Behauptung aufmerksam. Wenn der Sinn dieses Spiels nämlich in der Vererbung von Festlegungen und Berechtigungen (also im Austausch von Information) besteht, dann können Sprecher, wann immer sie behaupten, daß p, nicht weniger beanspruchen, als daß sie p wissen, und zwar im stärkstmöglichen Sinne von »wissen«. Beanspruchten sie weniger als das, dann hätten ihre Behauptungen niemals zur Folge, daß Sprecher aus ihren Sprechakten wechselseitig *Informationen* erlangen können. Dieser Zusammenhang ergibt sich jedoch aus dem *realistischen* Sinn der Behauptungspraxis.

Im Gegensatz zu anderen Sprechakten (wie Fragen oder Befehlen) sind Behauptungen Teil eines Sprachspiels, in dem es darum geht zu sagen, wie sich die Dinge in der Welt verhalten. Das ist die *Pointe* des Aufstellens von Behauptungen. Folglich ist es ein strukturelles Merkmal dieser Praxis, daß man nicht weniger beanspruchen kann, als zu sagen, wie sich die Dinge verhalten. Weniger zu beanspruchen, heißt nicht, auf besonders vorsichtige Weise an dem Spiel teilzunehmen, es heißt, an *diesem* Spiel überhaupt nicht teilzunehmen.[11] Da die Dinge aber auch anders liegen könnten, muß man, wenn man behaupten will, daß sich etwas so und so verhält, in der Lage sein zu zeigen, daß man dies weiß und folglich die Behauptung auch rechtfertigen könnte.

Auf der einen Seite kann das Erben von Festlegungen als der Zweck eines Austausches von Behauptungen betrachtet werden. Diese dienen der Zuhörerschaft dazu, Informationen zu erhalten (sprich: Festlegungen einzugehen), über welche sie zuvor noch nicht verfügte. Damit etwas als Information (über eine Tatsache in der objektiven Welt) gelten kann, reicht es auf der anderen Seite nicht aus, daß Sprecher lediglich *beanspruchen* zu sagen, wie sich die Dinge verhalten. Sie müssen darüber hinaus auch *erfolgreich* sein. Hieraus erklärt sich die interne Verbindung zwischen dem Spiel der Behauptung und dem Spiel des Gebens und Forderns

---

11 Wenn man den Anspruch, zu sagen, wie sich die Dinge verhalten, darauf reduziert, lediglich sagen zu wollen, wie sich die Dinge zu verhalten scheinen, so spricht man nicht mehr über die Welt, sondern über sich selbst. Was man sagt, ist dann für andere nicht mehr verbindlich (vgl. EV, 423f.).

von Gründen. Indem sie *beanspruchen* zu sagen, wie sich die Dinge verhalten, unterwerfen sich Sprecher unweigerlich dem Urteil der Zuhörerschaft hinsichtlich der Frage, ob sie damit erfolgreich sind oder nicht. In diesem Sinne ist der Anspruch, zu sagen, wie sich die Dinge verhalten (in dem die Teilnahme an den Behauptungspraktiken besteht), als zusammenhängender Komplex aufzufassen. Er läßt sich in verschiedene Komponenten zergliedern, ganz gleich, ob diese vom Sprecher explizit formuliert werden oder nicht. Wenn Sprecher behaupten, daß sich die Dinge so *und nicht anders* verhalten, dann behaupten sie nicht nur, daß ihre Aussagen *wahr* (d. h. Fälle wahrer Aussagen) sind, sondern auch, daß sie dies *wissen* und, wenn nötig, *rechtfertigen* könnten. Genau in diesem Sinne ist »das Behaupten das Erheben eines Wissensanspruchs«. (EV, 302)

Wie bei jedem Spiel lassen sich die möglichen Resultate mit Blick auf das eigentliche Ziel des Spiels auch hier in erfolgreiche und gescheiterte Fälle unterteilen. Bezüglich der Aussage, mittels derer eine Behauptung aufgestellt wurde, werden die beiden möglichen Ergebnisse durch die Unterscheidung ›wahr/falsch‹ gekennzeichnet. Wenn die Dinge so liegen, wie behauptet, ist die Aussage wahr, wenn nicht, ist sie falsch. Hinsichtlich der Gründe eines Sprechers werden die beiden möglichen Ergebnisse als ›gerechtfertigt‹ bzw. ›nicht gerechtfertigt‹ gekennzeichnet. Wenn die Gründe des Sprechers stichhaltig sind (also die Wahrheit der Aussage erweisen), ist die Aussage gerechtfertigt, wenn nicht, ist sie nicht gerechtfertigt.

Nun ist der *erfolgreiche* Ausgang allerdings nicht der einzige wichtige Aspekt unserer Behauptungspraxis. Es kann auch von Interesse sein, die Qualität des *Versuchs* selbst zu bewerten. Womöglich wollen wir einwandfreie von nicht ganz einwandfreien Versuchen auch unabhängig vom Ausgang unterscheiden. Wenn der Versuch einwandfrei war, ist die Sprecherin gerechtfertigt, d. h. hat epistemisch verantwortungsvoll gehandelt, wenn nicht, hat sie es nicht. Die Unterscheidung zwischen Erfolgs- und Versuchsbeurteilung macht es erforderlich, den Begriff der Rechtfertigung (oder Berechtigung) weiter zu differenzieren. Im ersten Sinne, den man Erfolgssinn nennen könnte, impliziert die Bezeichnung einer Behauptung als »gerechtfertigt« ihren Erfolg. Sie impliziert, daß ihre Rechtfertigung triftig ist. Im zweiten Sinne, den man Vorhabesinn nennen könnte, impliziert »gerechtfertigt«

lediglich, daß der Versuch den entsprechenden (epistemischen) Regeln folgte.[12] In diesem zweiten Sinne wird der Begriff der Rechtfertigung dazu gebraucht, um den Versuch der *Sprecherin*

---

[12] Brandom verwendet den Begriff »Berechtigung« ausschließlich im »Vorhabesinn« von Rechtfertigung als epistemischer Verantwortlichkeit. In KSSR weist er sogar darauf hin, daß ein Rechtfertigungsbegriff im Sinne der Wahrheitsverbürgung »nicht zu haben ist« (S. 899). Diese Behauptung kann allerdings auf zweierlei Art interpretiert werden. Versteht man »wahrheitsverbürgend« im hier zugrundegelegten Erfolgssinn lediglich als »wahrheitsbeinhaltend«, dann kann man ihn genausowenig aus unserem Verständnis von Rechtfertigung eliminieren, wie man Erfolgsbegriffe überhaupt aus unserem Verständnis von Tätigkeiten eliminieren kann, die gelingen oder scheitern können. Wenn wir die interne Verbindung zwischen dem Vorhabesinn und dem Erfolgssinn eines jeden Ausdrucks voraussetzen, der gebraucht wird, um diese Arten von Tätigkeiten zu qualifizieren, ist es sinnlos, einen Begriff für die Bewertung der Richtigkeit eines *Versuchs* zu haben, wenn man nicht auch über einen Begriff zur Qualifizierung möglicher *Resultate* – d. h. seines Erfolgs oder Scheiterns – verfügt. Und es kann keinen Begriff zur Qualifizierung eines Erfolgs geben, der nicht erfolgsbeinhaltend ist. Der Ausdruck »wahrheitsverbürgend« läßt aber auch so verstehen, daß er über »wahrheitsbeinhaltend« hinausgeht. Ich glaube, man sollte Brandoms Bemerkung, daß ein solcher Begriff »nicht zu haben ist«, im Sinne dieser Interpretation verstehen. In *Der Begriff des Geistes* erläutert G. Ryle die Unterscheidung zwischen Erfolgs- und Vorhabewörtern (»Aufgabewörtern« in der dt. Übers.) gerade in dem Sinne, daß erstere implizieren, daß wir »das Bestehen eines Sachverhalts behaupten, der über den hinausgeht, der in der Verrichtung der die Leistung anstrebenden Tätigkeit besteht«. (G. Ryle, *Der Begriff des Geistes*, Stuttgart 1969, S. 201.) Dies ist die externalistische Bedeutung von Erfolgswörtern: Sie bringen zum Ausdruck, *daß* ein bestimmter Sachverhalt besteht, aber spezifizieren nicht noch darüber hinaus, *wie sich erkennen läßt*, ob dies in einem konkreten Fall gegeben ist – so wie es die entsprechenden Vorhabeausdrücke tun, die wir verwenden, um einen Versuch zu qualifizieren, zum entsprechenden Erfolg zu kommen. Wenn die Bedeutung der Erfolgswörter nämlich bezüglich der in Frage stehenden Tätigkeit von nichts anderem abhängen kann als von ihrem Ergebnis, so *müssen* diese Wörter *kriterial leer sein*. In diesem Sinn können Erfolgswörter gerade deshalb »erfolgsbeinhaltend« sein, weil sie nicht »erfolgsverbürgend« sind. Sie geben keine internalistischen Hinweise darauf, wie das richtige Ausführen dieser Tätigkeit ihren Erfolg garantieren könnte. In Anbetracht des bisher Gesagten wird deutlich, daß es sich bei dem Begriff, der nicht verfügbar ist, um einen Begriff der Rechtfertigung handelt, der uns ausreichende (internalistische) epistemische Kriterien an die Hand geben würde, um den Erfolg der Tätigkeit (d. h. die Erlangung von Wissen) zu garantieren. Daß aber ein solcher Begriff nicht verfügbar ist, können wir nur wissen, wenn wir die externalistische Bedeutung des Erfolgs, wie sie der »wahrheitsbeinhaltende« Begriff von Rechtfertigung zum Ausdruck bringt, verstanden haben: Erst wenn wir begreifen, daß die Richtigkeit unserer Rechtfertigungen nicht eine Funktion unserer epistemischen Verantwortlichkeit ist, können wir Fallibilisten sein. (Eine detailliertere Analyse dieser Problematik findet sich in meinem Buch *The Linguistic Turn in Hermeneutic Philosophy*, Cambridge, Mass. 1999.)

zu beurteilen, nicht aber wie im Erfolgssinn den *Gehalt* ihrer Rechtfertigung (oder ihres diesbezüglichen Vermögens).

Demgemäß ist »Wissen« jener deontische Status, mit dem wir den erfolgreichen Fall bezeichnen, bei dem *nichts* schiefgeht. Wenn die Aussage wahr ist, die Rechtfertigung triftig und die Sprecherin epistemisch verantwortungsvoll war, dann weiß sie, andernfalls nicht. In *diesem* Sinne kann man, wie Brandom es formuliert, sagen: »Der ... Status des Wissens *definiert* den *Erfolg* einer Behauptung.« Mithin kann man bereits beim *Versuch*, p zu behaupten, nicht weniger beanspruchen, als *zu wissen*, daß p. Zugleich können die anderen nicht weniger tun, als sich auf p festzulegen, wenn sie jemand *Erfolg* bei der Behauptung von p zusprechen.

Es gibt jedoch keine Möglichkeit, den Sinn dieser beiden korrelativen Merkmale zu verstehen, ohne vorauszusetzen, daß sie *zu dem speziellen Spiel gehören, zu sagen, wie sich die Dinge in der Welt verhalten* – in einer Welt, die ein und dieselbe für alle Teilnehmer und somit unabhängig von ihren jeweiligen Einstellungen ist. Dieser Minimalbegriff von Realität ist weder perspektivisch noch auf irgendeinen anderen Begriff zu reduzieren. Es ist nun einmal der Begriff, den Sprecher teilen müssen, um den Kernsinn von Objektivität zu verstehen, den Brandom selbst im Auge hat, wenn er sagt: »Wie die Welt beschaffen ist, schränkt die Richtigkeiten inferentieller, doxastischer und praktischer Festlegungen geradewegs von *innerhalb* dieser Praktiken her ein.« (EV, 476)

(Aus dem Amerikanischen von Michael Adrian und Bettina Engels)

Manfred Frank
Selbstbewußtsein und Selbsterkenntnis oder über einige Schwierigkeiten bei der Reduktion von Subjektivität

Es ist nüchterne Beschreibung einer Tatsache, daß keine philosophische Stimme der postfaschistischen deutschen Philosophie weltweit und zuvörderst in den Staaten so ernst genommen, so gründlich diskutiert und, bei mancher Reserve, bewundert wird wie die Habermassche. Das hängt nicht nur zusammen mit dem (in der deutschen Tradition seltenen) grunddemokratischen Geist, der aus ihr atmet. Keine heute vertretene philosophische Position hat mit einer vergleichbaren Flexibilität und Weite auf wechselnde Überzeugungssysteme und zeitgenössische Sensibilitäten reagiert wie die Habermassche. Der in ihrem Mittelpunkt stehende Begriff der Kommunikation läßt auch dem Verteidiger der Subjektivität gegen die Gebildeten unter ihren Verächtern Raum, ja er scheint gegen eine Reihe der im folgenden zurückgewiesenen Reduktionsversuche ebenso immun. Wenn ich – im Anschluß an die Vorstellung meiner eigenen Überzeugungen – dennoch ein subjektphilosophisches Defizit in der Habermasschen Theorie einklage, so tue ich das im Bewußtsein, daß Argumente nie ›knockdown‹ oder ›zwingend‹ sind[1], ja daß Theorien nie endgültig widerlegt werden. Wir haben, sagt David Lewis, einen Preis dafür zu zahlen[2], daß wir sie gegen unsere Opponent(inn)en weiterhin vertreten. Ich will in den folgenden Abschnitten *I – IV* erklären, wie ich mir eine konsistente Theorie der Subjektivität vorstelle, und in einem *V.* Abschnitt begründen, warum mir der Preis derzeit noch zu hoch scheint, den diese Theorie zu zahlen hätte, wollte sie sich ans Paradigma der ›kommunikativen Vernunft‹ anschließen.

---

1 Vgl. Robert Nozick, *Philosophical Explanations*, Oxford, 1981, S. 4ff.
2 David Lewis, »Attitudes De Dicto and De Se«, in: *Philosophical Papers. Vol. I*, Oxford 1983, S. X.

I.

Selbstbewußtsein und Selbsterkenntnis sind die zwei Formen, in die ich das Gesamtphänomen der Subjektivität untergliedere. Zugleich sind es zwei Namen für ein philosophisches Problem, das seine Bedeutung nicht unter Beweis zu stellen hat. Nach Vorläuferschaften in der Stoa oder bei Augustin hat René Descartes der Tatsache, daß ich mir meiner bewußt bin, eine sowohl erkenntnistheoretische als auch ontologische Sonderstellung eingeräumt. Er glaubte, der Satz *ego cogito* drücke eine unerschütterliche, eine fundamentale Wahrheit aus, auf die sich alle weiteren Wissensansprüche gründen lassen. In dieser Intuition sind ihm Leibniz, Wolff, Kant, Reinhold, Fichte und – auf jeweils verschiedene Weise – noch die Neukantianer und Phänomenologen gefolgt. Selbst in unseren Tagen werden allerlei Argumente für eine Sonderstellung des Selbstbewußtseins im Bereich der epistemischen Tatsachen angeführt. Freilich gehen nur wenige Denker noch davon aus, daß Selbstbewußtsein zur Wissensbegründung geeignet sei. Einer von ihnen war Roderick Chisholm[3]. Ein anderer, Sydney Shoemaker, glaubt, daß ein nicht unmittelbar selbstbewußtes Wesen (er nennt es ›selbstblind‹) keinen Zugang zur Sphäre des Rationalen hätte. Es würde sich seelische Zustände zuschreiben, ohne mit den Wahrheitsbedingungen dafür vertraut zu sein.[4] Tyler Burge folgt ihm weitgehend: Ein nicht selbstbewußtes Wesen würde die motivierende Kraft von Vernunftgründen nicht ›unmittelbar‹ auf sich selbst anwenden können[5]. Und vor kurzem hat Laurence BonJour den Fundamentalismus mit dem Argument verteidigt, es sei sehr wohl möglich, zwischen selbstbewußten Zuständen und satzförmigen Überzeugungen logische Abhängigkeitsverhältnisse anzunehmen, wenn man nämlich diese Zustände für Proto-Überzeugungen hält, die zu reflexiv ausbuchstabierten Propositionen in einem konstitutiven Verhältnis stehen[6]. (Ich komme unter *V.b* auf dieses Argument zurück). Aber selbst wenn wir solch kühne Be-

---

3 *The First Person. An Essay on Reference and Intentionality*, Sussex 1981, S. 75 ff.
4 *The First Person Perspective and Other Essays*, Cambridge 1996, S. 31.
5 »Reason and the First Person«, in: *Knowing Our Own Minds*, hg. v. Crispin Wright, Barry C. Smith und Cynthia Macdonald, Oxford 1998, S. 243-270.
6 »The Dialectic of Foundationalism and Coherentism«, in: *The Blackwell Guide to Epistemology*, hg. v. John Greco und Ernest Sosa, Oxford 1999, S. 117-142.

gründungshoffnungen aufgeben, die die Tradition mit unserem Thema verband, bleibt Selbstbewußtsein von erstklassiger Bedeutung. Das hängt zusammen mit seiner wesentlichen Irreduzibilität.

Was meint das? Man versteht unter ›Reduktion‹ die Ersetzung einer Klasse von Phänomenen durch eine andere. Gelingenskriterium ist, daß kein Verlust im Wahrheitsgehalt der entsprechenden Sätze entsteht. Vielerlei ›reduktive Klassen‹ für Aussagen über die (physische und/oder die geistige) Welt sind denkbar: Sinnesdaten, anerkannter Sprachgebrauch, Beweisbarkeit. Entsprechend redet man von Phänomenalismus (Berkeley, Ayer), Nominalismus (Wittgensteins Schule) und Verifikationismus[7]. ›Faktualisten‹ nennt man diejenigen, die die Welt auf das Gesamt der Tatsachen/Sachverhalte[8], ›Naturalisten‹ diejenigen, die sie auf die Entitäten des Raum-Zeit-Systems reduzieren wollen (Dretske), und ›Physikalisten‹ zusätzlich diejenigen, die annehmen, die einzigen Gegenstände, die das Raum-Zeit-System bevölkern, seien physische Entitäten und fallen unter die Gesetze einer vervollständigten Physik[9]. Auch vor geistigen Erlebnissen (und dem von ihnen bestehenden Bewußtsein) schreckt der Physikalismus nicht zurück (Churchland).

Man kann das verstehen – und damit den weltweiten Siegeszug des Reduktionismus. Alle reduktiven Klassen, die wir genannt haben, fallen auf die Objektseite der Welt und lassen sich mit wissenschaftsartigen Mitteln untersuchen. Gäbe es so etwas wie einen irreduzibel ›subjektiven Faktor‹, so müßten wir das Erklärungsmonopol der Wissenschaften einschränken. Die Frage ist, *ob* wir das müssen.

Ich glaube: ja. Zwei Grund-Intuitionen leiten mich dabei.

Wenn wir – so die erste – darauf verzichten, uns (in einem für unsere Selbstbeschreibung wesentlichen Sinne) als Subjekte zu verstehen, können wir überhaupt nicht mehr Philosophie treiben. Wir können dann nämlich, was wir im Sinn haben, wenn wir uns bewußt zu uns selbst verhalten, nicht von physischen Entitäten abgrenzen. Dann aber müssen wir auch die Konsequenz ziehen, den auf der Physik aufbauenden Wissenschaften das Erklärungsmonopol über die menschliche Wirklichkeit zu überlas-

---

7 Vgl. Michael Dummet, »Realism«, in: *Synthese* 52 (1982), S. 55-112.
8 David M. Armstrong, *A World of States of Affairs*, Cambridge 1997.
9 Ebd., S. 5f.

sen[10]. Außerdem können wir das der Philosophie eigentümliche Verfahren dann nicht mehr auf das Argumentieren verpflichten – denn Argumente haben ein vom wissenschaftlichen Erklären spezifisch verschiedenen Charakter.[11]

Die zweite Intuition ist ethisch. Sie fürchtet, mit der Naturalisierung der Subjektivität verliere eine Version des kategorischen Imperativs ihren Adressaten. Ihr zufolge soll ich Personen nie (nur) als Mittel, sondern immer (auch) als Zwecke behandeln. In der Tat: *Gibt* es nicht so etwas wie ungegenständliche Subjektivität, so fehlt das *fundamentum in re* für die Handhabung des Imperativs. Subjektivät muß eine interne Eigenschaft haben, die auf (physische) Gegenstände oder Ereignisse irreduzibel ist. Und diese Eigenschaft muß auch der Grund dafür sein, daß der deterministische Diskurs der Physik auf die Tatsachen unseres Seelenlebens keine vollständige Anwendung findet.

Daraus ergibt sich, was ich von der modischen These vom ›Tod des Subjekts‹ halte. Wie alle Moden wartet sie nur auf den nächsten Geschmackswandel und wird dann keine Katze mehr hinterm Ofen hervorlocken. Während einige Philosophen in der Nachfolge des Strukturalismus oder des *linguistic turn* Subjektivität noch immer und um jeden Preis auf Sprache reduzieren wollen, sprechen jüngere Semantiker und Bewußtseinsphilosophen längst von einem *Turn Away from »Language«*[12]. Es hat eine Weile gedauert, aber die analytische Philosophie läßt sich heute nicht mehr als *Sprach*analyse beschreiben. Sie hat die (sprach-, ja bewußtseinsunabhängige) Wirklichkeit einer Reihe von Phänomenen wiederentdeckt. Dazu gehört auch das Bewußtsein/die Subjektivität selbst.

Mit dieser Überzeugung stehe ich nicht allein. Die zeitgenössische *Philosophy of Mind* hat eine Reihe von Einwänden gegen die Reduktion von Selbstbewußtsein vorgebracht. Durch keinen davon soll das Rad des begrifflichen Fortschritts zurückgedreht werden. Eher geht es um die Bewährung der Ansicht, daß eine Wissenschaft wesentlich dadurch fortschreitet, daß sie sich an den

---

10 Vgl. Willard Van Orman Quine, »Epistemology Naturalized«, in: *Ontological Relativity and Other Essays*, New York und London 1969, S. 71.
11 Manfred Frank, *Selbstbewußtsein und Argumentation*, Amsterdamer Spinoza-Vorträge vom Juli 1995, Assen 1997.
12 *Common Knowledge*, 1995, S. 24 ff.; dagegen protestierend Dummett, *Ursprünge der analytischen Philosophie*, Frankfurt am Main 1988, S. 11 f., S. 84 ff.

härtestmöglichen Einwänden abarbeitet. Die kraftvollsten heute vorgebrachten Einwände gegen den Subjekt-Reduktionismus stehen ihrerseits in einer (weitgehend ignorierten) Tradition des deutschen Idealismus einerseits (z. B. Fichtes und der Frühromantik) und der Phänomenologie andererseits (z. B. Brentanos und Sartres) und gehen in zwei Richtungen: Der erste Einwand plädiert für die wesentliche Subjektivität selbstbewußter Zustände (Stichworte: ›What-is-it-likeness‹- bzw. ›Qualia‹); der zweite verteidigt die erkenntnistheoretische, ontologische und semantische Priorität epistemischer Selbstzuschreibungen von Eigenschaften vor allen anderen Formen der Bezugnahme und Zuschreibung. Ich nenne das erste Phänomen Selbst*bewußtsein*, das zweite – wegen seiner klarer erkennbaren kognitiven Relevanz – Selbst*erkenntnis*.[13]

II.

Beide Problembereiche haben eine Reihe von Merkmalen gemein (darum wird es wichtig sein, in einem zweiten Gang ihre Unterschiede herauszuarbeiten und in einem dritten darüber nachzudenken, warum wir dennoch beide ganz selbstverständlich in die Einheit der Subjektivität einschließen). So wird man von beiden sagen, daß sie das Phänomen, mit dem sie befaßt sind, durch eine Art unmittelbarer Vertrautheit sichern. Wenn mir in meinem Seelenleben irgendwie zumute *ist,* muß ich nicht durch zusätzliche perzeptive oder reflexive Zuwendung sicherstellen, daß ich mich über das *Sein* meines psychischen Zustands nicht täusche: Ich bin mir dessen *unmittelbar* bewußt. Es macht keinen Sinn einzuwenden, daß dieses Wissen nur eine Erscheinung, nicht das wirkliche Sein meines Zustandes erfaßt. Wenn ich fühle, ich habe Schmerzen, so ist das alles, was erfordert wird, um wirklich Schmerzen zu haben.[14] Mit ›unmittelbar‹ ist gemeint, daß die Bekanntschaft mit meinem Seelenleben für mich selbst nicht auf dem Umweg

---

13 Wer einen raschen Beleg sucht für die Aktualität dieser Differenzierung, sei verwiesen an Ned Blocks Aufsatz »On a confusion about a function of consciousness«, in: *Behavioural and Brain Sciences*, 1995, 18, S. 227-287: »Consciousness is a mongrel concept (...).« Ferner, weitgehend auf Block aufbauend, David J. Chalmers, *The Conscious Mind. In Search of a Fundamental Theory*, Oxford 1996, S. 228 (im Kontext).
14 John R. Searle, *The Rediscovery of the Mind*, Cambridge/Mass. 1992, S. 121f.

über ein zweites Bewußtsein, etwa ›vermittels‹ eines Urteilsaktes oder gar durch ›innere Wahrnehmung‹, zustande kommt. Ich habe auch dann Zahnweh oder Liebesleid oder Examensangst, wenn ich nicht darüber nachdenke oder nicht behaupte, es zu haben, oder wenn keine innere Wahrnehmung von irgendeinem (vergegenständlichten) seelischen Zustand besteht. ›Zahnweh‹ oder ›Verliebtsein‹ sind ohnehin *Begriffe*, mit denen ich mir nachträglich zurechtlege, wie mir zunächst – begriffslos – zumute war. Natürlich kann die Wahl dieser Begriffe falsch oder unangemessen sein. Das ist Sache der Interpretation und mithin fehlbar wie diese. Mein Punkt ist nicht die unbestreitbare Fehlbarkeit epistemischer Selbst*deutung*. Ich sage nur, daß Selbst*bewußtsein* vorliegt, wenn der Gehalt des seelischen Zustands irgendwie bestimmt, wenn auch nicht begriffen ist (denken Sie an die begriffliche Unbestimmbarkeit einer aparten Geruchswahrnehmung). Die Spezifität eines solchen Gehalts macht es erstens unmöglich, mir statt seiner dessen Negation zuzuschreiben, und zweitens schließt der Zustand notwendig meine Vertrautheit mit ihm ein. Man könnte auch von *Gewißheit* sprechen, ohne so weit zu gehen wie Descartes, der an strikte Unbezweifelbarkeit oder Unkorrigierbarkeit glaubte.[15] BonJour spricht von einem ›strikt infalliblen nicht-apperzeptiven Bewußtsein des Gehalts‹, welches ›konstitutiv‹ sei für die entsprechende reflexiv gesicherte Überzeugung.[16]

Wenn inzwischen ein breiter Konsens über die Analyse solcher unmittelbarer Erlebnisse vorliegt, so gibt es doch erhebliche Differenzen hinsichtlich der Einschätzung ihrer epistemischen (oder besser: kognitiven) Relevanz. Wittgenstein hat uns Dutzende von Varianten eines Einwands vorgeführt, wonach eines, das gar nicht in der Wahr-falsch-Alternative steht, auch nicht als Fall eines ›Wissens‹ behandelt werden könne. Und von solcher Art sind offenbar Empfindungen wie Schmerz-, Bitter- oder Heiß-Fühlen. Von ihnen spricht die neuere Literatur (unter Anspielung auf Locke) als von ›Qualia‹. Viele bestehen darauf, daß keine physikalische Beschreibung dasjenige erfasse, was wir spüren, wenn wir z. B. den Duft einer Rose riechen. Ist ›Physikalismus‹ der Name für die Überzeugung, daß nur das existiert, was in den Skopus der Verfahrensweisen fällt, die die Naturwissenschaften (und

15 Chisholm, a. a. O., S. 75 ff.; Shoemaker, a. a. O., S. 25 ff., 50 ff.
16 a. a. O., S. 131 f.

in letzter Instanz die Physik) ausgebildet haben, so gilt, daß der Physikalismus falsch ist.[17]

Eine Pointe der neueren Diskussion ist, daß die Vertrautheit mit qualitativen (oder, wie man auch sagt, phänomenalen) Erlebniszuständen[18] *Erkenntnis*-Charakter hat. Mary sei eine ausgezeichnete Sinnesphysiologin und verfüge über alle derzeit erschwinglichen neurobiologischen Informationen über das Farbsehen. Durch einen unerfreulichen Umstand kann sie von ihrer Bewußtwerdung an aus einem schwarz-weißen Raum nie heraustreten und muß auch alle ihre Forschungen auf einem Schwarzweiß-Bildschirm visualisieren. Wird sie nun aus ihrer Zelle befreit und sieht erstmals eine rote Tomate unter normalen Bedingungen oder kann mit einem Farbmonitor arbeiten, so wird sie offenbar etwas über das Seherleben *gelernt* haben. Mithin muß ihre frühere Kenntnis unvollständig gewesen sein. Nun hatte Mary *alle* physikalisch erschwingliche Information. »Also gibt es mehr als all das, und der Physikalismus ist falsch«[19]. Das für uns Entscheidende ist, daß Marys neu gewonnenes Bewußtsein für ein ›Wissen (knowledge)‹ zu gelten hat.

Das ist bestritten worden.[20] Man hat etwa gesagt[21], Mary *wisse* alles, *was* man über Farbsehen überhaupt wissen könne; was ihr fehle, sei nur eine Art *Wissen wie,* und darunter sei eine Art Fertigkeits-Wissen (eine Fähigkeit oder Disposition) zu verstehen. Aber diese Unterscheidung greift zu kurz. Seelisches Zumutesein ist in einem anderen Sinne ein ›Wissen wie‹, als es das dispositionelle Wissen (etwa die unreflektierte Sprachbeherrschung) ist. Wenn ich Schmerzen habe und mithin weiß, *wie* mir dabei zumute ist, muß ich keine Regel über den Gebrauch des Worts ›Schmerz‹ (oder über den Typ oder die kausale Rolle von Schmerz-Empfindungen) kennen (oder implizit beherrschen). Wohl aber gilt das umgekehrte: Ich könnte keine ›Fertigkeit‹ zum

---

17 Frank C. Jackson, »Epiphenomenal Qualia«, in: *Philosophical Quarterly* 32 (1982), S. 127-136, wiederabgedruckt in (und zitiert nach): William G. Lycan (Hg.), *Mind and Cognition. A Reader,* Oxford 1990, S. 469-477.
18 Saul Kripke, *Naming and Necessity,* Oxford 1980, S. 152f.
19 Ebd., S. 471.
20 Die Einwände gegen das *knowledge argument* sind erschöpfend zusammengefaßt und abgewiesen worden durch Chalmers (a.a.O., 140ff.).
21 David Lewis, »What Experience Teaches«, in: William G. Lycan (Hg.), *Mind and Cognition. A Reader,* Oxford 1990, S. 122-130; ders., »Attitudes De Dicto and De Se«, a.a.O., S. 131.

Mir-Vorstellen, Erinnern oder gar Voraussagen von Schmerzen ausbilden, wenn ich mit Schmerzen niemals aus der unmittelbaren Vertrautheit eines Spürens bekannt geworden wäre. Darum zieht diese Banalisierung des Knowledge-Arguments nicht.

Ob uns nun aber das eine oder andere Argument einleuchtet; ob wir also bereit sind, der Vertrautheit mit qualitativen Zuständen epistemische Relevanz zuzusprechen oder nicht: Es gibt ein verwandtes und doch grundsätzlich anders beschaffenes Phänomen, dem auch acharnierte Physikalisten den Erkenntnis-Charakter nicht absprechen. Es handelt sich um diejenige Variante von Subjektivität, die ich vorhin ›Selbst*erkenntnis*‹ genannt habe.[22]

III.

Der eigentliche Entdecker ist in unserer Zeit – nach frühidealistischen und phänomenologischen Vorgängern, auf die er sich selbst beruft – der vor 10 Jahren verstorbene Hector-Neri Castañeda.[23] Auf ihn haben sich fast alle nachfolgenden Autoren berufen. Seine These lautet: Selbstwissen (also das, worauf wir in epistemischen Kontexten mit dem Fürwort der ersten Person Singular Bezug nehmen) ist nicht analysierbar in Begriffen einer Sprache über Gegenstände, (objektive) Ereignisse oder wahre Aussagen. Diese drei Sprachen entsprechen den drei Grundtypen von Reduktionismus, die ich anfangs vorgestellt hatte. Daran knüpft Castañeda aber eine weitere These, die den Zusammenhang mit der Transzendentalphilosophie noch deutlicher macht: nämlich daß die Bezugnahme auf Gegenstände (Ereignisse, Sachverhalte usw.) nur auf der Grundlage vorgängigen Selbstbewußtseins möglich ist.[24] – Ich will versuchen, die Einsicht, die der Rede von

---

22 Ebd.
23 »›He‹: A Study in Self-Consciousness«, in: *Ratio* 8 (Oxford 1966), S. 130-157; wiederabgedruckt in H.-N. Castañeda, *The Phenomeno-Logic of the 1. Essays on Self-Consciousness*, hg. V. James G. Hart und Tomis Kapitan, Bloomington 1999, S. 35-60; ders., »Self-Consciousness, Demonstrative Reference, and the Self-Ascription View of Believing«, in: James E. Tomberlin (Hg.), *Philosophical Perspectives I/1987: Metaphysics*, S. 405-454; wieder abgedruckt in: Castañeda 1999, S. 143-179.
24 Johann Gottlieb Fichte, »Versuch einer neuen Darstellung der Wissenschaftslehre« (1797), in: *Fichtes Werke*, hg. v. Immanuel Hermann Fichte, Berlin 1845/46, Nachdruck Berlin 1971, Bd. I, S. 519-534, vgl. bes. Kap. I: »Alles Bewusstseyn

einer *De se*-Einstellung zugrunde liegt, zunächst an einem Beispiel zu illustrieren. In einem zweiten Schritt will ich Ansätze zu einer theoretischen Fassung des Phänomens geben.

Zunächst das Beispiel. Es ist berühmt und wird oft zitiert. Der Wiener Physiker Ernst Mach, der neutrale Monist und Anreger Musils und des Wiener Kreises, erzählt folgende Episode: Einst stieg er, etwas erschöpft, in einen Wiener Bus. Wie er die Treppen hinaufging, sah er im gleichen Rhythmus auf der anderen Seite einen Mann einsteigen, und es schoß ihm der Gedanke durch den Kopf: »Was ist das für ein herabgebrachter Schulmann!«[25] In seiner Unaufmerksamkeit hatte er nicht bemerkt, daß er auf sich selbst Bezug nahm, weil er den Spiegel nicht gesehen hatte.

Mach *hatte* auf sich selbst Bezug genommen, und er war bei vollem Bewußtsein. Also ist es unangemessen, Selbstwissen als Wissen von sich selbst zu beschreiben. Vielmehr bedarf es folgender Komplizierung: Im selbstbewußten, nicht nur bewußten Selbstbezug nehme ich Bezug nicht nur auf mich selbst, sondern auf mich selbst *als* mich selbst. Ich muß nicht nur den richtigen Gegenstand, mich selbst, herausfinden (das tut Ernst Mach erfolgreich). Ich muß auch wissen, daß ich es selbst bin, auf den ich mich wissend beziehe.

Das ist eine Entdeckung, die wir Carl Leonhard Reinhold, dem Vorgänger auf Fichtes Lehrstuhl und Erfinder der Elementarphilosophie, verdanken. Reinhold fand innerhalb des Bewußtseins (wie er sich ausdrückt) einen wesentlichen Unterschied zwischen Subjekt und Objekt; andererseits hält er Selbstbewußtsein für einen Sonderfall eines solchen Bewußtseins. Dann aber hat er Schwierigkeiten, »das Objekt des Bewusstseyns *als Identisch* mit dem Subjekte vor[zu]stell[en]«[26]. Daß das Vorstellende im Selbstbewußtsein mit dem Vorgestellten identisch ist, könnte unmög-

ist bedingt durch das unmittelbare Bewusstseyn unserer selbst«, l.c., S. 521 (ff.); Franz Brentano, *Psychologie vom empirischen Standpunkt*. Erster Band, hg. V. Oskar Kraus, Hamburg 1924, Nachdruck 1973; Jean-Paul Sartre, »Conscience de soi et connaissance de soi«, in: Manfred Frank (Hg.), *Selbstbewußtseinstheorien von Fichte bis Sartre*, Frankfurt am Main 1991, S. 367-411; Hector-Neri Castañeda, »Self-Consciousness, Demonstrative Reference, and the Self-Ascription View of Believing«, a.a.O., S. 426, 440f.

25 Ernst Mach, *Beiträge zu einer Analyse der Empfindungen*, Jena 1886, S. 34.
26 Karl Leonhard Reinhold, *Versuch einer neuen Theorie des menschlichen Vorstellungsvermögens*, Prag und Jena 1789, S. 333; ders., *Beyträge zur Berichtigung bisheriger Missverständnisse der Philosophen*, Erster Band, das Fundament der Elementarphilosophie betreffend, Jena 1790, S. 181f., 197, 222.

lich aus der Anschauung des Vorgestellten als solchen eingesehen werden. Denn ohne eine Zusatzinformation muß dem Subjekt seine objektivierte Anschauung als die eines Fremden, und gerade nicht als die seiner selbst, erscheinen – wie dann Fichtes Kritik am Reflexionsmodell des Selbstbewußtseins geltend machen wird. Ein Fremdes ist eben ein Fremdes und nimmermehr ein Ich. Von ihm ist es ganz sinnlos, sich eine Belehrung über das zu erhoffen, was prinzipiell kein Gegenstand ist. *Kenne* ich nun das Andere *als* mich, so mußte diese Objekt-Kenntnis durch eine prä-objektive Kenntnis unterlaufen und beglaubigt sein. Also ist auch die Sprachform, in der Selbstbewußtsein sich artikuliert (nämlich als reflexiver Bezug eines Subjekts auf sich selbst als Objekt), prinzipiell ungeeignet, die Einheit der Kenntnis auszudrücken, als die wir uns im Selbstbewußtsein erfahren.

Dieser Punkt ist wesentlich. Wer ihn verfehlt, sagte Fichte 1797, »verfehlt alles [...], denn auf ihm beruht meine ganze Lehre«.[27] Der Kantianer Fichte vertritt eine egologische, Brentano (als Vertreter der frühen Phänomenologie) eine nicht-egologische Theorie des Selbstbewußtseins. Mit anderen Worten: Der zweite meinte, Selbstbewußtsein liege vor, wenn ein seelischer Zustand einfach nur mit sich bekannt sei; der erste glaubte, daß zusätzlich Kenntnis von dem Subjekt bestehen müsse, das den Zustand hat. Davon abgesehen machen beide die folgenden vier Voraussetzungen und begründen sie auch ganz ähnlich.

(I) Bewußtsein (von etwas oder auch Empfindungsbewußtsein, also intentionales ebensowohl als nicht-intentionales Bewußtsein) – nennen wir es Bewußtsein erster Ordnung – setzt Selbstbewußtsein voraus.

(II) Das Bewußtsein, das vom Bewußtsein erster Ordnung besteht, muß als prä-reflexiv analysiert werden.

(III) Obwohl das Bewußtsein von etwas und das prä-reflexive Selbstbewußtsein logisch (und vielleicht ontologisch) unterschieden werden müssen, kann der Unterschied beider nicht so analysiert werden, als sei das erstere das Objekt, das dem zweiten präsentiert würde. Beide treten in einer funktionalen Einheit auf.

27 Fichte, »Versuch einer neuen Darstellung der Wissenschaftslehre«, a. a. O., S. 525 f.; Brentano, a. a. O., S. 170 ff.

(IV) Reflexives Bewußtsein (oder – terminologisch – Selbsterkenntnis oder Bewußtsein zweiter Ordnung) setzt prä-reflexives (Selbst-)Bewußtsein voraus.

(I) wird so begründet: Gäbe es ein Bewußtsein, das zwar vorliegt, aber unbekannt (oder unbewußt) wäre, so würde die Selbst-Zuschreibung des Prädikats ›ist bewußt‹ einen Zustand zuschreiben, der von einem physischen (oder Nicht-Ich-)Zustand ununterscheidbar ist. Denn von physischen Zuständen (eigentlich sollten wir sagen: allen Zuständen, die wir nicht dem Ich zuschreiben) meinen wir typischerweise, daß sie nicht-bewußt sind.

(II) Diese Bekanntschaft-mit-sich selbst darf aber nicht als Resultat einer Reflexion – also einer attentionalen Selbstzuwendung, z. B. als Selbstpräsentation im ›inneren Sinn‹, eines Bewußtseins zweiter Ordnung – mißverstanden werden. Denn wenn wir nicht voraussetzten, daß dasjenige, worauf sich die Reflexion oder die ›innere Wahrnehmung‹ richtet, schon bewußt war, gerieten wir in einen infiniten Regreß.

(III) Darum ist das Subjekt-Objekt-Modell unhaltbar (also die Auffassung, Selbstbewußtsein bestehe in einer Zweiheit von Akten, deren zweiter sich auf den ersten richtet und ihn damit erst ins Bewußtsein hebt). Wir können mit diesem Modell, das im vorliegenden Fall auch das Reflexionsmodell des Selbstbewußtseins heißen könnte, nicht zirkelfrei erklären, daß wir uns auf uns selbst *als* auf uns selbst, und nicht auf ein von uns unterschiedenes Objekt, beziehen.

(IV) Also kann die Selbstvertrautheit, die in (I) vorliegt, nicht als reflexive (oder perzeptive) Kenntnisnahme analysiert werden. Sie besteht vielmehr in einem epistemischen Zustand, der jeder Reflexion zuvorkommt und deren zirkelfreie Erklärung möglich macht.

Mit diesen Differenzierungen sind wir nun begrifflich gerüstet, um Ernst Mach aus seiner Verlegenheit zu helfen. Er konnte sich darum für jemand andern mißkennen, weil er die Information über sich von der Gegenstandsseite, hier von einem Spiegelbild bezog. ›Reflexion‹ meint ja Spiegelung. Nun aber wissen wir, daß das Reflexionsmodell des Selbstbewußtseins in die Irre führt. Wir können das Spiegelbild der Reflexion *als* eine Repräsentation unserer selbst nur erkennen, wenn wir, aller Reflexion voraus, mit uns schon vertraut waren. Wahrnehmungsgestützte Selbstidentifikation (etwa unseres Spiegelbildes) setzt nicht-wahrnehmungsgestützte Selbsterkenntnis voraus.[28] Da es Objekte sind, die wir wahrnehmen, kann man allgemeiner sagen, daß, was uns im Selbstbewußtsein präsentiert wird, überhaupt nicht die Form von Objekten hat. Das Kino hat längst Kapital geschlagen aus der Komik solcher Verwechslungen. Denken Sie an die Szene eines, der sich vor dem Spiegel zu rasieren meint, bis sich ihm das vermeinte Spiegelbild als handfester Gegenpart entpuppt und ihm die Faust ins Gesicht schlägt.[29] Unser Gelächter belehrt uns darüber, daß in *einem* Typ von Selbstbewußtsein eine kognitive Leistung am Werk ist. Sie ist es, die uns zur Einfügung des Begriffswörtchens ›als‹ zwingt, wenn wir vom Bewußtsein unserer selbst reden. Das mußten wir nicht, solange wir nur mit dem phänomenalen Selbstbewußtsein zu tun hatten. Wir können jetzt genauer angeben, worin dieser kognitive Zusatz besteht; und das bringt uns zurück zum Irreduzibilitätsproblem.

Wir können nämlich epistemische Einstellungen zu uns selbst – sogenannte »attitudes *de se*« – nicht auf Einstellungen *de dicto* oder *de re* zurückführen. Einstellungen *de dicto* sind Einstellungen zu einem *dictum*, einem Gesagten: einer Proposition. Einstellungen *de re* nennt die Tradition solche zu einer *res*, zu einem Gegenstand. Wir haben also beim Selbstwissen weder mit propositionalem noch mit gegenständlichem Wissen zu tun. Nennen wir einfachheitshalber die Vertreter der ersten Theorie Nominalisten (oder Anhänger des *lingustic turn),* die der zweiten Physikalisten, dann werden wir sagen, daß die nominalistischen sowenig wie die physikalistischen Reduktionsversuche das Wesen von Einstellungen zu sich selbst erfassen.

Beginnen wir mit der Irreduzibilität von *de se* auf *de dicto*. Ein Dictum, fachsprachlich: eine Proposition, sagt uns, wenn wahr, was der Fall ist in der Welt. Nach der modallogischen Wende in der Semantik sollten wir besser sagen, sie sei eine Menge mög-

---

28 Sydney Shoemaker, »Personal Identity: A Materialist's Account«, in: Sydney Shoemaker & Richard Swinburne, *Personal Identity. (Great Debates in Philosophy)*, Oxford 1984, S. 64-131 (104).
29 Shoemaker, *The First-Person Perspective and Other Essays*, a. a. O., S. 211.

licher Welten, nämlich gerade derjenigen, in denen sie zutrifft.[30] Kennen wir diese Menge, so kennen wir nur eine Region im logischen Raum, mehr nicht. Wir wissen also noch nicht, welche Welt wir wirklich bewohnen. Aber wir denken, daß jedes Subjekt nur eine von ihnen bewohnt. Wir werden diesem Subjekt (uns selbst natürlich) also keine weitere Proposition, sondern eine besondere Eigenschaft zusprechen: genau eine Welt zu bewohnen.[31] Das hört sich langweilig, da technisch an. Aber es verhilft uns zu dem entscheidenden theoretischen Coup. Eigenschaften sind nämlich auch Mengen, aber – anders als Propositionen – nicht von Welten, sondern von Wesen, die – z. B. – Welten bewohnen. Nun wußten wir aus der Kenntnis aller propositionalen Gehalte alles über die Welt(en), aber nichts über uns selbst. Also gibt es einige Kenntnis, die nicht propositional ist.[32]

Aber der Vorteil des Umsteigens von Propositionen auf Eigenschaften ist noch größer. Wir kommen nämlich von *einigen* Eigenschaften zu *allen* Propositionen. Propositionen als Weltenmengen können die Kenntnis, die meinigen zu sein, verbergen; aber von der Bewohnung durch jeweils ein Subjekt komme ich zu allen Welten, weil es unbewohnte Welten in der Modaltheorie nicht geben kann. Es geht also keine Information verloren, sondern eine – die entscheidende – wird gewonnen. Und – was zu beweisen war – es handelt sich bei ihr um ein echtes Wissen, das dennoch nicht *de dicto* ist, sich also – z. B. – in keinem Lehrbuch der Physik nachschlagen läßt. Dieses Wissen ist natürlich ein welteröffnendes Selbst-Wissen, das wir vorhin (und im Aufsatztitel) »Selbsterkenntnis« genannt haben.

Das läßt sich an einem berühmten Beispiel illustrieren, das sich John Perry ausgedacht hat[33]: Der unglückselige Rudolf Lingens hat das Gedächtnis verloren. In diesem Zustand hat er sich in die Bibliothek der Stanford-University begeben. Alle möglichen Informationen, die er dort findet, z. B. eine genaue Lageskizze der Bibliothek, womöglich mit einem kleinen roten Pfeil ›Sie befinden sich hier‹, sowie eine ausführliche Lebensbeschreibung von Rudolf Lingens, können ihm nicht helfen, zwei Kenntnisse zu

---

30 Z.B. Lewis, »Attitudes De Dicto and De Se«, a.a.O., S. 134; ders., »Causation«, in: *Philosophical Papers*, Vol. II, Oxford 1996, S. 160, Anm.
31 Lewis, »Attitudes De Dicto and De Se«, a.a.O., S. 136.
32 Ebd., S. 135f.; 139$_3$.
33 »Frege on Demonstratives«, in: *Philosophical Review* 86 (1977), S. 474-497 (492).

erwerben: *wer* er ist und *wo* er sich befindet. Gewiß sind diese Kenntnisse nicht für die Katz'. Sie verhelfen ihm dazu, sich im logischen Raum zu orten. Er weiß eine Reihe von wahren Propositionen über Rudolf Lingens, der er wirklich *(de re) ist.* Was fehlt, ist auch nicht die Fähigkeit, sich selbst eine bestimmte Wahrnehmungssituation *(de se)* zuzuschreiben. Es gebricht ihm lediglich an der Fähigkeit, sich eine oder alle der für wahr gehaltenen Propositionen *selbst* zuzuschreiben. Und diese Fähigkeit (die *Eigenschaft* der Selbstzuschreibung) ist eben keine, die einem propositionalen Wissen entspricht. Daraus folgt, daß einige Kenntnis nicht-propositional, aber eben doch eine wirkliche Erkenntnis ist.³⁴ Ihre kognitive Relevanz zeigt sich darin, daß Rudolf Lingens sein Verhalten völlig ändern wird, wenn ihm bewußt geworden ist, daß *er selbst* Rudolf Lingens ist.

Was folgt? Daß es eine gewisse subjektive Kenntnis gibt, die objektivem (oder Welt-)Wissen notwendig entgeht. Auch eine ideale Physik wird sie uns nicht liefern.³⁵

Können wir die Irreduzibilität von *de se* auf *de re* ebenso gut plausibilisieren? Auf den ersten Blick scheint das weniger aussichtsreich. Denn wenn jemand etwas über sich selbst glaubt, glaubt er/sie es eben über einen Gegenstand. Also impliziert *de se de re.* Gilt auch das umgekehrt? Sehen wir zu: Wenn Ernst Mach die Proposition glaubt, Ernst Mach sei ein herabgebrachter Schulmann, dann hat er eine Überzeugung *de dicto.* Er muß insofern nicht glauben, daß *er selbst* der herabgebrachte Schulmann ist. Formulieren wir seinen Glauben nun so um, daß er *de re* ist: Es gibt ein *x* so, daß *x* identisch ist mit Ernst Mach, und *x* wird von *x* für einen herabgebrachten Schulmann gehalten. Wir haben hier strikte Identität zwischen *x* und Mach, und mit diesem Glauben gerät Mach auch in einen reflexiven Selbstbezug, also in einen Bezug nur zu sich. Aber wieder gilt: Machs Glaube, *x* sei ein ›herabgebrachter Schulmann‹, muß kein Glaube *über ihn selbst* sein. Denn Mach muß nicht wissen, daß *er selbst* der Gegenstand seiner Überzeugung ist. Es fehlt ihm also abermals das, worum es in der Reduktion auf *de re* ging: das Selbstwissen. Es besteht in einer Kenntnis, die nicht *de re* ist. Also ist nicht alle Kenntnis gegenständlich.

---

34 Lewis, »Attitudes De Dicto and De Se«, a.a.O., S. 139.
35 Ebd., S. 144.

IV.

Zum Schluß kann man mir die Frage stellen, wie ich die beiden im Vorangehenden diskutierten Phänomene gedenke zusammenzubringen. Sind Selbstbewußtsein und Selbsterkenntnis verschiedene Entitäten, oder sind es unterschiedene Aspekte ein und derselben Subjektivität? Wenn letzteres: worin besteht dann deren Einheit?

Ich habe lange geglaubt, das Scheitern des Reflexionsmodells verpflichte die Theorie dazu, Selbstbewußtsein als etwas völlig Einfaches zu denken. Dem widerspricht aber der Befund, zu dem wir eben gekommen sind. Die Einheit der Subjektivität darf eine gewisse Differenzierung nicht ausschließen (die Grund-Einsicht, aus der die idealistische Dialektik erwachsen ist). Soll sie der Einheit ungefährlich sein, muß sie als Binnenartikulation eines Einigen beschrieben werden. Und die Frage ist dann, wie sich etwas dergleichen denken läßt, ohne daß wir den Unsinns-Verdacht gegen die klassische Metaphysik auf uns ziehen.

Rekapitulieren wir kurz: Wir haben ein phänomenales Selbstbewußtsein (›Zumutesein‹) unterschieden von dem auch kognitiv relevanten Selbsterkennen, wie es den Akten des expliziten Sich-etwas-Zuschreibens zugrunde liegt. Ich hatte außerdem erwogen, daß das erstere keinen Erkenntnis-Charakter hat, während es unmöglich ist, dem zweiten diesen Status abzusprechen. Auf dem ersten Merkmal beruht vermutlich, daß wir überhaupt in der elementaren Weise mit uns bekannt sind, wie wir es sind. Auf das zweite scheinen die höherstufigen Leistungen aufzubauen, die wir Denken oder Intelligenz nennen: Leistungen der Abstraktion, der Konsistenzbildung, der Konzentration, des Aufmerkens und des Sich-Erinnerns. Vermutlich schwebte diese Arbeitsteilung von ›Vermögen‹ einigen Philosophen vor, die an eine grundlegende Dualität unseres ›Gemüts‹ glauben: etwa Kant, der das Vermögen der Anschauung, kraft dessen wir ›unmittelbare‹ Kenntnis unserer selbst als Sinnenwesen und der uns präsentierten ›Gegebenheiten‹ haben, von dem der Spontaneität unterschied, die sich ›mittelbar‹ (nämlich vermittels Begriffen) auf ihre Gegenstände (und auch auf uns selbst *als* Subjekte) bezieht. (Freilich glaubte Kant, daß nur die Leistungen der Spontaneität selbstbewußt heißen dürfen, während er den elementarsten Präsentationen der Sinnlichkeit sogar das Bewußtsein absprach.)

Aber es sieht so aus, als müßten wir noch ein drittes Strukturmerkmal ins Selbst einführen. Das ist das anonyme ›Vertrautheit‹, in die sich die beiden anderen teilen und aus dem sie gelegentlich auftauchen. Fehlte sie, so könnten wir die beiden anderen nicht als Äußerungsformen eines einigen Gesamtphänomens identifizieren. Wir wären (ein Problem, das Kant wirklich hatte) als anschauende Wesen womöglich andere (oder gar keine) Subjekte denn als denkende und zurechnungsfähig handelnde Personen.

Jetzt entsteht natürlich die Frage nach der angemessenen Theorieform für ein solches Phänomen. Ihr zufolge darf die Einheit nicht so gedacht werden, daß eines der Momente den Vorrang hätte und die anderen sich daraus ergäben.[36] Fichte etwa hat versucht, das Gesamtphänomen der Subjektivität aus dem, was er das Ich nannte, verständlich zu machen; Brentano und Sartre haben den umgekehrten Versuch unternommen, die epistemischen Leistungen des Ich aus einer prä-reflexiven Vertrautheit aufzuklären. Damit haben sie das alltäglichste aller Phänomene, unsere irreflexive Vertrautheit mit uns als anschauenden *und* denkenden Wesen, nur verdunkelt. Eher müssen wir uns an einem Modell orientieren, das, wie der Organismus, mehrere Getrennte umgreift, deren jedes für sich ist und doch nicht sein könnte ohne die anderen.

Der Vorteil dieses (ich gebe zu: vagen) Modells liegt auf der Hand: Es erlaubt uns ein Verständnis des Grenzfalls der Bewußtseinsgespaltenheit. Aber schon das alltägliche Zeitbewußtsein fordert, daß wir unser vergangenes Selbst von den Entwürfen abheben, durch die wir unser zukünftiges entwerfen. Dabei darf der Faden unserer Vertrautheit nicht abreißen. Aber die Binnendifferenzierung unseres Bewußtseins zwingt uns keineswegs zu einem reduktionistischen Zugeständnis. Im Gegenteil: sie zeigt, daß wir gegenüber konkurrierenden Positionen den Anspruch der Theoriefähigkeit von Selbstbewußtsein verteidigen können. Allerdings müssen wir resigniert feststellen, daß wir das Basis-Element unserer Theorie, die ›Vertrautheit‹, nicht weiter analysieren können. Doch befinden wir uns auch noch mit dieser Konsequenz in guter Gesellschaft.[37]

36 Dieter Henrich, »Selbstbewußtsein – ein Problemfeld mit offenen Grenzen«, in: *Berichte aus der Forschung*, Nr. 68, Ludwig-Maximilian-Universität München, April 1986, S. 2-8 (7f.).
37 Zuletzt Chalmers, a. a. O., S. 104ff.; vgl. Hans Jörg Stotz, *Einstellungszuschreibungen de se*, Diss. Tübingen 1999.

Jetzt kann ich zusammenfassen: Ich meine, daß die Gründe, die gegen die Reduzierbarkeit von Selbstbewußtsein sprechen, prinzipieller Natur sind. Selbstbewußtsein wird grundsätzlich gar nicht berührt von unseren Reden über Aussagen oder über Gegenstände. Daß wir trotzdem aus reichen Evidenzen glauben, daß Bewußtsein mit Typen physischer Ereignisse (oder mit einer kausalen Rolle) identisch ist, macht eine Theorie nötig, die der Eigenart dieser Identität gerecht wird. Das ist hier nicht mein Thema. Die anhaltende (und schon jetzt von einer einzelnen Person kaum noch übersehbare) interdisziplinäre Debatte, die darüber geführt wird, zeigt jedenfalls, daß wir diese Theorie noch nicht besitzen. Während die Neurobiologie atemberaubende Fortschritte in der Erkenntnis der Funktionen unseres Hirns macht, stehen wir unverändert vor der Frage des experimentellen Physiologen du Bois-Reymond[38]: Welchen Beitrag kann auch die beste physikalische Theorie zur Ergründung der Eigentümlichkeit von Vertrautheit leisten? Physisches können wir beobachten (oder aus physischen Wirkungen erschließen oder durch theoretische Termini ausreichend beherrschen), Psychisches nicht. Die ›kognitive Verschlossenheit‹ besteht aber gerade darin, daß uns der Zusammenhang des einen und des anderen nicht wiederum erschlossen ist.[39] Und solange wir ihn nicht verstehen können, haben wir gute Gründe, dem Optimismus der Naturalisten die alten erkenntnistheoretischen Reserven des Idealismus entgegenzuhalten.

V. Eine Anwendung auf Habermas

Nicht nur fällt Habermasens kommunikationsphilosophische Reduktion der von ihm so genannten Subjekt- oder Bewußtseinsphilosophie im weiteren (nämlich die Regeln der Pragmatik einbeziehenden) Sinn unter die Versuche, Subjektivität auf Einstellungen *de dicto* zu reduzieren (*V.a*). Sondern auch erkenntnistheoretisch ist sie Einwänden ausgesetzt, die den Diskurs als letzte Rechtfertigungsebene in Frage stellen (*V.b*). Ich werde

---

38 »Über die Grenzen des Naturerkennens« (1872), in: *Vorträge über Philosophie und Gesellschaft*, Hamburg 1974.
39 Colin McGinn, *The Problem of Consciousness. Essays Towards a Resolution*, Oxford 1991.

diese Typen von Einwänden, die beide mit einem bestimmten Zugang zum Subjektivitäts-Problem zu tun haben, im folgenden nacheinander diskutieren.

V.a Habermas' Theorie des kommunikativen Handelns hat kraftvoll und mit weitreichender Erklärungsleistung die Dimension der Intersubjektivität an den Ausgangspunkt des Philosophierens gestellt. Genetisch kann gar keine Frage darüber aufkommen, ob diese Dimension dem Auftauchen individuierter Subjekte vorangehe oder nicht. Aber die genetische Priorität erweist sich hier wie oft als epistemologische Falle. Sie scheint keinen Wink zu geben auf die Geltung des damit verknüpften Erklärungsanspruchs. Vielmehr scheint umgekehrt ohne eine – von der Erklärungsleistung der Intersubjektivität logisch unabhängige – Auskunft über den ontischen und epistemologischen Status selbstbewußter Selbstbeziehung gar keine Theorie der Intersubjektivität möglich zu sein.[40] Diese These impliziert, daß eine Theorie des kommunikativen Handelns die epistemische Situation des Selbstwissens nicht pragmatisch überspringen oder aushebeln könnte.

Ich denke, daß die *Theorie des kommunikativen Handelns* eine pragmatisch verfeinerte Variante des sprachanalytischen Nominalismus ist, der Subjektivität auf funktionierenden Sprachgebrauch zu reduzieren versucht. Scheitert aber das Projekt der Reduktion von Subjektivität auf Einstellungen *de dicto,* bedarf auch Habermasens Projekt einer bewußtseinsphilosophischen Revision.

Ich habe anderswo im Detail zu zeigen versucht[41], daß Habermas einem von Hegel inaugurierten, der Sache nach aber auch von Mead übernommenen Erklärungsparadigma verhaftet bleibt. Danach wird Selbstkenntnis als über die objektive Präsentation anderer Subjekte vermittelt gedacht. »*Selbst*bewußtsein«, sagt Hegel, ist stets nur »*für ein Selbstbewußtsein*«. Es wird also prin-

---

40 Manfred Frank, »Wider den apriorischen Intersubjektivismus. Gegenvorschläge aus Sartrescher Inspiration«, in: *Gemeinschaft und Gerechtigkeit,* hg. v. Micha Brumlik und Hauke Brunkhorst, Frankfurt am Main 1995, S. 273-289.
41 Frank, *Selbstbewußtsein und Selbsterkenntnis. Essays zur analytischen Philosophie der Subjektivität*, Stuttgart 1991, darin: »Subjektivität und Intersubjektivität«, S. 410-477 (410ff.), wiederabgedruckt in *Revue internationale de philosophie*, Sonderheft *Habermas*, hg. v. Manfred Frank, n° 4/1995, S. 273-289); ders., »Wider den apriorischen Intersubjektivismus. Gegenvorschläge aus Sartrescher Inspiration«, a.a.O.

zipiell nur auf dem Wege über eine reflexive »Verdoppelung« erreicht, ist also, wie Hegel weiter sagt, überhaupt nur »durch ein *anderes* Bewußtsein mit sich vermittelt«.[42] Die Erkenntnis (damit auch die Anerkenntnis) des Anderen geht also der Erkenntnis des eigenen Selbst voraus. Auch wenn es in der Folge des Anerkennungskampfes *als* Objekt negiert wird, ist es ursprünglich und zunächst seine *Objektivität,* aus deren Zusammenbruch das Subjekt seine Selbstheit erfährt. In diesem Falle wären wir natürlich entweder mit den zirkulären Implikationen des Ernst-Mach- oder des Rudolph-Lingens-Problems konfrontiert (Reduktionen *de re* oder *de dicto*).

Um sie zu vermeiden, kann man – statt von einer gegenständlichen Präsentation oder einer Fremdverhaltens-Beobachtung – eher von einer im ›ich‹-Gebrauch implizierten Kenntnis der sozialen Regeln sprechen, die die Konvertierbarkeit der ›ich‹- in die ›er/sie‹-Perspektive garantieren.[43] Oder man kann (Mead folgend) an eine interaktive Rollenübernahme denken. In deren Vollzug eignen Personen die von anderen Personen auf sie gerichteten Perspektiven jeweils performativ als die ihren zu. Eine solche kommunikative bzw. praktische Wendung hätte den Vorzug, die zu starke Herausstellung des epistemischen oder behaviouristischen Aspekts der Selbst- wie der Fremdkenntnis abzuschwächen.[44] Aber auch diese interaktionistische Lesart scheint mir in Hegel eine Vorläuferin zu haben, so mit Blick auf folgendes Zitat: »Das Selbstbewußtsein ist sich nach [...] seiner wesentlichen Allgemeinheit nur real, insofern es seinen Widerschein in anderen weiß (ich weiß, daß andere mich als sich selbst wissen)«[45]. Danach

---

42 Georg Wilhelm Friedrich Hegel, *Phänomenologie des Geistes*, hg. v. Johannes Hoffmeister, Hamburg 1952, S. 140f., 146; vgl. Hegel, *Enzyklopädie der philosophischen Wissenschaften III*, Band 10 der *Werke in zwanzig Bänden*, hg. v. Eva Moldenhauer und Karl Markus Michel, Frankfurt am Main 1970, S. 213f.

43 So Ernst Tugendhat, *Selbstbewußtsein und Selbstbestimmung*, Frankfurt am Main 1979, S. 84, 88.

44 Vgl. Jürgen Habermas, *Replik* auf die Beiträge des Habermas-Heftes der *Revue internationale de philosophie*, n° 4/1995, 551-565; Lutz Wingert, »Der Grund der Differenz: Subjektivität als ein Moment von Intersubjektivität. Einige Bemerkungen zu Manfred Frank«, in: *Gemeinschaft und Gerechtigkeit*, hg. v. Micha Brumlik und Hauke Brunkhorst, Frankfurt am Main 1995, S. 290-305 (296).

45 *Nürnberger und Heidelberger Schriften 1808-1817*, Band 4 der *Werke in zwanzig Bänden*, hg. v. Eva Moldenhauer und Karl Markus Michel, Frankfurt am Main 1970, S. 122.

ist Selbstwissen wesentlich *Resultat* von Relationen, die *vorgängig* im außerindividuellen Sozialraum stattfinden. So auch Habermas, wenn er sagt, die Fähigkeit, jeweils die Perspektive des anderen zur eigenen zu machen, erzeuge

»ein Selbstverständnis, welche die einsame Reflexion des erkennenden oder handelnden Subjekts auf sich als vorgängiges Bewußtsein keineswegs voraussetzt. Vielmehr entsteht die Selbstbeziehung aus einem *interaktiven* Zusammenhang.«⁴⁶

Anderswo heißt es entsprechend, Selbstbewußtsein sei etwas »aus der Perspektivenübernahme *[allererst R]esultierend[es]*«⁴⁷. Diese Ansicht scheint mir aus den Gründen zirkulär, die ich oben im Zusammenhang des Reduktionsversuchs auf *de dicto*-Einstellungen diskutiert habe.

Aber schauen wir etwas genauer auf den tieferen Sinn der pragmatischen Umdeutung des epistemischen Paradigmas. Habermas meint, dies Paradigma bleibe durch seinen negativen Bezug auf ein vergegenständlichtes Subjekt irgendwie dem Reflexionsmodell, das es kritisiere, verhaftet. Auch Lutz Wingert denkt, die Sprachform, die in interaktiven Zusammenhängen (und solchen, die sich performativ zur Geltung meines ›Anspruchs‹ verhalten) in Anwendung kommt, nehme mein individuelles ›ich‹-Sagen wieder auf und vergegenständliche mich dabei gerade nicht. Ich trete nicht als ›er‹/›sie‹, sondern als ›du‹ in den Skopus einer Subjekt anerkennenden Kommunikation/Interaktion.⁴⁸ Das klingt freundlicher, jedenfalls geselliger als die Hegelsche Rede vom objektvermittelten Selbstbewußtsein. Und in der Tat setzt der performative Modus des Ansprechens Anerkennung des/der Angesprochenen als einer Person voraus. Doch sehe ich allsogleich einen neuen Zirkel sich schließen, sobald man weiter geht und annimmt, die Personalität des/der Angesprochenen werde allererst durch diese Sprachform konstituiert. Ich denke: Ohne eine minimale epistemische Komponente kommt die Ansprache des/der *Anderen* als eines anderen *Subjekts* gar nicht zustande – wie denn bei Sprechakten die Modi als Variationen über das Thema der performativ nur verschieden inszenierten propositionalen

---

46 *Nachmetaphysisches Denken. Philosophische Aufsätze*, Frankfurt am Main 1988, S. 32
47 Habermas, *Theorie des kommunikativen Handelns*, Bd. 1, Frankfurt am Main 1981, S. 527.
48 Wingert, a. a. O., S. 301.

Komponente angesehen werden können. Anders gesagt: Mir leuchtet nicht ein, daß der Übergang vom Siezen zum Duzen von Personen den erwähnten epistemologischen Zirkel los wird. Auch die – ich gebe es zu – nicht-vergegenständlichende und Einzigartigkeits-wahrende Anrede durch ›du‹ bezieht sich auf mich *als* mich nur unter der stillschweigenden Voraussetzung, daß ich mit dem Adressaten des »Anspruchs« oder der »Aufforderung« (das ist übrigens Fichtes durchaus inspirierte Ausdrucksweise aus dem 3. § der *Grundlage des Naturrechts*) vorher schon vertraut war. Oder in wieder anderen Worten: *Wenn* einmal bekannt ist, wie einem Subjekt zumute ist, kann ich mich auf seine Seelenzustände über die ungegenständliche Anrede mit ›du‹ perlokutionär erfolgreich beziehen; aber es wäre zirkulär, zu meinen, ich *lernte* diese Kenntnis aus dem (sprachlich vermittelten) Bezug auf die ›zweite Person‹ (die in der Tat keine ›dritte‹ sein muß). Darum – scheint mir – muß ich keine der Evidenzen zurückziehen, die mich weiter oben hatten glauben lassen, daß Selbstbewußtsein wesentlich ein nicht-sprachliches Phänomen ist und daß keine (wie auch immer pragmatisch angereicherten) Sprachanteile in sein sogenanntes ›Selbstverständnis‹ einziehen müssen (wie Wingert glaubt[49]; diese Annahme könnte zu einem schwer überwindlichen Sprach- und Weltbild-Relativismus à la Humboldt führen und die realistische Absicht meiner Selbstbewußtseinstheorie schwächen; wie sprachlich-begriffliche Artikulation Befunde der Selbstvertrautheit modifiziert, habe ich unter *II.* erklärt und werde darauf unter *V.b* zurückkommen).

Ähnlich wie Wingert versucht auch Jürgen Habermas, den vergegenständlichenden Beobachterblick auf die dritte Person durch eine freundlichere, nämlich eine kommunikative Beziehung zur zweiten Person zu ersetzen.[50] Ich gebe ihm zu, daß konkrete Sozialisierungsverhältnisse nicht aus der Logik des epistemischen Selbstverhältnisses verständlich gemacht werden können, und auch dies, daß der (Meadsche) ›Ansatz bei einem praktischen Selbstverhältnis‹ samt der performativen Einstellung zu *alter* die Subjektivität der zweiten Person tatsächlich zu respektieren vermag. Aber ich glaube, daß die performative Einstellung fremde Subjektivität nur anerkennen, nicht ursprünglich entdecken/

---

49 A.a.O., S. 292.
50 *Replik* auf die Beiträge des Habermas-Heftes der *Revue internationale de philosophie*, n° 4/1995, S. 559, 562f.

erkennen kann. Insofern die in der performativen Perspektiven- und Anspruchs-Übernahme vollzogene Anerkennung des Anderen eine vorgängige Vertrautheit mit Subjektivität aber schon voraussetzt, schließt sich der bekannte Zirkel. Das wird erneut deutlich an Habermas' Neigung, Subjektivität nicht als ursprünglich anzuerkennen, sondern sie anzusetzen als erst »hervorgehen[d]« aus der Perspektivenübernahme einer zweiten Person, »die an mich in performativer Einstellung eine Verhaltenserwartung richtet«[51]. Subjektivität ist aber weder sprachlich ›erzeugt‹ noch ›Resultat‹ des Vergesellschaftungsprozesses. (Und obwohl dies im vorliegenden Text nicht mein Gegenstand ist, glaube ich auch nicht, daß Individuierung erst »aus einer sprachlich erzeugten Intersubjektivität«[52] erklärt werden kann. Individualität ist ja innovativ und ändert die Regeln, nach denen sie vorgängig sozialisiert oder in ein sprachliches Weltbild eingebunden wurde. Wie sollte das zirkelfrei mit Hilfe der Ausgangsregeln möglich sein? Aber das ist ein anderer Punkt, den ich hier nicht vertiefen muß.) Ich bin aber froh, daß Habermas Selbstbewußtsein »[a]uch unter einer kommunikationstheoretischen Beschreibung« für ein bleibend »wichtiges Phänomen« erklärt, auch wenn er es aus dem Zentrum der Philosophie entfernen will.[53] Ich glaube aber, daß die Probleme der Zirkel bei der Erklärung dieses Phänomens mit der Frage nach Zentralität oder, wie Habermas empfiehlt, narzißtischer Kränkung von Selbstbewußtsein gar nichts zu tun hat. Es geht einfach um die Anerkennung einer unüberspringbar epistemischen Kompenente des Phänomens, die Philosophen bisher nicht erfolgreich reduzieren konnten.

V.b In *Wahrheitstheorien*[54] arbeitet Habermas mit dem (aus frühen Diskussionen des Wiener Kreises bekannten) Standard-Einwand, daß Theorien/Diskurse nicht aus Gewißheitserlebnissen, sondern aus wahrheitsfähigen und mithin problematisierbaren Propositionen bestehen. Sie werden zwar durch Wahrnehmungen ›gestützt‹, aber durch Argumente ›begründet‹[55]. Gewißheits-

---

51 Ebd., S. 564.
52 Ebd.
53 Ebd., S. 565.
54 In: ders., *Vorstudien und Ergänzungen zur Theorie des kommunikativen Handelns*, Frankfurt am Main 1984, S. 127-183.
55 Ebd., S. 134 f.

erlebnisse sind privat, dagegen enthalten selbst singuläre Aussagen (sog. Wahrnehmungsurteile) wenigstens einen universellen Ausdruck.[56] Erlebnisse oder sinnliche Gewißheiten können darum »*keinem Geltungsanspruch zugeordnet*«[57] und mithin nicht *intersubjektiv* verhandelt werden[58]. Theorien/Diskurse quantifizieren auch nicht über Objekte[59], sondern über Tatsachen, und »Tatsachen [kommen] allein im Kommunikationsbereich des Diskurses zur Sprache«[60]. (Die »Verwechslung von Objektivität und Wahrheit« wird einem ›konstitutions‹- oder ›transzendentalphilosophischen Wahrheits[miß]verständnis‹ zugeordnet[61], obwohl doch gerade Kant den engen Zusammenhang zwischen der Objektivität von Wahrnehmungssynthesen und der Wahrheit von Urteilen mit gegenstandsbezogenen Ausdrücken in der Subjekt-Position – also sehr wohl, wenn man will, die objektkonstitutive Rolle des Diskurses – hatte nachweisen wollen[62].) Selbst »die methodische Inanspruchnahme von Erfahrung, z. B. im Experiment, bleibt ihrerseits abhängig von Interpretationen, die ihre Geltung nur im Diskurs bewähren können«[63]. Diese Geltungsbewährung im Miteinander-Argumentieren liefert gerade die Voraussetzung für die konsenstheoretische Ausrichtung der Habermasschen Wahrheitstheorie, derzufolge ich einem Gegenstand ein Prädikat nur dann zusprechen darf, »wenn auch jeder andere, der in ein Gespräch mit mir eintreten *könnte*, demselben Gegenstand dasselbe Prädikat zusprechen *würde*«[64].

Michael Williams hat alle diese Teil-Einwände kürzlich auf folgenden Punkt gebracht:

»As for immediate experience, it cannot be the sensations themselves that constitute the foundations of knowledge. Lacking propositional content, sensations cannot stand in logical relation to beliefs and so can neither support nor falsify beliefs. But if we identify the foundations of knowl-

---

56 Ebd., S. 155f.
57 Ebd., S. 143.
58 Ebd., S. 140₃.
59 Ebd., S. 151ff.
60 Ebd., S. 134; vgl. dagegen Armstrong, a. a. O., der für eine objektiv und sprachdiesseitig bestehende Welt aus Sachverhalten plädiert.
61 Habermas, »Wahrheitstheorien«, a. a. O., S. 151.
62 Vgl. Dieter Henrich, *Identität und Objektivivtät. Eine Untersuchung über Kants transzendentale Deduktion*, Heidelberg 1974.
63 Habermas, »Wahrheitstheorien«, a. a. O., S. 135.
64 Ebd., S. 136.

edge with some type of judgment, we seem forced to acknowledge that, where there is a description, there is the possibility of misdescription.«[65]

In der Nachfolge Poppers und der Theoretiker der *propositionalen Einstellungen* war diese Ansicht lange Zeit flächendeckend erfolgreich. Sie wird jetzt im Zuge einer vorsichtigen und partiellen Wiederbelebung fundamentalistischer Ansätze kräftig in Zweifel gezogen. Ein (anfangs kurz schon erwähntes) Beispiel ist Lawrence BonJour. Unter der Überschrift »Back to Foundationalism«[66] empfiehlt er eine gründliche Neueinschätzung der Sachlage. Das Dilemma, daß Erfahrung nur dann geprüft oder gerechtfertigt werden könne, wenn sie Überzeugungscharakter habe und dann in Sätzen artikuliert vorliege, scheint vermeidbar, wenn man folgende Verwirrung auflöst: Um Bestandteile einer Theorie zu sein, müssen basale Überzeugungen in Meta-Überzeugungen artikuliert vorliegen. Es scheint sich vielmehr ein mittlerer Weg anzubieten, wonach Grundüberzeugungen präreflexiv vorliegen, aber ›konstitutiv‹ sind für entsprechende (ausdrückliche, ›reflexive‹ oder ›apperzeptive‹) Überzeugungen.

»(…) I suggest, to have an occurent belief is *ipso facto* to have an awareness of the content of that belief (and also of one's acceptance of that content), an awareness that is not reflective or apperceptive in nature, but is instead partly *constitutive* of the first level occurent belief state itself. My suggestion is that it is by appeal to this nonapperceptive, constitutive awareness that an apperceptive metabelief is justified – though we now see that it is this nonapperceptive awareness rather than the metabelief that finally deserves to be called ›basic‹.«[67]

Eine ganz ähnliche Ansicht hatte wenige Jahre früher David Chalmers vorgetragen. Seine Artikulation dessen, was auch er das Dilemma oder »das Paradox phänomenaler Urteile« nennt[68], beruht auf einer dualistischen Grundannahme. Danach sind Erlebnisse des Typs, den ich oben als selbstbewußt charakterisiert habe, nicht als logisch supervenient zu betrachten über neuronalen Ereignissen; dagegen können mentale Ereignisse des Typs, den ich als Selbstwissen bezeichnet habe, funktionalistisch reduziert werden. Die Schere öffnet sich, mit einem Wort, zwischen

---

65 »Scepticism«, in: *The Blackwell Guide to Epistemology*, a.a.O., S.42, 1. Absatz.
66 A.a.O., S.130.
67 Ebd., S.131.
68 Vgl. Chalmers, a.a.O., S.172ff.

Bewußtseinserlebnissen ohne und mit kognitivem Anspruch. Das Dilemma hat dann folgende Form:
(1) Die physikalische Welt ist kausal geschlossen.
(2) Phänomenale *Urteile* sind logisch supervenient auf die physikalische Welt.
(3) Phänomenales *Bewußtsein* ist nicht logisch supervenient auf die physische Welt.
Conclusio: Phänomenales Bewußtsein ist explanatorisch (kausal) irrelevant für Urteile über phänomenales Bewußtsein.

Chalmers löst das Dilemma, indem er dennoch einen bestimmten Typ von Rechtfertigungsrelation zwischen Erlebnissen und darauf gerichteten Urteilen zuläßt. Dabei macht er die interessante erkenntnistheoretische Annahme, daß der Unterschied beider Bereiche (Bewußtsein versus Wissen) in dem besonderen Falle der Kenntnis über uns selbst sich entdramatisieren läßt. Wir haben nämlich *unmittelbar*, d.h. nicht vermittels eines zusätzlichen kognitiven Akts, »Zugang zu unserem Bewußtsein«[69]. Das *Haben* von Erlebnissen sei *ipso facto* ausreichend für die Rechtfertigung meiner Überzeugung darüber. So rechtfertigt ein Farberlebnis das Urteil, *daß* es vorliegt und daß es *so uns so* vorliegt. Erleben hat also eine »intrinsisch epistemische« Dimension[70]; Chalmers nennt sie gelegentlich Vertrautheit (»acquaintance«)[71]. Da Bewußtseinserlebnisse – nach einer früheren Annahme – notwendig überhaupt nur dann vorliegen, wenn ich mit ihnen bekannt bin[72], sei es schon aus logischen (oder begrifflichen) Gründen ausgeschlossen, einen Keil zu treiben zwischen den ontischen und den epistemischen Aspekt von Selbstbewußtsein[73]. Es ist darunter ein Ereignis zu verstehen, dessen Vorliegen notwendig und ohne weitere Vermittlung die Kenntnis über sein Vorliegen mit sich führt. Diese Kenntnis läßt sich auch als prä-reflexiv bezeichnen, da sie nicht das Werk einer epistemischen Zuwendung ›zweiter Ordnung‹ sein könnte[74]. Selbstverständlich kann es bei der begrifflichen Charakterisierung von Erlebnissen zu Fehlern

---

69 Ebd., S. 196.
70 Ebd.
71 Ebd., S. 197 oben.
72 Ebd., S. 133, 4. Absatz; S. 149 oben.
73 Ebd., S. 197 oben.
74 Vgl. ebd., S. 233, 3. und 4. Absatz.

kommen, und solche Charakterisierungen sind also nicht inkorrigierbar. Aber das hat nichts damit zu tun, daß der ›first-order belief‹ selbst sich nicht unmittelbar epistemisch erschlossen wäre. Chalmers läßt also, wie Kant[75], nicht-begriffliche Bewußtseinsgehalte zu, die gleichwohl spezifisch bestimmt und als solche auch bekannt sind.[76] Das entspricht – auf einer nunmehr erkenntnistheoretischen Ebene – der Annahme, die ich oben selbst im Blick auf Selbstbewußtsein gemacht habe.

75 KrV, S. 90f.
76 Chalmers, a. a. O., S. 197, 2. und 3. Absatz.

Herbert Schnädelbach
Phänomenologie und Sprachanalyse

Die beiden philosophischen Richtungen, die der Titel meines Beitrags durch ein ›und‹ verbindet, wird eine künftige Philosophiegeschichte, die sich mit unserem zu Ende gehenden Jahrhundert befaßt, vielleicht einmal wie folgt charakterisieren: ›*Es handelte sich um zwei entgegengesetzte, aber miteinander konkurrierende Konzeptionen wissenschaftlicher Philosophie in einem nachidealistischen Zeitalter. Von dem verbreiteten historisch-hermeneutischen Verständnis der Philosophie als »Geisteswissenschaft« unterschieden sich beide Traditionen durch strikte Sachorientierung, wobei sie nicht mit den Wissenschaften zu konkurrieren versuchten, sondern eigene Sachgebiete für sich beanspruchten; sie verstanden sich als kritische Ergänzung der wissenschaftlichen Kultur.*‹ Die Ausdrücke ›Phänomenologie‹ und ›Sprachanalyse‹ sind als Abkürzungen zu verstehen: einmal für Husserls Programm einer Philosophie als »strenger Wissenschaft«[1] samt ihrer Wirkungsgeschichte über Heidegger, Sartre, Merleau-Ponty, Lévinas u. v. a. bis in unsere 90er Jahre, zum anderen für die sprachanalytische Philosophie im weitesten Sinne, und dies auch dort, wo sie nicht mehr analytisch verfährt im Sinne von Russells logischem Atomismus, sondern holistisch wie bei Quine, Davidson und ihren Nachfolgern. Der eigentliche Gegenstand meines Beitrags aber ist jenes ›und‹; ich möchte ihm eine neue Bedeutung geben. Das Verhältnis zwischen Phänomenologie und Sprachanalyse war bis in die 50er Jahre weitgehend durch gegenseitige Ignoranz geprägt, d. h. das ›und‹ zwischen Phänomenologie und Sprachanalyse bedeutete für lange Zeit ein beziehungsloses Nebeneinander. Die von Frege, Russell und Wittgenstein geprägte Richtung wissenschaftlichen Philosophierens nahm Husserl gar nicht und Heidegger nur kopfschüttelnd zur Kenntnis; umgekehrt konnte man Husserl niemals irgendwelche größeren Rezeptionsleistungen nachsagen, und für die Heidegger-Schule galt die analytische Philosophie, sofern man überhaupt von ihr Notiz genommen hatte, als Beispiel für den typisch angelsächsischen

---

[1] Vgl. Edmund Husserl, *Philosophie als strenge Wissenschaft* (1911) [*PW*], Frankfurt am Main 1965.

Philosophieverfall. Die Situation änderte sich in den 60er Jahren. Von den europäischen Ländern hatten Großbritannien und die skandinavischen Staaten ganz im Einflußbereich der Frege-Russell-Tradition gestanden: Frankreich hingegen war gänzlich phänomenologisch orientiert, wenn man vom Marxismus einmal absieht. Der Zusammenstoß beider Bewegungen hingegen ereignete sich im deutschen Sprachraum nach 1960, dem Erscheinungsjahr des ersten Bandes von Wittgensteins Schriften; hier kam es zu der Konfrontation, die jenes ›und‹ als ein ausschließendes ›oder‹ zu verstehen nötigte; von den gegenseitigen Ablehnungsstrategien wird später die Rede sein. In den letzten drei Jahrzehnten haben sich zwar die Fronten aufgeweicht und sind durchlässiger geworden; gleichwohl gilt es auch heute noch auf beiden Seiten als etwas Exotisches, wenn sich ein Sprachanalytiker auf Husserl und Heidegger oder ein Phänomenologe auf Wittgenstein und Davidson bezieht. Eine Ausnahme hiervon ist freilich Ernst Tugendhat, der von Heidegger kam und nach seinem bedeutenden Buch über den Wahrheitsbegriff bei Husserl und Heidegger[2] ins sprachanalytische Lager wechselte; seine methodologische Fundamentalkritik an der Phänomenologie[3] entlastet auch heute noch viele seiner Schüler und Leser davon, sich mit Husserl und den Folgen überhaupt zu befassen. Eine an Niveau und Schärfe vergleichbare Gegenkritik von phänomenologischer Seite ist mir nicht bekannt geworden[4]; wenn hier auf die Sprachanalyse überhaupt Bezug genommen wird, sind die Einwände meist wenig sachkundig und ziemlich pauschal. Im folgenden möchte ich zeigen, daß kein Grund besteht, in dieser polemischen Situation zu verharren. In beiden Traditionen hat sich seit ihrer Entstehung am Jahrhundertanfang so viel getan, daß die einfachen Alternativen zu bröckeln und die Konturen zu verschwimmen beginnen; meine These ist: Wir können für das nächste Jahrhundert zwischen Phänomenologie und Sprachanalyse ein komplementäres ›und‹ ins Auge fassen. Zunächst werde ich die Gründe anführen, die für ein striktes Gegeneinander beider

---

2 Vgl. Ernst Tugendhat, Der Wahrheitsbegriff bei Husserl und Heidegger, Berlin 1967.
3 Vgl. Ernst Tugendhat, Vorlesungen zur Einführung in die sprachanalytische Philosophie, Frankfurt am Main 1976, S. 86 ff. und 143 ff.
4 Der einzige mir bekannte, detaillierte, aber ganz unpolemische Vergleich ist der von Cornelis A. van Peursen, Phänomenologie und analytische Philosophie, Stuttgart 1969.

Philosophiekonzeptionen sprechen (I), um dann den Prozeß der impliziten Annäherung zwischen ihnen zu beschreiben (II); schließlich sollen die Bereiche sichtbar werden, in denen die phänomenologischen und die sprachanalytischen Intuitionen auch dann ihr relatives Recht behalten werden, wenn es im nächsten Jahrtausend tatsächlich zu einer Vereinigung der beiden wichtigsten Traditionen wissenschaftlicher Philosophie unseres Jahrhunderts kommen sollte.

I.

Daß es sich bei einer solchen Vereinigung tatsächlich um eine »Wiedervereinigung« handelte, hat Michael Dummett[5] gezeigt: Die gemeinsame Wurzel von Phänomenologie und Sprachanalyse ist die Kritik am Psychologismus in der Philosophie der Logik und Mathematik, d. h. die »Verstoßung der Gedanken aus dem Bewußtsein«[6], aus der die »Gründer« der beiden Traditionen freilich entgegengesetzte Konsequenzen zogen. Wie sollte Philosophie wissenschaftlich möglich bleiben, wenn man nicht länger idealistische Metaphysik betreiben, aber auch die wohletablierte Psychologie als Leitwissenschaft nicht einfach akzeptieren wollte? Man war sich einig: Nicht die Wirklichkeit, sondern unsere Gedanken über die Wirklichkeit sind der Gegenstand der Philosophie, aber wo waren sie anzutreffen, wenn man ihnen weder ein ideales Ansichsein noch eine bloß empirisch-psychische Existenz zusprechen wollte? Husserls Antwort ist bekannt: Die Philosophie als »strenge Wissenschaft« sucht ihren Gegenstandsbereich in derselben Blickrichtung auf wie die »originäre«, d. h. nicht schon experimentelle Psychologie, d. h. im Sinne »der systematisch zu vollziehenden »Analyse« und »Deskription« der in den verschiedenen möglichen Richtungen immanenten Schauens sich darbietenden Gegebenheiten«[7]; sie folgt der Idee Brentanos einer »analytisch deskriptiven Durchforschung der intentio-

---

5 Vgl. Michael Dummett, Ursprünge der analytischen Philosophie (üb. v. J. Schulte), Frankfurt am Main 1988.
6 Ebd., S. 32.
7 *PW* 24; die Anführungszeichen deuten darauf hin, daß Husserl den wahren Sinn von ›Analyse‹ und ›Deskription‹ für seine phänomenologische Methode reservieren will.

nalen Erlebnisse«[8]. Von den psychischen Erscheinungen sondert diese Philosophie die »Phänomene«, die ihr den Namen geben, durch die phänomenologische Reduktion, d. h. durch die Ausschaltung aller »thetischen Existenzialsetzungen«, und die eidetische Reduktion durch »ideierende Abstraktion« legt die Phänomenologie auf das Wesen der Phänomene fest, wodurch sie sich als deskriptive Wesenswissenschaft präsentiert.

In der zitierten Programmschrift »Philosophie als strenge Wissenschaft« [PW] äußert sich Husserl nur ganz beiläufig darüber, was »strenge Wissenschaft« eigentlich sei; »Strenge« bedeutet zunächst nicht mehr als die strikte Bindung an das Gegebene – »Jede Gegenstandsart, die Objekt einer vernünftigen Rede, einer vorwissenschaftlichen und dann wissenschaftlichen Erkenntnis sein soll, muß sich in der Erkenntnis, also im Bewußtsein selbst bekunden und sich, dem Sinne aller Erkenntnis gemäß, zur *Gegebenheit* bringen lassen«[9] –, und in diesem Sinne hat Husserl behauptet, die Phänomenologie propagiere den »wahren« Positivismus.[10] Zieht man hier die »Prolegomena« der »Logischen Untersuchungen« [LU] zu Rate, so wird deutlich, daß Husserl keineswegs unkritisch dem zu seiner Zeit phänomenalistischen Wissenschaftsideal von Ernst Mach u. a. anhängt, das die Wissenschaft insgesamt auf exakte Beschreibung reduzieren wollte. Obwohl sich Husserl noch sehr viel später zu dieser Tradition bekannte[11], besteht er durchaus auf der »Einheit des Begründungszusammenhanges«, die wesentlich zur Wissenschaft hinzugehöre[12]. Wenn es die Phänomenologie Husserls als streng wissenschaftliche Philosophie dann doch primär auf die reine Beschreibung abgesehen hat, dann darum, weil sie zunächst einmal die Elementarbedingung der »Strenge«, d. h. der zweifelsfreien »Gegebenheit« dessen, wovon sie spricht, erfüllen muß.

8 S. 26.
9 S. 21.
10 Vgl. van Peursen, a. a. O., S. 39 und S. 144.
11 Vgl. Hermann Lübbe, Positivismus und Phänomenologie. Mach und Husserl, in: *Bewußtsein in Geschichten. Studien zur Phänomenologie der Subjektivität*, Freiburg 1972, S. 42f.
12 *Logische Untersuchungen* [LU] I, 5. Auflage, Tübingen 1968, S. 15; Husserl akzeptiert auch die Bezeichnung »deskriptive Wissenschaften« für die »konkreten«, auf bestimmte Sachgebiete fixierten Disziplinen, und er fügt dann hinzu: »Aber natürlich dürfte man den Namen nicht so verstehen, als ob deskriptive Wissenschaften es auf bloße Beschreibung abgesehen hätten, was dem für uns maßgebenden Begriff von Wissenschaft widerspricht.« (Ebd., S. 235)

Dies muß dann auch für das Logische selbst gelten: »Denn alles Logische muß, wofern es als Forschungsobjekt unser eigen werden und die Evidenz der in ihm gründenden apriorischen Gesetze ermöglichen soll, in konkreter Fülle gegeben sein (...) So erwächst die große Aufgabe, die logischen Ideen, die Begriffe und Gesetze, zu erkenntnistheoretischer Klarheit und Deutlichkeit zu bringen. Und hier setzt die phänomenologische Analyse ein.«[13]

Der weitere Weg, den die Phänomenologie Husserls geht, entscheidet sich daran, wie sie die geforderte »erkenntnistheoretische Klarheit und Deutlichkeit« weiterbestimmt. Zum einen folgt Husserl der Vorstellung, daß die »Evidenz«, in der auch »das Logische (...) in konkreter Fülle gegeben« sein soll, ihr Fundament in der »Anschauung« haben muß, und zwar in der unmittelbaren Vergegenwärtigung wirklicher psychischer Erlebnisse, und nicht wie bei Platon in Anschauungen eines rein geistiges Auges; Husserl folgt hier unbesehen den Forderungen des Immanenzpositivismus seiner Zeit mit dem Ziel, ihn mit seinen eigenen Waffen zu schlagen und ihm selbst durch ideierende Abstraktion eine nichtpsychologische Logikbegründung abzuringen: »Die logischen Begriffe als geltende Denkeinheiten müssen ihren Ursprung in der Anschauung haben; sie müssen durch ideierende Abstraktion auf Grund gewisser Erlebnisse erwachsen und im Neuvollzuge dieser Abstraktion immer wieder neu zu bewähren, in ihrer Identität mit sich selbst zu erfassen sein.«[14] Und später heißt es: »Die Phänomenologie der logischen Erlebnisse hat den Zweck, uns ein so weitreichendes deskriptives (nicht etwa empirisch-psychologisches) Verständnis dieser psychischen Erlebnisse und des ihnen einwohnenden Sinnes zu verschaffen, als nötig ist, um allen logischen Fundamentalbegriffen feste Bedeutungen zu geben.«[15] Zugleich zielt dieser Ultra-Positivismus, der auch für das Logische Gegebenheit »in konkreter Fülle« fordert, nicht auf irgendein transzendentes Sein, sondern auf »feste Bedeutungen« der »logischen Fundamentalbegriffe«; auch diese Bedeutungen sind »in Evidenz« zu »geben«, d. h. in ihrem evidenten Gegebensein aufzuweisen. Daraus folgt: »Wir wollen uns schlechterdings nicht mit »bloßen Worten«, das ist mit einem bloß symbolischen Wortverständnis, zufrieden geben (...) Wir wollen auf die »Sachen

13 *LU* II, S. 5.
14 Ebd.
15 S. 6.

selbst« zurückgehen. An vollentwickelten Anschauungen wollen wir uns zur Evidenz bringen, dies hier in aktuell vollzogener Abstraktion Gegebene sei wahrhaft und wirklich das, was die Wortbedeutungen im Gesetzesausdruck meinen.«[16]

Damit ist der Punkt bezeichnet, an dem sich die Wege von Phänomenologie und Sprachanalyse als den Erben der Psychologismus-Kritik trennen. Um der wahren Wortbedeutungen habhaft zu werden, dürfen wir Husserl zufolge nicht bei den »bloßen Worten« stehenbleiben, sondern wir müssen durch sie hindurch über sie hinausgelangen zu den »Sachen selbst«, d. h. zu den reinen, in Evidenz aufweisbaren Bedeutungen, für die die »bloßen Worte« häufig genug nur unvollkommen oder irreführend stehen. Seitdem haben die Phänomenologen immer wieder wiederholt, was Husserl in der Einleitung zu den *LU* II behauptet: daß sich die »eigentliche Bedeutungsanalyse« nicht durch die »grammatische Analyse« gängeln lassen dürfe; mehr als ein »gewisse(r) Parallelismus zwischen Denken und Sprechen« sei nicht konstatierbar, und darum sei es notwendig, durch den bloß sprachlichen Ausdruck hindurch zu dem durchzudringen, was er wirklich bedeutet; so sei es eine »logisch wichtige Angelegenheit, das Verhältnis von Ausdruck und Bedeutung zu analytischer Klarheit zu bringen, und in dem Rückgang von dem vagen Bedeuten zu dem entsprechenden artikulierten, klaren, mit der Fülle exemplarischer Anschauung gesättigten und sich daran erfüllenden Bedeuten das Mittel zu erkennen, wodurch die Frage, ob eine Unterscheidung als logische oder als bloß grammatische zu gelten habe, in jedem gegebenen Falle entschieden werden kann«[17]. »Ausdruck und Bedeutung« – das ist der Titel der ersten »Logischen Untersuchung«, und der Kontext, in dem er ihn einführt, zeigt: Mit großer Selbstverständlichkeit stellt sich Husserl in die Tradition der aristotelischen Semiotik, der auch Locke und Kant unbesehen folgten; ihr zufolge sind Wörter bloß konventionelle Zeichen für die psychischen Vorkommnisse (*pathémata*, *ideas*, Vorstellungen), die sie in der sprachlichen Kommunikation vertreten. Die mögliche Differenz zwischen der sprachlichen Bezeichnung und dem bezeichneten Psychischen – oder zwischen dem »bloßen« Wort und der Vorstellung als der »wahren« Wortbedeutung – begründet in der Neuzeit das antischolastische Mißtrauen gegen die

16 Ebd.
17 S. 13 f.

Sprache und die Idee einer Sprachkritik mit den Mitteln einer vorsprachlichen Bedeutungsanalyse, die sich schon bei Locke als exakte Vorstellungsbeschreibung versteht. Dem folgt Husserl, wenn er schreibt: »In der Epoche lebendiger Reaktion gegen die Scholastik war der Feldruf: Weg mit den hohlen Wortanalysen. Die Sachen selbst müssen wir befragen. Zurück zur Erfahrung, zur Anschauung, die unseren Worten allein Sinn und vernünftiges Recht geben kann«[18]; aber er radikalisiert dieses Programm durch die beiden Reduktionen – die phänomenologische und die eidetische – und hofft so, in der empiristischen Blickrichtung auf das »Bewußtseinsleben« über die bloß kontingenten psychischen Daten, die unsere gewöhnlichen Wortbedeutungen auszumachen scheinen, zu reinen, »idealen Bedeutungen«[19] zu gelangen. Damit sei dann der Weg frei über bloß natürlich-sprachliche Grammatiken hinaus zu einer »reinen Grammatik«[20], bei der es sich dann um das Apriori einer jeden natürlichen Sprache[21] und eines jeden Symbolismus, d. h. auch der Logik und Mathematik handeln soll.

Die Kosten eines solchen Weges hinter den Rücken von Sprache und Symbol hat Max Scheler sehr genau bezeichnet: sie bedeuten die »fortwährende Entsymbolisierung der Welt«[22], denn nur durch sie seien die reinen Bedeutungen und ihre Grammatik zu reiner Evidenz zu bringen. So wird auch verständlich, warum die *LU* unter dem Titel »Ausdruck und Bedeutung« mit einer semiotischen Analyse einsetzen, um diese dann nachträglich in der *LU* V »Über intentionale Erlebnisse und ihre ›Inhalte‹« zu fundieren: Wenn der Begriff der Bedeutung tatsächlich auf den der Intentionalität zurückverweist, so muß man ohne Rekurs auf den Bedeutungsbegriff aufklären, was »intentionale Erlebnisse« sind, will man nicht in einen Zirkel geraten; damit aber operiert die Phänomenologie in einem präsymbolischen oder präsemiotischen Bereich. Hinzu kommt ein weiterer Schritt: Handeln die *LU* primär von Zeichenbedeutungen als den Inhalten bestimmter intentionaler Erlebnisse, so verallgemeinert Husserl in den »Ideen« diesen Bedeutungsbegriff zu dem des

---

18 *PW* 27
19 *LU* II, S. 91.
20 *LU* II, S. 294 ff.
21 Vgl. *LU* II, S. 338 ff.
22 Max Scheler, Phänomenologie und Erkenntnistheorie, in: *Gesammelte Werke, Band 10. Schriften aus dem Nachlaß* I, S. 384

»Noëma« als des Gehalts von intentionalen Erlebnissen überhaupt; so wird für den gesamten Gegenstandsbereich der Husserlschen Phänomenologie die grammatische Analyse als sekundär eingestuft.[23]

Damit war für die Husserl-Tradition das systematisch verstellt, was als die entgegengesetzte Folgerung aus der Psychologismus-Kritik gelten kann – die »Wendung zur Sprache« (*linguistic turn*)[24]. Freges Ansiedlung der aus dem Bewußtsein verstoßenen Gedanken in einem »Dritten Reich« idealer Gegenstände, die auch Rickert und später Popper mit seiner »Dritten Welt« imitierten, erwies sich aus zwei Gründen als suspekt: wegen des unvermeidbaren Vorwurfs des Solipsismus und des essentialistischen Platonismus. Wie sollte man am Orte des je eigenen Bewußtseins denn auf eine intersubjektiv kontrollierbare Weise der Fregeschen Gedanken und anderer idealer Sinngebilde innewerden können?[25] So lag es nahe, sich an die öffentliche Sprache als die unhintergehbare Basis vernünftiger Intersubjektivität zu halten; Wittgensteins sogenanntes Privatsprachen-Argument hat später den Rückweg in den methodischen Solipsismus einer reinen Phänomenologie wohl endgültig versperrt[26]. Für das Thema »Ausdruck und Bedeutung« bedeutet dies: »Der Gedanke ist der sinnvolle Satz«[27], und nur im Satz haben singuläre Ausdrücke Bedeutung; es gibt keine »reine« Grammatik, sondern nur die Grammatik natürlicher und künstlicher Sprachen, in deren Zusammenhang sich alle Bedeutungsfragen klären lassen müssen, denn: »Nur in einer Sprache kann ich etwas mit etwas meinen.«[28] Wir können nicht aus der Sprache heraus oder hinter sie zurück: »Die Sprache ist nichts anderem benachbart. Wir können nicht vom Gebrauch der Sprache im Gegensatz zu etwas anderem sprechen (etwa einer

---

23 Vgl. Michael Dummett, a.a.O., S. 37.
24 Vgl. ebd.
25 Auch Husserl kennt dieses Problem, und er weiß sich nicht anders zu helfen als durch das Postulat einer nur mit Mühe erwerbbaren phänomenologischen Virtuosität und durch die Hoffnung auf eine in diesem Sinn geschulte Forschergeneration, als ob damit das Intersubjektivitätsproblem gelöst wäre. (*LU* II, S. 10ff.)
26 Zur »phänomenologischen« Phase Wittgensteins vgl. Heinz Watzka, *Sagen und Zeigen. Die Verschränkung von Metaphysik und Sprachkritik beim frühen und beim späten Wittgenstein* (Berliner Dissertation 1998), S. 59ff. (erscheint demnächst).
27 *Tractatus logico-philosophicus (T)*, Satz 4.
28 Wittgenstein, *Philosophische Untersuchungen (PU)* § 38. Erg.

»Schau« reiner intentionaler Erlebnisse – H.S.). In der Philosophie ist also alles, was nicht Dunst ist, Grammatik.«[29]

Wie aber entsteht der Husserlsche »Dunst«? In sprachanalytischer Perspektive sitzt die Phänomenologie insgesamt einer grammatischen Täuschung auf – einer philosophischen Diskursvermengung[30]: Sie versucht, Bedeutungsfragen phänomenologisch, d. h. mit beschreibenden Mitteln zu klären, weil sie Bedeutungen selbst für beschreibbare Phänomene hält. Wir fragen nach der Bedeutung, wenn wir etwas verstehen wollen, und wir verstehen, wenn uns etwas erklärt oder erläutert wird; durch bloßes Hinsehen hat noch niemand je etwas verstanden. Wenn es um Bedeutungsverstehen geht, halten wir in der Regel aus dem Alltag vertraute und wissenschaftliche Erklärungen – seien es kausale, finale oder funktionale – nicht für einschlägig; wir erwarten Erläuterungen oder Explikationen, die wir manchmal auch ›Erklärungen‹ nennen. Die Vermengung des explikativen mit dem deskriptiven Diskurs der Philosophie beruht auf der Vorstellung, man könne die Bedeutung von Ausdrücken dadurch erläutern, daß man auf etwas anderes hinweist oder es beschreibt, und die wiederum fußt auf einer uralten, plausiblen, aber unhaltbaren Bedeutungstheorie, derzufolge die Bedeutung von Ausdrücken der Gegenstand sei, für den der Ausdruck steht. In der cartesianischen Tradition der Bewußtseinsphilosophie bis zu J. St. Mill identifizierte man diese Bedeutung mit der Vorstellung des Gegenstandes, von dem die Rede ist – also einem psychischen Vorkommnis –, weil man nach der cartesianischen Skepsis sich des objektiven Gegenstandsbezugs unserer Vorstellungen nicht mehr sicher sein konnte. Um sich der Bedeutung unserer Ausdrücke zu versichern, schien demzufolge nichts anderes erforderlich zu sein als der Aufweis oder die Beschreibung der psychischen Vorkommnisse, die unsere Ausdrücke zu repräsentieren beanspruchen, und diesem Modell folgt auch Husserls Phänomenologie, obwohl sie ausdrücklich zwischen Bedeutung und Gegenstand unterscheidet[31]; gleichwohl sucht sie Bedeutung und Gegenstand in derselben deskriptiven Blickrichtung auf. Es handelt sich bei

---

29 Ders., Vorlesungen 1930/31, in: *Vorlesungen 1930-1935*, Frankfurt am Main 1989, S. 132.
30 Zum Folgenden vgl. Herbert Schnädelbach, *Reflexion und Diskurs. Fragen einer Logik der Philosophie*, Frankfurt am Main 1977, insbes. S. 341 ff.
31 Vgl. *LU* II, S. 37 f. und S. 50 ff.

Husserl um eine differenzierte mentalistische Referenztheorie der Bedeutung, die verspricht, einen Ausdruck dadurch »restlos« verständlich zu machen, daß sie seine Bedeutung am Orte des Bewußtseins zur »Gegebenheit« bringe und so »evident« werden lasse[32]. Den Übergang von singulären Bedeutungserlebnissen aber zur »idealen Einheit der Spezies«[33] stiftet die eidetische Reduktion; durch sie maskiert sich das Verstehen von Bedeutungen als ein reines Schauen von »Wesen« – als »Wesensschauung« –, und so tritt die Bedeutungstheorie bei Husserl auf im Talar rein deskriptiver »Wesensforschung«[34].

So liegt es nahe, den phänomenologisch-deskriptiven Diskurs in einen grammatisch-explikativen Diskurs zu übersetzen; damit verlieren die Husserlschen Rätsel ihre Schrecken. Mir selbst ist es niemals gelungen, die von Husserl und den zahllosen Darstellungen seiner Phänomenologie geforderte *epoché* zu vollziehen: Wie macht man das – sich einen Bewußtseinsinhalt zu vergegenwärtigen, dabei von allen »Existenzsetzungen« abzusehen und ihn dann zu beschreiben? Selbst wenn ich einmal von der Problematik der Introspektion als der Wahrnehmung mit dem »inneren Auge« absehe, bleibt doch zu fragen: Existiert denn der Bewußtseinsinhalt nicht genau dann, wenn ich ihn vor mir habe? Was bleibt von ihm, wenn ich von seiner Existenz absehe? Wie kann ich etwas schauen und beschreiben, was nicht existiert? Die Phänomenologen werden sagen, daß das so nicht gemeint sei; ich bräuchte natürlich die Existenz der Phänomene nicht zu bestreiten, sondern ich solle nur nicht behaupten, daß sie so, wie sie mir erschienen, auch objektiv, d. h. unabhängig von ihrem Mir-Erscheinen existierten. Das Ganze ist viel weniger rätselhaft, wenn ich es in Termini der explikativen Rede fasse: Da gehe ich davon aus, daß jemand etwas meint und ich nicht verstehe, was gemeint ist; das kann mir jemand erläutern als den Sinn und/oder die Bedeutung des Gemeinten. Im explikativen Diskurs befassen wir uns mit Sinngebilden oder Bedeutungsträgern, und wir lassen hier Geltungsfragen zunächst einmal auf sich beruhen; wir wollen verstehen und nicht gleich beurteilen. Husserls *epoché* bedeutet dann nicht mehr als sich eines Urteils über Geltungsansprüche zu enthalten, z. B. die Stellungnahme dazu aufzuschieben, ob das

---

32 *PW* S. 21 f.
33 *LU* II, S. 106 ff.
34 *PW* S. 40 und S. 43.

Gemeinte so existiert, wie es gemeint ist, und ob ich Grund habe, vom Sinn zur Wahrheit des Gemeinten überzugehen.

Die nächste Frage ist dann: Was heißt ›Meinen‹? Was ist das Gemeinte? An dieser Stelle ist Husserl fixiert an die platonische Tradition der Auslegung des Meinens mittels der Metaphorik des Gesichtssinnes[35]; etwas Meinen ist demzufolge von der Art des aufmerksamen Hinsehens, nur daß es sich dabei um das Auge des Geistes oder um die Selbstanschauung des Bewußtseins in innerer Wahrnehmung, Introspektion oder Intentionalität im Spannungsfeld zwischen Intention und Erfüllung handeln soll. Was soll denn die in »ganzer Fülle« und völliger Evidenz aufweisbare Selbstgegebenheit der Phänomene sein, wenn sie nicht in reflektierter Haltung vom Bewußtsein im Bewußtsein selbst geschaut werden kann? Hier gestehe ich mit Tugendhat[36], daß ich nicht in mich hineinsehen kann, weil meine Augen nach außen gerichtet sind. Natürlich habe ich auch wie wir alle Selbstwahrnehmungen, d. h. ich weiß, wie ich mich gerade fühle und woran ich gerade denke; ich kann mich auch selbst beobachten, aber das ist doch nicht das, was die Phänomenologen in Anspruch nehmen, wenn sie glauben, in der *epoché* reine Bedeutungen »schauen« zu können. Schauen lassen sich nur sichtbare Gegenstände, und wer Bedeutungen schauen will, muß sie selbst für solche Gegenstände oder zumindest für Bilder solcher Gegenstände halten; deswegen die Deutung der Bedeutungen als Ideen, sei es im platonischen Sinn nur mit dem geistigen Auge sichtbarer idealer Gegenstände, oder als die *ideas* John Lockes, die in der deutschen Philosophensprache als Vorstellungen auftreten. Dieses Bild der Bedeutungen als Bild – das ist das Bild, von dem sich Wittgenstein mühsam befreien mußte, denn »Ein Bild hielt uns gefangen«[37]. In dieser Gefangenschaft hielten wir das Meinen für eine besondere Art von Sehen und deswegen das Gemeinte, d. h. die Bedeutung für ein Bild; hatte nicht Wittgenstein im ›Tractatus‹ selbst gesagt, wir machten uns Bilder der Wirklichkeit, und die Sätze seien solche Bilder – logische Bilder[38]? Die Befreiung liegt nach Wittgenstein darin, daß wir uns der Faszination des Bildes von der Bedeutung als Bild entziehen; dann werden wir nicht länger die Begleitvor-

---

35 Vgl. hierzu Ernst Tugendhat, *Vorlesungen*, a.a.O., S. 87.
36 Vgl. ebd., S. 93.
37 *PU* § 115.
38 Vgl. *T* 2, 3 und 3.1.

stellungen, die sich einstellen, wenn wir Wörter verwenden, mit deren Bedeutung verwechseln. Husserls Phänomenologie gerät so nachträglich in den Verdacht, das als ihren Gegenstandsbereich ausgegeben zu haben, was Wittgenstein sarkastisch »illustrierte Redewendungen«[39] nennt: Liefern die Phänomenologen tatsächlich nicht mehr als »eine bildliche Darstellung unsrer Grammatik«[40]?

Die Umdeutung der phänomenologischen als grammatische Untersuchung wird ferner dadurch nahegelegt, daß unser Meinen propositional ist, d. h. daß wir gar nicht etwas meinen können, sondern immer nur etwas *als* etwas, was bedeutet: Wir können niemals unmittelbar Gegenstände, sondern nur Sachverhalte meinen: »... daß p«[41], und Gegenstände können wir nur im Kontext von gemeinten Sachverhalten meinen.[42] Für Husserls Frage nach dem Zusammenhang von Ausdruck und Bedeutung bedeutet dies, daß die Satzbedeutung grundlegend ist für die Bedeutung der singulären Termini (Namen, Kennzeichnung, deiktische Ausdrücke etc.) und daß dasjenige, was die Bedeutung von Sätzen ausmacht, niemals selbst als intentionaler Gegenstand gegeben sein kann; die Analyse der Bedeutung unserer Ausdrücke ist damit an die grammatische Explikation ihres Gebrauchs verwiesen. Die Grammatik aber des Gebrauchs der Ausdrücke, für die wir Sinn und/oder Bedeutung beanspruchen, ist dasjenige, was eine Sprache ausmacht, und damit scheint nunmehr durch immanente Kritik des phänomenologischen Programms das erreicht zu sein, was für Wittgenstein schon im *Tractatus* festgestanden hatte: »Nur in einer Sprache können wir etwas mit etwas meinen.«[43]

Was dabei aus Husserls phänomenologischer Reduktion wird, hatte ich schon angedeutet: An ihre Stelle tritt jetzt der Übergang vom Sprechen über Dinge und Sachverhalte zum Sprechen über die Sprache, und dabei lassen wir in der Tat die Dinge und die Sachverhalte, von denen die Rede war, zunächst auf sich beruhen. – Was Husserls »reine« Bedeutungen betrifft, so ist umstritten, ob man sie im Sinne der Fregeschen »Gedanken« verstehen

---

39 *PU* § 295.
40 Ebd.
41 Vgl. H.S., »... daß p«. Über Intentionalität und Sprache., in: H. Schnädelbach, *Philosophie in der modernen Kultur*, Frankfurt am Main 2000.
42 Vgl. Tugendhat, a. a. O., S. 88f. und S. 102f.
43 *PU* § 38 Erg.

kann⁴⁴; was er aber im Felde der reinen Phänomene durch eidetische Reduktion zu gewinnen hoffte – das apriorische Wesen unserer intentionalen Erlebnisse –, davon sagt Wittgenstein: »Was es, scheinbar, geben *muß*, gehört zur Sprache.«⁴⁵ »Das *Wesen* ist in der Grammatik ausgesprochen.«⁴⁶ »Welche Art von Gegenstand etwas ist, sagt die Grammatik.«⁴⁷ Was Husserl zufolge die eidetische Reduktion durch ideierende Abstraktion leisten soll – der Aufweis des »Wesens« –, fällt hier der grammatischen Analyse selbst zu, freilich ohne daß dabei noch der Unterschied zwischen natürlich-sprachlicher und »reiner« Grammatik getroffen werden könnte: An die Stelle der »Wesen« treten die grammatischen Regeln der Sprachverwendung.

II.

In dieser Sicht der Dinge hat also Wittgenstein vollständig über Husserl gesiegt; seine Idee der Phänomenologie scheint endgültig der sprachanalytischen Aufklärung zum Opfer gefallen zu sein, aber das ist nicht die ganze Geschichte. Mindestens seit Heideggers *Sein und Zeit* ist die Phänomenologie hermeneutisch geworden, und das klassische deskriptive Konzept der Wesensschau und der noëtisch-noëmatischen Korrelationsanalyse⁴⁸ wurde danach nur noch von einer kleinen Schar engster Husserl-Schüler vertreten. Verglichen damit ist Heideggers Umdeutung der Phänomenologie als *légein tà phainómena* ein Gewaltstreich⁴⁹. Zwar betont er, daß »deskriptive Phänomenologie« im Grunde eine Tautologie sei, und deswegen »jede Aufweisung von Seiendem, so wie es sich an ihm selbst zeigt, Phänomenologie zu nennen« sei; aber dabei seien wir nur erst dem »formalen und vulgären Phänomenbegriff« gefolgt, den es zu »entformalisieren« gelte, und zwar im Sinne des »Seins des Seienden«. Damit sei erst der wahrhaft phänomenologische Phänomenbegriff erreicht, und daraus folgt:

---

44 Vgl. Gianfranco Soldati, Bedeutungen und Gegenständlichkeiten. Zu Tugendhats sprachanalytischer Kritik von Husserls früher Phänomenologie, in: *Zeitschrift für philosophische Forschung* 50 (1996), S. 410ff.
45 *PU* § 47.
46 *PU* § 371.
47 *PU* § 373.
48 Husserl, *Cartesianische Meditationen* (*CM*), Haag 1950, S. 39.
49 Vgl. *Sein und Zeit* (*SuZ*), Tübingen 1927, S. 34.

»Sachhaltig genommen ist die Phänomenologie die Wissenschaft vom Sein des Seienden – Ontologie«. Die Ontologie als Fundamentalontologie aber gründet nach Heidegger im Ontologisch-Sein des Daseins, d.h. in seinem ursprünglichen Seinsverständnis. Damit ist vorgezeichnet: »der methodische Sinn der phänomenologischen Deskription ist Auslegung (...) Phänomenologie des Daseins ist Hermeneutik.«[50]

Diese hermeneutische Wende ist freilich schon bei Husserl selbst angelegt; so heißt es in den *Cartesianischen Meditationen* (CM): »Aber die Aufgabe der Reflexion ist ja nicht, das ursprüngliche Erlebnis zu wiederholen, sondern es zu betrachten, und auszulegen, was in ihm vorfindlich ist.«[51] Wenn also die phänomenologische Deskription nicht auf die bloße Verdoppelung der Phänomene hinauslaufen soll, dann muß sie zur »Auslegung« übergehen, d.h. zum Explizit-Machen dessen, was in ihnen implizit enthalten ist. Darum finden sich bei Husserl schon in den *LU* immer wieder die Ausdrücke ›Analyse‹ und ›analytisch‹[52], und wenn man sich von seiner deskriptiven Redeweise nicht irreführen läßt, kann man entdecken, wieviel analytische Philosophie hier zu finden ist, wenn auch meist nicht in grammatischen, sondern in mentalistischen Termini; so erklärt sich, warum Husserl auch für Vertreter der sprachanalytischen Tradition attraktiv ist – wie für Jaako Hintikka, Dagfin Føllesdal u.a. Insgesamt fällt es schon in den *LU* schwer, die vorgeführten phänomenologischen Aufweise und Analysen von Bedeutungen im Wechselspiel von Bedeutungsintention und -erfüllung nicht als Auslegung im Sinne von Sinnexplikation, Interpretation oder Hermeneutik zu verstehen. Der Preis für diesen hermeneutischen Übergang ist freilich, daß die von Husserl stets verteidigte Differenz zwischen bloß grammatischer und phänomenologischer Bedeutungsanalyse[53] zu verschwimmen beginnt. Natürlich kann man sich schwer vorstellen, was grammatische Bedeutungsanalyse anderes sein soll als Hermeneutik im üblichen Sinne der Textauslegung; wird hingegen die Phänomenologie selbst hermeneutisch, dann bleibt von der phänomenologischen Deskription nur noch die Metapher.

---

50 Die letzten Zitate: *SuZ*, S. 37.
51 *CM*, S. 72f.
52 Z.B. »phänomenologische Analyse« (*LU* II, 5) oder »analytische Phänomenologie« (ebd., 12).
53 *LU* II, S. 12ff.

Genau an diesem Problempunkt ist die umstrittene Sprachtheorie aus *SuZ* angesiedelt[54]: Auf der einen Seite sollen Auslegung und Rede mit dem Seinsverständnis des Daseins gleichursprünglich sein; die Sprache hingegen als »Hinausgesprochenheit der Rede« verbleibt in der zweiten Reihe des Abkünftigen, denn »den Bedeutungen wachsen Worte zu. Nicht aber werden Wörterdinge mit Bedeutungen versehen«[55]. In dieser Lesart, die keineswegs unumstritten ist, sind die dem Verstehen, der Auslegung und der Rede »zuhandenen« Bedeutungen früher als die Worte. Der spätere Heidegger hat diese Zweideutigkeit zugunsten einer unhintergehbar sprachlichen Erschlossenheit der Welt korrigiert[56], und die von Heidegger geprägten Phänomenologen – Hans Lipps, Sartre, Merleau-Ponty, Lévinas u. v. a. – sind dem gefolgt. Diese hermeneutische Wende der Phänomenologie macht es aber nicht mehr leicht, den Vorwurf der Diskursvermengung gegen sie aufrechtzuerhalten. Schon in *SuZ* kann vor dem Hintergrund des ursprünglichen Seinsverständnisses des Daseins das »Sehen-Lassen« der Phänomene gar nicht anders als ein Verständlich-Machen verstanden werden; »Auslegung« meint dann wirklich nur noch Erläuterung oder Explikation von Sinn und nicht länger deskriptive Analyse. Die hatte Heidegger schon zu Beginn von *SuZ* hinter sich gelassen, als er proklamierte, das Thema der Ontologie sei nicht das Sein, sondern der »Sinn« von Sein[57].

Die Folgen für das Verhältnis von Phänomenologie und Sprachanalyse sind erheblich. Wenn für die Phänomenologen die Sprachlichkeit und damit die sprachliche Erschlossenheit der Welt fundamental geworden sind, entfällt der Vorwurf des Solipsismus; von Husserls methodischem Rückgang auf reine, d. h. vorsprachliche Phänomene und auf eine reine Grammatik kann dann keine Rede mehr sein. – Was wird aus dem Essentialismus? Es ist keine Frage, daß Heidegger in *SuZ* ebenso wie Max Scheler und auch Helmuth Plessner methodisch die Idee der Wesensphänomenologie in Anspruch nehmen und ihr zu folgen glauben: Handelt es sich dabei dann nicht doch um illustrierte Grammatik? Hier hat von Hermann plausibel gemacht, daß sich das, was

---

54 *SuZ*, S. 160ff.
55 S. 161.
56 Vgl. die Arbeiten in *Unterwegs zur Sprache*, Pfullingen 1959.
57 *SuZ*, 2ff.; vgl. kritisch dazu Ernst Tugendhat, »Heideggers Seinsfrage«, in: *Philosophische Aufsätze*, Frankfurt am Main 1992, S. 108ff.

Heidegger in *SuZ* über Wortbedeutungen sagt, zwanglos im Sinne des Regelbegriffs verstehen läßt[58], und Mohanty hat explizit vorgeschlagen, die phänomenologischen Schwierigkeiten des Essentialismus dadurch zu lösen, daß man die Wesenheiten nicht länger als *de re*, sondern als *de dicto* auffaßt, was soviel heißt wie sich nicht länger mit Wesen, sondern mit Bedeutungen zu befassen; dies entspreche dem Quineschen »*semantic ascent*«[59]. Folgten alle Phänomenologen dieser Konversion zum Nominalismus, könnten die Sprachanalytiker ihnen auch den platonisierenden Essentialismus nicht länger vorwerfen; blieben sie bei diesen Vorwürfen, bräuchte sich die fortgeschrittene Phänomenologie nicht getroffen zu fühlen.

Nimmt man die umgekehrte Perspektive ein, so ist aus sprachanalytischer Sicht zu sagen: Das Analytische und das Hermeneutische machen dann keinen einfachen Gegensatz aus, wenn man »analytisch« nicht semantisch eng im Sinne logischer Analyse oder analytischer Sätze versteht, sondern pragmatisch. Kant hatte die analytischen Urteile als »Erläuterungsurteile«[60] gedeutet, und daran kann man sich bei der pragmatischen Deutung von »analytisch« halten; es fällt dann mit »erläuternd« zusammen, und in diesem Sinne heißt es schon im *T*: »Die Philosophie ist keine Lehre, sondern eine Tätigkeit. Ein philosophisches Werk besteht wesentlich aus Erläuterungen.«[61] Insofern ist es kein Kategorienfehler, von Wittgensteins »sprachanalytischer Hermeneutik«[62] zu sprechen. Die Konturen werden noch unschärfer, wenn man bedenkt, daß Wittgenstein in den *PU* seine Erläuterungen selbst phänomenologisch versteht: als »Beschreibungen«. Wichtig ist freilich, daß er nicht mehr, wie Husserl in den *LU*, die Analysen, Erläuterungen oder Auslegungen unmittelbar *als* Beschreibungen ausgibt, aber sie verstehen sich doch als Analysen, Erläute-

---

58 Vgl. Claus-Peter Becke, *Bedeutung und Bedeutsamkeit. Untersuchungen zur phänomenologischen Bedeutungstheorie*, Herzberg 1994, S. 188ff.
59 Vgl. J.N. Mohanty, »Beschreibung und Auslegung als Möglichkeiten für die Phänomenologie«, in: E.W. Orth (Hg.), *Sprache, Wirklichkeit, Bewußtsein. Studien zum Sprachproblem in der Phänomenologie*, Freiburg/München 1988, S. 11ff., insbes. S. 16f.
60 Vgl. Kant, *Kritik der reinen Vernunft*, B.11; zum Folgenden auch: H.S., *Reflexion und Diskurs*, a.a.O.,
61 T, 4.112.
62 Vgl. Jörg Zimmermann, *Wittgensteins sprachanalytische Hermeneutik*, Frankfurt am Main 1975

rungen, Auslegungen *durch* Beschreibung, d. h. mit den Mitteln der Sprachspielbeschreibung. Dazu besteht dann keine Alternative, wenn man Wittgensteins Gebrauchs»theorie« der Bedeutung folgt, derzufolge man »für eine *große* Klasse von Fällen der Benützung des Wortes »Bedeutung« – wenn auch nicht für *alle* Fälle seiner Benützung – dieses Wort so erklären« kann: »Die Bedeutung eines Wortes *ist* sein Gebrauch in der Sprache.«[63] Der »Gebrauch« meint nicht einzelne Fälle, sondern die Regel des Gebrauchs in Sprachspielen als Lebensformen; da man aber Regeln nicht unabhängig von ihrer Anwendung identifizieren kann[64], bleibt somit für die Bedeutungsexplikation nichts anderes übrig als die Beschreibung solcher Regelanwendungen in singulären Sprechsituationen.[65] Aber ist denn das von der Idee der ideieren-

---

63 *PU* §43.
64 Vgl. *PU*, §§ 143ff. und 185ff.
65 Von Husserls ursprünglichem Konzept einer »reinen« Grammatik im Medium der Bewußtseinsphänomenologie unterscheidet sich Wittgensteins Sprachspielphänomenologie vor allem dadurch, daß sie nach dem Abschied von der idealsprachlichen Dogmatik des *T* die sprachlichen Phänomene nicht als »reine«, an sich seiend-vorhandene ausgibt, sondern als in der Erläuterungssituation immer erst zu vergegenwärtigende, d. h. um Sprachspiele beschreiben zu können, müssen wir sie spielen, und daraus erklärt sich auch ihr meist artifizieller Charakter. Aber auch diese Differenz beginnt zu schwinden, wenn man bedenkt, daß ja auch Husserl zufolge die Phänomene nicht einfach vorhanden sind, sondern dem Phänomenologen nur im Medium seiner eigenen intentionalen Erlebnisse zugänglich werden, und wenn man Husserls spätere Wendung zur Phänomenologie der Lebenswelt berücksichtigt, die man durchaus mit Wittgensteins Übergang vom *T* zu den *PU* vergleichen kann. – Darüber hinaus springen zwei weitreichende Gemeinsamkeiten zwischen *SuZ* und den *PU* ins Auge: zum einen die schneidende Kritik an der Subjekt-Objekt-Metaphorik, und dann das, was man den gemeinsamen »Fundamental-Pragmatismus« nennen könnte. Dem »In-der-Welt-Sein« des Daseins, das Heidegger zufolge das »erkenntnistheoretische Problem« der Neuzeit als gegenstandslos erweist, entspricht in Wittgensteins *PU* das Eingelassensein des Ich-Sagens und der subjektiven Redeweise in intersubjektive Sprachspiele und Lebensformen. – Was die Wortbedeutungen betrifft, so sind sie nach *SuZ* fundiert in den Bedeutsamkeiten der durch das Existenzial der Sorge gestifteten Bewandtnis-Zusammenhänge, in denen alles Zuhandene steht; diese Bedeutsamkeiten im Modus des »Etwas als Etwas« (*SuZ* § 32, 149) sind die Bedeutungen, denen nachträglich Worte »zuwachsen« sollen. Es ist unübersehbar, daß es sich hier in Wahrheit um eine pragmatistische Bedeutungstheorie nach dem Vorbild der Peirceschen »pragmatischen Maxime« handelt, auch wenn Heidegger jeden Pragmatismus-Verdacht weit von sich gewiesen hätte. Den *PU* zufolge sind Bedeutungen Regeln des Gebrauchs von Wörtern im Zusammenhang von Sprachspielen, die als Lebensformen zu deuten bedeutet, den Gebrauch nicht bloß metaphorisch, sondern im Sinne wirklichen Handelns, d. h. kommunikativen Handelns zu verstehen. – Zur pragmatistischen Heidegger-

den Abstraktion wirklich so verschieden? Was die sprachanalytische Phänomenologie gegenüber der hermeneutischen der Heidegger-Schule ohne Zweifel in Anspruch nehmen darf, ist nur der höhere Grad grammatischer Aufklärung über ihre eigenen sprachlichen Mittel; sonst aber besteht für die vom späten Wittgenstein geprägte sprachanalytische Tradition kein Grund mehr, Heidegger und die Folgen nicht interessant zu finden.

Trotz all dieser Konvergenzen besteht aber wenig Veranlassung, nunmehr den »ewigen Frieden« zwischen beiden Parteien auszurufen. Seitdem in unserem kontinentalen, von der hermeneutischen Tradition bestimmten philosophischen Klima die sprachanalytische Philosophie bekannt wurde, regte sich immer wieder die Klage, die sprachanalytische Philosophie laufe auf Behaviorismus und Nominalismus hinaus, und dies erklärt auch die andauernde Skepsis der Phänomenologen gegenüber der sprachanalytischen Philosophie, obwohl sie längst mit ihr gemeinsam davon ausgehen, daß die Welt unhintergehbar sprachlich erschlossen sei. Mit beiden Attacken befaßte sich schon Wittgenstein selbst in seinen *Philosophischen Untersuchungen*: »›Bist du nicht doch ein verkappter Behaviourist? Sagst du nicht doch, im Grunde, daß alles Fiktion ist, außer dem menschlichen Benehmen?‹ – Wenn ich von einer Fiktion rede, dann von einer grammatischen Fiktion.«[66] »Wir analysieren nicht ein Phänomen (z.B. das Denken), sondern einen Begriff (z.B. den des Denkens), und also die Anwendung eines Worts. So kann es scheinen, als wäre, was wir treiben, Nominalismus. Nominalisten machen den Fehler, daß sie alle Wörter als *Namen* deuten, also ihre Verwendung nicht wirklich beschreiben, sondern sozusagen nur eine papierene Anweisung auf so eine Beschreibung geben.«[67] Beide Zurückweisungen sind zumindest unvollständig. Wenn Wittgenstein das, was »außer dem menschlichen Benehmen« Fiktion sein soll, nun als eine grammatische Fiktion versteht, dann ist er eben grammatischer oder »logischer« Behaviorist, und sieht man auf seine Deutung mentaler Ausdrücke wie ›meinen‹, ›deuten‹, ›wiedererkennen‹, ›wünschen‹, ›sich erinnern‹ etc., dann ist der Unterschied zum psychologischen Behaviorismus nicht so groß: »Und

---

Lektüre vgl. auch Carl Friedrich Gethmann, *Dasein: Erkennen und Handeln; Heidegger im phänomenologischen Kontext*, Berlin 1993.
66 *PU* §307.
67 *PU* §383.

hier tun wir, was wir in tausend ähnlichen Fällen tun: Weil wir nicht *eine* körperliche Handlung angeben können, (...) so sagen wir, es entspreche diesen Worten eine *geistige* Tätigkeit./Wo unsere Sprache uns einen Körper vermuten läßt, und kein Körper ist, dort, möchten wir sagen, sei ein *Geist*.«[68] Der Nominalismus ist bestenfalls historisch durch das Verständnis der Wörter als Namen zu charakterisieren; seine Gegenposition ist das essentialistische Verständnis von Wortbedeutungen, das Wittgenstein zurückweist zugunsten seiner Gebrauchs»theorie«, d. h. der Reduktion der Wortbedeutungen auf die Regeln der jeweiligen Wortverwendung, und so wird ›Nominalismus‹ heute durchweg verstanden[69].

Der Nominalismus in der Bedeutungstheorie könnte die Wahrheit sein, und er hat die Gemüter bisher wenig erregt. Schwerer wiegt der Vorwurf des Behaviorismus, der sich im deutschen Sprachraum sehr bald nach dem Bekanntwerden Wittgensteins regte[70], und er ist auch nicht so leicht von der Hand zu weisen, weil Wittgenstein ja selbst alles »außer dem menschlichen Benehmen« für eine »grammatische Fiktion« erklärt. So meinten unsere hermeneutisch-phänomenologischen Kritiker mit ›Behaviorismus‹ vor allem Wittgensteins angebliche Eliminierung der menschlichen Subjektivität zugunsten eines Positivismus der logischen Idealsprache im *T* bzw. eines Positivismus faktischer Sprachspiele in den *PU*. Was allgemein irritierte, war der behauptete Vorrang des Sprachlichen vor der subjektiven Selbstgewißheit, die nurmehr als eine von der Sprache vorgezeichnete grammatische Möglichkeit erscheint; dieser Schock sollte sich in der 70er Jahren beim Bekanntwerden des französischen Strukturalismus wiederholen. Für transzendentale, d. h. bedeutungskonstitutive Subjektivität – sei es im Sinne Kants oder Husserls – scheint

---

68 *PU* § 36.
69 Vgl. den bekannten Aufsatz von Peter Bieri, »Nominalismus und innere Erfahrung«, in: *Zeitschrift für philosophische Forschung* 36 (1982), S. 3ff.
70 Für Walter Schulz bedeutete dies die Selbstnegation der Philosophie, in: *Wittgenstein. Die Negation der Philosophie*, Pfullingen 1967; auch ders., *Philosophie in der veränderten Welt*, Pfullingen 1972, S. 75. – Das Votum von Walter Schulz kann als repräsentativ gelten für die ersten Reaktionen der Heidegger-Schule auf das Bekanntwerden Wittgensteins; Schulz wendet sich schon ausdrücklich gegen die Versuche von Apel, Habermas u.a., sein Werk transzendentalphilosophisch zu deuten. Der Behaviorismus-Vorwurf gegen die sprachanalytische Philosophie ist seitdem nie mehr ganz verstummt.

in den *PU* kein Platz zu sein: »Unser Fehler ist, dort nach einer Erklärung zu suchen, wo wir die Tatsachen als ›Urphänomene‹ sehen sollten. D.h. wo wir sagen sollten: *dieses Sprachspiel wird gespielt.* – Nicht um die Erklärung eines Sprachspiels durch unsre Erlebnisse handelt's sich, sondern um die Feststellung eines Sprachspiels.«[71] An anderer Stelle scheint sich Wittgenstein direkt auf Husserls »bedeutungsverleihende Akte« aus den *LU* zu beziehen: »Aber ist es nicht unser *Meinen*, das dem Satz Sinn gibt? (Und dazu gehört natürlich: Sinnlose Wortreihen kann man nicht meinen.) Und das Meinen ist etwas im seelischen Bereich. Aber es ist auch etwas Privates! Es ist das unangreifbare Etwas; vergleichbar nur dem Bewußtsein selbst./ Wie könnte man das lächerlich finden! es ist ja, gleichsam, ein Traum unserer Sprache.«[72] Wenn selbst das subjektive Meinen nichts Privates, sondern etwas von der öffentlichen Sprache zugleich Ermöglichtes und als bloß privat Geträumtes ist, passen Wittgensteins Worte vom Spracherwerb als ein »Abrichten«[73] recht gut ins behavioristische Bild; hatten nicht Skinner und Quine hier zwar das vornehmere Wort ›Konditionierung‹ gewählt, sonst aber dasselbe gemeint? Schließlich scheint in den *PU* auch noch der Bewußtseinsinhalt in der *black box* des manifesten »menschlichen Benehmens« zu verschwinden: »Wenn man aber sagt: »Wie soll ich wissen, was er meint, ich sehe ja nur seine Zeichen«, so sage ich: »Wie soll *er* wissen, was er meint, er hat ja auch nur seine Zeichen.«[74] Bekannt ist auch das Käfer-Beispiel, das zeigen soll: »Wenn man die Grammatik des Ausdrucks der Empfindung nach dem Muster von ›Gegenstand und Bezeichnung‹ konstruiert, dann fällt der Gegenstand als irrelevant aus der Betrachtung heraus.«[75] Was dabei aus Husserls eidetischer Reduktion wird, zeigt die folgende Stelle: »Wie erkenne ich, daß diese Farbe Rot ist?« – Eine Antwort wäre: »Ich habe Deutsch gelernt.«[76] Ideation ist so gesehen keine subjektive Bewußtseinsleistung, sondern liegt in den grammatischen Regeln als je schon geleistete vor.

Nun kann es hier nicht darum gehen, Wittgenstein gegen den

---

[71] *PU* §§ 654-655.
[72] *PU* § 358. – Bemerkenswert ist, wie Wittgenstein hier das subjektive Meinen zunächst selbst lächerlich macht, um dann doch Verständnis dafür zu haben.
[73] *PU* § 5.
[74] *PU* § 504.
[75] *PU* § 293.
[76] *PU* § 381.

Behaviorismus-Vorwurf zu verteidigen, aber es lohnt sich sicher, ihn ein wenig genauer zu beleuchten. Was das anstößige ›Abrichten‹ in den *PU* meint, ist ja nur die schlichte Tatsache, daß man Kindern das Sprechen nicht dadurch beibringen kann, daß man ihnen die Sprache erklärt, denn nur dem, der schon sprechen kann, kann man etwas erklären; ein anderer Ausdruck wäre besser gewesen, weil Wittgenstein sonst nirgends von Reiz, Reaktion, Konditionierung, Verstärkung oder Löschung redet. Wenn ›Behaviorismus‹ den Primat der öffentlichen Sprache vor der selbstbewußten Subjektivität meint, dann ist dies als Vorwurf unverständlich aus dem Munde derer, die sonst mit Heidegger und Gadamer davon fasziniert sind, daß nicht wir sprechen, sondern die Sprache[77], und daß wir im übrigen gar nicht wir selbst sind, sondern »ein Gespräch«[78]. Im übrigen ist die Demontage der transzendentalen Subjektivität ein Motiv, das Wittgenstein mit Heidegger ebenso verbindet wie mit Adorno, der von sich sagt: »Seitdem der Autor den eigenen geistigen Impulsen vertraute, empfand er es als seine Aufgabe, mit der Kraft des Subjekts den Trug konstitutiver Subjektivität zu durchbrechen.«[79] Wer wollte bestreiten, daß auch Wittgenstein und Heidegger an genau derselben Stelle ihre ganze subjektive Kraft aufboten?

Zum Bild des Behavioristen Wittgenstein paßt im übrigen schlecht die Tatsache, daß es ihm in den *PU* gerade nicht darum geht, das subjektiv-mentale Vokabular zugunsten einer physikalistischen Wissenschaftssprache zu eliminieren, sondern um eine grammatische Korrektur der irreführenden Verwendungsweisen dieses Vokabulars, von denen er mit Recht vermutet, daß sie seit langem erhabene philosophische Rätsel und Irrtümer erzeugen; es kann also keine Rede davon sein, daß Wittgensteins sogenannter logischer Behaviorismus dem psychologischen Vorschub leiste. Vielmehr hat Wittgenstein durch die *PU* die moderne ›Philosophie des Geistes‹ erst wirklich auf den Weg gebracht – gemeinsam mit Gilbert Ryle. In der Sprachtheorie bedeuten die *PU* neben Austins »*How to do Things with Words*« den Durchbruch

---

77 »Die Sprache spricht« heißt es in: Die Sprache (1950), in *Unterwegs zur Sprache*, Pfullingen 1959, S. 12.
78 Die Zeile Hölderlins »... seit ein Gespräch wir sind und hören voneinander« wird von Heidegger wiederholt zitiert, z. B. in: *Unterwegs zur Sprache. Gesamtausgabe Band 12*, S. 171 und S. 225.
79 Theodor W. Adorno, *Negative Dialektik*, Frankfurt am Main 1966, S. 8.

der pragmatischen Dimension der Sprachanalyse, und der gestattet es, weitere Intuitionen sprachanalytisch auszuformulieren, die für viele die traditionelle Bewußtseinsphilosophie auch heute noch attraktiv machen. Der grammatische Objektivismus der frühen analytischen Philosophie kann jetzt korrigiert werden durch Unterscheidungen, in die sich wesentliche Bestimmungen von Subjektivität übersetzen lassen: Aus Husserls Unterscheidungen zwischen Aktqualität und Aktmaterie, Noësis und Noëma wird die zwischen illokutionärer Rolle und propositionalem Gehalt; die wichtige Differenz zwischen Bewußtseinsvermögen und -vollzug kann man nun wiedergeben als die zwischen linguistisch-kommunikativer Kompetenz und Performanz, wobei sich im Rückgriff auf den Kompetenzbegriff auch die dispositionalen mentalen Ausdrücke ›meinen‹, ›glauben‹, ›vermuten‹, ›wissen‹ etc. grammatisch interpretieren lassen, die nicht unmittelbar für illokutionäre Akte stehen. Was schließlich den als behavioristisch gescholtenen Primat der öffentlichen Sprache gegenüber den privaten Bewußtseinsregungen betrifft, so ist das ein Streitpunkt, der deswegen nicht mehr als Argument zugunsten der Bewußtseinsphilosophie ins Feld geführt werden kann, weil er längst innerhalb der sprachanalytischen Tradition diskutiert wird – unter dem Stichwort ›Intentionalität vs. Konventionalität von Sprechakten‹[80]; im übrigen hätten die bewußtseinsphilosophischen Verteidiger einer »reinen«, d. h. vorsprachlichen Intentionalität nach dem Vorbild von Husserls *LU* V große Schwierigkeiten mit Wittgensteins sogenanntem Privatsprachen-Argument. Ich möchte noch hinzufügen: Wie privat und subjektiv-einmalig sind denn Husserls Bewußtseinsakte wirklich?

III.

Können wir also jetzt wirklich über Husserl die Akten schließen, nachdem die von ihm begründete Phänomenologie längst hermeneutisch und die Sprachanalyse zumindest in ihrem »normalsprachlichen« Zweig selbst phänomenologisch wurde? Ein signifikanter Unterschied zwischen Phänomenologie und Sprachanalyse scheint nur noch die Sprachform des Philosophierens zu

---

80 Vgl. dazu den Sammelband: Forum für Philosophie (Hg.), *Intentionalität und Verstehen*, Frankfurt am Main 1990.

betreffen, d.h. während die Phänomenologen in der Regel essentialistisch von Sinn- und Wesenszusammenhängen zu reden pflegen, führen die Sprachanalytiker einen eher grammatisch-nominalistischen Diskurs. Gleichwohl: Es regt sich ein neues Interesse an Husserl, an den *LU*, überhaupt an der Bewußtseinsphänomenologie, und man kann in der Tat von einem neuen Mentalismus[81] sprechen, der sich aus einem verständlichen Ungenügen am Nominalismus und aus dem Verdacht speist, die sprachanalytische Aufklärung der philosophisch interessanten Phänomene liefe auf einen grammatischen Reduktionismus hinaus. Trifft es denn zu, was Wittgensteins Käfer-Beispiel suggeriert, daß es nämlich gleichgültig sei, ob in unseren Schachteln wirklich ein Käfer ist oder nicht? Ist wahr, was er behauptet: »Wenn man die Grammatik des Ausdrucks der Empfindung nach dem Muster von ›Gegenstand und Bezeichnung‹ konstruiert, dann fällt der Gegenstand als irrelevant aus der Betrachtung heraus«[82]? Gibt es am Orte unserer Empfindungen tatsächlich nichts, was sich bezeichnen ließe? Ähnlich kontraintuitiv ist Wittgensteins Behauptung, wir wüßten, daß »diese Farbe Rot ist«, weil wir »Deutsch gelernt« hätten[83], denn wie haben wir denn deutsche Farbwörter gelernt? Spielten dabei Empfindungen wirklich keine Rolle, und wenn sie wirklich ein Rolle spielten, was nur schwer zu bestreiten ist: Wie will man dies grammatisch fassen?

Was sich dem Nominalismus nicht gänzlich fügen will, ist unsere innere Erfahrung[84], und wenn Wittgenstein auch darin recht haben sollte, daß wir mit unserer inneren Erfahrung nicht genauso umgehen können wie mit der äußeren, d.h. ihr nicht einfach eine Parallelwelt innerer Gegenstände und Ereignisse zuordnen dürfen, so ist der Rest nicht einfach nichts; für ihn hat sich seit Thomas Nagels berühmtem Fledermaus-Aufsatz der Ausdruck ›phänomenales Bewußtsein‹ eingebürgert. Phänomenales Bewußtsein ist das Bewußtsein davon, wie es ist, in einem bestimmten Zustand zu sein, eine bestimmte Empfindung zu haben oder ein Gefühl, und von ihm ist ein Wissen, daß ich es bin, der sich in jenem Zustand befindet, ihn erlebt und dabei genau dies empfindet oder fühlt, wohl nicht wegdenkbar. Das phänomenale Be-

---

81 Vgl. die Arbeiten von Jerry Fodor, Gareth Evans u.a.
82 *PU* §293.
83 *PU* §381.
84 Vgl. Peter Bieri, a.a.O.

wußtsein betrifft das Qualitative, die *qualia* unseres Erlebens, und damit sind nicht nur die Qualitäten unserer Erlebnisinhalte (Empfindungen, Wahrnehmungen etc.) gemeint, sondern auch die unserer Erlebniszustände (Gefühle, Stimmungen, Befindlichkeiten), die jene Inhalte in uns herbeiführen mögen. Diese Tatsache erklärt, warum die Bewußtseinsphänomenologie auch heute noch überall dort zu überzeugen vermag, wo der grammatische Nominalismus offensichtlich zu kurz greift: bei den Wahrnehmungsurteilen, die Husserls gesamte Philosophie bestimmen, bei den Stimmungen und existentiellen Befindlichkeiten, wo Scheler und Heidegger ihre phänomenologischen Stärken erweisen, und nicht zuletzt im Feld des präreflexiven Selbstbewußtseins, das sich wohl nicht aus der grammatischen Kompetenz des Verfügens über die Personalpronomina allein erklären läßt, sondern dabei offensichtlich schon vorausgesetzt ist[85].

Der klassischen Bewußtseinsphänomenologie und ihrer hermeneutischen Variante bei Heidegger und Sartre ist wohl die ursprüngliche Zuständigkeit für das phänomenale Bewußtsein zuzusprechen, aber sie dürfte damit nicht mehr ihre allbekannten Universalitätsansprüche verbinden. Zwar gibt es gute Gründe anzunehmen, daß das Qualitative des phänomenalen Bewußtseins all unsere Bewußtseinszustände durchherrscht[86], und so mag das phänomenale Bewußtsein die Leerstelle ausfüllen, die die nominalistische Abschaffung der *pathémata*, *ideas* oder Vorstellungen in der Bedeutungs- und Erkenntnistheorie hinterlassen hat; weil wir es aber als nichtpropositionales (oder präpropositionales) Bewußtsein anzusehen haben, müssen wir es zugleich von allen propositionalen Funktionen entlasten, d.h. wir können die Phänomene des phänomenalen Bewußtseins nicht mehr wie die gesamte Tradition von Aristoteles bis Husserl als die wahren Grundlagen von Sinn, Bedeutung und Wahrheit unserer sprachlichen Ausdrücke ausgeben: Wenn es darum geht, sind wir immer schon aus dem phänomenalen Erlebnisfeld in den Raum öffent-

---

85 Vgl. dazu Manfred Frank, *Selbstbewußtsein und Selbsterkenntnis*, Stuttgart 1991 und die darin dargestellten Debatten zwischen Ernst Tugendhat, Dieter Henrich, sowie Manfred Franks eigene Stellungnahmen; vgl. auch: ders., Selbstbewußtsein und Selbsterkenntnis oder Über einige Schwierigkeiten bei der Reduktion von Subjektivität, in diesem Band, S. 217ff.

86 Vgl. Carsten Siebert, *Qualia. Das Phänomenale als Problem philosophischer und empirischer Bewußtseinstheorien*, (Diss.) Berlin, 1998, Kap. 8 zur Theorie von Damasio.

licher Kommunikation übergewechselt. Durch diesen Übergang ist das Phänomenale aber nicht verschwunden; nur existiert es nicht jenseits oder unabhängig von der sprachlich erschlossenen, inneren und äußeren Welt, und erst recht läßt sich diese Welt nicht vom phänomenalen Bewußtsein her rekonstruieren. Die Welt ist sprachlich erschlossen, dabei bleibt es; aber das Phänomenale bildet Inseln in der sprachlich erschlossenen Welt, und die lassen sich in ihr sehr genau lokalisieren. Wenn es um das Qualitative der roten Farbe geht, können wir a priori wissen, daß es sich im Umkreis der Verwendung von Farbprädikaten auffinden lassen muß. Bei Gefühlen und Stimmungen dient uns unsere Kultur des psychologischen Alltagsdiskurses als Leitfaden. Das nichtpropositionale Selbstbewußtsein schließlich wird uns im Umkreis des Ich-Sagens deutlich, auch wenn man zugestehen muß, daß wir als Kinder schon vor dem Spracherwerb jenes nichtpropositionale Selbstbewußtsein besaßen, d.h. vor dem Ich-sagen-Können; weil wir aber in diesen Zustand nicht zurückkehren können, müssen wir uns auch in diesem Fall an die Grammatik halten. Das Erbe der Bewußtseinsphänomenologie ist bei der sprachanalytischen Philosophie gut aufgehoben, wenn diese sich ihrer Grenzen kritisch bewußt bleibt und anerkennt, daß es Bereiche unseres Erlebens gibt, die die grammatische Analyse nicht auszuschöpfen vermag, obwohl sie sich nicht jenseits des Feldes der Grammatik befinden; das phänomenale Bewußtsein ist ein Komplement unserer sprachlichen Kompetenz.

II. Ethik:
Vernunftmoral zwischen transzendierenden Prinzipien und lokalem Kontext

Ursula Wolf
Worin sich die Platonische und die Aristotelische Ethik unterscheiden

Die folgenden Andeutungen enthalten keinen fertigen Aufsatz, sondern nur einige Vermutungen, die ausgearbeitet und genauer belegt werden müßten. Sie artikulieren vorläufig nur die Unzufriedenheit mit der derzeitigen Interpretationssituation. Die Mehrzahl derjenigen Forscher, die sich mit der Ethik des Aristoteles befassen, verzichtet auf einen Vergleich mit Platon oder verwendet darauf nur wenige Zeilen. Eine der originellsten neueren Publikationen über die *Nikomachische Ethik*, C. D. C. Reeves Buch *Practices of Reason*,[1] erwähnt den Namen Platons nicht einmal, was um so befremdlicher ist, als Reeve der ethischen Methodenproblematik breiten Raum beimißt, für die Platon Bahnbrechendes geleistet hat. Gerade in der Methodenproblematik, die mir für den Vergleich zentral scheint, wird das Neuartige gewöhnlich Aristoteles zugeschrieben. Platon, so die Standardinterpretation, fordert in der Ethik exaktes Wissen, während Aristoteles als erster auf die schwächere Genauigkeit der Ethik und zugleich auf ihre methodische Eigenständigkeit verweist, was selten geprüft und hinterfragt wird.[2] Diese Auffassung des neuen Beitrags von Aristoteles scheint mir falsch zu sein. Worin bestehen aber dann die Unterschiede zwischen der Ethik Platons und derjenigen des Aristoteles, und wenn es nicht der Beitrag zur Methodenfrage ist, welches sind dann die Fragen, in denen Aristoteles Neues in die ethische Theorie einbringt?

Es fällt auf, daß bei der Erörterung der aristotelischen ethischen Methode nirgendwo erwähnt wird, daß Platon in den frühen Dialogen eine ganz neuartige Methode für ethische Probleme entwickelt hat, den Elenchos, den er in diesen Dialogen unermüdlich vor- und durchführt, während Aristoteles nur wenige

---

[1] C.D.C Reeve, *Practices of Reason. Aristotle's Nicomachean Ethics*, Oxford 1992.
[2] Sie findet sich u. a. bei W. K. C. Guthrie, *Aristotle: an encounter (A History of Greek Philosophy VI)*, Cambridge 1981, S. 77 f.; S. 340; G. Anagnostopoulos, *Aristotle on the Goals and Exactness of Ethics*, Berkeley u. a. 1994, S. 44; D. Thomsen, *›Techne‹ als Metapher und als Begriff der sittlichen Einsicht. Zum Verhältnis von Vernunft und Natur bei Platon und Aristoteles*, Freiburg/München 1990, S. 230.

methodische Bemerkungen macht und sich auf diese Errungenschaft Platons in den ethischen Schriften nicht explizit bezieht. Ist mit der Erfindung des neuen praktischen Verfahrens des Elenchos die Standardthese der Aristotelesforscher vereinbar, Platon glaube an ein Wissenschaftsmodell der Ethik? Weiterhin: Was wird aus Platons Elenchos bei Aristoteles, oder durch was wird er abgelöst, und geht vielleicht dadurch, daß Aristoteles das Methodenproblem mit geringerer Schärfe behandelt, sogar gegenüber Platons Neuerung etwas verloren? Schließlich: Wenn Aristoteles in der Ethik Neues leistet, liegt es dann vielleicht auf einer ganz anderen Ebene, und hat sein mangelndes Interesse an Platons methodischer Neuerung vielleicht gerade mit solchen andersartigen Unterschieden zu tun?

Es ist in der Tat befremdlich, daß die Aristotelesdeutung sich gegen einen stilisierten Platon abhebt und den wichtigen Beginn einer ethischen Methodenreflexion in Platons Frühdialogen ignoriert. Zwar ist die Interpretation der Platonischen Intention strittig, und es gibt in der Tat auch Platonforscher, die der Meinung sind, Platon operiere mit einem Modell, wonach die Ethik eine Techne oder Wissenschaft sei und deren Erkenntnischarakter aufweise. Andere aber haben mit ebenso guten Gründen das Gegenteil zu zeigen versucht,[3] das sich skizzenhaft so darstellen läßt: Platon sucht gegen den sophistischen Angriff auf feste Werte, gegen den damaligen Relativismus und Machtegoismus nach einem verläßlichen ethischen Fundament. Ein solches wäre gegeben, wenn es ein gegenüber jedem sprach- bzw. vernunftbegabten Menschen demonstrierbares praktisches Wissen gäbe. Das einzige Modell von strengem Wissen, das Platon vorfindet, ist das der Wissenschaft, der Episteme, und ähnlich auch das der Techne. Deren Wissenscharakter verdankt sich, wie Platon nicht müde wird herauszustellen, dem Umstand, daß sie einen klar umgrenzten Gegenstandsbereich hat, der durch Gesetzmäßigkeiten bestimmt und auf diese Weise faßbar und definierbar ist. Wie Platon nicht weniger oft betont, ist das Problematische im praktischen Bereich aber gerade, daß wir nicht eine Erkenntnis dieses oder jenes Gegenstandsbereichs suchen. Vielmehr stellen wir hier gerade diejenigen Fragen, die jede Episteme und Techne unbeantwortet lassen muß, nämlich wozu wir diese Errungenschaften im

---

3 Für die Details dieser Position und Verweise auf die Debatte in der Literatur siehe U. Wolf, *Die Suche nach dem guten Leben. Platons Frühdialoge*, Reinbek 1996.

individuellen Leben und in der Politik verwenden wollen, was das gute individuelle und gemeinsame Leben im ganzen ist. Diese Frage hat keinen umgrenzten Gegenstand mehr, sondern bezieht sich auf alles. In diesem Punkt gibt Platon den Sophisten recht, die beansprucht hatten, über jedes beliebige Thema argumentieren zu können. Die Sophisten hatten damit aber auch jeden strengen Wissensanspruch zurückgenommen, während Platon nach neuen Wegen sucht, ihn aufrechtzuerhalten. Wenn die inhaltliche Verankerung fehlt, bleibt als Alternative offenbar nur, die Begründetheit aus der methodischen Strenge zu gewinnen, aus den Gesetzen der Rede und Argumentation.

Was Platon statt dessen von vielen Aristotelesforschern unterstellt wird, daß er nämlich Definitionen von Wertbegriffen, der Idee des Guten oder der Besonnenheit usw. zugrunde lege und aus ihnen ethisches Wissen herleite, ist jedenfalls in den uns vorliegenden Texten nicht zu finden.[4] In den Frühdialogen ist eines der Leitmotive das sokratische Nichtwissen, die Einsicht des Sokrates, daß er als Mensch kein definitives und endgültiges Wissen vom Guten (Leben) habe und haben könne. Auch in den mittleren Schriften, in denen die Ideen und die Idee des Guten erwähnt werden, bleibt die Einsicht in die Begrenztheit der menschlichen Erkenntnissituation. Nirgends wird eine endgültige Definition einer Wertidee gegeben, und im *Phaidon* wird explizit für die praktischen Fragen die »zweitbeste Fahrt« empfohlen, die Zuwendung zu den Logoi, der Ersatz also des wissenschaftlichen Erkennens der Gesetze und Ursachen durch die Orientierung an der methodischen Ordnung der Rede, durch das Prüfen des Richtigen, also den Vollzug des Elenchos, der prüfenden Überlegung.[5]

Trotzdem bleibt in gewissem Sinn hinter diesem Methodenersatz ein inhaltlicher Bezug. Das letztlich und vollkommen Gute, bei dem wir nicht mehr weiterfragen können, warum wir es wollen, ist die Eudaimonia. Nicht im Sinn des alltäglich erreichbaren beschränkten menschlichen Glücks, sondern im Sinn des vollkommenen und vollständigen Glücks. Dieses Zielen auf das vollkommen Gute ergibt sich für Platon aus der Struktur des menschlichen Strebens und Existierens. Der Mensch ist für Platon

---

4 Die Unterstellung mag gleichwohl verständlich sein, weil Aristoteles selbst bereits Platon Ähnliches unterstellt.
5 Dazu auch D. Frede, *Platons ›Phaidon‹*, Darmstadt 1999, S. 120ff.

wesentlich ein bedürftiges und abhängiges Wesen. Ein vollkommen Gutes aber, das diese Bedingungen des Lebens aufhebt, ist in der Wirklichkeit, wie sie ist, nicht nur nicht erreichbar; wir können es auch nicht konkret denken oder wissen. Andererseits müssen wir es als existent unterstellen, weil sonst das Streben nach dem vollkommen guten Leben ins Leere läuft und keinen Zielpunkt hat. Das führt zu der Merkwürdigkeit, daß das Praktizieren des Elenchos für Platon mit dem guten Leben zusammenzufallen scheint. Merkwürdig für uns ist das zunächst darum, weil sich schwer nachvollziehen läßt, wie das Praktizieren einer Methode die praktische Glücksintention auch in ihren gewöhnlichen subjektiven Aspekten aufnehmen kann.[6] Ein Aspekt der Erklärung ist, daß das beständige Praktizieren Dauer und Einheit der Person herstellt. Zum Glück im normalen Verständnis gehört aber auch, daß man sein Leben als glücklich erlebt, Lustgefühle usw. hat. Nun behauptet Platon zwar im 9. Buch der *Politeia*, daß der gute Mensch sich in der Tat an der Lebensweise der stetigen ethischen Überlegung freuen wird. Doch wird die Rolle dieses Lustaspekts nicht wirklich klar, und das Bedürfnismodell des Menschen hat zur Folge, daß diese Lust ohnehin immer gemischt mit Unlust ist, weil der Mangelzustand bis zu seiner vollständigen Beseitigung immer mitläuft, auch wenn er kleiner wird.

Gehen wir nun zu Aristoteles, zunächst zu der bekannten These, jeder Bereich habe seine eigentümlichen Genauigkeitsansprüche und in der Ethik sei es nicht sinnvoll, dieselbe Genauigkeit zu verlangen wie in der Mathematik. Das klingt so, als würde Aristoteles der Ethik wie jeder Episteme und Techne einen umgrenzten Gegenstand zuschreiben, dem ihre Gesetzmäßigkeiten und Bestimmungen zu entnehmen sind, nur daß diese Gesetzmäßigkeiten schwächer und weniger notwendig sind als etwa die der Mathematik. Auf welche Art ethischer Aussagen bezieht sich Aristoteles hier? Sicher nicht auf seine ethischen Grundprämissen wie die Lehre vom menschlichen Ergon, wonach der Mensch wesentlich die Funktion hat, seine spezifischen Fähigkeiten, nämlich die Fähigkeiten zu einem vernunftgeleiteten Leben, zu betätigen. Auch nicht auf begriffliche und allgemein wertende Aussagen wie zum Beispiel Aussagen darüber, was Lust ist und ob die Lust etwas Gutes ist, ob es Willensschwäche gibt, ob also

---

6 Aufschlußreich hierzu Ch. Horn, *Antike Lebenskunst. Glück und Moral von Sokrates bis zu den Neuplatonikern*, München 1998, 76 f.

jemand absichtlich etwas Schlechtes tun kann usw. Solche grundlegenden ethischen Aussagen sind für Aristoteles keine Aussagen mit bloßem Wahrscheinlichkeitscharakter, die nur meistens gelten, sondern sie beanspruchen allgemeine Richtigkeit. Für derartige Fragen, wie sie ähnlich in Platons ethischen Dialogen Thema sind, ist die klassische Stelle, an der Aristoteles sein Vorgehen beschreibt, das Ende des einleitenden Teils des 7. Buchs der *Nikomachischen Ethik*, in dem die Willensschwäche behandelt wird.[7] Das Vorgehen besteht in der dialektischen Prüfung der vorhandenen Meinungen, die oft richtige Aspekte enthalten, aber zusammengenommen in Widersprüche und Schwierigkeiten führen, so daß sie im Zusammenhang erörtert werden müssen, um die Schwierigkeiten nach Möglichkeit zu lösen und zu einer konsistenten Menge von Sätzen zu gelangen. Es liegt auf der Hand, daß dies ziemlich genau dem entspricht, was Platon in den frühen Dialogen ständig vorführt, der Methode des Elenchos, und Aristoteles selbst charakterisiert in der *Topik* die Verfahren der Dialektik und des Elenchos auf genau diese Weise.

Daß das selten beachtet wird, hat zwei Gründe. Erstens praktiziert Platon seine Methode bloß und redet nicht explizit darüber, so daß hier nicht methodische Aussagen beider Philosophen zum Vergleich zur Verfügung stehen. Zweitens praktiziert Platon den Elenchos in den Frühdialogen nicht ernsthaft, um konsistente Aussagen über ethische Grundprobleme zu erreichen. Die Frühdialoge sind so inszeniert, daß sie die Gesprächspartner des Sokrates als für ethische Einsicht ungeeignete Charaktere (wo diese erwachsene Redner und Sophisten sind) oder als für selbständiges ethisches Denken noch nicht genügend gefestigte Charaktere (wo sie gutwillige junge Männer sind) vorführen. Das erfordert gerade, den Elenchos so einzusetzen, daß die Partner in Verwirrung, Widersprüche und am Ende in die Aporie geführt werden. Obwohl Platon geschickt genug ist, gleichzeitig auf der übergeordneten Ebene des Lesers die methodischen Möglichkeiten des Elenchos deutlich zu machen, wird dieser also auf der vordergründigen Ebene des Dialogs nicht zu seinem eigentlichen Zweck, dem Gewinn allgemeiner ethischer Aussagen, sondern zur Entlarvung von Personen eingesetzt.

Entsprechend schief ist es, wenn behauptet wird, Platon suche

---

7 Klärend dazu Reeve, *Practices of Reason*, a.a.O., Kap.1.

nach einem ethischem Wissen, durch das die Menschen zugleich praktisch besser werden, während Aristoteles nur die ethische Praxis von seinesgleichen aufklären wolle, da er der Jugend und ungebildeten Charakteren die Möglichkeit ethischer Einsicht abspreche.[8] Platon ist (dies ist eines der ständigen impliziten Beweisziele der Frühdialoge) ganz wie Aristoteles der Meinung, daß zur ethischen Einsicht nur fähig ist, wer bereits im Charakter gut ist, und Aristoteles ist ganz wie Platon der Meinung, daß allgemeine ethische Einsichten durch die Methode der logisch-begrifflichen Durcharbeitung eines hinreichend großen Feldes alltäglicher Phänomene und früherer philosophischer Meinungen nach Auflösung von Aporien gewonnen werden.[9] Dafür ist, wie wir bei Aristoteles sehen, der Dialog überflüssig, es kann ein einzelner Überlegender so vorgehen. Und dafür fehlt uns von Platon eine Vorführung, sei es auch eine dialogische, weil es keinen platonischen Dialog mit einem Partner gibt, der bereits den nötigen ethisch guten Charakter besitzt.

Die in einem echten Elenchos gewonnenen grundlegenden und allgemeinen ethischen Aussagen sind zwar nicht notwendig wie mathematische Aussagen, aber sie sind sicher nicht diejenigen, denen Aristoteles schwächere Exaktheit und bloße Wahrscheinlichkeit zuschreibt. Sie sind methodisch streng gewonnen, wenn auch nicht durch Gesetzmäßigkeiten eines Gegenstandsbereichs, sondern durch Gesetze der Rede und Argumentation. Schwächer sind sie in dem einen Punkt, daß der Logos über das Gute ein offenes Ende hat (was daran liegt, daß er inhaltlich offen, auf das nicht gegenständlich faßbare Ganze des Praktischen bezogen ist) und daher im Prinzip jedes Ergebnis revidierbar ist.

Die aristotelische Lehre von der geringeren Genauigkeit der Ethik bezieht sich nicht auf die bisher betrachteten allgemeinen ethischen Aussagen, sondern auf Ratschläge des guten Lebens oder Handelns für konkrete Personen in konkreten Situationen. Platon hingegen hält solche Ratschläge, folgen wir den Sokrates beigelegten Meinungen in den Dialogen, nicht nur für ungenau, sondern für nicht möglich. So erfahren wir im *Hippias Maior* (291d 9ff.), es sei nicht möglich, eine wirkliche Lebensweise gut zu

---

[8] So Thomsen, ›Techne‹ *als Metapher*, a. a. O., S. 229f.
[9] Auf die in der Sekundärliteratur kontroverse Frage, ob Aristoteles von Phänomenen oder Meinungen ausgeht, gehe ich nicht ein, da von diesem Unterschied für meine Absichten wenig abhängt.

nennen, weil sie immer in manchen Hinsichten oder für manche Menschen auch schlecht sei. Die naheliegende Vorstellung, es sei ein gutes Leben, in Reichtum, Gesundheit und Ehre möglichst lange zu leben und im Kreis der Kinder alt zu werden, passe etwa nicht für eine Person wie Achill, der ein kurzes Leben hohen Ruhms vorgezogen hat. Aristoteles würde wohl gerade auf ethische Aussagen dieses inhaltlichen Typs, die Platon ganz auszuschließen scheint, seine These von der Ungenauigkeit und bloßen Wahrscheinlichkeit der ethischen Methode beziehen und sagen, der Ratschlag gelte generell, für die meisten Menschen, aber Achill sei eine Ausnahme.

Für Platon besteht in der Tat kaum Grund, sich auf solche ungenauen inhaltlichen ethischen Aussagen festzulegen. Denn wenn das gute Leben wegen der prinzipiellen Bedürftigkeit des Menschen nur ersatzweise oder auf zweitem Weg, nur formal durch das stetige Überlegen erreichbar ist, dann ist konkret richtig einfach, was jeweils die Überlegung als richtig erweist, und die Inhalte des Strebens spielen dann nicht selbst eine Rolle.

Hingegen hat Aristoteles einen solchen Grund in der Hinsicht, in der er sich tatsächlich von Platon unterscheidet. Dieser Aspekt der Theorie ist nicht die Methode, sondern das Menschenbild, und der Punkt, an dem der Unterschied am deutlichsten zum Vorschein kommt, ist der von Aristoteles neu entdeckte Begriff der Lust als Freude an einer Tätigkeit. Zwar sieht auch Aristoteles, daß der Mensch ein bedürftiges Wesen ist und im Bereich der Sinnlichkeit nur mit Unlust gemischte Lust empfindet. Doch macht er demgegenüber eine andere Erfahrung von Lust geltend, die nicht aus einem Mangel hervorgeht, sondern Bestandteil unserer Selbstentfaltung, der Betätigung unserer menschlichen Fähigkeiten ist. Am Sehen, Betrachten, Denken usw. können wir uns freuen, ohne daß diese Tätigkeiten aus einem Mangelzustand hervorgingen. Und ebenso freuen können wir uns an der Ausübung der Tugenden, der guten Charakterhaltungen, wenn wir die geeignete Gewöhnung haben und unser Streben und Fühlen in Einklang mit dem ethisch Richtigen ist.

Das vernunftgemäße Leben, das auch Aristoteles empfiehlt, ist daher nicht einfach formal. Es enthält verschiedene Tätigkeiten, die in sich Freude machen und daher wünschenswerte Inhalte sind. Aristoteles arbeitet zwei solcher inhaltlichen Glücksmöglichkeiten aus, einmal das theoretische Leben des Philosophen, sodann das politische Leben der Ausübung der ethischen Tugend. Während Platon aufgrund seiner einheitlichen formalen Konzeption des guten Lebens an die Einheit von Philosophie und Politik glaubt (und in Sizilien mit diesem Glauben scheitert), finden wir bei Aristoteles eine klare Trennung der philosophischen und der politischen Lebensform.

Aus dem zweiten Vorschlag, dem des politisch-ethischen Lebens, ergibt sich auch, warum Aristoteles anders als Platon, für den die Norm der Übereinstimmung der Affekte im ganzen mit der Vernunft genügt, eine detaillierte Ausarbeitung der verschiedenen Charaktertugenden braucht und ungenaue konkrete Aussagen über Forderungen der Tugenden macht. Die Ungenauigkeit dieser Aussagen ist keine neue methodische Entdeckung, denn auch Platon würde, wenn ihn solche inhaltlichen Aussagen interessieren würden, kaum bezweifeln, daß sie nicht methodisch streng zu sichern sind wie die abstrakten ethischen Aussagen, von denen oben die Rede war. Es ist vielmehr eine Folge davon, daß Aristoteles, gestützt auf seinen neuen Lustbegriff, realisierbare inhaltliche Glücksmöglichkeiten für das menschliche Leben artikuliert, während Platon die Sicht der Unerfüllbarkeit des wirklichen Glücksstrebens mit einer formalen Lebensform der überlegenden Suche nach dem Guten verbindet.

Obwohl ich das jetzt skizzierte Bild des Unterschiedes für zutreffend halte, ist es sicher etwas überzeichnet. Dies gilt in beide Richtungen. Auch Platon rettet etwas vom wirklichen Glücksstreben in seine formale Lebenskonzeption. Denn die Idee des Guten, die hinter dieser steht, hat etwas mit Einheit und Harmonie zu tun, und sofern wir diese innerhalb unserer Seelenkräfte erreichen, kann sie eine subjektive Glückserfahrung bedeuten, auch wenn diese Einheit offenbar immer wieder neu hergestellt werden muß. Umgekehrt behält auch die aristotelische Konzeption, insbesondere wenn wir sie innerhalb der gesamten Philosophie des Aristoteles betrachten, eine metaphysische Dimension. Die Freude an der theoretischen Tätigkeit ist für Menschen, die Bedürfnisse haben, nur mit Unterbrechungen möglich, und die Freude am ethischen Tätigsein ist nicht vollständig frei von Unlust; unter widrigen äußeren Umständen empfindet selbst der ethisch beste Mensch neben der Freude über die Richtigkeit seines Tuns doch zugleich Leid, Trauer, Schmerz. Die von Aristoteles ausgezeichnete erste dieser Lebensweisen wird so genaugenommen erst dadurch zu einer des dauernden und vollkommenen Glücks, daß sie die Lebensweise des Gottes ist, des Unbewegten Bewegers, der ohne Materie und daher in ununterbrochener Tätigkeit ist.

Zu korrigieren bzw. zu ergänzen ist das Bisherige aber auch noch in einem weiteren Punkt. Daß Platon sich im Bereich des Praktischen nicht für inhaltliche Aussagen interessiert, ist nur teilweise richtig. Wie schon erwähnt, sind Platon ebenso wie Aristoteles der Meinung, daß die meisten Menschen (noch) nicht zur ethischen Reflexion, zum Elenchos, fähig sind. Diese müssen auf bestimmte Weise behandelt werden, nämlich als Objekte einer pädagogischen Techne. Auf dieser vorgelagerten Ebene würden Platon und Aristoteles gleichermaßen annehmen, daß eine Techne im gewöhnlichen Sinn möglich ist, daß diejenigen, die das Gute kennen, die anderen Menschen im Charakter so eingewöhnen können, daß diese in der Lage sind, auf Gründe und Überlegungen zu hören. Die Inhalte einer solchen Psychagogik oder Pädagogik formuliert Platon insbesondere in der *Politeia* und den *Nomoi*. Wenngleich diese Annahmen weniger wie bei Aristoteles empirischen, sondern eher utopischen Charakter haben, wird auch Platon kaum meinen, daß diese inhaltlichen Entwürfe staatlicher Erziehung in methodisch streng begründeten Aussagen bestehen. Wie Platon selbst im *Philebos* (56aff) sagt, gehört die Medizin zu den weniger genauen Disziplinen, und er geht gewöhnlich von einer Analogie zwischen physischer und psychischer Gesundheit und folglich auch zwischen Medizin und Psychagogik aus.[10]

Damit scheint auch dort, wo Platon doch inhaltliche ethische Aussagen vertritt, eher eine Parallele zwischen der aristotelischen und der platonischen Methodenkonzeption als ein Gegensatz vorzuliegen. Gleichzeitig steht damit die Neuartigkeit der aristotelischen These von der geringeren Exaktheit der ethischen Methode in Frage. Was grundlegende allgemeine ethische Fragen angeht, war meine These ebenfalls, daß beide Philosophen dieselbe Methode benutzen, die sich als elenktische oder dialektische bezeichnen läßt, und darüber hinaus, daß weder Platon noch Aristoteles für ethische Sätze dieser Art eine methodische Ungenauigkeit behaupten wollen.

10 Anagnostopoulos, *Aristotle*, a. a. O., S. 44, konstatiert zwar, daß Platon diese Aussage macht, interpretiert aber gegen diese Textevidenz.

Hilary Putnam
Werte und Normen

Mein erstes Zusammentreffen mit Jürgen Habermas fiel in den Sommer 1980, als ich in Frankfurt am Main lehrte. Seitdem habe ich seine Arbeit mit Bewunderung, Interesse und Gewinn verfolgt. Ich muß wohl kaum hinzufügen, daß sein Werk ungeheuer substantiell ist und ein riesiges Terrain abdeckt. Aus Anlaß von zwei Seminaren, in denen es um die Schriften von Habermas ging, habe ich – weil seine Arbeiten die Grenzen jeder gängigen akademischen Disziplin sprengen – philosophisch bewanderte Soziologen zur gemeinsamen Seminarleitung hinzugezogen: im einen Fall Dan Bell und Geoffrey Hawthorn, im anderen Seyla Benhabib. Ich habe Habermas noch viele Male persönlich getroffen und meine Bewunderung für ihn als Denker und als Mensch ist seither ständig gewachsen. Er ist einer der ganz Großen im europäischen Denken unserer Zeit.

Wann immer wir uns in den letzten Jahren sahen, kam insbesondere ein Thema stets wieder zur Sprache – meine Ablehnung der scharfen Trennung, die Habermas für »Werte« und »Normen« postuliert.[1] In den Schriften von Habermas (wie in den mei-

---

[1] »Im Lichte von Normen läßt sich entscheiden, was zu tun geboten ist, im Horizont von Werten, welches Verhalten sich empfiehlt. Anerkannte Normen verpflichten ihre Adressaten ausnahmslos und gleichermaßen, während Werte die Vorzugswürdigkeit von Gütern ausdrücken, die in bestimmten Kollektiven als erstrebenswert gelten. Während Normen im Sinne einer Erfüllung generalisierter Verhaltenserwartungen erfüllt werden, können Werte oder Güter nur durch zielgerichtetes Handeln realisiert bzw. erworben werden. Ferner treten Normen mit einem binären Geltungsanspruch auf und sind entweder gültig oder ungültig; zu normativen Sätzen können wir, ähnlich wie zu assertorischen Sätzen, nur mit »Ja« oder »Nein« Stellung nehmen – oder uns des Urteils enthalten. Demgegenüber legen Werte Vorzugsrelationen fest, die besagen, daß bestimmte Güter attraktiver sind als andere; deshalb können wir evaluativen Sätzen mehr oder weniger zustimmen. Die Sollgeltung von Normen hat des weiteren den absoluten Sinn einer unbedingten und universellen Verpflichtung: das Gesollte beansprucht, gleichermaßen gut für alle (bzw. für alle Adressaten) zu sein. Die Attraktivität von Werten hat den relativen Sinn einer in Kulturen und Lebensformen eingespielten oder adoptierten Einschätzung von Gütern: gravierende Wertentscheidungen sagen, was aufs Ganze gesehen, gut für uns (oder für mich) ist.« (J. Habermas, »Versöhnung durch öffentlichen Vernunftgebrauch«, in: ders., *Die Einbeziehung des Anderen*, Frankfurt am Main 1996, S. 72.) Vgl. a. J. Habermas, »Erläuterungen zur Diskursethik«, in: ders., *Erläuterungen zur Diskursethik*, Frankfurt am Main 1991, S. 176-185.

nen) hat es im Laufe der Jahre einige Positionsveränderungen und Akzentverschiebungen gegeben, doch die besagte Trennung gehört zu dem, was zumindest seit der Veröffentlichung der herausragenden *Theorie des kommunikativen Handelns* (1980) unverändert geblieben ist.

Unter einer »Norm« versteht Habermas ein allgemeingültiges Verpflichtungsurteil. Obgleich seine Behandlung von Normen »kantianisch« ist, insofern die verbindliche Kraft der Normen, die Habermas sein Leben lang verteidigt hat – die Normen der »Diskursethik« –, mit der verbindlichen Kraft rationalen Denkens und rationaler Kommunikation gleichgesetzt wird, so ist doch seine Behandlung von »Werten« im Gegensatz dazu naturalistisch. Sie werden als kontingente soziale Produkte angesehen, die sich ändern, sobald sich die verschiedenen »Lebenswelten« verändern. Die Stelle, an der der moralische Zwang mit den Werten in Verbindung tritt, befindet sich sozusagen auf der »Metaebene«. Die Habermassche Norm des »kommunikativen Handelns« verlangt von uns, daß wir unsere Werte im kommunikativen Handeln *verteidigen* – und das heißt, grundsätzlich in einer Einstellung, die, um hier die Ausdrucksweise der kantianischen Ethik zu verwenden, den Anderen auch als einen Zweck an sich anerkennt und nicht bloß als ein Mittel betrachtet. Nur Werte, die eine solche Verteidigung überstehen, sind legitimiert.[2] Unter den Werten, die legitimiert sind, kann es aber ein *besser* oder *schlechter*, das in irgendeinem Sinne über die »Lebenswelt« einer bestimmten Gruppe hinausreicht, nicht geben. Oder wie ich in unseren Gesprächen sagte – wobei ich zugegebenermaßen vorsätzlich provozierte: »Jürgen, in deiner Darstellung sind Werte – im Gegensatz zu »Normen« – ebenso nicht-kognitiv wie in der positivistischen Darstellung!«

Ein Beispiel mag verdeutlichen, worum es in dieser Meinungsverschiedenheit geht. Als wir das letzte Mal ein paar Tage miteinander verbrachten, fragte mich Habermas nach einem Beispiel für einen Wert (der nach seinem Verständnis keine »Norm« darstellt), von dem ich glaube, daß er mehr darstellt, als meine per-

---

[2] Es gibt offenkundig eine Beziehung zwischen diesem Punkt und Rawls' Analyse des kategorischen Imperativs als einer Prüfmethode für Maximen und nicht als Mittel zur Hervorbringung von Maximen. Vgl. John Rawls, *Lectures on the History of Moral Philosophy*, hg. von Barbara Herman, Cambridge, Mass. und London 2000, darin »Kant«, S. 143-325.

sönliche Präferenz oder die Präferenz der einen oder anderen Lebenswelt, und der in dem Sinne richtig ist, daß er verkörpert, wie Lebenswelten selbst sein *sollten*. Ich antwortete ihm: »Ich glaube, daß unter sonst gleichen Bedingungen eine solche Welt besser ist, in der es eine Vielfalt der (moralisch zulässigen) Vorstellungen vom menschlichen Gedeihen gibt, als eine solche Welt, in der jedermann nur einer einzigen Vorstellung zustimmt.« Kurz gesagt, obwohl die *Diversität der Ideale* offenkundig keine »Norm« im Habermasschen Sinne ist, behaupte ich, daß bei sonst gleichen Bedingungen eine Welt *besser* ist, in der es diese Art von Diversität gibt. Aber »Werte« müssen nicht auf diese Weise umfassend sein: Das Urteil, daß eine bestimmte Tat freundlich oder grausam ist, daß eine Person unverschämt oder erfrischend spontan ist,[3] ein Kind »Probleme hat« oder »seine Identität entdeckt« (es gibt unzählige Beispiele und zahllose *Sorten* von Beispielen), all das sind *Wert*urteile in dem fraglichen Sinne. Und ich meine, derartige Urteile werden in der Praxis für wahr oder falsch angesehen und *sollten* auch so angesehen werden.

Nun ist mir aufgefallen, daß in den Schriften von Christine Korsgaard – eine von mir bewunderte Philosophin, Freundin und Kollegin in Harvard – eine ähnliche Ablehnung des »substantiellen Werterealismus« zum Vorschein kommt. Offenbar gibt es im Kantianismus irgend etwas, was die Philosophen in diese Richtung drängt.

Bei der Diskussion dieser Fragen werde ich folgendermaßen vorgehen. Zuerst werde ich Habermas' Position, so wie ich sie verstehe, kurz beschreiben. Dann werde ich die Dichotomie von »Norm/Wert« in Frage stellen und schließlich werde ich die Ansicht vertreten, daß sich die modische Skepsis hinsichtlich des »Werterealismus« fatalerweise selbst untergräbt, auch wenn sie sich auf Werte beschränkt, die keine »Normen« sind.

Eine kurze Beschreibung der Position von Habermas

Ich sagte bereits, daß es für Habermas im Grunde genommen nur *eine* verbindliche universelle Norm gibt, die Norm des kommunikativen Handelns. Ich nehme an, das Konzept des »kommuni-

---

[3] Dieses Beispiel spielt in Kapitel 1 von Iris Murdochs *The Sovereignty of Good* (London 1970, S. 17ff.) eine zentrale Rolle.

kativen Handelns« ist hinlänglich bekannt, möchte aber trotzdem erstens daran erinnern, daß »kommunikatives Handeln« der Ausdruck ist, den Habermas für diejenige Rede und andere Formen der Kommunikation verwendet, die vom Ideal des rationalen Diskurses geleitet sind. Alle weiteren, speziellen Elemente, die Habermas im kommunikativen Handeln ausmacht – daß es von der Norm der *Aufrichtigkeit*, der Norm der *Wahrhaftigkeit* und der Norm, *Geltungsansprüche rational zu rechtfertigen*, regiert wird –, sind eine Art und Weise, dieses Ideal auszubuchstabieren. Zweitens, und auch das wird bekannt sein, wird das kommunikative Handeln mit *Manipulation* kontrastiert. Aber es ist nicht ganz richtig, wenn man sagt, die universelle Norm des kommunikativen Handelns ist die *einzig* gültige, universelle ethische Norm für Jürgen Habermas. Bevor ich fortfahre, werde ich dies ein wenig nuancierter darstellen.

Zunächst möchte ich kurz auf eine Äußerung von Jürgen Habermas eingehen. Diese Äußerung fiel in einer Diskussion im Anschluß an eine meiner Frankfurter Vorlesungen. Er sagte damals folgendes: »Wir brauchen einige kategorische Imperative, *aber nicht zu viele*.« Ich bin sicher, er meinte damit, daß einerseits die Verurteilung der unsäglichen Taten (man denke nur an Folter und Völkermord), die auf unserer Welt verübt worden sind und noch immer verübt werden, eine starke Unterscheidung verlangt zwischen einem Verhalten, das lediglich »nicht nett« ist, und einem Verhalten, das unbedingt *falsch* ist – und genau diese Unterscheidung ist mit jeder »Norm«, jedem universellen deontologischen Urteil beabsichtigt. Andererseits ist es nötig, derartige Imperative auf das zu beschränken, was ich »Metaebene« nannte, eine Ebene, auf der das, was sie vorschreiben, so etwas wie eine *demokratische Verfassung* für die ethische Diskussion bildet, wenn hier eine etwas vage Ausdrucksweise gestattet ist. Denn wenn wir erst einmal anfangen, eine große Zahl einzelner Gebote aufzulisten, die für alle Menschen universelle Verbindlichkeit haben sollen, laufen wir Gefahr, einen Autoritarismus zu vertreten. Ich denke, es ist diese Furcht vor »zu vielen« (und zu speziellen) universellen ethischen Normen, die Jürgen Habermas oft so schreiben läßt, *als ob* die einzige universelle Norm das kommunikative Handeln sei. Aber natürlich kann sie das nicht sein.

Es kann nicht der Fall sein, daß sich die *einzige* allgemeingültige Norm allein auf den *Diskurs* bezieht. So wäre es immerhin möglich, daß jemand das Gebot der Wahrhaftigkeit als eine verbindliche Norm anerkennt, sich sonst aber gänzlich vom »aufgeklärten Eigeninteresse« leiten läßt. (Genau diese Lebensweise wurde in der Tat von Ayn Rand, einer einflußreichen Amateurphilosophin – Philosophin kann ich sie nicht nennen –, empfohlen.) Eine solche Person kann jedoch das Prinzip des kommunikativen Handelns, wenn nicht buchstäblich, so doch ideell auf Schritt und Tritt verraten. Denn schließlich wird das kommunikative Handeln der *Manipulation* entgegengesetzt, und die besagte Person kann andere Menschen manipulieren, ohne die Grundsätze der »Aufrichtigkeit, der Wahrhaftigkeit und der Beschränkung der Äußerungen auf das rational Verbürgte« zu verletzen. Ayn Rands kapitalistische Helden manipulierten die Menschen ständig, beispielsweise vermittelst ihrer Herrschaft über das Kapital (auch wenn Rand es nicht für Manipulation hielt). Eine Person, die sagt, »du tust, was ich will, oder ich werde dich erschießen«, muß tatsächlich keinen Grundsatz verletzen, der allein den *Diskurs* betrifft. Es wäre allerdings ein Fehler, solche Beispiele als Einwände gegen die Habermassche »Diskursethik« anzubringen.

Es wäre deshalb ein Fehler, weil der Grundsatz, sich am kommunikativen Handeln zu beteiligen, fraglos im Rahmen von Kants kategorischem Imperativ operiert. Habermas ist ganz sicher der Ansicht, daß das Handeln den Anderen stets als Zweck berücksichtigen muß und nicht als ein bloßes Mittel behandeln darf. Und genau dagegen verstößt der rationale Egoist. (Ayn Rands Ablehnung des Altruismus ist eben gerade eine Ablehnung dieser Formulierung des kategorischen Imperativs.) Aber der Einwand gegen Kants kategorischen Imperativ lautete immer, daß es schwierig ist, bestimmte Verhaltensregeln aus ihm abzuleiten. Der seit Hegel endlos wiederholte Vorwurf, die kantianische Ethik sei leerer Formalismus, ist eine extreme Version dieses Einwands.

Während andere zeitgenössische Philosophen kantianischer Prägung – darunter John Rawls und jüngst Christine Korsgaard und Barbara Herman – versucht haben, diesen Vorwurf zu widerlegen, indem sie in einem weit gefaßten »kantianischen« Rahmen gehaltvolle ethische Regeln herausarbeiteten, hat Habermas einen anderen Weg eingeschlagen. In der Annahme, daß wir überhaupt die minimale Voraussetzung für ein ethisches Leben erfüllen – das heißt in der Annahme, daß wir eine Gemeinschaft von Menschen bilden, die die Zwecke anderer in der Tat als wichtig ansehen und die nicht einfach meinen, daß sich stets ihre eigenen Zwecke durchsetzen sollten –, geht der Habermassche Ansatz davon aus, daß Uneinigkeit in bezug auf das, was das ethische Leben *konkret* von uns verlangt, eine Lebenstatsache ist, etwas Bleibendes.

Habermas hat gewiß recht damit, daß uns die Uneinigkeit über Werte (ebenso wie die Uneinigkeit über Verhaltensnormen) immer begleiten wird (und eine totalitäre Unterdrückung allen Denkens verhindert, das diesen Namen verdient). Die Idee, es solle Aufgabe der Philosophie sein, eine Lösung aller unserer moralischen Meinungsverschiedenheiten *ex cathedra* vorzulegen, ist absurd. Oder wie Michele Moody-Adams unlängst formulierte: »Eine wirksame Antwort auf […] die Skepsis gegenüber dem Gewicht der Moraltheorie für das moralische Leben muß als erstes damit aufhören, vergeblich auf den maßgeblichen Status der philosophisch moralischen Untersuchung zu pochen […] Es gibt einen Mittelweg zwischen der skeptisch antitheoretischen Sicht, wonach die Moralphilosophie durch irgendeine andere Disziplin *ersetzt* werden sollte, […] und der unhaltbaren Position, daß die Moralphilosophie das letzte Berufungsgericht für Fragen moralischer Rechtfertigung ist. Dieser Mittelweg beinhaltet, sich die Moralphilosophie als einen wertvollen und nicht austauschbaren Teilnehmer im fortwährenden Prozeß der moralischen Untersuchung zu denken.«[4]

Eine Möglichkeit, wie man die Habermassche »Diskursethik« verstehen kann, besteht gerade darin, sie als einen solchen »Mittelweg« aufzufassen, als eine Form, in der die Philosophie ein »wertvoller und nicht austauschbarer Teilnehmer« unserer ethischen Diskussionen sein kann, ohne die Autorität eines »letzten Berufungsgerichts« zu beanspruchen. (Viele alberne Kritikpunkte an der Diskursethik, die mir aufgefallen sind, beruhen auf dem Doppelfehler, zu meinen, Habermas glaube, eine »ideale Sprechsituation« werde irgendwann in der Zukunft tatsächlich *erreicht* werden, und eine solche Situation sei eben das »letzte Berufungsgericht«, das Moody-Adams zu Recht verwirft). Habermas unternimmt nicht den Versuch, ein »letztes« ethisches

---

4 Michele Moody-Adams, *Fieldwork in Familiar Places. Morality, Culture and Philosophy*, Cambridge, MA. 1997, S. 176.

System hervorzubringen, eine Reihe letzter Verhaltensregeln auszuarbeiten, sondern bietet uns vielmehr eine Regel dafür, wie wir unsere unvermeidlichen Meinungsverschiedenheiten über Regeln erster Ordnung, die unser Verhalten leiten sollten, austragen können. So gesehen, könnten wir Jürgen Habermas als einen »Minimalisten der kantianischen Moralphilosophie« beschreiben.

Daß ich vom *Wert* der Diskursethik überzeugt bin, habe ich bereits an verschiedenen Stellen zum Ausdruck gebracht.[5] Und es ist nicht meine Absicht, mich hier in eine Kontroverse darüber einzulassen, ob die Diskursethik wirklich *alles* ist, was man aus einem weit gefaßten kantianischen Ansatz herausholen kann. Meine Frage lautet vielmehr, ob kantianische universelle Normen – seien es nun viele oder wenige – wirklich erschöpfen, was in der Ethik »objektiv« ist, oder ob »Werte« nicht manchmal doch mehr darstellen als die geschichtlichen Kontingenzen unterschiedlicher lokaler »Lebenswelten«.

Die »Normen/Werte«-Dichotomie ist problematisch

In diesem Abschnitt werde ich Habermas vorübergehend beiseite lassen und auf einen anderen Typ des »kantianischen« Ansatzes eingehen. Ich habe keineswegs vergessen, daß sich dieser Aufsatz mit Habermas befaßt, und werde in späteren Abschnitten auf sein Denken zurückkommen.

Die am schärfsten formulierten Aussagen eines kraß reduktiven Naturalismus bezogen auf das, was ich Werte nenne, finden sich, soweit ich weiß, in den Beiträgen von Christine Korsgaard zu *The Sources of Normativity*[6] sowie in ihren Antworten auf Kritiker, in denen sie ihre dort vertretenen Auffassungen erläutert und verteidigt hat und die später unter dem Titel »Motivation,

---

5 Vgl. meinen Aufsatz »A Resonsideration of Deweyan Democracy«, dessen längere Fassung in *The Southern California Law Review*, 63 (1990), S. 1681-1688 veröffentlicht wurde; siehe außerdem meine Einleitung zu *Pursuits of Reason. Essays in Honor of Stanley Cavell*, hg. von Ted Cohen/Paul Guyer/Hilary Putnam, Lubbock, Tex. 1993; und »Ein deutscher Dewey«, in *Neue Zürcher Zeitung*, 12./13. Juni 1999.
6 Christine M. Korsgaard, *The Sources of Normativity*, mit G.A. Cohen, Raymond Geuss, Thomas Nagel und Bernard Williams, Cambridge 1996.

Metaphysics, and the Value of the Self« in der Zeitschrift *Ethics* veröffentlicht wurden.[7] In diesen Antworten schreibt sie (S. 52): »[…] so wie ich ihn [Kant] lese, akzeptiert er keinerlei substantiellen Wertrealismus: Er glaubt nicht, daß die Gegenstände unserer Neigung an sich gut sind. Wir wollen Dinge nicht deshalb, weil wir wahrnehmen, daß sie gut sind: die Reize, die uns anfänglich zu ihnen hinziehen, sind vielmehr natürliche psychologische Impulse.«

Was Korsgaard »die Gegenstände unserer Neigung« nennt, sind ihrer Darstellung zufolge noch keine »Werte«, sie sind weder »anfängliche psychologische Impulse« noch Wertungen. Wir *machen* sie zu Werten und Wertungen, indem wir eine Maxime übernehmen, die uns anweist, sie zu schätzen oder nicht zu schätzen, auf sie zu reagieren oder nicht auf sie zu reagieren.

»Der bedeutendere Punkt hierbei ist, daß *unsere Werte* in Kants Theorie nicht aus dem Nichts heraus, sondern aus psychologischen Stoffen gebildet werden, aus den natürlichen Grundlagen des Interesses und des Vergnügens. Hier wie auch sonst in Kants Theorie arbeitet die Vernunft, indem sie dem vorgefundenen Stoff die Form aufprägt.« (S. 57)

Aber insofern die Vernunft »dem vorgefundenen Stoff die Form aufprägt«, wird sie dabei nicht von substantiellen Zwecken geleitet. Daher schreibt Korsgaard (S. 60): »Es gibt eigentlich nur ein Prinzip der praktischen Vernunft – das Prinzip, daß wir unsere Maximen wie universelle Gesetze wählen sollten.« Und indem sie deutlich macht, daß sie für sich selbst spricht und nicht bloß als Kantinterpretin, schreibt Korsgaard: »Ich ziehe daraus den Schluß, daß wir Menschen uns als werteverleihend sehen müssen und daher Humanität als einen Zweck an sich schätzen müssen.« (S. 60f.)

Das Problem, das ich mit solchen Formulierungen habe, ergibt sich aus der folgenden einfachen Überlegung: Unsere Maximen, und die Gesetze, die wir uns auferlegen, indem wir die Maximen verallgemeinern, enthalten selbst Wertbegriffe, insbesondere »dichte ethische Wörter« wie »freundlich«, »grausam«, »unverschämt«, »sensibel«, »unsensibel« usw. Es ist zum Beispiel eine implizite, wenn nicht gar explizite Verhaltensregel für jeden anständigen Menschen (eine Verhaltensregel, der zu folgen uns

---

7 »Motivation, Metaphysics, and the Value of the Self. A Reply to Ginsborg, Guyer, and Schneewind«, in: *Ethics*, 109 (Okt. 1998), S. 49-66.

vielleicht nicht immer gelingt, der wir aber dennoch gerecht zu werden versuchen), daß man denjenigen, mit denen man im Leben zu tun hat, und besonders denjenigen, die Sorgen oder Schwierigkeiten haben, mit »Freundlichkeit« begegnen sollte, solange es keinen triftigen moralischen Grund gibt, warum wir es nicht tun sollten. Ähnliche Verhaltensregeln weisen uns zum Beispiel an, »Grausamkeit«, »Unverschämtheit« oder die »Demütigung« anderer zu vermeiden, die Gedanken und Gefühle anderer »sensibel« aufzunehmen usw.

Daß »dichte ethische Wörter« in Texten über die Tatsachen/Wert-Dichotomie so häufig auftauchten,[8] hatte folgenden Grund: Die durch Carnap, Reichenbach, Stevenson u. a. berühmt gewordene Form des Nonkognitivismus in der Ethik verwendete als Paradigma für eine ethische Äußerung Urteile, die solche abstrakten (oder »dünnen«) ethischen Begriffe wie »gut«, »sollte« oder »richtig« (oder deren negative Pendants »schlecht«, »sollte nicht«, »falsch«) enthielten; zum Beispiel in »Dafür zu sorgen, daß jeder genug zu essen hat, ist gut« oder »Stehlen ist falsch«. Es wurde aber sehr bald darauf aufmerksam gemacht,[9] daß man »Werturteile« äußern kann, ohne diese hochgradig abstrakten ethischen Wörter überhaupt zu verwenden; zum Beispiel in »Es war sehr grausam, das zu tun«, »John ist schrecklich unsensibel«, »Ich glaubte, sie sei frech und gewöhnlich, aber nachdem ich nachgedacht hatte, merkte ich, daß sie ungezwungen und erfrischend spontan war«.[10] Solche Stellungnahmen [assertions] haben eindeutig einen deskriptiven Gehalt. Es wäre absurd, zu behaupten, sie seien lediglich »Gefühlsausdrücke« (oder Ausdruck einer »Einstellung«).

8 Vgl. das Kapitel IX in H. Putnam, *Vernunft, Wahrheit und Geschichte*, üb. von J. Schulte, Frankfurt am Main 1982; und das Kapitel über Bernard Williams in meinem Buch *Für eine Erneuerung der Philosophie*, üb. von J. Schulte, Stuttgart 1997, S. 106-140. Von B. Williams selbst vgl. *Ethik und die Grenzen der Philosophie*, üb. von M. Haupt, Hamburg 1999, S. 182-185, S. 197-208; sowie von John McDowell unter anderem seine Aufsätze »Non-Cognitivism and Rule Following«, »Virtue and Reasons« und »Are Moral Requirements Hypothetical Imperatives?«, alle in: J. McDowell, *Mind, Value, and Reality*, Cambridge, Ma. 1998. Das Argument, daß die Existenz dieser Wörter für den Nonkognitivismus ein Problem darstellt, geht auf Iris Murdoch zurück. Siehe I. Murdoch, *The Sovereignty of Good*, a. a. O.
9 Siehe dazu die Angaben in Anmerkung 8.
10 Die Anregung zu dem letzten Beispiel stammt aus Murdochs *The Sovereignty of Good*.

Eine (vorweggenommene) Reaktion[11] der Nonkognitivisten auf solche Beispiele besteht in dem, was ich einmal »Zweikomponenten-Theorie« genannt habe.[12] Dieser Theorie zufolge ist die Bedeutung eines dichten ethischen Wortes wie »grausam« bloß die Verbindung einer deskriptiven Eigenschaft (das heißt einer Eigenschaft, die sich definieren läßt, indem man eine angeblich wertneutrale Ausdrucksweise verwendet, wie beispielsweise »verursacht viel Schmerz«) mit einem Einstellungsindikator. Wenn D ein Satz in »wertneutraler« Sprache ist, der die »deskriptive Komponente der Bedeutung« des Worts »grausam« erfaßt, dann können wir die Bedeutung von »Es war sehr grausam, das zu tun« folgendermaßen erklären: »Diese Tat hatte Eigenschaft D. Ich habe eine sehr negative Einstellung zu Taten mit Eigenschaft D; und das solltest du auch!«

Das Problem damit ist, daß es keinen Grund dafür gibt, zu glauben, daß die Zerlegung der Bedeutung eines dichten ethischen Begriffs in die zwei Faktoren eines »rein deskriptiven« Begriffs und eines Einstellungsindikators durchführbar ist! Die Überzeugung, daß eine derartige Faktorisierung möglich ist, verdankt sich der vorgefaßten Meinung oder der fixen Idee, daß es möglich sein muß und nicht irgendeiner Berücksichtigung sprachlicher oder begrifflicher Phänomene.[13]

In einem frühen Buch, in dem sie sowohl den Sartreschen Existentialismus als auch den logischen Positivismus kritisiert,[14] meinte Iris Murdoch, daß Philosophen beiderlei Typs sich ein Bild des Geistes machen, in dem dieser in einzelne »Vermögen« unterteilt wird,[15] ein Bild, in dem die Wahrnehmung »neutrale«

---

11 Eine weniger übliche Reaktion stammt von John Mackie, der behauptete, diese Wörter seien rein deskriptiv und überhaupt nicht ethisch! Ich weiß von keinem Philosophen, der Mackie zustimmen würde. J. Mackie, *Ethik. Auf der Suche nach dem Richtigen und Falschen*, üb. von R. Ginters, Stuttgart 1981.
12 Siehe H. Putnam, *Vernunft, Wahrheit und Geschichte*, a. a. O., S. 268ff.
13 Vgl. John McDowell, »Non-Cognitivism and Rule Following«, a. a. O., wo dieser Punkt ausführlich entwickelt wird.
14 Iris Murdoch, *Sartre, romantic Rationalist*, New Haven 1953.
15 Dewey hat seit seinen frühesten Schriften ähnliche Argumente vorgebracht. Er sagt zum Beispiel, »psychologisch gesprochen ist die vielschichtigste Landschaft, die wir vor Augen haben können, weder eine simple letzte Tatsache noch ein Eindruck, der uns von außen auferlegt wird, sondern setzt sich vermittelst der psychischen Gesetze des Interesses, der Aufmerksamkeit und der Interpretation aus Farbwahrnehmungen und Muskelempfindungen, mit vielleicht nicht lokalisierten Gefühlen der Ausdehnung, zusammen. Kurz gesagt, es ist ein

Fakten liefert und Werte dem Willen entstammen. Natürlich entspricht das nicht (oder jedenfalls nicht genau) dem kantianischen Bild, doch in Korsgaards Fassung (vielleicht in allen Fassungen?) setzt das Bild *auch* eine Psychologie der Fakultäten voraus, in der »die Reize, die uns anfänglich zu ihnen [den Gegenständen unserer Neigungen] hinziehen« [...] »natürliche psychologische Impulse« sind, während all unsere Werte, selbst diejenigen, die wir normalerweise der Eigenliebe zuschreiben, von der autonomen Vernunft herrühren.[16] (Gerade das entspricht natürlich Kants be-

komplexes Urteil, das emotionale, volitive und intellektuelle Elemente enthält.« Aus »The New Psychology« (1884), in: *The Early Works of John Dewey*, 1882-1898, Band 1, Carbondale, Ill. 1969, S. 54f. Und er sagt nochmals: »Es ist schlicht so, daß es ebensowenig ein Vermögen der Beobachtung, Erinnerung oder Argumentation gibt, wie es ein ursprüngliches Vermögen des Schmiedens, Tischlerns oder Konstruierens von Dampfmaschinen gibt. Diese Vermögen bedeuten nur, daß bestimmte Reize und Gewöhnungen im Hinblick auf die Bewältigung gewisser eindeutiger Arbeitsarten koordiniert und zusammengefaßt wurden. Genau das gleiche gilt für die sogenannten geistigen Vermögen. Sie sind für sich genommen keine Kräfte, sondern sind dies nur bezogen auf die Zwecke, zu denen sie eingesetzt werden, die Dienste, die sie zu leisten haben. Sie können demnach nicht auf theoretischer Grundlage, sondern nur auf praktischer Grundlage als Kräfte verortet und diskutiert werden.« *The Early Works of John Dewey*, a. a. O., S. 60f.

16 In »Motivation, Metaphysics, and the Value of the Self« gibt es ein merkwürdiges Argument, das zeigen soll, daß sogar die Wertschätzung, *zu bekommen, was man begehrt* (»Eigenliebe«), »keine verursachende Kraft ist, die von einer anderen verursachenden Kraft, dem Sittengesetz, blockiert wird und die sich deshalb frei betätigt, sobald die andere Kraft den Weg frei gibt«. Vielmehr müsse man sehen: »Sie ist einfach eine Berücksichtigung, die bei einem selbstbewußten Tier, das zur Eigenliebe neigt, eine Art automatischen Stellenwert einnimmt«. Das Argument, daß die »Berücksichtigung« der Eigenliebe diesen automatischen Stellenwert haben muß, lautet folgendermaßen: »[...] könnte sich ein rationales Wesen der Grundtendenz zur Eigenliebe widersetzen und daher leugnen, daß seine [ihre] Neigungen einen Stellenwert haben? Obwohl Kant scheinbar bestreitet, daß dies geschehen könnte [...] sehe ich keinen Grund, warum er es tun sollte. Nehmen wir deshalb an, du könntest das. Was würde daraus folgen? Du würdest keine eigenen persönlichen Ziele verfolgen, nach welchen Maximen würdest du also handeln wollen? Wir begegnen den vollkommenen Pflichten, Pflichten, die Wahrheit zu sagen, Versprechen einzuhalten usw. im Laufe unseres gewöhnlichen Tuns, wenn wir unseren Geschäften nachgehen. Jetzt hast du aber kein Geschäft zu besorgen. Was ist mit den unvollkommenen Pflichten? Wenn du deine eigenen Neigungen als etwas ohne Stellenwert ansiehst, wirst du den Neigungen anderer vermutlich genausowenig Stellenwert beimessen, und deine Pflicht, ihr Glück zu fördern, wird sich verflüchtigen. Was wirst du also tun...? [...] Die Leugnung der Eigenliebe führt auf den Weg zur normativen Skepsis und Leere, nicht zur Freiheit von aller Kontrolle der Neigung; wenn Menschen sich selbst keinen Wert beimessen, kann es überhaupt keine Gründe und Werte

rühmter Dichotomie zwischen Neigung und Vernunft.) Ganz im Gegensatz zu diesem Bild stehen Ausdrücke wie »Freundlichkeit«, »Sensibilität«, »Grausamkeit« usw. – die nicht faktorisierbaren Begriffe, von denen wir bereits sprachen – keineswegs für rein deskriptive Eigenschaften,[17] für Eigenschaften, denen unsere »natürlichen psychologischen Impulse« begegnen, ohne von dem zu profitieren, was McDowell in Wiederbelebung der Aristotelischen Vorstellung eine erworbene »zweite Natur« nennt.[18] Die Tatsache, daß eine Tat grausam oder freundlich, sensibel oder unsensibel, frech oder erfrischend spontan ist, wird erst durch die Linse von Wertbegriffen verfügbar. Im Widerspruch zum kantianischen Bild können wir in unserem moralischen Leben nicht mit einem Vokabular auskommen, welches wir dadurch erhalten, daß einem vollkommen naturalistischen Vokabular ein einzelner moralischer Begriff beigegeben wird (der Begriff, der benötigt wird, um anzugeben, daß man »psychologisch erzeugten Anreizen die Gesetzesform auferlegt«,[19] wie mit *sollte* beispielsweise). Ohne unsere menschliche Vielfalt an Werten gibt es kein Vokabular, in dem sich Normen (Korsgaards »Gesetze«) darlegen lassen.

---

geben.« (S. 56f.) Sicherlich hat jedoch noch niemand jemals ein Pastrami-Sandwich gegessen, weil die praktische Vernunft dieser Person entschied, die Maxime zu bilden, nach denjenigen ihrer Wünsche zu handeln, die zu einem Gesetz verallgemeinert werden können, *weil sie keine andere Möglichkeit sah, die normative Skepsis zu vermeiden*. Das ist sogar als rationale Rekonstruktion unglaubwürdig.

17 Nicht deshalb, weil sie nicht deskriptiv sind – wie bereits betont wurde, sind sie gleichzeitig deskriptiv und evaluativ, ohne in »zwei Komponenten« zerlegbar zu sein. Sie sind allerdings nicht *bloß* deskriptiv, in dem Sinne wie von den Begriffen einer Naturwissenschaft angenommen wird, daß sie bloß deskriptiv sind. (Ich sage »angenommen wird«, weil ich die Ansicht vertreten würde, daß wir in den »Wissenschaften vom Menschen« ebenfalls dichte ethische Begriffe benötigen. Doch ist das etwas, was ich hier nicht erörtern werde.)

18 Vgl. J. McDowell, *Geist und Welt*, üb. von Th. Blume, H. Bräuer, G. Klaus, Paderborn 1998, S. 109-125; sowie McDowells Aufsatz »Two Sorts of Naturalism«, in: McDowell, *Mind, Value, and Reality*, a.a.O.

19 Korsgaard verwendet diese Ausdrucksweise in »Motivation, Metaphysics, and the Value of the Self«, a.a.O., S. 57.

Der Ausweg von Bernard Williams

Seit *Vernunft, Wahrheit und Geschichte* habe ich stets die eben geschilderte Ansicht vertreten, der zufolge Werte konzeptuell unverzichtbar und zudem nicht auf rein deskriptive Ausdrücke reduzierbar sind. In seinem wichtigen Buch *Ethik und die Grenzen der Philosophie* hat Bernard Williams dies *zugestanden* und gleichzeitig versucht, die philosophische Bedeutung dieser Einsicht zu *neutralisieren*. In *Vernunft, Wahrheit und Geschichte* (S. 195) zog ich die Schlußfolgerung: »Die Ethik steht nicht *in Konflikt mit* der Physik, wie der Ausdruck ›unwissenschaftlich‹ suggeriert; es ist einfach so, daß ›gerecht‹ und ›gut‹ und ›Gerechtigkeitssinn‹ Begriffe einer Sprachebene sind, die nicht auf die Sprachebene der Physik *reduzierbar* ist. [... Es gibt] noch *weitere* wesentliche Sprachebenen, die sich nicht auf die physikalische zurückführen lassen, ohne daß sie aus diesem Grund illegitim wären. Das Sprechen von ›Gerechtigkeit‹ kann, ebenso wie das Sprechen von ›Bezugnahme‹, *nicht*-wissenschaftlich sein, ohne deshalb *un*-wissenschaftlich zu sein.« Williams hingegen verteidigte die Auffassungen, daß (1) nur die Begriffe der Naturwissenschaften das Inventar der Welt beschreiben[20] und (2) die einzig wahren »wissenschaftlichen« Begriffe die der *Physik* sind.

Williams' Strategie bestand darin zu sagen, daß zwar die »dichten« ethischen Begriffe tatsächlich nicht in getrennte deskriptive und evaluative Bestandteile zerlegbar sind, die Urteile, in denen wir sie gebrauchen, aber auch keine »absolute« Gültigkeit haben (»Absolutheit« ist ein zentraler Begriff in Williams' Metaphysik). Trotzdem können ethische Urteile nach Williams zu Recht »wahr« genannt werden, weil »wahr« ein Adjektiv ist, das wir genauso dann verwenden können, wenn wir »in der einen oder anderen sozialen Welt« sprechen, wie wenn wir »absolut« sprechen.[21]

Williams bemüht sich, klarzumachen, daß ein und dasselbe ethische Urteil nicht etwa »in Kultur A wahr« und »in Kultur B« falsch sein könne. Es sei vielmehr so, daß über die »Wahrheit« des

---

20 Vgl. B. Williams' Vorstellung von einer »absoluten Auffassung der Welt«. Genauere Angaben und Erörterungen finden sich bei mir in *Für eine Erneuerung der Philosophie*, a. a. O., Kap. 5.
21 Was B. Williams unter dem Wort »wahr« versteht, stellt mich zugegebenermaßen vor ein Rätsel. Siehe mein *Für eine Erneuerung der Philosophie*, a. a. O., S. 135-136.

ethischen Urteils nur *in* der »sozialen Welt« gesprochen werden kann, in der das Urteil gefällt wurde. Anderen Kulturen ist das eingehende Überdenken des Urteils »versperrt« (es sei denn, es gibt eine »echte Option« von der einen Kultur in die andere überzuwechseln – aber ich möchte mich hier nicht in die Feinheiten des Schemas von Williams vertiefen).[22]

Für unsere Zwecke wird die folgende Beobachtung ausreichen: Selbst wenn die Auffassung von Williams stimmig wäre, könnte sie einer Kantianerin wie Korsgaard kaum helfen. Denn wenn unsere ethischen Maximen dichte ethische Begriffe enthalten – wie sie es offensichtlich tun –, dann wird es problematisch, sie zu »universellen Gesetzen« zu machen, und zwar nach jeder Auffassung, der zufolge das, *was die Extensionen jener ethischen Begriffe sind*, eine Frage ist, auf die es keine universell einsichtige Antwort gibt – der zufolge gerade die Bestimmung, *welche Handlungen, Personen, Dinge unter diese Begriffe fallen*, eine Frage ist, die nur »in der einen oder anderen sozialen Welt« Sinn macht. Die »Gesetze«, die sich meine Vernunft »gibt«, könnten allenfalls *formale* Universalität besitzen, aber ihre *Inhalte* wären alles andere als »universal«. Ein Relativismus jeglicher Art im Hinblick auf Werte kann »Normen« (in Korsgaards Terminologie Maximen, denen die Vernunft »Gesetzesform« auferlegt hat) nicht unberührt lassen.

Vermeidet die »Diskursethik« dieses Problem?

Habermas' Position hat sich in den vielen Jahren, seit ich ihn kenne, in gewissen Hinsichten verändert, so daß ich nicht ganz sicher bin, wie er auf die genannten Punkte heute antworten würde. Denkbar wären zwei Antworten, die ich hier diskutieren möchte. (Sehr wahrscheinlich wird sich Habermas' wirkliche Antwort von beiden unterscheiden.)

Nehmen wir einen Fall, in dem ein dichter ethischer Begriff in meiner »sozialen Welt« verwendet wird, aber nicht in der Ihren. Es gibt heute zum Beispiel soziale Welten, in denen der Begriff »Keuschheit« gar nicht mehr gebraucht wird (ausgenommen viel-

22 Siehe meinen Aufsatz über B. Williams: »Pragmatism and Relativism: Universal Values and Traditional Ways of Life«, in meinem Buch *Words and Life*, Cambridge, Ma. 1994.

leicht mit den »Anführungszeichen des Schauderns«). Wenn eine meiner Normen lautet »Vermeide unkeusches Verhalten«, und diese Norm ergibt für Sie keinen Sinn, weil der Begriff »unkeusch« aus Ihrer Sicht einfach ein Anachronismus ist, was sollen wir dann tun, wenn Williams recht hat und wir nicht annehmen können, daß der Begriff unabhängig von der jeweiligen sozialen Welt eine Extension hat?

Nun, eine Sache, die wir tun können, wäre die Erörterung der Frage: *Müssen Sie sich diesen Begriff zu eigen machen?* Und falls die Antwort darauf »ja« lautet: *Müssen Sie die Norm akzeptieren, die ich soeben formulierte, indem ich diesen Begriff gebrauchte?* Sowie natürlich die Frage: *Sollte ich den Begriff nicht ganz und gar aufgeben?*[23]

Für die Diskursethik wirft dies das Problem auf, daß eine *Diskussion* anders als eine *Aushandlung* voraussetzt, daß die zur Diskussion stehende Frage kognitiv sinnvoll ist. Wenn sie es nicht ist, nimmt eine derartige »Diskussion«, wie Ramsey feststellte,[24] die Form an von: »A: Ich mag Schokoladenpudding. B: Ich nicht.« Gerade wenn wir die Notwendigkeit der Diskursethik würdigen, können wir ermessen, wie verhängnisvoll es für Habermas' eigenes philosophisch-politisches Projekt ist, irgendwelche Zugeständnisse zu machen, die wir als einen »wertbezogenen Soziologismus« bezeichnen könnten – letztlich hieße das, Streitigkeiten über Werte so zu behandeln, als seien sie rein soziale Konflikte, die man zu lösen habe (obwohl sie häufig auch das sind), und sie nicht als *rationale Meinungsverschiedenheiten zu behandeln, die eine Entscheidung dahingehend verlangen, wo die besseren Gründe liegen.*[25] Selbst wenn unsere Maximen Vokabulare ver-

---

23 Nach Auffassung von Bernard Williams *können* Fragen, die mit den »dünnen« ethischen Begriffen »sollte« und »müßte« gebildet werden, durchaus von Menschen diskutiert werden, die verschiedenen »sozialen Welten« angehören, vorausgesetzt (i) beide soziale Welten verfügen über diese dünnen ethischen Begriffe (und Williams glaubt, daß alle sozialen Welten der Gegenwart diese Bedingung erfüllen) und (ii) das »Überwechseln« zur Anschauung des anderen ist eine reale und nicht bloß eine »hypothetische« Möglichkeit für beide Teilnehmerseiten in der Diskussion. Die Habermassche Diskursethik würde uns ganz gewiß beibringen, dies in einem Fall, wie dem geschilderten, zugunsten des »kommunikativen Handelns« als eine reale Möglichkeit zu behandeln.
24 Frank P. Ramsey, Epilogue (»There is Nothing to Discuss«) in: Ramsey, *Foundations of Mathematics*, hg. von R.B. Braithwaite, New York 1931, S. 291 f.
25 Warum habe ich nicht gesagt, »wo die Wahrheit liegt«? Ich würde das ebenfalls sagen, denn im Falle der Ethik (anders als in dem der Naturwissenschaften) kann

wenden, wie sie verschiedener nicht sein könnten, können wir uns an einer Diskussion beteiligen (im normativen Sinne des »kommunikativen Handelns«) mit dem Ziel, zu einem gemeinsamen Vokabular zu gelangen und ein gemeinsames Verständnis zu erreichen, wie dieses Vokabular angewandt werden sollte. Aber solange so etwas wie eine richtige Antwort auf die eingangs gestellten Fragen fehlt, kann diese Diskussion keine wirkliche Bemühung sein, die Antwort darauf zu finden, für was es die besseren Gründe gibt. Die Diskussion könnte bestenfalls eine Übung in dem sein, was Richard Rorty »im Gespräch bleiben« nennt – ein Philosoph, bei dem ich mir übrigens sicher bin, daß Habermas ihm nicht zustimmt. Könnte es tatsächlich der Fall sein, daß die einzige allgemeingültige ethische Regel »im Gespräch bleiben« lautet? Antworten Sie »ja« (das ist die von mir erwähnte »erste Antwort«), und Sie haben eine »minimalistische Ethik«, die es in sich hat!

Die zweite Antwort erschließt sich aus der Art und Weise, wie Habermas die Diskursethik verteidigte, bevor er die *Theorie des Kommunikativen Handelns* veröffentlichte – und zwar verteidigte er sie mit Hilfe von Karl Otto Apels »Transzendentalpragmatik«.[26] (Die *Theorie des Kommunikativen Handelns* selbst

sich die wahre Auffassung nicht von der Auffassung unterscheiden, für die es die besten Gründe gibt, vorausgesetzt wir anerkennen (was wir, wie Cora Diamond betont hat, tun sollten), daß ethische Gründe nicht immer in der Form linearer Argumentationen gegeben werden können. Vgl. C. Diamond, »Anything but Argument«, in ihrem *The Realistic Spirit*, Cambridge, Ma. 1991.

26 Habermas stützte sich ehemals auf Apels Transzendentalpragmatik, siehe die beiden Aufsätze von Habermas, »Wahrheitstheorien« sowie »Was heißt Universalpragmatik?«, in: ders., *Vorstudien* und *Ergänzungen zur Theorie des kommunikativen Handelns*, Frankfurt am Main 1984, S. 174ff. bzw. S. 353ff. »Im Moralprinzip spricht sich ein Sinn von Transzendenz oder Selbstüberschreitung aus, der schon in assertorischen Geltungsansprüchen enthalten ist. In ähnlicher Weise erklärt Ch. S. Peirce den Begriff der Wahrheit mit Hilfe einer in der sozialen und zeitlichen Dimension ideal entschränkten Verständigungspraxis.« Habermas, *Erläuterungen zur Diskursethik*, a.a.O., S. 157f. Habermas verweist an dieser Stelle mit einer Fußnote auf K.-O.Apel, *Der Denkweg von Ch. S. Peirce*, Frankfurt am Main 1975; sowie auf Apel, »Sprachliche Bedeutung, Wahrheit und normative Gültigkeit«, in: *Arch. di Filosofia*, LV. 1987, S. 51-88. Eine ähnliche »Apelianische« Sicht (ohne den ausdrücklichen Verweis auf Apel) findet sich in den *Vorstudien*, a.a.O., S. 160: »So verhält es sich auch mit Wahrheit als Geltungsanspruch. [...] diskursive Einlösung« [ist] ein normativer Begriff; die Übereinstimmung, zu der wir in Diskursen gelangen können, ist allein ein *begründeter Konsensus*. Dieser gilt als Wahrheitskriterium, aber der Sinn von Wahrheit ist nicht der Umstand, daß überhaupt ein Konsensus erreicht wird,

scheint sich »im Schlingerkurs« von der Position Apels zu einer »minimalistischeren« Position hinzubewegen.) Apels Position besagt im Kern, daß Wahrheit im Anschluß an Peirce[27] mit dem gleichgesetzt wird, *auf was man sich im Rahmen unbeschränkt fortgesetzter Diskussion einigen würde* (im normativen Sinne von »Diskussion« – im Sinne von kommunikativem Handeln natürlich). Apels wichtiger Schritt besteht darin, diese Bestimmung der Wahrheit auch auf *ethische Ansprüche*, ja auf *jedweden* Diskurs anzuwenden.[28]

Wenn wir diese Idee akzeptieren, können wir folgendes sagen: Falls die fortwährende Diskussion in der größtmöglichen Gemeinschaft (von Habermas und Apel manchmal als die Gemeinschaft »aller Betroffenen« bestimmt) zu dem Schluß führt, daß eine Lösung für die Meinungsverschiedenheit nicht möglich ist, sollte der umstrittene Begriff (in unserem Falle *Keuschheit*) fallengelassen werden. Weil in diesem Fall *die Wahrheit weder auf der einen noch der anderen Seite ist*. Denn wenn es Wahrheiten (oder valide Aussagen) in bezug darauf *gäbe*, (a) welche Handlungen keusch oder unkeusch sind oder (b) ob man die Maxime »Vermeide unkeusches Verhalten« verallgemeinern sollte, dann würden sich schließlich alle Teilnehmer der besagten (idealen) Diskussion auf diese Wahrheiten einigen, *weil das die eigentliche Bedeutung des Worts »wahr« ist*. Im anderen Fall, nämlich dann, wenn es in bezug auf (a) und (b) Wahrheiten *gibt*, *muß* die (unter idealen Bedingungen) ausreichend lange fortgesetzte Diskussion wiederum aufgrund der Definition von »wahr« bei diesen Wahrheiten konvergieren.

Halten wir zunächst den wesentlichen Unterschied zwischen der Apelschen und der ersten, der minimalistischen Antwort auf unsere Frage fest. Die minimalistische Antwort, so wie ich sie beschrieb, akzeptiert einfach Williams' Auffassung, wonach Wertansprüche, die in einer dichten ethischen Sprache erhoben werden, nur einen relativen Typ von Geltung besitzen[29] – Geltung

---

sondern: daß jederzeit und überall, wenn wir nur in einen Diskurs eintreten, ein Konsens unter Bedingungen erzielt werden kann, die diesen als begründeten Konsensus ausweisen. Wahrheit bedeutet »warranted assertibility«.«
27 K.-O. Apel, *Der Denkweg von Charles S. Peirce*, a. a. O.
28 Dies wird von James antizipiert, von Peirce selbst aber bestritten.
29 Siehe Bernard Williams, »Die Wahrheit im Relativismus«, in: B. Williams, *Moralischer Zufall*, Königstein/Ts. 1984; sowie *Ethik und die Grenzen der Philoso-*

in der einen oder anderen »sozialen Welt«. (Williams selbst würde außerdem sagen, daß *Normsätze* nur relative Geltung besitzen, doch das könnte Habermas natürlich nicht akzeptieren.) Die minimalistische Antwort sagt uns schlicht, wie wir uns verhalten sollen, wenn so etwas wie ein universell gültiger Anspruch hinsichtlich eines Werts fehlt. Nach Apels Auffassung dagegen *können* derartige Ansprüche universelle Geltung haben, und die Diskursethik sorgt für das Verfahren, mit dem wir »auf lange Sicht« herausfinden können, welche Ansprüche wirklich universelle Geltung haben.

Um festzustellen, ob diese Auffassung angemessen ist, sollten wir zwei Fragen überdenken: 1. Liegt Apel richtig, wenn er Peirce' Definition von Wahrheit gutheißt? 2. Wenn, wie ich argumentieren werde, die Antwort auf die erste Frage lautet, daß Peirce' Definition von Wahrheit für deskriptive Aussagen, die Aussagen der physikalischen Wissenschaften inbegriffen, nicht zutreffend ist, könnte sie dann trotzdem für *ethische* Aussagen richtig sein?

Apel und Peirce vertreten eine falsche Wahrheitstheorie

Wie sehr man auch bemüht sein mag, den Peirce-Apel-Ansatz nach heutigen Maßstäben für Klarheit annehmbarer zu machen (und kontrafaktische Annahmen darüber, was passieren würde, wenn die Diskussion ewig weitergehen oder unbegrenzt verlängert werden würde, können wohl kaum als klar gelten!), ein Merkmal ist für ihn wesentlich: Einem solchen Ansatz zufolge *ist es metaphysisch unmöglich, daß es irgendwelche Wahrheiten geben kann, die nicht durch Menschen verifizierbar sind.* Der Ansatz gehört daher als eine Variante zu dem, was heute »Antirealismus« genannt wird, weil er die Grenzen dessen, was in bezug auf die Welt wahr sein kann, von den begrenzten Verifizierungsmöglichkeiten des Menschen abhängig macht.

Um den Realismus und Antirealismus zu diskutieren, bräuchte man eine weitere Abhandlung, und das liegt hier nicht in meiner Absicht. (Ich wurde auch nicht eingeladen, *zwei* Aufsätze zu

---

phie, a. a. O., Kap. 9 und meine Kritik in H. Putnam, *Für eine Erneuerung der Philosophie*, a. a. O., Kap. 5, insbes. S. 135 ff.

schreiben.) Ich werde meine Auffassung dazu, die ich an anderer Stelle ausführlich verteidigt habe,[30] deshalb nur zusammenfassend darlegen.

Das Argument für den Antirealismus nimmt stets die Form eines Vorwurfs an, des Vorwurfs nämlich, daß die Idee, *Wahrheiten könnten manchmal nicht verifizierbar sein – selbst idealerweise nicht –*, unerträglich »metaphysisch« ist. (Der Antirealismus gibt niemals zu, daß *er* eine Form von Metaphysik ist.) Doch wenn ich sage: »Vielleicht ist es unmöglich, die Tatsachen über das Leben des biblischen Moses jemals in Erfahrung zu bringen«, ist schwer einzusehen, warum das eine *metaphysische* Äußerung sein sollte. Vielmehr würde doch die Behauptung, daß es über das Leben des Moses keine Wahrheiten gibt, außer denjenigen, die wir und andere *in der Zukunft* noch verifizieren können, eine »metaphysische« Behauptung sein, und zwar in dem Sinne, in dem die Metaphysik beinahe schon per definitionem dem gemeinen Verstande entgegengesetzt ist! Fester Bestandteil sowohl der Naturwissenschaften als auch des Alltagsverstandes und in beider Weltauffassung tief verankert ist im Gegensatz dazu die Überlegung, daß es eine gänzlich kontingente Frage ist, ob jede Wahrheit, selbst »prinzipiell«, von Wesen, wie wir es sind, erkannt werden kann. Auch die Antwort auf diese Frage gehört zu den Grundeinsichten zeitgenössischer wissenschaftlicher Theorien: Aus einer Reihe von Gründen wird als kontingenter empirischer Sachverhalt akzeptiert,[31] daß es *viele* Wahrheiten gibt, deren gesicherte Feststellung die Möglichkeiten unserer Gattung übersteigt. Obwohl ich selbst einige Jahre lang die Idee verteidigte, die Wahrheit könne einer »idealisierten rationalen Annehmbarkeit« gleichgesetzt werden, bin ich heute überzeugt, daß das ein Fehler war.[32]

30 Vgl. meine dritte Dewey-Vorlesung »The Face of Cognition«, in meinem *The Threefold Cord. Mind, Body, and World*, New York 1999, sowie meinen Aufsatz »Pragmatism«, in: *Proceedings of the Aristotelian Society*, Band XCV. Teil 3 (1995), S. 291-306.
31 Zu diesen Gründen gehören unter anderem der normale entropische Zerfall und das »Chaos« genannte Phänomen sowie die eher forschungsbedingten Phänomene (einschließlich schwarzer Löcher!), die Informationen unwiederbringlich zerstören.
32 Ich erläutere meine Gründe für die Preisgabe des Antirealismus bezüglich der Wahrheit u. a. in: *The Dewey Lectures: Sense, Nonsense, and the Senses. An Inquiry into the Powers of the Human Mind*, wieder in: *The Threefold Cord*, S. 3-70; »Pragmatism«, a. a. O., S. 292-306; und »Pragmatism and Realism«, in: *Cardozo Law Review*, Band 18, Nr. 1 (Sept. 1996), S. 153-170.

Wenn die »Transzendentalpragmatik« die Ausarbeitung der Folgen (oder der angeblichen Folgen) einer antirealistischen Wahrheitstheorie ist, dann besteht sie in der Ausarbeitung der Folgen eines *Irrtums* und sollte aufgegeben werden.

Eine Erklärung ethischer Wahrheit nach Apel und ihre Schwierigkeiten

Einige Absätze zurückliegend hatte ich die Frage gestellt: »Wenn Peirce' Definition der Wahrheit für deskriptive Aussagen, die Aussagen der physikalischen Wissenschaften eingeschlossen, nicht richtig ist, könnte sie dann nicht doch für ethische Aussagen richtig sein?« Es handelt sich um eine schwerwiegende Frage. Denn während, wie ich soeben deutlich machte, in unseren besten allgemeinverständlichen und naturwissenschaftlichen Weltbildern davon ausgegangen wird, daß manche empirischen Aussagen unmöglich verifiziert werden können, und während sowohl im Alltagsrealismus als auch im wissenschaftlichen Realismus, die mit diesen Weltbildern einhergehen, außerdem fest verankert ist, daß die Nichtverifizierbarkeit überhaupt kein Grund für die Behauptung ist, solche Aussagen seien weder richtig noch falsch, ist bei ethischen Aussagen das Gegenteil der Fall. Die Ethiker haben lange darauf bestanden, daß unsere Pflichten für uns *erkennbar* sind und daß sie eigentlich nicht unsere Pflichten sein könnten, wenn sie es nicht wären. Aber das allein heißt nicht schon, daß Apels Wahrheitstheorie (für unsere Zwecke heute) gerettet werden kann, indem sie einfach auf ethische Ansprüche beschränkt wird.

So wie ich es sehe, ist der heikle Punkt die Rechtfertigung des Schrittes von der Aussage, daß jeder wahre Anspruch in bezug auf unsere Pflichten »für uns einsehbar ist«, zu der Aussage, daß dieser Anspruch »das Ergebnis einer idealen Diskussion wäre, wenn diese Diskussion ausreichend lange geführt werden würde«. Die Erläuterung, warum dieser Schritt problematisch ist, wird uns zu unserem ursprünglichen Thema, der Art und Weise, wie »Werte« und »Normen« miteinander verflochten sind, zurückführen. Ich werde die kritische Frage in vier Probleme aufspalten:

1. Eine ideale Diskussion ist eine Diskussion, in der alle Teilnehmer die Norm der Beteiligung am kommunikativen Handeln, mit allem, was sie beinhaltet, akzeptieren: Aufrichtigkeit der Rede, größtmögliche Wahrhaftigkeit der Äußerungen, größtmögliche Bemühung um Rechtfertigung des Gesagten, Versuch, die anderen durch die Kraft des Arguments zu überzeugen und nicht durch irgendwelche Manipulationen usw. Da alle Normen und Grundsätze der Diskursethik in die Beschreibung der idealen Diskussionssituation eingegangen sind, werden sie schon über die Situationsdefinition von allen Beteiligten akzeptiert. *Ihre* Rechtfertigung – und sie machen im Grunde genommen die Habermasianische Ethik als Ganzes aus – ist dann aber eben nicht, daß sie das Endergebnis einer unbegrenzt in die Länge gezogenen Peirceschen Wahrheitssuche sind.

Apels Antwort in diversen Büchern und Aufsätzen lautete, daß sie durch eine »transzendentale Rechtfertigung«[33] gerechtfertigt sind, daß sie nämlich von der Rationalität *vorausgesetzt* werden, von den Verfahren, die definieren, was Wahrheitssuche bedeutet. Wenn wir die Definition von Wahrheit als das Produkt eines idealen Konsenses auf ethische Aussagen beschränken, wird das transzendentale Argument ähnlich beschränkt sein müssen. Die These wird dann besagen, daß die Normen und Grundsätze der Diskursethik Voraussetzungen *ethischer* Rationalität sind. Ich neige dazu, dem zuzustimmen, allerdings eher aus Gründen, die auf Dewey statt auf Peirce zurückgehen.[34] In dieser Phase möchte ich mögliche Einwände jedoch vorerst zurückstellen. Ich möchte nur anmerken, daß selbst dann, wenn die Befolgung der Normen

---

33 Apel sagt, »daß schon die […] in jeder Problemerörterung vorausgesetzte rationale Argumentation die Geltung universal ethischer Normen voraussetzt.« (»Das Apriori der Kommunikationsgemeinschaft und die Grundlage der Ethik«, in: K.-O. Apel, *Transformation der Philosophie*. Bd. 2, Frankfurt am Main 1976, S. 397.) Vgl. auch: »Etwas, das ich nicht, ohne einen aktuellen Selbstwiderspruch zu begehen, bestreiten kann, und zugleich ohne formallogische *petitio principii* deduktiv begründen kann, gehört zu jenen transzendentalpragmatischen Voraussetzungen der Argumentation, die man immer schon anerkannt haben muß, wenn das Sprachspiel der Argumentation seinen Sinn behalten soll.« (»Das Problem der philosophischen Letztbegründung im Lichte einer transzendentalen Sprachpragmatik«, in: B. Kanitschneider (Hg.), *Sprache und Erkenntnis*, Innsbruck 1976, S. 72 f.)
34 Vgl. den letzten Teil von »Pragmatism and Moral Objectivity«: »Was Dewey Trying to Derive Ethics from the Logic of Science?«, in: *Words and Life*, a. a. O., S. 177-181.

der Diskursethik eine *notwendige Bedingung* wäre, um zu gerechtfertigten ethischen Überzeugungen zu gelangen, das, was Apel zeigen können muß, viel stärker ist: Er muß zeigen, daß die Konformität mit diesen Normen auch eine *hinreichende Bedingung* ist, um zu gerechtfertigten (und letzten Endes zu wahren) ethischen Überzeugungen zu gelangen. Und dies führt zu den anderen Problemen, die ich vorgreifend ankündigte.

2. Selbst dann, wenn wir von Problemen wie der Unklarheit kontrafaktischer Aussagen der Form, »wenn die Diskussion unbegrenzt verlängert werden würde«, einmal absehen – haben wir denn irgendeine klare Vorstellung von einer Welt, in der die Menschen in der Lage sind, *unentwegt* zu diskutieren? Ich werde nun den Standpunkt vertreten, daß *es keinen Grund gibt, zu glauben, das Ergebnis einer idealen und ausreichend lange geführten Diskussion einer ethischen Frage werde zwangsläufig richtig sein.*

Meine Skepsis, was diese These von Apel (und ich fürchte, auch von Habermas) angeht, läßt sich mit Hilfe einer Analogie erläutern. Zur Beschreibung der Analogie, die mir vorschwebt, möchte ich zunächst eine kurze Erörterung in Wittgensteins *Philosophischen Untersuchungen* in Erinnerung rufen.[35]

Wittgenstein erörtert Auseinandersetzungen darüber, ob jemand ein Gefühl »vortäuscht«. (Eines seiner Beispiele ist ein Streit darüber, ob jemand wirklich in Liebe entbrannt ist.) Ich kann mir sicher sein, daß mein Urteil in einer solchen Frage richtig ist, bin aber vielleicht nicht in der Lage, andere davon zu überzeugen. Wittgenstein sagt vernünftigerweise über solche Urteile, auf die sich die Gemeinschaft nicht einigen kann, daß sie nichtsdestoweniger richtig sein können. Manche Menschen haben mehr Menschenkenntnis als andere, und Menschenkenntnis läßt sich nicht auf ein System von Regeln verkürzen.

Wittgenstein sagt, daß Menschen, die mehr Menschenkenntnis besitzen, im allgemeinen bessere Prognosen abgeben. Er sagt aber nicht, auch nicht implizit, daß jedes individuell richtige Urteil in bezug auf die Echtheit eines Gefühls schließlich durch das Verhalten auf eine Weise bestätigt wird, die der ganzen Gemeinschaft die Zustimmung abnötigt. Er sagt vielmehr, daß solche Urteile charakteristischerweise auf der Grundlage »unwägbarer Evidenz« zustande kommen.

35 Werkausgabe Bd. 1, Frankfurt am Main 1989, Teil II, S. 574ff.

Stellen wir uns nun einen Streit darüber vor, ob eine Handlung grausam ist oder nicht – und das ist nun meine Analogie einer ethischen Auseinandersetzung. Ein Vater verhält sich psychologisch grausam, indem er sein Kind mit irgend etwas aufzieht, während er gleichzeitig leugnet, daß die Tränen des Kindes ernst zu nehmen sind (entweder weil er stumpf ist oder aus einem Anflug von Sadismus). »Es muß lernen, das zu verkraften«, bemerkt der Vater.

Wird sich die gesamte Gemeinschaft darauf einigen, daß dies eine Grausamkeit darstellt? *Muß* sie denn zu einer Einigung kommen, selbst wenn die Gesprächssituation »ideal« ist? (Im Falle des Beispiels von Wittgenstein wären die Fragen analog dazu: Wird sich die ganze Gemeinschaft darauf einigen, daß die von einer Person geäußerten Zeichen der Zuneigung wirklich bedeuten, daß sie von Liebe ergriffen ist? *Muß* sie denn zu einer Übereinkunft kommen, selbst wenn die Gesprächssituation »ideal« ist? Und ist nicht die Unterscheidung zwischen wirklich verliebt sein oder nicht wirklich verliebt sein selbst eine *ethische* Unterscheidung?)

Hier müssen wir sehr umsichtig vorgehen. Nehmen wir an, ein Großteil der Mitglieder oder auch nur eine bedeutende Minderheit teilen die Beschränktheit des Vaters in dem beschriebenen Fall. Angenommen, in den meisten anderen Hinsichten sind sie keine Unmenschen. Sie möchten aufrichtig tun, was recht ist, und sie haben ein Faible für rationales Argumentieren. Sie finden die Frage, ob es sich bei diesem Fall um eine »Grausamkeit« handelt, richtiggehend faszinierend und diskutieren sie endlos. Niemand versucht, jemanden zu manipulieren und jeder hört sich die Argumente der anderen geduldig an. Wir können uns trotzdem sehr gut vorstellen, das der betreffende Vater und andere, die ihm ähnlich sind, nie »zur Einsicht kommen werden«. Es gibt also keinen Konsens, obwohl die Gesprächssituation nach einer einfachen Auslegung der Anforderungen an eine ideale Sprechsituation »ideal« sein mag (man spricht aufrichtig, man versucht sein Bestes, wahre Aussagen zu machen, man versucht, möglichst gerechtfertigte Aussagen zu machen, versucht, andere argumentativ zu überzeugen und nicht manipulativ für sich einzunehmen usw.).

Apel und Habermas werden sich jetzt über ihre unfaire Behandlung beschweren. Doch bevor ich auf ihre Antworten oder zumindest auf die Antwort, die ich für Habermas antizipiere, eingehe, möchte ich den Punkt festhalten, der mit solchen Beispielen erläutert werden sollte.

Die Diskussionsteilnehmer in der geschilderten Situation sind *nicht* dahingehend zu kritisieren, daß sie die Normen der Diskursethik nicht befolgen. Was hier nicht stimmt, ist *der Gebrauch des dichten ethischen Vokabulars, das für dieses besondere ethische Problem geeignet ist.* Sie sind »beschränkt« (das Gegenteil von im Besitz von Menschenkenntnis), sie haben eine »Spur von Sadismus« usw. Um zu beschreiben, was eine »ideale Diskussionssituation« in diesem Fall wäre, müßte man *dichte ethische Begriffe* verwenden (und voraussetzen, daß das Publikum sie ebenfalls beherrscht).

In der *Theorie des kommunikativen Handelns* sieht es zuweilen danach aus,[36] als ob zumindest Habermas[37] das zusätzliche Er-

---

36 Habermas, *Theorie des kommunikativen Handelns.* 2 Bde, Frankfurt am Main 1981: »Verständigung gilt als ein Prozeß der Einigung unter sprach- und handlungsfähigen Subjekten. Allerdings kann sich eine Gruppe von Personen in einer Stimmung eins fühlen, die so diffus ist, daß es schwerfällt, den propositionalen Gehalt bzw. einen intentionalen Gegenstand anzugeben, auf den diese sich richtet. Eine solche kollektive Gleichgestimmtheit erfüllt nicht die Bedingungen der Art von Einverständnis, in dem Verständigungsversuche terminieren. Ein kommunikativ erzieltes, oder im kommunikativen Handeln gemeinsam vorausgesetztes, Einverständnis ist propositional differenziert.« (Bd. 1, S. 386.) Und: »Wenn man mit Durkheim einen Trend zur Versprachlichung des Sakralen behauptet, der sich an der Rationalisierung von Weltbildern, der Universalisierung von Recht und Moral, und auch an der fortschreitenden Individuierung der Einzelnen ablesen läßt, muß man annehmen, daß das Konzept der Ich-Identität in zunehmendem Maß auf das Selbstverständnis, das die kommunikative Alltagspraxis begleitet, paßt. In diesem Fall stellt sich ernstlich die Frage, ob sich mit einer neuen Stufe der Identitätsformation nicht auch die Identitätsbedingungen und -kriterien ändern müssen. Ein Sprecher gibt mit der Antwort »Ich« normalerweise nur zu erkennen, daß er generisch als ein sprach- und handlungsfähiges Subjekt, und numerisch als anhand einiger signifikanter Daten, die seine Herkunft beleuchten, identifiziert werden kann. Sobald er aber durch prädikative Selbstidentifizierung das Anspruchsniveau der Ich-Identität erfüllt, gibt er mit der Antwort »Ich« (in geeigneten Kontexten) zu erkennen, daß er generisch als ein *autonom* handlungsfähiges Subjekt und numerisch anhand solcher Daten, die die Kontinuität einer *verantwortlich übernommenen* Lebensgeschichte beleuchten, identifiziert werden kann.« (Bd. 2, S. 162f.)
37 Apel, der mit einem transzendentalen Argument aus Peirce' Wahrheitstheorie arbeitet, ist nicht gezwungen, sich mit diesem Problem zu befassen. Sobald wir es jedoch ablehnen, die Wahrheit mit dem Konsens zu identifizieren, der aus der (idealen) Diskussion hervorgeht (und Peirce würde hinzufügen, aus dem Experiment), läßt sich die Forderung nach einer Begründung, warum Wahrheit und Konsens in jedem einzelnen Fall, so beispielsweise dem der Ethik, zusammenfallen sollten, nicht umgehen.

fordernis einfügen möchte, daß die Teilnehmer einer idealen Diskussion das Äquivalent einer idealen Psychoanalyse erreicht haben (entweder durch eine tatsächliche Psychoanalyse oder auf anderem Weg). Aber auch dann, wenn man wie ich davon überzeugt ist, daß es tatsächlich psychoanalytische Einsichten gibt, hat die Psychoanalyse nie beansprucht, das Subjekt zu einem vollendeten Menschenkenner zu machen (noch würden Psychoanalytiker behaupten, sie selbst seien vorbildliche Menschenkenner!).

Daß so etwas wie die Psychoanalyse die Lösung sein könnte, ließe sich in meinem Beispiel aus dem Gebrauch des »wissenschaftlich« klingenden Ausdrucks »eine Spur von Sadismus« schließen. Es verhält sich aber nicht so, daß jedes Versagen der moralischen Wahrnehmung anhand des Gebrauchs solcher »wissenschaftlich« klingender Ausdrücke beschrieben oder erklärt werden kann. Mit »moralischer Wahrnehmung« meine ich nicht etwa ein geheimnisvolles Vermögen, die nicht-natürliche Eigenschaft des Gut-Seins wahrnehmen zu können, von dem ethische Intuitionisten wie G.E. Moore gesprochen haben. Ich verstehe darunter die Fähigkeit zu erkennen, daß jemand »unnötig leidet« anstatt »zu lernen, es zu verkraften«, daß jemand »erfrischend spontan« und nicht »unverschämt« ist, daß jemand »mitleidig« und kein »weinerlicher Liberaler« ist usw. Es gibt keine *Wissenschaft*, die uns lehren kann, diese Unterscheidungen zu machen. Sie verlangen eine Fähigkeit, die mit Iris Murdochs Worten »endlos perfektionierbar« ist und die, wie sie ebenfalls sagt, mit unserer (auch endlos perfektionierbaren) Beherrschung des moralischen Vokabulars selbst verwoben ist.[38]

Ich meine, an diesem Punkt gelangen wir zu einer *grundsätzlichen Zweideutigkeit in Habermas' Position*. Wenn Habermas *die Ansprüche der Diskursethik einschränken wird* – wovon ich ihn überzeugen möchte –, wenn er insbesondere sagen wird, daß die Diskursethik ein *Teil* der Ethik ist, ganz gewiß ein wertvoller und wichtiger Teil, aber keiner, der für sich alleinstehen kann, und daß sie nicht *die* Grundlage *aller* »Gültigkeit« ist, über die die Ethik (in der Moderne) verfügen kann – dann, so denke ich, wird er den richtigen Kurs eingeschlagen haben. Wenn man aber versucht, die weiterreichenden Ansprüche zu verteidigen, die er und

---

38 Murdoch, *The Sovereignty of Good*, a.a.O., S. 28ff.

Apel im Namen der Diskursethik erhoben haben, dann werden *diese Ansprüche entweder nicht glaubwürdig erscheinen* (das wird dann der Fall sein, wenn die »Diskursethik« auf eine Reihe feststehender Normen beschränkt wird, die die Vernunft charakterisieren sollen) oder sie werden *leer* sein. Denn, wenn die Behauptung, das richtige Urteil in einer ethischen Auseinandersetzung werde in einer idealen Sprechsituation erreicht, bloß heißt, es werde erreicht, *falls die Debattenteilnehmer in idealer Weise moralisch sensibel, verständnisvoll, unparteilich usw. sind*, dann ist die Behauptung rein »grammatischer« Art. Sie liefert zur Vorstellung eines »richtigen Urteils in einer ethischen Auseinandersetzung« keinerlei Gehalt, den diese Vorstellung nicht unabhängig davon schon besaß. Tatsächlich sind Ausdrücke wie »in idealer Weise moralisch sensibel« usw. nicht nur selbst *ethische* Begriffe, sondern müssen angereichert oder »verdichtet« werden, wenn man ihnen in irgendeiner echten Kontroverse Inhalt geben will. Man muß sie dann durch Begriffe ersetzen, die zwar nach wie vor *Wert*begriffe sind, die aber einen höheren deskriptiven Gehalt haben.

Ich vermute, das Problem ist in den »kantianischen« Ansatz eingebaut. Wie wir in Christine Korsgaards Fall sahen, sucht der Kantianismus nach Prinzipien, die für die praktische Vernunft selbst charakteristisch sind, während er Werte entweder als bloße psychologische Tatsachen (»natürliche psychologische Impulse«) oder als das Produkt der Tätigkeit der praktischen Vernunft bezogen auf jene bloß psychologischen Tatsachen behandelt. Korsgaards Schwierigkeit bei der Erklärung des »automatischen Stellenwerts« der Eigenliebe[39] macht deutlich, auf welche Weise das Fortleben von Kants berüchtigter Dichotomie zwischen »Neigung/Vernunft« völlig verhindert, daß man sieht, wie sich dichte ethische Begriffe allen traditionellen Tatsachen/Werte-Dichotomien widersetzen.

3. Ich erinnere mich an einen Einwand, den Lyotard gegen die Habermassche Diskursethik erhoben hat, welcher besagte, daß die Diskursethik die »Sprachlosen« marginalisiere oder ausschließe. In einem gewissen Sinne ist dieser Einwand unfair. Ich glaube aber, daß dichte ethische Konzepte verwendet werden

---

39 Siehe Anm. 16.

müssen, um zu erklären, *warum* er nicht fair ist. Wenn Lyotard meinte, daß sich eine Gemeinschaft redegewandter und intelligenter Sprachverwender in einer idealen Diskurssituation bewußt darauf einigen könnte, sie dürften weniger redegewandte Mitglieder der Gemeinschaft *ausbeuten* und *manipulieren*, dann ist der Vorwurf ungerecht, weil die Handlung einer solchen Gruppe bezogen auf die »sprachlosen« Mitglieder der Gemeinschaft manipulativ wäre. Damit eine Diskussion im Habermasschen Sinne ideal ist, reicht es nicht aus, daß die Diskutanten in ihren Argumentationen *untereinander* den Prinzipien der Diskursethik folgen; auch diejenigen, die sich nicht zu Wort melden, müssen als Mitglieder der Gruppe betrachtet werden (sonst schließt sie nicht alle Betroffenen ein), und jedes Gruppenmitglied muß gegenüber jedem anderen eine nicht manipulative Haltung einnehmen. Im Hinblick auf diejenigen, die ihren Standpunkt argumentativ weniger gut auszudrücken vermögen, gilt immer William James' schöne Forderung, »die Schreie der Verwundeten zu hören«. Man muß nicht redegewandt sein, um aufschreien zu können. Und sollten die Schreie der Verwundeten ignoriert werden, ist die Sprechsituation in einem Habermasschen oder Apelschen Sinne sicher nicht »ideal«.

Möglich ist jedoch, daß Lyotard an etwas anderes dachte. Es ist sehr wahrscheinlich, daß er die Möglichkeit einer Diskussion vor Augen hatte, in der die Redegewandten gegenüber den »Sprachlosen« zumindest subjektiv guten Willens sind und wenigstens die deutlichsten »Schreie der Verwundeten« hören. Man kann aber zumindest subjektiv guten Willens sein und solche Schreie im eigenen Interesse systematisch fehldeuten. Wenn Lyotard tatsächlich an diese Möglichkeit dachte, dann handelt es sich bloß um einen weiteren Spezialfall des vorherigen Problems.

Warum gibt es überhaupt ein Interesse, Werte zu relativieren oder zu »naturalisieren«?

Obwohl der Wunsch, die Ethik zu »naturalisieren« sehr weit verbreitet ist, ist der »Preis« der Naturalisierung äußerst hoch. (Im Gegensatz zu Deweys Sprachgebrauch verwende ich den Begriff »Naturalismus« und seine Ableitungen als Synonym für Materialismus, weil das Wort in jüngster Vergangenheit bedauerlicherweise so in Gebrauch gekommen ist.) Alle naturalistischen Darstellungen haben folgende Gemeinsamkeit: Entweder streiten sie ab, daß ethische Sätze Ausdrücke von *Urteilen* sind, von Überlegungen, die ohne einen »Zusatz« wie »in der jeweiligen sozialen Welt« oder »relativ zu den Wünschen und Einstellungen des Individuums« als falsch oder richtig, verbürgt oder unverbürgt beschrieben werden können, oder sie geben (wenn sie meinen, daß es so etwas wie vollständig rationale und objektive ethische Urteile gibt) eine Erklärung des *Zwecks,* und manchmal des *Inhalts,* derartiger Urteile in *nicht-ethischen* Begriffen. Im zweiten Fall wird die Ethik letztlich als etwas behandelt, was von *außen* gerechtfertigt wird, gleichgültig ob es sich um einen evolutionären Ansatz handelt (so daß ethische Urteile letztlich im Dienst des »Altruismus« stehen, der wiederum lediglich als ein Mechanismus zur Überlebenssicherung der Gruppe aufgefaßt wird) oder ob es sich um einen utilitaristischen Ansatz handelt (so daß ethische Urteile vom Gesichtspunkt einer Gruppe bzw. einer Art oder sogar, wie bei Peter Singer, vieler Arten gesehen Nützlichkeitskalküle sind) oder ob es sich um einen kontraktualistischen Ansatz handelt (so daß ethische Urteile einem Interesse dienen, »Gründe anzugeben«, welche – wenigstens hinter dem »Schleier des Nichtwissens« – selbst beurteilbar sind, ohne einen bestimmten *ethischen* Gesichtspunkt vorauszusetzen, oder beurteilbar sind, indem sie nur Unparteilichkeit voraussetzen).

Ich denke, in unserer Zeit spiegelt das wohl die verführerische, aber letztlich katastrophale Attraktivität einer Strategie, die auch zum logischen Positivismus führte. Diese Strategie könnte folgendermaßen beschrieben werden: »Gib dem Skeptiker fast alles, was er verlangt, solange du ein gewisses absolutes Minimum wahren kannst.« In der Wissenschaftsphilosophie führte diese Strategie zu der Idee, daß wir dem Skeptiker zugestehen können, wir hätten weder ein Wissen des Nichtbeobachtbaren als solchen noch ein von unseren Sinneswahrnehmungen unabhängiges Wissen von Tischen, Stühlen und anderen Gegenständen, nicht einmal ein Wissen von der Existenz anderer Menschen,[40] und ganz gewiß keinerlei ethisches oder metaphysisches oder ästhetisches

---

40 Man beachte den oxymoronischen Charakter der Behauptung, wir hätten keine Kenntnis von der Existenz anderer Menschen! In »Why Reason can't be naturalized« argumentierte ich, daß Carnap in *Der logische Aufbau der Welt* genau dieses Oxymoron unterlaufen ist.

Wissen – solange wir an der These festhalten können, wir hätten eine Kenntnis unserer eigenen Sinneswahrnehmungen (manchmal wurde das eingeschränkt auf unsere augenblickshaft präsenten Sinneswahrnehmungen). Der tragende Gedanke dabei war, dieses absolute Minimum werde uns erlauben, die Idee eines vorhersagenden Wissens und daher der Wissenschaft beizubehalten. Die Attraktivität dieses Gesichtspunkts scheint heute auf ebenso geheimnisvolle Weise geschwunden zu sein, wie sie aufkam (man kann sich jedoch nicht sicher sein, ob sie sich nicht eines Tages wieder bemerkbar machen wird!).

Im Falle der Ethik ist der entsprechende Gedanke der, daß wir dem Skeptiker zugestehen können, daß wir kein *irreduzibel* ethisches Wissen haben. Aber was ist, was könnte angesichts eines bedürftigen Menschen *irreduzibler* sein, als mein Wissen, daß ich *verpflichtet* bin, diesem Menschen zu helfen? (Selbst wenn ich nach reiflicher Überlegung entscheide, daß andere *ethische* Pflichten dieser ersten Pflicht vorgehen, ändert dies nichts an meinem Bewußtsein von etwas unbedingt Grundsätzlichem und Irreduziblen).[41] Solange man diese Pflicht als ein bloßes »Gefühl« behandelt, bewegt man sich an einem Ort (ob er nun aussieht wie eine Wüstenlandschaft oder wie ein tropischer Dschungel), der weit außerhalb der ethischen Welt angesiedelt ist.

Darüber hinaus sind beide Fälle, der der Ethik und der der Wissenschaftsphilosophie, nicht ohne Zusammenhang.[42] Der logische Positivismus war ebensosehr daran interessiert zu zeigen, daß die Wissenschaft ohne Anerkennung der Existenz und Nicht-Reduzierbarkeit *epistemischer* Werte funktionieren kann, wie daran, die Existenz und Nicht-Reduzierbarkeit *ethischer* Werte abzustreiten. Deshalb widmete Carnap Jahrzehnte seines Lebens dem Versuch zu zeigen, daß die Wissenschaft mit einer formal syntaktischen Methode arbeitet. Soweit ich weiß, setzt heute keiner mehr irgendwelche Hoffnung in dieses Projekt.[43]

---

41 Hierin stimme ich Levinas zu, dessen Auffassungen ich in »Levinas and Judaism« erörtere. Dieser Aufsatz erscheint demnächst in: R. Bernasconi/S. Crichley (Hg.), *The Cambridge Companion to Levinas*.

42 Die drei folgenden Absätze stammen aus meinem Vortrag »Pragmatism and Nonscientific Knowledge«, den ich auf einer Konferenz zum Thema Pragmatismus und Neopragmatismus hielt, die im September 1998 zu meinen Ehren an der Universität Torun stattfand.

43 In seiner Antwort auf meinen Aufsatz »Degree of Confirmation and Inductive Logic« (in: *The Philosophy of Rudolf Carnap*, La Salle, Ill. 1963) distanziert sich

Karl Popper verwarf Carnaps induktive Logik, hoffte allerdings wie dieser, die wissenschaftliche Methode auf eine einfache Regel zurückführen zu können: Man prüft alle im starken Sinne falsifizierbaren Theorien und behält nur die übrig, die diesen Test bestehen. Das funktioniert aber auch nicht besser als Carnaps »induktive Logik«. Denn wenn eine Theorie mit etwas in Konflikt gerät, was man zuvor als Tatsache angesehen hat, geben wir das eine Mal die Theorie auf, ein andermal die vermutete Tatsache; in Quines berühmter Formulierung ist die Entscheidung eine Sache von Aushandlungen, die »wo rational, pragmatisch« sind,[44] d. h. eine Angelegenheit informeller Urteile in bezug auf Plausibilität, Einfachheit und ähnliche Kriterien zum Beispiel. Es ist auch keineswegs so, daß die Wissenschaftler im Falle eines Theorienkonflikts abwarten, bis die Beobachtungsdaten zwischen ihnen entscheiden, wie Poppers Wissenschaftstheorie es ihnen eigentlich vorschreibt.

Ein Beispiel, das ich in diesem Kontext häufig verwendet habe,[45] ist folgendes: Sowohl Einsteins Theorie der Gravitation als auch Alfred North Whiteheads Theorie von 1922 (von der sehr wenige überhaupt jemals gehört haben!) hielten die Relativität des Raumes für richtig, und beide prognostizierten das bekannte Phänomen der Ablenkung des Lichts durch die Schwerkraft, die nicht-newtonsche Beschaffenheit der Umlaufbahn des Merkurs, die genaue Umlaufbahn des Monds usw. Dennoch wurde Einsteins Theorie angenommen und Whiteheads Theorie verworfen, und zwar 50 Jahre bevor irgend jemand an eine Beobachtung dachte, die zwischen den beiden entschieden hätte. Tatsächlich muß sogar eine große Anzahl Theorien aus nicht beobachtungsbezogenen Gründen abgelehnt werden, weil die Regel

Carnap erheblich von seinen Hoffnungen auf einen Algorithmus, der uns in die Lage versetzen würde, die Urteile eines idealen, induktiv verfahrenden Richters zu reproduzieren, Hoffnungen, die er in *Logical Foundations of Probability* (Chicago 1950), seiner einzigen buchlangen Abhandlung zur induktiven Logik, ausgedrückt hatte. Der genannte Aufsatz führt den Nachweis, daß Carnaps Projekt *dies* nicht leisten konnte.
44 Obwohl diese Auffassung viel älter ist als ihre Formulierung bei Quine, hatte sein gefeierter Text »Two Dogmas of Empiricism« wesentlichen Anteil an ihrer Verbreitung. Siehe Quine, »Zwei Dogmen des Empirismus«, in: ders., *Von einem logischen Standpunkt*, Frankfurt am Main/Berlin/Wien 1979.
45 Die Widerlegung von Whiteheads Theorie war das Werk von C.M. Will, »Relativistic Gravity in the Solar System, II. Anisotrophy in the Newtonian Gravitational Constant«, in: *Astrophysics Journal*, 169 (1971), S. 409-412.

»Prüfe jede Theorie, die irgend jemandem einfällt«, unmöglich durchgeführt werden kann. Oder wie Bronowski einst an seinen Freund Popper schrieb: »Du würdest nicht behaupten, daß Wissenschaftler jede falsifizierbare Theorie prüfen sollen, wenn über deinen Schreibtisch so viele verrückte Theorien gingen wie über meinen!«[46]

Kurz gesagt, Urteile über Kohärenz, Einfachheit usw. werden von den physikalischen Wissenschaften vorausgesetzt. Doch sind Kohärenz, Einfachheit und dergleichen *Werte*. Jedes der sattsam bekannten Argumente für den Relativismus (oder Kontextualismus) in bezug auf ethische Werte läßt sich *ohne die geringsten Abstriche* im Zusammenhang mit diesen epistemischen Werten wiederholen. Das Argument, ethische Werte seien metaphysisch »absonderlich« (weil wir unter anderem kein *Sinnesorgan* haben, um »das Gute« wahrzunehmen), ließe sich in den Wortlaut umformen, »epistemische Werte sind ontologisch absonderlich« (weil wir kein Sinnesorgan haben, um Einfachheit und Kohärenz wahrzunehmen). Die bekannten Argumente für den Relativismus oder Nonkognitivismus, die sich auf Uneinigkeiten zwischen den Kulturen hinsichtlich der Werte stützen (Argumente, die ihre Triebkraft oft von den modischen, meines Erachtens aber völlig unhaltbaren Schilderungen verschiedener Kulturen als »inkommensurabel« erhalten),[47] könnten dahingehend übertragen werden, daß es zwischen den Kulturen Uneinigkeiten darüber gibt, welche Überzeugungen »kohärenter«, »plausibler«, »als Erklärungen der Fakten einfacher« sind usw.; und sowohl im

---

46 Man muß auch darauf hinweisen, daß Popper wiederholt behauptet hat, das berühmte Eklipse-Experiment sei ein *experimentum crucis* und verdeutliche daher die überragende »Falsifizierbarkeit« von Einsteins allgemeiner Relativität. Tatsächlich hatte das Experiment *vier* Reihen von Resultaten erbracht. Je nachdem welcher der qualitativ schwachen Fotografien man vertraute, kam man auf die Einsteinsche Abweichung, auf die Newtonsche Abweichung und sogar die doppelte Einsteinsche Abweichung! Eine wirklich verläßliche experimentelle Bestätigung der allgemeinen Relativität gab es erst in den 1960er Jahren (zu einer Darstellung dieser Bestätigung siehe Charles W. Misner/Kip S. Thorne/John Archibald Wheeler, *Gravitation*, San Francisco 1973, Teil IX). Daß die allgemeine Relativität akzeptiert worden war, bevor entscheidende Experimente zu ihren Gunsten ausgingen, widerspricht natürlich vollkommen dem gesamten Popperschen Ansatz, der als mythologisch charakterisiert werden kann.
47 Siehe dazu die verheerende Kritik dieser Idee und der Art, wie sie sich seit Herders Lebzeiten in der Kulturanthropologie ausgewirkt hat, bei Michele Moody-Adams, *Fieldwork in Familiar Places. Morality, Culture and Philosophy*, Cambridge, MA. 1997.

Fall der Ethik wie in dem der Naturwissenschaften gibt es Vertreter des Fachs, die sagen würden, es sei bloße Rhetorik, wollte man, wenn Kulturen unterschiedlicher Meinung sind, behaupten, die eine Seite habe objektiv recht. Statt derartige Argumente im einen wie im anderen Fall zu akzeptieren, sollten wir vielmehr anerkennen, daß beide, ethische Werte und wissenschaftliche Werte, in unserem Leben unverzichtbar sind und daß die Argumente, die die Unmöglichkeit »nicht-naturalisierbarer« Werte zeigen sollen, *zuviel beweisen* – tatsächlich würde die Forderung, wir sollen nur das akzeptieren, wovon wir eine reduktive Darstellung geben können, nicht nur die Rede von Werten, sondern ebenso die von Referenz,[48] von Kausalität,[49] von kontrafaktischen Annahmen[50] und vielem anderen abschaffen. Irgend etwas stimmt hier in der Tat nicht – aber es ist der Reduktionismus (alias »Naturalismus«), der falsch ist, und nicht die Rede von Werten.

Ich weiß, man wird mich jetzt daran erinnern, daß Habermas kein logischer Positivist oder Reduktionist ist, nicht einmal ein »Naturalist«. Für mich sieht es aber so aus, als läge seinem Wunsch, jeden Diskurs über Werte *außerhalb* der engen Grenzen der Diskursethik als bloße Verhandlung von Differenzen zwischen »Lebenswelten« zu behandeln, und auch dem Grund, weshalb er hier fürchtet, irgendeine Objektivität zuzugestehen, die sich darüber hinaus auf einen solchen Wertediskurs erstreckt – der Furcht nämlich, ein solches Zugeständnis würde mit der »Moderne« nicht vereinbar sein (hier ist das der moderne Verdacht gegenüber allem, was für »metaphysisch« gehalten wird) –, als lägen alledem *positivistische* Wünsche und Gründe zugrunde. Und die Idee, man könne den Positivisten sehr vieles einräumen und trotzdem ein kleines bißchen zurückbehalten, von dem man glaubt, es werde ausreichen, um die gesamte ethische Objektivität, die man wünscht oder braucht, wiederherzustellen, ist genau derselbe Irrtum, wie die positivistische Idee, man könne den Skeptikern sehr vieles einräumen und dennoch einen kleinen Rest

---

48 Aus diesem Grund betrachten Quine und Bernard Williams eine derartige Rede als Rede ohne irgendeinen ernsthaften objektiven Gehalt. Zu Williams' Billigung von Quines Auffassung siehe Williams, *Descartes. Das Vorhaben einer reinen philosophischen Untersuchung*, üb. von W. Dittel und A. Viviani, Königstein/Ts. 1981, S. 252f.
49 Siehe mein *The Many Faces of Realism*, La Salle, Ill. 1987 sowie *Für eine Erneuerung der Philosophie*, a. a. O., S. 86-90; S. 53-77.
50 *Für eine Erneuerung der Philosophie*, a. a. O., S. 83-90.

zurückbehalten, von dem man glaubt, er werde ausreichen, die ganze wissenschaftliche Objektivität, die man wünscht oder braucht, wiederherzustellen.

Schlußfolgerung

Außer der Befürchtung, für allzu »metaphysisch« gehalten zu werden, gibt es natürlich noch andere Gründe, um sich über die Anerkennung sehr vieler irreduzibler Werte Gedanken zu machen. Ich zitierte Habermas bereits mit dem Ausspruch: »Wir brauchen einige kategorische Imperative, aber nicht zu viele.« Wenn man akzeptiert, daß ethische Werte rational diskutiert werden können und nicht »naturalisiert« werden müssen, ist das keineswegs dasselbe, wie wenn man hinsichtlich der Werte einen *Apriorismus* oder Autoritarismus akzeptiert. Seitdem es liberale Gesellschaften ablehnen, sich auf die Offenbarung als Grundlage ihres ethischen und politischen Lebens zu berufen, sind wir ethische Fallibilisten. Und in der Tat, das Prinzip: »Was für die [methodische] Untersuchung im allgemeinen gilt, gilt für die ethische Untersuchung im besonderen«, ein Prinzip, das Ruth Anna Putnam und ich John Dewey[51] zugeschrieben haben, verlangt von uns, Fallibilisten zu sein, falls es so ist, daß der Fallibilismus zu einem nicht herauslösbaren Teil der Methodologie rationaler Untersuchung im allgemeinen geworden ist. Allerdings ist der Fallibilismus nicht alles, was eine rationale Untersuchung fordert. Die Diskursethik, genauer gesagt, die Habermassche Diskursethik könnte und sollte man so sehen (jedenfalls habe ich das schon lange betont), als buchstabiere sie im Detail aus, was eine rationale Untersuchung fordert, die diesen Namen wert ist. Das Eingeständnis, daß zur Ethik *mehr* gehört als die Diskursethik, schmälert in keinem Sinne die Bedeutung der Diskursethik.

Ich habe Freunden gegenüber oft bemerkt, daß wir in der Ethik sowohl aristotelische als auch kantianische Einsichten brauchen, und ich bin immer wieder erstaunt, auf wieviel Widerstand ich stoße, wenn ich das sage. Regelmäßig werde ich darauf hingewiesen, daß es »sehr schwer« (der Ton besagt »unmöglich«) ist, ein Interesse am menschlichen Gedeihen mit der kantianischen Ethik

---

51 Vgl. meinen und Ruth Anna Putnams Aufsatz »Dewey's Logic: Epistemology as Hypothesis« in: *Words and Life*, a.a.O.

zu vereinbaren. Wenn das, was ich bislang ausgeführt habe, seine Richtigkeit hat, dann ist unsere unvollkommene, doch endlos perfektionierbare Fähigkeit, Forderungen zu erkennen, die unterschiedliche Werte an uns stellen, genau das, was die »kantianische« (oder Diskurs-) Ethik mit *Inhalt* füllt.

(Aus dem amerikanischen Englisch von Karin Wördemann)

Gertrud Nunner-Winkler
Moralische Bildung

I. Was heißt Vernunftmoral?

Das Rahmenthema lautet: Vernunftmoral zwischen Prinzipien und Kontext. Es läßt sich übersetzen in: Vernunftmoral zwischen Universalismus und Relativismus. Was aber ist Vernunftmoral? Ein erster Zugang besteht darin zu sagen, was sie *nicht* ist. Vernunftmoral ist abgegrenzt gegen den *religiös gestützten Glauben*, Moral fundiere in Gott, der – letztbegründend – die Inhalte der Normen setzt (»Gott gab Moses die Gesetzestafeln«) und die Bereitschaft zur Normbefolgung sichert. Vernunftmoral ist abgegrenzt gegen dessen innerweltliches Analogon – die *Naturrechtslehre*, die aus Wesensbeschreibungen Normen ableiten zu können glaubt, dabei aber die unüberbrückbare Kluft zwischen Sein und Sollen leugnet und zugleich zirkulär verfährt: In die »Natur« der Dinge werden genau jene Sachverhalte projiziert, die als erwünscht erachtete Normen abzuleiten erlauben. Fortpflanzung etwa wird als »natürliche« – vordem hieß es: gottgewollte – Funktion der Sexualität »erkannt«, und so läßt sich dann die »Widernatürlichkeit« von Homosexualität begründen. Vernunftmoral grenzt sich auch gegen ein *evolutionsbiologisches Moralverständnis* ab, das auf Altruismus und Kooperationsbereitschaft fokussiert. Diese sind zwar »nett«, ihre genetisch bestimmte Handlungswirksamkeit[1] und ausschließlich ergebnisorientierte Nutzenkalkulatorik[2] unterschlagen aber konstitutive Momente

---

1 »Genetische Verwandte haben gewöhnlich nicht nur ähnliche Gesichtszüge, sondern gleichen sich auch in allen möglichen anderen Beziehungen. Beispielsweise werden sie einander gewöhnlich in bezug auf die genetische Neigung ähnln, die Strategie ›Wie du mir, so ich dir!‹ anzuwenden.« R. Dawkins, *Das egoistische Gen*, Reinbek 1996, S. 349.
2 Als »altruistisch« gelten alle Handlungen, die die Reproduktionschancen anderer Organismen auf eigene Kosten erhöhen. Dabei allerdings »rechnet« sich der reziproke Altruismus über Zeit (»wie ich heute dir – so du morgen mir«), der verwandtschaftliche über die Maximierung des Insgesamt der Reproduktionschancen der eigenen Gene (»jedem nach dem Prozentsatz geteilter Gene«). Die favorisierte Kooperationsstrategie erhebt moralanaloge Forderungen: »Verweigere nie als erster die Kooperation, bestrafe jeden Betrug sofort, aber sei weder nachtragend noch neidisch.« Auch sie »rechnet« sich langfristig – zumindest im Falle

von Moral und menschlicher Lebensweise: die Notwendigkeit wechselseitiger Freiheitsunterstellung und unser Interesse nicht allein an den Konsequenzen der Handlungen anderer, sondern an den Haltungen, die sie uns gegenüber einnehmen.[3]

Alle diese Vorstellungen leiten Moral aus Vorgegebenem ab – aus dem Willen Gottes, dem Wesen der Natur, den genetisch verankerten Handlungsdispositionen. Die *Vernunftmoral* hingegen gründet »in unser aller Wollen«.[4] Dieses findet unterschiedliche Operationalisierungen. Die älteste und einfachste ist die goldene Regel: »Was du nicht willst, das man dir tu, das füg auch keinem anderen zu!« Hier tritt das reflektierte Wollen an die Stelle der Reiz-Reaktions-Koppelung in der evolutionsbiologisch ausgezeichneten *tit-for-tat*-Strategie (»Wie du mir, so ich dir!«). Allerdings sind zwei für die Vernunftmoral entscheidende Momente bloß implizit mitgedacht: Nur das von *allen* und nur das *vernunftgemäß Gewollte* kann geboten sein. Im kategorischen Imperativ ist das zweite Moment explizit ausbuchstabiert: Nicht, was du faktisch zufällig willst, sondern was du (ohne Selbstwiderspruch) wollen kannst, soll Maxime deines Handelns sein.[5] Rawls hat einen Operationalisierungsvorschlag für das erste Moment ausgearbeitet. An die Stelle von Kants monologischer Reflexion setzt er den hypothetischen Diskurs: Gültig sind jene Normen, denen – unter dem Schleier des Nicht-Wissens – alle zustimmen können.[6] Habermas' Diskursethik hebt den hypothetischen Cha-

---

unlimitierter »Spiel«-wiederholungen. Siehe R. Axelrod, *Die Evolution der Kooperation*, München 1988.

3 Im soziobiologischen Ansatz gilt: »Die Nettigkeit einer Strategie erkennt man an ihrem Verhalten, nicht an ihren Motiven (denn sie hat keine) und auch nicht an der Persönlichkeit ihres Verfassers (der zu dem Zeitpunkt, zu dem das Programm im Computer läuft, in den Hintergrund getreten ist).« R. Dawkins, *Das egoistische Gen*, Reinbek 1996, S. 363. Im menschlichen Zusammenleben aber bedeutet es uns sehr viel, »ob die Handlungen anderer Menschen uns gegenüber Haltungen des Wohlwollens, der Zuneigung oder der Wertschätzung einerseits oder der Verachtung, der Gleichgültigkeit oder des Übelwollens andererseits ausdrücken.« P. F. Strawson, »Freiheit und Übelnehmen«, in: U. Pothast (Hg.), *Seminar: Freies Handeln und Determinismus*, Frankfurt am Main 1978, S. 206. Die für die menschliche Lebensform konstitutiven Emotionen von Dankbarkeit, Vergebung, Zorn oder gleichachtender Liebe sind daran gebunden, daß wir ein Interesse an den Haltungen anderer haben und nicht allein an den Ergebnissen ihrer Handlungen.

4 E. Tugendhat, *Vorlesungen über Ethik*, Frankfurt am Main 1993.
5 I. Kant, *Grundlegung zur Metaphysik der Sitten*, Hamburg 1962.
6 J. Rawls, *A Theory of Justice*, London/Oxford/New York 1972.

rakter der Normprüfung auf.⁷ In der konsensualen Entscheidungsfindung sind die Teilnehmer mit allen verfügbaren Wissensbeständen ausgestattet. Diese sind allerdings unvermeidlich fallibel: Durch neues Faktenwissen können sie widerlegt, durch neue Bedürfnisinterpretationen verändert werden. Insofern lassen sich inhaltlich bestimmte Normen nicht mehr als universell gültig auszeichnen. Unter Vernunftmoral versteht Habermas dann allein das Verfahren der Konsensbildung unter allen potentiell Betroffenen, die einander gleiches Rederecht gewähren, aufrichtig sind, zu allen Wissensbeständen freien Zugang haben und unter keinerlei Zeitrestriktionen stehen.

In dieser Fassung der Diskursethik scheinen mir allerdings inhaltliche Festlegungen einer modernen Vernunftmoral unterschätzt.⁸ Zum einen enthält schon das Verfahren selbst *inhaltliche Moralbestimmungen*. So etwa ist Wahrhaftigkeit gefordert:⁹ Die Teilnehmer sollen aufrichtig sein gegen andere, aber auch gegen sich selbst, d. h. sie sollen auch auf mögliche Rationalisierungen und Selbsttäuschungen achten. Wahrhaftigkeit ist nun ganz offenkundig eine inhaltliche Moralnorm. Insbesondere aber ist das für die Moderne konstitutive Grundprinzip der Gleichheit im Verfahren versteckt.¹⁰ Unabhängig von Geschlecht, Rasse, Religion, von Generations- oder Gruppenzugehörigkeit bzw. allein aufgrund potentieller Betroffenheit gesteht die Konsensbedingung jedem in gleicher Weise ein Vetorecht zu. Dies unterstellt

---

7 J. Habermas, »Diskursethik – Notizen zu einem Begründungsprogramm«, in: J. Habermas (Hg.), *Moralbewußtsein und kommunikatives Handeln*, Frankfurt am Main 1983; J. Habermas, *Faktizität und Geltung. Beiträge zur Diskurstheorie des Rechts und des demokratischen Rechtsstaats*, Frankfurt am Main 1992, S. 53-126; J. Habermas, »Richtigkeit vs. Wahrheit. Zum Sinn der Sollgeltung moralischer Urteile und Normen«, in: *Deutsche Zeitschrift für Philosophie*, 46/2 (1998), S. 179-208.

8 Für eine frühe Kritik der Vernachlässigung von Inhalten in Habermas' Ansatz vgl. R. Döbert, »Wider die Vernachlässigung des ›Inhalts‹ in den Moraltheorien von Kohlberg und Habermas. Implikationen für die Relativismus/Universalismus Kontroverse«, in: W. Edelstein/G. Nunner-Winkler (Hg.), *Zur Bestimmung der Moral*, Frankfurt am Main 1986, S. 86f.; R. Döbert, »Horizonte der an Kohlberg orientierten Moralforschung«, in: *Zeitschrift für Pädagogik*, 33 (1987), S. 491-511.

9 J. Habermas, »Richtigkeit vs. Wahrheit. Zum Sinn der Sollgeltung moralischer Urteile und Normen«, a. a. O.

10 J. Elster, *Local justice. How institutions allocate scarce goods and necessary burdens*, New York 1992; V. Schmidt, »Adaptive justice. Local distributive justice in sociological perspective«, in: *Theory and Society*, 21 (1992), S. 789-816.

eine basale Gleichheit aller Personen – nicht im Sinne einer gleichen Ausstattung mit Gütern, sondern als »Recht auf gleiche Rücksicht und Achtung«.[11] Gleichheit aber ist keineswegs selbstverständlich. Gott etwa hatte noch geboten: »Man gebe dem Kaiser, was des Kaisers ist« oder »das Weib sei dem Manne untertan«. Durch den Verweis auf Gottes Willen läßt sich eine Vernunftmoral jedoch nicht mehr rechtfertigen. Vielmehr können wir Verpflichtungen einander nur wechselseitig auferlegen. Da es dann jedermanns Zustimmung zu gewinnen gilt, wird Gleichheit zur »Normalform«.[12] Und damit ist es hinfort die Ungleichbehandlung, die rechtfertigungspflichtig wird. Gleichbehandlung aber verlangt von den vordem Priviligierten Zugeständnisse – so wird sie selten freiwillig gewährt. Zumeist muß sie erkämpft werden – von den Unfreien, den Frauen, den Schwarzen. Allerdings kann sie unter modernen Bedingungen dann nur schwer (d. h. nur mit »guten« Gründen) verweigert werden.[13]

Zum andern scheint der *Fallibilitätsverdacht* jeglichen Wissens überzogen: Es gibt ein universell geteiltes unstrittiges Minimalwissen über anthropologische Grundtatbestände, das erlaubt, inhaltlich bestimmte Normen als von allen aus der Unparteilichkeitsperspektive rational gewollt zu begründen.[14] Anders als Engel sind Menschen verletzlich. Als leibgebundene Wesen können sie körperlich beschädigt, als Personen in ihrer Würde gekränkt[15] und als soziale Wesen in ihren – aus Kooperationsbeziehungen erwachsenden – legitimen Erwartungen betrogen werden. Anders als Heilige sind Menschen bereit, Dritte aus Eigennutz zu verletzen. Menschen sind also *moralbedürftig*. Anders als rein instinktdeterminierte Tiere können Menschen zu ihren

---

11 R. Dworkin, *Bürgerrechte ernstgenommen*, Frankfurt am Main 1984, S. 299.
12 B. A. Ackerman, *Social justice in the liberal state*, New Haven/London 1980; E. Tugendhat, *Vorlesungen über Ethik*, a. a. O.
13 Historisch haben sich dabei etliche der vordem vorgetragenen »guten Gründe« – etwa der Verweis auf das geringere Gehirngewicht bei Frauen oder die niedrigeren Intelligenzfähigkeiten bei Schwarzen – selbst desavouiert. Vgl. S. Meuschel, *Kapitalismus oder Sklaverei. Die langwierige Durchsetzung der bürgerlichen Gesellschaft in den USA*, Frankfurt am Main 1981; D. Alder, *Die Wurzel der Polaritäten. Geschlechtertheorie zwischen Naturrecht und Natur der Frau*, Frankfurt am Main 1992; C. Honegger, »Frauen und medizinische Deutungsmacht im 19. Jahrhundert«, in: A. Labisch/R. Spree (Hg.), *Medizinische Deutungsmacht im sozialen Wandel*, Bonn 1989, S. 181-206.
14 B. Gert, *The moral rules. A new rational foundation for morality*, New York 1973.
15 A. Margalit, *Politik der Würde. Über Achtung und Verachtung*, Berlin 1998.

spontanen Impulsen und Trieben willentlich Stellung nehmen. Menschen sind also *moralfähig*. Im Normalfall wollen Menschen nicht, daß sie oder ihnen Nahestehende Schaden erleiden. Daher sind sie bereit, Normen als gültig zu akzeptieren, die solche Schädigungen untersagen, wenn (durch Sanktionen) garantiert wird, daß sich alle daran halten. Menschen sind also *moralinteressiert*. Aus diesen geteilten Merkmalen der menschlichen Lebensform läßt sich eine inhaltlich bestimmbare Minimalmoral als universell wünschbar auszeichnen. Diese umfaßt die negativen Pflichten (i.e. »Du sollst *nicht*: töten, lügen, stehlen, andere der Freiheit berauben!« etc.), die verbieten, andere direkt zu schädigen, und die als bloße Unterlassungen auch jederzeit und gegenüber jedermann einhaltbar sind.[16] Dazu kommt – als formale Metaregel – die Pflicht, die aus sozialer Kooperation erwachsenden Aufgaben getreulich zu erfüllen (*do your duty!*). Analog dem Gebot, Versprechen zu halten, ist sie nur als formale universell gültig; die je spezifischen Inhalte hingegen können zwischen Rollen, Kulturen und Epochen variieren. Aus der Perspektive einer Vernunftmoral stehen die positiven Pflichten allerdings unter dem Proviso, daß die Aufgabenverteilung »gerecht« erfolgte und es sich insgesamt um eine »well-ordered society« handelt.[17]

Die moralischen Regeln besitzen nur eine Prima-facie-Gültigkeit: Als rationale Wesen sind wir stärker an Schadensvermeidung als an rigidem Regelgehorsam interessiert. Ausnahmen können als rechtfertigbar gelten, wenn – unparteilich beurteilt – die Übertretung einer Norm geringeren Schaden verursacht als ihre Befolgung. In konkreten Dilemmata ist dabei – angesichts empirisch unsicherer Prognosen und der in pluralistischen Gesellschaften unvermeidlich divergierenden Bewertung möglicher Folgen – Konsens nicht zwingend zu erwarten. Universellen Konsens gibt es allein über die Illegitimität parteilicher Ausnahmeregelungen und die prinzipielle Rechtfertigbarkeit unparteilich schadenabwägender Ausnahmeregelungen, also über die Existenz eines legitimen Grauzonenbereichs, innerhalb dessen Regelungen dann in der Tat nur durch (Unparteilichkeit sichernde) Verfahren legitimierbar sind.[18]

---

16 Rawls spricht von »natural duties«, deren Einhaltung jedem Gattungswesen unabhängig von sozialen Beziehungen geschuldet ist.
17 J. Rawls, *A Theory of Justice*, a.a.O.
18 K. Günther, *Der Sinn für Angemessenheit. Anwendungsdiskurse in Moral und Recht*, Frankfurt am Main 1988.

Im folgenden gehe ich also davon aus, daß sich in einer Vernunftmoral aufgrund der innerweltlichen Gleichheitsunterstellung und einem geteilten Interesse an der Vermeidung angebbarer Schädigungen inhaltlich bestimmte Normen – wie sie etwa auch in den Menschenrechtsforderungen formuliert werden – als gemeinsam gewollt begründen lassen. Auch wenn Habermas zuzustimmen ist, daß die Vernunftmoral für die »unparteiliche Beurteilung *strittiger* Fragen« (Herv. G.N.-W.) nur noch ein Verfahren bereitstellen kann – seine weiter gehende These, »die Vernunftmoral […] kann keinen Pflichtenkatalog, nicht einmal eine Reihe hierarchisch geordneter Normen auszeichnen, sondern mutet den Subjekten zu, sich ihr eigenes Urteil zu bilden«,[19] folgt daraus nicht. Allenfalls für den Grauzonenbereich trifft zu, daß »keinem Konsens Zwanglosigkeit und damit legitimierende Kraft [zuzugestehen ist], der sich nicht unter fallibilistischem Vorbehalt und auf der Grundlage anarchisch entfesselter kommunikativer Freiheiten einspielt«. Die Globalthese jedoch: »Im Taumel dieser Freiheit gibt es keine Fixpunkte mehr außer dem des demokratischen Verfahrens selber«, ist nicht triftig.[20] Es gibt weitere Fixpunkte, nämlich die inhaltlich bestimmten Normen einer Minimalmoral. Andere aus bloßem Eigennutz zu schädigen – sie zu belügen und zu bestehlen, sie ihrer Freiheit zu berauben und zu töten, sie um die Erfüllung ihrer legitimen Erwartungen zu betrügen – ist per se falsch.

II. Gibt es Vernunftmoral?

Es gibt Zweifel, ob eine solch rein innerweltlich begründete Moral möglich sei. Das Problem ist alt: Schon vor 300 Jahren hatte Locke erklärt, »Versprechen, Verträge und Eide, die das Band der menschlichen Gesellschaft sind, können keine Geltung für einen Atheisten haben. Gott hinwegzunehmen, und sei es auch nur in Gedanken, löst die Gesellschaft völlig auf«.[21] Und fast wortgleich heißt es heute: »Wenn die Menschenwürde nur auf Abspra-

---

19 Habermas, *Faktizität und Geltung*, a. a. O., S. 147.
20 Ebenda, S. 228 f.
21 Zitiert nach H. Dreitzel, »Gewissensfreiheit und soziale Ordnung. Religionstoleranz als Problem der politischen Theorie am Ausgang des 17. Jahrhunderts«, in: *Politische Vierteljahresschrift*, 36 (1995), S. 3-34, S. 16.

che beruhte oder auf einer Art Gesellschaftsvertrag, dann wäre es schlecht um sie bestellt. Verträge sind kündbar, selbst solche, die Menschenrechte und Menschenwürde betreffen. Unsere Gesellschaft lebt von Voraussetzungen, die sie selbst nicht herstellen kann. Ohne den Himmel über uns, verlieren wir den Boden unter uns.«[22] In der Tat ist die Säkularisierung deutlich vorangeschritten. So muß es denn – aus dieser Sicht – auch nicht wundernehmen, daß Moral verfällt. Schon im ersten Modernisierungsschub – im Gefolge der Industrialisierung – wurde (am prägnantesten von Tönnies) das Schwinden des Gemeinsinns beklagt. Im zweiten Modernisierungsschub – im Gefolge der 68er Jahre – wurde der Verfall von Werten und Tugenden angeprangert[23] und neuerdings wird auch die »Zunahme ich-bezogener Lebensweisen« kritisiert.[24]

Zu diesen kulturkritischen Klagen um Sittenverfall treten Diagnosen vom unaufhebbaren Dissens in der Moral: von der Auflösung moralischer Sicherheiten, von moralischem Individualismus und Relativismus. Bei Habermas geht es – wie gezeigt – nur um die »kognitive Unbestimmtheit« der *Inhalte* von Moral. Bei Luhmann geht die Unbestimmtheit weiter: »Es fehlt Konsens über die *Kriterien* (Herv. G. N.-W.), nach denen die Werte gut bzw. schlecht zuzuteilen sind. Moralische Kommunikation [... kann] in einer polykontexturalen Welt nicht mehr einstimmig sein [...].«[25] Und so tritt denn »zunehmend an die Stelle des Konsenses über gemeinsame Normen der Konsens, daß es solche gemeinsamen Normen kaum mehr gäbe. Das bisher geltende System von Normen (löst sich auf). Es wird ersetzt durch miteinander konkurrierende lokale, kulturelle, religiöse, ethische oder

---

22 F. Kamphaus, »Einspruch gegen die ›Religion des Marktes‹«, in: *Süddeutsche Zeitung*, Nr. 82 vom 8. 4. 1998, S. 12.
23 So verfielen »der hohe Wert von Arbeit und Leistung« (E. Noelle-Neumann, *Werden wir alle Proletarier? Wertewandel in unserer Gesellschaft*, Zürich 1978, S. 8), die »Tugenden des Fleißes, der Disziplin und Ordnung« (H. Lübbe et al., Neun Thesen des Forums »Mut zur Erziehung«, These 3, in: Lehrerzeitung Baden-Württemberg, 9/1978, S. 255f.), die »bürgerliche und menschliche Solidarität« (H. Lübbe, »Holzwege der Kulturrevolution«, in: *Schul intern*, April 1978, S. 8-11).
24 U. Beck/E. Beck-Gernsheim, »Nicht Autonomie, sondern Bastelbiographie. Anmerkungen zur Individualisierungsdiskussion am Beispiel des Aufsatzes von Günter Burkart«, in: *Zeitschrift für Soziologie*, 22 (1993), S. 178-188, S. 180.
25 N. Luhmann, *Die Gesellschaft der Gesellschaft*, Frankfurt am Main 1998, S. 248.

sonstwie limitierte Moralen.«[26] Alltagsweltliche Selbstdeutungen entsprechen den wissenschaftlichen Analysen: Daß die Werte verlorengehen, meinen 76% der Bevölkerung, und daß die Menschen immer egoistischer geworden sind, meinen 82%. Nur 30% glauben, es gäbe »in Deutschland gemeinsame Vorstellungen darüber, was Recht und Unrecht ist«, oder »klare Maßstäbe, was Gut und Böse ist, die für jeden Menschen gelten«.[27]

Im Gegensatz zu diesen Diagnosen von moralischem Verfall und unaufhebbarem Relativismus möchte ich im folgenden behaupten: Eine (innerweltlich in unser aller Wollen fundierte) Vernunftmoral ist faktisch vorfindlich und sozial reproduzierbar. Oder konkreter: Es gibt einen Konsens über die Gültigkeit inhaltlich bestimmter Normen und Prinzipien; es gibt eine flexibel an Urteilsfähigkeit gebundene handlungssteuernde Motivstruktur, und moralische Bildung ist möglich, d. h. es gibt innerweltliche Lernmechanismen, die moralisches Wissen und moralische Motivation aufzubauen erlauben. Als zentrales Beweisstück rekurriere ich auf Forschungen zum kindlichen Moralverständnis. In der *kognitiven Dimension* (3.) zeigt sich: Kleine Kinder erwerben früh und universell ein Wissen um konkrete Norminhalte und sie verstehen, was kategorisches Sollen bedeutet. Bereits ab 10 Jahren vermögen sie auch die konkreten Normierungen zugrundeliegenden Prinzipien angemessen zu rekonstruieren (3.1). Dieser Wissensaufbau verdankt sich universellen Lernmechanismen. Kinder lesen ihr Wissen am Alltagsleben ab: an der Sprachverwendung und an konkreten Unterweisungen, an ihren Interaktionserfahrungen und an den sozialen Institutionen, in die sie hineinwachsen (3.2). Das gleichwohl vorherrschende Bild eines moralischen Relativismus spiegelt die Gleichzeitigkeit von Aspekten eines traditionalen und eines modernen Moralverständnisses wider, das aber nur die Momentaufnahme eines gerichteten Wandels in den Moralvorstellungen darstellt. Dieser bedeutet nicht die Auflösung von Moral, sondern deren Umcodierung nach den Prinzipien von Gleichheit und Schadensver-

---

26 H. G. Soeffner, »Handeln im Alltag«, in: B. Schäfers/W. Zapf (Hg.), *Handwörterbuch zur Gesellschaft Deutschlands,* Bundeszentrale für politische Bildung, Bonn 1998, S. 285.

27 Allensbacher Jahrbuch der Demoskopie 1993-1997, Band 10, *Demoskopische Entdeckungen,* hrsg. von Elisabeth Noelle-Neumann/Renate Köcher, München 1997, S. 271, S. 747, S. 716.

meidung. Solche Recodierungen führen zu Verschiebungen in der Grenzziehung zwischen Moral, Konvention und persönlichem Bereich. Habermas folgend läßt sich dies auch so formulieren: Eine universelle Minimalmoral wird strikter abgegrenzt gegen Fragen des guten Lebens, die zunehmend der persönlichen Entscheidungsfreiheit anheim gestellt werden (3.3). In der *motivationalen Dimension* (4.) zeigt sich: Es gibt eine schon früh grundgelegte intrinsische formale moralische Motivationsstruktur (4.1). Diese läßt sich als Fluchtpunkt eines sozialhistorischen Wandels im Modus der Normbefolgungsbereitschaft verstehen. Zunehmend treten rigide Überich-Internalisierung und eine vorreflexiv geprägte Konformitätsdisposition zurück zugunsten einer ichnäheren Form moralischer Motivation – einer identitätskonstitutiven Selbstbindung an Moral (vielleicht auch zugunsten rein amoralischer Nutzenkalkulatorik) (4.2). Es gibt soziale Kontextbedingungen, die dem Aufbau dieser ich-nahen (moralischen oder amoralischen) Motivstrukturen förderlich sind (4.3).

III. Die kognitive Dimension von Moral

Sofern moralisches Wissen und moralische Motivation in verschiedenen Lernprozessen erworben werden und unabhängig voneinander variieren können, werden sie im folgenden getrennt behandelt. Ich beginne mit der kognitiven Dimension. Dabei geht es einerseits um den Inhalt von Normen (Was ist geboten?), andererseits um das Verständnis kategorischen Sollens (Was bedeutet »geboten«?).

III.1 Das kognitive Moralverständnis von Kindern

Inhaltliches Normwissen. Kinder kennen schon früh einfache moralische Regeln. Weit über 90% geben (z.T. schon mit 4-5 Jahren, spätestens aber ab 6-8 Jahren) an, daß es falsch ist, zu stehlen, aus einer konkreten Ungerechtigkeit persönlichen Vorteil zu ziehen, in einer akuten Notsituation mit einem anderen Kind nicht zu teilen, oder ihm nicht zu helfen.[28] Sie wissen, daß man andere

---

28 G. Nunner-Winkler, »Moralisches Wissen – moralische Motivation – moralisches Handeln. Entwicklungen in der Kindheit«, in: M. Honig/H. R. Leu/U. Nissen (Hg.), *Kinder und Kindheit. Soziokulturelle Muster, sozialisations-*

nicht verletzen und fremdes Eigentum nicht beschädigen darf.[29] Auch in der Frage der Rechtfertigbarkeit von Ausnahmen von gültigen Normen findet sich ein eindrucksvoller Konsens. Weit über 90% beurteilten im Alter von 10 Jahren einen vorgelegten Normbruch als falsch, wenn er ausschließlich der hedonistischen Bedürfnisbefriedigung des Aktors diente, hingegen als geboten, wenn nur so, unparteilich beurteilt, größerer Schaden vermeidbar war. Zumindest implizit haben die Kinder also schon die moralischen Grundprinzipien verstanden, die die Anwendung von Normen in konkreten Dilemmata anleiten.[30]

theoretische Perspektiven, München 1996, S. 129ff.; Nunner-Winkler, »Development of moral understanding and moral motivation«, in: F. E. Weinert/W. Schneider (Hg.), *Individual development from 3 to 12. Findings from the Munich Longitudinal Study*, New York 1999, S. 253. Diese Forschungen sind Teil einer am Max-Planck-Institut für Psychologische Forschung durchgeführten Längsschnittstudie LOGIK (vgl. F. E. Weinert, *Entwicklung im Kindesalter*, Weinheim 1998; F. E. Weinert/W. Schneider (Hg.), *Individual development from 3 to 12*, a. a. O.), an der ca. 200 Kinder unterschiedlicher Schichtherkunft ab 4 bis zum Alter von 17 Jahren teilnahmen. Zur Erfassung der moralischen Entwicklung wurden den Kindern im Alter von 4, 6 und 8 Jahren Bildgeschichten vorgelegt, in denen der (geschlechtsgleiche) Protagonist in Versuchung gerät, einfache moralische Regeln zu übertreten, um ein eigenes Bedürfnis zu befriedigen (i.e. heimlich und unentdeckt einem Spielkameraden Süßigkeiten zu entwenden; sein Coca mit einem durstigen Spielkameraden nicht zu teilen; einen zu Unrecht erhaltenen Preis mit dem benachteiligten Kind nicht zu teilen; ein Kind, das um Hilfe bittet, bei einer Aufgabenerfüllung nicht zu unterstützen). In der Versuchungssituation wurden Kenntnis und Verständnis der moralischen Regeln erfragt (»Darf man die Süßigkeiten wegnehmen oder darf man das nicht? Sollte man teilen/helfen oder braucht man das nicht? Warum? Warum nicht?«). Nach der Übertretung wurde die Emotionszuschreibung zum hypothetischen Übeltäter erhoben, die bei jüngeren Kindern als Indikator für moralische Motivation interpretierbar ist. Um der einfacheren Lesbarkeit willen wird im folgenden die männliche Form für die Darstellung verwendet.

29 L. P. Nucci/J. Lee, »Moral und personale Autonomie«, in: W. Edelstein/G. Nunner-Winkler/G. Noam (Hg.), *Moral und Person*, Frankfurt am Main 1993, S. 69-103, S. 74.

30 Folgendes Szenario wurde in LOGIK vorgelegt: Der Protagonist erwägt, ein Versprechen zur Beteiligung an gemeinsamen Aufräumarbeiten zu brechen: Einmal möchte er lieber ein hedonistisches Bedürfnis befriedigen, z. B. schwimmen gehen (als konkrete Vorgaben wurden die in einem Vorinterview erfragten Lieblingsaktivitäten der Kinder eingesetzt, um so die Versuchung zu erhöhen). Das andere Mal überlegt er, ob er ein kleines Kind, das sich verlaufen hat, nach Hause bringen soll. Die Testfrage lautete: »Ist es richtig, wenn er nicht zum Aufräumen geht, weil er lieber ...?« Ein Kind argumentierte für den zweiten Fall ganz explizit: »Es ist schlimmer, wenn das kleine Kind und seine Eltern sich ängstigen, als wenn die anderen mehr aufräumen müssen. Die anderen würden an meiner Stelle genau so handeln.«

Verständnis des kategorischen Sollens. Kinder verstehen schon früh die intrinsische Gültigkeit von Normen: Sie verstehen sie als unabhängig von Sanktionen gültig.[31] Sie unterscheiden früh zwischen konventionellen Regeln, deren Geltung in der Setzung von Autoritäten (Eltern, Schule, Staatsoberhaupt) gründet,[32] religiösen Regeln, die eine von Gottes Wort abhängige und nur auf die eigene Religionsgemeinschaft eingeschränkte Gültigkeit besitzen, und moralischen Regeln, denen sie eine unabänderliche und von Gottes Wort unabhängige universelle Gültigkeit zuschreiben (z. B. »Ein anderes Kind schlagen ist falsch – nicht einmal der liebe Gott darf das.«).[33]

Diese Ergebnisse zeigen: Entgegen Kohlbergs Theorie, nach der jüngere Kinder vormoralisch urteilten,[34] haben Kinder das Spezifikum von Moral, nämlich kategorische Sollgeltung, kognitiv schon früh erfaßt. Sie verstehen, daß bestimmte Normen eine unbedingte, d. h. von Autoritäten und Sanktionen unabhängige,

---

31 Zu jedem Meßzeitpunkt erwähnen weniger als 10% der in LOGIK befragten Kinder Sanktionen (i.e. positive oder negative Konsequenzen für den Übeltäter) in ihren Begründungen für Normgeltung. Mit überwältigender Mehrheit benennen sie deontologische Erwägungen bei negativen Pflichten, d.h. sie erklären, die Regelübertretung sei falsch oder geben negative Bewertungen der Tat oder des Täters ab (»Stehlen darf man nicht. Das ist Diebstahl! Das ist ungerecht! Der ist gemein!«); bei der positiven Pflicht, in Not zu teilen, verweisen viele auf die Bedürftigkeit des Bittstellers (»Sonst verdurstet der.«).

32 Turiel legte mehrere moralische bzw. konventionelle Regeln vor (z. B.: Man darf ein anderes Kind nicht schlagen, bzw. man soll einen Erwachsenen nicht mit Vornamen ansprechen.). Für jede dieser Regeln wurden die Kinder gefragt: »Stell Dir vor, es gibt eine Familie/eine Schule/ein Land, da erlaubt der Vater/Direktor/König, daß man ein anderes Kind schlagen/Erwachsene mit Vornamen ansprechen darf. Ist es dann richtig, wenn man das tut?« E. Turiel, *The development of social knowledge. Morality and convention*, Cambridge 1983.

33 Nucci und Turiel gaben moralische bzw. religiöse Regeln vor (z. B.: Man darf andere nicht verletzen/fremdes Eigentum nicht beschädigen, bzw. man soll den Feiertag heiligen/nicht mit einem Andersgläubigen eine Ehe eingehen.) Bei jeder Regel wurde gefragt, ob man sie verändern könne, ob sie für alle Menschen verbindlich sei und ob es vom Wort Gottes abhänge, daß ihre Übertretung falsch sei. L. P. Nucci/E. Turiel, »God's word, religious rules, and their relation to Christian and Jewish children's concepts of morality«, in: *Child Development*, 64 (1993), S. 1475-1491.

34 In Kohlbergs Erhebungsmethode sind moralisches Wissen und moralische Motivation konfundiert. Er legte moralische Dilemmata vor und erfragte Handlungsempfehlungen. Bevor Kinder moralische Motivation aufgebaut haben, werden sie diese Fragen aber – selbst wenn sie längst um die intrinsische Gültigkeit moralischer Regeln wissen – als Klugheitsfragen verstehen und empfehlen, der Protagonist solle tun, was ihm am meisten nutzt bzw. am wenigsten schadet.

unabänderlich und universell gültige Verpflichtung formulieren. Diese Normen unterscheiden sie klar von nur bedingt (z. B. aufgrund von Vereinbarung oder autoritativer Setzung) oder eingeschränkt (z. B. nur für die Angehörigen der eigenen Gruppe) verpflichtenden (konventionellen oder religiösen) Normierungen. Zugleich grenzen sie sozial normierte Handlungsfelder früh von einem persönlichen Bereich ab, in dem es erlaubt ist, Handeln allein an den eigenen Bedürfnissen oder an Klugheitserwägungen zu orientieren.[35]

III. 2 Der Erwerb moralischen Wissens

Entgegen klassischer lerntheoretischer Annahmen, die sie als passive Objekte externer Indoktrinationsbemühungen sahen, sind Kinder aktive Konstrukteure ihrer Realitätswahrnehmung. Dabei lesen sie – häufig bloß implizit – die ihren Umwelterfahrungen zugrundeliegenden Regelmäßigkeiten ab,[36] die sie – im Laufe zunehmender Expertise – eigentätig integrieren, reorganisieren, hierarchisieren.[37] Durch explizite Unterweisungen werden diese Prozesse vorangetrieben und ihre reflexive Zugänglichkeit erhöht.[38] Ihr moralisches Wissen lesen Kinder an verschiedenen Aspekten ihrer Umwelterfahrung ab: an der Sprachverwendung,

---

[35] L. P. Nucci, »Kultur, Kontext und die psychologische Forschung zur Bevorzugung von Gruppenmitgliedern«, in: W. Edelstein/G. Nunner-Winkler (Hg.), *Moral im sozialen Kontext*, Frankfurt am Main 2000, S. 442-479.

[36] Dieser Lernmechanismus läßt sich experimentell belegen. Beispielsweise werden Versuchsteilnehmern systematisch konstruierte Abfolgen von Erscheinungsorten eines Punktes am Bildschirm vorgeführt, und sie sollen jeweils den nächsten Erscheinungsort vorhersagen. Dabei erzielen Probanden überzufällig häufig Erfolge, ohne daß sie die z.T. hochkomplexen Abfolgeregeln explizit angeben könnten. Vgl. W. J. Perrig, »Implizites Lernen«, in: J. Hoffmann/W. Kintsch (Hg.), *Lernen*, Göttingen 1996, S. 203-233.

[37] Anfänglich stehen Einzelinformationen unverbunden nebeneinander. Mit zunehmender Expertise vernetzen und hierarchisieren Individuen ihr Wissenssystem, bis sie schließlich von den obersten allgemeinen Prinzipien – einer logischen Baumstruktur folgend – systematisch auf die einzelnen Wissensbestände zugreifen können. Vgl. M. T. H. Chi/R. Glaser/E. Rees, »Expertise in problem solving«, in: R. J. Sternberg (Hg.), *Advances in the psychology of human intelligence*, Bd. 1, Hillsdale, NJ 1982, S. 7-75.

[38] Im Spracherwerb etwa lesen Kinder – wie durch die sogenannten Übergeneralisierungsfehler (z. B. »geh-te«, »sprech-te«) belegt – die grammatikalischen Konstruktionsregeln zunächst implizit ab. Später wird im schulischen Grammatikunterricht solch implizit erworbenes Regelwissen reflexiv eingeholt und systematisiert.

an ihren sozialen Interaktionserfahrungen, an expliziten Erklärungen und an den sozialen Institutionen, in die sie hineinwachsen. Nur analytisch lassen sich einzelne Momente in diesem Prozeß des Wissensaufbaus isolieren; dies soll im folgenden – eher spekulativ – versucht werden.

Erklärungsbedürftig erscheint insbesondere, wie Kinder so früh eine Vorstellung kategorischer Sollgeltung entwickeln. Hier dürfte das Ablesen am moralischen *Sprachspiel*[39] – und zwar an der semantischen wie an der pragmatischen Dimension – eine herausragende Rolle spielen. Wie insbesondere Putnam detailliert analysiert hat, ist Bewertung ein konstitutiver Bestandteil der Bedeutung bestimmter Worte.[40] »Mord« etwa läßt sich nicht bedeutungsgleich umschreiben, ohne das Moment unbedingter Verwerflichkeit aufzunehmen. Gäbe es nur irgendeine Entschuldigung oder Rechtfertigung, die die kategorische Verurteilung der Tat einschränkten, so würden wir andere Worte verwenden, fahrlässige Tötung, Tötung aus Notwehr, – im Duell, – im Krieg, Attentat beispielsweise. Die Negativbewertung, die der Bedeutung des Wortes selbst inhäriert, wird – vermutlich speziell in der Interaktion mit Kindern – in der Rede häufig durch die Intonation, etwa durch den Ton heller Empörung, noch besonders herausgehoben. Daß in der Tat moralische Bewertung schon an der Sprache selbst abgelesen wird, scheint durch eine spezifische, gerade von den jüngeren Kindern häufig vorgetragene Normbegründung belegt. So erklären sie etwa auf die Frage, warum man die Süßigkeiten eines anderen nicht nehmen dürfe: »Das ist Diebstahl!« bzw. »Der ist ein Dieb!«[41] Es wäre verkürzt, diese Begründung als bloße Leerformel zu deuten. Dworkin hat das Gegenargument entwickelt: »Es besteht ein wichtiger Unterschied zwischen der Meinung, daß die Position, die man vertritt, unmittelbar evident ist, und dem, daß man keine Gründe für die Position hat, die man vertritt. Ersteres setzt eine positive Meinung voraus, daß kein weiterer Grund erforderlich ist, daß die Immo-

---

39 L. Wittgenstein, *Philosophische Untersuchungen*, Werkausgabe, Bd. 1, Frankfurt am Main 1984.
40 H. Putnam, *Words and Life*, Cambridge, MA 1995.
41 Der propositionale Gehalt des Satzes spiegelt die semantische Dimension: Unaufhebbarer Bestandteil der Bedeutung des Wortes »Diebstahl« ist der Unrechtsgehalt der Handlung. Das im Ton mitschwingende Ausrufezeichen spiegelt den performativen Aspekt, i.e. die persönliche Übernahme der im Wort ausgedrückten Verurteilung.

ralität der betreffenden Handlung nicht von ihren gesellschaftlichen Wirkungen oder ihren Auswirkungen auf den Charakter des Handelnden oder davon, daß es sich um ein göttliches Verbot handelt, oder von irgend etwas sonst abhängt, sondern aus der Art der Handlung selbst folgt […] daß nämlich die Handlung an und für sich unmoralisch ist.«[42] Und daß die Handlung an sich unmoralisch ist, erhellt aus der Bedeutung des Wortes, mit der sie bezeichnet wird.[43]

Kleinen Kindern ist die Sprache unhintergehbar vorgegeben – zu distanzierender Reflexion sind sie noch nicht fähig. Dies mag erklären, warum sie den Regeln, die sie an der kategorisch verurteilenden Sprachverwendung ablesen, zunächst eine unabänderliche und universelle Gültigkeit zusprechen und auf diese Weise schon früh und universell ein erstes (kognitives) Verständnis unbedingten Sollens erwerben. Dies gerät dann allerdings im Zuge der weiteren soziokognitiven Entwicklung ins Wanken. Die Einsicht in die Perspektivität von Weltsichten und in den konstruktivistischen Anteil an der Realitätswahrnehmung beginnt zunehmend, die naive Abbildtheorie der Erkenntnis zu untergraben. Wenn sich dann in der Adoleszenz das formaloperationale Denken reflexiv auf die Denkprozesse selbst richtet, geraten gar die Kriterien, an denen »Wahrheit« oder »Richtigkeit« bemessen wird, in Zweifel. Wie bereits auf vorauslaufenden Stufen der kognitiven Entwicklung, findet sich auch auf formal-operationalem Niveau die Tendenz, die Reichweite der neuen Erkenntnisfähigkeit drastisch zu überziehen.[44] So werden als logisch konsistente

---

42 R. Dworkin, *Bürgerrechte ernstgenommen*, Frankfurt am Main 1984, S. 408. Diese hier vorgetragene sprachbezogene Erklärung steht im Gegensatz zu Blasis Kritik an Turiels These, Kinder verstünden zwischen moralischen und konventionellen Regeln angemessen zu unterscheiden. Blasi zufolge rekurrieren Kinder bei dieser Unterscheidung nicht auf das Moment von Sollgeltung, sondern allein auf universelle objektive Aktmerkmale (z. B. universell bewirkt Schlagen Schmerz). A. Blasi, »Was sollte als moralisches Verhalten gelten? Das Wesen der ›frühen Moral‹ in der kindlichen Entwicklung«, in: Edelstein/Nunner-Winkler, *Moral im sozialen Kontext*, a. a. O., S. 116-145.

43 Auch als Erwachsene nutzen wir häufig diese Logik zur moralischen Urteilsbegründung: Ein komplexer empirischer Sachverhalt wird auf seine Bestandteile und Implikationen hin analysiert, und die abschließende Bewertung erfolgt in Form der Subsumtion unter eine die Verwerflichkeit implizierende Kategorie, z. B. »Das ist Betrug!« Dies entspricht dem Vorgehen des Juristen, der Tatbestände in vordefinierte Strafrechtskategorien einzuordnen sucht.

44 Vgl. D. Elkind, »Egozentrismus in der Adoleszenz«, in: R. Döbert/J. Habermas/G. Nunner-Winkler (Hg.), *Entwicklung des Ichs*, Königstein/Ts. 1980, S. 170-178.

Positionen der epistemische Skeptizismus und der moralische Relativismus entwickelt.[45] Zu deren Überwindung bedarf es einer Selbstanwendung der relativistischen Zweifel auf den Absolutheitsanspruch der radikal skeptizistischen Position bzw. der Einsicht in den performativen Widerspruch, den begeht, wer in einer offensichtlich moralisch wohlgeordneten Alltagswelt lebt und schon die bloße Möglichkeit einer Einigung auf Standards bestreitet (gäbe es keine konsentierte moralische Ordnung – wie wären die fast perfekten Übereinstimmungen in den kindlichen Moralvorstellungen erklärbar?).

Kinder lernen auch aus expliziten *Unterweisungen*. Dies zeigt sich an der häufig vorgebrachten Normbegründung: »Stehlen darf man nicht!« Es zeigt sich – vielleicht noch deutlicher – an Untersuchungen zur Entwicklung des kindlichen Begriffsverstehens. Kinder orientieren ihr Verständnis von Nominalkonzepten zunächst an Prototypikalität. Sie vollziehen dann einen Entwicklungsschub, nach dem sie die Wortbedeutung nicht mehr an typischen, sondern an definierenden Merkmalen festmachen.[46] Nun fanden Keil und Batterman, daß Kinder bei moralischen Kategorien (Lüge, Raub) die entscheidenden Definitionskriterien (absichtliche Falschaussage, Nichtachtung von Besitzrechten) deutlich früher und einhelliger verstanden als bei anderen nominal

---

45 M. Chandler/M. Boyes/L. Ball, »Relativism and stations of epistemic doubt«, in: *Journal of Experimental Child Psychology*, 50 (1990), S. 370-395; J. Fishkin, »Relativism, liberalism, and moral development«, in: R. W. Wilson/G. J. Schochet (Hg.), *Moral development and politics*, New York 1980, S. 85-106.

46 Auch bei *natural kind terms* ist ein analoger Entwicklungsschub belegt: Zunächst orientieren sich die Kinder an äußerlich beobachtbaren Oberflächenmerkmalen; erst ab etwa 5-6 Jahren erfassen sie dann zugrunde liegende Strukturmerkmale oder Herkunftsprinzipien. Beispielsweise legte man Kindern eine Abfolge von Bildern vor. Das erste zeigt ein Schaf, das auf dem nächsten rasiert wird und dem auf dem folgenden Bild Hörner aufgesetzt werden, so daß es wie eine Ziege aussieht. Auf die Frage, ob das letzte Bild ein Schaf oder eine Ziege darstelle, antworten jüngere Kinder: »Eine Ziege – was wie eine Ziege aussieht, ist eine Ziege.« Ältere hingegen: »Ein Schaf – einmal Schaf, immer Schaf.« S. A. Gelman/E. M. Markman, »Young children's inductions from natural kinds. The Role of categories and appearances«, in: *Child Development*, 58 (1987), S. 1532-1541. Westliche Kinder rekurrieren dabei in ihren Erklärungen auf die Gleichheit der inneren Organe, Kinder eines afrikanischen Stammes ohne Schriftsprache auf Schöpfungsmythen, nach denen Tiere von verschiedenen Göttern geschaffen werden, wobei gilt: Wer einmal vom Schafgott geschaffen wurde, bleibt lebenslänglich Schaf. F. C. Keil, »The acquisition of natural kind and artifact terms«, in: W. Demopoulos/A. Marras (Hg.), *Language learning and concept acquisition. Foundational issues*, Norwood, NJ 1986, S. 133-153.

definierten Worten (z. B. Onkel, Insel, Museum, Zeitung etc.).[47] Bei den moralischen Begriffen vermochten sie von nicht-notwendigen, aber prototypischen Aspekten abzusehen, von denen sie sich im Falle außermoralischer Konzepte noch sehr viel länger verwirren ließen. Dies legt die Annahme nahe, daß Erwachsene in moralisch relevanten Situationen unmißverständlich, explizit und wiederholt auf die entscheidenden Merkmale hinweisen. (Ein Beleg für solche Unterweisungen mag das explizite Ausbuchstabieren der Besitzregeln sein, das einige Kinder in ihrer Begründung für das Diebstahlverbot vorführten: »Das gehört dem; da muß man den erst fragen und wenn der Ja sagt, dann darf man das nehmen, und wenn er Nein sagt, dann darf man das nicht.«) Dieses frühe Wissen um zentrale Definitionsmerkmale und insbesondere um die unbedingte Verwerflichkeit bestimmter Handlungen konstituiert den Kern moralischer Urteilsfähigkeit.

Die weitere Entwicklung betrifft dann weniger das Spezifikum von Moral (i.e. das Verständnis kategorischen Sollens) als vielmehr die soziokognitive Strukturentwicklung und den Aufbau komplexerer Wissenssysteme. Im Falle der Lüge etwa bedarf es der formalen Fähigkeit zu subjektiver Rollenübernahme,[48] um zwischen Irrtum und Lüge zutreffend zu unterscheiden. Solange Kinder nämlich die eigene Weltsicht noch als objektives Abbild der Realität begreifen, halten sie jegliche vom tatsächlichen Sach-

---

47 F. Keil/N. Batterman, »A characteristic-to-defining shift in the development of word meaning«, in: *Journal of Verbal Learning and Verbal Behavior*, 23 (1984), S. 221-236.
Für 17 Begriffe wurden je zwei Szenarios vorgelegt. Das eine zählte eine Fülle charakteristischer Merkmale, nicht aber das Definitionsmerkmal auf, das andere bettete das definierende Merkmal in eine untypische Merkmalskonstellation ein: Z.B. »Stell Dir vor, Deine Mutter hat viele Brüder, einige sind sehr alt, einige noch sehr jung. Einer der Brüder Deiner Mutter ist so jung, er ist erst zwei Jahre alt. Könnte er ein Onkel sein?« versus »Dieser Mann ist so alt wie Dein Vater. Er mag Deine Eltern, kommt Euch gerne besuchen und bringt Geschenke mit. Aber er ist mit Deinen Eltern überhaupt nicht verwandt. Er ist nicht der Bruder Deiner Mutter oder Deines Vaters oder so was ähnliches. Könnte er Dein Onkel sein?« Im Falle der Lüge wurden (gute und böse) Absichten und Folgen variiert, im Falle des Raubes der Charakter, das Auftreten und Aussehen des Protagonisten (zerlumpter älterer Mann versus elegante Dame) und die Typikalität des geraubten Objektes (Fernseher versus Wasserhahn).
48 R. L. Selman/D. F. Byrne, »Stufen der Rollenübernahme in der mittleren Kindheit – eine entwicklungslogische Analyse«, in: Döbert/Habermas/Nunner-Winkler (Hg.), *Entwicklung des Ichs*, a. a. O., S. 109-114.

verhalt abweichende Aussage für eine Lüge, da sie nicht in der Lage sind, einen möglicherweise unzureichenden Informationsstand des Protagonisten in Rechnung zu stellen. Auch bedarf es weiterhin der Fähigkeit zur realen Rollenübernahme (Empathie) in einer konkreten Interaktionssituation bzw. detaillierter Kenntnisse über den Informationsstand, die Erwartungen oder auch die Vertrauensseligkeit anderer Gesprächsteilnehmer, um angemessen zwischen Lüge und bloßer Übertreibung oder Ironie unterscheiden zu können.

Kinder lesen die Unterscheidung zwischen kategorischer Gültigkeit und konventioneller Normgeltung auch an ihren *Interaktionserfahrungen* ab. Mütter und/oder Kindergärtnerinnen lassen sich bei Konflikten um konventionelle Regulierungen auf Verhandlungen und Kompromisse mit Kindern ein, während sie auf moralische Verstöße strikt und unnachgiebig reagieren.[49] Aus der Art und Begründung der Grenzziehung zwischen verhandelbaren und unbedingten Vorschriften vermögen Kinder zunehmend die hinter konkreten Einzelverboten stehenden allgemeinen Grundprinzipien zu rekonstruieren.

Kinder erkennen Normen und Prinzipien nicht nur auf der Basis ihrer eigenen konkreten Interaktionserfahrungen – sie entnehmen sie auch der *Funktionsweise der sozialen Institutionen*, in die sie hineinwachsen. Beispielsweise erwerben Kinder ihr Wissen um Geschlechtsrollenerwartungen oder soziale Stereotypisierungen nicht primär aufgrund elterlicher Vorbilder oder konkreter Unterweisungen. So schreiben auch Kinder von berufstätigen Müttern zunächst allein der Frau die Zuständigkeit für Familienaufgaben und dem Mann die Ernährerrolle zu.[50] Und auch Kinder aus liberalen Elternhäusern in den USA übernehmen zunächst die gesellschaftlich vorherrschenden Vorurteile gegen Schwarze.[51] Dem – insbesondere in der Spracherwerbsforschung vielfach belegten – allgemeinen Lernprinzip folgend, daß zunächst die Regel, dann erst die Ausnahmen erworben werden, ignorieren Kinder nämlich zunächst idiosynkratisch oder subkulturell »abweichendes« Verhalten und orientieren sich an prototypischen Modellen und dominanten Wertvorstellun-

---

49 L. P. Nucci/J. Lee, »Moral und personale Autonomie«, in: W. Edelstein/G. Nunner-Winkler/G. Noam (Hg.), *Moral und Person*, a. a. O.
50 S. Golombok/R. Fivush, *Gender Development*, New York 1994.
51 F. Aboud, *Children and Prejudice*, Oxford 1988.

gen.⁵² Somit wird die Gesamtgesellschaft zum Lernumfeld für Kinder. In dem Maße etwa, in dem sie eine Gleichachtung von Frauen und Kindern oder ethnischen Minderheiten an ihren sozialen Kontexten (in den Familien und Schulen, in den Medien und öffentlichen Diskursen, an politischen und rechtlichen Gleichstellungsmaßnahmen) ablesen, können sie Gleichheit als in dieser Gesellschaft gültigen Wert erkennen. Die Bedeutung der Institutionalisierung der moralischen Grundprinzipien von Freiheit und gleichen Bürgerrechten in Demokratien für die moralische Bildung nachwachsender Generationen kann gar nicht überschätzt werden.

Was nun ist universell, was historisch gebunden in diesen kindlichen Lernprozessen? *Universell* sind die Erwerbsmechanismen: Das frühe Ablesen der Idee kategorischer Sollgeltung an der Unhintergehbarkeit evaluativer Bedeutungskomponenten moralisch relevanter Termini und an der Unverhandelbarkeit bestimmter interaktiv gesetzter Handlungsgrenzen. Dabei wird man davon ausgehen können, daß eine inhaltlich bestimmbare Minimalmoral, sofern sie für die Stabilisierung sozialer Kooperation überhaupt unerläßlich ist, universell in allen Sprachen und Kulturen verankert ist. Darüber hinaus aber gibt es *kulturspezifisches*, d. h. historisch situiertes Lernen: die inhaltliche Ausfüllung der positiven Pflichten, der genaue Ort der Grenzziehung zwischen moralischem und persönlichem Bereich, der Umgang mit Normkonflikten. Für die moderne Vernunftmoral ist in all diesen Fragen der zunehmende Bezug auf innerweltliche Schadensminimierung (nun, da die Hoffnung auf kompensatorischen Ausgleich im Jenseits schwindet) und Gleichheit (nun, da wir nur einander verpflichten können) zentral.

---

52 R. G. Slaby/K. S. Frey, »Development of gender constancy and selective attention to same-sex models«, in: *Child Development*, 46 (1975), S. 849-856; R. G. Slaby, »The self-socialization of boys and girls: How children's developing concept of gender influences their sex-role behavior«, in: J. M. Samson (Hg.), *Childhood and sexuality. Proceedings of the International Symposium Quebec*, Montréal/Paris 1980, S. 123-127.

III.3 Gerichteter Wandel im Moralverständnis

Daß die Veränderungen in unseren Moralvorstellungen sich in der Tat als zunehmende Durchsetzung dieser Grundprinzipien rekonstruieren lassen, daß wir also nicht Verfall, sondern einen gerichteten Wandel beobachten, möchte ich im folgenden an den Ergebnissen einer in den alten Ländern der BRD durchgeführten Untersuchung moralischer Bewertungen im Generationenvergleich exemplifizieren.[53] Diese Untersuchungsanlage ist für die Dokumentation moralischen Wandels geeignet: Zum einen, weil Menschen dazu neigen, lebenslänglich an ihren bis zum frühen Erwachsenenalter aufgebauten soziopolitischen und moralischen Haltungen festzuhalten,[54] zum anderen, weil sich in der BRD (aufgrund des besonders extremen Umbruchs von einem totalitären Regime zu einer Demokratie) besonders rasche und weitreichende Veränderungen vollzogen haben.[55] Die Ergebnisse spiegeln eine zunehmende Durchsetzung der Prinzipien von Gleichheit und Schadensvermeidung wider, in deren Folge die Bereitschaft steigt, Ausnahmen von konkreten Normen zu akzeptieren und Fragen des guten Lebens zu entmoralisieren. Einige der Ergebnisse seien hier exemplarisch skizziert.

Gleichheit. Das vor mehr als 200 Jahren proklamierte Postulat einer vorgängigen Gleichheit aller Menschen wurde historisch nur allmählich eingeholt und real durchgesetzt. An den generationsspezifischen Unterschieden im Geschlechterverständnis läßt sich dieser allmähliche Prozeß eines Umdenkens dokumentieren.

---

53 Vgl. Nunner-Winkler, »Wandel in den Moralvorstellungen. Ein Generationenvergleich«, in: Edelstein/Nunner-Winkler (Hg.), *Moral im sozialen Kontext*, a. a. O., S. 299ff. Datenbasis sind die Beurteilungen verschiedener, potentiell moralisch relevanter Sachverhalte durch je hundert 65-80-, 40-50- und 20-30-jährige Befragte. Die älteste Kohorte ist Teil der unter der Leitung von F.E. Weinert am Max-Planck-Institut für psychologische Forschung durchgeführten Untersuchung GOLD (vgl. F. E. Weinert/U. Geppert (Hg.), »Genetisch orientierte Lebensspannenstudie zur differentiellen Entwicklung«, GOLD, Report Nr.1: Planung der Studie. Max-Planck-Institut für psychologische Forschung, München 1996); die beiden jüngeren repräsentativ ausgewählten Befragtengruppen wurden von einem kommerziellen Forschungsinstitut befragt.

54 D. O. Sears, »Life-stage effects on attitude change, especially among the elderly«, in: B. Kiesler/J. N. Morgan/V. Kincade Oppenheimer (Hg.), *Aging. Social change*, New York 1981, S. 183-204.

55 Vgl. R. Köcher, »40 Jahre Bundesrepublik. Der lange Weg. Demoskopie als Geschichtsquelle«, in: E. Noelle-Neumann/R. Köcher (Hg.), *Allensbacher Jahrbuch der Demoskopie 1984-1992*, Allensbach 1993, S.400ff.

Beispielsweise verurteilen die Älteren den Wunsch einer jungen Mutter, einem Beruf nachzugehen, mehrheitlich als »Pflichtvergessenheit« und »egoistisches Selbstverwirklichungsstreben«; für die jüngeren Befragten hingegen geht es hierbei in erster Linie um das Problem einer angemessenen Versorgung der Kinder, die durchaus auch durch andere Personen gewährleistet werden kann. Anders formuliert: In Fragen der Aufteilung von Reproduktionsaufgaben wird die Vorstellung einer vorgängig festgelegten »natürlichen« Ungleichheit zwischen den Geschlechtern zunehmend durch das Modell individueller Aushandlungen ersetzt. Noch deutlicher wird das Schwinden der Idee einer askriptiv fundierten Rechtsungleichheit zwischen den Geschlechtern an Stellungnahmen zu dem Punkt »Verweigerung des Geschlechtsverkehrs durch die Ehefrau«. Wo Ältere noch urteilen: »Es ist die Pflicht der Frau, dem Mann zu seinem Recht zu verhelfen«, heißt es bei den Jüngeren: »Das ist ihr gutes Recht« oder »... wenn sie sich nicht mehr verstehen...«.[56]

Schadensvermeidung. Wenn innerweltliche Schadensvermeidung zum inhaltlichen Kern von Moral wird, kann Verhalten, das Dritte nicht schädigt, dem persönlichen Bereich zugerechnet werden. Damit werden viele vordem (gemäß geteilter Vorstellungen eines »guten Lebens«) moralisch regulierte Verhaltensweisen der individuellen Entscheidungsfreiheit anheimgestellt, die zu achten das Toleranzprinzip gebietet. Besonders deutlich wird dies an der Bewertung von Sexualverhalten. Für viele der älteren Befragten ist »Moral« fast gleichbedeutend mit der Kontrolle von Sexualität, und so benennen sie als Beispiele für unmoralisches Handeln vor allem, was ihnen als sexuelles Fehlverhalten gilt (etwa unschickliche Bekleidung, ein zu rasches Eingehen sexueller Beziehungen mit zu vielen und zu häufig wechselnden Partnern). Bei den Jüngeren taucht der Bezug auf Sexualität bei Beispielen für unmoralisches Handeln nur noch auf, wenn eine Schädigung Dritter im Spiel ist (z. B. Kindsmißbrauch, Täuschung des Partners). Insbesondere Homosexualität verurteilen die Älteren strikt und fast einhellig – übrigens unter Verwendung

---

[56] Die Herabsetzung des Mündigkeitsalters wie auch die öffentlichen Debatten um die Abschaffung der Prügelstrafe zeigen die Ausweitung der Gleichheitsinterpretation auch auf Kinder. Singers These vom menschenrechtlichen Speziesismus inkludiert gar Tiere unter das Gleichachtungsgebot. P. Singer, *Praktische Ethik*, Stuttgart 1984.

religiöser oder naturrechtlicher Kategorien (»sündhaft«, »widernatürlich«, »abartig«). Die Jüngeren hingegen, die auch die sexuelle Orientierung von askriptiven Vorabfestlegungen weitgehend gelöst haben, behandeln die Wahl eines konsentierenden erwachsenen gleichgeschlechtlichen Partners als rein persönliche Entscheidung, die es zu achten oder zumindest hinzunehmen gilt (»es ist ihr gutes Recht«; »wo die Liebe hinfällt«) bzw. die allenfalls unter einem abstrakteren universalistischen Wertgesichtspunkt zu beurteilen ist (z. B. hinsichtlich der Qualität der Beziehung – »wenn sie sich lieben…«).

Ausnahmen. Daß die Bereitschaft, Ausnahmen zuzulassen zunimmt, zeigt sich u. a. an der Art der spontan benannten Beispiele für unmoralisches Handeln. Während die älteren Befragten häufig schlicht Regelverstöße aufzählen (stehlen, die Ehefrau betrügen etc.) und damit anzeigen, daß sie die Regeln als strikt und unverbrüchlich gültig verstehen, betten die Jüngeren Übertretungen in einen Kontext ein, der die Möglichkeit ihrer Rechtfertigung ausschließt (z. B. jemandem etwas wegnehmen, der selbst nichts hat; die Ehefrau betrügen und ihr sagen, daß man sie liebt etc.). Dies zeigt, daß sie in der Tat (wie oben schon für die 10jährigen Kinder exemplarisch belegt) den Regeln nur eine Prima-facie-Gültigkeit zuschreiben.

Begründungspflichtigkeit. Für die älteren Befragten ist Normbefolgung häufig ein Wert an sich; jüngere hingegen bemessen die Verbindlichkeit von Normen an deren Einsehbarkeit. So etwa besteht über die Generationen hinweg einhelliger Konsens, daß man Müll zu sortieren habe. In den Begründungen aber finden sich klare Unterschiede. Bei den Älteren herrscht eher die Meinung vor: »Müll sortieren – das ist eine Frage der Moral: Ordnung muß sein. (Interviewer: Können Sie sich eine Ausnahme vorstellen?) Nein, auch wenn die es hinterher wieder zusammenwerfen – wozu wären die Container denn sonst da?« Die jüngeren reagieren eher wie folgt: »Das hat doch mit Moral nichts zu tun![57] Das ist einfach verantwortungslos gegenüber den künftigen Generationen! (Ausnahme?) Ja, wenn einer zum Beispiel alt und gebrechlich ist oder die Container so weit weg sind, daß man mehr Benzin verfährt, als das Sortieren bringt.«

[57] Durch die weitverbreitete tradierte Identifikation von Moral mit Sexualkontrolle ist das Wort »Moral« für viele Jüngere desavouiert (»spießig«, »verzopft«, »altmodisch«). Wie das Zitat zeigt, ist die Sache selbst jedoch nach wie vor relevant.

Kollektive Lernprozesse. Die Umcodierung vordem moralisch normierter Sachverhalte in Fragen persönlicher Entscheidung folgt zwar der Logik moderner Vernunftmoral, faktisch aber muß das Recht auf freie Selbstbestimmung in Fragen, bei denen Dritte nicht geschädigt werden, von betroffenen oder interessierten Gruppen mühsam erkämpft werden. Die Proteste etwa der Frauen oder der Schwulenbewegung legen davon Zeugnis ab. Im Kampf erfolgt die Berufung auf moralische Prinzipien (individuelle Freiheitsrechte, das Toleranzgebot). Sind die Ansprüche aber erst einmal durchgesetzt und anerkannt, so entfällt der Moralisierungsbedarf und es verändert sich auch die Sprache. Bestimmte Topoi (etwa vorehelicher Geschlechtsverkehr, Muß-Heirat, Kuppelparagraph) entfallen ersatzlos, andere Worte verlieren ihre Negativkonnotationen (z. B. geschiedene Frau, Homosexueller) oder werden ausgetauscht (z. B. Single statt ledige Frau, Freitod statt Selbstmord). Die entsprechenden Handlungsbereiche werden dann quasi selbstverständlich dem persönlichen Freiheitsbereich zugerechnet. Genau diese veränderten Grenzziehungen zwischen dem moralischen und dem persönlichen Bereich lesen die nachwachsenden Kinder dann am moralischen Sprachspiel, an den institutionellen Regelungen und den Alltagspraktiken ab.

IV. Die motivationale Dimension von Moral

Was die kognitive Seite anlangt, so wird das Spezifikum der Moral – die kategorische Sollgeltung – von allen früh verstanden. Wie steht es nun mit der motivationalen Komponente? Bei den Kindern wurde moralische Motivation durch begründete Emotionszuschreibungen zu einem hypothetischen Übeltäter erfaßt. Diese Operationalisierung ist abgeleitet aus einem kognitivistischen Emotionsverständnis, nach dem Emotionen zwar rasche und globale, gleichwohl jedoch kognitiv gehaltvolle Urteile über die subjektive Bedeutsamkeit von Sachverhalten darstellen.[58] Die nach einer Übertretung erwartete Emotion drückt aus, welchem der beiden zugleich zutreffenden Sachverhalte, daß der Übeltäter eine Norm übertreten und daß er sein eigenes Bedürfnis befrie-

---

58 R. C. Solomon, *The passions*, Garden City 1976; L. Montada, »Moralische Gefühle«, in: Edelstein/Nunner-Winkler/Noam (Hg.), *Moral und Person*, a. a. O., S. 259ff.

digt hat, größeres Gewicht beigemessen wird; deren Begründung erklärt, warum dies geschieht. Bei der Frage moralischer Motivation lassen sich also zwei Dimensionen unterscheiden: Intensität, i.e. das Ausmaß subjektiver Bedeutungszuweisung an Moral und Struktur, i.e. die Art der Erwägungen, welche die Normbefolgung motivieren.

Intensität moralischer Motivation. Unbeschadet ihres guten kognitiven Moralverständnisses erwarten jüngere Kinder mit überwältigender Mehrheit, daß ein Übeltäter sich wohl fühlen werde (»Die Süßigkeiten schmecken saugut, verstehst du.«). Dieses Ergebnis ist robust.[59] Auch ließ sich experimentell nachweisen, daß negative Emotionserwartungen bei jüngeren Kindern moralische Motivation indizieren.[60] Bei älteren Kindern, die – vermutlich aufgrund erweiterter Rollenübernahmefähigkeiten – ihre Antworten stärker auch an sozialer Erwünschtheit orientieren, greift dieses Instrument nicht mehr. So wurde moralische Motivation im Alter von 17 Jahren durch ein Rating-Verfahren auf der Basis offener Antworten zu moralischen Konfliktsituationen eingeschätzt.[61] Dabei wurden 25% als niedrig, 35% als mittel und 40% als hoch verläßlich eingestuft. Die Intensität der moralischen Motivation im Alter von 17 Jahren wird durch die Anzahl moralbezogener Emotionszuschreibungen im Alter von 8 Jahren gut vorhergesagt. Moralische Motivation scheint also relativ früh grundgelegt.

---

59 Die positiven Emotionszuschreibungen zu einem Übeltäter beruhen weder auf einem generalisierten positiven Bias kleiner Kinder, wonach sich immer wohl fühle, wem nichts Schlimmes widerfährt, noch auf der bevorzugten Fokussierung auf einen konkret handgreiflichen Gewinn, noch auch auf der Unkenntnis oder einem Unverständnis moralisch relevanter Emotionsbegriffe. An ihnen läßt sich vielmehr ablesen, daß Kinder die Befolgung der moralischen Regeln, um deren intrinsische Gültigkeit sie längst wissen, persönlich nicht wichtig nehmen. Siehe G. Nunner-Winkler/B. Sodian, »Children's understanding of moral emotions«, in: *Child Development*, 59 (1988), S. 1323-1338.
60 Bei Kindern, die hypothetischen Übeltätern konsistent negative Emotionen zuschrieben, kam das Mogeln in einer realen Versuchungssituation oder die rücksichtslose Durchsetzung der eigenen Interessen in einem Verteilungskonflikt signifikant seltener vor.
61 Es wurden hypothetische moralische Konflikte vorgelegt und Handlungsentscheidungen sowie Emotionszuschreibungen zum Selbst in der Rolle des Übeltäters und in der Gegenrolle des hintergangenen Opfers exploriert.

IV.1 Struktur moralischer Motivation

Die Begründungen für negative Emotionserwartungen spiegeln (bei jüngeren Kindern) die tatsächlichen bzw. (bei älteren) die als angemessen eingeschätzten Beweggründe für Normkonformität wider. Es lassen sich selbst-, alter- und moralbezogene Erwägungen unterscheiden. Bei den selbstbezogenen Motiven handelt es sich um eine Orientierung an den positiven oder negativen Konsequenzen für den Handelnden, also um eine Orientierung an materiellen Folgen (Strafe/Belohnung; Kosten/Nutzen), an sozialen (Mißachtung/soziale Akzeptanz) oder inneren Folgen (Scham oder Schuld/moralische Integrität oder »warm glow effect«) Folgen; bei den alterbezogenen Motiven stehen die Konsequenzen für andere im Zentrum (Empathie/Mitleid) und bei den moralbezogenen geht es um eine Orientierung an der Gültigkeit moralischer Verpflichtungen (Achtung vor dem Gesetz, freiwillige Selbstbindung aus Einsicht). Welche dieser möglichen Erwägungen moralisches Handeln tatsächlich motivieren, ist in der Literatur strittig. Kohlberg ordnet sie den unterschiedlichen Entwicklungsstufen des moralischen Bewußtseins zu (praekonventionell: Strafe/Belohnung; konventionell: soziale Akzeptanz/Vermeiden von Schuldgefühlen; postkonventionell: Einsicht).[62] Im *rational-choice*-Ansatz geht es primär um (ökonomische) Nutzenmaximierung, darüber vermittelt dann sekundär auch um soziale Reputation; neuerdings ist auch die Rede vom Streben nach einem »warm glow effect« als »innerem« Nutzen.[63] Bei Luhmann zählen allein Achtungserweis oder -entzug, bei Freud die Angst vor einem strafenden Überich. Bei Tugendhat ist Scham, bei Schopenhauer Mitleid (»die Identifikation mit dem Wohl und Wehe eines anderen«), bei Kant die Achtung vor dem selbstgegebenen Gesetz konstitutiv für moralisches Handeln. Welche Motive nun stiften aus der Sicht der Kinder die Bereitschaft zur Normbefolgung? Vernachlässigbar selten verweisen sie auf irgendwelche (äußeren, sozialen oder inneren) Sanktionen oder

---

62 L. Kohlberg, »Stage and sequence. The cognitive-developmental approach to socialization«, in: D. A. Goslin (Hg.), *Handbook of socialization theory and research*, Chicago 1969, S. 347-480.
63 Für eine Darstellung und Kritik vgl. U. Willems, *Entwicklung, Interesse und Moral. Die Entwicklungspolitik der Evangelischen Kirche in Deutschland*, Opladen 1998, S. 118 ff.

auf Mitleidserwägungen. Schon bei den jüngsten Kindern führen die meisten ausschließlich moralbezogene Gesichtspunkte an: »(Übeltäter) fühlt sich schlecht/ist traurig, weil er gestohlen hat/ etwas Böses getan hat/unfair war; er denkt, er hätte doch lieber teilen sollen.« So läßt sich denn die Emotion auch eher als Reue und Bedauern beschreiben denn als Scham oder Schuldgefühl.[64] Zugleich handelt es sich um eine formale Motivstruktur – die Emotion ist auf den im moralischen Urteil festgestellten Unrechtsgehalt der Handlung bezogen.[65]

IV.2 Von Selbstzwängen zur freiwilligen Selbstbindung aus Einsicht

Auch im Generationenvergleich wurde versucht, Motive für Normbefolgung anhand emotionaler Reaktionen auf Vergehen zu erfassen. Den Befragten wurde ein hypothetischer moralischer Konflikt vorgegeben.[66] Nach der offenen Emotionsnachfrage (»Wie würden Sie sich fühlen?«) wurden ihnen 36 Kärtchen mit unterschiedlichen Reaktionen vorgelegt (Angst vor religiösen, äußeren und sozialen Sanktionen, vor Gewissensbissen; spontaner Abscheu; ich-nahe Reaktionen wie Bedauern und Wiedergut-

---

64 Dazu G. Taylor, *Pride, shame, and guilt. Emotions of self-assessment*, Oxford 1985. Dies widerspricht Tugendhat, der in der Verschränkung von Scham und Empörung die notwendige Bedingung für das Verstehen kategorischen Sollens sieht. Empirisch aber zeigt sich, daß Kinder die kognitiven Momente kategorischen Sollens ohnedies universell und früh verstehen und die motivationalen Komponente kategorischen Sollens eher als Selbstbindung an als wertvoll erkannte Standards denn als Sorge um das eigene Selbstbild erfahren. Für eine detailliertere Analyse vgl. G. Nunner-Winkler, »Empathie, Scham und Schuld. Zur moralischen Bedeutung von Emotionen«, in: M. Grundmann (Hg.), *Konstruktivistische Sozialforschung. Ansätze und methodische Überlegungen zu einer konstruktivistischen Theorie der Sozialisation*, Frankfurt am Main 1999, S. 149 ff.
65 Beispielsweise begründeten die Kinder die Norm, zu teilen, situationsspezifisch differenziert. In der Coca-Geschichte brachten sie Mitleidserwägungen vor (»sonst verdurstet der«); in der Preis-Geschichte hingegen verweisen sie kaum auf die Bedürfnisse des Opfers (»der will auch einen Preis haben«), sondern auf die vorauslaufende Ungerechtigkeit (»der Schiedsrichter war nicht fair«). Die Erwartung, der Protagonist, der zu teilen sich weigerte, werde sich schlecht fühlen, begründeten die Kinder jedoch weder mit Mitleid noch mit Gerechtigkeitsargumenten. Sie erklärten schlicht, daß falsch war, was er getan hat.
66 »Stellen Sie sich vor, Sie allein wüßten, daß Ihr Vater kurz vor seinem Tod sein Testament zu Ihrem Nachteil geändert hat. Sie beschließen, dies für sich zu behalten.«

machung; offen amoralische Reaktionen). Diese hatten sie auf einer sechsstufigen Skala, die von »Ich würde ganz genauso empfinden« bis »So würde ich überhaupt nicht empfinden« reichte, genau gleich zu verteilen.[67] Das gleiche Instrument wurde auch in der LOGIK-Replikationsstudie bei den nunmehr 17jährigen Probanden mit einer – altersgemäß – leicht veränderten Vorgabe eingesetzt.[68] Ein Vergleich der Einstufung dieser Reaktionen zeigt folgende signifikante Veränderungen von der ältesten (65 Jahre und älter) zur jüngsten Kohorte (17 Jahre): Externe Sanktionen werden zwar von allen eher abgelehnt, d. h. moralische Motivation wird als intrinsisch verstanden; gleichwohl lehnen die Jüngeren die Angst vor religiösen Sanktionen (z. B. »Angst vor der Strafe Gottes«; »ich würde einen Schicksalsschlag befürchten«) stärker ab, die Älteren die Angst vor innerweltlichen Sanktionen (z. B. »das ist doch strafbar; da hätt' ich Angst, daß die anderen das erfahren«). Anders formuliert: Sofern und insoweit die Bereitschaft zur Normbefolgung auch an Sanktionen orientiert ist, gibt es für den Bedeutungsverlust jenseitiger Konsequenzen ein funktionales innerweltliches Äquivalent. Auch die Bedeutung von Überich-Sanktionen (»da hätte ich ewig Gewissensbisse«) und eine tief in der Persönlichkeitsstruktur verankerte Konformitätsdisposition (»ich finde schon den bloßen Gedanken daran abstoßend«) treten in der Generationenabfolge zurück; ich-nahe Erwägungen hingegen nehmen zu (»das täte mir sehr leid«; »da würde ich überlegen, wie ich das wiedergutmachen könnte«) und finden bei den jüngsten Befragten die höchste Zustimmung. Offen amoralische Reaktionen (»so viel würde mir das gar nicht ausmachen«) werden tendenziell von den Jüngeren etwas weniger stark abgelehnt.

Diese Unterschiede in der Struktur moralischer Motivation

---

67 Dieses Verfahren (Q-sort) erzwingt ein sorgfältig abwägendes Vergleichen jedes einzelnen Items mit allen anderen; es begrenzt die Möglichkeit, die Antworten ausschließlich an sozialer Erwünschtheit zu orientieren, und erlaubt, auch Unterschiede in den mittleren Skalenwerten zu interpretieren.
68 Die Vorgabe lautete: »Du beobachtest, wie einer ärmlich aussehenden alten Frau auf der Parkbank ihr Geldbeutel aus der Tasche rutscht. Sie ist schon um die nächste Wegbiegung gegangen, es ist weit und breit kein Mensch zu sehen. Du nimmst die Börse auf und siehst, es sind 400 Mark darin. Du beschließt, das Geld zu behalten. Wie fühlst Du Dich?« In beiden Vorgaben geht es um die bewußte Unterlassung einer gebotenen Handlung aus Eigennutz, die im ersten Fall noch schwerer wiegt, weil der Wille des Vaters mißachtet wird (s. Anm. 66), im zweiten Fall, weil das Opfer besonders bedürftig ist.

seien durch einige Antworten auf die offene Emotionsnachfrage illustriert:

»Ich hätte schwere Gewissensbisse ... ich bin verpflichtet, unbedingt, die Wünsche des Vaters zu respektieren, und wenn ich dem zuwiderhandle, dann versündige ich mich.«

»... schrecklich, schuldbewußt auf jeden Fall und Scham und einfach auch Angst weiterzuleben ... also Angst, du hast irgend etwas Schlimmes gemacht. Also ich kann mir das gar nicht ... also ich find es schrecklich und ich weiß nicht, ob ich nochmals richtig lachen könnte oder froh sein.«

In diesen beiden Zitaten wird die Zurückweisung des angesonnenen Vergehens durch die Erwartung eher rachsüchtiger Überich-Reaktionen abgesichert. In den folgenden Zitaten hingegen ist sie auf die Begründung der Verwerflichkeit der Tat gestützt und im Übertretungsfall richtet sich das Augenmerk weniger auf die negativen Folgen für das Selbst als vielmehr auf den Versuch einer Wiedergutmachung.

»Nach meiner Auffassung – ich würde dazu eigentlich keine Fähigkeit aufbringen können, keine Entscheidungskraft besitzen, so was zu tun, weil das für mich ein dopppelter Vertrauensmißbrauch ist ... das könnte ich mir eigentlich gar nicht vorstellen. Ich kann mir vorstellen, wenn ich's denn gewesen wäre, also ich denke, ich hätte mich überhaupt nicht wohl gefühlt und irgendwann hätte ich vielleicht doch ...«

»Da würd ich mich sehr schlecht fühlen, weil das unmoralisch ist. Da hätte ich ein schlechtes Selbstgefühl, damit könnte ich gar nicht leben. Ich würde versuchen, das wieder in Ordnung zu bringen. Fehler kann man ja auch manchmal in Ordnung bringen, nachträglich.«

Was sich in den Unterschieden zwischen den Generationen widerspiegelt, ist ein Wandel im Verhältnis von Person und Moral. Die Person wird nicht länger als aufgespalten erlebt in eine innere Zensurinstanz, die die Einhaltung autoritativ vorgegebener Gebote zu kontrollieren hat (»wenn ich dem zuwiderhandle, versündige ich mich«) und die im Übertretungsfalle dem Ich Verzeihung vorenthalten und lebenslängliche Bestrafung (»schwere Gewissensbisse«; »Angst vor dem Weiterleben«) androhen kann oder gar schon die Vorstellungswelt selbst durch abwehr- und angstbesetzte Tabus einengt und begrenzt. Vielmehr wird die willentliche Bindung an die mit Gründen bejahte eigene moralische Überzeugung zunehmend ein konstitutiver Bestandteil der Person[69] – sie kann sich nicht dazu bringen, dawiderzuhandeln (»keine Fähigkeit aufbringen, sowas zu tun«). Sollte sie die Verfehlung dennoch begangen haben, so reagiert sie mit ich-nahen Emotionen (»nicht wohl gefühlt«; »schlechtes Selbstgefühl«) und strebt nach Wiedergutmachung.

Über die Generationen hinweg zeigt sich also ein Wandel in der Motivsprache: Früh überformte und reflexiv kaum zugängliche Abwehrreaktionen sowie ein strenges Überich-Diktat treten zurück. Statt dessen gewinnt eine ich-nahe Selbstbindung an die eigenen moralischen Überzeugungen an Bedeutung, für die Bedauern und das Streben nach Wiedergutmachung prototypische moralische Emotionen sind. Diese Form moralischer Motivation paßt zu einem modernen Moralverständnis, das Gebote nicht aus externen Setzungen ableitet (die dann in Form einer rigide kontrollierenden Überich-Instanz internalisiert werden), sondern im »eigenen Wollen« fundiert (und dann nicht strikten Regelgehorsam, sondern eine konkret situierte flexible Urteilsbildung erfordert).

IV.3 Gesellschaftlicher Wandel als Ursache des Wandels moralischer Motivation

Der beschriebene Wandel in der moralischen Motivsprache läßt sich plakativ auf die Formel bringen: von Selbstzwängen zur Selbstbindung (z.T. auch zu offener Amoral). Norbert Elias hat die – historisch vorauslaufende – Verschiebung von Fremd- zu Selbstzwängen unter Rekurs auf die Abschottung der Kleinfamilie und ihre patriarchale Struktur erklärt.[70] In beiden Hinsichten haben sich seitdem Veränderungen vollzogen. Der pädagogische Schonraum Kindheit ist aufgebrochen: Durch Fernsehen, Konsumanreize und den über elterliche Leistungserwartungen weitergegebenen gesellschaftlichen Konkurrenzdruck ist heute ein direkter Zugriff auf das Kind schon fast im Vorschulalter erreicht. Zugleich hat sich – und zwar kontinuierlich seit Jahrhundertbeginn – das kindliche Mitbestimmungsrecht bei intrafamilialen Entscheidungen erweitert und zunehmend dekretieren Eltern nicht mehr einfach Verbote, sondern nutzen den Erziehungsstil

---

69 H. G. Frankfurt, *The importance of what we care about. Philosophical essays*, Cambridge/New York 1988.
70 N. Elias, *Über den Prozeß der Zivilisation*, 2 Bände, Frankfurt am Main 1978.

des argumentativen Räsonierens.[71] Dieser Rückgang des intrafamilialen Autoritarismus mag das Zurücktreten rigider Überich-Bildung erklären. Die zunehmend gleichberechtigte Teilhabe der Frau auch am öffentlichen Leben mag die überängstliche mütterliche Überwachung der kindlichen Entfaltung mindern: Weniger unausweichlich wird die Mutter jegliches Fehlverhalten des Kindes als totale Bedrohung der Sinnhaftigkeit der eigenen Lebensführung erleben. Damit verlieren mütterliche Enttäuschungen ihren globalisierenden Charakter, der von den Kindern als Angst vor Liebesentzug erfahren wird und eine frühe, vorreflexive Konformitätsbereitschaft prägt.[72] Diese strukturellen Veränderungen mögen den Bedeutungsrückgang von Überich-Diktat und früh einsozialisierter Konformitätsdisposition erklären.

Für die Entwicklung einer moralischen Selbstbindung dürfte dann wichtig sein, daß das Kind die Bedeutsamkeit von Moral in der Familie abliest. Forschungen im Kontext der Bindungstheorie fanden eine freiwillige Einordnungsbereitschaft bei »feinfühligen« Müttern, die die Interaktionsangebote des aktiven Säuglings aufgreifen (statt sie zu ignorieren), aber auch sein Ruhebedürfnis ernst nehmen (statt ihn – grenzüberschreitend – zu überstimulieren). Dieses Verhalten drückt »Achtung vor der Person« aus, also den Kern von Moral. Auch an den Konfliktlösungsstilen ihrer Eltern können Kinder die Bedeutung ablesen, die diese der Moral einräumen. In dem Kohortenvergleich etwa zeigte sich ein deutlicher Zusammenhang zwischen einer ichnahen moralischen Motivationsstruktur der Probanden und egalitär verständigungsorientierten Konfliktlösungsstilen ihrer Eltern (z. B. »Vater/Mutter wartet, bis sich beide beruhigt haben und sucht das Problem dann in einem Gespräch zu klären«) bzw. einer amoralischen Haltung und dem vorrangigen Einsatz einseitig machtorientierter oder erpresserischer Strategien seitens eines

---

71 K. H. Reuband, »Von äußerer Verhaltenskonformität zu selbständigem Handeln: Über die Bedeutung kultureller und struktureller Einflüsse für den Wandel in den Erziehungszielen und Sozialisationsinhalten«, in: H. O. Luthe/H. Meulemann (Hg.), *Wertwandel – Faktum oder Fiktion? Bestandsaufnahmen u. Diagnosen aus kultursoziologischer Sicht*, Frankfurt/New York 1988, S. 73 ff.; K. H. Reuband, »Aushandeln statt Gehorsam. Erziehungsziele und Erziehungspraktiken in den alten und neuen Bundesländern im Wandel«, in: L. Böhnisch/K. Lenz (Hg.), *Familien. Eine interdisziplinäre Einführung*, Weinheim/München 1997, S. 129 ff.
72 T. Parsons, *The social system*, London 1964.

oder beider Elternteile (z. B. »Vater/Mutter kann nicht nachgeben; zieht das Kind auf die eigene Seite; kriegt körperliche Beschwerden«).[73]

Schlußbemerkung

Das kognitive Moralverständnis hat sich in Richtung auf eine Vernunftmoral gewandelt. Zunehmend gewinnen die Grundprinzipien von Gleichachtung und die Vermeidung innerweltlicher Schädigung an Bedeutung. Dies führt zu einer strikteren Unterscheidung von Fragen des guten Lebens, die dem persönlichen Bereich zugerechnet werden,[74] und einer universell gültigen Minimalmoral. Auch tritt ein rigider Regelgehorsam zurück zugunsten der Fähigkeit, die Normen im Lichte der allgemeinen Prinzipien flexibel und kontextsensitiv anzuwenden. Dieser Fähigkeit entspricht eine formale Motivstruktur, die auf je konkret situierte kognitive Urteilsbildung verwiesen bleibt und ihre handlungsleitende Kraft aus der identitätskonstitutiven Bedeutung gewinnt, die die Person der Dimension der Moral zuweist. Für den Erwerb moralischen Wissens und den Aufbau moralischer Motivation gibt es innerweltliche Reproduktionsmechanismen: Kinder lesen die Idee kategorischer Sollgeltung, die inhaltlichen Normen und die Bedeutung, die der Moral beigemessen wird, an den sozialen Institutionen ab, in die sie hineinwachsen.

---

73 G. Nunner-Winkler, »Sozialisationsbedingungen moralischer Motivation«, in: H. R. Leu/L. Krappmann (Hg.), *Zwischen Autonomie und Verbundenheit – Bedingungen und Formen der Behauptung von Subjektivität*, Frankfurt am Main 1999, S. 299ff.
74 Vgl. J. Habermas, »Diskursethik – Notizen zu einem Begründungsprogramm«, a.a.O., S. 116ff.

Rainer Forst
Ethik und Moral[*]

1. Die vieldiskutierte Unterscheidung zwischen dem ethisch Guten und dem moralisch Richtigen ist zwar für die Diskursethik in der Fassung, die Jürgen Habermas ihr gegeben hat, zentral, doch ist sie weder der Sache noch der Terminologie nach ihre Erfindung.[1] Sie ist vielmehr Ausdruck der Verselbständigung einer Moral des zwischen Menschen unbedingt Gesollten gegenüber den ethischen Lehren und umfassenden Weltauslegungen, die diesen Bereich des intersubjektiv Verbindlichen als Teil des für den Menschen insgesamt Guten betrachten.[2] Mit ihr bricht die Einheitlichkeit der normativen Welt in einer Weise auf, die eine grundlegende Neubestimmung der praktischen Vernunft erfordert.

Zur Klärung der Differenz zwischen Ethik und Moral sei im folgenden zunächst die besagte Selbständigkeit der Moral gegenüber ethischen Wertungen dargestellt (Abschnitte 2-7), um im Anschluß daran die Berechtigung einer Reihe von Einwänden zu prüfen (8-16). Im Ergebnis wird sich einerseits zeigen, daß es diesen Kritiken nicht gelingt, die Unterscheidung zwischen Ethik und Moral grundsätzlich in Frage zu stellen, andererseits aber auch, daß der diskurstheoretische Ansatz an wichtigen Stellen verändert werden muß (17).

---

[*] Für wertvolle Hinweise und Kritik danke ich Bert van den Brink, Stefan Gosepath, Rahel Jaeggi, Charles Larmore und Lutz Wingert.
[1] In Karl-Otto Apels Version der Diskursethik spielt sie zwar nur eine untergeordnete Rolle, findet sich jedoch dem Sinne nach auch dort, vgl. ders., »Der postkantische Universalismus in der Ethik im Lichte seiner aktuellen Mißverständnisse«, in: *Diskurs und Verantwortung*, Frankfurt am Main 1988.
[2] Vgl. Jürgen Habermas, »Eine genealogische Betrachtung zum kognitiven Gehalt der Moral«, in: *Die Einbeziehung des Anderen*, Frankfurt am Main 1996. Betrachtet man diese Verselbständigung der Moral in ihrem historischen Kontext (beispielsweise mit Blick auf den neuzeitlichen und modernen Diskurs der Toleranz), so wird deutlich, wie sehr dies eine Errungenschaft ist, die in gesellschaftlichen Konflikten durchgesetzt werden mußte. Andererseits ist aber nicht zu verkennen, daß dies ein prinzipiell unabgeschlossener Prozeß ist, da auch (vorgeblich) universalistische Moralvorstellungen in ihrer konkreten Form partikulare, zu sozialer Exklusion führende Voraussetzungen haben können. Dies zeigt Thomas McCarthy, »Die politische Philosophie und das Problem der Rasse«, in diesem Band.

2. In Reinform findet sich die Trennung zwischen moralischen Grundsätzen und dem Guten in Kants Konzeption einer Moral der Autonomie, die dadurch, daß sie auf einem allgemeinen Prinzip der praktischen Vernunft gegründet ist, keiner weiteren Grundlagen bedarf und selbst autonom wird. Sie sucht sich von traditionellen Vorstellungen des Guten und von Glückseligkeitslehren zu emanzipieren, die nicht als Grund der Moral dienen können, weil Glückseligkeit (a) »nicht ein Ideal der Vernunft«[3] ist und somit die Wege zur Glückseligkeit vernünftigerweise umstritten sind und (b) das Verhalten anderen gegenüber auf dieser Grundlage einem bloß hypothetischen Imperativ der Klugheit folgt. Dieser steht unter der Bedingung, daß das moralische Verhalten von dem erstrebten Gut des Glücks erfordert wird, so daß der Imperativ der Moral selbst nicht unabhängig und unbedingt, nicht ein *kategorischer* ist. Das moralische Handeln als unbedingt Geschuldetes muß aber umwillen eines »Zweckes an sich« und nicht umwillen eines anderen Gutes gefordert sein. Erst wenn die Moral in dieser Weise gegenüber Vorstellungen des Guten und Zweckmäßigen autonom wird, ist sie eine Moral autonomer Wesen, die ein »Reich der Zwecke« bilden: eine Gemeinschaft des wechselseitigen Respekts, in der die Autonomie des einen die der anderen impliziert, da hier nur die »Gesetze« gelten können, die »selbstgegeben« sind und der Achtung für einen jeden anderen als Zweck an sich entspringen.

Der Kern der Differenz zwischen dem moralisch Gesollten und dem ethisch Guten liegt folglich in dem Kantischen Gedanken, *daß Menschen als Mitglieder der prinzipiell unbeschränkten Gemeinschaft moralischer Personen einander eine basale Form des Respekts und der Begründung ihrer Handlungen unbedingt schulden, was immer sie konkret verbindet oder trennt, und welche Vorstellungen des Guten, Erstrebenswerten und des Glücks sie auch haben mögen.*

3. Nicht nur eine kantische Konzeption der Moral, sondern eine jede, die sich dem stellt, was John Rawls das »Faktum des Pluralismus«[4] nennt, muß in der einen oder anderen Form – beispielsweise durch anthropologisch fundierte »formale« Theorien des

---

3 Immanuel Kant, *Grundlegung zur Metaphysik der Sitten*, in: *Kants Werke*, Akademie-Textausgabe, Band IV, Berlin 1968, S. 418.
4 John Rawls, *Politischer Liberalismus*, Frankfurt am Main 1998, S. 12 ff.

Guten oder eine »Minimalmoral« – eine solche Unterscheidung zwischen höherstufigen Prinzipien und den vielfältigen »Vorstellungen des Guten« vornehmen, die mit diesen Prinzipien kompatibel und daher nicht unmoralisch sind. Kantische Theorien allerdings zeichnen sich dadurch aus, daß sie für die Grundsätze des »Richtigen«, die die Pluralität der Konzeptionen des Guten umrahmen, eine *kategorial andere Grundlage* vorsehen, um das Moment des *Unbedingten* herauszuheben, das diese Normen auszeichnet.[5] So richtig es einerseits ist, daß die dichotomischen Gegenüberstellungen von »Werten« und »Normen«, dem »Guten« und dem »Richtigen« und auch von »Ethik« und »Moral« terminologisch bestreitbar sind (denn auch weiterhin wird die philosophische Reflexion der Moral »Ethik« heißen,[6] und in Begriffen wie »Sexualmoral« zeigt sich die Verbindung zu den »mores«, den Sitten; schließlich ist auch die Rede vom »moralisch Guten« oder von »moralischen Werten« legitim), so unvermeidbar ist andererseits eine solche Differenzierung angesichts der Notwendigkeit einer übergeordneten Moral, die Grundsätze für das Verhalten gegenüber Personen enthält, welche ein anderes »ethos«, andere Auffassungen des Guten und andere Lebensformen haben als man selbst, und mehr ist als ein strategisch oder pragmatisch motivierter Modus vivendi. Diese Moral muß ein Maß an Allgemeinheit und Verbindlichkeit enthalten, das die konkurrierenden Wertvorstellungen *transzendiert*.

Doch auch terminologisch findet sich die Unterscheidung zwischen Ethik und Moral in der zeitgenössischen Diskussion außerhalb der Diskursethik, so etwa bei Bernard Williams[7], Ronald Dworkin[8] oder bei Avishai Margalit[9]. Der diskursethischen Fas-

---

5 So John Rawls, *Eine Theorie der Gerechtigkeit*, Frankfurt am Main 1975, Abschnitte 40 und 51.
6 So Norbert Hoerster, »Ethik und Moral«, in: Dieter Birnbacher und Norbert Hoerster (Hg.), *Texte zur Ethik*, München 1982; ferner Niklas Luhmann, *Paradigm lost. Über die ethische Reflexion der Moral*, Frankfurt am Main 1990.
7 *Ethics and the Limits of Philosophy*, Cambridge, Mass. 1985, S. 6f.
8 »Foundations of Liberal Equality«, in: *The Tanner Lectures on Human Values XI*, hg. v. G.B. Peterson, Salt Lake City 1990, S. 9: »The question of morality is how we should treat others; the question of well-being is how we should live to make good lives for ourselves. Ethics in the narrow sense means well-being, (...).«
9 »Ethik der Erinnerung«, in: *Neue Rundschau* 111, 2000, S. 130f.: »Moral, nach meiner Definition, steuert unser Verhalten gegenüber denjenigen, zu denen wir eine Beziehung haben *allein* aufgrund der Tatsache, daß sie Mitmenschen sind.

sung dieser Unterscheidung kommt Peter Strawson am nächsten, der den Bereich (»region« oder »sphere«) des Ethischen durch inkompatible Idealbilder von Lebensformen gekennzeichnet sieht, an denen Individuen ihr gutes Leben bemessen.[10] Der Bereich der Moral hingegen wird durch allgemeinverbindliche Regeln oder Prinzipien gebildet, die jenseits dieser Idealbilder wechselseitig anerkennungswürdig sind und fundamentalen menschlichen Interessen entsprechen.

4. Im Unterschied zu solchen Ansätzen liegt der Diskursethik die Idee zugrunde, daß es eines *prozeduralen Kriteriums* bedarf, um einen »Schnitt« zwischen dem ethisch Guten und dem moralisch Gerechten zu legen: Durch die Beachtung des Universalisierungsgrundsatzes – dem zufolge »eine Norm genau dann gültig ist, wenn die voraussichtlichen Folgen und Nebenwirkungen, die sich aus ihrer allgemeinen Befolgung für die Interessenlagen und Wertorientierungen *eines jeden* voraussichtlich ergeben, *von allen* Betroffenen *gemeinsam* zwanglos akzeptiert werden könnten«[11] – werden in praktischen Diskursen »partikulare Wertgesichtspunkte als nicht konsensfähig am Ende herausfallen«.[12] Da moralische Normen – als *unbedingte und universelle Sollsätze* – einen »wahrheitsanalogen« Anspruch auf Richtigkeit erheben, der in praktischen Diskursen einlösbar sein muß, werden sich ethische Evaluationen und moralische Normen daran scheiden, ob sie diesem Anspruch diskursiv gerecht werden. Die Unterscheidung zwischen Ethik und Moral ist somit a priori (vor dem Diskurs) formal und prozedural, substantiell wird sie erst a posteriori. Werten, Ansprüchen, Argumenten oder Gründen ist nicht von vornherein anzusehen, welchen normativen Charakter sie haben; entscheidend ist, ob sie das Kriterium erfüllen, sich diskursiv als Kandidaten für »das für alle gleichermaßen Gute«, die »Gerechtigkeit«[13], zu empfehlen.

    Man kann das als ›lose‹ Beziehungen bezeichnen. Im Gegensatz dazu lenkt die Ethik unsere ›engen‹, Anteil nehmenden Beziehungen.« (Herv.i.O.)
10 »Social Morality and Individual Ideal«, in: *Freedom and Resentment*, London 1974.
11 Jürgen Habermas, »Eine genealogische Betrachtung«, a. a. O., S. 60 (Herv.i.O.).
12 Jürgen Habermas, »Diskursethik – Notizen zu einem Begründungsprogramm«, in: *Moralbewußtsein und kommunikatives Handeln*, Frankfurt am Main 1983, S. 113.
13 »Eine genealogische Betrachtung«, a. a. O., S. 43. Freilich muß angemerkt wer-

5. Damit ist die Differenz zwischen Ethik und Moral allerdings nur einseitig, aus der Perspektive der Moral, beschrieben. Doch sind ethische Werte nicht eine Art Abfallprodukt moralischer Diskurse; sie bilden vielmehr ein eigenes normatives Reich von Wertungen und Gründen. Sie liefern Antworten auf die vielschichtige Frage nach dem »Guten« als Basis eines »guten Lebens«. Habermas zufolge stellt die Person eine ethische Frage, die darüber reflektiert, wer sie ist und sein möchte, um sich zu ihrem eigenen Leben als gutes Leben affirmativ verhalten zu können; sie muß dazu ethische Wertentscheidungen in *biographischer und evaluativer* Reflexion treffen: Ein Leben muß es wert sein, *von mir* auf diese Weise bzw. *mit diesen Zielen* gelebt zu werden. Um den Preis eines verfehlten Lebens sind ethische Fragen daher in Habermas' Augen »klinische Fragen des guten Lebens«.[14] Ethische Diskurse sind vorrangig Selbstverständigungsdiskurse »existentieller« Natur.[15]

Diese Charakterisierungen schöpfen den ethischen Kontext als normativen Kontext von Rechtfertigungen wie auch von Beziehungen der Anerkennung freilich nicht aus.[16] Denn als Kontext der Rechtfertigung weist der Bereich des Ethischen drei Ebenen auf. Erstens die angeführte Ebene der ethisch-existentiellen Rechtfertigung von Lebensentscheidungen, die man gegenüber sich selbst und »signifikanten Anderen« rechtfertigen kann. Schon in dieser Hinsicht hat ethische Rechtfertigung eine intersubjektive Dimension, denn solche Entscheidungen werden in der Regel im

den, daß die terminologische Identifizierung des Moralischen mit dem Gerechten zu eng ist. Die Verletzung moralischer Normen ist nicht in jedem Fall hinlänglich mit »Ungerechtigkeit« beschrieben, während aber das Umgekehrte gilt.

14 Jürgen Habermas, »Vom pragmatischen, ethischen und moralischen Gebrauch der praktischen Vernunft«, in: *Erläuterungen zur Diskursethik*, Frankfurt am Main 1991, S. 103.

15 Jürgen Habermas, *Faktizität und Geltung*, Frankfurt am Main 1992, S. 125. Lutz Wingert, *Gemeinsinn und Moral*, Frankfurt am Main 1993, S. 145, formuliert die kategoriale Trennung von ethischen und moralischen Problemen folgendermaßen: »Während ethische Probleme sich mir stellen, sind moralische Probleme praktische Probleme für uns. Ethische Probleme werden von mir erlebt als Ungewißheit darüber, was für ein Verhalten mich in Übereinstimmung mit mir sein läßt. Moralische Probleme werden von uns erlebt als Unsicherheit darüber, was wir voneinander erwarten dürfen.« Auf S. 146ff. erweitert Wingert seine sorgfältige Analyse allerdings bezüglich der Intersubjektivität ethischer Probleme.

16 Vgl. zum folgenden Rainer Forst, *Kontexte der Gerechtigkeit*, Frankfurt am Main 1994, Kap. V.2 und V.3.

Kontext ethischer Gemeinschaften (Freunde, Familie z. B.) getroffen; ethische Fragen werden mit anderen *be*antwortet, sind letztlich aber selbst zu *ver*antworten. Das heißt ethische Autonomie.

Die zweite Ebene ethischer Rechtfertigung betrifft die Frage des angemessenen Verhaltens gegenüber Personen, zu denen man besondere ethische Bindungen hat; hier gilt es, allgemeine normative Erwartungen – etwa an einen Freund gemäß dem Wert der Freundschaft – mit der partikularen Geschichte einer spezifischen Freundschaft in Einklang zu bringen.[17]

Und schließlich kann ethische Rechtfertigung bedeuten, daß die Mitglieder einer ethischen Gemeinschaft (z. B. einer Religionsgemeinschaft) sich fragen, was das für sie Gute ist, d. h. sich ihrer eigenen Identität versichern. Dabei verschränken sich allgemeine ethische Wertüberlegungen mit spezifischen Reflexionen auf die Partikularität der Gemeinschaft.[18]

Auf all diesen Ebenen zeigt sich, daß der Raum ethischer Rechtfertigung *dreidimensional* ist, d. h. daß hier subjektive, intersubjektive und objektive Evaluationshinsichten zusammenkommen: Die Frage nach dem »für mich« Guten ist verwoben mit der nach dem »für uns« Guten und stets verknüpft mit der Reflexion auf das »an sich« Gute. So richtig es ist, mit Habermas zu betonen, daß ethische Diskurse in einem besonderen Sinne »existentielle« Selbstverständigungsdiskurse sind, die sich auf die Identität einer Person beziehen, so wichtig ist es doch, dabei nicht die intersubjektive und objektive Komponente ethischer Überlegungen zu übersehen.[19]

---

17 Auch hier spricht terminologisch nichts dagegen, von einer »Moral der Beziehungen« zu sprechen, was diese ethischen Anerkennungsverhältnisse angeht, sofern zwischen partikularen Verpflichtungen und allgemeinen Pflichten unterschieden wird – eine Unterscheidung, die erlaubt zu sehen, daß in solchen Beziehungen »mehr« gefordert ist als bloß moralisches Verhalten, andererseits aber auch moralische Grenzen nicht verletzt werden dürfen. Vgl. zu dieser Problematik Axel Honneth, »Zwischen Gerechtigkeit und affektiver Bindung. Die Familie im Brennpunkt moralischer Kontroversen«, in: *Das Andere der Gerechtigkeit*, Frankfurt am Main 2000.
18 Im Kontext der Selbstverständigung einer politischen Gemeinschaft spricht Habermas von »ethisch-politischen Diskursen«. Vgl. *Faktizität und Geltung*, a.a.O., S. 198f.
19 Vgl. Charles Taylor, »Leading a Life«, in: Ruth Chang (Hg.), *Incommensurability, Incomparability, and Practical Reason*, Cambridge, Mass. 1997.

6. Es sind diese drei Dimensionen, in denen sich ein ethischer von einem moralischen Rechtfertigungskontext unterscheidet. Im Kontext der Moral, in dem es um moralisch gerechtfertigte und *kategorisch* verbindliche Antworten auf intersubjektive Konflikte geht, ist weder das »für mich« Gute der leitende Gesichtspunkt, noch ist der »zwischen uns« geteilte Vorrat an ethischen Überzeugungen ausreichend für eine gegenüber *allen* Betroffenen *gleichermaßen* begründbare Norm. Und auch der Verweis auf ein »an sich« Gutes reicht nicht aus, um zu rechtfertigen, was ohne Einschränkung moralisch ge- oder verboten ist, sofern umstritten ist, worin dieses Gute besteht und wen und wozu es verpflichtet. Moralische Normen und die auf ihrer Basis begründeten Urteile müssen auf schlechterdings »nicht vernünftigerweise zurückweisbaren Gründen« beruhen, um eine Formulierung von Thomas Scanlon[20] aufzunehmen. Der universale und kategorische Geltungsanspruch moralischer Normen zwingt somit zu einer bestimmten Form der Rechtfertigung, während Gründe für ethische Urteile sich diesem Anspruch nicht stellen müssen. Sie können dies freilich tun (besonders wenn sie beanspruchen, auf objektive Werte zu verweisen), nur werden sie dann, wenn es um allgemeine Normen geht, zu Gründen in einem moralischen Rechtfertigungskontext und müssen dessen Geltungskriterien gehorchen.

Die Logik des jeweils erhobenen normativen Geltungsanspruchs entscheidet darüber, welche Rechtfertigungskriterien gelten.[21] Gemäß dem übergeordneten *Prinzip der Rechtfertigung*, das auf normative Kontexte im allgemeinen zutrifft, müssen Antworten auf praktische Fragen auf genau die Weise zu rechtfertigen sein, die ihr Geltungsanspruch impliziert. Fragt man demnach von dem Anspruch einer moralischen Norm – der gemäß eine jede moralische Person die Pflicht hat, x zu tun oder zu unterlassen – auf reziprok und allgemein, strikt einforderbare, kategorische Sollgeltung *rekursiv* zurück nach den Kriterien ihrer Rechtfertigung, so zeigt sich, daß sie nach reziprok und all-

---

20 Thomas Scanlon, *What We Owe to Each Other*, Cambridge, Mass. 1998, S. 4.
21 Vgl. zum Folgenden ausführlicher Rainer Forst, »Praktische Vernunft und rechtfertigende Gründe. Zur Begründung der Moral«, in: Stefan Gosepath (Hg.), *Motive, Gründe, Zwecke. Theorien praktischer Rationalität*, Frankfurt am Main 1999. Auf die Unterschiede, die zwischen dieser Konzeption moralischer Rechtfertigung und Habermas' diskurstheoretischem Programm liegen, gehe ich dabei nur in bezug auf die wesentlichen Punkte ein.

gemein nicht zurückweisbaren (und in diesem Sinne wechselseitig teilbaren) Gründen verlangt – was *diskursiv* gezeigt werden muß. Im moralischen Rechtfertigungskontext sind somit die beiden Kriterien von *Reziprozität* und *Allgemeinheit* entscheidend: Ersteres bedeutet, daß niemand besondere Vorrechte beansprucht und jeder den anderen all die Ansprüche zugesteht, die er/sie selbst erhebt, ohne seine/ihre eigenen Interessen, Werte oder Bedürfnisse auf andere zu projizieren und damit einseitig zu bestimmen, was als guter Grund zählt; letzteres bedeutet, daß die Einwände keiner betroffenen Person ausgeschlossen werden dürfen, um allgemeine Zustimmungsfähigkeit zu erreichen. Nur unter Beachtung dieser Kriterien kann der Anspruch erhoben werden, daß niemand gute Gründe hat, die Geltung einer Norm (und bestimmter, entsprechender Handlungsweisen) in Frage zu stellen. Der Vorteil der negativen Formulierung »nicht reziprok und allgemein zurückweisbar« liegt gegenüber einer positiven darin, daß es Forderungen und Gründe geben mag, die eine Person vernünftigerweise akzeptieren kann (z. B. solche supererogatorischer Natur), die sie aber auch mit guten Gründen zurückweisen kann. Die negative Formulierung ist daher die angemessene, um zum Kern des im deontologischen Sinne Begründbaren und Verpflichtenden zu gelangen.[22]

Zu betonen ist in diesem Zusammenhang, daß das Prinzip der Rechtfertigung sich auf die Rechtfertigung von Normen und Handlungsweisen *gleichermaßen* bezieht. Denn in moralischen Rechtfertigungssituationen geht es in der Regel zwar um die Rechtfertigung von Handlungen bzw. die Vermeidung nicht-verallgemeinerbarer Handlungsweisen,[23] doch werden Handlungen wiederum mit dem Verweis auf geltende Normen begründet.[24]

Einerseits drücken die Kriterien von Reziprozität und Allgemeinheit die diskursethische Pointe aus, daß in die moralische Rechtfertigung die Ansprüche der Betroffenen direkt eingehen müssen, andererseits erlauben es diese Kriterien im Unterschied

---

22 So auch Thomas Scanlon, »Contractualism and utilitarianism«, in: Amartya Sen u. Bernard Williams (Hg.), *Utilitarianism and beyond*, Cambridge 1982, S. 111f., der die Formulierung »not reasonable to reject« allerdings nicht mit Hilfe der Kriterien von Reziprozität und Allgemeinheit erklärt.
23 Dies betont Albrecht Wellmer, *Ethik und Dialog*, Frankfurt am Main 1986, S. 129ff.
24 Dies hebt Klaus Günther, *Der Sinn für Angemessenheit*, Frankfurt am Main 1988, S. 73ff., hervor.

zu einer reinen Konsenstheorie der Rechtfertigung, wie sie die Diskursethik nahelegt, daß die Handelnden im (wahrscheinlichen) Falle von Dissensen *substantiell* beurteilen können, welche normativen Ansprüche (und Handlungen) nicht auf reziprok-allgemeinen Gründen beruhen und somit vernünftigerweise zurückweisbar sind. Moralische Urteile – »in foro interno« – sind damit zwar nicht letztgültig begründet, wohl aber in einer für das Handeln hinreichenden praktischen Sicherheit.[25] Damit tritt ein wichtiger praktischer Aspekt der Rechtfertigungskriterien hervor; und die obengenannte Pointe verschiebt sich insofern, als es primäre Aufgabe des (in realen Situationen per definitionem nie »idealen«) moralischen Diskurses (und der subjektiven moralischen Reflexion als Vorgriff auf diskursiv erzielte Konsense)[26] wird zu bestimmen, welche Ansprüche bzw. Normen *nicht* hinreichend begründet sind.

Zwischen dem moralischen und dem ethischen Kontext liegt demnach eine kriteriale *Grenze von Reziprozität und Allgemeinheit*: Während sie sich gegenüber der Frage, was als ethisch wertvoll oder als sinnvolle Grundlage des guten Lebens zählen kann, agnostisch verhält, erlegt sie Ansprüchen auf moralische Geltung eine besondere Form der Rechtfertigung auf. Das Wesentliche der Unterscheidung zwischen Ethik und Moral liegt darin, daß in praktischen Konflikten, die nach (ethische Kontexte transzendierenden) Normen des zwischen Menschen strikt Ge- und Verbotenen verlangen, die Rechtfertigungsschwelle angehoben wird und reziprok-allgemein ausweisbare Gründe notwendig sind.

7. Der Einsicht in das Rechtfertigungsprinzip entspricht eine praktische Einsicht in das grundlegende moralische *Recht auf Rechtfertigung* einer jeden Person (und die entsprechende unbedingte Pflicht zur Rechtfertigung) – ein Recht, das Personen ein moralisches Veto gegen nicht zu rechtfertigende Handlungen

---

25 Vgl. Scanlon, *What We Owe to Each Other*, a. a. O., S. 194ff.
26 Das *letztlich* entscheidende Kriterium für moralische Richtigkeit – »ein unter idealen Bedingungen diskursiv erzieltes Einverständnis über Normen oder Handlungen« (Jürgen Habermas, »Richtigkeit versus Wahrheit. Zum Sinn der Sollgeltung moralischer Urteile und Normen«, in: *Wahrheit und Rechtfertigung*, Frankfurt am Main 1999, S. 297) – wird daher durch dieses Verständnis praktischer Reflexion nicht in Frage gestellt. Es wird damit aber die Anfälligkeit für Kritiken an einem Diskursbegriff moralischer Geltung wie die von Christopher McMahon, »Discourse and Morality«, in: *Ethics* 110, 2000, eindeutig vermieden.

oder Normen einräumt.[27] In diesem Grund-Recht liegt die basale Form moralischer Achtung von Personen als »Zwecken an sich selbst«.[28]

8. Vor dem Hintergrund dieses Vorschlags, die Unterscheidung zwischen Ethik und Moral zu verstehen, seien im folgenden einige zentrale Einwände gegen sie behandelt, um zu sehen, welche von ihnen auf Mißverständnissen beruhen und welche auf echte Schwierigkeiten verweisen – und um zu fragen, welche Kosten damit verbunden sind, diese Unterscheidung grundsätzlich in Frage zu stellen. Meine allgemeine These in diesem Zusammenhang ist, daß mit dieser Infragestellung die Gefahr des *Verlusts* der kategorischen Verbindlichkeit moralischer Normen droht und daß damit das Phänomen des Moralischen in seinen verschiedenen Aspekten nicht mehr theoretisch erfaßt werden kann. Gleichzeitig wird sich zeigen, inwiefern im Lichte dieser Einwände (und vor dem Hintergrund der bislang umrissenen

---

27 Vgl. dazu Rainer Forst, »Das grundlegende Recht auf Rechtfertigung. Zu einer konstruktivistischen Konzeption von Menschenrechten«, in: Hauke Brunkhorst, Wolfgang Köhler, Matthias Lutz-Bachmann (Hg.), *Recht auf Menschenrechte*, Frankfurt am Main 1999.

28 Eine »ethnozentrische« Position wie die von Richard Rorty (»Solidarität oder Objektivität?«, in: *Solidarität oder Objektivität*, Stuttgart 1988), der zufolge das Menschengeschlecht eingeteilt wird »in diejenigen, vor denen man seine Überzeugungen rechtfertigen muß, und die übrigen«, wobei die »erste Gruppe – der *ethnos* – [...] diejenigen [umfaßt], mit deren Meinungen man genügend übereinstimmt, um ein fruchtbares Gespräch möglich zu machen« (S. 27f.), ist daher zurückzuweisen, sofern sie darauf hinausläuft, sich oder andere von der unbedingten Pflicht zur Rechtfertigung moralischer Geltungsansprüche zu entbinden und die moralische Rechtfertigungsgemeinschaft einzugrenzen. Denn die Rede von den Grenzen der Argumentation gegenüber Gruppen wie den »Nazis«, die Rorty als Beispiel anführt (S. 73, Fußnote 13), kann gerade *nicht* bedeuten, daß solche Gruppen von der Pflicht zur Achtung anderer und zur moralischen Rechtfertigung ausgenommen werden. Sie werden vielmehr deshalb moralisch verurteilt und als jenseits vernünftiger Argumentation angesehen, weil sie gegen Prinzipien wie das der Rechtfertigung verstoßen, die sie vor dem Hintergrund der oben genannten rekursiven Reflexion schlechterdings nicht vernünftigerweise zurückweisen können. Die ethnozentrische Annahme, diese Verurteilung beruhe lediglich auf »unseren«, für sie nicht gültigen Vernunft- und Moralvorstellungen, ist widersprüchlich, weil sie die Möglichkeit dieser moralischen Verurteilung selbst in Frage stellt. So spricht Rorty in der Erläuterung seiner These (in Fußnote 13) auch nicht mehr davon, daß man seine Überzeugungen nur vor bestimmten Personen rechtfertigen *muß*, sondern nur noch von dem Truismus, daß man dies faktisch nur dort *kann*, wo genügend Übereinstimmung besteht.

Theorie praktischer Rechtfertigung) die Diskursethik zu modifizieren ist.

9. Berechtigt ist der Einwand gegen eine rigide und reifizierte Unterscheidung von klar trennbaren normativen »Sphären« des Ethischen und des Moralischen bzw. von durchgängig eindeutig zu identifizierenden »Problemen« oder »Materien«, die in verschiedenen »Diskurstypen« zu behandeln sind.[29] Zwar gibt es Fälle wie die Berufswahl, in denen zunächst eindeutig ein ethisches Problem vorliegt, das einen Selbstverständigungsdiskurs verlangt. Aber häufig werden dabei moralische Gesichtspunkte angesprochen (z. B. bei der Arbeit für Firmen der Rüstungsindustrie), die eine Veränderung der Rechtfertigungssituation mit sich bringen. In politischen Diskursen zumal ist es häufig der Fall, daß verschiedene ethische und moralische Aspekte einer Frage aufeinandertreffen. Dann sind es wiederum die Kriterien von Reziprozität und Allgemeinheit selbst, die zur Beantwortung der Frage heranzuziehen sind, an welchem Punkt die Rechtfertigungsschwelle normativer Begründung angehoben werden muß, da moralisch relevante An- bzw. Einsprüche vorliegen und man sich in einem moralischen Rechtfertigungskontext bewegt.[30]

10. Daran schließt sich ein weiterer, fundamentaler Einwand an, der besagt, daß die Unterscheidung zwischen Ethik und Moral gerade dort, wo sie am nötigsten ist, scheitern muß: an den Problemen, bei denen strittig ist, ob es sich um eine moralische oder ethische Frage handelt und welcher Natur die vorgebrachten Gründe sind.[31] Das Problem der Abtreibung ist das am häufigsten

29 Vgl. die Kritik von Thomas McCarthy, »Legitimacy and Diversity. Dialectical Reflections on Analytical Distinctions«, in: Andrew Arato und Michel Rosenfeld (Hg.), *Habermas on Law and Democracy*, Berkeley 1998, S. 133 f. an Habermas, *Faktizität und Geltung*, a. a. O., S. 196ff. und Habermas' Klarstellung im Nachwort zur vierten Auflage von *Faktizität und Geltung*, S. 667, Fußnote 3. Vgl. auch Seyla Benhabib, »Autonomy, Modernity and Community«, in: *Situating the Self*, New York 1992.
30 In historischer Perspektive zeigt sich zudem, wieso die Unterscheidung zwischen Ethik und Moral, sofern es um Inhalte geht, dynamisch verstanden werden muß. So werden heute einstmals primär ethische Bereiche wie die Kindererziehung verstärkt unter moralischen Kriterien betrachtet, während andere Bereiche wie der der Sexualität weniger moralisch beurteilt werden.
31 Vgl. Thomas McCarthy, »Practical Discourse: On the Relation of Morality to Politics«, in: *Ideals and Illusions*, Cambridge, Mass. 1991, S. 197f. und »Legiti-

genannte Beispiel, aber auch Fragen wie Euthanasie oder genetische Manipulationen (etwa das Klonen[32]) zählen hierzu.[33] Ohne auf diese Beispiele hier im einzelnen eingehen zu können, läßt sich aus der Tatsache, daß in einem Konfliktfall die einander widersprechenden Parteien für sich reklamieren, moralische und nicht »bloß« ethische Gründe vorzubringen, nicht schließen, daß die Unterscheidung nicht sinnvoll ist. Denn zunächst einmal herrscht in einem solchen Fall offenbar Übereinstimmung darüber, daß moralische Argumente mehr Gewicht haben als ethische. Und mit Hilfe der formalen Kriterien für moralische Argumente läßt sich konkret untersuchen, ob die jeweiligen Ansprüche der Beteiligten, solche Argumente vorzubringen, tatsächlich gerechtfertigt sind. Dies bietet eine erste Möglichkeit der Urteilsfindung, denn unter Umständen stellen sich diese Argumente als Teil partikularer, reziprok zurückweisbarer Auffassungen heraus. Und gesetzt, es sei der Fall, daß konträre moralische Argumente im Spiel sind, kann das Kriterium der Reziprozität noch immer dazu dienen, sie zu gewichten und zu ordnen (etwa wenn es um die Abwägung verschiedener Freiheitseinschränkungen geht). Eine Allzweckformel für eindeutige praktische Lösungen solcher Konflikte läßt sich dadurch allerdings nicht gewinnen; doch wäre eine moralphilosophische Konzeption, die darauf abzielte, auch zum Scheitern verurteilt, da sie der Komplexität der Welt des Normativen nicht gerecht würde.

macy and Diversity«, a. a. O. Dazu Jürgen Habermas, »Replik auf Beiträge zu einem Symposion der Cardozo Law School«, in: *Die Einbeziehung des Anderen*, a. a. O., S. 321 ff.

32 Zu einer moralischen Bewertung dieser Praxis vgl. Jürgen Habermas, »Genetische Sklavenherrschaft?«, in: *Die postnationale Konstellation*, Frankfurt am Main 1998.

33 Seyla Benhabib, »Über Achtung und Versöhnung. Gerechtigkeit und das gute Leben. Antwort auf Herta Nagl-Docekal und Rainer Forst«, in: *Deutsche Zeitschrift für Philosophie* 45, 1997, S. 980 ff. ist der Auffassung, daß in dem Fall, in dem einer moralischen Verurteilung der Praxis der Klitoridektomie deren ethische Verteidigung als Ausdruck einer Lebensweise durch Personen entgegensteht, die anstelle der betroffenen Mädchen sprechen und für sich das Recht beanspruchen, sie dieser Praxis zu unterziehen, nur der Rückgriff auf eine übergeordnete »universalistische Vision des Guten« (S. 983), besonders der Würde des Individuums, zu einer klaren Position verhilft. Meines Erachtens aber ist diese Praxis ein klarer Verstoß gegen das Recht auf Rechtfertigung und das Kriterium der Reziprozität und somit kein Beispiel für ein plausibles ethisches Argument oder dafür, daß die Grenzen zwischen Ethik und Moral verschwimmen.

11. Eine andere Form der Kritik bemängelt, daß die Betonung der Priorität der subjektiven Perspektive bei ethischen Fragen eine »Privatisierung des Guten« in zwei Hinsichten zur Folge habe: einerseits führe dies zu einer Vernachlässigung der intersubjektiven Dimension ethischer Werte, welche als »Privatsache« angesehen werden,[34] und andererseits berge dies die Gefahr, daß die Trennung zwischen Fragen der »Gerechtigkeit« und solchen des »guten Lebens« sich so mit der Unterscheidung zwischen einer »öffentlichen« und einer »privaten« Sphäre verbindet, daß asymmetrische Verhältnisse in bestimmten Lebensbereichen nicht mehr thematisierbar sind.[35]

Was ersteres betrifft, so ist es berechtigt, auf die intersubjektive Dimension ethischer Fragen hinzuweisen und einer subjektivistischen Verengung entgegenzutreten – wobei festzuhalten bleibt, daß die Suche nach dem Guten letztlich der Orientierung des je eigenen, selbst zu verantwortenden Lebens dient.[36] Des weiteren ist zuzugeben, daß mit dem Verweis auf den Wertepluralismus der Moderne nicht vorentschieden sein kann, daß keine der als »traditionell« angesehenen Konzeptionen des Guten sich als diskursiv haltbar bzw. überzeugend herausstellen könnte, was MacIntyre betont. Das aber setzt die Rechtfertigungsschwelle, die überwunden werden muß, damit bestimmte Werte moralische Verbindlichkeit erlangen, nicht außer Kraft; sie erst gibt die (entgegen MacIntyres Auffassung) nicht durch eine ethische Tradition bestimmbaren Kriterien dafür an, was in moralischen Kontexten als »überzeugend« gelten kann.[37]

In bezug auf die Problematik der Verknüpfung einer Sphäre des »Ethischen« mit einer des »Privaten« ist zu betonen, daß keine von Beteiligten als relevant angesehenen Fragen jenseits diskursiver Thematisierbarkeit liegen, wobei die Kriterien von Reziprozität und Allgemeinheit die Inklusion gerechtigkeitsrelevanter Themen sicherstellen. Dabei ist wichtig, daß sich die Gren-

---

34 Alasdair MacIntyre, »Die Privatisierung des Guten«, in: Axel Honneth (Hg.), *Pathologien des Sozialen*, Frankfurt am Main 1994 (mit Bezug auf die Unterscheidung zwischen dem Richtigen und dem Guten).
35 Seyla Benhabib, »Modelle des öffentlichen Raums: Hannah Arendt, die liberale Tradition und Jürgen Habermas«, in: *Soziale Welt* 42, 1991, bes. S. 159ff.
36 Dies bestreitet auch MacIntyre nicht, vgl. ders., *Der Verlust der Tugend*, Frankfurt am Main/New York 1987, Kap. 14 u. 15.
37 Zu einer ausführlichen Auseinandersetzung mit MacIntyre vgl. Forst, *Kontexte der Gerechtigkeit*, a.a.O., Kap. IV.3.

zen des allgemein zu Rechtfertigenden verschieben und stets in Frage gestellt werden müssen, um Asymmetrien, etwa im Verhältnis zwischen den Geschlechtern, aufzudecken. Andererseits darf nicht übersehen werden, daß die intersubjektive Dimension ethischer Rechtfertigung keine allgemeine Pflicht der Rechtfertigung ethischer Entscheidungen (und entsprechende Rechte anderer) impliziert, so daß hier in einer *rechts*theoretischen Betrachtung von einem Freiraum persönlicher Entscheidungen gesprochen werden kann, der zuweilen als »Privatsphäre« bezeichnet wird.[38] Eine moralische Pflicht zur Rechtfertigung liegt erst dort vor, wo die Kriterien von Reziprozität und Allgemeinheit es gemäß des erhobenen Geltungsanspruchs erfordern, und auch damit ist nicht vorbestimmt, in welchen Fällen dies zu einer Rechtspflicht führen kann.[39] Ethische Pflichten der Rechtfertigung (z. B. zwischen Familienmitgliedern) hingegen gibt es freilich auch innerhalb des von moralischen oder rechtlichen Pflichten offengelassenen Raumes.

12. Weniger eine Privatisierung als eine »Subjektivierung« des Guten wird ausgehend von der Frage kritisiert, in welchem Sinne der geltungstheoretischen Unterscheidung zwischen Ethik und Moral eine *epistemische* Differenzierung zwischen ethischen Werten und moralischen Normen entspricht. Geht nicht dadurch, daß für letztere ein »wahrheitsanaloger« Anspruch auf Richtigkeit behauptet wird,[40] erstere aber nur als »Präferenzen«[41] gelten, die einen »subjektivistischen Sinn«[42] haben, der kognitive

---

38 Vgl. Rainer Forst, »Politische Freiheit«, in: *Deutsche Zeitschrift für Philosophie* 44, 1996.

39 Dies übersieht Peter Niesen, »Redefreiheit, Menschenrecht und Moral«, in: Lorenz Schulz (Hg.), *Verantwortung zwischen materialer und prozeduraler Zurechnung*, ARSP Beiheft 75, Stuttgart 2000, S. 80f., in seiner Kritik an meiner Konzeption der moralischen Begründung von Grundrechten.

40 Ich gehe im folgenden nicht auf die sehr wichtige, aber für die Unterscheidung zwischen Ethik und Moral nicht zentrale Frage ein, ob eine konstruktivistische Auffassung moralischer Geltung überzeugend ist. Dies bezweifelt Charles Larmore, »Der Zwang des besseren Arguments«, in diesem Band, wo er gegenüber Habermas eine realistische Konzeption guter Gründe vertritt. Ein konstruktivistisches Verständnis der Teilbarkeit von Gründen, die sich der (letztlich metaphysischen) Frage des Realismus gegenüber agnostisch verhält, vertrete ich in »Praktische Vernunft und rechtfertigende Gründe«, a. a. O.

41 Habermas, »Diskursethik«, a. a. O., S. 114; ders., »Noch einmal: Zum Verhältnis von Theorie und Praxis«, in: *Wahrheit und Rechtfertigung*, S. 333.

42 Habermas, *Faktizität und Geltung*, a. a. O., S. 125.

Begründungs- und Objektivitätsanspruch ethischer Werte verloren? Sie werden dann, so die Kritik, ihrer eigenen starken Geltungsansprüche von vornherein beraubt, blickt man etwa auf das universalistische Selbstverständnis von Religionen[43] oder auch auf viele »dichte« ethische Werturteile[44]. Das führt zu einer Relativierung und letztlich einer »Naturalisierung« ethischer Wertungen, die ihre Wurzel, wie Hilary Putnam vermutet, in der Kantischen Auffassung hat, daß Wertungen so lange als bloßes »psychologisches Material« gelten, als sie nicht von der moralisch-praktischen Vernunft zu moralischen Werten gemacht werden.[45]

Dieser Einwand weist zu Recht darauf hin, daß (wie oben bereits ausgeführt) das »Reich« ethischer Werte dreidimensional ist und nicht auf die subjektive Dimension reduziert werden kann, wenngleich diese, sofern es um die Frage des »für mich« guten Lebens geht, eine besondere Rolle spielt. Aber diese Frage wird in der Regel nicht in einem engen Sinne »egozentrisch« beantwortet, sondern mit Bezug auf die für die eigene Identität konstitutiven Anderen und mit Bezug auf das, was man »an sich« für wahr oder gut hält. Aus der subjektiven Perspektive der ersten Person besehen verbietet sich somit eine strikte Subjektivierung ethischer Wertungen, denkt man etwa an religiöse Konzeptionen des Guten. Es bleibt allerdings fraglich, wie aus dieser Perspektive die objektive ethische Komponente zu rekonstruieren ist; hier ist weder generell von einem kontexttranszendierenden noch von einem kontextrelativen Geltungsanspruch auszugehen,[46] sondern je nach Frage und ethischem Hintergrund kann dies variieren. Selbst bei Werturteilen, die von Religionen wie dem Christentum motiviert sind, ist, obwohl hier häufig ein Universalitätsan-

---

43 So Richard J. Bernstein, »The Retrieval of the Democratic Ethos«, in: Arato und Rosenfeld (Hg.), *Habermas on Law and Democracy*, a. a. O., S. 301, daneben Hans Joas, *Die Entstehung der Werte*, Frankfurt am Main 1997, S. 286f.
44 So Hilary Putnam, »Werte und Normen«, in diesem Band. Putnam nennt Urteile über »Freundlichkeit«, »Grausamkeit« oder »Unverschämtheit« als Beispiele, S. 287f.
45 Vgl. Putnam, »Werte und Normen«, a. a. O., der damit insbesondere Christine Korsgaard, *The Sources of Normativity*, Cambridge 1996, vor Augen hat, aber der Auffassung ist, daß dies auch für die Diskursethik gilt.
46 Dies sind die einander entgegengesetzten Auffassungen von Putnam, »Werte und Normen«, a. a. O., und Habermas in seiner Antwort auf Putnam; Jürgen Habermas, »Werte und Normen. Ein Kommentar zu Hilary Putnams Kantischem Pragmatismus«, in: *Deutsche Zeitschrift für Philosophie* 48, 2000.

spruch erhoben wird, nicht von vornherein ausgemacht, ob nicht Raum gelassen wird für legitime kulturelle Wertunterschiede. Und um so mehr gilt dies von Urteilen über die »richtige« Lebensführung, die (auch ihrem eigenen Selbstverständnis nach) zutiefst mit dem Ethos einer Kultur verwoben sind. Das bedeutet nicht, daß nicht innerhalb dieser kulturellen Kontexte Werturteile einen kognitiven Gehalt haben, doch muß dieser nicht per se universalistischer Natur sein.[47] Und sofern er es ist, bleibt es ethischen Reflexionen überlassen, ob er überzeugen und »bewegen«[48] kann. Eine stärkere »kategorische Kraft« haben diese Werte nicht.

Es ist demnach nicht der Fall, daß eine in der kantischen Tradition stehende Position nur solche Werte anerkennen und ihnen einen kognitiven Gehalt zuschreiben kann, die (sozusagen) durch einen moralischen Filter hindurchgegangen sind. Dies liefe auf eine »Kolonisierung« ethischer Wertungen durch die Moral hinaus, die die Pluralität der normativen Welt verletzt. In dem Fall aber, in dem ein Urteil, das auf ethische Werte Bezug nimmt, *moralische* Geltung beansprucht – also behauptet, nicht vernünftigerweise zurückweisbar und moralisch verpflichtend zu sein –, bleibt die Schwelle reziprok-allgemeiner Rechtfertigung entscheidend. Nur wenn sie überwunden werden kann, ist ein solcher Anspruch gerechtfertigt. Damit bleibt eine kategoriale Differenz zwischen ethischen und moralischen Wertungen erhalten, die man auch so ausdrücken kann, daß in ethischen Fragen Dissens (zwischen, aber auch innerhalb von Kulturen) nicht nur erwartbar, sondern auch moralisch *legitim* ist, während es in bezug auf die Geltung basaler moralischer Normen keine »vernünftige Meinungsverschiedenheit« (»reasonable disagreement«)[49] geben darf.[50] Eine Nichtübereinstimmung in ethischen Wertkonflikten bedeutet keinesfalls, daß die beteiligten Sichtweisen un-

---

47 Das betont Habermas in »Werte und Normen. Ein Kommentar«, a. a. O., S. 561.
48 So Charles Taylor, *Sources of the Self. The Making of the Modern Identity*, Cambridge, Mass. 1989, S. 71 ff.
49 Vgl. zu diesem Begriff insbesondere Rawls, *Politischer Liberalismus*, a. a. O., S. 127 ff., und Charles Larmore, »Pluralism and Reasonable Disagreement«, in: *The Morals of Modernity*, Cambridge 1996.
50 In bezug auf die Anwendung solcher Normen sind Meinungsverschiedenheiten jedoch zu erwarten, die in Anwendungsdiskursen zu klären sind. Vgl. Günther, *Der Sinn für Angemessenheit*, a. a. O.

moralisch oder unvernünftig sind, woraus die begründete Forderung nach Toleranz resultiert.[51] Sie entsteht dort, wo einander widerstreitende ethische Überzeugungen gleichermaßen moralisch unproblematisch, aber nicht moralisch verbindlich sind, d. h. wo sie die Rechtfertigungsschwelle weder verletzen noch sie überwinden können. Sie sind folglich im ethischen Sinne sowohl vernünftigerweise annehmbar als auch zurückweisbar. Die Einsicht in diesen Sachverhalt – d. h. in die Grenzen der praktischen Vernunft in ethischen Fragen – erfordert eine gewisse Selbstrelativierung, die von »vernünftigen« ethischen Überzeugungen zu erwarten ist, da sie nicht impliziert, daß diese damit ihren ethischen Wahrheitsanspruch aufgeben müssen. Akzeptiert werden muß allein die Geltungsdifferenz zwischen ethischen und moralischen Kontexten und die Pflicht zu moralischer Rechtfertigung. Würde die moralische Einstellung mehr als das verlangen, liefe sie Gefahr, selbst zu einer »umfassenden« ethischen Lehre zu werden.[52] Die Differenz zwischen ethischen Werten und moralischen Normen ist nicht metaphysischer Natur, sondern allein der Unterscheidung von Kontexten der Rechtfertigung geschuldet; die Theorie der Moral kann in bezug auf die Frage nach der »Realität« ethischer Werte agnostisch bleiben.

13. Die These, daß das »Reich« moralischer Gründe und durch sie begründeter Normen einen gegenüber Vorstellungen des Guten eigenständigen, gar autonomen Charakter hat, ruft eine Reihe von Einwänden auf den Plan, die diese Autonomie in Frage stellen.[53] Ganz allgemein (und etwas überspitzt) gesprochen erheben sie einen *Schizophrenieverdacht*: Wie ist es möglich, daß sich innerhalb der praktischen Überlegung und der Identität der Person solch ein Bereich abspaltet, und wie kann, sofern diese Ab-

---

51 Vgl. dazu ausführlich Rainer Forst, »Toleranz, Gerechtigkeit und Vernunft«, in: Forst (Hg.), *Toleranz*, Frankfurt am Main/New York 2000.
52 Dies ist die Kritik von John Rawls, »Erwiderung auf Habermas«, in: Philosophische Gesellschaft Bad Homburg und Wilfried Hinsch (Hg.), *Zur Idee des politischen Liberalismus*, Frankfurt am Main 1997, an Habermas; vgl. dazu Rainer Forst, »Die Rechtfertigung der Gerechtigkeit. Rawls' Politischer Liberalismus und Habermas' Diskurstheorie in der Diskussion«, in: Hauke Brunkhorst und Peter Niesen (Hg.), *Das Recht der Republik*, Frankfurt am Main 1999, S. 112 ff.
53 Diese Einwände, die ich in den folgenden Abschnitten verkürzt behandle, habe ich eingehend diskutiert in *Kontexte der Gerechtigkeit*, a. a. O.

spaltung möglich ist, wieder eine integrierte moralische Überlegung und Identität hergestellt werden? Zerfällt das praktische Selbst in verschiedene Teile?[54] Müssen nicht die Normen, die man als »richtig« oder »gerecht« einsehen kann, auch als »gut« angesehen werden, vor dem Hintergrund der eigenen, tiefsten Wertüberzeugungen? Wird nicht eine Moral, die dieser Tiefe entbehrt, schal und oberflächlich, identitäts- und kontextlos – eine »unpersönliche« Moral für »Unpersonen«?

In der Tat trifft es zu, daß die Plausibilität der Unterscheidung zwischen Ethik und Moral davon abhängt, ob und wie diese Dimensionen des Normativen in der praktischen Deliberation einer Person zusammengeführt werden können. Doch gibt es keinen Grund dafür, daß dies nur dann möglich sein soll, wenn die Integrität und Identität des praktischen Selbst als einheitliche Ordnung von Überzeugungen des *Guten* (im Unterschied zum Gesollten) vorgestellt wird. Um Konflikte etwa zwischen ethischen Verpflichtungen und moralischen Pflichten zu verstehen, ist es vielmehr sinnvoll, entgegen der Forderung nach einer ethischen »Gesamtwährung« die Komplexität und Pluralität der normativen Welt anzuerkennen und von der Möglichkeit eines echten Widerstreits dieser beiden Dimensionen auszugehen.[55] Des weiteren ist zu betonen, daß normative Lösungen solcher Konflikte mit Gründen zu rechtfertigen sein müssen, so daß sich die Einheitlichkeit und Integrität in praktischen Überlegungen durch die Gründe herstellen muß, die eine Person in und zwischen verschiedenen Kontexten für ihre Überzeugungen und Handlungen

---

54 Diese Bedenken finden sich bei sehr unterschiedlichen Autoren und richten sich häufig gegen in diesem Punkt strukturgleiche Theorien, etwa die von Rawls oder Nagel. So z. B. Williams, *Ethics and the Limits of Philosophy*, a. a. O., S. 68f., 197ff.; Alasdair MacIntyre, »Is Patriotism a Virtue?«, *The Lindley Lectures*, Kansas 1984; Ronald Dworkin, »Foundations of Liberal Equality«, a. a. O., S. 20ff.; Joseph Raz, »Facing Diversity: The Case of Epistemic Abstinence«, in: *Philosophy and Public Affairs* 19, 1990; Charles Taylor, *Sources of the Self*, a. a. O., erster Teil; Alessandro Ferrara, *Justice and Judgment*, London 1999, bes. Kap. 6.

55 Man könnte diese Konflikte in dem Fall »tragisch« nennen, in dem es einer Person nicht gelingt, eine normativ vertretbare Lösung für ein Handlungsproblem zu finden, die ihre Identität und Integrität aufrechterhält. Zwei weitreichende Vorschläge, tragische Konflikte in Moral und Politik zu analysieren, auf die ich hier nicht eingehen kann, sind Christoph Menke, *Tragödie im Sittlichen. Gerechtigkeit und Freiheit nach Hegel*, Frankfurt am Main 1996 und Bert van den Brink, *The Tragedy of Liberalism*, Albany 2000.

geben kann – und dazu ist nicht die Konstruktion einer allumfassenden ethischen Identität nötig, sondern das Bewußtsein, eine insgesamt verantwortliche und integre Person zu sein. Die »Diskontinuität« (um einen Ausdruck von Ronald Dworkin zu gebrauchen) zwischen dem Guten und dem Richtigen darf somit nicht so weit gehen, daß die Begründungsbrücken abreißen und zwei separate Welten entstehen: eine Person hat nur *eine* praktische Identität. Diese Identität aber schließt ein, daß sie sich als ethische *und* als moralische Person versteht, ebenso wie als Staatsbürger(in) und als Rechtsperson, und daß sie in der Lage ist, diese Rollen und Kontexte auf begründete Weise zu verknüpfen. Die Voraussetzung dafür ist, zu wissen, welche Gründe in welchen Kontexten angemessen sind und was man wem aus welchen Gründen »schuldet«. Das moralisch Geforderte bleibt dabei eine eigenständige normative Sphäre, die über das Bewußtsein, als moralische Person anderen Menschen gegenüber die unbedingte Pflicht zur Rechtfertigung zu haben, Teil des Charakters einer Person wird. Dadurch ist die Moral nicht »flacher« und nicht »tiefer« als andere Bestandteile dieser Identität, bleibt aber ihnen gegenüber sperrig. Die Idee einer ethischen Aufhebung des Moralischen bringt somit den Verlust der unüberwindlichen Spannung zwischen diesen Dimensionen mit sich und läuft Gefahr, entweder zu einer zu rigiden, moralistischen Auffassung des Guten zu führen oder zu einer Infragestellung der kategorischen Geltung der Moral.

14. Eine spezifische Variante des genannten Einwandes besagt, daß Ethik und Moral nicht zu trennen sind, weil Normen der Moral allein den Sinn haben, allen Individuen gleichermaßen die Möglichkeiten zu einem guten Leben zu gewähren. Das für eine jede Person Gute ist somit die inhaltliche »Pointe« der Moral, wie Martin Seel es formuliert: »Was moralisch – mit Rücksicht auf alle – gut ist, läßt sich nicht sagen, ohne zu sagen, was ethisch – im Leben aller – gut ist.«[56] Um nicht partikulare, nicht-universalisierbare Vorstellungen des Guten in dieser Weise der Moral einzuschreiben, kann nur ein formaler Begriff des guten bzw. gelingenden Lebens diesen Inhalt der Moral darstellen, welcher selbst

---

56 Martin Seel, *Versuch über die Form des Glücks*, Frankfurt am Main 1995, S. 223. Das Argument findet sich auch bei Ernst Tugendhat, »Antike und moderne Ethik«, in: *Probleme der Ethik*, Stuttgart 1984, S. 47 f.

erst wieder in konkreten kulturellen Kontexten näher zu bestimmen ist.[57]

Die formale Konzeption des Guten hat damit eine Zwischenstellung inne zwischen dem Prinzip der reziprok-allgemeinen Rechtfertigung moralischer Normen und den konkreten Vorstellungen des Guten, auf deren Basis die Subjekte der Rechtfertigung ihre Ansprüche vorbringen. Daraus ergibt sich das Dilemma, daß diese Konzeption entweder soweit formalisiert wird, daß sie auf genau die Inhalte hinausläuft, die sich als Ergebnis moralischer Rechtfertigung ergeben würden – womit sie überflüssig wäre –, oder aber sie enthält konkretere ethische Inhalte und läuft damit Gefahr, nicht universalisierbar und damit nicht moralisch zu rechtfertigen zu sein. Entweder ist eine solche Konzeption extrem formal und folgt bereits den Kriterien von Reziprozität und Allgemeinheit,[58] oder sie ist nicht formal genug und scheidet als Hinsicht moralischer Rücksicht aus (und birgt die Gefahr des Paternalismus). Damit wird die Stellung dieser Konzeption des Guten prekär, und der Raum zwischen der Pluralität möglicher Vorstellungen des Guten von Mitgliedern unterschiedlichster Kulturen und den Kriterien von Reziprozität und Allgemeinheit, die die Schwelle zur Moral markieren, wird so eng, daß eine solche Konzeption allenfalls einen explikativen, hypothetischen Stellenwert haben kann.

Im Unterschied zu der Idee, eine Moral des gleichen Respekts nach dem Vorbild eines unparteilichen, moralisch urteilenden Beobachters zu konzipieren,[59] fordert das Prinzip reziprok-allge-

---

57 Seel, *Versuch über die Form des Glücks*, a.a.O., S. 186f. Ein sich von Seels Auffassung der Inhalte des guten Lebens (S. 138ff.) unterscheidendes »formales Konzept des guten Lebens«, das die Bedingungen individueller Selbstverwirklichung enthält, findet sich bei Axel Honneth, *Kampf um Anerkennung*, Frankfurt am Main 1992, Kap. 9. In »Zwischen Aristoteles und Kant. Skizze einer Moral der Anerkennung«, in: *Das Andere der Gerechtigkeit*, a.a.O., bezieht Honneth die Analyse von drei zentralen Dimensionen der Anerkennung in der Weise auf den Standpunkt der Moral, daß dieser drei verschiedene moralische Einstellungen umfaßt, die nicht allesamt – wie bei Seel – Ausdruck des unparteilichen, kategorisch geforderten Respekts sind, sondern unterschiedlichen intersubjektiven Beziehungen entsprechen.
58 Dies bestreitet Seel, *Versuch über die Form des Glücks*, a.a.O., S. 230ff., in Replik auf Einwände meinerseits gegen eine frühere Fassung seines Vorschlags.
59 Dies ist eine starke Tendenz bei Seel, *Versuch über die Form des Glücks*, a.a.O., bes. S. 223ff., der darin Ernst Tugendhat, *Vorlesungen über Ethik*, Frankfurt am Main 1993, bes. Vorlesung 15 und 16, folgt.

meiner Rechtfertigung, daß das »moralisch Gute« sich in Rechtfertigungsdiskursen als eines herausstellt, das aus der Perspektive der Betroffenen *selbst* nicht vernünftigerweise zurückweisbar ist[60] – und nicht als eines, das jenseits der faktischen Interessen objektiv (als Interesse eines »Beliebigen«) zu bestimmen wäre. Gemäß diesem Grundsatz moralischer Autonomie läßt sich (auf nur scheinbar paradoxe Weise) sagen, daß die Moral dem Guten um so gerechter wird, je weniger sie auf Begriffen des Guten beruht.

15. Einem anderen Einwand zufolge bilden ethische Werte nicht den konkreten Inhalt der Moral, sondern deren letzte normative Grundlage. Nach Charles Taylor läßt sich die Differenz zwischen Ethik und Moral durch eine Rekonstruktion der zentralen Auffassungen des Guten, die der Moderne eigen sind, erklären und aufheben.[61] Die moderne Identität, der moderne »Geist«, speist sich aus den drei zentralen ethischen Quellen des Glaubens an eine göttliche Schöpfung,[62] der Überzeugung von der Kraft der Vernunft des autonomen Subjekts und des Vertrauens in die Güte und den Reichtum der Natur. Diesen »konstitutiven Gütern« ruhen verschiedene »hypergoods« wie die des universalen gleichen Respekts und der subjektiven Selbstbestimmung auf,[63] welche wiederum zur Formulierung einer universalistischen Moral führen, die sich nur um den Preis einer kontextvergessenen Entzweiung und Vereinseitigung von ihren ethischen Wurzeln distanziert.[64] »Genealogisch« betrachtet hat die Ethik stets Vorrang vor dem moralisch Richtigen.

Unter Verzicht auf einen hegelianischen Rückgriff auf das Absolute steht eine solche narrative Rekonstruktion der der modernen Identität zugrundeliegenden Güter vor dem Problem, die Geltungskraft dieser Ethik zu begründen. Ohne einen solchen Rückgriff ist die These, daß ein unzureichendes Bewußtsein der Quellen der eigenen Identität als modernes Subjekt zu pathologi-

---

60 So auch Habermas, »Eine genealogische Betrachtung«, a.a.O., S. 44, in seiner Kritik an Seel.
61 Vgl. zum Folgenden Taylor, *Sources of the Self*, a.a.O., und meine Darstellung und Kritik seines Ansatzes in *Kontexte der Gerechtigkeit*, a.a.O., Kap. IV.4.
62 Vgl. dazu Charles Taylor, *A Catholic Modernity?*, hg. v. J. Heft, Oxford 1999.
63 Taylor, *Sources of the Self*, a.a.O., S. 101.
64 Taylor, *Sources*, a.a.O., S. 88, auch Taylor, »Die Motive einer Verfahrensethik«, in: Wolfgang Kuhlmann (Hg.), *Moralität und Sittlichkeit*, Frankfurt am Main 1986.

schen Folgeerscheinungen führen muß, letztlich davon abhängig, daß die Subjekte sich in dem angebotenen ethischen Narrativ bestmöglich wiederfinden, von ihm »bewegt« werden.[65] Stärkere Gründe als diese stehen nicht zur Verfügung, und zwar sowohl hinsichtlich der Güter, die den Sinn des guten Lebens ausmachen, als auch hinsichtlich der Güter, die die Pointe der Moral bilden. Damit aber geht diese Pointe verloren, da es bei der Moral um einen Bereich kategorisch verbindlicher Normen geht, deren Beachtung nicht umwillen des *eigenen* Guten, sondern umwillen des (nicht a priori bestimmbaren) Guten *anderer* gemäß der Kriterien von Reziprozität und Allgemeinheit *unbedingt* gefordert ist. In Anbetracht dieser Geltungsdifferenz behauptet eine Güterethik der Moderne entweder zuviel, sofern sie ihrer Güterinterpretation einen objektiven, quasi transzendentalen Stellenwert zuschreiben will,[66] oder aber sie behauptet zuwenig, sofern sie die Geltung all dieser Güter von der subjektiven Zustimmung zu der »Vision des Guten« abhängig macht, die sie artikuliert. Letztlich läßt sich aus einer Geschichte der Genese der Moderne, so reichhaltig sie sein mag, nicht die Geltung der Moral begründen, die nicht darauf warten kann, daß die Individuen zu ihren Quellen zurückfinden. Das Prinzip reziprok-allgemeiner Rechtfertigung muß eine andere als diese Grundlage haben: die praktische Vernunft selbst.

16. Dies ruft das Gegenargument auf den Plan, dem zufolge Vernunfteinsichten in gute Gründe nicht die motivationale Kraft haben, Personen zu moralischem Handeln zu bewegen. Erst die Verbindung des moralisch Gesollten mit dem ethisch Erstrebenswerten und deshalb Gewollten stellt diese Verbindung her. In den Worten von Ernst Tugendhat: »*Wenn* jemand autonom moralisch handelt, dann nur, weil er das selbst will, und das heißt, weil das zu seinem Glück gehört.«[67] Nur aufgrund der Einsicht, daß es im instrumentellen Sinne »für mich gut« ist, Normen zu befolgen, die allen Personen gegenüber gleichermaßen begründbar sind, gibt es ein hinreichendes Motiv des Moralischseins.[68] Bernard

---

65 Taylor, *Sources*, S. 72-77.
66 Taylor, *Sources*, S. 25-40.
67 Tugendhat, »Antike und moderne Ethik«, a. a. O., S. 49. (Herv. i. O.)
68 Dies ist die Position, die Tugendhat in *Dialog in Leticia*, Frankfurt am Main 1997, vertritt.

Williams zufolge können moralische Gründe nur dann zum Handeln motivieren, wenn zwischen ihnen und der (bereits vorhandenen) »subjektiven motivationalen Verfassung« einer Person eine rationale Verbindung besteht.[69] Moralische Gründe müssen somit auf ethische Gründe zurückführbar sein, die mit grundlegenden Interessen und Motiven von Personen verknüpft sind.

Bei der Behandlung dieser Einwände sind zwei Fragen zu unterscheiden: Die erste fragt nach dem Zusammenhang von Gründen und Motiven, die für eine bestimmte Handlung sprechen (a), die zweite nach den Gründen, die überhaupt dafür sprechen, sich als moralische Person zu verstehen (b).[70]

(a) Eine Konzeption moralischer Autonomie wäre unvollständig, wenn die Gründe, die eine Handlung oder Norm rechtfertigen, nicht zugleich die handlungsleitenden, *praktischen* Gründe wären, die eine Person zu einer moralischen Handlung motivieren. Dies entspricht einer »internalistischen« Position, der zufolge rechtfertigende Gründe in dem Sinne motivierende Gründe sind, wie Christine Korsgaard ausführt, »daß die Gründe, warum eine Handlung richtig ist, und die Gründe, warum man die Handlung ausführt, dieselben sind«.[71] Aus einer moralisch-praktischen *Einsicht* in nicht reziprok und allgemein zurückweisbare Gründe entspringt die *Absicht*, entsprechend zu handeln. Eine »externalistische« Position hingegen geht davon aus, daß die Einsicht in gute Gründe nicht hinreichend ist, um eine Person zu entsprechendem Handeln zu bewegen, und daher zusätzliche Überlegungen und Faktoren hinzukommen müssen, z.B. die Furcht vor Sanktionen. Das Problem einer solchen Position ist aber, daß dann kein vollständig moralisches Handeln vorliegt, da es nicht allein auf moralischen Gründen beruht. Damit die praktische Vernunft diesen Namen verdient, müssen die Gründe, die für eine Handlung sprechen, kognitiv und volitiv das Handeln bestimmen können.[72]

---

69 Bernard Williams, »Interne und externe Gründe«, in: Gosepath (Hg.), *Motive, Gründe, Zwecke*, a.a.O., S. 106.
70 Williams ist eher an der ersten, Tugendhat an der zweiten Frage orientiert. Beide habe ich ausführlich diskutiert in »Praktische Vernunft und rechtfertigende Gründe«, a.a.O., §§ 4 und 5. Im folgenden gebe ich die Ergebnisse dieser Analysen nur sehr kurz wieder.
71 Korsgaard, »Skeptizismus bezüglich praktischer Vernunft«, in: Gosepath (Hg.), *Motive, Gründe, Zwecke*, a.a.O., S. 127.
72 Habermas spricht demgegenüber der kognitiven Einsicht in rechtfertigende

Williams hingegen vertritt, in Anlehnung an Hume, nicht nur einen Motivations-, sondern auch einen Rechtfertigungsinternalismus: Was als guter Grund eingesehen werden kann, ist durch die »subjektive motivationale Verfassung« einer Person im voraus bestimmt und begrenzt, die eine Reihe verschiedenster »Wünsche« (»desires«) enthält: »A has a reason to Ø only if he could reach the conclusion to Ø by a sound deliberative route from the motivations he already has.«[73] Es gibt folglich keinen eigenen Raum moralischer Gründe, der autonome Einsichten erlaubt, sondern allein subjekt-relative Gründe, die auf bestehende Motive zurückgehen. Damit aber wird Williams der Rechtfertigungsdimension moralischer Gründe nicht gerecht, denn zu sagen, jemand habe einen Grund, auf eine bestimmte Weise moralisch zu handeln, heißt nicht, daß man der Überzeugung ist, daß diese Handlung zu ihm (bzw. seinen Wünschen) paßt, sondern es heißt, daß man ihm oder ihr Gründe nennt, die man schlechterdings als nicht vernünftigerweise zurückweisbar ansieht. Damit traut man der anderen Person das praktische Vernunftvermögen zu, daß sie solche Gründe in ihrer moralischen Qualität erkennen und nach ihnen handeln kann – unabhängig von ihrer motivationalen Verfassung. Während ethische Ratschläge die Form haben, daß man einer Person ein bestimmtes Verhalten ansinnt, da es ihre Persön-

Gründe für moralische Normen, welche seiner Auffassung nach »demotivierte Antworten auf dekontextualisierte Fragen« (»Was macht eine Lebensform rational?«, in: *Erläuterungen zur Diskursethik*, a.a.O., S.40) liefern, nur eine »schwach motivierende Kraft« (»Erläuterungen zur Diskursethik«, in: *Erläuterungen zur Diskursethik*, a.a.O., S.135) zu. Die Moral sei daher auf das »Entgegenkommen« einer rationalisierten Lebenswelt angewiesen, in der die Ausbildung »postkonventioneller Über-Ich-Strukturen« (»Was macht eine Lebensform rational?«, a.a.O., S.44) möglich ist und sich eine entsprechende Form der Sittlichkeit gebildet hat, in der moralisches Handeln zumutbar wird (»Erläuterungen«, a.a.O., S.136). Diese Formulierungen lassen freilich eine internalistische und eine externalistische Deutung zu: Internalistisch dann, wenn mit »entgegenkommenden Lebensformen« allein gemeint ist, daß Sozialisationsprozesse vorhanden sein müssen, die eine vollständige Ausbildung praktischer Vernunft und moralischer Autonomie erlauben und soziale Umstände moralisches Handeln zudem nicht zu einem supererogatorischen Handeln machen. Sofern aber aus der Zugehörigkeit zu einer solchen Lebensform zusätzliche Motive (Habermas spricht von »empirischen Motiven« und »Interessen«) erwachsen, sich moralisch (oder moralkonform bzw. gesellschaftskonform) zu verhalten, um nicht »moralischen Vorwürfen« anderer ausgesetzt zu sein (ebd., S.135), ist dies mit einem autonomen Handeln aus moralischer Einsicht (ebd.) unvereinbar.
73 Bernard Williams, »Internal reasons and the obscurity of blame«, in: *Making sense of humanity*, Cambridge 1995, S.35.

lichkeit bestmöglich ausdrückt, haben moralische Forderungen die Form, daß sie von Personen grundsätzlich Beachtung verlangen. Darauf basiert die Möglichkeit moralischer Vorwürfe.

Doch nicht nur hinsichtlich der Dimension der Rechtfertigung, sondern auch der Motivation ist eine solche Theorie unzureichend, denn sie liefert entweder eine Erklärung zuwenig oder eine zuviel. Zuwenig in dem Sinne, daß Wünsche, die zum Handeln rational motivieren, nicht als etwas normativ Gegebenes angesehen werden können, sondern als selbst auf Gründen beruhend; sie sind, mit Thomas Nagel zu sprechen, »motivierte Wünsche«.[74] Diese Gründe zu bewerten setzt dann vernünftige, kontextrelevante Kriterien voraus und nicht den Verweis auf andere Wünsche. Und eine Erklärung zuviel liefert Williams insofern, als er die subjektiv-motivationale Verfassung, die Gründen zugrunde liegt, selbst als so flexibel und unbestimmt auffaßt, daß umfassende Innovationen möglich sind und damit unklar wird, wo die Grenzen einer »sound deliberative route« von dieser Verfassung aus liegen.[75] Dann zu sagen, eine Einsicht in gute Gründe sei nur möglich gewesen, weil in dieser Verfassung ein entsprechender Wunsch vorhanden gewesen sei, ist eine gegenüber der selbständigen Bewertung der Gründe irrelevante Hinzufügung. Eine solche ethische »Hinterwelt« von Motiven ist ohne Bedeutung für das Verständnis des Geschehens der Begründung.

(b) Die Pointe einer autonomen Moral der Autonomie ginge schließlich verloren, wenn das Motiv für die Einnahme des moralischen Standpunktes reziprok-allgemeiner Rechtfertigung überhaupt und für das Selbstverständnis als moralische Person ein ethisches wäre. »Autonomie« der Moral heißt nicht nur, daß die Vernunft keine ihr übergeordneten Kriterien der Rechtfertigung anerkennt, es heißt vielmehr, daß dort, wo nach einem ethischen

---

74 Thomas Nagel, *The Possibility of Altruism*, Princeton 1970, Kap. V.
75 Vgl. Williams, »Interne und externe Gründe«, a. a. O., S. 116f.: »Es gibt eine essentielle Unbestimmtheit in dem, was als Prozeß vernünftiger Überlegung betrachtet werden kann. Praktisches Denken ist ein heuristischer Vorgang und ein imaginativer, und es gibt keine feststehenden Grenzen im Kontinuum von vernünftigem Denken zu Inspiration und Bekehrung. (…) Es gibt in der Tat eine Vagheit in bezug auf ›A hat Grund zu Ø-en‹ im internen Sinne, insofern als die Überlegungsvorgänge, die von As gegenwärtigem V aus dazu führen könnten, daß er motiviert wäre zu Ø-en, auf mehr oder weniger ambitionierte Weise begriffen werden können.« (»V« steht für die subjektiv-motivationale Verfassung.)

oder instrumentellen Grund für das Moralisch-Sein gefragt wird, der moralische Standpunkt gar nicht gefunden werden kann.[76] Denn der zeichnet sich durch die fundamentale *praktische Einsicht* aus, daß sich Menschen als autonome moralische Personen wechselseitig die Beachtung der Pflicht zur Rechtfertigung in einem unbedingten Sinne schulden – *ohne* daß es dazu eines weiteren Grundes bedürfte, inwiefern dies für den moralisch Handelnden »gut« ist. Solche Überlegungen führen nur zu einer hypothetischen Geltung des Rechtfertigungsprinzips, nicht zu einer strikt moralischen – und verfehlen damit den Sinn der Moral.

Es ist eine der zentralen Einsichten der Kantischen Moralphilosophie, daß eine kategorisch und unbedingt geltende Moral eines *unbedingten Grundes* bedarf.[77] Die Einnahme des moralischen Standpunktes verdankt sich einer praktischen Einsicht *zweiter Ordnung* (im Unterschied zu einer Einsicht erster Ordnung in rechtfertigende Gründe für Normen und Handlungen) nicht nur in das *Wie*, sondern in das *Daß* der Rechtfertigung: in die nicht vernünftigerweise zurückweisbare Pflicht zur Rechtfertigung gegenüber jeder anderen in einem moralischen Kontext betroffenen Person. Damit entspricht der oder die Handelnde dem *unbedingten Anspruch der Anderen*, denen gegenüber er oder sie als autonome Person moralisch verantwortlich ist. Der Grund der Moral liegt in dieser Entsprechung, in der Wahrnehmung und Übernahme der Verantwortung für sich selbst gegenüber anderen als Mitglieder einer alle Menschen umfassenden moralischen Gemeinschaft.[78] Andere als *Menschen* wahrzuneh-

---

76 Vgl. dazu meine Kritik an Tugendhat in *Kontexte der Gerechtigkeit*, a. a. O., S. 377 ff.

77 Vgl. dazu Dieter Henrich, »Der Begriff der sittlichen Einsicht und Kants Lehre vom Faktum der Vernunft«, in: Gerold Prauss (Hg.), *Kant*, Köln 1973, und meine Diskussion von Kant und Henrich in »Praktische Vernunft und rechtfertigende Gründe«, a. a. O., S. 195 ff.

78 In Anbetracht dieser Anerkennung eines unbedingten Anspruchs ist es irreführend, von einem »Entschluß« zu sprechen, »die verpflichtende Kraft moralischer Normen durch ein wahrheitsanaloges Verständnis moralischer Geltung über den Zerfall der starken Traditionen hinaus zu retten«, wie Habermas, »Richtigkeit versus Wahrheit. Zum Sinn der Sollgeltung moralischer Urteile und Normen«, in: *Wahrheit und Rechtfertigung*, a. a. O., S. 315 f., sagt. Er selbst schränkt dies denn auch mit dem Verweis auf die Nichthintergehbarkeit des Sprachspiels der Begründung und einer kommunikativen Lebensform ein; der Hinweis, daß ein Ausstieg aus dieser Praxis »das Selbstverständnis kommunikativ handelnder Subjekte zerstören« würde (317), klärt allerdings nicht hinreichend, welche Rolle dabei ethische, pragmatische und moralische Motive spielen.

men und zu *erkennen* heißt in diesem Kontext zugleich, sie als *moralische Personen* mit einem Recht auf reziprok-allgemeine Rechtfertigung *anzuerkennen* – und zu wissen, daß es neben dem Verweis auf das gemeinsame Menschsein keines weiteren Grundes für diese Anerkennung bedarf. Dies ist die grundlegende Einsicht einer autonomen Moral autonomer Personen.[79]

17. Dieser letzte Punkt macht einmal mehr deutlich, daß mein Vorschlag einer konsequenten Unterscheidung von Ethik und Moral auf einen Begriff der praktischen Vernunft zurückgreift, der substantiellere Implikationen hat als Habermas' Konzeption einer »kommunikativen Vernunft«. Denn während letztere Habermas zufolge nicht »unmittelbar praktisch« ist und keine ausreichende normative Kraft zur »Lenkung des Willens« entfaltet,[80] erfordert (a) die oben skizzierte internalistische Theorie der Motivation eine praktische Einsicht erster Ordnung vernünftiger, moralisch autonomer Personen in Gründe für bestimmte Handlungen und Normen, die zu entsprechendem Handeln motiviert;[81] und ebenso impliziert (b) die Idee einer autonomen Moral eine praktische Einsicht zweiter Ordnung in die nicht vernünftigerweise zurückweisbare, fundamentale Pflicht zur bzw. in das Recht auf Rechtfertigung. Diese Einsicht füllt die Lücke, die sich durch Habermas'· Unterscheidung zwischen »dem ›Muß‹ einer schwachen transzendentalen Nötigung« durch Argumentationsvoraussetzungen und dem »präskriptiven ›Muß‹ einer Handlungsregel« ergibt.[82] So erst wird der praktisch-normative Sinn des Rechtfertigungsprinzips verständlich, ohne daß die Pflicht zur Rechtfertigung an die Pflicht zur Befolgung gerechtfertigter

---

[79] Ich kann an dieser Stelle nicht mehr darauf eingehen, was ein Verzicht auf die autonome Dimension moralischer Rechte und Pflichten für Fragen der Begründung von Menschenrechten oder von Prinzipien der Gerechtigkeit in pluralistischen Gesellschaften bedeuten würde – und entsprechend für eine Kritische Theorie, der es darum zu tun ist, normative Ansprüche an gesellschaftliche Institutionen zur Geltung zu bringen, die unter Zugrundelegung der Kriterien von Reziprozität und Allgemeinheit nicht zurückweisbar sind. Vgl. dazu Forst, »Zur Rechtfertigung der Gerechtigkeit«, a. a. O., und »Towards a Critical Theory of Transnational Justice«, in: *Metaphilosophy* 32, 2001.
[80] Vgl. Habermas, *Faktizität und Geltung*, a. a. O., S. 19.
[81] Vgl. oben Fußnote 72.
[82] Habermas, »Erläuterungen zur Diskursethik«, a. a. O., S. 191, und ders., »Eine genealogische Betrachtung«, a. a. O., S. 63.

Normen angeglichen wird.[83] In beiden Hinsichten (a und b) ist es folglich, um moralisches Handeln und das Moralischsein insgesamt nicht letztlich doch auf ethische Motive zurückzuführen, notwendig, wieder einen Schritt hin zu Kants Begriff der praktischen Vernunft zu tun.[84]

Umgekehrt ist es, wie gesehen, an einem anderen Punkt notwendig, von einer bestimmten kantischen Tendenz der Diskursethik abzurücken. Denn ebenso wie die moralische Reflexion aus der Teilnehmerperspektive erschlossen wird, muß die ethische Reflexion aus einer solchen rekonstruiert werden, so daß eine Subjektivierung oder gar Naturalisierung ethischer Wertungen zu vermeiden ist, die deren intersubjektive und objektive Dimensionen ausblenden würde.[85] Die Betonung der Autonomie der Moral impliziert keine Schmälerung des eigenständigen Geltungsbereiches der Ethik – oder gar eine Reduzierung alles Normativen auf das Moralische. Reduktionismen sind in *beiden* Hinsichten zu vermeiden. Wesentlich bleibt, die Geltungsdifferenz zwischen ethischen Wertungen und moralischen Normen nicht zu verwischen, was in der Konsequenz bedeutet, daß das Vermögen der praktischen Vernunft, die der Unterschiede zwischen Kontexten der Rechtfertigung eingedenk sein muß, äußerst komplexer Natur ist.[86] Ein einfacheres Verständnis dieses Vermögens würde jedoch dem, was es heißt, sich im Raum normativer Gründe zu bewegen, nicht gerecht.

---

83 Dabei erhebt die rekursive Rekonstruktion des Rechtfertigungsprinzips und seiner Bedeutung im Kontext der Moral (als Selbstrekonstruktion der – endlichen – Vernunft) keinen Anspruch auf »transzendentalpragmatische Letztbegründung«, wie sie Karl-Otto Apel, *Diskurs und Verantwortung*, a. a. O., vertritt.
84 Dies trifft auch in einem anderen, nicht unmittelbar mit der Ethik-Moral-Unterscheidung zusammenhängenden Punkt zu, der oben in Abschnitt 6 ausgeführt wurde. Denn die Kriterien von Reziprozität und Allgemeinheit erlauben insofern *substantielle*, hinreichend begründbare Urteile über moralische Richtigkeit und Falschheit (von Handlungen *und* Normen), als auch im Falle von Dissensen für die Handelnden die Möglichkeit besteht, bei gegebenen Ansprüchen und Begründungen die Erfüllung bzw. Verletzung des Kriteriums der Reziprozität z. B. festzustellen. Solche Urteile treten dabei freilich nicht an die Stelle diskursiv erzielter Konsense, sondern stellen einen (falsifizierbaren) Vorgriff auf sie dar.
85 Vgl. oben die Abschnitte 5 und 12.
86 Dies zeigt sich insbesondere an dem Problem der Toleranz, d. h. daran, wie es möglich ist, das ethisch Verurteilte dennoch aus moralischen Gründen zu tolerieren. Vgl. dazu Forst, »Toleranz, Gerechtigkeit und Vernunft«, a. a. O.

Axel Honneth
Zwischen Hermeneutik und Hegelianismus.
John McDowell und die Herausforderung des moralischen Realismus*

In den letzten zwei Jahrzehnten hat John McDowell mit bewunderungswürdiger Konsequenz eine moralphilosophische Position zu begründen versucht, für die er selber den programmatischen Titel eines »moralischen Realismus« vorschlägt. Auch wenn dieser Ausdruck gewöhnlich eher für Ansätze verwendet wird, in denen moralische Werte in strikter Unabhängigkeit von unseren Wahrnehmungen, Überzeugungen und Praktiken als objektive Bestandteile der Welt behandelt werden[1], will McDowell freilich auf eine sehr andere Ausgangsprämisse hinaus: ihm zufolge soll sich die moralische Wirklichkeit in ihrer ganzen Objektivität für uns erst im Zusammenhang von regelgeleiteten Verhaltensweisen erschließen, die insofern als eine »zweite Natur« der Menschen aufgefaßt werden können, als sie sich einer Sozialisierung und Bildung seiner ersten Natur verdanken.[2] Die Idee einer solchen »zweiten Natur«, in die auf schwer entwirrbare Weise Anregungen von Aristoteles, Hegel, Wittgenstein und Gadamer eingeflossen sind, wird durch eine subtile Moralphänomenologie abgestützt, die zeigen soll, inwiefern wir moralische Tatsachen in derselben Weise direkt wahrzunehmen vermögen wie Farben oder andere sekundäre Qualitäten: ob nun die moralischen Eigenschaften von Personen oder die moralischen Qualitäten einer Handlung, stets handelt es sich dabei um Phänomene, die nicht einer Realität zugeschrieben, sondern im Rahmen unserer alltäglichen Praktiken unmittelbar erfahren werden.[3] Es ist die empirische Erfahrung, unsere sinnliche Rezeptivität, so will es Mc-

---

* Für Ratschläge und kritische Hinweise möchte ich mich bei Andrej Denejkine und Rainer Forst bedanken.
1 Vgl. etwa: Peter Schaber, *Moralischer Realismus*, Freiburg 1997; Jean-Claude Wolf, »Moralischer Realismus. Neuerscheinungen zur angelsächsischen Ethikdiskussion«, in: *Allgemeine Zeitschrift für Philosophie* 1/1990, S. 63-71.
2 John McDowell, »Two Sorts of Naturalism«, in: ders., *Mind, Value, and Reality*, Cambridge, Mass. 1998, S. 3-22 (dt.: »Zwei Arten von Naturalismus«, in: *Deutsche Zeitschrift für Philosophie*, H. 5/1997 (Jg. 45), S. 687-710).
3 John McDowell, *Values and Secondary Qualities*, ebd., S. 131-150.

Dowell, die uns dank unserer zweiten Natur aufnahmefähig macht für die qualitative Beschaffenheit der Welt; und in letzter Konsequenz läuft diese Version des moralischen Realismus daher auf die Vorstellung hinaus, daß sich in unseren moralischen Überzeugungen und Urteilen nicht die intersubjektiven Anstrengungen des menschlichen Geistes, sondern die Forderungen der Wirklichkeit selber spiegeln.

Nun muß selbst eine solche Auffassung nicht ganz so abwegig sein, wie sie auf den ersten Blick wirken mag, weil mit ihr ja vielleicht bloß behauptet wird, daß die Menschen in der Entwicklung ihrer Lebensformen und Alltagspraktiken, also der Bildung ihrer »zweiten Natur«, stets auch die Zwänge ihrer ersten Natur zu berücksichtigen hatten; in den normativen Regeln unserer Praktiken würde sich dann, zugespitzt gesagt, eine unabhängig von uns bestehende Welt insofern zum Ausdruck bringen, als sie sich in menschlichen Bedürfnissen, Verletzbarkeiten und Dispositionen niedergeschlagen hat, auf die wir in unserem intersubjektiven Handeln zwangsläufig Rücksicht nehmen müssen. Die eigentlichen Schwierigkeiten der Position von McDowell zeigen sich hingegen erst, wenn sie mit einer moralphilosophischen Konzeption verglichen wird, in der heute ebenfalls die Idee eines »schwachen Naturalismus« den Ausgangspunkt bildet: auch Jürgen Habermas hat in den letzten Jahren seiner Diskursethik eine stärker realistische Wendung geben wollen, indem er unsere moralischen Anstrengungen auf nicht-szientistische Weise als Teil eines Lernprozesses zu begreifen versucht, durch den wir den natürlichen Evolutionsprozeß auf kulturellem Niveau fortsetzen; und auch hier wird diese Idee einer »zweiten Natur« des Menschen mit der »realistischen« Vorstellung verknüpft, daß wir im Normalvollzug unserer erlernten Alltagspraktiken, die Resultate von kollektiven Lernprozessen darstellen, zur Wahrnehmung von moralischen Tatsachen in der Lage sind.[4] Wird zusätzlich noch berücksichtigt, daß Habermas im Zusammenhang der Einführung seines »schwachen Naturalismus« von der Notwendigkeit einer »Hermeneutik der Naturgeschichte« spricht, so sind die Übereinstimmungen in der theoretischen Grundlegung der bei-

---

4 Jürgen Habermas, Einleitung: »Realismus nach der sprachpragmatischen Wende«, in: ders., *Wahrheit und Rechtfertigung*, Frankfurt/Main 1999, S. 7-64; ders., *Richtigkeit versus Wahrheit. Zum Sinn der Sollgeltung moralischer Werte und Normen*, ebd., S. 271-318.

den Ansätze wohl viel größer, als es ihren Autoren heute bewußt sein mag. Aber im krassen Unterschied zu McDowell sieht Habermas nun die Situation einer Erschütterung unserer moralischen Handlungsgewißheiten durch einen Zwang zu einer Rechtfertigungspraxis charakterisiert, die nicht länger auf lebensweltlich zentrierte Wahrnehmungsurteile gestützt sein kann, sondern diese gewissermaßen einzuklammern hat, um zu einer Überprüfung der Universalisierbarkeit von intersubjektiv erhobenen Geltungsansprüchen zu gelangen; auf der reflexiven Ebene solcher handlungsentlasteten Diskurse tritt daher an die Stelle einer gemeinsam unterstellten, evaluativ erschlossenen Welt die normative Idee einer Unparteilichkeit, die den Sinn einer »gleichmäßigen Berücksichtigung aller berührten Interessen«[5] besitzt.

Es ist die damit verknüpfte Vorstellung einer problembezogenen Suspendierung unserer alltagsweltlichen Gewißheiten, die nun umgekehrt die Rückfrage an McDowell entstehen läßt, wie er in seinem Ansatz eines moralischen Realismus die Möglichkeit einer kritischen Überprüfung von moralischen Normen unterzubringen versucht; zwar wird auch von ihm stets die Notwendigkeit einer rationalen Hinterfragung der erfahrbaren Welt moralischer Tatsachen betont, aber es ist auf den ersten Blick nicht ganz klar, wie das Zusammenspiel von moralischer Wahrnehmung und Rechtfertigung in seiner Konzeption gedacht werden soll. Die Vermutung, der ich im folgenden nachgehen möchte, ist die einer ungelösten Spannung innerhalb der Theorie von McDowell, in der die hermeneutische Idee eines Traditionsgeschehens unvermittelt neben der hegelianischen Idee einer gerichteten Bildung des menschlichen Geistes steht: auf der einen Seite stellt sich McDowell die Formung unseres moralischen Wahrnehmungsvermögens nach dem Modell eines anonymen Überlieferungsgeschehens vor, so daß für die wahrnehmungsentlastete Überprüfung von normativen Ansprüchen kein Raum bleibt, auf der anderen Seite aber spielt er auch mit dem Gedanken eines rational vermittelten Lernprozesses, der nicht ohne die zumindest temporäre Unterbrechung unserer alltagsweltlichen Gewißheiten auf konsistente Weise zu deuten ist. Ich will so vorgehen, daß ich mir in einem ersten Schritt zunächst die epistemologischen Voraussetzungen klarmache, in denen bei McDowell die Idee einer

---

[5] Jürgen Habermas, *Richtigkeit versus Wahrheit*, a.a.O., S. 305.

»zweiten Natur« des Menschen beheimatet ist; dieser Umweg soll sicherstellen, daß von Anfang an der enge Zusammenhang berücksichtigt bleibt, der zwischen den erkenntnistheoretischen Ideen und dem moralischen Realismus bei McDowell besteht (I). Erst im zweiten Schritt soll dann genauer ins Auge gefaßt werden, wie McDowell die moralphilosophische Vorstellung begründet, daß wir uns in normativen Zusammenhängen stets schon in einer perspektivisch erschlossenen Welt moralischer Tatsachen bewegen; hier wird es darauf ankommen, möglichst exakt die Überlegungen zu rekonstruieren, die für die Idee einer moralischen Wahrnehmungsfähigkeit sprechen (II). Im dritten Schritt schließlich möchte ich der Frage nachgehen, wie McDowell in seinem Ansatz den Prozeß der rationalen Rechtfertigung unterzubringen versucht; hier sollen dann im Aufweis des Verfahrens einer moralischen Dissensbewältigung die mißlichen Konsequenzen vorgeführt werden, die sich für McDowell aus der unbewältigten Spannung seiner Konzeption ergeben (III).

I.

In seinem Buch »Mind and World«, das eine epistemologische Grundlegung auch seiner moralphilosophischen Position enthält[6], hat John McDowell den Versuch einer Rehabilitierung des Empirismus unter nicht-szientistischen Voraussetzungen unternommen; aufs Ganze gesehen läuft die dort entwickelte Argumentation auf die Vorstellung hinaus, daß der Mensch sich in seiner Wahrnehmungsfähigkeit eine Art von Aufnahmebereitschaft für die Forderungen bewahrt hat, die von der Welt selber an ihn ergehen.[7] Den Ausgangspunkt des komplexen Gedankenganges stellt die Diagnose dar, daß wir uns mit jener erkenntnistheoretischen Rückzugsposition nur schwerlich abfinden können, die nach Sellars berühmtem Angriff auf den »Myth of the Given« in den Hauptsträngen der analytischen Philosophie ent-

---

6 John McDowell, *Mind and World*, Cambridge, Mass. 1994 (dt.: *Geist und Welt*, Paderborn/München/Wien/Zürich 1998).
7 Dementsprechend lautet der Titel von Rortys Aufsatz zu McDowell auch: »The very idea of human answerability to the world: John McDowell's Version of Empiricism«, in: Richard Rorty: *Truth and Progress. Philosophical Papers*, Vol. 3, Cambridge (UK) 1998, S. 138-152.

standen ist[8]: sobald einmal durchschaut war, daß uns die Welt nicht unmittelbar in unseren Erfahrungen gegeben ist, sondern diese ihrerseits stets schon theoretisch imprägniert sind, ist daraus nämlich die Schlußfolgerung eines »Kohärentismus« gezogen worden, dem zufolge sich die Wahrheit unserer Aussagen nur noch an ihrem internen Passungsverhältnis bestimmt. Mit einer solchen kohärentistischen Position aber, die im Buch stellvertretend durch das Werk Donald Davidsons repräsentiert wird, ist nach McDowell endgültig zerrissen, was bereits bei Kant aufgrund seiner Reverenzen an den Szientismus seiner Zeit nur noch halbherzig als Einheit zusammengehalten worden war: auf der einen Seite steht nun die »Welt«, gedacht als naturgesetzlicher Raum kausaler Abhängigkeiten, auf der anderen hingegen der »Geist«, in dem wir uns nur nach Maßgabe von rationalen Gründen und unbeeindruckt von der Wirklichkeit bewegen. Nicht anders als Kant in seiner Zwei-Welten-Lehre, so ist daher heute die Philosophie im allgemeinen von den pragmatischen Gewißheiten des Alltagsverstandes denkbar weit entfernt, weil sie die menschliche Rechtfertigungspraxis sich unabhängig von jeder rationalen Forderung der Welt selbst vollziehen läßt; zwar wird noch eine kausale Einflußnahme der Wirklichkeit auf unsere geistige Tätigkeit eingeräumt, aber von einer sinnlich vermittelten Aufnahme der Welt in unserem Geist ist nicht länger die Rede.

Es ist diese Aufspaltung zwischen »Geist« und »Welt«, zwischen einer nach rationalen Gesichtspunkten verfahrenden Vernunft und einer naturgesetzlich gedachten Wirklichkeit, von der McDowell uns nun durch den Entwurf eines erkenntnistheoretischen Gegenmodells kurieren möchte; und wie so vielen Philosophen der ersten Hälfte des 20. Jahrhunderts erscheint ihm auch heute noch als der Königsweg einer solchen Überwindung der neuzeitlichen Zwei-Welten-Idee die Neuinterpretation dessen, was sich in der menschlichen Erfahrung vollzieht.[9] Im Unterschied zu all den anderen, älteren Versuchen freilich nimmt McDowell den Ausgang dabei nicht von der kognitiven, sondern von der moralischen Erfahrung; denn an der Stelle in seinem Buch, an der zum ersten Mal die Umrisse einer Alternativkon-

---

8 Wilfried Sellars, *Empiricism and the Philosophy of Mind*, Cambridge, Mass. 1997; dt. *Der Empirismus und die Philosophie des Geistes*, Paderborn 1999.
9 Vgl. den Überblick in: J. Freudiger, A. Graeser, K. Petrus (Hg.), *Der Begriff der Erfahrung in der Philosophie des 20. Jahrhunderts*, München 1996.

zeption skizziert werden, steht als paradigmatisches Beispiel einer gelungenen Synthese von Vernunft und Natur die Ethik des Aristoteles.[10] Es sind zwei, auf den ersten Blick kaum zusammenhängende Schritte, die McDowell vollziehen muß, bevor er diesen ethischen Ansatz als das Muster einer Lösung seines erkenntnistheoretischen Problems präsentieren kann: im ersten Schritt geht es darum, den mißlichen Dualismus von »Geist« und »Welt« ursächlich auf die neuzeitliche Tendenz zurückzuführen, die Realität nur noch als einen logischen Bereich zu begreifen, in dem naturgesetzliche Abhängigkeiten herrschen; das Resultat einer solchen, wie es mit Max Weber heißt, »Entzauberung« der Natur ist ein »bald«, ein unverblümter Naturalismus, der die Annahme einer Bedeutungsgeladenheit der Wirklichkeit nicht mehr zuläßt [a].[11] Der zweite Schritt besteht hingegen darin, die Ethik des Aristoteles als einen Ansatz vorzustellen, in dem »sittliche Einsichten« nach Art einer habitualisierten Aufmerksamkeit für moralische Gründe aufgefaßt werden; von Bedeutung ist dabei vor allem, daß das moralische Wissen insofern eine zirkuläre Struktur besitzt, als die ethische Bedeutsamkeit einer Situation nur dann begriffen werden kann, wenn vorgängig bereits ein Verständnis für das Gewicht ethischer Anforderungen vorhanden ist [b].[12] Die entscheidende Pointe der Argumentation McDowells ergibt sich dann schließlich aus dem Versuch, diese beiden Schritte so aufeinander zu beziehen, daß die aristotelische Ethik als das Beispiel einer Alternative zum szientistisch entleerten Konzept der Natur erscheint: Weil Aristoteles nämlich das moralische Wissen als das habitualisierte Ergebnis einer Bildung der menschlichen Natur betrachtet, kann er die so begriffene »zweite« Natur des Menschen als den Horizont hinstellen, innerhalb dessen wir eine Fähigkeit zur Erfahrung von Forderungen der Wirklichkeit selber besitzen.[c]

[a] Schon mit dem ersten Schritt in dieser Argumentationsfolge vollzieht McDowell die theoretische Weichenstellung, die für die Entwicklung seines Gegenmodells von ausschlaggebender Bedeutung ist; sie verdankt sich der Rückführung der erkenntnistheoretischen Ausgangsproblematik auf das ontologische Terrain der Verhältnisbestimmung von Vernunft und Natur. Die Brücke

---

10 John McDowell, *Mind and World*, a.a.O., S. 78 ff. (dt., S. 104ff.).
11 ebd., Kap. IV, 6.
12 ebd., Kap. IV, 7.

zu Fragestellungen der Ontologie schlägt McDowell mit der These, daß für die »uncomfortable situation« der zeitgenössischen Erkenntnistheorie »geistige Blockierungen« (»mental blocks«) verantwortlich sind, die weit in die Frühgeschichte des neuzeitlichen Denkens hineinreichen. Wird nämlich gefragt, warum die Antwort auf die Widerlegung eines kategorial unvermittelt Gegebenen nur der »Kohärentismus« hat sein können, so tritt als geistige Quelle ein bestimmtes Bild der menschlichen Sinnlichkeit zutage, das schon bei Kant mit einem szientistischen Naturbegriff verzahnt war: Wir können uns dieser Denktradition zufolge das rezeptive Vermögen des Menschen, seine Erfahrungsfähigkeit, nur als Teil einer gesetzmäßig verfaßten Natur vorstellen, während seine begriffliche Spontaneität umgekehrt einem Vernunftreich zugerechnet werden muß, in dem nur rationale Gründe gelten. Ist die Welt aber erst einmal in diese zwei ontologischen Sphären zerlegt, so kann unsere rationale Aktivität gar nicht mehr »bis ganz hinaus selbst zu den Eindrücken unserer Sinnlichkeit«[13] reichen, weil dort ja bloß kausale Wirkungen herrschen; vielmehr muß von nun an das am Menschen, was sinnlich und rezeptiv ist, ohne jede Funktion für unsere Rechtfertigungspraxis bleiben, so daß die Erkenntnis letztlich auf ein operatives Unternehmen im »logischen Reich der Gründe« zusammenschrumpft. Es ist diese ontologische Tradition, die Subsumtion der menschlichen Sinnlichkeit unter die Gesetze einer szientistisch verstandenen Natur, die McDowell schließlich auch für den Kohärentismus eines Donald Davidson verantwortlich macht: wenn das uns empirisch Gegebene immer schon begrifflich strukturiert ist und ansonsten nur kausale Wirkungen auf die Sinne des Menschen ausgeübt werden, so bewegen wir uns im Erkennen nur in einem geschlossenem »Reich der Gründe«, das zur Welt keinerlei »Kontakt« mehr unterhält. Zwischen der »Natur« und der »Vernunft« erstreckt sich nicht mehr ein geistiges Kontinuum, das es uns erlauben würde, im Ausgang von sinnlichen Erfahrungen entlang einer einzigen Begründungskette zu einer empirisch gehaltvollen Erkenntnis aufzusteigen.

Aus der Art der Denkblockade, die McDowell damit für die mißliche Situation der zeitgenössischen Erkenntnistheorie verantwortlich macht, ergeben sich nun durch Rückschluß auch die

---

13 McDowell, *Mind and World*, a.a.O., S. 69 (dt. a.a.O., S. 94).

therapeutischen Mittel, die er zum Zweck ihrer Beseitigung einsetzt. Seine Strategie besteht hier in dem Versuch, durch die Rehabilitierung eines vor-szientistischen Naturbegriffs an den geistigen Ort zurückzugelangen, an dem die Abtrennung des begrifflichen Vermögens des Menschen von seiner natürlichen Ausstattung noch nicht gegeben war: wenn innerhalb der Epistemologie die Möglichkeit einer »Reibung« (»friction«) mit der Wirklichkeit deswegen aus dem Blick geraten ist, weil der empirischen Erfahrung selber kein rationaler Gehalt mehr zugebilligt werden konnte, so muß im Gegenzug eine Vorstellung von begrifflicher »Spontaneität« zurückgewonnen werden, die auch »Zustände und Ereignisse der Sinnlichkeit als solches zu charakterisieren«[14] vermag; eine derartige Synthetisierung von Begriff und Erfahrung aber ist nur unter der Bedingung wiederherzustellen, daß die Natur nicht auf einen Bereich gesetzmäßiger Zusammenhänge reduziert, sondern auch als ein Raum potentieller Intellektualität verstanden wird. Insofern bedarf es, wie McDowell sagt, eines erweiterten Naturalismus, der die »Natur« zwar nicht durch Aufladung mit Bedeutungen wiederverzaubert, sie aber doch in eine Art von Kontinuitätsverhältnis mit unserer, der menschlichen »Vernunft« bringt; nur dann nämlich, wenn wir in der Rationalität des Menschen die Fortsetzung natürlicher Prozesse vermuten dürfen, können wir uns die natürliche Ausstattung unseres Sinnesvermögens zugleich als eine Befähigung zum rationalen Erfassen von Wirklichkeit vorstellen.[15]

Die wenigen Andeutungen, die sich in *Mind and World* über die Grundzüge eines solchen erweiterten Naturalismus finden, können auf den ersten Blick leicht den Eindruck einer Wiederaufnahme von Motiven Schellings wecken; darüber hinaus drängen sich sicherlich auch gewisse Assoziationen mit jener Tradition der philosophischen Anthropologie auf, die im ersten Drittel des 20. Jahrhunderts durch Scheler, Gehlen und Plessner begründet wurde.[16] Den Ausgangspunkt der Überlegungen von McDowell

14 ebd., S. 76 (dt., ebd., S. 102).
15 Zu diesem Anspruch vgl. die erhellende Analyse von: Michael Williams, »Exorcism and Enchantment«, in: *The Philosophical Quarterly*, Vol. 46/1996, No. 182, S. 99 - 109.
16 Die Nähe zu Motiven Schellings versucht Andrew Bowie herauszuarbeiten in: ders., John McDowell's *Mind and World* and »Early Romantic Epistemology«, in: *Revue Internationale de Philosophie*, No. 3/1996, S. 515-554; die klassische Formulierung einer »Hermeneutik der Naturgeschichte« findet sich im Tradi-

an dieser Stelle bildet die These, daß wir mit den »stummen Tieren« die »Empfänglichkeit der Wahrnehmung für die Merkmale der Umgebung«[17] teilen; im Unterschied aber selbst zu höherentwickelten Primaten, deren sinnliche Rezeptivität im Ganzen instinktgebunden bleibt,[18] ist die Sinnlichkeit des Menschen aufgrund seiner Distanz zur Umwelt bereits von »Spontaneität« durchzogen; daher läßt sich davon sprechen, daß die menschlichen Sinne insofern begrifflich strukturiert sind, als sie die Welt rational wahrzunehmen erlauben. Die damit angedeuteten Prämissen faßt McDowell nun in dem einen Satz zusammen, daß es die »Ausübungen der Spontaneität« sind, die die Lebensweise charakterisieren, durch die sich der Mensch als Tier verwirklicht;[19] und wie, um den heimlichen Aristotelismus dieser Formulierung explizit zu machen, wendet er sich im zweiten Schritt seiner Argumentation zunächst einer knappen Darstellung der aristotelischen Ethik zu.

[b] Allerdings bedarf es für McDowell eines Umwegs, um deutlich machen zu können, inwiefern die Ethik des Aristoteles überhaupt ein Paradigma für die Idee eines erweiterten Naturalismus darstellen soll. Der vorherrschenden Deutung zufolge, auf die im Buch nur kurz durch Verweise auf Bernard Williams und Alasdair MacIntyre Bezug genommen wird, hat Aristoteles die Prinzipien seiner Ethik ja aus den Fakten einer unabhängig gegebenen Natur gewinnen wollen; wenn dabei auch teleologische Annahmen eine starke Rolle spielen sollen, so liefe das aus der Sicht McDowells doch auf eine Frühform des szientistisch geprägten Naturalismus hinaus. Demgegenüber muß er mithin zeigen können, daß Aristoteles alles andere im Sinn hatte, als sein Konzept der moralischen Tugenden aus den objektiven Gegebenheiten der menschlichen Natur herzuleiten;[20] es hat sich vielmehr zu zeigen, daß dessen Absicht darauf gerichtet war, das Wissen um ethische Prinzipien in Verlängerung von Naturprozessen als eine Ausübung von natürlichen Kräften zu begreifen. Der Be-

tionszusammenhang der philosophischen Anthropologie bei: Helmuth Plessner, *Die Stufen des Organischen und der Mensch*, Berlin/New York 1975.
17 Ebd., S. 69 (dt. ebd., S. 94).
18 Ebd., S. 115 (dt. ebd., S. 142).
19 Ebd., S. 87 (dt. ebd., S. 103).
20 In dieselbe Richtung zielt heute etwa Julia Annas in ihrer Interpretation des antiken Naturalismus – vgl. Julia Annas, *The Morality of Happiness*, Oxford 1993, bes. Kap. 3.

griff, der diese alternative Deutung bei McDowell stützen soll, ist der der »zweiten Natur«; von ihm ist freilich nicht nur seine Aristoteles-Interpretation abhängig, sondern die Idee eines erweiterten Naturalismus im Ganzen.

McDowell setzt am Begriff der »ethischen Tugend« an, um zunächst zu zeigen, daß er bei Aristoteles eine Mittelstellung zwischen der bloßen Gewohnheit und der rationalen Deliberation einnehmen soll: Von einer bloßen Gewohnheit unterscheidet sich diese Tugend, weil sie eine bestimmte »Einsicht« enthalten soll, von der rationalen Überlegung ist sie andererseits unterschieden, weil sie einen geformten, habitualisierten Zustand des menschlichen Charakters darstellen soll. Die Schwierigkeit ergibt sich mithin aus der Aufgabe, etwas als eine geradezu leibgewordene, spontan ausgeübte Routine begreifen zu müssen, was zugleich eine intellektuelle Operation des Geistes ist; und die Lösung kann nur so aussehen, daß die ethische Tugend als das Ergebnis eines Sozialisationsprozesses aufgefaßt wird, durch den der praktische Intellekt des Menschen, sein Moralbewußtsein, die dauerhafte Gestalt einer charakterlichen Gewohnheit erhält, die im »Vertrautsein« mit moralischen Forderungen besteht. Von dieser so begriffenen Tugend versucht McDowell nun darüber hinaus zu zeigen, daß sie für Aristoteles gewissermaßen den hermeneutischen Horizont bildet, innerhalb dessen wir uns bei der Bewältigung moralischer Probleme immer schon bewegen müssen: Bereits die bloße Tatsache, eine bestimmte Situation als moralisch konfliktreich zu erfassen und rational bewältigen zu wollen, besagt nichts anderes, als daß wir uns von einem ethischen Vorverständnis leiten lassen, das wir bei der kognitiven Lösung auch nur zirkelhaft zur Anwendung bringen können. Nach demselben Modell eines hermeneutischen Zirkels soll sich indes auch vollziehen, was McDowell als die rationale »Selbstprüfung einer ethischen Auffassung«[21] bezeichnet: auch in dem Fall, daß wir die Standards unserer moralischen Gewohnheiten einer kritischen Revision unterziehen müssen, kann das wiederum nur am Leitfaden derjenigen »sittlichen Einsichten« geschehen, die bereits vorgängig den Kern unseres moralischen Charakters ausmachen. Insofern bewegen wir uns als »moralische Subjekte« immer schon im Horizont eines ethischen Wissens, aus dem wir selbst dann nicht heraustre-

---

21 Ebd., S. 81 (dt. ebd., S. 106).

ten können, wenn dieses uns im höchsten Maße fragwürdig geworden ist; vielmehr vollzieht sich Revision und Kritik, ganz nach der Vorstellung Gadamers, nur in Form der innovativen Applikation eines uns umfassenden Überlieferungswissens.

Die Brücke zu seiner Ausgangsfrage schlägt McDowell freilich erst mit dem Vorschlag, diese hermeneutische Auffassung der »ethischen Tugenden« mit dem Begriff der »zweiten Natur« zu belegen[22]; und gemeint ist damit zunächst nicht mehr, als daß jene Tugenden intellektuelle Gewohnheiten bilden und insofern quasinatürliche Verhaltensstrebungen darstellen, die das Ergebnis von kulturellen Sozialisationsprozessen sind. Würde der Ausdruck sich allerdings auf ein solches Minimum beschränken, so wäre nicht ganz klar, ob er mehr als eine Umformulierung dessen repräsentiert, was wir gemeinhin als »Kultur« bezeichnen; um die Verbindung zur »ersten« Natur herzustellen, die in der Idee eines erweiterten Naturalismus doch vorgesehen ist, muß McDowell dem Ausdruck daher eine stärkere Bedeutung geben.[23] Hier kommt jener Gedanke zum Zuge, der darauf abgehoben hatte, daß sich der Mensch in Form einer Orientierung an Gründen als tierisches Lebewesen verwirklicht. Offenbar möchte McDowell diese Formulierung in dem Sinn verstanden wissen, daß sie den Hinweis auf eine Kontinuität zwischen erster Natur und menschlicher Lebensweise enthält: daß wir im Hinblick auf die sozialisatorisch erworbenen Tugenden von einer zweiten »Natur« sprechen, muß dann bedeuten, sie als eine Verlängerung von Potentialen zu begreifen, die im »normalen menschlichen Organismus«[24] angelegt sind. In leichter Abwandlung läßt sich derselbe Gedankengang auch so interpretieren, daß in der ersten Natur des Menschen, seinen körperlichen Eigenschaften, die Möglichkeit vorgesehen ist, moralische Handlungsgewohnheiten zu entwickeln, die durch Gründe vermittelt sind; und von hier aus ist es nicht mehr weit zu der an Wittgenstein anschließenden Spekulation, derzufolge wir unter normalen Umständen nicht umhin können, im menschlichen Mund, ja im menschlichen Gesichtsausdruck im Ganzen eine Befähigung zur sprachlich organisierten Rationalität zu sehen.[25]

---

22 John McDowell, *Mind and World*, a.a.O., S. 84 (dt., a.a.O., S. 109).
23 Das betont Michael Williams, *Exorcism and Enchantment*, a.a.O., bes. S. 104.
24 John McDowell, *Mind and World*, a.a.O., S. 84 (dt., a.a.O., S. 109f.).
25 Vgl. etwa Virgil C. Aldrich, »On what it is like to be a Man«, in: *Inquiry*, Vol. 16, 1973, S. 355-366.

Es ist nicht schwer zu erkennen, warum in dieser Form von Naturalismus eine Alternative zum szientistisch geprägten Naturverständnis angelegt sein soll; denn die ethischen Tugenden als eine Verwirklichung von organisch angelegten Potentialen zu verstehen bedeutet, die Natur gerade nicht auf einen Bereich von kausal wirksamen Abhängigkeiten zu reduzieren, sondern sie als einen Prozeß der stufenweisen Ermöglichung von gattungsspezifischen Lebensweisen zu interpretieren. Weil die Zuordnung solcher organischen Potentiale aber nur aus dem Blickwinkel unserer eigenen Lebensformen vorgenommen werden kann, haben wir es hierbei letztlich mit dem Vorschlag einer Hermeneutik der Naturgeschichte zu tun: am Leitfaden derjenigen Eigenschaften, durch die wir uns als Menschen charakterisiert sehen, rekonstruieren wir die Naturgeschichte als eine Stufenfolge des Lebendigen, die in unserer kulturellen Lebensform terminiert. Aber auch diese Version von Naturalismus löst als solche noch nicht das Problem, um das es McDowell bei der Behandlung der aristotelischen Ethik doch vor allem geht; dazu bedarf es noch eines weiteren, dritten Schrittes, in dem nun gezeigt wird, inwiefern die Annahme einer »zweiten Natur« des Menschen mit der Behauptung eines rationalen Gehalts unserer Sinne einhergeht.

[c] Im Rahmen jener Idee einer Hermeneutik der Naturgeschichte, wie sie soeben skizziert worden ist, begreifen wir die Natur nicht als eine unabhängig von uns gegebene Sphäre, in der nur blinde Gesetzmäßigkeiten herrschen; vielmehr verstehen wir uns insofern als in die Naturprozesse einbezogen, als wir diese als eine Stufenleiter von organischen Hervorbringungen deuten, an deren Ende unsere eigene, rationale Lebensform steht. Unter den Prämissen eines solchen erweiterten Naturalismus, so schließt McDowell nun weiter, entfällt auch der szientistische Bann, der seit dem Beginn der Neuzeit auf dem sinnlichen Vermögen des Menschen lag: die menschliche Rezeptivität, seine Wahrnehmungsfähigkeit, muß nicht länger als Bestandteil eines Reiches der Naturgesetze interpretiert werden, sondern kann als organisches Element der Lebensweise aufgefaßt werden, durch die wir uns als Naturwesen verwirklichen. Verfolgen wir diesen Gedankengang weiter, so gelangen wir nach McDowell zu der theoretischen Konsequenz, die den eigentlichen Ertrag seiner Konzeption der »zweiten Natur« ausmachen soll: es zeigt sich nämlich, daß unsere Sinne bei angemessener Formung und Sozialisierung

dazu in der Lage sind, Forderungen der Wirklichkeit selber wahrzunehmen.[26]

In weitaus stärkerem Maße, als es auf den ersten Blick den Anschein haben mag, hängt die Bedeutung dieser Schlußfolgerung von der Antwort auf die Frage ab, was hier unter »Wirklichkeit« verstanden werden soll. Für McDowell kann die »Realität«, wie er zunächst wieder im Anschluß an die Ethik des Aristoteles deutlich macht, nicht mit dem Bereich zusammenfallen, den wir heute als einen Bereich von Naturgesetzen beschreiben; denn die Idee des erweiterten Naturalismus soll ja umgekehrt gerade zum Ziel haben, unsere Vorstellung von der Natur so auszuweiten, daß darin selbst Platz für Intellektualität und Rationalität vorhanden ist. Sobald aber zur Natur auch die begrifflichen Tätigkeiten gerechnet werden, durch die wir uns in spezifischer Weise als tierische Lebewesen reproduzieren, muß sich auch die Idee der »Wirklichkeit« verändern, mit der wir unser Verhältnis zur Welt bestimmen: Die Tatsachen, auf die wir uns beziehen, müssen dann als mit jenen Gründen ausgestattet vorgestellt werden, an denen wir unser Handeln rational orientieren. Mit Heidegger, auf den sich McDowell in seinem Buch nicht bezieht, ließe sich dieser Gedanke so formulieren, daß die Welt dem Menschen nach Maßgabe seiner Tätigkeiten immer schon erschlossen ist; auch hier wird der Wirklichkeit insofern eine rationale Struktur unterstellt, als sie stets bereits mit jenen Bedeutungen angereichert ist, die zum Normalvollzug des menschlichen Daseins gehören. Daß dieses Verhältnis freilich nicht als eine Beziehung der Projektion oder Konstruktion verstanden werden darf, macht McDowell mit der Formulierung deutlich, die er im Anschluß an Gadamer für denselben Gedankengang wählt: »Für einen Wahrnehmenden, der über das Vermögen der Spontaneität verfügt, ist die Umwelt mehr als nur eine Abfolge von Gegebenheiten und Problemen; sie ist der Teil der objektiven Realität, der in seiner wahrnehmbaren und praktischen Reichweite liegt. Sie ist dies für ihn, da die Art und Weise, wie er sie begreift, mit ihrer Beschaffenheit identisch ist.«[27]

Für eine Deutung dieses Satzes im Sinne des Heideggers von »Sein und Zeit« spricht auch die Weise, in der sich McDowell auf die »Ökonomisch-philosophischen Manuskripte« von Marx be-

26 John McDowell, *Mind and World*, a.a.O, S. 82 (dt., a.a.O. S. 106).
27 Ebd., S. 118 (dt., ebd. S. 143).

zieht. Zustimmend wird im Text die Marxsche Äußerung zitiert, derzufolge die Natur ohne Entfremdung der »unorganische Leib d(es) Menschen« wäre; und in einer Anmerkung heißt es dazu kommentierend, daß hier der wesentliche Gedanke in der Idee bestünde, den »Rest der Natur«, also das an ihr, was nicht zum organischen Körper des Menschen gehört, »in einer anderen Weise ebenfalls (als) mein(en) Körper«[28] zu begreifen. Mithin ist die »Welt«, wie sie dem Menschen aufgrund seiner begrifflichen Fähigkeiten begegnet, nicht die ontologische Gegensphäre zum logischen Reich der Gründe; da sie vielmehr zum größten Teil durch unsere rationalen Tätigkeiten bereits erschlossen, durcharbeitet oder umgeformt worden ist, reicht sie in jenes Reich in der Weise hinein, daß sie uns von sich aus mit »vernünftigen« Forderungen konfrontiert. Die Sozialisation des Menschen, also die Einführung des Kindes in die »zweite Natur«, kann McDowell daher als einen Prozeß des Erwerbs von begrifflichen Fähigkeiten interpretieren, die uns schrittweise den Zugang zur objektiven Welt rationaler Gründe ermöglichen. Wiederum im Anschluß an Aristoteles heißt es dementsprechend, daß die moralische Bildung des Menschen in der Vermittlung von rationalen Kompetenzen besteht, mit deren Hilfe wir das Gebiet ethischer Forderungen erschließen können: »Das Ethische ist der Bereich rationaler Forderungen, die es sowieso gibt, egal ob wir für sie empfänglich sind oder nicht. Wir werden auf diese Forderungen aufmerksam, indem wir die geeigneten begrifflichen Fähigkeiten erwerben. Wenn uns eine gediegene Erziehung auf den rechten Weg des Denkens bringt, dann sind unsere Augen offen für die Existenz dieses Gebiets im Raum der Gründe.«[29]

Die Rede von den »Augen«, die sich in diesem letzten Satz findet, besitzt freilich mehr als bloß metaphorischen Charakter. McDowell möchte mit seiner Formulierung deutlich machen, daß wir unser moralisches Wissen tatsächlich primär als eine Wahrnehmung von ethischen Sachverhalten vorstellen müssen; wenn die Welt des Menschen nämlich ihrerseits eine rationale Struktur besitzt und damit in das logische Reich der Gründe hineinragt, dann hat die empirische Erfahrung als ein sinnliches Erfassen derjenigen Forderungen zu gelten, die an uns von der Wirklichkeit selbst ergehen. Begriff und Anschauung sind hier nicht deswegen

28 Ebd., S. 118 (dt. ebd., S. 145, Anm. 9).
29 Ebd., S. 82 (dt. ebd., S. 107).

miteinander verschmolzen, weil der Mensch über irgendwelche extraordinären Fähigkeiten verfügen würde, sondern weil sich ihm der rationale Gehalt der Welt nur in dem Maße erschließt, in dem er durch Bildungsprozesse gelernt hat, seine Wahrnehmung begrifflich auf die entsprechenden Forderungen einzustellen. Es ist dieses Sozialisationsmodell der Wahrnehmung, das den Kern des moralischen Realismus von John McDowell ausmacht.

II.

An den realistischen Konsequenzen, die McDowell in *Mind and World* aus seiner aristotelischen Konzeption der »zweiten Natur« gezogen hat, ist bislang unklar geblieben, ob sie eher in einem pragmatistischen oder doch in einem repräsentationalistischen Sinn gedeutet werden müssen.[30] Für die pragmatistische Lesart spricht nicht nur der Verweis auf den Marxschen Instrumentalismus, sondern auch die untergründige Verwandtschaft mit dem frühen Heidegger, der die Welt immerhin als einen praktischen »Bewandtniszusammenhang« zu verstehen versucht hat: demnach muß die rationale Kontrolle, die die Wirklichkeit auf unser Denken ausübt, als Inbegriff all der Widerstände aufgefaßt werden, auf die wir bei der Verfolgung praktischer Zielsetzungen in der Welt stoßen. Weil wir auch unter den Prämissen einer solchen Vorstellung die Realität als eine Sphäre »vernünftiger« Herausforderungen erfahren, ist es sinnvoll, hier ebenfalls von einem rationalen Gehalt unserer Wahrnehmung zu sprechen: im Rahmen unserer Rechtfertigungspraktiken nehmen wir die Welt als eine geordnete Vielzahl von Sachverhalten wahr, die in dem Sinn als »rational« verstanden werden müssen, daß sie uns »Gründe« für die Ausrichtung unseres Handelns liefern. Freilich verlieren diese Erfahrungen der pragmatistischen Auffassung zufolge in dem Augenblick ihre rechtfertigende Funktion, in dem unsere eingespielten Praktiken auf Probleme stoßen, die eine routinisierte Fortsetzung unmöglich machen; dann nämlich sind wir gezwungen, unsere Wahrnehmungen gewissermaßen einzuklammern, indem wir ihren propositionalen Gehalt in der Weise isolie-

---

30 Vgl. zur Möglichkeit dieser beiden Lesarten: Andrei Denejkine, »Sind wir vor der Welt verantwortlich?« in: *Deutsche Zeitschrift für Philosophie*, H 6/2000, S. 939-952.

ren, daß er in der intersubjektiven Rechtfertigungspraxis erneut die Rolle einer Hypothese spielen kann. Derselbe Prozeß eines Einstellungswandels, den der Pragmatismus für notwendig in Situationen kognitiver Erschütterung erachtet, läßt sich auch so vorstellen, daß hier qualitatives Erfahrungswissen die propositionale Gestalt einer Behauptung annimmt: von der Wahrnehmung, wie etwas ist, ziehen wir gleichsam die Erlebnisgehalte ab, um zu hypothetischen Äußerungen darüber gelangen zu können, daß etwas der Fall ist; und es sind solche purifizierten Behauptungen, die dann auf der reflexiven Stufe der Rechtfertigung als potentielle Gründe für die Annahme einer Überzeugung fungieren können.[31]

Von diesem pragmatistischen Modell unterscheidet sich natürlich das Repräsentationsparadigma vor allem dadurch, daß es den Zugang zum rationalen Gehalt der Welt nach dem Muster einer bloß passiven Aufnahme zu deuten versucht: Das, was bereits an rationalen Forderungen in der Wirklichkeit vorhanden ist, erschließen wir nicht im Rahmen unserer zielgerichteten Tätigkeiten, sondern bilden es nur mehr oder weniger korrekt mit Hilfe unserer Sinne im Geist ab. Mit einem Ausdruck, den McDowell selbst verschiedentlich verwendet, ließe sich der Unterschied auch so formulieren, daß nach pragmatistischer Vorstellung die Rationalität der Welt in unserer »praktischen Reichweite« (»practical reach«)[32], nach repräsentationalistischer Vorstellung aber in unserer »theoretischen Reichweite« liegt; und je nachdem, welche der beiden Deutungsmöglichkeiten präferiert wird, stellt sich auch das Verhältnis von Erfahrungswissen und Rechtfertigung, von Wahrnehmung und Kritik anders dar. Es macht nun einen bestimmenden Grundzug der Argumentation von *Mind and World* aus, daß sie zwischen diesen beiden Alternativen die Schwebe zu halten scheint; die Stellen, an denen von einem Primat der Praxis ausgegangen wird, sind mindestens ebenso zahlreich wie diejenigen, an denen sich eine repräsentationstheoretische Deutung des minimalen Empirismus findet. Nicht anders ist es freilich auch um die Moraltheorie bestellt, die McDowell in Ergänzung von *Mind and*

---

31 Die Notwendigkeit eines Übergangs von der Wahrnehmung, wie p, zur Proposition, daß p, arbeitet sehr schön heraus: Carleton B. Christensen, »Wie man Gedanken und Anschauungen zusammenführt«, in: *Deutsche Zeitschrift für Philosophie*, H 6/2000, S. 891-914.
32 John McDowell, *Mind and World*, a.a.O., S. 116 (dt., a.a.O., S. 143).

World in einer Vielzahl von Beiträgen skizziert hat; hier wiederholt sich die Ambivalenz, die dort zwischen Praxis und Repräsentation herrscht, in Form einer ungelösten Spannung zwischen zwei Vorstellungen dessen, was »moralische Bildung« heißen kann.

In seinen moraltheoretischen Schriften hat McDowell im Prinzip nur das im Detail entwickelt, was als normative Grundidee bereits in den Ausführungen zur aristotelischen Ethik in »Mind and World« angelegt ist; allerdings geben die Aufsätze viel besser zu erkennen, daß die Pointe der Idee der »zweiten Natur« auf moraltheoretischem Gebiet darin bestehen soll, der Tugendethik mit Hilfe des Wertrealismus eine kognitivistische Fassung zu geben. Den Ausgangspunkt bildet auch hier wieder ein spezifischer Begriff der »Tugend«, der unter Verweis auf Aristoteles im Sinne einer naturalistischen Version der Hermeneutik Gadamers ausgelegt wird: unter den »Tugenden« oder einem »tugendhaften Charakter« ist demnach ein holistisch verknüpftes Netz von Verhaltensweisen zu verstehen, deren moralische Qualität jeweils nur aus der Binnenperspektive einer »Tradition« zu erkennen ist, die ihrerseits als das Resultat der intellektuellen Umformung der »ersten« zur »zweiten« Natur des Menschen aufgefaßt werden muß.[33] Ist ein Subjekt erst einmal erfolgreich in eine solche moralische Kultur hineinsozialisiert worden, so erschließt sich ihm fortan das, was ethisch gefordert ist, nur durch die zirkelhafte Anwendung jenes Traditionswissens auf die jeweils neue Situation; denn »neu« kann hier stets nur relativ gemeint sein, weil uns die zur »zweiten Natur« gewordenen Verhaltensweisen mit einem Vorverständnis ausgestattet haben, in deren Licht sich uns die Umstände immer schon als moralisch bedeutungsvoll präsentieren. Insofern darf auch moralisches Wissen nicht nach dem Muster einer Deduktion aus obersten, allgemeinen Moralprinzipien vorgestellt werden, wie es Kant vor Augen hatte, weil das bedeuten würde, die Tatsache des Vorvertrautseins mit einer Lebenspraxis zu überspringen; vielmehr können wir uns an die Idee Wittgensteins halten, derzufolge wir auch moralische Regeln nur zu erkennen vermögen, indem wir durch Eingewöhnung mit einer entsprechenden Handlungspraxis vertraut werden.[34]

---

33 John McDowell, »The Role of Eudaimonia in Aristoteles's Ethic«, in: ders., *Mind, Value, and Reality*, a.a.O.; ders., Two Sorts of Naturalism, ebd., S. 167-197.
34 McDowell, *Wittgenstein on Following a Rule*, ebd., S. 221-262.

Nun ist bis zu diesem, sehr allgemeinen Punkt nur erklärt, warum wir die Ethik nach hermeneutischem Vorbild in einem spezifischen Konzept der »Phronesis« gründen sollten;[35] noch aber ist nichts von dem zum Tragen gekommen, was bei McDowell darauf abzielt, jenes hermeneutische Vorverständnis als ein Wissen von moralischen Tatsachen zu bestimmen und damit in Analogie zur propositionalen Wahrheit zu bringen. Um der Tugendethik eine solche kognitivistische Wendung geben zu können, muß McDowell drei theoretische Schritte vollziehen, die zwar aufs engste zusammengehören, hier aber zum besseren Verständnis getrennt dargestellt werden sollen: Er muß erstens dem, was bei Gadamer »Vorverständnis« heißt, die wahrnehmungstheoretische Bedeutung eines sinnlichen Erfassens von moralischen Tatsachen verleihen (a); zweitens hat er innerhalb dieses wahrnehmungstheoretischen Kontextes zu erklären, was wir unter »Moral« verstehen sollen, wenn wir uns auf die rationalen Forderungen einer wahrnehmbaren Wirklichkeit beziehen (b); und drittens muß er verständlich machen können, wie wir uns unter den gegebenen Prämissen das Zusammenspiel von Wahrnehmung und Reflexion, von Tatsachenbehauptungen und moralischer Rechtfertigung vorzustellen haben (c).

a) Der Versuch, die Tugendethik im starken Sinn einer kognitivistischen Moraltheorie zu verteidigen, verlangt von McDowell zunächst, der hermeneutischen Idee des »Vorverständnisses« die Bedeutung einer Erkenntnis von Tatsachen zu geben; der Weg, auf dem er diese kognitivistische Transformation vollzieht, besteht in der Ausarbeitung der These, daß Werte ebenso wie sekundäre Qualitäten der menschlichen Wahrnehmung dann zugänglich sind, wenn sie der Normalitätsbedingung einer Formung durch ein entsprechendes »Vorverständnis« genügt.[36] In den folgenden Thesen läßt sich der Gedankengang von McDowell zusammenfassen: Die Formung einer »zweiten Natur« des Menschen, also seine Einsozialisation in eine moralische Kultur, hat auch eine Modellierung seiner motivationalen Neigungen und evaluativen Sichtweisen zur Folge; für die menschliche Wahrneh-

---

35 Die geradezu klassische Formulierung findet sich in: Hans-Georg Gadamer, »Über die Möglichkeit einer philosophischen Ethik«, in: ders., *Gesammelte Werke*, Bd. 4, Tübingen 1987, S. 175-188.
36 John McDowell, »Values and Secondary Qualities«, in: ders., *Mind, Value, and Reality*, a.a.O., S. 131-150.

mung bedeutet das, daß sie von nun an insofern begrifflich strukturiert ist, als sich ihr die Welt als ein Horizont von moralisch konnotierten Sachverhalten präsentiert; daher nehmen wir jetzt die jeweils relevanten Züge von Personen, Handlungen oder Situationen in derselben Weise als moralisch verdienstvoll oder verachtungswürdig wahr, in der wir den Löwen als ein Tier wahrnehmen, das die Reaktion der »Furcht« verdient; unsere Wahrnehmung ist, freilich nur unter der Normalitätsbedingung der moralischen Sozialisation, mit einem Sensorium für moralische Tatsachen ausgestattet. Weil dieses sinnliche Vermögen aber aufgrund des Charakters der »zweiten« Natur mit den entsprechenden Motivationen intern verknüpft ist, bedarf es nicht noch der Humeschen Annahme des Vorliegens eines subjektiven Wunsches, um aus dem wahrgenommenen Sachverhalt einen handlungswirksamen »Grund« zu machen; vielmehr reicht die Wahrnehmung einer moralischen Tatsache aus, um uns rational zu der angemessenen Handlung zu bewegen.[37]

b) Auffälligerweise hat McDowell bislang an keiner einzigen Stelle den Versuch unternommen, eine Bestimmung des Phänomens zu geben, das den Titel der »Moral« tragen soll; der Grund dafür muß die hermeneutische Überzeugung sein, daß sich jeweils nur aus der Innenperspektive einer bestimmten Tradition erschließen kann, was als moralisch »wahr« oder »falsch« gelten soll. Allerdings wären wir bei einer solchen relativistischen Zurückhaltung gar nicht dazu in der Lage, »moralische« Tatsachen von anderen Sachverhalten in der Welt zu unterscheiden; insofern bedarf es trotz aller Betonung des hermeneutischen Vorverständnisses doch eines Versuches, zumindest in groben Zügen zu bestimmen, worin die Einheit all der Tatsachen bestehen soll, die wir an der Welt als »moralisch« bezeichnen. McDowell löst dieses Problem nun nicht auf pragmatischem Wege, also etwa durch die Angabe von Aufgaben oder Zwecken, die wir mit Hilfe der Moral zu bewältigen versuchen; vielmehr besteht seine Lösung hier in dem überraschenden Vorschlag, der Kantischen Idee des kategorischen Imperativs dadurch eine Wendung in den moralischen Realismus zu geben, daß sie als Hinweis auf den besonderen Status moralischer Tatsachen gedeutet wird.[38] In unserer Wahrneh-

---

37 John McDowell, *Might there be External Reasons*, ebd., S. 95-111.
38 John McDowell, *Are Moral Requirements Hypothetical Imperatives?*, ebd., S. 77-94.

mung besitzen dementsprechend diejenigen Sachverhalte, die wir als moralisch bedeutungsvoll erfahren, die außergewöhnliche Qualität, alle anderen Gesichtspunkte unseres praktischen Handelns zum »Schweigen« bringen zu können: unter den Normalitätsbedingungen einer erfolgreich abgeschlossenen Sozialisation üben die als moralisch wahrgenommenen Tatsachen insofern eine kategorische Wirkung auf uns aus, als wir gar nicht umhinkommen, uns gemäß den Imperativen zu verhalten, die den rationalen Gehalt unserer Wahrnehmung ausmachen. Der Vorteil einer solchen Lösungsstrategie besteht natürlich darin, daß sie es McDowell erlaubt, der Moral im Rahmen seines hermeneutischen Naturalismus die starke Bedeutung einer Instanz der unbedingten Sollgeltung zu belassen: während aristotelische Erwägungen im allgemeinen in die Richtung zielen, moralische Urteile evaluativen Besinnungen auf konstitutive Lebensziele anzugleichen, sind sie hier mit der Kantischen Vorstellung vereinbar, daß die Moral im Widerstreit der Perspektiven einen Geltungsvorrang besitzt, weil sie kategorische Pflichten nach sich zieht. Allerdings scheint der Vorteil dieser Lösung mit dem Preis bezahlt, daß eine Bestimmung von »Moral« nur zirkelhaft möglich ist: Was »Moral« ist, wissen wir nur angesichts der unbedingten, alle konkurrierenden Gesichtspunkte zum Schweigen bringenden Wirkung, die von moralischen Tatsachen rational ausgeht, ohne daß seinerseits ein externes Kriterium dafür bestünde, was eine Tatsache zu einer »moralischen« macht. Da keine weitere, unabhängige Bestimmung von »Moral« unter den Prämissen McDowells denkbar ist, läuft sein Gedankengang mithin auf die Feststellung hinaus, daß jedes Wahrnehmungsobjekt mit imperativischer Geltungskraft eine »moralische« Tatsache ist; dabei spielt dann keine Rolle, ob diese Tatsache etwa dem zusätzlichen Kriterium der Aufforderung zur Erfüllung von Rücksichtnahmen auf andere Personen genügt, solange sie eben nur uns aus der Binnenperspektive einer Lebenswelt mit kategorischer Sollgeltung begegnet.

c) Nun läßt ein solches Bild der Moral natürlich schnell die Frage entstehen, wie es im Horizont der jeweils eingespielten, wahrnehmungsgestützten Moralgewißheiten um die Bedeutung von Reflexion und rationaler Argumentation bestellt sein soll. Mit McDowell müssen zwei Aspekte dieser Frage unterschieden werden, da es sich bei dem Einstieg in eine moralische Weltsicht um eine andere Art von kognitivem Prozeß handelt als bei der rationalen Verständigung innerhalb einer derartigen Sichtweise: im ersten Fall steht zur Diskussion, ob und gegebenenfalls wie wir zur Entwicklung eines Sensoriums für moralische Tatsachen bewegt werden können, im zweiten Fall hingegen ist das Problem, wie wir uns innerhalb einer bereits eröffneten Welt moralischer Tatsachen den Einfluß rationaler Überlegungen vorzustellen haben. Was die erste Frage anbelangt, so ergibt sich bereits aus der Idee der »zweiten Natur«, daß wir uns die Übernahme einer moralischen Weltsicht nicht einfach als das Ergebnis einer rationalen Überzeugung oder Einflußnahme vorstellen können: ist jemand nicht in der angemessenen Weise sozialisiert worden, so wird er durch rationale Argumente ebensowenig zur Entwicklung eines moralischen Sensoriums zu bewegen sein, wie der für moderne Musik Verschlossene zum Genuß von Zwölftonmusik zu überzeugen ist; vielmehr bedarf es in beiden Fällen einer Art Konversionsprozesses, weil das Gespür für moralische Gesichtspunkte ebenso wie das musikalische Gehör die Folge einer Charakterbildung sind, die die motivationale Struktur einer Person im Ganzen betreffen.[39] Die Fähigkeit, sich der praktischen Vernunft zu bedienen, ist mithin eine charakterliche Einstellung, so daß wir uns moralische Gründe stets schon als mit der motivationalen Kraft ausgestattet denken müssen, die nach konkurrierender Überzeugung erst von außen hinzutreten muß, um jene Gründe handlungswirksam werden zu lassen; und umgekehrt ergibt sich daraus, daß solche Gründe ihrerseits nicht eine Person motivieren oder bewegen können, eine moralische Weltsicht zu übernehmen.

Ist aber eine Person erst einmal erfolgreich in eine moralische Weltsicht hineinsozialisiert worden und besitzt mithin ein Sensorium für moralische Tatsachen, so stellt sich die Frage nach dem Verhältnis von habitualisierten Gewißheiten und rationaler Reflexion ganz anders; denn nun ist jene motivationale Bereitschaft vorhanden, sich durch praktische Gründe überzeugen zu lassen, so daß die Überzeugungen fortan dem argumentativen Druck von Rechtfertigungen ausgesetzt sind. McDowell betont daher auch stets wieder, daß die zweite Natur des Menschen nicht als ein Bündel von starren Verhaltensweisen vorgestellt werden darf, sondern umgekehrt als die rationale Fähigkeit gedacht werden muß,

---

39 John McDowell, *Might there be External Reasons?*, a. a. O., bes. S. 101 f.; S. 107.

sich am Leitfaden habitualisierter Tugenden an moralischen Gründen zu orientieren[40]; aber an dieser Stelle entsteht natürlich das Problem, wie das sozialisatorisch erworbene Sensorium für Handlungsgründe mit dem gleichzeitig erweckten Sensorium für moralische Tatsachen zusammenspielt. Der Vorschlag, den moralischen Realismus auf hermeneutischem Weg zu rehabilitieren, verträgt sich nur schwer mit all der Hervorhebung der Bedeutung kritischer Reflexion; denn wie soll die Welt moralischer Tatsachen als so porös, fragil und offen vorgestellt werden, daß sich an ihr jederzeit die Kraft der rationalen Infragestellung zu entfalten vermag? Oder, um die Frage anders zu formulieren, wie müssen wir uns im Falle von moralischen Überzeugungen den Zusammenhang denken, der doch nach McDowell zwischen Tatsachenbehauptungen und Rechtfertigungspraxis irgendwie bestehen muß?

Die Antwort, die McDowell auf diese Frage liefert, ist im Bild von »Neuraths Boot« festgehalten[41]; dabei handelt es sich um eine Metapher für die hermeneutische Prämisse, derzufolge wir nur im immanenten Rückgriff auf die eigene Tradition die Maßstäbe gewinnen können, in deren Licht wir eine aktuelle Gestalt unserer Überlieferung rational in Frage zu stellen vermögen. Übertragen auf den Fall der moralischen Weltsicht, den McDowell vor Augen hat, besagt dieses Bild, daß unserem Gebrauch der praktischen Vernunft insofern enge Grenzen gezogen sind, als er im Horizont der überlieferten Maßstäbe und Kriterien verbleiben muß; es sind nicht dekontextualisierte Prinzipien, nicht universelle Grundsätze der Moral, sondern die Leitvorstellungen unseres kulturellen Erbes, die wir in Anspruch nehmen können, um etablierte Moralvorstellungen zu hinterfragen und einer Revision zu unterziehen. Aber der damit umrissene Vorschlag, nichts anderes als Gadamers Rede von der epistemischen Autorität der Tradition, beantwortet nicht eigentlich die Frage, die es zu beantworten gilt: wie wir uns die rationale Mobilisierung von überlieferten Moralprinzipien angesichts einer Welt vorzustellen haben, die uns in unserer Wahrnehmung immer schon als moralisch gehaltvoll gegeben sein soll. Um an diesem Punkt zu einer Klärung zu gelangen, ist eine nähere Betrachtung der Vorstellungen dienlich, die McDowell von »moralischer Bildung« besitzt.

---

40 John McDowell, *Two Sorts of Naturalism*, a. a. O., bes. S. 188 ff.
41 John McDowell, *Some Issues in Aristotle's Moral Psychology*, ebd., S. 23-49, bes.: S. 36 ff.; ders., *Two Sorts of Naturalism*, a. a. O., S. 189 ff.

III.

Es sind wahrscheinlich zwei Typen von Situationen, an denen sich paradigmatisch klarmachen läßt, wie ein Zusammenbruch unserer alltäglichen Moralgewißheiten vonstatten geht und daher ein Prozeß der kritischen Überprüfung einsetzen muß. Unterstellen wir mit McDowell, daß uns die Welt normalerweise gemäß unserer zweiten Natur als ein Bereich moralischer Tatsachen gegeben ist, so brechen diese kognitiven Gewißheiten mindestens an zwei Stellen regelmäßig immer wieder zusammen: einerseits dann, wenn sich in unserem Handlungsvollzug neue Herausforderungen herausbilden, auf die unsere moralische Wahrnehmungsfähigkeit nicht vorbereitet ist, andererseits dann, wenn sich zwischen den Beteiligten eine Diskrepanz in der Konstatierung moralischer Tatsachen einstellt, die nicht durch einen einfachen Hinweis auf eine bloße Wahrnehmungstäuschung zu beheben ist. In bezug auf den ersten Fall läßt sich an technologische Neuerungen denken, die soziale Praktiken oder Eingriffe möglich machen, für die es historisch keine Vorläufer gibt und daher auch keine moralischen Bewertungsschemata zur Verfügung stehen; was den zweiten Fall angeht, so ist der Einfachheit halber an Situationen zu denken, in denen zwei Subjekte ein- und denselben Sachverhalt mit einem so unterschiedlichen evaluativen Vokabular beschreiben, daß eine wechselseitige Korrektur auf der Wahrnehmungsebene nicht möglich ist. Beide Typen von Situationen sind natürlich so gewählt, daß sie zunächst eine Prämisse in Frage stellen sollen, die McDowell in seinem Konzept der »zweiten Natur« wie selbstverständlich zu unterstellen scheint: daß nämlich moralisch geformte Lebenswelten, also Lebenswelten, in denen evaluative Unterscheidungen als Mittel der Beschreibung von Wirklichkeit verwendet werden, stets in sich flexibel und geschlossen genug sind, um erst gar nicht in Situationen der Wahrnehmungsunsicherheit oder Wahrnehmungsdiskrepanz zu geraten. Auch wenn wir den unwahrscheinlichen Fall einräumen sollten, daß es solche homogenen, veränderungsresistenten Kulturen gegeben haben mag, so sind sie doch für jede historisch mobilisierte, differenzierte Gesellschaft auszuschließen; hier bilden vielmehr moralische Unsicherheiten darüber, wie neue Gegebenheiten zu bewerten sind, und intersubjektive Abweichungen in Hinblick auf die evaluative Beschreibung von Sachverhalten den Regelfall einer sozialen Lebenswelt. Im Zusammenhang solcher, heute als Normalfall zu betrachtenden Kulturen stellt sich daher die Frage, wie die Erweiterung oder die Korrektur eingespielter Moralgewißheiten angemessen zu beschreiben ist.[42]

Wenn sich bei McDowell überhaupt Stellen finden lassen, in denen die Möglichkeit intrakultureller Differenzen in den Blick kommt, die »zweite Natur« also als fragmentiert oder plural gedacht wird, so laufen sie auf die Konfrontation seiner eigenen Vorstellungen mit einer absurd klingenden Alternative hinaus: sobald wir nicht mehr die Wirksamkeit einer gemeinsam geteilten Praxis der evaluativen Bewertung unterstellen, so suggeriert er, sind wir mit der Idee konfrontiert, daß sich die Lösung moralischer Konflikte nach dem Muster einer Deduktion aus kontextlosen Prinzipien einer moralischen Vernunft vollziehen soll; eine solche Denkmöglichkeit aber würde der Zirkularität der moralischen Urteilsbildung nicht gerecht, die in der Tatsache des ethischen Vorverständigtseins gegründet ist, so daß sie insgesamt als eine irrige Annahme zu charakterisieren ist. Uns bleibt daher keine Alternative, so schließt er, als auch im Fall moralischer Konflikte einen gemeinsamen Horizont an evaluativen Praktiken zu unterstellen, auf den je nach Bedarf ein Stück tiefer zurückgegriffen werden muß: wir gelangen, wie über McDowell hinaus gesagt werden könnte, zur Einigung im Falle von Diskrepanzen nur in dem Maße, in dem es uns gelingt, auf jene Schicht unserer ethischen Tradition vorzustoßen, auf der noch evaluative Übereinstimmungen bestehen. Der »kritische Gebrauch der Vernunft«, von dem McDowell spricht, besteht also angesichts von Konfliktfällen in dem Versuch, gemeinsam jene Zirkelbewegung des Verstehens nachzuvollziehen, durch die sich das Besondere des Einzelfalls im Licht eines geteilten Überlieferungswissens erschließt. Dieser hermeneutische Vorschlag, der einzige, den McDowell für plausibel zu halten scheint, läßt nun aber die eigentlich interessierende Frage unbeantwortet: Wie nämlich der Rückgriff auf und auch der Wiederaufstieg von solchen freigelegten Gemeinsamkeiten vonstatten gehen soll, so daß eine Behebung der moralischen Bewertungsunterschiede möglich wird, die doch den Anlaß des kooperativen Unternehmens der »Wahrheitssuche« gebildet haben. Vor allem aber ist an diesem Reflexionsprozeß unklar, wel-

---

42 An diesem Punkt setzen die Einwände von Jan Bransen ein: ders., *On the Incompletness of McDowell's Moral Realism*, Ms. 1999.

che Rolle dabei jene moralischen Tatsachen spielen sollen, die doch nach McDowell nur das ontologische Komplement zur zweiten Natur einer geteilten moralischen Lebenspraxis darstellen.

Am Anfang eines solchen kooperativen Unternehmens muß, wie unschwer zu sehen ist, der gemeinsame Versuch einer Einklammerung der lebensweltlich zentrierten Wahrnehmungsurteile stehen. Zwar ist es richtig, daß im Vorfeld einer Schlichtung moralischer Dissense wechselseitig die Anstrengung unternommen werden mag, den Gesprächspartner zur Änderung seiner Perspektive zu bewegen, so daß er zu einer »angemesseneren« Sicht des strittigen Sachverhalts in der Lage ist; aber ein solcher wahrnehmungsbezogener Korrekturversuch dürfte im allgemeinen schon daran schnell scheitern, daß es gerade die »Normalitätsbedingungen« der moralischen Wahrnehmung sind, die ihrerseits einen Kern des entstandenen Streitfalls ausmachen. Wenn nämlich McDowells Analogie mit den sekundären Qualitäten triftig ist, so unterliegt die angemessene Wahrnehmung moralischer Tatsachen in derselben Weise gewissen Normalitätsbedingungen, wie die »richtige« Wahrnehmung von Farben an die Einnahme des geeigneten Standpunktes gebunden ist; und die Opponenten eines moralischen Dissenses werden daher alsbald realisieren, daß im Zentrum ihrer Auseinandersetzung zunächst die Frage steht, welche Ausgangslage es ist, die deswegen als »normal« oder angemessen gelten kann, weil sie die richtige Wahrnehmung des umstrittenen Sachverhalts erlaubt. Insofern verlieren die moralischen Tatsachen, an deren Differenz sich der Streit entzündet, schon auf der ersten Stufe des Disputs ihre rechtfertigende Kraft; die Beteiligten müssen jeweils von dem abstrahieren, was sie »dort« qualitativ vor sich sehen und mit unterschiedlichen Bewertungskategorien beschreiben und gemeinsam einen reflexiven Standpunkt einnehmen, von dem aus sie wechselseitig die Angemessenheit ihres verlassenen Blickwinkels beurteilen können.

Nun ist freilich die Beurteilung der Normalitätsbedingungen, denen die moralische Wahrnehmung unterliegt, nicht in derselben Weise auf »objektive« Standards verwiesen, wie dies im Falle der Farbwahrnehmung gegeben sein mag; während hier Referenzen auf die Tageszeit, den Lichteinfall und die eigene Wahrnehmungsfähigkeit bei der Klärung behilflich sein können, kommt die reflexive Lösung einer moralischen Wahrnehmungsdiskrepanz an dieser Stelle nicht ohne Bezug auf normative Kriterien aus. Denn was als ein geeigneter Standpunkt gelten kann, um Sachverhalte oder Vorgänge moralisch angemessen wahrzunehmen, läßt sich hier nur intersubjektiv ermitteln, indem ihrerseits die moralische Richtigkeit der hermeneutischen Ausgangslage bewertet wird; es gibt in Fällen moralischen Dissenses kein normfreies Äquivalent zu jenen Orts- und Zeitangaben, die uns bei Diskrepanzen in der Farbwahrnehmung als Richtschnur einer Entscheidung dienen können. Insofern kommen die Kontrahenten eines moralischen Streitfalls nicht umhin, ihr eigenes Traditionswissen daraufhin zu durchmustern, ob es normative Prinzipien oder Gesichtspunkte enthält, die sich abstraktiv so weit verallgemeinern lassen, daß sie sich als übergeordnete Gründe bei der Rechtfertigung des eigenen Standpunktes eignen; und »übergeordnet« hat hier zunächst nur die eingeschränkte Bedeutung einer Einbeziehung der Perspektive desjenigen, der von der Unangemessenheit seines vorgängigen Standpunktes überzeugt werden soll. Allerdings besitzt diese Nötigung zur Dezentrierung, die moralischen Diskursen innewohnt, sobald die Ebene qualitativer Wahrnehmungen verlassen ist, die Eigenschaft einer gewissen Unabschließbarkeit; denn um den eigenen Standpunkt als richtig begründen zu können, wird jeder der beiden Beteiligten den Kreis derer im Gegenzug erweitern, vor denen sich die traditionsintern mobilisierten Gründe als überzeugend erweisen lassen müssen. Auf eine vorläufige Grenze stößt dieser Prozeß einer wechselseitig erzwungenen Verallgemeinerung erst dann, wenn unter Verweis auf die »moralische Gemeinschaft« der maximale Kreis derjenigen erreicht ist, dem gegenüber die vorgebrachten Gründe deswegen als rechtfertigbar gelten müssen, weil ihnen bei der Beurteilung der Angemessenheit eines Standpunktes ein gleichgewichtiges Mitspracherecht eingeräumt wird. Zunächst einmal ergibt sich aus der damit umrissenen Logik der Verallgemeinerung, daß sich im Falle moralischer Dissense die Normalitätsbedingungen der Wahrnehmung wechselseitig nur beurteilen lassen, indem jede als urteilsberechtigt geltende Person in den Adressatenkreis der Rechtfertigung einbezogen wird; was als »normal« zu gelten hat, wenn wir über die Angemessenheit unserer moralischen Wahrnehmungen streiten, läßt sich systematisch nur im Sinne der Zustimmungsfähigkeit aller potentiell Betroffenen erläutern. Die weitaus schwerer zu beantwortende Frage betrifft nun freilich das Problem, wie zwischen den beteiligten Kontrahenten eine Einigung darüber zustande kommen kann, wo die Grenze jener »moralischen Gemeinschaft« liegen soll, deren Mitglieder als urteilsberechtigt angesehen werden müssen. Hier bietet es sich an, die Kategorie der »Bildung« in einer anderen Bedeutung ins Spiel zu bringen, als sie von McDowell in seinen Schriften zumeist verwendet wird; während dieser unter »Bildung« ganz im Sinne Gadamers vornehmlich einen anonymen Prozeß der wirkungsgeschichtlichen Traditionsvermittlung verstehen will, läßt sich darunter im Sinne Hegels auch ein Prozeß des unvermeidbaren Lernens, der »Fortbildung« also, begreifen.

Nun ist es auf den ersten Blick gar nicht leicht, an der bislang beschriebenen Gesprächssituation die Funktion auszumachen, die hier der Verweis auf einen irgendwie gearteten »Fortschritt« übernehmen können soll; spielt bei der intersubjektiven Beurteilung der Angemessenheit eines Standpunktes, so lautet die Frage, die Möglichkeit eine entscheidende Rolle, auf einen Lernprozeß zu rekurrieren, der gewisse Gründe als überlegen, als besser, als richtiger erscheinen läßt? Zunächst tritt an dieser Stelle eine Schwierigkeit zutage, die damit zusammenhängt, daß McDowell den moralischen Tatsachen nicht nur eine rechtfertigende, sondern zudem noch eine definierende Kraft eingeräumt hatte; denn die Beteiligten sollen ja um das, was die Moral ausmacht, nur aus dem besonderen Gewicht wissen, das den moralischen Tatsachen in ihrer Wahrnehmungwelt dadurch zukommt, daß sie alle anderen Gesichtspunkte kategorisch »zum Schweigen« bringen. Mithin befinden sich die Teilnehmer eines moralischen Disputes, in dem solche Tatsachen gerade unter Vorbehalt gestellt worden sind, scheinbar in der paradoxen Situation, gar nicht recht zu wissen, worumwillen sie die eigene Perspektive mit Gründen der gemeinsam geteilten Tradition zu verallgemeinern und damit zu rechtfertigen versuchen; ihnen fehlt gewissermaßen, wenn McDowells Beobachtung zutrifft, jeder Sinn für das Ziel, um dessentwillen sie sich an dem Versuch einer intersubjektiven Ermittlung der richtigen, der »normalen« Wahrnehmungsperspektive begeben. Anders würde sich diese Situation hingegen präsentieren, wenn wir den Beteiligten unterstellen würden, daß sie ihr kooperatives Unternehmen selber als systematischen Ausdruck dessen begreifen würden, was den Sinn der Moral ausmacht:

nämlich als den Versuch einer Einigung auf diejenigen konsensuellen Normen, mit deren Hilfe wir unsere interpersonellen Beziehungen unter Berücksichtigung aller legitimen Ansprüche zu regeln versuchen. Allerdings ginge mit einer solchen Prämisse die theoretische Vermutung einher, daß sich die moralische Sozialisation nicht in der Vermittlung eines holistisch verknüpften Netzes von tugendhaften Verhaltensweisen erschöpft; vielmehr würden die Subjekte im Prozeß der Einübung in die zweite Natur ebenfalls lernen, daß ihre erworbenen Verhaltensdispositionen moralische Normen zum Ausdruck bringen, die die Bedeutung von konsensuell erzeugten Regelungen interpersoneller Beziehungen besitzen. Worin eine derartige Beschreibung der moralischen Sozialisation von McDowells Konzept abweicht ist die These, daß der Erwerb tugendhafter Dispositionen zugleich einen Sinn für die Konstruktionsprinzipien der ihnen zugrundeliegenden Normen weckt: wir werden nicht nur in moralische Wahrnehmungweisen und die entsprechenden Reaktionsmuster eingeübt, sondern erlernen auf demselben Weg auch, diese netzartig verknüpften Verhaltensdispositionen als begrenzte Verkörperungen von Prinzipien zu verstehen, die unsere Interaktionsbeziehungen durch die Berücksichtigung von begründeten Ansprüchen legitim regeln sollen.

Unter einer solchen alternativen Beschreibung, die nicht die Idee der »zweiten Natur« preisgibt, ihr aber einen stärker prinzipienorientierten Charakter verleiht[43], würde sich natürlich auch die Fortsetzung des modellhaft skizzierten Diskurses anders darstellen: wir könnten den Beteiligten unterstellen, daß sie den zur Behebung ihrer Wahrnehmungsdiskrepanzen notwendig gewordenen Rückgriff auf die gemeinsame Tradition am Leitfaden des einheitlichen Prinzips vorzunehmen hätten, das in ihren Verhaltensdispositionen nur unterschiedlich verkörpert war. Es ist dieses übergreifende Prinzip, nichts anderes als ein intersubjektiv geteiltes Verständnis des Sinns der Moral, das nicht nur sicher-

---

43 In diese Richtung weisen natürlich die Untersuchungen zur moralischen Sozialisation von Lawrence Kohlberg. Vgl. exemplarisch: ders., »Stufe und Sequenz: Sozialisation unter dem Aspekt der kognitiven Entwicklung«, in: ders., *Zur kognitiven Entwicklung des Kleinkindes*, Frankfurt/M. 1974, S. 7-255. Auch wenn das Stufenmodell Kohlbergs nicht im einzelnen geteilt wird, läßt sich die Idee einer sozialisatorisch erzwungenen, graduell zunehmenden Abstraktion von moralischen Konventionen und einer dementsprechend wachsenden Prinzipienorientierung doch verteidigen.

stellt, daß die Diskursteilnehmer auf dem »Neurathschen Boot« wissen, was es zu reparieren gilt, sondern das ihnen bei ihren reflexiven Bemühungen auch eine gewisse Vorstellung von der einzuschlagenden Richtung verleiht: Der angemessene Standpunkt, den die Beteiligten in der Absicht der Behebung ihrer Wahrnehmungsdiskrepanzen zu ermitteln versuchen, indem sie nach verallgemeinerbaren Gründen in der gemeinsam geteilten Tradition suchen, muß sich stets auch daran bemessen können, daß die legitimen Ansprüche aller potentiell Betroffenen angemessen berücksichtigt werden. Und hier, an dieser Stelle, zeichnet sich in dem umrissenen Diskurs die Möglichkeit der Verwendung eines Fortschrittskriteriums ab: denn wir können in den Dimensionen der Inklusion und der Extension den Ansprüchen derer, denen wir in unseren interpersonellen Beziehungen gerecht zu werden versuchen, mehr oder weniger, besser oder schlechter entsprechen. Je nachdem, wie inklusiv und vielschichtig die von uns verwendeten Personenkonzepte sind, wird sich eine reklamierte Perspektive der anderen darin als überlegen erweisen müssen, daß sie den artikulierten Ansprüchen anderer Personen besser gerecht wird und daher eher die potentielle Zustimmung aller Betroffenen finden wird.

Wie nun dieser interne Richtungssinn des moralischen Diskurses im weiteren genauer ausgeführt wird, ob darin die »transzendentalen« Zwänge der Argumentation selber zum Tragen kommen oder sich allein tief verankerte Gemeinsamkeiten im Verständnis der Moral niederschlagen, ist für die hier bedeutsame Frage nur von sekundärer Bedeutung; denn entscheidend an der angedeuteten Alternative ist vor allem der Umstand, daß sich der konfliktbedingte Übergang von den moralischen Gewißheiten der »zweiten Natur« zur reflexiven Dissensbewältigung anders darstellt, als es McDowell vor Augen zu stehen scheint. Zunächst sollte eingeräumt werden, daß eine moralische Lebenswelt im Regelfall nicht nur aus einem Netz von habitualisierten Verhaltensweisen besteht, sondern darüber hinaus auch ein intersubjektiv geteiltes Verständnis für die Konstruktionsprinzipien der entsprechenden Reaktionsschemata enthält; denn ohne den reflexiven Überschuß eines solchen gemeinsamen Moralprinzips wäre es gar nicht möglich, die hermeneutischen Reparaturleistungen angemessen zu verstehen, die die Subjekte ohne die Hilfe moralischer »Tatsachen« an ihrer entzweiten Lebenswelt vornehmen müssen, sobald sie einmal in die Situation eines Konfliktes ihrer moralischen Wahrnehmungsweisen geraten sind. Wird aber die vermittelnde Rolle eines derart geteilten Sinns für die Moral zugestanden, so muß für den intersubjektiven Versuch der argumentativen Dissensbewältigung auch die Möglichkeit eingeräumt werden, daß darin ein gewisser Lernzwang zum Tragen kommt: weil die Subjekte sich bei der Wiederherstellung ihrer moralischen Gemeinsamkeiten auf ein und dieselben Prinzipien beziehen, müssen sie die gemeinsame Tradition in deren Licht so zu erweitern versuchen, daß in dem neu zu erzielenden Einverständnis beide Standpunkte zum Ausdruck gelangen können und daher ein Mehr an Ansprüchen Berücksichtigung findet. Insofern wirkt der Sinn fürs Moralische, der über die jeweiligen Wahrnehmungsfähigkeiten hinausgeht, wie eine Instanz der argumentativen Nötigung, die den Prozeß der Traditionsvermittlung der Richtung einer Erweiterung der moralischen Gemeinschaft nehmen läßt; die zweite Natur, begriffen als ein fragiles Netzwerk von einsozialisierten Wertüberzeugungen, wird im Fall von Dissensen nicht einfach wirkungsgeschichtlich reproduziert, sondern unter den reflexiven Anstrengungen der Beteiligten moralisch erweitert.

Es ist klar, daß sich mit dieser alternativen Deutung auch der Sinn dessen ändert, was McDowell den »schwachen Naturalismus« seines Ansatzes nennt. Wenn nämlich die moralische Lebensform der Menschen stets einen reflexiven Überschuß enthält, der im gemeinsamen Verständnis für die zugrundeliegenden Konstruktionsprinzipien der Moral besteht, dann setzt sich darin die Natur nicht bloß in Gestalt eines Erkennens von tugendhaften Verhaltensweisen fort; vielmehr nimmt dieses Bildungsgeschehen einer »zweiten Natur« die Form eines Lernprozesses an, der sich immer dann zur Geltung bringt, wenn lebensweltliche Krisen und Dissense zur reflexiven Problembewältigung zwingen. »Bildung«, so folgt daraus, besitzt nicht die von Gadamer beschworene Gestalt eines anonymen Traditionsgeschehens, sondern die von Hegel bestimmte Gestalt einer sukzessiven Verwirklichung von praktischer Vernunft. Allerdings bleibt auch ein solcher Bildungsprozeß in die engen Grenzen verwiesen, die ihm durch die Struktur der moralischen Lebensform des Menschen gezogen werden; daher müssen seine Ergebnisse stets auch wieder rückübersetzbar in gemeinsame Wahrnehmungen sein, die eine einheitliche Welt moralischer Tatsachen erschließt. Insofern sind dem moralischen Lernprozeß, den wir mit Hegel unterstellen können, die engen Grenzen gezogen, die sich aus dem Erfordernis der permanenten Wiederherstellung einer gemeinsamen Lebenswelt ergeben.

Stefan Gosepath
Über den Zusammenhang von Gerechtigkeit und Gleichheit

Die Frage nach dem normativen Stellenwert der Gleichheit ist uralt und aktuell zugleich. Unter welchen Bedingungen sind Forderungen, Menschen gleich zu behandeln oder sie in gleicher Weise mit Gütern auszustatten, Forderungen der Gerechtigkeit?[1]

Gleichheit gilt seit der Antike als ein konstitutives Merkmal der Gerechtigkeit.[2] Schon für Plato und Aristoteles gilt, daß eine gerechte Behandlung von Menschen eine gleiche Behandlung erforderlich macht.[3] Seither stellen viele Sozialtheorien Gerechtigkeit und Gleichheit in einen unauflöslichen Zusammenhang. Gerechtigkeit wird dabei vielfach mit Gleichheit gleichgesetzt. Aber sofort kommen uns auch Zweifel, daß der Fall doch so einfach nicht liegen könne. Sofort fallen einem Fälle ein, in denen Gerechtigkeit eine Ungleichbehandlung von Menschen fordert. Alle anti-egalitären Theorien haben ihren Ursprung in der Überlegung, daß es keinen Anspruch auf Gleichheit allgemein unter allen Menschen, oder anders, daß es keinen gleichen Anspruch aller Menschen auf etwas geben könne. Deshalb hatte Aristoteles bereits Überlegungen zu einer »proportionalen Gerechtigkeit« angestellt, nach der ungleiche Ansprüche verhältnismäßig oder verhältnisgerecht berücksichtigt werden. Die Gleichheitsdebatte beginnt somit bereits in der Antike.

---

1 Jürgen Habermas vertritt wie kaum ein anderer die politische Philosophie mit aktuellem Bezug und politischem Engagement. Bei Habermas ist praktische Philosophie so auf die gegenwärtigen gesellschaftlichen Entwicklungen und intellektuellen Kontroversen bezogen, daß bei ihm die eigentlich praktische Bedeutung philosophischer Theorien der Moral, der Politik und des Rechts in ihrem Bezug auf gesellschaftliche Wirklichkeit stets erkennbar wird. Damit hat er mein Verständnis praktischer Philosophie nachhaltig beeinflußt.

2 Zur Geschichte des Begriffs der Gleichheit vgl. Otto Dann, »Gleichheit«, in: *Geschichtliche Grundbegriffe*, hg. v. O. Brunner, W. Conze, R. Koselleck, Stuttgart 1975, S. 995-1046.

3 Vgl. Aristoteles, *Nikomachische Ethik* V.3. 1131a10-b15, Aristoteles, *Politik* III.9.1280 a8-15, III. 12. 1282b18-23; Platon, *Nomoi*, VI.757, *Politeia*, VIII.558c. Platon und Aristoteles verstehen bekanntlich gleiche Berücksichtigung im Sinne der Ulpianischen Formel (s.u.). Ungleiche Berücksichtigung der Rechte verschiedener Personen würde heißen, daß nicht jedem zugeteilt würde, was ihm zusteht.

Schaut man auf die gegenwärtige geistige Gemengelage in Sachen Gleichheit, so kann man zur Zeit eine Trendwende in der Politik als auch in der Philosophie erleben. Die sechziger, siebziger und z.T. noch die achtziger Jahre des 20. Jahrhunderts waren in der westlichen Hemisphäre *sozialpolitisch* von wachsendem Wohlstand und dem Auf- und Ausbau von Wohlfahrtsstaaten gekennzeichnet. *Philosophisch* konnte es in jenen Jahren so scheinen, als ob – nach der Wiedergewinnung des Gerechtigkeitsparadigmas[4] durch John Rawls – Egalitaristen wie Rawls, Dworkin, Sen, Nagel die Plattform der politischen Philosophie fast für sich allein hätten und sich allenfalls mit Libertären wie Robert Nozick stritten, der wegen seines unattraktiv engen Freiheitskonzepts bald in die Defensive geriet.[5] Viele moderne Theoretiker der Verteilungsgerechtigkeit gingen und gehen völlig unhinterfragt davon aus, daß es sich nur um die Frage handeln kann, in welcher Hinsicht gleich verteilt werden müsse, also um die Frage: Gleichheit wovon?[6]

Aber inzwischen läßt sich ein Umdenken beobachten. Der Sozialstaat ist aus endogenen und exogenen Gründen (auf die ich hier nicht eingehen muß) in die Krise geraten; der Umbau des Sozialstaates dominiert daher die heutige Sozialpolitik. Die neue Sozialdemokratie weltweit will den Bezug von Gleichheit zu Gerechtigkeit kappen. Auch philosophisch mehren sich seit einigen Jahren die Kritiken an Gleichheit.[7] Einige Auguren, Monitore der seismographischen Veränderungen des westlichen Gedankenlebens, sprechen schon verkünderisch von einem »Ende

---

4 Von Wiedergewinnung kann man sprechen, weil seit Hobbes, Locke, Rousseau, Kant, dem Deutschen Idealismus und Marx der Gedanke individueller Freiheit und nicht mehr Gerechtigkeit im Angelpunkt der Rechts- und Staatsphilosophie stand. Vgl. Hasso Hofmann, *Bilder des Friedens oder Die vergessene Gerechtigkeit*, München: Siemens Stiftung 1993, bes. S. 49.

5 So schreibt als ein Beispiel unter vielen Amartya Sen in *Inequality Reexamined*, Oxford: Clarendon Press 1992, S. 12: »[...] every normative theory of social arrangement that has at all stood the test of time seems to demand equality of something.«

6 Einen guten Überblick über diese Gleichheit-wovon?-Debatte liefert Gerry A. Cohen, »On the Currency of Egalitarian Justice«, *Ethics* 99 (1989) und John E. Roemer, *Theories of Distributive Justice*, Cambridge, Mass. 1996.

7 Vgl. Joseph Raz, *Morality of Freedom*, Oxford 1986, Kap. 9; Harry Frankfurt, »Equality as a Moral Ideal«, *Ethics* 98 (1987); Elizabeth Anderson, »What Is the Point of Equality?«, *Ethics* (1999) 109, dt. in: Angelika Krebs (Hg.), *Gerechtigkeit oder Gleichheit. Texte der neuen Egalitarismuskritik*, Frankfurt am Main 2000.

der Gleichheit«. Sicherlich wollen viele Protagonisten den Egalitarismus desavouieren. Wie so häufig sind jedoch solche Untergangsszenarien überzogen bis verfehlt. Was sich in Politik und Philosophie ereignet, ist die (Wieder-)Eröffnung einer Gleichheitsdebatte, der es nicht mehr »intern« um die Bestimmung der Art der Gleichheit geht, sondern die allgemeiner und abstrakter fragt, warum Gleichheit überhaupt einen politisch-moralischen Wert darstellt und ob Gerechtigkeit überhaupt als Gleichheit verstanden werden soll. Somit hat die gegenwärtige *Fragestellung* wieder die Höhe des antiken Problembewußtseins erreicht.[8]

Im Rahmen dieser Debatte möchte ich die Herausforderung aufnehmend im folgenden darlegen, warum Gleichheit eine wesentliche Rolle in einer Theorie der Gerechtigkeit zukommt und welche. Ohne mich jedoch direkt mit Einwänden der Non-Egalitaristen auseinanderzusetzen, werde ich hier zunächst einmal einen Egalitarismus skizzieren, der plausibel erscheinen kann und die Rolle der Gleichheit erläutert.

Wer die Idee der Gleichheit in normativer Hinsicht charakterisieren und explizieren will, muß mindestens folgende normativ relevante Fragen bezüglich Gleichheit beantworten: (a) Ist Gleichheit ein normatives Ideal? Wenn ja, warum und in welcher Hinsicht? (b) Worin besteht der Zusammenhang von Gleichheit und Gerechtigkeit? (c) Wie sieht das Ideal der Gleichheit genau aus? Welche Gleichheit und Gleichheit wovon wird verlangt? Die Antworten auf diese Fragen müssen zusammen auch klären, (d) was das Wesen einer egalitären im Unterschied zu einer non-egalitären Theorie der Gerechtigkeit ausmacht.

Um meine Antwort auf die genannten Fragen in der gebotenen Kürze vorzustellen, verfahre ich so, daß ich im 1. Teil einige wesentliche Merkmale des Gerechtigkeitsbegriffs expliziere, von denen ich annehme und hoffe, daß sie hinlänglich plausibel und anerkannt sind, um hier ohne weitere Argumentation als Prämissen für das Folgende akzeptiert werden zu können. Um die Rolle der Idee der Gleichheit in einer Theorie der Gerechtigkeit klären zu können, werde ich im 2. Teil die Idee der Gleichheit in fünf Gleichheitsprinzipien differenzieren. Sie sind so angeordnet, daß ich mit der allgemeinsten und unkontroversesten beginne und

---

8 Zur Definition von und zur gegenwärtigen Debatte um Gleichheit vgl. Stefan Gosepath »Equality«, in: *Stanford Encyclopedia of Philosophy*, http://plato.stanford.edu/ 2001.

zu immer spezifischeren und kontroverseren Prinzipien voranschreite.

Den Stellenwert der Gleichheit für Gerechtigkeit möchte ich dabei hier mittels zweier Thesen erläutern:

Es gibt erstens einen *begrifflichen* Zusammenhang zwischen Gerechtigkeit und Gleichheit, weil zur Explikation des Begriffs der Gerechtigkeit die Gleichheitsprinzipien der formalen und der proportionalen Gleichheit nötig sind. Diese beiden Gleichheitsprinzipien stellen als genuine Prinzipien der Gleichheit einen unauflöslichen Zusammenhang von Gerechtigkeit und Gleichheit her. Gerechtigkeit läßt sich überhaupt nur – so meine erste These – mittels dieser und ggf. weiterer (normativer) Gleichheitsprinzipien explizieren. Dabei verhalten sich Gerechtigkeit und Gleichheit nicht nur so wie Explikandum und Explikat. Das begriffliche Verhältnis zwischen Gerechtigkeit und Gleichheit ist auch so zu verstehen, daß man vom Begriff der formalen Gleichheit her das Moment des Gerechten in der Gleichheit erkennt und nicht nur umgekehrt das Moment der Gleichheit im Gerechten sieht. Gleichheit ist also in diesen Formen notwendige Bedingung für Gerechtigkeit. Es gibt zweitens einen *normativen* Zusammenhang zwischen Gerechtigkeit und Gleichheit, der durch drei noch zu erläuternde normative, *substantielle* Gleichheitsprinzipien anzugeben ist, nämlich: fundamentale Gleichheit, die Präsumtion der Gleichheit und das Prinzip liberal-egalitärer Verteilungsgerechtigkeit. Den normativen Kern einer egalitaristischen Gerechtigkeitsauffassung stellen die beiden letztgenannten Prinzipien dar, die sich – so meine zweite These – aus dem Prinzip fundamentaler Gleichheit heraus begründen läßt.

In diesem Aufsatz kann ich zur Begründung dieser Thesen nur die Prinzipien der formalen und proportionalen Gleichheit verteidigen, die fundamentale Gleichheit explizieren, sowie hauptsächlich für die Präsumtion der Gleichheit ein inhaltliches Argument präsentieren. Das Prinzip für die von mir vertretene inhaltliche material-ethische Gerechtigkeitskonzeption, nämlich das Prinzip liberal-egalitärer Verteilungsgerechtigkeit, werde ich der Vollständigkeit halber gegen Ende im letzten Teil nur als Ausblick vorstellen, jedoch an dieser Stelle nicht rechtfertigen. Im Zentrum dieses Aufsatzes steht die Begründung der Präsumtion der Gleichheit, die erhebliche Relevanz hat. Denn wenn, wie ich zeigen möchte, die Gültigkeit der Präsumtion begründet werden kann, ist somit der Vorrang der Gleichheit und das wesentliche Argument für eine *egalitaristische* Gerechtigkeitstheorie etabliert. Gleichzeitig wird damit auch das Verfahren für die Konstruktion einer materialen Gerechtigkeitstheorie vorgegeben.

I. Gerechtigkeit

Es gibt eine allgemeine Definition der Gerechtigkeit, die verschiedene Arten von Gerechtigkeit sowie unterschiedlichste inhaltliche Vorstellungen umfaßt, was als gerecht anzusehen ist. Der Begriff (oder das allgemeine Konzept) der Gerechtigkeit hat eine allgemeine Bedeutung; gestritten wird jedoch seit jeher über die spezifischen Konzeptionen der Gerechtigkeit.

(a) Die Bedeutung dieses einheitlichen ahistorischen Begriffs kann man am besten im Rückgriff auf Simonides Erklärung des Gerechtigkeitsbegriffs, die von Platon im 1. Buch des Staates diskutiert und durch Ulpian auf die Formel »suum cuique« gebracht wurde, so definieren: gerecht ist eine Handlung, wenn sie jedem das gibt, was ihm zukommt. Alle Gerechtigkeit scheint auf das Zukommende oder *Angemessene* bezogen zu sein.[9] Diese Definition ist ganz formal, denn offen ist natürlich noch die entscheidende Frage, wem was zukommt.[10] Die Formel bzw. der allgemeine Gerechtigkeitsbegriff enthält verschiedene Variablen, die gefüllt werden müssen, um zu spezifischen Gerechtigkeitsauffassungen zu gelangen. So gibt der Begriff der Gerechtigkeit das Problem an, für das die jeweiligen Konzeptionen der Gerechtigkeit Lösungen anbieten.[11]

Die Formel läßt sich dabei auf zwei Ebenen verstehen.[12] Die erste Ebene ist die, auf der das Maß des Zustehens schon vorausgesetzt ist, die Gerechtigkeitsstandards also schon vorgegeben sind. Aber ob diese selbst wirklich gerecht sind, kann zweifelhaft und strittig sein. Deshalb ist man veranlaßt, von einer zweiten, re-

---

9 Vgl. Platon, *Der Staat*, 1. Buch, 331e, 332b-c; Ulpian, *Fragmente* 10.
10 Bekanntlich hängt die Formel »Jedem das Seine« zynischerweise in der Innenseite des Gittertores des KZs Buchenwald. Dieser Umstand zeigt jedoch nur, daß diese Formel so allgemein und leer ist, daß sich jede politische Richtung sie ihrer Meinung nach zu eigen machen kann.
11 Vgl. Christine Korsgaard, *Sources of Normativity*, Cambridge 1996, S. 114.
12 Auf diesen grundlegenden Gesichtspunkt weist Ernst Tugendhat, *Dialog in Leticia*, Frankfurt am Main 1997, S. 65 hin.

flexiv höheren Ebene aus nach der Gerechtigkeit dieser Standards zu fragen. Das Wort »gerecht« muß einen Sinn haben, der insbesondere auf der zweiten Ebene liegt, sonst wären Gerechtigkeitsstandards bloß konventionell.

Diese erste allgemeine Definition der Gerechtigkeit als Angemessenheit läßt sich mittels weiterer klassischer Bestimmungen spezifizieren.

(b) Ein Gerechtigkeitsurteil gehört analytisch in einen Begründungszusammenhang. Bestimmte Rechte oder Pflichten erscheinen uns nur dann als gerecht, wenn sie für uns überzeugend beanspruchen können, daß sie auf höherer Ebene unparteilich begründet werden können. Der für Gerechtigkeit wesentliche Gesichtspunkt der *Unparteilichkeit* verlangt zweierlei. Zum einen verlangt Unparteilichkeit die unparteiische Anwendung einer vorgegebenen Norm. Zum anderen wird zusätzlich für die Regeln Unparteilichkeit gefordert, im Sinne eines Verbots aufs rein Partikulare oder Egoistische bezogener Maximen. Partikulare, egoistische Regeln sind nicht unparteilich und deshalb ungerecht. Verlangt wird statt dessen eine unparteiische Rechtfertigung bzw. Rechtfertigbarkeit der in Frage stehenden Normen. Dies ist eine Unparteilichkeit zweiter Stufe: wir sind nur dann bereit zu akzeptieren, daß wir spezifische Pflichten haben, wenn diese Regelungen für uns im Prinzip überzeugend beanspruchen können, auf höherer Ebene unparteilich verhandelt und begründet worden zu sein. Die Idee der Unparteilichkeit läßt sich am besten durch den »Schleier der Unwissenheit« modellieren.[13]

(c) Gerechtigkeit bezieht sich immer auf die Relation zu anderen.[14] Sie ist intersubjektiv oder interpersonal. Der Rechtsanspruch sollte nicht als Aufruhen der Gerechtigkeit auf bloßen Konventionen mißverstanden werden. Spätestens in der Neuzeit, ausgelöst durch die Naturrechtstheorie, versteht man das den Anderen angemessen Zukommende als das, worauf die Anderen einen individuellen, moralischen Anspruch oder ein moralisches Recht haben. Bei Gerechtigkeit geht es primär um die angemessene Erfüllung der individuellen Ansprüche einzelner anderer.[15] Dieses weitere, definierende Merkmal der Gerechtigkeit verlangt die *Berücksichtigung von subjektiven Rechtsansprüchen anderer*.

---

13 Vgl. John Rawls, *Eine Theorie der Gerechtigkeit*, Frankfurt am Main 1975, § 24.
14 Das konstatiert schon Aristoteles, *Nikomachische Ethik*, V, 1129b25-1130a8.
15 Vgl. Wilfried Hinsch, »Angemessene Gleichheit«, Ms 2001.

(d) Die Prädikate »gerecht« oder »ungerecht« finden nur da Anwendung, wo wir es mit freiwilligem und verantwortbarem Handeln zu tun haben. Die der angemessenen Anwendung des Gerechtigkeitsbegriffs zugrundeliegende begriffliche Grundopposition ist nicht die zwischen dem Schicksal auf der einen und menschengemachtem Unrecht auf der anderen Seite. Denn entscheidend ist nicht der Verursacher, d. h. ob der Mensch für ein Ereignis verantwortlich ist oder nicht. Verantwortlich sind Personen für alle Verhältnisse, bei denen menschliche Korrekturen, Eingriffe möglich sind; nicht verantwortlich hingegen können sie für schieres Unglück oder Schicksal gemacht werden, bei dem dies nicht möglich ist.[16] Primär sind Personen für Schicksalsschläge nicht verantwortlich, sekundär evtl. schon, insofern das Eintreten oder die Folgen hätten verhindert oder gemildert werden können. Gerechtigkeit verlangt also *Verantwortlichkeit* und die *Veränderbarkeit der Zustände*.

(e) Eine Bedingung für die adäquate Anwendung des Gerechtigkeitsbegriffs ist also, daß wir es mit Handelnden zu tun haben, die effektiv in der Lage sind, institutionelle Strukturen, Praktiken oder Handlungen entsprechend den Prinzipien der Gerechtigkeit zu ändern. Gerechtigkeit bezieht sich damit primär auf Handlungen von Individuen, denn Individuen sind primär die Träger von Verantwortung.[17] Institutionen sind von daher nur in einem derivativen Sinn gerecht.[18] Die Adressaten von Gerechtigkeitsansprüchen sind zunächst einmal wir alle als Mitglieder der umfassenden Gemeinschaft aller Menschen, und zwar jeweils einzeln und alle zusammen, in der ganzen Welt, die primär aufgefordert sind, die

---

16 Vgl. Judith Shklar, *The Faces of Injustice*, New Haven 1990; Beate Rössler, »Unglück und Unrecht. Grenzen von Gerechtigkeit im liberaldemokratischen Rechtsstaat.« in: H. Münkler, M. Llanque (Hg.), *Konzeptionen der Gerechtigkeit*, Baden-Baden 1999, S. 347-364; Larry Temkin, »Inequality«, *Philosophy and Public Affairs* 15 (1986), Fußnote 2.

17 Dies ist die Position des ethischen oder normativen Individualismus.

18 Die Hauptströmung der gegenwärtigen Politischen Philosophie bindet Gerechtigkeit anders als hier primär an Institutionen statt an Handlungen. Danach bezieht sich das Prädikat »gerecht« primär auf soziale Institutionen, insbesondere die Grundstruktur der Gesellschaft. Sie folgt damit John Rawls, *Eine Theorie der Gerechtigkeit*, a. a. O., der im ersten Satz seiner Theorie schreibt: »Gerechtigkeit ist die erste Tugend sozialer Institutionen […]« (S. 19, Orig. S. 3). Eine Gegenposition zu dieser These Rawls' bezieht Liam Murphy, »Institutions and the Demands of Justice.« *Philosophy and Public Affairs* 27 (1998), S. 251-291.

subjektiven moralischen Rechtsansprüche aller anderen zu achten und sich entsprechend zu verhalten. Individuen sind jedoch damit überfordert, allein Gerechtigkeit (überall und gleichzeitig) herzustellen. Entsprechend gering ist die persönliche moralische Verantwortung. Dennoch haben alle zusammen eine kollektive moralische Verantwortung. Um dieser Verantwortung gerecht werden zu können, bedarf es der gerechten Einrichtung einer politischen staatlichen Grundordnung. Daraus läßt sich ein wesentliches, moralisches oder gerechtigkeitstheoretisches Argument für die Etablierung von staatlich verfaßten Institutionen bzw. von staatlichen Grundstrukturen für politische Gemeinschaften entwickeln.

(f) Bei Gerechtigkeit handelt es sich nicht nur um einen rein konstatierenden, deskriptiven Begriff, vielmehr enthält er wesentlich eine Präskription. Wenn Zustände mit Grund als ungerecht beurteilt werden können, dann beschreibt das nicht nur das Verfehlen eines Standards der Gerechtigkeit, sondern enthält gleichzeitig auch das moralische Gebot, jene als ungerecht erkennbaren Zustände in gerechte zu überführen.

II. Gleichheitsprinzipien

Bis jetzt habe ich ein weiteres wesentliches Merkmal der Gerechtigkeit aufgespart: die Egalität. Damit komme ich zu meinem eigentlichen Thema: zur Gleichheit. Gleichheit gilt von der Antike an als ein konstitutives Merkmal der Gerechtigkeit. Nun verlangt Gerechtigkeit nicht irgendeine Gleichheit. Sondern die für Gerechtigkeit notwendigen Formen der Gleichheit lassen sich m. E. am besten mittels fünf Postulaten der Gleichheit explizieren, die ich jetzt im einzelnen durchgehen möchte.

II.1 Formale Gleichheit

Wenn zwei Personen in mindestens einer relevanten Hinsicht als gleich gelten, müssen diese Personen dort, wo diese Hinsicht entscheidend ist, in dieser Hinsicht gleich behandelt werden. Ansonsten wird eine Person ungerecht behandelt. Dies ist das allgemein akzeptierte *formale* Gleichheitsprinzip:

- GL-P$_1$: Gleiches gleich behandeln: (i) Es ist gerecht, Personen, die gleich sind, gleich zu behandeln. (ii) Es ist (auch) gerecht, Personen, die ungleich sind, ungleich zu behandeln.

Dieses Prinzip wird oft auch einfach Aristoteles' Prinzip genannt. Denn Aristoteles hat mit Rückgriff auf Plato behauptet: Ungerechtigkeit entstehe, wenn Gleiche ungleich und Ungleiche gleich behandelt würden.[19] Hier haben wir also einen ersten Zusammenhang von Gerechtigkeit und Gleichheit.

Prima vista könnte es einem so scheinen, als ob dieses formale Prinzip der Gleichheit auf das Konsistenzprinzip zurückzuführen sei. Es sei irrational, weil inkonsistent, ohne hinreichenden Grund gleiche Fälle ungleich zu behandeln. Aber das Postulat der formalen Gleichheit ist ein stärkeres Prinzip als das der Konsistenz. Zwar verlangt das Konsistenzprinzip von uns, eine spezifische Behandlung auch in allen anderen gleichgelagerten Fällen anzuwenden. Man ist jedoch nicht subjektiv irrational, wenn man objektiv gleiche Fälle aus jeweils unterschiedlichen, subjektiven Motiven, Gefühlen, Einstellungen, Stimmungen, Launen ungleich behandelt. Die Regeln der Logik verbieten keineswegs, numerisch verschiedene, aber qualitativ gleiche Situationen subjektiv unterschiedlich zu beurteilen. Das Postulat der formalen Gleichheit verlangt aber mehr als subjektive Konsistenz. Danach darf es gerade nicht nur um einen selbst gehen, sondern um die Rechtfertigung eines bestimmten Verhaltens gegenüber anderen und zwar abhängig allein von den objektiven Merkmalen der Situation. Verlangt wird, daß numerisch unterschiedliche Fälle, die dieselben relevanten objektiven Merkmale haben, gleich behandelt werden, egal wie der Handelnde subjektiv dabei empfindet. Der Unterschied zwischen subjektiver Konsistenz und objektiver Angemessenheit zeigt an, daß es sich bei »Gleiches gleich behandeln« statt um ein Prinzip maximaler Befriedigung aufgeklärter Eigeninteressen[20] um ein *moralisches* Prinzip der Gerechtigkeit handelt, das zumindest die *formale Unparteilichkeit* und die *formale Universalisierbarkeit* moralischer Urteile

---

19 Vgl. Aristoteles, *Nikomachische Ethik* V.3. 1131a10-b15, *Politik* III.9.1280 a8-15, III. 12. 1282b18-23

20 Zur Bestimmung von Rationalität und ihrer Prinzipien vgl. Stefan Gosepath, *Aufgeklärtes Eigeninteresse. Eine Theorie theoretischer und praktischer Rationalität*, Frankfurt am Main 1992.

umfaßt. Zugrunde liegen muß danach dem Gleichheitspostulat zunächst mindestens eine allgemeine Norm, die als solche alle ihre Anwendungsfälle definiert und somit schon das *Universalisierungs-* oder Generalisierungsprinzip in sich enthält, das verlangt, daß die Norm auf alle von ihr spezifizierten Fälle angewandt wird.[21]

»Gleiches gleich behandeln« enthält über die Ausnahmslosigkeit der Regelanwendung hinaus als weitere Bedingung das Prinzip der *Unparteilichkeit*, denn man soll Handlungen und Situationen bei vorgegebenen Beurteilungskriterien nur nach ihren objektiven Merkmalen beurteilen, nicht nach subjektiven Einstellungen. Formale Gleichheit verlangt also die objektive Angemessenheit gerechten Handelns. Formale Gleichheit geht aber nicht im Unparteilichkeitsprinzip allein auf.[22] So kann ein Schiedsrichter unparteilich handeln, wenn er nach einer Halbzeit seine Anwendung bzw. Auslegung der Spielregeln ändert. Hat er in der ersten Hälfte versucht das Spiel laufen zu lassen, oft Vorteil anerkannt, nur bei wirklich groben Verstößen gepfiffen, so ist er in der zweiten Halbzeit (aus Frustration, Verstimmung oder welchen Gründen auch immer) kleinlich, pingelig und pfeift wegen der kleinsten Rempelei ab. Von dieser Veränderung sind beide Parteien betroffen, solange für den Schiedsrichter nicht ausschlaggebend ist, ob die eine oder die andere Mannschaft davon profitieren könnte. In diesem Sinn ist er gegenüber den beiden Mannschaften unparteilich, weil er keinen ungerechtfertigten

21 Vgl. Peter Westen, *Speaking Equality*, Princeton 1990, S. 65-69, Kap. 9. Dieser Aspekt, d. h. diese Bedingung, läuft auf die Anwendungsregeln implizit in jeder sozialen Norm hinaus. Dies ist keine Extra- oder Metanorm (höchstens im analytischen Sinn), sondern etwas in jeder Norm qua Norm Enthaltenes, das explizit gemacht wird, deshalb besteht keine Doppelung und kein Regel-Regreß. »Gleiches gleich behandeln« steht deshalb bei Westen u. a. im Verdacht, leer, redundant und (deshalb) kein genuines Gerechtigkeits- und Gleichheitsprinzip zu sein. Diese Kritik ist zurückzuweisen. Denn die generelle ausnahmslose Regelanwendung stellt zum einen nur einen Aspekt des Prinzips dar; der weitere, nämlich der der Unparteilichkeit, der im Text gleich im Anschluß genannt wird, betont einen substantiellen Gerechtigkeitsgesichtspunkt. Zum anderen stellt jede (begründete) Norm als solche einen »Zugewinn« an Gerechtigkeit gegenüber spontanen Einzelfallentscheidungen dar, die eben den ständigen Verdacht nicht entkräften können, Gleiches nicht gleich zu behandeln, und deshalb nicht unparteiisch, sondern willkürlich zu sein.
22 Vgl. Bernard Gert, »Impartiality« in: *Encyclopedia of Philosophy*, Supplement, New York 1996, S. 599-600, wo er dem Schiedsrichter allerdings auch fälschlicherweise vorwirft, inkonsistent zu sein.

Unterschied bei interpersonalen Regelungen macht. Aber er behandelt in der relevanten Hinsicht gleiche Fälle nicht gleich. Für die Dauer eines Fußballspiels sind die beiden Halbzeiten gleiche Fälle. Die konstitutiven Spielregeln sehen keinen Unterschied vor. »Gleiches gleich behandeln« verlangt nicht nur eine unparteiliche Behandlung, bei der kein ungerechtfertigter Unterschied gemacht werden darf, sondern auch die generelle, d. h. ausnahmslose Anwendung der unparteilichen Regeln auf alle unter sie subsumierbaren Fälle gleichermaßen.

Formale Gleichheit kann manchmal durchaus auch ungerecht sein, und zwar weil Gleichheit nur auf die gleiche Behandlung schaut, nicht aber auf deren Rechtfertigung bzw. Gerechtigkeit.[23] Wenn ein Herrscher alle seine Untertanen in Öl brät und sich selbst auch in das Öl begibt, so ist das *unmoralisch*, aber *keine Ungleichheit* in der Behandlung.[24] Das Postulat formaler Gleichheit stellt, so zeigt das Beispiel, also nur eine notwendige, aber keine hinreichende Bedingung für Gerechtigkeit dar: notwendig, weil sonst die Norm nicht für *alle* von ihr Betroffenen gilt, nicht hinreichend, weil die zugrundeliegende Norm substantiell ungerecht sein kann.

Das formale Postulat bleibt außerdem solange unvollständig, wie unklar ist, wer als Gleiche anzusehen sind. Es ist weder klar, was hier »gleiche Fälle« und »gleich behandeln« meint, und wer das wie zu entscheiden hat. Noch wird gesagt, wie ungleiche Fälle gerecht zu behandeln sind.

II.2 Proportionale Gleichheit

Letzteres ergänzt ein weiteres Gleichheitsprinzip, das auch schon von Platon und Aristoteles vertreten wird und durch sie den Titel *proportionaler* Gleichheit verliehen bekommen hat.[25] Zugrunde liegt weiterhin der Grundsatz formaler Gleichheit: »Gleiches

---

23 Vgl. William Frankena, »The Concept of Social Justice«, in: R. Brandt (Hg.), *Social Justice*, Englewood Cliffs 1962, Douglas Rae, *Equalities*, Cambridge, Mass. 1981, G. Vlastos, »Justice and Equality«, a. a. O.
24 Vgl. Frankena, ebda. S. 1,17. Auch hier kommt es natürlich darauf an, die Hinsicht der Gleichheit bzw. Ungleichheit zu spezifizieren. Ein Unterschied liegt nämlich darin, daß der Herrscher allein entscheidet. Die Handlung ist unmoralisch, weil er das gleiche Recht aller auf Rechtfertigung (s. u.) verletzt, und – das darf man wohl annehmen – sie gegen ihren Willen so behandelt.
25 Platon, *Nomoi*, VI.757b-c; Aristoteles, *Nikomachische Ethik*, 1130b-1132b.

gleich, ungleiches ungleich behandeln«. Proportionale Gleichheit spezifiziert formale Gleichheit weiter; sie ist die genauere, detailliertere und damit die eigentlich umfassendere Formulierung formaler Gleichheit. Sie gibt an, was Gleichheit angemessen macht.

Nach Aristoteles gibt es zwei Arten von Gleichheit, numerische und proportionale. Eine Verteilung ist *numerisch* gleich, wenn sie alle Personen als ununterscheidbar ansieht und ihnen deshalb pro Kopf das gleiche gibt. Das ist nicht immer gerecht. Eine Verteilung ist hingegen *proportional* oder *verhältnismäßig* gleich, wenn sie alle relevanten Personen im Verhältnis zu dem, was ihnen zukommt, behandelt. Sie umfaßt sogar alle *gerechten* numerischen Gleichheiten. Numerische Gleichheit ist ein Spezialfall proportionaler Gleichheit und nur gerecht, wenn spezielle Umstände vorliegen, nämlich die Personen in den relevanten Hinsichten gleich sind.

Zum Teil wird bestritten, daß es sich bei Aristoteles' Begriff proportionaler Gleichheit überhaupt um Gleichheit handelt. Sie ist jedoch eine Gleichheit der Verhältnisse, die man als eine Gleichung mit Brüchen darstellen kann:

– GL-P$_2$: Wenn P$_1$ E im Maße X hat und wenn P$_2$ E im Maße Y hat, dann gilt, daß P$_1$ G im Maße X' zusteht und P$_2$ G im Maße Y' zusteht, so daß dieses Verhältnis $\frac{x}{y} = \frac{x'}{y'}$ gilt.[26]

Wenn Faktoren für eine Ungleichverteilung sprechen, weil die Personen *in relevanten Hinsichten* ungleich sind, ist diejenige Verteilung gerecht, die proportional zu diesen Faktoren ist. Proportionale Gleichheit ergibt sich daraus, daß ein gerechtfertigter Unterschied bei einer unparteilichen, interpersonalen Regelung oder Verteilungsregelung ein verhältnismäßiger Unterschied ist.

Dieses Prinzip kann auch noch von hierarchischen, inegalitären Theorien akzeptiert werden. Es besagt, daß bei gleichem In-

---

26 Gleichheit in der Verteilung von Gütern an Personen enthält mindestens folgende Begriffe bzw. Variablen: zwei oder mehr Personen (P$_1$, P$_2$) und zwei oder mehr Zuteilungen von Gütern an die Personen (G) und X und Y als die Maße in denen die Individuen die normativ relevante Eigenschaft E haben. Um diese Formel anwenden zu können, müssen allerdings die möglicherweise vielen unterschiedlichen Hinsichten im Prinzip quantifizierbar sein und kommensurabel, also in einen Gesamtwert eingebunden werden können. Die Frage nach dem Maßstab kann an dieser Stelle zum Zecke dieser Argumentation offen bleiben.

put gleicher Output verlangt wird. Aristokraten, Perfektionisten und Meritokraten glauben alle, daß Personen nach ihrem unterschiedlichen Verdienst, von ihnen im weiten Sinn als Erfüllen irgendeines relevanten Kriteriums verstanden, bewertet werden sollen und den Lohn oder die Strafe, das Gut oder die Last proportional zu diesem Verdienst bekommen sollen. Da diese Definition noch offen läßt, wem was zukommt, können die zugrundeliegenden, vorausgesetzten Rechte, der Verdienst oder die Würdigkeit dabei durchaus ungleich sein – und sind es für Platon und Aristoteles auch.

Aristoteles' Auffassung der Gerechtigkeit als proportionaler Gleichheit enthält eine grundlegende Einsicht: Proportionale Gleichheit gibt einen Argumentationsrahmen vor, innerhalb dessen eine rationale Auseinandersetzung zwischen egalitären und non-egalitären Gerechtigkeitskonzeptionen darüber möglich ist, was Gleichheit angemessen sein läßt.[27] Beide Seiten akzeptieren Gerechtigkeit als proportionale Gleichheit. Die Auseinandersetzung zwischen den beiden Lagern muß, dies macht Aristoteles' Analyse deutlich, eine darüber sein, anhand welcher Merkmale wir entscheiden, ob zwei Personen in für Verteilungsfragen relevanter Weise als gleich oder ungleich zu betrachten sind.

Was die bisherigen Erläuterungen damit gezeigt haben, ist, daß eine adäquate begriffliche Analyse des Gerechtigkeitsbegriffs nicht umhinkommt, auf Gleichheit, zumindest im Sinn der beiden formalen Gleichheitsprinzipien, zurückzugreifen. Gerechtigkeit hat also als notwendige Bedingung proportionale Gleichheit zu erfüllen, die ja »Gleiches gleich behandeln!« in sich enthält. Gerechtigkeit verlangt »Gleiches gleich behandeln!« und »Ungleiches ungleich behandeln!«. Insofern sind Gerechtigkeit und Gleichheit schon auf der formalen Ebene der reinen Begriffsexplikation verknüpft. Gerechtigkeit läßt sich nicht ohne diese Gleichheitsprinzipien erklären; die Gleichheitsprinzipien erhalten ihre normative Bedeutung nur in ihrer Rolle als Gerechtigkeitsprinzipien.

Formale Gleichheit ist nur eine begriffliche Explikation, sie muß präzisiert, ihre noch offenen Variablen müssen gefüllt werden. Das formale Postulat bleibt solange recht leer, wie unklar ist, wann oder woran zwei oder mehr Fälle bzw. Personen als gleich anzusehen sind. Alle Debatten über die richtige Auffassung von

---

27 Auf diese Bedeutung weist W. Hinsch »Angemessene Gleichheit«, MS 2001, §9 hin.

Gerechtigkeit, d. h. darüber, wem was zukommt, können als Kontroversen über die Frage aufgefaßt werden, welche Fälle gleich und welche ungleich sind und welches die relevanten Fälle sind. Dazu bedarf es inhaltlicher, substantieller Gleichheitsprinzipien, auf die nun einzugehen ist. Genauer werden im folgenden expliziert und etabliert: ein substantielles Prinzip der Gleichheit, und zwar die fundamentale Gleichheit, und statt weiterer substantieller Prinzipien zwei egalitäre Metaprinzipien, eines, das mit Bezug auf die Methode und eines, das mit Bezug auf materiale Kriterien inakzeptable Gründe für Ungleichheit aussondert.

II.3 Fundamentale Gleichheit der Menschen

Die wichtigste Form substantieller Gleichheit ist die Behauptung der fundamentalen Gleichwertigkeit aller Menschen, nach der also die zugrundeliegenden Rechte und Würdigkeit nicht ungleich sind bzw. sein dürfen. Gegen Plato und Aristoteles hat die Ulpianische Formel »suum cuique« im Laufe der Geschichte den inhaltlich egalitären Sinn angenommen, daß jedem gleiche Würde und jedem gleiche Achtung gebührt. Dies ist die heute weitgehend geteilte Auffassung substantieller, *fundamentaler,* universalistischer Gleichheit, die da lautet:

- GL-P$_3$: Jeder Mensch hat einen moralischen Anspruch, mit gleicher Achtung und Rücksicht behandelt zu werden wie jeder andere.

Alle Menschen werden trotz deskriptiver Unterschiede in bestimmten relevanten Hinsichten als gleich betrachtet, so daß ihnen im wesentlichen gleiche Rechte und Pflichten zustehen. Dies beruht auf einer Präsumtion der gleichen Würde aller Menschen, denen damit sowohl gleiche Autonomie als auch ein gleiches basales Interesse an Selbstachtung unterstellt wird. Danach ist jede Person von einem unparteiischen Standpunkt aus als gleiche und autonome Person anzuerkennen.

Diese Vorstellung von der gleichen Achtung gegenüber Personen oder der gleichen Würde aller Menschen wird von allen Hauptströmungen der modernen westlichen Kultur als Minimalstandard akzeptiert. Jede politische Theorie, die Anspruch auf Plausibilität erhebt, muß mit dieser Gleichheitsvorstellung beginnen und kann nicht hinter sie zurück. Im postmetaphysischen Zeitalter, nachdem metaphysische, religiöse und traditionelle Auffassungen ihre allgemeine Plausibilität verloren haben, scheint es unmöglich, friedlich eine allgemeine Einigung über gemeinsame politische Anliegen zu erzielen, ohne die Forderung anzuerkennen, daß Personen in diesem fundamentalen Sinn als Gleiche zu behandeln sind.[28] Fundamentale Gleichheit stellt somit das »egalitäre Plateau« dar, auf dem sich alle gegenwärtigen Theorien bewegen.[29]

Das fundamentale egalitäre Prinzip besagt vor allem zweierlei: Es verstärkt die Idee der Unparteilichkeit (die ja schon eine Bedingung der Gerechtigkeit überhaupt darstellt) um einen inhaltlichen Gesichtspunkt, so daß sie besagt, daß jede Person bzw. ihre essentiellen Interessen gleiches Gewicht und gleiche Berücksichtigung in öffentlichen Angelegenheiten bei einer unparteilichen, interpersonalen Regelung oder Verteilungsregelung finden müssen.[30] Daraus läßt sich zum einen ein Verbot willkürlicher Ungleichbehandlung, also ein *Diskriminierungsverbot* ableiten: Gerechtigkeit bedeutet, niemanden willkürlich zu benachteiligen. Dieses Verbot muß so interpretiert werden, daß die unterschiedliche Behandlung der Betroffenen nach sozialer Herkunft, Rasse,

---

28 Der Gedanke, daß nur eine *postmetaphysische* Begründung moralischer Urteile in der modernen Welt möglich und nötig ist, wurde besonders von Jürgen Habermas betont. Vgl. Habermas, *Theorie des Kommunikativen Handelns*, Frankfurt am Main 1981, Bd. II, S. 136-141; ders., *Moralbewußtsein und kommunikatives Handeln*, Frankfurt am Main 1983, S. 53; ders., *Faktizität und Geltung*, Frankfurt am Main 1992, S. 39-44; ders., *Die Einbeziehung des Anderen*, Frankfurt am Main 1996, S. 16-23; 50-52; 99-101.

29 Vgl. Will Kymlicka, *Politische Philosophie heute*. Frankfurt am Main 1996, S. 5 (Orig. 1990, S. 5). Die Letztbegründungsfrage bleibt mit dieser Feststellung einer weitgehenden Übereinstimmung erklärtermaßen offen.

30 Das Prinzip der unparteilichen gleichen Rücksicht und Achtung gilt nicht – wie oft behauptet – nur für alle staatliche Regelungen, sondern in allen öffentlichen Angelegenheiten, d. h. in solchen, in denen es nicht um spezifisch persönliche Beziehungen (zu Familie, Freunden und Bekannten) geht. Die Grenze zwischen öffentlichen und privaten Angelegenheiten ist politisch oft strittig und muß moralisch nach den Kriterien reziprok allgemeiner Rechtfertigung (s. u.) bestimmt werden. D.h. das Prinzip unparteilich gleicher Berücksichtigung gilt immer, außer bestimmte Bereiche sind unter Anwendung genau dieses Prinzips von diesem Prinzip ausgenommen worden. Der Bereich persönlicher Beziehungen stellt mittels universalistischer Rechtfertigung begründete Freiräume für Individuen dar, in denen sie ihr partikulares Verhältnis zu bestimmten Personen um ihrer selbst und der ihnen Nahen leben können, ohne andere gleich berücksichtigen zu müssen.

Geschlecht usw. moralisch willkürlich ist. Denn die Unterschiede in der natürlichen Ausstattung sind Unterschiede, für die die jeweiligen Menschen selbst nichts können, für die sie nicht verantwortlich sind.[31] Solche Unterschiede können deshalb keine unterschiedliche Behandlung rechtfertigen. Ansonsten würde das Prinzip fundamentaler Gleichheit verletzt. Ausgeschlossen wird somit eine primäre Diskriminierung, worunter man eine Ungleichbehandlung unter der Annahme, daß es eine vorausgehende Wertunterscheidung zwischen Menschen gibt, versteht.[32] Sie umfaßt alle Formen der Unterdrückung, wenn Menschen also Ausbeutung, Marginalisierung, Machtlosigkeit, Kulturimperialismus oder Gewalt unterworfen werden.[33] Der Kampf gegen primäre Diskriminierungen aller Art ist ein klassisch egalitäres Anliegen. Es stellt das Herzstück des Egalitarismus dar, das trotz allgemeiner philosophischer Akzeptanz nach wie vor nichts von seiner politischen Bedeutung verloren hat.[34] Denn weder werden alle Menschen tatsächlich weltweit gleich berücksichtigt, noch mangelt es an immer wiederkehrenden, meist ideologischen Versuchen einer Verteidigung inegalitaristischen Gedankenguts, denen es von egalitaristischer Seite entgegenzutreten gilt. Primäre Diskriminierungen und ihre Folgen sind von fundamentaler Ungerechtigkeit und oft schlimmer zu ertragen als andere, z. B. ökonomische Ungleichheiten, die nicht auf primären Diskriminierungen beruhen. Die Realisierung des egalitaristisch-universalistischen Grundprinzips ist deshalb oberstes moralisch-politisches Gebot, wenn es vor allem um die weltweite Durchsetzung und Sicherung gleicher Menschenrechte und den Kampf gegen (primäre) Diskriminierungen aller Art geht. Im Laufe der Zeit

---

31 Vgl. dazu das diesen Gedanken explizierende Prinzip liberal-egalitärer Verteilungsgerechtigkeit (GL-P$_5$) weiter unten.
32 Vgl. Tugendhat, *Vorlesungen über Ethik*, a. a. O., S. 375. Offen ist an dieser Stelle noch, ob und welche sekundären Diskriminationen (ebda. S. 378) zulässig sind, auch wenn auf der primären Ebene keine Ungleichheit zulässig ist, also alle als Gleiche zu behandeln sind. Diese Frage nach den Kriterien für gerechtfertigte Ungleichbehandlung kann und muß mittels der Anwendung und Ausdeutung von GL-P$_5$ (s. u.) geklärt werden.
33 Vgl. I. M. Young, *Justice and the Politics of Difference*, Princeton 1990, Kap. 2.
34 Dies betonen auch jene KritikerInnen, die die weitreichenderen distributiven Prinzipien des modernen Egalitarismus kritisieren, weil der Egalitarismus so seinem zentralen Anliegen nicht mehr entspreche, wie z. B. I. M. Young, *Justice and the Politics of Difference*, a. a. O., und E. Anderson, »What is the Point of Equality?«, a. a. O.

ist – meist durch politische Bewegungen und Kämpfe (erinnert sei nur an die jüngeren Bewegungen der Frauen, der Schwulen und Lesben, der Körperbehinderten) – unsere Sensibilität dafür mühsam geschärft worden, was über das bis dahin schon Anerkannte hinaus als primäre Diskriminierung anzusehen ist. Es bedarf deshalb auch heute der stets erneuten Aufmerksamkeit, ob nicht unter dem Deckmantel einer vermeintlichen (kulturellen) Normalität weitere, letztlich sich als unbegründbar herausstellende Ausschlüsse und Normierungen – sei es wegen Unterschieden im Geschlecht, in der Rasse, der sozialen Herkunft, der Ethnie, der Sprache, der Kultur, der Religion oder aufgrund von sozialen Hierarchien – vonstatten gehen, so daß Menschen doch nicht als Gleiche behandelt werden.

So wichtig der Ausschluß primärer Diskriminierungen ist, so muß und kann man einen Schritt weiter gehen. Aus der fundamentalen Gleichheit kann man *zusätzlich* in einem weiteren, interpretativen Schritt ein kantianisches Argument für das *Prinzip der gegenseitigen Rechtfertigung* gewinnen, das den eigentlichen Sinn fundamentaler Gleichheit expliziert. Da es unmoralisch ist, jemanden zu etwas zu zwingen, von dem er oder sie nicht *im Prinzip,* also nicht notwendigerweise faktisch überzeugt ist und deshalb zustimmen kann, verleihen nur Gründe, die der oder die Andere prinzipiell akzeptieren kann, das moralische Recht, die Person diesen Gründen gemäß zu behandeln. Dabei bedarf es für die unparteiische Rechtfertigung von Normen der Reziprozität und Allgemeinheit der Gründe. Allgemeine durch Sanktionen bewehrte Normen und Rechte sind nur dann moralisch begründet, wenn sie zum einen reziprok zu rechtfertigen sind, d. h. wenn die eine Person nicht mehr von der anderen verlangt, als sie selbst zuzugestehen bereit ist (Gegenseitigkeit) und zum anderen, wenn sie mit dem Hinweis auf die Interessen aller Betroffenen gerechtfertigt werden und d. h. von allen mit guten Gründen akzeptiert werden können bzw. von keinem Betroffenen mit gutem Grund zurückgewiesen werden kann (Allgemeinheit).[35] Letztlich kön-

---

35 Vgl. für diese spezifische Version des Rechtfertigungsprinzips Rainer Forst, *Kontexte der Gerechtigkeit*, Frankfurt am Main: Suhrkamp 1994, S. 68. Für andere Versionen vgl. J. Habermas, *Moralbewußtsein und kommunikatives Handeln*, a. a. O., S. 53-126; Thomas Scanlon, *What We Owe to Each Other*, Cambridge, Mass 1998, bes. Kap. 5; J. Rawls, *Eine Theorie der Gerechtigkeit*, a. a. O.

nen nur die Betroffenen selbst ihre (wahren) Interessen formulieren und vertreten.[36] Dabei werden zunächst alle Interessen von Personen in den Rechtfertigungsprozeß eingespeist, der dann die moralisch unzulässigen Präferenzen einer Person (wie »egoistische« oder »fremdbezogene« Wünsche[37], z.B. daß die Interessen seines Nachbarn nicht zählen sollen) als erstes herausfiltert, weil sie den Gleichheitsbedingungen des Rechtfertigungsverfahrens widersprechen. Alle anderen »persönlichen« Interessen sind moralisch zulässig. Es gibt also keine anderen, vorgängigen, absoluten, nicht-prozeduralen, moralischen Kriterien für (un-)zulässige Interessen.

Die fundamentale Gleichwertigkeit oder gleiche Würde aller Menschen ist die Basis moderner Moralkonzeptionen für eine jede unterschiedliche Behandlung von Personen, deren Kriterien unter Rückgriff auf die gleiche Würde und das damit zusammenhängende Rechtfertigungsprinzip begründet werden können müssen.[38] Gleichheit der Würde ist eine substantielle Einschränkung proportionaler Gleichheit. Die fundamentale Gleichheit schränkt proportionale Gleichheit in nur einer Variablen ein, nämlich der, daß die verteilungsrelevanten Eigenschaften keine der fundamentalen Würdigkeit oder Wertigkeit der Person sein dürfen. Diese substantielle moralische Einschränkung des Variablenraumes hat evidentermaßen einen irreduziblen Gleichheitsaspekt. Fundamentale Gleichheit ist deshalb nicht »rein formal« oder »leer«.[39] Fundamentale Gleichheit ist ein substantielles Gerechtigkeits- und Gleichheitsprinzip.

36 Vgl. Lutz Wingert, *Gemeinsinn und Moral*, Frankfurt am Main 1993, u.a. S. 90-96.
37 Zur Unterscheidung von »persönlichen« von »fremdbezogenen« Präferenzen vgl. Ronald Dworkin, *Bürgerrechte ernstgenommen*, Frankfurt am Main 1990, S. 382-387, 443-447 (orig. 1977, S. 234-238, 275-278).
38 Die objektivierenden und oft vagen Reden von gleicher ›Würde‹ soll man so verstehen, daß jeder Person gleiche Achtung gebührt, daß also keine mittels einer primären Diskrimination mißachtet werden darf. Die gleiche Achtung, die wir Personen schulden, bezieht sich eben auf ihre gleiche Würde und bedeutet, daß alle in ihren moralischen Grundrechten gleich berücksichtigt werden müssen. Das schließt nicht aus, daß unter Umständen Menschen unterschiedliche spezifische Würden, Ehren und Anerkennungen im unterschiedlichen Maße zugesprochen bekommen können, ohne daß dies den Grundsatz der gleichen Achtung aller Menschen verletzt, wenn diese Ungleichbehandlungen nämlich im Rekurs auf die fundamentale Gleichwertigkeit gerechtfertigt werden können.
39 Dies behaupten H.L.A. Hart, »Between Utility and Rights«, in: J. Nida-Rümelin, W. Vossenkuhl (Hg.), *Ethische und politische Freiheit*, Berlin 1997, S. 332 Fußnote 42; R. Goodin, *Political Theory and Public Policy*, Chicago 1982, S, 89f; C.

II.4 Präsumtion der Gleichbehandlung

Da heutzutage ›Behandlung als Gleiche‹ der moralisch allgemein akzeptierte Standard ist, kann die Frage dann konsequenterweise nur noch lauten: welche Art von Gleichbehandlung ist normativ gefordert, wenn wir uns wechselseitig als Personen mit gleicher Würde achten. Ich schlage vor, zwei Ebenen zu unterscheiden: Auf der ersten, formal-argumentativen Ebene geht es um die Frage, mit welchem argumentativen Konstruktionsprinzip eine materiale Konzeption der Gerechtigkeit konstruiert wird. Davon unterschieden ist eine material-ethische Ebene, auf der es um die Kriterien für die Verteilung geht.[40]

Schaut man sich zuerst die formal-argumentative Ebene an, und fragt, welche Art von Behandlung normativ gefordert ist, dann ist nach dem bisher Gesagten die Antwort zunächst klar. Sofern sich Unterschiede jenseits des gleichen Wertes aller Menschen als behandlungs- oder verteilungsrelevant allgemein und reziprok rechtfertigen lassen, müssen die jeweiligen Menschen *proportional* gleich behandelt werden. Nur Unterschiede in der Würde oder dem basalen Wert dürfen nach dem Prinzip fundamentaler Gleichheit nicht zwischen Menschen gemacht werden. Ansonsten gilt weiterhin proportionale Gleichheit als *das* Prinzip formaler Gerechtigkeit.

So sollten z. B. üblicherweise Erwachsene und Kinder unterschiedliche Kalorienmengen bekommen, um ihren gleichen Anspruch auf Ernährung oder Sättigung zu befriedigen. Die angemessene Zuteilung von Kalorien ist ein Fall proportionaler Gleichheit. Erwachsene und Kinder werden ergebnis-ungleich behandelt, da sie im Ergebnis ungleich viele Kalorien bekommen,

---

Larmore, *Patterns of Moral Complexity*, Cambridge 1987, S. 6; J. Raz, *The Morality of Freedom*, a. a. O., Kap. 9. Die Idee fundamentaler Gleichheit ist abstrakt, aber nicht formal. Denn sie ist ein inhaltlicher Grundsatz, der bestimmte Theorien ausschließt, etwa rassistische, und der für die anderen Theorien ein zu verwirklichendes Ideal darstellt. Dieses Ideal ist abstrakt und muß deshalb konkretisiert werden. Man darf jedoch die wichtige Rolle, die abstrakte Begriffe in der politischen Theorie und Diskussion spielen, nicht mißverstehen. Daß ein abstrakter Begriff ausgedeutet werden muß und daß dies auf verschiedene Weise vorgenommen werden kann, erweist ihn nicht als leer oder beliebig. Siehe R. Dworkin, *Bürgerrechte ernstgenommen*, a. a. O., S. 587f. (orig. S. 368); W. Kymlicka, *Politische Philosophie heute*, a. a. O., S. 253 Fußnote 10.

40 Auf die materialen Kriterien für eine Ungleichverteilung gehe ich weiter unten im Ausblick kurz ein.

aber sie werden in ihrem Anspruch auf Ernährung gleich berücksichtigt. Gründe für ungleiche Verteilung müssen proportional berücksichtigt werden; das ist die Voraussetzung dafür, daß die Personen gleich berücksichtigt werden. Damit Personen gleich berücksichtigt werden – oder mit der bekannten Formulierung Dworkins: als Gleiche behandelt werden –, müssen sie nicht ergebnis-gleich, sondern proportional gleich behandelt werden.

Angenommen, es gibt keine plausible Alternative zu proportionaler Gleichheit,[41] so wäre jetzt noch zu klären, welche Merkmale denn Personen in für Behandlung und Verteilung relevanter Weise gleich oder ungleich sein lassen. Bevor ich darauf komme (s. u. GL-P$_5$), ist jedoch zu diskutieren, wie denn in jenen Fällen zu verfahren ist, in denen man keine Relevanzkriterien hat oder keine relevanten Unterschiede feststellen kann.

Hier greift – so möchte ich behaupten – als Verfahrensprinzip die *Präsumtion der Gleichheit*.[42] Sie ist ein Prima-facie-Gleichver-

---

41 *Alternativen* wie die vollständige, strikte, numerische Gleichbehandlung scheinen aus vielen Gründen unplausibel und ungerecht. Auch der Gedanke, materieller Gleichstellung um ihrer selbst willen einen sehr hohen intrinsischen Wert zuzusprechen, verletzt mehrere unserer Intuitionen. Gleichheit müßte dann pro tanto etwas Anstrebenswertes sein, auch wenn die Gleichstellung keiner der betroffenen Personen nutzen würde. Dies widerspricht der Vorstellung, daß etwas nur dann gut oder schlecht sein kann, wenn es für irgend jemanden gut ist. Denn Ungleichheit läßt sich manchmal nur so beseitigen, daß man den Bessergestellten deren extra Ressourcen abnimmt, so daß sie dann gleich schlecht dran sind wie alle anderen auch. Dieses Herunternivellieren zum alleinigen Zwecke der Gleichheit ist stark kontraintuitiv. Der intrinsische Egalitarismus scheint also nicht gleich auf Anhieb attraktiv, weshalb ich ihn hier nicht weiter berücksichtige, auch wenn er zugegebenermaßen attraktiver gemacht werden könnte, als ich ihn hier karikiert habe.

42 Dieser Ansatz ist nicht unüblich. Die wichtigsten Proponenten seien hier genannt. Henry Sidgwick, *The Method of Ethics*, London 1. Aufl. 1874, S. 380 spricht von onus probandi. Hugo Bedau, »Egalitarianism and the Idea of Equality«, in: J. R. Pennock, J. Chapman (Hg.), *Equality* (Nomos IX), New York 1967, bezeichnet dieses Gleichheitspostulat als Präsumtion für Gleichheit. Stanley I. Benn, Richard S. Peters, *Social Principles and the Democratic State* London 1959 u. ö., S. 111 sprechen in ihrer einflußreichen Argumentation von einer Präsumtion gegen Ungleichheit. Bernard Williams, »Der Gleichheitsgedanke«, in ders., *Probleme des Selbst*, Stuttgart 1978 (orig. 1962) nennt es den relevant reasons approach. R. Hare, *Freedom and Reason*, Oxford 1963, S. 118 bezeichnet es als »corollary of the requirement of universality«. Ernst Tugendhat, *Dialog in Leticia*, a. a. O., Kap. III nennt es den Symmetriesatz. Wilfried Hinsch bezeichnet es in *Gerechtfertigte Ungleichheiten. Eine Studie über Verteilungsgerechtigkeit*, Berlin: de Gruyter (in Vorbereitung), als die default option.

teilungsprinzips für alle politisch zur Verteilung anstehenden Güter:

– GL-P$_4$: Allen Betroffenen sind ungeachtet ihrer deskriptiven Unterschiede numerisch oder strikt gleiche Anteile der zu verteilenden Güter zu geben, außer bestimmte (Typen von) Unterschiede(n) sind in der anstehenden Hinsicht relevant und rechtfertigen durch allgemein annehmbare Gründe erfolgreich eine ungleiche Verteilung.

Daß das naheliegend ist, zeigt das häufig in diesem Zusammenhang vorgebrachte Tortenbeispiel.[43] Eine Mutter will einen Kuchen unter Kindern verteilen, angenommen alle Kinder wollen ein möglichst großes Stück, wie soll die Mutter den Kuchen verteilen? Wenn keines der Kinder einen überzeugenden Grund dafür nennen kann, warum es ein größeres Stück bekommen soll als andere, dann muß der Kuchen in gleich große Stücke geteilt werden. Relevante Gründe für eine Ungleichverteilung wären z.B.: Bedürfnis, erworbene Rechte, Verdienst, größerer Nutzen.

Die Präsumtion gesteht Gleichverteilung nur einen argumentativ-formalen Vorrang zu. Ungleichverteilungen sind rechtfertigungsbedürftig, Gleichverteilung dagegen nicht. Im Prinzip ist das mit jeder Form von Ungleichheit zu vereinbaren, sofern sie sich nur begründen läßt. Gleichwohl bewirkt die formale Auszeichnung einen Vorrang der Gleichverteilung durch eine Beweislastverschiebung, die es erfahrungsgemäß viel schwerer macht, Ungleichheiten zu rechtfertigen.

Wie erklärt sich, daß Gleichverteilung einen Vorrang hat, warum haben die Ungleichverteiler das onus probandi? Zunächst einmal ist den Kritikern recht zu geben, daß für die Präsumtion der Gleichheit, wo sie denn Erwähnung findet, oft nicht argumentiert wird.[44]

Wenn sich so etwas wie eine Begründung findet, dann als Verweis auf die intuitive Gewißheit der Präsumtion, die oft mittels eines Ausschlußverfahrens operiert. Wenn es (ex hypothesi) keine Gründe gibt, die positiv für die eine oder andere Art der Ungleichverteilung sprechen (weil, sagen wir, alle im großen und ganzen gleich produktiv und bedürftig sind), was bliebe dann

---

43 Vgl. E. Tugendhat, *Vorlesungen über Ethik*, a.a.O., S. 373 f.
44 Zu Ausnahmen s. Fußnote 53.

noch anderes als Gleichverteilung übrig. Also gelte immer das Gebot der Gleichverteilung, außer in begründeten Ausnahmen. In dieser Schlußfolgerung werden jedoch Alternativen übersehen. Jene, die eine ungleiche Verteilung favorisieren, tun das in der Regel ja nicht, weil sie Ungleichheit per se intrinsisch für wertvoll halten.[45] Wer für eine Ungleichverteilung eintritt, tut dies in der Regel mit Rekurs auf eine inhaltliche Regel, meistens »Jedem nach seinem Verdienst«. Das widerspricht der Präsumtion insofern nicht, als es auch gemäß der Präsumtion inhaltliche Gründe für eine Ungleichverteilung geben mag. Ob Verdienst ein solcher gerechtfertigter Grund für eine Ungleichverteilung ist, wird dabei zwischen unterschiedlichen Positionen strittig sein. Ob Verdienst eine gerechtfertigte Ungleichheit darstellt oder nicht, kann an dieser Stelle der Argumentation offenbleiben, denn für die Debatte zwischen der Präsumtion und ihren möglichen Alternativen trägt diese material-ethische Frage nichts zur Entscheidung bei.[46] Um die Argumente für oder wider die Präsumtion prüfen zu können, muß man eine Situation unterstellen, in der alle Kriterien gerechtfertigter Ungleichheit, welche immer das seien, entweder keine Anwendung finden oder falls sie Anwendung gefunden haben, eine Menge der zu verteilenden Güter übriggelassen haben. In dieser unterstellten Situation muß es also Güter geben, für deren Gleich- oder Ungleichverteilung es *keine* inhaltlichen, überzeugenden Gründe gibt. Nur in einer solchen Situation steht die Präsumtion auf dem Teststand. Warum – so ist nun zu fragen – sollte eine materielle Gleichstellung sich allein daraus ergeben, daß keine Rechtfertigungsgründe für Ungleichverteilung vorliegen, auch wenn sich ebensowenig welche für die Gleichverteilung anführen lassen?

Es lassen sich drei prima vista nicht unplausible Alternativen denken. In Abwesenheit positiver Gründe für Gleichheit und für Ungleichheit könnten alle Verteilungsmöglichkeiten (einschließlich der gleichen) gleichrangig sein – oder indifferent –, und damit

---

45 Eine solche Position, und ich wüßte auch niemanden, der sie tatsächlich vertreten hat, scheitert aus denselben Gründen wie die Position, die einer Gleichverteilung einen intrinsischen Wert zuspricht.
46 Eine Einschränkung ist allerdings angebracht: Sollten alle zur Verteilung anstehenden Güter, wie immer groß und vielfältig, stets durch Kriterien, wie vor allem die des Verdienstes und der Bedürfnisse, vollständig verteilt werden, und nimmt man an, Verdienst sei als Rechtfertigung für Ungleichverteilung akzeptabel, so tritt nie ein Fall auf, in dem die Präsumtion zum Einsatz kommen könnte.

wären alle zulässig. Eine weitere Möglichkeit wäre, im Falle einer solchen moralischen Indifferenz in der Tat das Zufallsprinzip entscheiden zu lassen; so wären letztlich nicht alle Verteilungsmöglichkeiten zulässig, sondern bei indifferenter Ausgangslage diejenige Verteilung, die durch Zufall zustande gekommen ist. Eine Variante dieser Option findet man relativ häufig als Besitzstandswahrung.[47] Besitz wird oft verteidigt, weil er historisch oder natürlich in dieser Verteilung so vorgefunden wurde, ein Land z. B. bestimmte Bodenschätze besitzt, oder weil der freie Markt allein durch seine Steuerungsmechanismen von Angebot und Nachfrage eine bestimmte Allokation von Gütern hervorbringt, die die glücklichen Besitzer gern für sich reklamieren wollen.[48] Eine dritte Alternative wäre, mangels positiver Gründe für Gleichheit wie Ungleichheit gar nicht zu verteilen und zu warten, bis gute Gründe für eine Umverteilung ausgemacht werden können. Auch diese Variante läuft in einer Welt, in der fast alle Güter schon in irgendeiner Weise verteilt sind, auf Besitzstandswahrung hinaus. Die Güter bleiben dann im Besitz der alten Eigentümer. Können die bestehenden, faktischen Besitzverhältnisse nicht mit eigenen Argumenten gerechtfertigt werden, womit gegen die Voraussetzung doch positive Gründe für eine Verteilung vorlägen, läuft dies wieder auf die historisch zufällige Allokation hinaus. Das Zufallsprinzip in verschiedenen Varianten scheint also

---

47 Besitzstandswahrung ist empirisch eines der am meisten verwendeten »Verteilungskriterien«. Zur juristischen Frage, ob den Regelungen des deutschen Rechts ein allgemeines Prinzip der Besitzstandswahrung zugrunde liegt, vgl. Felicitas Mocny, *Besitzstandswahrung – ein Rechtsprinzip?* Zentrum für Gerechtigkeitsforschung an der Universität Potsdam, Bericht Nr. 5 (1998).
48 Diese Ungleichheit kann ex hypothesi nicht mittels persönlicher Merkmale (wie Verdienst oder Bedürfnis) verteidigt werden, sondern ließe sich – wenn überhaupt – nur dadurch begründen, daß die natürlichen oder gesellschaftlichen Prozesse, die die in Frage stehende Verteilung des Besitzes im Ergebnis hervorgebracht haben, aus anzugebenden Gründen als gerechtfertigt gelten können. Nozicks »Anspruchstheorie« unternimmt mit dem von ihm formulierten Grundsätzen des gerechten ursprünglichen Erwerbs und der gerechten Übertragung den vielleicht prominentesten Versuch in *Anarchie, Staat und Utopia*, München o.J., orig. 1974. Wäre Nozicks libertäre Argumentation gegen Prinzipien der Gerechtigkeit, die historisch entstandene Besitzverhältnisse aus Gründen der Gerechtigkeit glauben umverteilen zu müssen (sog. »patterned principle of justice«) erfolgreich, was alle »sozialdemokratischen« Auffassungen eben bestreiten, so stellten die so gerechtfertigten historisch zustande gekommenen Verteilungen im Sinne der Präsumtion begründete Ausnahmen von der Gleichverteilung dar.

eine ernstzunehmende Gegenposition zur Präsumtion darzustellen. Sollten jedoch historische Verteilungsprozesse oder Zufall als inhaltlich gute Gründe für eine ungleiche Verteilung angesehen werden, wie das ja oft geschieht, stellen sie keine Alternative zur Präsumtion dar, sondern müssen als Kandidaten für gerechtfertigte Ungleichheiten im Rahmen der Präsumtion geprüft werden.[49] Das Argument, das ich nun für die Präsumtion vorstelle, muß also den Zufall der genannten Arten als Alternative zur Präsumtion ausschließen, mehr ist jedoch nicht nötig.

Das Argument für die Präsumtion der Gleichheit läßt sich aus zwei Prämissen gewinnen, die beide im Vorhergehenden schon thematisiert wurden. Die erste Prämisse ergibt sich aus der Explikation des Gerechtigkeitsbegriffs und dem Prinzip formaler Gleichheit ($GL-P_1$): Gerechtigkeit verlangt die angemessene, unparteiliche, formal gleiche Berücksichtigung der moralischen Rechtsansprüche anderer. Jede Situation ist unter dem Gerechtigkeitsgesichtspunkt nur mit Blick auf die objektiven Merkmale der Situation zu beurteilen, die für die angemessene Berücksichtigung der moralischen Rechte der Individuen relevant sind. Was sich nicht als gerecht begründen läßt, ist normativ betrachtet zu ändern. Die zweite Prämisse ist die Forderung der Rechtfertigung und entstammt einer Explikation des Prinzips der fundamentalen Gleichheit ($GL-P_3$). Moralische Normen sind nicht nur Zwangsnormen, sondern solche, die jede Person jeder anderen gegenüber mit allgemeinen und reziproken Gründen rechtfertigen können muß. Das Rechtfertigungsprinzip *spezifiziert* die Kriterien dafür, was als gute Begründung der Angemessenheit einer Situation oder Handlung zählt, nämlich nur solche Begründungen, die die Interessen aller Betroffenen gleichermaßen berücksichtigen. Das Rechtfertigungsprinzip bestimmt somit die Hinsicht der Angemessenheit.

Aus diesen beiden Prämissen – so behaupte ich – folgt nun die Präsumtion. Denn: Jede Person muß alle Vorteile, vor allem Güter, die sich in ihrem Besitz befinden, aus reziproken und all-

---

49 In manchen Situationen können Verfahren der historischen Priorität (wie »Wer zuerst kommt, mahlt zuerst«, Schlangestehen etc.) und faire Losverfahren (wie Münze werfen etc.) durchaus die beste Verteilungsprozedur sein, vor allem wenn die zu verteilenden Güter nicht so teilbar sind, daß alle Interessierte ein Teil des Gutes bekommen können, und wenn alle Beteiligten durch die gewählte Prozedur gleiche Chancen haben, das gewünschte Gut zu erhalten.

gemeinen Gründen für sich reklamieren können. Die gleiche Berücksichtigung aller subjektiven Rechtsansprüche zusammen mit dem Rechtfertigungsprinzip erlegen uns einen *Rechtfertigungszwang* für alle im Prinzip veränderbaren Situationen auf. Situationen, die wir verändern können, stehen unter dem Anspruch der Gerechtigkeit, d. h. deren Gerechtigkeit oder Ungerechtigkeit muß mittels des Rechtfertigungsprinzips festgestellt und sodann ggf. korrigiert werden. Die gleiche, angemessene Berücksichtigung aller subjektiven Rechtsansprüche verlangt suum cuique, jedem das, was ihm zusteht. Eine unterschiedliche Güterzuteilung kann nur gerechtfertigt werden mit Bezug auf verteilungsrelevante Unterschiede der Personen. Nur verteilungsrelevante Unterschiede können eine Ungleichbehandlung als jeder Person angemessen rechtfertigen. Eine Ungleichverteilung ohne solche rechtfertigenden Gründe wäre willkürlich. Gerechtigkeit verlangt hingegen den Ausschluß jeglicher moralischer Willkür.[50] Wenn also keine verteilungsrelevanten Unterschiede bestehen (entweder weil von vornherein niemand berechtigte Ansprüche auf bestimmte Güter stellen kann oder weil alle Ansprüche bereits erfüllt wurden) müssen alle dieselbe Güterzuweisung erhalten.[51]

Hier kommen nun sicherlich Einwände. Folgt die Präsumtion wirklich aus den beiden Prämissen? Man könnte nämlich das Argument soweit akzeptieren, daß man zugesteht, daß wir oft im Besitz von etwas sind oder allgemeiner Vorteile haben, die wir nicht allgemein und reziprok rechtfertigen können. Aber – so könnte der kritische Einwand lauten – warum folgt daraus, daß

---

50 Dieses Argument des Ausschlusses moralischer Willkür wird in GL-P$_5$ substantialisiert.
51 Die Präsumtion wird mittels dieser Begründung *nicht* pragmatisch gerechtfertigt. Eine pragmatische Rechtfertigung hingegen vertritt Edna Ullmann-Margalit, »On Presumtion«, *Journal of Philosophy* 80 (1983), bes. S. 155, für alle Präsumtionen und zwar als Mittel zur Befreiung von einem Stillstand in einer praktischen Deliberation. Louis I. Katzner, »Presumptions of Reason and Presumptions of Justice« *Journal of Philosophy* 70 (1973), S. 89-100; und ders. »Presumptivist and Nonpresumptivist Principles of Formal Justice«, *Ethics* 81 (1971), S. 253-58 sieht die Wahl zwischen den beiden rivalisierenden Präsumtionen der Gleich- bzw. der Ungleichbehandlung, bis Gründe für Unterschiede oder Gleichheit respektive gezeigt wurden, als eine, die nur mit Bezug auf übergeordnete Ziele, die man verwirklichen will, und Werte, die man realisieren will, begründet werden könne, hier vor allem, Menschen sowenig wie möglich zu schädigen.

man diesen Besitz hergeben muß? Zugegeben, der Besitz mag nicht gerechtfertigt sein, aber warum darf die Gesellschaft es deshalb einem wegnehmen? Das Problem ist also der Umgang mit dem moralisch indifferenten Besitz, für den es keine Rechtfertigung gibt. Hier kehren der Zufall oder das Bewahren der historisch zufälligen Verteilung als mögliche Alternative zur Präsumtion wieder.

Nachdem nun die Begründung für die Präsumtion dargelegt ist, kann man sehen, was an dieser scheinbaren Alternative falsch ist. Die Präsumtion ergibt sich aus dem Rechtfertigungsgebot. Das Rechtfertigungsgebot steht moralisch gleichsam über *allen* Verteilungsmöglichkeiten. Wenn man nun wiederum ex hypothesi unterstellt, daß es keine guten Gründe für eine Ungleichverteilung gibt, warum auch immer, dann ist eine zufällige Verteilung keine *rechtfertigbare* Alternative zur Präsumtion. Sie verletzt das Prinzip der Angemessenheit. Wenn per Zufallsverfahren verteilt wird, wird es Unterschiede in der Güterverteilung geben, die sich nicht im Rekurs auf individuelle Unterschiede der Personen rechtfertigen lassen. Diese Verteilung wird den Personen damit nicht gerecht, auch wenn die Ungleichbehandlung kein Ausdruck einer – unbegründeten – Ablehnung der Gleichheitsprinzipien ist. Jede kann Rechenschaft verlangen, warum sie weniger als andere durch das Los bekommen hat und warum sie das akzeptieren soll. Und auf diese Frage vermag das Zufallsprinzip keine befriedigende Antwort mehr zu geben. Das Zulassen des Zufalls als Verfahren der Verteilung ist nicht gerechtfertigt.[52] Aus der ersten Prämisse läßt sich nämlich eine Art Zusatzprämisse herauskristallisieren: Gerechte Zustände liegen nur vor, wenn alles, was verteilt werden kann, als nach den Prinzipien der Gerechtigkeit verteilt gedacht werden kann. Bestehende Verteilungen müssen mittels der bekannten Überlegung gerechtfertigt werden können, daß sie in einem hypothetischen Zustand in dieser Weise gerecht zustande gekommen wären, also durch die angemessene Berücksichtigung der moralischen Rechte der Individuen. Jede andere, z. B. zufällige oder einfach schon bestehende Verteilung berücksichtigt als solche die moralischen Ansprüche der Individuen nicht. Der Zufall erfüllt die Bedingung der Angemessenheit also nicht. Nicht rechtfertigbare, unangemessene und deshalb

---

52 Außer man hat sich in gewissen Fällen auf Zufallsverfahren intersubjektiv geeinigt und sie so begründet, s. Fußnote 49.

ungerechte Zustände bedürfen – wie man dem vorne genannten, präskriptiven Charakter des Gerechtigkeitsbegriffs entnehmen kann – moralisch der Korrektur. Deshalb ist der oben erwähnte Einwand: »Ich mag ja keinen berechtigten Anspruch auf meinen Besitz haben, aber warum haben alle anderen einen?« verfehlt. Es liegt dann nämlich ein ungerechtfertigter und damit ungerechter Zustand vor, den wir in einen gerechten überführen können und müssen. Zustände, die nicht mittels des Rechtfertigungsprinzips rechtfertigbar sind, sind aus diesem Grund ungerecht. Denn Gerechtigkeit wird durch Gerechtigkeits- und Gleichheitsprinzipien, also auch durch das Rechtfertigungsprinzip bestimmt. Wird das Prinzip der Rechtfertigung nicht erfüllt, wird auch die Gerechtigkeit verletzt, denn dann werden nicht alle als Gleiche berücksichtigt. Damit sind Zufälle aller Art ausgeschlossen, sofern sie nicht im Rahmen der Präsumtion als Kandidaten für gerechtfertigte Ungleichheiten auftreten.

Die Präsumtion der Gleichheit entspricht in solchen Situationen als einzige der Angemessenheitsbedingung, denn sie behandelt gleiche Fälle gleich. Wenn keine der Betroffenen einen relevanten Unterschied für sich reklamieren kann, dann sind die Fälle insofern prima facie gleich und müssen, um angemessen und gerecht behandelt zu werden, gleich behandelt werden. Die Gesellschaft darf deshalb Personen ihren nicht gerechtfertigten Vorteil oder Besitz nehmen und ihn gleich verteilen. Das ist das Argument für die Präsumtion.[53]

[53] Ein vergleichbares Argument findet sich meines Wissens nach nur bei Hinsch, »Angemessene Gleichheit«, Ms 2001.
   Einen weiterreichenden Vorschlag hat Ernst Tugendhat in *Dialog in Leticia*, a.a.O. S. 68 unterbreitet, womit Tugendhat das Verdienst zukommt, als einer der ganz wenigen ein normatives Argument für die Präsumtion der Gleichheit, bei ihm »Symmetriesatz« genannt, entwickelt zu haben. Moral begründen heißt seiner Meinung nach ganz allgemein, sie allen gegenüber gleichermaßen zu begründen. Der Bezug auf Gleichheit sei also im Begründungsbegriff, nicht erst in der Gerechtigkeit, sondern in der Moral (egal welcher) schlechthin impliziert. Der (egalitäre) Rechtfertigungsbegriff ist demnach also elementarer als die Moralprinzipien. Diese Strategie scheint mir question-begging, weil der Gleichheitsbegriff in den Begründungsbegriff geschoben wird: Das fundamentale moralische Gleichheitsprinzip, jede Person mit gleicher Achtung und Rücksicht zu behandeln, wird schon in die Rechtfertigungsprinzipien hineininterpretiert. Der Inegalitarist und Partikularist will doch das genau bestreiten. Es wird schon eine spezifisch *egalitäre* Moral im Rechtfertigungsgrundsatz vorausgesetzt, aus der sich der Symmetriesatz ableiten läßt. Der Symmetriesatz wird von allen Positionen nur dann akzeptiert, wenn und sofern er sich auf die Rechfertigungsforde-

Die Präsumtion ist – so hat das Argument gezeigt – nicht unabhängig von einer substantiellen Moralvorstellung zu haben. Die Präsumtion klärt zum einen den Stellenwert der Gleichheit näher als Default Option, und kann zum anderen helfen, die Bedeutung des Begriffs der Gleichheit zu verdeutlichen. Der Begriff der Gleichheit sollte einen Verwendungssinn haben, der es ermöglicht, mit Hilfe des Begriffs spezifische Konzeptionen, Verständnisse und Auslegungen z. B. in kodifizierten Normen zu kritisieren, weil sie den Sinn der Gleichheit verfehlen oder zumindest nicht ausreichend treffen. Die Präsumtion kann als eine solche »egalitaristische Wünschelrute« (Lutz Wingert) fungieren. Mit ihrer Hilfe lassen sich solche Fälle scheinbar zufälliger Ungleichbehandlung aufspüren und kritisieren, in denen sich eine Mißachtung der Gleichheit ausdrückt. Sie soll in der Lage sein, jene oft auf historischen Ungerechtigkeiten beruhenden Ungleichheiten zu entdecken, die auf Unterschieden der Personen beruhen, von denen sich in eingehender Prüfung herausstellt, daß sie nicht als relevant für die ungleiche Behandlung angesehen werden können und diese also nicht rechtfertigen.

Nachdem nun auf der formalen Ebene proportionale Gleichheit für die Fälle mit relevanten Unterschieden in den Eigenschaften der Personen, und die Präsumtion der Gleichheit für Fälle, in denen prima facie keine relevanten Unterschiede vorliegen, etabliert sind, sollte ich nun noch kurz wenigstens einen ausblickhaften Abriß des material-ethischen Prinzips der Verteilungsgerechtigkeit geben.

rung einem selbst und Nahestehenden gegenüber ergibt. Der entscheidende und *moralische* Schritt besteht in der universalistischen Forderung, allen Betroffenen gegenüber eine Rechtfertigung geben zu müssen, so daß *alle gleichermaßen* zustimmen können. Diese Auffassung, daß eine Regelung nur legitim ist, wenn sie sich gegenüber allen gleichermaßen begründen läßt, ist jedoch ein – und zwar ein wesentlicher – Teil einer egalitären Moral der gleichen Achtung. Ein Sklavenhalter ist sicherlich nicht der Meinung, daß er seine Moral auch gegenüber den Sklaven begründen können muß. Das hieße nämlich schon, sie als gleichberechtigt oder als Gleiche anzuerkennen. Die Präsumtion der Gleichverteilung hängt mit dem Prinzip der Behandlung als Gleiche so zusammen, daß es dieses voraussetzen muß.

II.5 Ausblick auf eine Theorie egalitärer Verteilungsgerechtigkeit

Es ist leicht zu sehen, daß diese Präsumtion der Gleichheit ein elegantes Verfahren für die Konstruktion einer Theorie der Verteilungsgerechtigkeit abgibt. Um zu einem inhaltlich gefüllten Gerechtigkeitsprinzip zu kommen, muß man vorweg klären, welche Güter und Lasten zur Verteilung stehen sollten. Dabei müssen die Güter in unterschiedliche Bereiche oder Sphären eingeteilt werden, denn für unterschiedliche Sphären gelten unterschiedliche Verteilungskriterien. Auch der Kreis derjenigen, an die verteilt werden soll, muß bestimmt werden. Sodann kommt man zu der entscheidenden Frage nach ungerechtfertigten und gerechtfertigten Ausnahmen von der Gleichverteilung. So wird sich zeigen müssen, welcher Ansatz, welche Konzeption oder Theorie der egalitären distributiven Gerechtigkeit die beste ist.

Ohne die in der Diskussion vorgeschlagenen Gründe für eine Ungleichverteilung in einzelnen Sphären jetzt im einzelnen durchzudeklinieren,[54] denn hier kam es mir ja auf die Begründung des Verfahrens mittels der Präsumtion an, möchte ich an dieser Stelle statt dessen nur das Prinzip erläutern, mit dem viele liberale Egalitaristen die Frage nach den gerechtfertigten Ausnahmen von der Gleichverteilung beantworten.

Die Grundannahme ist wie bei der Rechtfertigung der Präsumtion dieselbe: Jeglicher Vor- oder Nachteil bedarf der Begründung. Was sind nun die Kriterien für moralisch unzulässige und was sind die für moralisch zulässige Ungleichverteilung? Die Antwort der liberal-egalitären Gerechtigkeitstheoretiker darauf lautet: Wofür man nichts kann, wofür man nicht verantwortlich ist, was man nicht beeinflussen kann, kann kein Relevanzkriterium sein. Natürliche Ausstattung und soziale Stellung sind damit als irrelevante Ausnahmegründe ausgeschlossen. Rawls' Hauptintuition beruht auf der Unterscheidung zwischen Entscheidung und (Lebens-)Umständen.[55] Dworkin formuliert dieses Verteilungskriterium so: eine gerechte Verteilung muß aus-

---

54 Das versuche ich in meinem Buch *Gleiche Gerechtigkeit. Grundlagen eines liberalen Egalitarismus* (unveröffentlichtes Typoskript).

55 Obwohl die Unterscheidung zwischen choice und circumstances bei Rawls eine große Rolle spielt (vgl. *Eine Theorie der Gerechtigkeit*, a. a. O., S. 23, 93, 116 (orig. S. 7, 72, 96), kann er dafür kritisiert werden, daß das Differenzprinzip keinen aus-

stattungs-insensitiv und gleichzeitig absichts-sensitiv sein.[56] Die natürliche und soziale Ausstattung darf nicht zählen, die persönlichen Absichten und freiwilligen Entscheidungen der Menschen jedoch schon. Der Kerngedanke ist dabei also: ungleiche Anteile an sozialen Gütern sind dann fair, wenn sie erarbeitet sind und in diesem Sinn »verdientermaßen« zufließen, d. h. wenn sie sich aus den Entscheidungen und absichtlichen Handlungen der Betreffenden ergeben. Die Individuen müssen für die Kosten ihrer Entscheidungen deshalb aufkommen. Unfair ist die Bevorzugung oder Benachteiligung aufgrund willkürlicher und unverdienter Unterschiede in den sozialen Umständen oder der natürlichen Ausstattung. Jeder Vorteil, der nicht zu rechtfertigen ist, ist auszugleichen, so auch jeder Nachteil, der nicht selbst verschuldet ist.

Deshalb formuliere ich als Prinzip liberal-egalitärer Verteilungsgerechtigkeit:

– $GL\text{-}P_5$: Es ist ungerecht, wenn eine Person schlechter als andere gestellt ist (nach einem zu bestimmenden Maßstab), außer dieser Umstand ist die Folge ihrer eigenen freien Entscheidung, wenn sie den Umstand also zu verantworten hat.

Mit Hilfe dieser Kriterien ist man in der Lage, eine materiale Gerechtigkeitskonzeption zu entwickeln. Dazu muß geklärt werden, was die zur Verteilung stehenden Güter sind, wie sie in Güterklassen einzuteilen sind, um dann für jede Güterklasse Kriterien der gerechten (Ungleich-)Verteilung ermitteln zu können. Dazu muß geprüft werden, ob die Kandidaten für Gründe für eine Ungleichverteilung im Sinne von $GL\text{-}P_5$ gute Gründe sind, ob also bei den oft angeführten Gründen, wie Verdienst, Leistung, Bedürfnis u. a. die entstehenden Ungleichheiten letztlich auf einer freien Wahl und deren zu verantwortenden Folgen vor dem Hintergrund gleicher Ausgangschancen beruhen oder ob sie auf Zufall oder Schicksal zurückzuführen sind, dessen negative Konsequenzen zu kompensieren und dessen positive Folgen zu

reichenden Unterschied zwischen gewählten und moralisch zufälligen Ungleichheiten macht, vgl. dazu Will Kymlicka, *Politische Philosophie heute*, a. a. O., S. 81, Orig. S. 75.

[56] Vgl. Dworkin, »What is Equality? Part 2: Equality of Resources«, *Philosophy and Public Affairs* 10 (1981), S. 311.

verteilen sind. Niemand soll aufgrund von Dingen, für die er nichts kann, schlechter im Leben dastehen als andere. Gleichheit an unverdienten Lebensaussichten, das ist die Grundidee zum Ausbuchstabieren einer material egalitaristischen Gerechtigkeitskonzeption.

Zusammenfassend läßt sich festhalten: Alle fünf Gleichheitsprinzipien sind genuine Prinzipien der Gleichheit. Sie sind Prinzipien im Bereich der komparativen Gerechtigkeit, und der Gleichheitsgesichtspunkt ist dabei entscheidend. Gleichheit in ihren verschiedenen Bedeutungen spielt bei diesen Postulaten also eine eigenständige Rolle, aber keine von anderen höheren moralischen Idealen unabhängige. Die fünf Gleichheitspostulate sind nur konstitutiv oder deontologisch egalitär. Sie stützen und befördern die soziale Gerechtigkeit, die zu verwirklichen wir moralisch verpflichtet sind. Gleichheit hat bei ihnen einen Wert, aber keinen eigenständigen, *intrinsischen* Wert.[57] Deshalb möchte ich die hier vertretene Version einen *konstitutiven* Egalitarismus nennen, weil man mit der Verwirklichung von Gleichheit im Sinne der fünf Gleichheitspostulate *Gerechtigkeit realisiert*. Auch der Gebrauch des Gleichheitsbegriffs, und nicht nur die Befolgung der Gleichheitspostulate kann helfen, Gerechtigkeit zu realisieren.[58]

---

57 Für die Unterscheidung von Arten des Egalitarismus vgl. D. Parfit, »Equality and Priority«, *Ratio* 10 (1997) 202-221; Larry Temkin, »Inequality«, *Philosophy and Public Affairs* 15 (1986), S. 11; und Dennis McKerlie, »Equality«, *Ethics* 106 (1996) S. 275
58 Für ihre kritischen Einwände gegen und Kommentare zu ersten Versionen dieses Textes danke ich Carolin Emcke, Rainer Forst, Wilfried Hinsch, Rahel Jaeggi, Angelika Krebs, Beate Rössler, Stephan Schlothfeldt, Holmer Steinfath, Bernhard Thöle, Ernst Tugendhat, Jay Wallace und Lutz Wingert.

Georg Lohmann
Unparteilichkeit in der Moral[1]

I. Ein Vorverständnis moderner Moral

Ich beginne zunächst mit einem *Vorverständnis* von Moral und beschränke mich dabei abkürzend auf unsere moderne Gegenwart. Die moderne Moral hat es dem *Inhalt nach* mit *Aufforderungen* in einem weiten Sinne zu tun, nach denen wir *Wohlwollen und Rücksichten, bezogen auf das Wohl anderer* (und ggf. uns selbst gegenüber) zu praktizieren haben. Der *sprachlichen Form nach drücken wir dies in Sollsätzen*[2] aus. Dabei können wir auf Rückfragen immer antworten, daß das und das gesollt ist, weil es *(moralisch) gut oder schlecht* ist, und das kann man so verstehen, daß wir dafür jeweils *gute Gründe* angeben können, d. h., daß unser moralisches Verhalten sich auf *moralische Urteile oder begründete Überzeugungen* stützt oder stützen kann.[3]

Nun gibt es eine Reihe von begründeten Überzeugungen, nach denen wir x tun sollen, weil es gut für unsere Wünsche oder gut für einen bestimmten Zweck ist, den wir uns gesetzt haben. Das phänomenal Spezifische in der Befolgung der moralischen Sollsätze scheint aber darin zu liegen, daß wir auch dann, wenn diese gegen unsere (aktuellen) Wünsche gerichtet sind, das Gesollte gleichwohl deshalb tun, weil wir andere, überwiegende Gründe

---

1 Dies ist ein erster, sicherlich mit Mängeln behafteter Versuch, eine differenzierte Konzeption von Moral zu skizzieren, wie ich sie in meiner Magdeburger Antrittsvorlesung »Von Pflichten und von Rechten« 1998 vorgetragen habe. Er ist nur zu einem geringen Teil auch eine Antwort auf die kritischen Bedenken, die Jürgen Habermas zu dieser Vorlesung mir mitgeteilt hat. Ich hoffe, meinen anerkennenden Dank in der Ausarbeitung dieser Vorlesung dann deutlicher machen zu können, als ich das in diesem Stück zuwege gebracht habe.
2 Ich verwende den Ausdruck »Aufforderung« hier nicht im Sinne von »Befehl«, sondern in einem weiten Sinne und umfangsgleich mit der Skala von Soll-Sätzen, die wir verwenden. Da wir normalerweise (nach meinem Sprachgefühl) von Aufforderungen in der 1. oder 3. Person an eine 2. Person sprechen, wären Aufforderungen in der 1. Person an uns selbst irgendwie mißlich zu verstehen. Dennoch möchte ich Aussagen wie »Ich sollte x tun« als eine Aufforderung bezeichnen, die bedeutet, daß ich einen guten, andere Gesichtspunkte überwiegenden Grund habe, x zu tun. Und es ist dann zu sehen, ob sich der Sinn dieser Aufforderung so verstehen läßt, daß darin auf andere Bezug genommen wird.
3 Vgl. Mackie, John Leslie, *Ethik*, Stuttgart 1981, Kap. 2 u. 3.

dafür haben. Darin zeigt sich auf den ersten Blick der Verpflichtungscharakter moralischer Sollsätze. Verpflichtungen scheinen den Kernbereich unserer moralischen Praktiken zu bestimmen, und m.E. muß jede Moralphilosophie das Phänomen moralischen Verpflichtetseins erklären können. Gleichwohl enthält unsere moralische Praxis auch Handlungen und Verhaltensweisen, die nicht auf Verpflichtungen zurückgehen. Ich spreche deshalb von einem weiten Bereich von moralischen Aufforderungen und unterscheide darin einen engeren Bereich moralischer Verpflichtungen, wobei die Unterschiede jeweils mit der unterschiedlichen Art und dem Gewicht der Begründungen zusammenhängen, mit dem das moralische Sollen an uns herantritt.

Wenn jemand anders handelt, als er moralisch soll, so reagieren sowohl andere, die mit ihm die gleichen moralischen Überzeugungen teilen, als auch er selbst in spezifischer Weise. Sie werden ihm z.B. Vorwürfe machen, so wie er sich selbst Vorwürfe machen kann, sie werden sein Verhalten mißbilligen oder tadeln. Diese reaktiven Stellungnahmen, deren positives Pendant das Loben und Billigen ist, gehen einher mit bestimmten affektiven Reaktionen. Moralische Gefühle sind hier Anzeichen einer Selbstbindung, mit ihnen *reagieren* wir auf die jeweilige Erfüllung/Enttäuschung von moralischen Aufforderungen, respektive Verpflichtungen. Insofern ist die Explikation dieser Selbstbindung ein Beitrag auch zur Explikation des Sinnes von Verpflichtungen.

Die moralischen Gefühle[4] sind aber nicht, wie die sogenannte emotivistische Auffassung der Moral vertritt, ein Erstes, und unsere moralischen Überzeugungen nur ihre nachfolgende Explikation. Moralische Gefühle sind affektive Reaktionen, die uns ergreifen, wenn wir einen bestimmten Sachverhalt, auf den sie bezogen sind, *im Lichte einer als gültig unterstellten moralischen Regel oder einer bestimmten moralischen Aufforderung interpretieren*. Den Selbstbindungscharakter moralischer Gefühle können wir daher so verstehen, daß sie uns deutlich machen, daß wir selbst von der Richtigkeit einer moralischen Regel oder Forderung überzeugt sind, das heißt einerseits unterstellen, daß sie begründbar ist, und andererseits eine Disposition erworben haben,

---

4 Zum Folgenden siehe auch vom Vf., Moralische Gefühle und moralische Verpflichtungen, in: *Ethik & Unterricht*, 1/2001, Friedrich Verlag, Seelze/Velber bei Hannover.

uns nach ihr zu richten. Moralische Gefühle fungieren daher als Motive, in bestimmter Weise zu handeln oder sich zu verhalten. Einige der moralischen Gefühle (wie Empörung, Schuld und moralische Scham) sind solche, die zu haben nicht angenehm ist und sie wenden sich aggressiv und drohend gegen denjenigen, der die moralischen Regeln nicht beachtet. Gleichwohl sind diese moralischen Gefühle nicht selbst schon (als Gefühle) Sanktionen, sondern sie sind mit der *berechtigten* Androhung von Sanktionen verbunden.[5] Diese moralischen Gefühle kennzeichnet daher nicht nur, daß solche affektiven Reaktionen unangenehm sind, sondern daß wir überzeugt sind, daß sie zu Recht erfolgen. Sie setzen daher Selbstbindung im obigen Sinn, bei uns selbst oder bei anderen, voraus. Und ihre Äußerung anderen gegenüber »bindet« diese an eine bestimmte moralische Überzeugung, insofern sie beansprucht, daß diese in der gleichen Weise wie wir sich selbst binden.

II. Affektive moralische Reaktionen: Peter F. Strawson und Adam Smith

In seinem bekannten Aufsatz »Freedom and Resentment«[6] gibt Sir Peter Frederick Strawson beinahe nebenbei eine phänomenologische Analyse dieser moralspezifischen affektiven Reaktionen, die schon häufig Aufmerksamkeit gefunden hat.[7] Strawson untersucht zunächst ein System von reaktiven Haltungen, die wir erleiden, wenn wir auf Kränkungen oder Wohltaten anderer, die sie durch ihr willentliches Verhalten uns gegenüber verursachen, reagieren. So ist z. B. Übelnehmen eine Reaktion auf Kränkungen

---

5 Siehe hierzu näher Vf., Moralische Gefühle und moralische Verpflichtungen, a. a. O.
6 Strawson, Peter Frederick, Freedom and Resentment, in: *Proceedings of the British Academy* 48 (1962), S. 187-211; wiederabgedruckt in: P.F.Strawson, *Freedom and Resentment and other essays*, London/New York Methuen 1974, S. 1-25; im folgenden zitiert nach der deutschen Übersetzung: Freiheit und Übelnehmen, in: Pothast, Ulrich (Hrsg.), *Seminar: Freies Handeln und Determinismus*, Frankfurt am Main 1978, S. 201-233.
7 Siehe Habermas, Jürgen, Diskursethik – Notizen zu einem Begründungsprogramm, in: ders.: *Moralbewußtsein und kommunikatives Handeln*, Frankfurt am Main 1983, S. 55 ff.; Tugendhat, Ernst, *Vorlesungen über Ethik*, Frankfurt am Main 1993, S. 20f.

oder Gleichgültigkeit, die jemand uns gegenüber an der Tag legt, und Dankbarkeit eine affektive Reaktion auf eine erwiesene Wohltat. Man könnte nun vermuten, daß diese affektiven Haltungen, die ja auf eine bestimmte Art der Rücksichtnahme einer anderen Person uns gegenüber reagieren, schon moralische Gefühle anzeigen. Strawson ist nicht dieser Meinung, und zwar deshalb nicht, weil es in diesen Reaktionen uns ja nur um Rücksicht auf unser eigenes Wohl und Wehe geht, und zwar, und dies ist jetzt der entscheidende Punkt, weil wir das Verhalten des anderen *nur* aus unserer eigenen Perspektive beurteilen. Von moralischen Reaktionen können wir nach Strawson erst dann sprechen, wenn die reaktiven Haltungen »beschrieben werden (können)... als die einfühlenden oder stellvertretenden oder unpersönlichen oder unbeteiligten oder verallgemeinerten Analoga der reaktiven Haltungen«[8], die er vorher diskutiert hatte. »Was wir hier haben, ist sozusagen Übelnehmen im Namen eines anderen, wo das eigene Interesse und die eigene Würde nicht betroffen sind; und es ist dieser unpersönliche oder stellvertretende Charakter der Haltung, die – ihre anderen Eigenschaften beigefügt – ihr das Recht auf die Bestimmung »moralisch« gibt«. Genaugenommen, so erläutert er dann noch, geht es darum, daß diese Haltungen »wesentlich fähig sind, stellvertretend zu sein«.[9] Entsprechende Gefühle sind z. B. moralische Mißbilligung oder Empörung.

Aus dieser unpersönlichen und stellvertretenden Haltung können wir dann auch unsere eigenen Handlungen beurteilen, die das Wohl und Wehe anderer betreffen oder wir können, was uns selbst widerfährt, wie das, was irgendeinem anderen widerfährt, beurteilen. Ersteres nennt Strawson »selbst-reaktive Haltungen, die mit Forderungen an einen selbst für andere verbunden sind«[10], und die sich in Gefühlen der Schuld, der Reue, der Verantwortung oder der (komplizierten) moralischen Scham zeigen.

Strawson erwähnt an keiner Stelle seines Aufsatzes Adam Smith,[11] aber es ist doch sehr auffällig, wie sehr die hier skizzierte Interaktion verantwortlicher und zurechnungsfähiger Personen

---

8 op. cit., S. 217; im englischen Orginal: »might be described as the sympathetic or vicarious or impersonal or disinterested or generalized«, Strawson 1974, S. 14.
9 Strawson, op. cit., S. 218.
10 op. cit. S. 219.
11 Er gibt aber einen indirekten Hinweis auf den schottischen Moralphilosophen: »Es ist schade, daß die Rede von den moralischen Empfindungen (im engl. Original: »moral sentiments«) aus der Mode gekommen ist«, op. cit., S. 231.

derjenigen ähnelt, die Adam Smith in *The Theory of Moral Sentiments*[12] als »unsere« moralische Praxis ausgeführt hat. Bevor ich diese Beziehung für meine folgenden Überlegungen nutze, will ich zuvor auf eine Besonderheit dieses impliziten Bezuges hinweisen. Adam Smith legt seinen Ausführungen eine anthropologische Annahme zugrunde: Nachdem gewisse Basisbedürfnisse befriedigt sind, halten wir Menschen das als gut für uns, was auch in den Augen anderer geschätzt wird und als schätzenswert erscheint. Smith ist so sehr von dieser basalen Wendung gegen eine platten Egoismus überzeugt, daß für ihn wir gar nicht wissen und wertschätzen können, wer und wie wir sind, wenn wir uns nicht vorstellen, wie wir in den Augen anderer gesehen werden: »To see oneself as a human self is to see oneself being seen«.[13] Diese Ausrichtung des einzelnen auf die Einschätzung durch andere legt Smith dann sowohl seiner ökonomischen Theorie wie seiner Moralphilosophie als systematische Prämisse zugrunde.[14]

Strawson hatte behauptet, daß unsere emotionalen moralischen Reaktionen in einem bestimmten Zusammenhang stehen. Und wie Adam Smith beansprucht er für dieses »Netzwerk menschlicher Haltungen« einen gewissen anthropologischen Status: »Denn all diese Typen von Haltungen haben gleichermaßen gemeinsame Wurzeln in unserer menschlichen Natur und unserer Mitgliedschaft in menschlichen Gemeinschaften«.[15] Aber diese anthropologische Annahme ist nicht essentialistisch zu verstehen; es liegt nicht einfach in der »Natur des Menschen«, sich so zu verstehen, sondern diesen affektiven Haltungen liegt ein Wollen zugrunde, das auch anders sein könnte. Strawson weist auf die Möglichkeiten eines »moralischen Solipsisten« hin, der Rücksichten nur für sich beansprucht oder auf die Möglichkeiten eines »moralisch Schwachsinnigen« oder eines »moralisch Heiligen«, die jeweils nur eine Art dieser Haltungen ausbilden.[16] Auch eine, auf dem Boden eines Determinismus eingenommene vollständig

---

12 Smith, Adam, *The Theory of Moral Sentiments*, ed. by D.D. Raphael and A.L. Macfie, Oxford University Press 1976; im folgenden zitiert nach Smith, Adam, *Theorie der ethischen Gefühle*, Hamburg 1985.
13 So Charles L. Griswold Jr, *Adam Smith and the Virtues of Enlightenment*, Cambridge University Press, 1999.
14 Siehe Griswold 1999 und Charles Larmore, The Visible Hand, in: *The New Republic*, 42, October 18, 1999.
15 Strawson, op. cit., S. 220.
16 Ebd.

objektivierende Sichtweise ist logisch denkbar. Er geht aber davon aus, daß wir in »unserer gewöhnlichen Menschlichkeit« uns so verhalten *wollen*, daß wir zu diesen affektiven moralischen Reaktionsweisen fähig sein können. Wir sollten anerkennen, »daß es in Abwesenheit *jeglicher* Formen dieser Haltungen zweifelhaft ist, ob wir irgend etwas hätten, das *wir* als ein System menschlicher Beziehungen, als menschliche Gesellschaft einsehbar finden könnten«.[17]

Wenn ich im folgenden an Strawson und Smith anknüpfend Differenzierungen in unseren moralischen Urteilsperspektiven vorschlagen will, so scheint mir, ist dieser Vorschlag ebenfalls von gewissen Annahmen über ein solches basales Wollen abhängig, d. h. von gewissen Annahmen, wie wir uns als Menschen sehen wollen. Insofern ist der folgende Vorschlag von schwachen anthropologischen Annahmen abhängig, schon weil die Moralphilosophie immer von der Rekonstruktion eines Verständnisses der eigenen Praxis ausgehen muß.

III. Eine Klassifikation von Perspektiven moralischer Urteilsbildung

Ich will jene fünf Bestimmungen, die Strawson anführte (der Einfühlnahme, der Stellvertretung, des Unpersönlichen, des Unbeteiligtseins und der Verallgemeinerbarkeit), als Urteilsperspektiven interpretieren, die uns veranlassen, in bestimmter Weise unsere affektive Reaktion *zu modifizieren*. Und es geht mir im folgenden darum, ebenfalls einen Zusammenhang zwischen ihnen herauszuarbeiten, so daß sich insgesamt eine differenzierte, aber auch aufeinander bezogene inhaltliche Klassifikation unserer moralischen Urteilsperspektiven ergibt.

III.1 Die Perspektive der sympathetischen Einstellung

Zunächst einmal will ich die ersten beiden Modifizierungen »einfühlend oder stellvertretend« (»sympathetic or vicarious«) zusammenfassen. Wenn ich mich in die Lage eines anderen einfühle, dem – nehmen wir den negativen Fall – ein Leid zugefügt wird, so

---

17 Strawson, op. cit., S. 231.

heißt es ja nicht, daß ich sein Leid fühle, sondern nur, daß ich mir vorstelle und affektiv versuche nachzuvollziehen, was es für ihn bedeutet, ein solches Leid zu erfahren. Daher bedeutet auch die zweite Bestimmung »stellvertretend« nicht, daß ich an seiner Stelle ein Leid empfinde, sondern daß ich gerade in Distanz zu meiner aktuellen, affektiven Lage und die Distanz zu seiner Lage überwindend mir vorstelle, wie er zu empfinden und zu reagieren. Die Perspektive der *stellvertretenden Einfühlung*, wie ich diese Bestimmungen zunächst nennen will, setzt daher eine Distanz sowohl zu meinen wie zu seinen aktuellen Gefühlen voraus, aber sie *erschließt* überhaupt das mögliche Objekt moralischer Verpflichtungen, dem ein Leid zugefügt wird, als etwas, mit dem ich mitfühlen *kann*. Dieses Mitfühlenkönnen zeigt zunächst an, daß der andere von einer Beschaffenheit ist, daß ich nachvollziehen kann, wie er in einer solchen Situation, in der ich ihn vermute, zu empfinden und zu reagieren; ich kann mir vorstellen, daß das, was ihm passiert, auch für mein Wohl und Wehe relevant wäre. Dieser kognitiv-explorative Zug war auch Adam Smith[18] wichtig, als er seinen Begriff der Sympathie einführte. Sympathie ist »unser Mitgefühl mit jeder Art von Affekten« eines anderen, »in dessen Fall« wir uns *hineindenken* können.[19] Es entsteht nur selten aus dem unmittelbaren Anblick einer Gemütsbewegung eines anderen, und nicht jeder Affekt bei anderen ruft Sympathie hervor. Entscheidend ist, daß uns die *Ursachen des Affektes von jemanden* bekannt sind und dafür brauchen wir nach Smith ein richtiges Verständnis seiner Situation, der Umstände, der besonderen Lage, in der jemand ist, usw. Das sympathetische Verständnis ist daher für Smith zugleich a) *mitfühlend und explorativ* und b) *wohlinformiert*, indem es die Person in ihrer Situation erkundet, und es ist c) *urteilend*, indem es fragt, ob die entsprechenden Gefühlsempfindungen des anderen und seine Äußerungen »richtig und schicklich und als ihren Anlässen angemessen erscheinen«.[20]

Dieses Urteil, ob die affektive Reaktion von X in seiner Situation S *richtig oder unangemessen* ist, bezieht sich nun zunächst auf einen subjektiven Maßstab, den der Sympathisierende anlegt: Es sind »seine eigenen Empfindungen, die Richtschnur und der

18 Siehe auch Tugendhat, *Vorlesungen über Ethik*, S. 284.
19 Smith 1985, S. 4.
20 Smith 1985, S. 14.

Maßstab«[21] sind, nach denen die jeweiligen »ursprünglichen Affekte« des anderen beurteilt werden. Freilich sind diese subjektiven Maßstäbe solche, mit denen der Sympathisierende auch sich selbst beurteilt sieht, da er ja, der obigen Prämisse zufolge, sich ebenfalls durch die imaginierten Augen von anderen bestimmt. Das sympathetische Urteil impliziert daher nicht nur, daß die affektive Reaktion von X aus meiner Perspektive und gemäß meinen subjektiven Maßstäben richtig ist, sondern daß möglicherweise auch andere so urteilen würden. Aber es ist in dieser Perspektive unbestimmt, wie die Beziehung zwischen meinem Urteil und dem anderer genauer zu bestimmen ist. Das »richtig« beansprucht zunächst nur: »Ich sehe das so, andere sehen das möglicherweise auch so«. Oder: »Für mich ist das ein Grund, für andere mag das möglicherweise auch ein Grund sein, der dein Verhalten rechtfertigt (oder kritisiert).« Weil die entsprechenden Urteilsprädikate »richtig«, »unangemessen« etc. und die sie stützenden Gründe diesen impliziten, wenn auch unbestimmten Bezug auf andere haben, bringen die entsprechenden Sollsätze (z. B.: »Auch wenn Herr P dich verletzt hat, du solltest m.E. nicht so aufbrausend reagieren!« oder »Ich halte dein Verhalten für angemessen, du sollst ruhig so handeln.« oder »Was dir passiert ist, ist nicht richtig. Das sollte nicht sein!«), in denen wir die Urteile der sympathetischen Einstellung formulieren können, schwache Aufforderungen im obigen Sinne (siehe Anm. 2) zum Ausdruck. Dem sachlichen Gehalt nach enthält der subjektive Beurteilungsmaßstab der sympathetischen Einstellung nur den rudimentären Inhalt moralischer Aufforderungen, nämlich Sorge um das Wohlsein (»Glückseligkeit«, A. Smith, S. 442) oder negativ ausgedrückt, Vermeidung von Schädigungen. Der Form nach, d. h. durch die subjektive Urteilsperspektive bestimmt, sind es *potentiell* moralische Urteile.

Im Falle der Schädigung eines anderen z. B. reagiere ich, obwohl ich selber keinen eigenen subjektiven Grund zum Übelnehmen (resentment) habe, stellvertretend so, als ob ich einen hätte. Daraus *kann* sich unmittelbar das Motiv ergeben, dem, der willentlicher Urheber des Leides eines anderen ist, dieses Übelnehmen und meine Ablehnung seines Verhaltens auch zu zeigen. Aber mein implizites Urteil steht auf einer gleichen Wertungs-

---

21 Smith 1985, S. 15.

ebene, wie wenn ich unmittelbar auf eigene Schädigungen reagiere. Ich mache daher nur aus einer subjektiven Perspektive subjektive Maßstäbe und subjektive Gründe geltend, und muß anerkennen, daß der, der verletzt worden ist, ebenfalls subjektive Maßstäbe geltend macht bzw. machen kann. Ob ich daher mit seiner affektiven Reaktion mitgehen kann und zu was meine affektive Reaktion mich motiviert, hängt in diesen Fällen von zweierlei ab: erstens, daß meine subjektiven Beurteilungsmaßstäbe seiner Lage mit seinen Beurteilungsmaßstäben korrelieren, und ich die Beurteilung seiner Lage durch ihn »richtig« finde, d. h. seine Gründe teilen kann, und zweitens, ob dieses (implizite) Urteil der sympathetischen Einstellung für mich einen überwiegenden Grund darstellt, so daß meine stellvertretende, affektive Reaktion gemäß diesen Maßstäben mich stärker motiviert als meine ursprünglichen oder unmittelbaren Wünsche. Von einer *moralischen Verpflichtung* kann *insoweit* nicht die Rede sein, da es offenbar nur darauf ankommt, ob meine Disposition so ist, daß meine Wünsche oder die vorgestellten und affektiv mitvollzogenen des anderen stärker sind. Es bleibt gewissermaßen zufällig, wozu ich in einer solchen Lage motiviert bin. Überwiegt die Sympathie, so werde ich stellvertretend für den anderen seine Interessen vertreten, so wie ich meine Interessen vertreten würde.

III.2 Die Perspektive der Unparteilichkeit

Mit den nächsten beiden Modifikationsbestimmungen ändert sich diese mitfühlende, explorative, wohlinformierte und subjektiv urteilende Ausgangsbasis der moralischen Reaktionsweisen. Strawson spricht von dem »unpersönlichen oder unbeteiligten« (im engl. Orginal: »impersonal or disinterested«) Charakter der reaktiven Haltungen. Damit kann aber nicht eine entpersönlichte und uninteressierte oder emotional unbeteiligte Reaktion gemeint sein, weil dies dann so zu verstehen wäre, daß die Urteilsperspektive der sympathetischen Einstellung schlicht aufgehoben wäre. Ich glaube, was er hier meint, kann man besser mit Adam Smith als den *unparteilichen*[22] Charakter unserer affektiven Reaktion bezeichnen. In dem Maße, wie wir »nicht persönlich« und »wie unbeteiligt«, d. h. ohne eine bestimmte Partei ein-

---

22 Strawson gebraucht interessanterweise diesen Ausdruck nicht.

zunehmen, reagieren, *modifizieren* wir noch einmal unsere in der sympathetischen Einstellung eingenommene affektive Haltung. Wir beurteilen sie darauf hin, wie ein unparteilicher Dritter, unabhängig von seinen aktuellen Affekten und insofern »unpersönlich oder unbeteiligt«, die Sache empfinden und beurteilen würde. Die Reaktionsweise, die sich jetzt ergibt, »bewegt« uns unabhängig von den »eigenen persönlichen Vorlieben«[23] zu bestimmten Stellungnahmen und zu einer Modifizierung unserer in der sympathetischen Einstellung vollzogenen affektiven Reaktion. Wir stützen uns dabei auf zumindest transsubjektive Gründe und erheben einen objektiven Begründungsanspruch. Für Strawson ist es erst diese Modifizierung, die den entsprechenden reaktiven Haltungen »das Recht auf die Bestimmung ›moralisch‹ gibt«[24] und auch Adam Smith sah in dieser Position des »unparteilichen Betrachters« erst das wesentliche Charakteristikum der moralischen Verpflichtungen[25].

Smith führt die unparteiliche Urteilsbildung eines beliebigen Beobachters in unterschiedlicher Weise ein. Man kann das zunächst so verstehen, daß er den Kreis und die Anzahl der Personen, aus denen der sympathetische »Zuschauer« kommt, in 3 (resp. 4) Schritten erweitert:[26]

1. Die billigende Sympathie beinhaltet eine subjektive Beurteilung der Angemessenheit der affektiven Reaktion eines anderen relativ zu seiner Lage: ich sympathisiere mit ihm, wenn ich mir seine Situation vorstelle und urteile, daß ich ebenso in seiner Lage reagiert hätte.
2. Im zweiten Schritt bemesse ich diese Angemessenheit danach, ob neben mir auch Freunde oder Nahestehende (»gewöhnliche Bekannte«) dies so beurteilen würden.
3. Im dritten Schritt frage ich mich, ob auch zufällige Fremde oder beliebige andere (»eine Versammlung fremder Personen«) das gleiche Urteil fällen würden.
4. Später im Text gibt es Stellen, in denen Smith davon spricht, daß die sympathetische Billigung vorgestellt wird als die »jedes unparteiischen Zuschauers«[27] und daß er sich unter dem

---

23 Siehe E. Tugendhat, *Dialog in Leticia*, Frankfurt am Main 1997, S. 64.
24 Strawson, op. cit., S. 218.
25 A. Smith, op. cit., S. 169f., 442ff. und 490. Siehe auch Tugendhat 1993, S. 299.
26 Siehe zum Folgenden A. Smith, op. cit., S. 25f.
27 Smith, op. cit., S. 100.

unparteilich Urteilenden jemanden vorstellt »als schlechthin einen Menschen«, als einen »Stellvertreter der Menschheit«.[28] Man könnte das so verstehen (wenn man es nicht objektivistisch verstehen will), daß Smith glaubt, daß das unparteiliche Urteil eines ist, das irgendeiner [29] stellvertretend für alle überhaupt fällen würden.

In diesen 4 Schritten wird nacheinander die Bedeutung von Unparteilichkeit erläutert, indem die Klasse der Urteilenden ausgedehnt wird. Die subjektive Bezogenheit meines Urteils wird überschritten und relationiert zunächst auf den Kreis Nahestehender, dann Fremder, dann auf alle Menschen (die Menschheit). Bei dieser Ausdehnung geht es aber nicht darum, daß andere jetzt urteilen sollen, was richtig und angemessen ist, sondern es geht durch diese *vorgestellte* Relationierung um eine Modifizierung meines Urteils. Ich könnte ja unausgewogen, idiosynkratisch, zugunsten eines nur für mich nützlichen Interesses, befangen oder willkürlich urteilen, kurz: ich könnte parteiisch sein und mein sympathetisches Urteil parteilich bestimmt. Gegen diese Gefahr oder Möglichkeit, daß mein sympathetisches Urteil *nur* meine persönlichen Interessen zum Ausdruck bringt, nur von meinem subjektiven Standpunkt aus gefällt wird, wechsele ich den Standpunkt, stelle mir vor, vom Standpunkt anderer zu urteilen, und versuche so, einen unparteilichen Standpunkt einzunehmen. Die beanspruchte Unparteilichkeit bringt also nur die Negation der Möglichkeiten, parteiisch zu urteilen, zum Ausdruck. Woher aber weiß ich, daß mein Urteil parteiisch ist und wann und durch was wäre es unparteilich? Und was genau ist (positiv) mit »unparteilich« gemeint? Warum sollte ein Urteil der Billigung oder Angemessenheit, das irgendeiner stellvertretend für alle trifft, unparteilich sein? Was wird in einem unparteilichen Urteil beansprucht, und wie wird dieser Anspruch eingelöst?

In vielen Moralphilosophien wird der Standpunkt der moralischen Urteilsbildung mit Hilfe von »Unparteilichkeit« bestimmt. In den meisten Fällen wird der Begriff »Unparteilichkeit« aber unerläutert gebraucht. Das ist um so erstaunlicher, weil der Begriff selbst schon auf den ersten Blick eigentümlich zu sein scheint. Genaugenommen sagt der Begriff ja nur aus, was nicht gemeint ist: Parteilichkeit. Jemand ist unparteilich, das zeigte

---

28 Smith, op. cit., S. 297f.
29 So auch die Interpretation bei Tugendhat, *Vorlesungen über Ethik*, a.a.O., S. 289.

auch eine erste Analyse von Smith' Vorgehen, wenn er nicht parteilich ist, aber was bedeutet 1) »parteilich« und 2) was ist man positiv, wenn man nicht parteilich ist? Unparteilichkeit ist ein negativ bestimmter Begriff und es erscheint unbestimmt, was er positiv bedeutet.

ad 1) Von »Partei« sprechen wir, wenn es wenigstens zwei, nicht durcheinander ersetzbare Positionen gibt, die durch unterschiedliche Interessen und Vorlieben bestimmt sind und zwischen denen es auf Grund dieser Unterschiede möglicherweise Konflikte hinsichtlich einer zu lösenden Aufgabe oder hinsichtlich der Verteilung von Gütern gibt. Partei ist jeweils eine Seite in einem möglichen Konflikt zwischen wenigstens zwei Seiten und eine parteiische Urteilsbildung oder Lösung eines solchen Konfliktes wäre eine, die eine Seite bevorzugt oder benachteiligt oder bei der einen Seite ihre Sichtweise auf Kosten der anderen durchsetzt. Eine unparteiliche Lösung eines solchen Konfliktes wäre eine, in der dies negiert ist, aber es ist dann noch offen, ob sonst noch etwas eine unparteiische Lösung (positiv) auszeichnet.

Nun geht es in unserem Kontext um begründete Urteilsbildungen. Die bisherigen Überlegungen machen klar, daß nur da, wo es Parteien oder parteiische Gründe geben kann, man auch sinnvoll von Unparteilichkeit sprechen kann. Zum Beispiel kann ich mir schwer vorstellen, daß ich die Frage, soll ich auf einer Tagung nach einem Vortrag in ein Café gehen oder lieber den nächsten Vortrag anhören, andere Beziehungen mal abgeblendet, unparteilich entscheiden kann, da es keinen Sinn macht, daß ich in dieser Frage in zwei Parteien zerfalle. Nur wenn ich die Auswirkungen meiner Handlung auf andere mit berücksichtige, könnte ich Partei sein, und meine parteiischen Gründe gegen die parteiischen Gründe, die andere vorbringen, abwägen und gegebenenfalls eine parteiische oder unparteiische Entscheidung treffen. Von Unparteilichkeit sprechen wir daher sinnvoll nur dann, wenn es um die Regelung von Beziehungen zwischen unterschiedlichen Personen (Parteien) geht, nicht, wenn es um die angemessene Wahl zwischen konkurrierenden Präferenzen zwischen (rein) subjektiven Wünschen einer Person geht. Das schließt die Möglichkeit nicht aus, daß ich meine Wünsche mit den Augen der anderen und ggf. unparteilich beurteile.

ad 2) Wenn zwei Parteien A und B sich nicht einigen können, können sie einen Dritten fragen, wie zu entscheiden richtig sei.

Die Entscheidung des Dritten ist, obwohl er nicht (unmittelbar) beteiligte Partei ist, nicht notwendig unparteilich, denn er könnte ja auch nur die Gründe einer weiteren Partei C geltend machen oder schlicht willkürlich entscheiden. Die Tatsache daher, daß seine Entscheidung weder die Interessen von A noch die von B bevorzugt, und sie insofern nicht parteiisch ist, sagt daher noch nicht aus, was sie zu einer unparteilichen Entscheidung macht. Akzeptiert wird seine Entscheidung als eine unparteiliche Entscheidung daher nicht schon deshalb, weil sie die Entscheidung eines Dritten ist, sondern weil und sofern sie beansprucht, richtig zu sein, d. h. gegenüber A und B gerechtfertigt werden kann. Eine unparteiliche Urteilsbildung impliziert daher nicht nur, nicht parteilich zu sein (negativer Bedeutungsaspekt), sondern beansprucht richtig, d. h. rechtfertigbar zu sein (positiver Bedeutungsaspekt). Was aber noch unbestimmt ist, ist die genauere Bestimmung dieses positiven Bedeutungsaspekts von Unparteilichkeit.

Hier setzen nun eine Reihe von unterschiedlichen Auffassungen einer unparteilichen Urteilsbildung an. Sie wird verstanden
a) nach dem Richter-Modell
b) als Urteilsbildung eines beliebigen Beobachters (Adam Smith, Ernst Tugendhat)
c) als entscheidendes Charakteristikum praktischer Vernunft. Rationale praktische Gründe sind danach solche, die sich durch (unterschiedlich konzipierte) Unparteilichkeit auszeichnen. Gegenwärtige Autoren reagieren dabei zumeist auf John Rawls' Vorschlag, nach dem ein »unparteiisches Urteil ... ein solches ist, das den Grundsätzen entspricht, die im Urzustand beschlossen würden.«[30]

---

30 John Rawls, *Eine Theorie der Gerechtigkeit*, Frankfurt am Main 1975, S. 217; Rawls kritisiert vorher den Begriff des »unparteilichen mitfühlenden Beobachters«. Seine Kritik bezieht sich aber auf eine stark utilitaristische Deutung von Hume und Smith, die m. E. die hier vertretene nicht utilitaristische Interpretation nicht trifft. Auf Rawls' kontraktualistische Interpretation der Unparteilichkeit reagieren nun eine Reihe von gegenwärtigen Autoren. Da ich an dieser Stelle auf diese Diskussion nicht weiter eingehen kann, will ich nur einige Hauptvertreter nennen:; Thomas Nagel, *The Possibility of Altruism*, Princeton, New Jersey 1970; Thomas Nagel, *Equality and Partiality*, New York/Oxford 1991; siehe zu Nagel den überzeugenden Aufsatz von Alexander Somek, Begründen und Bestimmen. Das moralische Urteil als Praxis, in: *Deutsche Zeitschrift für Philosophie*, Berlin 47, 1999 3, S. 383-405; Alan Gewirth, *Reason and Morality*, Chicago 1978; siehe hierzu auch Stephen L. Darwall, *Impartial Reason*, New York, Ithaca 1983; Brian Barry, *Justice as Impartiality*, Oxford 1995; siehe dazu Paul

d) als durch wechselseitigen Perspektiventausch aller Beteiligten (Mead/Kohlberg)[31] hervorgebracht
e) nach dem Diskursprinzip (Habermas) als eine Beratungspraxis, nach der »nur die Normen (...) Gültigkeit beanspruchen (dürfen), die in praktischen Diskursen die Zustimmung aller Betroffenen finden könnten«.[32]

Ich kann diese Vorschläge hier nicht im einzelnen durchgehen, doch ich will an die ersten beiden anknüpfend einige weitere Charakteristika von »Unparteilichkeit« herausarbeiten.

1. Die Deutung von Unparteilichkeit nach dem Richter-Modell sagt zunächst, daß ein richtiges Urteil eines ist, das ein unparteilicher Richter fällen würde. Ein Richter ist aber im Normalfall in einer besonderen Situation: Er urteilt in einer institutionell, durch Verfassung und Verfahrensregeln vorbestimmten Situation, ihm sind Gesetze oder rechtliche Normen (Regeln) vorgegeben, die er in bezug auf einen Einzelfall sachlich richtig anwendet. Die Unparteilichkeit eines Richters bezieht sich daher auf die Angemessenheit einer Regelanwendung, wobei vorausgesetzt wird, daß die Regel selbst legitim ist. Der Richter erfüllt die Unparteilichkeitsforderung, wenn er sich an die rechtlichen Standards seines Amtes hält, und das heißt negativ, wenn er nicht parteilich urteilt (nicht voreingenommen, nicht persönlich befangen, nicht beeinflußt von dritter Seite, nicht unsachlich, ect.[33]). Positiv ist hier gefordert, daß er objektiv in dem Sinne ist, daß er hermeneutisch die richtige Regel auswählt und alle relevanten sachlichen Gesichtspunkte einer Anwendungssituation berücksichtigt.[34] Damit

---

Kelly (ed.), *Impartiality, Neutrality and Justice. Re-reading Brian Barry's Justice as Impartiality*, Edinburgh 1998.

31 Georg Herbert Mead, *Geist, Identität und Gesellschaft*, Frankfurt am Main 1968; Lawrence Kohlberg,/D.R. Boyd/Ch. Levine, Die Wiederkehr der sechsten Stufe: Gerechtigkeit, Wohlwollen und der Standpunkt der Moral, in: Wolfgang Edelstein/Gertrud Nunner-Winkler (Hrsg.), *Zur Bestimmung der Moral*, Frankfurt am Main 1986. Siehe die kritische Würdigung von Jürgen Habermas, Gerechtigkeit und Solidarität. Eine Stellungnahme zur Diskussion über »Stufe 6«, in: W. Edelstein/G. Nunner-Winkler (Hrsg.), *Zur Bestimmung der Moral*, a.a.O., S. 295 ff.
32 J. Habermas, *Die Einbeziehung des Anderen*, Frankfurt am Main, 1997, S. 59.
33 Siehe dazu im einzelnen Joachim Riedel, *Das Postulat der Unparteilichkeit des Richters – Befangenheit und Parteilichkeit – im deutschen Verfassungs- und Verfahrensrecht*, Berlin 1980.
34 Klaus Günther bestimmt daher den »applikativen Sinn« der Unparteilichkeit als

ist nicht eine »absolute Objektivität« gefordert, nach der jeweils nur »die jeweilige konkrete Sache selbst sowie die hierfür einschlägigen Rechtsnormen die Entscheidung bestimmen«.[35] Der Richter kann seine eigene Persönlichkeit nicht ausblenden, da *er* ja *entscheiden* muß. Könnte in der Bestimmung des Richtigen das Moment der persönlichen Entscheidung eliminiert werden, wäre also das Richtige in einem absoluten Sinne objektiv gegeben und zur Anwendung zu bringen, wäre die Forderung nach Unparteilichkeit sinnlos. Diese Einsicht will ich allgemein (d. h. über den applikativen Kontext hinaus) formulieren: Unparteilichkeit fordern wir, wenn es gerade ein letztes nicht eliminierbares Moment von Entscheidung in der Bestimmung des moralisch Richtigen gibt. Gäbe es ein absolutes Kriterium oder Verfahren zur Bestimmung des moralisch Richtigen, so wäre Unparteilichkeit nicht notwendig. Die denkbar beste Lösung zur Bestimmung des moralisch Richtigen wäre ein absolutes objektives Moralprinzip, Unparteilichkeit ist ein Lösungsvorschlag, wenn diese denkbar beste Lösung nicht zu haben ist.

Eine weitere, allgemeine Eigenschaft von unparteilichen Urteilen läßt sich ebenfalls herausheben. Wäre dem Richter keine Norm (vor)gegeben oder wäre es nicht seine Aufgabe, eine angemessene Norm überhaupt erst zu finden, so wäre ein unparteiliches Urteil inhaltsleer. Ein unparteiliches Urteil benötigt immer eine normative Hinsicht, hinsichtlich der eine Bevorzugung oder Benachteiligung überhaupt in Frage stehen kann. In dieser Hinsicht zeigt sich, daß eine unparteiliche Urteilsbildung immer von inhaltlichen Vorgaben (normativen Hinsichten oder Regeln) abhängig ist. Unparteilichkeit ist so gesehen eine unvollständige moralische Urteilsperspektive; sie würde ins Leere laufen, wenn sie nicht durch inhaltliche moralische Gesichtspunkte ergänzt würde. Smith eruiert diese inhaltlichen moralischen Hinsichten durch die Perspektive der sympathetischen Einstellung. Diese notwendige inhaltliche Ergänzung der Unparteilichkeitsperspektive bedeutet freilich nicht, daß die inhaltlichen Vorgaben nicht ihrerseits von ihr aus (in einem reflexiven Sinn) kritisch gewürdigt werden können.

---

die »Forderung, in einer einzelnen Anwendungssituation alle Merkmale zu berücksichtigen«, siehe Klaus Günther, *Der Sinn für Angemessenheit. Anwendungsdiskurse in Moral und Recht*, Frankfurt am Main 1988, S. 56, siehe auch S. 144f. u. ö.
35 So J. Riedel, op. cit., S. 198.

Ein unparteilicher Richter wird daher sehr wohl selbst entscheiden müssen, was das Richtige im jeweiligen Fall ist, er wird sich dabei aber an normative Vorgaben und die durch den gerichtlichen Kontext gegebenen Verfahrensregeln halten, und versuchen, mit den übrigen Entscheidungen des Rechtssystems konsistent zu entscheiden. Unparteilichkeit kann daher ein Richterspruch beanspruchen, wenn er relativ zu einem gegebenen System von allgemeinen Regeln (Gesetzen) und relativ zu der internen Konsistenz des Systems in einem Einzelfall so urteilt, daß kein Grund denkbar (bekannt) ist, nach dem dieses Urteil parteilich wäre. Es bleibt daher bei der bloß negativen Bestimmung der Unparteilichkeit, und die daraus resultierende Unbestimmtheit ist durch den institutionellen Kontext und die normativen Vorgaben kompensiert.

2. Die institutionelle Situation des Richters ist dadurch gekennzeichnet, daß er selbst eine besondere Position (Partei) »über den Parteien« einnimmt und nach als gültig unterstellten Normen entscheiden kann. Beide Eigentümlichkeiten entfallen, wenn eine unparteiliche Urteilsbildung in normalen, kontextuell nicht gebundenen, moralischen Situationen angestrebt werden soll. Hier sind alle Beteiligten *in der gleichen Weise* Partei, und die moralischen Regeln selbst unterliegen (in einem radikaleren Sinne als im Rechtssystem die Rechtsnormen) einem Rechtfertigungsgebot. Das Faktum des Pluralismus normativer Wertungen, die unübersichtliche Lage unserer moralischen Orientierungen und die Komplexität sozialer Situationen machen es unplausibel, von als begründet vorgegebenen moralischen Normen schlicht auszugehen.[36] Es ist nun die Frage, welche Anforderungen und Leistungen wir von der Urteilsperspektive der Unparteilichkeit erwarten können, wenn es nicht mehr nur um die Anwendung von Normen in einer konkreten Situation geht, sondern auch um die Begründung dieser Normen selbst. Ich möchte dazu die Interpretation von Unparteilichkeit diskutieren, die Ernst Tugendhat im Anschluß an Adam Smith vorgeschlagen hat.

Tugendhat betont wie Adam Smith, daß wir in der Praxis des moralischen Tadelns und Billigens nicht einfach nur darauf abhe-

---

36 Das betont auch Jürgen Habermas, »Richtigkeit versus Wahrheit. Zum Sinn der Sollgeltung moralischer Urteile und Normen«, in: ders.: *Wahrheit und Rechtfertigung*, Frankfurt am Main 1999, S. 302ff.

ben, daß wir in unseren Handlungen und affektiven Reaktionsweisen getadelt oder gebilligt werden, sondern daß unser Verhalten tadelnswürdig oder billigenswert ist, auch dann, wenn wir faktisch nicht getadelt oder gelobt werden. Die Differenz zwischen »Billigenswertsein und (faktischem) Gebilligtwerden«[37] versteht Tugendhat mit Smith so, daß hier nicht auf einen absoluten Wert Bezug genommen wird, von dem das Billigenswerte abgeleitet wird, sondern daß hier einmal auf einen Wunsch, lobenswert zu sein, der konstitutiv für die Ausbildung eines moralischen Gewissens[38] ist, Bezug zu nehmen ist, zum anderen das Billigenswerte »nur eine bestimmte Art des Schätzens selbst sein« kann, nämlich diejenige, die durch ein unparteiliches Billigen und Tadeln bestimmt ist. »Der unparteiliche Betrachter ist nicht als jemand außerhalb derer, die faktisch billigen, zu denken, sondern er steht einfach für diejenigen, die billigen, sofern sie es aus einer unparteilichen Perspektive tun. Der unparteiliche Betrachter ist die regulative Idee des Billigens selbst, und diese regulative Idee gehört zum Billigen ... von vornherein, weil dieser objektive Anspruch zum Sinn des Billigens gehört. Billigen heißt, ...: jemanden als gut beurteilen.«[39] Wir billigen etwas in diesem Sinn einer unparteilichen Beurteilung, wenn wir zugleich auf Gründe der moralischen Beurteilung hinweisen können. Tugendhat fragt sich nun, ob wir verschiedene Stufen, »in der das moralische Urteil sich täuschen kann«[40], und d. h. ob wir verschiedene Stufen der unparteilichen Betrachtung unterscheiden können. Auf diese Weise können wir nun Ansprüche und Leistungen der Unparteilichkeitsperspektive gut erläutern.

Auf einer ersten Stufe, die auch Adam Smith nennt, kann der unparteilich Urteilende sich einfach über gewisse empirische Daten täuschen, er ist über etwas nicht gut informiert und kommt deshalb zu einem unangemessenen Urteil. In diesem Fall steht das normative Maß fest, aber in Hinsicht auf die empirischen Sachverhalte wird etwas Falsches unterstellt.[41]

---

37 E. Tugendhat, *Vorlesungen über Ethik*, a. a. O., S. 312.
38 Siehe dazu A. Smith, a. a. O., S. 199 ff. und die Ergänzung in den Anmerkungen S. 295 ff.
39 E. Tugendhat, *Vorlesungen über Ethik*, a. a. O., S. 313.
40 Tugendhat, *Vorlesungen über Ethik*, a. a. O., S. 314.
41 Wir haben diesen Punkt schon bei der Urteilsperspektive der sympathetischen Einstellung angesprochen, insofern diese beansprucht, wohlinformiert zu sein. Da die Unparteilichkeitsperspektive ja nur eine Modifizierung des Urteils dieser

Auf einer zweiten Stufe besteht Unsicherheit darüber, ob das richtige normative Maß oder die richtige moralische Regel angewandt worden ist. Das ist insbesondere gegeben in komplexen Situationen, in der »eine Vielzahl normativer Aspekte« (ebd.) berücksichtigt werden müssen. Die mögliche Täuschung besteht hier darin, daß der unparteiliche Betrachter ein falsches normatives Maß anwendet, d. h., daß er den applikativen Sinn der Unparteilichkeit insofern verfehlt, als er der konkreten Situation unangemessene Normen oder moralische Regeln anwendet.[42] Auf dieser Stufe geht es um die oben angesprochene unparteiliche Überprüfung der inhaltlichen moralischen Hinsichten, die eine Unparteilichkeitsperspektive ergänzen müssen, damit sie nicht ins Leere läuft. Unparteilichkeit meint hier aber nicht ein schlichtes Abwägen zwischen unterschiedlichen Normen, in dem Sinne, daß ein Beteiligter selbst entscheidet, wie er die einzelnen Hinsichten gewichten will, sondern es geht um die unparteiliche Gewichtung solcher normativen Hinsichten, d. h. um eine solche, die auch alle anderen Betroffenen nicht parteilich behandelt.[43]

Auf einer dritten Stufe geht es zunächst um die Frage, »wer alles die moralische Gemeinschaft ausmacht.«[44] Der unparteiliche Betrachter könnte ja ein »Beliebiger« sein, »der zu einer bestimmten moralischen Gemeinschaft gehört« und sein Urteil nur innerhalb dieser bestimmten Gemeinschaft unparteilich sein. Die darüber hinausgehende Frage ist, ob mit dem unparteilichen Betrachter auch ein beliebiger Mensch gemeint sein *muß*, d. h. jemand, für den es irrelevant ist, welcher konkreten Gemeinschaft er zugehörig ist. Tugendhat ist an dieser Stelle etwas unklar. Auf der einen Seite sagt er, daß die aus der Perspektive der Unparteilichkeit begründeten Normen »invariant« bleiben beim Übergang von einer Gesellschaft zur anderen, auf der anderen Seite sagt er, daß es hier nicht »um den geringsten gemeinsamen Nenner der faktischen moralischen Systeme«[45] geht. Letzteres scheint aber ein anderes Problem zu betreffen. Die Frage, um die es hier geht, ist vielmehr,

Perspektive verlangt, kann und muß natürlich dieser Punkt auch von ihr aus angesprochen werden.
42 Daß hier Begründungsfragen nicht mit Anwendungsfragen vermischt werden dürfen, betont K. Günther, *Der Sinn für Angemessenheit*, a.a.O., S. 239ff.
43 Diesen Punkt betont auch Ernst Tugendhat, siehe ders., »Kann man aus der Erfahrung moralisch lernen?«, in: ders., *Probleme der Ethik*, Stuttgart 1984, S. 100f.
44 Tugendhat, *Vorlesungen über Ethik*, a.a.O., S. 314.
45 Tugendhat, *Vorlesungen über Ethik*, a.a.O., S. 315.

ob der Begriff »Unparteilichkeit« als solcher schon die Universalität der Urteilenden enthält, ob der unparteiliche Beobachter schon begrifflich als einer von allen Menschen überhaupt bestimmt werden muß? Der Begriff »Unparteilichkeit« scheint nicht selbst schon zu implizieren, daß auf alle Menschen überhaupt Bezug genommen werden muß, sondern daß nur auf alle diejenigen Bezug genommen werden muß, die in einer bestimmten Hinsicht Partei sind. Ein unparteiliches Urteil beansprucht daher *begrifflich* zunächst nur, daß es *keinen von allen einer bestimmten Klasse* bevorzugt oder benachteiligt. Erst eine reflexive Anwendung der Unparteilichkeitsperspektive auf die Differenz zwischen »alle einer bestimmten Klasse« und »alle einer anderen bestimmten Klasse« würde den Bezugsrahmen von Unparteilichkeit ausdehnen und eine Entrelativierung in Gang setzen, die auf »alle überhaupt« sich ausdehnt. Ich verstehe daher den Begriff eines unparteilichen Urteils so, daß damit begrifflich nur impliziert ist, daß wir keine guten Gründe haben, jemanden aus einer bestimmten Klasse parteilich zu behandeln.

Auch in dieser Hinsicht erweist sich daher die Urteilsperspektive der Unparteilichkeit *als solche* als explikationsbedürftig. Sie ist nicht von vornherein universalistisch im Sinne einer universalistischen (kantianischen) Moral, die eine unparteiliche Berücksichtigung aller Menschen verlangt. Aber der moralische Universalismus in dem Sinne, daß alle Menschen in der gleichen Weise in moralische Rücksichten einbezogen werden müssen, ergibt sich, wenn die unparteiliche Urteilsbildung reflexiv auf ihre eigenen Voraussetzungen angewendet wird, wenn sich nämlich zeigt, daß wir keine guten Gründe haben und insofern parteilich sind, wenn wir Mitglieder einer Gemeinschaft anders behandeln als Mitglieder einer anderen Gemeinschaft. Das Unparteilichkeitsprinzip ist insofern ein »offenes Prinzip«, das eine »dynamische Struktur (hat), die sich für die jeweiligen normativen Meinungen autodestruktiv auswirkt«[46]. Es generiert einen universellen Anspruch der Moral.

Smith hatte daher letztlich recht, wenn er sich unter dem unparteilich Urteilenden jemanden als einen »Stellvertreter der Menschheit«[47] vorstellte. Offen ist freilich, wie denn der Anspruch, stellvertretend für alle entscheiden zu können, auch be-

46 So Tugendhat, *Probleme der Ethik*, a.a.O., S. 102f.
47 Smith, op. cit., S. 297f.

gründet eingelöst werden kann.[48] Diese Frage leitet aber schon über zur Perspektive der Verallgemeinerbarkeit. (Dazu siehe unten.)

Auf einer vierten und letzten Stufe geht es Tugendhat um die Frage, ob wir uns über den Unparteilichkeitsgesichtspunkt selbst täuschen können, d. h. es geht um die Frage der Begründung oder Rechtfertigung eines (oder des obersten) moralischen Beurteilungsgesichtspunktes. Tugendhat erläutert an dieser Stelle seine bekannte zweistufige Konzeption eines nur plausibel begründbaren Moralkonzeptes.[49] Da aber nach den hier vorgebrachten Überlegungen die Perspektive der Unparteilichkeit erfordert, daß der durch sie generierte universelle Anspruch der Moral beachtet wird, verschiebt sich meines Erachtens das Problem der Begründung des Moralprinzips der Unparteilichkeit in den Kontext der Erläuterung des nun abschließend zu behandelnden Aspektes der Verallgemeinerbarkeit.

III.3 Die Perspektive der Verallgemeinerbarkeit.

Die noch verbleibende, letzte Bestimmung der »Verallgemeinerbarkeit«, die nach Strawson unsere affektiven Reaktionsweisen erst zu moralischen macht, läßt sich jetzt so verstehen, daß sie sich aus einer Explikation einer unparteilichen Urteilsbildung ergibt. In dieser Perspektive sind wir aufgefordert, unsere reaktive Haltung nicht nur in der Perspektive einer sympathetischen Einstellung und unparteilichen Urteilsbildung zu beurteilen, sondern nun auch explizit so, daß wir sie verallgemeinern, d. h. daß sie offen ist gegenüber den Perspektiven von allen. Solange wir dabei noch von absoluten Konzeptionen des moralisch Guten ausgehen, ist diese Offenheit gegenüber den Perspektiven von allen inhaltlich beschränkt. Wir werden dann einige Sichtweisen von einigen ausschließen, weil sie nach dieser absoluten Konzeption von vornherein nicht richtig sind und daher keine Berücksichtigung verdienen. Was moralisch billigenswert ist, erscheint dann

---

48 An dieser Stelle scheint mir Rawls' Einwand zu treffen, daß der utilitaristische Zug bei Hume und Smith hier eine Deutung nahelegt, die zu einer »unindividualistischen Zusammenfassung aller Bedürfnisse zu einem einzigen Bedürfnissystem« führt, und deshalb auch, und erst recht von einer Konzeption von Gerechtigkeit als Fairneß, zu kritisieren ist, vgl. J. Rawls, *Eine Theorie der Gerechtigkeit*, a. a. O., S. 215 ff.

49 Tugendhat, *Vorlesungen über Ethik*, a. a. O., S. 315 ff.

auch unter dem Geschichtspunkt der Unparteilichkeit inhaltlich vorbestimmt. Der subversive Sinn der Unparteilichkeit macht freilich vor solchen Bastionen des absolut Guten keinen Halt. Zeigt sich in konkreten Erfahrungen, daß wegen dieser absoluten Konzeptionen einige vorgezogen oder benachteiligt werden oder auch nur einer von allen parteilich behandelt wird, so fordert der positive Bedeutungsaspekt von Unparteilichkeit, daß solche parteilichen Verhaltensweisen rechtfertigbar sein müssen, und zwar jetzt gerade so, daß auf diese absolute Konzeption nicht mehr Bezug genommen werden kann. Wenn eine Andersbehandlung daher nicht unparteilich begründet werden kann, dann fordert die Unparteilichkeitsperspektive auf, alle, ganz unabhängig von ihrer Gemeinschaft, nicht parteilich, und das heißt dann auch, gleichgewichtig zu behandeln. Ohne daß ich dieses schwierige Problem hier im einzelnen diskutieren kann, vermute ich daher, daß zumindest die Ablehnung von »primärer Diskriminierung«, wie Tugendhat die fundamentale Ungleichbehandlung von Menschen nennt, sich ebenfalls aus der Perspektive einer universellen Unparteilichkeit ergibt.[50]

Den Objektivitätsanspruch, den ein unparteiliches Urteil erhebt, muß man dabei so verstehen, daß er sich nicht »von Haus aus« auf eine absolute Konzeption des Richtigen stützt, sondern daß er Objektivität in dem Sinne beansprucht, daß er gegenüber allen betroffenen Parteien gerechtfertigt werden kann. Deshalb kann der Rechtfertigungsanspruch von unparteilichen Urteilen auch nicht in einem absoluten Sinn verstanden werden. Auch in dieser Hinsicht ist Unparteilichkeit eine – man könnte sagen »suboptimale« – Lösung, die wir deshalb ergreifen, weil eine absolut richtige Lösung nicht zu haben ist.[51]

Einlösen kann daher den Objektivitätsanspruch unparteilicher Urteile nur der durchgeführte Nachweis, daß gegenüber allen Parteien, die von einer zu beurteilenden Regelung betroffen sind,

---

50 Vgl. Tugendhat, Vorlesungen über Ethik, S. 375 f. Siehe dazu auch den Aufsatz von Stefan Gosepath in diesem Band, S. 403 ff.
51 Offen ist noch die Frage, ob eine solche universelle Unparteilichkeit eingelöst werden kann durch das vorgestellte, stellvertretende Urteil irgendeines einzelnen, wie Smith und Tugendhat glauben, oder aber durch ein Verfahren der wechselseitigen Perspektivenübernahme, wie Habermas es in kritischer Auseinandersetzung mit Mead und Kohlberg vorschlägt. Mir erscheint die Kritik von Habermas in diesem Punkt einleuchtend, aus Platzgründen kann ich aber hier nicht darauf eingehen.

diese Regelung auch gerechtfertigt werden kann. Damit erreiche ich eine Auffassung, die Jürgen Habermas in seinen Schriften beinahe durchgehend vertreten hat. Unparteilichkeit ist nicht nur die Perspektive der moralischen Urteilsbildung, wenn wir uns fragen, wie wir in einem konkreten Fall zu urteilen haben, sondern sie wird unter Bedingungen einer »nachmetaphysischen Moderne«, in der absolute Konzeptionen des Guten nicht mehr überzeugen können, auch zum strukturierenden Prinzip von Begründungen selbst. Den diskurstheoretischen »Verfahrensbegriff unparteilicher Beurteilung«[52] erläutert er so, daß in der »geforderten Begründungspraxis« »jetzt... alle gleichermaßen zu Parteien geworden (sind), die sich im Wettbewerb um das bessere Argument *gegenseitig* überzeugen möchten«.[53]

Der explizit gemachte oder radikalisierte Sinn von Unparteilichkeit fordert daher nicht nur, daß moralische Rücksichtnahmen auf das jeweilige Wohl aller zu beziehen sind, sondern auch, daß sie gegenüber allen rechtfertigbar sein müssen. In ihr kommt daher der spezifisch moderne Charakter der Moral zum Ausdruck. Moralisch sind Verpflichtungen, die sich inhaltlich auf ein gesolltes Wohlwollen oder Rücksichtnehmen anderen gegenüber beziehen, wenn in ihre Beurteilung, und d. h. auch Begründung, die Perspektiven der *sympathetischen Einstellung,* und der *Unparteilichkeit* und/oder der *Verallgemeinerbarkeit* eingehen. Moralisch sind Verpflichtungen daher genau dann, wenn sie diese Beurteilungsperspektiven beinhalten oder zum Tragen bringen.

---

52 Siehe Jürgen Habermas, *Wahrheit und Rechtfertigung*, a. a. O., S. 302.
53 Habermas, a. a. O., S. 304f.

III. Rechts- und Demokratietheorie: Die Demokratie, die Öffentlichkeit und ihre Probleme

Claus Offe
Wessen Wohl ist das Gemeinwohl?

»Gemeinwohl« – wir sind von der Renaissance des Begriffs, vor allem auch von der Rolle überrascht, die er gerade auf der linken Hälfte des politischen Spektrums zu spielen scheint. Der Begriff ist nicht nur bei konservativen Wahrern einer naturrechtlich konzipierten sozialen Wertordnung populär, sondern neuerdings auch bei den politischen Bannerträgern der »neuen Mitte« und des »Dritten Weges«. Auf beiden Seiten ist der Mut zum republikanischen Pathos auffällig, mit dem über das Gemeinwohl[1] im Singular gesprochen wird. Denn daß es politische Leit- und Ordnungsvorstellungen gibt, die sich selbst in der Einstellung eines reflexiven Pluralismus werbend als *Versionen* des Gemeinwohls ausgeben, dabei jedoch das Bewußtsein der unbehebbaren Strittigkeit jeder substantiellen Gemeinwohldeutung mitführen, ist keine Neuigkeit. Jede Deutung des Gemeinwohles ist insoweit nur eine, die sich selbst als eine unter mehreren weiß und sich mit rivalisierenden Gemeinwohldeutungen auseinandersetzen muß. Auffällig und auf der politischen Linken eher unerwartet[2] ist aber eine Redeweise, die von »dem« Gemeinwohl im Singular spricht und damit eine Eindeutigkeit suggeriert, die keinen Dissens duldet. Mit gebieterischer Geste erheben sich Vorkämpfer eines solchen als eindeutig und unstrittig präsentierten Gemeinwohls über die Einrede bloßer Interessenten und partikularer Besitzstandswahrer. So erklärt Bundeskanzler Schröder kurz nach seinem Amtsantritt dem Gewerkschaftstag der IG Metall: »Diese Regierung hat nicht die Aufgabe, die einzelnen Forderungen aus den Verbänden zu addieren und durchzusetzen, sondern sie hat die Aufgabe, das Gemeinwohl in Deutschland sozial gerecht und

---

1 Der Begriff ist, vor seinen Säkularisierungen in der republikanischen politischen Theorie seit Machiavelli und Rousseau, nur in der thomistischen Sozialphilosophie expliziert worden. vgl. Michael A. Smith, *Human Dignity and the Common Good*, Lewiston 1995.
2 Geläufig ist der Topos eher in der konservativen politischen Kritik, die gern die Medien für die Schwächung der Regierung für verantwortlich hält. »The press (...) contributes to the undermining of the legitimacy of government. It denies to governments the prerogatives of sovereign power to exercize discretion in the choice of alternatives... and to refuse demands out of concerns for the public good.« Edward Shils, *The Virtue of Civility*, Indianapolis 1997.

wirtschaftlich stark zu organisieren. Das ist der Leitfaden – nicht die Forderungen aus Interessenverbänden, Gemeinden oder einzelnen Bundesländern.«

Weiter fällt auf, daß dem Politikziel »Gemeinwohl« als einer Synthese von Modernitäts- und Gerechtigkeitswerten eine »eigenwertige«. d. h. *moralische* Qualität zugesprochen wird. Darin unterscheidet sich das Gemeinwohl (*bonum commune*) von wünschenswerten Aggregatzuständen, die sich aus der *klugen* Verfolgung von Einzelinteressen ergeben können, also etwa von Kollektivgütern, Positivsummen-Spielen und Verhandlungsgleichgewichten. Ergeben sich diese – der liberalen Intuition zufolge – aus der rationalen *Ver*folgung von Vorteilen, so ergibt sich das Gemeinwohl – in republikanischer Perspektive – aus der *Be*folgung von postulierten Pflichten, die sozialen Akteuren obliegen, seien es politische Führungsgruppen oder einfache Bürger. Die Differenz zwischen beiden läßt sich am Gegensatz von »Kosten« und »Pflichten« festmachen. Der liberale Modus der politischen Steuerung operiert mit der »Verteuerung« unerwünschten bzw. der »Förderung« und Subventionierung erwünschten Verhaltens, wobei beim Begriff der *Kosten* mitgedacht ist, daß diese von rationalen Akteuren nach Möglichkeit vermieden, gesenkt oder abgewälzt werden. Ganz anders beim Begriff der *Pflichten*, zu dem es ja gehört, daß die Sollgeltung deklarierter Pflichten vom Handelnden anerkannt und befolgt, nicht opportunistisch unterlaufen wird. Liberale Politik konvertiert Pflichten, die sich aus Gemeinwohlerfordernissen ergeben, in positive und negative Anreize, die das Verhalten sozialer und ökonomischer Akteure in die erwünschte Richtung lenken sollen. Für diese Konversion scheinen sich jedoch nicht alle benötigten Gemeinwohlbeiträge zu eignen. Manche von ihnen werden nur dann wirksam, wenn sie *als* eine Pflicht, auf deren Erfüllung die politische Gemeinschaft insgesamt (und nicht nur der soziale Nahbereich familialer und anderer Gemeinschaften) einen Anspruch erheben kann, anerkannt und befolgt werden. Insofern zeigt der Rückgriff auf gemeinwohlbegründete öffentliche Pflichten eine »republikanische« Selbstrevision liberalen Regierungshandelns an.

Auf der anderen Seite läßt sich, wie Robert E. Goodin[3] gezeigt hat, die Gemeinwohlsemantik auch sehr wohl an ein strikt libera-

---

3 »Institutionalizing the Public Interest: The Defense of Deadlock and Beyond«, *American Political Science Review*, 90 (1996), No. 2, S. 331 – 342.

les, ja libertäres Politikmodell anschließen – wenn auch mit einigermaßen absurden Konsequenzen. Dieser Deutung zufolge (und mit den Denkmitteln der paretianischen Wohlfahrtsökonomie) kann von einer Annäherung an das Gemeinwohl immer dann gesprochen werden, wenn von gesetzgeberischen und exekutivischen Akten viele bessergestellt werden und niemand benachteiligt wird. Das institutionelle Testverfahren, mit dem ein solcher Gemeinwohlfortschritt (wie er z. B. im Jahre 1990 vom Bundeskanzler den Bürgern der neuen Bundesländer in Aussicht gestellt wurde) gemessen werden kann, ist die Einstimmigkeitsregel (jedenfalls unter der schon idealisierenden Prämisse, daß die Beteiligten »aufrichtig« und strategiefrei abstimmen).[4] Absurd ist dieses »Meßverfahren« freilich deswegen, weil – etwa bei einer Abstimmung über Maßnahmen zur Verbesserung der Qualität von Luft oder Wasser – ein einziger Interessent, der mit der Verschmutzung dieser Umweltmedien Kosten einsparen kann, ausreichen würde, um die Gemeinwohlvermutung für diese Maßnahmen zu widerlegen. Ein weiterer Widersinn besteht darin, daß kollektiv bindende Entscheidungen, weil sie niemandem schaden (dürfen), auch kaum jemandem nützen können. Es handelt sich deshalb in kaum verhohlener Weise um ein (libertäres) Programm für politischen Immobilismus und Nicht-Intervention – Gemeinwohl als »*least common denominator*« zwischen feststehenden individuellen Präferenzen. Diesem Konzept stellt Goodin ein Gemeinwohlkonzept gegenüber, das dem Kriterium des »*highest common concern*« genügt. In dieses gehen gerade nicht feststehende private Präferenzen ein, sondern nur solche, die im Lichte der Öffentlichkeit präsentabel und so gebildet sind, daß sie argumentativen Einwänden von Interessengegnern sich auszusetzen bereit und standzuhalten in der Lage sind. Ein so konstruierter Begriff des Gemeinwohls leidet jedoch an dem Mangel, daß

---

4 Deshalb ist auch der Konsens (oder »Grundkonsens«), insofern er sich auf bestimmte Politik-Inhalte bezieht (und nicht auf Rechte und Prozeduren) weder ein normativ verläßlicher noch ein empirisch häufig anzutreffender Leitfaden für Gemeinwohlverwirklichung. Friedhelm Neidhardt hat gezeigt, daß politische Entscheidungen, nachdem sie einmal getroffen sind, durchaus als legitim auch von denen akzeptiert werden können, die vor der Entscheidung keineswegs mit der letztlich gewählten Alternative einverstanden waren. Vgl. Friedhelm Neidhardt, »Formen und Funktionen gesellschaftlichen Grundkonsenses«, in: Gunnar Folke Schuppert, Christian Bumke (Hrsg.), *Bundesverfassungsgericht und gesellschaftlicher Grundkonsens*, Baden-Baden 2000, S. 15 – 30.

ein Testverfahren nicht leicht anzugeben ist, das Gemeinwohlbeiträge als solche validiert. Allenfalls können Verfahrensregeln Bürger und politische Eliten daran »erinnern«[5], welchen Verpflichtungen und Verantwortlichkeiten sie genügen sollen, ohne die Einhaltung dieser Tugenden gewährleisten zu können, falls diese Erinnerung auf taube Ohren stößt. Wenn politische Tugenden nicht bei den Akteuren als normative Ressourcen oder Dispositionen bereits angelegt sind, kann kein institutionelles Verfahren sie evozieren.

Falls (und in dem Umfang wie) es tatsächlich eine Renaissance des Gemeinwohlbegriffs (im anspruchsvollen Sinne eines »*high common concern*«) gibt, kommt darin eine doppelte Skepsis zum Ausdruck. Zum einen die Skepsis, ob eine wohlgeordnete Gesellschaft mit den Mitteln des *Rechts* (und der demokratischen Kontrolle der Gesetzgebung) *allein* entstehen und bestehen kann. Diese Skepsis läßt sich auch durch den Denkfehler nicht ausräumen, die der Theorie des kollektiven Handelns von Mancur Olson[6] zugrunde liegt: Olson behauptete ja, daß Kollektivgüter dann, und trotz einer allgemeinen nutzenorientierten Verhaltenstendenz der Akteure zum *free riding* zuverlässig produziert werden, wenn die Staatsgewalt mit selektiven Anreizen (mit Bestrafungen und Belohnungen also) nachhilft. Wenn sich aber die Staatsgewalt in ihrer Eigenschaft als Anstalt zur Verteilung selektiver Anreize nun selbst als ein Kollektivgut herausstellt, dann kommt man mit der Rekonstruktion sozialer Ordnung aus normfreien Interessenkalkülen unter rechtlichen Regeln nicht mehr weiter. Zum anderen kommt die Skepsis zum Ausdruck, ob der von *Erwerbsinteressen* geleitete Freiheitsgebrauch von Individuen auf Märkten *allein* – zumal dann, wenn dieser Gebrauch durch die Signale des *shareholder value* gesteuert wird – eine erträgliche soziale Synthese zustande kommen läßt. Zusammengenommen ergeben diese beiden skeptischen Einschätzungen eine schleichende, durchaus nicht systemkritisch argumentierende, aber doch beunruhigte Vermutung, daß etwas fehlt, abhanden gekommen ist oder normativ wie funktional unzulänglich bleibt, wenn moderne Gesellschaften – *ohne* einen Rückbezug auf Kategorien einer verpflichtenden »Sittlichkeit« – bloß als freiheitliche und demokratische Rechtsstaaten verfaßt sind. Jenseits von

---

5 Goodin, a. a. O., S. 341.
6 *The Logic of Collective Action*, Cambridge, Mass. 1965.

Rechtszwang und Erwerbsinteresse wird heute auf breiter Front – in der Politik wie in den Sozialwissenschaften gleichermaßen – nach den Quellen zivilgesellschaftlichen Engagements, sozialer Kohäsion, eines »sozialen Kapitals« und der Selbsttätigkeit einer Bürgergesellschaft gesucht, über deren Unentbehrlichkeit alle Seiten einig zu sein scheinen.

Man könnte nun die Verwendung des Gemeinwohl-Begriffs als eine rhetorische Formel abtun, mit der diejenigen, die ihn verwenden, selbst strategische Zwecke erfüllen. Zum einen werben sie populistisch um die Akklamation eines Publikums, von dem bekannt ist, daß es der Politik, den Parteien und den Verbänden häufig mit verdrossenem Argwohn und zynisch getönter Gleichgültigkeit gegenübersteht. Zum anderen widersetzen sie sich Pressionen, die von den – von Schröder ausdrücklich bezeichneten – Trägern funktionaler und territorialer Repräsentation, also von Verbänden und Gebietskörperschaften, kommen, den Handlungsspielraum der Regierung beschränken und deren Kredit beim wählenden Publikum weiter schmälern können. Hinzu kommt wohl das Interesse regierender Eliten, sich von eigenen Verantwortlichkeiten zu entlasten und die Bewältigung von Problemlagen in die Zuständigkeit von »bürgergesellschaftlicher« Selbsthilfe und Gemeinsinn zu verschieben. Ich denke allerdings, daß solche Deutungen, die letztlich die Gemeinwohlrhetorik als *strategische* Sprechakte von Regierungseliten verstehen, zu kurz greifen. Ein Aufruf wie der John F. Kennedys, die Bürger sollen nicht fragen, was ihr Land für sie tun könne, sondern sich selbst fragen, was sie für ihr Land tun könnten – ein solcher Aufruf könnte auch heute noch, aus dem Mund der richtigen Personen kommend und in die richtige Situation hinein gesprochen, moralischen Kredit und charismatische Anerkennung verschaffen. Schröders Aufruf zum »Aufstand der Anständigen« ahmt diesen Politikmodus der Einmahnung republikanischer Pflichten zumindest nach.

Es hat sich – sowohl in den mit Politik befaßten Sozialwissenschaften wie in der politischen Praxis selbst – auf breiter Front die »neo-Tocquevilleanische« Einsicht durchgesetzt, daß erfolgreiches *»public policy making«* bzw. *»good governance«* mit den rechtlichen bzw. fiskalischen Bordmitteln demokratischer Repräsentation und exekutivischen Handelns allein nicht zustande gebracht werden kann – und das nicht nur im Fall von Hochwasserkatastrophen. Erfolgreiches Regierungshandeln ist tatsächlich auf »entgegenkommende« sozialethische Dispositionen einer »Bürgergesellschaft« angewiesen, die der staatlichen Politik nicht alles zutraut oder alles abverlangt, was an problemlösenden Bewältigungen des aktuellen sozialen, politischen und ökonomischen Wandels und seiner Konfliktfolgen ansteht. Kaum ein Satz dürfte sich im einschlägigen deutschsprachigen Schrifttum eines größeren Zitiererfolgs erfreuen als die Sentenz, mit der Ernst Wolfgang Böckenförde[7] die vorpolitischen Grundlagen staatlichen Handelns in Erinnerung gerufen hat: Der freiheitliche Verfassungsstaat zehrt von Grundlagen [nämlich denen einer bürgerlichen Gemeinwohlorientierung], die er nicht selber garantieren kann. Was der Staatsgewalt bestenfalls gelingen kann, ist die Pflege und Ermutigung dieses zivilgesellschaftlichen Potentials von politikrelevanten moralischen Ressourcen[8]. Genau diesem Ziel dienen erklärtermaßen die »kommunitaristischen« Anleihen, die im Umkreis von »*Third Way*« und »*New Labour*« mit Politik-Konzepten wie »*devolution*« und »*activation*« gemacht werden. Die Bürger, die Familien, die Netzwerke, Nachbarschaften und Vereinigungen, auch die kommunalen Gebietskörperschaften werden als Betätigungsfeld einer gewissermaßen »mikropolitischen« Praxis in den Blick gefaßt, die durch Normen wie die der »Eigenverantwortung«, der »Selbsthilfe«, der »neuen Subsidiarität«, des »Gemeinsinns«, der »Verpflichtung gegenüber dem Gemeinwesen« usw. beschrieben wird. Das Gemeinwohl, so kann man diese programmatischen Einsichten zusammenfassen, kommt nicht (wie bei Max Weber) an der »Spitze« verantwortungsethisch entscheidender Führungspersonen zur Geltung, sondern, gerade im Gegenteil, an der Basis und in der Alltagspraxis von Bürgerinnen und Bürgern.

Nun ist es keine Neuigkeit, wenn man behauptet, daß Rechtsinstitute und die konstitutionellen Verbürgungen der Rechtsordnung selbst auf nicht-formalisierten politisch-kulturellen Voraussetzungen und bürgerlichen Tugenden aufruhen müssen und ohne dieses Widerlager leerlaufen. Wenn die Freiheitsrechte soziale Geltung entfalten sollen, ist *Toleranz* gefordert, weil der

---

7 *Staat, Gesellschaft, Freiheit. Studien zur Staatstheorie und zum Verfassungsrecht*, Frankfurt am Main 1976, S. 60ff.
8 Vgl. a. Claus Offe und Ulrich K. Preuß, »Democracy and Moral Resources«, in: David Held (ed.), *Political Theory Today*, Cambridge 1991, S. 143-171.

Gebrauch eines jeden Freiheitrechts negative Externalitäten hervorrufen kann, die von Betroffenen nicht ohne weiteres hingenommen werden, sondern eben »toleriert« werden müssen. Politische Partizipations- und Repräsentationsrechte sind auf *Vertrauens*beziehungen unter den Bürgern angewiesen; denn wie anders könnten die individuellen Bürger bereit sein, die Ergebnisse der Gesetzgebung an die Voten aller anderen Bürger binden zu lassen? Soziale Sicherheit und Umverteilung kann nur dann gewährleistet werden, wenn die Lebenschancen der Mitbürger nicht mit Indifferenz, sondern in der Einstellung der *Solidarität* wahrgenommen werden. Und auch jene vierte Familie von Grundrechten, die als Gruppen- oder spezielle Repräsentationsrechte zu den drei klassischen (Marshallschen) Familien von Rechten hinzutreten, sind auf eine Komplementärtugend angewiesen – die der »Anerkennung« und positiven Würdigung kultureller und anderer Differenzen.

Neu ist allenfalls das Ausmaß, in dem nicht nur die politisch geschaffene Rechtsordnung insgesamt, sondern die Erfolge einzelner politischer Programme und Interventionen (»*policies*«) von der verständigen Unterstützung der Bürger und ihren kompatiblen, aber eben nicht allein durch die Anreize von Strafe und Belohnung konditionierbaren Dispositionen abhängen. Dies ist nicht nur der Fall, es ist den politischen Eliten als eine Tatsache auch geläufig. Sie reagieren darauf mit einem vielstimmigen Chor ressorteigener Tugendwerbung, die weit über die »*moral suasion*« (etwa für patriotisches Konsumverhalten nach der Maxime »*buy British*«) hinausgehen. So sieht sich heute der Bürger auf Schritt und Tritt quasi-erzieherischen Appellen konfrontiert, die ihn z.B. auffordern, Kinder in die Welt zu setzen, diese fürsorglich zu erziehen, Rücksicht und Vorsicht im Straßenverkehr walten zu lassen, den Hausmüll zu sortieren und andere aus ökologischen Gründen erwünschte Opfer auf sich zu nehmen, *safer sex* zu praktizieren, Straftaten vorzubeugen und bei ihrer Aufklärung mitzuwirken, durch richtige Ernährung und Abstinenz vorbeugend der Gesundheit zu dienen, in öffentlichen Verkehrsmitteln wie beim Ausführen der Hunde Reinlichkeit walten zu lassen, die Steuerschuld gewissenhaft zu begleichen und Angehörigen fremder Kulturen und Ethnien mit Achtung zu begegnen. Es wäre gut, über die Wirkungsweise und den Erfolg dieser vielfältigen Programme eines amtlich veranlaßten und mit Gemeinwohlargumenten unterfütterten Tugendtrainings mehr zu wissen. Hier muß die Vermutung genügen, daß die Akteure staatlicher Politik (zumindest in den genannten und insgesamt eigentümlich »körpernahen« Regelungsbereichen) sich bewußt sind, mit ihren eigenen Mitteln der legislativen Normbildung und exekutivischen bzw. judikativen Norm-Durchsetzung bzw. fiskalischen Anreizwirkung nicht auszukommen und deshalb auf die Normen und Disziplinierungseffekte bürgerlichen Gemeinsinns angewiesen zu sein.

Dabei bleibt es freilich keineswegs bei Appellen und bloßen werbenden Erinnerungen an die Normen von Zivilität und Gemeinsinn. Von der Werbung für erwünschtes Verhalten über die amtliche Diskriminierung unerwünschten Verhaltens bis zur negativen Sanktionierung bzw. dem förmlichen Verbot solchen Verhaltens und der entsprechenden Gelegenheiten reicht ein Spannungsfeld, in dem sich Grundsätze nicht nur eines libertären, sondern auch eines liberalen Politik- und Gesellschaftsverständnisses mit kommunitaristischen, republikanischen und auch paternalistisch-autoritären Positionen vermischen und reiben.[9] Bei den letztgenannten Positionen auf dieser Skala gibt es durchaus die zum Teil aggressiv vorgetragene Bereitschaft, Handlungsweisen mit (unterstellter) diffuser Schädigungs- und Gefährdungswirkung (u. U. auch für die Handelnden selbst) im »wohlverstandenen« Interesse des Gemeinwohls auch dann zu unterdrücken, wenn die eingetretenen Gemeinschaftsschäden nicht den Konkretionsgrad erreichen, der für eine haftungs- oder strafrechtliche Bewältigung zu fordern wäre. Der Genuß von Tabakwaren, der mehr oder weniger grobe Unfug von Jugendlichen (*»zero tolerance«*), der Gebrauch pornographischer Produkte bzw. die mediale Gewährung des Zuganges zu ihnen und Probleme der Schuldisziplin sind hier beispielhaft als Betätigungsfelder einer paternalistischen Gemeinwohlpraxis zu nennen. Auch vorsichtige Vorstöße im Sinne einer Erschwerung der Ehescheidung von Eltern sind hier zu erwähnen.[10]

9 Vgl. als reichhaltige Sammlung von kommunitaristischen Positionen und Fallstudien zu diesem Spannungsfeld den Band von Amitai Etzioni (ed.), *Rights and the Common Good. The Communitarian Perspective*, New York 1995, insbesondere die Aufsätze von Robert E. Goodin, »In Defense of the Nanny State« und William Damon, »Moral Guidance for Today's Youth, In School and Out« sowie Beiträge in der Zeitschrift *The Responsive Community*.
10 Vgl. den Beitrag von W. Galston in dem von Etzioni herausgegebenen Band *Rights and the Common Good*, a. a. O.

Das wichtigste Anwendungsfeld des sanktionsbewehrten paternalistischen Gemeinwohldenkens ist wohl dasjenige, das im angelsächsischen Sprachbereich mit dem treffend gewählten Begriff der »*dependency*« umschrieben wird. Im engeren Assoziationsfeld dieses Begriffes liegen Phänomene der Abhängigkeit von legalen und illegalen Drogen. Im weiteren Umkreis kommen dann Erscheinungen hinzu, die seit den 80er Jahren als »*welfare dependency*« skandalisiert wurden. Gemeint ist der Fall, daß Bezieher von Sozialleistungen auf die gegebene Anreizstruktur im Sinne einer (»eigentlich« unnötigen) Verlängerung des Zeitraumes reagieren, für den sie von ihrem Anspruch auf diese Leistungen Gebrauch machen und sich so an den Leistungsbezug gewöhnen und erwerbsorientierte Anstrengungen zur Re-Normalisierung ihrer Lebensführung mehr oder weniger absichtsvoll unterlassen oder hinauszögern. Sie verletzen damit, so die sozialpolitische Schlußfolgerung, ihre Pflichten gegenüber dem Gemeinwohl – ein Mißstand, dem nur durch die Kürzung bzw. Streichung[11] ihrer Ansprüche sowie ggf. auch durch die Ermächtigung von Instanzen sozialer Kontrolle abgeholfen werden kann. In der Regel wesentlich mildere Varianten dieses Gedankenganges sind in der deutschen Diskussion im Zusammenhang der regelmäßig auftretenden sozialrechtlichen »Mißbrauchsdebatten« anzutreffen.[12]

Bei allen »paternalistischen« (das heißt vom »wohlverstandenen«, aber von ihnen selbst eben (noch) nicht verstandenen Interesse der Betroffenen ausgehenden) Rechtfertigungsversuchen für »punitive« Verwendungen des Gemeinwohlbegriffs ergibt sich die liberale Einrede, daß die Werte und Interessen, um die es geht, vielleicht gar nicht die des Gemeinwesens insgesamt oder die der von den Sanktionen Betroffenen selbst sind, sondern die Werte und Interessen einer intoleranten, mißtrauischen und zur Übernahme von Solidarverpflichtungen unwilligen und womöglich xenophobischen Mehrheit. Das »Gemeinwohl« wäre dann nur eine beschönigende Formel für ideelle und vor allem materielle Mehrheitsinteressen (z. B. an der Einsparung von Sozialhilfetrans-

---

11 So die These eines der intellektuellen Vorkämpfer entsprechender sozialpolitischer Reformen, Lawrence M. Mead, *Beyond Entitlement: the social obligations of citizenship*, New York 1986.
12 vgl. Peter Bleses, Claus Offe und Edgar Peter, »Öffentliche Rechtfertigungen auf dem parlamentarischen ›Wissensmarkt‹. Argumentstypen und Rechtfertigungsstrategien in sozialpolitischen Bundestagsdebatten«, in: *Politische Vierteljahresschrift* 38 (1997), Nr. 3: S. 498-529.

fers). Wenn Vertreter marktliberaler (oder »libertärer«) ordnungspolitischer Positionen, denen ja sonst jeder Paternalismus zuwider ist, sich mit einer solchen Verwendung der Gemeinwohlformel einverstanden zeigen, dann ist der Verdacht einer solchen Maskerade durchaus angebracht. Er ist generell dann angebracht, wenn die Adressaten von eingeklagten Gemeinwohl-Pflichten im Hinblick auf ihre materiellen, politischen und kulturellen Ressourcen schlechtergestellte Minderheiten (z. B. Jugendliche) sind.

Auf der anderen Seite ist keinesfalls kategorisch auszuschließen, daß eine geeignete(!) Nachhilfe gerechtfertigt sein kann, wenn allein durch sie Personen nicht nur als Bürger, sondern auch als Wirtschaftssubjekte in den *status activus* einer eigenverantwortlichen Tätigkeit zu versetzen sind. In der gesamten OECD-Welt grassieren seit den späten 8oer Jahren politische Programme, die unter dem Motto der Clintonschen *Welfare Reform* von 1996 (*»from welfare to work«*) darauf angelegt sind, im Namen von Verpflichtungen gegenüber dem Gemeinwohl Arbeitslose und Sozialhilfeempfänger für »eigenverantwortliche« Erwerbstätigkeiten paternalistisch zu mobilisieren. Die beiden Testfragen, mit denen die Wahrhaftigkeit und die moralische Validität eines solchen Gemeinwohlanspruchs geprüft werden kann, liegen auf der Hand. Zum einen die Frage, ob bei den Befürwortern solcher Initiativen materielle Mehrheitsinteressen im Spiel sind oder nicht. Zum anderen die Frage, ob die Adressaten solcher »aktivierender« Initiativen und als deren Folge tatsächlich in den Status der Selbständigkeit versetzt oder nur bestraft werden, wobei für eine normativ akzeptable paternalistische Strategie immer vorauszusetzen ist, daß diese Adressaten nach Abschluß der fraglichen Maßnahmen deren Ergebnis selbst als Erfolg zu würdigen und damit deren Berechtigung rückblickend anzuerkennen bereit sind.[13]

13 Diese beiden rechtfertigenden Gründe – Fehlen eines Eigeninteresses und Wirksamkeit der Intervention – gelten auch für die Anwendung paternalistischer Strategien in internationalen Beziehungen, also bei Maßnahmen der ökonomischen und politisch-institutionellen Entwicklungshilfe gegenüber Ländern der Dritten (und auch der vormals Zweiten) Welt sowie bei militärischen humanitärer Interventionen. Hier ergeben sich Einwände aus dem ersten der beiden Kriterien im Falle des Golf-Krieges, und solche aus dem zweiten im Falle der Kosovo-Intervention, wo wegen unzulänglichen Einsatzes militärischer und politischer Ressourcen weder das erklärte Interventionsziel (Verhinderung der Vertreibung der Kosovo-Bevölkerung) noch offenbar eine dauerhafte Befriedung der ethno-territorialen Konflikte in der Region erreicht werden konnte.

Pragmatik von Gemeinwohldefinitionen

An der Norm des Gemeinwohls (oder »Wohl der Allgemeinheit«, wie es in § 1 des Bundesbaugesetzes heißt, bzw. des »öffentlichen Interesses«) läßt sich eine aktive von einer passiven Seite unterscheiden. Dem »öffentlichen Interesse« wird dadurch »gedient«, daß alle Beteiligten im pflichtgemäßen Zusammenwirken die durch jenes Interesse ausgezeichneten Werte, Güter und Zielzustände hervorbringen und hierzu ihren Beitrag leisten. Die so erzeugte Situation des Gemeinwesens, das ist die »passive« Seite, wird dann von allen Beteiligten als begünstigend und förderlich erfahren, nämlich als positive Veränderung der Voraussetzungen für die Realisierung ihrer individuellen Lebenspläne. Der Begriff des öffentlichen Interesses hat also nicht nur diesen inklusiven Begünstigungseffekt zum Inhalt, sondern auch die aktive Seite der Festlegung von und Mobilisierung für Ziele (»*concerns*«). Zur genaueren Beleuchtung dieser aktiven Seite könnte man auch von »öffentlich geprüften und anerkannten« oder »öffentlichkeitsfähigen« Interessen sprechen, deren Inhalt mithin weder eine allseits evidente Selbstverständlichkeit ist noch das Erkenntnisprivileg von Amtsträgern oder Experten.

Gemeinwohlkriterien werden zur Rationalisierung und v. a. Kritik konkreter Handlungen verwendet. Dabei kann es sich handeln entweder um die Rationalisierung (i. S. v. Darlegung von Gründen oder Bemängelung des Fehlens von »guten« Gründen) des Herrschaftshandelns von politischen Eliten, die durch Amtseid etc. auf das Gemeinwohl verpflichtet sind, oder um die Rationalisierung des Handelns von Nicht-Eliten. Nach der einen oder der anderen Lesart befinden wir uns in der Nähe des republikanischen Ideals der Realisierung des *bonum commune* im bürgerlichen Handeln aller Angehörigen der politischen Gemeinschaft. Es geht um den Appell an Opferbereitschaft und Verzicht, Zurückstellung von Ansprüchen, Vermeidung von Konflikten, Hinnahme von Nachteilen, Verzicht auf die Ausübung von Freiheitsrechten. Des weiteren kann der Begriff positiv-präskriptiv oder negativ-kritisch verwendet werden. Vorherrschend ist wohl die negativ-kritische Verwendung: Die Benutzer des Begriffs markieren Verstöße *gegen* das Gemeinwohl. Dieses ist selbst leichter in negativen Kategorien (z. B. der Verhütung oder Abwendung kollektiver Schäden) zu fassen als in positiven Kategorien, etwa des »Fortschritts«. Selten reklamieren Benutzer des Begriffs aus dem Gemeinwohl hergeleitete konkrete Handlungsgebote. Die Kritik hat den Charakter einer Ermahnung (z. B. zum gemeinwohlorientierten »Maßhalten«) oder eines moralisch disqualifizierenden Tadels (»Eigennutz«, »Selbstsucht«, »Rücksichtslosigkeit«, »Kurzsichtigkeit«).

Solcher *Tadel* markiert eine eigentümliche Mittelposition zwischen der privaten und deshalb u. U. ganz unverbindlichen *Mißbilligung* eines Handelns einerseits und der *Einklage von Rechtspflichten* andererseits. Wer einen solchen Tadel wegen Verfehlung oder Verletzung des Gemeinwohls ausspricht, beruft sich auf Normen, die unterhalb kodifizierter Amts- und Rechtspflichten liegen und dennoch mit der Erwartung aufgerufen werden, daß ihre allgemeine Geltung anerkannt wird. Es geht bei Gemeinwohl-Argumenten um die Bewertung von (kollektiv relevanten) Entscheidungen, nicht um die Herbeiziehung formalisierter (Rechts-)Normen.

Der Tadel eines Gemeinwohlverstoßes – ganz gleichgültig, ob er an einen führenden Politiker oder an einen Nachbarn gerichtet ist, der mich mit dem Lärm seiner Unterhaltungselektronik stört – richtet sich nicht gegen die Verletzung von Rechtsansprüchen, sondern gegen die Einstellung und Gesinnung, die der Tadelnde an dem beklagten Handeln abliest. Damit wird deutlich, daß das Feld von Gemeinwohl-Argumenten *zwischen* den Sphären des formal vorgeschriebenen und rechtlich sanktionierten »Müssens« einerseits und der freien Dispositionssphäre rechtlich verbürgten »Könnens« andererseits liegt. Das Gemeinwohl ist eine Sphäre politisch-moralisch ausgezeichneten »Sollens«, für das nicht-formalisierte Richtlinien moralischer Pflicht, bürgerlicher Tugend, fairer Interessenberücksichtigung und verantwortlichen, vernünftigen und wohlerwogenen Handelns gelten.

Nun sind die Konsenschancen für die Bestimmung dessen, was wir zwar weder ohne weiteres »dürfen« noch eindeutig »müssen«, sondern eben nur »sollen«, in modernen Gesellschaften sehr begrenzt. Wie immer, wenn die eindeutige Bestimmung eines »richtigen« Handelns nicht leicht gelingt, ergibt sich eine Prämie auf negative Bestimmungen. Wir wissen zwar nicht (oder sind uns doch jedenfalls nicht einig darüber), was das »richtige« Handeln ist; aber sein Gegenteil, das »falsche« Handeln, läßt sich vergleichsweise leichter bestimmen und dann verurteilen. Die Unschärfe des Gemeinwohlbegriffs kommt auch in den sprachlichen

Wendungen zum Ausdruck, in die er gewöhnlich eingekleidet wird. Während man Rechtspflichten und Gebote »erfüllt« oder »befolgt« und seine Rechte »nutzt« (und zwar beides mit objektiv meßbaren und durch die rechtsprechende Gewalt bewertbaren Folgen), ist das Gemeinwohl etwas, dem man »dient« oder doch dienen »soll« (vgl. Art. 14,2 GG), wobei die Kategorie des Dienstes ebensosehr ein bestimmtes Ergebnis wie die Einstellung beschreibt, in der der Dienende handelt. Das Gemeinwohl kann also sowohl derjenige verletzen, der *nur* das tut, was er »muß«, wie derjenige, der *alles* das tut, was er »darf«, also ihm nicht durch gesetzliche Vorschrift verboten ist. Für die Sanktionierung des verbotenen bzw. die Bestimmung des gebotenen Handelns ist die Rechtspflege zuständig. Für die Bestimmung dessen, was dem Gemeinwohl genügt oder dieses verletzt, sind dagegen nicht-formalisierte *Ad-hoc*-Beurteilungen von Betroffenen und Beobachtern maßgeblich – und gegebenenfalls eben auch erzieherische Bemühungen von Familien, Schulen, Medien und anderer normbildender sozialer Mechanismen. Die sprachlichen Formen, in denen solche Beurteilungen zum Ausdruck gebracht werden, sind Mißbilligung und Tadel von Verstößen einerseits, Würdigung und ehrende Anerkennung gemeinwohlkonformen Handelns andererseits.

Hier kommen charakteristische und bei allen Anwendungen des Gemeinwohlbegriffs anzutreffende Vorbehalte gegenüber dem positiven Recht als einer Quelle von Regeln zum Vorschein, welche das soziale Leben lückenlos und abschließend ordnen können. Das Gemeinwohlkriterium dient deshalb dazu, innerhalb des Universums formell erlaubter Handlungen ein kleineres Universum gemeinwohl-konformer und deshalb billigenswerter Handlungen auszuzeichnen; der Rest verfällt dem Verdikt unverantwortlicher, pflichtvergessener, gedankenloser usw. Eigennützigkeit. Mit dem Begriff des Gemeinwohls kann also, wenn er im politischen Leben entschlossen eingesetzt und voll ausgereizt wird, der Kunstgriff gelingen, daß man ein rechtlich durchaus erlaubtes Handeln moralisch gleichwohl diskreditiert. Darin liegt eine autoritär-paternalistische Versuchung auf seiten derjenigen, die Gemeinwohlkriterien handhaben. Im Extremfall können dann Gemeinwohlargumente von politischen Eliten (u. U. mit der Spekulation auf populistische Akklamation) als ein Vehikel benutzt werden, bisher bestehende Rechte auch formell zu widerrufen, und zwar mit Verweis auf eine angeblich »mißbräuchliche« Nutzung bestimmter Rechte durch bestimmte Gruppen. Ebenso kann der Verweis auf das Gemeinwohl dazu dienen, den Umfang der positivierten *Rechtspflichten* auszuweiten. Aus guten Gründen spielt deshalb der Verweis auf die Nutzbarkeit des Gemeinwohlbegriffs zur Verbreitung von Ressentiments und Diskriminierungen, d.h. die dem Begriff innewohnende »Gefahr mißbräuchlicher Verwendung«[14] die Rolle eines wichtigen Topos in der einschlägigen rechtlichen und politischen Diskussion. Wer mit dem »Gemeinwohl« hantiert, muß gegen den Verdacht gerüstet sein, politische Definitionsmacht nur zur Erlangung eigener Vorteile oder für eine Praxis von Tugendterror und (rassistischer) Diskriminierung zu mißbrauchen.

Wer vom Gemeinwohl redet, bemüht zusätzlich zu den Kriterien der legalen Korrektheit und der strategischen bzw. instrumentellen Erfolgssicherheit des öffentlich relevanten Handelns einen dritten Maßstab, an dem sich eigenes und fremdes Handeln bewähren soll. Dabei ist die Gemeinwohlformel keineswegs die einzige Norm, mit der an das Universum formell berechtigter bzw. instrumentell zweckmäßiger Handlungen Zusatzkriterien angeschlossen werden. Eine ähnliche Funktion erfüllen Normen und Gebote des Altruismus, des Respekts, der Achtung, der Hilfe, der (Für)sorge (im Sinne von *care*) oder der Solidarität. Diese unterscheiden sich aber vom Gemeinwohlkriterium dadurch, daß immer konkrete Interaktionspartner als Destinatäre positiv bewerteter Handlungsfolgen vorgestellt werden. Wenn z.B. ein Vermieter auf eine (ihm gesetzlich gestattete) Erhöhung des Mietzinses verzichtet, weil ein Mieter anderenfalls ausziehen müßte, oder wenn jemand trotz hohen Einkommens und günstiger Risikoposition auf den (ihm gesetzlich gestatteten) Wechsel zu einer kostengünstigeren Krankenkasse im Rahmen der Gesetzlichen Krankenversicherung verzichtet, dann kommen diese altruistischen oder solidarischen Handlungen konkreten Personen oder sozialen Kategorien (dem Mieter, der Versichertengemeinschaft einer Krankenkasse) zugute. Beim Gemeinwohl ist diese soziale Referenz diffus, zumindest weniger klar abgegrenzt. Die Befolgung dieser Normen kommt der (politischen) Gemeinschaft oder der »Allgemeinheit« zugute.

14 Michael Stolleis, *Gemeinwohlformeln im nationalsozialistischen Recht*, Berlin 1974.

Aber wer ist das? Es fragt sich, welche Gemeinschaft (die lokale, die berufsständische, die nationale, die europäische usw. – oder gar die Menschheit insgesamt?) eigentlich als Nutznießer gemeinwohlorientierten Handelns ihrer Mitglieder vorgestellt wird. Diese Frage nach der *sozialen Referenz* des Gemeinwohls markiert eines von vier Problemen, mit denen der Begriff belastet ist. Ein zweites Problem ist durch die Frage nach der zeitlichen Reichweite bzw. den *Planungshorizont* bezeichnet, an dem sich das Handeln orientieren soll. Das dritte Problem ergibt sich, wenn wir nach den *sachlichen Merkmalen* fragen, also den Gütern und Werten, die durch gemeinwohlorientiertes Handeln erlangt bzw. erfüllt werden sollen. Und schließlich ergibt sich – viertens – die Frage nach den *Akteuren und Verfahren*, die an der verbindlichen Beantwortung dieser drei dornigen Fragen beteiligt sein sollen. Ich möchte zu jeder dieser vier Fragen – und den Schwierigkeiten, auf die wir beim Versuch ihrer Beantwortung stoßen – einige Überlegungen anschließen.

Die soziale Referenz des Gemeinwohlbegriffs

Welche Gesamtheit »ist« die Gemeinschaft, deren Wohl gedient werden soll? Wer gehört zu den Nutznießern? Der Gemeinwohlbezug kann nur dann Bestandteil sinnvoller Sätze und valider kritischer Stellungnahmen sein, wenn die relevante Bezugsgesamtheit spezifiziert werden oder in ihrem sozialen oder territorialen Umfang als unstrittig vorausgesetzt werden kann. In Betracht kommt alles zwischen dem Familien- bzw. Haushaltsverband und der Weltgesellschaft bzw. »Menschheit«[15]. Wenn wir weder einen christlich-theologischen noch einen republikanisch-nationalen (oder gar ethnisch-nationalen) Bezugsrahmen für die Beantwortung dieser Frage als irgendwie selbstverständlich voraussetzen können, dann verschwimmen die Grenzen der Sozialverbände, deren Wohl jeweils gedient werden soll; oder sie werden zum Resultat erfolgreich ausgeübter partikularer Definitionsmacht, und dann als ein solches Resultat beargwöhnt.

Den außerordentlichen Definitionsschwierigkeiten und Miß-

---

15 Aber möglicherweise auch – über die Menschheit hinausgehend – der gesamte Kosmos bzw. die Schöpfung, die belebte Natur, oder bestimmte Ausschnitte der letzteren, wie z.B. die Großaffen.

brauchsgefahren des Gemeinwohlbegriffs entgeht nur die theologische Dogmatik. Im Rahmen eines theologischen Denkgebäudes sind nämlich die Destinatäre des Gemeinwohls die Menschen insgesamt (als Kinder Gottes); die zeitliche Referenz ist individuell das einzelne menschliche Leben und seine auf Erlösung gerichtete Daseinsbestimmung, kollektiv der Bestand der göttlichen Schöpfung; und die sachliche Referenz wird von den Enzykliken beschrieben als die Gesamtheit der Bedingungen, die »ein leichteres Erreichen der eigenen Vollendung ermöglichen« (Gaudium et Spes, Nr. 26).

Das außerhalb des theologischen Kontextes überall bestehende Problem der Kontingenz findet bestenfalls dann eine Notlösung, wenn es um feststehende nationale oder lokale Gemeinschaften geht, deren Angehörige es sich leisten können darauf zu verzichten, eventuelle negative externe Effekte ihrer Gemeinwohl-Praxis zu rechtfertigen (oder überhaupt nur zur Kenntnis zu nehmen).[16] Dieser auf den Binnenraum des Nationalstaats oder der subnationalen Gebietskörperschaft gerichtete Gemeinwohlbegriff wird jedoch in dem Maße unscharf und bestreitbar, in dem es entweder außenstehende Betroffene gibt, die negative externe Effekte einklagen können, oder wenn die interne Differenzierung der Angehörigen einer politischen Gemeinschaft und mithin die Pluralität von Wertüberzeugungen so anwächst, daß ein einigermaßen instruktiver Konsens über den operativen Gehalt des Gemeinwohlbegriffs kaum noch zu erlangen ist. Beides zusammen – interne Differenzierung und externe Rechenschaftspflicht – macht die »post-nationale« Konstellation aus.

Als Beispiel für dieses doppelte Problem können Fragen der Subventionierung landwirtschaftlicher Erzeuger dienen. Nationalstaatliche oder europäische Agrarsubventionen werden im Namen der Autarkie bei der Lebensmittelversorgung gefordert und gerechtfertigt, ebenso unter Verweis auf die begrenzten (saisonalen, standortbezogenen usw.) Anpassungsfähigkeiten land-

---

16 Wenn man den eigenen Sozialverband als isolierte Schicksals- und Gefahrengemeinschaft konzeptualisieren kann (nach dem Modell von Besatzung und Passagieren eines Schiffes auf hoher See), dann macht das Gemeinwohlgebot in der Tat einen eindeutigen Sinn. Es würde sich hier anbieten, unter utopie- bzw. ideologiekritischen Gesichtspunkten den Topos des isolierten Kollektivs (z. B. in der Szenerie des Raumschiffes oder der Robinsonade; vgl. »Big Brother«) in der zeitgenössischen medialen Massenkultur, auch im ökologischen Katastrophendiskurs (»Raumschiff Erde«) zu untersuchen.

wirtschaftlicher Erzeuger. Bei fortgeschrittener Differenzierung der Sozialstruktur sind indes den städtischen Konsumenten von landwirtschaftlichen Erzeugnissen die wirtschaftlichen Sorgen der Erzeuger nicht mehr als ihre (potentiell) eigenen nahezubringen; die Befürchtung, daß irgend jemand Hunger leiden müßte oder die Nation erpressbar würde, weil »das Ausland« die Lieferung von Brotgetreide verweigert, ist heute einigermaßen lachhaft. Umgekehrt kann es unter modernen Verhältnissen der medialen Kommunikation weder der Aufmerksamkeit noch der moralischen Sensibilität inländischer Beobachter entgehen, daß durch eine interne Subventionspolitik externe Schäden ausgelöst werden – Schäden nämlich zu Lasten derjenigen externen Anbieter, die bei Gewährung interner, strukturkonservierender Agrarsubventionen am Zugang zu internen Märkten gehindert und mit (aus ihrer Sicht) unfairen Praktiken aus dem Markt verdrängt werden – wie z. B. die durch Außenzölle der EU vom europäischen Markt ferngehaltenen Erzeuger argentinischer Fleischwaren. Diese beiden Effekte, sozialstrukturelle Differenzierung und externe Verantwortung, bewirken zusammengenommen, daß eine strukturkonservierende landwirtschaftliche Subventionspolitik nun nicht mehr als ein Dienst am Gemeinwohl (für das entsprechende Opfer von Konsumenten und Steuerzahlern zu erwarten sind), sondern nur noch als nationalstaatlich und standespolitisch borniert Gewährung von Vorteilen in Erscheinung tritt.

Wenn die Selbstverständlichkeit des nationalstaatlichen Bezugsrahmens hinfällig geworden ist, dann kann sich *jede* kollektiv geteilte Lebensform, Lebensweise oder »Identität« familialer, ethnischer, religiöser, politischer, geschlechtlicher, generationeller, subkultureller, sprachlicher, regionaler, auch berufsständischer Art als ein verpflichtendes Gemeinwesen zur Geltung bringen.[17] Wenn die Vorkämpfer solcher Identitäts-Arrogationen das erfolgreich tun, wird dies in aller Regel externe Effekte für andere

---

17 Warum sollten z. B. die aktuell im Licht kritischer Nachforschung stehenden Aktivisten einer der beiden großen Volksparteien, die – angenommen: ohne eigenen Bereicherungszweck und unter mutiger Inkaufnahme der Eventualität juristischer und publizistischer Ärgernisse – privates Geld in die Kassen ihrer politischen Organisation gelenkt haben, nicht höchste Anerkennung für ihr »gemeinwohlorientiertes« Engagement zugunsten ihrer Partei verdienen? Man sieht an diesem Denkexperiment, daß alles auf die Wahl des geeigneten sozialen Bezugsrahmens ankommt.

Gemeinschaften haben, darunter auch negative. Demjenigen, der sein Handeln durch Bezug auf das gemeine Wohl einer bestimmten Bezugsgesamtheit rechtfertigt, kann es gleichgültig sein, ob das Wohl, das er für die Angehörigen dieser Gemeinschaft fördert, zugleich den (relativen) Schaden von Personen impliziert, die dieser Gemeinschaft *nicht* zugehören.

Der engagierte und u. U. aufopfernde Dienst von Angehörigen an der jeweils eigenen Gemeinschaft kann deshalb von anderen Gemeinschaften mit Gründen als gemein*gefährlich* beargwöhnt werden, zumindest als gruppenegoistisch und diskriminierend. Für jede Gemeinschaft, die Anspruch auf den Gemeinsinn ihrer Angehörigen erhebt und entsprechende Pflichten normiert, gibt es eine umfassende größere Gemeinschaft, deren Restmenge sich dann in den (zumindest relativen) Nachteil des Ausschlusses von dem Wohl der kleineren Gemeinschaft gesetzt sehen kann. So ist in der sozialpolitischen Debatte der USA das »tocquevilleanische« Argument geläufig, daß die Einrichtung kommunaler Kindertagesstätten (*day care centers*) deshalb abzulehnen sei, weil sie die Gemeinwohl-Anstrengungen untergraben und entmutigen würden, die von nachbarschaftlichen, ethnischen und religiösen Selbsthilfe-Initiativen ausgehen. Gewiß sind »große« Gemeinschaften wegen ihrer inneren Heterogenität *in puncto* Gemeinwohl weniger verpflichtungsfähig als kleine. Die Bereitschaft zur Beteiligung an assoziativen Aktivitäten und zur Anerkennung von nicht-formalisierten Pflichten ist im Rahmen lokaler Sozialverbände größer als in nationalen oder gar supranationalen. Das aufrufbare Bewußtsein einer gemeinsamen Identität und Geschichte verstärkt Gemeinwohlorientierungen und die Anerkennung entsprechender Verpflichtungen nach innen und begrenzt sie nach außen.

Drei Arten von Abhilfen für dieses Problem, das sich aus der strukturellen Undeutlichkeit von sozialen Referenzen für Gemeinwohlverpflichtungen ergibt, werden heute empfohlen, eine multikulturelle, eine menschenrechtliche und eine der pluralen oder »gestaffelten« Identitäten. Der *Multikulturalismus* ist eine Sozialethik, die auf das Nebeneinander gleichberechtigter kultureller Gruppenzugehörigkeiten und daraus resultierender interner Pflichten und externer Anerkennung der (ethnischen, religiösen) Gemeinschaften untereinander paßt; als soziale Realität ist der Multikulturalismus auf die urbanen Zentren einiger Siedlergesellschaften (von Toronto bis Sydney) beschränkt, in denen, weil *alle* von freiwillig eingewanderten Bürgern abstammen, *keine* Gruppe bessere und ältere Rechte hat als irgendeine andere. (Das schließt allerdings, wie Tocqueville genau gesehen hat, sowohl diejenigen aus, die nicht eingewandert sind, sondern als indigene »Urbevölkerung« immer schon im Lande waren, wie ebenso diejenigen, die (bzw. deren Vorfahren) nicht freiwillig, sondern als Sklaven ins Land gekommen sind.) Die *menschenrechtliche* Lösung ist radikal inklusiv und universalistisch. Sie hat den Nachteil, daß die aus ihr folgende Verpflichtung zum Dienst an einem menschheitsumfassenden Gemeinwohl weder von einzelnen Bürgern noch von den sie vertretenden Staaten (mangels der Institutionen und Ressourcen einer »Weltinnenpolitik«) wirksam eingelöst werden kann und insofern weithin nominell bleibt, zumal Geltung und Inhalt »der« Menschenrechte vielfältigen kulturellen und religiösen Relativierungen unterliegen (wie ja auch die UN-Menschenrechtserklärung selbst von der Philosophie des »integralen christlichen Humanismus« eines Jacques Maritain inspiriert ist). Bleibt das »europäische« Modell der gleichsam *vertikal gestuften* Gemeinwohlverpflichtungen, nach dem u. a. regionale, nationale und europäische Gemeinwohlbindungen miteinander zu vereinbaren sind. Hier liegt ein Problem wohl unbestritten in der abnehmenden Intensität und Verbindlichkeit der umfassenderen Verpflichtungen auf der jeweils höheren Ebene.

Probleme des zeitlichen Handlungshorizontes

Nicht nur im sozialen Querschnitt, sondern auch im zeitlichen Längsschnitt müssen sich kollektiv relevante Handlungen von Eliten und Nicht-Eliten als gemeinwohldienlich rationalisieren. Wenn wir nach Werten suchen, mit dem der Gemeinwohlbegriff heute in einer konsensfähigen Weise konkretisiert werden könnte, dann stoßen wir auf Ziele wie den internationalen Frieden, soziale Gerechtigkeit (verstanden als Armutsprävention plus »Vollbeschäftigung«), Volksgesundheit, ökologische Nachhaltigkeit. Nehmen wir »Nachhaltigkeit« als ein Beispiel, an dem sich die Temporalstruktur von Gemeinwohlkonzepten aufklären läßt. Drei zeitliche Bezüge kennzeichnen diese Temporalstruktur, die man grammatisch in Präsens, Futur und Zweites Futur aufgliedern kann. (1) Die Erreichung des Zieles erfordert eine anhaltende zukunftsgerichtete Anstrengung: der angestrebte Zustand ist nicht sofort zu erreichen, es gibt eine zeitliche Strecke der »Zukunftsvorsorge«, die zurückgelegt werden muß, bevor die investierten Anstrengungen »Erträge« in Gestalt einer Verbesserung allgemeiner Handlungsbedingungen abwerfen. (2) Der angestrebte zukünftige Zustand ist nicht ein glücklicher Augenblick, sondern ein auf Dauer gestelltes und sich selbst verbürgendes Gleichgewicht. (3) Von einem antizipierten, in der entfernten Zukunft liegenden Zeitpunkt aus werden wir selbst (oder Spätere) als Beobachter rückblickend beurteilen, ob die Anstrengung rechtzeitig eingesetzt hat (oder kurzsichtig unterlassen worden ist), ob der als realisiertes Gemeinwohl beschriebene Zustand im Sinne eines dauerhaften Gleichgewichts robust gewesen ist und ob die in ihm realisierten Werte dann »heute noch« ihre Wertschätzung genießen. Das Gemeinwohl ist also ein politisch-moralisch qualifizierter Gesellschaftszustand, dem gegenwärtige Anstrengungen gewidmet sind, der in der Zukunft realisiert wird, und der aus dem Rückblick einer zweiten Zukunft als solcher validiert wird.

Nun sind die Anstrengungen, die in liberalen Demokratien für die Zukunftsvorsorge aufgebracht werden können, bekanntlich durch verschiedene Umstände begrenzt. Die Periodizität von allgemeinen Wahlen macht es politisch kostspielig, den Wählern Opfer und Anstrengungen abzuverlangen, die vielleicht erst in der übernächsten Wahlperiode beginnen, Erträge abzuwerfen. Auch sind gegenwärtige Kompromisse häufig (etwa im Falle der öffentlichen Kreditfinanzierung konsumptiver Zwecke) nur zu Lasten zukünftiger Akteure zu erzielen. Insofern tendiert die Logik des politischen Prozesses dazu, die Zukunft zu diskontieren (wenn nicht auszubeuten), die verbleibende Zeit für die vorsorgende Gestaltung der Zukunft zu unterschätzen und den richtigen Zeitpunkt (*kairós*) für Weichenstellungen zu verpassen. Für die Diskontierung der Zukunft gibt auch die Ungewißheit zukünftiger Entwicklungen, der mit den Mitteln der Hochrechnung und der Trendextrapolation nur in wenigen Bereichen zuverlässig beizukommen ist, einen entschuldigenden Anlaß. Einen weiteren bietet die aus der *Vergangenheit* herrührende Handlungsbeschränkung, etwa das Gebot der Haushaltssanierung, die der »Zukunftsvorsorge« Grenzen setzt. Außerdem ist in einer alternden Gesellschaft, in der definitionsgemäß der an zeitlich relativ entfernt gelegenen Problemlagen interessierte jugendliche Bevölkerungsteil sich in der Minderheit befindet, die ferne Zukunft (etwa des Alterssicherungssystems) generell kein wahlentscheidendes Thema (oder wenn doch, dann nur im Sinne der Besitzstandswahrung aktueller und prospektiver Rentner). Und schließlich wissen wir, daß es angesichts unerbittlicher temporaler Fernwirkungen heute schon feststehender Tatsachen (der Demographie, der Umwelt- und Klimaentwicklung, der wissenschaftlichen und technischen Innovationen) für jede zukunftsorientierte Initiative bereits ohnehin »zu spät« ist. Umgekehrt kann jedoch auch die Einsicht in die wachsenden Langfristwirkungen gegenwärtigen Handelns (Gentechnologie) bzw. Unterlassens (Klimaschutz) die Bereitschaft motivieren, über lange Strecken hinweg intertemporale Gemeinwohlverpflichtungen anzuerkennen – selbst dann, wenn gegenwärtige Leistungen, Opfer und Beiträge für das zukünftige Gemeinwohl eine Ausreifungszeit haben, die über die eigene Lebenszeit der Akteure u. U. weit hinausreicht.

Eine besondere Schwierigkeit zukunftsgerichteter Gemeinwohlförderung ergibt sich dann, wenn – nach den Vorgaben der liberalen Wirtschaftstheorie und -politik – damit zu rechnen ist, daß der Preis für das zukünftige Wohlergehen der Gemeinschaft insgesamt die durchaus einseitige Förderung gegenwärtiger Interessen ist – eben weil es in der sozialen Macht der Inhaber dieser Interessen liegt, über das zukünftige Wohl und Wehe des Gemeinwesens zu entscheiden. Darauf wird mit dem amerikanischen Sprichwort angespielt: Was gut ist für General Motors, ist auch gut für die Vereinigten Staaten! Das ist allerdings schon deswegen keine für die Rationalisierung der Politik verwendbare Regel, weil grundsätzlich unbekannt und deshalb strittig ist, wieviel Partialbegünstigung »jetzt« (z. B. regressiv umverteilende Investitionsförderung) wieviel Gemeinwohl »später« (z. B. zusätzliche Arbeitsplätze) nach sich ziehen wird.

Immerhin ist aufschlußreich und symptomatisch, wie ich meine, daß eine ganze Reihe von Vorschlägen für institutionelle Reformen des Systems der liberalen Demokratie heute darauf konvergieren, die staatliche Politik in wichtigen Bereichen vom Bleigewicht der Kurzfrist-Orientierung ein Stück weit zu befreien und Entscheidungsbefugnisse an institutionelle Akteure zu übertragen, die so konstruiert sind, daß sie sich um Macht- und Amtserhaltung keine Sorgen zu machen brauchen. So wird nicht nur dem Bundesverfassungsgericht, der Bundesbank und der EU-Kommission und diversen relativ neuartigen Regulierungs- und Aufsichtsbehörden für privatisierte Netze[18] (Post, Telekommunikation, Eisenbahn, Strom), sondern auch zu schaffenden Räten, Konventen und Sachverständigenausschüssen mit beratender und entscheidender Funktion sowie mit zum Teil extrem verlängerten, gegebenenfalls auch lebenslänglichen Amtszeiten (wie zum Beispiel beim *Obersten Gerichtshof* der USA) die Fähigkeit zugetraut, sich im Interesse des zukünftigen Gemeinwohls und seiner rechtzeitigen Bearbeitung aus der horizontverengenden Dynamik der Parteienkonkurrenz und der Wahltermine auszukoppeln.[19]

Das Gemeinwohl bezeichnet einen Zustand, der nicht nur im Futur Bestand und Dauer hat, sondern dessen Resultate noch im zweiten Futur, also aus der Sicht der Nachkommen, als eine wertvolle kollektive Erbschaft rückblickend gewürdigt wird. Der junge Max Weber der Freiburger Antrittsvorlesung von 1895 erklärt den Gesichtspunkt zum obersten Maßstab der Rationalisierung politischen Handelns, daß wir von den Nachfahren (oder von einem vorgestellten zukünftigen Selbst) als würdige Vorfahren anerkannt werden. Das ist dasselbe Kriterium, das Alexis de Tocqueville auf der Mikro-Ebene mit seiner berühmten Formulierung von den »wohlverstandenen« Interessen anwendet – Interessen eben, von denen wir auch noch im zukünftigen Rückblick und nach Kenntnis der Ergebnisse urteilen können, daß wir sie zu Recht verfolgt haben. In beiden Fällen handelt es sich ersichtlich um eine säkularisierte Version des Gedankens eines Jüngsten Gerichts, dessen Antizipation uns hilft, schon in der Gegenwart unser Handeln zu rationalisieren, das wir anderen-

---

18 vgl. Edgar Grande und Burkhard Eberlein, »Der Aufstieg des Regulierungsstaates im Infrastrukturbereich«, in: Roland Czada, Hellmut Wollmann (Hrsg.), *Von der Bonner zur Berliner Republik*, Wiesbaden 1999.
19 Solche Vorschläge widersprechen freilich nicht nur den Prinzipien der liberalen politischen Theorie (die ein »Demokratiedefizit« einklagt), sondern auch denen der liberalen Wirtschaftstheorie, die seit Adam Smith axiomatisch davon ausgeht, daß dem zukünftigen Gemeinwohl am besten dann gedient sein wird, wenn sich niemand um dasselbe sorgt noch zu sorgen befugt ist, sondern die Märkte ungestört ihr wohltätiges Werk verrichten können.

falls bedauern oder bereuen müssen. In Antizipation der Ergebnisse und Bewertungen zukünftiger historischer Forschung (deren Befunde sie freilich nicht kennen *können*) neigen leitende Politiker nicht selten dazu, für sich selbst eine rühmende »Seite im Buch der Geschichte« zu reklamieren. Mit dieser elitären rhetorischen Figur wird die Zeitdimension gegen die Sozialdimension ausgespielt und die Kritik der Zeitgenossen zurückgewiesen: Worin das Gemeinwohl besteht, das weiß *nur* die rückblickende Nachwelt, nicht die Mitwelt, deren Meinen und Reden infolgedessen ignoriert werden darf.

Ex ante unbekannt ist nicht nur, *wie* das Urteil der Nachwelt ausfallen wird; unbekannt ist selbst, ob diese Nachwelt *ex post* noch nach *denselben Maßstäben und Wertkategorien* urteilen wird, die das Handeln gegenwärtiger Akteure leiten. Selbst wenn diese also ihre Ziele erreicht haben, bleibt dieser Erfolg als solcher unter Umständen ungewürdigt, weil sich die Bewertungen geändert haben. Aus dieser doppelten Ungewißheit gibt es *einen* klassischen Ausweg – den nationalen. Das galt jedenfalls noch für Max Weber: Das einzige, was wir über das Denken und Werten unserer Nachfahren wissen können, ergibt sich aus der Tatsache, daß sie derselben Nation angehören. Deshalb werden die Nachfahren am ehesten Verdienste um Bestand und Einheit, Größe und Wohlergehen der Nation als solche zu würdigen bereit sein.

Diese herausgehobene Rolle der Nation ergibt sich aus dem Umstand, daß die Nation (neben der Familie und institutionalisierten Religionsgemeinschaften) als der einzige Sozialverband gilt, dessen Angehörige sich retrospektiv wie v. a. prospektiv auf eine »Ewigkeitsfiktion« berufen können. Nationalstaaten (im Gegensatz zu bürgerlich-rechtlichen Zweckverbänden) und Familien (im Gegensatz zu Ehen) sind aus dieser Sicht (weil eben Mitgliedschaft nicht durch Entscheidung und Vertrag, sondern im Regelfall durch »Geburt« erworben wird) nicht kontraktuell begründet und deswegen auch nicht kontraktuell auflösbar, folglich für ihre Angehörigen »unkündbar«. Diese Denkfigur einer nationalen Kontinuitätsgewißheit ist zugleich als Letztbegründung für Gemeinwohlpflichten einsetzbar. Mit ihr wird das Handlungs- und Verpflichtungsmuster »serieller Reziprozität« (Kenneth Boulding) begründet, welches besagt: Was die vergangenen Generationen für »mich« getan haben, das bin ich meinerseits gehalten, für die nächste Generation insgesamt oder deren einzelnen Angehörigen zu tun. In diesem Sinne genüge ich einer Verpflichtung, einen Beitrag für die Fortdauer eines überindividuellen und intertemporalen sozialen Zusammenhanges zu leisten.

Diese Deduktion des Gemeinwohls aus nationalstaatlicher Kontinuität hat heute etwas Gespenstisches. Sie zeigt aber auch im Umkehrschluß, wie schwierig es ist, den Gemeinwohlbegriff nicht nur in seiner sozialen, sondern auch in seiner zeitlichen Dimension aus der Hülle einer nationalen Güter- und Wertegemeinschaft herauszulösen. Gemeinwohlpflichten müssen hinfort dadurch begründet werden, daß sie einsehbare *Pflichten* gegenüber »jedermann« sind, nicht dadurch, daß wir sie unseren Kindeskindern im antizipierten Austausch gegen deren würdigendes Gedenken schulden. Gespenstisch ist das Festhalten an der nationalen Einkleidung von Gemeinwohlpflichten nicht nur deshalb, weil damit Kriterien eines supranationalen Gemeinwohls kategorisch ausgeblendet werden. Sie werden ebenso deshalb abstrus, weil die Erfahrung der transnationalen Migration und Mobilität, die Erfahrung der Neugründung und des Untergangs, der supranationalen Integration, der Fusion wie der Sezession von Staaten, der föderalen und regionalen Gliederung von Staaten usw. »der« Nation ihren Status eines perennierenden und deswegen verpflichtungsfähigen Gemeinwesens längst und irreversibel entzogen hat. Aber substitutive Mechanismen langfristiger Gemeinwohlverpflichtung sind nicht leicht zu benennen.

Die sachlichen Komponenten des Gemeinwohls

Des weiteren stellt sich – in der »Sachdimension«, wie Luhmann gesagt hätte – die Frage, in welcher Münze das Gemeinwohl, also das Ergebnis der von allen Bürgern erfüllten Gemeinwohlpflichten, berechnet und ausgezahlt wird. Prosperität und Vollbeschäftigung, Bildung und Gesundheit, interner und internationaler Frieden, soziale, militärische und zivile Sicherheit, Nachhaltigkeit der Nutzung natürlicher Ressourcen – das alles sind Zielformeln, an denen die einzelnen Ressorts der Politik ihre Beiträge zum Gemeinwohl beschreiben und die Bürger im Dienste dieser Ziele zu engagieren suchen. Aber es gibt weder eine Hierarchie noch eine Verrechnungseinheit, mit der man diese Vielfalt von

Einzelzielen miteinander in Relation setzen könnte. Das könnte allenfalls durch Rückgriff auf die politisch-moralische Kategorie der Gerechtigkeit gelingen. Aber auch bei ihr zeigt sich, daß zumindest drei Auslegungen des Gerechtigkeitsbegriffs[20] miteinander im partiellen Konflikt liegen, zumal dann, wenn man auf nationalstaatliche Beschränkungen des Gerechtigkeitskriteriums verzichtet (wozu die vorangegangenen Überlegungen zwingen). Es handelt sich um die *politische* Gerechtigkeit (also die Gewährleistung von Grund- und Freiheitsrechten und des Prinzips der Volkssouveränität, daß alle Gesetzesunterworfenen am Zustandekommen der Gesetze in gleicher Weise beteiligt sein sollen), die *soziale* Gerechtigkeit (also der Gewährleistung von sozialer Sicherheit und Teilhabe am gesellschaftlichen Reichtum) und nicht zuletzt die *wirtschaftliche* Gerechtigkeit (deren Gebote es ausschließen, daß Gesellschaften oder Teile von Gesellschaften durch Brachlegung oder ineffizienten Einsatz ihrer Ressourcen daran gehindert sind, ihr erreichbares Wohlstandsniveau zu realisieren).[21] Die beste Annäherung an eine instruktive und gehaltvolle Bestimmung des Gemeinwohls besteht wohl darin, daß es *im* magischen Dreieck dieser drei Gerechtigkeiten gesucht wird. Selbst *wenn* man das tut, bleibt immer noch genug zu streiten und zu entscheiden.

Der soziale Ort der Kompetenz für Gemeinwohlurteile

Das führt mich zu meiner letzten Frage nach dem sozialen Ort und der Art von Personen, von dem aus bzw. von denen solche Abwägungen als komplexe Rationalisierungsleistungen der Politik am ehesten zu erwarten sind. Für Alexis de Tocqueville waren das die Bürger lokaler Gemeinschaften, die, geübt in der Kunst

---

20 Diese Trias ist adaptiert nach Ralf Dahrendorf, »Die Quadratur des Kreises. Freiheit, Solidarität und Wohlstand«, in *Transit*, 6, Nr. 12 (1996), S. 9f.
21 Das Problem »wirtschaftlicher« Gerechtigkeit ist also mit der Frage bezeichnet, ob die Pareto-Gerade überhaupt erreicht wird; das der »sozialen« Gerechtigkeit besteht darin, welcher Punkt *auf* dieser Geraden realisiert wird. Die neuen Bundesländer rangieren heute hoch auf der Skala der sozialen, aber sicher weit weniger hoch auf der Skala der wirtschaftlichen Gerechtigkeit: handelt es sich um die transfer- und verteilungspolitische Beschönigung eines wirtschaftspolitischen Fehlschlages?

des assoziativen Zusammenschlusses (»*l'art d'association*«), die öffentlichen Angelegenheiten zu ihren eigenen zu machen gelernt hatten. Bei Max Weber verfinstert sich de Tocquevilles gefälliges, aus aristokratischen und republikanischen Farben gemischtes Bild dahingehend, daß gemeinwohlkompetente und verantwortungsbereite Bürger nur noch ausnahmsweise und an der Spitze großer Apparate anzutreffen sind und sich dort in der Einsamkeit der Führungsentscheidungen als verantwortungsethische Virtuosen bewähren; alle anderen Teilnehmer des politischen Prozesses hat das Gehäuse der Hörigkeit des modernen Berufsmenschentums deformiert. Die Vermutung einer Elitenkompetenz für Gemeinwohlrealisierung spricht auch aus Verfassungstexten, etwa dem der Weimarer Reichsverfassung (WRV). Ihr zufolge haben Mandats- und Amtsträger darüber zu befinden, wann und in welchen Angelegenheiten »gesetzlicher Zwang... im Dienst überragender Forderungen des Gemeinwohls [zulässig ist]« (Art. 151); aber auch Nicht-Eliten, konkret »jeder Deutsche« hat die »sittliche Pflicht, seine geistigen und körperlichen Kräfte so zu betätigen, wie es das Wohl der Gesamtheit erfordert« (Art. 162), und der Gebrauch, den Eigentümer von ihrem Eigentum machen, »soll zugleich Dienst sein für das gemeine Beste« (Art. 153). Aber auch bei diesen Normen, sollen sie nicht als reine Deklamation gelesen werden, bleibt es den Trägern staatlicher Herrschaft aufgegeben, über ihre Erfüllung oder Verletzung zu befinden oder für die Erfüllung dieser Norm selbst Sorge zu tragen (so nach Art. 87 e GG, nach dem dem Bund die Pflicht zur Berücksichtigung des »Wohls der Allgemeinheit« bei der Regulierung schienengebundener Verkehrssysteme aufgetragen ist).

Heute haben wir uns abgewöhnt, die Frage nach der Gemeinwohlkompetenz und ihrem sozialen Ort überhaupt noch zu stellen. So ist auch die Semantik des Elitenbegriffs im sozialwissenschaftlichen Sprachgebrauch von allen positiv wertenden Beimischungen bereinigt worden, und statt von Eliten ist – in Publizistik wie in Politikwissenschaft[22] – vorzugsweise von der »politischen Klasse« die Rede. Weshalb sollten an deren Gemeinwohlkompetenz höhere Erwartungen zu richten sein als an die der Durchschnittsbürger? Symptomatisch viel politikwissenschaftlicher Scharfsinn wird gegenwärtig, auch international, auf

22 vgl. Klaus von Beyme, *Die politische Klasse im Parteienstaat*, Frankfurt am Main 1993.

die Frage verwendet, ob und wie die korrekte Amtsführung von Opportunismus, bloßer Opportunismus von Korruption, und bloße Korruption von amtsmißbräuchlicher persönlicher Bereicherung zu unterscheiden sei.[23] Die alte Frage der politischen Theorie, in wessen Händen das allgemeine Gute am besten aufgehoben sei, scheint aus guten Gründen gegenstandslos geworden zu sein. In einer Demokratie, in der Herrschaftsbefugnis auf Wahlerfolg beruht und Wahlerfolg auf dem Votum prinzipiell gleichberechtigter Bürger, dann noch zwischen größeren und geringeren Kompetenzen zu gemeinwohl-relevantem Urteilen unterscheiden zu wollen, verbietet sich aus normativen Gründen kategorisch. Überspitzend (und die logische Falle nicht scheuend) kämen wir auf die libertäre These hinaus, es sei gemeinwohlschädigend, vom Gemeinwohl überhaupt zu reden.

Auf die außerordentlichen Schwierigkeiten, die bei der operativen Anwendung von Gemeinwohlkriterien und ihrer Spezifizierung in sozialer, zeitlicher, sachlicher und personeller Hinsicht auftreten, sowie auf die Gefahr der freiheitsschädlichen Folgen der Gemeinwohlverfolgung durch religiöse oder politisch-autoritäre Regimes, hat die pluralistische politische Theorie bekanntlich durch strikte *Proceduralisierung* des Gemeinwohlbegriffs reagiert. Das Allgemeinwohl ist demzufolge nicht mehr und nicht weniger als das, was der politische Prozeß bei Wahrung rechtsstaatlicher und demokratischer Verfahren als bindendes Ergebnis hervorbringt – was immer es sei. Demnach ist das Gemeinwohl nicht das Ergebnis gemeinwohlorientierten Handelns der Bürger, sondern entsteht als die berühmte »Resultante«[24] aus der Dynamik der ökonomischen, sozialen, politischen und ideologischen Kräfte und Kontextbedingungen, die im öffentlichen Leben einer Gesellschaft faktisch eine Rolle spielen. Die *Spielregeln* der pluralistischen Demokratie sind es also, und nicht die von republikanischer Tugend und wohlerwogener Einsicht motivierten *Bürger*, die das Gemeinwohl als eine niemals feststehende, immer unter dem Vorbehalt des Ergebnisses der nächsten Wahlen stehende Größe hervorbringen. »Der demokratische Rechtsstaat

---

23 Vgl. mit weiteren Nachweisen Herfried Münkler, Karsten Fischer, Harald Bluhm, »Korruption und Gemeinwohl«, *Neue Rundschau* 111 (2000), Nr. 2, S. 91-102.
24 Ernst Fraenkel, *Deutschland und die westlichen Demokratien* (1964), wieder: Frankfurt am Main 1991, S. 273.

ist also selbst als kodifizierter Rahmen wesentlicher Gehalt der Gemeinwohlverwirklichung.«[25]

Solches selbstgewisse Prozeßvertrauen der Pluralisten ist heute selten geworden. Zum einen sind die Ergebnisse der »normalen« prozeßgesteuerten Politik häufig nicht von der Qualität, die der Gemeinwohlbegriff mit den oben explizierten Erfordernissen auf sie Anwendung finden könnte; den Anforderungen nämlich, daß die Politikergebnisse *allen* Angehörigen einer wie auch immer gedachten politischen Gemeinschaft zugute kommen, im zukünftigen Rückblick als »*richtig*« (und nicht vielmehr als bedauerns- und bereuenswert) bewertet werden können und auch in sachlicher Hinsicht eine *gleichmäßige* Wert- und Interessenberücksichtigung zustande bringen. Die empirische und normative Literatur über Staatsversagen, Politikblockaden und den Verschleiß politischer Steuerungskapazitäten auf nationalstaatlicher und europäischer Ebene illustriert eindringlich, wie prekär der Zusammenhang von »normaler«, von institutionellen Verfahrensregeln gelenkter Politik einerseits und als gemeinwohldienlich darstellbaren Resultaten andererseits geworden ist.

Es ist diese Zuversicht in eine Automatik prozedural gesicherter Gemeinwohlverwirklichung, die mit der neuerlichen Verwendung des Begriffs in der Sprache der Politik aufgekündigt wird. Die Befürchtung ist, daß die Prozeduren vielleicht nicht »gut genug« sein könnten, um zuverlässig gute Ergebnisse hervorzubringen. Darin kann der Wunsch leitender Politiker zum Ausdruck kommen, sich über die Prozeduren samt der zahllos in sie eingebauten Veto-Punkte und Obstruktionsgelegenheiten zu erheben und sie gleichsam »von oben« zu kritisieren, um desto besser dem Gemeinwohl dienen zu können. Auf derselben Linie liegen die heute allerorten laut werdenden Bestrebungen, politische Grundsatzentscheidungen aus dem Schaltkreis der Parteienkonkurrenz herauszunehmen und in Gremien und Netzwerken zumindest vorzuentscheiden, die nach Kriterien von Vertrauen, Reputation, personaler Verantwortung und professioneller Ehre funktionieren.

Die Prozeduren (der Parteienkonkurrenz und der innerparteilichen Willensbildung, des Föderalismus, der funktionalen Re-

---

25 Alexander Schwan, Art. »Gemeinwohl« in: *Staatslexikon. Recht, Wirtschaft und Gesellschaft*, Bd. II., hg. v. Görres-Gesellschaft, Freiburg/Basel/Wien 7. Aufl. 1995, S. 859.

präsentation in Verbänden und Gewerkschaften, der medialen Darstellung des politischen Prozesses, usw.) können aber auch »von unten« kritisiert werden. Um das zu erläutern, möchte ich eine Unterscheidung von Philippe Schmitter[26] aufnehmen. Er spricht davon, daß die (aus diesem Grunde von ihm so genannten) »post-liberalen« Demokratien der OECD-Welt keineswegs, wie es die Sozialkundefibel will, von einer Vielzahl gleichberechtigter Bürger regiert werden, sondern gleichsam von *zwei Klassen* von Bürgern, den korporativen Akteuren und organisierten Sozialgebilden (den »Sekundärbürgern«) einerseits und den Bürgern als natürlichen Personen (den »Primärbürgern«) andererseits. Die einen verfügen über die Themen, die Optionen, die Sachkunde, das Personal und die Alternativen, und die anderen reagieren mit der Zuteilung von Wahlstimmen, Unterstützung und Mitgliedschaftsentscheidungen. Die Sekundärbürger enteignen damit die Primärbürger ihrer politischen Kompetenzen und ihres Urteilsvermögens, reduzieren sie auf den Status von Klienten und Zuschauern; und die Primärbürger reagieren darauf mit den bekannten Symptomen der Verdrossenheit, des Zynismus, des Gefühls der Machtlosigkeit und Entfremdung.[27] Jede dieser beiden Kategorien von Bürgern verfügt über jeweils unerläßliche Fähigkeiten, die der anderen Seite nicht zur Verfügung stehen. Die korporativen Akteure sind spezialisiert auf die Funktionen der Aggregation, Integration und Repräsentation sowie der Elitenauswahl, während die primärbürgerlichen »*citoyens*« über Alltagserfahrung (im Gegensatz zu Verbandsarchiven), ein Gewissen (im Gegensatz zu einer Beschlußlage) und jenes »Sozialkapital« (im Gegensatz zu einem Funktionärskörper) verfügen, von dem jene Sekundärbürger zehren, ohne es (zumindest im Normalfall) selbst hervorbringen zu können. Wenn die Leiter von »Sekundärbürgern«, also von Großorganisationen wie Parteien und Verbänden, bewußt darauf verzichten, interessenrational und strategisch zu handeln, dann begehen sie u. U. das Delikt der Untreue. Wenn Primärbürger diesen Verzicht leisten, dann agieren sie zumindest expressiv und im günstigsten Fall sogar gemeinwohlorientiert; das wird ihnen paradoxerweise durch den Umstand er-

---

26 Philippe C. Schmitter, »Organizations as (Secondary) Citizens«, In: William Wilson (ed.), *Sociology and Public Agenda*, Newbury Park, ca. 1993, S. 143-163.

27 Vgl. Susan J. Pharr, Robert D. Putnam (eds.), *Disaffected Democracies. What's troubling the trilateral countries?*, Princeton 2000.

leichtert, daß sie hinter einem »Schleier der Unmaßgeblichkeit« (*veil of insignificance*) entscheiden: in der Gewißheit, daß die eine eigene Stimme sowieso nicht wahlentscheidend sein wird, können sie sich gleichsam gefahrlos leisten, von Interessengesichtspunkten abzusehen.[28]

Sekundär- und Primärbürger stehen sich als organisierte Machtinteressenten und unorganisierte Öffentlichkeit gegenüber. Aber die Primärbürger reagieren auf das strategische Handeln der Sekundärbürger nicht nur durch verdrossene Abwendung, sondern auch durch Versuche zur Wiederaneignung der ihnen entzogenen politischen Urteilskompetenzen und Handlungspotentiale. Sie tun das in Gestalt von sozialen und politischen Bewegungen, Netzwerken, Nichtregierungsorganisationen und Selbsthilfeinitiativen, in Stiftungen und ehrenamtlichen Aktivitäten. Wenn überhaupt irgendwo, dann sind in diesen Erscheinungsformen einer schwach institutionalisierten Mikro-Politik die sozialen Kontexte zu suchen, in denen die Verwendung des Gemeinwohlbegriffs *kein* Kategorienfehler sein muß.

---

28 Vgl. Geoff Brennan und Loren Lomasky, *Democracy and Decision. The Pure Theory of Electoral Preference*, Cambridge 1993 sowie Dietmar Braun, »Gemeinwohlorientierung im modernen Staat«, in: Raymund Werle und Uwe Schimank (Hg.), *Gesellschaftliche Komplexität und kollektive Handlungsfähigkeit*, Frankfurt am Main 2000.

Dieter Grimm
Bedingungen demokratischer Rechtsetzung

I.

Jürgen Habermas hat dem Prozeß der Rechtsetzung und dem Geltungsanspruch von Rechtsnormen im Zusammenhang mit der Legitimation von Herrschaft schon frühzeitig große Aufmerksamkeit geschenkt und ist auch später immer wieder auf dieses Thema zurückgekommen. Zwei jüngere Studien von ihm aufgreifend[1], kann man sagen: Weil jede Herrschaft in der Form des Rechts ausgeübt wird, zehrt sie von dem Legitimitätsanspruch des Rechts. Dieser ist im demokratischen Verfassungsstaat doppelt verbürgt: materiell durch die Übereinstimmung mit den Grundrechten, formell durch die Erzeugung in einem Verfahren, an dem alle möglicherweise Betroffenen sich diskursiv beteiligen können. Beide Garantien stehen nicht unverbunden nebeneinander, sondern stützen sich wechselseitig. Die Grundrechte sichern – unter anderem – die kommunikativen Voraussetzungen demokratischer Willensbildung, wie umgekehrt die demokratischen Prozeduren die Chancen für den Respekt der grundrechtlichen Freiheiten erhöhen.

Das Modell ist allerdings voraussetzungsvoll.[2] Die elementare Bedingung für die Legitimität rechtlicher Regelungen besteht in der gleichberechtigten und chancengleichen Teilnahme aller Bürger an der Herstellung des Rechts. Da dies heute an der Zahl der Berechtigten, der Kompliziertheit der Regelungsgegenstände und der Menge der benötigten Entscheidungen scheitert, sind Volksentscheide über Recht durchweg die Ausnahme, während in der Regel gewählte und zunehmend professional arbeitende Vertreter der Gesamtheit über den Inhalt der Normen beraten

---

1 Jürgen Habermas, »Über den internen Zusammenhang von Rechtsstaat und Demokratie«, in: ders., *Die Einbeziehung des Anderen*, Frankfurt am Main 1996, S. 293; J. Habermas, »Zur Legitimation durch Menschenrechte«, in: ders., *Die postnationale Konstellation*, Frankfurt am Main 1998, S. 170; beide fußend auf: J. Habermas, *Faktizität und Geltung*, Frankfurt am Main 1992.

2 Vgl. Habermas, *Faktizität und Geltung* (Anm. 1), vor allem S. 208ff., Dieter Grimm, »Die politischen Parteien«, in: *Handbuch des Verfassungsrechts*, hrsg. von Ernst Benda, Werner Maihofer, Hans-Jochen Vogel, 2. Aufl., 1994, S. 599.

und entscheiden. Ihr Ort ist das Parlament, von dem dann die Exekutive ihre Maßgaben empfängt. Die Parlamentarier werden bei ihrer rechtsetzenden Tätigkeit aber von den Auftraggebern beobachtet, stimuliert und kritisiert. Diese bedürfen dazu allerdings ihrerseits der professionellen Beobachter und Deuter in den Kommunikationsmedien, ohne die wiederum die Repräsentanten sich kein Bild von der Resonanz ihrer Tätigkeit im Publikum machen könnten.

Die Trennung von Innehabung und Ausübung der Staatsgewalt wirft freilich das Problem der Rückbindung der Repräsentanten an die Wählerschaft auf. Wenn Autoren und Adressaten des Rechts in der repräsentativen Demokratie auseinanderfallen, die Idee der Autonomie der Bürger aber gleichwohl verlangt, daß sich die Adressaten zugleich als Autoren verstehen können[3], dann müssen Gleichberechtigung und Chancengleichheit nicht erst bei der Rechtsetzung, sondern schon bei der Wahl der Repräsentanten gewährleistet sein. Das gilt zum einen hinsichtlich der einzelnen Wähler, weil sonst der Vertretungskörper keine ausreichende Repräsentativität besäße und die Überzeugungen und Interessen der nicht oder minder Repräsentierten folgenlos vernachlässigt werden könnten. Das gilt zum anderen aber auch hinsichtlich der aus der Bevölkerung hervorgehenden Gruppen, die sich um Wählerstimmen bewerben, weil Restriktionen auf dieser Ebene denselben repräsentationsverfälschenden Effekt hätten.

Die Wahl muß ferner frei sein. Das setzt die freie Bildung wählbarer Alternativen voraus und schließt Beschränkungen und Behinderungen der Konkurrenten zugunsten oder zu Lasten einzelner Gruppen aus. Die Freiheit der Wahl verbietet weiter jeden Druck auf die Wähler sowie jede Benachteiligung wegen der Stimmabgabe. Zur Freiheit gehört aber auch, daß eine ungehinderte Diskussion über die zur Wahl stehenden Personen und Programme möglich ist. Wenn von der Minderheit erwartet wird, daß sie sich dem Mehrheitswillen beugt, muß sie zumindest Gelegenheit gehabt haben, ihre Auffassung in die Debatte einzuführen. Einengungen der Debatte sind damit unvereinbar. Darüber hinaus müssen aber auch die Kommunikationsmedien die Möglichkeit besitzen, sich in kritische Distanz zur Politik zu begeben, und die Wähler aus dieser Position umfassend informie-

---

3 Habermas, »Über den internen Zusammenhang von Rechtsstaat und Demokratie« (Anm. 1), S. 298.

ren. Schließlich dürfen die Gewinner der Wahl die Rechtsetzungsbefugnis, die ihnen damit zuwächst, nicht dazu verwenden, die Verlierer aus dem politischen Prozeß auszuschalten oder sie im Wettbewerb, der sich auch zwischen den Wahlen fortsetzt, zu benachteiligen.

Für die Anerkennungsfähigkeit des Rechts ist es von Wichtigkeit, daß sich der diskursive Prozeß, der dem Gesetzesbeschluß vorangeht, auf die Entscheidung auswirkt. Das kann in einem konkurrenzdemokratischen System nicht bedeuten, daß allen Überzeugungen und Interessen entsprochen wird. Die Mehrheit hat das Recht, am Ende ihre Auffassung zur Geltung zu bringen. Es verlangt aber, daß sie offen in die Auseinandersetzung eintritt und daß die Entscheidung aufgrund der gesammelten Informationen und unter Berücksichtigung der verschiedenen Beiträge gefällt wird. Dazu kann es nur dann kommen, wenn die Abgeordneten ein freies Mandat haben, weil sonst die parlamentarische Beratung keine Entscheidungsrelevanz besäße. Die Beratungen und Entscheidungen müssen überdies öffentlich stattfinden, damit die außerparlamentarische Diskussion mit der parlamentarischen verknüpft werden kann und die Wähler bei der nächsten Wahl instand gesetzt werden, begründete Präferenzentscheidungen zu treffen.

Schließlich müssen die Ergebnisse des Entscheidungsprozesses auf alle einschließlich der Urheber des Gesetzes anwendbar sein, weil sonst der interessenbändigende Nexus zwischen Autoren und Adressaten der Entscheidungen zerreißen würde. Die Allgemeinheit ist dem Gesetz begrifflich eigen und unterscheidet es vom Einzelakt. Diese Differenz darf nicht durch Einzelentscheidungen in Gesetzesform verwischt werden, wenn die rationalisierende Kraft, die dem Gesetz ohne Rücksicht auf den Inhalt bereits wegen seiner Allgemeinheit innewohnt, gewahrt werden soll. Ein ebensolches Verbot gilt für rückwirkende Gesetze, weil die Verhaltenssteuerung, die das Gesetz bezweckt, erst mit seiner Bekanntmachung eintreten kann. Die Gesetzesform vermittelt damit zugleich weitere Vorzüge: die Ausschaltung willkürlicher Herrschaft, die Vorhersehbarkeit des staatlichen Machteinsatzes, die Einbindung der selbst nicht demokratisch legitimierten Verwaltung in den demokratischen Legitimationszusammenhang und die gerichtliche Überprüfbarkeit der Rechtswahrung.

Viele dieser Voraussetzungen liegen quer zu den Interessen der politischen Akteure, die das von ihnen für richtig oder nötig Gehaltene möglichst unbehindert durchsetzen möchten und überdies stets in Versuchung sind, die Gesetzgebungsbefugnis zur Stärkung der eigenen Position oder zur Schwächung ihrer Gegner zu verwenden. Gerade deswegen werden die Voraussetzungen verfassungsrechtlich gesichert. Die Verfassung kann sie allerdings nicht allesamt unmittelbar gewährleisten. Einige der Bedingungen demokratischer Rechtsetzung hängen vielmehr von der inneren Disponiertheit der Beteiligten ab, die sich einer Anordnung entzieht. Die Verfassung ist in diesen Fällen darauf beschränkt, die Bedingungen der Möglichkeit herzustellen, indem sie Strukturen und Prozeduren vorgibt, die die Zielerreichung begünstigen. Allemal ist die Stellung der Verfassung aber prekärer als die gewöhnlicher Gesetze, weil sie an die Machthaber selber adressiert ist und daher keine ihnen überlegene Durchsetzungsinstanz mehr hinter sich hat. Diese Schwäche des Verfassungsrechts läßt sich auch durch Verfassungsgerichte nicht aufheben, sondern nur abmildern.

Die Voraussetzungen legitimen Rechts werden daher stets nur mehr oder weniger erfüllt sein. Bestand das größte Defizit in den Anfängen des Verfassungsstaats darin, daß die Repräsentanten aufgrund eines beschränkten oder abgestuften Wahlrechts bestellt wurden, so liegen die Probleme seit der Durchsetzung des allgemeinen Wahlrechts vor allem bei den politischen Parteien. Diese sind zwar in großräumigen Demokratien mit wiederkehrenden Wahlen und ununterbrochenem Entscheidungsbedarf unentbehrlich. Erst aufgrund ihrer Reduktions- und Bündelungsleistungen ist der Wähler imstande, sein Bestimmungsrecht auszuüben. Auch fungiert die Parteienkonkurrenz als wichtigster Rückkopplungsmechanismus zwischen Beauftragten und Auftraggebern. Es sind die aus der Gesellschaft hervorgehenden Parteien, die die Kluft zwischen Staat und Gesellschaft überbrücken und den Staat, indem sie aufgrund der Wahl seine Führungspositionen besetzen, zum Staat des Volkes machen. Zugleich bilden sie aber unter den Bedingungen einer sich immer stärker professionalisierenden Politik die größte Schwachstelle des demokratischen Systems.

Das Problem hat seine Wurzel darin, daß die Parteien, um ihr Programm im Rahmen des verfassungsrechtlich Zulässigen zur allgemeinverbindlichen Norm erheben zu können, auf die Bekleidung mit der Staatsmacht angewiesen sind, die wiederum der Wahlsieg vermittelt. Von ihrem Standpunkt aus betrachtet, ist daher alles rational, was den Machtgewinn fördert und den Machtverlust verhindert. Unter dem Imperativ von Machterwerb und Machterhalt operieren sie. In diesem Code verständigen sie sich, nur durch ihn vermittelt nehmen sie Signale aus der Umwelt wahr, und an ihm messen sie Erfolg und Mißerfolg. Der Code kann zwar unterschiedlich interpretiert, aber nur um den Preis des Scheiterns ignoriert werden. Professionell verhält sich, wer sich am Code orientiert. Das ist keine Besonderheit der Politik, sondern die Bedingung, unter der jedes Teilsystem in funktional differenzierten Gesellschaften operiert. Doch ist das politische System, in dem die Parteien die Haupttriebkräfte sind, gerade dazu da, die nachteiligen Folgen der Egoismen der übrigen Systeme im gesamtgesellschaftlichen Interesse abzuarbeiten, ohne daß es sich doch selber von diesen Bedingungen freistellen könnte.

Das wirkt sich auch auf die Rechtsetzung aus. Die Beherrschung des Politikbetriebs durch die politischen Parteien hat es mit sich gebracht, daß Deliberation und Entscheidung heute getrennt sind. Die ergebnisrelevante Diskussion verlagert sich aus dem Parlament in Parteigremien. Sind aufgrund der politischen oder verfassungsrechtlichen Konstellation überparteiliche Mehrheiten für eine Entscheidung nötig, verlagert sie sich in Koalitionsrunden oder Spitzengespräche zwischen Mehrheit und Minderheit. Am Ort der Deliberation, dem Parlament, besteht dann keine Deliberationsbereitschaft mit Auswirkungen auf das Ergebnis mehr. Zwar kann allein das Parlament der politischen Entscheidung Rechtsgeltung verleihen. Aber die der Abstimmung vorausgehende Diskussion wird nicht mehr in Überzeugungsabsicht geführt, sondern stellt die verschiedenen Standpunkte nur noch für das Publikum dar. Deswegen kann sie auch vor leeren Bänken stattfinden, und selbst bei der Abstimmung genügt die Anwesenheit weniger, solange nur die Mehrheitsverhältnisse gewahrt sind und niemand die Frage nach der Beschlußfähigkeit aufwirft.

Die parlamentarische Wirklichkeit nähert sich unter diesen Umständen einem imperativen Mandat an, das freilich nicht an Wähleraufträge, sondern Fraktionsbeschlüsse gebunden ist. Die verfassungsrechtliche Verbürgung des freien Mandats hat demgegenüber nur noch die, freilich nicht nebensächliche, Funktion, Dissidenten eine temporär unangreifbare Position zu sichern und damit die Voraussetzungen für innerparteiliche Pluralität und Diskussion zu schaffen. Obwohl das Parlamentsplenum regelmäßig erst nach abgeschlossener Willensbildung der Abgeordneten auf den Plan tritt, erlaubt die parlamentarische Debatte auch in ihrer Schwundform aber immer noch die Zurechnung von Positionen zu Parteien und hilft dem Publikum bei der Urteilsbildung. Wo der Gesetzesinhalt dagegen aus nicht öffentlichen Verhandlungen zwischen den Konkurrenten hervorgeht, fällt auch diese für die Meinungsbildung des Publikums wichtige Darstellung der gegensätzlichen Standpunkte und die damit verbundene Zurechenbarkeit der Verantwortlichkeiten aus.

Allerdings bringen diese Veränderungen, die oft beschrieben worden sind, das verfassungsrechtlich vorgesehene Verfahren der Rechtsetzung nicht völlig um seinen Sinn, sondern führen auf Umwegen immer noch zum Ziel. Die Deliberation fällt nicht aus, sondern verlagert und fragmentiert sich. Sie wird vornehmlich in Parteigremien geführt. Da das Ergebnis jedoch das parlamentarische Verfahren durchlaufen muß, um Gesetzeskraft zu erlangen, bleibt die Beratung auf dieses bezogen. Die parteiinternen Diskussionen können nicht ohne Rücksicht auf die Kritik der Opposition und die Reaktionen in der Öffentlichkeit geführt werden. Sie müssen diese antizipieren, so daß Gegner und Publikum gewissermaßen virtuell präsent sind. Demgegenüber soll es im folgenden um zwei jüngere Tendenzen gehen, die die Voraussetzungen des Modells berühren und die demokratische Rationalität der Rechtsetzung zu mindern drohen. Bei der einen handelt es sich um den Bedeutungsverlust des Gesetzes, bei der anderen um einen neuen Entstehungsmodus und damit zusammenhängend um ein Substitut des Gesetzes.

II.

Die Behauptung, das Gesetz verliere an Bedeutung, scheint sich freilich schlecht mit der verbreiteten Klage über die Gesetzesflut in Deutschland zu vertragen. Diese geht indessen nur zum kleineren Teil auf die Regelungslust der Politik zurück. Überwiegend hat sie objektive Gründe. Unter ihnen ragen die externen Kosten hervor, die verschiedene Teilsysteme der Gesellschaft bei der Verfolgung ihrer Systemziele in anderen Teilsystemen verursachen. Dabei standen ursprünglich die sozialen Kosten der Marktwirtschaft im Vordergrund. Mittlerweile sind die Risiken des wissenschaftlich-technischen Fortschritts und der kommerziellen Nutzung seiner Resultate die Hauptquelle für Regulierungsbedürfnisse. Regulierung ist in diesen Bereichen zum Teil sogar verfassungsrechtlich geboten. Nach heutiger Auffassung halten die Grundrechte den Staat nicht nur in Schranken, sondern verpflichten ihn auch zum Schutz vor Bedrohungen, die den grundrechtlichen Freiheiten von seiten Dritter drohen. Solche Schutzpflichten werden primär durch Gesetze erfüllt. Überdies verhindert die Sozialstaatsklausel, daß sich der Staat völlig auf das Steuerungspotential des Marktes verläßt.

Das erweist sich auch an der jüngsten Quelle gesetzlicher Regulierungen, der Privatisierung bislang öffentlicher Leistungen. Sie findet ihre Ursache zum Teil im europäischen Gemeinschaftsrecht, zum Teil in dem Vordringen neoliberaler Vorstellungen, zum Teil in der Finanznot des Staates. Privatisierungen werden meist mit höherer Effektivität, billigeren Preisen und größerer Bürgernähe infolge des Wettbewerbs gerechtfertigt. Sie haben aber auch eine Kehrseite. Während die öffentliche Gewalt bei der Bereitstellung von Leistungen unmittelbar den rechtlichen Bindungen unterliegt, die sich aus dem Grundgesetz, namentlich den Grundrechten und der Sozialstaatsklausel, ergeben, ist der private Betreiber diesen gerade nicht unterworfen. Ihm garantieren die Grundrechte vielmehr die freie Verfügung über sein Eigentum. Sollen gleichwohl Grundstandards von Gleichbehandlung, Sozialverträglichkeit, Beachtung der berechtigten Interessen Dritter gewahrt werden, so geht das nur durch gesetzliche Regelungen. In der Tat haben daher auch alle bisherigen Privatisierungen den Regelungsbedarf erhöht und nicht etwa gesenkt.

Der Widerspruch zwischen der Zunahme der Gesetze und ihrem Bedeutungsverlust löst sich aber auf, wenn man Quantität und Wirksamkeit unterscheidet. Es zeigt sich dann, daß zwar die Zahl der Gesetze wächst, ihre Steuerungskraft aber sinkt.[4] Damit ist nicht die Durchsetzungsschwäche gemeint, die viele Gesetze

---

4 Vgl. Dieter Grimm (Hg.), *Wachsende Staatsaufgaben – sinkende Steuerungsfähigkeit des Rechts*, Baden-Baden 1990.

um ihre Wirkung bringt und kein neues Problem ist. Implementationsdefizite können ja nur dort entstehen, wo den Normen genügend regulative Kraft innewohnt, aber der Wille oder die Mittel fehlen, sie gegenüber widerstrebenden Adressaten auch zu behaupten. Implementationsschwäche hat ihren Grund also außerhalb der Norm. Dagegen geht es hier um eine innerhalb der Norm liegende Eigenschaft, den Verlust an verhaltenssteuernder Kraft, unabhängig von der Implementationsebene. Das wird besonders deutlich im Verwaltungsrecht, und zwar nicht nur, soweit dieses das Verhalten von privaten Akteuren, sondern auch das der staatlichen Verwaltung selbst steuern soll. Die Gründe werden häufig in einem Versagen des Gesetzgebers gesucht. Sie liegen in Wirklichkeit aber tiefer.

Es ist seit längerem auffällig, daß sich in diesem Rechtsbereich neben dem klassischen Regelungstyp ein neuer ausbreitet, der von jenem erheblich abweicht. Der klassische Regelungstyp wird gewöhnlich als Konditionalprogramm beschrieben. Es folgt dem Wenn-Dann-Schema. Staatliches Handeln gegenüber dem Einzelnen wird nach Voraussetzungen und Rechtsfolgen so genau und umfassend determiniert, daß es für die Verwaltung nur noch um den Vollzug des abstrakten Programms hinsichtlich eines konkreten Sachverhalts geht. Dabei können, wie stets im Bereich rechtlicher Regelung, Zweifelsfragen auftreten und Blankettformeln benötigt werden, die der Verwaltung eine angemessene Reaktion auf Härte- oder Ausnahmefälle erlauben, denen das generell und abstrakt formulierte Gesetz nicht gerecht zu werden vermag. Im Kern ist ihr Verhalten aber in der generellen Norm vorwegbestimmt. Damit gehen gleichzeitig die rechtsstaatlichen Vorteile der Vorhersehbarkeit und Nachprüfbarkeit staatlichen Handelns einher.

Dieser Regelungstyp verdankt seine Ausbreitung dem Aufstieg des Liberalismus, der mit dem Wohlfahrtszweck des Staates brach und diesen auf die Bewahrung einer vorausgesetzten Ordnung beschränkte, in der soziale Gerechtigkeit nicht aus planvoller politischer Bewirkung, sondern freier individueller Betätigung erwartet wurde. Das Gesetz diente dazu, ihn auf Gefahrenabwehr und Wiederherstellung der Ordnung nach eingetretener Störung festzulegen und an der Verfolgung eigener Steuerungsambitionen zu hindern. Staatliches Handeln, das diesem Muster folgt, weist drei Eigenschaften auf. Es ist reaktiv:

Eine Gefahr muß konkret drohen oder eine Störung eingetreten sein, ehe er in Aktion treten darf. Es ist punktuell: Die staatliche Reaktion erschöpft sich in der Abwehr der Gefahr oder der Wiederherstellung der Ordnung. Es ist schließlich bipolar: Die Aktion spielt sich zwischen der staatlichen Gewalt und dem privaten Störer ab. Derart beschränkt, ließ sich das staatliche Einschreiten in der Tat gut in das Wenn-Dann-Schema einfangen. Gerade aus der Beschränkung des Staatszwecks ergab sich die relativ hohe Determinationskraft des Gesetzes.

Staatstätigkeiten dieser Art existieren weiterhin, vornehmlich in dem zentralen Bereich der Polizei. Hier haben Konditionalprogramme daher auch weiterhin ihren Platz. Die Staatstätigkeit beschränkt sich aber längst nicht mehr darauf. Vielmehr ist in einem langen, schon im 19. Jahrhundert einsetzenden Prozeß die gesellschaftliche Selbststeuerung, die die in sie gesetzten Erwartungen nicht zu erfüllen vermochte, wieder zurückgedrängt worden, während im selben Maß der Staat erneut Aufgaben der Ordnungsgestaltung und Wohlfahrtsvorsorge übernommen hat. Von der klassischen Staatstätigkeit unterscheidet sich die erweiterte dadurch, daß sie aus ihrem Bezug auf eine dem Staat vorgegebene Ordnung, in der alle inhaltlichen Gestaltungen den Privatleuten überlassen blieben, gelöst wurde und die Ordnung selber wieder in die Verantwortung des Staates legte. Im Unterschied zur ordnungsbewahrenden ist die ordnungsgestaltende Tätigkeit aber weder reaktiv noch punktuell oder bipolar. Sie ist vielmehr prospektiv, flächendeckend und multipolar, also breite Betroffenheiten erzeugend.

Für die gesetzliche Steuerung einer solchen Tätigkeit haben sich Konditionalprogramme als weitgehend ungeeignet erwiesen. An ihre Stelle tritt vielmehr ein anderer Normtyp, der im Anschluß an Luhmann gewöhnlich als Finalprogramm bezeichnet wird.[5] Normen dieser Art setzen der Verwaltung bestimmte Ziele, benennen Gesichtspunkte, die sie bei der Zielverfolgung berücksichtigen soll, treffen Aussagen über anwendbare Mittel und regeln das Verfahren, das einzuschlagen ist. Derartige Programme lassen sich nicht in dem Sinn vollziehen wie Konditionalprogramme. Sie verlangen Schritt für Schritt situationsangepaßte Wahlentscheidungen, die gerade wegen ihrer Situations-

---

5 Vgl. Niklas Luhmann, *Zweckbegriff und Systemrationalität*, Frankfurt am Main 1977, S. 257 ff.

abhängigkeit normativ nur schwach determiniert sind. Das Normprogramm, nach dem die Verwaltung sich richtet, wird im Zuge der Normanwendung erst vervollständigt. Das Gesetz enthält dafür nur die Richtung und den Rahmen. Innerhalb dieser steuert die staatliche Verwaltung sich selbst. Der Begriff der »vollziehenden Gewalt« beschreibt sie längst nicht mehr zutreffend.

Das Gesetz ist freilich das Mittel, über welches sich sowohl Demokratie als auch Rechtsstaat verwirklichen.[6] Verliert es an Determinationskraft, fallen auch einige der Rationalitätsgarantien demokratischer Rechtsetzung aus, die mit dem klassischen Regelungstyp verbunden waren. Die Entscheidung über das Handlungsprogramm der Verwaltung geht auf der vom parlamentarischen Gesetzgeber nur schwach determinierten Konkretisierungsstufe zwar diskursiv vor sich. Doch sind es nicht mehr die gewählten Repräsentanten, die den Diskurs führen und zu einer Entscheidung bringen, sondern die Angehörigen der staatlichen Verwaltung. Ihr Diskurs geht im Unterschied zu dem parlamentarischen, der jedenfalls in eine öffentliche Phase münden muß, nicht öffentlich vor sich. Zwar sieht eine Anzahl von Gesetzen, namentlich solche, die die Errichtung und Genehmigung technischer Großanlagen betreffen, eine öffentliche Beteiligung der Betroffenen vor. Doch gelangt sie bislang kaum über eine Anhörung hinaus, während die Entscheidung selbst verwaltungsintern fällt und lediglich in der Begründung, die die Verwaltung geben muß, nachgezeichnet wird.

Soweit das Gesetz die staatliche Tätigkeit nicht determiniert, fällt zugleich das Prinzip der Gesetzmäßigkeit der Verwaltung aus, das die Verwaltung in den demokratischen Legitimationszusammenhang einbezieht. Wo das Gesetz sie nicht mehr bindet, entscheidet die Verwaltung ungebunden, ohne doch ihre Entscheidung demokratisch verantworten zu müssen. Die damit auftretende demokratische Lücke läßt sich meist nicht durch die politische Weisungsbefugnis der Regierung schließen, weil deren begrenzte Kapazitäten die Ausübung dieser Befugnis im Regelfall nicht zulassen. Aber auch das Rechtsstaatsprinzip wird in Mitleidenschaft gezogen. Wo die Verwaltung gesetzlich nicht gebunden ist, entscheidet sie frei, und wo sie frei entscheidet, fehlt den Gerichten der Maßstab, anhand dessen sie kontrollieren können,

6 Vgl. Dieter Grimm, *Die Zukunft der Verfassung*, 2. Aufl., Frankfurt am Main 1994, S. 159ff.

ob die Verwaltung sich ans Gesetz gehalten hat. Verzichten die Gerichte auf Kontrolle, so vergrößern sie das rechtsstaatliche Defizit. Kontrollieren sie gleichwohl, so reißen sie, um die rechtsstaatliche Lücke zu schließen, eine demokratische auf.

Die Strategien, mit denen sich die Rechtswissenschaft angesichts dieses alarmierenden Befundes beruhigt, tragen nicht weit.[7] Insbesondere kann die Annahme, daß die Defizite nur im Bereich der neuartigen Staatstätigkeiten aufträten, während in dem klassischen Bereich auch das klassische Modell ungeschmälert funktioniere, die Besorgnisse nicht zerstreuen. Die präventive Wende der Staatstätigkeit erfaßt vielmehr auch dieses.[8] Das Polizeirecht selbst, an dem sich das klassische rechtsstaatliche Steuerungsmuster ausgebildet hat, hält dafür Beispiele bereit. Ursprünglich definierte das Gesetz dort, wo die Staatsgewalt dem Einzelnen mit höchster Intensität begegnete, auch mit möglichster Exaktheit, wann und wie er einschreiten durfte. Die Einschreitschwelle war für die Aufgaben der Gefahrenabwehr eine konkrete Gefahr. Es mußte ein Kausalverlauf in Gang gesetzt sein, der ein Rechtsgut zu schädigen drohte, wenn er nicht alsbald unterbrochen würde. Bei der Strafverfolgung bildete diese Schwelle der hinreichende Tatverdacht, also ein konkreter Anhaltspunkt dafür, das eine bestimmte Person die Tat begangen hatte.

Diese Begrenzungen sind seit einiger Zeit nicht mehr uneingeschränkt in Geltung. Die Ausweitung der Risiken, die der wissenschaftlich-technische Fortschritt mit sich bringt, die veränderte Einstellung der Gesellschaft zu diesen Risiken sowie die Größe der potentiellen Schäden haben zu einer Ausweitung der polizeilichen Aufgaben und Befugnisse geführt. Es geht nicht mehr nur um Gefahrenabwehr und Strafverfolgung, sondern auch um Risikominimierung durch vorbeugende Maßnahmen. Dafür können selbst wieder Schutzpflichtgedanken rechtfertigend ins Feld geführt werden. Sie erfordern freilich die Erstreckung der Polizeitätigkeit ins Vorfeld von Gefahren und Straftaten. Der Auftrag der Polizei bezieht sich dann bereits auf Gefahrenquellen und auf

---

7 Vgl. dazu Helge Rossen, *Vollzug und Verhandlung: die Modernisierung des Verwaltungsvollzugs*, Tübingen 1999, namentlich seine Auseinandersetzung mit Rainer Pitschas, *Verwaltungsverantwortung und Verwaltungsverfahren*, München 1990, und Horst Dreier, *Hierarchische Verwaltung im demokratischen Staat*, Tübingen 1991, bei Rossen S. 269ff.
8 Vgl. dazu Grimm, *Die Zukunft der Verfassung* (Anm. 6), S. 197.

Verhalten, das eine Disposition zur Begehung von Straftaten andeuten kann, nicht mehr auf einen Verdacht, dem nachzugehen ist, sondern auf Erkenntnisse, die einen solchen Verdacht erst begründen. Die polizeiliche Tätigkeit weitet sich dadurch gegenständlich, räumlich, zeitlich und personell aus. Der Präventionsstaat muß tendenziell omnipräsent und omniinformiert sein.

Hier steht nicht der Nutzen der Prävention zur Debatte, der schwer bestreitbar ist, sondern die Auswirkung auf das Recht. Sie liegen darin, daß die traditionellen Grenzen der Staatstätigkeit aufgehoben werden, ohne daß für die erweiterten Funktionen ähnlich starke rechtliche Bindungen verfügbar wären. Wenn es darum geht, in Erfahrung zu bringen, ob die Gefahr einer Gefahr besteht oder ob jemand disponiert ist, künftig einmal straffällig zu werden, eröffnet sich ein nur noch wenig konturiertes Beobachtungsfeld, in dem alles und jedes relevant sein kann. Eine rechtliche Begrenzung erscheint nur schwer möglich. Das wirkt sich auch auf die gerichtliche Kontrolle aus, die noch zusätzlich darunter leidet, daß Erfolgsbedingung dieser Früherkennung ihre Heimlichkeit ist. Dem Recht bleibt nicht viel mehr als die Festlegung prozeduraler Garantien, in denen die Gefahren, die zu der erweiterten polizeilichen Tätigkeit berechtigen, aufgezählt, bestimmte Beobachtungsmethoden ausgeschlossen und die Verwendungsweisen der erlangten Informationen reguliert werden.

III.

Die Ausweitung der Staatsaufgaben schlägt sich aber nicht allein in neuen Rechtsformen nieder, sondern führt auch zu einer Veränderung des staatlichen Instrumentariums. Gerade in den auf Ordnungsgestaltung und Zukunftssicherung gerichteten Tätigkeiten stößt das spezifisch staatliche Mittel von Befehl und Zwang an seine Grenzen. Teils ist der Einsatz imperativer Mittel faktisch unmöglich, weil sich die Gegenstände einer Anordnung entziehen. Forschungsergebnisse, Konjunkturaufschwünge, Mentalitätsänderungen lassen sich nicht befehlen. Teils ist er rechtlich unzulässig, weil Grundrechte die Entscheidungsfreiheit der gesellschaftlichen Akteure sichern. Investitionsgebote, Verpflichtungen zur Einstellung von Arbeitskräften, Ge- oder Verbote, bestimmte Forschungsziele zu verfolgen, wären von der Verfassung nicht gedeckt. Teils ist er zwar möglich und zulässig, aber nicht opportun, weil dem Staat die erforderlichen Informationen für die Formulierung effektiver imperativer Steuerungsprogramme fehlen oder weil die Implementationskosten für imperatives Recht derart hoch sind, daß der Staat sie nicht aufbringen kann oder will.

In diesen Bereichen greift der Staat daher seit längerem zu indirekt wirkenden Motivationsmitteln, Anreizen und Abschreckungen meist finanzieller Art, die die Steuerungsadressaten dazu anhalten sollen, den staatlicherseits festgestellten Gemeinwohlerfordernissen freiwillig Rechnung zu tragen. Der Staat verläßt damit allerdings seine Herrschaftsposition, die ihm im Gemeinwohlinteresse zugestanden wird, und begibt sich auf eine Stufe mit den privaten Akteuren. Die Verwirklichung der Staatsziele wird im selben Umfang von deren Folgebereitschaft abhängig. Das verschafft ihnen eine Vetoposition gegenüber dem Staat, die ihre Chancen, die eigenen Interessen gegenüber den Belangen des Gemeinwohls zu behaupten, beträchtlich erhöht. Dabei verbessert sich die Position der wirtschaftlichen Akteure desto mehr, je weiter die Globalisierung voranschreitet und ihre Aktionsräume erweitert, während diejenigen des Staates schrumpfen. In der Regel äußert sich die Vetoposition jedoch nicht in Verweigerungen, sondern in einer Kooperationsbereitschaft, die der Staat allerdings durch eigenes Entgegenkommen beim Steuerungsprogramm honorieren muß.

Der Staat hat auf die neue Lage mit der Einrichtung von Verhandlungssystemen reagiert, in denen staatliche und private Akteure zusammentreffen, um sich auf Steuerungsprogramme zu einigen. Solche Verhandlungen sind auf der administrativen Ebene nichts Neues. Sie haben ihren Platz vor allem dort, wo das Recht der Verwaltung Ermessens- und Gestaltungsspielräume eröffnet, die dann im Einvernehmen mit den Steuerungsadressaten gefüllt werden. Sie breiten sich aber auch in der strikt rechtsgebundenen Verwaltung aus, etwa im Steuerrecht, wo der Ermittlungsaufwand häufig derart groß ist, daß die Finanzbehörden es vorziehen, mit den Steuerpflichtigen eine Einigung im Verhandlungsweg zu suchen. Verhandlungen trifft man aus ganz ähnlichen Gründen sogar im Bereich der Strafverfolgung an. Nicht selten wird hier nach dem Vorbild des amerikanischen plea bargaining auf die Aufklärung oder Ahndung einzelner Straftaten verzichtet, wenn sich der Angeklagte im Gegenzug bereit findet, andere zuzugeben und so den Ermittlungsaufwand zu reduzieren.

Verhandlungen breiten sich aber auch im Bereich der Gesetzgebung aus.[9] Dabei schließt sich manchmal an die staatliche Willensbildung über Gemeinwohlerfordernisse eine Verhandlung mit den Verursachern des Gemeinwohlproblems darüber an, was von dem Ziel verwirklicht werden kann, ohne daß der Geld- oder Konsensbedarf übermäßig ansteigt. Manchmal beschränkt sich der Staat aber auch darauf, ein Problem zu definieren, das im Gemeinwohlinteresse einer Lösung bedarf, überläßt die Lösung aber den Verhandlungen. Diese führen entweder zur Vereinbarung von Gesetzesinhalten zwischen staatlichen und privaten Akteuren oder zu einem Regelungsverzicht des Staates gegen Wohlverhaltenszusagen der privaten Seite. Das staatliche Gesetzgebungsrecht fungiert dann nur noch als Drohmittel, mit dem die Konzessionsbereitschaft der privaten Seite erhöht wird. Das hat für beide Vorteile: Die private Seite kommt mit milderen Verpflichtungen davon, die staatliche erhält die Informationen, von denen eine wirksame gesetzliche Steuerung abhängt, oder spart die Implementationskosten, die bei einseitig verkündetem Recht hoch sein können.

Obwohl Vereinbarungen dieser Art im Bereich des Informellen bleiben, können sie die erstrebte Wirkung doch nur erreichen, wenn sich beide Seiten an sie gebunden fühlen. Gerade wegen dieser Bindung läßt sich der Vorgang nicht mehr mit Einflußkategorien, sondern nur noch mit Teilhabekategorien erfassen. Damit werden aber auch hier einige Rationalitätsvorkehrungen unterlaufen, die im traditionellen Regelungsmuster zur Legitimität des Rechts beitragen. Zum einen gibt es nun Private, die nicht mehr auf den allgemeinen Staatsbürger-Status beschränkt sind, der ihnen die Teilnahme an der Wahl, die Beteiligung am öffentlichen Diskurs und die Vertretung ihrer Interessen gegenüber dem Staat erlaubt, sondern an der staatlichen Willensbildung selbst teilnehmen, ohne doch in den demokratischen Legitimations- und Verantwortungszusammenhang einbezogen zu sein, der für jeden Träger öffentlicher Gewalt gilt. Zum anderen werden die verfas-

---

9 Vgl. Arthur Benz, Wolfgang Seibel (Hg.), *Zwischen Kooperation und Korruption*, Baden-Baden 1992; Arthur Benz, *Kooperative Verwaltung*, Baden-Baden 1994; Andreas Helberg, *Normabwendende Selbstverpflichtungen als Instrumente des Umweltrechts*, Sinzheim 1999.

sungsrechtlich vorgesehenen Entscheidungsinstanzen und -verfahren im selben Maß entwertet, wie der Staat sich bereits in diesem Vorfeld auf bestimmte Verhaltensweisen festlegt.

Die Auswirkungen treffen vor allem die zentrale Rechtsetzungsinstanz, das Parlament. An den Verhandlungen ist es nicht beteiligt. Sie werden auf staatlicher Seite stets von der Regierung geführt. Geht aus den Verhandlungen ein Gesetzentwurf hervor, kann dieser zwar allein durch Parlamentsbeschluß Rechtsgeltung erlangen. Das Parlament befindet sich aber in einer Ratifikationssituation, die derjenigen bei der Beschlußfassung über völkerrechtliche Verträge ähnelt. Es kann das Verhandlungsergebnis nur annehmen oder ablehnen, nicht umgestalten. Anders als bei völkerrechtlichen Verträgen ist sein Handlungsspielraum hier zwar nur faktisch, nicht rechtlich eingeschränkt. Die Einschränkung wirkt aber nicht weniger gebieterisch, weil jeder ändernde Eingriff das Gesamtergebnis aufs Spiel setzen würde. Wird in den Verhandlungen ein Regelungsverzicht vereinbart, so kommt das Parlament gar nicht ins Spiel. Zwar kann ein Regelungsverzicht der Regierung es nicht daran hindern, von sich aus die Gesetzgebungsinitiative zu ergreifen. Doch müßte dann die Mehrheit die von ihr getragene Regierung desavouieren, was kaum zu erwarten ist.

Mit dem Ausfall des Parlaments bei einem vereinbarten Regelungsverzicht entfallen auch diejenigen Vorzüge, die gerade das parlamentarische Stadium des Gesetzgebungsprozesses vermittelt. Das ist vor allem die öffentliche Debatte, in der Notwendigkeit, Zweck und Mittel eines Vorhabens begründet und der Kritik ausgesetzt werden müssen. Dadurch wird zugleich das Publikum in den Stand gesetzt, Stellung zu beziehen und auf das Verfahren Einfluß zu nehmen. Das ist insbesondere für diejenigen Gruppen von Wichtigkeit, die nicht schon im Vorbereitungsstadium um ihre Meinung gefragt worden sind. Geht aus den Verhandlungen dagegen ein Gesetzentwurf hervor, der anschließend das parlamentarische Verfahren durchlaufen muß, kann die parlamentarische Debatte zwar stattfinden. Doch fehlt ihr die Kraft, den gesellschaftlichen und den staatlichen Diskurs miteinander zu verknüpfen. Weil das Verhandlungsergebnis feststeht, eröffnet sie kein Forum mehr, das dem Publikum die folgenreiche Anmeldung vernachlässigter Interessen oder die Geltendmachung eigener Auffassungen erlaubt.

Diese Schwächen setzen sich beim Inhalt des Gesetzes oder seines informellen Substrats, den Verhaltenszusagen privater Akteure, fort. Es wird in der Regel nicht denjenigen Grad an allgemeiner Anerkennungsfähigkeit erreichen, der legitimitätsbegründend wirkt. Verhandelt wird ja nicht mit allen Betroffenen, sondern nur mit den Inhabern von Vetopositionen. Deren Interessen erhalten eine höhere Berücksichtigungschance, die ihren Grund nicht allein in vorstaatlich angesammelter Stärke, sondern in dem vom Staat bereitgestellten Verfahren hat. Es prämiert soziale Machtpositionen, die die verfassungsrechtliche Regelung in bezug auf die Rechtsetzung gerade neutralisieren wollte. Wo der verfassungsrechtliche Grundsatz strikter Gleichheit gilt, bilden sich in der Realität Privilegien. Im selben Maß vermindert sich die Bedeutung der Wahl, weil sie nicht mehr allein die politischen Gewichte im Rechtsetzungsprozeß verteilt. Wenn man die Verhandlungssysteme gleichwohl demokratisch vereinnahmen will, reißt, wie Luhmann gegenüber Willke betont hat, jeder Kontakt zur Institution der politischen Wahlen ab.[10]

Solche Überlegungen haben kürzlich auch den Wissenschaftlichen Beirat beim Bundesministerium für Wirtschaft und Technologie veranlaßt, vor einer Ausbreitung des Verhandlungsmusters zu warnen.[11] Für den Beirat standen dabei die Auswirkungen auf die Marktwirtschaft im Vordergrund. Die demokratischen Kosten haben aber ebenfalls seine Aufmerksamkeit gefunden. Dagegen ist die rechtsstaatliche Seite rationaler Gesetzgebung außer Betracht geblieben. Für die Angemessenheit des gesetzlichen Interessenausgleichs ist die richterliche Normenkontrolle zunehmend wichtig geworden. Angesichts der erwähnten Defizite der Parteiendemokratie trägt sie heute wesentlich zur Legitimation des Rechts bei. Ausgehandeltes Recht ist darauf in verstärktem Maß angewiesen. Bleiben die ausgehandelten Normen dagegen im Bereich des Informellen, hat die richterliche Normenkontrolle keinen Gegenstand. Selbst für die Einhaltung der Zusagen gibt es dann nur noch politische, keine rechtlichen Sanktionen. Wird der Vereinbarungsinhalt nicht öffentlich bekannt, ist sogar die Feststellung erschwert, ob sich die private Seite daran hält oder nicht.

10 Niklas Luhmann, *Die Politik der Gesellschaft*, Frankfurt am Main 2000, S. 137, Anm. 72.
11 Bundesministerium für Wirtschaft und Technologie (Hg.), *Aktuelle Formen des Korporatismus*, Umdruck, Berlin 2000.

Habermas selbst hat allerdings die Verhandlung neben der Diskussion als Verfahren der Normerzeugung anerkannt.[12] Den Unterschied zwischen beiden sieht er im Ziel. In der Diskussion suchen sich die Teilnehmer gegenseitig mit Argumenten zu überzeugen und gemeinsam zu einer für alle akzeptablen Lösung zu gelangen. In der Verhandlung streben sie einen Ausgleich ihrer verschiedenen Interessen an. Allerdings erscheint das Verhandlungskonzept weniger ausgearbeitet als das diskursive. Habermas deutet jedoch an, unter welchen Voraussetzungen es als rationales Normsetzungsmuster in Betracht kommt. Er sieht diese Möglichkeit dann gegeben, wenn ausgleichsfähige Interessen vorliegen, die Verhandlungspartner etwa gleich stark sind und die Wirkung der Vereinbarung auf diese beschränkt bleibt. Insoweit hält er es für ausreichend, wenn die Verhandlungen unter staatlichen Fairneßgarantien verlaufen, die ihrerseits wieder der rechtlichen Institutionalisierung bedürfen.[13] Andernfalls muß der Staat seine Moderatorenrolle verlassen und die Norminhalte einseitig bestimmen.

Auf die meisten der privat-öffentlichen Verhandlungsrunden, in denen Gesetzesinhalte oder gesetzesvertretende Verhaltensmaßstäbe vereinbart werden, treffen diese Voraussetzungen freilich nicht zu. Gleichwohl erscheint es wenig aussichtsreich, solche Verhandlungen von Verfassungs wegen zu unterbinden, weil sie strukturelle Ursachen haben, die gegen verfassungsrechtliche Verbote weitgehend immun sind. Andererseits reißt das Verhandlungsmuster tiefe Breschen in die verfassungsrechtlichen Rationalitätsvorkehrungen der Rechtserzeugung. Wenn der demokratische und rechtsstaatliche Anspruch aufrechterhalten werden soll, muß die neue Handlungsform daher konstitutionalisiert werden. Sache der Verfassung ist es dann, das Anwendungsfeld von Verhandlungslösungen zu bestimmen, die Zugangsvoraussetzungen unter Betroffenheitsgesichtspunkten statt unter Machtgesichtspunkten zu regeln, Publizität hinsichtlich der Existenz solcher Verhandlungen und, soweit sie zu informellen Verhal-

---

12 Jürgen Habermas, *Faktizität und Geltung* (Anm. 1), S. 173 ff., 204 ff.
13 Vgl. Jürgen Habermas, *Legitimationsprobleme im Spätkapitalismus*, Frankfurt am Main 1973, S. 154; ders., *Faktizität und Geltung* (Anm. 1), S. 206; ders., »Über den inneren Zusammenhang von Rechtsstaat und Demokratie« (Anm. 1), S. 300.

tensregeln führen, hinsichtlich der Ergebnisse vorzuschreiben und geeignete Kontrollmechanismen bereitzustellen.[14]

Habermas hat 1973 in seinem Buch über »Legitimationsprobleme im Spätkapitalismus« anspruchsvolle Demokratietheorien mit reduktionistischen verglichen. Die Realität scheint die letzteren zu bestätigen. Was diesem Befund sein spezifisches Gewicht gibt, ist der Umstand, daß der Grund weniger in mangelnder Demokratiebereitschaft als in den wachsenden strukturellen Hindernissen für die Verwirklichung anspruchsvoller Demokratiemodelle liegt. Die hier erörterten Tendenzen, die die Chancen legitimen Rechts verringern, sind Beispiele dafür. Verfassungsrechtliche Resignation wäre gleichwohl die falsche Konsequenz. Zwar wird man sich daran gewöhnen müssen, daß die Verfassung die Herstellung kollektiv verbindlicher Entscheidungen nicht mehr in demselben Umfang regeln kann, wie das unter den Bedingungen eines auf bloße Ordnungsbewahrung beschränkten Staates möglich war.[15] Deswegen ist es aber nicht überflüssig, den Verfassungsstaat vor dem reduktionistischen Sog zu bewahren und im Maß des Erreichbaren auf die neue Lage einzustellen.

---

14 Auf die Rechtsetzung in der Europäischen Union, die ganz überwiegend dem Verhandlungsmuster folgt, gehe ich hier nicht ein, vgl. dazu Hartmut A. Grams, *Zur Gesetzgebung der Europäischen Union*, Berlin 1998.
15 Vgl. Grimm, *Die Zukunft der Verfassung* (Anm. 6), S. 24 ff., 399 ff.

Günter Frankenberg
Die Rückkehr des Vertrages.
Überlegungen zur Verfassung
der Europäischen Union*

I. Eine Frage der Verfassung

Kaum noch zu überschauen ist die Literatur, die sich mit der Frage quält, ob die Europäische Union eine Verfassung hat oder eine (bessere) haben sollte. Die Debatte illustriert, auf der Ebene von Recht und Rechtsdiskurs, den zögerlichen Wandel der Gemeinschaften von einem Gemeinsamen Markt via Währungsunion hin zu einer politischen Union. Mit bemerkenswerter Leidenschaft vertreten Rechtswissenschaftler, eine Verfassung existiere[1] oder aber sie existiere nicht.[2] Die Geister, welche die Existenz einer europäischen Verfassung bekräftigen, scheiden sich, wenn es um die Notwendigkeit einer neuen oder besseren geht.[3] Ande-

---

* Meinen Kollegen Armin v. Bogdandy, Klaus Günther und Stefan Kadelbach habe ich für kritische Anmerkungen zur ersten Fassung zu danken.
1 Zuletzt Jürgen Schwarze und Peter-Christian Müller-Graff (Hg.), *Europäische Verfassungsentwicklung*, Baden-Baden 2000 und die Beiträge von Peter Huber und Ingolf Pernice zur Jahrestagung der Vereinigung der deutschen Staatsrechtslehrer in Leipzig. Vgl. auch Maria Luisa Fernandez Esteban, »La noción de Constitución Europea en la jurisprudencia del Tribunal des Justicia de las Comunidades European«, in: *Revista espanola de derecho constitucional* 1994, S. 40ff.; G. Federico Mancini, »The Making of a Constitution«, in: *Common Market Law Review* 1989, S. 595 ff.; Jean-Claude Piris, »Does the European Union have a Constitution? Does it need one?«, in: *European Law Review* 1999, S. 557 ff. mit Nachweisen der Rechtsprechung des Europäischen Gerichtshofs (EuGH); Francis Snyder, *General Course on Constitutional Law of the European Union*, Florenz 1998; Rudolf Steinberg, »Grundgesetz und Europäische Verfassung«, in: *Zeitschrift für Rechtspolitik* (ZRP) 1999, S. 1161 ff.; Joeseph H.H. Weiler, *The Constitution of Europe*, Cambridge 1999.
2 Insbes. Dieter Grimm, *Braucht Europa eine Verfassung?*, München 1994, S. 11ff. Vgl. auch Josef Isensee, »Staat und Verfassung«, in: Josef Isensee/Paul Kirchhof (Hg.) *Handbuch des Staatsrechts* I, Heidelberg 1987, § 13; Josef Isensee, »Integrationsziel Europastaat?«, in: Ole Due/Marcus Lutter/Jürgen Schwarze (Hg.), *Festschrift für Ulrich Everling* (1995), S. 567ff.; Paul Kirchhof, »Der deutsche Staat im Prozeß der europäischen Integration«, in: Josef Isensee/Paul Kirchhof (Hg.), *Handbuch des Staatsrechts* VII, Heidelberg 1992, § 183, Rn. 33, 37ff.
3 Vgl. Peter-Cristian Müller-Graff, Europäische Verfassung und Grundrechtscharta, in: *integration* 2000, S. 34ff.

rerseits sind sich diejenigen, die ihre Existenz verneinen, nicht einig, ob eine Verfassung überhaupt ein wünschenswertes oder realistisches Projekt wäre.[4]

Die Verfassungsfrage stellt sich aus der Perspektive der Verfassungstheorie und Verfassungslehre, denn eine negative oder positive Antwort oder auch ein qualifiziertes Argument für eine Verfassung sui generis[5] dürfte erhebliche Konsequenzen haben für die Entscheidungsprozesse und Entscheidungsbegründungen im rechtlichen Regime der EU. Aus der Nähe betrachtet, hat die Verfassungsfrage ein gewichtiges politisches Gepäck, versucht sie doch einerseits eine Brücke zu schlagen zwischen den sich wechselseitig ausschließenden Konzepten von Staat und internationaler Organisation und andererseits konfligierende Prinzipien unter einen Hut zu bringen, die da heißen: Demokratie versus intergouvernementale Kooperation, Einheit/Zentralität versus Subsidiarität, Homogenität versus Heterogenität.[6] Ganz offensichtlich lassen sich die Verfassungsprojekte nicht als akademisches oder politisches »business as usual« abbuchen, reflektieren sie doch die schwierige und umstrittene Suche nach einer allgemein akzeptablen politischen Vision für »Europa« und einer dieser korrespondierenden politischen Identität.

Die folgenden Überlegungen können nicht einmal versuchen, den Varianten des Europäischen Konstitutionalismus gerecht zu werden. Sie gehen daher zu den aktuellen Debatten zunächst auf Distanz und nähern sich ihnen dann aus dem Blickwinkel der Verfassungsgeschichte und der Verfassungstheorie, um in kritischer Absicht die unterschiedlichen Verfassungsprojekte in Hinsicht auf ihre je spezifische politische Vision und ihr Verhältnis zum Nationalen und Supranationalen auszuleuchten.

---

4 Zu einer strukturierten Übersicht vgl. Armin v. Bogdandy, *Beobachtungen zur Wissenschaft vom Europarecht* (im Erscheinen) und Armin v. Bogdandy, »Skizzen einer Theorie der Gemeinschaftsverfassung«, in: Thomas v. Danwitz et al. (Hg.), *Auf dem Wege zu einer Europäischen Staatlichkeit*, Stuttgart/München 1993, S. 9 ff.
5 Zu einem derartigen »Verfassungsverbund« vgl. Ingolf Pernice, »Die Dritte Gewalt im europäischen Verfassungsverbund«, in: *Europarecht* 1996, S. 27 ff.; Bruno de Witte, »International Agreement or European Constitution?«, in: Jan A. Winter et al. (Hg.), *Reforming the Treaty on European Union*, 1996, S. 3 ff.
6 Vgl. Jo Shaw, »European Legal Studies in Crisis? Towards a New Dynamic«, in: *Oxford Journal of Legal Studies* 16 (1996), S. 231 ff.

II. Konstitutionelle Archetypen und Verfassungswandel

Ein Student der europäischen Verfassungsgeschichte trifft unweigerlich auf die folgenden vier Archetypen – die Verfassung als politisches Manifest, Vertrag, Plan/Programm und Gesetz:[7]

1. Die Verfassung als *Vertrag* läßt sich jedenfalls bis zur Magna Charta Libertatum zurückverfolgen, mit Sicherheit eines der am glühendsten verehrten und häufig überinterpretierten Gründungsdokumente des modernen Konstitutionalismus. Frühe Vertragsmodelle, wie beispielhaft die Magna Charta, in England als »Ancient Constitution« bezeichnet, stellen eine Rechtsbeziehung her zwischen dem Monarchen und den »Barons«. Derartige Abreden setzen typischerweise die Mitgliedschaft der vertragschließenden Parteien in einem der Stände voraus und konzentrieren sich daher auf die Kompetenzen der durch Rechte und/oder Privilegien begrenzten legitimen öffentlichen Autorität, die entweder nur bestätigt oder aber neu begründet werden. Im Gegensatz hierzu konstituieren spätere Kontrakte den Status der Mitgliedschaft der Bürger in einer neu errichteten politisch verfaßten Gemeinschaft als »Gesellschaft« (Etat civil, société civile, oder bürgerliche Gesellschaft) oder als politischer Körperschaft (body politic, civitas, l'Etat politique, Staat), oder aber markieren die politischen Einheiten innerhalb eines neu errichteten föderalen oder konföderativen Regierungssystems. Hier sind zwei Varianten deutlich zu unterscheiden. Die erste: ein reziproker Sozialvertrag, von Individuen zur Gründung der Selbstregierung oder eines Gemeinwillens geschlossen[8]. Und die zweite: ein Organisationsvertrag, der üblicherweise ein politisches Zwei-Ebenen-System institutionalisiert.[9]

Die 1781 ratifizierten Artikel der Confederation konstituierten die Vereinigten Staaten von Amerika zum Zweck des »more

---

7 Vgl. auch Hans-Peter Schneider, »Funktionen der Verfassung«, in: Dieter Grimm (Hg.), *Einführung in das öffentliche Recht*, Heidelberg 1985.
8 Vgl. Wolfgang Kersting, *Die politische Philosophie des Gesellschaftsvertrags: Von Hobbes bis zur Gegenwart*, Darmstadt 1994, John W. Gough, *The Social Contract*, 2. Aufl., Oxford 1957.
9 Oder drei Ebenen, wenn man die lokale Selbstverwaltung als eigene Ebene auszeichnet.

convenient management of the general interests« als »Liga der Freundschaft«, in welcher »each state retains its sovereignty, freedom, independence, and every Power, Jurisdiction and right, which is not expressly delegated to the United States«. Ähnlich läßt sich die Organisationscharta der US-Bundesverfassung, sieht man von den ursprünglich zehn, heute 26 Verfassungszusätzen ab, charakterisieren als Kontrakt zwischen den Anti-Federalists, welche die Rechte und Interessen der Einzelstaaten vertraten, und den Federalists, deren Anliegen die Institution einer Bundesregierung war – »to create a more perfect union«.[10] Gemäß der Präambel der deutschen Reichsverfassung von 1871 schlossen die anwesenden fünf Majestäten »einen ewigen Bund« unter dem Zeichen des Deutschen Reiches, um das Territorium und das Recht dieses Bundes zu schützen. Solche historischen Beispiele illustrieren einen bedeutsamen Unterschied zwischen einem Organisationsvertrag und einem Hobbesschen oder Rousseauschen Gesellschaftsvertrag. Während letzterer als Metapher oder Hypothese für die Transformation der »Gesellschaft der Individuen«, auf der Basis eines Netzwerks virtueller reziproker Abmachungen, in einen »body politic« oder Gemeinwillen fungiert, wird der Organisationsvertrag als Rechtstatsache in Gegenwart der Parteien unterzeichnet und läßt diese, wie ein zivilrechtlicher Kontrakt, »intakt« und unabhängig, transformiert sie typischerweise nicht in eine abstrakte Einheit. Den Horizont eines tatsächlich geschlossenen und insofern realen Verfassungsvertrages begrenzen regelmäßig die partikularen Interessen der Parteien. Er ist weder darauf angelegt noch seiner Konstruktion nach geeignet, zur Ebene eines Allgemeininteresses aufzusteigen und die Vision eines Gemeinwohls oder Commonwealth zu erzeugen.

Ungeachtet der hier nur grob skizzierten Unterschiede, verfügen Vertragsverfassungen über die folgenden besonderen Merkmale:

Der *pouvoir constituant* ist intern eher als Rechtsbeziehung zwischen diskreten Parteien (»we, the undersigned«[11]) strukturiert, welche Individuen, Kollektive oder Staaten sein können, denn als monolithischer, wenn auch virtueller »Körper«, der eine

---

10 Vgl. Alexander Hamilton, James Madison und John Jay, *Die Federalist-Artikel 1788*, hrsg. von Angela and Willi Paul Adams, Paderborn 1994.
11 Die Formel »we, the undersigned Delegates« wurde von den Autoren der Artikel der Konföderation benutzt.

neue Allgemeinheit oder Gemeinsamkeit generiert in Gestalt einer *volonté générale*, Union oder Nation.

Verfassungsverträge konzentrieren sich auf die institutionellen und kompetenziellen Modalitäten des Government. Sie richten Zentren politischer Macht ein und begrenzen deren Ausübung, indem sie die zentrale Autorität verpflichten, die (Vor-)Rechte von Individuen oder Ständen oder die Kompetenzreservate von Einzelstaaten zu beachten. Daher regeln frühere Verfassungsverträge insbesondere die Kompetenzen des Monarchen im Verhältnis zu den Fürsten, spätere die Kompetenzen der kaiserlichen oder föderalen Zentralinstanz im Verhältnis zu den Gliedstaaten.

Beide Varianten von konstitutionellen Verträgen setzen individuelle Mitgliedschaft voraus als bereits determiniert durch ständische Tradition oder als reguliert im Kontext der Rechtsregime der Parteien (Staats-Recht), wohingegen Gesellschaftsverträge den Bürger als Mitglied des politischen Gemeinwesens sowie als Autor und Adressaten des Rechts konstituieren.

Gentlemen's agreements wie die Magna Charta oder weniger edelmännische Vereinbarungen, bundesstaatliche oder staatenbündische Kontrakte steuern direkt auf die Frage der Souveränität zu: erstere durch Begrenzung der *summa potestas* des Monarchen unter Berufung auf hergebrachte Rechte und Privilegien, letztere durch die Aufteilung exekutiver und legislativer Kompetenzen zwischen den Governments der Union oder des föderalen Systems und den Mitgliedstaaten.

Als theoretische Antworten auf das Projekt der Moderne befassen sich Gesellschaftsverträge primär mit der Legitimität politischer Herrschaft als Selbst-Regierung oder Selbst-Gesetzgebung sowie sekundär mit der Bereitstellung eines symbolischen Rahmens der Zugehörigkeit, eines *cadre d'appartenance* für die einzelnen Mitglieder der Gesellschaft, um auf diese Weise das Problem der sozialen Integration zu lösen.[12] Organisationsverträge schweigen demgegenüber zur Integrationsproblematik und gehen davon aus, daß die Frage der Legitimität von Herrschaft anderswo beantwortet wird. Sie kommen üblicherweise mit

---

12 Zur Doppelproblematik von Autorität und sozialer Integration siehe Günter Frankenberg, *Die Verfassung der Republik*, Baden-Baden 1996 und ders., »Tocquevilles Frage. Zur Rolle der Verfassung im Prozeß der Integration«, in: Gunnar Folke Schuppert/Christian Bumke (Hg.), *Bundesverfassungsgericht und gesellschaftlicher Grundkonsens*, Baden-Baden 2000, S. 31ff.

einem schwachen Konzept von Integration als staatlicher Organisation aus und sehen davon ab, entweder Kriterien politischer Legitimität zu formulieren (wie etwa Volkssouveränität oder die Kombination von Mehrheitsregel und Minderheitenschutz) oder Prozeduren festzulegen, deren Einhaltung die Legitimität politischer Herrschaft garantieren soll.

Mit dem vertraglichen Archetyp, der seit dem Ende des 19. Jahrhunderts aus der Mode gekommen war, muß wieder gerechnet werden als dem Modell der Wahl für die rechtliche Konstruktion supra- und transnationaler Regime, die sich prima facie nicht als demokratische oder republikanische »Erfindung« von Gesellschaften verstehen. Vertragliche Übereinkünfte zwischen Staaten sind allem Anschein nach besonders gut geeignet, regionale Einheiten zu konstituieren, ohne gleich einen supranationalen Staat oder eine internationale Organisation zu etablieren. Und zwar durch die geschickte Fragmentierung und Verteilung von Souveränität – strenggenommen: Verteilung von Kompetenzen – zwischen nationaler und supranationaler Ebene und durch die Ausbalancierung von Homogenität/Einheit einerseits und Heterogenität/Vielfalt andererseits. Was die EU betrifft, so heben selbst Autoren, die ihre Verträge als Verfassung verteidigen, deren besondere Struktur von den klassischen Modellen ab – kein einzelnes Dokument, sondern ein Netz vielschichtiger Verträge, auch »Verfassungsverbund« genannt, verfaßt das Konglomerat von Staaten als »Staatenverbund« und situiert diesen irgendwo zwischen Bundesstaat und Staatenbund. Die Römischen Verträge und die späteren Ergänzungen von Maastricht und Amsterdam legen es nahe, das gemeinschaftliche Primärrecht als Verfassung zu qualifizieren, die in nahezu jeder Hinsicht die Merkmale des Vertragsmodells aufweist: Mit diesem teilt es die besondere kontraktuelle Struktur des *pouvoir constituant* als diskreten Parteien, repräsentiert durch die Vertreter der nationalen Exekutivgewalten, die »nach Austausch ihrer als gut und gehörig befundenen Vollmachten wie folgt übereingekommen (sind) [...]«.[13] Noch der Verzicht auf einen Grundrechtskatalog läßt sich als die Vertragsthese bestätigende Konzentration auf die Modalitäten des Regierens in der Gemeinschaft interpretieren. Ungeachtet der vor wenigen Jahren eingeführten Unionsbürgerschaft nebst rudi-

13 EGW-Vertrag vom 27.3.1957, geändert durch den Vertrag über die Europäische Union vom 7.2.1992, Abl. Nr. C 191, S. 1.

mentärer Bürgerrechte, setzt das Primärrecht die Mitgliedschaft in einem der Mitgliedstaaten voraus. In Verbindung mit den nationalen Verfassungen etablieren die Verträge eine »semi-souveräne Union«.[14] Nicht zuletzt wegen der ökonomischen Prägung der Union in ihren Gründungsjahren sehen die Verträge weitgehend von der Schaffung eines symbolischen Rahmens der Zugehörigkeit jenseits der organisatorischen Integration ab, die – jedenfalls bis zur Einheitlichen Europäischen Akte von 1986 – eindeutig im Dienst des Gemeinsamen Marktes, später der Währungsunion stand.

2. Als unübertroffener historischer Moment einer Verfassung als *politisches Manifest* dürften die französische Déclaration von 1789 und ihre Inkorporation als Präambel in die Revolutionsverfassung von 1791 gelten.[15] Die Menschenrechtserklärung hatte trotz ihrer unbestritten revolutionären Originalität die Rückendeckung einer ehrwürdigen Tradition. Ihr gingen andere Manifeste voraus, vor allem die englischen Freiheitsproklamationen des 17. Jahrhunderts sowie die Unabhängigkeitserklärung und die Virginia Bill of Rights im Jahre 1776. Verwurzelt in politischen Kämpfen, revolutionären Aufständen und Befreiungsbewegungen, stellt die Verfassung als Manifest einen normativen Sprechakt dar, der in gebotener Kürze die politischen Ideen eines bestimmten historisch-politischen Kontexts dokumentiert und zugleich durch seine Form suggeriert, diese Ideen existierten bereits und bedürften nur der bloßen Erklärung.[16] Die Virginia Bill of Rights fängt den Manifest-Charakter sowohl in ihrem Einleitungssatz – »A declaration of rights made by the representatives of the good people of Virginia, assembled in full and free convention; which rights do pertain to them and their posterity, as the basis and foundation of government.« – als auch mit der Abfassung des Katalogs der Rechte ein: »That all men are by nature equally free and independent, and have certain inherent rights

---

14 Vor allem die Entscheidungen des Bundesverfassungsgerichts lassen sich als fortlaufende Kommentare zum Souveränitätsproblem lesen. Vgl. insbes. BVerfGE 89, 155 [1993].

15 Vgl. Peter Cornelius Mayer-Tasch, *Die Verfassungen der nicht-kommunistischen Staaten Europas*, 2. Aufl., München 1975, S. 210 ff.

16 Siehe hierzu die Analyse und Interpretation der *Déclaration* von Cornelia Vismann, »Das Recht erklären. Zur gegenwärtigen Verfassung der Menschenrechte«, in: *Kritische Justiz* 1996, S. 321 ff.

[…]«[17] Die Autoren der Unabhängigkeitserklärung beziehen sich in ähnlicher Weise auf »self-evident truths«, insbesondere darauf, »that all men are created equal«, und bringen die ebenso evidente »Geschichte der wiederholten Rechtsverletzungen und Usurpationen«, die der König von Großbritannien beging, zur Sprache. Sie halten ihre Sezession für gerechtfertigt, da ihre »wiederholten Petitionen nur mit wiederholten Rechtsverletzungen beantwortet« worden seien und »erklären« deshalb, »that these united colonies are, and of right ought to be, free and independent states«.

Genaugenommen konstituiert der Manifesto-Sprechakt nicht, sondern formuliert nur neu, bestätigt oder bekräftigt, was jenseits von Disput und Zweifel liegt. Das Manifest will nur mehr gemeinhin Bekanntes zum Ausdruck bringen, wie etwa die hergebrachten Rechte der Engländer, die evidenten Emanationen des Naturrechts, eine geteilte historische Erfahrung oder das nicht erläuterungsbedürftige politische Credo einer Verfassungselite. Manifest-Verfassungen unterscheiden sich von den anderen Archetypen in folgenden Hinsichten:

– Im Gegensatz zu Verträgen und Gesetzen sind Manifeste einseitige Proklamationen, die eher selten die Präsenz des abwesenden Volkes als *pouvoir constituant* beschwören. Typisch ist, daß (selbsternannte) Repräsentanten oder Delegierte im Bewußtsein ihres überlegenen kognitiven Zugriffs auf die historische Wahrheit oder das nur mehr zu Deklarierende zur Proklamation schreiten.

– Manifest-Verfassungen decken üblicherweise nur ein begrenztes Themenspektrum ab. Sie sprechen gemeinsame Werte und Ziele an oder Rechte und Prinzipien, die für fundamental gehalten werden (sollen). Wegen ihrer Fokussierung auf das Wesentliche und ihrer Funktion, den Abschluß eines Gründungsdiskurses oder die Summe eines (behaupteten) politischen Konsens zu dokumentieren oder aber politische Unterstützung zu mobilisieren, bleiben sie gleichwohl rudimentär.

– Ihre demonstrative und bisweilen bekenntnishafte Botschaft geht zu Ansprüchen und Pflichten begründenden rechtlichen Texten auf Distanz. Es wäre jedoch irreführend, Manifeste deshalb als unverbindliche politische Prosa zu lesen. Dieses Genre

17 Aus Benjamin Perley Poore (Hg.), *The Federal and State Constitutions, Colonial Charters, and Other Organic Laws of the United States*, 2.Aufl., Washington, D.C. 1878, S. 1908ff.

konstitutioneller Texte legt jedoch die Unterscheidung nahe zwischen einer rechtlichen Verpflichtung – wie zum Beispiel der Pflicht, unveräußerliche Rechte zu respektieren – und deren strikter Durchsetzbarkeit.[18]
– Wegen ihres politisch-historischen Kontexts – Befreiung, Revolution, Unabhängigkeit oder Einigung – richten sich Manifeste auf den eben begründeten Status der Bürger und deren Basis-Rechte und neigen dazu, hinsichtlich der konkreten Organisation eines politischen Gemeinwesens, insbesondere der Ausgestaltung politischer Entscheidungsprozesse, keine oder keine bestimmten Aussagen zu machen.

Mit der Karriere des Archetyps »Verfassung als Gesetz« im Zeitalter der Kodifikationen verschwindet das Manifest nicht völlig von der Bildfläche, sondern wird der Disziplin und den Routinen der Gesetzgebung unterworfen. Folglich werden Manifest-Elemente entweder in einzelne Verfassungsnormen transformiert[19] oder in die Präambel verwiesen, wo ein unterstellter Wert- oder Ziel-Konsens zum Ausdruck kommen kann, ohne die verbindliche Gesetzeskraft des Verfassungsdokuments zu unterminieren oder zu relativieren.[20] Im Unterschied zu liberalen Verfassungen überschreiten insbesondere die Konstitutionen sozialistischer Regime die Grenzen bündiger Absichtserklärungen und elaborieren ihre Präambeln nach Art von Manifesten. Sie erzählen die Geschichte der »Glorreichen Oktoberrevolution« oder nicht minder glorreicher Siege der Arbeiter und Bauern über die Kapitalistenklasse, um die Diktatur des Proletariats zu etablieren oder für die Menschheit den Sozialismus aufzubauen.[21]

---

18 Nach Art. 31 (2) der Wiener Konvention, der eine Regel des Völkerrechts zum Ausdruck bringt, gelten Präambeln als Richtlinie für die Auslegung des nachfolgenden Textes. Vgl. auch EuGRZ 1975, S. 91, S. 95 f. hinsichtlich der Präambel der Europäischen Konvention für Menschenrechte.
19 Artikel 1 GG, der die menschliche Würde für unantastbar erklärt und zum Ausdruck bringt, daß das deutsche Volk sich »darum zu unverletzlichen und unveräußerlichen Menschenrechten als Grundlage jeder menschlichen Gemeinschaft […] (bekennt)«, läßt sich als Manifest und als feierliche Absichtserklärung lesen, mit der »Grundnorm« des Nazi-Regimes zu brechen, wonach das Individuum nichts, die Volksgemeinschaft aber alles war.
20 Vgl. Horst Dreier, in: Horst Dreier (Hg.), Grundgesetz I (1996), Präambel, Rn. 5 ff. und Peter Häberle, »Präambeln im Text und Kontext von Verfassungen«, in: Joseph Listl/Herbert Schambeck (Hg.), *Demokratie in Anfechtung und Bewährung. Festschrift für Johannes Broermann*, Berlin 1982, S. 211-249.
21 Zum Beispiel die Verfassung der UdSSR von 1977, Moskau 1977.

Elemente des Manifests lassen sich auch in internationalen Dokumenten wie der UN-Charta und der Satzung des Europarats sowie in den Gemeinschaftsverträgen auffinden. Deren Vorsprüche enthalten lange Absichts- und Zielerklärungen oder bekenntnisnahe Proklamationen, wie vor allem die Förderung der europäischen Integration, die Bekräftigung der Prinzipien von Demokratie, Menschenrechten, Rechtsstaat und Solidarität (vergleiche auch Art. 6 EUV). Bemerkenswerterweise versuchen die Protagonisten einer neuen Europäischen Verfassung Widerstände gegen ihr Projekt dadurch zu überwinden, daß sie dem geplanten ersten Teilstück, der Grundrechtscharta, den Charakter eines politischen Manifests verleihen.[22] In Anlehnung an die französische Déclaration ist ihr vordringliches Anliegen, die Grundrechte »sichtbarer« zu machen. Rechtsdogmatische Essentials, wie vor allem die Bedingungen der Einschränkbarkeit, ergeben sich erst aus der Querverbindung zur Europäischen Menschenrechtskonvention.

3. Der real existierende Sozialismus, nicht eben ein großzügiger Förderer der konstitutionellen Demokratie, führte einen neuen Archetyp ein – die Verfassung als *Plan* oder *Programm*. Nicht überraschend begleitete diese Innovation die autoritär-sozialistischen Regime auf ihrem Weg in die historischen Archive. Vor ihrer Abdankung übersetzten Plan-Verfassungen die »Gesetze des wissenschaftlichen Sozialismus« in höchst allgemeine Entwürfe für die sozio-ökonomische und politisch-kulturelle Entwicklung.[23] Sie definierten die sozialistische Republik als »Staat der Arbeiterklasse« oder »des Volkes« und projektierten Stadien des Fortschritts, wie z. B. die Verbesserung des materiellen und kulturellen Lebensstandards, auf der Grundlage einer hohen Entwicklungsgeschwindigkeit der sozialistischen Produktion, einer Steigerung der Effektivität und des Tempos des wissenschaftlich-technologischen Fortschritts und des Wachstums der Produktivität.[24] In geradezu logischer Folge veralteten sozialistische Verfas-

---

22 Der von 62 – gemäß Beschluß der Tagung des Europäischen Rates vom 3./4.6.1999 eingesetzten – Experten vorgelegte Entwurf ist abgedruckt in: *Neue Justiz* 2000, S. 472 ff.
23 Siehe Herwig Roggemann (Hg.), *Die Verfassungen der sozialistischen Staaten*, Berlin 1980.
24 Art. 2 Verfassung der Deutschen Demokratischen Republik von 1974.

sungen und bedurften der periodischen Revision, sobald die Führungskader befanden, eine bestimmte Entwicklungsstufe sei nunmehr erreicht worden. Plan-Verfassungen implizieren ferner ein anderes Konzept der Rechte – nicht als universelle und durchsetzbare Ansprüche, sondern als programmatische Erklärungen.[25]

Die Sowjetunion wurde 1921/22 auf schmaler Rechte-Basis gegründet. 1936 proklamierte die neue Verfassung voreilig den »Sieg des Sozialismus«. Die Verfassung von 1978 rekonstituierte die Sowjetunion schließlich als allgemeinen »Staat des Volkes«. Die Verfassungsentwicklung in Vietnam, keineswegs ein exotisches Beispiel, folgt einem ähnlichen Muster: Kaum war »die vietnamesische Revolution unter der Führung der Indonesischen Kommunistischen Partei auf eine neue Stufe fortgeschritten«, wurde im Jahre 1959 die Verfassung von 1946 novelliert. Eben war »die nationale demokratische Revolution des Volkes« beendet, da kam es 1980 zur Revision der Konstitution von 1959. Aufgrund »einer umfassenden nationalen Erneuerung, die vom 6. Kongreß der Kommunistischen Partei Vietnams beschlossen wurde und zu wichtigen Ergebnissen führte«, entschied die Nationalversammlung schließlich im Jahre 1992, »die Verfassung von 1980 als Antwort auf die Erfordernisse der neuen Situation und Aufgaben zu ändern«.[26] In vergleichbarer Weise wurde die Deutsche Demokratische Republik nach 1949 jeweils »in Übereinstimmung mit den historischen Entwicklungsprozessen« auf ihrem Weg zur »entwickelten sozialistischen Gesellschaft« dreimal rekonstituiert.

Die Dreieckshochzeit einer Verfassung mit den Gesetzen des historischen Materialismus und dem hierauf bezogenen überlegenen Wissen politischer Kader unterminiert nicht nur deren Zeitstabilität, sondern auch ihre Gültigkeit als »supreme law of the land«, ungeachtet gegenteiliger Beteuerungen. Denn alle Verfassungsbestimmungen, insbesondere Rechte und Freiheiten, werden unter dem Vorbehalt verbürgt, daß sie den Imperativen des »wissenschaftlichen Sozialismus« weder widersprechen noch überhaupt mit ihnen in Konflikt geraten. Verweise auf »sozialistische Gesetzlichkeit« bauen in die Verfassung einen Implosionsmechanismus ein, der alle Verfassungsnormen dem juridisch-me-

---

25 Vgl. dazu Alexander Blankenagel, »Sowjetische Grundrechtstheorie im Fluß«, in: *Jahrbuch für Ostrecht* 1976, S. 27ff.
26 *The Constitutions of Vietnam*, Hanoi 1995, S. 37, 83, und 154.

thodischen Zugriff von Gerichten entzieht und mehr als andere Verfassungstexte auf die Ebene bloßer Rhetorik oder Schönfärberei herunterbringt.

Plan-Verfassungen ähneln dem Manifest insofern, als sie eine Position festlegen und nur mehr deklarieren, was anderswo bereits von den Autoritäten des »wissenschaftlichen Sozialismus« auf der Grundlage ihres überlegenen Wissens und ihrer Kenntnis der objektiven Gesetze von Geschichte und Fortschritt festgestellt wurde. Sie unterscheiden sich von kontrahierten oder gesetzten Verfassungen durch folgende Merkmale:

- Als konstitutioneller Urheber zeichnet eine selbsternannte herrschende Avantgarde, die kraft Herrschaftswissens beansprucht, die wahren Autoren – das Proletariat, die Arbeiterklasse, die Werktätigen und Bauern etc. – zu repräsentieren.
- Die Verfassungsgebung gleicht, selbst wenn Volksversammlungen involviert sind, einer einseitigen Proklamation. Dem abwesenden Souverän verbleibt üblicherweise nur das »Recht«, dem verkündeten Dokument zu applaudieren.
- In höchst allgemeinen Begriffen, oft nur in den Präambeln oder in der theoretisch informierten Semantik zu identifizieren, schreiben sozialistische Verfassungen Entwicklungsziele vor, die das geplante Veralten des Dokuments festlegen. Folglich wäre es naiv, den programmatischen Gehalt für einen durchsetzbaren Handlungsplan zu halten.
- Als rhetorische Konzession an den modernen Konstitutionalismus geben Plan-Verfassungen ein politisch-organisatorisches Design und einen Katalog von Rechten vor. Vor dem Hintergrund der grundlegenden Annahme, daß der Staat oder die Kader stets im Einklang mit den wahren Interessen des Volkes handeln, und eingedenk des Vorbehalts, daß die Ausübung der bürgerlichen und politischen Grundrechte nicht den objektiven Erfordernissen des Fortschritts widerstreiten darf, lassen sich Plan-Verfassungen schwerlich als »Recht« in einem einigermaßen gehaltvollen Sinne, d. h. als justiziabel qualifizieren.

Pikanterweise bedienen einige Autoren, welche die Idee einer Europäischen Verfassung zurückweisen – wohl mit unfreiwilliger Ironie – die Vorstellung einer Plan-Verfassung: Sie argumentieren bisweilen, der Prozeßcharakter der Union widerspreche der Idee eines einzigen und definitiven rechtlichen Dokuments mit »starren, unveränderlichen rechtlichen Einschränkungen« und ein

»System im Fluß« könne nicht mit rigiden Begriffen erfaßt werden.[27] Die von ihnen präferierte »Wandel-Verfassung« oder »Plan-Verfassung« entspricht durchaus dem Muster geplanter Obsoleszenz. Das heißt: Sie ist im Zuge des Integrationsprozesses nach Maßgabe der jeweils erreichten Stufe zu ändern. Gleichwohl leuchtet es ein, den programmatischen Charakter der Europäischen Verfassung zu betonen, wenn man die Vertragsänderungen und -ergänzungen von Rom über Maastricht bis Amsterdam im Blick hat. Diese Perspektive dekonstruiert beiläufig den politischen Neutralitätsanspruch liberaler Verfassungen, indem sie die zugrundeliegenden und konfligierenden sozio-ökonomischen Programme und politischen Visionen zum Vorschein bringt.

4. Obgleich die Verfassungsgeschichte nicht dem Pfad einer linearen Evolution folgt, läßt sich doch ein säkularer Trend von der Verfassung als Manifest oder Kontrakt hin zur Verfassung als *Gesetz* beobachten. Die Inkorporation der Déclaration in die Revolutionsverfassung von 1791 und bald darauf die Marbury-Entscheidung des U.S. Supreme Court von 1803, in der die U.S. Verfassung als direkt anwendbares Recht ausgezeichnet wird, das Vorrang vor allen anderen Gesetzen und staatlichen Entscheidungen genießt, illustrieren diese Abfolge. Ferner dokumentiert die erstaunliche Karriere und weltweite Verbreitung der im 19. und 20. Jahrhundert als Gesetz beschlossenen Verfassungen diesen Trend besonders eindrucksvoll.

Die Verfassung als Gesetz dominierte erstmals die historisch-politische Tagesordnung, als die Klasse der Eigentümer und Steuerzahler nachdrücklich und mit Erfolg ihr Recht reklamierte, an der Errichtung, Ausübung und Kontrolle der Staatsgewalten sowie an der Regelung der gemeinsamen Geschäfte der Gesellschaft beteiligt zu werden, und deshalb die überkommenen Privilegien des absolutistischen Monarchen unter den Zeichen von Demokratie, Republik und Rechtsstaatlichkeit in Frage stellte. Im Frühkonstitutionalismus erscheinen Verfassungen noch als Konzessionen des Monarchen an die aufstrebende Bourgeoisie. Im Rahmen der konstitutionellen Monarchie ähnelt die interne Struk-

---

27 Josef Isensee, »Integrationsziel Europastaat?«, a. a. O., S. 567. Vgl. auch Ulrich Everling, »Überlegungen zur Struktur der Europäischen Union und zum neuen Europa-Artikel des Grundgesetzes«, in: *Deutsche Verwaltungsblätter* (DVBL) 1993, S. 936ff., S. 940.

tur des *pouvoir constituant* zunächst dem kontraktualistischen Modell diskreter Parteien einer politisch-rechtlichen Übereinkunft. Nach der Erosion monarchischer Souveränität und schließlich der Abdankung der Monarchie wird die verfassungsgebende Gewalt dem Volk zugeschrieben oder von diesem beansprucht. Auf diese Weise nähert sich der Prozeß der Verfassungsgebung jedenfalls in der Theorie dem Konzept der Selbstgesetzgebung an und die Verfassungseliten sind gezwungen, das abwesende »We the People of the United States of America« herbeizubeschwören, »to ordain and establish this Constitution«, oder im Namen »des Deutschen Volkes« zu handeln, das sich »kraft seiner verfassungsgebenden Gewalt dieses Grundgesetz gegeben« hat.

Die Verrechtlichung der Verfassungsgebung und von Verfassungen als »Grund-Gesetzen« ist in den vergangenen beiden Jahrhunderten beständig auf dem Vormarsch gewesen und hat die Verfassung als Gesetz auch außerhalb Europas zum vorherrschenden Paradigma erhoben.[28] Die Lippenbekenntnisse sozialistischer Verfassungen und die Transformation kontrahierter Verfassungen im Prozeß ihrer Ratifikation unterstreichen noch den Triumph des Gesetzes. Im Unterschied zu den anderen Archetypen zeichnet sich die Verfassung als Gesetz durch folgende Merkmale aus:

– Es gehört zur Routine konstitutioneller Akteure und Theoretiker, regelmäßig das abwesende »Volk« als *pouvoir constituant* zu beschwören. Die semantische Differenz zwischen »We the People« und »We the Undersigned« läßt den ideologischen Unterschied zwischen einer selbst-gesetzten Verfassung und einer stellvertretend beschlossenen Verfassung sowie den strukturellen Unterschied zwischen einem virtuellen, monolithischen Körper und diskreten Vertragsparteien aufscheinen.
– Verfassungsgebung tritt als normaler, wenngleich qualifizierter legislativer Vorgang zutage, der prozedural sicherstellen soll, daß eine Verfassung debattiert, durch parlamentarische Mehrheit oder Referendum beschlossen, unterzeichnet und veröffentlicht wird. Verfassungsgebung ist damit wie Gesetzgebung eingefügt in das republikanisch-demokratische Regelwerk.
– Nach Maßgabe des theoretischen Konzepts autonomer Indivi-

---

28 Vgl. z. B. die Verfassungsdokumente in Filip Reyntjens (Hg.), *Constitutiones Africae*, 3 Bände, Brüssel 1988 und Herwig Roggemann, *Die Verfassungen der sozialistischen Staaten*, a. a. O.

duen als Autoren und Adressaten »ihrer« Gesetze,[29] das die Prinzipien der Selbstregierung – Demokratie und Republik – implizieren, erfordert Verfassungsgebung ein legitimatorisches Minimum realer oder virtueller, direkter oder indirekter Beteiligung der betroffenen Mitglieder einer Gesellschaft.
- Gesetzte Verfassungen zeichnen sich durch eine bestimmte Architektur aus.[30] Sie regeln typischerweise die fundamentalen Rechte und Pflichten der Bürgerschaft, die Organisation des politischen Gemeinwesens, für grundlegend erachtete Werte und schließlich Fragen der Geltung, Änderung und Auslegung der Verfassung. Nicht selten institutionalisieren sie eine gerichtliche Instanz für die verfassungsrechtliche Überprüfung von Akten der öffentlichen Gewalten.
- Aufgrund ihrer Gründungs-Quelle – der Volkssouveränität – bezeugen Verfassungsgesetze eine übermäßige Beschäftigung mit Fragen der Legitimität.
- Das Verfassungsgesetz reklamiert durch seine bloße Struktur, daß es seine Anwendung der richterlichen Kontrolle unterwirft.

Die Verfassung als Gesetz erweist sich als der flexibelste Archetyp, dem es gelingt, die »Varianten« der Verfassungsgeschichte geradezu zwanglos zu integrieren. Wie erwähnt lassen sich Manifest-Elemente nicht nur in den Präambeln, sondern auch in einzelnen Normen der Verfassungsgesetze aufweisen. Wichtiger noch, sie enthalten programmatische Bestimmungen, die als bindendes Recht gelten, wenngleich sie nicht unmittelbar einklagbar sind, sondern der Umsetzung durch den Gesetzgeber harren, wie etwa Staatsziele und Verfassungsaufträge – beispielsweise zur Förderung der Gleichberechtigung von Frauen und Männern oder zum Schutz der natürlichen Lebensgrundlagen. In der Retrospektive erscheint das Verfassungsgesetz als das geschichtsmächtigste und umfassendste Modell, das Manifeste und Plan-Verfassungen und bisweilen auch kontrahierte Verfassungen auf die Ebene rudimentärer oder unvollständiger Konstitutionen verweist.

---

29 Klaus Günther, »Welchen Personenbegriff braucht die Diskurstheorie des Rechts?«, in: Hauke Brunkhorst/Peter Niesen (Hg.), *Das Recht der Republik*, Frankfurt/Main 1999, S. 83 ff.
30 Siehe unten Kap. III.

5. Welche Erkenntnisse lassen sich aus dem Studium der Archetypen für die europäische Verfassungsdebatte gewinnen? Offensichtlich können Autoren, die davon ausgehen, die EU verfüge über eine in ihren Verträgen niedergelegte Verfassung, ihr Konzept einer kontrahierten Verfassung oder eines Verfassungsverbundes im Licht der Verfassungsgeschichte ohne nennenswerte Schwierigkeiten verteidigen. Während das Primärrecht der EU prima facie der Organisationsvariante des Kontraktmodells entspricht, wirft es doch eine Reihe von Fragen auf. Erstens muß die Vielzahl inter- oder supranationaler Verträge als weitere Spielart dieses Archetyps ausgewiesen werden. Denn das klassische Modell gründete nicht in inter- oder supranationalen Verträgen, sondern war in einen nationalen Rahmen eingefügt. Freilich sind die EG- und EU-Verträge als internationale Vereinbarungen sui generis zu qualifizieren. Sie institutionalisieren ein Set supranationaler Institutionen mit ausdrücklichen und impliziten Kompetenzen und etablieren ein Regime direkt oder indirekt anwendbarer Normen, die gegenüber dem nationalen Recht einen »Anwendungsvorrang« genießen. Außerdem zwingt uns das Primärrecht der EU, eine Verfassung »ohne ultimativen Text« in Erwägung zu ziehen. Dennoch liefert die Verfassungsgeschichte kein zwingendes Argument gegen eine Vertragsverfassung, deren Komplexität das klassische Modell übersteigt.

Zweitens gibt ein Vertragsnetzwerk, das von den Spitzen der nationalen Exekutive kontrahiert, von den nationalen Parlamenten ratifiziert und durch Leitentscheidungen der Gerichte – und zwar vor allem der nationalen Verfassungsgerichte und des EuGH – komplettiert wird, keine zureichende Antwort auf die Frage, wer oder welche repräsentativen Institutionen den pouvoir constituant bilden. Drittens liegt es unter den Bedingungen eines »reifen Konstitutionalismus« nahe, die klassischen Varianten des Kontraktmodells wegen ihres Schweigens zum Problem der legitimen politischen Autorität für unvollständig zu halten. Das um so eher im EU-Kontext, wo ein neuer supranationaler Regimetypus, situiert zwischen föderalem Staat und Staatenbund und deshalb als »Staatenverbund« oder als Mehrebenensystem »intergouvernementaler Kooperation« bezeichnet, die Annahme verbietet, die Legitimitätsbedingungen seien anderswo erschöpfend geregelt. Der Umstand, daß die EU den Dualismus von »Staat« und »internationaler Organisation« aufbricht, schließt gleichwohl nicht aus, daß wir es mit einer Kontrakt-Verfassung zu tun haben. – Kurz: vor dem Hintergrund der Verfassungsarchetypen können wir aus dem vielschichtigen kontraktuellen Netzwerk der EU wie auch aus anderen regionalen oder transnationalen vertragsgestützten Rechtsregimen (WTO, GATT, Mercosur, regionale Menschenrechtspakte etc.) folgern: Seine Gestalt mag sich geändert haben, doch er ist zurückgekehrt – der Verfassungsvertrag.

III. Die Architektur moderner Verfassungen

Der durch die historischen Überlegungen nahegelegte Verfassungscharakter des Primärrechts der EU soll nun in einem zweiten, hier sehr verkürzt dargestellten Schritt durch eine Analyse der Architektur präzisiert werden. Auf diese Weise sollen die Kriterien identifiziert werden, denen eine Europäische Verfassung zu genügen hat, um die Verfassungsfrage genauer zu beantworten. Mit was für einer Verfassung haben wir es also zu tun?

1. Aus handlungstheoretischer Sicht schreiben moderne Verfassungen Handlungsmacht zu. Weit entfernt davon, das omnipotente Subjekt zu inthronisieren, nehmen sie alle Mitglieder der Gesellschaft als aktive Teilnehmer des sozialen und politischen Lebens in den Blick und unterstellen ihnen die Fähigkeit und Bereitschaft, ihr Lebensschicksal und die Probleme des Lebens in Gesellschaft autonom zu meistern. Verfassungen übersetzen diese Unterstellung – die »aktivistische Zumutung« – in Rechte und Freiheiten, die im Kontext eines Regimes von Selbstbestimmung und Selbstregierung private und politische Autonomie verbürgen,[31] wobei einige Verfassungen den Pfad liberaler Tugend verlassen und Rechte und Prinzipien einführen, die gleichursprünglich die egalitäre Verteilung der Freiheiten garantieren sollen. Diese herkömmlich mit dem Prädikat »sozial« ausgezeichneten Verfassungsnormen lassen sich als Ermächtigungen lesen, die ihre Träger erst in die Lage versetzen, die zugeschriebene virtuelle Handlungsmacht in der Tat zu realisieren. Sie stehen zu den klas-

31 Ausführlich dazu Günter Frankenberg, *Die Verfassung der Republik*, Baden-Baden 1996, S. 32ff.

sischen Freiheitsgarantien in einem Verhältnis notwendiger Komplementarität.[32]

Ungeachtet ihrer differenten politischen Visionen, kulturellen Unterschiede und »gefährlichen Supplemente«[33], gehorchen die Verfassungstexte einem erstaunlich ähnlichen Bauplan. Der naheliegende Einwand, diese Architektur sei kontingent und/oder auf den westlichen Konstitutionalismus beschränkt, läßt sich mit zwei Argumenten ausräumen. Das empirische Gegenargument: Durch komparative Analyse läßt sich das im folgenden skizzierte architektonische Schema nicht nur in westlichen Verfassungen, sondern auch in den Verfassungen der sogenannten Transitionsländer, der entkolonisierten Staaten und selbst der Gesellschaften aufweisen, denen nachgesagt wird, sie gründeten auf »asiatischen Werten«. Das theoretische Argument gegen Kontingenz ist komplexer und kann hier nur in einer höchst reduzierten Version präsentiert werden.[34] Es gründet in der Annahme, daß die Kämpfe, Ereignisse und Prozesse, die schließlich zu modernen Verfassungen führten – die Philosophie der Aufklärung, die demokratischen Revolutionen, Befreiungsbewegungen, die Säkularisierung von Recht und Politik etc. –, eine neue politische Imagination hervorbrachten, die wohl periodisch oder in bestimmten Territorien unterdrückt, aber nicht auf Dauer ausgelöscht werden kann. Diese Re-Präsentation von Gesellschaften als der Selbst-Herrschaft, gewiß auch der Selbst-Disziplinierung[35] fähig und der Disziplinar-Macht[36] unterworfen sowie von Individuen als Akteuren ihrer Umwelt und Geschichte war die treibende Kraft des moder-

---

32 Vgl. Frankenberg, *Die Verfassung der Republik*, Kap. V und Günter Frankenberg, »Why Care? – The Trouble With Social Rights«, in: *Cardozo Law Review* 1996, S. 1365 ff. Zur Kritik: Jürgen Habermas, »Reply to Symposium Participants«, in: *Cardozo Law Review* 1996, S. 1477, 1542 ff., der den Ermächtigungsansatz etwas enigmatisch als »paternalistisch« bezeichnet.

33 Dazu Jacques Derrida, *Grammatologie*, Frankfurt/Main 1993.

34 Ausführlicher dazu Frankenberg, *Die Verfassung der Republik*, Kap. III (die Geburt der Zivilgesellschaft als Prozeß der Säkularisierung) und Kap. IV und Ulrich Rödel/Helmut Dubiel/Günter Frankenberg, *Die demokratische Frage*, Frankfurt/Main 1989. Vgl. auch Marcel Gauchet, *Die Erklärung der Menschenrechte*, Reinbek 1991 und die Beiträge von Claude Lefort und Cornelius Castoriadis in: Ulrich Rödel (Hg.), *Autonome Gesellschaft und libertäre Demokratie*, Frankfurt/Main 1990.

35 Vgl. Norbert Elias, *Über den Prozeß der Zivilisation*, Frankfurt/Main 1978.

36 Vgl. Michel Foucault, *In Verteidigung der Gesellschaft*, Frankfurt/Main 1999, insbes. S. 31 ff.

nen Konstitutionalismus. Sie dekonstruiert alle Vorstellungen von Gesellschaft und ihren Mitgliedern als bloßen Objekten hoheitlicher Interventionen[37] und impliziert, daß die Be-Gründung legitimer Autorität und die soziale Integration unabweisbar gesellschaftliche Aufgaben sind und keiner transzendenten Instanz überantwortet werden können – wie ehedem der göttlichen Vorsehung, einer heilig-ehrwürdigen Tradition oder dem Naturrecht oder später einer mit überlegenem Wissen ausgestatteten Elite. Es gibt keinen triftigen Grund anzunehmen, daß sich ein supranationales Regime aus dieser politischen Imagination ausklammern kann.

Das theoretische Argument betont die symbolische Dimension moderner Verfassungen, die als grundlegende Konventionen einer demokratischen Konfliktkultur die »Legitimität des unabschließbaren und konflikthaften Diskurses über die Legitimität« bekräftigen.[38] Folglich haben Verfassungen eine kritische Bedeutung für die Herausbildung eines entsprechenden politischen Bewußtseins auf seiten der Bürgerschaft und einer kollektiven Identität. Unter dem Gesichtspunkt der kognitiven Zugänglichkeit lassen sich Einwände gegen ein Konglomerat von Gründungstexten vorbringen, die von den Spitzen der Exekutive abgezeichnet und von Experten verwaltet werden. Der Schritt hin zu einer Europäischen Verfassung, bestehend aus einem einzigen Dokument, hätte mithin den Vorzug, dieses »der offenen Gesellschaft der Verfassungsinterpreten«[39] leichter zugänglich und diskutabel zu machen. Das europäische Verfassungsprojekt läßt sich daher als unvermeidliche und auf Dauer gestellte Rekonstituierung der Mitgliedsgesellschaften verteidigen, setzt allerdings voraus, daß die Debatte von der Frage »ein einziges Dokument oder ein Netzwerk von Verfassungstexten?« übergeht zu den Bedingungen der Verfassungsgebung und der notwendigen Beteiligung der Bürgerschaften, die sich darüber verständigen müssen, welche

---

37 Deshalb liegt es nahe, technokratische Verfassungsprojekte – etwa das einer Verfassung ohne Verfassungsgebung – als Rückfall hinter das erreichte Niveau konstitutionellen Denkens und des »gesellschaftlich Imaginären« zu bezeichnen.

38 Claude Lefort, »Droits de l'homme et Etat-providence«, in: Claude Lefort, *L'invention démocratique*, Paris 1981, S. 53 ff.

39 Peter Häberle führte dieses Konzept ein, ohne es jedoch weiter zu verfolgen und gegen die naheliegenden ideologischen Einwände zu verteidigen, in: *Juristenzeitung* 1975, S. 297 ff.

Art von europäischer Selbstregierung sie präferieren und welche »We the Europeans« sie sein wollen.

2. Verfassungen, die beanspruchen, die wesentlichen Probleme des Lebens in Gesellschaft zu thematisieren, befassen sich zunächst und unweigerlich mit Fragen der Gerechtigkeit bzw. der gerechten Verteilung von Freiheiten und öffentlichen Gütern. In der Tradition des Liberalismus werden Fragen der Gerechtigkeit vorzugsweise von Verfassungsbestimmungen geregelt, die Individuen und Assoziationen zueinander und zu den staatlichen Gewalten in Beziehung setzen: durch die Zuweisung eines verfassungsrechtlichen Status, die Markierung von interventionsfreien Handlungssphären und die Verbürgung von Handlungsmöglichkeiten mit Hilfe von (Grund-)Rechten und Prinzipien. Fundamentale Rechte haben sich – ungeachtet der Kritiken an ihrer Unbestimmtheit, ihres ideologischen Gehalts und ihrer besitzindividualistischen Konnotationen – als das Herzstück der modernen Verfassungen erwiesen.[40]

Verfassungen adressieren, meist mit größerer Zurückhaltung, auch Fragen des guten Lebens, umschrieben als Gemeinwohl oder öffentliches Interesse. Unter diesem Titel zeichnen sie Werte einer politischen oder sozialen Ethik aus, von deren Verwirklichung das »Gelingen« eines guten Lebens, des Überlebens und des sozialen Zusammenlebens erwartet wird. Sie treten auf mit der Rückendeckung des »Common sense«, wenn nicht eines (angenommenen) Konsensus.[41] Besagte Werte – insbesondere sozialer Friede, menschliche Würde, Sicherheit, Völkerfreundschaft, Umweltschutz und seit einiger Zeit immer häufiger auch Solida-

---

40 Siehe nur Jürgen Habermas, *Faktizität und Geltung*, Frankfurt/Main 1992; Ronald Dworkin, *Taking Rights Seriously*, Cambridge 1977; John Rawls, *A Theory of Justice*, Cambridge 1971. Zur kommunitaristischen Kritik der liberalen Rechtstheorie: Rainer Forst, *Kontexte der Gerechtigkeit*, Frankfurt/Main 1994. Siehe auch Michael Walzer, *Spheres of Justice*, New York 1983. Zur Rechtskritik des Critical Legal Studies Movement und seiner Nachfolger: Günter Frankenberg, »Der Ernst im Recht«, in: *Kritische Justiz*, 1987, S. 281 ff. m. w. Nachw.; Mark Kelman, *A Guide to Critical Legal Studies*, Cambridge, Mass. 1987; Dan Danielson/Karen Engle (Hg.), *After Identity*, London 1995.
41 Zur Kritik der Konsensannahmen und »objektiven Wertordnung« als Verfassungstheorien im Geiste des Polizeirechts vgl. Günter Frankenberg, »Tocquevilles Frage. Zur Rolle der Verfassung im Prozeß der Integration«, in: Gunnar Folke Schuppert/Christian Bumke (Hg.), *Bundesverfassungsgericht und gesellschaftlicher Grundkonsens*, Baden-Baden 2000, S. 31 ff.

rität – sind regelmäßig in Staatszielen, Verfassungsaufträgen oder Bürgerpflichten niedergelegt. Werte geraten aufgrund ihrer spezifischen Struktur nicht selten in Konflikt mit Rechten, denen sie asymmetrisch korrespondieren:[42] Da sie keinen individuellen Träger haben, rufen Werte nach ihrer autoritativen Verteidigung durch entsprechend ermächtigte und – nun in der Tat – paternalistische Agenturen. Folglich überschreitet ihre Implementation regelmäßig die horizontalen Beziehungen zwischen Bürgern/Mitgliedern.[43]

Verglichen mit dem Glanz und der Faszination von Grundrechtskatalogen, entfachen die organisatorischen Regelungen deutlich weniger interpretativen Enthusiasmus und nur mildere theoretisch-ideologische Debatten. Dies überrascht, da diese Regelungen immerhin die Verfassung der Politik – die Errichtung, Ausübung, Verlagerung und Kontrolle politischer Macht – gestalten und damit unmittelbar Einfluß nehmen auf den Gebrauch und den Härtegrad von Rechten und Freiheiten. Regelungen der Staats- und Politikorganisation antworten auf Fragen politischer Weisheit und des politischen Risiko-Managements. In der Verfassungstheorie sind organisatorische Regelungen mitunter gegen fundamentale Rechte ausgespielt worden und umgekehrt. Nach der immerhin zweihundertjährigen Erfahrung mit modernen Verfassungen sollte diese intellektuell törichte und politisch nicht ungefährliche Kontroverse zu den Akten gelegt werden, da die Organisation der politischen Willens- und Entscheidungsbildung ganz offensichtlich den »Wert« der Freiheiten politischer Kommunikation und Beteiligungsrechte bestimmt. Geradezu prophetisch antizipierten die Autoren der *Déclaration* die notwendige Koexistenz von Grundrechten und Regelungen einer gewaltenteiligen Politikorganisation.[44] In ähnlicher Weise waren sich die unterschiedlichen Lager der nordamerikanischen Verfassungselite darin einig, daß eine Verfassung ohne »Bill of Rights« auf Dauer unzulänglich sein würde.

Das vierte Bauelement moderner Verfassungen ist geprägt von der Frage nach der Geltung und dem geordneten Wandel von Ver-

---

42 Zum schwierigen Verhältnis von Rechten und Werten: Hans Joas, *Die Entstehung der Werte*, Frankfurt/Main 1997, S. 252 ff.
43 Dazu Georg Hermes, *Das Grundrecht auf Schutz von Leben und Gesundheit*, Heidelberg 1987 und Frankenberg, »Tocquevilles Frage«, a.a.O.
44 Vgl. Art. 1, 2 und 16 der *Déclaration*.

fassungen,[45] die von Metaregeln und Kollisionsregeln beantwortet wird. Kollisionsregeln ordnen die Verfassungsbestimmungen in den nationalen (föderalen) oder supranationalen Kontext ein und regeln vor allem die sich aus dem Konflikt zwischen den Leitprinzipien Sicherung von Homogenität – etwa durch die Postulierung einer Wertegemeinschaft[46] – und Anerkennung von Differenz – etwa durch Verbürgung von bestimmten Aufgabenreservaten[47] – in Mehrebenensystemen ergebenden Kompetenzfragen. Metaregeln definieren die verfassungsgebende und -ändernde Gewalt, legen insbesondere die Bedingungen für die Auslegung und Änderung von Verfassungen fest und unternehmen es, zwischen Stabilität, Kontinuität und Wandel eine Balance zu finden.[48] Metaregeln verbürgen so die Selbstreflexivität und insofern die Modernität von Verfassungen, indem sie deren Status als »supreme law of the land« und die Bedingungen ihrer Änderbarkeit festlegen. Sie entparadoxieren den verfassungsgebenden Moment einer creatio ex nihilo durch fortlaufende prozedurale Disziplinierung der verfassungsändernden Gewalt und Eröffnung des Diskurses über die Legitimität. Auf diese Weise überführen sie den mitunter als Stiftungsakt privilegierten Gründungsmoment[49] in einen offenen, auf Dauer gestellten und riskanten Prozeß der Gründung und Neugründung.

3. Nochmals: welche Lehren können aus dieser Skizze der Architektur moderner Verfassungen für die Verfassungsdebatte in Europa gezogen werden? Erstens: Das Argument, es gebe kein »ultimatives Dokument«, entbehrt der zwingenden Kraft, da die Struktur Texteinheit nicht gebietet. Gegen einen Verfassungsverbund oder ein Verfassungsnetzwerk erheben sich keine Einwände, solange die vier Komponenten zu identifizieren sind. Zweitens: Die vier Komponenten sind nicht in gleicher Weise wesentlich. Rechte und Prinzipien, die zumindest beanspruchen,

45 Siehe Brun-Otto Bryde, *Verfassungsentwicklung*, Baden-Baden 1992.
46 Art. 6 I EUV normiert die »Voraussetzungen struktureller Kompatibilität« (v. Bogdandy) in der Union.
47 Das Subsidiaritätsprinzip (Art. 5 EGV) vermittelt zwischen den Zuständigkeitsbereichen der Gemeinschaft und der Mitgliedstaaten.
48 Ausführlich dazu Cornelia Vismann, Kommentar zu Art. 79 in: *Alternativkommentar zum Grundgesetz* (2001, im Erscheinen).
49 So Hannah Arendts Idealisierung der amerikanischen Verfassungsgebung (*Über die Revolution*, München 1963).

die Freiheiten gleichmäßig zu verteilen, sowie organisatorische Regeln, die den politischen Gebrauch der Freiheiten jedenfalls nicht ins Leere laufen lassen, sind unverzichtbar, soweit sie den Wert und die Bedingungen von Autonomie bestimmen. Auf die Auszeichnung von Werten und die Festlegung von Kollisionsregeln kann eine Verfassung demgegenüber verzichten. Die schmale, eher von der Ökonomie diktierte Wertebasis des Primärrechts, die allerdings durch Art. 6 EUV eine – wenig präzise, eher generalklauselartige – Ausweitung erfahren hat, widerstreitet dem Verfassungscharakter der Verträge ebensowenig wie die Vagheit und Umstrittenheit des Subsidiaritätsprinzips (Art. 5 EGV). Drittens läßt sich die These, eine Verfassung der EU existiere nicht, schwerlich mit dem Argument verteidigen, ein »rigides Gesetz« oder Verfassungsschema widerspräche der dynamischen Natur der Union. Denn auch dieses unterstellt entweder die Idee eines »Vertrags der Verträge« oder eines ultimativen Texts und verkennt die durch Selbstreflexivität, nicht aber durch eine imaginierte oder textliche »Einheit« gesicherte normative Kraft von Verfassungen.

Folglich ist, viertens, die Frage zu beantworten, ob die notwendigen Bausteine moderner Verfassungen im Primärrecht der EU aufzufinden sind und in welchem Verhältnis sie zueinander stehen. Das kann hier nur kursorisch geschehen:[50] Die Gemeinschaftsverträge geben auf Fragen der Gerechtigkeit, ausweislich der Grundfreiheiten des Binnenmarktes, eine auch nach der Einführung des Bürgerstatus und rudimentärer Bürgerrechte sowie trotz der dynamischen Judikatur des EuGH[51] noch immer ökonomisch geprägte Antwort. Gleiches gilt für die erstmals im Haider-Konflikt aktualisierte, primär aus Art. 6 EUV abgeleitete »Wertegemeinschaft«. Beide Bauelemente lassen sich mit guten Gründen als unzulänglich, ideologisch überfrachtet und ökonomisch überdeterminiert kritisieren; dennoch ist der Verfassungscharakter der Verträge insoweit kaum zu bestreiten.

Breiteren Raum nehmen die Fragen der politischen Erfahrung und des politischen Risikomanagements ein, die sich primär in den Aufgabenzuweisungen und der Aufteilung souveräner Ho-

---

50 Ausführlicher Günter Frankenberg, »The Return of the Contract«, in: *European Law Journal* 2001 (im Erscheinen).
51 Zur Rechtsprechung des EuGH: Piris, »Does the European Union have a Constitution?«, a. a. O., S. 560ff.

heitsrechte zwischen nationaler und supranationaler Ebene niederschlagen. Der damit etablierte neue Typus eines Staatenverbundes, dessen supranationale Ebene als intergouvernementale Kooperation[52] charakterisiert wird, entspricht mit der unverhohlenen Prämierung der Exekutive in Gestalt von Rat und Kommission gegenüber dem Parlament und dem *arcanum unionis*, genannt »Komitologie«, nicht dem herkömmlichen Muster einer republikanischen Demokratie und ist zu Recht wegen seines Demokratiedefizits und des Mangels an Transparenz kritisiert worden.

Die exekutivische Überdeterminierung des Primärrechts zeigt sich ungeachtet des wachsenden Einflusses des EuGH auch bei dem vierten Bauelement: Die Geltung und Änderung der Verträge ist in erster Linie von Entscheidungen der nationalen Exekutive abhängig, die allerdings jeweils der Ratifizierung durch die nationalen Gesetzgebungskörperschaften bedürfen. Auch für diese übermäßige Mediatisierung des Prinzips der Volkssouveränität finden sich Beispiele auf der Ebene nationaler Verfassungsgebung, ohne daß deshalb – insbesondere wegen eines nicht stattgefundenen Referendums – der Verfassungscharakter verneint worden wäre. Zusammenfassend läßt sich sagen, daß die Essentials einer modernen Verfassung im Primärrecht der EU auffindbar sind, was nicht bedeutet, daß das Netzwerk der Verträge die europäische Verfassungsfrage zureichend beantwortet hat.

IV. Stichworte zu einem neuen Verfassungstypus

1. Zu den spezifischen Leistungen von modernen Verfassungen gehört offensichtlich, daß sie ihre Adressaten in eine kollektive Entität transformieren und ihnen eine dieser Entität korrespondierende kollektive Identität zuweisen oder jedenfalls anbieten. Eine Bevölkerung atomisierter Individuen und pluraler Gruppen mutiert im Vorgang der Verfassungsgebung zu einem Volk, auch Staatsvolk genannt, oder einer Nation. Die durch das Verfassungsgesetz konstituierte oder in Manifest oder Programm evozierte symbolische Einheit läßt Pluralität unter dem Schirm des »We the People« verblassen oder verbirgt sie in der Konstruktion

---

52 Weiler, *The Constitution of Europe*, a. a. O., passim.

von Volk oder Nation. Zu einer solchen Verwandlungskunst, deren Gelingen sich in den Äußerungen einer homogenen kollektiven Identität zeigt, hält der reale – im Gegensatz zum virtuellen oder hypothetischen – Verfassungsvertrag nur insofern Abstand, als immerhin die kontrahierenden Parteien präsent und sichtbar bleiben. Allerdings gehen auch aus solchem Vertragsschluß die vertretenen Stände, Länder oder Bürgerschaften als symbolische Einheit hervor und werden je nach dem konkreten historisch-politischen Kontext eingefügt in den »cadre d'appartenance« einer konstitutionell-monarchischen, imperialen oder supranationalen Gemeinschaft. Unter dem Zeichen der neuen, durch Verfassung gewonnenen Einheit tritt Pluralität in den Hintergrund und werden Differenzen entrechtet vom Herrschaftsanspruch, den nunmehr die Nation, das Volk oder die Gemeinschaft als souveräne Körperschaft stellt.

Das Einheits- und Souveränitätsdenken prägt auch den europäischen Verfassungsdiskurs. Autoren des etatistischen Lagers halten hartnäckig an einem eigentümlich statischen Konzept einer Verfassung fest und beschäftigen sich vorwiegend mit dem Problem der nationalen Autorität und der Abwehr einer befürchteten europäischen Staatlichkeit. Der Hinweis in der Maastricht-Entscheidung des Bundesverfassungsgerichts auf die »Herren der Verträge« verrät zweierlei: den brennenden Wunsch der Etatisten, nationale Autorität und Identität zu verteidigen, und ihre Ängste hinsichtlich einer weiteren Fragmentierung der nationalstaatlichen Souveränität durch den Transfer auf die supranationale Ebene. Sie neigen deshalb zu einer grundsätzlichen Ablehnung des als Vorgang der Staatsbildung mißverstandenen europäischen Verfassungsprojekts und befürworten die Veto-Macht der Mitgliedsstaaten, die sie selbst von einer nur symbolisch gemeinten Grundrechtscharta bedroht sehen. Es bedarf keiner prophetischen Gabe, um heute zu prognostizieren, daß die Dynamik der EU über diesen negativen europäischen Konstitutionalismus und seine Verteidiger des Status quo (ante) hinweggehen wird. Ein Indiz hierfür ist die jüngste Entscheidung des Bundesverfassungsgerichts, das sich deutlich vom nationalstaatlichen »Mißverständnis« des Maastricht-Urteils distanzierte und den Grundrechtsschutz gegen Akte der Union – wie übrigens schon früher – dem EuGH anvertraute.

Auch die technokratische Fraktion im supranationalistischen

Lager scheint sich einem Verfassungsdenken in überkommenen Kategorien und Modellen verschrieben zu haben. Das Projekt einer »immer engeren Union«, informiert vom Leitprinzip der Effektivität, lockert zwar das Souveränitätskonzept, hält jedoch am Einheitsdenken fest. Einer künftigen Verfassung, die bemerkenswerterweise ohne einen einigermaßen gehaltvoll-demokratischen Prozeß der Verfassungsgebung das Licht der Welt erblicken soll, wird die Kraft zugeschrieben, die uniformierte EU als vitaleren Akteur auf den globalisierten Märkten und im Konzert der Sicherheitsmächte zu etablieren. Es wäre zu wünschen, daß sich diese Supranationalisten auf eine »immer heterogenere Union« einstellen könnten.

2. Verfassungsgeschichte läßt sich von mindestens zwei Blickwinkeln aus schreiben. Zunächst als Geschichte jener Einheitsbewegungen und Bestrebungen zur Errichtung einer souveränen (Staats-)Gewalt, deren Erfolg nicht zuletzt in der konstitutionellen Anerkennung und Indienstnahme der je individuell mit Rechten ausgestatteten Bürger gründet. Diese Perspektive dominiert so eindeutig das westliche Verfassungsverständnis, daß der Gegengeschichte – nämlich der Geschichte der Kritik an eben diesen Einheitsbildungen und Souveränitätskonstruktionen – häufig der Geruch des Rebellisch-Regressiven anhaftet. Hier treffen sich radikale Autonomiebestrebungen und Sezessionskämpfe mit mehr oder weniger maßvollen Befürwortern lokaler oder regionaler Selbstverwaltung und fordern kulturelle oder politische Autonomie, Anerkennung der Verschiedenheit und/oder die Dezentralisierung und Dekonzentration von nationalstaatlichen oder neuerdings supranationalen Hoheitsansprüchen ein.

Quer zu den beiden hier angedeuteten Linien verläuft in Theorie und Praxis die Karriere der Zivilgesellschaft. Dieser wird – keineswegs von allen Beobachtern und Akteuren – die Aufgabe zugewiesen, eine Brücke zu schlagen von souveräner Einheitsbildung und Individualismus einerseits hin zur Anerkennung von Differenzen und Bewahrung von Pluralität andererseits. Zu dieser Problematik hat der verfassungstheoretische Diskurs trotz rhetorischer Verbeugungen vor der Zivilgesellschaft beharrlich Distanz gehalten und es dadurch versäumt, Verfassungsbewegungen angemessen darüber zu informieren, wie ein gegliedertes politisches Gemeinwesen aussehen könnte, das nicht auf die herkömmlichen Souveränitäts- und Identitätskonzeptionen sowie die diesen entsprechenden institutionellen Formen zurückgreift, ohne dadurch unverzichtbare Einheitsgewinne zu verspielen. Nicht zuletzt deshalb wird die europäische Verfassungsdebatte bis heute von den oben vorgestellten konstitutionellen Archetypen geprägt, die im Zeitalter der Entstehung von Nationalstaaten ihren Platz haben.

3. Eine genauere Betrachtung des Verfassungsprojekts »Europäische Union« könnte diese Blickverengung des modernen Konstitutionalismus und seine Fixierung auf die Schaffung nationaler Einheit und Uniformität korrigieren. Das Netzwerk der Unionsverträge und konzeptionelle Neuschöpfungen wie »Staatenverbund« oder »Mehrebenensystem« signalisieren den semantischen Aufbruch in eine postnationale Konstellation: Eine europäische Vielvölkergemeinschaft zu konstituieren, hat wenig mit Einheitsstaatlichkeit, aber viel mit »strange multiplicity«[53] zu tun. Die ebenso komplexe wie heikle Aufgabe, Multiplizität angemessen politisch-rechtlich zu verfassen, gebietet eine Suche nach postnationalen institutionellen Formen des Zusammenlebens und einer postnationalen Identität, die Pluralität und Diversität nicht in einem Einheitsgehäuse zum Verschwinden bringen.

Für diese Suche ist die Struktur eines Verfassungsnetzwerks kein schlechter Ausgangspunkt. Ungeachtet seiner derzeitigen Unzulänglichkeiten in Hinsicht auf Verfassungsgebung und Inhalt illustriert die Struktur dieses Netzwerks jedenfalls zweierlei: zum einen die Idee einer Verfassung als immer nur vorläufiges, revidierbares Ergebnis eines offenen, unabschließbaren Prozesses von politischen Auseinandersetzungen, Deliberationen und Kompromissen. Zum anderen bleiben die Beteiligten des konstitutionellen Aushandlungsprozesses als Vertragspartner sichtbar, wenn auch bisher nur vertreten durch die Spitzen der jeweiligen nationalen Exekutive und die parlamentarischen Repräsentanten. Dieses Modell zeichnet sich jedenfalls durch eine größere Nähe zur Struktur sich überkreuzender interkultureller Dialoge und Konflikte aus als etwa das durch virtuellen Gesellschaftsvertrag geadelte nationalstaatliche Einheitsmodell. Mehr als nur ein Indiz hierfür ist die Etablierung eines »Mehrebenensystems«, das die

---

53 Instruktiv hierzu und zu den folgenden Überlegungen James Tully, *Strange multiplicity. Constitutionalism in an age of diversity*, Cambridge (UK) 1995.

klassische Konzeption von Souveränität dekonstruiert hat. Sie tritt uns nicht mehr als monolithische »summa potestas«, sondern als ein aufschnürbares Bündel von Kompetenzen entgegen, die sich vor allem nach Maßgabe des flexiblen Grundsatzes der Subsidiarität zwischen supranationalen Organen und Mitgliedstaaten verteilen lassen.

Im europäischen Verfassungsdiskurs sind diese veränderten strukturellen Bedingungen nicht ohne Resonanz geblieben. Das Verständnis einer Verfassung als Souveränitätsakte ist in die Defensive geraten, seit die Konnexität von Verfassung und souveränem Staat in Frage gestellt wird.[54] Jede Erweiterung der Union, die vermutlich die zentrifugalen Kräfte und damit die Pluralisierungstendenzen verstärkt, also auf die Anerkennung einer Vielvölkergemeinschaft hinwirkt, wird die postnationale Souveränitäts- und Verfassungstheorie faktisch vorantreiben. In gleicher Weise führen der derzeitige Staatenverbund und jede Erweiterung der Union zu einer Heterogenisierung und Fragmentierung des »We the Europeans«, das sich immer weniger von identitären Modellen einhegen läßt. Theorien kollektiver Identität werden folglich mit geteilten und gestuften kollektiven Identitäten zu rechnen haben.

4. Wenn es zutrifft, daß sich der Konstitutionalismus jedenfalls in Hinsicht auf supranationale Regime einzustellen hat auf die Anerkennung von Pluralität bzw. Multiplizität und die angemessene Bewahrung kultureller Differenzen in einer Vielvölkergemeinschaft, dann sind die institutionellen Formen der Organisation politischer Herrschaft und die Verfahren ihrer Legitimation zu überdenken. Ihr umstandsloser Transfer von der nationalen zur supranationalen Ebene dürfte immer weniger gelingen. Mithin stellt sich die Aufgabe, die klassischen, auf den Nationalstaat bezogenen Formen und Verfahren von Öffentlichkeit und Demokratie bezüglich supranationaler Regime zu »kontextualisieren«. Das heißt nicht, daß bereits vorfindliche Institutionen und Praktiken, wie etwa in der EU die »Komitologie«, als der

---

54 Lenaerts, »Constitutionalism and the Many Faces of Federalism«, in: *American Journal of Comparative Law* 1999, S. 205 ff. – Die Präambeln der Gemeinschaftsverträge nehmen im übrigen Bezug auf Bürger, Staatsbürger, Arbeitnehmer, Volkswirtschaften und – nicht nur mehrfach, sondern am häufigsten – auf »Völker«.

demokratischen Weisheit letzter Schluß durchgehen. Zu bezweifeln ist auch, ob dem schwierigen Unternehmen, das Zusammenleben von heterogenen Gesellschaften und Kulturen zu verfassen, damit Genüge getan ist, daß die komplexe Architektur moderner Verfassungen auf ein Organisationsstatut zur »rationalen Selbstbegrenzung politischer Macht«[55] reduziert wird. Allzu offensichtlich weicht dieser Vorschlag der Frage aus, ob und wie sich das liberale System der Rechte auf die Anerkennung von Diversität und kultureller Autonomie sowie auf die Verbürgung der notwendigen Selbstachtung der multiplen Gesellschaften und Kulturen in einer Vielvölkergemeinschaft hin weiterentwickeln läßt.

Vor dem Hintergrund der aktuellen Verfassungsdebatte in Europa und bezogen auf die gegenwärtig verfolgten Verfassungsprojekte, muß es hier bei den folgenden Stichworten zur Reorientierung des Konstitutionalismus bleiben: Erstens ist das technokratische Projekt einer »Verfassung ohne Verfassungsgebung« aufzugreifen. Es erscheint in besonderer Weise geeignet, den Beruf unserer Zeit zur Verfassungsgebung in einer Vielvölkergemeinschaft zu verfehlen. Wo es gerade darum ginge, im Rahmen und in den Bahnen einer Verfassungsdebatte Raum zu geben für einen interkulturellen Dialog inklusive der damit verbundenen Risiken, vertrauen die Protagonisten dieses Projekts kraft bevölkerungsfern-bürokratischer Gewohnheit auf einen exekutivisch-administrativen Verfassungsoktroi. Es ist zu vermuten, daß sie beabsichtigen, die Entwicklung der Union gegen eben diese Risiken abzusichern, und es für zureichend halten, die Bevölkerungen der Mitgliedstaaten weiterhin auf ihre Rolle als Zaungäste ihres Unionsschicksals zu beschränken und die zur Aufnahme anstehenden Gesellschaften mit einem »acquis constitutionnel« zu konfrontieren, der nur kulturelle Kapitulation, nicht aber Anerkennung von Differenzen zuläßt. Die Verfechter einer Verfassung ohne Verfassungsgebung sind daran zu erinnern, daß die bisher praktizierte Weise des »vicarious constitution-making« durch die nationalen und Brüsseler Spitzen die Verfassungsfrage offensichtlich nicht ad acta zu legen vermochte. Es ist höchste Zeit, daß die Gesellschaften der Mitgliedstaaten die Gelegenheit bekommen, die Gründung der Union ein- und nachzuholen und die konfligierenden politischen Visionen zu debattieren. Den

---

55 Udo Di Fabio, »Eine europäische Charta«, in: *Juristenzeitung* 2000, S. 737 ff.

Gegnern eines Referendums über die Erweiterung der Union ist zu ihrer sicherlich geringen Begeisterung entgegenzuhalten, daß es mit einer Abstimmung nicht getan ist, daß auch die Entwicklung der Union als unabschließbarer Prozeß der Gründung und Neugründung der demokratischen Begleitdebatte bedarf. Ob eine »nachholende Verfassungsgebung«[56] später die beschädigte Selbstachtung der zum stummen Publikum degradierten Bevölkerungen heilen kann, dürfte zweifelhaft sein. Jedenfalls verlängert das technokratische Projekt die exekutiv-bürokratische (und vermutlich auch die ökonomische) Überdeterminierung der Union und verspielt die Chance einer einigermaßen angemessenen Verständigung darüber, wer »We the Europeans« sind und sein wollen. Die notwendige Identitätsarbeit läßt sich eben nicht von Expertenkommissionen oder Exekutivräten vikarisch ausführen. Kulturelle Verschiedenheit müssen die Betroffenen lernen, erleben und wohl auch durchleiden, soll am Ende das soziale Kapital gebildet werden, ohne das die Mitgliedstaaten der EU sich auf Dauer, zumal bei fortschreitender Erweiterung, nicht integrieren lassen.

Zweitens ist das Vorhaben zu kommentieren, das auf den »Vertrag der Verträge« abzielt. Der Meta-Kontrakt soll die Lücke schließen, die angeblich dort klafft, wo ein »endgültiger Text« noch immer fehlt. Solange dabei nur das Streben nach einer ästhetisch ansprechenden Unionsverfassung einschließlich besser sichtbarer Grundrechte herrscht, bleibt dieses Unternehmen theoretisch und praktisch anspruchslos und kommt über ein oberflächliches Facelifting nicht hinaus. Die Kritik am Fehlen eines »endgültigen Texts« läßt sich jedoch in die Forderung nach Republikanisierung und Demokratisierung der Union übersetzen. Der republikanische Beitrag einer Verfassungscharta bestünde darin, den kognitiv nicht leicht zu durchdringenden Verfassungsverbund transparenter zu gestalten und in ein der interessierten Öffentlichkeit zugängliches Dokument zu transformieren.[57] Ohne Zweifel würde eine durchsichtigere und einsichtigere Verfassungsstruktur einen Beitrag leisten zur Entwicklung eines europäischen Verfassungsbewußtseins. Der de-

---

56 Dazu Rödel/Dubiel/Frankenberg, *Die demokratische Frage*, a.a.O., S. 74ff.
57 Zur Publizität als Dreh- und Angelpunkt einer Republikkonzeption siehe Günter Frankenberg, Artikel 20 (Republik), in: *Alternativkommentar zum Grundgesetz*, Neuwied 2001.

mokratische Beitrag bestünde zum einen in einer die Entstehung begleitenden, vermutlich kontroversen und gewiß interkulturellen Debatte und zum anderen in einer Verfassungsgestalt, die sich anders als das primärrechtliche Netzwerk dem kognitiven Zugriff der in der Union besonders heterogenen und »offenen Gesellschaft der Verfassungsinterpreten« nicht so leicht entziehen könnte. Somit hätte ein »Vertrag der Verträge« den Vorzug, die Herrschaft der Interpretationseliten zu begrenzen.

Drittens lassen sich sowohl die Klage über das Fehlen eines einheitlich-homogenen Demos als auch die Kritik am Demokratiedefizit ablösen, und zwar zum einen von den nationalstaatlichen Absichten der Klagenden und zum anderen von der Orientierung an den überkommenen nationalstaatlich-demokratischen Institutionen und Verfahren. Zu erinnern ist daran, daß selbst im nationalstaatlichen Rahmen – insbesondere in föderalen Systemen – der Demos mediatisiert und fragmentiert ist, wobei die Anrufung des einen Staatsvolks und das Prinzip der Repräsentation die real existierende Pluralität und Heterogenität überspielen sollen.[58] Für supranationale Mehrebenensysteme ist eine noch radikalere Fragmentierung und Mediatisierung des Demos nicht als Gefahr, sondern als Chance zu sehen und als notwendige Bedingung für die Möglichkeit angemessener interkultureller Aushandlungsprozesse in einer Vielvölkergemeinschaft, in denen Multiplizität und Anerkennung von Differenz zu Wort und zur Geltung kommen können.

Viertens: Eine neue Verfassung wäre der Mühe wert, wenn es gelänge, die Union von den Imperativen ökonomischer Integration im Binnenmarkt zu emanzipieren und auf die Bedingungen legitimer Herrschaft und sozialer Integration in einem Vielvölker-Staat einzustellen. Warum Europa? Oder: welches Europa? wäre dann die Frage.[59] Nicht aber: Gibt es eine europäische Verfassung? Um auch nur in die Nähe dieser Fragestellung zu kommen, müßten die aktuell betriebenen Verfassungsprojekte von ihrem technokratisch-autokratischen Fahrgestell abgetrennt und

---

58 Instruktiv dazu die Debatte zum Ausländerwahlrecht: BVerfGE 83, S. 37ff. und 60ff. [1991] und kritisch dazu Brun-Otto Bryde, »Ausländerwahlrecht und grundgesetzliche Demokratie«, in: *Juristenzeitung* 1989, S. 257ff.; ders., »Die bundesrepublikanische Volksdemokratie als Irrweg der Demokratietheorie«, in: *Staatswissenschaften und Staatspraxis* 1994, S. 305ff.
59 Vgl. Ernst-Wolfgang Böckenförde, »Welchen Weg geht Europa?«, a.a.O., S. 99.

aus den Händen jener Verfechter genommen werden, denen es nicht gegeben zu sein scheint, über den von ökonomischen Vorgaben und bürokratischen Gewohnheiten abgesteckten Horizont hinauszuschauen. Warum sonst sollte man sich auf ein europäisches Verfassungsprojekt einlassen, wenn nicht zur Erleichterung der notwendigen Identitätsarbeit, zur Praktizierung der Legitimität des Diskurses über die Legitimität auch der Union als Vielvölkergemeinschaft und zur Anerkennung dieser Völker als Vertragspartner der unvermeidlichen interkulturellen Aushandlungsprozesse?

Klaus Günther
Rechtspluralismus und universaler Code der Legalität: Globalisierung als rechtstheoretisches Problem

Die Ausdehnung wirtschaftlicher Austauschprozesse über nationale Grenzen hinweg, die Entwicklung weltumspannender Kommunikations- und Informationstechnologien, die Entstehung transnationaler Kapitalmärkte und globale Migrationsbewegungen sind Erscheinungsformen eines Prozesses, der unter dem Titel der *Globalisierung* zusammengefaßt wird. Ob davon wirklich die ganze Welt oder nur der kleinere, aber dominierende und expandierende Teil der wohlhabenden Länder des Nordens erfaßt wird, ist eine offene Frage. Die Dynamik dieser Prozesse verändert jedoch die herkömmlichen Ordnungsmuster von Gesellschaften, vor allem das Modell eines durch zentralisierte Herrschaftsfunktionen geordneten und durch eine trotz aller Pluralität weitgehend homogenen Kultur integrierten Nationalstaates.

Diese Prozesse und die durch sie produzierten Konflikte beginnen, auch das Recht zu verändern. Die öffentlichen Diskurse über das Recht sowohl in der Wissenschaft als auch in der Praxis sind zwar noch weitgehend auf den Begriff eines nationalen Rechts festgelegt mit einem zentralen, öffentlich legitimierten Gesetzgeber, einer dem Staatsvolk gegenüber verantwortlichen, rechtlich disziplinierten Exekutive und einer gegenüber den anderen beiden Gewalten relativ selbständigen, aber auf ein kohärent geordnetes Rechtssystem und eine monopolisierte Staatsgewalt ausgerichteten Justiz. Diese Welt der infranationalen Rechtsnormen wird jedoch schon seit längerem von inter- und supranationalen Rechtsnormen überlagert oder überformt – am deutlichsten tritt dies am Verhältnis zwischen den Rechtsnormen der Europäischen Union zu den nationalen Rechtsordnungen ihrer Mitgliedsländer zutage. Entsprechend treten neben die nationalen Gesetzgeber weitere rechtssetzende Akteure, die auf verschiedenen transnationalen Regelungsfeldern und dort auf unterschiedlichen Ebenen operieren: Internationale Organisationen wie die Welthandelsorganisation (WTO), die Weltbank (WB) oder der Internationale Währungsfonds (IWF) oder gar, wie in der EU, supranationale Organisationen, die zumindest *de facto* oder auch schon *de jure* als Gesetzgeber tätig werden. Während diese Organisationen immerhin noch wenigstens formell durch den Willen ihrer Mitgliedsländer und deren jeweils national verantwortliche Regierungen bestimmt sind, trifft dies auf die vielen nicht-staatlichen Akteure auf den transnationalen Feldern des Rechts nicht mehr zu. Nichtregierungsorganisationen (NGOs) wie *amnesty international*, *Greenpeace* oder *Global Trade Watch* sind ebenfalls an transnationalen Rechtssetzungsprozessen beteiligt oder sie erzeugen in der Grauzone zwischen der gesellschaftlichen Artikulation von Interessen und Ansprüchen und ihrer Transformation in formelle Rechte und Rechtsnormen, zwischen Rechts- und Sozialnormen sich bewegendes sogenanntes *Projekt-Recht*, das über verschiedenartige Kanäle internationale Anerkennung und damit langsam auch Verbindlichkeit gewinnt.

Schließlich gibt es auch keinen Gegenstand nationaler Gesetzgebung mehr, der internationaler Beobachtung und Beeinflussung entzogen wäre, sei es durch andere Nationalstaaten, durch internationale Organisationen, multilaterale Konferenzsysteme oder massenmedial strukturierte, über soziale Bewegungen und NGOs transnationale Aufmerksamkeit erzeugende plurale Öffentlichkeiten. Irgendeine unverdächtige nationale Umweltschutznorm oder eine bestimmte arbeitsrechtliche Regelung könnten sich als protektionistische und damit andere Wettbewerber diskriminierende Maßnahme erweisen, die dem Reglement des WTO/GATT widerspricht. Die gegenwärtige Praxis der Interpretation und Durchsetzung von Menschenrechten bewegt sich in einem dichten Geflecht von nationalen Regierungen und Gesetzgebern, internationalen Organisationen, nationalen und internationalen Gerichtshöfen, lokalen Öffentlichkeiten, internationalen und lokalen NGOs sowie globalen Massenmedien. Einzelne Akteure oder Gruppen aus diesem Netz können zwar hochselektiv, aber global wirksam Menschenrechtsverletzungen irgendwo auf der Welt identifizieren und öffentlich skandalisieren sowie durch neue Interpretationen und die Mobilisierung von Gegenreaktionen zur Fortschreibung der Menschenrechte beitragen.

Diese Tatsachen sind für das Recht vor allem in zwei Hinsichten von großer Bedeutung. *Erstens*: Wenn es neben einem zentralen, bisher vor allem im Nationalstaat lokalisierten Gesetzgeber weitere rechtssetzende oder an Rechtssetzungsprozessen direkt oder indirekt Beteiligte gibt und diese auf den verschiedenen transnationalen Feldern des Rechts auf jeweils unterschiedlichen lokalen, infra-, inter- oder supranationalen Ebenen operieren, dann löst sich der Begriff *des* Rechts auf in eine Vielzahl von Normensystemen. Das positivistische Modell eines logisch geordneten und hierarchisch gestuften Systems von primären und sekundären Normen, die in der Grundnorm oder in der Erkenntnisregel ihren einheitsstiftenden logischen Bezugspunkt haben, verwandelt sich in eine Pluralität von Rechtsregimes. Am *Faktum des Rechtspluralismus* scheint sich die Einheitsfiktion des Rechtssystems aufzulösen. Wie ist dann aber noch ein in wenigstens minimaler Weise gerechtes, am Prinzip der Gleichbehandlung gleicher Fälle und damit des Rechts auf Gleichheit aller Rechtspersonen orientiertes, auf ein kohärentes System von Normen gestütztes Entscheiden möglich? *Zweitens*: Auf dem langen historischen Weg zur Ausgestaltung des rechtsgenerierenden Systems primärer und sekundärer Rechtsnormen in der Form des demokratischen Verfassungsstaates hatte sich die Einsicht durchgesetzt, daß es keine Provinz des Rechts gibt, welche der allein Legitimität erzeugenden politischen Autonomie aller Staatsbürgerinnen und -bürger absolut entzogen wäre. Die in einem komplexen Kreislauf und über verschiedene Stufen der Repräsentation und Delegation rechtsförmig organisierte Identität von Adressaten und Autoren der Rechtssetzung sollte ebenso inklusiv sein wie in sich geschlossen und keine Ausnahme duldend. Auch dieses Modell droht im Angesicht des Faktums des Rechtspluralismus seine Überzeugungskraft einzubüßen. An die Stelle der politischen, zeitlich, sachlich und sozial generalisierenden Gesetzgebung scheint eine fragmentierte, auf gesellschaftliche Teilbereiche bezogene, von einzelnen, sich selbst ermächtigenden Akteuren organisierte Selbstregulierung durch Normen unterschiedlicher Reichweite und Generalität zu treten. Wie ist dann aber noch legitimes Recht möglich? Wie lassen sich vor allem die Interessen *Drittbetroffener* in solchen fragmentierten Selbstregulierungsprozeduren angemessen berücksichtigen und gleiche Zugangs- sowie Beteiligungsrechte gewährleisten? Wie lassen sich die *Transparenz* der Entscheidungsverfahren garantieren und wie die *Verantwortlichkeit* für Entscheidungen und deren Folgen organisieren?

Diese zwei Herausforderungen des Rechts möchte ich im folgenden in mehreren Schritten aufnehmen. (1) werde ich kurz die relevanten Normenphänomene auf den transnationalen Feldern des Rechts skizzieren sowie die prominentesten Akteure der Rechtssetzung identifizieren. In einem zweiten Schritt werde ich darlegen, wie die Theorien des Rechtspluralismus darauf reagieren (2) und welche Konsequenzen dies für den Rechtsbegriff hat (3). In einem letzten Schritt (4) soll dann gezeigt werden, daß die Theorien des Rechtspluralismus nur von einem externen Standpunkt aus die transnationale Rechtsentwicklung beschreiben. Aus rechts*interner* Perspektive wird deutlich, daß sich in den transnationalen Expertennetzwerken staatlicher und nicht-staatlicher Akteure ein universaler Code der Legalität etabliert, der allerdings der Konkretisierung in legitimen Prozeduren der Rechtssetzung und Rechtsanwendung bedarf. Dabei werde ich Jürgen Habermas' Argumentation zur legitimen Begründung eines Systems der Rechte aus dem III. Kapitel von *Faktizität und Geltung* aufnehmen, da sich mit ihrer Hilfe jener universale Code der Legalität angemessen beschreiben und in seiner Funktionsweise erklären läßt. Außerdem wird sich herausstellen, daß der universale Code der Legalität normativ ungesättigt ist und der Konkretisierung durch legitime Prozeduren bedarf, zu denen dieser Code gleichzeitig die Bausteine liefert.

I. Die transnationalen Felder des Rechts und ihre Akteure

Transnationale Normbildungsprozesse lassen sich vor allem auf vier verschiedenen Feldern beobachten: *(a)* Bei der globalen Ausdifferenzierung des ökonomischen Systems und den sie tragenden oder begleitenden Medien und Mechanismen, *(b)* bei den Folgen dieser Ausdifferenzierung für Umwelt, Migration und Entwicklung, *(c)* bei den Menschenrechten sowie *(d)* der Herausbildung eines transnationalen Sicherheitsrechts zur Bekämpfung dysfunktionaler Folgen der Globalisierung. Neben den Nationalstaaten treten als Akteure der Rechtssetzung dabei vor allem auf: Internationale Anwaltsfirmen, Rechtsberater, NGOs und internationale Organisationen. Diese Akteure haben freilich jeweils ein sehr verschiedenartiges Gewicht. Ihre Aktivitäten sind jedoch in eine gemeinsame Struktur transnationaler Netzwerke eingebettet, in denen neben Ökonomen, Naturwissenschaftlern, engagierten Bürgerinnen und Bürgern vor allem *juristische Experten* aktiv sind. Das sich derart etablierende transnationale Recht trägt daher die Züge eines *Juristenrechts*.[1]

(a) Das ökonomische System ist vielleicht das erste und zusammen mit dem Wissenschaftssystem einzige soziale System, das sich im Zuge seiner funktionalen Differenzierung transnational ausdehnt. Kein Land vermag sich den positiven und vor allem auch den negativen Folgen zu entziehen. Der internationale Warenaustausch nimmt rapide zu, Finanzmärkte und Märkte für Dienstleistungen haben längst nationale Grenzen überschritten, vor allem mit Hilfe des technologischen Fortschritts der Kommunikationsmedien. Transnationale Unternehmen, inzwischen überwiegend dezentral und netzwerkartig organisiert, werden zu mächtigen Akteuren, deren Vermögen das vieler Nationalstaaten übersteigt. Die globale Ausdifferenzierung des ökonomischen Systems wirkt sich auf die nationalen Gesetzgebungen vor allem in Gestalt eines *Regulierungswettbewerbs* aus.

Die Weltbank und der IWF setzen gleichzeitig im Wege der Auflagenpolitik für die Gewährung von Krediten für wirtschaftlich schwächere oder in Krisen geratene Länder die Errichtung von ökonomisch funktionsadäquaten Rechtsordnungen durch. In diesem Bereich sind vor allem internationale private Rechtsberater tätig, die entweder im Auftrag einer internationalen Organisation oder im Rahmen von multilateralen Abkommen für die betroffenen nationalen Regierungen (vor allem in Mittel- und Osteuropa, in Südostasien und in Afrika) Verfassungen und einfache Gesetze entwerfen und die Ausbildung des Justizpersonals in die Hand nehmen.[2]

Mit dem Rechtsregime des GATT und der WTO wird ein internationales Freihandelssystem angestrebt, das vor allem darauf bedacht ist, indirekte Diskriminierungen von Wettbewerbern durch

---

[1] Vgl. dazu ausführlicher: Klaus Günther und Shalini Randeria, *Recht, Kultur und Gesellschaft im Prozeß der Globalisierung*, Bad Homburg (Werner Reimers Stiftung: Schriftenreihe *Suchprozesse für innovative Fragestellungen in der Wissenschaft*, Heft 4) 2001.

[2] Ebd., S. 59-63; sowie Mark M. Boguslawskij u. Rolf Knieper, *Wege zu neuem Recht*, Berlin 1998; Günter Frankenberg, »Verfassungsgebung zwischen Hobbesianischem Naturzustand und Zivilgesellschaft – Die Verfassung der Republik Albanien«. In: *Jahrbuch des öffentlichen Rechts der Gegenwart*, N.F. 2001, S. 443-470.

nationale Gesetzgebungen zu verhindern. Mit der WTO ist zudem eine internationale Organisation errichtet worden, die zwar nach ihrem Selbstverständnis nur ausführendes Organ der Mitgliedsstaaten ist, faktisch jedoch schon längst eigene Organisationsinteressen entwickelt hat und mit dem zweistufigen Streitschlichtungsverfahren auch eine Quasi-Jurisdiktion über die Mitgliedsstaaten ausübt.[3] Daneben lassen sich jedoch auch zunehmend Selbstregulierungstendenzen innerhalb des ökonomischen Systems beobachten, die auf nationale Gesetzgebung entweder gar nicht mehr oder nur noch sekundär angewiesen sind. Auf diesem Gebiet operieren vor allem internationale Anwaltsfirmen, unter denen die größten inzwischen ein erhebliches Machtpotential entwickelt haben.[4] Das beginnt beim sog. *forum-shopping*, der Suche nach der für ihre Mandanten günstigsten nationalen Rechtsordnung (vor allem mit Blick auf das Steuer-, Gesellschafts-, Haftungs-, Umwelt-, Arbeits- und Sozialrecht), mit dem der Regulierungswettbewerb zwischen nationalen Rechtsordnungen angeheizt wird, geht weiter zur internationalen privaten Schiedsgerichtsbarkeit, die vor allem unter dem Einfluß US-amerikanischer Anwaltsfirmen zu einem eigenen *arbitration market* geworden ist[5], und endet bei der Entwicklung rechtlicher Regelungen für ganze Marktsegmente wie dem internationalen Handel mit Währungsderivaten, wo einzelne Normen für die Abwicklung von Insolvenzen von Anwaltsfirmen untereinander ausgehandelt worden sind.[6]

Anwaltlich beratene transnationale Wirtschaftsunternehmen gewinnen eine Art Staatsbürgerstatus, der es ihnen ermöglicht, wie ein Volkssouverän Verantwortung von Regierungen für ihre politischen Entscheidungen einzufordern. Der von Saskia Sassen in kritischer Absicht so bezeichnete Status der *economic citizenship*[7] ist vor allem in den Ländern des Südens virulent, wo wenige

---

3 Armin von Bogdandy, »Law and Politics in the WTO – Strategies to Cope with a Deficient Relationship«, in: *Max Planck Yearbook of United Nations Law*, 2001 (*im Erscheinen*).
4 S. dazu Klaus Günther und Shalini Randeria, *Recht, Kultur und Gesellschaft*, a. a. O., S. 52-59.
5 Yves Dezalay und Briant G. Garth, *Dealing in Virtue – International Commercial Arbitration and the Construction of a Transnational Legal Order*, Chicago 1998.
6 Klaus Günther und Shalini Randeria, *Recht, Kultur und Gesellschaft*, a. a. O., S. 55-59.
7 Saskia Sassen, *Losing Control?*, New York 1996.

transnationale Unternehmen nationale Regierungen in ihre Abhängigkeit bringen können, z. B. Erdölunternehmen in einigen Ländern Afrikas oder Textilunternehmen in Mittelamerika. Das heißt freilich nicht, daß das global sich ausdifferenzierende System auf Nationalstaaten nicht mehr angewiesen wäre. Das staatliche Gewaltmonopol zur effizienten Durchsetzung von Rechtsansprüchen bleibt nach wie vor ein wichtiges Element des globalen ökonomischen Systems und der weite Bereich des nichtstaatlichen transnationalen Wirtschaftsrechts bleibt umgeben von einem Kranz positivierten nationalen Rechts.[8]

(b) Die globale Ausdifferenzierung des ökonomischen Systems wird vor allem durch neue Entwicklungen in Wissenschaft und Technologie sowie neue Kommunikationsmedien getragen, die ihrerseits neue, auf dem Wege nationalstaatlicher Gesetzgebung nicht lösbare Probleme aufwerfen. Die rasche Zunahme neuer Entdeckungen und technischer Entwicklungen, die teilweise tief in die biologische Struktur und die Identität des Menschen eingreifen, ist für sich genommen angesichts der Mißbrauchsgefahren bereits ein regelungsbedürftiges Problem. Unabhängig davon, wie die rechtlichen Kontroll-, Haftungs-, Zulassungs- und Verbotsregeln auch aussehen – ein nationalstaatlicher Gesetzgeber kann alleine nicht viel ausrichten. Das gilt vor allem für die ökonomische Verwertung der aus der Genforschung gewonnenen Erkenntnisse, die in einem Land erlaubt, in einem anderen verboten, deren Produkte aber vielleicht von jenem in dieses eingeführt werden können.

Gleiches gilt auch für die Regelung der Probleme an den Schnittstellen zwischen Wissenschaft und Ökonomie, vor allem beim *Patent- und Urheberrecht*. Dabei geht es nicht nur um die ordnungspolitische Frage, wie das Verhältnis zwischen dem Schutz intellektuellen Eigentums (als Anreiz für Innovationen) und optimaler ökonomischer Verwertung auszubalancieren ist, sondern auch, wer einen privilegierten Zugang zu den traditionellen, lokalen Wissensressourcen haben soll. Die Wissensressourcen der Länder des Südens, wie zum Beispiel das kollektive Wissen um die heilende Wirkung bestimmter Naturstoffe oder die Verwendung von Naturstoffen als Düngemittel in der Land-

8 Rolf Knieper, *Nationale Souveränität – Versuch über Ende und Anfang einer Weltordnung*, Frankfurt am Main 1991.

wirtschaft, sind Gegenstand zahlreicher Konflikte.⁹ Den Vorteilen einer optimalen Allokation des Wissens unter denjenigen, die es zum größten ökonomischen Nutzen verwerten können, stehen gravierende, neue Rechtskonflikte aufwerfende Nachteile gegenüber, wie das Beispiel der Abhängigkeit der Landwirtschaft in Ländern der Dritten Welt von patentrechtlich geschützten Monopolinhabern eines bestimmten Saatgutes oder ganzer Erdteile von Patentinhabern bestimmter pharmazeutischer Wirkstoffe (z.B. bei der Behandlung von AIDS) zeigt.

Die transnationale Ausdifferenzierung des ökonomischen Systems stützt sich vor allem auf die Entwicklung eines *globalen Kommunikations- und Informationsnetzes*, das sich weitgehend jedem Versuch einer rechtlichen und erst recht einer *nationalen* rechtlichen Kontrolle entzieht.¹⁰ Das hat nicht nur in mangelnden technischen Möglichkeiten seinen Grund, sondern auch in kollidierenden Interessen und verbreiteten regelungsskeptischen Einstellungen. Der Streit, ob das globale Kommunikations- und Informationsnetz ein rechtsfreier Raum bleiben soll, ist nach wie vor unausgefochten.¹¹

Regulierungsbedürftige Probleme und Konflikte in anderen Bereichen, die sich als direkte oder indirekte Folgen der selektiven und partiellen Globalisierung des ökonomischen Systems beschreiben und erklären lassen, besitzen ihrerseits wiederum eine globale Dimension. Das gilt für Umweltschäden und -gefahren ebenso wie für die vielfältigen sozialen und politischen Folgen des ökonomischen Wachstums in den Ländern des Nordens für die Länder des Südens – von starken wirtschaftlichen und finanziellen Abhängigkeiten über Strukturkrisen, Verarmungsprozessen, politischen Radikalisierungen und Diktaturen bis zu Migrationsbewegungen. Auch hier werden transnationale recht-

---

9 Shalini Randeria, »Domesticating Neoliberal Discipline: Transnationalisation of Law, Fractured States and Legal Pluralism in the South«. In: Wolf Lepenies (Hg.), *Shared Histories and Negotiated Universals*, Frankfurt am Main u. New York 2001, S. 3 ff.
10 Vgl. statt vieler nur Ulrich Sieber, *Verantwortlichkeit im Internet*, Müchen 1999; Gerald Spindler, »Haftungsrechtliche Grundprobleme der neuen Medien«. In: *Neue juristische Wochenschrift* 1997, S. 3193 ff., Lothar Determann, *Kommunikationsfreiheit im Internet*, Baden-Baden 1999.
11 Beispiele für diesen Streit lassen sich täglich finden: Vgl. den Kommentar zum Urteil des LG München (Schadensersatz für illegale Raubkopien von Musikaufnahmen aus dem Internet) von Joachim Jahn: »Selbstschutz statt Cyberlaw«, in: *Frankfurter Allgemeine Zeitung* v. 15.4.2000, S. 11.

liche Regelungen angestrebt oder auch schon verwirklicht (z. B. die rechtliche Organisation eines globalen Austauschs von Verschmutzungsrechten)[12], werden internationale Konferenzserien in Gang gesetzt (z. B. Weltklimakonferenzen) und internationale Organisationen gegründet, bilden sich NGOs, die sich für einen global wirksamen rechtlichen Schutz der Umwelt engagieren, und zwar im Konfliktfall auch gegen die Interessen eines Nationalstaates oder eines mächtigen multinationalen Konzerns.[13]

Umweltprobleme sind zudem mit Fragen der gerechten globalen ökonomischen Distribution eng verzahnt, wie sich an dem Streit über eine Begrenzung der Luftverschmutzung zwischen den Ländern des Nordens und denjenigen Ländern des Südens erkennen läßt, die sich gerade auf dem Pfad der wirtschaftlichen Prosperitätssteigerung befinden. Nicht zuletzt sind auch transnationale Konzerne mächtige und einflußreiche Akteure in globalen Umwelt- und Entwicklungskonflikten, wie das Beispiel der gewaltsamen Verdrängung von Ureinwohnern von Territorien mit reichen Bodenschätzen durch nationale Regierungen im Interesse transnationaler Unternehmen vor allem in Ländern Afrikas zeigt. In dem Maße, wie nationale Regierungen dabei willkürlich handeln oder sogar gegen die eigenen Gesetze verstoßen, Gewalt einsetzen und Menschenrechtsgruppen oder einzelne Gegner solcher Maßnahmen verfolgen, verquicken sich diese Konflikte wiederum mit den Menschenrechten und rufen NGOs auf den Plan, die solche Verletzungen mit Hilfe globaler Kommunikationsmedien öffentlich skandalisieren.[14]

Die sozialen und politischen Folgen der Globalisierung erzeugen je nach ihrer Art und ihrem Umfang einen unterschiedlichen transnationalen rechtlichen Regelungsbedarf. Das Recht auf Entwicklung ist als Menschenrecht der »dritten Dimension« inzwischen allgemein anerkannt.[15] Die Art und Weise seiner rechtlichen

---

12 Zum gegenwärtigen Stand des internationalen öffentlichen Umweltrechts s. Knut Ipsen, *Völkerrecht*, 4. Aufl. München 1999, 14. Kap. (S. 854 ff.).
13 David Held u. a., *Global Transformations*, Chicago 1999, S. 376-413.
14 Für jüngste Beispiele solcher Konflikte in Indien siehe Shalini Randeria, »Globalising Gujarat: Environmental Action in the Legal Arena – World Bank, NGOs and the State«. In: Mario Rutten u. Ghanshyam Shah (Hg.): *Festschrift for Jan Breman*, Amsterdam/Delhi 2001 (im Erscheinen).
15 Siehe dazu den inzwischen »klassischen« Aufsatz von Eibe Riedel, »Menschenrechte der dritten Dimension«. In: *Europäische Grundrechte Zeitschrift* 1989, S. 10 ff.

Ausgestaltung ist jedoch wiederum kontrovers: So bleibt umstritten, ob und inwieweit eine Liberalisierung der Märkte unter dem Dach der WTO gerade zu einer Wohlfahrtssteigerung der armen Länder führt oder im Gegenteil zu verstärkter Abhängigkeit von den reichen Ländern.[16] Die ihrerseits wiederum umstrittenen Maßnahmen reichen von der Konditionalitätenpolitik der Weltbank und des IWF[17] bei der Kreditvergabe, über die Entsendung von Rechtsberatern bis zur direkten finanziellen Förderung von internationalen Projekten, welche die lokale ökonomische Infrastruktur verbessern sollen (z. B. große Staudammprojekte).

(c) Am deutlichsten ins Bewußtsein der Weltöffentlichkeit getreten ist die Konkurrenz zwischen souveränem Nationalstaat und internationalem Recht bei den Menschenrechten. Seit dem Ende des Kalten Krieges entwickeln sie eine erstaunliche Dynamik. Auch hier sind die globalen Informations- und Kommunikationsmedien ein wichtiger Faktor, da erst durch sie keine Menschenrechtsverletzung auf der Welt der (wenn auch tatsächlich stets selektiven) globalen öffentlichen Aufmerksamkeit auf Dauer entzogen werden kann. Schließlich ist die Entwicklung der Menschenrechte der Bereich, auf dem vor allem NGOs namhaft hervortreten.

Diese Dynamik durchbricht ebenfalls nationalstaatliche Grenzen. Erst recht gilt dies für das innenpolitische Handeln solcher Staaten, die entweder den Menschenrechten ihrer Bürger und (vor allem) Bürgerinnen keine oder nur halbherzig Achtung zollen oder die sich für eine selektive und parteiliche Interpretation und Ausgestaltung formell anerkannter Menschenrechte auf ihre innenpolitische Souveränität berufen. Mit den nationalstaatlichen Grenzen verwischen sich auch die Grenzen zwischen dem Staat in seiner Doppelrolle als Garant und geborener Gegner der Menschenrechte auf der einen und dem Individuum als Träger der Menschenrechte auf der anderen Seite. Menschenrechte werden

---

16 Zur Position der WTO, daß eine Liberalisierung des Welthandels zur Verminderung von Armut führen würde, vgl. WTO News: Press/181 (13 June 2000): »Free Trade Helps Reduce Poverty«.
17 Für eine kritische Auseinandersetzung mit diesem Thema siehe Rolf Knieper, *Nationale Souveränität*, a. a. O. sowie, am Beispiel der Intervention des IWF während der Asienkrise, Eva Riesenhuber, *The International Monetary Fund under Constraint: Legitimacy of its Crisis Management*, Diss. Jur. Frankfurt am Main 2000.

zunehmend auch in Konflikten in Anspruch genommen, in denen nicht mehr Bürger/innen und Staatsgewalt einander gegenüberstehen, sondern Minderheiten gegen Mehrheiten, Individuen gegen mächtige private Organisationen, eine diskriminierte soziale Gruppe gegen andere Gruppen oder halbstaatliche Verbände und schließlich Bürgerkriegsparteien gegeneinander. Im Völkerrecht zeichnet sich daher die – umstrittene – Tendenz ab, das Individuum als Träger von Menschenrechten zugleich als Völkerrechtssubjekt anzuerkennen.[18] Im Konfliktfall werden Menschenrechte nicht nur von den unmittelbar Betroffenen geltend gemacht, sondern auch von empörten Dritten, die sich in NGOs zusammenschließen und organisieren (z.B. *amnesty international* oder *Human Rights Watch*) oder als diffuse Öffentlichkeit eines Nationalstaates angesichts grauenerregender Fernsehnachrichten ihre eigene Regierung unter Druck setzen.

(d) Bereits der oben beschriebene Prozeß der transnationalen »Vermenschenrechtlichung« von Politik führt vor allem dort, wo es um die Haftung für und die Sanktionierung von schweren, kollektiv organisierten Menschenrechtsverletzungen geht, zugleich zur rudimentären Entwicklung eines transnationalen Strafrechts. Am deutlichsten sichtbar wird dies an dem – gegen den Widerstand vor allem der USA – in Gang gesetzten Prozeß zur Errichtung eines Internationalen Strafgerichtshofes. Es scheint freilich weniger der internationale Menschenrechtsschutz zu sein, der eine internationale Dynamik zur Schaffung eines transnationalen Strafrechts in Gang setzt, als vielmehr die Ausdifferenzierung einer transnationalen Ökonomie und ihres wichtigsten Mediums, des Internet. Dieser Prozeß hat bereits zu rudimentären Ansätzen eines transnationalen Strafrechts geführt. Dies läßt sich an den internationalen politischen Initiativen beobachten, die zum Schutz der vom *world wide web* abhängigen *New Economy* vor Angriffen durch Computerviren unternommen werden sowie zu

18 Ipsen, *Völkerrecht*, a.a.O., § 1 Rn. 11, mit der allerdings skeptischen Einschränkung: »Nicht nur die staatliche Akzeptanz, sondern auch die dogmatische Begründung dieser Einbeziehung des Menschen als Individuum oder als Gruppe in den Kreis der Völkerrechtssubjekte entwickelt sich erst allmählich und unter Hindernissen. Insbesondere gilt es, die Erkenntnis abzusichern und in der Staatenpraxis durchzusetzen, daß der Mensch Träger von im Völkerrecht begründeten Rechten geworden ist, also eine begrenzte Völkerrechtssubjektivität gewonnen hat.«

einem strafrechtlichen Schutz vor sogenannter »Cyberkriminalität«, vor allem rassistische Propaganda und Kinderpornographie.[19] Schließlich verlangt der rasch zunehmende »*e-commerce*« nach einem wiederum nur transnational organisierbaren und effektiven Schutz vor betrugsähnlichen Praktiken.

Die transnationale Erweiterung wirtschaftlicher Freiheitsspielräume muß vermutlich erkauft werden mit einer Intensivierung der strafrechtlichen Kontrolle dysfunktionaler sozialer Folgen, und zwar sowohl in der nationalstaatlichen als auch in der transnationalen Sphäre. Empirisch belegt ist eine wachsende Kriminalitätsfurcht vor allem in den Ländern, deren Bevölkerung überwiegend von der ökonomischen Globalisierung profitiert.[20] Vermutlich bündelt sich in der Kriminalitätsfurcht ein verbreitetes soziales Unsicherheitsgefühl, das durch den ökonomischen Strukturwandel im Prozeß der Globalisierung verursacht wird.[21] In einem aufschlußreichen Gleichklang gehört eine populistische Kriminalpolitik mit dem Versprechen »Sicherheit vor Kriminalität«, vor allem vor organisierter Kriminalität und Ausländerkriminalität, zur nationalen Wahlkampfagenda aller politischen Parteien in Westeuropa und den U.S.A.[22] In dem Maße freilich, wie

---

19 Vgl. *Frankfurter Allgemeine Zeitung* v. 8.3.2001, S. 8, zur Anhörung des zuständigen Ausschusses des Europarats für juristische Fragen und Menschenrechte in Paris über eine Konvention zur Cyberkriminalität.

20 Siehe dazu die ländervergleichenden Studien über Unsicherheitsempfinden und Kriminalpolitik in dem Sammelband von Tim Hope u. Richard Sparks (Hg.), *Crime, Risk and Insecurity – Law and Order in Everyday Life and Political Discourse*, London u. New York 2000. Zum Einfluß der öffentlichen Meinung auf strafrechtliche Sanktionen s. Helmut Kury and Theodore Ferdinand, »Public Opinion and Punitivity«. In: *International Journal of Law and Psychiatry*, 1999, S. 373-392. Das globale Fernsehen trägt selbst auch zur Entstehung von Kriminalitätsfurcht bei: Der TV-Bericht über einen spektakulären Mord in Florida läßt die Furcht vor Kriminalität in Deutschland ansteigen. S. dazu Roland Hefendehl, Wie steht es mit der Kriminalitätsfurcht und was hat der Staat damit zu tun? In: *Kritische Justiz* 2000, S. 174-187.

21 Zu dem steigenden subjektiven Unsicherheitsgefühl und den daraus resultierenden Gefahren für Demokratie und Rechtsstaat s. Zygmunt Baumann, *Die Krise der Politik – Fluch und Chance einer neuen Öffentlichkeit*, Hamburg 2000, Kap. 1.

22 Nur ein Beispiel unter vielen – Großbritannien: »Parties vie to be toughest on law and order. Tough crime-cutting measures will be announced by the three main political parties tomorrow as they go head-to-head for the mantle of the party of law and order« (Meldung des *Independent* vom 25. 2. 2001, S. 4). Zur populistischen Kriminalpolitik s. Peter-Alexis Albrecht, »Das Strafrecht im Zugriff populistischer Politik«. In: *Strafverteidiger* 1994, S. 265 ff.; David Gar-

die Bewältigung der durch ökonomische Transnationalisierung verursachten sozialen Unsicherheit zur Hauptaufgabe des (National-)Staates erklärt wird, öffnen sich die rechtsstaatlichen Grenzen zwischen repressiver strafrechtlicher Reaktion und präventiven Maßnahmen zum Schutz der öffentlichen Sicherheit und Ordnung vor drohenden Gefahren. Straf- und Polizeirecht werden zu einem Sicherheitsrecht amalgamiert. Dies ist zugleich ein Beleg dafür, daß einzelne staatliche Funktionen im Prozeß der Globalisierung keineswegs verschwinden. Als »Sicherheitsstaat« spielt der Inhaber des Gewaltmonopols geradezu eine konstitutive Rolle für die Transnationalisierung der verschiedenen Funktionssysteme, insbesondere des ökonomischen Systems. Es ist eines der transnationalen Felder des Rechts, auf denen der Staat als prominenter Akteur auftritt.

II. Theorien des Rechtspluralismus

Faßt man die soeben skizzierten Rechtsentwicklungen auf den transnationalen Feldern des Rechts zusammen, so zeigt sich, daß es sich dabei vor allem um ein Recht handelt, das nationalstaatlicher Gesetzgebung weitgehend entzogen oder nur über komplexe Vermittlungsschritte auf diese bezogen ist. Zwar bleiben staatliche Funktionen wie das Gewaltmonopol erhalten, aber sie werden für die Bewältigung dysfunktionaler Folgen der Globalisierung instrumentalisiert. Maßgebliche Akteure der Rechtsentwicklung sind die oben genannten nicht-staatlichen Akteure, die jedoch einer politisch autonomen Legitimität entbehren. Schließlich zeigt sich, daß die transnationale Rechtsentwicklung in verschiedenen gesellschaftlichen Teilbereichen jeweils unterschiedlich gestaltet wird.

Von diesem Befund zeigen sich die Theorien der Rechtsanthropologie am wenigsten überrascht. Das Faktum des Rechtspluralismus galt ihnen nicht nur als hervorstechendes Merkmal soge-

land, *The Culture of Control*, Oxford 2001, S. 145 ff. Zur Entwicklung eines an militärischen Kategorien sich orientierenden Feind-Strafrechts angesichts (vermeintlicher) globaler Gefährdungen durch Kriminalität s. Günther Jakobs, Das Selbstverständnis der Strafrechtswissenschaft vor den Herausforderungen der Gegenwart. In: Albin Eser/Winfried Hassemer/Björn Burkhardt (Hg.), *Die deutsche Strafrechtswissenschaft vor der Jahrtausendwende*, München 2000, S. 46 ff.

nannter »früher« Gesellschaften, in denen es stets mehr als nur eine zentrale, homogenes und universal verbindliches Recht setzende Gesetzgebungsinstanz gab, sondern auch für moderne Gesellschaften, in denen jenes Faktum nur durch eine einheitsstiftende *Rechtsideologie* verdeckt worden sei.

Spätestens mit Beginn der siebziger Jahre haben sich in der Rechtsanthropologie wenigstens zwei Entwicklungsschübe ereignet, die sich gegenwärtig als äußerst hilfreich für die Beschreibung und Erklärung der komplexen Phänomene der Transnationalisierung des Rechts erweisen. Eugen Ehrlichs frühe Entdeckung, daß es neben dem auf einen Staat ausgerichteten, durch einen zentralisierten Gesetzgeber und eine zentralisierte Justiz systematisierten und homogenisierten positiven Recht auch »Gewohnheiten« gibt, die entweder durch Übung und Anerkennung langsam kollektive Verbindlichkeit erlangen oder parallel zum positivierten, staatlichen Recht praktiziert werden und dieses sogar überformen, tragen und verändern können, stand lange Zeit im wissenschaftlichen Schatten des Rechtspositivismus.[23] Es war vor allem das Verdienst von Leopold Pošpísil, diese Einsicht wieder zur Geltung gebracht zu haben bei der Beschreibung von Regulierungsformen und -konzepten archaischer Gesellschaften und sie für die Analyse von Recht und Gesellschaft in modernen Kulturen fruchtbar gemacht zu haben[24]: Das positive Recht ist nicht das einzige Recht in einer Gesellschaft, es gibt neben dem politischen Gesetzgeber andere gesellschaftliche Akteure mit einer regelsetzenden Autorität, die auf andere Weise als durch verfahrensförmige Setzung kollektiv verbindliche Normen schaffen.[25] Das positivistische Modell eines einheitlichen, an der Grundnorm oder Erkenntnisregel ausgerichteten Stufenbaus der Rechtsordnung wurde damit für die Rechtsanthropologie wertlos – ebenso die rechtstheoretischen Debatten um eine angemessene Bestimmung des Rechtsbegriffs in Abgrenzung zu anderen sozialen Normen. Statt dessen erwies sich auch das staatlich gesetzte Recht als unsystematisch und heterogen, als eine Art Bastelwerk aus verschiedenen Elementen, mit unbeabsichtigten Nebeneffek-

---

23 Eugen Ehrlich, *Grundlegung der Soziologie des Rechts*, Berlin 1913.
24 Leopold Pošpísil, *Anthropologie des Rechts – Recht und Gesellschaft in archaischen und modernen Kulturen*, München 1982 (amerikanische Originalausgabe. *Anthropology of Law – A comparative theory*, New Haven 1972).
25 Ebd., Kap. IV (S. 137ff.).

ten, die sich den Intentionen des staatlichen Gesetzgebers entziehen.

Der zweite Entwicklungsschub wurde durch die Einsicht ausgelöst, daß es nicht nur eine Vielzahl verschiedener gesellschaftlicher Akteure der Rechtsnormerzeugung und eine Vielfalt rechtsverbindlicher kollektiver Ordnungen innerhalb einer Gesellschaft gibt, sondern daß rechtliche Normen darüber hinaus in einem intensiven Austauschverhältnis zu anderen Normenkomplexen einer Gesellschaft stehen. Die Einsicht, daß das Recht nicht nur intern pluralistisch verfaßt, sondern daß auch seine externe Autonomie gegenüber anderen gesellschaftlichen Normenkomplexen und Regulierungskonzepten fragwürdig ist, daß das Recht nur ein »semi-autonomes soziales Feld« neben anderen Feldern wie religiösen Normen, lokalen Bräuchen, usw. ist, geht vor allem auf die Arbeiten von Sally Falk Moore zurück.[26] Rückt man den Blick von der Autonomie des Rechts weg zu seiner Einbettung in und Verflechtung mit anderen normativ strukturierten sozialen Feldern, dann erweist sich das Recht nicht nur als relativ oder »semi-autonom« in seinen Bezügen zu anderen Normenordnungen, sondern es rücken vor allem die dynamischen Austauschprozesse und Interaktionen zwischen diesen Feldern und ihren Akteuren in den Blick. Damit verliert die noch von Pošpísil fortgesetzte begriffliche Unterscheidung zwischen »Gewohnheit/Brauch« und staatlich gesetztem Recht mit seinen Folgerungen für die historische Entwicklung von »archaischen«, durch Brauch und Sittlichkeit regulierten zu »modernen«, durch staatlich gesetztes Recht zentral geregelten Gesellschaften an Bedeutung.[27]

Das Recht wird zu einem Feld, auf dem Akteure miteinander verbindliche Normen aushandeln, die jeweils zugleich in anderen Feldern stehen und ihre Absichten und Interessen auch im Rahmen der dort jeweils praktizierten begrifflichen Deutungsmuster interpretieren, die sich ihrerseits wiederum unter dem Eindruck der Verhandlungsprozesse auf dem Feld des Rechts verändern. Am Recht sind dann weniger seine Statik als System und seine

---

26 Vgl. vor allem den bahnbrechenden Aufsatz: Sally Falk Moore, »Law and Social Change: The Semi-Autonomous Social Field as an Appropriate Subject of Study«. In: *Law and Society Review* 1972/73, S. 719-746.
27 Sally Falk Moore, *Law as Process: An Anthropological Approach*, London 1978 (Neuauflage in Vorbereitung Oxford 2001), S. 14.

durch sekundäre Rechtsnormen geregelte Veränderungsdynamik interessant, sondern der kontinuierliche Prozeß des Aushandelns von kollektiver Rechtsverbindlichkeit auf allen institutionellen und informellen Ebenen sowie in allen normativ strukturierten Feldern der Gesellschaft, die unterschiedlichen Modi der Inanspruchnahme und des Sich-Berufens auf »Recht«, die Formen der Umgehung oder nachträglichen Änderung, der Amalgamierung mit anderen Normensystemen: *Law as Process*. Ins Zentrum der Aufmerksamkeit rücken dann auch die in solchen Transaktionen stehenden Akteure der Normerzeugung, ihre unterschiedlichen Organisationsformen und Grade, die Weisen ihrer Interaktion. Selbst formale Organisationen wie der Staat mit seinen organisierten Gewalten erweisen sich unter diesem Blick als ein Feld von Akteuren mit heterogenen Orientierungen, die mit anderen gesellschaftlichen Akteuren kommunizieren.[28]

Die Rechtsanthropologie war damit auf den nun allseits beobachteten Bedeutungsschwund eines zentralen und autonomen, auf ein nationales Territorium beschränkten Gesetzgebers, der ein gleiches und homogenes, alle sozialen Beziehungen gleichförmig regelndes Recht für alle Staatsangehörigen schafft, nicht nur vorbereitet – sie hatte schon vorher den Positivismus als »Rechtsideologie« der professionalisierten Juristenstäbe beschrieben.[29] Keebet von Benda-Beckmann hat nun den Versuch unternommen, die transnationalen Dimensionen des Rechtspluralismus mit einem rechtsanthropologischen Begriffsrahmen zu identifizieren und zu beschreiben[30]: Das zunehmende Gewicht, das die Berufung auf Normen des internationalen Rechts für einzelne Personen in deren Verhältnis zur jeweiligen Rechtsordnung (und zum Staat) gewinnt, die Rechtssetzungsdynamik innerhalb internationaler Organisationen, den Interaktionen zwischen ihnen sowie zwischen diesen und den nationalen Regierungen ebenso wie betroffenen Interessengruppen, die Rolle der NGOs, die Praxis der alternativen Streitschlichtungsverfahren (u. a. im Bereich der *lex meractoria* und der internationalen Schiedsgerichtspraxis) sowie das komplexe und widersprüchliche Verhältnis zwischen religiösen Regulierungssystemen sozialen Verhaltens

---

28 Ebd., S. 28.
29 Ebd., S. 2.
30 Keebet von Benda-Beckmann, *Transnational Dimensions of Legal Pluralism*, Ms. 2000

und den pluralisierten nationalen und internationalen Rechtsordnungen.

Von Boaventura de Sousa Santos stammt der erste umfassende Entwurf einer Theorie der transnationalen Rechtsentwicklung, die mit rechtsanthropologischen und rechtssoziologischen Einsichten arbeitet.[31] Für ihn ist der Rechtspluralismus als angemessene Beschreibungsweise des Rechts in den modernen Gesellschaften bereits *communis opinio*: »Rather than being ordered by a single legal order, modern societies are ordered by a plurality of legal orders, interrelated and socially distributed in different ways.«[32] Entscheidend für die Bildung des Rechts ist dann, wer in welcher Weise und in welchen Konflikten mit konkurrierenden gesellschaftlichen Akteuren jeweils die Definitionsmacht über das Recht erhält – Santos spricht von einer »*politics of definition of law*«.[33]

Angesichts der Vielzahl rechtssetzender Akteure auf dem transnationalen Feld läßt sich eine Art Landkarte zeichnen, auf der diese Akteure operieren – lokale Ordnungsvorstellungen, die global ausgeweitet werden, transnationale Regulierungskonzepte, die lokale Ordnungen beeinflussen (oder deren Widerstand hervorrufen) und genuin transnationale Normensysteme: »While some, admittedly the most significant, instances of the transnationalization of law can be directly traced back to the networking of globalised localisms and localised globalisms which go together with the transformation of capital accumulation and Western cultural imperialism on a global scale, other instances, although connected with these transformations – if for no other reason, to resist against them – stem from autonomous political and cultural considerations, such as those lying behind the agendas of cosmopolitanism and common heritage of mankind.«[34] Das bedeutet freilich, daß das Recht vor allem in den Austauschprozessen zwischen diesen verschiedenen Bereichen präsent ist – das Recht operiert bereits auf einem transnationalen Feld. Die Rechtskommunikation findet bereits zwischen diesen Bereichen statt, wer sich auf *Recht* beruft, bewegt sich in der Normenwelt der *Interlegali*-

---

31 Boaventura de Sousa Santos, *Toward a New Common Sense – Law, Science and Politics in the Paradigmatic Transition*, New York u. London 1995.
32 Ebd., S. 114.
33 Ebd., S. 115.
34 Ebd., S. 269.

tät: »We live in a time of porous legality or of legal porosity, multiple networks of legal orders forcing us to constant transitions and trespassings. Our legal life is constituted by an intersection of different legal orders, that is, by *interlegality*. Interlegality is the phenomenological counterpart of legal pluralism, and a key concept in a post-modern conception of law.«[35]

III. Komplementarität des Rechtspluralismus und der Einheitsfiktion des Rechts

Aus rechtspluralistischer Perspektive erscheint das Beharren auf dem Modell einer Einheit des Rechts mit einem in sich gegliederten logischen Stufenbau und einer klaren Abgrenzung zwischen Rechts- und Sozialnormen sowie der Unterscheidung zwischen Verbots- und Gebotsnormen einerseits und Ermächtigungsnormen andererseits – mit der Folge einer klaren Zuordnung der Normsetzungskompetenz zu einem autorisierten, zumeist demokratisch legitimierten Rechtssetzungsorgan – als »Rechtsideologie« der professionalisierten Juristenstäbe.[36] Die aus den oben beschriebenen Phänomenen sich ergebenden Evidenzen für die Triftigkeit des Rechtspluralismus als angemessene Beschreibungsweise und als methodischer Rahmen für die eingehendere Untersuchung der einzelnen transnationalen Felder der Rechtsentwicklung der miteinander kommunizierenden Akteure stellen diese Rechtsideologie freilich vor die eingangs genannten zwei Herausforderungen der Fragwürdigkeit gerechten Entscheidens von Rechtskonflikten und der Legitimität der Rechtssetzung. In dem Maße, wie die Unterscheidung zwischen Rechts- und Sozialnormen verschwindet und alle normsetzenden Akteure mit Autorität und Durchsetzungsmacht als Akteure der Rechtssetzung beschrieben werden, in dem Maße, wie die positive Rechtsgeltung neben andere Formen der Rechtslegitimation tritt (z. B. Prozesse der Anerkennung durch Praxis oder durch öffentliche Skandalisierung), in dem Maße schließlich, in dem die Prozesse des Aushandelns von Regelungen zwischen den verschiedenen gesellschaftlichen Akteuren zum faktisch geltenden Recht wer-

---

35 Ebd., S. 473.
36 Vgl. exemplarisch Sally Falk Moore, *Law as Process*, a. a. O., S 2.

den – in dem Maße zerbricht die Einheit des Rechtsbegriffs und mit ihm die Prinzipien der Gleichheit der Rechtsanwendung sowie der demokratischen Legitimität der Rechtssetzung.[37]

Diese Konsequenzen wären freilich nur dann zu ziehen, wenn man die an einem uniformen Rechtsbegriff orientierte Rechtstheorie und die am Faktum des Rechtspluralismus orientierte Rechtsanthropologie als *Konkurrenten* betrachten würde. Wenn es jedoch aus einer *internen* Perspektive unvermeidlich ist, daß die professionalisierten Rechtsstäbe – gleich ob Anwälte, staatliche Gesetzgeber, NGOs, Schiedsgerichte oder andere – ohne eine *Einheitsfiktion* nicht rechtlich unter- und miteinander kommunizieren können, wäre eher das Bild einer *Komplementarität* zwischen beiden Beschreibungsweisen zu zeichnen. Der Rechtspluralismus stellte für die Rechtstheorie dann insofern eine Herausforderung dar, als er gleichsam die Schwelle erhöhte, welche die rechts*interne* Begriffsbildung zu überschreiten hätte, um die Einheitsfiktion noch konstruieren zu können. Sie kann dann nicht mehr auf der Stufe eines nationalen Gesetzgebers mit ausschließlicher Gesetzgebungskompetenz und einer nationalen, an systematischer Durchdringung des Rechtsstoffes orientierter Rechtsprechung konstruiert werden.

IV. Der universale Code der Legalität

Aus einer *internen* Perspektive betrachtet, beziehen sich die Kommunikationen in den transnationalen Netzwerken der pluralistischen Interlegalität *nach wie vor* stets auf »Recht«, und zwar sowohl im Sinne einer formellen als auch einer materiellen, an den Menschenrechten orientierten Legalität, die zudem Elemente prozeduraler Legitimität im Sinne demokratischer Selbstbestimmung enthält, allerdings ohne Bezug zu einer inklusiven Allgemeinheit. Dabei kommt dieser Legalität ein Eigenwert zu, der sich aber zunehmend von seiner Verankerung in einem rationalisierten, bürokratisch organisierten Anstaltsstaat mit einem

---

[37] Zu diesen rechtstheoretischen Konsequenzen des Rechtspluralismus s. vor allem: Gunther Teubner, »Globale Bukowina – Zur Emergenz eines transnationalen Rechtspluralismus«. In: *Rechtshistorisches Journal* 1996, S. 255 ff.; sowie die Entgegnung von Bettina Lurger, »Der Pluralismus der *lex mercatoria*«. In: *Rechtshistorisches Journal* 1997, S. 705 ff.

gewaltenteilig ausdifferenzierten, aber zentralisierten adjudikativen und legislativen System entfernt. Vielmehr scheint die Legalität sich zu einer Art freischwebendem *universalen Code* zu wandeln. Damit entfernt sich die Legalität freilich auch zunehmend von einer politisch autonomen, demokratisch legitimen Gesetzgebung und sperrt sich gegen eine systematische und an legitimierenden Prinzipien ausgerichtete, kohärente Durchdringung des Rechtsstoffes.

Ist dieser Code mehr als nur eine »Einheitsfiktion«, die aus rechtsinterner Perspektive bei allen transnationalen Rechtskommunikationen unvermeidlicherweise zu unterstellen ist, um die Rechtskommunikation von anderen gesellschaftlichen Kommunikationen unterscheiden zu können? Unbeschadet aller kulturellen, teilsystemspezifischen und wertrationalen Verschiedenheiten weist die transnationale Rechtskommunikation einige Gemeinsamkeiten auf. Neben der durchgängigen Referenz auf die leitende Unterscheidung – in der Sprache der Theorie sozialer Systeme: auf den »binären Code« – zwischen »Recht und Unrecht« kommen in dem universalen Code der Legalität weitere Konzepte, Prinzipien, Regeln und Rechtsinstitute vor: Das Konzept individuell zugeordneter und autonom auszuübender Rechte, diesen Rechten komplementäre Pflichten, sekundäre Normen als Ermächtigungen zur Entscheidung über primäre Normen, die Konzepte der verschuldensabhängigen und der strikten Haftung, damit verknüpfte elementare Regeln der Zurechnung von Handlungen und deren Folgen zu natürlichen und/oder kollektiven (Rechts-)Personen, das Prinzip der Vorhersehbarkeit von Haftungen und Sanktionen, Regeln der Beweislastverteilung zwischen Kläger und Beklagtem, Unschuldsvermutung, die Institutionalisierung der Rolle eines unparteiischen Dritten einschließlich des Rechts auf Einlegung von Rechtsmitteln gegen Entscheidungen, das Prinzip des *audiatur et altera pars*, usw. Diese Konzepte und Prinzipien sind zwar insoweit formell, als sie sich mit verschiedenen Inhalten füllen, in verschiedenen Rechtskulturen verwenden und auf verschiedene Normen- und Wertsysteme beziehen lassen. Verschiedene Akteure können diese Konzepte für die rechtliche Transformation der von ihnen jeweils repräsentierten Interessen, zur Gestaltung ihrer sozialen Beziehungen, zur Organisation von längerfristigen Kooperationen oder zur Regelung von Konflikten verwenden. Auf der anderen Seite sind sie freilich auch insoweit kulturell determiniert, als diese Konzepte innerhalb einer bestimmten historischen Rechtskultur – im wesentlichen der römisch geprägten des westeuropäischen Kontinents und der anglo-amerikanischen Welt – entwickelt worden sind und eine spezifische Beziehung zu anderen Konzepten der Lebenswelt aufweisen; etwa das Konzept individuell zugeordneter, autonom auszuübender Rechte zu Konzepten der personalen Identität und der individuellen Verantwortlichkeit.

Neben diesen Konzepten und Regeln gibt es weitere Gemeinsamkeiten in der transnationalen Rechtskommunikation, die eher inhaltlich-programmatischer Art sind. Dazu zählen vor allem die Menschenrechte, die ihrerseits wiederum mit den formellen Konzepten des individuell zugeordneten und auszuübenden (subjektiven) Rechts sowie mit dem Konzept des Stufenbaus von einfachem positivem Recht und höherrangigem Menschenrecht verwoben sind. Prinzipien wie das der »Privatautonomie«, der minimalen sozialen Fürsorge, der Gleichheit, der Selbstbestimmung eigener Angelegenheiten usw. gehören ebenfalls zu diesem universalen Code der Legalität.

Dieser Code der Legalität trägt alle Züge, die Jürgen Habermas dem Rechtscode zugeschrieben hat als der Gesamtheit derjenigen Formbestimmungen des Rechts, mit denen sowohl die Privatautonomie als auch die demokratische Selbstbestimmungspraxis der Staatsbürgerinnen und Staatsbürger institutionalisiert werden, um das System der Rechte zu interpretieren und auszugestalten.[38] Unter Verzicht auf eine höherrangige normative Begründung erklärt Habermas die Existenz des modernen Rechts mit seinen abstrakten Formbestimmungen aus dem funktionalen Ergänzungsverhältnis zur Moral. Es entlastet diese von der mit dem postkonventionellen Begründungsniveau einhergehenden kognitiven und motivationalen Unbestimmtheit, von den organisatorischen Problemen der Zurechenbarkeit von Verpflichtungen sowie dem Problem der Selbstanwendung durch Etablierung eines Systems von primären und sekundären, von Verhaltens- und Ermächtigungsnormen. Die solcherart historisch kontingente, aber funktional an ein postkonventionelles Moralbewußtsein gekop-

---

38 Jürgen Habermas, *Faktizität und Geltung*, Frankfurt am Main 1992, S. 151 u. 159; ders., »Über den internen Zusammenhang von Rechtsstaat und Demokratie«. In: Ulrich K. Preuß (Hg.), *Zum Begriff der Verfassung*, Frankfurt am Main 1994, S. 83-94.

pelte moderne Rechtsform enthält vor allem bereits das Konzept *subjektiver Rechte*, den Status der Rechtsperson sowie der Person als Inhaberin von Rechten.[39] Die damit bereits etablierte Privatautonomie antizipiert ein System von Rechten, das aus dem gleichen Recht aller Personen auf das größtmögliche Maß subjektiver Handlungsfreiheiten, aus dem gleichen Recht auf einen garantierten Rechtsweg und den Schutz dieser Rechte sowie auf ein Minimum an sozialen, den gleichen Wert subjektiver Freiheiten garantierenden Rechten besteht. Die so etablierte Rechtsform mit dem ihr inhärenten, noch rudimentären System von subjektiven Rechten verschränkt sich im folgenden dann mit dem Diskursprinzip, nach welchem nur solche Normen legitim sind, denen alle möglicherweise Betroffenen als Teilnehmer an rationalen Diskursen zustimmen könnten.[40] Derart mit dem Diskursprinzip verschränkt, vervollständigt sich das System der Rechte durch das gleiche Recht auf politische Teilnahme an demokratischen Verfahren der Meinungs- und Willensbildung über diejenigen Normen und Rechte, welche das System der Rechte insgesamt interpretieren und ausgestalten und damit zugleich jene öffentliche Autonomie institutionalisieren, ohne welche die Adressaten des Rechts nicht auch seine Autoren sein könnten.

Freilich bleibt dieses Kreislaufmodell der Legitimation des Rechts insoweit unbestimmt, als es nur eine gleichsam ortlose demokratische Selbstbestimmungspraxis als Ergebnis der Verschränkung von Rechtsform und Diskursprinzip anvisiert. Modellbildende Hintergrundannahme für das von Habermas vorgeschlagene Begründungsmodell scheint – trotz aller expliziten Abweisung von voreiligen Assoziationen mit dem Verhältnis von Grundrechtssubjekt und Staat – der demokratische Nationalstaat zu sein. Freilich ist die demokratische Selbstbestimmungspraxis an einen solchen Ort nicht *a priori* gebunden. Mit dem hier diagnostizierten Bedeutungsverlust des nationalstaatlichen Gesetzgebers angesichts des Faktums des Rechtspluralismus wird der Rechtscode gleichsam von seiner historisch *kontingenten* Verschränkung mit einer nationalstaatlich organisierten, territorial begrenzten demokratischen Selbstbestimmungspraxis *entkoppelt*. Der Rechtscode ist als universaler Code der Legalität im Zuge der Globalisierung wieder frei geworden.

39 Jürgen Habermas, *Faktizität und Geltung*, a.a.O., S. 151.
40 Ebd., S. 138.

Allerdings bleibt die historische Verknüpfung des legitimes Recht begründenden Kreislaufs mit der demokratischen Selbstbestimmungspraxis des Nationalstaates nicht bloß eine Episode ohne weitere Bedeutung. So wie die bürgerlichen Gesellschaften der Neuzeit den Rechtscode mit seinen abstrakten Formbestimmungen und dem antizipierten System der subjektiven Rechte auf Privatautonomie einschließlich ihrer Konnexrechte historisch durchgesetzt haben, so ist der moderne Nationalstaat gleichsam das welthistorische Durchgangsstadium für die rechtsförmige Institutionalisierung einer demokratischen Selbstbestimmungspraxis gewesen – innerhalb des Erfahrungsraumes und Erwartungshorizonts, der von den amerikanischen und französischen Revolutionen über die traumatischen negativen Erfahrungen faschistischer Diktaturen bis zu den modernen demokratischen Verfassungsstaaten reicht. Aufgrund dieser historischen Erfahrungen sind nicht nur die Menschenrechte, sondern auch eine demokratische Interpretation des Systems von primären und sekundären Normen, die allein legitimes Recht erzeugende Verschränkung von privater und öffentlicher Autonomie, kurz: die Idee einer rechtlich institutionalisierten Selbstgesetzgebung zum Bestandteil des universalen Codes der Legalität geworden. Die Entkoppelung des Rechtscodes von seiner Institutionalisierung in der Form eines demokratischen und verfaßten Nationalstaates bedeutet daher nicht, daß damit zugleich die Idee einer demokratischen Selbstgesetzgebung überhaupt preisgegeben wäre. Vielmehr begründet dies die Vermutung, daß der freischwebende Code der Legalität anders nicht denn als durch legitime Prozeduren konkretisiert zu werden vermag, in denen sich die wichtigsten Voraussetzungen einer demokratischen, im Rechtsmedium institutionalisierten Selbstbestimmungspraxis wiederfinden: ein Rollenwechsel zwischen Autoren und Adressaten der Rechtsnormen, Transparenz der prozeduralen Meinungs- und Willensbildung, Zurechenbarkeit von Entscheidungen sowie Verantwortlichkeit für Entscheidungen und deren Folgen, Gleichheit des Zugangs zu den Verfahren und gleiche Teilnahmerechte für alle Drittbetroffenen.

IV. Die Unbestimmtheit des Codes der Legalität und seine demokratische Transformation

Die Behauptung, daß ein universaler formeller, materieller und prozeduraler Code der Legalität gleichsam der Bezugsrahmen aller transnationalen Rechtskommunikationen innerhalb des pluralistischen Netzwerks von Rechtsexperten sei, darf freilich nicht zu der falschen Vorstellung verleiten, dieser Bezugsrahmen stifte bereits eine universale Allgemeinheit oder Homogenität eines entstehenden transnationalen Rechts. Wenn die Hypothese eines solchen universalen Codes der Legalität zutrifft, dann ist dieser Code vor allem durch eine *radikale Unbestimmtheit* gekennzeichnet. Teubner spricht mit Blick auf die entstehenden quasi-autonomen Privatregimes von der »relative(n) Unbestimmtheit, Diffusität und Vagheit« der so entstehenden Normensysteme einschließlich ihrer sekundären Generierungsverfahren, im Gegensatz zu den »klar konturierten Verfahren der Geltungsanordnung« innerhalb souveräner Nationalstaaten.[41] Dies gilt für die Konzepte und Prinzipien des Codes der Legalität insgesamt. Ihre radikale Unbestimmtheit, Diffusität und Vagheit ist eine der *rechtsinternen* Folgen des Faktums des Rechtspluralismus. Deshalb können sich verschiedene Gruppen, Organisationen, Interessenverbände oder soziale Teilsysteme mit jeweils unterschiedlichen, oftmals sogar entgegengesetzten Interessen und Funktionen *gleichzeitig* auf den Code der Legalität beziehen, um ihre Ansprüche zu artikulieren. Nur deshalb wird ihr Konflikt auch als ein *Rechts*konflikt allererst identifizierbar und thematisierbar.

Wegen seiner radikalen Unbestimmtheit ist der Code der Legalität auch kein Naturrecht, das sich gleichsam von selbst exekutieren würde. Was die formellen Konzepte und die programmatischen Prinzipien oder die formalen und materialen Regeln angesichts eines konkreten, entscheidungbedürftigen Problems *bedeuten*, ist offen. Wie zum Beispiel die Konzepte individueller Rechte und komplementärer Pflichten einschließlich der verschuldensabhängigen oder der strikten Haftung verwendet, aus-

---

41 Gunther Teubner, »Neo-Spontanes Recht und duale Sozialverfassungen in der Weltgesellschaft?« In: Dieter Simon und Manfred Weiss (Hg.), *Zur Autonomie des Individuums – Liber amicorum für Spiros Simitis*, Baden-Baden 2000, S. 441.

gestaltet und miteinander kombiniert werden, um ein transnationales Umweltregime zu etablieren, ist durch diese Konzepte selbst nicht von vornherein festgelegt. Diese konkreten Bestimmungen und Festsetzungen werden unter den Beteiligten *ausgehandelt*. Gleiches gilt für die programmatischen Prinzipien und die materialen Regeln. Paradigmatisch läßt sich dies an den Menschenrechten aufzeigen: Transnationale Rechtskommunikation auch zwischen Kulturen verschiedenster Art nehmen Bezug auf die Menschenrechte – doch deren Bedeutung angesichts eines konkreten Konflikts ist keineswegs festgelegt, sondern wird erst im Horizont des entscheidungsbedürftigen Problems und der jeweils verschiedenen kulturellen Traditionen und Erfahrungen im einzelnen festgelegt. Der Code der Legalität besteht also nicht nur aus unbestimmten, sondern auch aus *umstrittenen Universalien (contested universals)* – Konzepten, Prinzipien, Regeln –, deren Anwendung unter den Betroffenen ausgehandelt werden muß.

Wenn die oben im Anschluß an Habermas' Interpretation des Rechtscodes und des von ihm vorgeschlagenen Kreislaufmodells der Rechtsbegründung formulierte Hypothese zutrifft, dann spielt der Code der Legalität in den Verfahren des Aushandelns umstrittener und unbestimmter Universalien freilich eine *doppelte Rolle*: Der universale Code der Legalität ist nicht nur Gegenstand und *Thema*, sondern stets zugleich auch das *Medium* der Aushandlungsprozesse. Die transnationalen Rechtskommunikationen bewegen sich gleichsam in einem ähnlichen Kreislauf wie der das System der Rechte generierende Rechtscode und das mit ihm sich verschränkende Diskursprinzip: Während sie die Bedeutung einer umstrittenen Universalie des Codes der Legalität verändern oder festsetzen, nehmen sie zugleich immer schon auf diesen Code Bezug. Damit kommt das aus den historischen Erfahrungen mit einer demokratischen Selbstbestimmungspraxis in den Nationalstaaten erwachsene *prozedurale Element* des universalen Codes der Legalität zum Zuge. Als solches ist es allerdings ebenfalls unbestimmt und umstritten, zumal das Modell der demokratischen Gesetzgebung innerhalb eines Nationalstaates obsolet geworden ist.

Aus dieser Diagnose folgt, daß der universale Code der Legalität zu unbestimmt und umstritten ist, als daß er für sich bereits den Pfad festlegen könnte, auf dem transnationales, jenseits des

Nationalstaates von nicht-staatlichen Akteuren generiertes Recht auch legitim sein könnte. Die Tatsache, daß es gegenwärtig überwiegend die in transnationalen Netzwerken gemeinsam mit Ökonomen, Technikern und Wissenschaftlern operierenden juristischen Experten sind, die an der Entstehung transnationaler Rechtsnormen beteiligt sind, legt die Vermutung nahe, daß es sich dabei primär um *Juristenrecht* handelt, das der demokratischen Legitimität gerade entbehrt. Ob und inwieweit das prozedurale Element des universalen Codes der Legalität hinreicht, um das entstehende transnationale Juristenrecht einer neuen Form demokratischer Legitimität zu unterwerfen, ist zur Zeit eine offene Frage. Folgt man dem Demokratieprinzip, dann müßten diese Aushandlungsprozesse der Konkretisierung des universalen Codes der Legalität so institutionalisiert werden, daß Machtungleichgewichte weitgehend neutralisiert werden, daß umfassende Beteiligungsrechte auch indirekt mitbetroffener Drittinteressen eingerichtet werden, daß die Repräsentation von Drittinteressen hinreichend deutlich wird, daß die Entscheidungsprozeduren transparent sind und daß eindeutige sowie überprüfbare Zurechnungen von und Verantwortungen für Entscheidungen und Entscheidungsfolgen möglich werden.

Gegenwärtig zeichnen sich wenigstens vier Modelle der Interpretation von Entwicklungen auf den transnationalen Feldern des Rechts ab: Das Modell einer globalen *föderalen Demokratie*[42], einer von Weltbürgern getragenen demokratischen *»Weltinnenpolitik ohne Weltregierung«*[43], eine *heterarchische Weltgesell-*

---

[42] Otfried Höffe, *Demokratie im Zeitalter der Globalisierung*, München 1999; zur Kritik an dieser einfachen Übertragung föderaler Strukturen wie der Bundesrepublik oder der USA auf eine globale Gesellschaft s. Klaus Günther, »Alles richtig! Otfried Höffes Entwurf einer subsidiären und föderalen Weltrepublik auf der Basis des Allgemeinmenschlichen«. In: *Rechtshistorisches Journal* 2000, S. 232 ff.

[43] Jürgen Habermas, »Die postnationale Konstellation und die Zukunft der Demokratie«. In: *Blätter für deutsche und internationale Politik* 1998, S. 804-817 (S. 806 u. 817) (wiederabgedruckt in: Jürgen Habermas, *Die postnationale Konstellation*, Frankfurt am Main 1998, S. 140ff.); ders., »Der europäische Nationalstaat unter dem Druck der Globalisierung.« In: *Blätter für deutsche und internationale Politik*, 1999, S. 425-436 (S. 433 ff.). Weitere Untersuchungen zu Demokratiedefiziten der Globalisierung bei: Hauke Brunkhorst u. Matthias Kettner (Hg.), *Globalisierung und Demokratie*, Frankfurt am Main 2000. Zum Konzept einer »kosmopolitischen Demokratie« s. Daniele Archibugi u. David Held (Hg.), *Cosmopolitan Democracy: An Agenda for a New World Order*, Oxford 1995.

schaft[44] oder ein »Netzwerk von Netzwerken«[45] sowie eine *globale Privatrechtsgesellschaft*.[46]

Versuche, den Prozeß der selektiven Globalisierung vor allem des ökonomischen Systems und der Transnationalisierung des Rechts durch demokratische Strukturen und Verfahren einzuhegen, sind vor allem mit dem Problem konfrontiert, daß sich nationalstaatliche Demokratiekonzepte nicht einfach auf transnationale Verhältnisse übertragen lassen. Außerdem erweist es sich sowohl auf der konzeptuellen als auch auf der empirischen Seite als schwierig, ein Äquivalent für den in demokratischen Verfahren sich bildenden allgemeinen Willen oder jedenfalls für eine öffentliche Meinungs- und Willensbildung über die Geltung primärer Normen zu finden, welche die Vermutung einer *allgemeinen* Vernünftigkeit im Sinne der Inklusion aller Betroffenen für sich hat. Darauf reagieren Modelle der heterarchischen Weltgesellschaft oder des Netzwerks aus Netzwerken mit der Akzentuierung des Rechtspluralismus, der Vervielfältigung gesellschaftlicher Normproduktionsagenturen, die entweder durch »duale Sozialverfassungen« eine teilsystemspezifische sekundäre Norm der Geltungsanordnung bilden, einschließlich einer systeminternen, quasi-demokratischen Balance zwischen spontaner Normbildung und organisierter Geltungsentscheidung, oder die sich in Netzwerken organisieren und wechselseitig beobachten, beeinflussen und jeweils intern reflektieren, so daß ein sich selbst regulierendes, quasi-demokratisches Netzwerk aus Netzwerken entsteht. Diese Modelle haben freilich das komplementäre Problem, wie es sich verhindern läßt, daß Machtungleichgewichte entstehen, welche den Schwächeren Zugang, Stimme oder Einfluß entweder gänzlich nehmen oder doch sehr stark beschränken, wie die von den jeweils internen Entscheidungen indirekt betroffenen

---

44 Gunther Teubner, *Neo-Spontanes Recht*, a. a. O.
45 Karl Heinz Ladeur, *Globalization and Conversion of Democracy to Polycentric Networks – Can Democracy Survive the End of Nation States?*, Vortrag, gehalten in Florenz im Rahmen des workshops »Globalization and Public Governance«, April 2000
46 Peter Behrens, Weltwirtschaftsverfassung, in: *Jahrbuch für Neue Politische Ökonomie*, Band 19 (im Erscheinen); flacher und stärker am neoliberalen Modell ausgerichtet: Rolf E. Breuer, »Offene Bürgergesellschaft in der globalisierten Weltwirtschaft«. In: *Frankfurter Allgemeine Zeitung* vom 4.1.1999, S. 9; Milton Friedman, Das Internet – Paradies für Steuersünder?, in: *VorHaben* (Zeitungsbeilage der Deutschen Bank) 1/99, S. 12f.

externen Drittinteressen angemessen repräsentiert werden können – und von welcher Perspektive aus überhaupt das prekäre Gleichgewicht der Teilsysteme oder des Netzwerks aus Netzwerken noch thematisiert oder gar kritisiert werden kann. Die Modelle der Privatrechtsgesellschaft schließlich haben sowohl mit den Problemen einer Totalisierung der Ökonomie, mit der Fragwürdigkeit einer sich angeblich selbst anwendenden, politischer Kritik entzogenen ökonomischen Theorie sowie mit den realen ökonomischen Krisen der Globalisierung (z. B. Asienkrise) zu kämpfen.

Diese Provokationen und Probleme eines am modernen demokratischen Verfassungsstaat orientierten Rechtsbegriffs münden schließlich in einen Streit um den Rechtsbegriff selbst. Teubner spricht herausfordernd von einer *Selbstdekonstruktion des Rechts* im Zuge der »Emergenz eines transnationalen Rechtspluralismus«.[47] Differenzen zwischen positivem und überpositivem Recht, zwischen öffentlichem und Privatrecht, zwischen Statik und Dynamik eines Rechtssystems würden dadurch eingeebnet. Die bisher nur verheimlichten »grandiosen Paradoxien« des Rechts würden dadurch offenbar: »Recht ist zirkulär nur auf sich selbst gegründet, auf den willkürlichen Anfang einer gewalttätigen Unterscheidung, auf die *fondation mystique de l'autorité*.«[48] Diese radikale Selbstdekonstruktion des Rechts dürfte freilich in einem etwas milderen Licht erscheinen, wenn die vorangegangenen Analysen zutreffen, daß sich ein universaler Code der Legalität etabliert, der von verschiedenen Akteuren, vor allem aber von sozialen Bewegungen wie NGOs auf allen Ebenen des transnationalen Rechts dazu verwendet wird, in einer zirkulären Weise rechtsförmige Verfahren der demokratischen Meinungs- und Willensbildung zur Entscheidung über die Geltung primärer Rechtsnormen zu erkämpfen. Ein Indiz dafür ist die erstaunliche Bereitschaft, sich auf rechtliche Kommunikationen einzulassen, das Streben nach Inklusion und Beteiligung am Recht statt seiner einfachen Negation. Transnational in Anspruch genommenes Recht ist zwar vieldeutig und unbestimmt, vielleicht auch unend-

---

47 Gunther Teubner, *Globale Bukowina*, a. a. O.
48 Gunther Teubner, »Des Königs viele Leiber: Die Selbstdekonstruktion der Hierarchie des Rechts«. In: Hauke Brunkhorst und Matthias Kettner (Hg.), *Globalisierung*, a. a. O., S. 240, mit Anspielung auf Jacques Derrida, *Gesetzeskraft – Der »mystische Grund der Autorität«*, Frankfurt am Main 1991.

lich, in seiner Auslegung jeweils umstritten und umkämpft, aber gleichwohl eine akzeptierte und generell befolgte kulturelle Universalie. Statt um eine mystische Begründung der Autorität ginge es dabei um nichts anderes als um die ständige Aktivierung des performativen Sinns eines Zusammenschlusses von Personen zu einer Rechtsgemeinschaft: »Und zwar explizieren die Bürger mit einer aus der Sicht ihrer Situation gefundenen Lesart des Systems der Rechte lediglich den Sinn eben des Unternehmens, auf das sie sich schon eingelassen haben, sobald sie sich entschließen, ihr Zusammenleben durch Recht legitim zu regeln.«[49] Es ist letztlich das Vertrauen auf die Nachhaltigkeit der historischen Erfahrung des demokratischen Verfassungsstaates, welches hoffen läßt, daß die Weltbürger/-innen jenen performativen Sinn auch gegen ein sich etablierendes transnationales Juristenrecht aktivieren werden.

---

49 Jürgen Habermas, *Faktizität und Geltung*, a. a. O., S. 163.

Peter Niesen
Volk-von-Teufeln-Republikanismus.
Zur Frage nach den moralischen Ressourcen der liberalen Demokratie.

Die politische Theorie des Republikanismus basiert auf einer These über die Verwirklichungs- und Erhaltungsbedingungen von Freiheit. Nur ein demokratisches System schaffe die Voraussetzungen dafür, daß sich seine Bürger dauerhaft ihrer Freiheit erfreuen können, und dies nur für den Fall, daß sie sich aktiv an der Regelung der öffentlichen Angelegenheiten, der *res publica*, beteiligen. Zwischen privater und politischer Freiheit liege ein notwendiger Zusammenhang, der von einigen liberalen Auffassungen ignoriert wird, für die »zwischen individueller Freiheit und demokratischer Herrschaft kein notwendiger Zusammenhang« besteht,[1] und für die ein Zustand bürgerlicher Freiheit vollkommen unabhängig von demokratischen Institutionen wie demokratischer Betätigung gewährleistet werden kann.

Wenn heute von Republikanismus gesprochen wird, so versteht man darunter in der Regel eine bestimmte Position, den historisch zweifellos sehr bedeutenden Zivilrepublikanismus. Eine zivilrepublikanische Auffassung kann sich auf sehr verschiedene Argumente und Traditionen stützen, unter denen aristotelische, humanistische, rousseauistische und schließlich hegelianisch-pragmatistische Einflüsse wohl die wichtigsten darstellen. Was diese Traditionslinien vereint, ist, daß sie sich polemisch gegen ein liberales Staats- und Bürgerverständnis abgrenzen. Einem idealtypischen Zivilrepublikaner scheint der liberale Staat, eine auf den ersten Blick vielversprechend erscheinende Institution der Freiheitssicherung, ethisch ebenso wie kognitiv über seine Verhältnisse zu leben. Der liberale Alltag konsumiere moralische wie epistemische Ressourcen, ohne zu ihrer Reproduktion beizutragen. Während er alle bestehenden Werte und Bindungen verdampft, verlasse er sich doch auf weitverbreitete kompensatorische Einstellungen, Dispositionen und Praktiken, deren

---

1 Isaiah Berlin, »Zwei Freiheitsbegriffe«, in ders., *Freiheit. Vier Versuche*. Frankfurt am Main 1995, S. 197-256, 210.

Vorzugswürdigkeit er offiziell bestreiten muß. Damit Bürger dazu schreiten können, auf der Basis liberaler Rechte ihren jeweiligen Handlungsrahmen in einer politischen Gesellschaft wechselseitig einzuschränken, sollen sie einander daher zunächst als gemeinsame Mitglieder eines ethischen Gemeinwesens anerkennen.

Zivilrepublikanismus ist aber nicht die einzige Vorstellung vom Zusammenhang zwischen freiheitsverbürgenden Normen und Institutionen einerseits und demokratischen Praktiken andererseits. Von Jürgen Habermas ist der Begriff eines »Kantischen Republikanismus« ins Spiel gebracht worden,[2] der aber in seinen Konturen noch nicht untersucht und auf seine Leistungsfähigkeit noch nicht überprüft worden ist. In diesem Beitrag geht es um die Frage, wie *ein* solcher von Kant ausgehender Republikanismus als Alternative zum Zivilrepublikanismus aussehen könnte. Es wird nicht beansprucht, daß die konzeptuellen Möglichkeiten eines »Kantischen Republikanismus« ausgeschöpft werden, wohl aber, daß es sich bei einem Volk-von-Teufeln-Republikanismus um eine aus Kants rechtlichen und politischen Schriften hergeleitete, konsistente, nicht unplausible und gegenüber dem Zivilrepublikanismus klar konturierte Auffassung des Zusammenhangs zwischen politischer Freiheitsausübung und individueller Freiheitserhaltung handelt. Die Republikfähigkeit eines »Volks von Teufeln«, die Kant in seinem Aufsatz *Zum ewigen Frieden* erörtert, stellt dabei den Bezugspunkt dar. Die entscheidende Abgrenzung zum Zivilrepublikanismus wird darin gesehen, daß ein Volk-von-Teufeln-Republikanismus die Aufgabe der Freiheitserhaltung auf sparsamerer ethischer Grundlage zu erfüllen vermag.[3] Das Volk-von-Teufeln-Argument drückt nicht die Überzeugung aus, daß eine moralisch motivierte Ausübung der Aktivbürgerschaft generell unerwünscht wäre oder sich dysfunktional äußerte. Es geht vielmehr davon aus, daß die republikanische Reproduk-

---

2 J. Habermas, »›Vernünftig‹ versus ›wahr‹ – oder die Moral der Weltbilder«, in ders. *Die Einbeziehung des Anderen*, Frankfurt am Main 1996, S. 95-127, 126.
3 Zwar wendet sich Habermas gegen die Annahme der demokratischen Selbstgenügsamkeit eines »Volks von Teufeln«, s. ders., *Faktizität und Geltung*, Frankfurt am Main 1992, S. 119f., vgl. das »Nachwort« zur 4. Auflage von *Faktizität und Geltung*, Frankfurt am Main 1994, S. 679. Gleichzeitig durchzieht die demokratietheoretischen Schriften ein tugendkritisches Motiv. Vgl. *Faktizität und Geltung*, a.a.O., S. 165 (= 1. Auflage), sowie die »Vorstudien«, ebd. S. 565ff. Der vorliegende Beitrag versucht, an dieses Motiv anzuknüpfen und Bedenken gegen die demokratische Zuverlässigkeit zumindest kantischer Teufel auszuräumen.

tion des freiheitlichen Staates ohne Rekurs auf vorgängig vorhandene oder von außen induzierte moralische Ressourcen, allein mit Hilfe von »selbst«erzeugten Verfahren und Dispositionen möglich ist.[4]

Dieses Beweisziel versuche ich in vier Schritten zu erreichen. In einem ersten Abschnitt soll Kants Begriff der Republik anhand von drei Merkmalen bestimmt werden. Der Punkt, um den es mir in aller notwendigen Knappheit der Exposition geht, betrifft das Verhältnis von Volkssouveränität und Rechten in Kants Republikanismus (I.). Im darauffolgenden Abschnitt werden einige Unterschiede zwischen Zivil- und Kantischem Republikanismus diskutiert, wobei sich die ethische Interpretation des Bürgerstatus als der zentrale Differenzpunkt herausstellen wird (II.). Anhand einer Interpretation der schwierigen Volk-von-Teufeln-Passage bei Kant versuche ich dann, zunächst die Aufgabenstellung eines Volk-von-Teufeln-Republikanismus herauszuarbeiten (III.), bevor die von Kant angedeuteten Ressourcen zur Lösung dieser Aufgabe untersucht (IV.) und im Anschluß an empirisch anknüpfende Ideen von Dubiel, Elster und Nunner-Winkler überprüft werden sollen. In einem abschließenden Abschnitt ziehe ich einige Konsequenzen für die verfassungspolitischen Qualitäten eines Volk-von-Teufeln-Republikanismus (V.). Wenn das Argument dieses Beitrags sich als stichhaltig erweisen sollte, so darf dennoch das begrenzte Argumentationsziel nicht aus den Augen verloren werden. Es wird nicht beansprucht, daß die Republik eines Volks von Teufeln neben ihren funktionalen Qualitäten auch »von innen« vorzugswürdig ist. Auf die Frage, was neben der sparsameren ethischen Ausstattung auch normativ für einen Volk-von-Teufeln-Republikanismus spricht, hoffe ich bei anderer Gelegenheit zurückkommen zu können.

I. Kants Begriff der Republik

Der Begriff der Republik hat bei Kant drei wesentliche Merkmale: die Idee der Volkssouveränität, Elemente der Rechtsstaatlichkeit und der Schutz von gleichen Freiheitsrechten. Das erste

---

4 Vgl. Ingeborg Maus, *Zur Aufklärung der Demokratietheorie. Rechts- und demokratietheoretische Studien im Anschluß an Kant.* Frankfurt am Main 1992, S. 176-190.

Merkmal identifiziert die Republik als Idee der »einzig rechtmäßigen Verfassung« und besagt, daß in ihr die Souveränität beim Volk liegt: »[I]n ihm (...) befindet sich ursprünglich die oberste Gewalt, von der alle Rechte der einzelnen... abgeleitet werden müssen«.⁵ Nur in einer republikanischen Verfassung ist jemand, der »als Untertan« unter dem Gesetz steht, auch »Mitgesetzgeber«.⁶ Er ist nur dann im vollen Sinne »Staatsbürger«, wenn er in der Lage ist, allein den Gesetzen zu folgen, zu denen er seine Beistimmung »gegeben hat« bzw. »hat geben können«.⁷ An dieser zwar idealisierenden, nicht aber konjunktivischen Formulierung läßt sich bereits der empirisch-noumenale Doppelcharakter des Republikbegriffs ablesen: Republiken kommen einerseits als Phänomene in der Erfahrung vor; andererseits ist die Idee der Republik auch »die ewige Norm für alle bürgerliche Verfassung überhaupt«, das Ideal eines nicht bloß provisorischen, sondern »absolut-rechtliche[n] Zustand[s]«.⁸ Sie leitet als Ideal die Entwicklungsperspektive eines jeden Staates hin zur republikanischen Verfassung an.

Ein zweites Moment des Republikbegriffs wird von Kant etwas mißverständlich »Regierungsart« genannt: »die Art, wie der Staat von seiner Machtvollkommenheit Gebrauch macht«.⁹ Unter »Regierungsart« begreift Kant zwei völlig heterogene Elemente. Einerseits ist »[d]er Republikanism... das Staatsprinzip der Absonderung der ausführenden Gewalt (der Regierung) von der gesetzgebenden«,¹⁰ während ein »Despotism« im Gegensatz dazu durch fehlende Gesetzesbindung der Exekutive gekennzeichnet ist. Im Republikbegriff sind daher auch Elemente des

---

5 *MdS* S. 464. Kants Schriften werden zitiert nach der Werkausgabe von Wilhelm Weischedel, Frankfurt am Main 1974ff.:
KrV: Kritik der reinen Vernunft, Bd. III-IV,
MdS: Die Metaphysik der Sitten, Bd. VIII,
Gemeinspruch: Über den Gemeinspruch, Bd. XI,
Aufklärung: Beantwortung der Frage: Was ist Aufklärung? Bd. XI,
Religion: Die Religion innerhalb der Grenzen der bloßen Vernunft, Bd. VIII,
ZeF: Zum ewigen Frieden, Bd. XI,
Streit: Streit der Fakultäten, Bd. XI,
Idee: Idee zu einer allgemeinen Geschichte in weltbürgerlicher Absicht, Bd. XI.
6 *MdS* S. 457.
7 *MdS* S. 432, *ZeF* S. 204f. Fn., *ZeF* S. 206.
8 *Streit* S. 364.
9 *ZeF* S. 206.
10 *ZeF* S. 206f.

Rechtsstaats enthalten.[11] Das gewaltenteilige Moment unterscheidet die Republik von der »Demokratie«, die Kant zufolge nicht gewaltenteilig (in seiner Formulierung: »repräsentativ«) verfaßt ist.[12] Offensichtlich ist republikanische Regierungsart in dieser Bedeutung ein Prinzip, das in einer republikanischen Verfassung verankert werden muß, ganz analog dem erstgenannten Merkmal, der Volkssouveränität.

Andererseits kann Kant zufolge sich ein Staat bereits »republikanisch regieren, wenn er gleich noch, der vorliegenden Konstitution nach, despotische Herrschermacht besitzt: bis allmählich das Volk ... zur eigenen Gesetzgebung (welche ursprünglich auf Recht gegründet ist) tüchtig befunden wird«.[13] Das heißt, daß während einer Übergangszeit auch ein autokratisches System auf der Basis einer nicht-republikanischen Verfassung bereits republikanische Züge aufweisen kann.[14] Republikanisch regieren heißt hier »analogisch« handeln: »das Volk nach Prinzipien zu behandeln, die dem Geist der Freiheitsgesetze (wie ein Volk mit reifer Vernunft sie sich selbst vorschreiben würde) gemäß sind, wenn gleich dem Buchstaben nach es um seine Einwilligung nicht befragt würde«.[15] Auch dort, wo das Volk nicht politisch autonom ist, ist ein Herrscher verpflichtet, die republikanische Staatsform »ihrer Wirkung nach«, entsprechend der Folgen der Selbstgesetzgebung, zu simulieren, d.h. »den Gesetzen analogisch, die sich ein Volk selbst nach allgemeinen Rechtsprinzipien geben würde, den Staat verwalten zu lassen.«[16] Ein Staatsoberhaupt muß so handeln, daß es Gesetze, die sich ein Volk selbst geben würde, nicht verletzt. Kant bietet einige formale Kriterien, an denen sich erkennen läßt, wann die Antizipation gelingt oder mißlingt. Der Monarch muß sich fragen, ob seine Gesetzgebungstätigkeit die Gleichbehandlung durch Gesetze verletzt.[17] Das Volk hingegen

---

11 Ernst-Wolfgang Böckenförde, »Demokratie als Verfassungsprinzip«, in ders., *Staat, Verfassung, Demokratie*, Frankfurt am Main 1991, S. 289-378, 374.
12 ZeF S. 207, vgl. MdS S. 461.
13 ZeF S. 233.
14 Vgl. Wolfgang Kersting, *Wohlgeordnete Freiheit*, Frankfurt am Main ²1993, S. 427f.
15 *Streit* S. 364f. Vgl. »Autokratisch herrschen, und dabei doch republikanisch, d.h., im Geiste des Republikanism und nach einer Analogie mit demselben, regieren, ist das, was ein Volk mit seiner Verfassung zufrieden macht.« *Streit* S. 360 Fußnote.
16 MdS S. 464, *Streit* S. 361.
17 Dies ist äquivalent damit, Gesetze anhand des Kriteriums des ursprünglichen

überprüft den autokratischen Staat auf republikanische Regierungsart, indem es ihn daran mißt, ob er seine Rechte verletzt, da »jeder Mensch doch seine unverlierbaren Rechte hat, die er nicht einmal aufgeben kann, wenn er auch wollte, und über die er selbst zu urteilen befugt ist«.[18] Anders als die Einführung des Menschenrechts als private Freiheit, die an anderer Stelle ebenfalls bei Kant zu finden ist,[19] schreibt dieses Argument der Gewährleistung von Rechten eine heuristische Funktion zu. An der Unversehrtheit der Rechte läßt sich ablesen, ob die Republik »ihrer Wirkung nach« simuliert wird. Um diese Heuristik nicht zu beschädigen, ist es erforderlich, daß wenigstens Rede- und Pressefreiheit gewährleistet sind.[20] Die Einschränkung solcher Bürgerrechte negiert daher bereits die Möglichkeit, daß nach republikanischer Analogie regiert wird.

Republikanische Simulation ergibt aber noch keinen Republikanismus. Und im Blick auf heutige demokratische Staaten könnte man die berechtigte Frage nach der Relevanz von Kants Überlegungen zum vordemokratischen Regieren aufwerfen. Zunächst ist festzuhalten, daß in normativer Hinsicht für Kant die institutionelle Entwicklung zur Demokratie unumkehrbar ist:[21] Allein demokratische Institutionen stellen ein verläßliches und praktikables Verfahren dar, zu menschen- und bürgerrechtsverträglichen Resultaten zu kommen, denn ein analogischer Republikanismus ist nicht als Verfassungsprinzip zu institutionalisieren. Dennoch hat die Konfrontation der drei Begriffsmerkmale miteinander in drei Hinsichten konturiert, was unter Kantischem Republikanismus zu verstehen ist. Erstens enthält Kants Republikbegriff ein hochabstraktes Moment von (mit Rawls gesprochen) vollständiger Verfahrensgerechtigkeit.[22] Mit Volkssouveränität und rechtsstaatlicher Bindung der Exekutive werden die Grundzüge eines Verfahrens entworfen, dessen zentrale Resultate, damit von republikanischer Simulation überhaupt die Rede sein kann, im Grundsatz (wenn auch nicht in ihrer Ausgestal-

---

(Gesellschafts-)Vertrages zu überprüfen, s. *Gemeinspruch* S. 153-156. Ein weiteres Kriterium ist, daß die Gesetzgebung nicht nach eudämonistischen Prinzipien erfolgen darf (*Streit* S. 360 Fußnote, *Gemeinspruch* S. 155).

18 *Gemeinspruch* S. 161.
19 *MdS* S. 345.
20 *Gemeinspruch* S. 161f.
21 *MdS* S. 465.
22 John Rawls, *Eine Theorie der Gerechtigkeit*, Frankfurt am Main 1975, S. 106.

tung) auch unabhängig von diesem Verfahren angebbar sind, nämlich die Gewährleistung gleicher Menschen- und Bürgerrechte für alle. Allerdings ist die Prüfung, ob diese Resultate tatsächlich erreicht werden, dabei der Innenperspektive des jeweiligen politischen Gemeinwesens überlassen und nicht unabhängig davon feststellbar. Ein zweites Ergebnis liegt in dem Nachweis, daß Kantischer Republikanismus sich nicht polemisch gegen einen Liberalismus der Gleichbehandlung durch Gesetze sowie der Garantie von Freiheitsrechten als Abwehrrechten gegen den Staat und andere Bürger abgrenzt und sich etwa als konkurrierendes Unterfangen verstände. Er nimmt das liberale Verständnis von Rechten vielmehr als Bestandteil in sich auf und gliedert es als abstrakte Ergebnisbedingung in die republikanische Politik ein. Dies impliziert schließlich ein drittes Resultat, das den Skopus eines Kantischen Republikanismus betrifft. Die Gewährleistung gleicher Menschen- und Bürgerrechte ist für Kants Republikanismus nicht nur notwendige, sondern auch für seinen Erfolg hinreichende Bedingung. Dies mag im Vergleich mit anderen Varianten des Republikanismus, die eine Reduktion politischer Gemeinschaft auf eine Gesellschaft von rechtebewehrten Akteuren für unzureichend halten, wenig ehrgeizig erscheinen. Doch die Reduktion ist zum Teil eine scheinbare, wenn man sich vor Augen führt, daß die Frage, welche und wie extensive Rechte Personen haben, nicht vom Republikanismus, sondern erst in der Republik beantwortet werden kann. Wo Kant gegen diese Auffassung menschenrechtliche Festlegungen selbst vornimmt, etwa im personen-, familien- und vertragsrechtlichen Teil des *Privatrechts*,[23] fällt dies wenig überzeugend aus.

---

23 *MdS* S. 382-422.

II. Zivilrepublikanismus vs. Kantischer Republikanismus

Der Zivilrepublikanismus versteht sich heute, wie gesagt, zumeist als eine mit dem Liberalismus konkurrierende Theorietradition.[24] Jenseits dieser polemischen Abgrenzung läßt sich der eher lose und pluralistische Zusammenhang historischer und normativer Positionen, die sich unter diesem Begriff vereinigen lassen, bereits an der heterogenen Zusammensetzung des Ausdrucks ablesen.[25] Wenn im folgenden daher präsumtiv zentrale zivilrepublikanische Motive bei verschiedenen Autoren aufgesucht werden, so geschieht dies nicht in der Absicht, die breite und auch intern streitbare Tradition auf einige griffige Thesen zu verpflichten, sondern um anhand hervorstechender Elemente eine idealtypische Kontur einer solchen Position zu entwickeln, gegenüber der die Merkmale eines Kantischen Republikanismus deutlich hervortreten.

Der Zivilrepublikanismus teilt mit Kants Entwurf die Betonung der Bedeutung politischer Autonomie sowie die Betonung des Zusammenhangs zwischen politischer und privater Autonomie, zwischen einem »freien Staat« und einem »freien Bürger«.[26]

---

24 Diese Einschätzung besteht übereinstimmend auf liberaler (Stephen Holmes, *Passions and Constraint. On the Theory of Liberal Democracy*. Chicago 1995, S. 5), republikanischer (Michael Sandel, *Liberalismus oder Republikanismus. Von der Notwendigkeit der Bürgertugend,* Wien 1995; Quentin Skinner, *Liberty before Liberalism*, Cambridge 1998, S. X-XI) und dritter, diskurstheoretischer Seite (Habermas, »Drei normative Modelle der Demokratie«, in ders., *Die Einbeziehung des Anderen*, Frankfurt am Main 1996, S. 277-292). Ausnahmen sind die Theorien von John Dewey und John Rawls, die sehr wesentliche republikanische Elemente beinhalten und sich dennoch innerhalb der liberalen Tradition verorten.

25 Prägend für den ersten Wortbestandteil, »Zivil-« bzw. *civic*, dessen Wurzeln bis in die italienischen Stadtstaaten der Renaissance und weiter bis zu Aristoteles zurückreichen, spricht Hans Baron von »Bürgerhumanismus«. Siehe ders., *Bürgersinn und Humanismus im Florenz der Renaissance*, Berlin 1992. Daran anschließend John G.A. Pocock, *Die andere Bürgergesellschaft*, Frankfurt am Main 1993, S. 45 u. ö. Für die Etablierung des zweiten Wortbestandteils, »-republikanismus«, ist die amerikanische Tradition maßgeblich, s. Gordon S. Wood, *The Creation of the American Republic, 1776-1787*, Chapel Hill 1969. Vgl. zur Konjunktur des Ausdrucks den Überblick von Daniel Rodgers, »Republicanism: The Career of a Concept«, *Journal of American History*, 79, 1, 1992, S. 11-38.

26 Skinner, *Liberty before Liberalism*, a. a. O., S. 23; vgl. Philip Pettit, *Republicanism*, Oxford 1997, S. 185-202.

Dabei ist zweitrangig, ob dieser Zusammenhang konstitutiv, aggregativ oder instrumentell aufgefaßt wird. Nur für einige Vertreter des zivilrepublikanischen Denkens ist der Zusammenhang wie bei Aristoteles ein konstitutiver, indem der politische Freiheitsgebrauch aus anthropologischen Gründen als der wesentliche Aspekt bürgerlicher Freiheit gilt.[27] Notwendig erscheint die Privilegierung politischer über private Freiheiten nicht. Auch die aggregative These, politische Freiheit sei ein wesentlicher Teilbereich schützenswerter Freiheiten, so daß das Fehlen bestimmter Freiheiten den Gesamtbestand der Freiheit verringert, steht zivilrepublikanischen Theoretikern offen.[28] Und selbst für den Fall, daß sich zivilrepublikanische Autoren nicht darauf festlegen mögen, die Ausübung politischer Autonomie als intrinsisch wertvoll oder überhaupt als Form von Freiheitsgebrauch auszuzeichnen, kann die instrumentelle Auffassung vertreten werden, politische Unfreiheit resultiere in Angst und Korruption und mache damit private Freiheit zunichte.[29] Kants Auffassung des Zusammenhangs zwischen politischer und privater Freiheit bringt, wie wir gesehen haben, neben dem aggregativen ebenfalls einen instrumentellen Gedanken ins Spiel, der die Vermeidung von Unrecht betrifft. Die Ausübung politischer Autonomie ist Voraussetzung dafür, daß die Legislative »durch ihr Gesetz schlechthin niemand unrecht tun können« wird, und Unrecht wird im Verstoß gegen die gleiche Ausstattung an Rechten vermutet, die natürlich auch politische Freiheiten beinhaltet.[30] Darüber hinaus wurde deutlich, daß politische Freiheit bei Kant auch epistemische Funktionen für das Aufspüren (von Verletzungen) der privaten Freiheiten übernimmt. Dieser Gedanke, der sich als Spezialfall des instrumentellen Zusammenhangs auffassen läßt, erlaubt aber ebenfalls keine trennscharfe Unterscheidung zum

---

27 Dazu Sandel, *Liberalismus oder Republikanismus*, a. a. O., S. 57.
28 Vgl. die Arbeiten von John Rawls, dessen Werk ein signifikanter Zug von Zivilrepublikanismus durchzieht, insbesondere »Erwiderung auf Habermas«, in Phil. Gesellschaft Bad Homburg & Wilfried Hinsch (Hg.), *Zur Idee des politischen Liberalismus*, Frankfurt am Main 1997, S. 196-262, 215. Zu zivilrepublikanischen Aspekten bei Rawls siehe Peter Niesen, »Die politische Theorie des Politischen Liberalismus: John Rawls«, in A. Brodocz/G. S. Schaal (Hg.): *Politische Theorien der Gegenwart*. Opladen 1999, S. 17-41, 28f.
29 Dies ermöglicht eine zivilrepublikanische Theoriebildung auch auf der Basis eines negativen Freiheitsbegriffs, s. Pettit, *Republicanism*, a. a. O., S. 21 ff.; Skinner, *Liberty*, a. a. O., S. 16.
30 *MdS* S. 432.

Zivilrepublikanismus, da die Fähigkeit politischer Freiheitsausübung, Bedürfnisse und Nöte aufzudecken, ebenso von bedeutenden Vertretern des Zivilrepublikanismus betont wird.[31] Im funktionalen Zusammenhang politischer und privater Freiheit wird man zunächst also nicht die Differenz zwischen Kantischem und Zivilrepublikanismus lokalisieren können.

Anders verhält es sich auf den ersten Blick mit Kants spezifischem Verständnis von politischer Autonomie als Volkssouveränität. Strenggenommen impliziert Kants Auffassung von Volkssouveränität bereits Gewaltenteilung als das zweite Merkmal des Republikanismus, da sie die Ausübung politischer Freiheit auf die Gesetzgebung beschränkt.[32] Aus Gründen der Willkürvermeidung verzichtet das souveräne Volk auf die Ausübung der anderen beiden Gewalten – andernfalls handelte es sich um »Demokratie«, mithin »notwendig [um] Despotism«.[33] Im Gegensatz zur Kantischen »Selbstgesetzgebung« heißt es im zivilrepublikanischen Diskurs, ohne »Selbstregierung« (*self-government*) könne kein Mensch frei sein. Die Idee der »Selbstregierung« löst sich von der Beschränkung auf die Legislative ebenso wie von der alleinigen Herrschaft des Gesetzes. Die Ausübung von Staatsgewalt durch das Volk ist für alle drei Gewalten vorgesehen, also auch für die Exekutive und die Rechtsprechung. Gewaltenteilung, so sie für nötig befunden wird, wird hier eher nach dem Modell einer ausgeklügelten Organkonkurrenz verstanden denn, wie in der Kantischen Republik, als Modell hierarchischer Ermächtigungen und Beschränkungen.[34] Während ein zivilrepublikanisches Demokratieverständnis politische Beteiligung an beliebigen Entscheidungsmodi umfassen kann, hängt die Qualifizierung der Ausübung politischer Freiheit als Autonomie im Kantischen Modell vom Allgemeinheitsgrad der Regelungen ab, die in Unkenntnis konkreter Entscheidungsvorgänge erlassen werden.[35] Dies führt etwa dazu, daß das vom Zivilrepublikanismus gefeierte Modell der »citizen juries«, die für konkrete Fälle lokal und unmittelbar problemlösend tätig werden, indem sie sich für »particular policy

---

31 John Dewey, *Die Öffentlichkeit und ihre Probleme*, Bodenheim 1996, S. 172.
32 Vgl. I. Maus, *Zur Aufklärung der Demokratietheorie*, a. a. O., S. 200-202.
33 ZeF S. 207.
34 W. Kersting, *Wohlgeordnete Freiheit*, a. a. O., S. 394-400. Vgl. dagegen Pettit, *Republicanism*, a. a. O., Kap. 8.
35 Vgl. I. Maus, »Freiheitsrechte und Volkssouveränität«, *Rechtstheorie* 26, 4, 1995, S. 558f.

options« entscheiden,[36] für Kants Republikanismus nicht als Vorbild dienen kann. Republikanisches Handeln für Kant ist legislativ im Sinne von allgemein-prospektiv, weder exekutiv-situational noch rechtsprechend-retrospektiv.[37] Zivilrepublikanische Konzeptionen befürworten dagegen einen Pluralismus demokratischer Entscheidungsbeteiligungen, die in einem mehrdimensionalen Modell der Selbstregierung aufgehoben werden.[38]

Allerdings erscheint theoretisch nicht ausgeschlossen, daß eine zivilrepublikanische Theorie sich ebenfalls auf Aktivitäten der Selbstgesetzgebung beschränken und damit die Differenz sich als kontingent und »bloß empirisch« erweisen könnte. Zumindest auf eine weitere *Prima-facie*-Differenz trifft diese Diagnose jedenfalls zu. Der Zivilrepublikanismus scheint auf den ersten Blick im Gegensatz zum Kantischen Republikanismus einen direktdemokratischen, anti-repräsentativen Akzent zu beinhalten. Während bei Kant durchaus beide institutionellen Varianten bürgerlich-autonomer Gesetzgebung vorkommen, die durch »die Beistimmung der Staatsbürger« oder »vermittelst ihrer Abgeordneten« erfolgen kann,[39] wenden sich zumindest signifikante Strömungen des Zivilrepublikanismus prinzipiell gegen eine weitgehend delegative Realisierung der Demokratie. In der »starken« Demokratieauffassung von Barber etwa verlangt Aktivbürgerschaft »self-government by citizens *rather than* representative government in the name of citizens«[40]. Dennoch ist die antirepräsentative Position bei anderen Autoren so umstritten, daß sie nicht zur Charakterisierung des Zivilrepublikanismus taugen kann.[41] Darüber hinaus besteht eine klare Übereinstimmung zwischen Kantischem und Zivilrepublikanismus in der doppelten Fokussierung der staatsbürgerlichen Tätigkeit auf die beiden klassischen demokratischen Beteiligungsformen, auf Reden und

---

36 Graham Smith/Corinne Wales, »Citizen Juries and Deliberative Democracy«, *Political Studies* 48, 2000, S. 51-63, 55.
37 Eine Rehabilitierung dieser Differenz versucht Jeremy Waldron, *The Dignity of Legislation*, Cambridge 1999, S. 7-35.
38 Als theoretische Grundlage eignet sich die an Gauchet anknüpfende Auffassung, das Wesen der Demokratie bestehe gerade darin, nicht institutionell festgelegt zu sein, vgl. U. Rödel/G. Frankenberg/H. Dubiel, *Die demokratische Frage*. Frankfurt am Main 1989.
39 *ZeF* S. 205, *MdS* S. 464.
40 Benjamin Barber, *Strong Democracy*, Berkeley 1984, S. 151, Hv. PN.
41 Skinner, *Liberty*, a. a. O., S. 33-35.

Wählen: auf die Teilnahme an einer politischen Öffentlichkeit und die Stimmabgabe bei politischen Entscheidungen. Im Gegensatz zu Demokratiemodellen, denen es allein um die Durchsetzung vorpolitischer Präferenzen in Abstimmungen geht, halten beide Republikanismus-Varianten die entscheidende Bedeutung von bürgerlicher Deliberation fest. Im Unterschied zu rein zivilgesellschaftlichen Demokratieverständnissen bestehen Kantische ebenso wie Zivilrepublikaner auf der konstitutiven Bedeutung institutionalisierter Entscheidungsmacht des Volkes.[42]

Nachdem sich nun einige Unterschiede als wenig zentral herausgestellt haben, wollen wir uns nun auf einem Umwege einer weiteren Differenz zuwenden. Es ist auffällig, daß zivilrepublikanische Autoren gegenüber dem Kantischen einen rigoroseren Antimonarchismus vertreten. Sie befinden sich damit in Übereinstimmung mit dem zeitgenössischen juristischen Republikbegriff, für den eine Republik durch die Abwesenheit eines monarchischen Staatsoberhaupts definiert ist.[43] Natürlich ist auch bei Kant für legislative Aufgaben eines Monarchen innerhalb der republikanischen Verfassung kein Platz. Kant schließt daraus aber ebensowenig wie vor ihm Locke, daß die Präsenz eines Monarchen innerhalb der politischen Gesellschaft, sei sie auch eingeschränkt auf exekutive oder allein repräsentative Aufgaben, zwangsläufig eine freiheitsförderliche Entwicklung aufhalten müsse. Was ist der Grund für diese Differenz? Zivilrepublikaner mobilisieren hier sozialphilosophische Gründe, die wir im Kantischen Republikanismus nicht antreffen. Freiheit erfordere eine nicht-knechtische Mentalität, die sich nicht entfalten könne, solange das Zentrum der Gesellschaft der Hof ist.[44] Konstitutiv für die republikanische Freiheit »vor« dem Liberalismus ist die

---

42 Die beiden entgegengesetzten Extreme finden sich einerseits in ökonomischen Theorien der Demokratie, in denen gewählt, aber nicht geredet wird; andererseits in sich mit der »demokratischen« Organisation politischer Öffentlichkeiten bescheidenden kommunikationstheoretischen Ansätzen, in denen geredet, aber nicht gewählt wird.
43 Böckenförde, »Demokratie als Verfassungsprinzip«, a.a.O., S. 373. Vgl. neuerdings Skinner, *Liberty*, a.a.O., den die mangelnde Monarchismusfeindschaft einiger »republikanischer« Theoretiker dazu veranlaßt, ihre Gemeinsamkeiten nunmehr unter dem Ausdruck »neu-römischer« Theoriebildung zusammenzufassen. Dieser terminologische Vorschlag ist für den gegenwärtigen Zusammenhang ungeeignet, weil er die Differenz zu Kant nicht zu markieren vermag, der mit ebensoviel Berechtigung auf das Etikett »neu-römisch« Anspruch erheben könnte.
44 Skinner, *Liberty*, a.a.O., S. 90f.

Überlegung, daß die Unterwerfung unter die Machtfülle eines Königs den falschen Menschentyp hervorbringe. Der Aktivbürger degeneriere zum Höfling, was Verstellung, Schmeichelei, kurz: Korruption der ethischen Persönlichkeit nach sich ziehe. Der Übergang von autokratischer zu demokratischer Herrschaft wird daher als innerer Mentalitätswechsel zwischen Unterwerfung und Herrschaftsfreiheit verstanden, der mit Kants Vorstellung einer graduellen Rationalisierung aus dem autokratischen System heraus, einer schrittweisen Republikanisierung der Institutionen,[45] ganz unverträglich ist. Letztlich versteht der Zivilrepublikanismus sein Freiheitstelos im Sinne eines nicht-entfremdeten Selbstverhältnisses der unverstellten Bürger, während Kants Freiheitsverständnis die äußerliche Autonomie betrifft, die die vor fremden Eingriffen geschützten Privatpersonen in ihrer ethischen Realisierung opak bleiben läßt. Kants Freiheitsbegriff als »Unabhängigkeit von eines anderen nötigender Willkür«[46] wendet sich gegen die äußeren Zwänge, die unserem Handeln auferlegt werden, und geht nicht in die Tiefe der ethischen Personalität. Er ist verträglich damit, auch Menschen mit serviler Mentalität als frei zu bezeichnen.

Die Befürchtung, nicht-republikanische Herrschaft führe zur Internalisierung einer Art Sklavenmoral, die wir bei Skinner ausgeführt sehen, ist aber nur eines von zwei zusammenhängenden Merkmalen, die die Bürgertheorie des Zivilrepublikanismus von der Kantischen abgrenzt. Die weit bekanntere ethische These, die häufiger definitorisch für den Zivilrepublikanismus einstehen muß, betrifft die bürgerliche Disposition zur gemeinwohlorientierten Ausübung politischer Autonomie. Im Mittelpunkt der zivilrepublikanischen Theorie »steht der Gedanke, Freiheit beruhe auf Bürgertugend, also auf der Bereitschaft der Bürger, das Gemeinwohl höher zu stellen als ihre privaten Zwecke«.[47] Auch hier ist eine konstitutive und eine instrumentelle Variante zu unterscheiden. Aktivbürgerliche Selbsttätigkeit kann im Zivilrepublikanismus den erzieherischen Hintersinn aufweisen, daß die Staatsbürger sich in ihrer Aktivität vom *bourgeois* zum *citoyen* »transformieren«.[48] Aber auch wenn tugendhafte Partizipation

---

45 Claudia Langer, *Reform nach Prinzipien*, Stuttgart 1986.
46 *MdS* S. 345.
47 Sandel, *Liberalismus oder Republikanismus*, a.a.O., S. 55.
48 Barber, *Strong Democracy*, S. 151.

nur im nüchterneren konsequentialistischen Zusammenhang freiheitserhaltender Ergebnisse gewürdigt wird, steht der Zivilrepublikanismus gleichermaßen »vor der Herausforderung, den moralischen Charakter der Staatsbürger gegen verderbliche Einflüsse wie Luxus, Reichtum und Macht zu schützen«.[49] Das mag auch beinhalten, daß »der Staat sich für den Charakter seiner Bürger interessiert«[50] – so wie sich der Bürger ja ebenfalls vor allem für seinen Charakter interessiert – und deren selbstbezogenes Handeln öffentlich verurteilt. Alle institutionellen Vorkehrungen und öffentlichen Appelle sehen sich allerdings mit dem Problem konfrontiert, daß gemeinwohlorientiertes Handeln eher als präreflexiver Automatismus funktionieren denn als optionales Register zur Verfügung stehen muß. Ohne stabile ethische Handlungsdispositionen kann man demnach von Bürgertugend nicht sprechen.[51] Zwar droht Freiheit nach Ansicht zivilrepublikanischer Autoren ebenso zu verfallen, wenn Bürger nicht mehr in der Lage sind, die nötige Sachkompetenz für politische Entscheidungen aufzubringen, und nicht nur dann, wenn sie sich nicht über ihre eigenen Interessen hinwegsetzen können.[52] Allerdings vermögen die kognitiven Anforderungen an die Bürger im Zivilrepublikanismus kaum einen Unterschied zum Kantischen Republikanismus zu markieren, der, wie gesagt, den Zusammenhang zwischen politischer Tätigkeit und dem Schutz privater Freiheit als den einer epistemischen Identifikation von Problemen qualifiziert, deren Bearbeitung dann einem öffentlichen Verstandesgebrauch überantwortet werden kann.[53] Distinktiv paßt sich wiederum der Bürgertheorie des Zivilrepublikanismus eine Vorstellung staatsbürgerlicher Gemeinschaft ein, die weniger einer Ansammlung von Fremden als einer ethischen Gemein-

---

49 Sandel, *Liberalismus*, a.a.O., S. 55.
50 Ebd., S. 59.
51 Hubertus Buchstein, »Die Zumutungen der Demokratie. Von der normativen Theorie des Bürgers zur institutionell vermittelten Präferenzkompetenz«, in K. von Beyme/C. Offe (Hg.) *Politische Theorie in der Ära der Transformation*, Opladen 1996, S. 295-324, 302f.
52 Buchstein, »Die Zumutungen der Demokratie«, a.a.O.; vgl. Dewey, *Die Öffentlichkeit und ihre Probleme*, a.a.O, S. 150, und Rainer Schmalz-Bruns, »Gemeinwohl und Gemeinsinn im Übergang? Demokratietheoretische Aspekte transnationaler Integrationsprozesse«, MS, S. 13-17.
53 Zu den Tugendvoraussetzungen eines öffentlichen Verstandesgebrauches vgl. unten IV. (2).

schaft von Freunden nachgebildet ist.⁵⁴ Dieses Gemeinsamkeitsideal bringt spezielle, über rechtliche Ansprüche hinausgehende Beziehungen und Pflichten unter den Mitbürgern mit sich. Der Zivilrepublikanismus verlangt, so ließe sich die Position in einem Satz zusammenfassen, von seinen Bürgern tugendhafte und intelligente Mitwirkung am politischen Gemeinwesen als einer ethisch geeinigten Gemeinschaft.

Kant bezieht sich, soviel läßt sich bereits in einem kurzen Ausblick sagen, durchweg polemisch auf systematische Erwartungen an die Tugendhaftigkeit von Aktivbürgern. Der Tugendbegriff ist reserviert für politikferne Einstellungen, die die persönliche Vervollkommnung und das Glück anderer Menschen zum Ziel haben.⁵⁵ Kant spricht sich deutlich gegen institutionelle Mittel, die die demokratische als ethische Gemeinschaft reproduzieren sollen, aus: »In einem (…) politischen gemeinen Wesen befinden sich alle politische Bürger, als solche doch im ethischen Naturzustande, und sind berechtigt, auch darin zu bleiben«.⁵⁶ Zwar ist das »ethische gemeine Wesen« bei Kant ein durchaus verbindliches Ideal der Moral. Dieses Ideal ist aber politikunabhängig und weder politikfunktional noch politikrelativ. Es ist »immer auf das Ideal eines Ganzen aller Menschen bezogen, und darin unterscheidet es sich von dem eines politischen [Gemeinwesens]«.⁵⁷ Der Zivilrepublikanismus, dem es um ein republikinternes Ethos geht, kann also an die Konzeption des ethischen gemeinen Wesens bei Kant nicht anknüpfen.

Von zentraler Bedeutung ist, daß der Aktivbürgerstatus und damit politische Mitwirkungsrechte bei Kant nicht auf gemeinwohlorientierten Einstellungen beruhen, sondern im Gegenteil nur an denjenigen verliehen werden, der die Partikularität seiner jeweiligen Interessenverfolgung geltend machen kann. Die institutionelle Staatsbürgerqualifikation der »bürgerlichen Selbständigkeit« resultiert aus der Nichtidentität eigener Interessen mit denen eines jeden anderen. Der Verdacht, fremde Interessen zu

---

54 Jacques Derrida, *The Politics of Friendship*, London 1997, S. 274ff.
55 *MdS (Tugendlehre)* S. 503ff. Sandra Seubert, *Gerechtigkeit und Wohlwollen. Ein bürgerliches Tugendverständnis nach Kant*. Frankfurt am Main 1999, entwirft daher ein mit der kantischen Moralphilosophie konformes Verständnis von Bürgertugend, das allerdings nicht zu erklären vermag, warum in Kants Auffassung der Republik eine tugendtheoretische Leerstelle klafft.
56 *Religion* S. 753f.
57 *Religion* S. 754f.

kopieren und dadurch deren politischen Einfluß im Wahlakt ungerechtfertigt zu verstärken, ist hinreichend, um Nichtselbständige vom Wahlrecht auszuschließen.[58] Kant ist daher zu Recht zu den Theoretikern gezählt worden, die einen Interessendiskurs an die Stelle des Tugenddiskurses stellen.[59] Zwar wird sich herausstellen, daß Kant politischer Interaktion auf der Basis nicht-moralischer Intentionen eine moralische Wirkung zuschreibt, von der die politischen Institutionen in einem engen, aber wichtigen Bereich wiederum profitieren können. Für Zwecke der Republikanisierung wird allerdings vom »guten Bürger« nicht erwartet, daß er auf Tugendressourcen spontan zurückzugreifen in der Lage ist.

III. Engel, Teufel und Menschen: Kants republikanische Aufgabenstellung

Vor dem Hintergrund dieser ersten, noch relativ groben Entgegensetzung zweier republikanischer Konzeptionen soll nun die Kantische Strategie im einzelnen untersucht werden. Dazu ist es erforderlich, eine längere Passage aus Kants Abhandlung *Zum ewigen Frieden* vollständig wiederzugeben:

Nun ist die *republikanische* Verfassung die einzige, welche dem Recht der Menschen vollkommen angemessen, aber auch die schwerste zu stiften, vielmehr noch zu erhalten ist, dermaßen, daß viele behaupten, es müsse ein Staat von *Engeln* sein, weil Menschen mit ihren selbstsüchtigen Neigungen einer Verfassung von so sublimer Form nicht fähig wären. Aber nun kommt die Natur dem verehrten, aber zur Praxis ohnmächtigen allgemeinen, in der Vernunft gegründeten Willen, und zwar gerade durch jene selbstsüchtige Neigungen, zu Hülfe, so, daß es nur auf eine gute Organisation des Staats ankommt (die allerdings im Vermögen der Menschen ist), jener ihre Kräfte so gegen einander zu richten, daß eine die anderen in ihrer zerstörenden Wirkung aufhält, oder diese aufhebt: so daß der Erfolg für die Vernunft so ausfällt, als wenn beide gar nicht da wären, und so der Mensch, wenn gleich nicht ein moralisch-guter Mensch, den-

---

58 Kants Ausschluß nicht selbständiger Bürger vom Stimmrecht (*Gemeinspruch* S. 151f., *MdS* S. 432f.) beruht somit auf einer These, die unabhängig ist von seiner fragwürdigen Qualifikation von Frauen, Lohnarbeitern etc. *als* unselbständig.
59 Herfried Münkler, »Politische Tugend. Bedarf die Demokratie einer soziomoralischen Grundlegung?«, in ders. (Hg.), *Die Chancen der Freiheit*, München 1992, S. 36f.

noch ein guter Bürger zu sein gezwungen wird. Das Problem der Staatserrichtung ist, so hart wie es auch klingt, selbst für ein Volk von Teufeln (wenn sie nur Verstand haben) auflösbar und lautet so: »Eine Menge von vernünftigen Wesen, die insgesamt allgemeine Gesetze für ihre Erhaltung verlangen, deren jedes aber in Geheim sich davon auszunehmen geneigt ist, so zu ordnen und ihre Verfassung einzurichten, daß, obgleich sie in ihren Privatgesinnungen einander entgegen streben, diese einander doch so aufhalten, daß in ihrem öffentlichen Verhalten der Erfolg eben derselbe ist, als ob sie keine solche böse Gesinnungen hätten«. Ein solches Problem muß *auflöslich* sein. Denn es ist nicht die moralische Besserung der Menschen, sondern nur der Mechanism der Natur, von dem die Aufgabe zu wissen verlangt, wie man ihn an Menschen benutzen könne, um den Widerstreit ihrer unfriedlichen Gesinnungen in einem Volk so zu richten, daß sie sich unter Zwangsgesetze zu begeben einander selbst nötigen, und so den Friedenszustand, in welchem Gesetze Kraft haben, herbeiführen müssen.

Denn es ist, wie Kant wenige Zeilen später hinzufügt,

nicht von [der Moralität] die gute Staatsverfassung, sondern vielmehr umgekehrt, von der letzteren allererst die gute moralische Bildung eines Volks zu erwarten.[60]

Ich möchte nun im Anschluß an eine klärende Bemerkung, die die Bedeutung des Ausdrucks »Teufel« betrifft, eine Interpretation der Aufgabenstellung, die Kant in dieser Passage entwirft, vorschlagen (1-3). Im folgenden Abschnitt (IV.) soll erörtert werden, auf der Basis welcher Ressourcen diese Aufgabe gelöst werden soll.

Was ist hier unter einem verständigen Teufel zu verstehen? An anderer Stelle in Kants Werk treten Teufel als die Art von Wesen auf, deren Handlungsantrieb die Pervertierung des moralischen Gesetzes ist, indem sie den »Widerstreit gegen das Gesetz selbst zur Triebfeder« erheben.[61] Die »böse Gesinnung« der Teufel in der Friedensschrift ist nun weniger prinzipiell zu verstehen: sie besteht nicht in der Sabotage der moralischen Welt, sondern allein in der Disposition, für den Fall selbstbegünstigend zu handeln, in dem sich dies nicht nachteilig auswirkt. Die Motivation ist identisch mit der »selbstsüchtige[n] tierische[n] Neigung, wo er darf, sich selbst auszunehmen«, von der Kant in einer früheren Arbeit

---

60 ZeF S. 223-4. Im folgenden nicht eigens nachgewiesene Zitate stammen sämtlich aus dieser Stelle.
61 *Religion* S. 683f.

spricht.[62] Nicht die pervertierte Selbstlosigkeit der Durchsetzung reiner Bosheit in der Welt, sondern die *Trittbrettfahrer*-Mentalität ist es, die das Volk von Teufeln auszeichnet. Allerdings unterliegen Teufel ihren tierischen Neigungen nicht unmittelbar. Sie verfügen über »Verstand«, mit Hilfe dessen sie ihren Neigungen langfristig und sicher, nicht potentiell selbstzerstörerisch nachkommen können. Sie verfügen im Gegensatz zu Tieren über die Fähigkeit, durch »Vorstellungen von dem, was selbst auf entferntere Art nützlich oder schädlich ist, die Eindrücke auf unser sinnliches Begehrungsvermögen zu überwinden«, mithin über »freie Willkür«.[63] »Teufel« sind im gegenwärtigen Zusammenhang also als instrumentell rationale Wesen zu verstehen, sie sind vergleichbar mit den egoistischen rationalen Nutzenmaximierern, die man gemeinhin in der utilitaristischen Anthropologie vermutet.[64] Kants »Teufel« sind Wesen, die ihre Handlungsweisen nicht aus praktischer Vernunft, der Einsicht in die Verallgemeinerbarkeit ihrer Maximen, sondern aus ihrer stärksten langfristigen Neigung motivieren. Mit dieser Charakterisierung werden ihnen allerdings zwei Deformationen, darauf sei abschließend hingewiesen, nicht unterstellt. Die erste Deformation ist, daß sie nicht wüßten oder zumindest lernen könnten, was in einem gegebenen Fall moralisch erforderlich wäre, was also die moralischen Subjekte in einem »Staat von Engeln« tun würden, und was die Bürger in einem Staat von Menschen tun müßten. Diese Auffassungen, falls sie vorliegen, sind aber nicht handlungswirksam. Die zweite Deformation, die vielleicht noch offensichtlicher scheint, aber ebenfalls nicht behauptet wird, besagt, daß Teufel, falls sie moralisches Wissen erwerben, moralisches Handeln nicht erlernen *könnten*, daß sie sozusagen Wesen mit einer moralischen Lobotomie wären, für die zwischen moralischer Beurteilung und Handlungsfähigkeit ein unüberwindbarer Abgrund klafft. Gegen die Zuschreibung beider Eigenschaften spricht die zuletzt zitierte Passage, daß nämlich, unter der Voraussetzung einer guten Staatsverfassung, ihnen eine »gute moralische Bildung« zuteil werden könne.

Obwohl ihr großer Reichtum an Motiven jede Lesart kontrovers erscheinen lassen wird, soll im folgenden eine einheitliche

---

62 *Idee* S. 40.
63 *KrV* S. 675 (= B 830).
64 Patrick Riley, *Will and Political Legitimacy*, Cambridge 1982, S. 129.

Interpretation der Volk-von-Teufeln-Passage versucht werden. Dieser Interpretation nach betrifft die Aufgabenstellung die *Stiftung und Erhaltung* einer staatlichen Ordnung auf der Basis einer *republikanischen Verfassung*, deren Subjekte in ihrer Eigenschaft als *Aktivbürger* von ihrem verständigen Eigeninteresse motiviert werden. Für diese Lesart sollen nun in der folgenden Reihenfolge Gründe angeführt werden: (1) das »Problem der Staatserrichtung« interessiert Kant nur in bezug auf ein republikanisches Gemeinwesen, (2) es betrifft das »öffentliche Verhalten« der Bürger in ihrer politischen Aktivität, nicht als Untertanen, (3) das Problem der Staatserrichtung liegt schließlich weder allein in der Stiftung noch allein in der Erhaltung des Gemeinwesens, sondern betrifft konstruktive und reproduktive Aspekte in jeweils verschiedener Weise.

ad (1). Wenn Kant von einem »Problem der Staatserrichtung« spricht, das »selbst für ein Volk von Teufeln« auflösbar sei, so steht dies im Zusammenhang der einleitenden Beobachtung, daß »die republikanische Verfassung die einzige, welche dem Recht der Menschen vollkommen angemessen, aber auch die schwerste zu stiften, vielmehr noch zu erhalten ist«. Kants Interesse gilt also nicht der lokal den Naturzustand beendenden »Staatserrichtung« schlechthin,[65] sondern vielmehr einer Staatengründung, die auf einer republikanischen Verfassung basiert. Andernfalls wäre die Passage wertlos für das übergeordnete Argument, das Kant in *Zum ewigen Frieden* entwickelt: daß nämlich die friedensstiftende Kraft des Republikanismus nicht allein eine fromme Hoffnung ist, sondern sich auch unter nicht-idealen Bedingungen entfalten kann. Das Argument, das für Kant die Friedensfähigkeit der »republikanische[n] Verfassung« etabliert, ist, daß Bürger, die um ihr Leben und ihren Besitz fürchten werden, der Führung eines Angriffskrieges die Zustimmung versagen werden. »Wenn (wie es in dieser Verfassung nicht anders sein kann) die Beistim-

---

[65] Otfried Höffe führt im gleichnamigen Aufsatz seines Bandes *Den Staat braucht selbst ein Volk von Teufeln,* Stuttgart 1988, S. 56-78, den Titelgedanken auf die Volk-von-Teufeln-Stelle bei Kant zurück (S. 56, 77 Fußnote 1). Daß republikanische Staatserrichtung möglich (Kant) und daß sie notwendig sei für ein Volk von Teufeln (Höffe), sind offenbar unterschiedliche Fragestellungen. Im Unterschied zu Höffe versucht sich Kant an dieser Stelle auch nicht an einer Staatsbegründung ohne Demokratiebegründung. Vgl. H. Brunkhorst, »Die Kontingenz des Staates«, in W. Kersting (Hg.): *Gerechtigkeit als Tausch?* Frankfurt am Main 1997.

mung der Staatsbürger dazu erfordert wird, um zu beschließen, ›ob Krieg sein solle, oder nicht‹, so ist nichts natürlicher, als daß... sie sich sehr bedenken werden, ein so schlimmes Spiel anzufangen«.[66] Wenn die innere republikanische Organisation der Staaten eine »Garantie des ewigen Friedens« auszustellen in der Lage ist, so resultiert diese aus der in ihnen gepflegten aktivbürgerlichen Praxis.[67] In der Zusammenschau mit der Volk-von-Teufeln-Passage wird deutlich, daß Kant nicht allein für den friedensfreundlichen Effekt von Republiken, sondern auch für ihre Stiftung und Erhaltung die interessenrationale Ausübung von Aktivbürgerschaft als hinreichende Motivation heranzieht. Das Volk-von-Teufeln-Argument betrifft die lokale Republikfähigkeit in ganz analoger Weise wie die globale Friedensfähigkeit.

ad (2): Handelt die Volk-von-Teufeln-Passage nun in erster Linie von Aktivbürgern oder von privaten Untertanen, von Subjekten oder von Objekten der republikanischen Selbstgesetzgebung? Aus (1) folgt, daß es zumindest auch um die Ausübung politischer und nicht nur privater Autonomie gehen muß; dies ist gleichzeitig der entscheidende Unterschied zu früheren Auseinandersetzungen Kants mit dem Verhältnis zwischen »naturhaften« Interessenantagonismen und bürgerlicher Verfassung.[68] Das ferne Echo an Überlegungen von Mandeville, Hume oder Smith, die sämtlich von der allgemeinen Vorzugswürdigkeit privat-egoistischen Wirtschaftshandelns ausgehen, das die Volk-von-Teufeln-Passage anklingen läßt, mag zunächst auch für Kants Argument die Konzentration auf das private, nicht politische Handeln nahelegen. Der Verweis auf heimliche Ausnahmen, die die selbstinteressierten Akteure für sich zu machen geneigt seien, kann die Vermutung entstehen lassen, daß es in erster Linie auf die Sicherung von Gehorsam unter bereits bestehenden Gesetzen ankommt, weil nicht unmittelbar einleuchtet, *wovon* man als Aktivbürger egoistische Ausnahmen machen kann. Allerdings ist die Lösung des klassischen Problems privater Trittbrettfahrer, wie sie sich für Kant darstellt, weder ingeniös noch überraschend. Sie

---

66 *ZeF* S. 205 f.
67 Auch die denkbare Konkurrenz durch analogisch-republikanische Simulation, die, obzwar unzuverlässig, womöglich ähnliche Ergebnisse zeitigen könnte, kann hier ausgeschlossen werden, denn diese basiert ja gerade nicht auf einer »republikanische[n] Verfassung« (*ZeF* S. 223).
68 *Idee* S. 39-41.

liegt einfach in der Bereitstellung von Rechtszwang, wird also bereits durch die Überwindung des Naturzustands bewältigt und ist in ihrem unmittelbaren Ergebnis, wenn auch nicht in ihrer langfristigen Teleologie, unabhängig von dem republikanischen Argument. Es ist unwahrscheinlich, daß Kant den enormen Argumentationsaufwand der Volk-von-Teufeln-Passage betreibt, nur um zu schließen: rationale private Nutzenmaximierer machen für sich keine Ausnahmen, wenn ihnen Sanktionen drohen.

Wenn das Volk-von-Teufeln-Argument nicht das private Lavieren unter bestehenden Gesetzen adressiert – was kann es dann heißen, daß »[e]ine Menge von vernünftigen Wesen ... ingesamt allgemeine Gesetze für ihre Erhaltung verlangen,« aber jeder einzelne »in Geheim sich davon auszunehmen geneigt ist«? Eine Möglichkeit, der Stelle eine aktivbürgerliche Lesart zu geben, ist die folgende. Von allgemeinen Gesetzen wird hier *de lege ferenda* gesprochen. Wovon die verständigen Teufel sich insgeheim auszunehmen geneigt sind, ist daher nicht das Handeln unter noch zu verabschiedenden Gesetzen. Eine Ausnahme machen will der einzelne für sich innerhalb des kollektiven Prozesses, »allgemeine Gesetze für ihre Erhaltung [zu] verlangen«. Hier liegt nun die Betonung auf »allgemein«. Charakteristisch für die Republik ist ja, daß der Prozeß, Gesetze zu »verlangen«, insofern die Allgemeinheit der Vorschläge verbürgt, als der öffentlich vertretene Versuch, private Privilegien abzusichern, kaum erfolgversprechend wäre. Es ist erforderlich, persönlich nützliche »Ausnahmen« selbst im Gewande allgemeiner Forderungen darzustellen. Zweckrationale Akteure tendieren dazu, in ihrer politischen Tätigkeit das Kriterium der Allgemeinheit an der Oberfläche zu erfüllen, um andere zu übervorteilen, wenn sich die Gelegenheit bietet, und Allgemeinheit nur in Fällen zu verlangen, von denen sie selbst profitieren. Solche Vorschläge qualifizieren als »öffentliches Verhalten«, das, obzwar auf der Basis von »Privatgesinnungen«, auf einen gemeinsamen Rahmen, den die »gute Organisation des Staats« bereitstellt, gerichtet ist und innerhalb dieses Rahmens Veränderungen herbeiführen soll. Das Problem der republikanischen Staaterrichtung lautet in dieser Lesart, der Ausübung politischer Autonomie einen Rahmen vorzugeben, innerhalb dessen strategische Aktivitäten der Bürger sich so rational auswirken können, »als ob sie keine solche böse Gesinnungen hätten«.

(3) Die hier vorgeschlagene Lesart, es gehe um die aktivbürgerliche Tauglichkeit verständiger »Teufel«, führt sogleich zu einer weiteren Radikalisierung der Fragestellung. Behauptet Kant, den »Teufeln« gelänge die *verfassungsmäßige Einrichtung* eines republikanischen Staates oder dessen *erfolgreiche Reproduktion*? Die einleitende Bemerkung, eine »republikanische Verfassung [sei]... die schwerste zu stiften, vielmehr noch zu erhalten«, unterstellt, daß die Aufgabenstellung beides umfaßt. Die Rede vom »Problem der Staatserrichtung« scheint sich dagegen nur um die erste Teilfrage zu kümmern, die außerdem als das geringere Problem angesehen wird. Warum ist das so, und wem ist die Aufgabe gestellt, ein Volk von Teufeln zu ordnen und ihre Verfassung einzurichten? Wer ist das Subjekt der Staatseinrichtung, wer das Subjekt des eingerichteten Staates? In der Literatur wird die Aufgabenstellung gewöhnlich so interpretiert, daß Kant das »Problem der Staatserrichtung« nicht nur »für«, sondern auch »von einem Volk von Teufeln«, nicht nur: zugunsten eines Volks von Teufeln, sondern durch es, für auflösbar hält.[69] Letzteres ist zugegebenermaßen, zumindest aus der Sicht des konstruktiven Moralbedarfs der Akteure, die ambitioniertere Aufgabenstellung. Bei dieser Lesart wird aber übersehen, daß Kant, wenn er die Forderung eines »Staats von Engeln« zurückweist, sich auf »eine gute Organisation des Staats (die allerdings im Vermögen der *Menschen* ist)« (Hv. PN) beruft. Das Problem der Staatserrichtung würde also auch »für ein Volk von Teufeln« gelöst, wenn ihre Verfassung von Menschen entworfen würde. Zwei Vorzüge dieser Interpretation scheinen mir darin zu liegen, daß sie erstens zu Kants Verwendung vertragstheoretischer Argumente paßt, und daß zweitens unter ihr Kants Auffassung womöglich zutrifft, während sie unter der konkurrierenden Deutung, verständige Teufel würden in einer rechtsphilosophischen Ursituation eine republikanische Verfassung zum wechselseitigen Vorteil aus sich herausspinnen, in ihrer Allgemeinheit nicht zu halten wäre.[70] Die

---

69 Vgl. Kenneth Baynes, *The Normative Grounds of Social Criticism*, Albany 1992, S. 12; Otfried Höffe, *Politische Gerechtigkeit*, Frankfurt am Main 1989, S. 428ff.; Ingeborg Maus, *Zur Aufklärung der Demokratietheorie*, a. a. O., S. 181. Anders Bernd Ludwig, »Will die Natur unwiderstehlich die Republik?«, *Kantstudien* 88, 1997, S. 218-228, 226 Fußnote 17.

70 Eine Variante der schwächeren These, daß strategische verfassungsgebende Prozesse von Republiken nicht mißlingen müssen, vertritt in bezug auf die Französische und Amerikanische Revolution Jon Elster. Dazu vgl. unten, Abschnitt IV.

Volk-von-Teufeln-Problematik wäre unter der letzteren Deutung identisch mit der Frage nach der Möglichkeit einer kontraktualistischen Staatsbegründung, die bei den vertragsschließenden Subjekten keine moralische Motivation voraussetzt. Daß Kant in seinem Werk dieser Grundfrage des Kontraktualismus keinerlei Aufmerksamkeit schenkt, mag zunächst überraschen. Kant verlegt den Gesellschaftsvertrag weder normativ noch faktisch an den Beginn staatlicher Existenz, sondern verwendet die Vertragsidee nur als Maßstab bestehender Einrichtungen.[71] Der Grund liegt darin, daß der Vertrag im Naturzustand stattfände, der Naturzustand aber von Kant als ein Zustand beträchtlicher (provisorisch-privatrechtlicher) Ungleichheit unter den Naturzustandssubjekten aufgefaßt wird und als nur gewaltsam beendbar erscheint.[72] Unter Bedingungen der Ungleichheit der Ausgangspositionen im Naturzustand kann weder die Republik noch auch nur der Rechtsstaat zwingend aus den Eigeninteressen eines jeden Vertragspartners gefolgert werden. Soziale Ungleichheit ermöglicht es den vertragsschließenden Parteien, durch den Einsatz von Geld oder die Androhung von Gewalt für sie günstige, aber inegalitäre Ergebnisse zu erzielen, die mit einer republikanischen Verfassung unvereinbar sind.[73] Ohne stark egalisierende anthropologische[74] oder empirische Annahmen kann daher nicht ausgeschlossen werden, daß eine verfahrensmäßig undisziplinierte vertragliche Staatserrichtung auf der Basis je eigener Interessen die im Naturzustand bestehenden sozialen Ungleichheiten in Rechtsungleichheiten abbilden würde. Daß dieser Umstand für die Interpretation der Volk-von-Teufeln-Passage nicht unmittelbar in den Blick kommt, mag eine psychologische Erklärung haben. Es liegt näher, ein Volk von Teufeln im Gedankenexperiment nicht als inegalitär geschichtet, sondern vielmehr als vorgängig nivellierte Gesellschaft mit großer Ressourcenhomogeni-

---

71 Vgl. *MdS* S. 434, *Gemeinspruch* S. 153 f.
72 Vgl. Reinhard Brandt, »Freiheit, Gleichheit, Selbständigkeit bei Kant«, in Forum für Philosophie Bad Homburg (Hg.), *Die Ideen von 1789*, Frankfurt am Main 1989, S. 90-127, 113 f. In *ZeF* heißt es: »so ist in der Ausführung jener Idee (in der Praxis) auf keinen andern Anfang des rechtlichen Zustandes zu rechnen, als den durch Gewalt« (S. 231).
73 Stefan Gosepath, *Aufgeklärtes Eigeninteresse. Eine Theorie theoretischer und praktischer Rationalität.* Frankfurt am Main 1992, S. 330-32.
74 Thomas Hobbes, *Leviathan*, Teil I., Kap. 13. Hg. v. I. Fetscher, Frankfurt am Main, Berlin 1976, S. 94.

tät vorzustellen.⁷⁵ Anhaltspunkte für eine solche Qualifikation des Volk-von-Teufeln-Problems liegen aber nicht vor.

Wenn die Aufgabe des elementaren Verfassungsdesigns Menschen und nicht verständigen Teufeln überantwortet wird, so ist ihnen der Rekurs auf moralische Einstellungen zumindest nicht methodisch verschlossen. Was ihnen abverlangt wird und was nach Kant »allerdings im Vermögen der Menschen ist«, ist die unparteiliche und vorausschauende Einrichtung von Rechtsinstitutionen. Die Nichtbeteiligung der die Verfassung Entwerfenden mag es sogar erleichtern, den anspruchsvollen Anforderungen republikanischer Verfassungsgebung nachzukommen, da sie für eine uneigennützige Perspektive sorgt – so wie an anderer Stelle der libertär-egalitäre »Enthusiasmus« der Beobachter der Französischen Revolution nach Kants Ansicht deren »uneigennützige Teilnehmung«, die »einen moralischen Charakter..., wenigstens in der Anlage, beweiset«, verrät.⁷⁶ Die Aufgabe, die dem Volk von Teufeln gestellt ist, lautet somit nicht, die egalitäre Verteilung von Rechten und politischen Chancen, die für die republikanische Verfassung charakteristisch ist, unter Absehung von moralischen Motiven zu stiften, sondern innerhalb dieser Verfassung zu reproduzieren. Da es sich um eine republikanische Verfassung handelt, könnte man in bezug auf das Volk von Teufeln von legislativer Autonomie unter konstitutioneller Heteronomie sprechen.

Diese Interpretation, die mit dem Wortlaut der Passage in Einklang steht, führt aber geradewegs in eine neue Schwierigkeit, die die Reproduktion einer so verfaßten Gesellschaft betrifft. Eine republikanische Verfassung zeichnet sich dadurch aus, daß sie die verfassunggebende Gewalt nicht etwa absorbiert oder erübrigt, indem sie den Gesetzgeber konstituiert, sondern vielmehr sowohl rechtlich, in den von ihr vorgesehenen Artikulationsformen, als auch außerrechtlich weiterhin voraussetzt.⁷⁷ Das Volk von Teufeln ist daher Objekt der Verfassungsstiftung, aber in der

---

75 Anders die metaphysische Teufelforschung. Vgl. Thomas v. Aquin, *Summe der Theologie*, Bd. 1: Gott und Schöpfung, Stuttgart 1985, bes. die 109. Untersuchung, wo die folgenden Fragen erörtert werden: »1. Gibt es Stände unter den Dämonen? 2. Gibt es unter ihnen Standesvorrang?«
76 *Streit* S. 357.
77 E.W. Böckenförde, »Die verfassunggebende Gewalt des Volkes«, in ders. *Staat, Verfassung, Demokratie,* Frankfurt am Main ²1992, S. 90-112; vgl. I. Maus, *Aufklärung der Demokratietheorie,* a.a.O., S. 179 u.ö.

scheinbar paradoxen Folge Subjekt des *pouvoir constituant*, gleichsam ein *Ex-post-facto*-Souverän, der mit der bestehenden Verfassung tun kann, was er will. In dieser Konstellation scheint Kants Steigerung: schwer zu stiften; schwerer noch zu erhalten, völlig berechtigt zu sein. Der harte Kern des Volk-von-Teufeln-Problems lautet daher: Ist die Ausübung verfassungsändernder Gesetzgebung in der Republik im Rahmen des methodischen Amoralismus möglich? Oder ist aus der Erörterung des »Volks von Teufeln« zu schließen, daß im Falle von »constitutional politics«, nicht aber im Falle von »normal politics«, der Rückbezug auf moralische Motive der Akteure erforderlich sein kann?[78] Wenn ja, woher sollen diese kommen? Um diese Fragen beantworten zu können, müssen wir zunächst einen Blick auf die Ressourcen werfen, die in der Volk-von-Teufeln-Situation zur Verfügung stehen.

IV. Ressourcen der Lösung

Die Beweislast für die Replik, daß die Erhaltung der Republik auch verständigen Teufeln möglich ist, tragen bei Kant nun drei Behauptungen. Erstens »kommt die Natur dem... ohnmächtigen... Willen... und zwar gerade durch jene selbstsüchtige Neigungen, zu Hilfe«. »Die Natur« trägt also zur Fortexistenz des republikanischen Staates auf eine moralunabhängige Weise bei. Daher komme es zweitens »nur auf eine gute Organisation des Staates an«, durch die jedes Mitglied des Gemeinwesens »wenn nicht gleich ein moralisch-guter Mensch, dennoch ein guter Bürger zu sein gezwungen wird«. Was hier den »guten Bürger« ausmacht, wird von den Handlungsergebnissen her verstanden, deren »Erfolg eben derselbe ist, als ob sie keine solche böse Gesinnungen hätten«. Drittens sei nicht von der Moralität die Einrichtung einer guten Staatsverfassung, »sondern vielmehr, umgekehrt, von der letzteren allererst die gute moralische Bildung eines Volks zu erwarten«.

---

78 Das Begriffspaar »normal« vs. »constitutional politics« entwickelt Bruce Ackerman, *We the People*, Bd. 1, Cambridge 1991. Hinweise auf die Kombination eines einfach-legislativen Volk-von-Teufeln-Republikanismus mit konstitutionellem Zivilrepublikanismus finden sich bei Rawls, *Politischer Liberalismus*, Frankfurt am Main 1998, S. 49, 316.

Kants erste These ist die der moralischen Substitution (1), die zweite die der moralischen Simulation (2), die dritte schließlich die der moralischen Wirkung einer republikanischen Ordnung (3). Die Ressourcen, auf die Kant zur Substitution, Simulation und Wirkung vertraut, unterscheiden sich in ihrer Verfügbarkeit dadurch, daß die erste von einer republikanischen Verfassung vorausgesetzt (Natur), die zweite von ihr bereitgestellt (Organisation), die dritte schließlich von ihr ermöglicht und befördert wird (Bildung). Was nun eine allzu freudige Umarmung dieser drei Thesen verhindern könnte, sind ihre unverkennbar geschichtsphilosophischen Prämissen, deren Rekurs auf einen republikanischen Verhältnissen entgegenkommenden Weltlauf nicht leicht zu umgehen ist.[79] Allerdings sind wir nicht mehr wie Kant dazu gezwungen, republikanische Möglichkeiten quasi-apriorisch zu verteidigen, sondern können aus der Geschichte republikanischer Praktiken Schlüsse ziehen, die Kants prospektive Aussagen durch empirische Generalisierungen zu stützen vermögen. Um Kants Thesen also auf nichtspekulative Weise zu würdigen, soll im folgenden versucht werden, sie jeweils auf eine Weise auszuformulieren, die soziologische, politikwissenschaftliche und moralpsychologische Arbeiten anschlußfähig gemacht haben.

ad (1): In der politischen Soziologie werden unter dem Stichwort »Integration durch Konflikt« empirische Anhaltspunkte für Kants Vermutung aufgezeigt, interessenantagonistisches Handeln sei geeignet, moralische Motivationen in der republikanischen Reproduktion zu substituieren. »Demokratische Gesellschaften erhalten sich ... nicht dadurch, daß konfligierende Gruppen ihre interessenbedingt unversöhnlichen Orientierungen einem imaginären Konsens aufopfern. Vielmehr bilden sie ihr symbolisch integrierendes Kapital gerade im Prozeß solcher strukturell bedingter Konfrontationen aus.«[80] Um eine solche Wirkung entfalten zu können, ist entscheidend, daß die Konflikte

---

79 Pauline Kleingeld, *Fortschritt und Vernunft. Zur Geschichtsphilosophie Kants.* Würzburg 1995, S. 65, vgl. a. S. 21.
80 Helmut Dubiel, »Metamorphosen der Zivilgesellschaft II: Das ethische Minimum der Demokratie«, in ders., *Ungewißheit und Politik*, Frankfurt am Main 1994, S. 106-118, 114. Die These von einer »Integration durch Konflikt« scheint, dies zeigen Dubiels Gewährsleute Tocqueville, Arendt und Gauchet, einen übergreifenden Konsens zwischen zivilrepublikanischen und kantisch-republikanischen Positionen zu markieren.

politisch gedeutet werden, d. h. daß die bürgerliche Tätigkeit einen Sinn aufweist, der auf »das Ganze der Gesellschaft« bezogen ist und die soziale Publizität nicht flieht.[81] Die Unterscheidung ist nicht ganz einfach, aber notwendig, um integrationsfähiges von präsumtiv nichtintegrierendem privat-strategischen Handeln, etwa vom Lobbyismus oder, um ein drastischeres Beispiel zu wählen, vom Stimmenkauf, abgrenzen zu können. Das »öffentliche Verhalten«, von dem auch Kant in der Volk-von-Teufeln-Passage spricht, ist nicht nur sichtbar im Sinne von nicht geheim, sondern behauptet ostentativ ein öffentliches Interesse. Verständige »Teufel« werden sich also öffentlich-strategischen statt verborgenen, latent-strategischen Handelns befleißigen müssen, damit die moralsubstitutive Wirkung von Interessengegensätzen sich entfalten kann. Eine republikanische Verfassung privilegiert daher die Erfolgsaussichten von Politiken, die als gesellschaftsweit mögliche oder wünschbare öffentlich vertreten werden und schränkt politische Einflußmöglichkeiten, die ihrer Form nach privaten Interaktionen nachgebildet sind, ein.

Allerdings hat die republikstabilisierende Wirkung der Austragung gesellschaftlicher Konflikte Grenzen. Die Voraussetzung für integrationsstiftende und damit auch republikerhaltende Auseinandersetzungen ist, daß es sich um »gehegte Konflikte« handelt. Was Eskalationen verhindert, ist dabei nach Dubiel kein gemeinsames strategisches Interesse an der Perpetuierung des Rahmenzustandes, sondern der Grad der Verwirklichung gesellschaftlicher »Demokratie« als dem »Inbegriff von Institutionen und Rechtsformen, von psychischen und kulturellen Potentialen zur Hegung von gesellschaftlichen Konflikten«[82]. Ein Volk-von-Teufeln-Republikanismus kann sich hier zunächst nur auf die instrumentellen Vorteile der Republik für eine Vielzahl von Positionen, sowie auf ihre Institutionen und rechtlichen Zwangspotentiale stützen, während die psychischen und kulturellen Potentiale, die dieser erweiterte Demokratiebegriff umfaßt, nicht zur Verfügung stehen. Die entscheidende Grundlage einer Hegung von Konflikten ist jedoch für Kant und Dubiel dieselbe; sie betrifft die Art und Weise der Konfliktaustragung, insbesondere den Verzicht auf gewaltsame Formen der Auseinandersetzung.

---

81 Dubiel, »Metamorphosen«, a. a. O., S. 115. Natürlich wird dieser Bezug im wesentlichen »unbewußt« sein, vgl. *ebd.*
82 H. Dubiel, »Gehegte Konflikte«, *Merkur* 49, 1995, S. 1095-1106, 1096.

Doch dies ist bereits nicht mehr eine Frage von moralischer Substitution durch naturhafte Interessengegensätze, sondern eine der moralischen Simulation durch Verfassungsorganisation, zu der wir unter (2) kommen werden.

Zuvor muß noch auf das systematische Problem, das von nicht einhegungsfähigen Konflikten aufgeworfen wird, eingegangen werden. Sehr zu Recht ist eingewandt worden, daß der Versuch der »Hegung« von Auseinandersetzungen auf Schwierigkeiten bei Identitätskonflikten trifft.[83] Identitätspolitik, wo sie nicht ein reiner Deckmantel für Interessenpolitik ist, folgt weder einer nutzenmaximierenden noch einer moralischen Logik. Aus diesem Grund bedroht sie auch ein zivilrepublikanisches Demokratieverständnis ebenso wie einen Volk-von-Teufeln-Republikanismus. Identität wird durch genuin nicht-selbstinteressiertes, etwa expressives Verhalten gestiftet, das den Rationalitätskodex von Teufeln ebenso durcheinanderbringt wie den Moralkodex von Engeln. Die Unterscheidung zwischen Moral und egoistischer Nutzenorientierung stellt also keine vollständige Disjunktion politisch relevanter Motivationen bereit. Neben klugegoistischen und gemeinwohlorientierten Bürgern existieren ja auch politische Akteure, die rationale Vorteile ebenso wie das allgemeine Gute gegen die Möglichkeit, sich ihrer prekären Identität durch Kampf und Exklusion zu versichern, eintauschen würden. Im negativen Kommunitarismus eines Carl Schmitt zum Beispiel (wenn man seinen *Begriff des Politischen*, was bekanntlich umstritten ist, auf intrakonstitutionelle Verhältnisse bezieht)[84] lassen sich politische Akteure weder durch moralische noch verständig-zweckrationale Überlegungen davon abhalten, ihre ungelöste Identitätsfrage auf Kosten konkreter Anderer zu beantworten. Spätestens dann, wenn auch ein unterstelltes Interesse an Selbsterhaltung sich in solchen Identitätskonflikten nicht mehr als überragendes Motiv erweist, greift der ökonomische Rationalitätsbegriff, der ein Volk von Teufeln charakterisiert, nicht mehr. Ein anderes Beispiel, das diesen blinden Fleck von

83 Albert Hirschman, »Social Conflicts as Pillars of Democratic Market Societies«, in ders., *A Propensity to Self-Subversion*, Cambridge, Ma. 1995, S. 231-248, 244ff.
84 Berlin 1932. Gegen die Anwendung von Schmitts Konzept der Identitätsstiftung durch Feinderklärung auf die Innenpolitik E.W. Böckenförde, »Der Begriff des Politischen als Schlüssel des staatsrechtlichen Werks Carl Schmitts«, in ders., *Recht – Staat – Freiheit*. Frankfurt am Main 1991. Aus methodischen Gründen widerspricht Heinrich Meier, *Die Lehre Carl Schmitts*, Stuttgart 1994, S. 59f., 80.

Kants Modell beleuchtet, ist die identitätsstiftende Kraft des Nationalismus, die im 19. und 20. Jahrhundert Kants Annahme hat unwahrscheinlich werden lassen, die rationale Folgenerwägung stimmberechtigter Staatsbürger sei mit populärer Unterstützung für kriegerische Abenteuer nicht in Einklang zu bringen.[85] Verständige Teufel, so ist man versucht zu sagen, wären auf die identitätspolitischen Mobilisierungsversuche der nationalistischen Kader nicht hereingefallen.

Für unsere Gegenüberstellung von Volk-von-Teufeln- und Zivilrepublikanismus folgt daraus, daß im methodischen Amoralismus der Rationalitätsunterstellung bei Kant selbst ein moralisches Element verborgen liegt, nämlich die Voraussetzung, daß eigeninteressierte Nutzenkalkulation politisch womöglich stärker dysfunktionale Konfliktmotivationen übertrumpfen möge. Man kann also nicht sagen, daß die Hypothese der verständigen »Teufel« *realistisch* sei (oder, im Anschluß an Rousseau, die Menschen nehmen, wie sie sind und nicht, wie sie sein sollen), während die »Staat von Engeln«-Hypothese unrealistisch sei. Beide stellen idealisierende Konstrukte dar, die sich an der Empirie messen lassen müssen. Volk-von-Teufeln-Republikanismus und Zivilrepublikanismus unterscheiden sich allerdings in ihren Reaktionen auf Konflikte, die die republikanische Einhegung zu sprengen drohen. Beide verlassen sich, wie gesagt, zunächst auf »Institutionen und Rechtsformen«. Während Zivilrepublikaner aber in einem nächsten Schritt auf »psychische und kulturelle Potentiale« setzen werden, in denen moralische Orientierungen die Oberhand gewinnen können, verlegt sich ein Volk-von-Teufeln-Republikanismus auf eine pragmatisch korrumpierende Strategie gegenüber Identitätspolitiken, indem er »unteilbare« in »teilbare« Konflikte, d.h. solche umdeutet, die durch die Distribution materieller Vorteile entschärft werden könnten.[86]

ad (2): Nicht den selbstinteressierten Kräften per se, sondern dem »Mechanism« ihrer Organisation schreibt Kant das Verdienst zu, daß moralisch unkontrollierter Input sich nicht nur nicht zerstörerisch äußert, sondern zur Rationalisierung der Politik dienen

---

85 J. Habermas, »Kants Idee des ewigen Friedens – aus dem historischen Abstand von 200 Jahren«, in ders., *Die Einbeziehung des Anderen*, Frankfurt 1996, S. 192-236, 200.

86 Hirschman, »Social Conflicts«, ebd.

und schließlich zum »Erfolg für die Vernunft« führen kann. Dieser Zusammenhang erlaubt Kant zu sagen, daß jemand »gezwungen wird... ein guter Bürger zu sein«: indem seine Aktivität in einen »Mechanism« eingestellt wird, der die Ergebnisversprechen des Republikanismus, den Schutz gleicher Menschen- und Bürgerrechte, einzulösen in der Lage ist. Die Bedingung dafür ist die Beseitigung der Gewalt, nicht der strategischen Vorgehensweise, aus der politischen Meinungs- und Willensbildung. Die Beendigung des Naturzustands ist für die politischen Freiheiten ebenso wichtig wie für die privaten. Nur wenn z. B. aggressionsbereite »Rottierung« verhindert wird,[87] kann der öffentliche Gebrauch der Vernunft für die Rationalisierung der Gesetzgebung mobilisiert werden. Ein »guter Bürger« ist mithin im Volk-von-Teufeln-Republikanismus jemand, der seine strategischen Interessen nicht auf alle strategischen Weisen verfolgen kann. Was bedeutet es nun, daß unter Personen, »die in ihren Privatgesinnungen einander entgegen streben, diese einander doch so aufhalten, daß... ihrem öffentlichen Verhalten der Erfolg eben derselbe ist«, als wenn ihnen von vornherein nicht ihr privates, sondern ein öffentlich-gemeinsames Wohl als Ziel vorgeschwebt hätte? Die Antwort liefert ein Theoriebaustein Kants, den man als systemische Auffassung kommunikativer Rationalisierung bezeichnen könnte, nach der sich vernünftigere Überzeugungen auch diesseits bestimmter argumentativer Strategien einstellen werden. Werden bestimmte Argumente auch nur aus »Privateitelkeit« vorgebracht, so heißt es in der *Kritik der reinen Vernunft*, »so widersteht denn doch die Eitelkeit anderer mit öffentlicher Genehmigung, und die Sachen kommen zuletzt dahin, wo die lauterste Gesinnung und Aufrichtigkeit, obgleich weit früher, sie hingebracht haben würde«.[88] Zu beklagen wäre also gegenüber der zivilrepublikanischen Hoffnung lediglich ein Zeitverlust. Wenn Scheinallgemeinheit sich in Diskussionen zu wirklicher Allgemeinheit läutern kann, kann bei der Institutionalisierung von Kommunikationsprozessen von der zu erwartenden intentionalen Einstellung der Teilnehmer abgesehen werden. Mit Luhmann ließe sich sagen, daß Kommunikationsergebnisse sich weitgehend unabhängig von den Personen einstellen, die nur mehr als

---

87 *Streit* S. 359 Fußnote, vgl. *MdS* S. 463.
88 *KrV* S. 638.

ihre Träger zur Verfügung stehen.[89] Auch Habermas' Übergang zu einem post-subjektphilosophischen Verständnis der Volkssouveränität, die sich nur mehr aus »subjektlosen Kommunikationen« zusammensetze, dementiert die Relevanz einer intentional-tugendhaften Einstellung an der kausalen Basis der Kommunikation.[90] Dies ist auch die Erklärung dafür, warum Habermas' Kantischer Republikanismus mit weniger Gemeinwohlorientierung als konkurrierende Ansätze auszukommen glaubt, insofern Kommunikationen »subjektlos« und »anonym« verlaufen und »sich die praktische Vernunft aus den Herzen und den Köpfen kollektiver oder einzelner Aktoren in die Verfahren und Kommunikationsformen der politischen Meinungs- und Willensbildung zurückzieht«.[91] Die kognitive und moralische Disziplinierung richtet sich nun auf die Kommunikationen selbst statt auf die beteiligten Individuen. In Kantischen Begriffen: sie beansprucht diese nur mehr in ihrer Rolle als äußerlich gute Staatsbürger, nicht in ihrer privaten Moralität. In ihren Einflüssen auf die öffentliche Erzeugung von Wissen bleibt dies ohne Auswirkung. Auch der *rational choice*-Theoretiker Jon Elster, der auf dem Hintergrund von Kants Fragestellung die Verfassungsdebatten der Französischen und Amerikanischen Revolution untersuchte, hat beobachtet, daß »eigeninteressierte Akteure ihre Ansprüche oft auf der Basis von Prinzipien zu begründen versuchen. Ihr Eigeninteresse motiviert sie, an ein unparteiisches Äquivalent des Eigeninteresses zu appellieren«.[92] Elster mutet dem strategischen Gebrauch von Argumenten allerdings anspruchsvollere Aufgaben zu, als es die konstitutionalisierte Sphäre im Volk-von-Teufeln-Republikanismus erfordert, die die Androhung oder Prognose außerdiskursiver Einflußnahme etwa durch militärische oder revolutionäre Gewaltanwendung, mit der im Zustand der Verfassunggebung zu rechnen ist, bereits weitgehend entwertet hat (»Wenn Überzeugung uns nicht einigt, dann das Schwert«; »Wenn die Truppen nicht abgezogen werden, wird Paris sich erheben«). Insofern werden sich in Kants Modell die unbestreit-

---

89 Niklas Luhmann, *Die Gesellschaft der Gesellschaft*, Frankfurt am Main 1997, Bd. I, Kapitel 2.
90 J. Habermas, *Faktizität und Geltung*, a. a. O., S. 362, vgl. 365.
91 J. Habermas, *Die Einbeziehung des Anderen*, a. a. O., vgl. *Faktizität und Geltung*, a. a. O., S. 414.
92 J. Elster, »Strategic Uses of Argument«, in Kenneth Arrow et al. (Hg.): *Barriers of Conflict Resolution*. New York/London 1995, S. 236-257, 238.

baren Gefahren, die etwa vom strategischen Gebrauch von Warnungen ausgehen, weniger entscheidend auswirken. Um so eher wird man den rationalisierenden Einfluß, den öffentliches Argumentieren ausübt, »selbst wenn die Argumentation aus strategischen Gründen und völlig selbstinteressiert abläuft«, den Elster als die »zivilisierende Kraft der Heuchelei«[93] bezeichnet, auch innerhalb des Volk-von-Teufeln-Modells erwarten dürfen.

ad (3): Kant kehrt gegenüber dem Zivilrepublikanismus die Kausalitätsrichtung um. Nicht von gemeinwohlorientierten Einstellungen ist die Reproduktion eines freiheitlichen Staatswesens zu erwarten, sondern es ist die freiheitliche Staatsverfassung, von der »allererst die gute moralische Bildung eines Volks zu erwarten ist«. Kants Drohung: »Weh dem Gesetzgeber, der eine auf ethische Zwecke gerichtete Verfassung durch Zwang bewirken wollte! Denn er würde dadurch nicht allein gerade das Gegenteil der ethischen bewirken, sondern auch seine politische untergraben und unsicher machen«[94] bekommt damit einen konstruktiven Hintersinn: nur wenn der republikanische Staat sich der Versuchung enthält, direkt auf die intentionalen Einstellungen der Bürger einzuwirken, kann er sich berechtigte Hoffnung auf deren Moralisierung als in Kauf genommene Nebenfolge machen. Belege für Kants These, eine republikanische Verfassung könne Moral nicht nur substituieren und simulieren, sondern auch bilden, lassen sich in Gertrud Nunner-Winklers moralpsychologischen Studien auffinden, wobei hier vor allem zwei Zusammenhänge von Interesse sind. Zunächst geht es Nunner-Winkler um den Nachweis, daß sowohl alters- als auch gesellschaftsrelative moralische Entwicklungen eine unleugbare Tendenz zu einer »Vernunftmoral« aufweisen: eine Umstellung der empirischen Moral auf innerweltliche, egalitäre Normen der gegenseitigen Schonung. Der Zusammenhang zwischen dieser gerichteten Moralentwicklung einerseits und ihrem gesellschaftlichen, vor allem aber rechtlichen Hintergrund andererseits stellt sich für Nunner-Winkler als sehr eng dar. Die Einflüsse einer liberaldemokratischen Verfassung auf die Ergebnisse ihrer Erhebungen zur moralischen Bildung etwa sind nach fünfzig Jahren Demokratie in Deutschland kaum wegzudenken: »Die Bedeutung der

---

93 Elster, »Strategic Uses«, a.a.O., S.250.
94 *Religion* S.754.

Institutionalisierung der moralischen Grundprinzipien von Freiheit und gleichen Bürgerrechten in Demokratien für die moralische Bildung nachwachsender Generationen kann gar nicht überschätzt werden.«[95] Auch die Inhalte der Moral bestätigen den intimen Zusammenhang, indem die bleibenden Gehalte sehr eng die Normen und Praktiken des liberaldemokratischen Rechtsstaats nachzeichnen: Gleichheit, Toleranz und Schadensvermeidung sowie die Begründungspflichtigkeit von Normen stellen sich für die Moralpsychologie als Elemente freistehender Vernunftmoral, aus der Perspektive eines Volks von Teufeln dagegen als Lerneffekte des republikanischen Alltags dar. Doch bei soviel zwangloser Moralisierung drohen die Grenzen zur zivilrepublikanischen Auffassung zu verschwimmen. Wenn Nunner-Winklers kantische These, die republikanische Verfassung trage zur moralischen Bildung der Bürger und Menschen bei, richtig ist, so fördert sie zugleich die Vermutung, die Differenz zum Zivilrepublikanismus liege beim Kantischen Republikanismus letztlich nicht in der moralischen Ausstattung der staatsbürgerlichen Akteure, sondern vor allem in der Reihenfolge, in der die Implementation von Verfassung und bürgerlicher Moral aufeinander folgen werden. Ist der liberaldemokratische Verfassungsstaat in seinem Beitrag zur moralischen Bildung *unweigerlich* erfolgreich, so könnte eingewandt werden, so nimmt er selbst illiberalen Charakter an. Greift die republikanische Praxis nach Kantischem Verständnis also doch notwendig in die ethische Personalität ein?

Hier muß nun eine weitere Differenzierung eingefügt werden. Eine zweite Hauptthese, die Nunner-Winkler vor allem ontogenetisch belegt, betrifft die Differenz zwischen moralischem Wissen und moralischer Motivation.[96] Es läßt sich zeigen, daß aus der allgemeinen Verbreitung vernunftmoralischer Ich-Ideale in der Regel nicht die Disposition zu moralischen Handlungen folgt.[97] Kant hatte auf die Bedeutung dieser Kluft aufmerksam gemacht, indem er die Unabhängigkeit zwischen dem Inhalt einer Pflicht

---

95 Gertrud Nunner-Winkler, »Moralische Bildung«, in diesem Band S. 331.
96 Vgl. G. Nunner-Winkler, »Zurück zu Durkheim?«, in W. Heitmeyer (Hg.), *Was hält die Gesellschaft zusammen*, Frankfurt am Main 1997, S. 360-402, 373 ff., dies., »Wandel in den Moralvorstellungen. Ein Generationenvergleich«, in: W. Edelstein/dies. (Hg.), *Moral im sozialen Kontext*. Frankfurt am Main 2000, S. 299-336; dies., »Eine weibliche Moral? Differenz als Ressource im Verteilungskampf«, *Zeitschrift für Soziologie* 23, 5, 1994, S. 417-433.
97 »Moralische Bildung«, a. a. O., S. 335 ff.

und der Triebfeder ihrer Befolgung unterstrich.[98] Deskriptiv scheint die Existenz dieser Kluft nicht nur für die psychische Ontogenese, sondern auch für moderne Gesellschaften unbestreitbar. Moral steht in modernen Gesellschaften den Bürgern in der Regel als Wissenssystem zur Verfügung:[99] Einem hohen Grad an moralischer Sensibilisiertheit, kompenter Beurteilung relevanter Umstände bei allen Akteuren und einer »vernunftmoralischen« Bewertung von Konfliktsituationen korrespondiert eine bleierne operative Routine, die auf eigenständigen Rationalitätsanforderungen beharrt. Übertragen auf die republikanische Fragestellung lautet also die Schlußfolgerung: in einer republikanisch verfaßten Gesellschaft können selbstinteressierte Nutzenmaximierer im Grunde nicht vermeiden, moralisches Wissen zu erwerben. Der Volk-von-Teufeln-Republikanismus sieht keine Veranlassung, sie davor zu schützen. Dies ist aber nicht dasselbe wie die Erzeugung von Bürgertugend. Vor der Einbettung ins habituelle Handeln macht die moralische Bildung halt; sie drängt allein auf ihre permanente soziale Zugänglichkeit und Präsenz.

V. Schluß: Die Ausstattung einer Republik von »Teufeln«

Nun geht es darum, die Ergebnisse zusammenzuführen und die offengebliebenen Fragen zu beantworten. Der Eindruck ist nicht von der Hand zu weisen, es bestehe eine gewisse interne Konkurrenz unter Kants drei Thesen zu den Ressourcen des Republikanismus, der moralischen Substitution, Simulation und Bildung. Während die beiden ersten Thesen auf die Verzichtbarkeit der moralischen Ausstattung von Subjekten pochen, bemüht sich die dritte zu versichern, die verzichtbare Ressource werde sich dennoch einstellen. Zwar liegt im strengen Sinne keine Inkonsistenz der Thesen vor, aber eben auch keine Kohärenz. Der republikanische Erfolgsfall, so unwahrscheinlich er zunächst schien, erscheint jetzt merkwürdig überdeterminiert. Eine Möglichkeit, einen sinnvollen Zusammenhang zwischen den Substitutions- und Simulationsthesen einerseits, der These moralischer Bildung

---

98 *MdS* S. 323.
99 J. Habermas, *Faktizität und Geltung*, a. a. O., S. 145 f.; ders., *Die Einbeziehung des Anderen*, a. a. O., S. 51.

andererseits herzustellen, ist die folgende. Das schwierigste Problem, mit dem der Volk-von-Teufeln-Republikanismus es zu tun hat, ist die konstitutionelle Reproduktion unter republikanischen Bedingungen. Während *für* ein Volk von Teufeln verfassungsmäßige Ermächtigungen, Schranken und Prozeduren installiert werden können, die strategisches aktivbürgerliches Handeln zu freiheitsrespektierenden Ergebnissen kanalisieren, hängt die Geltung dieses Verfassungsrahmens selbst in der Luft. Die Voraussetzung eines verfassungsmäßigen Rahmens und seine Festlegungen stellen selbst keine Grenze dar, an der individuelle strategische Nutzenkalkulation haltmachen kann. Weder der Schutz gleicher rechtlicher Freiheit noch der Schutz gleicher politischer Mitwirkung für alle sind politische Ziele, die für strategische Akteure als permanent stabil zu unterstellen wären. Ihre Reproduktion hängt also von anderen Ressourcen ab. Kants scheinbar unzusammenhängende Thesen, die zunächst nur nicht-moralische, später auch moralische Ressourcen ins Feld führen, können nun als ein zweistufiger Zugriff auf das Problem konstitutioneller Reproduktion gedeutet werden. In einem ersten Schritt geht es um die Sicherung der Bedingungen, die die begrüßenswerten Wirkungen moralischer Substitution und Simulation erst ermöglichen. Diese Bedingungen gewährleistet die Verfassung vor allem dadurch, daß der politische Naturzustand überwunden wird, wodurch politisches Handeln nicht seinen Zielen, wohl aber seinen Mitteln nach eingebunden wird. Eine republikanische Verfassung versucht, eine annäherungsweise Gleichheit der politischen Einflußmittel herzustellen, verringert aber vor allem den politischen Gebrauchswert verbleibender Ungleichheiten an Geld oder Macht. Die Entwaffnung der politischen Auseinandersetzung ist der grundlegende rationalisierende Mechanismus, indem er Drohungen entwertet. Darin stimmen die Theoretiker der »Integration durch Konflikt« und der »Zivilisierenden Kraft der Heuchelei« mit dem Volk-von-Teufeln-Republikanismus überein. Aber auch andere Möglichkeiten, irrationalisierende Intervention in die politische Kommunikation, etwa durch Geld, zu neutralisieren, gehören zu den grundlegenden Erfordernissen einer republikanischen Verfassung. Nur indem Systemgrenzen zu anderen Modi der Handlungskoordinierung errichtet werden, wirkt sich die öffentliche Interaktion in der Republik in der von Kant skizzierten Weise rationalisierend aus. Sind diese Grenzen effektiv gezogen, so erklärt die Volk-von-Teufeln-Hypothese Natur und Organisation zu hinreichenden Bedingungen, die die schiere Reproduktion dieses Systems gewährleisten können.[100]

Allerdings läßt sich nicht von allen Merkmalen von Kants Republikbegriff behaupten, daß sie zu den Reproduktionsvoraussetzungen politischer Rationalität im engeren Sinne gehörten (und damit von moralischer Substitution und Simulation, von Natur und Organisation, impliziert werden könnten). Die kantische Republik regelt nicht nur den Modus, in dem politischer Einfluß ausgeübt wird, sondern sieht auch subjektive Rechte auf private Freiheiten, auf Gleichberechtigung, Minderheitenschutz oder Nichtexklusion vor. Auch wenn das Konfliktmodell gesellschaftlicher Interaktion in Verbindung mit einer systemischen Sicht politischer Rationalisierung es unwahrscheinlich machen mögen, daß gleiche Freiheiten unter starken politischen Druck geraten, so kann von ihnen womöglich nicht die Sicherung solcher weitergehenden Merkmale in gleicher Weise garantiert werden wie die Sicherung der politischen Rahmenbedingungen. Über die zweckrationale Nutzenverfolgung der Aktivbürger hinausgehende Motive könnten daher erforderlich sein, um mit der freien Reproduktion gleicher nichtpolitischer Freiheiten rechnen zu dürfen. Hier könnte nun die dritte These greifen, die eine Art Ausfallbürgschaft für den Fall bereitstellt, daß die agonale Republik nicht, wie von der Konflikt- und Kommunikationstheorie prognostiziert, allein liberale Ergebnisse hervorbringen wird. Zwar stellt moralische Bildung, nach der oben (IV. 3) eingeführten Unterscheidung zwischen Motivations- und Beurteilungsvermögen, auch keine zuverlässige gesellschaftliche Gegenmacht, analog zu Natur und Organisation, zur Verfügung. Sie kann dennoch auf der Basis der Erfahrung mit republikanischen Institutionen und Praktiken einen gemeinsamen und präsenten Evaluationshorizont erzeugen, innerhalb dessen freiheits- oder egalitätsbedrohendes politisches Verhalten persönlich und gesellschaftlich beurteilt und kritisiert werden kann. Auch wenn ein solcher Horizont nicht die kausalen Kräfte entfesseln kann, um eine umfassendere konstitutionelle Ausstattung an Rechten zu etablieren, so mag er doch in harten Fällen, in denen die Me-

---

100 Auf die einschränkende Bedingung, daß genügend Verteilungsmasse zur Verfügung stehen muß, um ebenso irrationale wie widermoralische Konfliktmotivationen erfolgreich zu korrumpieren, habe ich oben unter IV. (1) hingewiesen.

chanismen von Konflikt und Kommunikation keine entscheidenden Hindernisse in den Weg legen, zumindest in der Lage sein, Akteure zu demotivieren, die bereit sind, die konstitutionellen Ausgangsbedingungen in inegalitärer Weise zu ändern.[101]

---

101 Verschiedene Ideen dieses Beitrags konnte ich unter anderem bei einer Würzburger Tagung der *Kritischen Justiz*, die Thomas Blanke organisierte, sowie im Frankfurter Kolloquium von Ingeborg Maus ausprobieren. Bei allen Gelegenheiten habe ich sehr von den Einwänden der Teilnehmer profitiert.

Hauke Brunkhorst
Globale Solidarität.
Inklusionsprobleme der modernen Gesellschaft

Solidarität ist ein Begriff des 19. Jahrhunderts, prominent wurde er in der Arbeiterbewegung und in der Soziologie. Das Wort hat römisch-rechtliche Quellen, aber der Sache nach integriert der Begriff Vorstellungen republikanischer Bürgerfreundschaft mit solchen biblischer Brüderlichkeit. Beide Traditionen werden im modernen Verständnis von Solidarität radikal uminterpretiert und nehmen eine neue, abstraktere Bedeutung an.

Soziologisch gesehen hat die Freundschaft freier Bürger (*philia*) die Funktion, in politischen Gesellschaften ohne Gewaltmonopol Frieden zu stiften und das Band der Eintracht (*concordia*) enger zu zurren. Die Perfektionsgestalt der Freundschaft zwischen freien und reichen Männern ist das Urbild aller Rechtsbeziehungen. Die Freundschaft ist wie das Recht durch Statushierarchien bestimmt. Freunde haben gleiche Rechte und Pflichten gegeneinander, und Bürgerrechte sind die Vorrechte der Oberschicht. Vollkommene Freundschaft und wahres Recht gibt es nur zwischen männlichen und bodenständigen Vollbürgern.[1] Die anderen sind aus der Rechtsgenossenschaft ausgeschlossen.[2] Freundschaft der Besten, Ebenbürtigen und deshalb Gleichberechtigten ist die Basis altrepublikanischer Klassenjustiz. In höchster Vollendung ist sie intrinsisch motivierter, selbstzweckhafter Vollzug gemeinschaftlicher Praxis. Sie »hält die Polis zusammen«.[3] Eintracht und Freundschaft sind eng verbunden, aber nicht dasselbe. Während Eintracht die Vielzahl der Vollbürger eint, ist »Freundschaft mit vielen im Sinne vollkommener Freundschaft nicht möglich«.[4] Aber es gibt Netzwerke vieler, einander überlappender Freundschaften. Deren engmaschige Vernetzung macht das Band der Eintracht reißfest. Eintracht und Freundschaft sollen das »feindliche Element« der »Zwietracht« von der Polis fernhal-

---

1 Vgl. Luciano Canfora, »Der Bürger«, in: Jean-Pierre Vernant, *Der Mensch in der griechischen Antike*, Frankfurt am Main 1993, S. 140ff.
2 Aristoteles, *Nikomachische Ethik*, 1134b, 1161a-b.
3 A.a.O., 1155a.
4 A.a.O., 1158a

ten.[5] Freundschaft zwischen Einzelnen läßt sich sekundär zur Freundschaft zwischen allen männlichen Angehörigen der städtischen Oberschicht erweitern. Das ist – von Aristoteles bis Lorenzetti – *concordia*: die auf alle vollwertigen Bürger der Stadt *erweiterte* Freundschaft (Tab. 1, I).[6] Solidarität unter Freunden. *Good neighbourhood*. Aristoteles nennt sie »Polis-Freundschaft«, die auf das »öffentliche Wohl bezogene« *philia*, die die Bürgerschaft im Ganzen eint[7]. In der römischen Stoa gibt es dann noch eine Erweiterung der bürgerschaftlichen zur kosmopolitischen Freundschaft. Das ist aber nicht die Freundschaft aller Menschen – wie bei Schiller und Beethoven: »Seid umschlungen Millionen«/ »Alle Menschen werden Brüder« –, sondern die unpolitische und philosophische Freundschaft aller weisen Männer. Globaler *bios theoretikos*. Die reine Ideologie.

Stufen der Solidarität

konkret (mechanische Solidarität)
I Concordia (Bürgerfreundschaft, good neighbourhood)
II Caritas (Brüderlichkeit/Nächstenliebe)

abstrakt (organische/organisierte Solidarität)
III hierarchisch organisierte Solidarität
IV egalitär organisierte Solidarität
IVa eurozentrisch/nationalstaatlich
IVb global?

(Tab. 1)

Anders verhält es sich bei der jüdischen und christlichen Brüderlichkeit oder Nächstenliebe (*caritas*). *Caritas* ist egalitär: »liebende Fürsorge für die Leidenden, Armen und Schwachen über alle Standesgrenzen hinweg.«[8] (Tab. 1, II) Der monotheistische Gottesbegriff nötigt zu einem egalitären und negativen Begriff des Menschen.[9] Im Leid und angesichts der göttlichen Allmacht

---

5 A.a.O., 1155a.
6 Zu Lorenzetti vgl. Quentin Skinner, »Ambrogio Lorenzetti: The Artist as Political Philosopher«, in: Hans Belting/Dieter Blume (Hg.), *Malerei und Stadtkultur*, München 1982, S. 85ff.; Hasso Hofmann, *Bilder des Friedens oder die vergessene Gerechtigkeit*, München 1997.
7 Aristoteles, a.a.O., 1167a-b
8 Joseph Kardinal Ratzinger, »Der angezweifelte Wahrheitsanspruch«, in: FAZ-Beilage v. 8.1.2000.
9 Herman Cohen, »Das soziale Ideal bei Platon und den Philosophen«, in: *Jüdische Schriften*, Bd. 1, Breslau 1923, S. 321.

sind sich alle Menschen gleich. Anders als die Philosophen, die sich an der nur in wenigen Prachtexemplaren verwirklichten Perfektionsgestalt des Menschen berauschen, sorgen sich die biblischen Propheten um dessen Defizitgestalt, und daß es den Prachtexemplaren auf Kosten der vielen besser geht, gilt ihnen kaum als Zeichen ethischer Vollkommenheit, sondern nährt eher den Verdacht besonderer Bosheit und Schlechtigkeit.

Das prophetische Judentum versteht Nächstenliebe wesentlich politisch als Realisierung eines gleichen Anteils aller Bundesgenossen am Boden, als normative Erinnerung an die Befreiung aus der Sklaverei, als antimonarchistisches, unmittelbares Bündnis des Volkes mit Gott, als Vollzug des göttlichen Gesetzes, Verbot der Rache und Gebot zum Völkerfrieden. Demgegenüber entpolitisiert das Christentum die Nächstenliebe radikal, und das begünstigt gleichermaßen ihre wirksame Institutionalisierung in einer komplexen, Staat und Kirche trennenden Gesellschaft *und* ihre fast grenzenlose ideologische Ausbeutbarkeit. Die Verdammung der sinnlichen zugunsten geistiger Liebe, die Unterwerfung der *libido* unter die *delectio*, die eine Konsequenz der katholischen Liäson von performativer Prophetie und philosophischer Erkenntnis ist, hat ideologisch höchst fatale Konsequenzen.[10] Wenn man, wie Augustinus lehrt, seine Freunde nicht als Lebe-, sondern als Vernunftwesen lieben soll, so gilt das auch für die besondere christliche Art, seine Feinde zu lieben, indem man ihre Körper vernichtet, um die unsterbliche Seele zu retten.[11] Während der Scharfrichter das Schwert führt, betet der Priester für deren ewigen Frieden. Geistige Inklusion durch körperliche Exklusion. Leiden ist gut. Darin kommt zwar auch der »Seufzer der bedrängten Kreatur« zu seinem Recht, aber zugleich erweist sich das aus unglücklichem Bewußtsein verklärte Leid als »Opium fürs Volk«.[12] »Obey and suffer.« (John Knox). Jesus, so lehrt Augustinus, macht nicht Sklaven zu Freien, sondern schlechte zu guten Sklaven.[13] Das ist die »Freiheit eines Christenmenschen«

---

10 Vgl. Augustinus, *Bekenntnisse*, 2. Buch, 1-2.
11 Vgl. Augustinus, *De civitate dei*, 15. Buch, 5; vgl. a. Kurt Flasch, *Augustin. Einführung in sein Denken*, Stuttgart 1994, S. 148.
12 Karl Marx, »Zur Kritik der Hegelschen Rechtsphilosophie. Einleitung«, in: *Karl Marx/Friedrich Engels*, Studienausgabe I, Frankfurt am Main 1966, S. 24.
13 *De civitate dei*, 19. Buch, S. 15.

(Luther), und dementsprechend ist der Gehorsam die Mutter aller Tugenden, die *mater omnium virtutum*.[14] Wahrhaft universell ist christliche Solidarität nur als *civitas dei*, als Himmelreich. Aber das vom Christentum auf der Grundlage der augustinischen Zwei-Reiche-Lehre entfesselte Potential funktionaler Differenzierung ermöglichte auch den Übergang von einer noch stark »mechanischen« Form der Solidarität (Athener Volksversammlung/Volksgericht – Max Weber: »Zivilprozesse vor hunderten von rechtsunkundigen Geschworenen«) zu einer ersten Stufe »organischer Solidarität« (Durkheim), die in der *civitas terrana* als Solidarität unter Fremden faktisch wirksam wurde (römisch-kanonisches Recht/römische Anstaltskirche).[15] Freilich bleibt die *an sich* egalitäre christliche Solidarität den Strukturen einer sozial stratifizierten Gesellschaft einverleibt. Unter dem Dach des klerikalen Rechtsstaats gibt es nur *hierarchisch organisierte Solidarität* (Tab. 1, III).

Den Schritt von der hierarchisch gebundenen zur *egalitären Form organischer Solidarität* (Tab. 1, IV) hat erst die Französische Revolution vollzogen. Sie beerbt beide Traditionen, die republikanische ebenso wie die biblische, verzichtet aber jeweils auf einen wesentlichen Teil des Erbes. Sie übernimmt von der republikanischen Bürgerfreundschaft den politisch-öffentlichen Charakter, läßt aber das elitär-partikularistische Oberschichtsethos – wie es im Lied der Internationale heißt – »im dunklen Vergangenen« zurück; und sie negiert komplementär den unpolitischen Grundzug der christlichen Nächstenliebe, hält aber deren Anspruch auf Universalisierbarkeit fest. Schon in der Parole der Französischen Revolution »Liberté, Egalité, Fraternité« wird die Brüderlichkeit aus ihrem christlich-ethischen Kontext herausgelöst und im neuen Kontext des »jakobinischen Menschenrechtspatriotismus« (Hannah Arendt) auf den politischen Begriff der Freiheit und den juristischen der Gleichheit bezogen.

Die Stufe egalitär organisierter Solidarität ist eng mit der *Evolution* der funktional differenzierten Gesellschaft verbunden. Ohne funktionale Differenzierung ist Solidarität unter Fremden

---

14 A.a.O., 14. Buch, S. 12.
15 Vgl. Harold J. Berman, *Recht und Revolution. Die Bildung der westlichen Rechtstradition*, Frankfurt am Main 1991; zum Begriff der »Solidarität unter Fremden« vgl. Jürgen Habermas, *Faktizität und Geltung*, Frankfurt am Main 1992, S. 374.

nicht organisierbar.[16] Aber eine Gesellschaft mit Funktionssystemen für Wirtschaft, Recht, Verkehr, Technologie, Bildung, Politik, Massenkommunikation etc. produziert von sich aus keine Solidarität. Im Gegenteil, ausdifferenzierte Funktionssysteme wie die Marktwirtschaft, der bürokratische Staat oder das familienferne Bildungssystem verzehren die humane Substanz, ohne sie zu erneuern. Sie expandieren ohne Telos, ihre Selbstproduktion (Autopoiesis) ist »maß-« und »endlos«.[17] Für die Schäden, die sie in ihrer Umwelt (Luhmann) und in der sozialen Lebenswelt (Habermas) anrichten, sind sie blind. Sie stellen die evolutionär neuartige Form einer *Sozialintegration ohne Solidarität* dar. Der Prozeß funktionaler Differenzierung konnte deshalb von Autoren wie Marx oder Polanyi am Beispiel der Wirtschaft, von Foucault am Beispiel der Macht, von Bourdieu am Beispiel der Bildung oder von Adorno am Beispiel der Kunst – als Prozeß fortschreitender Erosion hierarchisch organisierter Solidarität beschrieben werden. Die Erosion bewirkt zwar eine Befreiung der individuellen Person aus »ständischer und stehender« (Marx) Abhängigkeit, aber sie gebiert aus sich heraus keine neuen Solidaritäten. Radikale Desolidarisierung ist die Schattenseite der »großartigen Vereinseitigungen« (Habermas) und der »ungeheuren Produktivität« (Marx) der Funktionssysteme. Durch ihre Produktivität untergraben sie abgründig dialektisch das Fundament ihrer Leistungsfähigkeit: die Vollinklusion der Bevölkerung, die voraussetzt, daß das »soziale Band« (Durkheim), das die Akteure als Teilnehmer eines kooperativen Projekts vereint, nicht reißt. Systeme wie Markt und Macht produzieren *durch ihre eigenen Operationen* die (zumindest partielle) Exklusion großer Teile der Bevölkerung.[18] Sind aber ganze Gruppen der Bevölkerung ausgeschlossen, dann laufen solche funktionsspezifischen Operationen leer, die auf die zuverlässige, lückenlose und massenhafte Unterscheidung von Pro- und Contra-Stimmen, bestandenen und nichtbestandenen Prüfungen, Besitz und Nichtbesitz, Recht und Unrecht angewiesen sind. Die Expansion kommt ins Stocken, das Wachstum gerät in den Sog eines Umkehrschubs, die Systeme kollabieren.

16 Hauke Brunkhorst, *Solidarität unter Fremden*, Frankfurt am Main 1997, S. 72 ff.
17 Karl Marx, *Das Kapital*, Bd. 1, Berlin 1969, S. 166 f.
18 Vgl. Niklas Luhmann, *Das Recht der Gesellschaft*, Frankfurt am Main 1993, S. 582, S. 584.

Deshalb bedarf die soziale Evolution der modernen Gesellschaft schon aus funktionalen Gründen der Ergänzung durch die politische *Revolution*. Erst die demokratischen Verfassungsrevolutionen schaffen *Institutionen* organisierter Solidarität, die zusammen mit der politischen Inklusion der Gesamtbevölkerung allen Bürgern angemessenen *Zugang* zu den Leistungen der Funktionssysteme, von denen sie *abhängig* sind, gewährleisten.[19] Während jedoch die funktionale Differenzierung das Resultat eines blinden Evolutionsgeschehens ist, sind die konstitutionelle Kontrolle politischer Macht, die Institutionalisierung einklagbarer Menschenrechte und die Transformation der Staats- in Volkssouveränität aufklärungsabhängige Leistungen der politischen Revolution. Erst in revolutionären Ereignissen, die sich deshalb »nicht vergessen« (Kant), weil sie sich tief ins normative Gedächtnis der Massen eingraben, wird die Evolution ihrer selbst bewußt. Der Erfolg von Revolutionen, die Menschenrechte und Demokratie *gegen* die Imperative von Macht und Kapital durchsetzen müssen, hängt nämlich einzig und allein von der inneren Akzeptanz ihrer Ziele und der allgemeinen Anerkennung ihrer Prinzipien ab. Er läßt sich deshalb auch nicht auf funktionale Gründe reduzieren. Normative Einsicht muß hinzutreten. Zwar ist alles Evolution, auch die Revolution. Aber bei der Revolution kommt es, anders als bei der naturwüchsigen Ausdifferenzierung der Funktionssysteme, auf Willen, Bewußtsein und Selbstverständnis der Individuen an, die in den geschichtlichen Prozeß verstrickt sind. Die Resultate der Revolution müssen – anders als die Folgen eines ausschließlich blinden Evolutionsgeschehens – von den sozialen Akteuren *als* ein von ihnen *auch* Gewolltes anerkannt werden können. Solche Anerkennung wächst den Revolutionen allein aus dem Geist der Solidarität zu, und die Stabilität der Akzeptanz bemißt sich an dem Grad, in dem der Geist der Solidarität sich schließlich in Institutionen und Gewohnheiten verkörpert.

Solidaritätsgefährdende Inklusionsprobleme entstehen einmal – mit Luhmann gegen Habermas argumentiert – an den Bruchstellen zwischen System und Umwelt, das andere Mal – mit Habermas gegen Luhmann argumentiert – bei der Herauslösung der

---

19 Vgl. Niklas Luhmann, *Politische Theorie im Wohlfahrtsstaat*, München 1981, S. 25ff.; zur Rolle der Institutionen, die zwischen System und Lebenswelt vermitteln vgl. jetzt auch: Antje Gimmler, *Institution und Individuum. Zur Institutionstheorie von Max Weber und Jürgen Habermas*, Frankfurt am Main 1998.

Systeme aus der kommunikativen Infrastruktur der Lebenswelt. Ich möchte deshalb vorschlagen, zwei Typen von Inklusionsproblemen, mit denen die moderne Gesellschaft von sich aus nicht fertig wird, zu unterscheiden. Das erste ist eine Individualisierungsfolge und betrifft die *Desozialisierung der Subjekte*. Das zweite ist eine Folge der Formierung neuartiger, markt- und bildungsabhängiger Klassen und betrifft die *Proletarisierung der Gesellschaft*. Während die Desozialisierung, die das ständische Kollektivbewußtsein auflöst und das isolierte Bewußtseinssubjekt in die *Umwelt* des gesellschaftlichen Kommunikationssystems abdrängt, eine *Voraussetzung* funktionaler Differenzierung ist, ist Proletarisierung eine gesellschaftsimmanente *Folge* der Abspaltung systemischer Produktivität von lebensweltlicher Solidarität. Dem rasch wachsenden Druck der expandierenden Funktionssysteme für Kapital und Macht ist die Lebenswelt schutzlos preisgegeben. Ihre Solidaritätsreserven werden wie die Schätze einer Kolonie von den Kolonialherren ausgeplündert und verzehrt.[20]

Die seit der frühen Neuzeit immer markanter hervortretende Differenzierung von Individuum und Gesellschaft hat das religiöse Weltbild zersplittert und pluralisiert. Die Individuen werden auf ihr persönliches Bewußtsein zurückgeworfen und höchst unsanft zur Autonomie genötigt. Der in die Umwelt des Gesellschaftssystems verbannte Mensch erfährt die – in Idealismus und Romantik reflexiv bewußt werdende – Unerreichbarkeit des Bewußtseins durch Kommunikation zunächst als Faktum (Hobbes), später als subjektives Recht (Locke), um sie schließlich zur apriorischen Quelle aller Erkenntnis und Moralität zu stilisieren (Kant). Vor allem der protestantische Individualisierungsschub liefert das religiöse Selbstverständnis an eine außer- und vorgesellschaftliche, gemeinschaftsfeindliche Macht aus: das rein individuelle Gewissen. Mit ungeheurer Radikalität trennt die protestantische Ethik der »Unbrüderlichkeit« (Max Weber) den Gläubigen vom Glaubensgenossen, den Menschen vom Mitmenschen, das Individuum von der Gemeinschaft. Das sprengt das apriorische Perfekt eines »immer schon« integrierten Kollektivbewußtseins und treibt die fragmentierten Weltbilder und voluntaristisch assoziierten Sekten zur »Kollision« (Hegel) und in den religiösen

20 Vgl. Jürgen Habermas, *Theorie des kommunikativen Handelns*, Bd. 2, Frankfurt am Main 1981, S. 489 ff.

Bürgerkrieg. Auf diese Weise werden die atomisierten Einzelsubjekte in den gesellschaftlich erzeugten »Naturzustand« eines Kriegs aller gegen alle versetzt. In den Naturrechtslehren des 17. und des 18. Jahrhunderts wird der neue, posttraditional dynamisierte Zustand der Gesellschaft dann zum vorgesellschaftlichen *status naturalis* erklärt, der beides enthält, die Beschreibung des latenten Kriegszustands und die Normen, die seine Aufhebung möglich machen.

Nicht minder bedrohlich ist das andere Inklusionsproblem, das dem entfesselten Akkumulationsprozeß des Kapitals auf dem Fuße folgt, und das seit Mitte des 19. Jahrhunderts durch die Expansion des Erziehungssystems noch verstärkt wird. Am Markt und in der Schule werden im Nu aus kleinen Unterschieden große. Winzige Unterschiede des Glücks, der Intelligenz, des Sitzfleisches, der Beweglichkeit, der Disziplin, der Neugier werden in der Schule und am Markt schon nach wenigen Tauschoperationen und Leistungstests zu Riesendifferenzen im symbolischen und materiellen Kapital der Individuen. Karriere und Marktchancen determinieren fortan das Lebensschicksal. In der Wirtschaft bleiben nur zwei Positionen übrig: Eigner von Kapital und Verkäufer von Arbeitskraft, bis sich schließlich Kapital und Arbeit als feindliche Klassen gegenübertreten. Durch bildungsabhängige Karrieren und erwerbsabhängige Klassenbildung wird das apriorische Perfekt einer »immer schon« hierarchisch geordneten Gesellschaft aufgelöst – mitsamt der in sie eingebundenen Formen bürgerlicher und brüderlicher Solidarität. Was im Zuge von Pauperisierung und Proletarisierung entsteht, hat Marx als eine »in die Gesellschaft eingeschlossene Klasse von Ausgeschlossenen« beschrieben. Diese Klasse bleibt von der Funktionsfähigkeit des Wirtschaftssystems abhängig, während ihr gleichzeitig der Zugang zu dessen Leistungen verstellt ist.

Beide Inklusionsprobleme, die zunächst in der frühen Neuzeit und dann im 19. Jahrhundert massiv hervorbrechen, hat der von unten erkämpfte *demokratische Rechtsstaat*, der im nordatlantischen Raum durchgesetzt und wohlfahrtsstaatlich realisiert werden konnte, auf eine – im historischen Rückblick – eindrucksvolle Weise gelöst. Schon die unter absolutistischen Vorzeichen vollzogene und von Hobbes auf den Begriff gebrachte Vollpositivierung des Rechts, die strikte Trennung von *ius* und *iustum*, von Recht und Moral, von Macht, Wissen und Glauben, hat die Komplementarität von positivem Recht und subjektiven Rechten erkennen lassen und damit die rechtliche Institutionalisierung eines Pluralismus der Weltbilder ermöglicht. Aber erst das egalitäre, politisch inklusive Prinzip demokratischer Selbstgesetzgebung, das im Zuge der Verfassungsrevolutionen und infolge der Klassenkämpfe des 19. Jahrhunderts in Westeuropa und Nordamerika institutionalisiert wurde, hat *erstens* eine stabile, allgemein akzeptable und für reformistische Lernprozesse offene Lösung des Pluralismusproblems hervorgebracht und *zweitens* zur Partizipation immer breiterer Schichten der Bevölkerung geführt und damit die wohlfahrtsstaatliche Realisierung politischer Inklusion auf die Agenda gesetzt.[21] Aus der partizipativen Perspektive der Betroffenen erscheint der demokratische Staat als organisierte Solidarität einer Bürgergesellschaft, deren egalitär-menschenrechtlicher Anspruch überdies eine »Leuchtkraft« hat, die weit über die jeweiligen Landesgrenzen und die jeweilige Menge aktiver Staatsbürger ausstrahlt, also externe und interne Grenzen normativ überschreitet.[22] Mit dem republikanischen Nationalstaat ist erstmals eine weit über die Grenzen urbaner Bürgergemeinschaften ausgreifende, egalitär-universelle Solidarität organisierbar geworden. Sogar ein erstes Modell der globalen Solidarität gleichberechtigter Republiken erscheint am Horizont: Kants »Völkerbund«.

Ursprünglich war der demokratische Rechtsstaat freilich eine rein *europäische* Idee, die zunächst nur in Westeuropa und Nordamerika politisch realisiert werden konnte, also regional beschränkt blieb. Solidarität war – trotz des deklarierten Menschenrechtsanspruchs – im wesentlichen eine Angelegenheit unter Bürgern je einer Nation (Tab. 1, IVa). Auch die grenzüberschreitenden Netzwerke des Völkerrechts oder der Arbeiterbewegung waren nicht nur dem nationalen Selbsterhaltungsinteresse nachgeordnet, sondern blieben auch eurozentrisch auf die nordatlantische Weltregion beschränkt. Oft dienten sie, wie das Völkerrecht des 19. Jahrhunderts, das polemisch zwischen den Rechten

---

21 Vgl. Thomas H. Marshall, *Bürgerrechte und soziale Klassen*, Frankfurt am Main 1992, S. 33ff.; Talcott Parsons, *Das System der modernen Gesellschaften*, München 1985, S. 102ff., S. 110ff.
22 Vgl. Hasso Hofmann, »Die Grundrechte 1789-1949-1989«, in: *Verfassungsrechtliche Perspektiven*, Tübingen 1995, S. 35.

zivilisierter und unzivilisierter Völker unterschied, unmittelbar imperialistischen Interessen.[23] Das hat sich im Verlauf des letzten Jahrhunderts dramatisch geändert.

Heute, am Beginn des 21. Jahrhunderts, formt die funktionale Differenzierung die Gestalt der Weltgesellschaft in *allen* Ländern. Die im Westen erfundene, funktional differenzierte Gesellschaft hat sich – angestoßen durch die Revolution der Verbreitungsmedien und Verkehrstechniken – zu einer einzigen Gesellschaft globalisiert. Sie *war* ein europäisches Projekt, sie *ist* es nicht mehr. Der »Sonderstellung« (Max Weber) des okzidentalen Rationalismus entsprungen, hat sie sich zur Weltgesellschaft erweitert, jede »Sonderstellung« verloren und sich vollständig dezentriert. Sie hat aufgehört, etwas spezifisch Europäisches oder Westliches zu sein. Ausnahmslos jede und jeder muß in ihr leben, und zwar *als* Individuum, ob sie das will oder nicht. Nicht einmal mehr in Indien, wo die Kasten noch eine gewaltige Macht darstellen, läßt sich das Individuum mit Haut und Haaren, Tag und Nacht und lebenslang einer und nur einer sozialen Schicht zuordnen. Überall hängt das Schicksal des Einzelnen von individueller Karriere und kontigenten Marktchancen ab. Die *Struktur* der Gesellschaft (funktionale Differenzierung) ist überall dieselbe, auch wenn die *sozialen* Unterschiede immens und die *kulturellen* Erscheinungsformen der *einen* Weltgesellschaft höchst vielfältig sind. Während die Zahl der Kulturen geradezu beängstigend in die Höhe schnellt – es gibt alte, neue, neu erfundene alte Kultur, echte Ursprungskultur im genetischen Code des Feuilletons, ein Altneuland in jedem Sezessionskrieg, in jeder Saison ein runderneuertes Volk, für jede *façon* eine neue Religion –, ist die Zahl der Gesellschaften eins.

Während die Kommunikationsnetze immer dichter werden und die Kulturen immer mehr florieren, zerfällt die globale Gesellschaft in *Zentrum* und *Peripherie*. Das Gesicht der Moderne ist eine Landschaft aus Licht und Schatten. Man lebt entweder im Zentrum oder in der »peripheren Moderne« (Marcelo Neves), wo das Leben unendlich viel härter ist als in den hell leuchtenden

---

23 Vgl. Nathaniel Bermann, »Bosnien, Spanien und das Völkerrecht – Zwischen ›Allianz‹ und ›Lokalisierung‹«, in: Hauke Brunkhorst (Hg.), *Einmischung erwünscht? Menschenrechte und bewaffnete Intervention*, Frankfurt am Main 1998, S. 117-140.

Städten der »Ersten Welt«. Nominell gibt es fast überall demokratische Verfassungen, aber sie funktionieren in den meisten Ländern Osteuropas, Asiens, Latein-Amerikas und Afrikas viel schlechter als in Nordamerika oder der Europäischen Union.[24] Verglichen mit dem brutalen imperialistischen Globalisierungsprozeß in den Jahren zwischen 1880 und 1945, deren Signatur der *Weltkrieg*, die Globalisierung von Krieg und Völkermord war, sind die Fortschritte in der zweiten Hälfte des 20. Jahrhunderts trotzdem enorm. Sie sind das Resultat einer beginnenden, teils staatsgebundenen, teils überstaatlichen *Globalisierung bürgerschaftlicher Solidarität* (Tab. 1, IVb).

Parallel zur Globalisierung der heterarchischen Netzwerke von Kapital und Macht hat sich das Rechtssystem zu einem Weltrechtssystem fortentwickelt, das von der *Lex Mercatoria* bis zu dem inzwischen – innerstaatlich wie überstaatlich – vergleichsweise fest positivierten System der Menschenrechte reicht. Vom Seerecht bis zur Charta der Vereinten Nationen ist das »Weltrecht« (Luhmann) teils privates Vertragsrecht, teils öffentliches Völkerrecht, das sich nicht mehr auf den Status von Völkervertragsrecht reduzieren läßt. Unumschränkte »Herren der Verträge« sind die Staaten nur noch in den heiligen Hallen des Bundesverfassunggerichts. Die multinationalen Unternehmen haben ihnen zwar noch nicht jeden Rang abgelaufen, aber sie setzen sich mit ihren Interessen nicht nur gegen Drittweltländer, sondern oft genug auch gegen die US-Regierung oder US-Staaten durch.[25] Infolge der hohen Vernetzungsdichte des »polykontextural« (Gunther Teubner) in autonome Sphären fragmentierten Weltrechts wirkt sich der Menschenrechtsdruck bisweilen sogar auf unternehmensinterne Betriebsverfassungen, Zielkataloge und Vertragsgebaren aus. Investitionssperren bei massiven Menschenrechtsverletzungen, Umweltauflagen, Anti-Apartheidsnormen reichen von weltöffentlichen UN-Sanktionen bis zur privatrechtlichen Selbstbindung großer Konzerne.[26] Menschenrechtssensibilität verändert das Investitionsklima, und *dann* reagieren sogar Vorstandsetagen.

24 Vgl. Marcelo Neves, *Verfassung und Positivität des Rechts in der peripheren Moderne*, Berlin 1992. Zur Unterscheidung nomineller und normativ wirksamer Verfassungen vgl. Karl Löwenstein, *Verfassungslehre*, Tübingen 1959, S. 151 ff.
25 Vgl. Peter T. Muchlinski, »›Global Bukowina‹ Examined: Viewing the Multinational Enterprise as a Transnational Law-making Community«, in: Gunther Teubner (Hg.), *Global Law Without a State*, Aldershot 1997, S. 87f., S. 92.
26 P. T. Muchlinski, a. a. O., S. 83f.

Neben den Staaten sind mittlerweile nicht nur die multinationalen Konzerne als (fast) vollgültige Völkerrechtssubjekte anerkannt. Auch *non-governmental organisations* (NGOs) und die einzelmenschlichen Individuen sind zumindest unterwegs zu globaler Rechtssubjektivität. Staatsbürgerschaft und effektive Rechtspersonalität sind im nationalen und internationalen Recht auseinandergetreten, so daß Hannah Arendts klassischer Einwand gegen die Menschenrechte, sie seien für Staatenlose wertlos, entfällt. *Rechtspersonalität* hat inzwischen einen viel breiteren Umfang als *Staatsbürgerschaft*.[27] Staatenlose haben effektive Rechte, auch wenn der Schutz dieser Rechte noch längst nicht überall gleichmäßig gewährleistet ist. Selbst in Ländern wie China haben die Menschenrechte, verstärkt durch neue Verbreitungsmedien wie das Internet, eine nicht zu unterschätzende, indirekte Wirkung.[28] Nirgends auf der Welt muß man unter normalen Umständen noch damit rechnen, »wie ein rechtloser Fremder behandelt zu werden«.[29] Aus dem immer dichter werdenden Netzwerk internationaler Menschenrechtspakte, supranationaler Organisationen und transnationaler Gerichtshöfe können einzelne Staaten kaum noch ausbrechen, so daß die nach wie vor häufigen Regelverletzungen, singulären Verweigerungen usw. nur die Regel in ihrer positiv-rechtlichen Geltung bestätigen. Das System trans- und internationalen Rechts, globaler politischer Institutionen, supranationaler Organisationen und Gerichte *ist* »global governance« ohne Staat. Ist *Governance without government*, regierungsloses Regieren.[30] So wie es jenseits der Staatenwelt ein Weltrecht ohne Weltstaat gibt, so auch eine eigenmächtige, entstaatlichte Weltpolitik.[31] Das bestehende globalrechtliche Netzwerk läßt die Rede vieler Völkerrechtler von einem »global constitutional project« (Allan Rosas) oder »Weltverfas-

---

27 Jean Cohen, »Rights and Citizenship in Hannah Arendt«, in: *Constellations*, 2/1996, S. 164-189; Hauke Brunkhorst, »Rights and Sovereignty of the People in the Crisis of the Nation State«, in: *Ratio Juris*, Vol. 13, 1/2000, S. 49-62.

28 Vgl. Martin Woesler, »Das Internet und die Menschenrechte in China«, in: Hauke Brunkhorst/Matthias Kettner (Hg.), *Globalisierung und Demokratie*, Frankfurt am Main 2000, S. 310-329.

29 Niklas Luhmann, *Das Recht der Gesellschaft*, a.a.O., S. 573.

30 Michael Zürn, *Regieren jenseits des Nationalstaats*, Frankfurt am Main 1998, S. 176.

31 Vgl. Hauke Brunkhorst, »Die Weltgesellschaft als Krise der Demokratie«, in: *Deutsche Zeitschrift für Philosophie*, 6/1997, S. 895-902; Klaus Dieter Wolf, *Die neue Staatsräson – Zwischenstaatliche Kooperation als Demokratieproblem der Weltgesellschaft*, Baden-Baden 2000.

sungsrecht« (Daniel Thürer) keineswegs gänzlich verfrüht erscheinen.[32] Es gibt keine gerechten Kriege mehr, sondern nur noch legale oder illegale.[33] Auch das ist ein Fortschritt. Schließlich wird das sich entwickelnde Weltverfassungsrecht von einer globalen »Menschenrechtskultur« (Richard Rorty) und der »globalen Zivilgesellschaft« (Jean Cohen) ebenso getragen wie von jenem wachsenden Teil der neuen »global professional class« (Margaritta Bertilson) aus Juristen, Ärzten, Wissenschaftlern, die nicht mehr ausschließlich im Dienst der Großbanken, internationalen Anwaltskanzleien und Militärapparate stehen.[34]

Diese – im Vergleich zur ersten Hälfte des 20. Jahrhunderts, ja sogar zu aller bisherigen Geschichte – bemerkenswerten Fortschritte der egalitären Bürgergesellschaft sind freilich noch weit von einer Zivilisierung der Evolution entfernt, wie sie im europäisch-nordatlantischen Segment der Weltgesellschaft seit der Französischen Revolution immerhin erreicht worden ist. Alles in allem ist der bereits vollzogene Übergang der globalen Rechtsgenossenschaft vom Naturzustand internationalen Privatrechts – Kants »provisorisches Recht« – zu einem transnationalen Zustand *öffentlichen* Rechts auf dem Niveau einer »schwachen Öffentlichkeit« steckengeblieben. Das Weltrechtssystem ist von einer demokratisch organisierten »starken Öffentlichkeit« (Nancy Fraser), die zu verläßlich bindenden Entscheidungen imstande wäre, nach wie vor weit entfernt. Globales Recht ist deshalb bis heute *hegemoniales* Recht, sowohl im internationalen Wirtschaftsregime wie im Menschen- und Völkerrecht. Die Globalisierung der in den westlichen Nationalstaaten halbwegs egalitär organisierten Solidarität hat bislang nur zu einer globalen Variante *hierarchisch* organisierter Solidarität geführt. Aber diesmal

---

32 Allan Rosas, »State Sovereignty and Human Rights: Towards a Global Constitutional Project«, in: *Political Studies*, Special Issue: Politics and Human Rights 1995, S. 61-78 (dt. in: Hauke Brunkhorst/Matthias Kettner (Hg.), *Demokratie und Globalisierung*, a. a. O., S. 151-176); Daniel Thürer, »Der Wegfall effektiver Staatsgewalt: The Failed State«, in: *Berichte der deutschen Gesellschaft für Völkerrecht*, 34/1997, S. 15-41.

33 Vgl. Ulrich K. Preuß, »Zwischen Legalität und Gerechtigkeit«, in: *Blätter für deutsche und internationale Politik*, 7/1999, S. 816-828.

34 Vgl. Richard Rorty, »Human Rights, Rationality, and Sentimentality«, in: Steven Shute/Susan Hurley (Hg.), *On Human Rights*, New York 1993, S. 111-134; Jean Cohen, a. a. O.; Michael Zürn, a. a. O., S. 105 ff.; Margaritta Bertilson, »On the Role of Professions and Professional Knowledge in Global Development«, Manuskript (im Erscheinen), Kopenhagen 1999.

unter dem Primat funktionaler Differenzierung, so daß die Lösung stratifizierter Gesellschaften, den Schichten die Verantwortung für das kollektive Lebensschicksal ihrer Angehörigen zuzuschreiben und dadurch die Hierarchisierung solidaritätsverträglich zu machen, entfällt.

Die bestehende globale Öffentlichkeit ist nämlich viel zu schwach, um mit den täglich wachsenden Problemen einer nicht nur funktional differenzierten, sondern auch sozial in Zentrum und Peripherie zerrissenen Welt fertig zu werden. Das polykontextural vernetzte Weltrecht bleibt – legt man Loewensteins Verfassungstypologie zugrunde – auf dem Niveau einer *nominalistischen Verfassung* hängen; ein Niveau, das nach wie vor – trotz erheblich verbesserter Verfassungstexte – für alle Länder des peripheren Sektors bestimmend ist. Sobald ein solches, letztlich schwaches Recht unter den doppelten Druck überintegrierter Minderheits- und unterintegrierter Mehrheitspopulationen gerät, schrumpft seine grenzziehende, differenzerhaltende und positiv verbindliche Gesetzeskraft – wie zuletzt Marcelo Neves am brasilianischen Beispiel eindrucksvoll gezeigt hat.[35] Die einen – die überintegrierte Minderheit – setzen sich über die Verfassung hinweg, während die anderen – die unterintegrierte Majorität – unter ihr nur zu leiden haben. »Recht ohne zentrale Gesetzgebung und Gerichtsbarkeit« (Luhmann) kann zwar zu einer Rechtsordnung vernetzt werden, bleibt aber im Zweifelsfall für die Fremdreferenz überlegener Wirtschaftsinteressen oder der stärkeren Bataillone offen. Es verliert seine neutralisierende, Gleichheit sichernde Kraft. Allopoiesis statt Autopoiesis, Fremdproduktion statt Selbstproduktion des Rechts.[36] Wenn aber der für die Autopoiesis konstitutive Unterschied von Recht und Unrecht (Rechtscode) für die wenigen Überintegrierten und die vielen Unterintegrierten keinen Unterschied mehr macht, scheitert das Recht *als* Recht.[37]

---

35 Marcelo Neves, *Verfassung und Positivität des Rechts in der peripheren Moderne*, a.a.O., S.65ff., S.72ff., S. 110ff.; vgl. a. Marcelo Neves, »Zwischen Subintegration und Überintegration: Bürgerrechte nicht ernstgenommen«, in: *Kritische Justiz*, 4/1999, S.557-577.
36 Marcelo Neves, »Zwischen Subintegration und Überintegration: Bürgerrechte nicht ernstgenommen«, a.a.O., S.574.
37 Vgl. Niklas Luhmann, *Das Recht der Gesellschaft*, a.a.O., S.583. Gegen Teubners allzu euphemistische Feier der neuen, heterarchisch vernetzten Zivilgesellschaft globaler Privatrechtssubjekte (vgl. Gunther Teubner, »Des Königs neue

Nicht nur im Rechtssystem der peripheren Staaten, sondern auch in der poststaatlichen *Lex Mercatoria* ist das evident. War es bis an die Schwelle der jüngsten Globalisierungsstufe so, daß die private Erzeugung neuen Rechts durch Verträge fest in den hierarchischen »Stufenbau des Rechts« (Hans Kelsen) eingebunden blieb – die staatliche Legislativgewalt zog der Legalität des privaten Vertragsrechts öffentliche Grenzen und konnte jederzeit durch neues Recht dessen Spielraum öffnen oder schließen –, so sprengen multinationale Unternehmen diesen Rahmen.[38] Sie müssen eine gewisse Gleichheit und Stabilität der internen Unternehmensnormen – eine Art *private rule of law* – voraussetzen, die in vielen Fällen mit dem Recht des einen Landes, aber nicht mit dem des anderen vereinbar ist.[39] Daraus entstehen jede Menge strafrechtlich relevanter Konflikte, in denen sich das Unternehmen als Träger einer *autonomen Jurisdiktion*, die gegebenenfalls gegen staatliches Recht durchgesetzt werden muß, zur Geltung bringt. So stehen Spitzenmanager bei Verletzung unternehmensinterner Normen oft unter extrem hohen Sanktionsdrohungen. Handeln sie im Staat A unternehmenskonform, um die entsprechenden Sanktionen zu vermeiden, so geraten sie oft mit Gesetzen von A, mit denen sie im Staat B oder C keine Schwierigkeiten hätten, in Konflikt. Werden sie dann von Staat A, was oft vorkommt, zu hohen Geldstrafen verurteilt, so zahlt das Unternehmen die Strafe wie ein Flugticket, auch dann, wenn gerade das, wie gewöhnlich, im innerstaatlichen Recht verboten ist.[40] Eine Art von Erstattung, die bislang nur bei der Mafia üblich war. Aber nicht nur für das multinational organisierte Verbrechen, sondern auch für multinationale Privatrechtssubjekte ist die verläßliche

Kleider: Die Selbstdekonstruktion der Hierarchie des Rechts«, in: Hauke Brunkhorst/Matthias Kettner (Hg.), *Globalisierung und Demokratie*, a. a. O., S. 240-273) ist mit Luhmann daran zu erinnern, daß die bloße »Erkenntnis« des »Rechts als Recht« zwar ausreichen mag, »um Rechtspflege als gesellschaftliche Autopoiesis in Gang zu bringen«, aber »nicht [...], um das Rechtssystem zu schließen« und es durch »gesellschaftliche Desolidarisierung« von der »opportunistischen Anpassung an durchsetzungsfähige Eliten« abzukoppeln (Niklas Luhmann, *Das Recht der Gesellschaft*, a. a. O., S. 58f., S. 81).

38 Zum Stufenbau vgl. Hans Kelsen, *Reine Rechtslehre*, Wien 1960, S. 228ff.; ders., *Allgemeine Staatslehre*, Berlin 1925, S. 229ff.

39 Vgl. das Beispiel bei Jean-Philippe Robé, »Multinational Enterprise: The Constitution of a Pluralistic Legal Order«, in: Gunther Teubner (Hg.), *Global Law Without a State*, a. a. O., S. 64f.

40 Jean-Philippe Robé, »Multinational Enterprises«, a. a. O., S. 66f.

Orientierung an den vertragsinternen Rechtsnormen – »bei Strafe ihres Untergangs« (Marx) – eine notwendige Bedingung erfolgreichen und anschlußfähigen Operierens.

Oft genug spielen multinationale Unternehmen ihre im Zentrum gelegenen »Heimat-Staaten« gegen widerspenstige »Gast-Staaten« der Peripherie aus. Unter dem doppelten Druck übermächtiger Staaten und übermächtiger Unternehmen unterzeichnen die armen »Gast-Länder« dann fast jeden Vertrag.[41] Das ist Imperialismus pur. Am stärksten sind die Multis als Lobbyisten. Ein von den Vereinten Nationen nach dem Sturz Allendes auf den Weg gebrachtes Anti-Interventions-Gesetz gegen die Einmischung multinationaler Unternehmen wurde von ihnen glatt kassiert.[42] Auf dem weiten Parkett des Lobbyismus – vornehmer »Neokorporatismus« oder »Verhandlungssysteme« – spielen persönliche Beziehungen wie eh und je die erste Geige. *Philia*, *Face-to-face*-Kommunikation, das einfache Sozialsystem zwischen Bundeskanzler und VW-Vorstand inmitten der komplexen Gesellschaft. Auf diesem klassischen Weg der »Konsensdemokratie« triumphiert fast immer das Kapitalinteresse über das öffentliche. *Hegemoniales Recht ist alles Recht, das ohne hinlängliche und direkte Repräsentation aller betroffenen Interessen zustande kommt.* Solange die Welthandelsorganisation nur Staaten und Unternehmen als Rechtssubjekte akzeptiert und, anders als die EU, die Nicht-Regierungs-Organisationen (NGOs) der betroffenen Region ausschließt und noch nicht einmal anhört, fehlt ihr selbst die geringste Spur einer Deckung durch die globale *volonté générale*, fehlt ihr das »Siegel der Legitimität«.[43] Deregulierung und Abbau von Handelsbarrieren, die Grundfreiheiten des Marktes sind keine Zwecke an sich. Die wirklichen Problemfälle sind die, wo es darum geht, zu entscheiden, ob Schutzzölle auch dann fallen sollen, wenn sie eine *vielversprechende* neue Industrie in einem peripheren Land schützen; oder wenn nicht gewährleistet ist, daß die Multis ihre Überlegenheit im Land nicht für außerlegale Zwecke politischer Intervention *mißbrauchen*. Diese Fragen bedürfen, um sachlich halbwegs angemessen entschieden zu werden, der demokratisch gleichgewichtigen Beteiligung gerade der jeweils schwächsten Interessen: »These counter-

---

41 Peter T. Muchlinski, »›Global Bukowina‹ Examined«, a. a. O., S. 88f.
42 P. Muchlinski, a. a. O., S. 90f.
43 A.a.O., S. 100.

vailing economic issues might not be properly taken into account unless direct access is provided for *all* the interests concerned.«[44] Muchlinski fügt zu Recht hinzu: »Anything less would be a denial of the right to self-determination.«[45]

Die Globalisierung setzt auch das innerstaatliche Gleichgewicht zwischen widerstreitenden Interessen in den glücklichen Ländern der nordwestlichen Hemisphäre außer Kraft.[46] Der rheinische Kapitalismus zerfällt nicht nur am Rhein. Waren nationale Unternehmen durch ihre Einbindung in den Stufenbau des Rechts wenigstens prinzipiell aufs Allgemeininteresse verpflichtet und der Volkslegislative im Sinne einer »lückenlosen demokratischen Legitimationskette« (Böckenförde) rechtsstaatlich unterworfen, so löst die Globalisierung das *ökonomische* ›Allgemeininteresse‹ des multinationalen Unternehmens vom *politischen* Allgemeininteresse der Staatsvölker ab. Multinationale Unternehmen sind oft in der günstigen Lage, konkurrierende Staaten gegeneinander ausspielen zu können, und wo zwei sich streiten, freut sich das Kapital. Das Unternehmen kann dann die Gelegenheit beim Schopfe packen, um nationale und internationale Rechtsnormen und Institutionen in seinem Interesse zu verbiegen. Die Folge ist »korruptes Recht« (Luhmann). Warum? – »Because there is no political structure of representation of the common interest challenged at the global level.«[47] Ohne *Input*-Demokratie, und das heißt: ohne politische Inklusion der jeweils betroffenen Bevölkerung durch eine Öffentlichkeit, die sich Gehör verschaffen kann, und durch direkt mandatierte Repräsentanten schlägt das Kapitalinteresse weltweit ungebremst durch und reduziert die schwache Öffentlichkeit der globalen und lokalen Zivilgesellschaften auf den Status frommer Wünsche.[48]

---

44 A.a.O., S. 99.
45 A.a.O., S. 100.
46 J.-P. Robé, a.a.O., S. 70.
47 J.-P. Robé, a.a.O., S. 71.
48 Die eindrucksvolle Studie von Fritz Scharpf, *Regieren in Europa*, Frankfurt am Main 1999, belastet den Begriff Input-Legitimation (ähnlich wie das Bundesverfassungsgericht in seinen Maastricht-Urteilen) mit der Carl Schmittschen Homogenitätsprämisse. Dadurch rückt die am Volkswillen orientierte Input-Legitimation in die Nähe totalitärer Demokratie und die Output-Legitimation, die sich am Erfolg des Regierens orientiert, wird zur weniger problematischen Form liberaler Demokratie. Aber das trifft in beiden Fällen nicht zu. Erfolgsorientierte Output-Legitimation ist gleich weit von demokratischen und autokratischen Regimes entfernt. Das beste Beispiel der jüngsten Geschichte ist Pinochet.

Infolge der kapitalfreundlichen Globalisierung ist nicht nur in den Vereinigten Staaten die alte Teilung der Gewalten durch eine solidaritätsvergessene »separation of powers between enterprises, states and the federal government« außer Kraft gesetzt worden.[49] Auch in der Europäischen Union sind ähnliche Tendenzen deutlich zu erkennen. *De facto* hat – bei fast stündlich wachsender Regelungsdichte – die mehrheitlich entscheidende und deshalb alltagstaugliche Europäische Kommission im Verein mit dem Europäischen Gerichtshof fast die gesamte Gesetzgebungskompetenz an sich gerissen. Die Europäische Kommission hat in immer mehr Bereichen überstaatliche, legislative und exekutive Funktionen übernommen und zu *einer* Gewalt gebündelt, obwohl ihre demokratische *Input*-Legitimation noch schwächer ist als diejenige der im Europarat vereinigten, einzelstaatlichen Exekutivgewalten. Im engen Verbund mit den nationalen Gerichten hat der Europäische Gerichtshof überall die Lehren vom *direct effect* des Europarechts und der *European Community law supremacy* durchgesetzt und damit vor allem im Wirtschafts- und Arbeitsrecht, aber zunehmend auch auf anderen Rechtsgebieten, die nationale Souveränität beseitigt.[50] Auch die sich anfangs sträubenden obersten Gerichte sind durch kräftige Partizipation an der Erzeugung des volksfernen europäischen Richterrechts pazifiziert worden.

Da wurde kein guter oder böser Wille, kein Generalstabsplan, kein vereinheitlichendes und übermächtiges Interesse ins Werk gesetzt, wir haben es vielmehr mit dem stillen Ergebnis naturwüchsiger Evolution zu tun. Erst haben einige mittlere Gerichts-

---

Insofern ist die Substitution von Input- durch Output-Legitimation in der Europäischen Union keineswegs so unbedenklich, wie Scharpf unterstellt. Dem gegenüber ist Input-Legitimation nur dann demokratisch, und das heißt unter möglichst effektiver Einbeziehung *aller* Gesetzesunterworfenen machbar, wenn die Homogenitätsprämisse fallengelassen wird. Zum inklusiven Volksbegriff der Verfassungsrevolution des 18. Jahrhunderts vgl. Ingeborg Maus, »›Volk‹ und ›Nation‹ im Denken der Aufklärung«, in: *Blätter für deutsche und internationale Politik*, 5/1994, S. 602 ff. Zum inklusiven Volksbegriff des Art. 20, Abs. 2, Satz 1 des Grundgesetzes: Friedrich Müller, *Wer ist das Volk?* Berlin 1997; Stefan Oeter, »Allgemeines Wahlrecht und Ausschluß von Wahlberechtigung: Welche Vorgaben enthält das Grundgesetz?«, in: Ulrike Davey (Hg.), *Politische Integration der ausländischen Wohnbevölkerung*, Baden-Baden 1999, S. 38, S. 50, S. 53.

49 J.-P-Robé, S. 71.
50 Vgl. Karen J. Alter, »The European Court's Political Power«, in: *West European Politics*, Vol. 19, No. 3/1996, S. 458-487.

instanzen (in Fällen des Typs »Molkereizentrale Westfalen-Lippe vs. Hauptzollamt Paderborn«) angefangen, *Variation* zu erzeugen, indem sie auf die Idee kamen, sich gegen Revisionen höherer Instanzen durch Gutachten beim Europäischen Gerichtshof abzusichern. Das klappte und es wurden immer mehr, so daß Abweichungsverstärkung zur *Selektion* eines neuen Entscheidungsmusters führte und schließlich zur *Stabilisierung* durch Ausdifferenzierung eines von den Volkslegislativen entkoppelten, autonomen Systems europäischen Rechts.[51] Aber wie autonom ist es wirklich? Anders als in der peripheren Moderne gibt es keine unmittelbare Korruption des Rechts, und der Unterschied von Recht und Unrecht macht für alle Betroffenen einen Unterschied. Aber durch seine Bindung an die verfahrensmäßig praktisch unveränderliche, europäische *De-facto*-Verfassung (Römische Verträge, Vertrag von Maastricht) ist dieses System bislang vor allem ein gesamteuropäisches System, das den vier Grundfreiheiten des Marktes (Freizügigkeit von Waren, Arbeitskraft etc.) weit effektivere Rechtsgeltung verschaffen konnte als den übrigen Freiheitsrechten – wenn nicht gar auf deren Kosten, was zumindest im Bereich der sozialen, aber auch der politischen Freiheitsrechte erkennbar ist.[52] Jedenfalls hat die Bündelung politischer Entscheidungsmacht in Kommission und Gerichtshof die Dominanz *negativer Integration* bei gleichzeitiger Ersetzung von demokratischer *Input*- durch funktionale *Output*-Legitimation festgeschrieben.[53] Selbst in England ist das Beharren auf Souveränität nur noch symbolische Politik. Neben dem vielbeklagten und nur allzu offensichtlichen Demokratiedefizit sind eklatante Mängel an Rechtsstaatlichkeit nicht mehr zu übersehen. Die Gleichheit vor dem Gesetz ist – wegen der Uneinheitlichkeit der nationalen Rechtsordnungen – kaum gewährleistet und überdies gibt es gegen die Superlegislative des Europäischen Gerichtshofs keine Abwehrrechte.[54] Das bedeutet Marktfreiheit als Carl

---

51 Karen Alter, »The European Court's Political Power, a. a. O., S. 464f., S. 474f., S. 479ff.
52 Fritz Scharpf, *Regieren in Europa*, a. a. O., S. 59ff.
53 Fritz Scharpf, a. a. O., S. 36ff., S. 47ff.
54 Vgl. Tanja Hitzel-Cassagues, »Law versus Democracy? Democratic Constitutionalism and the Role of Judges in the European Union«, unveröffentlichtes MS, Darmstadt 2000. Tanja Hitzel-Cassagues zeigt allerdings auch, daß evolutionär den Gerichten zugewachsene und von ihnen usurpierte Rechtsetzungsmacht nicht zwangsläufig antidemokratische Folgen haben muß, sondern auch

Schmittsche Institutsgarantie auf Kosten subjektiver Rechte. Nicht anders als in Nordamerika hat sich auch in Westeuropa eine neue Gewaltenteilung zwischen Kapital, Staats- und Europaexekutiven und Rechtssystem etabliert. Angesichts dieser stillen Verfassungsrevolution gewinnt der alte Vorschlag von Habermas, die klassische Teilung der Staatsgewalt in einer neuen, *gesellschaftlichen* Teilung der kommunikativen Gewalten von Geld, Macht und Solidarität zu fundieren, ungeahnte Aktualität.[55] Demokratische Gewaltenteilung muß sich heute an der globalen Gewalt der Funktionssysteme orientieren.

Auch der reale Menschenrechtsfortschritt, der mit der Trennung von Rechtspersonalität und Staatsbürgerschaft erreicht worden ist, bleibt zutiefst ambivalent. Ohne Demokratie ist das allenfalls eine halbe Sache. Die Ausweitung der Rechtspersonalität auf alle Kategorien temporärer oder dauerhafter Nicht-Staatsbürger verstärkt die ohnehin bestehende globale Tendenz zur Entkopplung von Menschenrechten und Demokratie. Doch Rechtsstaatlichkeit ohne effektive Demokratie tendiert – wie Neves am Beispiel Brasiliens gezeigt hat – zur Rückentwicklung der Verfassungswirklichkeit auf ein nominalistisches Niveau, durch das zumindest wesentliche Teile der Rechtsordnung parteigebundenen Zwecken symbolischer Politik unterworfen bleiben. Auch hier gilt nicht erst auf lange Sicht: Je mehr Rechtspersonalität ohne Staatsbürgerschaft, desto weniger effektive Demokratie, und je weniger Demokratie, desto weniger Rechtsstaatlichkeit.

Zwar gibt es heute eine global positivierte Völkerrechtsverfassung, aber es fehlt ihr an normativ gleichmäßiger Wirksamkeit. Einige kommen – immerhin – zu ihrem Recht, aber andere bleiben ausgeschlossen. Selbst im idealen Fall, in dem der Sicherheitsrat eine Sanktion beschließt, bleibt ihre Durchsetzung – wie im alten römischen Privatrecht – die rechtlich erlaubte *Eigenmacht* derer, die stark genug sind, ihr Recht oder das derer, denen sie helfen *wollen*, durchzusetzen. Die anderen gehen – siehe Tschetschenien – leer aus. Das ist zwar – verglichen mit der außerlegalen Selbsthilfe des einseitig für gerecht erklärten Krieges – ein großer Fortschritt. Aber wie im alten römischen Recht der Prätor, kann

zu einer Stärkung der Bürgerrechte führen kann, die Egalität, politische Autonomie und Selbstbestimmung ermöglichen.
55 Jürgen Habermas, *Die Neue Unübersichtlichkeit*, Frankfurt am Main 1987, S. 157 f.

der Sicherheitsrat immer nur die Rechtmäßigkeit und die Modalitäten eines Zugriffs klären, während der Vollzug von vorhandener Eigenmacht und der wechselnden Bereitschaft, sie einzusetzen, abhängig bleibt. Das begünstigt, wie im alten Rom, Hegemonialmächte (NATO, GATT usw.) und mafiaartig vernetzte Klientelverhältnisse, also eine globale Variante von Klassenjustiz, die nur zu gut ins Bild einer in reiche Zentren und elende Peripherien zerklüfteten Weltgesellschaft paßt. Dem hegemonialen Recht fehlt die minimale Voraussetzung demokratischer Legitimität: die Gleichheit, die sich immer zuerst an der Gleichbehandlung gleicher Fälle zeigt. Weltrecht bleibt so lange hegemoniales Recht, wie auf globaler und regionaler Ebene keine funktionalen Äquivalente für den republikanischen Nationalstaat gefunden werden.

Unter solchen Voraussetzungen ist es wenig verwunderlich, daß mit Vollendung der Globalisierung *beide* Inklusionsprobleme, für die bisher nur der auf Europa und Nordamerika begrenzte, demokratische Rechtsstaat eine halbwegs brauchbare Lösung gefunden hat, am Horizont dieser globalen Gesellschaft wieder auftauchen. Die funktionale Vernetzung der Weltgesellschaft hat zu einer weltweiten Zerstörung der letzten Hauswirtschaften geführt und damit das Lebensschicksal der gesamten Weltbevölkerung von individuellen Bildungskarrieren und individuellen Marktchancen abhängig gemacht. Gerade die Individualisierung führt, wie wir gesehen haben, keineswegs zur Vereinheitlichung der Weltbilder und Kulturen, sondern im Gegenteil zu deren Fragmentierung, Pluralisierung und Vervielfältigung. Wiederum ist religiöser Fanatismus, Fundamentalismus und die Vermehrung religiös-ethnischer Bürgerkriege eine Folge der Desozialisierung der Individuen. Solange ein funktionales Äquivalent für die vormals staatlich durchgesetzte Trennung von Recht und Moral fehlt, also eine Vollpositivierung des überstaatlichen Weltrechts und des innerstaatlichen Rechts der peripheren Länder nicht existiert, wird sich daran auch kaum etwas ändern.

Auch das andere Inklusionsproblem der europäischen Moderne ist in düsterer Gestalt mit der vollendeten Weltgesellschaft zurückgekehrt. Die globale Differenzierung von Zentrum und Peripherie bedeutet, daß die gesamte Weltpopulation *ohne Ausnahme* von den Leistungen der Funktionssysteme der Wirtschaft, des Verkehrs, der Technologie, des Rechts, des Militärs, der Schulen abhängig ist, aber nur eine Minorität effektiven Zugang zu diesen Leistungen hat. Der Ausschluß der Mehrheit der Weltbevölkerung vom Zugang zu Geld, Wissen, Macht, Klagemöglichkeiten vor Gericht etc. ist weit dramatischer als die von Marx so eindrucksvoll analysierte Existenz einer in die bürgerliche Gesellschaft – immerhin – eingeschlossenen Klasse von Ausgeschlossenen. Das hieß nämlich, daß das Kapital auf die Arbeitskraft auch noch der »industriellen Reservearmee« angewiesen war, so daß ein Minimum wechselseitiger Abhängigkeit vorhanden blieb und der fehlende Zugang der Mehrheit zu den Leistungen des Systems durch erfolgversprechende Anerkennungskämpfe wettgemacht werden konnte. Genau das ist bei dem heutigen Exklusionsproblem aber nicht der Fall. Aus der Perspektive der Weltgesellschaft handelt es sich bei den Ausgeschlossenen um »Surplus-Populationen« (Hannah Arendt) im Wortsinn, um Millionen funktional überflüssiger Körper, die einfach in die Umwelt der hochorganisierten Kommunikationssysteme abgedrängt worden sind. Während Menschen im »Inklusionsbereich« »als Personen« zählen, scheint es im »Exklusionsbereich« nur noch auf ihre »Körper« anzukommen.[56] Die heutigen Ausgeschlossenen haben noch nicht einmal »Ketten« zu verlieren, mit denen man nur die fesselt, die man noch braucht.[57] Sie haben buchstäblich »nichts zu verlieren« als »die Kontrolle über den eigenen Körper«.[58] Auch daran – an der Lage der von jeder Arbeit ausgeschlossenen Klassen – wird sich kaum etwas ändern, solange es keine globalen und regionalen Äquivalente für den demokratischen Rechtsstaat gibt, denn nur solche Äquivalente, die politische Inklusion mit hartem, verläßlich durchsetzbarem Recht kombinieren, könnten eine internationale Situation schaffen, aus der heraus sich die nominalistisch-symbolischen Verfassungen der peripheren Länder erstmals zu normativ wirksamen Verfassungen entwickeln könnten. Auch hier gilt der Vorrang des Demokratieprinzips: Ohne politische Inklusion keine soziale und funktionale Inklusion.

---

56 Niklas Luhmann, *Die Gesellschaft der Gesellschaft*, Frankfurt am Main 1997, S. 632f.
57 Karl Marx/Friedrich Engels, Manifest der kommunistischen Partei, in: *Marx/Engels Werke 4*, Berlin 1990, S. 493.
58 Niklas Luhmann, *Das Recht der Gesellschaft*, a.a.O., S. 585.

Thomas McCarthy
Die politische Philosophie und das Problem der Rasse

Mittlerweile wird allgemein anerkannt, daß das »europäische Wunder« nie so autochthon war, wie man lange gemeint hatte.[1] Es hing von Anfang an von der Kontrolle der interkontinentalen Warenströme ab, insbesondere vom transatlantischen Handel. In Verbindung mit der Eroberung und Besiedlung der beiden Amerikas und der vollständigen Unterwerfung und Auslöschung seiner indigenen Bevölkerung gab es schon sehr früh einen Transfer erzwungener Arbeitskraft in die überseeischen Hoheitsgebiete Europas, und sehr bald wurde die Zwangsarbeit zu einem entscheidenden Faktor für die Versorgung europäischer Märkte. Kurz nachdem Columbus in der »Neuen Welt« angekommen war, wurden die ersten afrikanischen Sklaven nach Südamerika verfrachtet, und ein Jahr bevor die Pilgerväter bei Plymouth Rock amerikanischen Boden betraten, wurden die ersten afrikanischen Zwangsarbeiter nach Virginia gebracht. Als dann die Niederländer, Franzosen und Briten im 17. Jahrhundert die Wirtschaft im atlantischen Raum beherrschten, wurde der Handel mit afrikanischen Sklaven, der am Ende ungefähr 12 Millionen Sklaven exportiert haben sollte, zum »Schrittmacher wirtschaftlichen Wachstums«, wie Robin Blackburn sagt – oder, falls das zu stark ausgedrückt sein sollte, zumindest eine seiner tragenden Säulen, denn der Handel im atlantischen Raum war bis ins 19. Jahrhundert hinein die beherrschende Größe des Welthandels.[2]

Im Laufe diese Prozesses büßte die imperiale Ideologie von den »Christen wider die Heiden« gegenüber der Ideologie von den »zivilisierten Europäern wider die unzivilisierten Wilden« allmählich ihren Rang ein, was schließlich im späten 18. und im frühen 19. Jahrhundert zu vollständig entwickelten Theorien einer

---

[1] Ich möchte James Bohman, Felmon Davis, Rainer Forst, Lewis Friedland, William Rehg und Robert Gooding-Williams für Kommentierungen einer früheren Fassung dieses Textes danken. Die Argumente der ersten Abschnitte bewegen sich zum Teil auf Wegen, die Charles W. Mills mit *The Racial Contract* (Ithaca 1997) vorgezeichnet hat.

[2] Robin Blackburn, *The Making of New World Slavery*, London 1997, S. 3.

rassischen Hierarchie führte. Zur Zeit der raschen Ausbreitung des europäischen Kolonialismus in Afrika, Asien und im Pazifik während der zweiten Hälfte des 19. Jahrhunderts waren die Ideologien von der Überlegenheit der weißen Rasse bereits fertig ausgebildet und brauchten den verschiedenartigen Situationen nur noch angepaßt werden. Kurz gesagt, »Rasse« hat das ganze moderne Zeitalter hindurch die Funktion einer wichtigen Markierung für Einbeziehung und Ausschluß, Freiheit und Unfreiheit, Gleichheit und Ungleichheit gehabt.

Und doch ist dieser Begriff unseren wesentlichen politisch-theoretischen Traditionen immer äußerlich geblieben. Schlimmer noch, jeder der sich die Aufgabe stellt, die Kategorie der Rasse in den Begriffen dieser Traditionen theoretisch zu erklären, steht vor ernsthaften Hindernissen. Die idealisierten, normativen Modelle der zeitgenössischen liberalen Theorie zum Beispiel haben keinen Platz für eine Rassenhierarchie, die zu der »nicht-idealen« Welt gehört, auf die die »ideale« Theorie nur nachträglich angewandt wird. Ich werde später noch mehr dazu sagen. Andererseits hat der Marxismus seit Marx die Klassenverhältnisse in den Mittelpunkt gestellt und die Rassenbeziehungen als etwas aus ihnen Ableitbares behandelt – und das, obwohl sich die Rassensolidarität im Ernstfall, wenn es zum Schwur kam, vielfach stärker erwies als die Klassensolidarität. Die kritische Gesellschaftstheorie der Frankfurter Schule befaßte sich im Gefolge von Weber und Lukács und angesichts des Nationalsozialismus mit dem universellen Triumph der instrumentellen Vernunft, und zwar auf einem so allgemeinen Niveau, daß ihre theoretische Sicht dahin tendierte, die Besonderheiten des europäischen Rassismus, mit Ausnahme der heimischen Fassung des Antisemitismus, zu übersehen.

Unlängst haben jedoch mehrere Autoren nachgewiesen, daß die theoretische Marginalisierung der Kategorie nur ein Teil der Wahrheit ist. Die meisten Theoretiker des klassischen Liberalismus waren sich des entstehenden Systems, das den Weißen die Überlegenheit sicherte, durchaus bewußt und waren daran beteiligt. So hatte Locke bekannterweise erklärt, Amerika sei ein »leeres Land«, das lediglich von nomadisch lebenden Wilden im Naturzustand bewohnt sei, und sei demnach für die europäische Enteignung wie geschaffen, da bisher keinerlei Eigentumsrechte verleihende Arbeit mit dem Boden verbunden sei. Locke, das ist weniger bekannt, war einer der ersten Anteilseigner der Royal African Company, die 1672 das verbriefte Recht eines Monopols für den englischen Sklavenhandel bekam – er erhöhte seine Investition im Jahr 1674 und nochmals 1675. Wenige Jahre zuvor (1669) hatte er an der Schrift »The Fundamental Constitutions of Carolina« mitgearbeitet, in der erklärt wurde: »Jeder freie Mann aus Carolina soll über seine Negersklaven, welcher Anschauung oder Religion auch immer, uneingeschränkte Verfügungsgewalt und Autorität haben.«[3] Derselbe Locke, der die Glorreiche Revolution im Namen der englischen Freiheiten unterstützte und in der Anfangszeile seiner Ersten Abhandlung erklärte: »Die Sklaverei ist ein so verächtlicher, erbärmlicher Zustand des Menschen und dem edlen Charakter und Mut unserer Nation derartig entgegengesetzt, daß es schwerfällt zu begreifen, wie ein *Engländer*, geschweige denn ein *Gentleman*, sie verteidigen kann«,[4] plädierte in der Tat dafür, daß Afrikaner gewaltsam nach Amerika deportiert wurden, um englischen Gentlemen zu dienen. Er billigte die Sklaverei in englischen Kolonien, weil er sie für den Ausbau der Produktion in den Kolonialgebieten für notwendig hielt. Und er rechtfertigte sie – unter anderem auch mit der Idee eines andauernden Kriegszustands – mit dem Gedanken, daß wilde Völker Führung bräuchten, bevor sie ihre Vernunft soweit entwickeln könnten, daß sie für den Genuß der Freiheit qualifiziert wären. Man könnte also die Ansicht vertreten, daß Locke, der als einer der geistigen Väter des modernen Liberalismus betrachtet wird, auch als einer der geistigen Ahnen der rassisch begründeten Sklaverei zu betrachten wäre. Wie dem auch sein mag, wir werden ihm diese paradoxe Verknüpfung als Eigenheit zuschreiben oder sie jedenfalls als untypisch ansehen wollen. Aber genau das ist das Problem: Es ist nur allzu typisch für das politische Denken des Liberalismus in den nächsten zwei Jahrhunderten und darüber hinaus, daß universalistische Forderungen nach Freiheit, Gleichheit und Gerechtigkeit für alle charakteristischerweise unangefochten neben partikularistischen Ansprüchen existieren, die einigen Gruppen systematisch Vorteile oder Nachteile bringen.

---

3 Zitiert bei Blackburn, *The Making of New World Slavery*, S. 275, Anm. 92. Siehe auch Jennifer Welchman, »Locke on Slavery and Inalienable Rights«, in: *Canadian Journal of Philosophy*, 25 (1995), S. 67-81.
4 John Locke, *Zwei Abhandlungen über die Regierung* (1690), Frankfurt am Main 1977, S. 66.

Wie sollen wir uns diesen offenkundigen Mangel an kognitiver Dissonanz erklären?

I.

Feministische Wissenschaftlerinnen haben überzeugend dargelegt, daß das »Sex/Gender-System«, die umfassendste und tiefgreifendste Dimension einer unterschiedlichen moralischen und politischen Behandlung, in unseren wesentlichen politisch-philosophischen Traditionen nur deshalb theoretisch ausgeklammert werden konnte, weil die Theoretiker im großen und ganzen die Annahmen und Überzeugungen ihrer Gesellschaften teilten. Und vorherrschend war ein Verständnis der Geschlechtsidentitäten, das sie als naturgegeben und infolgedessen unveränderlich auffaßte und nicht als historisch veränderliche soziale Konstruktionen von natürlichen Unterschieden zwischen den Geschlechtern. Dies ließ die kulturell und institutionell fest etablierte Herrschaft von Männern über Frauen ebenso natürlich wie unvermeidlich erscheinen, und daher auch nicht als ein wirkliches Problem für eine politische Theorie der Gerechtigkeit. Die klassische liberale Theorie seit Locke konnte demzufolge ausdrücklich oder stillschweigend davon ausgehen, daß die politisch relevanten Mitglieder der Gesellschaft männliche Haushaltsvorstände waren. (John Stuart Mill ist eine Ausnahme, die die Regel bestätigt.) Wenn man die Gerechtigkeitsverhältnisse in einer globalen Perspektive betrachtet, wie man das in bezug auf das moderne Europa sicherlich tun muß, dann ließe sich etwas Ähnliches für die »globale Formierung der Rassen« behaupten.[5] Die indianischen Amerikaner wurden von europäischen Theoretikern seit der Zeit von Hobbes und Locke im allgemeinen als unzivilisierte Wilde dargestellt, die im Naturzustand lebten und keine Aussicht hätten, ihre Humanität selbständig zu entwickeln. Die Afrikaner

---

[5] Die Idee einer Formierung der Rasse übernehme ich von Michael Omi/Howard Winant, *Racial Formation in the United States*, New York 1994. Sie analysieren »Rasse« als einen Komplex sozialer Bedeutungen, der Identitäten und Institutionen Gestalt gibt, und ersetzen damit die Idee, Rasse sei eine biologisch festgelegte, natürliche Eigenschaft, ohne den Begriff auf eine bloße Fiktion zu reduzieren. Kurz gesagt, »Rasse« ist eine soziale Konstruktion, die in der sozialen, kulturellen, politischen, rechtlichen, ökonomischen und psychologischen Wirklichkeit eine wichtige Rolle spielt.

und andere Nichteuropäer wurden ebenfalls durchweg so geschildert, als seien sie unfähig, ihre Humanität ohne die feste Hand ihrer europäischen Herren vollständig zu verwirklichen. Und diese Unterscheidung und Hierarchie wurde in wachsendem Maße »naturalisiert«.

Es war natürlich nicht neu, die Menschen auf der Grundlage beobachteter geographischer, morphologischer, sprachlicher und anderer kultureller Unterschiede in Gruppen einzuteilen. Was in der modernen Geschichte neu war, war erstens der massive Zuwachs an Kontakten mit Nicht-Europäern, die auf die »Entdeckungsreisen« folgten, und die enorm ausgeweitete Erforschung, Eroberung und Enteignung fremder Länder im 16. und im 17. Jahrhundert. Eine zweite Entwicklung, die bereits im 18. Jahrhundert einsetzte und mit der Entwicklung der Naturgeschichte zusammenhing, bestand in der zunehmenden Naturalisierung dieser Einteilungen. Entsprechend der Klassifizierung von Pflanzen und Tieren wurden in die naturgeschichtlichen Schemata auch Klassifikationen von Menschen aufgenommen. Schon Linné hatte in den 1730er Jahren Menschen in seine deskriptiven Klassifikationssysteme eingeschlossen, sehr bald folgte ihm Buffon mit einer richtigen naturgeschichtlichen Taxonomie. Der zweifelhafte Titel eines Vaters der modernen Rassentheorie muß aber wohl Johann Friedrich Blumenbach, Kants jüngerem Zeitgenossen und Mitarbeiter, verliehen werden.[6] Kant selbst war nicht bloß auf der Höhe zeitgenössischer biologischer Darstellungen der Rassenunterschiede und ihnen in manchen Hinsichten sogar voraus, er war auch in der Reiseliteratur seiner Zeit außergewöhnlich gut bewandert. Im Zusammenhang mit seinen Vorlesungen über physikalische Geographie und Anthropologie, die er von 1756 bis 1796 jährlich hielt, vertiefte er sich in die Berichte von Forschungsreisenden, Siedlern, Händlern, Missionaren und

---

6 Siehe Ivan Hannaford, *Race. The History of an Idea in the West*, Baltimore 1996, darin besonders Kap. 7. Robert Bernasconi erkennt Kant und Blumenbach den Titel gemeinschaftlich zu, siehe ders., »Who Invented the Concept of Race? Kant's Role in the Enlightenment Construction of Race«, unveröffentlichtes MS. Meine Äußerungen in diesem Abschnitt konnten von Bernasconis herausragender Untersuchung profitieren. Hilfreich war außerdem Emmanuel Chuckwudi Eze, »The Color of Reason. The Idea of ›Race‹ in Kant's Anthropology«, in: Eze (Hg.), *Postcolonial African Philosophy*, Oxford 1997, S. 103-140. Gleichwohl denke ich, daß Bernasconi und Eze das Ausmaß überschätzen, in dem das rassenbezogene Denken Kants sein philosophisches Projekt als Ganzes zunichte macht.

ähnlichen Verfassern, die einen bedeutenden Teil der »empirischen« Grundlage der vergleichenden Kulturforschung seiner Zeit ausmachten. (Königsberg war damals ein internationaler Hafen mit Verbindungen nach Übersee.) Und obgleich Kant die Verläßlichkeit solcher Berichte zuweilen bespöttelte, stützte er sich dennoch auf sie, um sich von nicht-europäischen Völkern ein Bild zu machen. Wir könnten also sagen, daß seine Auffassungen den Umfang und die Art der europäischen Kontakte mit Nicht-Europäern in der frühen Moderne widerspiegeln. Und bei Kant hatte dieser Spiegel eine Stärke und Klarheit wie bei keinem zweiten. Der mit der Eroberung und Versklavung der »neuen Welt« einhergehende landläufige Rassismus fand in ihm die höchste theoretische Reflexion vor Anbruch des 19. Jahrhunderts, die auch bereits das wesentliche Charakteristikum der »Rassenlehre« des 19. Jahrhunderts aufwies: Die Rassenunterschiede wurden als biologisch vererbte Festlegungen von Kulturunterschieden, speziell der Unterschiede im Bereich der intellektuellen und sittlichen Fähigkeiten, hingestellt.

Kant unterbreitet uns eine nach Hautfarben aufgeschlüsselte Einteilung der Menschen in weiße Europäer, gelbe Asiaten, schwarze Afrikaner und rote Amerikaner, wobei diese Reihenfolge die Einstufung ihrer »Naturanlagen« ausdrückt. Durch seine Begründung dieser Hierarchie klingen die Vorurteile und Stereotypen durch, die er aus der Reiseliteratur aufgesogen hatte.[7] Ausgehend von dem, was er für biologisch verankerte Unterschiede der Begabungen und Temperamente hält, stellt Kant Mutmaßungen darüber an, daß nicht-europäische Völker unfähig sind, ihre Humanität autochthon zu verwirklichen, und insbesondere nicht jene »vollkommen gerechte bürgerliche Verfassung« erlangen können, die der Menschheit als höchste Aufgabe der Natur gestellt ist. Europa wird daher »wahrscheinlicher Weise allen anderen dereinst Gesetze geben«.[8] Das ist der Plan der Natur, demzufolge Gottes Plan und daher die größte Hoffnung

---

7 Eze zitiert einige der relevanten Textstellen aus *Kants philosophische Anthropologie. Nach handschriftlichen Vorlesungen*, in: »The Color of Reason«, a. a. O., S. 115-119.
8 »Idee zu einer allgemeinen Geschichte in weltbürgerlicher Absicht«, in: Immanuel Kant, *Schriften zur Anthropologie, Geschichtsphilosophie, Politik und Pädagogik* 1, Werke in zwölf Bänden, Band XI, Frankfurt am Main, 2. Aufl. 1978, S. 48. Kant bestritt aber, daß es für die Besitzsklaverei irgendein Recht geben könne und lehnte den europäischen Kolonialismus seiner Zeit rundweg ab.

der Menschheit. Da haben wir sie: eine voll ausgereifte theoretische Rechtfertigung für die Überlegenheit der weißen Rasse, die in der Biologie wurzelt und erbliche Unterschiede angeborener Fähigkeiten anführt und erfüllt ist von der zivilisatorischen Sendung der weißen Rasse, die von der Natur ausersehen wurde, Schrittmacher des kulturellen Fortschritts zu sein und dem Rest der Welt das Recht zu bringen.

Wir könnten also sagen, daß das von Kants Ideen der praktischen Vernunft ausgehende Licht gebrochen wurde, sobald es in das dichtere Medium seiner wesentlichen Ansichten über Gott, die Natur, den Menschen und die Geschichte eintrat. Ich denke, das ist exemplarisch für ein allgemeines Muster: Substantielle Weltanschauungen – Religionen, Kosmologien, Metaphysik, Naturgeschichte usw. – haben für *grammatisch* universelle Normen die Wirkung eines Brechungsmediums. Aufgrund der entstehenden Brechungen und Abweichungen garantiert die formale Universalität keineswegs, daß die semantischen Regeln, denen folgend solche Normen angewandt werden, in dem Sinne überzeugend universell sein werden, daß sie allen Betroffenen tatsächlich gleichen Respekt, gleiche Berücksichtigung und Behandlung zugestehen. Historisch gesehen sind sie das selten gewesen. Vielmehr sind die Bedeutungen der Schlüsselbegriffe, die zur Formulierung universeller Normen verwendet wurden, bezeichnenderweise abgewandelt worden, um Unterschiede des Geschlechts, der Rasse, der Ethnizität, der Klasse, des Status oder anderer Formen von Gruppenzugehörigkeiten und zugeschriebener Identität kenntlich zu machen, so daß diejenigen, die die fragliche Sprache verstanden, die Unterschiede des beabsichtigten Geltungsbereichs der Normen heraushören konnten. Wenn wir die Klassiker lesen, entgehen uns diese Modulationen häufig, weil wir die universellen Formeln anachronistischerweise in dem inklusiveren Sinne deuten, in dem wir sie heute verstanden wissen möchten. Wir behandeln dann die auffälligsten Ausschlüsse, als handele es sich um Abweichungen von den Normen, *wie sie damals verstanden worden sind*. Diese Art und Weise der Interpretation ergibt das bekannte Bild des Fortschritts, wonach die universellen moralischen, rechtlichen und politischen Normen im Denken der Frühmoderne bereits erreicht waren, aber nur schrittweise in die Praxis umgesetzt wurden, da die Abweichungen vom Ideal hinsichtlich der Klasse, des Geschlechts, der

Rasse und so fort erst nach und nach beseitigt wurden. Hinter der methodologischen Unterscheidung zwischen »idealer« und »nicht-idealer« Theorie, die den dominanten Ansatz der heutigen liberalen Theorie in bezug auf die verworrenen Realitäten der wirklichen Welt strukturiert, steht eine ähnliche Vorstellung, denke ich. Mit dem weitverbreiteten Abbau der *De-jure*-Diskriminierung rassischer Minderheiten im Hinblick auf ihre Bürgerrechte hat sich das politisch-theoretische Problem seiner Natur nach jedoch verändert. Es handelt sich nicht mehr um die Frage der theoretischen Rechtfertigung oder theoretischen Unterbringung rassischer Unterordnung wie in der klassischen Phase, sondern um ihre Verlegung in den Bereich der »nicht-idealen Theorie«. Ein kurzer Blick auf das Werk von John Rawls wird den veränderten Charakter des Problems verdeutlichen.[9]

II.

Während bestimmte legalisierte Formen der Unterordnung wie Sklaverei und Leibeigenschaft heute »von der politischen Tagesordnung« genommen sein mögen, wie Rawls in *Politischer Liberalismus* sagt (PL, S. 240, Anm. 16), läßt sich das gleiche von den rassisch definierten Beziehungen im ganzen nicht sagen, wie Rawls in seiner Einleitung zu demselben Werk einräumt und wie die anhaltenden Debatten über gezielte Fördermaßnahmen [affirmative action] und andere Vorschläge zur Beseitigung des bleibenden Erbes eines legalisierten Rassismus bezeugen. Wenn die Rassenfrage zugegebenermaßen noch immer zu »den für uns wichtigsten Problemen« gehört (PL, S. 26), warum wird sie dann in dem Buch nicht zum Gegenstand der Theorie? Die Antwort darauf hat nicht unerheblich mit dem Wesen der »idealen Theorie« zu tun, möchte ich sagen. Die ideale Theorie, die ihrer Konzeption nach kantianisch ist, geht von »rational autonomen Akteuren« aus und gesteht ihnen nur soviel Information zu, wie

---

9 Rawls' Schriften werden im Text mit folgenden Siglen abgekürzt: TG, *Eine Theorie der Gerechtigkeit*, übs. von H. Vetter, Frankfurt am Main 1979; PL, *Politischer Liberalismus*, übs. von W. Hinsch, Frankfurt am Main 1998; CP, *Collected Papers*, Cambridge 1999; und LP, *The Law of Peoples*, Cambridge 1999 (dt. Übersetzung erscheint bei de Gruyter, A. d. Ü.).

zur Einigung auf bestimmte Grundsätze benötigt wird.[10] Dieser Punkt ist Rawls zufolge dann erreicht, wenn die Parteien im Urzustand, die nun als symmetrisch eingestufte Treuhänder freier und gleicher, rationaler und vernünftiger Staatsbürger dargestellt werden, einzig und allein jene »allgemeinen«, nicht besonderen oder persönlichen, »Tatsachen« über die Gesellschaft kennen – das heißt Gesetze, Theorien und Tendenzen, die die Politik, Wirtschaft, Psychologie und Sozialorganisation betreffen –, die erforderlich sind, um eine gerechte *und* machbare Grundstruktur zu entwerfen oder, wie er auch formuliert, eine »realistische Utopie« zu gestalten, eine Utopie, die in Anbetracht dessen, was wir über »die Gesetze und Tendenzen der Gesellschaft« wissen, »erreichbar« ist. (LP, S. 11-23)

Diese Art, das zu begrenzen, was hinter dem Schleier der Unwissenheit bekannt ist und was nicht, bringt es aber auch mit sich, daß ein Großteil des Wissens, das zur theoretischen Aufklärung der rassisch definierten Beziehungen erforderlich ist, den Parteien im Urzustand nicht verfügbar sein wird – sie kennen beispielsweise nicht »die besonderen Verhältnisse in ihrer eigenen Gesellschaft«, wissen nicht »zu welcher Generation sie gehören« (TG, S. 160) und das »vergleichsweise gute oder schlechte Los ihrer Generation ist ihnen unbekannt.« (PL, S. 384) Sie haben auch keine Kenntnis vom »gegenwärtigen Entwicklungsstand ihrer Gesellschaft« oder von den »in der Grundstruktur zu findenden Auswirkungen historischer Umstände und sozialer Zufälle«. (PL, S. 384) Kurz gesagt, alle kontingenten Wirkungen und »historischen, natürlichen und sozialen Zufälligkeiten« sollen gezielt aus den Überlegungen getilgt werden – und zwar nicht deshalb, weil solches Wissen per se unvereinbar ist mit Unparteilichkeit – nein, sondern weil eine kantianische Auffassung mehr

---

10 In »Kantischer Konstruktivismus in der Moraltheorie« (in: John Rawls, *Die Idee des politischen Liberalismus. Aufsätze 1978-1989*, hg. von W. Hinsch, Frankfurt am Main 1992, S. 127) wird sie von Rawls so dargestellt. Die Kantische Herkunft bestimmter Schlüsselideen wird von Rawls weiter anerkannt, obwohl er zu der Auffassung wechselte, seine politische Theorie sei »freistehend«. Die Charakterisierung des Schleiers der Unwissenheit als eine Vorstellung, die indirekt in Kants Ethik enthalten ist (TG, S. 164), taucht z. B. in PL wieder auf, wo er seine Präferenz für einen »dichten« Schleier der Unwissenheit als »eine kantische Auffassung« beschreibt — »die Parteien sind soweit wie möglich als bloße moralische Personen und unabhängig von allen Zufälligkeiten zu betrachten« (PL, S. 385).

verlangt als Unparteilichkeit. Wie wir sahen, versucht die kantianische Sicht, Gerechtigkeitsprinzipien aus der bloßen Idee der Fairneß zwischen freien und gleichen moralischen Personen zu konstruieren. Die Welt, in der wir leben, ist aber so unvollkommen, daß diese Strategie die Gefahr birgt, eine normative Theorie nicht nur unrealistisch, sondern auch unfair zu gestalten. Charles Mills hält zum Beispiel fest, daß »auf dieser Basis vorgeschriebene politische Richtlinien in der konkreten, nicht-idealen Gesellschaftsordnung der Vereinigten Staaten nicht ausreichen werden, um die [rassenbedingten] Ungerechtigkeiten der Vergangenheit wiedergutzumachen«.[11]

An diesem Punkt kommt nun die Vorstellung von einer »nichtidealen Theorie« ins Spiel. Sie nimmt die von der idealen Theorie aufgestellten Prinzipien zur Richtschnur und nähert sich der »Ungefügigkeit« und den »unvorteilhaften Bedingungen« der wirklichen Welt im Reformgeist: Sie fragt danach, wie politische Ideale »erreicht werden können oder wie allmählich auf sie hingearbeitet werden kann. Sie sucht nach politischen Grundsätzen und Vorgehensweisen, die moralisch zulässig, politisch möglich und zudem sehr wahrscheinlich effektiv sind.« (LP, S. 89) »Obwohl die besonderen Bedingungen unserer Welt zu einem beliebigen Zeitpunkt [...] nicht die Idealvorstellung festlegen«, beeinflussen sie »die spezifischen Antworten auf Fragen der nicht-idealen Theorie«. (LP, S. 90) Kann diese Arbeitsteilung funktionieren?

Die klassische politische Philosophie von Platon bis Mill hat bei ihrem systematischen Nachdenken über die Ursprünge, das Wesen und die Zwecke der Regierung eine Vielzahl von Aufgaben übernommen: beschreibende, analytische und erklärende Aufgaben ebenso wie normative, bewertende und begründende. Da ihr Verständnis die politischen Praktiken fest in der Gesamtgesellschaft verankert sah, verfolgte sie diese Aufgaben in mehreren Hinsichten: nämlich ökonomisch, psychologisch, sozial und kulturell ebenso wie im engeren Sinne politisch. Mit der Entwicklung spezialisierter sozial- und geschichtswissenschaftlicher Forschung in der zweiten Hälfte des 19. Jahrhunderts und mit deren zunehmend positivistischer Selbstauslegung als wertfreie Wissenschaften trat die angloamerikanische politische Theorie lange

---

11 Charles W. Mills, *Blackness Visible*, Ithaca 1998, S. 108.

Zeit in den Hintergrund. Nach dem zweiten Weltkrieg tauchte sie, unter anderem in der Gestalt »normativer« oder »evaluativer« Theorie, langsam wieder auf. Sie respektierte die damals gemeinhin anerkannte Tatsachen/Werte-Spaltung, die sich mit dem vorherrschenden behavioristischen Selbstverständnis der Geisteswissenschaften gut vereinbaren ließ, und bearbeitete eine Seite davon. Rawls' Darstellung der idealen Theorie beruht anscheinend ebenfalls auf einer solchen Arbeitsteilung, wenngleich in leicht veränderter, kooperativerer Form. Seine wiederholte Charakterisierung des zur Konstruktion eines realistischen Ideals benötigten allgemeinen Wissens über die Gesellschaft als »allgemeine Tatsachen« oder »allgemeine Information« legt dies nahe, besonders insofern diese offenbar mehr oder weniger austauschbar wie »Gesetze« und »Theorien« der Gesellschaft verwendet werden. Jede theoretische Strategie, die auf einer Tatsachen/Werte-Arbeitsteilung beruht – selbst eine kooperative – handelt sich jedoch eine Unmenge an Einwänden ein.

Um damit gleich anzufangen: Allgemeine »Tatsachen« über die soziale Welt sind, wie jedem klar ist, der die Diskussionen in der postempiristischen Philosophie der Sozialwissenschaften verfolgt hat, kaum die unumstrittene Angelegenheit, für die sie Rawls offenbar hält. Die Feststellung von Tatsachen erfolgt in Sprachen, und so lange wie es keine einheitliche allgemeine Theorie gibt, über die man in und zwischen den relevanten Forschungsgemeinschaften in irgendeinem Bereich des sozialen Lebens einen Konsens gebildet hat, sind die Sprachen und folglich die Tatsachen – um die allgemeinen »Gesetze« der Sozialwissenschaften gar nicht erst zu erwähnen – Gegenstand der Debatte und können nicht vom Standpunkt eines neutralen Beobachters oder Herstellers eines reflexiven Gleichgewichts entschieden werden. Eine »realistische« politische Theorie wird also in genau die Art von interpretativ-historischen und sozial-theoretischen Auseinandersetzungen hineingezogen werden, die sie in ihrem Selbstverständnis als normative Theorie zu vermeiden hofft.

Interpretative Zugangsweisen zur sozialen Welt gewichten die historischen Untersuchungsmethoden bezeichnenderweise stärker und anders als positivistische oder empiristische Ansätze. Das hermeneutische Verstehen ist inhärent geschichtlich: es will soziale Phänomene *als* geschichtliche Phänomene begreifen, und zwar oft in narrativen Begriffen. Rawls' strenge Trennung der

»allgemeinen« von der »besonderen« Kenntnis der Gesellschaft wird damit problematisch. Denn sie unterstellt, daß uns die gesamte allgemeine Information über die Gesellschaft, die wir brauchen, um eine Grundstruktur der Gerechtigkeit zu entwerfen, zur Verfügung steht, ohne daß wir irgend etwas über die Geschichte der jeweiligen Gesellschaft oder über die Restbestände jener Geschichte in ihren jeweiligen Institutionen und Praktiken wissen müssen. Das wäre nicht möglich, wenn, wie die hermeneutisch denkenden Theoretiker des Sozialen behaupten, die allgemeine Information über die Gesellschaft mit einem oft unerwähnt bleibenden historischen Index einhergeht. Und das läßt darauf schließen, daß die Beziehung zwischen dem Allgemeinen und dem Besonderen enger und interaktiver, »dialektischer« sein muß, als sie es in Rawls' Modell sein darf.

Darüber hinaus machen die interpretativen Ansätze auch nicht das Versprechen eines »Blicks von nirgendwo«, das heißt eines neutralen Standpunktes. Die von ihnen empfohlenen Perspektiven auf die soziale Welt bedenken auch stets das »irgendwo«, den Standpunkt des Interpretierenden, mit. Interpretative Standpunkte sind selbst im lebendigen Strom der Geschichte zu verorten und bringen daher unweigerlich ihre eigenen evaluativen, affektiven und kognitiven Voraussetzungen mit. Unser »wissenschaftliches« Wissen von der sozialen Welt ist demnach in einem stärkeren Sinne wertbefrachtet als unser wissenschaftliches Wissen von der physikalischen Welt, denn es spiegelt nicht nur die Werte, die für das entsprechende wissenschaftliche Unternehmen konstitutiv sind, sondern unvermeidlicherweise auch die Werte des soziokulturellen Standortes, von dem aus das Unternehmen betrieben wird. Dieser Auffassung zufolge ist die allgemeine Information über die Gesellschaft, die Rawls in die Konstruktion der idealen Theorie einfließen läßt, nicht einfach eine Zusammenstellung wertneutraler Tatsachen, der jede vernünftige Person zustimmen können muß, sondern vielmehr ein wertbefrachtetes Bild der sozialen Welt, das sich in der Gemeinschaft liberaler Theoretiker, die er anspricht, breiter Akzeptanz erfreut. Und das deutet nochmals darauf hin, daß das Verhältnis zwischen normativer und empirischer Untersuchung enger und interaktiver oder »dialektischer« sein muß, als sein Modell es zuläßt.

III.

Wie durch die Schockwirkungen von Foucaults Genealogien klar wird, haben es die Metaerzählungen der Aufklärung über die universellen Prinzipien der Vernunft, die an der Schwelle zur Moderne entdeckt wurden, versäumt, die Unreinheit der Forderungen zuzugeben, die im Namen der reinen Vernunft tatsächlich gestellt wurden. Habermas hat in seiner Antrittsvorlesung von 1965 in Frankfurt am Main einen ähnlichen Gedanken ausgedrückt: »Philosophie hat von Anbeginn unterstellt, die mit der Struktur der Sprache gesetzte Mündigkeit sei nicht nur antizipiert, sondern wirklich. Gerade die reine Theorie, die alles aus sich selber haben will, fällt dem verdrängten Äußeren anheim und wird ideologisch.«[12] Foucault und Habermas – wie groß die Differenzen zwischen ihnen in anderer Hinsicht sein mögen – unterstreichen beide den Bedarf an kritischer Zeitgeschichte. Mit ihrer Hilfe soll sich unser Selbstverständnis auf eine Art und Weise verändern, die sowohl für die Theorie wie für die Praxis Implikationen hat. Beide vertreten die Ansicht, daß diese Art der engagierten, praktischen Reflexivität die Übernahme einer objektivierenden »Außenseiter«-Perspektive erforderlich macht, die uns zu den unproblematischen Bedeutungen und selbstverständlichen Praktiken unserer Lebensformen Distanz gewinnen läßt.[13]

Diese gemeinsame Strategie, die Genealogien der akzeptierten Ideale und der Prinzipien der praktischen Vernunft zu untersuchen, unterscheidet die kritischen Ansätze der politischen Theorie von Ansätzen wie den Rawlsschen, die grundlegende Gerechtigkeitsnormen vermittels eines »reflexiven Gleichgewichts« aus den »gefestigten Überzeugungen« unserer öffentlichen politischen Kultur ableiten wollen. Die kritische Geschichtsforschung zeigt uns, daß die politischen Werte, aus denen der politische Liberalismus eine politische Gerechtigkeitskonzeption konstruieren will, immer umstritten waren und nach wie vor oft heftig umstritten sind, wobei gewöhnlich Machtfragen und Interessen

---

12 J. Habermas, *Technik und Wissenschaft als »Ideologie«*, Frankfurt am Main, 9. Auflage 1978, S. 164.
13 Zu einer ausführlicheren Erörterung der Ähnlichkeiten und Unterschiede, siehe T. McCarthy, »Die Kritik der unreinen Vernunft. Foucault und die Frankfurter Schule«, in: *Ideale und Illusionen. Dekonstruktion und Rekonstruktion in der kritischen Theorie*, Frankfurt am Main 1993, S. 64-115.

eine Rolle spielen. Und sie macht uns bewußt, daß die sehr verschiedenen Ideen, Prinzipien, Werte und Normen, die dazu verwendet worden sind, die Forderungen der praktischen Vernunft auszudrücken, nicht hinlänglich begriffen oder beurteilt werden können, wenn man nicht versteht, daß und wie Elemente der Situation, in der sie dargelegt wurden, Eingang in sie fanden.

Die zeitgenössische normative Theorie läßt nicht nur die »Ursprungskontexte« weitgehend unerforscht, sondern auch die »Anwendungskontexte«. Die Unterscheidung, die Rawls und andere zwischen der »idealen« und der »nicht-idealen« Theorie machen, isoliert die politische Theoriebildung zumindest in den Anfangsstadien methodologisch von der Verworrenheit der politischen Realität. Der Wert späterer Ausflüge in die nicht-ideale Theorie ist durch deren lockere, *Post-hoc*-Verbindung zur empirischen Arbeit oft begrenzt. Das heißt, obwohl die nicht-ideale Theorie die normative politische Theorie wieder in die Richtung der empirischen sozialen Realität zieht, von der sie sich am Anfang in abstrahierender und idealisierender Weise entfernte, sind keine theoretischen Mittel verfügbar, die die Kluft zwischen einer rassen-blinden idealen Theorie und einer rassisch kodierten politischen Realität überbrücken könnten. Denn die ideale Theorie selbst leistet keine theoretische Vermittlung zwischen dem Idealen und dem Realen – oder genauer gesagt, die Vermittlung, die sie leistet, ist häufig nur implizit und stets ausgesprochen beschränkt.

Der normativen Theorie fehlt der ständige Kontakt zu Untersuchungen, die von der Geschichtswissenschaft, Soziologie, Politikwissenschaft, Anthropologie, Psychologie, Kulturwissenschaft und anderen empirisch gestützten Disziplinen aus distanzierterem Blickwinkel durchgeführt werden, wie ihr auch die systematische Integration dieser Disziplinen fehlt. Das bringt die normative Theorie um das kontraintuitive Wissen, das sie benötigt, um ihre eigenen Rekonstruktionen des intuitiven Wissens von Beteiligten (»unsere durchdachten Überzeugungen von Gerechtigkeit in allen Allgemeinheitsgraden«) richtig einordnen zu können. Infolgedessen gehen die normativen Ideale, die dafür stehen, wie die Dinge sein sollten, unmerklich in verallgemeinerte Beschreibungen über, die besagen, wie die Dinge tatsächlich sind, so daß sie in klassisch ideologischer Manier operieren; oder die Kategorien der normativen Theorie erfüllen einen weiteren

Zweck als beschreibende Kategorien, sobald Fragen der nichtidealen Theorie zur Diskussion stehen – eine Rolle, für die sie denkbar schlecht geeignet sind. Das Ergebnis ist zum einen eine beschönigende Darstellung der normativen Ideen von früher und von heute, die in der politischen Gesellschaft tatsächlich wirksam sind, und zum anderen ein Versäumnis, die Hintergrundannahmen der Gesellschaft kritisch auszuleuchten, die ungeachtet aller Abstraktionen und Idealisierungen immer auch in die Formulierungen der idealen Theorie Eingang finden.

Aus dem letztgenannten Grund läßt sich das, was Habermas in *Faktizität und Geltung* für die Rechtstheorie geltend macht, *ceteris paribus* auch auf die politische Theorie anwenden – daß sie nämlich auf Hintergrundannahmen beruht, die sich einem bestimmten Vorverständnis von Strukturen, Dynamik, Problemen, Potentialen und Gefährdungen der zeitgenössischen Gesellschaft verdanken.[14] Diese impliziten »Vorstellungsbilder« oder »Modelle« der Gesellschaft gehen unbemerkt in die normativ-theoretischen Konstruktionen ein und spielen oft eine verdeckte Rolle bei dem, was den Anschein rein normativer Meinungsverschiedenheiten erweckt. Gründliche Meinungsverschiedenheiten in der normativen Theorie – zum Beispiel der Dissens zwischen klassischen Liberalen und Sozialstaatsverteidigern oder die Meinungsverschiedenheiten zwischen den beiden Fraktionen von Liberalen und ihren sozialistischen, radikalfeministischen oder postkolonialistischen Kritikern – machen sich oft an unterschiedlichen Auffassungen der »Tatsachen« fest, Tatsachen in bezug auf Märkte, Klassen, Geschlechterrollen, internationale Beziehungen beispielsweise, von denen implizit oder explizit ausgegangen wurde. Wie wir aus der Theoriegeschichte wissen, waren bedeutende Umbrüche im Denken oft das Resultat von Anfechtungen, die genau das in Frage stellten, was man zuvor als »natürliche«, unumstößliche Tatsachen des sozialen Lebens aufgefaßt hatte: die klassenabhängige Verteilung des Sozialprodukts, die geschlechtliche Arbeitsteilung, rassenbezogene Hierarchien sozialer Privilegierung, ethnokulturelle Definitionen politischer Zugehörigkeit und so fort. Diese Überlegungen verdeutlichen, daß die Vorstellungsbilder oder Modelle der Gesellschaft, die in der normativen Theoriebildung immer wirksam sind, gewöhn-

---

14 Jürgen Habermas, *Faktizität und Geltung*, Frankfurt am Main, 4. erw. Auflage 1994, Kapitel 9.

lich jedoch unbeachtet bleiben, ausdrückliches Thema werden müssen, wenn es die Theoretiker vermeiden wollen, ihr intuitives Selbstverständnis von sozialen Kontexten zu universellen Idealen zu erheben. Die Entwicklung politischer Theorie müßte dann allerdings das intuitive Wissen aus der Perspektive des »Insiders« irgendwie mit dem kontraintuitiven Wissen aus der Perspektive des »Außenseiters« (im Sinne des Beobachters wie des Ausgeschlossenen) zusammenbringen. Sie müßte die konstruktiven und rekonstruktiven Ziele der normativen Theorie mit den interpretativen, analytischen und explanatorischen Zielen der Geschichtswissenschaft und anderer empirisch gestützter Geisteswissenschaften und mit den praktischen Zielen der Sozialkritik und Kulturkritik verbinden.

IV.

So wie ich ihn verstanden habe, wollte Habermas in der *Theorie des kommunikativen Handelns* eine derartige Verbindung herstellen. Dort nämlich entwickelte er einen mehrdimensionalen Theorierahmen, um die allgemeinen Strukturen gesellschaftlicher Rationalisierung zu erfassen und eine generelle Beurteilung der Schwierigkeiten der modernen Gesellschaft auszuarbeiten.[15] Auf dieser allgemeinen Analyseebene wurde den einzelnen Formen der Unterdrückung noch wenig Aufmerksamkeit geschenkt; später hat Habermas, zum Teil in Reaktion auf Kritiker, jedoch angedeutet, wie sein Ansatz verwendet werden könnte, um unter anderem Fragen der Ungleichheit der Geschlechter, des Multikulturalismus, der Einwanderung, des Ethnonationalismus, der Menschenrechte und der globalen Gerechtigkeit zu analysieren.[16] Ich nehme dies zu meinem Ausgangspunkt und erläutere nun in sehr groben, weit ausholenden Zügen, auf welche Weise der analytische Rahmen, der in der *Theorie des kommunikativen Handelns* entwickelt wurde, zum Zweck der Analyse rassisch bedingter Unterdrückung angepaßt werden kann. Dementsprechend werden meine Ausführungen der kritisch-geschichtlichen Seite

---

15 J. Habermas, *Theorie des kommunikativen Handelns*, 2 Bände, Frankfurt am Main 1981.
16 Siehe dazu besonders J. Habermas, *Die Einbeziehung des Anderen. Studien zur politischen Theorie*, Frankfurt am Main 1996.

der Dinge mehr Raum geben als der entwicklungsgeschichtlichen Seite; und sie werden (viel zu schnell) über verschiedene Gebiete schweifen, denn es geht mir wesentlich um die Auslotung des Potentials der Theorie als eines generellen Interpretationsschemas, das in der Lage ist, unterschiedliche Forschungstypen zur Kategorie der Rasse und zum Rassismus aufeinander zu beziehen. Um die Aussichtslosigkeit, diese Aufgabe zu bewältigen, zumindest etwas zu verringern, werde ich mich weitgehend auf die Vereinigten Staaten konzentrieren. Es erübrigt sich anzumerken, daß diese Ausführungen nur skizzenhaft und vorläufig sind. Sie sind nicht mehr als erste Gedanken zu der Frage: Was könnte Habermas' kritische Theorie für eine Untersuchung der Rassenproblematik bieten?

Die *Theorie des kommunikativen Handelns* liefert eine allgemeine Darstellung der Entstehung der modernen Gesellschaft, ihrer Grundstrukturen und Tendenzen und ihrer tiefsitzenden Probleme und Pathologien. Für unsere Zwecke ist die kollektive Charakterisierung solcher Pathologien als Folgen einer »Kolonisierung der Lebenswelt durch das System« von unmittelbarem Interesse. »System« bezieht sich in dieser Formulierung in erster Linie auf die funktional verknüpften Vorgänge der Ökonomie und des Staates, und »Lebenswelt« verweist auf den symbolisch strukturierten Hintergrund des sozialen Handelns und der Interaktion, das heißt auf die gemeinsamen Bedeutungen, normativen Erwartungen und kollektiven Identitäten, die eine Lebensform ausmachen.

Habermas betrachtet die Schauplätze von Konflikten in den gegenwärtigen Gesellschaften aus dieser Perspektive und in diesem analytischen Rahmen. Seine zentrale These lautet, daß sich die »neuen sozialen Bewegungen« vorwiegend entlang den »Säumen« zwischen System und Lebenswelt bilden, wo sich neue Potentiale für Konflikte, Widerstand und Emanzipation ergeben. Damit treten aber Probleme und Spannungen, die ihren Ort in der Lebenswelt selbst haben, in den Hintergrund. Kultur, Gesellschaft und Persönlichkeit werden entweder im Hinblick auf die funktionalen Erfordernisse und nicht intendierten Folgen thematisiert, denen sie aufgrund ihrer Verknüpfungen mit der Wirtschaft und dem Staat unterworfen sind; oder sie werden, wenn die Lebenswelt für sich gesehen thematisiert wird, hauptsächlich unter dem Aspekt ihrer wachsenden Differenzierung und Reflexivität beziehungsweise ihrer »Rationalisierung« betrachtet – sowie unter dem Aspekt ihres funktionalen Beitrags zur symbolischen Reproduktion und sozialen Integration.

Welche Verdienste dieser Ansatz für das allgemeine Verständnis unserer Epoche und ihre Diagnose auch immer haben mag, er ist unzureichend, denke ich, wenn man die heutigen Debatten und Kämpfe verstehen will, in deren Mittelpunkt Geschlecht und Rasse stehen. So viel schien Habermas in seinen Äußerungen über die amerikanische Bürgerrechtsbewegung und die feministische Bewegung auch einräumen zu wollen. Er charakterisierte sie – um damit gleich zu beginnen – als Kämpfe, die in der Tradition klassischer Emanzipationsbewegungen stehen. »Der Kampf gegen patriarchalische [und rassische] Unterdrückung und für die Einlösung eines Versprechens, das in den anerkannten universalistischen Grundlagen von Moral und Recht seit langem verankert ist, verleiht dem Feminismus [und dem schwarzen Freiheitskampf] die Schubkraft einer offensiven Bewegung.«[17] Gleichzeitig, so fuhr er fort, gibt es Elemente des kulturellen Widerstands und der Selbstbejahung, die sie mit den neuen sozialen Bewegungen verbinden. »Die Emanzipation der Frauen [und Schwarzen] soll nicht nur formale Gleichberechtigung herstellen, männliche [weiße] Vorrechte beseitigen, sondern konkrete, von männlichen [und weißen] Monopolen geprägte Lebensformen umstürzen.«[18] Darin war die Erkenntnis ausgedrückt, daß Probleme des Patriarchats und des Rassismus *auch* in der Lebenswelt entstehen und nicht nur Folgen der wirtschaftlichen und staatlichen Gefüge und ihres Funktionierens sind. Diese Erkenntnis wurde später noch deutlicher formuliert, wenn Habermas in »Anerkennungskämpfe im demokratischen Rechtsstaat« mit Blick auf den Feminismus schrieb: »Die Klassifikation der Geschlechtsrollen und der geschlechtsabhängigen Differenzen berührt elementare Schichten des kulturellen Selbstverständnisses einer Gesellschaft [... und bringt] den fehlbaren, revisionsbedürftigen und grundsätzlich bestreitbaren Charakter dieses Selbstverständnisses zu Bewußtsein.«[19] Die

17 Habermas, *Theorie des kommunikativen Handelns*, Band 2, a. a. O., S. 578. Die Zusätze stammen von mir (T.MC.); sie machen die von Habermas gezogene Parallele deutlich.
18 Habermas, ebd., S. 579.
19 Habermas, »Anerkennungskämpfe im demokratischen Rechtsstaat«, in: Charles Taylor, *Multikulturalismus und die Politik der Anerkennung*, hg. von Amy Gutmann, Frankfurt am Main 1993, S. 156.

herrschende Kultur interpretiert »das Verhältnis der Geschlechter auf eine asymmetrische Weise [...], die Gleichberechtigung ausschließt. Die Differenz geschlechtsspezifischer Lebenslagen und Erfahrungen findet weder rechtlich noch informell eine angemessene Berücksichtigung. [...] So beginnt der politische Kampf um Anerkennung als Kampf um die Interpretation von geschlechtsspezifischen Leistungen und Interessen. [...] Das Werteregister der Gesellschaft im ganzen steht zur Diskussion; die Folgen dieser Problematisierung reichen bis in private Kernbereiche hinein und betreffen auch die etablierten Abgrenzungen zwischen privater und öffentlicher Sphäre.«[20] Daraus folgt aber, daß wir Unterdrückung und Befreiung im Geschlechterverhältnis nicht nur unter dem Aspekt ökonomischer Ungleichheit und politischer Abhängigkeit abhandeln können, sondern auch kulturelle Interpretationsmuster und Bewertungsschemata, soziale Rollen und normative Erwartungen, Sozialisationsprozesse und zugeschriebene Identitäten theoretisch einbeziehen müssen – und natürlich ihre zahllosen Verkettungen untereinander. Von der Unterdrückung aufgrund der Rasse könnte man offenkundig fast das gleiche sagen, und darum wird die Perspektive von der »Kolonisierung der Lebenswelt« für diese Zwecke nicht ausreichen.

Ich denke gleichwohl, daß in Habermas' Theorierahmen die Hilfsmittel vorhanden sind, mit denen man einen geeigneteren Ansatz für die Analyse der rassisch bedingten Unterdrückung ausarbeiten kann. Tatsächlich ist das höchst differenzierte Schema der Theorie des kommunikativen Handelns eines der wenigen, das über genügend interpretative und analytische Ressourcen verfügt, um ein so komplexes, mehrdimensionales Phänomen wie die Rasse schlüssig und zusammenhängend theoretisch erfassen zu können. Möglicherweise müssen wir uns am Ende mit dem turbulenten Strom locker zusammenhängender und sich oft gegenseitig untergrabender Analysen zufriedengeben, die den derzeitigen Stand der Theorie zur Rassenproblematik ausmachen. Ich meine jedoch, es wäre den Versuch wert, einen umfassenderen Rahmen der Interpretation, Analyse und Kritik zu erstellen, und sei dieser auch nur sehr provisorisch. Alles, was ich hier anbieten kann, sind ein paar Stichworte zu naheliegenden Wegen der Forschung in einigen zentralen Dimensionen.

20 Habermas, ebd., S. 158f. Zusätze von mir (T.MC.).

V.

Politische Ökonomie

Habermas' Darstellung der systemisch organisierten Gesellschaftsbereiche und ihrer wachsenden Unabhängigkeit und Dominanz gegenüber den soziokulturell integrierten Lebenssphären ist ein Versuch, die funktionalistische Darstellung der kapitalistischen Wirtschaft durch Marx unter Zuhilfenahme begrifflicher Mittel der heutigen Systemtheorie umzuarbeiten und dabei auch die Verflechtung von Wirtschaft und Staat zu berücksichtigen, die für die entwickelten kapitalistischen Gesellschaften charakteristisch ist. Ich kann hier den Erfolg dieses theoretischen Unternehmens keineswegs im ganzen beurteilen, meine allerdings, daß es einen Rahmen bereitstellt, in dem sich die Fülle empirischen Materials zu einer Reihe von Sachfragen, die für die Erforschung des Rassenproblems in den Vereinigten Staaten wichtig sind, interpretieren und analysieren läßt. Dazu gehören die politische Ökonomie des transatlantischen Sklavenhandels, die Plantagenwirtschaft im Süden vor dem Sezessionskrieg, das System der ländlichen Knechtschaftsverhältnisse nach dem Bürgerkrieg, die rassisch strukturierte Herausbildung einer amerikanischen Arbeiterklasse, die ökonomischen Ursachen der großen Wanderungsströme nach Norden, die Folgen des Strukturwandels der amerikanischen Industrie für die ehemaligen Sklaven und ihre Nachfahren und die politisch-ökonomischen Aspekte der Herausbildung innerstädtischer Ghettos und einer urbanen Unterschicht. Kurz gesagt, wir haben einen Theorierahmen, in dem sich die außerordentlich wichtigen politisch-ökonomischen Dimensionen der Rassenformierung in den Vereinigten Staaten, die bei den immer beliebter werdenden kulturwissenschaftlichen Ansätzen in den Hintergrund geraten, bearbeiten lassen. Und da Habermas' Darstellung des politisch-ökonomischen Systems die Tätigkeiten des interventionistischen Staates zu dessen Grundfunktionen zählt, werden wir ermutigt, die entsprechende Rolle der Staatsmacht und der sozialen Kontrolle in allen diesen Prozessen aufzuklären.

Staat und Gesellschaft

Habermas' Schema hebt zwei wesentliche Schnittstellen zwischen der Staatstätigkeit und dem Alltagsleben hervor: die Rolle des Staatsbürgers und die Rolle eines Klienten des Staates. Unmittelbar relevant für die letztere sind Untersuchungen über die Arbeitsweisen sozialstaatlicher Agenturen in ihrem Verhältnis zu rassisch gekennzeichneten Gruppen, die unter den Mechanismen des freien oder nicht ganz so freien Marktes unverhältnismäßig viel zu leiden haben. Hier kann man beispielsweise daran denken, wie die Sozialversicherung und die öffentliche Sozialhilfe das Leben der Empfänger dieser Unterstützung durch bürokratische Prozeduren verändert haben, wie sie die Enteigneten stigmatisiert haben, indem sie Unterscheidungen zwischen antagonistischen Gruppen nährten, mit denen die am meisten benachteiligten Gruppen als von Natur aus unzulänglich und abhängig abgestempelt wurden. An der Schnittstelle der Staatsbürgerschaft könnten kritische geschichtliche Untersuchungen ansetzen, die sich mit Ausschlüssen befassen, denen die Ideologie weißer Überlegenheit zugrunde lag und die für die staatsbürgerliche Identität in den Vereinigten Staaten charakteristisch waren. Seit der Kolonialzeit, während des gesamten 19. Jahrhunderts und bis ins 20. Jahrhundert hinein waren den meisten Erwachsenen die vollen staatsbürgerlichen Rechte allein aufgrund ihrer Rasse oder ihres Geschlechts gesetzlich versagt. Man könnte natürlich auch untersuchen, wie elementare Konflikte um diese Ausschlüsse die politische Entwicklung in den Vereinigten Staaten vorangetrieben haben.

Demokratische Beteiligung

Zum bleibenden Erbe des historischen Ausschlusses von der politischen Partizipation gehört eine noch immer massiv unterproportionale Vertretung rassischer Minderheiten in den gewählten Staatsorganen der USA. Das heißt, Jahrhunderte der formalen politischen Ungleichheit haben ein dauerhaftes Erbe substantieller politischer Ungleichheit hinterlassen. Wenn wir den analytischen Rahmen der Theorie des kommunikativen Handelns zur Thematisierung solcher Probleme einsetzen, können wir diese normative Einschätzung zu einer differenzierteren Darstellung entwickeln, die mehrere Stränge dieser Ungleichheit und ihrer komplizierten Verflechtung erfaßt – ökonomisch, kulturell, im engeren Sinne politisch sowie wechselseitig vermittelt. Denn in einer Demokratie hat die substantielle politische Ungleichheit den zusätzlichen Nachteil einer selbstverstärkenden Rückkoppelungsschleife, die die anderen Ungleichheiten, die zu ihr beitragen, reproduziert und weiter zementiert. Grundrechte und Grundfreiheiten müssen fortwährend interpretiert und in die Tat umgesetzt werden. Was Gleichheit in einem gegebenen Kontext bedeutet – beispielsweise in einem Kontext, der Unterschiede zwischen den Rassen oder Geschlechtern macht –, muß immer wieder geklärt werden. Wenn solche Angelegenheiten demokratisch geregelt werden sollen, müssen die Betroffenen in der öffentlichen Beratung und Entscheidungsfindung mitreden können, damit ihre unterschiedlichen Perspektiven und Interessen artikuliert werden, angehört und berücksichtigt werden und die Amtsträger den Minderheiten nicht weniger verantwortlich sind als anderen sozialen Gruppen.

Öffentlichkeit

Habermas' Diskurstheorie der deliberativen Demokratie hängt wesentlich von den Ideen der Zivilgesellschaft und der Öffentlichkeit ab, in denen die öffentliche Überlegung und Beratung als vollkommen dezentriert vorgestellt wird. Nach dieser Schilderung pulsiert das öffentliche Leben in vielfältigen Zusammenschlüssen und Organisationen, Foren und Arenen, kommunikativen Netzwerken und Infrastrukturen, politischen Initiativen und sozialen Bewegungen, die die politisch bedeutsamen öffentlichen Diskurse tragen, welche in einer Demokratie die offizielle Entscheidungsfindung der gewählten und ernannten Amtsträger erwartungsgemäß beschränken und mitgestalten sollen. Diese Perspektive betont Fragen von Einbeziehung und Ausschluß, Achtung und Mißachtung, Anerkennung und Verkennung, Übereinkunft und Aufzwingung – kurz, die soziokulturellen Aspekte der Rolle eines gleichberechtigten Partners im öffentlichen Dialog. Da die demokratische Politik ein Feld kollektiven Handelns ist, hängen Kämpfe um politische Anerkennung (im weitesten Sinne) entscheidend davon ab, den politischen Organisationsgrad und die Mobilisierung zu erreichen, die nötig sind, um die öffentliche Debatte zu erweitern und neu zu strukturieren. Das heißt, sie hängen davon ab, ein alternatives Publikum und alternative Teilöffentlichkeiten zu erzeugen und zu erhalten, die in der größeren staatsbürgerlichen Öffentlichkeit agieren und Einfluß ausüben, so daß ein allgemeines Bewußtsein von vernachlässigten Themen entsteht und die öffentliche Debatte darauf gelenkt wird. Das sind charakteristischerweise die Aktivitäten kulturell mobilisierter Kreise der Öffentlichkeit, die in den Einrichtungen und Verbänden der Zivilgesellschaft ihre Basis haben und die die Waffen der Bewußtmachung und Kritik benutzen, um das, was anfänglich als private Unzufriedenheit wahrgenommen wird, in öffentliche Probleme zu übersetzen.

Umgang mit der Vergangenheit

Das Diskursmodell demokratischer Politik verweist nicht bloß auf die Notwendigkeit, daß sich benachteiligte Minderheiten in der kulturellen und politischen Öffentlichkeit als kollektive Akteure konstituieren. Es fordert auch, daß ihre Anliegen von den Mehrheiten, die in demokratischen Gesellschaften die Entscheidungen herbeiführen, angehört, verstanden und berücksichtigt werden. Im Falle der »schwarzen« Amerikaner bezieht sich dies vor allem auf die »weißen« Amerikaner; und es verlangt, daß sich die amerikanische Öffentlichkeit ernsthaft auf die Art von Vergangenheitsbewältigung einläßt, mit der sich die deutsche Öffentlichkeit seit dem Zweiten Weltkrieg beschäftigt hat. Aus dieser Perspektive ist eines der größten Hindernisse, das der Überwindung des Erbes eines institutionalisierten Rassismus in den USA im Weg steht, das Versäumnis der Gesellschaft als Ganzes, das begangene Unrecht öffentlich zu erinnern, die Anfälligkeit dafür einzugestehen und die Versöhnung anzustreben, nachdem die rassistischen Institutionen in den 1960er Jahren *de jure* abgeschafft worden waren. Die amerikanische Geschichte begnügt sich nach wie vor mit der »Meistererzählung«, die von der Gründung einer »vollkommeneren Union« mit »Freiheit und Gerechtigkeit für alle«, über die zeitweise »Verirrung« des Südens mit seiner Sklaverei und deren Abschaffung durch den »wahrhafter amerikanischen« Norden bis zur fortschreitenden Erfüllung von Amerikas Bestimmung als Vorbild für Freiheit und Demokratie in der Welt heute handelt.[21] Die nationale Identität, die in dieser Meistererzählung verankert ist, bleibt im öffentlichen Leben vorherrschend. Es gibt offenkundig wenig Hoffnung auf eine integrative politische Kultur und echte soziale Solidarität und somit wenig Hoffnung, demokratische Lösungen für die Probleme rassisch begründeter Ungerechtigkeit zu finden, solange nicht zugegeben wird, daß die Versklavung und Unterdrückung aufgrund der Rasse für die amerikanische Identität und Geschichte von Anfang an zentral gewesen sind.

VI.

Die Hermeneutik des öffentlichen Gedächtnisses ist nur eine Facette eines großen Aufgebots kritischer Untersuchungen, die sich mit der Interpretation, Dekonstruktion und Rekonstruktion unserer mannigfaltigen kulturellen Traditionen, kulturellen Welten und kulturellen Praktiken beschäftigen. Unter dem Obertitel der Kulturwissenschaften hat sich die Aktivität auf diesem Feld in den letzten Jahren geradezu explosionsartig vervielfacht. Zugleich halte ich es für dasjenige Feld kritischer Untersuchung, das in der Theorie des kommunikativen Handelns am wenigsten entwickelt ist. Um die begrifflichen Mittel für eine kulturelle Kritik zu finden, die so ausgefeilt sind wie die Instrumente zur Behandlung sozioökonomischer und rechtspolitischer Gegenstände, muß man auf die frühen Arbeiten von Habermas zurückgreifen, die im Umkreis von *Erkenntnis und Interesse* und dessen freudomarxistischer Auffassung kritischer Theorie entstanden sind. Wenn man zu diesen frühen Schriften zurückkehrt, sieht man sich augenscheinlich der Schwierigkeit gegenüber, daß die Kulturkritik dort letztlich mit einem »Herrschaft/Unterdrückungs«-Modell der Macht verkoppelt werden müßte, das, wie Foucault überzeugend argumentiert hat, zur Analyse von Machtbeziehungen generell nicht ausreicht. Foucault kontrastierte dieses Modell mit einer anderen bekannten Konzeption der Macht, nämlich dem im politischen Liberalismus favorisierten »Vertrag/Zwangs«-Modell oder dem »juristischen« Schema, von dem er ebenfalls die Ansicht vertrat, es sei in seiner Anwendbarkeit beschränkt.[22] Da

---

21 Diese Formulierung entnahm ich Nathan Irvin Huggins, *Black Odyssey*, New York 1990, Einleitung zur Ausgabe von 1990.
22 Michel Foucault, »Historisches Wissen der Kämpfe und Macht«, Vorlesung vom

die Erörterungen der Macht in Habermas' jüngsten Werken im wesentlichen auf die demokratische Ausübung der Macht im Verfassungsstaat konzentriert waren, stünde uns auch nach der Wiederaufnahme der psychoanalytisch inspirierten Analysen in den früheren Schriften trotzdem nicht mehr als das »Unterdrückungsschema« und das »juristische« Schema zur Verfügung. Und ich denke, Foucault hat recht, wenn er behauptet, für die Analyse von Machtbeziehungen schlechthin seien sie unzureichend.

Es gibt aber andere Dimensionen in Habermas' Texten über Macht, die sie in die Nähe von Foucaults Anliegen bringen. Zum einen gibt es in ihnen die Diskussion über die *Verrechtlichung*, durch die interaktiv strukturierte Bereiche der Interaktion in gesetzlich geregelte, formal organisierte Bereiche umgewandelt werden. Die Übernahme dieses Ansatzes ermöglicht eine nicht-totalisierende Form der Analyse von Phänomenen, die Foucault unter den Oberbegriffen der Disziplin, der Normalisierung usw. beschäftigten, speziell jedoch solcher Phänomene, die mit der Ausweitung sozialstaatlicher Maßnahmen im organisierten Kapitalismus zusammenhängen und die für das Leben der systematisch benachteiligten Minderheiten besondere Bedeutung haben. Zum anderen wird im Fall der Sklaverei und für die Zeit danach die negative Seite der Habermasschen Analyse legitimer Macht unmittelbar relevant: die Ausübung von Staatsmacht, deren Basis nicht die informierte und überlegte Zustimmung der Regierten ist, sondern Zwang, Gewaltandrohung oder Gewaltanwendung. Ich denke, hier könnte man ebenfalls eine nicht-totalisierende Version von Foucaults Idee finden, derzufolge Politik die Fortsetzung des Kriegs mit anderen Mitteln ist. Wenn man die rassengebundene Sklaverei, Kasteneinteilung, Segregation und Diskriminierung in Amerika untersucht, wird es unumgänglich sein, die rechtspolitischen Beziehungen als institutionalisiertes Kräfteverhältnis zu analysieren, das heißt als Beziehungen, die ein historisch kontingentes Ungleichgewicht der Macht aufrechterhalten und sanktionieren.

Wie Foucault festhält, werden die Ungleichgewichte der Macht aber nicht nur in rechtliche und politische Institutionen eingeschrieben, sondern auch in »Institutionen [allgemein], [in] die ökonomischen Ungleichheiten, in die Sprache und bis hinein in

---

7. Januar 1976, in: *Dispositive der Macht. Über Sexualität, Wissen und Wahrheit*, Berlin 1978, S. 73 f.

die Körper der Einzelnen«.[23] Damit wir diese anderen Felder der Machtverhältnisse erfassen können, schlägt er eine Analyse der Mechanismen und Wirkungen der Herrschaft vor, die nicht auf der Idee der Unterdrückung beruht, sondern sich statt dessen auf das »Wie« der Macht konzentriert, nämlich auf die Praktiken, mit denen Macht ausgeübt und in die Tat umgesetzt wird, und auf die Wahrheitsdiskurse, die von diesen Praktiken erzeugt werden und die umgekehrt diese Praktiken reproduzieren. Man könnte versuchen, zu einem anderen Aspekt in den frühen Texten von Habermas zurückzukehren, um einen Ausgangspunkt zu finden, der es erlaubt, eine *nicht-totalisierende* Version dieser Foucaultschen Sicht einer grundsätzlich in die sozialen Praktiken investierten Macht zu entwickeln. In seiner Antrittsvorlesung über »Erkenntnis und Interesse« (1965) bezeichnete er Macht oder Herrschaft als eines von drei elementaren »Medien der Vergesellschaftung« – die anderen sind Sprache und Arbeit –, über die sich die Menschengattung erhält und reproduziert.[24] Er verortete die Wirkungsweisen dieser Macht in dem Verhältnis zwischen Identitätsbildung und sozialen Normen und arbeitete dieses Verhältnis im Rahmen seiner kommunikationstheoretischen Aneignung der Freudschen Psychoanalyse aus. Dadurch veränderte er die begrifflichen Bestimmungen der marxistischen Vorstellungen von »Ideologie« und »Herrschaft« und brachte sie dem näher, was Foucault unter den Obertiteln »Wahrheit« und »Macht« thematisierte. Für Habermas lag der Akzent jedoch weiter darauf, Formen eines »systematisch verzerrten« Bewußtseins mit institutionalisierten Machtverhältnissen und mit den ideologischen Anteilen der Kultur, die sie legitimieren, zu verbinden. Um eine Analyse der Herrschaftsstrukturen und ihrer kulturellen Stützen in dieser Form vollständig durchführen zu können, brauchte man allerdings eine allgemeine Theorie der Kommunikation, mit der sich Habermas das gesamte nächste Jahrzehnt befaßte. Will man nun die vollentwickelte Theorie des kommunikativen Handelns dafür einsetzen, die Wirkungsweise soziokultureller Macht und Herrschaft zu analysieren, stellt sich einem das Problem, daß Habermas in seinen späteren Arbeiten nicht systematisch zu diesen Themen zurückgekehrt ist. Er hat seine Energien wesentlich

---

23 Ibid., S. 72.
24 J. Habermas, »Erkenntnis und Interesse«, in: *Technik und Wissenschaft als »Ideologie«*, Frankfurt am Main, 9. Auflage 1978, S. 162.

in dem Unternehmen gebündelt, eine allgemeine Pragmatik der Kommunikation zu rekonstruieren, die er dafür verwendete, eine allgemeine Theorie sozialen Handelns, einen allgemeinen Rahmen zur Analyse moderner Gesellschaften und eine Diskurstheorie des Rechts und der Demokratie zu erarbeiten.

Ich denke, es wäre die Mühe wert, von der nun vollentwickelten Theorie des kommunikativen Handelns auszugehen und – mit dem Ziel, einen Rahmen zu entwickeln, der geeignet ist, all die Machtverhältnisse zu analysieren, die zum Spektrum der von Foucault hervorgehobenen Phänomene gehören – zu den Themen der früheren Arbeiten von Habermas zurückzukehren.[25] Zu diesem Zweck könnte es sich als fruchtbar erweisen, Habermas' dreidimensionales Schema zur Analyse der symbolischen Reproduktion der Lebenswelt für die Analyse der kulturellen, sozialen und psychologischen Kräfteverhältnisse anzupassen. Wir erinnern uns, daß er »symbolische Reproduktion« sehr umfassend versteht, so daß sie die Reproduktion von gemeinsamen Interpretations- und Bewertungsschemata, von Legitimationen für institutionalisierte Autoritätsverhältnisse und für informelle Status- und Einflußhierarchien, von Sozialisationsmustern und Erziehungspraktiken, von Motivationen und Kompetenzen, von Rollen und Identitäten, von Pflichten und Rechten, von Normen und Werten einschließt – das heißt, all jene Elemente, die an der Reproduktion von Kultur, Gesellschaft und Persönlichkeit beteiligt sind. Einige dieser Elemente der Lebenswelt haben die Form ausdrücklicher Erklärungen, Interpretationen, Rechtfertigungen oder dergleichen, und sie sind oft irgendeiner Form der Ideologiekritik oder der historischen Genealogie zugänglich. Auf diese Art und Weise könnten wir uns die normativen Ideale, die von den klassischen Autoren der Sozialtheorie und politischen Theorie entwickelt wurden, um die aufkommende liberal-kapitalistische Ordnung zu legitimieren, noch einmal vornehmen und darüber nachdenken, welchen Entstehungskontexten sie sich verdanken und welchen Interessen sie dienten. Es wäre hilfreich, um die ihnen eingeschriebenen Machtverhältnisse, insbesondere Herrschaft und Unterordnung in rassisch definierten Beziehungen, aufzudecken. Und wir könnten die spätere Entwicklung

---

25 Orville Lee hat in diesem Zusammenhang einen interessanten Vorschlag unterbreitet. Siehe dazu »Culture and Democratic Theory. Toward a Theory of Symbolic Democracy«, in: *Constellations*, 5 (1998), S. 433-455.

»wissenschaftlicher« Rassentheorien aus derselben Perspektive untersuchen. Wie Foucault, Bourdieu und andere unterstrichen haben, sind aber Ideologien der ausdrücklichen Sorte lediglich die Spitze des Eisbergs. Viel wichtiger für die Fortdauer des Rassismus und sehr viel schwieriger analytisch zu erfassen sind diejenigen rassisch begründeten Machtverhältnisse, die tief in vortheoretischen Schichten kultureller Hintergrundannahmen, normativer Erwartungen und Sozialisationspraktiken stecken – in rassenbezogenen Klassifikationen und Identifikationen, Statusunterschieden und Rollenmodellen, Einstellungen und Wahrnehmungen usw. So bleibt es zwar wesentlich für eine kritische Theorie der Rasse, die normativen Ideale und theoretischen Rechtfertigungen auf ihren ideologischen Gehalt hin zu untersuchen, doch die Anstrengung, »unsere Köpfe zu entkolonialisieren« und den »weißen Mythen« beizukommen, die in das Gewebe des Alltagslebens eingesponnen sind, verlangt ein viel größeres Arsenal kritischer Hilfsmittel. Dafür, so mein Vorschlag, bietet uns Habermas' Theorie der symbolischen Reproduktion der Lebenswelt einen vielversprechenden Ausgangspunkt.

(Aus dem amerikanischen Englisch von Karin Wördemann)

Bernhard Peters
Deliberative Öffentlichkeit

0. Einleitung

Der »öffentliche Vernunftgebrauch« ist ein zentrales Thema vieler Arbeiten von Jürgen Habermas. Die frühe Studie zum »Strukturwandel der Öffentlichkeit« enthält schon viele wichtige Denkmotive und Intuitionen, die später systematischer ausgearbeitet werden. Dazu gehört vor allem die Idee vernünftiger kollektiver Selbstbestimmung, für welche wiederum egalitäre, öffentliche, argumentative Auseinandersetzung über gemeinsame Selbstverständnisse und Handlungsprobleme konstitutiv ist. Öffentlichkeit ist konzipiert als ein Medium der kollektiven Selbstverständigung und Selbstaufklärung, und öffentliche politische Debatten bilden oder schaffen eine Legitimationsgrundlage politischer Ordnungen und Entscheidungen. Eine argumentierende Öffentlichkeit fungiert zugleich als normatives Leitbild und normativer Maßstab zur Kritik realer Verhältnisse wie als real wirksames Medium von kollektivem Lernen. Dem entspricht methodisch die Verbindung von philosophischen Untersuchungen mit dem gesellschaftstheoretischen Blick auf soziale und kulturelle Strukturen und Prozesse.

Diese Denkmotive sind in den späteren Arbeiten von Habermas vielfältig ausgearbeitet worden. In der Entwicklung der Sprach- und Handlungstheorie und der damit verbundenen Rationalitätskonzeptionen hat sich die zentrale Rolle des öffentlichen Vernunftgebrauchs erhalten. In den gesellschaftstheoretischen sowie politik- und rechtstheoretischen Untersuchungen sind die normativ wünschbaren und real wirksamen oder möglichen Formen und Funktionen öffentlicher Diskurse in sehr komplexer und differenzierter Weise analysiert worden.

Diese Untersuchungen zur Rolle diskursiver Öffentlichkeit haben nicht nur eine Reihe unmittelbarer theoretischer Diskussionen und Kritiken ausgelöst, sondern auch zwei interessante neuere Forschungsfelder maßgeblich beeinflußt. Dabei handelt es sich einerseits um neuere demokratietheoretische Arbeiten, die sich mit der Ausarbeitung von Konzeptionen »deliberativer

Demokratie« befassen, teilweise auch um Arbeiten, die sich auf die Problematik der demokratischen Legitimität transnationaler politischer Ordnungen (z. B. der EU) beziehen und öffentlichen Deliberationen auch in diesem Kontext eine besondere Rolle zuweisen.[1]

Zum anderen gibt es mittlerweile eine Reihe empirischer Forschungen, die sich durch eine umfassende Konzeption von Öffentlichkeit leiten lassen. Einige dieser Untersuchungen knüpfen unmittelbar an Konzeptionen von Habermas oder an andere Konzeptionen öffentlicher Deliberation an, um bestimmte Erwartungen empirisch zu überprüfen.[2] Bestimmte Ergebnisse dieser Forschungen und ihre Relevanz für normative Konzeptionen öffentlicher Deliberation möchte ich im folgenden diskutieren.

Theorien deliberativer Demokratie verstehen öffentliche Deliberation als frei zugängliche, argumentative Auseinandersetzungen über Fragen des kollektiven Lebens. Das geht einher mit Annahmen über weitere grundlegende *Merkmale* und über *Leistungen* deliberativer Öffentlichkeit, die wiederum in engem Zusammenhang mit ihrer *normativen Bewertung* stehen. Bei gewissen Variationen in Einzelheiten wird bei den *Merkmalen* in der Regel vor allem die Gleichheit von Teilnahmebedingungen und Artikulationsmöglichkeiten sowie der argumentative, auf

---

[1] Rainer Schmalz-Bruns, *Reflexive Demokratie*, Baden-Baden 1995; Carlos Santiago Nino, *The Constitution of Deliberative Democracy*, New Haven 1996; James Bohman, *Public Deliberation*, Cambridge 1996; ders., William Rehg (eds.), *Deliberative Democracy*, Cambridge 1998; Jon Elster (ed.), *Deliberative Democracy*, Cambridge 1998; Bernhard Peters, »Der Sinn von Öffentlichkeit«, in: Friedhelm Neidhardt (Hrsg.), *Öffentlichkeit, öffentliche Meinung, soziale Bewegungen. Kölner Zeitschrift für Soziologie und Sozialpsychologie Sonderheft 34*, Opladen 1994, S. 42-76. Hauke Brunkhorst, Matthias Kettner (Hrsg.), *Globalisierung und Demokratie*, Frankfurt am Main 2000; Erik Oddvar Eriksen, John Erik Fossum (eds.), *Democracy in the European Union: Integration Through Deliberation?*, London 2000; John Erik Fossum, Michael Zürn, »Democratic Governance Beyond the Nation-State: The EU and Other International Institutions« in: *European Journal of International Relations* 6(2) 2000, S. 183-221.

[2] Siehe vor allem verschiedene Beiträge von Mitgliedern der Abteilung »Öffentlichkeit und soziale Bewegungen« des Wissenschaftszentrums Berlin. Jürgen Gerhards, Friedhelm Neidhardt, Dieter Rucht, *Zwischen Palaver und Diskurs*, Wiesbaden 1998. Jürgen Gerhards, »Diskursive versus liberale Öffentlichkeit«, in: *Kölner Zeitschrift für Soziologie und Sozialpsychologie* 49(1) 1997, S. 1-34. Wolfgang van den Daele, Friedhelm Neidhardt (Hrsg.), *Kommunikation und Entscheidung*, Berlin: edition sigma 1997, auf die ich mich im folgenden häufiger beziehe.

wechselseitige Überzeugung zielende Charakter der Beiträge betont.[3]

Als *Leistung* öffentlicher Deliberation wird vor allem die Rationalitätssteigerung der öffentlichen Meinungs- und Willensbildung gesehen. Dabei geht es primär um eine Rationalisierung des öffentlichen Argumentationshaushalts und damit auch um eine Selbstaufklärung der Beteiligten, und nur indirekt um die Rationalisierung aktueller politischer Entscheidungen (die ja in Verfahren und Institutionen außerhalb der Öffentlichkeit getroffen werden – allerdings in Verfahren, die selbst wenigstens partiell deliberativen Charakter haben sollten). Deliberative öffentliche Meinungs- und Willensbildung soll schließlich auch eine entscheidende Quelle von politischer *Legitimität* und Integration darstellen.[4]

Die *normative Bewertung* deliberativer Öffentlichkeit kann diese entweder als Eigenwert betrachten, genauer als Realisierung oder Instantiierung von Werten wie Freiheit oder kollektive Autonomie, oder von Gleichheit und wechselseitigem Respekt. Oder öffentliche Deliberation kann positiv bewertet werden im Hinblick auf ihre instrumentelle Rolle, im Hinblick auf empirisch zu erwartende Leistungen wie die Qualität politischer Entscheidungen oder die Entwicklung von Ideen, Überzeugungen, kollektiven Interessendeutungen und Problemlösungen, sowie entsprechend im Hinblick auf die empirische Legitimität und Stabilität politischer Ordnungen.

Im Hinblick auf die genannten Annahmen über Leistungen deliberativer Öffentlichkeit, vor allem im Hinblick auf ihre Legitimationsfunktion, gibt es zunächst einige begriffliche Probleme: Es ist nicht immer klar, wo ein empirisches Ursache-Folgeverhältnis und wo eine begriffliche oder normative Beziehung gemeint ist (I). Gegenüber den genannten Annahmen zu Merkmalen und Leistungen öffentlicher Deliberation, vor allem einem Zusammenhang von Deliberation, Konsens und Legitimation gibt es zahlreiche alte und neuere, sowohl normative wie empirische Einwände; einige davon sollen hier betrachtet werden (II). Ein wichtiges Element der normativen Bewertung öffentlicher

---

3 Jürgen Habermas, *Die Einbeziehung des Anderen*. Frankfurt am Main 1996.
4 Joshua Cohen, »Deliberation and Democratic Legitimacy«, in: Alan Hamlin, Philip Pettit (eds.), *The Good Polity. Normative Analysis of the State*, Oxford 1989, S. 18-34.

Deliberation ist in der Regel die Vorstellung, daß die Partizipation an öffentlicher Deliberation eine fundamentale Form politischer, demokratischer Gleichheit darstellt. Nun sind aber die vielfältigen und komplizierten Formen von Ungleichheit oder Stratifikation, die wir in realen Öffentlichkeiten vorfinden, bislang theoretisch und empirisch noch nicht zulänglich analysiert und ihre Konsequenzen für die Postulate der normativen Theorien noch kaum hinreichend bedacht worden (III).

I. Deliberation, Demokratie, Legitimität: einige konzeptionelle Probleme

Konzeptionen deliberativer Demokratie stellen in der Regel eine enge Beziehung zwischen öffentlicher Deliberation und der Legitimation politischer Ordnungen her. Um diese Zusammenhänge zu verstehen, müssen wir uns zunächst auf die Differenz zwischen deskriptiven und normativen Verwendungen von »legitim« oder »Legitimität« beziehen. Um mit der normativen Verwendung zu beginnen: Wenn gesagt wird, eine politische Ordnung im Ganzen oder eine einzelne Regelung oder Entscheidung im Rahmen einer solchen Ordnung sei legitim, meint man damit häufig, sie sei akzeptabel oder gerechtfertigt, und damit in der Regel allgemein unterstützungswürdig und spezifisch verpflichtend (für einen bestimmten Teilnehmerkreis – die Mitglieder der jeweiligen politischen Gemeinschaft oder allgemeiner die Einwohner des zur politischen Ordnung gehörigen Territoriums). Legitimität, könnte man sagen, ist ein Geltungsprädikat, das auf politische Entscheidungen oder Ordnungen bezogen ist. Es impliziert die Anerkennungs*würdigkeit* von bestimmten Berechtigungen (auf seiten der politischen Autoritäten oder Entscheidungsverfahren) und Verpflichtungen (auf seiten der Mitglieder – oder auch auf seiten Dritter, im Hinblick auf Respektierung, Nichteinmischung usw.). Anders ausgedrückt: Zu sagen, eine politische Ordnung oder eine Entscheidung sei legitim, ist gleichbedeutend mit dem Anspruch, daß bestimmte begründbare und einsehbare Berechtigungen und Verpflichtungen vorliegen.

Gegen eine solche Gleichsetzung von »Legitimität« und »Rechtfertigbarkeit« sind bestimmte Einwände erhoben worden.

Diese beziehen sich einmal darauf, daß wir bestimmte Entscheidungen unter Umständen für legitim oder verpflichtend halten, weil wir bestimmte Entscheidungs*prozeduren* (z. B. Mehrheitsbeschlüsse oder Gerichtsentscheidungen) und damit ihre Ergebnisse akzeptieren, und nicht, weil wir die Entscheidung aus substantiellen Gründen für gerechtfertigt halten.[5] Andere Einwände beziehen sich auf die Differenz zwischen allgemeiner Rechtfertigung (für jedermann) und spezifischen politischen Verpflichtungen (für die Mitglieder politischer Gemeinwesen): Aus der allgemeinen Rechtfertigung einer Ordnung (als gerecht, fair, oder in anderer Weise normativ ausgezeichnet) ergäben sich noch nicht die besonderen Gehorsamsverpflichtungen der Mitglieder eines Staats, oder der Bewohner eines Staatsgebiets, gegenüber den Organen dieses Staats, oder umgekehrt die Hoheitsbefugnisse der Staatsorgane ihnen gegenüber.[6] Diese Einwände hängen allerdings an einem bestimmten Verständnis von »justification«. Wenn man Rechtfertigungen weiter faßt und »prozedurale« Gründe (Gründe, warum man die Ergebnisse bestimmter Verfahren akzeptiert, auch wenn man die Richtigkeit der Entscheidung sachlich nicht einsieht oder überprüft) und Bezugnahmen auf besondere Umstände, die unter Umständen spezifische Verpflichtungen (etwa von Staatsbürgern gegenüber *ihrem* Staat) mit einschließt, entfällt die Notwendigkeit einer solchen Differenzierung zwischen Rechtfertigung und Legitimität. Ohnehin sollte ein *allgemeiner* normativer Begriff von Legitimität vielleicht offenlassen, durch welche Begründungen der entsprechende Geltungsanspruch gestützt wird: durch allgemeine Gerechtigkeitsprinzipien oder ähnliche normative Erwägungen, durch Verweis auf explizite oder zugerechnete Zustimmung der Betroffenen (à la Locke), oder etwa durch Verweis auf den Wert spezifischer politischer Traditionen und kollektiver Projekte.

Natürlich kann man auch *spezifischere* normative Legitimitätsbegriffe verwenden und zum Beispiel von »liberaler Legitimität« reden.[7] Dann hat man eine bestimmte Art von Gründen, be-

---

[5] Jeremy Waldron, »Rights and Majorities: Rousseau Revisited«, NOMOS XXXII 1990, S. 44-75.

[6] A. John Simmons, »Justification and Legitimacy«, in: *Ethics* 109 (7) 1999, S. 739-771.

[7] John Rawls, *Political Liberalism*, New York 1993, Thomas Nagel, »Moral Conflict and Political Legitimacy«, in: *Philosophy and Public Affairs* 16, 1987.

stimmte Formen der Begründung von Legitimität vor Augen. Rawls denkt dabei zum Beispiel an »öffentliche« oder »politische« Rechtfertigungen – nämlich solche, von denen wir mit guten Gründen erwarten können, daß sie von den Mitgliedern liberaler Gesellschaften unter den Bedingungen eines Pluralismus von »reasonable comprehensive doctrines« akzeptiert werden können. Wir entwerfen also eine bestimmte politische Konzeption und begründen sie in einer Weise, die nach unserer Überzeugung den erwähnten Bedingungen öffentlicher und politischer Rechtfertigung entspricht. Wir sagen: Die vorgeschlagene politische Grundordnung entspricht den Bedingungen liberaler Legitimität, weil sie aus diesen und jenen Gründen für die Anhänger der verschiedenen »reasonable comprehensive doctrines« akzeptabel sein sollte. Das ist sozusagen eine hermeneutische Hypothese und natürlich ein empirischer *Ziel*zustand, aber keine empirische *Bedingung* so verstandener normativer Legitimität. Wir würden ja wohl sagen, daß wir eine politische Ordnung, der wir liberale Legitimität im ersten, normativen Sinn zugestehen, für unterstützungswürdig und verpflichtend halten, auch wenn der empirische Zielzustand eines faktischen »overlapping consensus« noch nicht erreicht ist.[8]

Man kann in ähnlicher Weise von »demokratischer«, vielleicht auch von »deliberativer« Legitimität reden und damit meinen, daß bestimmte demokratische Verfahren oder bestimmte Formen

8 Es ist noch ein eigenes, hier nicht zu erörterndes Problem, wieweit die Einschätzung der empirischen Wahrscheinlichkeit, daß eine bestimmte Form der Legitimierung einer politischen Ordnungskonzeption weitgehende Zustimmung findet, und die weitere empirische Frage nach der Wahrscheinlichkeit, mit der sich diese (rationale, auf bestimmte Gründe gestützte) Zustimmung auch in hinreichend stabile Handlungsmotive und entsprechende Handlungsweisen übersetzen wird, die Gestaltung der Ordnungskonzeption und ihrer Rechtfertigung selbst beeinflussen sollte. Siehe dazu John Rawls, *Eine Theorie der Gerechtigkeit*. Frankfurt am Main 1979, S. 493 ff.; Thomas Nagel, »What Makes a Political Theory Utopian?«, *Social Research* 56, 1989, S. 903-920; Brian Barry, »John Rawls and the Search for Stability«, in: *Ethics* 105, 1995, S. 874-915 (in Kritik an Rawls). Ebensowenig kann ich hier die interessante Frage erörtern, wie wir das Problem der Beurteilung der Legitimität nicht »unserer eigenen« politischen Ordnung, sondern der politischen Ordnung eines anderen Landes angehen sollten. Siehe Rawls' Annahmen über nicht-liberale (hierarchische) »well-ordered societies« (John Rawls, *The Law of Peoples*, Cambridge, Mass. 1999): Können wir solche noch in einem anderen Sinn legitim nennen – mit bestimmten normativen Konsequenzen, etwa im Hinblick auf Formen der Respektierung und Nichteinmischung, vielleicht sogar der Unterstützung von außen?

öffentlicher Deliberation eine notwendige oder fördernde Bedingung der (normativen) Legitimität eines politischen Systems sind: Wir würden in diesem Fall ein politisches Institutionensystem nur dann als legitim betrachten, wenn es diese (und wahrscheinlich andere) Bedingungen erfüllt, oder schwächer: Die Legitimität einer politischen Ordnung würde erhöht durch die Realisierung bestimmter deliberativer Formen politischer Meinungs- und Willensbildung. Und dies wäre dann wiederum zu rechtfertigen mit den verschiedenen Argumenten für den normativen Wert von öffentlicher Deliberation, die oben erwähnt wurden.[9]

Was die empirische, sozialwissenschaftliche Verwendung des Legitimitätsbegriffs angeht, so gibt es seit Max Weber eine Fülle von Definitions- und Operationalisierungsversuchen. Neben der Akzeptanz politischer Ordnungen und der aktuellen Befolgung von Regelungen und Entscheidungen (compliance) soll Legitimität in der Regel noch zusätzliche Elemente bezeichnen – eine Art aktiver Zustimmung oder Loyalität, einen Vertrauensvorschuß, eine Art generalisierter Unterstützungs- und Folgebereitschaft. Die motivationalen Grundlagen für solche Einstellungen können ganz verschieden sein: Gewohnheiten, eine affektive Identifikation mit Traditionen und politischen Gemeinschaften (was wohl häufig mit »kollektiver« oder »nationaler Identität« bezeichnet wird), Konformismus, Furcht vor Sanktionen und andere instrumentelle Kalküle, oder eben normative Motivationen wie die Überzeugung von der Gerechtigkeit oder Fairneß einer politischen Ordnung. Die Bewertung einer politischen Ordnung in der

---

9 Das ist nicht zu verwechseln mit folgender These: Eine politische Ordnung ist für uns erst dann normativ legitim, wenn sich in öffentlichen Deliberationen faktisch ein weitreichender Konsens über diese Legitimität ergeben hat. Das scheint unplausibel: Wollen wir die Unterstützung einer Ordnung von einem solchen faktischen Konsens abhängig machen? Ist ein politisches System, das keinen derartigen rationalen Konsens aufweist, per se illegitim, für uns vielleicht unterstützungswürdig, aber nicht verpflichtend? Denkbar wäre natürlich auch, daß die Realisierung bestimmter Formen öffentlicher Deliberation (nicht erst der Konsens als Ergebnis) als notwendige und hinreichende Bedingung der Legitimität einer politischen Ordnung betrachtet wird – in dieser Sicht wäre die Frage nach der Legitimität einer politischen Ordnung allein zu beantworten durch Rekurs auf ihre deliberativen Merkmale; siehe dazu Joshua Cohen, »Deliberation and Democratic Legitimacy«, in: Alan Hamlin, Philip Pettit (eds.), *The Good Polity. Normative Analysis of the State*, Oxford 1989, S. 18-34. Auch diese Version scheint kaum plausibel, vgl. Bernhard Peters, »On Reconstructive Legal and Political Theory«, in Mathieu Deflem (ed.), *Habermas, Modernity and Law*, London 1996, S. 101-134.

Öffentlichkeit, die »öffentliche Meinung« kann übrigens als ein wesentliches Element oder ein Indikator von so verstandener empirischer Legitimität betrachtet werden.

Normative Legitimität kann also konstitutives Element empirischer Legitimität sein – wenn entsprechende Überzeugungen unter den Mitgliedern der politischen Gemeinschaft gegeben sind. Dieser Sachverhalt kann für die Formulierung spezieller Begriffe von empirischer Legitimität benutzt werden, in denen Legitimität nicht einfach als empirische Akzeptanz per se, sondern als besonders qualifizierte oder motivierte Akzeptanz verstanden wird. Also zum Beispiel als eine Akzeptanz, die auf bestimmte liberale Überzeugungen der Beteiligten gestützt ist. Oder eine Akzeptanz, die stärker genetisch oder prozedural qualifiziert wird: als aufgeklärte, reflektierte Befürwortung einer politischen Ordnung, insbesondere als eine, die sich auf Überzeugungen stützt, welche in öffentlichen Debatten oder Deliberationen mit bestimmten Qualitäten hervorgebracht oder überprüft worden sind. Empirische Legitimität wäre damit bestimmt als empirisch gegebener, deliberativ erzielter Konsens über die Unterstützungswürdigkeit einer politischen Ordnung (und die daraus folgenden Verbindlichkeiten).[10] Nun ist das ein sehr anspruchsvoller, einschränkender Legitimitätsbegriff, der für empirische Zwecke wohl ergänzt werden müßte um Begriffe, welche andere Grundlagen von politischer Akzeptanz erfassen könnten. Das sind an sich eher terminologische Fragen. Es ist aber wichtig zu sehen, daß in solchen speziellen Begriffen empirischer Legitimität eine bestimmte *begriffliche* oder definitorische Beziehung hergestellt wird zwischen öffentlicher Deliberation und Legitimität. Es handelt sich ja nicht um eine empirische Prognose über die Wirkungen oder Leistungen öffentlicher Deliberation, sondern öffentliche Deliberation wird hier zu einem Definitionsmerkmal demokratischer oder deliberativer Legitimität.

In vielen Aussagen über den Zusammenhang von Deliberation und Legitimität (zum Beispiel in Texten, in denen deliberative Demokratie als Lösung der Legitimitätsprobleme der EU emp-

---

10 Einen Legitimitätsbegriff dieser Art hat Habermas in seinen früheren Schriften (zum Beispiel in *Legitimationsprobleme im Spätkapitalismus*, Frankfurt am Main 1973) verwendet – verwirrend für viele Kritiker.

fohlen wird)¹¹, sind aber offenbar solche empirischen Zusammenhänge gemeint. Diese können in zweierlei Weise verstanden werden: Einmal als Annahme, daß die Realisierung einer deliberativen Öffentlichkeit per se die Akzeptanz einer demokratischen Ordnung steigern wird, weil dadurch bestimmte kulturell entwickelte normative Gleichheits- und Autonomieansprüche, Ansprüche auf Partizipation an aufgeklärter politischer Willensbildung befriedigt werden. Zum anderen als Vermutung, daß die Prozesse öffentlicher Deliberation bestimmte Ergebnisse haben, die Akzeptanz oder Legitimität unterstützen – seien es übereinstimmende politische Auffassungen, seien es bestimmte Kompetenzen, Einstellungen oder Motivationen auf seiten der Beteiligten.

Einige empirische Problematisierungen solcher Annahmen sollen gleich diskutiert werden. Dabei wird allerdings auch zu erwägen sein, ob in der Konzentration auf den Zusammenhang zwischen öffentlicher Deliberation und politischer Legitimität nicht Gefahren einer Blickverengung liegen, die zu problematischen theoretischen Alternativen und Kontroversen führen kann. Die Erzeugung von politischer Legitimität ist vielleicht nicht die einzige oder primäre Funktion öffentlicher Diskurse – sowohl empirisch wie normativ betrachtet. Beziehungen zwischen öffentlicher Deliberation und politischer Legitimität sind möglicherweise indirekter oder vermittelter, als manche allgemeine Formulierung zu deliberativer Demokratie nahelegt.

II. Rationalität, Konsens, Dissens und kollektives Lernen

Daß argumentative Auseinandersetzungen über kontroverse Fragen rationalitätsfördernd sind, wird kaum jemand bestreiten wollen. Entsprechend sind allgemeine Annahmen über den Nutzen öffentlicher Deliberation, wie sie sich schon in John Stuart Mills »On Liberty« einigermaßen vollständig finden, kaum wirklich kontrovers. Einige Beiträge zur deliberativen Demokratie scheinen in dieser Hinsicht gelegentlich etwas redundant. Bedeutsa-

---

11 Erik Oddvar Eriksen, John Erik Fossum (eds.), *Democracy in the European Union: Integration Through Deliberation*?, London 2000.

mer sind Fragen der folgenden Art: Wieviel Deliberation, wieviel Raum für Diskurse können wir in modernen Öffentlichkeiten realistisch erwarten? Und welche spezifischeren Leistungen können wir von diesen Diskursen erhoffen – welche Arten, welche Mengen von Problemen können verhandelt werden, auf welchem Niveau? Was sind fördernde und limitierende Bedingungen für solche Diskurse und ihre größere oder geringere Produktivität? Es gibt nun eine lange und lebendige Tradition empirischer Forschungen und Theorien (Walter Lippmann und Joseph Schumpeter sind die klassischen Vorbilder), welche vielfältige Einwände gegen Rationalitätserwartungen an öffentliche Kommunikation vorgebracht haben.[12] Jedoch sind die vorliegenden Forschungsergebnisse unbefriedigend: Sie geben in der Regel wenig Aufschlüsse über die *variablen* empirischen Bedingungen, welche für die Öffnung oder Schließung von Diskursmöglichkeiten in heutigen Öffentlichkeiten und für Variationen des Rationalitätsniveaus und der Leistungsfähigkeit öffentlicher Diskurse verantwortlich sind. Solche Untersuchungen wären jedoch entscheidend für die Überzeugungskraft und die Konkretisierung der normativen Konzeptionen von öffentlicher Deliberation oder »deliberativer Demokratie«.

Konzentrieren wir uns hier aber auf die teilweise schon etwas leidigen Kontroversen über die Konsenserwartungen, welche den Diskurs- oder Deliberationstheorien zugeschrieben werden. Immer wieder wird Konsens assoziiert mit Konfliktverleugnung, Konformismus und kultureller Homogenisierung. Diese Ver-

---

[12] Zu neueren Analysen von Deformationen oder Defiziten öffentlicher Debatten, gemessen an Normen und Rationalitätsstandards ergebnisoffener argumentativer Kommunikation vgl. etwa Hans Mathias Kepplinger, Michael Hachenberg, Hermann Frühauf, »Struktur und Funktion eines publizistischen Konflikts« in: *Publizistik* 22 (1) 1977, S. 14-34. Stefan Dahlem, Rainer Mathes, »Der Konflikt um die ›Mietenlüge‹« in: *Politische Vierteljahresschrift* 30 (4) 1989, S. 655-673. Joachim Friedrich Staab, »Struktur eines publizistischen Konflikts« in: *Kölner Zeitschrift für Soziologie und Sozialpsychologie* 43, 1991, S. 70-85. Rainer Mathes, »Der publizistische Konflikt um das Moderationsverbot für Franz Alt« in: *Publizistik* 32 (2) 1987, S. 166-179. Hans-Jürgen Weiß, »Öffentliche Streitfragen und massenmediale Argumentationsstrukturen« in: Max Kaase, Winfried Schulz (Hrsg.), *Massenkommunikation, Kölner Zeitschrift für Soziologie und Sozialpsychologie, Sonderheft 30*, Opladen 1989, S. 473-489. Jürgen Gerhards, Friedhelm Neidhardt, Dieter Rucht, *Zwischen Palaver und Diskurs*, Wiesbaden 1998. Hartmut Weßler, *Öffentlichkeit als Prozeß*, Opladen Verlag 1999.

dächtigungen sind schon oft treffend kritisiert worden.[13] Die Idee öffentlicher Deliberation ist ja gerade, Konsens im Durchgang durch Dissens anzustreben. Kritik und Problematisierung gehören ebenso zum Diskurs wie der Versuch einer rationalen Auflösung von Dissens. Und von einer seriösen Diskussion können wir kaum reden, wenn die Beteiligten nicht in irgendeiner Form darauf abzielen, sich gegenseitig durch Argumente zu überzeugen und sich gegebenenfalls überzeugen zu lassen. Auch gewisse sozialtheoretische, übergeneralisierte Einwände gegen eine positive Bewertung von öffentlichem Konsens gehen ins Abseits. Daß moderne Gesellschaften nicht mehr durch Konsens integrierbar seien, ist entweder trivial (niemand behauptet, soziale Integration oder Ordnung sei generell nur durch Konsens zu sichern) oder unplausibel: Will man denn behaupten, daß weithin geteilte Überzeugungen, zum Beispiel Übereinstimmungen über gewisse grundlegende Normen oder Verfassungsprinzipien keine relevante Rolle für soziale Integration mehr spielen können? Hier ergäben sich zumindest unabgetragene Beweislasten.

Interessanter sind spezifischere Hinweise auf Beschränkungen der Möglichkeit, in heutigen öffentlichen Diskursen zu rationalen Konsensen zu gelangen. Hier finden sich zwei Sorten von Begründungen. Im ersten Fall verbinden sich skeptische philosophische Einwände gegen die rationale, allgemein akzeptierbare Entscheidbarkeit vor allem von normativen oder evaluativen Fragen mit eher empirischen Annahmen über kulturelle Differenzierungen oder kulturellen Pluralismus in heutigen Gesellschaften, deren Überbrückung durch kulturellen Konsens unmöglich oder unwahrscheinlich erschiene. Dieses Thema muß ich hier beiseite lassen. Im zweiten Fall finden wir vor allem empirische Hinweise auf bestimmte soziale Dynamiken und andere soziale Merkmale öffentlicher Kommunikationsprozesse, welche Konsensfindung sehr unwahrscheinlich machen. Neuere empirische Studien über öffentliche Kontroversen oder publizistische Konflikte ergaben, daß weder Konsenserzielung noch explizite Bemühungen darum gewöhnlich zu registrieren sind.[14]

13 Axel Honneth, »Pluralisierung und Anerkennung. Zum Selbstmißverständnis postmoderner Sozialtheorien« in: *Merkur* 508, 1991, S. 624-628. Simone Chambers, *Reasonable Democracy: Jürgen Habermas and the Politics of Discourse*. Ithaca 1996.
14 Jürgen Gerhards, Friedhelm Neidhardt, Dieter Rucht, *Zwischen Palaver und*

Diese Literatur liefert auch Hinweise für plausible Erklärungen solcher Phänomene. Öffentliche Kontroversen speziell in den Massenmedien haben typischerweise eine triadische Struktur: die Kontrahenten adressieren ein Publikum, um dessen Zustimmung sie werben. Selten adressieren sie sich direkt gegenseitig. Es fehlt auch an sozialen Zwängen, die auf eine Übereinkunft drängen würden, anders als in vielen Situationen, in denen praktische Entscheidungen getroffen werden müssen, oder als in engeren sozialen Beziehungen oder Milieus, wo ungelöster Dissens störend wirken kann. Öffentlichkeitsakteure leben ganz im Gegenteil von Kontroverse und Dissidenz. Sie streben zwar nach Zustimmung und Unterstützung, aber in der Regel nicht einmal gegenüber Mehrheiten, sondern oft gegenüber spezifischen Segmenten des Publikums, oft gegenüber bestimmten Milieus, politischen oder kulturellen Strömungen, welchen sie sich verbunden fühlen. Nicht nur der Wettbewerb um öffentliche Aufmerksamkeit, auch die Konkurrenz um die intellektuelle und moralische Führerschaft im eigenen Lager setzt oft Prämien auf Intransigenz und die Demonstration besonderer Sensibilitäten. Die Sprecher präsentieren sich als aufrechte und engagierte Verfechter der Werte, die sie vertreten, sie suchen profunde Diagnosefähigkeiten und Beobachtungsgaben zu demonstrieren. Das führt oft zu einem etwas dramatisierenden oder anklagenden Stil. Und all dies ist oft nicht sehr förderlich für die Erzielung von Zustimmung oder Übereinstimmung jenseits der Grenzen des eigenen Lagers.

Empirische Evidenzen sprechen also tatsächlich dafür, daß öffentliche Diskurse eher selten zu einer einvernehmlichen Lösung aktueller Konflikte oder zumindest zu eindeutigen, auf argumentativen Überzeugungsprozessen beruhenden und explizit eingestandenen Veränderungen der Einstellungen der an den Debatten beteiligten Konfliktparteien führen. Insofern ist auch nicht ohne weiteres eine Legitimitätssteigerung für kontroverse politische Entscheidungen zu erwarten.[15]

Diskurs, a. a. O.; H. Weßler, *Öffentlichkeit als Prozeß*, a. a. O.; Jürgen Gerhards, »Diskursive versus liberale Öffentlichkeit, a. a. O.; Wolfgang van den Daele, Friedhelm Neidhardt (Hrsg.), *Kommunikation und Entscheidung*, a. a. O.

15 Das mag anders sein bei lokalen, überschaubaren Öffentlichkeiten oder Beratungsgremien, die unter größerem Einigungsdruck stehen und durch wiederholte Kopräsenz einen größeren wechselseitigen Überzeugungs- und Anpassungsdruck ausüben.

Eine lebhafte diskursive Öffentlichkeit wird zunächst einmal problematisierend und dissensvermehrend wirken. Sofern sie innovative Ideen und Vorschläge produziert, erhöht sie damit vermutlich eher Meinungsvariationen, statt sie zu verringern. Im Entwicklungsverlauf öffentlicher Kontroversen mag diese Variation reduziert werden durch Polarisierungen, Simplifikationen, Generalisierungen, Lagerbildungen, was Dissens zunächst befestigt.

Andererseits können aber auch Debatten, die nicht zu weithin überzeugenden Lösungen oder größerem Einvernehmen führen, eine aufklärende Wirkung haben im Hinblick auf die Schwierigkeiten und verschiedenen Aspekte des jeweiligen Themas, zumindest einige schlechte Argumente diskreditieren, wenigstens einige Aspekte klären. Unter günstigen Bedingungen mögen solche Debatten dann nicht so sehr polarisierend wirken wie zu einer gewissen wechselseitigen Anerkennung der Differenzen bzw. der Ernsthaftigkeit der jeweiligen Positionen führen und so die Suche nach institutionellen Kompromissen oder die Akzeptanz solcher Kompromisse erleichtern.

Vor allem aber sollte man sich die Wirkungen öffentlicher Diskurse, was den Einfluß von Ideen oder was die Überzeugungen des Publikums angeht, eher als *Verschiebungen* des Meinungsspektrums denn als *Verengung* dieses Spektrums vorstellen. Bestimmte Positionen oder Argumente werden allmählich unglaubwürdig, verlieren an Einfluß oder verschwinden aus dem öffentlichen Argumentationshaushalt. Andere gewinnen an Einfluß innerhalb des Spektrums. Zugleich tauchen neue Ideen, neue Probleme oder Problematisierungen, neue Kontroversen auf. Gleichwohl mag dieser Prozeß Elemente von Konvergenz, von Konsenserzielung in einem sehr allgemeinen Sinn enthalten: Bestimmte Ideen, Überzeugungen, normative Prinzipien, Wissensbestände sedimentieren sich gewissermaßen als weithin (wenn auch nicht einhellig) akzeptiert, bewährt, überzeugend, ohne daß ein Konsens notwendigerweise explizit deklariert würde.

Einige kulturelle Wandlungsprozesse, die sich in westlichen Ländern in den letzten Jahrzehnten vollzogen haben oder vollziehen, liefern immerhin plausible Beispiele: Denken wir etwa an Auffassungen über Geschlechter- oder Familienbeziehungen, über Umweltfragen oder die Rechte von Minderheiten, oder – um ein spezifischeres Beispiel zu nehmen – die Entwicklung öffentlicher Deutungen der nationalsozialistischen Vergangenheit in der BRD.[16]

Es sind diese eher graduellen und diffusen Wandlungen des kulturellen Repertoires, Veränderungen des öffentlichen Argumentationshaushalts, Verschiebungen des Spektrums von Kontroversen auf der Basis der Sedimentierung eines Bestands weitgehend akzeptierter Überzeugungen, Entwicklungen der Deutung zentraler Prinzipien oder Werte ebenso wie Änderungen spezifischer kollektiver Selbstdeutungen, die wir als potentielle Wirkungen öffentlicher Diskurse eher im Auge haben sollten als das kurzfristige Einvernehmen über spezifische politische Streitfragen. Wie weit diese Wandlungen als Aufklärungs- oder kulturelle Lernprozesse verstanden werden können, läßt sich nur durch interne Nachkonstruktionen klären, in denen ein erreichter Rationalitätsgewinn selbst argumentativ aufgezeigt werden kann.

Die Konsequenz dieser Überlegungen: Was die Frage der Leistungen oder Funktionen öffentlicher Diskurse betrifft, sollte nicht ihre Kapazität zur Konfliktlösung durch aktuelle Konsensbildung oder zur Legitimation einzelner politischer Entscheidungen im Vordergrund stehen. Das »Agora-Modell« politischer Entscheidungsfindung durch öffentliche Beratung ist irreführend, wenn es um größere Öffentlichkeiten geht (es paßt besser auf kleinere entscheidungsvorbereitende Gremien oder Foren). Statt dessen sollten die möglichen Wirkungen öffentlicher Debatten auf längerfristigere, diffusere kulturelle Wandlungs- und Innovations- oder Lernprozesse beachtet werden. Öffentliche Diskurse reproduzieren und transformieren eine öffentliche Kultur, ein bestimmtes Repertoire an Wissensbeständen, Normen und Werten, kollektiven Selbstdeutungen, das teils weithin geteilt wird, teils gruppenspezifisch differiert, teils öffentlich problematisiert und kontrovers debattiert wird. Die Existenz einer solchen öffentlichen Kultur mit bestimmten Merkmalen mag wiederum eine Vorbedingung oder fördernde Bedingung sowohl des Funktionierens einer diskursiven Öffentlichkeit wie der Funktionsfähigkeit und Akzeptanz, in diesem Sinne also der Legitimität einer politischen Ordnung sein.

---

16 Die erwähnten Fallstudien zur Abtreibungsdebatte und zur öffentlichen Diskussion über Drogenpolitik fanden allerdings keinen Wandel des Argumentationshaushalts im jeweils untersuchten Zeitraum. Es ist jedoch unklar, wie typisch diese beiden Beispiele sind.

III. Gleichheit und Stratifikation in der Öffentlichkeit

Begriffe wie Inklusivität, Offenheit oder Gleichheit der Beteiligung an Öffentlichkeit sind wichtige Elemente der Konzeptionen deliberativer Demokratie. Diese Gleichheitsforderungen sind verschieden verstehbar. Öffentlichkeit kann als Ressource verstanden werden, die jedem zur Verfügung stehen soll, damit er seine politischen und sonstigen Entscheidungen informiert treffen kann. Gleichheit meint hier primär Gleichheit der Verfügung über diese Ressource im Sinne der Rezeption öffentlicher Kommunikationsangebote. Diese Betrachtungsweise setzt allerdings eine fundamentale Asymmetrie schon voraus: die zwischen »Produzenten« und »Rezipienten« oder »Nutzern«, in anderer Terminologie: zwischen »Sprechern« auf dem »Podium« und dem »Auditorium«.[17] In dieser Perspektive sind vor allem Ungleichheiten der »Mediennutzung« erforscht worden. Diese können einerseits bedingt sein durch Merkmale und Handlungsbedingungen der Nutzer (Bildungsvoraussetzungen, ökonomische Ressourcen, disponible Zeit, Motivationen und Interessen) wie andererseits durch den Charakter der Kommunikationsangebote (welche die Kommunikationsbedürfnisse verschiedener Gruppen in unterschiedlicher Weise befriedigen oder das Rezeptionsverhalten in bestimmten Weisen beeinflussen mögen). Diese »Nutzerperspektive« steht häufig in Diskussionen über normative Prinzipien der Regulierung von Massenkommunikation im Vordergrund. In normativen Konzeptionen öffentlicher Deliberation finden wir aber in der Regel eine deutlich stärkere und prinzipiellere Betonung der Rolle *aktiver Partizipation*. Jede und jeder haben gleichermaßen Anspruch auf Stimme und Gehör im öffentlichen Diskurs. Niemand soll ignoriert werden. Das kann als eine fundamentale Form von Gleichheit im Sinne wechselseitigen Respekts verstanden werden. Daneben gibt es eine eher

---

17 Jürgen Gerhards, Friedhelm Neidhardt, »Strukturen und Funktionen moderner Öffentlichkeit, Fragestellungen und Ansätze«, in: Stefan Müller-Doohm, Klaus Neumann-Braun (Hrsg.), *Öffentlichkeit. Kultur. Massenkommunikation*, Oldenburg 1991, S. 31-90 und William A. Gamson, »Social Movements and Cultural Change«, in: Marco G. Giugni, Doug McAdam, Charles Tilly (eds.), *From Contention to Democracy*, Lanham: Rowman & Littlefield 1998, S. 57-80 sprechen von »Forum«, »Arena« und »Galerie«.

gruppenbezogene, antihegemoniale Variante der Gleichheitsforderungen für öffentliche Kommunikation: Gegen eine wahrgenommene Dominanz von bestimmten Schichten, Klassen, Eliten, Experten oder auch Großorganisationen wird gefordert, Öffentlichkeit nach »unten«, für die soziale Peripherie, für dominierte oder marginalisierte Gruppen oder Schichten zu öffnen.[18]

Es ist jedoch nicht sehr klar, wie solche Gleichheitsforderungen auf die Bedingungen heutiger Öffentlichkeiten angewandt werden können.[19] Öffentliche Kommunikationsprozesse sind zwar definiert durch das Fehlen formeller Zugangsschranken: Berechtigt zur Teilnahme (zumindest als Zuhörer oder »Publikum«) ist im Prinzip jeder Interessent. Aber Kommunikation in modernen Öffentlichkeiten ist nicht wirklich Kommunikation unter »Privatleuten« oder »Laien«.

Insbesondere für die Ebene der Massenkommunikation, aber auch für die meisten Bereiche der Veranstaltungs- und Assoziationsöffentlichkeiten gilt bekanntlich, daß die dort stattfindenden Kommunikationsflüsse durch sehr komplexe Mechanismen, insbesondere durch Marktmechanismen und Formen formaler Organisation reguliert werden. Hier spielt der Einfluß von Personen eine Rolle, die als Verleger, Redakteure, Lektoren, Literaturagenten generell Türhüter, Organisatoren und Vermittler beeinflussen, welche Beiträge überhaupt an die Öffentlichkeit gelangen. Allerdings sollte man nicht annehmen, daß die Regulierung der Zugänge zu öffentlichen Diskursen alleine abhängig ist von den intentionalen Entscheidungen mehr oder weniger ein-

---

18 Das war ein wichtiges Thema der feministischen Literatur zur Öffentlichkeit, vgl. Nancy Fraser, »Neue Überlegungen zur Öffentlichkeit. Ein Beitrag zur Kritik der real existierenden Demokratie« in: dies., *Die halbierte Gerechtigkeit. Schlüsselbegriffe des postindustriellen Sozialstaates*, Frankfurt am Main 2001. Johanna Meehan (ed.), *Feminists Read Habermas: Gendering the Subject of Discourse*, London 1995.
19 Wir konzentrieren uns hier auf Diskurse in Massenmedien. Diskurse gibt es auch in verschiedenen Formen von Präsenzöffentlichkeiten, zum Beispiel Veranstaltungen, informelle settings usw.; vgl. Jürgen Gerhards, Friedhelm Neidhardt, »Strukturen und Funktionen moderner Öffentlichkeit, Fragestellungen und Ansätze«, a. a. O. Kommunikationen in diesen sozialen Kontexten sind aber wesentlich *lokal*. Um eine größere Öffentlichkeit zu erreichen, müssen sie in der Regel durch den Sektor der Massenmedien hindurch und werden dabei entsprechend ausgelesen und transformiert. Im Hinblick auf die meisten genannten Leistungen, die von öffentlichen Diskursen erwartet werden, sind deswegen massenmediale Diskurse von ausschlaggebender Bedeutung.

flußreicher Organisatoren oder Vermittler. Hier spielen organisatorische Abläufe und Mechanismen oder auch Marktmechanismen, Netzwerkstrukturen usw. eine Rolle, die sich häufig hinter dem Rücken dieser Entscheidungsträger durchsetzen oder ihnen Handlungsparameter vorgeben.

Diese Verfassung des Bereichs der Massenkommunikation ruft viele wohlbekannte Fragen auf im Hinblick auf ihre Auswirkungen und auf Möglichkeiten der politischen Regulierung (siehe den Beitrag von Sunstein in diesem Band). Diese Diskussion will ich hier nicht aufgreifen. Was die Gleichheit oder Ungleichheit der Partizipation an öffentlicher Kommunikation angeht, wäre die Verfassung der Massenmedien primär instrumentell, als ein kausaler Faktor zu betrachten: Würde das System der Massenmedien seine Rolle als Türhüter einigermaßen fair und offen erfüllen, wäre an seiner Professionalisierung und formalen Organisierung kaum etwas auszusetzen.

Hier soll es nun aber um diejenigen Formen von Ungleichheit oder Stratifikation gehen, welche die Rollen auf der Bühne der Öffentlichkeit und nicht die hinter den Kulissen betreffen. Was die aktive Partizipation an öffentlichen Diskursen angeht, so ist wohlbekannt, daß es strukturierte Ungleichheiten der Zutrittschancen gibt. Organisationen mit professionalisierter »Öffentlichkeitsarbeit«, Regierungsinstitutionen bzw. deren Vertreter, andere Großorganisationen haben deutliche Vorteile bei der Plazierung von Meinungsäußerungen in den Massenmedien. Überrepräsentiert in argumentativ anspruchsvolleren Diskursen sind auch die Mitglieder von akademisch ausgebildeten und in der Regel speziell lizensierten Professionen: Wissenschaftler, Juristen, Techniker, Mediziner, Psychologen, Geistliche usw., die in öffentlichen Diskursen unter Rückgriff und Berufung auf ihre beruflichen Kenntnisse und Erfahrungen agieren können.

Innerhalb der Sphäre öffentlicher Kommunikation selbst findet sich eine teils formelle, teils informelle Differenzierung von Teilnehmer- oder Kommunikationsrollen (in welche die Vertreter der eben genannten sozialen Kategorien typischerweise rekrutiert werden oder in welche sie hineinwachsen). Die wichtigste spezialisierte Teilnehmerrolle ist natürlich die des *Journalisten*, die ja weit mehr Funktionen ausüben als die des Türhüters und des Nachrichtenproduzenten oder -bearbeiters oder des Reporters. Als Kommentatoren und Leitartikler, Redakteure verschiedener

Sparten, Korrespondenten usw. produzieren Journalisten einen beträchtlichen Teil auch der intellektuell anspruchsvolleren Beiträge zu öffentlichen Diskursen. Dazu kommen eine Reihe anderer typischer Teilnehmerprofile. *Experten* sind Vertreter spezialisierter Professionen oder wissenschaftlicher Disziplinen, die sich normalerweise in ihrer eigenen Sphäre eine fachliche Reputation erworben haben; zu Experten werden sie jedoch erst, wenn sie sich (gestützt auf ihre Reputation oder andere Faktoren) Einfluß in der öffentlichen Sphäre erwerben. *Advokaten* sind spezialisierte öffentliche Fürsprecher für soziale Gruppen, die nach herrschendem Verständnis nicht in der Lage sind, ihre eigenen Interessen adäquat zu artikulieren (Kinder, intellektuell Behinderte, andere »Problemgruppen«); in der Rolle des Advokaten treten häufig Mitglieder von Professionen auf, die auf die Behandlung entsprechender Problemfälle spezialisiert sind – Sozialpädagogen, Therapeuten, Teile der juristischen Profession. *Repräsentanten* präsentieren sich als Vertreter bestimmter Gruppen oder Strömungen; manche Repräsentanten können ein formelles Mandat organisierter Gruppen beanspruchen; andere berufen sich auf informelle Anerkennung der durch sie vertretenen Gruppierungen. *Intellektuelle* präsentieren sich dagegen nicht als Vertreter von Gruppeninteressen, sondern als Kritiker im Namen allgemeiner intellektueller oder normativer Standards; sie stützen sich häufig auf eine Reputation, die sie als Literaten, Künstler oder Wissenschaftler erworben haben, aber sie äußern sich als »Zeitdeuter« nicht unter unmittelbarer Berufung auf entsprechendes spezielles Wissen oder spezielle fachliche Kompetenzen.

Unter den Vertretern dieser Teilnehmerkategorien gibt es nun wiederum große Unterschiede im Ausmaß der Partizipation und des Einflusses. Genauer: Die Sprecher in öffentlichen Diskursen unterscheiden sich erheblich im Hinblick auf ihre *Prominenz* – auf das Maß an öffentlicher Aufmerksamkeit, das ihnen zuteil wird, im Hinblick auf ihre *Autorität* – auf die Kompetenzzurechnungen und Vertrauensvorschüsse, die ihnen gewährt werden, und im Hinblick auf ihre *Produktivität* – auf das Maß, in dem sie qualifizierte und innovative Beiträge zu Diskursen leisten, neue Ideen entwickeln und den Argumentationshaushalt öffentlicher Diskurse verändern.

Noch weiter kompliziert wird die Stratifikationsstruktur der Öffentlichkeit durch die vielfältigen Segmentierungen und Stratifikationen des Publikums. Unterschiedliche Schichten oder Milieus nutzen unterschiedliche Massenmedien, differenziert nach Interessenlage, allgemeiner politischer oder kultureller Ausrichtung sowie nach intellektueller Kompetenz und Anspruchsniveau. So mag es intellektuelle oder kulturelle Eliten geben mit eigenen Publikationsorganen und Kommunikationskreisen, die eine interne Prestigehierarchie haben, welche vom größeren Publikum nur vage wahrgenommen wird. Solche Eliten mögen in manchen Fällen einen breiteren kulturellen Einfluß haben. In anderen Fällen mögen sie Beachtung finden bei Gruppen in politischen oder ökonomischen Führungspositionen, aber vom breiteren Publikum relativ distanziert sein. Oder sie mögen insgesamt weitgehend isoliert sein und weitgehend unter sich diskutieren, wobei längerfristige kulturelle Diffusionseffekte vorkommen mögen, aber der aktuelle kulturelle Einfluß gering ist. Andere Schichten mit anderen Kommunikationskreisen mögen dann jeweils ihre eigene kulturelle Führungsschicht, ihre eigenen Sprecher und einflußreichen Öffentlichkeitsrepräsentanten haben.

Über die Bedingungen der Entwicklung oder Veränderung dieser Stratifikationsstrukturen haben wir wenig systematische Erkenntnisse, auch nicht über die Bedingungen individueller Mobilität innerhalb dieser Strukturen, also darüber, wie Personen in Führungsrollen innerhalb öffentlicher Diskurse gelangen. Zweifellos kann Sichtbarkeit oder Prominenz durch den Einsatz ökonomischer oder organisatorischer Ressourcen erzeugt werden. Das gilt auch für die Prominenz von Ideen, Argumenten oder Positionen. Wie sichtbar bestimmte Positionen in der Öffentlichkeit sind, wieviel Raum sie in öffentlichen Kommunikationen einnehmen, kann von den Ressourcen und Strategien ihrer Sponsoren beeinflußt werden. Aber Sichtbarkeit in diesem Sinn ist nicht gleich Einfluß, und der Erwerb von Autorität wie der Einfluß von Ideen oder die empirische Durchsetzung von Argumenten in Diskursen sind schwerer zu verstehen. Nehmen wir an, daß (wie die Idee öffentlicher Diskurse ja voraussetzt) die rationale Überzeugungskraft von Ideen oder Argumenten und im Hinblick auf den Einfluß bestimmter Sprecher oder Autorinnen meritokratische Elemente eines Wettbewerbs auf der Basis von Kompetenz und Kreativität wenigstens eine gewisse Rolle spielen. Daneben bleiben sicher viele kontingente Einflüsse, auch solche, die zur Herausbildung von Artikulationsfähigkeiten und Kompetenzen erst beitragen.

Diese Beobachtungen rufen zunächst wieder nach empirischen Analysen. Sollten sie Konsequenzen haben für normative Gleichheitsvorstellungen im Hinblick auf öffentliche Deliberation? Simple Gleichheit der Partizipation ist offensichtlich kein sehr plausibles Ideal, schon aus trivialen Kapazitätsgründen – schon in recht kleinen Öffentlichkeiten ist nicht genug Redezeit für jeden. Aber dieses simple Gleichheitsideal ist auch noch in anderer Weise problematisch: Im Diskurs sollte jeder reden können, der etwas Neues, Interessantes und Relevantes zu sagen hat. Daß jeder zu Wort kommen soll, auch wenn er nichts Neues beizutragen hat, scheint keine plausible Forderung.

Wären »repräsentative«, auf »soziale Interessen« oder soziale Gruppen bezogene Gleichheitsforderungen eine praktikable Alternative? Diese werden ja in verschiedenen Varianten vertreten – in den Pluralismusgeboten der deutschen Rundfunkgesetzgebung zum Beispiel, oder in Forderungen nach angemessenen öffentlichen Repräsentationschancen für marginalisierte oder unterrepräsentierte Gruppen.[20] Obwohl solche Forderungen plausible Aspekte haben, sind sie doch kaum zu präzisieren oder zu operationalisieren. Wie wären denn die Interessen oder Gruppen zu identifizieren, welche Anspruch auf öffentliche Artikulation machen könnten? Oder wie wäre die faire Vertretung unterschiedlicher Standpunkte, Perspektiven, Positionen zu definieren und zu realisieren – wenn sich solche Positionen doch selbst im öffentlichen Diskurs erst entwickeln und stets verändern? Und in welchen Proportionen sollten unterschiedliche Gruppen, Interessen, Standpunkte, Positionen vertreten sein und von wem? Sollte den jeweiligen Mehrheiten entsprechend mehr Repräsentation (Redezeit) eingeräumt werden? Daß es eine Art proportio-

---

20 Auch Habermas' Modell von Zentrum und Peripherie und seine Forderung, Vertreter der Peripherie müßten in öffentlichen Diskursen angemessen präsent sein, ist eine Variante des Repräsentationsmodells. Allerdings ist es verknüpft mit einer Annahme über die Qualität der Beiträge von Vertretern des Zentrums und der Peripherie: Von letzteren wird eine höhere Problemsensibilität, eine stärkere Bindung an Diskursnormen und eine geringere Neigung zur strategischen Instrumentalisierung öffentlicher Kommunikation erwartet. Letzteres ist eine widerlegbare empirische Vermutung. Für einige entgegenstehende empirische Evidenzen siehe Jürgen Gerhards, Friedhelm Neidhardt, Dieter Rucht, *Zwischen Palaver und Diskurs*, a.a.O., S. 149ff.

naler Repräsentation der Vertreter unterschiedlicher Positionen in einer öffentlichen Kontroverse geben sollte, widerspricht der Idee eines Diskurses, in dem es um den Austausch von Argumenten mit dem Ziel rationaler Problemlösung geht. Das impliziert eine gleichmäßige Beachtung aller potentiell relevanten Positionen oder Argumente – aber eben nicht eine größere Ausbreitungsmöglichkeit für Positionen, deren Anhänger sich momentan in der Mehrheit befinden.

Solche Repräsentationsvorstellungen gehen ja etwas weiter als die Forderung, daß alle Positionen oder Argumente gehört werden und im Prinzip gleichen Raum in der Öffentlichkeit haben sollten, abhängig allein von ihrer sachlichen Relevanz und ihrem originellen Charakter (ihrer fehlenden Redundanz). Gemeint ist entweder, daß alle »Seiten«, alle »Parteien« in einer aktuellen Kontroverse gleichermaßen Gelegenheit haben sollten, zu plädieren. Oder daß alle sozialen Gruppen einbezogen, oder umgekehrt: daß nicht bestimmte soziale Gruppen marginalisiert werden sollten. Der plausible Aspekt solcher Repräsentationsvorstellungen im Hinblick auf öffentliche Diskurse liegt wohl in der Vorstellung, daß die in Diskursen eingebrachten Beiträge unter anderem Darstellungen und Interpretationen von spezifischer Erfahrung darstellen, die an bestimmte Lebenslagen und soziale Positionen gebunden sind, daß es sozial geprägte Perspektiven und Sensibilitäten gibt, die im öffentlichen Diskurs alle vertreten sein sollten.

Aber obwohl eine solche Erfahrungsoffenheit öffentlicher Diskurse ein plausibles Desideratum ist, ergibt sie wohl kaum ein sehr bestimmtes Repräsentationskriterium. Zudem kollidiert dieses Desiderat in gewisser Weise mit der oben beschriebenen professionellen und quasi-professionellen Struktur öffentlicher Diskurse, mit der Herausbildung spezifischer Sprecherrollen. Diese mögen wiederum in bestimmter Weise »repräsentativ« sein, als sie sich bestimmte Standpunkte zu eigen machen oder bestimmte gruppenspezifische Erfahrungen zu artikulieren versuchen. Diese wie alle Arten der Repräsentation widersprechen allerdings den Elementen der Partizipationsforderungen, welche auf die Wirkungen der Partizipation auf die Teilnehmer selbst abzielen oder in unmittelbarer Partizipation die Realisierung von individuellen Gleichheits- oder Anerkennungsansprüchen sehen.

Wäre angesichts der unvermeidlichen Selektivität der Partizipation an öffentlichen Diskursen und angesichts der beschriebenen kompetitiven Stratifikationsstruktur im Hinblick auf Beachtung, Autorität oder Einfluß vielleicht eine Art meritokratisches Ideal fairer Chancengleichheit angemessen – jeder soll eine faire Chance haben, eine prominente oder einflußreiche Sprecherrolle in der Öffentlichkeit zu erlangen? Wieder sehe ich nicht, wie sich dieses intuitiv vielleicht plausible Ideal präzisieren und realisieren ließe, angesichts der unüberschaubaren Komplexität der Zugangskanäle und Sprecherkarrieren und der dabei wirksamen Auswahl- und Promotionsmechanismen (die wir ja empirisch noch kaum verstanden haben). Trivialerweise könnte auch eine solche, wie auch immer zu realisierende Chancengleichheit, die ja an der Selektivität der aktiven Teilnahme und der »Steilheit« der Stratifikationsstrukturen noch nichts ändern würde, den Elementen des Gleichheitsideals nicht Rechnung tragen, die auf den individuellen Wert gleicher aktiver Beteiligung abzielen.

Läßt sich die elitäre Struktur öffentlicher Diskurse durch bestimmte »demotische« Partizipationsformen korrigieren, welche die öffentlichen Artikulationschancen von Laien verbessern? Beispielsweise durch telefonische Hörerpartizipation im Rundfunk (call-in shows), Leserbrieffforen, kleine Veranstaltungsöffentlichkeiten wie Bürgerforen, »citizen juries« oder ähnliches? Vorliegende Erfahrungen deuten darauf hin, daß solche Partizipationsformen vor allem drei Funktionen haben: Erstens eine Signalfunktion – wenn Laienäußerungen in Massenmedien signalisieren, daß Teile des Publikums ein bestimmtes Problem anders beurteilen als die Mehrheit der Sprecher oder Autoren in den Massenmedien.[21]

Zweitens eine entscheidungsrationalisierende Funktion, wenn es in entsprechenden Beratungsgremien um die Vorbereitung spezifischer praktischer Entscheidungen geht. Drittens unter Umständen eine Förderung von Kompetenz und Selbstvertrauen bei den Beteiligten. Kaum abzusehen ist, wie solche Partizipationsformen einen merklichen Einfluß auf größere Öffentlichkeiten, auf Veränderung des öffentlichen Argumentationshaushalts ausüben könnten.

Diese Überlegungen sprechen dafür, das emphatische Gleichheits- und Partizipationsideal im Hinblick auf öffentliche Dis-

---

[21] Benjamin I. Page, *Who Deliberates? Mass Media in Modern Democracy*, Chicago 1996.

kurse abzuschwächen.[22] Relativ unproblematisch bleibt das Gleichheitsideal für die »Nutzerrolle«: Das Publikum sollte möglichst gleichen Zugang zu einem hochwertigen Angebot an Informationen und Diskursen in der größeren Öffentlichkeit haben. Und es sollte breite Partizipationsmöglichkeiten in lokalen, informellen Öffentlichkeiten geben, in denen sich die individuelle Meinungsbildung entfalten kann – auch wenn direkte Rückwirkungen auf die »große« Öffentlichkeit selten sind. Für die größeren Medien- und Veranstaltungsöffentlichkeiten sollte eher ein Prinzip der Offenheit oder Chancengleichheit für Themen, Perspektiven, Interpretationen, Ideen und Argumente gelten. Auch hier stellt sich natürlich das Problem der Präzisierung oder Operationalisierung entsprechender Kriterien und vor allem das Problem der Identifizierung ihrer Realisierungsbedingungen. Aber die Identifizierung parteilicher Selektivitäten in öffentlichen Diskursen, des Ignorierens oder der Stigmatisierung bestimmter Positionen und Argumente scheint im Prinzip nicht unlösbar, entsprechende Kritiken sind ja immer schon Bestandteil öffentlicher Diskurse. Und über institutionelle und andere Voraussetzungen einer pluralistischen, offenen und innovativen Diskursöffentlichkeit gibt es zumindest schon ein paar plausible Einsichten, wenn auch noch lange kein befriedigendes Wissen.

---

22 Zur Problematik der Anwendung von Gleichheitsprinzipien auf öffentliche Deliberation ähnlich auch Thomas Christiano, *Deliberative Equality and Democratic Order*, in: *Nomos* XXXVIII 1996, S. 251-287.

Cass R. Sunstein
Das Fernsehen und die Öffentlichkeit*

»Fernsehen ist nur eine andere Anwendung. Es ist ein Toaster mit Bildern.« Mark Fowler, ehemaliger Vorsitzender der Bundesbehörde der US-Regierung für Medienangelegenheiten

»Bei öffentlichen Kommunikationsprozessen kommt es nicht nur, und nicht in erster Linie, auf die Diffusion von Inhalten und Stellungnahmen durch effektive Übertragungsmedien an. [...] Für die Strukturierung einer öffentlichen Meinung sind die Regeln einer *gemeinsam* befolgten Kommunikationspraxis von größerer Bedeutung. Zustimmung zu Themen und Beiträgen *bildet* sich erst als Resultat einer mehr oder weniger erschöpfenden Kontroverse, in der Vorschläge, Informationen und Gründe mehr oder weniger rational verarbeitet werden können.«[1]

I. Einleitung

Es gibt einen großen Unterschied zwischen dem öffentlichen Interesse und dem, was die Öffentlichkeit interessiert. Das gilt insbesondere in Anbetracht der Beschaffenheit und der Folgen des Medienmarktes. Ein zentrales Ziel des Systems privater und öffentlicher Fernsehsender sollte in der Vervollkommnung der deliberativen Demokratie bestehen, eines Systems, in dem die Staatsbürger über öffentliche Angelegenheiten informiert werden und in dem sie ihre Urteile auf der Basis von Gründen fällen kön-

---

* Für hilfreiche Kommentare danke ich Douglas Lichtman, Eric Posner, Richard Posner und den Teilnehmern des Frankfurter Symposiums zu Ehren von Jürgen Habermas — insbesondere Claus Offe, Bernhard Peters und Jürgen Habermas selbst. Es war mir eine Freude, an diesem Symposium im Juli 1999 teilnehmen zu können. Wie zahllose amerikanische Juraprofessoren und Politikwissenschaftler habe ich von Jürgen Habermas auf vielen Gebieten einiges lernen können. Fast ein Jahrzehnt hatte ich Gelegenheit, Habermas' Freundlichkeit und Großzügigkeit, seine echte Bescheidenheit, seine unverstellte Freude an Ideen, seine bemerkenswerte Kontaktfreudigkeit, seinen Humor und seine ansteckende Begeisterungsfähigkeit kennenzulernen. Es ist eigentlich nicht ausdrücklich nötig, eine Widmung voranzustellen, da aber Redundanzen läßliche Sünden sind, sei ihm dieser Aufsatz hier in Bewunderung und herzlicher Verbundenheit gewidmet.

1 Jürgen Habermas, *Faktizität und Geltung*, Beiträge zur Diskurstheorie des Rechts und des demokratischen Rechtsstaats, Frankfurt am Main, 4. erw. Auflage 1994, S. 438.

nen.² Ich werde versuchen, mit diesen beiden Thesen konstruktive Überlegungen zur sogenannten Revolution auf dem Kommunikationssektor anzustellen.

Diese Revolution wurde von einem außergewöhnlichen technischen Wandel forciert. Das Aufkommen des Kabelfernsehens, des Internets, des Satellitenfernsehens, des Direktfernsehens* und des digitalen Fernsehens hat das herkömmliche Verständnis von »Fernsehen« erschüttert. In nicht allzu ferner Zukunft könnte das digitale Fernsehen die Zuschauer in die Lage versetzen, unter über tausend Programmen zu wählen. Die mögliche Verbindung von Fernsehen und Internet, die jetzt noch in den Kinderschuhen steckt, könnte sich als eine ebenso dramatische Entwicklung erweisen. Die Tatsache, daß das Internet das Fernsehen teilweise ersetzen kann, hat bereits zu einer gewissen Konkurrenz zwischen den beiden geführt.

Ich werde hier zwei Grundthesen unterbreiten, von denen sich die eine auf die Zwecke, die andere auf die Mittel erstreckt. Die erste und wichtigere These lautet, daß jede Regulierung des Fernsehens sowohl unter demokratischem als auch unter ökonomischem Gesichtspunkt beurteilt werden sollte. Das ökonomische Ideal der »Konsumentensouveränität« ist für den Medienmarkt schlecht geeignet. Deshalb rechtfertigt der Wandel, den das jetzt entstehende Kommunikationssystem herbeiführt, vorerst nicht die Preisgabe der Idee, daß die Fernsehsender zur Förderung von Zielen im öffentlichen Interesse verpflichtet werden sollten. Sendungen, die der Bildung dienen oder die politische Fragen behandeln, können das Streben nach deliberativer Demokratie fördern, das Vertrauen auf einen unregulierten Markt vermag das möglicherweise nicht. In diesem Zusammenhang werde ich einige besondere Eigenschaften des Marktes der Programmanbieter hervorheben, die es riskant erscheinen lassen, sich auf die »Konsumentensouveränität« als ausschließliche Grundlage für eine Regulierungspolitik zu verlassen. Die Politik auf dem Kommunikationssektor sollte statt dessen wenigstens zum Teil danach

2 Siehe z. B. Jürgen Habermas, *Faktizität und Geltung*, a. a. O.; Joshua Cohen, »Democracy and Liberty«, in: *Deliberative Democracy*, hg. von Jon Elster, Cambridge 1998, S. 185, S. 185-231 (erörtert die Grundlagen deliberativer Demokratie); Amy Gutman/Dennis Thompson, *Democracy and Disagreement*, Cambridge, Mass. 1996, S. 52-94 (erörtert Ideale deliberativer Demokratie).

* Ein Satelliten-TV-System, das dem Zuschauer den Empfang von Programmen aus aller Welt in Echtzeit ermöglicht. (A. d. Ü.)

beurteilt werden, welche Auswirkungen sie auf die Öffentlichkeit hat.³

Meine zweite These ist, daß die Regierung weniger auf Regulierung durch Befehl-und-Kontrolle setzen sollte und statt dessen drei weniger interventionistische und flexiblere Instrumente in Erwägung ziehen sollte, die einer Zeit schnellen technischen Wandels besser angepaßt sind. Diese Instrumente sind: erstens die obligatorische öffentliche Bekanntgabe von Informationen über Sendungen im öffentlichen Interesse, die keiner inhaltlichen Regulierung unterliegt; zweitens ökonomische Anreize, vor allem in Form von Subventionen und gemäß der Regel »Senden oder Zahlen«; und drittens die freiwillige Selbstkontrolle, beispielsweise über einen von der Industrie selbst geschaffenen und umgesetzten »Verhaltenskodex«. Es sollte also klar sein, daß dieser Ansatz zum einen die gravierenden Beschränkungen unkontrollierter medialer Kommunikationsmärkte bei der Förderung sozialer Ziele erkennt, zum anderen aber mit einem Plädoyer für die Ablehnung traditioneller Regulierung und für die Gewinnung flexiblerer, marktorientierterer Instrumente im Dienst dieser Ziele verbunden ist.

II. Präferenzen und Publikum

Man hat zunehmend betont, daß die Einwände gegen das existierende Fernsehen elitär oder veraltet sind. Für Verpflichtungen im öffentlichen Interesse und für demokratische Rücksichten ist im modernen Recht kein Platz – so ein Argument. Sobald das Problem der Knappheit einmal beseitigt sein wird, können sich die Konsumenten ihr bevorzugtes Kommunikationspaket individuell zusammenstellen, sofern ihr Staat das erlaubt. Stellen wir uns das utopische Bild eines Systems unbeschränkter medialer Kommunikationsmärkte einmal vor:

»Es wird genug Raum da sein für jedes Bild und jeden Ton, jeden Gedanken und jeden Ausdruck, die irgendein menschlicher Geist zu übermitteln gedenkt. Es wird ein Ort sein, wo junge Geister abenteuerliche, un-

---

3 Siehe dazu allgemein Jürgen Habermas, *Strukturwandel der Öffentlichkeit. Untersuchungen zu einer Kategorie der bürgerlichen Gesellschaft* (1962), Neuauflage von 1990, Frankfurt am Main 1995 (entwickelt eine ausführliche historische Darstellung).

verantwortliche, unfeine Wege gehen können. Da wird keine Unschuld herrschen, sondern eine Art unverfälschter Fröhlichkeit, eine heitere Sorglosigkeit, erfüllt von Zuversicht in die Zukunft und einem unbeirrbaren Sinn für Freiheit und Chancen.«[4]

Zunächst noch eine begriffliche Klärung: Obgleich viele für sich in Anspruch nehmen, für die »Deregulierung« einzutreten, ist dieser Weg im Grunde genommen keine Option oder zumindest keine vernünftige Option. Denn »Deregulierung« bedeutet in Wirklichkeit den Wechsel vom Status quo zum System einer anderen, aber gleichwohl im emphatischen Sinne rechtlichen Regulierung, oder genauer gesagt, zu einer Regulierung der Eigentums-, Straf- und Vertragsrechte, mit denen der Staat keine besonderen Verpflichtungen im öffentlichen Interesse erzwingt, sondern statt dessen anfänglich Inhaberrechte vergibt und dann den Handel zwischen Eigentümern und Produzenten gestattet. Das ist ebensosehr ein Regulierungssystem wie jedes andere auch. Es verzichtet auch nicht auf Zwang, insofern es nämlich den Menschen den Zugang zu Orten verwehrt, wo sie gern sprechen würden. Und wenn es dem gegenwärtigen System für Zeitungen und Zeitschriften nahezukommen scheint, so ist es deshalb keinen Deut weniger ein Regulierungssystem; denn eine Vielzahl von Gesetzen regelt (zwangsläufig) die Rechte und Pflichten von Zeitungen und Zeitschriften. Derartiges Recht bestimmt Rechte und Pflichten, erteilt Genehmigungen und Verbote; es stellt über das Eigentumsrecht sicher, daß einige Individuen und nicht andere Zugang zur Öffentlichkeit haben werden. Die Frage lautet also nicht, ob »dereguliert« werden soll, sondern welches System der Regulierung besser ist als denkbare Alternativen.

Man muß allerdings beachten, daß dies ein rein begriffliches Argument ist, es ist kein irgendwie normativ geartetes Argument. Wenden wir uns nun der allgemeinen Frage zu, ob es für die staatliche Seite noch irgendeinen Grund geben könnte, das Fernsehen im öffentlichen Interesse zu regulieren oder demokratische Ziele darüber zu fördern. Mein Anliegen ist hier sowohl theoretischer als auch empirischer Natur. Man muß prüfen, ob die Fernsehsender auf dem aktuellen Markt den Zuschauern eigentlich das liefern, was diese sehen möchten, und falls das so ist, wäre zu klären, ob dieser Punkt für die Frage, ob Verpflichtungen im öffentlichen

---

4 Peter Huber, *Law and Disorder in Cyberspace*, Oxford 1998, S. 206.

Interesse auferlegt werden sollten, entscheidend ist.[5] Die Antwort darauf lautet kurz, daß die Idee, die Fernsehsender sollten das zeigen, »was die Zuschauer sehen wollen«, eine völlig unzulängliche Reaktion auf das Argument für Verpflichtungen im öffentlichen Interesse darstellt.

A. Zwei Fälle von Marktversagen

Dem ökonomischen Modell zufolge würde ein gut funktionierender Medienmarkt das Ideal der Konsumentensouveränität fördern. Nach dieser Auffassung liegt der Sinn von Märkten darin, Konsumentenpräferenzen zufriedenzustellen. In dem entsprechenden System wäre es so, daß die Menschen ihre »Präferenzen« gemessen am Kriterium der privaten Zahlungsbereitschaft befriedigen würden. Die Interessenten könnten aus einer Palette von Optionen wählen, und die Anbieter würden sich an ihren Geschmacksvorlieben orientieren. Natürlich erreicht das existierende System dieses Ideal bereits in erheblichem Umfang und nähert sich ihm immer mehr. Allerdings gibt es zwei gravierende Probleme, die beide nahelegen, daß dem ökonomischen Ideal der Konsumentensouveränität durch freie Märkte der Programme im Grunde genommen nicht gut gedient ist. Wenn wir davon ausgehen, daß der Zweck eines gut funktionierenden Marktes auf dem Sektor des Fernsehens darin besteht, zu gewährleisten, daß die Programmgestaltung den Zuschauerpräferenzen gut angepaßt ist, handelt es sich um ein Versagen des Marktes. Im nächsten Abschnitt werde ich das Ideal des Marktes an sich in Frage stellen.

1. Augenpaare als Handelsware

Der erste Punkt ist am einfachsten: Das Fernsehen ist zur Zeit gar kein gewöhnliches Produkt, denn die Fernsehsender verkaufen den Zuschauern keine Sendungen gegen Bezahlung. Ein System der »Bezahlung-pro-Sendung« würde auf das übliche Warenmodell tatsächlich passen, doch die »Bezahlung-pro-Sendung« ist nach wie vor eine verhältnismäßig seltene Praxis. Der Unter-

---

[5] Ich stütze mich in mehreren Punkten auf die ausgezeichnete Argumentation in C. Edwin Baker, »Giving the Audience What It Wants«, in: *Ohio State Law Journal*, 58 (1997), S. 311.

schied zwischen dem existierenden Markt der Fernsehsender und dem Verfahren »Bezahlung-pro-Sendung« ist aber ausgesprochen wichtig. Das Kernproblem besteht darin, daß die Zuschauer in den Vereinigten Staaten keinen Preis für das Fernsehen entrichten, weder einen Marktpreis noch einen anderen Preis. Wie C. Edwin Baker gezeigt hat, ist es richtiger zu sagen, daß die Zuschauer eine Ware sind, ein Produkt, das die Fernsehsender denjenigen liefern, die sie wirklich bezahlen: ihren Werbekunden, den Firmen, die Werbezeiten kaufen.[6]

Dieses Phänomenen bringt einige gravierende Verzerrungen mit sich, zumindest dann, wenn wir einen idealen Markt der Fernsehanbieter als einen Markt verstehen, auf dem die Zuschauer das bekommen, was sie sehen wollen. Natürlich versuchen die Fernsehsender, wenn alle sonstigen Bedingungen gleich sind, mehr statt weniger Zuschauer zu liefern, weil die werbetreibenden Unternehmen, unter sonst gleichen Bedingungen, mehr statt weniger Zuschauer haben wollen. Die Auftraggeber der Werbung treten aber mit ihren eigenen Themen und Forderungskatalogen auf, und mit ihren kommerziellen Interessen können sie die Fernsehsender in eine Richtung drängen, die den Zuschauern gefällt, oder von einer Richtung abbringen, die bei den Zuschauern, oder doch bei einer nicht unerheblichen Zahl von ihnen, Anklang fände.

Das ist ein wesentlicher Unterschied zum gewöhnlichen Markt. Die werbetreibenden Unternehmen bevorzugen bestimmte demographische Gruppen und ignorieren andere, selbst wenn die Gruppen zahlenmäßig gleich groß sind. Sie zahlen zusätzliche Beträge, um gezielt solche Gruppen anzusprechen, die die jeweiligen Produkte mit größerer Wahrscheinlichkeit kaufen, und das berührt die Programminhalte. Werbende Firmen wünschen keine Sendungen, die die Produktsicherheit in Frage stellen, insbesondere dann nicht, wenn ihre eigenen Produkte betroffen sind, manchmal aber auch dann nicht, wenn die Thematik allgemeiner angesprochen ist. Außerdem wünschen sich die Auftraggeber der Werbung eine Programmgestaltung, die die Zuschauer in eine kaufwillige Simmung versetzt und deshalb nicht allzu »deprimierend« sein darf. Die werbenden Firmen lehnen meist Sendungen ab, deren Inhalte in hohem Maße umstritten oder zu ernst sind,

---

6 Siehe C. Edwin Baker, *Advertising and a Democratic Press*, Princeton, N. J. 1994, S. 25-87.

und vermeiden daher eine Finanzierung von Shows, die zu politischen Fragen Stellung beziehen. Auf diese Weise kann die Tatsache, daß die Fernsehsender den Käufern von Werbezeiten Zuschauer liefern – und das ist bei den gegebenen Verhältnissen größtenteils ihre Aufgabe –, Programmangebote erzeugen, die von dem, was sich herausschälen würde, wenn die Zuschauer für ihre Sendungen direkt bezahlen würden, ganz erheblich abweichen. Und in eben diesem Umfang ist die Vorstellung von der Konsumentensouveränität ernstlich korrumpiert.

2. Außenwirkungen und Probleme kollektiven Handelns

Selbst dann, wenn alle Fernsehsender jeden Zuschauer mit dem versorgen würden, was er oder sie gern sehen würde, bliebe ein schwerwiegendes Problem bestehen. Information ist ein öffentliches Gut, und sobald eine Person etwas weiß (über Produktrisiken, Asthma, Mißmanagement bei Behörden, Armut, Reform des Sozialsystems oder Machtmißbrauch z. B.), kommt der Nutzen dieses Wissens meist auch anderen zugute.[7] Wichtig ist in dieser Hinsicht Amartya Sens bemerkenswerte Beobachtung, daß in keinem demokratischen Land mit einer freien Presse jemals eine Hungersnot aufgetreten ist.[8] Diese Beobachtung läßt sich durch eine Reihe weniger spektakulärer Beobachtungen ergänzen, die zeigen, wie einzelne Bürger von einem Medium profitieren können, das willens und in der Lage ist, öffentlichen Anliegen Aufmerksamkeit zu schenken, darunter auch dem Schicksal der Benachteiligten. In Anbetracht der Tatsache, daß die Vorteile, solche Sendungen anzusehen, von einzelnen Zuschauern nicht vollständig »internalisiert« werden dürften, werden die individuellen Wahlentscheidungen einzelner Zuschauer höchstwahrscheinlich zuwenig Sendungen des öffentlichen Interesses hervorbringen. Individuell rationale Entscheidungen können schon dann auf Kosten der Mitmenschen gehen, wenn anderen Individuen kein Nutzen entsteht.

Kurz gesagt, die Wirkungen der verbreiteten Sendungen hängen von sozialen Interaktionen ab, und das ausgestrahlte Pro-

---

7 Eine erhellende und ausführliche Erörterung findet sich bei Baker, *Giving the Audience*, a. a. O., S. 350-385. Siehe auch Cass R. Sunstein, *Republic.com*, Princeton 2001.
8 Siehe Jean Dreze/Amartya Sen, *India*, Oxford/New York 1995, S. 76.

gramm erzeugt eine Reihe von Kollektivgütern und Kollektivlasten. Viele der davon herrührenden Probleme sind mit demokratischen Idealen verbunden. Eine Kultur, in der jede Person einen hohen Anteil seriöser Sendungen sieht, kann durchaus zu besseren politischen Urteilen führen; verfügt eine Person über ein größeres Wissen, vermehrt das oft auch das Wissen anderer, mit denen sie interagiert. Am wichtigsten ist vielleicht, daß ein gewisses Maß ernster Aufmerksamkeit für öffentliche Fragen zur verbesserten Regierungsarbeit führen kann, da die Aufmerksamkeit dem Machtmißbrauch entgegenwirkt und bei dringenden Problemen zum Regierungshandeln auffordert. Sendungen im öffentlichen Interesse können also auf die unterschiedlichste Art und Weise sozialen Nutzen abwerfen, der in den individuellen Wahlentscheidungen einzelner Bürger nicht hinreichend erfaßt wird. Das gleiche gilt für eine Programmgestaltung, die soziale Kosten verursacht, weil sie beispielsweise Apathie, Angst und vermehrte kriminelle Aktivität hervorruft. Ein nicht regulierter Markt wird der Allgemeinheit aufgrund des Problems kollektiven Handelns stets zu wenig Güter und zu viele Lasten einbringen.

B. Probleme nach nicht-marktförmigen Kriterien: Deliberative Demokratie

Bislang hat die Diskussion solche Schwierigkeiten mit den Sendermärkten hervorgehoben, die konventionelle ökonomische Gründe haben. Es wäre aber falsch, wenn man mit Blick auf das Fernsehen nur solche Ansätze für richtig hielte, bei denen nur in Marktkategorien gedacht wird: Man versteht das Fernsehen keineswegs am besten, wenn man es als eine gewöhnliche Ware auffaßt, die den Kräften von Angebot und Nachfrage unterliegt. Es gibt mehrere Gründe dafür, warum das so ist. Der Gesichtspunkt, der sie vereint, ist das Ideal der deliberativen Demokratie, ein Ideal, das in Deutschland, Amerika und anderen Nationen dazu beigetragen hat, daß man sich mit dem Grundsatz der Redefreiheit und der Regulierung der Medien im allgemeinen ausgiebig beschäftigt. Selbst wenn der Medienmarkt unter dem ökonomischen Gesichtspunkt gut funktionieren würde, gäbe es Raum für Maßnahmen, die dazu dienen, ein gut funktionierendes System demokratischer Deliberation zu fördern, und zwar besonders angesichts der Bedeutung des Fernsehens für das Urteil der Menschen darüber, welche Themen wichtig sind und über was man berechtigterweise nachdenken sollte. Zur allgemeinen Orientierung kann man John Deweys Erläuterung heranziehen:

»Bedeutsamer aber ist, daß das Auszählen von Stimmen den vorausgehenden Rückgriff auf Methoden der Diskussion, Beratung und Überzeugung erzwingt, während das Wesen der Androhung von Gewalt ist, den Rückgriff auf solche Methoden auszuschließen. Das Mehrheitsprinzip, rein als Mehrheitsprinzip, ist so lächerlich wie seine Kritiker es zu sein bezichtigen. Aber es ist niemals *nur* Mehrheitsprinzip. [...] Die wichtige Überlegung besteht darin, daß der Idee Gelegenheit gegeben wird, sich auszubreiten und zum Besitz der Masse zu werden. [...] Das wesentliche Erfordernis besteht, mit anderen Worten, in der Verbesserung der Methoden und Bedingungen des Debattierens, Diskutierens und Überzeugens. Das ist *das* Problem der Öffentlichkeit.«[9]

1. Balkanisierung

Wir können uns eine technische Zukunft ausmalen, in der sich jede Person das von ihr bevorzugte »Kommunikationsmenü« selbst zusammenstellen kann. Mit anderen Worten, die Programmgestaltung wäre vollständig und nicht bloß teilweise individualisiert. Die Verbindung von Fernsehen und Internet könnte diese Entwicklung unterstützen – über das zunehmende Potential der Individuen, sich ihr eigenes Universum freier Rede zu gestalten, indem sie darin aufnehmen, was sie haben wollen, und ausschließen, was sie darin nicht haben wollen.[10] In diesem Sinne könnten die Kommunikationen vom Gesichtspunkt des Konsumenten aus gänzlich »privatisiert« sein.

Ökonomisch betrachtet, würde dies als beeindruckender Fortschritt erscheinen, als Garantie für so etwas wie ein Optimum, als Sieg für Freiheit und Wohlergehen. Von einem demokratischen Standpunkt aus gesehen, ist es der Stoff für Science-fiction und birgt ernste Gefahren. Gefahren vor allem deshalb, weil es sehr gut zu einer Situation kommen könnte, in der viele oder die meisten Menschen nicht mehr unterschiedlichen Sichtweisen ausgesetzt sind, sondern statt dessen nur noch das schier endlos ver-

---

9 John Dewey, *Die Öffentlichkeit und ihre Probleme* (1927), übs. von W.-D. Junghanns, hg. von H.-P. Krüger, Bodenheim 1996, S. 172f.
10 Das Problem wird in Cass R. Sunstein, *Republic.com*, a. a. O., ausführlich behandelt.

vielfältige Echo ihrer eigenen, fertig vorhandenen Überzeugungen hören. Ein gut funktionierendes System der freien Meinungsäußerung hat unter anderem den Vorteil, daß es eine oder mehrere echte öffentliche Sphären generiert, in denen wechselnde Gesichtspunkte vorgestellt, gegeneinander abgewogen und den Menschen mit einer gewissen Lernbereitschaft verfügbar gemacht werden. Zeitungen und Zeitschriften von allgemeinem Interesse tun häufig genau das, und es ist wichtig, die Voraussetzungen für eine Vielzahl solcher Foren zu schaffen. Ein gut funktionierendes System der freien Meinungsäußerung hängt eben nicht einfach von privaten Wahlhandlungen ab, sondern von den nicht absehbaren, ungewählten Begegnungen, was sowohl die Themen als auch die Standpunkte betrifft. In einer heterogenen Gesellschaft sind solche Begegnungen entscheidend für die demokratische Deliberation. Die am Marktmodell orientierten Konzeptionen der medialen Kommunikation gehen, sofern sie diesen Punkt außer acht lassen, an einem zentralen Sachverhalt vorbei.

2. Staatsbürger, Konsumenten und Selbstbindungsstrategien

Ein marktförmiges System kann daran scheitern, ein Kommunikationssystem herzustellen, mit dem einer demokratischen Gesellschaftsordnung gut gedient ist. Die Menschen sind sich dieser Tatsache durchaus bewußt, was immer sie in ihrer Eigenschaft als Zuschauer oder Zuhörer auch wählen mögen. Daher wäre es möglich, daß sie eine kollektive Verbesserung anstreben, und oft tun sie das tatsächlich. Der ökonomische Ansatz ist problematisch, weil er private Präferenzen zu normativen oder ausschlaggebenden Größen für Zielsetzungen der Politik macht.

Kurz gesagt, es gibt einen durchgängigen Unterschied zwischen dem, was die Menschen in ihrer Eigenschaft als Zuschauer (oder Konsumenten von Rundfunk und Fernsehen) wollen, und dem, was sie in ihrer Eigenschaft als politisch denkende Bürger wollen. Sowohl Präferenzen wie Wertvorstellungen sind eine Funktion des Umfeldes, in dem sich die Menschen befinden, sie sind entschieden ein Produkt ihrer sozialen Rolle.[11] Unter diesen Umständen wäre es falsch zu glauben, die Wahlentscheidungen einzelner Zuschauer seien hinsichtlich der Frage, was die Indivi-

11 Siehe dazu generell Cass R. Sunstein, »Social Norms and Social Roles«, in: *Columbia Law Review*, 96 (1996), S. 903, S. 906-917.

duen wirklich vorziehen, endgültig oder definitorisch. Im Gegenteil, ein demokratisches Publikum, das sich an der Deliberation über die Welt der Telekommunikation beteiligt, könnte legitimerweise Regulierungen anstreben, die von seinen Konsumgewohnheiten abweichende Zielsetzungen enthalten. Politisch aktive Bürger könnten darauf hinwirken, ihre Metapräferenzen oder ihre Präferenzen in bezug auf die eigenen Präferenzen zu stärken. Sie könnten den Versuch machen, irgendeine Form von Selbstbindungsstrategie einzuführen. In ihrer Eigenschaft als Staatsbürger sind sie vielleicht altruistischer oder anteilnehmender, weil es um anders geartete Güter geht. Sie sehen die Aussichten für einen Wandel vielleicht optimistischer, wenn sie gemeinsam handeln, und sind deshalb imstande, ein Problem kollektiven Handelns zu lösen, von dem sie in ihrer Eigenschaft als Einzelperson betroffen sind. In der letztgenannten Hinsicht trifft sich das demokratische Argument für ein Abweichen von privaten Konsumentscheidungen mit dem Argument, das den Charakter der Information als Kollektivgut betont.

Wenn politisch aktive Bürger in einer Demokratie nicht einfach ihren Konsumgewohnheiten folgen, sondern versuchen, etwas zu verbessern, ist es kaum hilfreich, ihre Anstrengungen als »Paternalismus« oder als »Einmischung« herabzusetzen. Ihre Reformbemühungen verkörpern eine lebendige Demokratie. Es ist daher völlig angebracht, wenn die Regierung auf die im öffentlichen Bereich zum Ausdruck gebrachten Bestrebungen der Menschen eingeht. Das gilt insbesondere dann, wenn sich ein demokratisches Staatswesen selbst darum bemüht, auf allen Ebenen mehr demokratische Deliberation einzuführen.

3. Endogene Präferenzen

Aus der Sicht des Marktmodells besteht die Freiheit in der Befriedigung von Zuschauerpräferenzen, was immer ihre Inhalte sein mögen. Doch diese Vorstellung von Freiheit ist unzureichend. Auch bei der Ausbildung von Präferenzen, und nicht nur bei deren Befriedigung, muß ein gewisses Maß an Freiheit gewährleistet sein. Wenn die ausgebildeten Präferenzen ein Ergebnis der existierenden Regelungen sind, und das heißt eben auch ein Ergebnis eingeschränkter Möglichkeiten oder der Gewöhnung an einen beschränkten Typus von Fernsehen, dann macht es keinen

Sinn zu sagen, die geltenden Regelungen können unter Verweis auf die Präferenzen gerechtfertigt werden.

Es ist offensichtlich so, daß die »Geschmäcker« des Publikums im Hinblick auf die Fernsehsendungen nicht naturgegeben sind oder vom Himmel fallen. Sie sind teilweise ein Produkt gängiger und neuester Praktiken der Fernsehsender und anderer Programmgestalter. Oft werden sie vom Markt erzeugt. Kurzum, was die Menschen sehen möchten, ist zum Teil ein Produkt dessen, was sie zu sehen gewohnt sind. Es ist außerdem ein Produkt der herrschenden sozialen Normen, die sich im Laufe der Zeit ändern können und selbst auf die übliche kommerzielle Kost ansprechen. Der Geschmack wird von den Fernsehsendern nicht bloß bedient, sondern auch geformt.

Dieser Punkt weckt Zweifel an der Idee, die staatliche Politik solle den Geschmack der Zuschauer einfach als gegeben hinnehmen. In Zeiten, in denen die Fernsehsender eine beträchtliche Anzahl von solchen Sendungen im öffentlichen Interesse auf den Bildschirm bringen, die ernste Themen auf seriöse Weise behandeln, werden viele Menschen im Publikum einen Geschmack für Sendungen dieses Typs entwickeln. Dieser Effekt würde demokratische Ideale fördern, weil die Verbreitung von Informationen verbessert und die Deliberation intensiviert werden würde. In Zeiten, in denen die Fernsehsender reißerische oder gewaltgesättigte Stoffe transportieren, können Teile des Publikums durchaus einen Geschmack für mehr dergleichen entwickeln. Wenn das so ist, gerät das Ideal der Konsumentensouveränität unter Druck. Die Aktivitäten des Marktes können nicht einfach gerechtfertigt werden, indem man auf Geschmäcker verweist, die man selbst erst erzeugt.

Dieser Punkt sollte nicht übertrieben werden. Die Macht der Fernsehsender, den Geschmack massiv in die eine oder andere Richtung zu verschieben, ist fraglos begrenzt. Doch die Idee, daß der Zuschauergeschmack der üblichen Kost endogen ist, sollte wenigstens als Warnung davor begriffen werden, die Konsumentscheidungen zu politischen Zwecken als ausschlaggebende Größe heranzuziehen. In Verbindung mit dem nachfolgenden Punkt macht dieser Gedanke deutlich, daß an politischen Leitlinien, die zugunsten weithin gehegter sozialer Ziele von den üblichen Konsumentscheidungen abweichen, überhaupt nichts illegitim ist. Es gibt jedoch allen Anlaß für größere Bedenken wegen der nachteiligen Wirkungen, die bestimmte Typen der Programmgestaltung (darunter das Unvermögen, ernste Themen auf seriöse Weise abzuhandeln) für die demokratische Urteilsfähigkeit haben.

4. Paternalismus? Elitismus?

Man könnte versucht sein, darauf zu antworten, daß die Argumente bislang unannehmbar paternalistisch, ja sogar elitär sind. Kann es denn irgendeinen Grund zur berechtigten Klage geben, wenn Zuschauer und Zuhörer individuell Fernsehkost eines bestimmten Typs bevorzugen? Kinder bilden vielleicht einen Spezialfall, aber selbst hier ist die elterliche Anleitung alles andere als unüblich. Warum sollte der Staat die Wahlentscheidungen von Erwachsenen, darunter auch die von Eltern, aufheben und durch die staatlich getroffene Wahl ersetzen?

Nehmen wir zuerst den Vorwurf des Paternalismus. Insoweit das Argument ein Problem kollektiven Handelns betont, das sich den Konsumenten individuell stellt, ist hier keinerlei Paternalismus im Spiel. Auch insoweit das Argument die Wünsche der Menschen in ihrer Eigenschaft als Staatsbürger in den Mittelpunkt stellt, ist kein Paternalismus beteiligt. Der Anspruch ist vielmehr der, daß die Bürger (eine Mehrheit der Bürger) den Versuch machen, den Konsummustern eine bestimmte Richtung zu geben. Diese Form der Selbstbindungsstrategie oder des Autopaternalismus sollte nicht mit irgendwelchen anstößigen Formen des Paternalismus verwechselt werden. Gewiß, das Argument sinnvoller Regulierung beruht auf einer empirischen These des Inhalts, daß die Menschen in ihrer Eigenschaft als Staatsbürger einen ganz bestimmten Medienmarkt bevorzugen. Allerdings erscheint dieses Postulat höchst plausibel.

Mein Argument scheint sich in dem Maße, wie ich die Endogenität der Präferenzen betont habe, einem anstößigen Paternalismus anzunähern. Zweifelsohne werden die Präferenzen nicht umstandslos als gegeben aufgefaßt. Es ist aber nichts Anrüchiges daran, nachdrücklich darauf zu bestehen, daß die freien und gleichen Bürger in einer Demokratie Anspruch haben auf eine öffentliche Kultur, die ihrer Freiheit und Gleichheit förderlich ist. Die Forderung, eine Regierung solle nicht befugt sein, sich über die Urteile der Menschen hinwegzusetzen, wenn diese Menschen ausreichend mit Informationen versehen sind, ist eine Sache. Eine ganz andere Sache ist die Forderung, der Regierung solle es erlaubt sein, bescheidene Schritte zu unternehmen, um die Funktionsweise der demokratischen Ordnung zu stärken, indem sie zum Beispiel politischen Kandidaten freie Sendezeiten zusichert, bestimmte Arten von Sendungen finanziell unterstützt oder die substantielle Diskussion wesentlicher Fragen ermöglicht. Der Vorwurf, ja schon die Vorstellung des Paternalismus ist schwerer nachzuvollziehen, wenn die Präferenzen, um die es geht, ein Produkt eben des Systems sind, dessen Legitimität zur Diskussion steht.

Auch eine Medienpolitik, die Bildungsfernsehen für Kinder unterstützt und die Berichterstattung in allgemeinpolitischen Fragen substantieller und vielseitiger abdeckt, kann nicht unannehmbar »elitär« genannt werden. In dem Umfang, in dem substantiellen Sendungen eine spezielle Ausrichtung auf »Eliten« (ein vager und empirisch unklarer Begriff) angekreidet wird, liegt das Problem nicht bei einer Politik, die solche Sendungen anregt, sondern in ungerechten biographischen Voraussetzungen und insbesondere in ungleichen Bildungschancen. Eine Medienpolitik, die für mehr Diskussion und ein besseres Verständnis öffentlicher Probleme sorgen will, ist ein Hilfsmittel zur Überwindung solcher ungerechter Ungleichheiten. Sie ist kein Mittel, um den Ungleichheiten noch mehr entgegenzukommen.

Der Vorwurf des Elitismus würde zweifellos überzeugen, wenn die Inhalte der Sendungen von einer politischen Elite diktiert werden würden, die ihre Geschmacksvorlieben durchsetzen würde und keiner wirksamen Wählerkontrolle unterläge. Für das hier dargelegte Argument ist ganz wesentlich, daß die Regulierungsstrategien der demokratischen Überwachung unterliegen. Ebenfalls entscheidend ist, daß jedweder Versuch, Sendungen eines bestimmten Typs zu fördern, nicht mit den Präferenzen der Regulierenden verteidigt wird, sondern mit demokratischen Werten, die zumindest prinzipiell in weiten Teilen der Öffentlichkeit auf Zustimmung stoßen. Das Urteil im Namen der deliberativen Demokratie (und der entsprechenden regulativen Strategien) fällt selbst nicht vom Himmel; eine Auffassung, die in ihrem Namen vertreten wird, kann sich nicht auf einen kulturellen Sonderstatus berufen, sondern hängt von Argumenten ab, die in ihrem Interesse vorgebracht werden.

Sendungen im öffentlichen Interesse werden natürlich kaum etwas Gutes bewirken, wenn die Fernsehzuschauer lediglich den Kanal wechseln. Niemand will, daß der Staat den Leuten vorschreiben soll, die staatlich geförderten Programme anzuschauen. Die Überlegung dabei ist nur, daß es grundsätzlich eigentlich nicht zu kritisieren ist, wenn der Staat in seiner Aufgeschlossenheit für die Bestrebungen der Bürger stärker als der Markt dafür zu sorgen versucht, daß es mehr Sendungen im öffentlichen Interesse gibt. Es ist jedenfalls wahrscheinlich, daß einige Zuschauer solche Sendungen ansehen und Geschmack daran finden werden. Diese empirische Wahrscheinlichkeit reicht völlig aus, um die hier unterbreiteten Vorschläge zu rechtfertigen.

III. Strategien und Reformen

Die vorangegangenen Bemerkungen betreffen die Theorie – aber was ist mit der Praxis? Regulative Strategien, die für die 1950er und 1960er Jahre entworfen worden waren, passen kaum noch zu der heutigen Medienlandschaft. Einige bislang gängige Argumente verlieren durch die Verminderung der Knappheit tatsächlich an Plausibilität. Die werbetreibenden Firmen sind zum Beispiel außerstande, der Vermehrung erstaunlich vielfältiger Informationsangebote im Internet Einhalt zu gebieten, und sie versuchen auch nicht, das zu tun. In diesem Abschnitt gehe ich kurz auf drei flexible, marktorientierte Ansätze zur Regulierung der Medien im Interesse demokratischer Ziele ein: auf den Grundsatz der Offenlegung, auf ökonomische Anreize und auf den »Kodex« im öffentlichen Interesse.

A. Offenlegung

Regierungen in aller Welt haben auf vielen Gebieten regulativer Politik damit experimentiert, (a) die zentralisierten Erlasse aufzugeben und (b) die Unternehmen dazu verpflichtet, den Bürgern des Landes öffentliche Dossiers vorzulegen, in denen sie darüber berichten, welche Schäden sie verursachen oder welchen Nutzen sie nicht produzieren. Besonders auf dem Gebiet der Umweltpolitik ist diese Strategie verbreitet. Man hofft, der Marktdruck und der politische Druck werde zu einem verbesserten Verhalten der

Unternehmen führen. Eine Hoffnung, die sich in der Praxis oft als berechtigt erwiesen hat.

Bedenken wir einen einfachen Vorschlag: *Die Fernsehsender sollten verpflichtet werden, all ihre Aktivitäten im Dienst an der Allgemeinheit und im öffentlichen Interesse vierteljährlich detailliert bekanntzugeben.* Jeder Sender wäre also aufgerufen, Vierteljahresberichte zu erstellen, in denen das gesamte Spektrum seiner Aktivitäten im öffentlichen Interesse und im Dienst an der Allgemeinheit öffentlich gemacht wird. Die hierfür in Frage kommenden Aktivitäten könnten freie Sendezeiten für politische Kandidaten, Bildungssendungen, Bekanntmachungen öffentlicher Einrichtungen, Zugangshilfen für behinderte Zuschauer (z. B. durch lückenlose Untertitel oder durch Videobeschreibungen), Veranstaltungen zu karitativen Zwecken, Unfallwarnungen, Informationen über Notdienste und dergleichen mehr sein. Die Verpflichtung zur Offenlegung hat den besonderen Vorteil, daß sie mit dem entstehenden Medienmarkt offensichtlich gut vereinbar ist, insofern sie maximale Flexibilität erlaubt und keine Forderungen aufstellt, die durch die schnellen technischen Entwicklungen sehr bald überholt sein könnten.

Damit Verbesserungen freiwillig vorgenommen werden, muß die Pflicht zur Offenlegung von einer politischen Aktivität oder geltenden Normen begleitet werden, die den Anteil der Sendungen im öffentlichen Interesse erhöhen. Die Antwort hängt erstens von der Existenz einer externen Beobachtung ab und zweitens von der Macht der Beobachter, für die Fernsehsender mit schlechter Bilanz finanzielle Nachteile oder eine Beschädigung ihres Ansehens zu erwirken. Unter den externen Beobachtern könnten Vertreter öffentlicher Interessenverbände sein, die den Sendern ihr »beschämendes« Abschneiden vorhalten; unter den Beobachtern könnten sich aber auch Konkurrenten befinden, die eine Art »Wettbewerb verantwortlicher Programmgestaltung« in Gang setzen. Aus den veröffentlichten Dossiers sollte klar hervorgehen, welche Sender am wenigsten im öffentlichen Interesse tun, und vielleicht würden diese Sender zur besonderen Zielscheibe von privaten Gruppen und konkurrierenden Sendern werden.

Was dabei letzten Endes herauskommen wird, läßt sich nicht von vornherein sagen. Wenn den öffentlichen Interessenverbänden und Zuschauern, die eine bestimmte Programmgestaltung bevorzugen, vielleicht sogar zusammen mit einigen Mitarbeitern der Massenmedien die politische Mobilisierung gelänge, wären durchgreifende Verhaltensänderungen bei den Sendern erwartbar. Es ist sogar möglich, daß eine Pflicht zur Offenlegung dazu beitragen würde, daß die Sender intern Beobachter installieren würden. Ich präsentiere hier keinen fertigen Entwurf, sondern meine nur, daß es die Sache wert ist, die Offenlegungspflicht überall dort, wo staatliche Steuerung nicht wünschenswert oder praktikabel erscheint, als ein Regulierungsinstrument einzusetzen, weil dieser Ansatz wohl kaum schaden wird und nicht zuletzt unter dem demokratischen Gesichtspunkt eine Menge Gutes bewirken kann.

B. Ökonomische Anreize

Man könnte die Fernsehsender ermuntern, ihrer Verantwortung im öffentlichen Interesse gerecht zu werden, indem man ökonomische Anreize schafft, anstatt eine Reihe einheitlicher Bedingungen zu formulieren. Zu den kreativsten und aussichtsreichsten Ansätzen gehört das am Vorbild der jüngsten ökologischen Reformen ausgerichtete Prinzip »Senden oder Zahlen«. Dabei wird den Sendern die Wahl gelassen, entweder die Anforderungen im öffentlichen Interesse selbst zu erfüllen oder einen anderen Sender dafür zu bezahlen, daß er die Sendungen im öffentlichen Interesse ausstrahlt. Ich diskutiere zunächst das Prinzip »Senden oder Zahlen« und wende mich dann einer anspruchsvolleren Behandlung der Alternativen zu, die sich aus dem Deliktrecht ergeben und eine Streitfrage zwischen markt-unterdrückenden und markt-ergänzenden Ansätzen aufwerfen.

1. Über die Natur und über Ronald Coase

Die mit dem Nobelpreis ausgezeichnete Arbeit von Ronald Coase über Effektivität, freien Handel und Transaktionskosten hatte ihre Wurzeln auf dem Gebiet des Kommunikationswesens, war dann aber in der Arena der Umweltproblematik am einflußreichsten.[12]

---

12 Siehe R. H. Coase, »The Market for Goods and the Market for Ideas«, in: *American Economic Review, Papers and Proceedings*, 64 (1974), S. 384, wieder in: R.H. Coase, *Essays on Economics and Economists*, Chicago, Ill. 1994, S. 64. Siehe auch R.H. Coase, »The Federal Communications Commission«, in: *Journal of Law and Economics*, 2 (1959), S. 1.

In diesem Bereich war die Unzufriedenheit mit starren staatlichen Vorgaben sehr groß, und es gab auch unverkennbar eine Bewegung in Richtung flexiblerer ökonomischer Instrumente, die bei weitem effizienter sein können. So kann zum Beispiel eine staatliche Verordnung verlangen, daß jedes Kohlekraftwerk seine Schwefeldioxidemissionen um 50% reduzieren muß oder daß eine bestimmte, staatlich vorgeschriebene Technik eingesetzt werden muß. Anreize hingegen gibt es im Umweltschutz normalerweise in zwei verschiedenen Formen: Verschmutzungsabgaben oder Gebühren, die den Verursachern von Umweltschäden auferlegt werden, und handelbare Verschmutzungsrechte oder »Lizenzen«, die an die Verursacher von Umweltverschmutzung vergeben werden. Nach dem Modell der Umweltverschmutzungsabgaben könnte die Regierung sagen, die Unternehmen müssen für die Schwefeldioxidemission pro Einheit einen bestimmten Betrag entrichten. Nach dem Modell der handelbaren Umweltverschmutzungsrechte könnte die Regierung sagen, jedem Unternehmen sei ein genau beziffert Schwefeldioxidausstoß erlaubt, doch die Erlaubnis dazu, das Recht, kann auf dem freien Markt gekauft und verkauft werden. Im ersten Modell zahlt das Unternehmen, um die Verschmutzung zu verringern und auf diesem Weg die Höhe von Steuern und Abgaben zu senken. Im zweiten Modell zahlt das Unternehmen auch, um die Verschmutzung zu verringern, weil die Verringerung verwendet werden kann, um sich in der relevanten Tätigkeit verstärkt zu engagieren oder um Geld von anderen zu erhalten, die ihren Ausstoß nicht so kostengünstig reduzieren können. Abgaben oder handelbare Lizenzen sollten gute dynamische Anreize für die Verminderung der Verschmutzung schaffen, und sie sollten den Umweltschutz zur größeren Kosteneffizienz führen.

2. Abgaben, Kollektivlasten, heiße Eisen und »Nischenplätze«

Im Prinzip kann sowohl der Abgaben-Ansatz als auch der Lizenz-Ansatz dem staatlichen Verordnungsweg vorzuziehen sein. Das ist zumindest dann so, wenn wir Sendungen im öffentlichen Interesse als ein »Gut« einstufen, für das die Verantwortlichen zahlen sollen, wenn sie es nicht produzieren, gerade so wie wir die Umweltverschmutzung als eine »Belastung« einstufen, für deren Produktion die Verursacher zahlen sollen. Nehmen wir einmal das Beispiel Schulfernsehen und freie Sendezeiten für Präsidentschaftswahlen. Nehmen wir weiter an, der eine Sender hat besonders gute Voraussetzungen, um qualitativ hochstehende Sendungen für Kinder zu produzieren, während ein anderer Sender besonders gute Voraussetzungen hat, um qualitativ hochstehende Sendungen über die Präsidentschaftswahlen auf die Beine zu stellen. Statt nun beiden vorzuschreiben, Schulfernsehen *und* Sendungen zu den Präsidentschaftswahlen zu produzieren, könnte die Regierung den Sendern die Möglichkeit eröffnen, sich über eine Gebühr oder eine Abgabe von der einen oder anderen Produktionspflicht zu befreien. Das ist das »Abgabenmodell« für die Programmgestaltung im öffentlichen Interesse. Alternativ dazu könnte der Staat das Modell handelbarer Emissionsrechte übernehmen und könnte es einem Sender gestatten, seine Verpflichtung hinsichtlich des Schulfernsehens oder der Präsidentschaftswahlen an einen anderen Sender zu veräußern. Wenn es eine Analogie zwischen dem Umweltschutz und der Regulierung des Fernsehens gibt, hat ein System, in dem diejenigen, die keine Sendungen im öffentlichen Interesse anbieten, eine Art von »Gebühr« zahlen müssen, einen bedeutenden Vorteil, weil es sehr viel flexibler ist als ein System, in dem die Regierung allen die gleichen Verpflichtungen auferlegt.

Nun könnte man entgegnen – wie man herkömmlicherweise gemeint hat –, daß Pflichten im öffentlichen Interesse ein nicht übertragbarer Teil der allgemeinen öffentlichen Verantwortung sind und es den Sendern folglich nicht erlaubt sein sollte, sich von diesen Verpflichtungen freizukaufen. Es ist aber unklar, was diese Aussage eigentlich bedeutet. Die Frage ist doch, welchen Schaden ein Recht auf »Zahlen statt Senden« konkret anrichten würde. Wenn die Option »Zahlen statt Senden« die Normen der Film- und Fernsehindustrie zersetzen würde, weil sie die Programmgestalter animieren würde, ihre öffentlichen Verpflichtungen weniger ernst zu nehmen, wäre das in der Tat ein Problem. Es gibt jedoch wenig Anlaß zu der Annahme, daß die Option diese Wirkung haben würde. Die Frage ist einfach die folgende: Was wäre, wenn ein Sender als Ausgleich für jede Minute oder alle 30 Sekunden, die er von einer Verpflichtung im öffentlichen Interesse befreit wird, 10 Millionen $ auszugeben bereit ist, die der Subvention von Sendungen im öffentlichen Interesse dienen? Auf den ersten Blick stünde eine Nation dann schlicht und einfach besser da, weil man das gleiche Volumen an Sendungen des öffentlichen Interesses preisgünstiger bereitstellen könnte.

Ein in diesem Kontext vorstellbares Problem mit den ökonomischen Anreizen ist, daß sie den allgemeinen Zweck der Sendungen im öffentlichen Interesse untergraben können, weil sie eine Situation entstehen lassen, in der diese Sendungen auf eine kleine Gruppe von Sendern konzentriert sind – »Brennpunkte« der Medienlandschaft, ein Äquivalent oder ein Gegenstück zum »Brennpunkt«-Problem in der Umweltproblematik. Das »Brennpunkt«-Problem tritt dann auf, wenn der Handel mit Emissionsrechten zu einer Verdichtung der Umweltverschmutzung in einer Region führt und schwerwiegende Beeinträchtigungen der Gesundheit mit sich bringt. Man ist sich generell einig, daß Vorkehrungen getroffen werden müssen, die verhindern, daß so etwas geschieht. Im Bereich der Medien wird das Problem auftreten, wenn alle sehr häufig gesehenen Programme ihre Verpflichtungen letztlich an einen einzigen Sender oder eine kleine Anzahl Fernsehsender verkaufen. Das ist nicht wünschenswert, wenn dabei so etwas wie eine »Ghettoisierung« der Sendungen im öffentlichen Interesse herauskommt und wenn man der Ansicht ist – was wohl recht vernünftig ist –, daß alle oder die meisten Zuschauer zu einigen Sendungen dieser Art Zugang haben sollten.

Ein zweites Problem ist sowohl begrifflicher als auch praktisch-administrativer Art. Wenn ein Handel abgewickelt wird, was wird dann eigentlich gehandelt? Vielleicht ist es am einfachsten und am vernünftigsten, Minuten gegen Minuten einzutauschen. Aber nicht alle Fernsehminuten sind sich gleich. Es muß sichergestellt werden, daß bei jedem Handel an die Stelle eines Verlustes für die Allgemeinheit ein gleichwertiger Nutzen tritt. Vielleicht ist ein Test mit Publikumsanteilen – ein Geschäft »Zuschauer gegen Zuschauer« – die beste Einstiegsmöglichkeit. Ein Ansatz dieser Art hätte darüber hinaus den günstigen Effekt, dabei zu helfen, das »Brennpunkt«-Problem in den Griff zu bekommen. Wenn der »Minute gegen Minute«-Handel darauf eingestellt wäre, auch Zuschauerzahlen zu berücksichtigen, käme der Handel mit einem Fernsehsender, der niedrige Publikumsanteile hat, besonders teuer zu stehen. Die Einzelheiten sind hier weniger wichtig als die Überlegung, daß eine kreative administrative Lösung die entsprechenden Probleme verringern könnte, so wie man sie im Bereich des Umweltschutzes handhabbar gemacht hat.

3. Eine kurze Bemerkung über Kulturpolitik und kulturpolitische Subventionen

Der naheliegendste ökonomische Anreiz ist der einfachste: Der Staat sollte bestimmte Formen von Sendungen aus dem Steueraufkommen subventionieren. Ein solcher Vorstoß wirft offenkundig Fragen danach auf, wann und ob es staatlicherseits geboten ist, kollektive Ressourcen zur Förderung einer besseren Kultur und insbesondere zur Förderung einer besseren demokratischen Ordnung einzusetzen. Aus der bisherigen Erörterung läßt sich zumindest schließen, daß derartige politische Maßnahmen weniger umstritten sein sollten, wenn individuelle Konsumentenentscheidungen in ein Problem kollektiven Handelns verwickelt sind oder wenn eine große Zahl von Menschen in ihrer Eigenschaft als Staatsbürger ihre Regierung auffordern, eine bestimmte Aktivität zu fördern, um damit genuin öffentliche Ziele zu fördern. Dieses Argument ist bestens gesichert, wenn solche Ziele der Demokratie gelten. Es gibt also Gründe für den Staat, Fernsehsendungen zu unterstützen, die die Breitenbildung über staatsbürgerliche Angelegenheiten fördern, einerlei ob diese Sendungen vom Markt selbst bereitgestellt werden oder nicht; und wenigstens mit theoretischen Begründungen sind staatliche Subventionen dieser Art gut gestützt.

C. Freiwillige Selbstkontrolle und kodifizierte Regeln

Der Konkurrenzdruck kann viele Vorteile haben, vom Standpunkt demokratischer Ziele aus betrachtet hat er jedoch auch eine Kehrseite. Er kann dazu führen, reißerische Sendungen oder Sendungen mit viel Sex und Gewalt zu produzieren, und er kann einen Mangel an Aufmerksamkeit für erzieherische Werte oder für einen Typ von Sendungen verursachen, der für eine gut funktionierende Demokratie unerläßlich ist. Gerade angesichts der Tatsache, daß ein verhältnismäßig kleiner Vorteil zu großen Zuwächsen bei den Zuschauerquoten führen kann, entsteht ein Druck, unter dem sich das Fernsehen in die Richtung von Boulevardzeitungen entwickelt.

Den schädlichen Auswirkungen des Konkurrenzdrucks könnte man auf verschiedene Weise begegnen. Die einfachste Antwort würde vermutlich die Form freiwilliger Selbstkontrolle annehmen, die sich auf einen »Kodex« guter Programmgestaltung stützt. Dieser Ansatz ist eigens dafür vorgesehen, auf Probleme zu antworten, die durch den Wettbewerbsdruck des Marktes entstehen können. In mehreren Ländern, darunter auch den Vereinigten Staaten, hat die übergreifende Zusammenarbeit in Konkurrenzsituationen dieser Art eine konstruktive Rolle spielen können. Vom Standpunkt der Industrie aus betrachtet, erlaubt die Selbstkontrolle bei weitem mehr Flexibilität als staatliche Verordnungen. Vom Standpunkt der Regierung aus gesehen, haben Kodexe den besonderen Vorteil, daß sie die Informationsüberlastung vermeiden, die staatliche Vorschriften mit sich bringen. Die guten Resultate der freiwilligen Übereinkünfte von Unternehmen auf dem Sektor der Arbeitssicherheit und des betrieblichen Gesundheitsschutzes sind zum Teil auf diese Vorzüge zurückzuführen. Man hat auch feststellen können – was speziell für das Fernsehen bedeutsam ist –, daß Kodexe die Eigenschaft haben, die Verhaltensweisen der betreffenden Gemeinschaft in eine Richtung zu beeinflussen, die dazu beiträgt, eine Ethik der Wachsamkeit zu entwickeln.[13] Kodexe haben daher mitgeholfen, eine institutionelle Moral zu entwickeln, die dem Verhalten industrieller Akteure einen normativen Rahmen zieht.

Eine derartige konzertierte Aktion ist mit Blick auf eine Verletzung des Kartellrechts und eines egoistischen Gewinnstrebens unter dem Deckmäntelchen öffentlicher Gesinnung nicht unbedenklich. Dieses Risiko besteht natürlich, aber das Kartellrecht kann seiner Absicht zuwiderlaufen, wenn es eine gemeinschaftliche Kooperation verhindert, die eindeutig nachteilige Folgen des Wettbewerbsdrucks auf dem Markt ausgleicht. Die International Standards Organization dient in der Tat speziell dem Zweck, eine Form der Kooperation zu gewährleisten, die solche nachteiligen Folgen ausschaltet: Die Frage ist, ob diese Erfahrung auf dem Feld der Medien eine Entsprechung finden kann. Es muß hier vor allem darum gehen, den Programmgestaltern und Journalisten zu ermöglichen, das zu tun, was zu tun sie tatsächlich vorziehen würden. Diesen Punkt kann man nicht genug betonen. Viele Journalisten im Bereich des Fernsehens würden viel lieber bessere Arbeit leisten. Der Konkurrenzdruck ist das Problem, nicht die Lösung, und mit einem freiwilligen Kodex wäre ihnen

13 Siehe Neil Gunningham u. a., *Smart Regulation*, Oxford 1997, S. 162.

und dem Publikum geholfen. Ein solcher Kodex könnte zum Beispiel eine Übereinkunft darüber enthalten, politischen Kandidaten freie Sendezeit einzuräumen, ernste Themen auch ernsthaft abzuhandeln, Sensationsmache zu vermeiden, für Kinder geeignete Sendungen anzubieten und vieles andere mehr. Tatsächlich könnten sämtliche erwähnten Probleme angegangen werden, und dies auf eine Weise, die auf der Kompetenz und Erfahrung der unmittelbar Beteiligten aufbauen könnte.

Ein Medienkodex würde selbstverständlich viele Fragen aufwerfen. Die erste Frage beträfe das Problem der Durchsetzung. Ohne Mechanismus der Durchsetzung könnte ein Kodex wirkungslos bleiben – ja, er könnte sogar eine Form von Täuschung der Öffentlichkeit sein. Die Durchsetzungsfrage ist ein zentraler Punkt bei der generellen Klärung der Voraussetzungen für eine effektive Selbstkontrolle. Hier schließt sich an die Frage nach der Effektivität eines Verhaltenskodexes für die Medienanbieter wieder die Frage nach der Effektivität einer Offenlegung ihrer Aktivitäten im Dienst der Allgemeinheit an. Die Existenz externer Beobachter, vielleicht in den Medien selbst, wäre besonders wünschenswert.

IV. Schlußfolgerung

Ich habe davon gesprochen, welchen externen Nutzen Sendungen im öffentlichen Interesse haben, und ich habe die besonderen Eigenheiten des medialen Marktes beschrieben, auf dem die Zuschauer oder ihre Glotzböppel eine Ware sind, die den Werbetreibenden verkauft wird. Aufgrund des Problems kollektiven Handelns sind Regulierungsbestrebungen, die demokratische Ziele fördern wollen, im Prinzip einfach zu verteidigen. Ich habe zudem die Auffassung vertreten, daß eine Medienpolitik nicht auf rein ökonomische Prinzipien gegründet sein sollte. Im Hinblick auf Sendungen des öffentlichen Interesses können die Geschmacksvorlieben der Zuschauer bereits das Produkt einer nicht wünschenswerten Einengung von Medienoptionen sein, und in ihrer Eigenschaft als Staatsbürger können die Menschen durchaus den Wunsch haben, den Dingen eine Wende zum Besseren geben zu wollen. Gerade angesichts der Rolle der Kommunikationsmedien für die Entstehung von Kultur – und folglich auch der Präferenzen und Wertvorstellungen – ist es vollkommen legitim, wenn es eine demokratische Regierung ablehnt, »Konsumentscheidungen« zur alleinigen Grundlage ihrer Medienpolitik zu machen. So könnte eine der deliberativen Demokratie verpflichtete Öffentlichkeit Initiativen unterstützen, bei denen es darum geht, das Fernsehangebot für Kinder zu verbessern und politische Themen besser abzudecken. In einer Zeit verminderter Knappheit ändern sich die dafür geeigneten Instrumente, daher lohnt es sich, die flexibleren Ansätze der Pflicht zur Offenlegung, der ökonomischen Anreize und der freiwilligen Selbstkontrolle als Alternativen zu starren Vorschriften zu untersuchen. Die Ideale, die derartigen Initiativen zugrunde liegen, bleiben jedoch an das Ideal der deliberativen Demokratie gebunden.

Solange solche Initiativen der demokratischen Kontrolle unterliegen, sollten sie nicht als paternalistische Einmischung einer regulierenden Elite begriffen werden, die ihre privaten Wahlentscheidungen für alle verbindlich macht, sondern als Versuch einer sich selbst verwaltenden Allgemeinheit, eine politische Kultur zu fördern, die mit ihren hohen Zielsetzungen im Einklang steht. Letztendlich ist es das, was den Unterschied zwischen dem öffentlichen Interesse und dem, was die Öffentlichkeit interessiert, ausmacht.

(Aus dem amerikanischen Englisch von Karin Wördemann)

Über die Autoren und Autorinnen

Robert B. Brandom ist Distinguished Service Professor of Philosophy an der University of Pittsburgh und Autor von *Expressive Vernunft. Begründung, Repräsentation und diskursive Festlegung* (2000) sowie *Begründen und Begreifen. Eine Einführung in den Inferentialismus* (2001).

Hauke Brunkhorst ist Professor an der Universität Flensburg. Von 1995 bis 1997 war er Fellow am Kulturwissenschaftlichen Institut des Wissenschaftszentrums NRW in Essen. In den 90er Jahren veröffentlichte er folgende Bücher: *Der entzauberte Intellektuelle* (1990); *Theodor W. Adorno. Dialektik der Moderne* (1990); *Demokratie und Differenz* (1994); *Solidarität unter Fremden* (1997); *Adorno and Critical Theory* (1999); *Hannah Arendt* (1999); *Einführung in die Geschichte politischer Ideen* (2000).

Rainer Forst, nach Lehrtätigkeiten in Berlin und New York zur Zeit Wissenschaftlicher Assistent am Institut für Philosophie der Universität Frankfurt am Main. Wichtigste Veröffentlichungen: *Kontexte der Gerechtigkeit. Politische Philosophie jenseits von Liberalismus und Kommunitarismus* (Frankfurt am Main 1994); Herausgeber von *Toleranz. Philosophische Grundlagen und gesellschaftliche Praxis einer umstrittenen Tugend* (Frankfurt am Main 2000); Mitherausgeber von *Ethos der Moderne. Foucaults Kritik der Aufklärung* (Frankfurt am Main 1990). Daneben zahlreiche Aufsätze zu Fragen der praktischen Philosophie.

Manfred Frank, geb. 1945, derzeit ordentlicher Professor in Tübingen. Publikationen zur Hermeneutik und zum französischen Neostrukturalismus, zur Philosophie der Frühromantik und des Deutschen Idealismus sowie zur kontinentalen und analytischen Theorie des Selbstbewußtseins, darunter: *Die Unhintergehbarkeit von Individualität. Über Subjekt, Person und Individuum aus Anlaß ihrer ›postmodernen‹ Toterklärung* (1991); *Zeitbewußtsein* (1990); Hg., *Selbstbewußtseinstheorien von Fichte bis Sartre*, mit einem ausführlichen Nachwort (1991); *Selbstbewußtsein und Selbsterkenntnis. Essays zur analytischen Philosophie der Subjektivität* (1991); Hg., *Analytische Theorien des Selbstbewußtseins*, mit Einleitung und Kommentierung der einzelnen Texte (1994).

Günter Frankenberg, geb. 1945. Professor für Öffentliches Recht, Rechtsphilosophie und Rechtsvergleichung an der Goethe-Universität Frankfurt am Main. Veröffentlichungen u. a.: *Die demokratische Frage* (Frankfurt am Main 1989, gemeinsam mit Ulrich Rödel und Helmut Dubiel); *Auf der Suche nach der gerechten Gesellschaft* (Hg., Frankfurt am Main 1994); *Die Verfassung der Republik* (Frankfurt am Main, 1996). Forschungsschwerpunkte: Konstitutionalisierung der Europäischen Union; Transplantation von Rechtsregimen (Mittel- und Osteuropa); Rechtsprobleme der Globalisierung.

Stefan Gosepath, geb. 1959; Studium u. a. der Philosophie an den Universitäten Tübingen, FU Berlin und Harvard; Promotion 1992, 1988-1993 wiss. Mitarbeiter für Philosophie an der Hochschule der Künste Berlin, 1993-2000 Assistent ebenda; 1996/97 Forschungsaufenthalt an der Columbia, New York und Harvard University. Zu seinen Veröffentlichungen gehören: *Aufgeklärtes Eigeninteresse. Eine Theorie theoretischer und praktischer Rationalität* (1992); *Philosophie der Menschenrechte*, hg. mit Georg Lohmann (1998); *Hg., Motive, Gründe, Zwecke. Theorien praktischer Rationalität* (1999) sowie Aufsätze zur praktischen Vernunft, Ethik und politischen Philosophie.

Dieter Grimm, geb. 1937 in Kassel; Studium der Rechtswissenschaft und der Politikwissenschaft in Frankfurt am Main, Freiburg, Berlin, Paris und Harvard; LL.M. Harvard 1965, Dr. iur. Frankfurt am Main 1971; 1979 Habilitation für deutsches und ausländisches öffentliches Recht, Rechts- und Verfassungsgeschichte der Neuzeit, Rechtstheorie, Politikwissenschaft in Frankfurt am Main. 1979-1999 Professor für Öffentliches Recht an der Universität Bielefeld; 1987-1999 Richter des Bundesverfassungsgerichts; seit 2000 Professor für Öffentliches Recht an der Humboldt-Universität Berlin; ab Oktober 2001 Rektor des Wissenschaftskollegs zu Berlin.

Klaus Günther, geb. 1957, Dr. jur., Professor für Rechtstheorie, Strafrecht und Strafprozeßrecht am Institut für Kriminalwissenschaften und Rechtsphilosophie der J. W. Goethe-Universität Frankfurt am Main. Forschungsschwerpunkte: Grundlagen des Strafrechts, historische und systematische Probleme der Rechtsphilosophie. Veröffentlichungen zum Strafrecht und zur Rechtsphilosophie: *Der Sinn für Angemessenheit – Anwendungsdiskurse in Recht und Moral* (1988); »Welchen Personenbegriff braucht die Diskurstheorie des Rechts«, in: Brunkhorst/Niesen (Hg.), *Das Recht der Republik* (1999); »Abschaum – Moralisierung des Rechts und Verrechtlichung der Moral im gegenwärtigen Strafrecht«, in: *Kursbuch* 136 (1999); »The Legacies of Injustice and Fear: An European Approach to Human Rights and Their Effects on Political Culture«, in: P. Alston (Hg.), *The EU and Human Rights* (1999).

Axel Honneth, geb. 1949 in Essen, studierte Philosophie, Soziologie und Germanistik in Bonn, Bochum und Berlin. Derzeit ist er Professor für Sozialphilosophie an der Goethe-Universität in Frankfurt am Main. Veröffentlichungen: *Kritik der Macht. Reflexionsstufen einer kritischen Gesellschaftstheorie* (1985); *Die zerissene Welt des Sozialen* (1989); *Kampf um Anerkennung. Zur moralischen Grammatik sozialer Konflikte* (1992); *Desintegration. Bruchstücke einer soziologischen Zeitdiagnose* (1994); *Suffering from Indeterminacy. A Reactualization of Hegel's Philosophy of Right* (2000); *Das Andere der Gerechtigkeit* (2000).

Christina Lafont ist Assistent Professor of Philosophy an der Northwestern University (Evanston, USA). Sie hat an der J. W. Goethe-Universität in Frankfurt promoviert und wurde dort auch habilitiert. Sie ist Autorin von *Sprache und Welterschließung* (1994) und *The Linguistic Turn in Hermeneutic Philosophy* (1999) und hat zahlreiche Artikel zu sprachphilosophischen Themen sowie zur Diskursethik veröffentlicht.

Charles Larmore ist Professsor für Philosophie und Politikwissenschaft an der University of Chicago. Er ist u. a. Autor von *Strukturen moralischer Komplexität* (1995); *The Morals of Modernity* (1996) und *The Romantic Legacy* (1996).

Georg Lohmann, geb. 1948, ist seit 1996 Professor für Praktische Philosophie an der Otto-von-Guericke Universität in Magdeburg. Veröffentlichungen sind u. a.: *Indifferenz und Gesellschaft* (1991); *Zur Philosophie der Gefühle,* hrsg. zusammen mit Hinrich Fink-Eitel (1993); *Philosophie der Menschenrechte,* hrsg. zus. mit Stefan Gosepath (2.Aufl. 1999); *Menschenrechte zwischen Anspruch und Wirklichkeit,* hrsg. mit Ch. Butterwegge (2000); zahlreiche Aufsätze zur Moralphilosophie, angewandten Ethik, Sozialphilosophie, politischen Philosophie und Kulturphilosophie.

Thomas McCarthy ist Professor für Philosophie an der Northwestern University. Er ist Autor von *Kritik der Verständigungsverhältnisse* (1980); *Ideale und Illusionen* (1993); gemeinsam mit David Hoy Autor von *Critical Theory* (1994); und Herausgeber der Reihe *Studies in Contemporary German Social Thought* (1981 ff.).

Peter Niesen ist wissenschaftlicher Mitarbeiter am Lehrstuhl für Politische Theorie und Ideengeschichte am Fachbereich Gesellschaftswissenschaften der J.W. Goethe-Universität in Frankfurt am Main. Studium der Philosophie und Gesellschaftswissenschaften in Frankfurt am Main und Oxford, Promotion in Philosophie zum Thema »Kants Theorie der Redefreiheit« (Publikation in Vorbereitung). Veröffentlichungen zur Sprachphilosophie und politischen Theorie (Auswahl): »Pornography and Democracy« in: *Constellations* 4, 6, 1999, S. 473-498; »Die politische Theorie des Politischen Liberalismus«, in A. Brodocz & G. Schaal (Hg.): *Politische Theorien der Gegenwart*. Opladen 1999, S. 17-42; »Redefreiheit, Menschenrecht und Moral« in: L. Schulz (Hg.) *ARSP*-Beiheft 2000, S. 67-82; als Mitherausgeber (mit Hauke Brunkhorst): *Das Recht der Republik* (FS Ingeborg Maus), Frankfurt am Main 1999.

Gertrud Nunner-Winkler, geb. 1941, hat 1970 an der FU Berlin in Soziologie promoviert und wurde 1979 in Bielefeld habilitiert. Von 1971 bis 1981 Mitarbeit in der Abteilung von Jürgen Habermas am Max-Planck-Institut zur Erforschung der Lebensbedingungen der technisch-wissenschaftlichen Welt in Starnberg. Seit 1981 arbeitet sie am Max-Planck-Institut für Psychologische Forschung über Identitätsprobleme, die Entwicklung moralischer Motivation, die These geschlechtsspezifischer Ethiken und über den Wandel in den Moralvorstellungen. Neuere Publikationen sind: *Moral und Person*, gemeinsam hg. mit W. Edelstein und G. Noam (1993); *Moral im Kontext*, gemeinsam hg. mit W. Edelstein (2000).

Claus Offe, geboren 1940 in Berlin, nach der Assistentenzeit bei Jürgen Habermas 1965-1969 am Soziologischen Seminar der Goethe-Universität Forschungsaufenthalte in den USA und Mitarbeit im Max-Planck-Institut in Starnberg. 1973 Habilitation in Politikwissenschaft. 1975-1988 Professor für Politikwissenschaft und Soziologie an der Universität Bielefeld, 1988-1995 an der Universität Bremen. Seit 1995 Professor für Politische Soziologie und Sozialpolitik an der Humboldt-Universität Berlin; Veröffentlichungen u. a.: *Strukturprobleme des kapitalistischen Staates* (1972); *Berufsbildungsreform. Eine Fallstudie über Reformpolitik* (1975); *Disorganized Capitalism* (1985); *Der Tunnel am Ende des Lichts. Erkundungen der politischen Transformation im Neuen Osten* (1994); *Modernity and the State* (1996); *Institutional Design in Post-Communist Societies* (1998 zus. mit Jon Elster, Ulrich K. Preuss sowie Frank Boenker, Ulrike Goetting und Friedbert W. Rueb); *Demokratie, Staat, Moderne* (2001).

Bernhard Peters ist Professor für Politische Theorie an der Universität Bremen und Ko-Direktor des Instituts für Interkulturelle und Internationale Studien. Wichtige Publikationen sind: *Rationalität, Recht und Gesellschaft* (1991) und *Die Integration moderner Gesellschaften* (1993).

Hilary W. Putnam war bis zu seiner Emeritierung Cogan University Professor für Philosophie in Harvard. Er ist Mitglied der American Academy of Arts and Sciences sowie der British Academy. Putnam hat eine Position zu Wahrheit und Rechtfertigung entwickelt, die er als »pragmatischen Realismus« bezeichnet und die mittlerweile eine breit diskutierte Alternative zu den traditionellen metaphysischen Formen des Realismus und zur »postmodernen« Skepsis darstellt. Neuere Publikationen sind: *Words and Life* (1994); *Pragmatism. An Open Question* (1994); *The Threefold Cord. Mind, Body and World* (2000); Zu den deutschen Übersetzungen gehören: *Vernunft, Wahrheit und Geschichte* (1990); *Repräsentation und Realität* (1991); *Von einem realistischen Standpunkt. Schriften zu Sprache und Wirklichkeit* (1993); *Für eine Erneuerung der Philosophie* (1997).

Herbert Schnädelbach, geb. 1936, 1965 Promotion bei Adorno in Frankfurt am Main, 1970 Habilitation in Frankfurt, ab 1971 Professor. Ab 1978 Professor in Hamburg mit Schwerpunkt Sozialphilosophie, seit 1993 Professor mit Schwerpunkt für Theoretische Philosophie an der Humboldt-Universität zu Berlin und von 1988-1990 Präsident der Allgemeinen Gesellschaft für Philosophie in Deutschland. Zuletzt erschienen sind seine Schriften: *Hegel zur Einführung* (1999); *Philosophie in der modernen Kultur. Vorträge und Abhandlungen 3* (2000); Hg., *Hegels Philosophie. Kommentare zu den Hauptschriften*, 3 Bände (2000).

Hans Julius Schneider, geb. 1944, Studium der Philosophie, Germanistik, Anglistik und Linguistik. 1970 Promotion in Erlangen bei Paul Lorenzen, 1975 Habilitation in Konstanz. 1978-1983 Heisenberg-Stipendiat der Deutschen Forschungsgemeinschaft; 1983-1996 Professor am Interdisziplinären Institut für Wissenschaftstheorie und Wissenschaftsgeschichte der Universität Erlangen; seit 1996 Lehrstuhl für systematische Philosophie/Erkenntnistheorie an der Universität Potsdam. 1989 Gastprofessor an der University of Georgia, USA. Zu seinen Veröffentlichungen zählen u. a.: *Pragmatik als Basis von Semantik und Syntax* (1975); *Über das Schweigen der Philosophie zu den Lebensproblemen* (1979); *Phantasie und Kalkül* (1992).

Cass R. Sunstein ist Karl N. Llewellyn Distinguished Service Professor an der University of Chicago und lehrt Rechts- und Politikwissenschaft. Zu seinen Buchpublikationen zählen: *Free Markets and Social Justice* (1997); *Democracy and the Problem of Free Speech* (1993); *Legal Reasoning and Political Conflict* (1996); *Republic.com* (2001); *Designing Democracy. What Constitutions Do* (2001).

Charles Taylor war bis zu seiner Emeritierung Professor für Philosophie an der McGill University. Zu seinen neueren Büchern gehören *The Ethics of Authenticity* (1992) und *Philosophical Arguments* (1995). In deutscher Übersetzung liegen u. a. vor: *Multikulturalismus und die Politik der Anerkennung* (1993); *Quellen des Selbst* (1994); *Die Formen des Religiösen in der Gegenwart* (2002); *Wieviel Gemeinschaft braucht die Demokratie?* (2002).

Albrecht Wellmer, geb. 1933 in Bergkirchen, lehrte Philosophie in Frankfurt am Main, Toronto, New York und Konstanz. Seit 1990 ist er Professor für Philosophie an der Freien Universität Berlin. Neben zahlreichen

Aufsätzen zur praktischen Philosophie, Kritischen Theorie, Ästhetik und Sprachphilosophie veröffentlichte er u. a.: *Zur Dialektik von Moderne und Postmoderne. Vernunftkritik nach Adorno* (1985); *Ethik und Dialog. Elemente des moralischen Urteils bei Kant und in der Diskursethik* (1986); *Endspiele: Die unversöhnliche Moderne* (1993); *Revolution und Interpretation* (1998).

Lutz Wingert, geb. 1958 in Stuttgart. Privatdozent für Philosophie an der Goethe-Universität in Frankfurt am Main. Studium der Philosophie, Soziologie und Geschichtswissenschaft in Bielefeld, Bochum und Paris. Danach zunächst wissenschaftlicher Mitarbeiter, dann wissenschaftlicher Assistent in Frankfurt am Main. 1991 Promotion und 1999 Habilitation in Philosophie an der Goethe-Universität. 1998/99 Fellow am Wissenschaftskolleg Berlin. Veröffentlichungen zur theoretischen und praktischen Philosophie, u. a. *Gemeinsinn und Moral. Grundzüge einer intersubjektivistischen Moralkonzeption* (1993); *Mit realistischem Sinn. Ein Beitrag zur Erklärung empirischer Rechtfertigung* (im Erscheinen).

Ursula Wolf, 1951 in Karlsruhe geboren, Studium der Philosophie und Klassischen Philologie in Heidelberg, Oxford und Konstanz. Promotion 1978 in Heidelberg, Habilitation 1983 an der FU Berlin. Sie unterrichtete Philosophie an der FU Berlin und der Universität Frankfurt am Main und hat seit 1998 einen Lehrstuhl für Philosophie an der Universität Mannheim inne. Publikationen: *Möglichkeit und Notwendigkeit bei Aristoteles und heute* (1978); *Logisch-Semantische Propädeutik* (zus. mit Ernst Tugendhat) (1983); *Das Problem des moralischen Sollens* (1984); *Das Tier in der Moral* (1990); *Die Suche nach dem guten Leben. Platons Frühdialoge* (1996); *Die Philosophie und die Frage nach dem guten Leben* (1999).

Jürgen Habermas
im Suhrkamp Verlag

Die Einbeziehung des Anderen
  Studien zur politischen Theorie
  stw 1444. 1999. 404 Seiten

Erkenntnis und Interesse
  stw 1. 1973. 420 Seiten

Erläuterungen zur Diskursethik
  stw 975. 1991. 229 Seiten

Faktizität und Geltung
  Beiträge zur Diskurstheorie des Rechts
  und des demokratischen Rechtsstaates.
  1992. 667 Seiten. Leinen. Kartoniert
  Auch als stw 1361. 1998. 704 Seiten

Legitimationsprobleme im Spätkapitalismus
  es 623. 1973. 196 Seiten

Moralbewußtsein und kommunikatives
  Handeln
  stw 422. 1983. 208 Seiten

Nachmetaphysisches Denken
  Philosophische Aufsätze
  1989. Leinen
  Auch als stw 1004. 1992. 286 Seiten

Philosophisch-politische Profile
    479 Seiten. 1981. Leinen
    Auch als stw 659. 1987. 479 Seiten

Der philosophische Diskurs der Moderne
    Zwölf Vorlesungen
    stw 749. 1988. 450 Seiten
Die postnationale Konstellation
    es 2095. 1998. 256 Seiten

Strukturwandel der Öffentlichkeit
    Untersuchungen zu einer Kategorie der
    bürgerlichen Gesellschaft
    stw 891. 1990. 391 Seiten

Technik und Wissenschaft als »Ideologie«
    es 287. 1968. 169 Seiten

Texte und Kontexte
    stw 944. 1991. 217 Seiten

Theorie des kommunikativen Handelns
    Bd. 1: Handlungsrationalität und gesellschaft-
        liche Rationalisierung
    Bd. 2: Zur Kritik der funktionalistischen Vernunft
    1981. 1175 Seiten. Leinen
    Auch als stw 1175. 1995. 1174 Seiten

Vorstudien und Ergänzungen zur Theorie des
    kommunikativen Handelns
    1984. 606 Seiten. Leinen. Kartoniert.
    Auch als stw 1176. 1995. 606 Seiten

Theorie und Praxis
Sozialphilosophische Studien
stw 243. 1971. 1978. 473 Seiten

Vom sinnlichen Eindruck zum symbolischen
Ausdruck
Philosophische Essays
BS 1233. 1997. 156 Seiten

Wahrheit und Rechtfertigung
Philosophische Aufsätze
336 Seiten. 1999. Leinen. Kartoniert
Zur Logik der Sozialwissenschaften
607 Seiten. 1970. 1982. Leinen. Kartoniert
Auch als stw 517. 1985. 607 Seiten

Zur Rekonstruktion des Historischen
Materialismus
stw 154. 1976. 346 Seiten

Kleine politische Schriften I–IV
1981. 535 Seiten. Leinen. Kartoniert

Die Neue Unübersichtlichkeit
Kleine politische Schriften V
es 1321. 1985. 268 Seiten

Eine Art Schadensabwicklung
Kleine politische Schriften VI
es 1453. 1987. 179 Seiten

Die nachholende Revolution
Kleine politische Schriften VII
es 1633. 1990. 225 Seiten

Die Normalität einer Berliner Republik
Kleine politische Schriften VIII
es 1967. 1995. 188 Seiten

Zeit der Übergänge
Kleine politische Schriften IX
es 2262. 2001, 280 Seiten

›Pragmatismus‹
im Suhrkamp Verlag
Eine Auswahl

John Dewey. Erfahrung und Natur. Übersetzt von Martin Suhr. 480 Seiten. Gebunden

John Dewey. Die Suche nach Gewißheit. Eine Untersuchung des Verhältnisses von Erkenntnis und Handeln. Übersetzt von Martin Suhr. 319 Seiten. Gebunden

George Herbert Mead. Gesammelte Aufsätze. Band 1. Herausgegeben von Hans Joas. Übersetzt von Klaus Laermann u.a. stw 678. 475 Seiten

George Herbert Mead. Gesammelte Aufsätze. Band 2. Herausgegeben von Hans Joas. Übersetzt von Klaus Laermann u.a. stw 679. 484 Seiten

George Herbert Mead. Geist, Identität und Gesellschaft. Aus der Sicht des Sozialbehaviorismus. Übersetzt von Ulf Pacher. stw 28. 456 Seiten

Das Problem der Intersubjektivität. Neuere Beiträge zum Werk George Herbert Meads. Herausgegeben von Hans Joas. stw 573. 243 Seiten

Charles W. Morris. Pragmatische Semiotik und Handlungstheorie. Herausgegeben von Achim Eschbach. Übersetzt von Achim und Stefan Eschbach. stw 179. 423 Seiten

Charles W. Morris. Symbolik und Realität. Herausgegeben und übersetzt von Achim Eschbach. stw 342. 367 Seiten

Helmut Pape. Erfahrung und Wirklichkeit als Zeichenprozeß. Charles S. Peirce' Entwurf einer spekulativen Grammatik des Seins. 530 Seiten. Kartoniert

Helmut Pape (Hg.). Kreativität und Logik. Charles S. Peirce und das philosophische Problem des Neuen.
stw 1110. 361 Seiten

Charles Sanders Peirce. Naturordnung und Zeichenprozeß. Schriften über Semiotik und Naturphilosophie. Herausgegeben von Helmut Pape. Übersetzt von Bertram Kienzle.
stw 912. 484 Seiten

Charles Sanders Peirce. Phänomen und Logik der Zeichen. Herausgegeben und übersetzt von Helmut Pape.
stw 425. 182 Seiten

Charles Sanders Peirce. Semiotische Schriften. Band I - III. Herausgegeben und übersetzt von Christian J. W. Kloesel und Helmut Pape. stw 1480-1482. 1445 Seiten. Auch einzeln lieferbar